Kreutziger/Schaffner/Stephany
Bewertungsgesetz

Bewertungsgesetz

Kommentar

von

Dr. Stefan Kreutziger
Rechtsanwalt und Steuerberater
Hamburg

Margit Schaffner
Diplom-Finanzwirtin und
Steuerberaterin
Hamburg

Ralf Stephany
Rechtsanwalt und Steuerberater
Bonn

3., völlig neu bearbeitete Auflage

2013

Es haben bearbeitet:

Dr. Stefan Kreutziger:	§§ 1–12, 17, 18, 30–32, 95–124, 134–137, 199–203
Margit Schaffner:	§§ 13–16, 19–29, 68–94, 129–133, 138, 139, 145–157, 176–198, 204, 205
Ralf Stephany:	§§ 33–67, 125–128, 140–144, 158–175

Zitierweise:
Kreutziger, BewG, § 1 Rz. 1
Kreutziger/Schaffner, BewG, § 13 Rz. 1
Kreutziger/Stephany, BewG, § 33 Rz. 1

www.beck.de

ISBN 978 3 406 63136 8

© 2013 Verlag C. H. Beck oHG
Wilhelmstraße 9, 80801 München
Druck und Bindung: Beltz Bad Langensalza GmbH
Neustädter Straße 1–4, 99947 Bad Langensalza

Satz: Meta Systems, Publishing & Printservices GmbH,
Wustermark

Gedruckt auf säurefreiem, alterungsbeständigem Papier
(hergestellt aus chlorfrei gebleichtem Zellstoff)

Vorwort

Durch das Erbschaftsteuerreformgesetz vom 24.12.2008 (BGBl. I 2008, 3018) ist die tiefgreifendste Änderung in der Geschichte des Bewertungsrechts erfolgt. Die Bewertung erfolgt nun für alle Vermögensarten mit einem einheitlichen Bewertungsmaßstab, dem gemeinen Wert. Der durchgängige Ansatz aller Vermögensarten mit dem gemeinen Wert bedeutet einen Paradigmenwechsel ungeahnten Ausmaßes.

Fast drei Jahre nach der großen Reform sind Ende Dezember 2011 die Erbschaftsteuer-Richtlinien 2011 in Kraft getreten. Damit wurden die überholten ErbStR 2003 endlich an die umfangreichen Änderungen durch die Erbschaftsteuerreform 2009 angepasst. Die neuen ErbStR 2011 waren für uns Anlass, unseren bewährten Kommentar zum BewG vollständig neu zu bearbeiten und nun bereits in 3. Auflage vorzulegen.

Neben den ErbStR 2011 wurden natürlich auch alle Gesetzesänderungen seit der Vorauflage u.a. durch das Jahressteuergesetz 2010 v. 8.12.2010 (BGBl. I 2010, 1768), das Steuervereinfachungsgesetz 2011 v. 1.11.2011 (BGBl. I 2011, 2131), das Betreibungsrichtlinie-Umsetzungsgesetz v. 7.12.2011 (BGBl. I 2011, 2592) und zuletzt durch das Gesetz zur Neuordnung der Organisation der landwirtschaftlichen Sozialversicherung (LSV-Neuordnungsgesetz) v. 12.4.2012 (BGBl. I 2012, 579) eingearbeitet.

Im Wesentlichen erfolgten durch diese Änderungsgesetze redaktionelle Nachbesserungen von Neuregelungen durch das Erbschaftsteuerreformgesetz 2009. Daneben ist v.a. die durch das JStG 2010 eingefügte Gleichstellung eingetragener Lebenspartner mit Eheleuten bezogen auf den Erbschaftsteuertarif (d.h. rückwirkend ab 1.1.2009 Steuerklasse I statt Steuerklasse III) sowie die durch das StVereinfG 2011 eingefügte Änderung des § 205, wonach das BewG i.d.F. dieses Gesetzes auf Bewertungsstichtage nach dem 30.6.2011 anzuwenden ist, zu erwähnen.

Die Neuauflage hat den Rechtsstand 1.9.2012. Rechtsprechung, Verwaltungsanweisungen und Literatur wurden umfassend eingearbeitet und sind bis Ende August 2012 berücksichtigt.

Mit dem zum 1.1.2009 in Kraft getretenen Erbschaftsteuerreformgesetz wurden Vorgaben des Bundesverfassungsgerichts umgesetzt. Der Bewertungsmaßstab des gemeinen Werts gilt für das land- und forstwirtschaftliche Vermögen, das Grundvermögen und das Betriebsvermögen. Ob die Neuregelung allerdings tatsächlich ver-

Vorwort

fassungsgemäß ist, ist umstritten. Der vorliegende Kommentar bezieht zur verfassungsrechtlichen Problematik kritisch Stellung.

Der tragende Grundsatz des Bewertungsgesetzes, nämlich die Einheitsbewertung, ist auch nach der Reform erhalten geblieben und hat weiterhin Bedeutung für die Grundsteuer, im Falle von Betriebsgrundstücken auch für die Gewerbesteuer. Die Vorschriften für die Bedarfsbewertung von Grundbesitz haben weiterhin Bedeutung für die Grunderwerbsteuer.

Die entscheidende Bedeutung des BewG liegt heute allerdings in den Vorschriften über die Bewertung von Grundbesitz, von nicht notierten Anteilen an Kapitalgesellschaften und von Betriebsvermögen für Zwecke der Erbschaft- und Schenkungsteuer.

Zwischenzeitlich hat der Bundesfinanzhof jedoch Zweifel an der Verfassungsmäßigkeit des ab 1.1.2009 geltenden Rechts geäußert. In BFH II R 9/11 v. 5.10.2011 (BStBl. II 2012, 29) hat das Gericht das BMF aufgefordert, dem Verfahren beizutreten. Evtl. wird der BFH das Verfahren aussetzen und eine Entscheidung des Bundesverfassungsgerichts einholen. Der Ausgang dieses Verfahrens darf mit Spannung erwartet werden.

Auch mit der 3. Auflage dieses Kommentars verfolgen die Verfasser die Absicht, das Bewertungsgesetz kurz, aber dennoch prägnant und auf wissenschaftlicher Grundlage zu kommentieren. Angestrebt wird eine schnelle und übersichtliche Information des Benutzers. Es werden nicht nur die einschlägige Rechtsprechung und die Rechtsmeinungen anderer Autoren dargestellt, sondern auch eigene, zum Teil kritische Meinungen wiedergegeben.

Die Verfasser aus Wissenschaft, Finanzverwaltung und der Beraterschaft sind ausgewiesene Praktiker auf dem Gebiet des Bewertungsrechts. Sie hoffen, dass sich das Werk als wertvoller Helfer für alle diejenigen erweist, die sich in der täglichen – und auch nicht alltäglichen – Praxis mit Fragen des Bewertungsrechts zu befassen haben.

Die Verfasser danken Herrn *Dr. Dietrich Jacobs,* Wirtschaftsprüfer und Steuerberater in Hamburg, für seine wertvolle Mitarbeit an diesem Kommentar, insbesondere der Mitkommentierung der §§ 11, 12. Unser Dank gilt ferner dem Verlag C. H. Beck, insbesondere Herrn *Michael Müller* für die vielfältige Unterstützung und die wertvollen Anregungen bei der Umsetzung dieses Buchprojektes.

Für Hinweise und Anregungen aus dem Leserkreis sind die Verfasser sehr dankbar.

Hamburg/Bonn, im Oktober 2012 *Die Verfasser*

Inhaltsverzeichnis

Vorwort V
Abkürzungs- und Literaturverzeichnis XVII
Einleitung 1

Erster Teil. Allgemeine Bewertungsvorschriften

§ 1	Geltungsbereich	12
§ 2	Wirtschaftliche Einheit	16
§ 3	Wertermittlung bei mehreren Beteiligten	26
§ 3a	(aufgehoben)	28
Vor §§ 4–8:	Bedingung/Befristung	28
§ 4	Aufschiebend bedingter Erwerb	30
§ 5	Auflösend bedingter Erwerb	32
§ 6	Aufschiebend bedingte Lasten	35
§ 7	Auflösend bedingte Lasten	36
§ 8	Befristung auf einen unbestimmten Zeitpunkt	37
§ 9	Bewertungsgrundsatz, gemeiner Wert	38
§ 10	Begriff des Teilwerts	45
§ 11	Wertpapiere und Anteile	50
§ 12	Kapitalforderungen und Schulden	85
§ 13	Kapitalwert von wiederkehrenden Nutzungen und Leistungen	117
§ 14	Lebenslängliche Nutzungen und Leistungen	123
§ 15	Jahreswert von Nutzungen und Leistungen	129
§ 16	Begrenzung des Jahreswerts von Nutzungen	132

Zweiter Teil. Besondere Bewertungsvorschriften

§ 17	Geltungsbereich	133
§ 18	Vermögensarten	135

Erster Abschnitt: Einheitsbewertung
A. Allgemeines

§ 19	Feststellung von Einheitswerten	136
§ 20	Ermittlung des Einheitswerts	145
§ 21	Hauptfeststellung	146
§ 22	Fortschreibungen	149
§ 23	Nachfeststellung	160
§ 24	Aufhebung des Einheitswerts	164
§ 24a	Änderung von Feststellungsbescheiden	165
§ 25	Nachholung einer Feststellung	167
§ 26	Umfang der wirtschaftlichen Einheit bei Ehegatten	168
§ 27	Wertverhältnisse bei Fortschreibungen und Nachfeststellungen	169

Inhaltsverzeichnis

§ 28	Erklärungspflicht	171
§ 29	Auskünfte, Erhebungen und Mitteilungen	172
§ 30	Abrundung	176
§ 31	Bewertung von ausländischem Sachvermögen	176
§ 32	Bewertung von inländischem Sachvermögen	181

B. Land- und forstwirtschaftliches Vermöge

I. Allgemeines

§ 33	Begriff des land- und forstwirtschaftlichen Vermögens	182
§ 34	Betrieb der Land- und Forstwirtschaft	197
§ 35	Bewertungsstichtag	208
§ 36	Bewertungsgrundsätze	210
§ 37	Ermittlung des Ertragswerts	212
§ 38	Vergleichszahl, Ertragsbedingungen	214
§ 39	Bewertungsstützpunkte	219
§ 40	Ermittlung des Vergleichswerts	221
§ 41	Abschläge und Zuschläge	225
§ 42	Nebenbetriebe	228
§ 43	Abbauland	231
§ 44	Geringstland	232
§ 45	Unland	233
§ 46	Wirtschaftswert	233
§ 47	Wohnungswert	234
§ 48	Zusammensetzung des Einheitswerts	237
§ 48a	Einheitswert bestimmter intensiv genutzter Flächen	238
§ 49	*Verteilung des Einheitswerts*	239

II. Besondere Vorschrifte

a) Landwirtschaftliche Nutzung

§ 50	Ertragsbedingungen	240
§ 51	Tierbestände	242
§ 51a	Gemeinschaftliche Tierhaltung	248
§ 52	Sonderkulturen	254

b) Forstwirtschaftliche Nutzung

§ 53	Umlaufende Betriebsmittel	254
§ 54	Bewertungsstichtag	255
§ 55	Ermittlung des Vergleichswerts	256

c) Weinbauliche Nutzung

§ 56	Umlaufende Betriebsmittel	259
§ 57	Bewertungsstützpunkte	260
§ 58	Innere Verkehrslage	261

d) Gärtnerische Nutzung

§ 59	Bewertungsstichtag	262

Inhaltsverzeichnis

§ 60	Ertragsbedingungen	262
§ 61	Anwendung des vergleichenden Verfahrens	263

e) Sonstige land- und forstwirtschaftliche Nutzung

§ 62	Arten und Bewertung der sonstigen land- und forstwirtschaftlichen Nutzung	264

III. Bewertungsbeirat, Gutachterausschuß

§ 63	Bewertungsbeirat	266
§ 64	Mitglieder	267
§ 65	Aufgaben	268
§ 66	Geschäftsführung	268
§ 67	Gutachterausschuß	269

C. Grundvermöge
I. Allgemeines

§ 68	Begriff des Grundvermögens	270
§ 69	Abgrenzung des Grundvermögens vom land- und forstwirtschaftlichen Vermögen	274
§ 70	Grundstück	278
§ 71	Gebäude und Gebäudeteile für den Zivilschutz	281

II. Unbebaute Grundstücke

§ 72	Begriff	282
§ 73	Baureife Grundstücke	289

III. Bebaute Grundstücke
a) Begriff und Bewertung

§ 74	Begriff	290
§ 75	Grundstücksarten	291
§ 76	Bewertung	300
§ 77	Mindestwert	305

b) Verfahre
1. Ertragswertverfahren

§ 78	Grundstückswert	307
§ 79	Jahresrohmiete	309
§ 80	Vervielfältiger	317
§ 81	Außergewöhnliche Grundsteuerbelastung	322
§ 82	Ermäßigung und Erhöhung	323
§ 83	Grundstückswert	333
§ 84	Bodenwert	334
§ 85	Gebäudewert	337
§ 86	Wertminderung wegen Alters	340
§ 87	Wertminderung wegen baulicher Mängel und Schäden	345
§ 88	Ermäßigung und Erhöhung	346

Inhaltsverzeichnis

§ 89	Wert der Außenanlagen	351
§ 90	Angleichung an den gemeinen Wert	353

IV. Sondervorschriften

§ 91	Grundstücke im Zustand der Bebauung	357
§ 92	Erbbaurecht	358
§ 93	Wohnungseigentum und Teileigentum	367
§ 94	Gebäude auf fremdem Grund und Boden	372

D. Betriebsvermöge

Vor §§ 95–109: Betriebsvermögen		377
§ 95	Begriff des Betriebsvermögens	382
§ 96	Freie Berufe	398
§ 97	Betriebsvermögen von Körperschaften, Personenvereinigungen und Vermögensmassen	401
§ 98	(aufgehoben)	422
§ 98a	*Bewertungsgrundsätze*	422
§ 99	Betriebsgrundstücke	423
§§ 100 bis 102 (aufgehoben)		426
§ 103	Schulden und sonstige Abzüge	427
§§ 103a bis § 108 (aufgehoben)		435
§ 109	Bewertung	435
§ 109a	(aufgehoben)	439

Zweiter Abschnitt: Sondervorschriften und Ermächtigungen

§§ 110 bis 120 (aufgehoben)		439
§ 121	Inlandsvermögen	439
§ 121a	Sondervorschrift für die Anwendung der Einheitswerte 1964	457
§ 121b	(aufgehoben)	458
§ 122	Besondere Vorschriften für Berlin (West)	458
§ 123	Ermächtigungen	458
§ 124	(aufgehoben)	458

Dritter Abschnitt: Vorschriften für die Bewertung von Vermögen in dem in Artikel 3 des Einigungsvertrages genannten Gebiet

A. Land- und forstwirtschaftliches Vermöge

§ 125	Land- und forstwirtschaftliches Vermögen	458
§ 126	Geltung des Ersatzwirtschaftswerts	465
§ 127	Erklärung zum Ersatzwirtschaftswert	467
§ 128	Auskünfte, Erhebungen, Mitteilungen, Abrundung	467

B. Grundvermöge

§ 129	Grundvermögen	467
§ 129a	Abschläge bei der Bewertung mit einem Vielfachen der Jahresrohmiete	468
§ 130	Nachkriegsbauten	468

Inhaltsverzeichnis

§ 131	Wohnungseigentum und Teileigentum, Wohnungserbbaurecht und Teilerbbaurecht	469
§ 132	Fortschreibung und Nachfeststellung der Einheitswerte 1935	470
§ 133	Sondervorschrift für die Anwendung der Einheitswerte 1935	470

C. Betriebsvermöge

§§ 134 bis 136 (aufgehoben)		473
§ 137	Bilanzposten nach dem D-Markbilanzgesetz	473

Vierter Abschnitt: Vorschriften für die Bewertung von Grundbesitzfür die Grunderwerbsteuer ab 1. Januar 1997

A. Allgemeines

§ 138	Feststellung von Grundbesitzwerten	475
§ 139	Abrundung	477

B. Land- und forstwirtschaftliches Vermöge

§ 140	Wirtschaftliche Einheit und Umfang des land- und forstwirtschaftlichen Vermögens	478
§ 141	Umfang des Betriebs der Land- und Forstwirtschaft	481
§ 142	Betriebswert	485
§ 143	Wert der Betriebswohnungen und des Wohnteils	497
§ 144	Zusammensetzung des land- und forstwirtschaftlichen Grundbesitzwerts	501

C. Grundvermöge
I. Unbebaute Grundstücke

§ 145	Unbebaute Grundstücke	501

II. Bebaute Grundstücke

§ 146	Bebaute Grundstücke	509
§ 147	Sonderfälle	519
§ 148	Erbbaurecht	524
§ 148 a	Gebäude auf fremdem Grund und Boden	532
§ 149	Grundstücke im Zustand der Bebauung	534
§ 150	Gebäude und Gebäudeteile für den Zivilschutz	543

Fünfter Abschnitt: Gesonderte Feststellunge

§ 151	Gesonderte Feststellungen	544
§ 152	Örtliche Zuständigkeit	551
§ 153	Erklärungspflicht, Verfahrensvorschriften für die gesonderte Feststellung, Feststellungsfrist	553
§ 154	Beteiligte am Feststellungsverfahren	556
§ 155	Rechtsbehelfsbefugnis	558
§ 156	Außenprüfung	559

Inhaltsverzeichnis

Sechster Abschnitt: Vorschriften für die Bewertung von Grundbesitz, von nicht notierten Anteilen an Kapitalgesellschaften und von Betriebsvermögen für die Erbschaftsteuer ab 1. Januar 2009

A. Allgemeines

§ 157	Feststellung von Grundbesitzwerten, von Anteilswerten und von Betriebsvermögenswerten	560

B. Land- und forstwirtschaftliches Vermöge
I. Allgemeines

§ 158	Begriff des land- und forstwirtschaftlichen Vermögens ...	563
§ 159	Abgrenzung land- und forstwirtschaftlich genutzter Flächen zum Grundvermögen	573
§ 160	Betrieb der Land- und Forstwirtschaft	574
§ 161	Bewertungsstichtag	580
§ 162	Bewertung des Wirtschaftsteils	581
§ 163	Ermittlung der Wirtschaftswerte	589
§ 164	Mindestwert	603
§ 165	Bewertung des Wirtschaftsteils mit dem Fortführungswert	611
§ 166	Bewertung des Wirtschaftsteils mit dem Liquidationswert	613
§ 167	Bewertung der Betriebswohnungen und des Wohnteils ...	616
§ 168	Grundbesitzwert des Betriebs der Land- und Forstwirtschaft	620

II. Besonderer Teil
a) Landwirtschaftliche Nutzung

§ 169	Tierbestände	624
§ 170	Umlaufende Betriebsmittel	626

b) Forstwirtschaftliche Nutzung

§ 171	Umlaufende Betriebsmittel	626
§ 172	Abweichender Bewertungsstichtag	626

c) Weinbauliche Nutzung

§ 173	Umlaufende Betriebsmittel	627

d) Gärtnerische Nutzung

§ 174	Abweichende Bewertungsverhältnisse	627

e) Übrige land- und forstwirtschaftliche Nutzunge

§ 175	Übrige land- und forstwirtschaftliche Nutzungen	628

C. Grundvermöge
I. Allgemeines

§ 176	Grundvermögen	629

Inhaltsverzeichnis

| § 177 | Bewertung | 632 |

II. Unbebaute Grundstücke

| § 178 | Begriff der unbebauten Grundstücke | 633 |
| § 179 | Bewertung der unbebauten Grundstücke | 635 |

III. Bebaute Grundstücke

§ 180	Begriff der bebauten Grundstücke	641
§ 181	Grundstücksarten	642
§ 182	Bewertung der bebauten Grundstücke	646
§ 183	Bewertung im Vergleichswertverfahren	647
§ 184	Bewertung im Ertragswertverfahren	652
§ 185	Ermittlung des Gebäudeertragswerts	655
§ 186	Rohertrag des Grundstücks	661
§ 187	Bewirtschaftungskosten	665
§ 188	Liegenschaftszinssatz	666
§ 189	Bewertung im Sachwertverfahren	667
§ 190	Ermittlung des Gebäudesachwerts	670
§ 191	Wertzahlen	674

IV. Sonderfälle

§ 192	Bewertung in Erbbaurechtsfällen	674
§ 193	Bewertung des Erbbaurechts	677
§ 194	Bewertung des Erbbaugrundstücks	681
§ 195	Gebäude auf fremdem Grund und Boden	683
§ 196	Grundstücke im Zustand der Bebauung	686
§ 197	Gebäude und Gebäudeteile für den Zivilschutz	687

V. Nachweis des niedrigeren gemeinen Werts

| § 198 | Nachweis des niedrigeren gemeinen Werts | 687 |

D. Nicht notierte Anteile an Kapitalgesellschaften und Betriebsvermögen

Vor §§ 199–203		689
§ 199	Anwendung des vereinfachten Ertragswertverfahrens	693
§ 200	Vereinfachtes Ertragswertverfahren	699
§ 201	Ermittlung des Jahresertrags	703
§ 202	Betriebsergebnis	706
§ 203	Kapitalisierungsfaktor	711

Dritter Teil. Schlussbestimmungen

| § 204 | Bekanntmachung | 714 |
| § 205 | Anwendungsvorschriften | 714 |

Inhaltsverzeichnis

Anlagen

I. Anlagen zum Bewertungsgesetz

Anlage 1	Umrechnungsschlüssel für Tierbestände in Vieheinheiten (VE) nach dem Futterbedarf	715
Anlage 2	Gruppen der Zweige des Tierbestands nach der Flächenabhängigkeit	717
Anlage 3	Mietwohngrundstücke Vervielfältiger	718
Anlage 4	Gemischtgenutzte Grundstücke mit einem gewerblichen Anteil an der Jahresrohmiete bis zu 50% Vervielfältiger	719
Anlage 5	Gemischtgenutzte Grundstücke mit einem gewerblichen Anteil an der Jahresrohmiete von mehr als 50% Vervielfältiger	720
Anlage 6	Geschäftsgrundstücke Vervielfältiger	721
Anlage 7	Einfamilienhäuser Vervielfältiger	722
Anlage 8	Zweifamilienhäuser Vervielfältiger	723
Anlage 9	(aufgehoben)	
Anlage 9a	Kapitalwert einer wiederkehrenden, zeitlich beschränkten Nutzung oder Leistung im Jahresbetrag von einem Euro	724
Anlage 10–13	(aufgehoben)	
Anlage 14	Landwirtschaftliche Nutzung	725
Anlage 15	Forstwirtschaftliche Nutzung	741
Anlage 15a	Forstwirtschaftliche Nutzung	742
Anlage 16	Weinbauliche Nutzung	743
Anlage 17	Gärtnerische Nutzung	743
Anlage 18	Sondernutzungen	744
Anlage 19	Umrechnungsschlüssel für Tierbestände in Vieheinheiten nach dem Futterbedarf	744
Anlage 20	Gruppen der Zweige des Tierbestands nach der Flächenabhängigkeit	746
Anlage 21	Vervielfältiger	747
Anlage 22	Wirtschaftliche Gesamtnutzungsdauer	754
Anlage 23	Pauschalierte Bewirtschaftungskosten für Verwaltung, Instandhaltung und Mietausfallwagnis in Prozent der Jahresmiete oder üblichen Miete (ohne Betriebskosten)	755
Anlage 24	Ermittlung des Gebäuderegelherstellungswerts	756
Anlage 25	Wertzahlen für Ein- und Zweifamilienhäuser nach § 181 Abs. 1 Nr. 1 BewG und Wohnungseigentum u.a. nach § 181 Abs. 1 Nr. 3 bis 6 BewG	765
Anlage 26	Abzinsungsfaktoren	766

II. Anlagen zu den BewR Gr

Anlagen 1 bis 8: Vervielfältigertabellen nach der Gemeindegröße

Anlage 1	Gemeindegröße: bis 2000 Einwohner	772

Inhaltsverzeichnis

Anlage 2	Gemeindegröße: über 2000 bis 5000 Einwohner	774
Anlage 3	Gemeindegröße: über 5000 bis 10 000 Einwohner	775
Anlage 4	Gemeindegröße: über 10 000 bis 50 000 Einwohner	776
Anlage 5	Gemeindegröße: über 50 000 bis 100 000 Einwohner	777
Anlage 6	Gemeindegröße: über 100 000 bis 200 000 Einwohner	778
Anlage 7	Gemeindegröße: über 200 000 bis 500 000 Einwohner	779
Anlage 8	Gemeindegröße: über 500 000 Einwohner	780
Anlage 9	Tabelle zu § 82 Abs. 1 Nr. 3	781
Anlage 9a	Tabelle zu § 92 Abs. 4 und § 94 Abs. 3 BewG	782
Anlage 10	Darstellung der Ermittlung des Grundstückswerts im Sachwertverfahren	782
Anlage 11, 12 (hier nicht abgedruckt)		

Anlagen 13 bis 17: Tabellen zur Berechnung des Raummeterpreises

Anlage 13	Merkmale für die Beurteilung der baulichen Ausstattung bei Gebäuden	783
Anlage 14	Gebäudeklasseneinteilung und Raummeterpreise 1958, umgerechnet auf den Hauptfeststellungszeitpunkt 1. Januar 1964, für Fabrikgrundstücke	787
Anlage 15	Gebäudeklasseneinteilung und Raummeterpreise 1958, umgerechnet auf den Hauptfeststellungszeitpunkt 1. Januar 1964, für bestimmte andere Geschäftsgrundstücke und für sonstige bebaute Grundstücke in bestimmten Fällen	795
Anlage 16	Bauteil-Preistabelle für die im Sachwertverfahren zu bewertenden Einfamilienhäuser und Zweifamilienhäuser	801
Anlage 17	Durchschnittspreise 1958, umgerechnet auf den Hauptfeststellungszeitpunkt 1. Januar 1964, für einzelne Außenanlagen	805
Anlage 17a	Erlaß betr. Ergänzung und Untergliederung der in den Anlagen 14 bis 17 BewRGr angegebenen Preise	807

III. Anlagen zu § 14 Abs. 1 BewG

1.	Schreiben betr. Bewertung einer lebenslänglichen Nutzung oder Leistung; Vervielfältiger für Bewertungsstichtage ab 1. Januar 2012	812
2.	Schreiben betr. Bewertung einer lebenslänglichen Nutzung oder Leistung; Vervielfältiger für Bewertungsstichtage ab 1. Januar 2011	815
3.	Schreiben betr. Bewertung einer lebenslänglichen Nutzung oder Leistung; Vervielfältiger für Bewertungsstichtage ab 1. Januar 2010	818

Inhaltsverzeichnis

4.   Schreiben betr. Bewertung einer lebenslänglichen Nutzung oder Leistung; Vervielfältiger für Bewertungsstichtage ab 1. Januar 2009 821

Sachregister 825

Abkürzungs- und Literaturverzeichnis

aA	anderer Ansicht
aaO	am angegebenen Ort
AbgrenzR	Erlass betr. Abgrenzung des Grundvermögens von den Betriebsvorrichtungen v. 31.3.1992 (BStBl. I 1992, 342)
Abs.	Absatz
Abschn.	Abschnitt
A/D/S	Adler/Düring/Schmaltz Rechnungslegung und Prüfung der Unternehmen (Gesamtausgabe)
aE	am Ende
AEAO	Anwendungserlass zur Abgabenordnung
aF	alte Fassung
AfA	Absetzung für Abnutzung
AktG	Aktiengesetz
ALM	Automatisiertes Liegenschaftsbuch
Amtsbl.	Amtsblatt
AMVO	Altbaumietenverordnung
ÄndG	Änderungsgesetz
Anm.	Anmerkung
AO	Abgabenordnung
Art.	Artikel
AStG	Außensteuergesetz
BAnz.	Bundesanzeiger
BauGB	Baugesetzbuch
BauNVO	Baunutzungsverordnung
Ba-.Wü.	Baden-Württemberg
BB	Zeitschrift „Der Betriebsberater"
BBauBl.	Bundesbaublatt
Bd.	Band
BeckBil-Komm.	Beck'scher Bilanzkommentar 8. Auflage, 2012
Beck-HdR	Becksches Handbuch der Rechnungslegung (Loseblatt)
BeitrRLUmsG	Beitreibungsrichtlinien-Umsetzungsgesetz
BetrAVG	Betriebsrentengesetz
BewÄndG 1965	Gesetz zur Änderung des Bewertungsgesetzes v. 13.8.1965 (BGBl. I 1965, 851)
BewÄndG 1971	Bewertungsänderungsgesetz v. 27.7.1971 (BGBl. I 1971, 1157)
BewDV	Durchführungsverordnung zum Bewertungsgesetz
BewG	Bewertungsgesetz
BewG-DDR	Bewertungsgesetz der (ehem.) DDR
BewR	Bewertungsrichtlinien

Abkürzungs- und Literaturverzeichnis

BewR Bh.	Richtlinien für die Bewertung der Hafengrundstücke in Binnenhäfen v. 20.11.1970 – S 3015 A – 1 – St 321 (OFD Karlsruhe)
BewR DB	Richtlinien für die Bewertung der Betriebsgrundstücke der Deutschen Bundesbahn (OFD Frankfurt v. 15.9.1975 – S 3015 A – 1 – St III 40)
BewR Gr	Richtlinien für die Bewertung des Grundvermögens v. 19.9.1966 (BAnz. Nr. 183 v. 29.9.1966; BStBl. I 890)
BewR Jh.	Richtlinien für die Bewertung von Jacht- und Bootshäfen (OFD Kiel v. 20.12.1977 – S 3015 A – St 21/211)
BewRL	Richtlinien für die Bewertung des land- und forstwirtschaftlichen Vermögens v. 17.11.1967 (BAnz. Nr. 224 v. 30.11.1967) und v. 17.1.1968 (BAnz. Nr. 17 v. 25.1.1968)
BewR PSB	Richtlinien für die Bewertung der Betriebsgrundstücke der Seilschwebebahnen, Schlepplifte und Standseilbahnen (OFD München v. 1.8.1972 – S 3015–4/8 – St 31)
BFH	Bundesfinanzhof
BFHE	Sammlung der Entscheidungen des Bundesfinanzhofs
BFH/NV	Zeitschrift „Sammlung amtlich nicht veröffentlichter Entscheidungen des Bundesfinanzhofs"
BGB	Bürgerliches Gesetzbuch
BGBl.	Bundesgesetzblatt
BGH	Bundesgerichtshof
BGHZ	Sammlung der Entscheidungen des Bundesgerichtshofs in Zivilsachen
BImSchG	Bundes-Immissionsschutzgesetz
BMF	Bundesminister(ium) der Finanzen
BodSchätzG	Bodenschätzungsgesetz
BR-Drucks.	Bundesratsdrucksache
BStBl.	Bundessteuerblatt
BT-Drucks.	Bundestagsdrucksache
Buchst.	Buchstabe
BVerfG	Bundesverfassungsgericht
BVerfGE	Sammlung der Entscheidungen des Bundesverfassungsgerichts
BV-Erl.	Gleichlautende Erlasse der Obersten Finanzbehörden der Länder v. 25.6.2009 (BStBl. I 2009, 698) für die Anwendung der §§ 11, 95 bis 109 und 199 ff. BewG idF durch das ErbStRG
BVerwG	Bundesverwaltungsgericht
BV (BVO)	Berechnungsverordnung
BZSt	Bundeszentralamt für Steuern
DB	Der Betrieb, Zeitschrift

Abkürzungs- und Literaturverzeichnis

DBA	Doppelbesteuerungsabkommen
dgl.	dergleichen
DIN	Deutsche Industrie-Norm
DMBilG	D-Markbilanzgesetz
DStR	Zeitschrift „Deutsches Steuerrecht"
DStZ	Deutsche Steuerzeitung
DV (DVO)	Durchführungsverordnung
EFG	Zeitschrift „Entscheidungen der Finanzgerichte"
EG	Europäische Gemeinschaft
EGE	Europäische Größeneinheiten
EGAO	Einführungsgesetz zur Abgabenordnung
Eisele	Eisele, Erbschaftsteuerreform 2009, 2008
EMZ	Ertragsmesszahlen
ErbbVO	Verordnung über das Erbbaurecht
ErbStG	Erbschaftsteuer- und Schenkungsteuergesetz
ErbStH	Erbschaftsteuer-Hinweise
ErbStR	Erbschaftsteuer-Richtlinien 2011
ErbStR 2003	ErbSt-Richtlinien idF des Gleichl. Ländererlasses v. 2.4.2007 (BStBl. I 2007, 314)
ErbStRG	Erbschaftsteuer-Reformgesetz
Erl.	Erlass; Erläuterungen
ESt.	Einkommensteuer
EStDV	Einkommensteuer-Durchführungsverordnung
EStG	Einkommensteuergesetz
EStH	Einkommensteuer-Hinweise
EStR	Einkommensteuer-Richtlinien
EU	Europäische Union
EW	Einheitswert
f., ff.	folgend(e)
FA	Finanzamt
FB	Finanz-Berater (Zeitschrift)
F-Erl.	Gleichlautende Erlasse der obersten Finanzbehörden der Länder v. 30.3.2009 (BStBl. I 2009, 546) zur Feststellung von Grundbesitzwerten, von Anteilswerten und von Betriebsvermögenswerten
FG	Finanzgericht
FGO	Finanzgerichtsordnung
FinBeh.	Finanzbehörde
FinMin.	Finanzministerium
FinSen.	Senator für Finanzen
FR	Zeitschrift „Finanz-Rundschau"
FVG	Gesetz über die Finanzverwaltung
GBl.	Gesetzblatt
GBO	Grundbuchordnung
GbR	Gesellschaft des bürgerlichen Rechts

Abkürzungs- und Literaturverzeichnis

GenG	Genossenschaftsgesetz
GewStDV	Gewerbesteuer-Durchführungsverordnung
GewStG	Gewerbesteuergesetz
GewStR	Gewerbesteuer-Richtlinien
GFZ	Geschossflächenzahl
GG	Grundgesetz
GmbH	Gesellschaft mit beschränkter Haftung
GmbHG	Gesetz betr. die Gesellschaften mit beschränkter Haftung
GmbHR	Zeitschrift „GmbH-Rundschau"
GrEStG	Grunderwerbsteuergesetz
GRMG	Geschäftsraummietengesetz
GrSt.	Grundsteuer
GrStG	Grundsteuergesetz
GrStR	Grundsteuer-Richtlinien
Gürsching/Stenger	Gürsching/Stenger, Kommentar zum Bewertungsgesetz und zum Vermögensteuergesetz (Loseblatt)
GVBl.	Gesetz- und Verordnungsblatt
GV-Erl.	Gleichlautende Erlasse der Obersten Finanzbehörden der Länder v. 5.5.2009 (BStBl. I 2009, 590) für die Bewertung des Grundvermögens nach dem Sechsten Abschnitt des Zweiten Teils des Bewertungsgesetzes
Halaczinsky/Riedel	Halaczinsky/Riedel, Das neue Erbschaftssteuerrecht, 2009
Hess.	Hessen
HFR	Zeitschrift „Höchstrichterliche Finanzrechtsprechung"
HGB	Handelsgesetzbuch
hM	herrschende Meinung
Horschitz/Groß/Schnur	Horschitz/Groß/Schnur, Bewertungsrecht, Grundsteuer, Erbschaft- und Schenkungsteuer, Lehrbuch 13. Aufl. 2011
Hs.	Halbsatz
Hübner	Hübner, Erbschaftsteuerreform 2009, 2008
idF	in der Fassung
idR	in der Regel
iE	im Einzelnen, im Ergebnis
iL	in Liquidation
ImmoWertV	Immobilienwertermittlungsverordnung
INF	Zeitschrift „Die Information über Steuer und Wirtschaft"
InsO	Insolvenzordnung
iSd. (iSv.)	im Sinne des/der (von)
iVm.	in Verbindung mit
JStG	Jahressteuergesetz

Abkürzungs- und Literaturverzeichnis

KG	Kommanditgesellschaft
KGaA	Kommanditgesellschaft auf Aktien
Klein	Klein, Kommentar, Abgabenordnung, 10. Aufl. 2009
KO	Konkursordnung
KSt.	Körperschaftsteuer
KStDV	Körperschaftsteuer-Durchführungsverordnung
KStG	Körperschaftsteuergesetz
KStR	Körperschaftsteuer-Richtlinien
Leingärtner	Leingärtner, Besteuerung der Landwirte (Loseblatt)
LG	Landgericht
LuF-Erl.	Gleichlautende Erlasse der Obersten Finanzbehörden der Länder v. 1.4.2009 (BStBl. I 2009, 552) für die Bewertung des land- und forstwirtschaftlichen Vermögens nach dem Sechsten Abschnitt des Zweiten Teils des Bewertungsgesetzes
MBl.	Ministerialblatt
Meincke	Meincke, Erbschaft- und Schenkungsteuergesetz, Kommentar 16. Aufl. 2012
MinBlFin.	Ministerialblatt des Bundesministers der Finanzen
Moench/Albrecht	Moench/Albrecht, Erbschaftsteuer, 2. Aufl. 2009
mwN	mit weiteren Nachweisen
nF	neue Fassung
NJW	Neue Juristische Wochenschrift
NJW-RR	Neue Juristische Wochenschrift-Rechtsprechungs-Report
Nds.	Niedersachsen, niedersächsisch
nrkr.	nicht rechtskräftig
nv.	nicht veröffentlicht
NW (NRW)	Nordrhein-Westfalen
NWB	Neue Wirtschafts-Briefe
OFD	Oberfinanzdirektion
OHG	Offene Handelsgesellschaft
OLG	Oberlandesgericht
OVG	Oberverwaltungsgericht
pa.	per annum (pro Jahr)
RAP	Rechnungsabgrenzungsposten
RdF	Reichsminister der Finanzen
RFH	Reichsfinanzhof
RGBl.	Reichsgesetzblatt
rkr.	rechtskräftig
Rössler/Troll	Rössler/Troll, Kommentar zum Bewertungsgesetz (Loseblatt)

Abkürzungs- und Literaturverzeichnis

RStBl.	Reichssteuerblatt
Rz.	Randziffer
S.	Seite
Schmidt / Bearbeiter	Schmidt, Kommentar zum EStG, 31. Auflage 2012
Simon/Cors/Troll	Simon/Cors/Troll, Handbuch der Grundstückswertermittlung, 5. Aufl. 2003
sog.	so genannte
SoliZ	Solidaritätszuschlag
StÄndG	Steueränderungsgesetz
StandOG	Standortsicherungsgesetz
StEd	Zeitschrift „Steuer-Eildienst"
StEK	Steuererlasse in Karteiform
SEStEG	Gesetz über steuerliche Begleitmaßnahmen zur Einführung der Europäischen Gesellschaft und zur Änderung weiterer steuerrechtlicher Vorschriften
StGB	Strafgesetzbuch
StMBG	Missbrauchsbekämpfungs- und Steuerbereinigungsgesetz
StRefG	Steuerreformgesetz
StSenkG	Steuersenkungsgesetz
StuB	Zeitschrift „Steuern und Bilanzen"
StuW	Zeitschrift „Steuer und Wirtschaft"
StVereinfG	Steuervereinfachungsgesetz
StW	Zeitschrift „Steuerwarte"
Tipke/Kruse	Tipke/Kruse, Kommentar zur Abgabenordnung und Finanzgerichtsordnung (Loseblatt)
Troll/Gebel/ Jülicher	Troll/Gebel/Jülicher, Kommentar zum Erbschaftsteuer- und Schenkungsteuergesetz (Loseblatt)
Tz.	Textziffer
UStG	Umsatzsteuergesetz
uU	unter Umständen
VA	Verwaltungsakt
VE	Vieheinheit
VermBG	Vermögensbildungsgesetz
VG	Verwaltungsgericht
VGH	Verwaltungsgerichtshof
V/K/S	Viskorf/Knobel/Schuck, Erbschaft- und Schenkungsteuer, Bewertungsgesetz, Kommentar, 3. Aufl. 2010
VO	Verordnung
VOBl.	Verordnungsblatt
VSt.	Vermögensteuer
VStG	Vermögensteuergesetz

Abkürzungs- und Literaturverzeichnis

VStR	Vermögensteuer-Richtlinien
VStRG	Vermögensteuer-Reformgesetz
VVG	Gesetz über den Versicherungsvertrag
VwGO	Verwaltungsgerichtsordnung
VwV	Allgemeine Verwaltungsvorschrift
VwZG	Verwaltungszustellungsgesetz
WEG	Gesetz über das Wohnungseigentum und das Dauerwohnrecht (Wohnungseigentumsgesetz)
WertV	Wertermittlungsverordnung
WG	Wirtschaftsgüter
Wilms/Jochum	Erbschaft- und Schenkungsteuer, Kommentar (Loseblatt)
Wj.	Wirtschaftsjahr
WoBauG	Wohnungsbaugesetz
WPg.	Zeitschrift „Die Wirtschaftsprüfung"
WP-Handbuch	WP-Handbuch 2012, Band I, 14. Aufl., 2012
zB	zum Beispiel
ZPO	Zivilprozessordnung
ZVG	Zwangsversteigerungsgesetz

Einleitung

Übersicht

	Rn.
I. Entwicklung der Einheitsbewertung	1, 2
II. Grundlegende Änderungen seit 1964/74	3–21
1. Einigungsvertrag v. 31.8.1990 (BGBl. II 1990, 889)	4–8
2. Steueränderungsgesetz 1992 v. 25.2.1992 (BGBl. I 1992, 297)	9
3. Jahressteuergesetz 1997 v. 20.12.1996 (BGBl. I 1997, 2049)	10, 11
4. Gesetz zur Fortführung der Unternehmenssteuerreform v. 29. 10. 1997 (BGBl. I 1997, 2590)	12
5. Gesetz zur Anpassung steuerlicher Vorschriften der Land- und Forstwirtschaft v. 29. 6. 1998 (BGBl. I 1998, 1692)	13
6. Gesetz zur Umrechnung und Glättung steuerlicher Euro-Beträge v. 19. 12. 2000 (BGBl. I 2000, 1790)	14
7. Gesetz zur Änderung des BewG v. 10. 12. 2001 (BGBl. I 2001, 3435)	15
8. Jahressteuergesetz 2007 v. 13. 12. 2006 (BGBl. I 2006, 2878)	16
9. Gesetz zur Reform des Erbschaftsteuer- und Bewertungsrechts v. 24. 12. 2008 (BGBl. I 2008, 3018)	17, 18
10. Wachstumsbeschleunigungsgesetz v. 22.12.2009 (BGBl. I 2009, 3950)	19
11. Jahressteuergesetz 2010 v. 8.12.2010 (BGBl. I 2010, 1768); Steuervereinfachungsgesetz 2011 v. 1.11.2011 (BGBl. I 2011, 2131); Betreibungsrichtlinie-Umsetzungsgesetz v. 7.12.2011 (BGBl. I 2011, 2592)	20
12. Erbschaftsteuer-Richtlinien 2011 v. 19.12.2011 (BStBl. I 2011, 2)	21
III. Heutige Bedeutung des BewG	22, 23

I. Entwicklung der Einheitsbewertung

Die heutige Fassung des BewG hat ihren Ursprung in der RAO v. 13.12.1919. Der damals unternommene Versuch, allgemeine Grundsätze der Wertermittlung für die laufende Vermögensbesteuerung aufzustellen, misslang. Das erste BewG v. 10.8.1925 (RGBl. I

1

Einleitung   Entwicklung der Einheitsbewertung

1925, 214) führte bezogen auf die Einheitsbewertung ebenso wenig zum Erfolg, wie dessen Ablösung durch das BewG v. 22.5.1931 (RGBl. I 1931, 1035). Erst das RBewG 1935 v. 16.10.1934 (RGBl. I 1934, 1035) erreichte die Einheitlichkeit der Bewertung in der Weise, dass für die **Vermögensteuer,** die **Grundsteuer** und die **Gewerbesteuer** die **Einheitsbewertung** implementiert wurde. So wurde auf den **1.1.1935 die erste allgemeine Feststellung** (Hauptfeststellung) der Einheitswerte des Grundbesitzes durchgeführt. Der Hauptfeststellungsturnus von sechs Jahren konnte wegen des Zweiten Weltkrieges nicht eingehalten werden; überdies sprachen in den 50er Jahren tatsächliche Schwierigkeiten gegen die Durchführung einer neuen Hauptfeststellung. Folge war eine immer größer werdende Diskrepanz zwischen den tatsächlichen Grundstückswerten und den auf den 1.1.1935 festgestellten Einheitswerten. Mehrere gesetzgeberische Versuche, zu einer Neubewertung des Grundbesitzes zu gelangen, scheiterten. Erst der BFH schaffte durch sein Urteil IV 11/64 v. 5.11.1964 (BStBl. III 1964, 602) die Voraussetzungen für die **neue Hauptfeststellung von Einheitswerten auf den 1.1.1964,** in dem er die Verordnung über die Aufstellung von Durchschnittssätzen für die Ermittlung des Gewinns aus Land- und Forstwirtschaft v. 2.6.1949, die auf den Einheitswerten per 1.1.1935 beruhte, vom Wirtschaftsjahr 1965/66 ab für ungültig erklärte (Verstoß gegen Art. 3 GG). Der Zwang, zeitnahe Bewertungsgrundlagen zu schaffen, führte mit Datum v. 13.8.1965 zum Gesetz zur Änderung des BewG – BewÄndG – und zur Neufassung des BewG v. 10.12.1965 – **BewG 1965** – (BGBl. I 1965, 1861).

2   Art. 3 Abs. 1 **BewÄndG 1965** regelte, dass der Zeitpunkt, von dem an die Einheitswerte des Grundbesitzes der Hauptfeststellung 1964 der Besteuerung zugrunde zu legen sind, durch ein besonderes Gesetz bestimmt wird. Dies geschah durch das Gesetz zur Änderung bewertungsrechtlicher und anderer steuerrechtlicher Vorschriften (**BewÄndG 1971**) v. 27.7.1971 (BGBl. I 1971, 1157). Der Zeitpunkt wurde auf den 1.1.1974 festgelegt. Da zwischen tatsächlicher Wertfeststellung und erstmaliger Anwendung bereits wieder zehn Jahre verstrichen waren, wurde durch das **Vermögensteuerreformgesetz** 1974 v. 17.4.1974 (BGBl. I 1974, 949) **§ 121 a BewG** eingeführt, der als Sondervorschrift für die Anwendung der Einheitswerte 1964 einen Zuschlag von 40 % des Einheitswerts vom Grundbesitz für Zwecke der Vermögensteuer, der Erbschaftsteuer, der Gewerbesteuer, der Ermittlung des Nutzungswerts der selbstgenutzten Wohnung im eigenen Einfamilienhaus und der Grunderwerbsteuer vorsah. Durch die zwischenzeitlichen Änderungen hat § 121 a in der heutigen Fassung nur noch Bedeutung für die **Gewerbesteuer.**

II. Grundlegende Änderungen seit 1964/74

Durch § 123 Abs. 2 in der Fassung der Bekanntmachung v. 30.5.1985 (BGBl. I 1985, 845) wurde das BewG **neu bekanntgemacht** und zwar in der **Fassung v. 1.2.1991** (BGBl. I 1991, 230). Diese Fassung hat mit ihren nachfolgenden Änderungen noch heute Gültigkeit.

1. Einigungsvertrag v. 31.8.1990 (BGBl. II 1990, 889)

Durch den Einigungsvertrag wurden die Vorschriften des Dritten Abschnittes des BewG über die Bewertung von Vermögen in den **neuen Bundesländern** eingefügt.

Für das **land- und forstwirtschaftliche Vermögen** bestimmt § 125, dass die Einheitswerte, die nach den Wertverhältnissen v. 1.1.1935 festgestellt worden sind, ab 1.1.1991 nicht mehr angewendet werden (§ 125 Abs. 1). An ihre Stelle treten ab 1.1.1991 sog. **Ersatzwirtschaftswerte** (§ 125 Abs. 2).

Für **Grundvermögen** in den neuen Bundesländern bestimmt § 129, dass die Einheitswerte, die auf den 1.1.1935 festgestellt worden sind, fortgelten. § 132 sieht Fortschreibungen und Nachfeststellungen der Einheitswerte 1935 erstmals auf den 1.1.1991 vor; Mietwohngrundstücke und Einfamilienhäuser sind nach § 132 Abs. 2 davon grundsätzlich ausgenommen. Zum Ausgleich für die seit 1935 eingetretenen Wertveränderungen sieht § 133 für Betriebsgrundstücke für Zwecke der Gewerbesteuer, bis 1996 zusätzlich für Grundstücke für die Erbschaftsteuer und die Grunderwerbsteuer, prozentuale Zuschläge auf die Einheitswerte vor.

Für das **Betriebsvermögen** regelten die §§ 135, 136 durch den Verzicht auf die Einheitsbewertung eine sachliche Steuerbefreiung für Zwecke der Vermögensteuer und der Gewerbekapitalsteuer. Nach Wegfall beider Steuerarten wurden die Vorschriften durch das JStG 1997 v. 20.12.1996 (BGBl. I 1996, 2049) aufgehoben.

§ 24 c VStG regelte bis zur Abschaffung der Vermögensteuer zum 1.1.1997 die Nichterhebung der **Vermögensteuer** in den neuen Bundesländern. Insoweit war die Ermittlung des sonstigen Vermögens in diesen Ländern nicht erforderlich.

2. Steueränderungsgesetz 1992 v. 25.2.1992 (BGBl. I 1992, 297)

Das **Betriebsvermögen** wurde für Zwecke der Einheitsbewertung bis auf wenige Ausnahmen seit jeher mit dem Teilwert ange-

Einleitung Grundlegende Änderungen seit 1964/74

setzt. Die Erkenntnis, dass es sich bei der Vermögensteuer um eine Substanzsteuer handelt, die auch dann zu bezahlen ist, wenn ein Unternehmen Verluste macht, führte letztendlich zur Angleichung der Vermögensaufstellung an die Steuerbilanz. Das Steueränderungsgesetz 1992 ordnet die generelle **Übernahme der Steuerbilanzwerte** für Zwecke der Einheitsbewertung des Betriebsvermögens an. Nach Abschaffung der Vermögensteuer und der Gewerbekapitalsteuer (1.1.1997 bzw. 1.1.1998) hat die Ermittlung des Betriebsvermögens nur noch Bedeutung für die Erbschaft- und Schenkungsteuer.

3. Jahressteuergesetz 1997 v. 20.12.1996 (BGBl. I 1997, 2049)

10   Der schärfste Einschnitt in das Bewertungsrecht erfolgte durch das JStG 1997. Mit seinen beiden weitreichenden Beschlüssen v. 22.6.1995 zur Vermögensteuer (2 BvL 37/91, BStBl. II 1995, 655) und zur Erbschaftsteuer (2 BvR 552/91, BStBl. II 1995, 671) legte das BVerfG den Grundstein zur faktischen Abschaffung der Vermögensteuer und zu einer Neubewertung des Grundbesitzes. Dem Gesetzgeber wurde durch das BVerfG aufgegeben, ab 1.1.1997 die Vermögensteuer neu zu regeln. Da er dies nicht tat, wird die **Vermögensteuer seit 1.1.1997 nicht mehr erhoben**. Durch das JStG 1997 wurden die §§ 110 ff., die die Bewertung des sonstigen Vermögens regelten, abgeschafft.

11   Gleichzeitig wurde dem Gesetzgeber aufgegeben, die **Bewertung des Grundbesitzes** für Zwecke der **Erbschaftsteuer ab 1.1.1996** neu zu regeln. Das JStG 1997 setzte dies dadurch um, dass zwar die Einheitsbewertung für Zwecke der Grundsteuer beibehalten wurde, jedoch die Bewertung des Grundbesitzes für Erbschaft- und Schenkungsteuerzwecke und ab 1.1.1997 auch für Grunderwerbsteuerzwecke von der geltenden Einheitsbewertung abgekoppelt wurde. Die §§ 138 bis 150 führten zum 1.1.1996 die sog. Bedarfsbewertung ein. Anstelle der Einheitswerte und der Ersatzwirtschaftswerte (§§ 125 und 126) werden **Grundbesitzwerte** nach den Wertverhältnissen zum 1.1.1996 ermittelt. Die Festsetzung erfolgte nach einem typisierenden Verfahren, dem sog. **Ertragswertverfahren.**

4. Gesetz zur Fortführung der Unternehmenssteuerreform v. 29. 10. 1997 (BGBl. I 1997, 2590)

12   Mit Wirkung v. 1.1.1998 wurden durch dieses Gesetz die §§ 12 und 13 GewStG aufgehoben und damit die Besteuerung nach dem

Grundlegende Änderungen seit 1964/74 **Einleitung**

Gewerbekapital. Eine Einheitsbewertung des Betriebsvermögens ist deshalb nicht mehr vorzunehmen. Die Wertermittlung nach den §§ 95 ff. erfolgt ausschließlich für Zwecke der **Erbschaft- und Schenkungsteuer.**

5. Gesetz zur Anpassung steuerlicher Vorschriften der Land- und Forstwirtschaft v. 29. 6. 1998 (BGBl. I 1998, 1692)

Im BewG wurde § 51 Abs. 1 a mit der Folge eingefügt, dass für 13 Feststellungszeitpunkte ab 1.1.1999 ein **geänderter Vieheinheitenschlüssel** anzuwenden ist. Die Änderung bewirkte, dass wesentlich mehr Tierbestände als bisher zur landwirtschaftlichen statt zur gewerblichen Nutzung gehören.

6. Gesetz zur Umrechnung und Glättung steuerlicher Euro-Beträge v. 19. 12. 2000 (BGBl. I 2000, 1790)

Durch die **Einführung des Euro** mussten die alten DM-Beträge 14 aufgehoben und in Euro umgerechnet werden. Die betreffenden Einheitswerte sind auf volle Hundert Deutsche Mark abzurunden und sodann in Euro umzurechnen. Der auf Euro umgerechnete Betrag wird auf volle Euro abgerundet (§ 30). Bei der Einheitsbewertung des Grundbesitzes, die nach wie vor auf den Wertverhältnissen zum 1.1.1964 bzw. 1.1.1935 beruht, verbleibt es bei der Wertermittlung in Deutscher Mark.

7. Gesetz zur Änderung des BewG v. 10. 12. 2001 (BGBl. I 2001, 3435)

Durch eine Änderung in § 138 Abs. 4 wurde die Festschreibung 15 der Wertverhältnisse zum 1.1.1996 für die Feststellung der Grundbesitzwerte über den Zeitraum des 31.12.2001 hinaus bis zum 31.12.2006 verlängert.

8. Jahressteuergesetz 2007 v. 13. 12. 2006 (BGBl. I 2006, 2878)

Die Festschreibung der Wertverhältnisse 1996 für die Bedarfbe- 16 wertung des Grundvermögens lief zum 31.12.2006 aus, ohne dass bis dahin ein Konzept zur Neuregelung gefunden werden konnte. Da eine Entscheidung des BVerfG über den Vorlagebeschluss des II. Senats des BFH II R 61/99 v. 22.5.2002 (BStBl. II 2002, 598) in Kürze erwartet wurde, sollte mit diesem Gesetz eine grundlegende Neuordnung der Bewertung noch nicht erfolgen. Die Festschrei-

Einleitung Grundlegende Änderungen seit 1964/74

bung der Wertverhältnisse 1996 wurden nicht noch einmal verlängert, sondern die **Bedarfsbewertung** wurde **vorsichtig modernisiert**, ohne sie wesentlich zu verändern. Das JStG 2007 enthielt folgende neue Elemente:
– Anwendung der jeweils aktuellen Verhältnisse, keine Festschreibung von Wertverhältnissen der Vergangenheit mehr,
– Allgemeiner Ansatz des niedrigeren Verkehrswerts für jede wirtschaftliche Einheit bei entsprechendem Nachweis,
– Verzicht auf die Ermittlung einer Durchschnittsmiete aus den letzten drei Jahren bei Anwendung des Ertragswertverfahrens,
– Neuregelung der Bewertung der Erbbaurechte, Gebäude auf fremdem Grund und Boden, der mit dem Erbbaurecht belasteten Grundstücke und der mit fremden Gebäuden bebauten Grundstücke,
– Einführung der gesonderten Feststellung des Betriebsvermögens, der nicht notierten Anteile an Kapitalgesellschaften und der Beteiligungen an Gesellschaften und Gemeinschaften mit übrigem Vermögen,
– Einfügung verfahrensrechtlicher Vorschriften für die gesonderten Feststellungen.

9. Gesetz zur Reform des Erbschaftsteuer- und Bewertungsrechts v. 24. 12. 2008 (BGBl. I 2008, 3018)

17 Die tiefgreifendste Änderung in der Geschichte des Bewertungsrechts ist durch das ErbStRG zum 1.1.2009 erfolgt, nämlich die Bewertung aller Vermögensarten mit einem **einheitlichen Bewertungsmaßstab**, dem **gemeinen Wert**. Der BFH hatte mit Vorlagebeschluss II R 61/99 v. 22.5.2002 (BStBl. II 2003, 598) das BVerfG angerufen, weil er § 19 Abs. 1 ErbStG iVm. § 10 Abs. 1 Sätze 1 und 2, Abs. 6 Satz 4 ErbStG, § 12 ErbStG sowie §§ 13 a, 19 a ErbStG, dabei § 12 ErbStG iVm. den dort in Bezug genommenen Vorschriften des BewG, wegen Verstoßes gegen den Gleichheitssatz (Art. 3 Abs. 1 GG) für verfassungswidrig hielt, weil die Vorschriften zur Ermittlung der Steuerbemessungsgrundlage beim Betriebsvermögen, bei den Anteilen an Kapitalgesellschaften sowie beim Grundbesitz (einschließlich des land- und forstwirtschaftlichen Vermögens) unterschiedlich und damit gleichheitswidrig ausgestaltet seien. Das BVerfG hat diese Sicht mit Beschluss 1 BvL 10/02 v. 7.1.2006 (BStBl. II 2007, 192) bestätigt. Es hat entschieden, dass das Erbschaftsteuerrecht idF bis 31.12.2008 **verfassungswidrig** ist. Wenn der Gesetzgeber sich entschließe, den Vermögenszuwachs durch Erbschaft oder Schenkung zu besteuern, müsse er die Bewertung des

Grundlegende Änderungen seit 1964/74 **Einleitung**

Vermögens einheitlich am gemeinen Wert als dem maßgeblichen Bewertungsziel ausrichten. In einem ersten Schritt müsse der **gemeine Wert** des Vermögensanfalls in all seinen Teilen einheitlich ermittelt werden; allerdings sei es dem Gesetzgeber unbenommen, in einem zweiten Schritt durch **Verschonungsregelungen** steuerliche Lenkungsziele zu verfolgen, die dann zielgenau und normenklar ausgestaltet sein müssten. Bei Vorliegen ausreichender Gemeinwohlgründe könnte die Entlastung sogar zu einer vollständigen Befreiung führen. Am Ende seiner Entscheidung hat das BVerfG den Gesetzgeber verpflichtet, eine Neuregelung spätestens bis zum 31.12.2008 zu treffen.

Mit dem **ErbStRG**, das zum **1.1.2009** in Kraft getreten ist, hat 18 der Gesetzgeber die Vorgaben des BVerfG nunmehr umgesetzt. Der Bewertungsmaßstab des gemeinen Werts gilt für das land- und forstwirtschaftliche Vermögen (§ 162), das Grundvermögen (§ 177) und das Betriebsvermögen (§ 109 iVm. § 11 Abs. 2). Ob die **Neuregelung ihrerseits verfassungsgemäß** ist, darf bezweifelt werden (vgl. nur *Moench/Albrecht,* Erbschaftsteuer, Rz. 16, 779; *Hübner,* Erbschaftsteuerreform 2009, Vorwort). Bei Steuersätzen bis zu 50 % auf den gemeinen Wert hat die Erbschaftsteuer konfiskatorische Wirkung, zumal die Bewertung mit dem gemeinen Wert in vielen Fällen, insbesondere beim Grundvermögen, dazu führen wird, dass Erben die ererbten Immobilien veräußern müssen, um die Erbschaftsteuer bezahlen zu können. Dies ist aus volkswirtschaftlicher Sicht nicht wünschenswert und hält auch einer verfassungsrechtlichen Überprüfung nicht stand. Auch der BFH hat **Zweifel an der Verfassungsmäßigkeit** des ab 1.1.2009 geltenden Rechts geäußert. In BFH II R 9/11 v. 5.10.2011 (BStBl. II 2012, 29) hat das Gericht das BMF aufgefordert, dem Verfahren beizutreten. Im Streitfall geht es um die Fragen,
1. ob die auf Steuerentstehungszeitpunkte im Jahr 2009 beschränkte Gleichstellung von Personen der Steuerklasse II und III verfassungsgemäß ist und
2. ob § 19 Abs. 1 i. V. m. §§ 13 a und 13 b ErbStG deshalb gegen den allgemeinen Gleichheitssatz verstößt, weil diese Paragrafen es ermöglichen, durch bloße Wahl bestimmter Gestaltungen die Steuerfreiheit des Erwerbs von Vermögen gleich welcher Art und unabhängig von dessen Zusammensetzung und Bedeutung für das Gemeinwohl zu erreichen.

Sollte die Prüfung des BFH einen Verfassungsverstoß ergeben, wird der BFH das Verfahren aussetzen und eine Entscheidung des BVerfG einholen. Der Ausgang dieses Verfahrens darf mit Spannung erwartet werden.

Einleitung Grundlegende Änderungen seit 1964/74

10. Wachstumsbeschleunigungsgesetz v. 22.12.2009 (BGBl. I 2009, 3950)

19 Eine wichtige Änderung hat das ErbStRG v. 24.12.2008 (Rz. 17) durch das WachstBeschlG erfahren. Das ErbStRG sah keine **Steuersatzdifferenzierung** zwischen den **Erbschaftsteuerklassen II und III** vor. Nahe Verwandte wurden im Jahr 2009 wie fremde Dritte mit 30 % bis 50 % besteuert. Durch das WachstBeschlG a. a. O. wurden in der Steuerklasse II diese Sätze auf 15 % bis 43 % reduziert, allerdings erst mit Wirkung ab 1.1.2010. Im Jahr 2009 galten die Steuersätze 30 % bis 50 %. Ob diese Regelung verfassungsgemäß ist, prüft der BFH zurzeit (s. Rz. 18).

11. Jahressteuergesetz 2010 v. 8.12.2010 (BGBl. I 2010, 1768); Steuervereinfachungsgesetz 2011 v. 1.11.2011 (BGBl. I 2011, 2131); Betreibungsrichtlinie-Umsetzungsgesetz v. 7.12.2011 (BGBl. I 2011, 2592)

20 Durch die genannten Gesetze wurde das ErbStRG v. 24.12.2008 (Rz. 17) im Wesentlichen **redaktionell nachgebessert**. Hervorzuheben ist die durch das JStG 2010 eingefügte Gleichstellung eingetragener Lebenspartner mit Eheleuten bezogen auf den Erbschaftsteuertarif (d.h. rückwirkend ab 1.1.2009 Steuerklasse I statt Steuerklasse III) sowie die durch das StVereinfG 2011 eingefügte Änderung des § 205, wonach das BewG i.d.F. des Art. 7 des StVereinfG 2011 auf Bewertungsstichtage nach dem 30.6.2011 anzuwenden ist.

12. Erbschaftsteuer-Richtlinien 2011 v. 19.12.2011 (BStBl. I 2011, 2)

21 Die Erbschaftsteuer-Richtlinien 2011 sind am 19.12.2011 in Kraft getreten sind sie. Damit werden die überholten ErbStR 2003 an die umfangreichen Rechtsänderungen, die sich zwischenzeitlich ergeben haben, insbesondere **an die Erbschaftsteuerreform 2009, angepasst**. Die ErbStR 2011 sind Weisungen an die Finanzbehörden zur einheitlichen Anwendung des Erbschaft- und Schenkungsteuerrechts und der dazu notwendigen Regelungen des Bewertungsrechts. Sie sind auf alle Erwerbsfälle anzuwenden, für die die Steuer nach dem 2.11.2011 entstanden ist. Sie gelten auch für Erwerbsfälle, für die die Steuer vor dem 3.11.2011 entstanden ist, soweit sie geänderte Vorschriften des ErbStG und des BewG betreffen, die vor dem 3.11.2011 anzuwenden sind. Bisher ergangene

III. Heutige Bedeutung des BewG

Der tragende Grundsatz des BewG, nämlich die **Einheitsbewer-** 22
tung, ist zwar erhalten geblieben, hat jedoch nur noch Bedeutung für die **Grundsteuer**, im Falle von Betriebsgrundstücken auch für die **Gewerbesteuer** (s. § 121 a BewG iVm. § 9 Nr. 1 GewStG). Die §§ 138 ff. (Bewertung von Grundbesitz) haben ab dem 1.1.2009 nur noch Bedeutung für die **Grunderwerbsteuer**.

Entscheidende Bedeutung haben heute die §§ 109 iVm. § 11 23
Abs. 2 sowie die neu eingefügten §§ 157 ff., 199 ff. Der durchgängige Ansatz aller Vermögensarten mit dem gemeinen Wert bedeutet einen **Paradigmenwechsel** im Bewertungsrecht ungeahnten Ausmaßes. Ob die Verschonungsregelungen des ErbStG für Betriebs- und Grundvermögen in der Praxis hier einen sachgerechten Ausgleich bieten, bleibt abzuwarten.Der BFH (II R 9/11 v. 5.10.2011, BStBl. II 2012, 29 hat seine Zweifel bereits geäußert (vgl. Rz. 18). Man darf gespannt sein, ob zum Zeitpunkt des Erscheinens der nächsten Auflage dieses Kommentars die im Folgenden zu kommentierenden Regelungen noch unverändert sein werden.

Bewertungsgesetz (BewG)

In der Fassung der Bekanntmachung vom 1.2.1991 (BGBl. I 1991, 230; BStBl. I 1991, 168).

Geändert durch Art. 8 Steueränderungsgesetz 1991 v. 24.6.1991 (BGBl. I 1991, 1322; BStBl. I 1991, 665); Art. 13 Steueränderungsgesetz 1992 v. 25.2.1992 (BGBl. I 1992, 297; BStBl. I 1992, 146); Art. 3 Zinsabschlaggesetz v. 9.11.1992 (BGBl. I 1992, 1853; BStBl. I 1992, 682); Art. 24 Gesetz zur Umsetzung des Föderalen Konsolidierungsprogramms v. 23.6.1993 (BGBl. I 1993, 944; BStBl. I 1993, 510); Art. 9 Standortsicherungsgesetz v. 13.9.1993 (BGBl. I 1993, 1569; BStBl. I 1993, 791); Art. 14 Mißbrauchsbekämpfungs- und Steuerbereinigungsgesetz v. 21.12.1993 (BGBl. I 1993, 2310; BStBl. I 1994, 74); Art. 28 Pflege-Versicherungsgesetz v. 26.5.1994 (BGBl. I 1994, 1014; BStBl. I 1994, 531); Art. 26 Agrarsozialreformgesetz 1995 v. 29.7.1994 (BGBl. I 1994, 1890; BStBl. I 1994, 543); Art. 12 Abs. 38 Postneuordnungsgesetz v. 14.9.1994 (BGBl. I 1994, 2325; BStBl. I 1995, 256); Art. 6 Entschädigungs- und Ausgleichsleistungsgesetz v. 27.9.1994 (BGBl. I 1994, 2624; ber. BGBl. I 1995, 110); Art. 22 Jahressteuergesetz 1996 v. 11.10.1995 (BGBl. I 1995, 1250, 1400; ber. BGBl. I 1996, 714, BStBl. I 1995, 438); Art. 6 Gesetz zur Neuregelung der steuerrechtlichen Wohneigentumsförderung v. 15.12.1995 (BGBl. I 1995, 1783; ber. BGBl. I 1996, 321, BStBl. I 1995, 775); Art. 1 Jahressteuergesetz 1997 v. 20.12.1996 (BGBl. I 1996, 2049; BStBl. I 1996, 1523); Art. 6 Gesetz zur Fortsetzung der Unternehmenssteuerreform v. 29.10.1997 (BGBl. I 1997, 2590; BStBl. I 1997, 928); Art. 2 Gesetz zur Anpassung steuerlicher Vorschriften der Land- und Forstwirtschaft v. 29.6.1998 (BGBl. I 1998, 1692; BStBl. I, 1998, 930); Art. 17 Steuer-Euroglättungsgesetz v. 19.12.2000 (BGBl. I 2000, 1790; BStBl. I 2001, 3); Art. 20 Gesetz zur Reform des Wohnungsbaurechts v. 13.9.2001 (BGBl. I 2001, 2376; BStBl. I 2000, 631); Art. 105 Siebente Zuständigkeitsanpassungs-Verordnung v. 29.10.2001 (BGBl. I 2001, 2785); Gesetz zur Änderung des Bewertungsgesetzes v. 10.12.2001 (BGBl. I 2001, 3435; BStBl. I 2001, 75); Art. 14 Steueränderungsgesetz 2001 v. 20.12.2001 (BGBl. I 2001, 3794, BStBl. I 2002, 4); Art. 115 9. ZuständigkeitsanpassungsVO v. 31.10.2006 (BGBl. I 2006, 2407); Art. 8 SEStEG v. 7.12.2006 (BGBl. I 2006, 2782; BStBl. I 2007, 4); Jahressteuergesetz 2007 v. 13.12.2006 (BGBl. I 2006, 2878); Art. 13 a Finanzmarktrichtlinie-Umsetzungsgesetz v. 16.7.2007 (BGBl. I 2007, 1330); Art. 21 Jahressteuergesetz 2008 v. 20.12.2007 (BGBl. I 2007, 3150); Art. 2 und 3 Gesetz zur Reform des Erbschaftsteuer- und Bewertungsrechts v. 24.12.2008 (BGBl. I 2008, 3018; BStBl. I 2009, 140); Art. 13 Jahressteuergesetz 2010 v. 8.12.2010 (BGBl. I 2010, 1768; BStBl. I 2010, 1394); Art. 7 Steuervereinfachungsgesetz 2011 v. 1.11.2011 (BGBl. I 2011, 2131; BStBl. I 2011, 986); Art. 10 Beitreibungsrichtlinie–Umsetzungsgesetz v. 7.12.2011 (BGBl. I 2011, 2592; BStBl. I 2011, 1171) und Art. 13 Abs. 3 Gesetz zur Neuordnung der Organisation der landwirtschaftlichen Sozialversicherung (LSV-Neuordnungsgesetz) v. 12.4.2012 (BGBl. I 2012, 579)

Erster Teil. Allgemeine Bewertungsvorschriften

§ 1 Geltungsbereich

(1) **Die allgemeinen Bewertungsvorschriften (§§ 2 bis 16) gelten für alle öffentlich-rechtlichen Abgaben, die durch Bundesrecht geregelt sind, soweit sie durch Bundesfinanzbehörden oder durch Landesfinanzbehörden verwaltet werden.**

(2) **Die allgemeinen Bewertungsvorschriften gelten nicht, soweit im Zweiten Teil dieses Gesetzes oder in anderen Steuergesetzen besondere Bewertungsvorschriften enthalten sind.**

I. Entstehung und Bedeutung der Vorschrift

1   Die Vorschrift geht zurück auf das **RBewG 1935**. Nach Inkrafttreten des Grundgesetzes 1948 musste die Vorschrift den geänderten Gegebenheiten angepasst werden, insbesondere zwischen der ausschließlichen und der konkurrierenden Gesetzgebung des Bundes und der Länder unterschieden werden. Diese veränderten Verhältnisse fanden Eingang in die **Neufassung des BewG v. 10.12.1965** (BGBl. I 1965, 1861). Fortan wurde in Abs. 1 der sachliche Geltungsbereich der allgemeinen Bewertungsvorschriften für alle öffentlich-rechtlichen Abgaben, die durch Bundesrecht geregelt sind, soweit sie durch Bundesfinanzbehörden oder durch Landesfinanzbehörden verwaltet werden, und durch Abs. 2 die Nachrangigkeit der allgemeinen Bewertungsvorschriften, soweit im Zweiten Teil des BewG oder in anderen Steuergesetzen besondere Bewertungsvorschriften enthalten sind, geregelt. Diese Fassung ist bis heute unverändert.

II. Aufbau und Bedeutung des Bewertungsgesetzes

1. Aufbau

2   Das BewG ist in drei Teile aufgegliedert: Der Erste Teil enthält die allgemeinen Bewertungsvorschriften, insbesondere die **Bewertungsmaßstäbe** (§§ 1–16). Sie gelten für alle bundesrechtlich geregelten öffentlich-rechtlichen Abgaben. Der Zweite Teil (§§ 17–203) enthält die besonderen Bewertungsvorschriften und der Dritte Teil (§§ 204 und 205) enthält die Schlussbestimmungen, insbesondere die Anwendungsregelung in § 205 sowie Anlagen.

Aufbau und Bedeutung des Bewertungsgesetzes § 1

Der Zweite Teil und **Kern des Bewertungsgesetzes** gliedert 3
sich in sechs Unterabschnitte:

Der **1. Abschnitt** enthält die Vorschriften über die Einheitsbe- 4
wertung im Allgemeinen (§§ 19–32), die Bewertung des land- und
forstwirtschaftlichen Vermögens (§§ 33–67), die Bewertung des
Grundvermögens (§§ 68–94) und die Bewertung des Betriebsvermögens (§§ 95–109).

Der **2. Abschnitt** (§§ 121–123) umfasst Sondervorschriften und 5
Ermächtigungen, insbesondere die Bewertung des Inlandsvermögens
von Steuerausländern für erbschaft- und schenkungsteuerliche Zwecke.

Der **3. Abschnitt** (§§ 125–137) beinhaltet Vorschriften für die 6
Bewertung von Vermögen in den neuen Bundesländern, insbesondere die Bewertung des dortigen land- und forstwirtschaftlichen Vermögens und des Grundvermögens.

Der **4. Abschnitt** (§§ 138–150) beinhaltet Vorschriften für die 7
Bewertung von Grundbesitz für die Erbschaftsteuer ab 1.1.1996 und
für die Grunderwerbsteuer ab 1.1.1997(Geltung bis 31.12.2008).

Der **5. Abschnitt** (§§ 151 bis 156) enthält Vorschriften über die 8
gesonderten Feststellungen der Grundbesitzwerte, des Werts des
Betriebsvermögens oder Anteils am Betriebsvermögen, des Werts
von Anteilen an Kapitalgesellschaften iSd. § 11 Abs. 2 und des Werts
von anderen Vermögensgegenständen und Schulden, die mehreren
Personen zustehen.

Der **6. Abschnitt** (§§ 157 bis 203) enthält Vorschriften über die 9
Bewertung von Grundbesitz, von nicht notierten Anteilen an Kapitalgesellschaften und von Betriebsvermögen für die Erbschaftsteuer
ab 1.1.2009.

2. Bedeutung

Das BewG ist das zentrale Gesetz für die **Feststellung von Steu-** 10
erwerten bei der Bewertung von WG. Es liefert die Grundlagen
zur Feststellung der zu bewertenden wirtschaftlichen Einheiten des
land- und forstwirtschaftlichen Vermögens, des Grundvermögens
und des Betriebsvermögens sowie die Bewertungsmaßstäbe für die
Bewertung. Von seinem theoretischen Ansatz her will das BewG
gewährleisten, dass ein Gegenstand, der mehreren Steuern unterliegt,
für diese Zwecke **einheitlich bewertet** wird. Dafür legt das BewG
allgemein verbindliche Bewertungsregeln fest. Sie sind von dem
Gedanken getragen, die WG mit einem einheitlichen Wert, nämlich
dem **Einheitswert**, zu erfassen. Seit der Übernahme der Steuerbilanzwerte in die Vermögensaufstellung für Zwecke der Vermögen-

§ 1 Geltungsbereich

steuer (1.1.1993 bis 1.1.1996), Übernahme der Steuerbilanzwerte bei der Bewertung des Betriebsvermögens für Zwecke der Erbschaft- und Schenkungsteuer vom 1.1.1993 bis 31.12.2008 (§ 12 Abs. 5 ErbStG aF), der Abschaffung der Gewerbekapitalsteuer zum 1.1.1998, der Abschaffung der Vermögensteuer zum 1.1.1997 sowie der Einführung der Bedarfsbewertung für die Bewertung von Grundbesitz für die Erbschaftsteuer ab 1.1.1996 und die Grunderwerbsteuer ab 1.1.1997 ist die das BewG tragende Einheitsbewertung weitgehend in den Hintergrund getreten. Dies gilt insbesondere nach der **Erbschaftsteuerreform zum 1.1.2009**, nach der für alle Vermögensarten der **gemeine Wert** anzusetzen ist. Das BewG hat heute in erster Linie die Aufgabe, die zu bewertenden wirtschaftlichen Einheiten des land- und forstwirtschaftlichen Vermögens, des Grundvermögens und des Betriebsvermögens für Zwecke der Erbschaft- und Schenkungsteuer festzustellen und die notwendigen Bewertungsmaßstäbe zu bestimmen.

III. Anwendungsbereich der allgemeinen Bewertungsvorschriften (Abs. 1)

11   Die **allgemeinen Bewertungsvorschriften** (§§ 2–16) gelten grundsätzlich für alle öffentlich-rechtlichen Abgaben, die durch Bundesrecht geregelt sind, soweit sie durch Bundesfinanzbehörden oder durch Landesfinanzbehörden verwaltet werden. Dies sind die Steuern, für die der Bund nach Art. 105 Abs. 1 und 2 GG die Gesetzgebungskompetenz hat, also in erster Linie die Ertragsteuern einschließlich der Gewerbesteuer, die Umsatzsteuer sowie die Realsteuern. Dieser Grundsatz wird jedoch durch den folgenden Abs. 2 erheblich eingeschränkt.

IV. Nachrangigkeit der allgemeinen Bewertungsvorschriften (Abs. 2)

1. Vorrang des Zweiten Teils des BewG (§§ 17–203)

12   § 1 Abs. 2 ist durch das ErbStRG v. 24.12.2008 (BStBl. I 2009, 140) unverändert geblieben. Danach gelten die allgemeinen Bewertungsvorschriften nicht, soweit der zweite Teil des BewG **entgegenstehende Spezialvorschriften** enthält. Die Vorschrift tritt nach ihrer Konzeption ergänzend zu derjenigen des § 17 Abs. 3 (s. § 17 Rz. 5). Das BewG folgte hier bisher dem allgemeinen Grund-

Nachrangigkeit allg. Bewertungsvorschriften **§ 1**

satz „**lex specialis derogat legi generali**". Sind besondere Wertungsvorschriften, insbesondere Bewertungsmaßstäbe vorhanden, gehen diese den allgemeinen Bewertungsvorschriften vor. Nach der Erbschaftsteuerreform 2009 läuft diese Vorschrift weitgehend leer. Denn es waren bisher vor allem die Vorschriften über die Bewertung des land- und forstwirtschaftlichen Vermögens (Bewertung mit dem Ertragswert, § 36 Abs. 1), des Betriebsvermögens (Bewertung mit dem Steuerbilanzwert, § 109 Abs. 1) und des Grundvermögens (Bewertung mit dem Grundbesitzwert, §§ 138 ff.), die einen abweichenden Bewertungsmaßstab vorsahen. Seit dem **1.1.2009** gilt für alle Vermögensarten der Bewertungsmaßstab des **gemeinen Werts** (§ 162 Abs. 1 Satz 1 für das land- und forstwirtschaftliche Vermögen; § 109 für das Betriebsvermögen und § 177 für das Grundvermögen). Insoweit hat also § 1 Abs. 2 seine Bedeutung weitgehend verloren.

2. Vorrang anderer Steuergesetze

Die allgemeinen Bewertungsvorschriften treten ebenfalls zurück, 13 soweit **in anderen Steuergesetzen besondere Bewertungsvorschriften enthalten** sind. Auch dies ist eine Ausprägung des Grundsatzes „lex specialis derogat legi generali". So enthält das BewG zwar in § 10 für WG, die einem Unternehmen dienen, die begriffliche Definition des Teilwerts. Diese Vorschrift läuft indes für inländisches Betriebsvermögen leer. Für einkommen- bzw. körperschaftsteuerliche Zwecke gilt § 6 Abs. 1 Nr. 1 EStG (= Vorrang des Einzelsteuergesetzes) und für erbschaft- und schenkungsteuerliche Zwecke gilt gemäß § 12 Abs. 5 ErbStG iVm. § 11 der gemeine Wert als Bewertungsmaßstab.

Ist eine Bewertung für erbschaft- bzw. schenkungsteuerliche Zwe- 14 cke vorzunehmen, so geht die Bewertung nach dem § 12 Abs. 2 bis 7 ErbStG den allgemeinen Bewertungsvorschriften vor. Nach der **Erbschaftsteuerreform zum 1.1.2009** handelt es sich hierbei allerdings nicht mehr um einen echten Bewertungsvorrang, denn § 12 Abs. 2 bis 7 verweisen ihrerseits zurück auf das BewG und nennen als Bewertungsmaßstäbe den gemeinen Wert bzw. bei Bodenschätzen, die nicht im Betriebsvermögen gehalten werden, den ertragsteuerlichen Wert (§ 12 Abs. 4 ErbStG). Liefert das besondere Steuergesetz dagegen keinen eigenen Bewertungsmaßstab (*Beispiel:* Vererbung einer im Privatvermögen gehaltenen Segelyacht), so bleiben die allgemeinen Bewertungsvorschriften gemäß § 12 Abs. 1 ErbStG anwendbar.

§ 12 Abs. 7 ErbStG als Spezialgesetz verweist bei der Bewertung 15 ausländischen Grundbesitzes und ausländischen Betriebsvermögens auf § 31 und damit auf eine Vorschrift des Zweiten Teils des BewG. Jedoch handelt es sich auch hier nicht um einen echten Bewertungsvorrang, denn aus § 31 ergibt sich als Bewertungsmaßstab der gemeine Wert, der sich ebenfalls aus § 9 ergibt, also einer Vorschrift des Ersten Teils. Ausländischer Grundbesitz und **ausländisches Betriebsvermögen** ist damit mit dem **gemeinen Wert** zu bewerten.().

16 Nach der **Erbschaftsteuerreform** läuft somit § 1 Abs. 2 weitestgehend leer.

§ 2 Wirtschaftliche Einheit

(1) ¹**Jede wirtschaftliche Einheit ist für sich zu bewerten.** ²**Ihr Wert ist im ganzen festzustellen.** ³**Was als wirtschaftliche Einheit zu gelten hat, ist nach den Anschauungen des Verkehrs zu entscheiden.** ⁴**Die örtliche Gewohnheit, die tatsächliche Übung, die Zweckbestimmung und die wirtschaftliche Zusammengehörigkeit der einzelnen Wirtschaftsgüter sind zu berücksichtigen.**

(2) **Mehrere Wirtschaftsgüter kommen als wirtschaftliche Einheit nur insoweit in Betracht, als sie demselben Eigentümer gehören.**

(3) **Die Vorschriften der Abs. 1 und 2 gelten nicht, soweit eine Bewertung der einzelnen Wirtschaftsgüter vorgeschrieben ist.**

Übersicht

	Rn.
I. Entstehung und Bedeutung der Vorschrift	1
II. Begriff der wirtschaftlichen Einheit (Abs. 1 und 2)	2–25
1. Abgrenzung zum Wirtschaftsgut	2–4
2. Abgrenzung nach der Verkehrsauffassung	5–8
a) Örtliche Gewohnheit und tatsächliche Übung	6
b) Zweckbestimmung	7
c) Wirtschaftliche Zusammengehörigkeit	8
3. Einheitliches Eigentum	9–14
a) Regel	9–11
b) Ausnahmen	12–14
4. Wirtschaftliches Eigentum (§ 39 AO)	15–22
5. Zusammenfassende Definition	23
6. Wirtschaftliche Einheit durch Gesetz	24
7. Wirtschaftliche Untereinheiten	25

Begriff der wirtschaftlichen Einheit (Abs. 1 und 2) § 2

III. Bewertung der wirtschaftlichen Einheit
(Abs. 3) 26–31
1. Bewertungsgegenstand 26
2. Bewertungsmethode 27–31
   a) Regelfall: Gesamtbewertung 27, 28
   b) Ausnahme: Einzelbewertung 29–31

I. Entstehung und Bedeutung der Vorschrift

Die Vorschrift geht zurück auf § 137 Abs. 2 AO 1919. Seit ihrer 1
Übernahme in das RBewG 1935 ist sie bis heute unverändert geblieben. § 2 beschreibt den Bewertungsgegenstand, also die wirtschaftliche Einheit, die nach den Regeln des BewG zu bewerten ist.

II. Begriff der wirtschaftlichen Einheit (Abs. 1 und 2)

1. Abgrenzung zum Wirtschaftsgut

§ 2 Abs. 1 Satz 1 bestimmt, das **wirtschaftliche Einheiten** zu 2
bewerten sind. Eine gesetzliche Definition des Begriffes fehlt. Eine Definition muss sich deshalb direkt aus § 2 ableiten lassen. Aus Abs. 1 Satz 3, wo auf die Anschauungen des Verkehrs abgestellt wird, lässt sich folgern, dass wertende Gesichtspunkte bei der Feststellung einer wirtschaftlichen Einheit Berücksichtigung finden. Denn die Anschauungen des Verkehrs können durchaus verschieden sein. Aus Abs. 1 Satz 4 und Abs. 2 ist hingegen abzuleiten, dass die wirtschaftliche Einheit aus einem oder mehreren **Wirtschaftsgütern** besteht. Auch der Begriff des WG ist gesetzlich nicht definiert, sondern durch die Rspr. entwickelt worden (s. *Gürsching/Stenger* § 2 Rz. 49). Man versteht unter einem WG ein solches Gut, welches im Wirtschafts- und Geschäftsverkehr einen Geldwert besitzt und einer selbständigen Bewertung fähig ist. Dies können materielle, aber auch immaterielle WG sein (zB der Firmenwert).

Fraglich ist, ob auch **Verbindlichkeiten und sonstige Schulden** 3
zum Begriff des Wirtschaftsguts gehören. Unter Verweis auf die Steuerbilanz nimmt die herrschende Meinung dies an, denn in der Steuerbilanz wird zwischen positiven (aktiven) Wirtschaftsgütern und negativen (passiven) Wirtschaftsgütern unterschieden, worunter die Schulden und Rückstellungen zu verstehen sind (vgl. *Rössler/Troll* § 2 Rz. 3; *Gürsching/Stenger* § 2 Rz. 49 a. E.; wohl auch *V/K/S* § 2 BewG Rz. 3, der darauf abstellt, dass der Begriff des Wirt-

§ 2 Wirtschaftliche Einheit

schaftsguts im Bilanzsteuerrecht und im Bewertungsrecht identisch sei).

4   In der **1. Auflage** (§ 2 Rz. 5; vor §§ 95–109 Rz. 12 ff.) ist hier noch die Auffassung vertreten worden, dass der **Begriff des WG nur die positiven Vermögensgegenstände ausmache**, also nicht die Schulden mit umfasse. Diese **Auffassung** wird ausdrücklich **aufgegeben**. Zwar könnte man aus § 103 beim Betriebsvermögen schließen, dass der gesonderte Ansatz des Abzugs von Schulden überflüssig wäre, wenn die Schulden bereits beim Umfang des Betriebsvermögens (§ 95) mit berücksichtigt werden würden. Dieses Argument überzeugt seit dem 1.1.2009 nicht mehr. Durch die Streichung des § 98a und der Bewertung des Betriebsvermögens mit dem gemeinen Wert (§ 109 Abs. 1 iVm. § 11 Abs. 2) gilt der **Grundsatz der Gesamtbewertung** auch für das Betriebsvermögen. Ein gesonderter Abzug der Betriebsschulden erfolgt nur noch in Ausnahmefällen. Der Begriff des WG ist deshalb mit der h M so auszulegen, dass er sowohl die positiven als auch die negativen Vermögensgegenstände umfasst.

2. Abgrenzung nach der Verkehrsauffassung

5   § 2 Abs. 1 Satz 3 stellt bei der Frage, was als **wirtschaftliche Einheit** zu gelten hat, auf die Anschauungen des Verkehrs ab. Gemeint sind nicht die Anschauungen bestimmter Wirtschaftskreise, sondern die Auffassung der Allgemeinheit vernünftig denkender Menschen, also solcher, die urteilsfähig sind und einen unvoreingenommenen Standpunkt einnehmen können (vgl. BFH III 148/54 U v. 15.10.1954, BStBl. III 1955, 2). Diese, in der Praxis wenig brauchbaren Aussagen zur **Verkehrsanschauung**, werden konkretisiert durch § 2 Abs. 1 Satz 4. Denn zur Feststellung der Anschauungen des Verkehrs sind die örtliche Gewohnheit, die tatsächliche Übung, die Zweckbestimmung und die wirtschaftliche Zusammengehörigkeit der einzelnen WG zu berücksichtigen. Neben dem objektiven Merkmal der Verkehrsanschauung sind demgemäß auch subjektive Merkmale zur Feststellung der wirtschaftlichen Einheit maßgebend (zutreffend *Rössler/Troll* § 2 Rz. 4).

6   **a) Örtliche Gewohnheit und tatsächliche Übung.** Beides sind objektive Merkmale, die inhaltlich zusammengehören. Als Gewohnheit kann man nur das bezeichnen, was tatsächlich ausgeübt wird, anderenfalls ist es keine Gewohnheit (wohl aA *Gürsching/Stenger* § 2 Rz. 65). Allerdings sind auch Fälle denkbar, in denen die **tatsächliche Übung** von der **allgemeinen Gewohnheit** abweicht, nämlich dann, wenn der Eigentümer des WG durch dessen tatsächli-

Begriff der wirtschaftlichen Einheit (Abs. 1 und 2) § 2

che Nutzung von den örtlichen Gewohnheiten abweicht. In einem solchen Fall hat nicht die **örtliche Gewohnheit**, sondern die tatsächliche Übung den Vorrang (gegen die hM, vgl. *Rössler/Troll* § 2 Rz. 5; *Gürsching/Stenger* § 2 Rz. 65). Wird also beispielsweise ein WG, welches für einen land- und forstwirtschaftlichen Betrieb angeschafft worden ist, nahezu ausschließlich für private Zwecke genutzt, spielt die gegenteilige örtliche Gewohnheit keine Rolle, sondern die tatsächliche Nutzung ist für die Erfassung des WG in einer wirtschaftlichen Einheit entscheidend.

b) Zweckbestimmung. Die Zweckbestimmung ist ein **subjektives Abgrenzungsmerkmal**. Es stellt darauf ab, wie der Wille des Eigentümers des WG tatsächlich in die Tat umgesetzt worden ist. Maßgebend ist also der aus dem Geschehen abgeleitete objektivierte Wille (BFH III 148/54 v. 15.10.1954, BStBl. III 1955, 2). Die Zweckbestimmung ist dann unbeachtlich, wenn sie mit der Verkehrsauffassung oder der örtlichen Gewohnheit als objektivierbare Maßstäbe nicht zu vereinbaren ist. Diese Abgrenzung hat insbesondere Bedeutung für eine von der örtlichen Gewohnheit abweichenden Nutzung von Grundstücken (vgl. dazu BFH III R 81/82 v. 25.2.1983, BStBl. II 1983, 552; III R 40/82 v. 15.6.1983, BStBl. II 1983, 752; II R 46/88 v. 1.8.1990, BStBl. II 1990, 1016; II R 82/88 v. 24.10.1990, BStBl. II 1991, 503). 7

c) Wirtschaftliche Zusammengehörigkeit. Die wirtschaftliche Zusammengehörigkeit ist ein **objektives Abgrenzungsmerkmal**. Sie stellt auf den Funktionszusammenhang der einzelnen WG ab und ob sie objektiv zu einer Zusammenfassung zu einer einheitlichen wirtschaftlichen Einheit geeignet sind. Kennzeichnend für die wirtschaftliche Zusammengehörigkeit ist also der gemeinsame Zweck. Typisches Beispiel dafür sind die verschiedenen WG, die in einem gewerblichen Betrieb genutzt werden und ihm damit dienen (zB alle WG, die dem gewerblichen Betrieb dienen). Kennzeichnend für die wirtschaftliche Zusammengehörigkeit ist die Zugehörigkeit der einzelnen WG zu derselben Vermögensart (BFH III R 51/74 v. 12.12.1975, BStBl. II 1976, 281). 8

3. Einheitliches Eigentum

a) Regel. Nach § 2 Abs. 2 kommen mehrere WG als wirtschaftliche Einheit nur insoweit in Betracht, als sie **demselben Eigentümer** gehören. Über den Wortlaut hinaus gilt die Vorschrift auch für ein einzelnes WG, an dem mehrere Personen beteiligt sind. Unter die Vorschrift fallen auch **Eigentümergemeinschaften**, also dann, 9

§ 2 Wirtschaftliche Einheit

wenn ein WG oder mehrere WG mehreren Personen gemeinschaftlich zustehen. Hauptanwendungsfall sind die Personengesellschaften in § 97 Abs. 1 Nr. 5. Beim Sonderbetriebsvermögen ist der Grundsatz des § 2 Abs. 2 durch die besondere Bewertungsvorschrift des § 97 Abs. 1 Nr. 5 Satz 2 durchbrochen (s. § 97 Rz. 49).

10 **Beispiele:**
1. A nutzt in seinem Gewerbebetrieb eine Spezialmaschine, welche ihm und seinem Bruder B zu je 50 % gehört.

Da B nicht am Gewerbebetrieb des A beteiligt ist, kann die Maschine nach § 2 Abs. 2 nicht in die wirtschaftliche Einheit des Gewerbebetriebs mit einbezogen werden.

11 2. A, B und C betreiben eine OHG. Ein betrieblich genutztes Grundstück gehört dem A allein.

Nach § 2 Abs. 2 kann das Grundstück an sich nicht bei der wirtschaftlichen Einheit des Gewerbebetriebs der OHG berücksichtigt werden. § 2 Abs. 2 tritt aber über § 1 Abs. 2 hinter die Regelung des § 97 Abs. 1 Nr. 5 Satz 2 als besondere Bewertungsvorschrift zurück.

12 **b) Ausnahmen.** Die wichtigste Ausnahme stellt das **Miteigentum unter Ehegatten** dar (§ 26). Danach können mehrere WG beim Grundbesitz zu einer wirtschaftlichen Einheit selbst dann zusammengefasst werden, wenn die WG zum Teil dem einen, zum Teil dem anderen Ehegatten gehören. Die Vorschrift beruht darauf, dass Ehegatten bei der Bestimmung des Umfangs der wirtschaftlichen Einheit im Einheitswertverfahren eine Personeneinheit bilden (*Horschitz/Groß/Schnur* Rz. 122). Gehören also zum Grundbesitz gehörende WG zum Teil dem einen Ehegatten, zum Teil dem anderen Ehegatten oder sind an einem WG beide Ehegatten beteiligt, geht § 26 dem § 2 Abs. 2 vor. Das WG bzw. die WG können zu einer wirtschaftlichen Einheit zusammengefasst werden.

13 § 26 kann nicht über seinen Wortlaut hinaus auf andere Personen ausgedehnt werden. Deshalb dürfen **WG der Eltern mit WG ihrer Kinder** nicht zu einer wirtschaftlichen Einheit zusammengefasst werden (vgl. *Wilms/Jochum* § 2 Rz. 20).

14 Seit dem 1.1.1993 gilt § 26 nicht mehr für das Betriebsvermögen. Dies gilt auch für Grundstücke, die der Nichtunternehmer-Ehegatte dem Unternehmer-Ehegatten überlässt *(Rössler/Troll* § 26 Rz. 8). Vgl. aber § 99 Rz. 10 a.

4. Wirtschaftliches Eigentum (§ 39 AO)

15 Die Formulierung „**gehören**" in § 2 Abs. 2 ist nicht zivilrechtlich zu verstehen. Zwar sind im Regelfall WG dem bürgerlich-rechtlichen Eigentümer zuzurechnen (§ 39 Abs. 1 AO). Dies gilt uneinge-

Begriff der wirtschaftlichen Einheit (Abs. 1 und 2) § 2

schränkt für die Erbschaft- und Schenkungsteuer und die Grunderwerbsteuer. Sie knüpfen unmittelbar an zivilrechtliche Vorgänge an, für eine wirtschaftliche Betrachtungsweise verbleibt bei diesen Steuern kein Raum, es gilt § 39 Abs. 1 AO und nicht Abs. 2 (vgl. für die Grunderwerbsteuer BFH II R 87/73 v. 23.10.1974, BStBl. II 1975, 152; für die Erbschaftsteuer BFH II R 61/80 v. 22.9.1982, BStBl. II 1983, 179; II R 68/95 v. 15.10.1997, BStBl. II 1997, 820; *Stegmaier* DStZ 1998, 792 ff.).

§ 39 Abs. 2 Nr. 1 AO sieht jedoch für die meisten Steuerarten als **Zurechnungsmaßstab** das **wirtschaftliche Eigentum** vor. Das bedeutet, dass für die Zurechnung eines WG zu einer wirtschaftlichen Einheit nicht das zivilrechtliche sondern das wirtschaftliche Eigentum entscheidet. Dies gilt auch für das BewG (vgl. *Rössler/Troll* § 2 Rz. 11). Übt jemand die tatsächliche Herrschaft über ein WG in der Weise aus, dass er den zivilrechtlichen Eigentümer für die jeweilige Nutzungsdauer von der Einwirkung auf das WG wirtschaftlich ausschließen kann, so gilt er als wirtschaftlicher Eigentümer. **16**

Beispiele: **17**
- **Eigentumsvorbehalt:** Zivilrechtlich bleibt der Veräußerer bis zum Bedingungseintritt Eigentümer (§ 455 BGB). Wirtschaftlich ist dem Erwerber das gelieferte WG bereits mit der Lieferung zuzurechnen, denn er ist **Eigenbesitzer** (dazu i.E. *Rössler/Troll* § 2 Rz 14 f; *Gürsching/Stenger* § 2 Rz. 18 ff.).
- **Nießbrauch:** Der Nießbraucher ist grundsätzlich Fremdbesitzer, weil er **18** das WG nicht als ihm gehörig besitzt. Ihm steht nur das Recht zu, die Nutzungen des Gegenstandes zu ziehen, so dass im Regelfall das wirtschaftliche Eigentum beim Eigentümer verbleibt (BFH VI 263/65 v. 21.2.1967, BStBl. III 1967, 311). *Ausnahme:* Vorbehaltsnießbrauch auf Lebenszeit bezüglich eines veräußerten (BFH II R 81/88 v. 24.7.1991, BStBl. II 1991, 909) oder im Wege der vorweggenommenen Erbfolge (BFH VIII R 18/75 v. 21.6.1977, BStBl. II 1978, 303; VIII R 153/81 v. 7.12.1982, BStBl. II 1983, 627) übertragenen Grundstücks. Die bloße Schenkung unter Nießbrauchsvorbehalt reicht für die Annahme (weiterhin) wirtschaftlichen Eigentums des Schenkers nicht aus (*Gürsching/Stenger* § 2 Rz. 27).
- **Sicherungseigentum:** Der Sicherungseigentümer hat zivilrechtlich Voll- **19** eigentum erworben. Er hat jedoch, solange der Sicherungsgeber seinen Verpflichtungen nachkommt, keinerlei Verfügungsmöglichkeit über das Wirtschaftsgut. Materiell verbleibt die Herrschaft über das Wirtschaftsgut in der Hand des Veräußerers (*Rössler/Troll* § 2 Rz. 13), so dass es ihm auch bewertungsrechtlich weiterhin zuzurechnen ist.
- **Treuhandverhältnisse:** Bei der Vollrechtstreuhand wird der Treuhänder **20** zivilrechtlich Eigentümer des WG. Da er Besitz und Eigentum nicht für eigene, sondern nach den Weisungen des Treugebers für dessen Rech-

§ 2 Wirtschaftliche Einheit

nung ausübt, bleibt der Treugeber wirtschaftlicher Eigentümer (BFH III 284/60 v. 3.11.1961, BStBl. III 1962, 21; *Kreutziger* Bilanzierung von Treuhandverhältnissen in *Beck-HdR* B 775, Rz. 10, 25). Zur erbschaftsteuerlichen Behandlung treuhänderisch gehaltener Vermögensgegenstände siehe koordinierte Ländererlasse, z. B. FinMin Bayern v. 14.6.2005, DStR 2005, 1231, v. 11.1.2008, DStR 2008, 508 und v. 23.3.2009, DStR 2009, 908.

21 – **Gebäude auf fremden Grund und Boden:** Bildet nach § 70 Abs. 3 eine eigene wirtschaftliche Einheit des Grundvermögens und ist deshalb einer besonderen Bewertung fähig. Zivilrechtliches Eigentum geht in der Regel auf den Eigentümer des Grund und Bodens über, da es sich bei dem Gebäude um einen wesentlichen Bestandteil iSd. § 94 Abs. 1 BGB handelt. Das wirtschaftliche Eigentum, und damit die Zurechnung des Gebäudes zur wirtschaftlichen Einheit Gebäude auf fremden Grund und Boden, verbleibt beim Errichter des Gebäudes (BFH III 169/53 U v. 30.4.1954, BStBl. III 1954, 194).

22 – **Leasing:** vgl. *Gürsching/Stenger* § 2 Rz. 24.

5. Zusammenfassende Definition

23 Aus den vorstehenden Erläuterungen (Rz. 2–22) kann der **Begriff der wirtschaftlichen Einheit** abgeleitet werden. Unter einer wirtschaftlichen Einheit versteht man ein oder mehrere Wirtschaftsgüter, die nach der Verkehrsanschauung, örtlicher Gewohnheit und tatsächlicher Übung zusammengehören, einem einheitlichen Zweck dienen, demselben Eigentümer oder derselben Eigentumsgemeinschaft gehören und zur selben Vermögensart gehören.

6. Wirtschaftliche Einheit durch Gesetz

24 In bestimmten Fällen hat das BewG unabhängig von den Voraussetzungen des § 2 die Abgrenzung der wirtschaftlichen Einheit selbst geregelt. Diese Fälle gehen dem § 2 Abs. 1 vor. Bedeutung haben diese vom Gesetz selbst bestimmten wirtschaftlichen Einheiten in erster Linie für das land- und forstwirtschaftliche Vermögen sowie das Grundvermögen (vgl. im Einzelnen *Horschitz/Groß/Schnur* Rz. 152; *Rössler/Troll* § 2 Rz. 7).

7. Wirtschaftliche Untereinheiten

25 Wirtschaftliche Untereinheiten gab es (nur) bei der Vermögensart **Betriebsvermögen**, nämlich die Betriebsgrundstücke iSd. § 99. **Bis 1997** wurden die Betriebsgrundstücke explizit für Zwecke der Einheitsbewertung in § 19 Abs. 3 Nr. 1 Buchst. b als wirtschaftliche Untereinheiten bezeichnet. Inhaltlich stammt der

Bewertung der wirtschaftlichen Einheit (Abs. 3) § 2

Begriff daher, dass der Wert der Betriebsgrundstücke neben seiner Zugehörigkeit zum Gewerbebetrieb noch für die Grundsteuer sowie für die Gewerbesteuer benötigt wird. Sie wurden als Teil der wirtschaftlichen Obereinheit Gewerbebetrieb gesondert bewertet, daher die Bezeichnung wirtschaftliche Untereinheit. Die Formulierung in § 19 Abs. 3 Nr. 1 Buchst. b ist durch das Gesetz zur Fortsetzung der Unternehmenssteuerreform v. 20.10.1997 (BGBl. I 1997, 2590) aufgehoben worden. Diese Aufhebung war folgerichtig, denn durch die Abschaffung der Vermögensteuer zum 1.1.1997 fiel auch die Feststellung der Einheitsbewertung für das Betriebsvermögen weg. Die Bezeichnung der **Betriebsgrundstücke** als **wirtschaftliche Untereinheiten** macht demgemäß seit 1997 keinen Sinn mehr, weil für die wirtschaftliche Obereinheit des gewerblichen Betriebs kein gesonderter Einheitswert mehr festgestellt wird. Konsequenterweise hat der Gesetzgeber mit dem JStG 2007 v. 13.12.2006 (BGBl. I 2006, 2878) durch die Streichung des § 138 Abs. 5 aF die gesonderte Wertfeststellung von „Betriebsgrundstücken, die zu einem Gewerbebetrieb gehören (wirtschaftliche Untereinheit)", vgl. § 138 Abs. 5 Satz 2 Nr. 1 aF gestrichen. Da zur Zeit die Einheitsbewertung nur für Grundbesitz durchgeführt wird, gibt es momentan keine zu bewertenden wirtschaftlichen Untereinheiten (*Rössler/Troll* § 2 Rz. 8).

III. Bewertung der wirtschaftlichen Einheit (Abs. 3)

1. Bewertungsgegenstand

Bewertet werden nicht etwa die Vermögensarten des § 18, sondern deren wirtschaftlichen Einheiten. Das sind: **26**
- beim land- und forstwirtschaftlichen Vermögen: der **Betrieb der Land- und Forstwirtschaft** (§ 33 Abs. 1 Satz 2),
- beim Grundvermögen: das **Grundstück** (§ 70 Abs. 1),
- beim Betriebsvermögen: der **Gewerbebetrieb** (§ 95 Abs. 1).

2. Bewertungsmethode

a) Regelfall: Gesamtbewertung. Nach § 2 Abs. 1 Satz 1 ist jede **27** wirtschaftliche Einheit für sich zu bewerten. Jede **wirtschaftliche Einheit** bildet eine **Bewertungseinheit**. Es ist also nicht möglich, mehrere land- und forstwirtschaftliche Betriebe, Grundstücke oder Gewerbebetriebe zusammenfassend zu bewerten. Nach dem Gesetz ist zwingend für jede wirtschaftliche Einheit ein gesonderter Wert festzustellen.

§ 2

28 Nach § 2 Abs. 1 Satz 2 ist der Wert der wirtschaftlichen Einheit im Ganzen festzustellen. Dies ist der Grundsatz der **Gesamtbewertung**. Der Begriff erschließt sich dann, wenn eine wirtschaftliche Einheit aus mehreren WG besteht (zB ein land- und forstwirtschaftlicher Betrieb oder ein bebautes Grundstück). Die Gesamtbewertung besagt, dass losgelöst vom Wert der einzelnen WG, die wirtschaftliche Einheit in einem einheitlichen Bewertungsverfahren zu bewerten ist. Sie hat durch das **ErbStRG** v. 24.12.2008 (BGBl. I 2008, 3018) eine erheblich stärkere Bedeutung erlangt. Bei der Bewertung des Betriebs der Land- und Forstwirtschaft ist der gemeine Wert zugrunde zu legen (§ 162 Abs. 1). Die einzelnen, dem Betrieb der Land- und Forstwirtschaft dienenden WG, werden nicht gesondert bewertet. Neu konzeptioniert wurde auch die Bewertung des **Betriebsvermögens**, das nicht mehr mit dem Steuerbilanzwert, sondern mit dem gemeinen Wert zu bewerten ist (s. Vor § 95 Rz. 2) Während bisher die Bewertung der wirtschaftlichen Einheit des Gewerbebetriebs im Wege der Einzelbewertung erfolgte (§ 98 a Satz 1 aF), erfolgt die Ermittlung des gemeinen Werts nunmehr auf der Grundlage der Ertragsaussichten (§ 11 Abs. 2) und bedeutet damit eine Abkehr von der früheren Einzelbewertung der WG und den Wechsel zu einer **Gesamtbewertung** (vgl. *Moench/Albrecht* ErbSt Rz. 792; *Eisele* Erbschaftsteuerreform 2. Auflage 2009, S. 205). Bei der Bewertung der bebauten Grundstücke erfolgt die Bewertung der Ein- und Zweifamilienhäuser (§ 181 Abs. 1 Nr. 1) vorrangig im Vergleichswertverfahren (§ 182 Abs. 2), welches ebenfalls ein Gesamtbewertungsverfahren darstellt.

29 **b) Ausnahme: Einzelbewertung.** Der Grundsatz der Gesamtbewertung der wirtschaftlichen Einheit gilt nur, soweit nicht eine **Einzelbewertung durch Gesetz** vorgeschrieben ist. *Horschitz/Groß/Schnur* Rz. 157 leiten dies unmittelbar aus § 2 Abs. 3 ab. *Gürsching/Stenger* § 2 Rz. 42 und wohl auch *Rössler/Troll* § 2 Rz. 18 sehen die Einzelbewertung nicht als Anwendungsfall des § 2 Abs. 3 und gehen konsequenterweise dann von der Überflüssigkeit der Vorschrift aus. Dem kann nicht gefolgt werden, weil sich aus dem systematischen Standort des § 2 Abs. 3 ergibt, dass die Vorschrift nicht die Bildung von wirtschaftlichen Einheiten per se ausschließen will. Wollte man sie so deuten, liefe die Vorschrift in der Tat leer, denn ein Fall, wo WG einzeln zu bewerten sind, ohne sie zu einer wirtschaftlichen Einheit zusammenzufassen, ist im BewG nirgendwo geregelt. Deshalb kann man die Vorschrift nur dahingehend auslegen, dass sie die Gesamtbewertung dann nicht für anwendbar erklärt, wenn eine Einzelbewertung vorgeschrieben ist. Dass sich diese

Bewertung der wirtschaftlichen Einheit (Abs. 3) § 2

Rechtsfolge bereits aus den §§ 1 Abs. 2 und 17 Abs. 3 ergibt (so zutreffend *Gürsching/Stenger* § 2 Rz. 42), besagt über die Anwendung oder Nichtanwendung von § 2 Abs. 3 nichts. Denn in dieser Vorschrift ist im Gegensatz zu den vorgenannten nur von der Einzelbewertung von WG die Rede, während die vorgenannten Vorschriften allgemein auf die Bewertungsvorschriften des Ersten Teils und Zweiten Teils verweisen.

Mit dem **ErbStRG** v. 24.12.2008 (BGBl. I 2008, 3018) hat die Einzelbewertung an Bedeutung verloren. Bis zum 31.12.2008 war Hauptanwendungsfall der Einzelbewertung die Bewertung der wirtschaftlichen Einheit des **Gewerbebetriebs.** § 98 Satz 1 a. F. sah ausdrücklich eine Bewertung der einzelnen WG vor. Infolge der Streichung des § 98 a ist die bisher für die Bewertung von Betriebsvermögen generell geltende Einzelbewertung weitgehend entfallen. **Seit 1.1.2009** gilt nunmehr auch für die wirtschaftliche Einheit des Gewerbebetriebs Abs. 1 Satz 2 mithin die **Gesamtbewertung**. *Moench/Albrecht* ErbSt, Rz. 792, stellen dazu zutreffend fest, dass hierin eine Vereinfachung dann zu sehen wäre, wenn sich die Einzelbewertung erübrigen würde. Dies ist indes nicht der Fall. Eine **Einzelbewertung** ist **weiterhin vorgesehen** für: 30

– die Ermittlung des Mindestwerts (Substanzwert) bei Anteilen an Kapitalgesellschaften und Betriebsvermögen (§ 11 Abs. 2 Satz 3);
– das vereinfachte Ertragswertverfahren (§§ 199 ff.) für die Ermittlung des nicht betriebsnotwendigen Vermögens (§ 200 Abs. 2), der Beteiligungen iSd. § 200 Abs. 3 sowie der Ermittlung des Wertes der „jungen Wirtschaftsgüter" iSd. § 200 Abs. 4;
– die Ermittlung des Sonderbetriebsvermögens, sowohl im „normalen Ertragswertverfahren" (§ 97 Abs. 1 a Nr. 2) als auch innerhalb des vereinfachten Ertragswertverfahrens (§ 202 Abs. 1 Satz 1 2. Halbsatz).

Fraglich ist, ob es mit dem ErbStRG v. 24.12.2008 (BGBl. I 2008, 3018) bei der Bewertung des **Grundvermögens** ebenfalls zu einem **Systemwechsel** gekommen ist. Nach der hier vertretenen Auffassung ist das der Fall. Während bis zum 31.12.2008 bei einem bebauten Grundstück i. S. d. § 75 Abs. 1 Nr. 1 bis 5 keine gesonderte Bewertung des Grund und Bodens und des Gebäudes erfolgte, sondern eine Gesamtbewertung im Wege des Ertragswertverfahrens (§ 76 Abs. 1), findet seit dem 1.1.2009 eine Gesamtbewertung nur noch im Falle der Bewertungsmethode des Vergleichswertverfahrens für Wohnungseigentum, Teileigentum und Ein- und Zweifamilienhäuser statt (§ 182 Abs. 2). Für Mietwohngrundstücke, Geschäftsgrundstücke und gemischt genutzte Grundstücke, für die sich auf dem öffentlichen Grundstücksmarkt eine übliche Miete ermitteln 31 lässt, gilt das **Ertragswertverfahren** (§ 182 Abs. 3) und für sonstige Grundstücke gilt das **Sachwertverfahren** (§ 182 Abs. 4). Während das Sachwertverfahren schon immer ein Einzelbewertungsverfahren darstellte, hat sich der Gesetzgeber jetzt innerhalb des Ertragswertverfahrens ebenfalls für ein Einzelbewertungsverfahren entschieden, denn Grund und Boden und Gebäude werden nicht mehr wie bisher einer Gesamtbewertung unterzogen, sondern deren Werte in einem Einzelbewertungsverfahren ermittelt (iE auch *Hübner* Erbschaftsteuerreform 2009, S. 519, 525).

§ 3 Wertermittlung bei mehreren Beteiligten

[1]**Steht ein Wirtschaftsgut mehreren Personen zu, so ist sein Wert im ganzen zu ermitteln.** [2]**Der Wert ist auf die Beteiligten nach dem Verhältnis ihrer Anteile zu verteilen, soweit nicht nach dem maßgebenden Steuergesetz die Gemeinschaft selbständig steuerpflichtig ist.**

I. Entstehung und Bedeutung der Vorschrift

1   Die Vorschrift geht zurück auf § 140 RAO. Sie wurde als § 3 in das RBewG 1935 übernommen und ist bis heute unverändert geblieben.

2   Es handelt sich letztlich um eine **Verfahrensvorschrift** (*Rössler/Troll* § 3 Rz. 1 sprechen von Zurechnungsvorschrift) bei der Ermittlung und Aufteilung des Werts einer wirtschaftlichen Einheit, an der mehrere Personen beteiligt sind.

II. Ermittlung des Werts der wirtschaftlichen Einheit (Satz 1)

3   § 3 Satz 1 bestimmt, dass der Wert des „Wirtschaftsguts" **im Ganzen** zu ermitteln ist, wenn es mehreren Personen zusteht. Es besteht Einigkeit darüber, dass der Wortlaut der Vorschrift zu eng geraten ist. Wie bereits bei § 2 festgestellt (Rz. 2) kann eine wirtschaftliche Einheit aus einem oder mehreren Wirtschaftsgütern bestehen. Im ersteren Fall sind die Begriffe deckungsgleich. Aus dem systematischen Standort des § 3 hinter § 2 ist jedoch abzuleiten, dass sich die Aufteilung nicht auf Wirtschaftsgüter sondern ausschließlich auf wirtschaftliche Einheiten bezieht (*Rossler/Troll* § 3 Rz. 1; *Gürsching/Stenger* § 3 Rz. 7; *Horschitz/Groß/Schnur* Rz. 159). Eine wörtliche Auslegung würde auch keinen Sinn machen, denn eine Wertermitt-

Aufteilung des Werts der wirtschaftlichen Einheit (Satz 2) § 3

lung von WG findet im BewG nur insoweit statt, als sie zu einer wirtschaftlichen Einheit zusammengefasst werden.

Nach § 3 Satz 1 ist der Wert der wirtschaftlichen Einheit **im Ganzen** zu ermitteln. Die Vorschrift entspricht in ihrem Regelungsbereich § 179 Abs. 2 Satz 2 AO. „Im Ganzen" meint die Wertermittlung der wirtschaftlichen Einheit als Gesamtheit unabhängig von den Einzelwerten der WG und unabhängig von den Eigentumsverhältnissen (*Horschitz/Groß/Schnur* Rz. 159). Es wird in einem ersten Schritt so getan, als ob die wirtschaftliche Einheit nur einer Person zuzurechnen wäre. 4

III. Aufteilung des Werts der wirtschaftlichen Einheit (Satz 2)

1. Aufteilungsmaßstab

In einem zweiten Schritt bestimmt **Satz 2 1. Hs.**, dass der Gesamtwert auf die Beteiligten nach dem **Verhältnis ihrer Anteile** zu verteilen ist. Hinzuzufügen ist, dass dies nur geschieht, soweit die anteilige Zurechnung für die Besteuerung von Bedeutung ist. Dies folgt aus § 39 Abs. 2 Nr. 2 AO, der auch für das BewG gilt. Die Aufteilung erfolgt nach dem Verhältnis der Anteile der Beteiligten, so dass es für die Verteilung unerheblich ist, ob die Beteiligten nach bürgerlichem Recht Bruchteils- oder Gesamthandseigentümer sind. Wichtigste Anwendungsfälle sind die Aufteilung des Werts des Betriebsvermögens bei Personengesellschaften nach § 97 Abs. 1 a (s. § 97 Rz. 54 ff.) und seit dem **1.1.2009** die **Aufteilung von Anteilen an Kapitalgesellschaften** nach § 97 Abs. 1 b (§ 97 Rz. 63). Die Aufteilung hatte bis zum 1.1.1996 eine erhöhte Bedeutung, denn für Zwecke der Vermögensteuer war die Aufteilung zwingend erforderlich, weil Steuersubjekt nicht die Gemeinschaft als solche, sondern der an ihr Beteiligte war. Heute hat die Aufteilung nur noch Bedeutung für die Erbschaft- und Schenkungsteuer, sofern an der wirtschaftlichen Einheit, zB einem Grundstück oder einem Gewerbebetrieb, mehrere beteiligt sind, denn die Bereicherung wird individuell für die jeweilige natürliche Person ermittelt. 5

Der **Anteil des einzelnen Beteiligten** an der wirtschaftlichen Einheit ist in den vom Gesetz geregelten Fällen in einem Feststellungsbescheid anzugeben. Dies ist zunächst der Fall, wenn ein Einheitswert festzustellen ist (§ 19 Abs. 3 Nr. 2). Der Gesetzgeber hatte mit dem JStG 2007 v. 13.12.2006 (BGBl. I 2006, 2878) die gesonderten Wertfeststellungen in den §§ 151 ff. neu geregelt und ausgedehnt. Das 6

Vor §§ 4–8 Vorbemerkungen

ErbStRG v. 24.12.2008 (BGBl. I 2008, 3018) hat diese Vorschriften lediglich modifiziert. Danach sind gesondert festzustellen:
- Grundbesitzwerte nach den §§ 138 und 157 (§ 151 Abs. 1 Nr. 1),
- Der Wert des Betriebsvermögens oder eines Anteils am Betriebsvermögen nach den §§ 95, 96, 97 (§ 151 Abs. 1 Nr. 2),
- Der Wert von Anteilen an Kapitalgesellschaften iSd. § 11 Abs. 2,
- Der Wert von anderen als den vorstehend genannten Vermögensgegenständen und Schulden, die mehreren Personen zustehen (§ 3).

7 Für Zwecke der **Erbschaft- und Schenkungsteuer** erfolgt im Falle einer Erbengemeinschaft, sofern die Erbmasse nur aus übrigem Vermögen, zB Geld, Wertpapieren, Aktien, Kunstgegenstände, besteht, kein gesonderter Feststellungsbescheid, sondern eine **direkte Zurechnung** bei den Miterben (§ 39 Abs. 2 Nr. 2 AO).

2. Keine Aufteilung

8 Eine Aufteilung des Werts der wirtschaftlichen Einheit unterbleibt nach **Satz 2 2. Hs.**, sofern die Gesellschaft oder die Gemeinschaft für die in Betracht kommenden Steuern selbständig steuerpflichtig ist. Dies ist bei den meisten Steuern der Fall, für die die Wertermittlung nach den Vorschriften des BewG maßgebend ist, insbesondere die Grundsteuer, die Grunderwerbsteuer und die Gewerbesteuer.

9 Eine Aufteilung für Zwecke der **Erbschaft- und Schenkungsteuer** ist zwingend erforderlich (s. Rz. 5).

10 Eine Aufteilung bei **Kapitalgesellschaften,** auf die an ihr beteiligten Gesellschafter, erfolgt **grundsätzlich** nicht, weil erstere selbständig steuerpflichtig sind. Siehe aber Rz. 5, 6.

§ 3a *(aufgehoben)*

Vorbemerkungen zu §§ 4–8: Bedingung/Befristung

1 **Entstehung und Bedeutung der Vorschriften.** Die **§§ 4–8** gehen zurück auf das Preußische ErbStG v. 30.5.1873. In der jetzt vorliegenden Fassung fanden sie erstmals Eingang in die RAO (§§ 147–151) v. 23.12.1919. 1931 wurden sie in das RBewG 1931 (§§ 3–7) übernommen und später unverändert in den §§ 4–8 RBewG 1935 fortgeführt. Sie wurden abermals unverändert in die Neufassung des BewG v. 10.12.1965 (BGBl. I 1965, 1861) übernommen.

2 Die Vorschriften behandeln **Wirtschaftsgüter und Lasten,** die aufschiebend bzw. auflösend bedingt sind. § 8 regelt den Fall der

Vorbemerkungen **Vor §§ 4–8**

Befristung auf einen unbestimmten Zeitpunkt, auf den die §§ 4–7 entsprechend anzuwenden sind. Im Kern geht es bei diesem Regelungsbereich darum, **zukünftige ungewisse Ereignisse** bewertungsrechtlich einzuordnen. Wirtschaftsgüter und Lasten, die vom Eintritt einer aufschiebenden Bedingung abhängen, werden bewertungsrechtlich nicht berücksichtigt (§§ 4, 6). Das Wirksamwerden des Rechtsgeschäfts hängt also von einer zukünftigen (aufschiebenden) Bedingung ab, deren Eintritt ungewiss ist. Hingegen werden der auflösend bedingte Erwerb von Wirtschaftsgütern bzw. die auflösend bedingte Entstehung von Lasten wie unbedingte behandelt (§§ 5, 7). Hier hängt das Wirksambleiben von einer zukünftigen (auflösenden) Bedingung ab, deren Eintritt ungewiss ist. Die Begriffe Bedingung und Befristung entstammen dem bürgerlichen Recht, s. §§ 158–163 BGB. Die zivilrechtliche Auslegung der Begriffe ist für das Bewertungsrecht maßgebend (BFH II R 154/66 v. 16.7.1975, BStBl. II 1976, 17). Die sonst im Steuerrecht übliche wirtschaftliche Betrachtungsweise weicht hier dem Primat des Zivilrechts; zur Ausnahme beim Eigentumsvorbehalt s. § 4 Rz. 4.

Die §§ 4–8 führten seit 1.1.1993 (Übernahme der Steuerbilanz- 3 werte in die Vermögensaufstellung und der Ausschluss der Anwendung der §§ 4–8 durch § 98 a Satz 2 aF und der Abschaffung der Vermögensteuer zum 1.1.1997) ein Schattendasein. Sie hatten nur noch Bedeutung für die Erbschaft- und Schenkungsteuer außerhalb des Betriebsvermögens sowie die Grunderwerbsteuer, dort allerdings auch nur eingeschränkt. Nach dem **ErbStRG** v. 24.12.2008 (BGBl. I 2008, 3018) sieht es, vordergründig betrachtet, so aus, dass nunmehr eine Rückkehr zum statischen Verständnis des Stichtagsprinzips beabsichtigt ist. § 98 a wird mit der Folge gestrichen, dass die **§§ 4–8 auch im Bereich des Betriebsvermögens uneingeschränkt zu berücksichtigen** sind (*Rössler/Troll* § 98a Rz. 1 ff.).

Fraglich ist, ob der Gesetzgeber sich dieser Bedeutung bewusst gewesen ist. Zu Ende gedacht bedeutet dies nämlich, dass **ab 1.1.2009** bei der Bewertung des Betriebsvermögens insbesondere die **aufschiebend bedingten Lasten** nicht zu berücksichtigen sind. Das sind insbesondere die Rückstellungen für ungewisse Verbindlichkeiten, zB aus Garantieverträgen, Gewährleistungsverpflichtungen, oder Kosten des Jahresabschlusses und der gesetzlichen Pflichtprüfung. Nach der hier vertretenen Auffassung ergeben sich trotz Streichung des § 98 a **gegenüber der bisherigen Rechtslage keine Änderungen**. Durch die Abkehr der Einzelbewertung nach den Steuerbilanzwerten und der Hinwendung zur Gesamtbewertung mit dem gemeinen Wert wird nämlich erreicht, dass innerhalb des

Ertragswertverfahrens diese Positionen Berücksichtigung finden. Kein gedachter Erwerber würde Lasten, deren Eintritt zwar unsicher, aber wahrscheinlich ist, bei einem gedachten Erwerb des Unternehmens unberücksichtigt lassen. Demgemäß **geht nach der hier vertretenen Auffassung § 11 Abs. 2 den §§ 4–8 bei der Bewertung des Betriebsvermögens vor,** mit dem Ergebnis, dass aufschiebend bedingte Ansprüche und aufschiebend bedingte Lasten, die ein Erwerber des Gewerbebetriebs im Kaufpreis berücksichtigen würde, auch bei der Bewertung für erbschaftsteuerliche Zwecke zu berücksichtigen sind (so nunmehr auch ErbStR B 103.2 Abs. 3; tendenziell gl. A. *Hübner* Erbschaftsteuerreform 2009, S. 468, 470).

4   Die Vorschriften über den **aufschiebend bedingten Erwerb** (§ 4) sind u. E. weitgehend überflüssig. Denn die Nichtberücksichtigung derartiger Rechtsgeschäfte ergibt sich bereits aus den jeweiligen Einzelsteuergesetzen. So bestimmt § 9 Abs. 1 Nr. 1 a ErbStG für die **Erbschaftsteuer,** dass bei einem Erwerb unter einer aufschiebenden Bedingung die Steuer erst mit Eintritt der Bedingung entsteht. Für die Schenkungsteuer bestimmt § 9 Abs. 1 Nr. 2 ErbStG, dass sie erst zum Zeitpunkt der Ausführung der Zuwendung entsteht. Da dieser Zeitpunkt sich nach bürgerlich-rechtlichen Gesichtspunkten bestimmt, sind die §§ 158 Abs. 1, 518 Abs. 2 BGB (vgl. *Troll/Gebel/Jülicher* § 9 ErbStG Rz. 86) unmittelbar anwendbar, ein Rückgriff auf § 4 ist also nicht erforderlich. Aufschiebende Bedingungen bleiben also schon nach den Regelungen des ErbStG außer Betracht (vgl. *Troll/Gebel/Jülicher* § 9 ErbStG Rz. 31, 86).

5   Entsprechend verhält es sich mit der **Grunderwerbsteuer.** Nach § 14 Abs. 1 Nr. 1 GrEStG entsteht die Steuer, wenn die Wirksamkeit eines Erwerbsvorgangs von dem Eintritt einer Bedingung abhängig ist, (erst) mit dem Eintritt der Bedingung (vgl. *Pahlke/Franz* § 14 GrEStG Rz. 9). Auch hier regelt bereits das Einzelsteuergesetz die Nichtberücksichtigung der aufschiebenden Bedingung.

6   Lediglich im Bereich der Lasten und der auflösenden Bedingung fehlen entsprechende Regelungen in den Einzelsteuergesetzen, so dass die §§ 5–7 insoweit Anwendung finden. Allerdings beschränkt sich der Anwendungsbereich weitestgehend auf das Vermögen außerhalb des Betriebsvermögens.

§ 4 Aufschiebend bedingter Erwerb

Wirtschaftsgüter, deren Erwerb vom Eintritt einer aufschiebenden Bedingung abhängt, werden erst berücksichtigt, wenn die Bedingung eingetreten ist.

I. Anwendungsbereich

1. Wirtschaftsgüter

Die Vorschrift findet nur auf WG Anwendung (vgl. dazu § 2 Rz. 2 ff.). Gemeint sind ausschließlich positive Vermögensgegenstände (*V/K/S* §§ 4–8 Rz. 13); anderenfalls wären die §§ 6 und 7 überflüssig.

2. Aufschiebend bedingter Erwerb

WG, die unter einer **aufschiebenden Bedingung** erworben werden, können bewertungsrechtlich erst dann erfasst werden, wenn die Bedingung eingetreten ist. Das Bewertungsrecht folgt begrifflich dem bürgerlichen Recht (§ 158 Abs. 1 BGB). Kennzeichnend für die aufschiebende Bedingung ist, dass die Wirkungen des Rechtsgeschäfts vom Eintritt eines zukünftigen ungewissen Ereignisses abhängig sind. Ist der Eintritt des Ereignisses gewiss, jedoch nur der Zeitpunkt ungewiss, so liegt keine Bedingung, sondern eine **Befristung** vor (vgl. dazu Erläut. zu § 8).

Beispiel:
Vater V verspricht seinem Sohn S, der Jura studiert, einen Geldbetrag von € 10 000, wenn dieser das 1. Juristische Staatsexamen bestanden hat. Ob S das Examen jemals besteht, ist ungewiss. Der Erwerb der € 10 000 hängt also von einem ungewissen zukünftigen Ereignis ab und ist damit aufschiebend bedingt. Stirbt V, bevor S das Examen ablegt, bleibt sein aufgeschobener Anspruch als solcher gegen die Miterben zivilrechtlich zwar bestehen, ist jedoch erbschaftsteuerlich nach § 9 Abs. 1 Nr. 1 Buchst. a ErbStG nicht zu berücksichtigen.

Durch den Rückgriff auf das Zivilrecht wird die wirtschaftliche Betrachtungsweise bei der Zurechnung von Wirtschaftsgütern durch § 4 weitgehend ausgeschlossen. Eine Ausnahme bildet der **Eigentumsvorbehalt (§ 455 BGB)**. Beim Eigentumsvorbehalt fallen zivilrechtliches Eigentum und wirtschaftliches Eigentum auseinander. Obgleich der Eigentumsvorbehalt eine klassische aufschiebende Bedingung darstellt, ist das Wirtschaftsgut über § 39 Abs. 2 Nr. 1 AO bereits dem Erwerber wirtschaftlich zuzurechnen, bevor die aufschiebende Bedingung eingetreten ist. Dem folgt auch das Bewertungsrecht. Die praktischen Auswirkungen sind allerdings gering. Denn für die Erbschaftsteuer und die Grunderwerbsteuer gilt diese Betrachtung nicht (BFH II R 61/80 v. 22.9.1982, BStBl. II 1983, 179), ausgenommen beim Betriebsvermögen.

5 Kennzeichnend für die aufschiebende Bedingung ist, dass erst nach Eintritt der Bedingung Rechtsfolgen an das Rechtsgeschäft geknüpft werden. Abzugrenzen ist deshalb die aufschiebende Bedingung von einer **behördlichen Genehmigung,** die zur Durchführung des Rechtsgeschäfts erforderlich ist. Die Genehmigung wirkt auf den Zeitpunkt des Abschlusses des Rechtsgeschäftes zurück, weshalb § 4 keine Anwendung findet (BFH II R 81/82 v. 25.7.1984, BStBl. II 1984, 773). Unter die aufschiebenden Bedingungen fällt auch die sogenannte **Potestativbedingung,** deren Eintritt allein vom Willen eines der Vertragspartner abhängig ist(vgl. *Rössler/Troll* § 4 Rz. 3). Ein vertraglich vereinbartes **Optionsrecht** ist deshalb wie eine aufschiebende Bedingung zu behandeln (BFH III R 130/68 v. 5.3.1971, BStBl. II 1971, 481; *Rössler/Troll* § 4 Rz. 10).

II. Bewertungsrechtliche Behandlung

6 Vor Eintritt der Bedingung wird das Wirtschaftsgut noch dem bisherigen Eigentümer steuerlich zugerechnet. Erst mit dem Eintritt der Bedingung ändert sich die Vermögenslage **ex nunc.** Von nun an wird das WG dem Erwerber zugerechnet; es treten erbschaft- bzw. schenkungsteuerliche und grunderwerbsteuerliche Folgen ein. Bei Grundstücken kommt es erst jetzt zu einer Zurechnungsfortschreibung. Da steuerliche Konsequenzen erst von diesem Zeitpunkt an gezogen werden, sieht § 4 folgerichtig im Gegensatz zu den §§ 5–7 keine Berichtigung von Steuerveranlagungen bei Eintritt der Bedingung vor.

§ 5 Auflösend bedingter Erwerb

(1) ¹**Wirtschaftsgüter, die unter einer auflösenden Bedingung erworben sind, werden wie unbedingt erworbene behandelt.** ²**Die Vorschriften über die Berechnung des Kapitalwerts der Nutzungen von unbestimmter Dauer (§ 13 Abs. 2 und 3, § 14, § 15 Abs. 3) bleiben unberührt.**

(2) ¹**Tritt die Bedingung ein, so ist die Festsetzung der nicht laufend veranlagten Steuern auf Antrag nach dem tatsächlichen Wert des Erwerbs zu berichtigen.** ²**Der Antrag ist bis zum Ablauf des Jahres zu stellen, das auf den Eintritt der Bedingung folgt.**

I. Auflösend bedingter Erwerb

WG, die auflösend bedingt erworben sind, werden nach § 5 Abs. 1 wie unbedingt erworbene behandelt. Der Begriff der **auflösenden Bedingung** entstammt wie der der aufschiebenden Bedingung dem bürgerlichen Recht (§ 158 Abs. 2 BGB). Kennzeichnend für die auflösende Bedingung ist, dass die Rechtsfolgen des getätigten Rechtsgeschäfts sofort eintreten und erst bei Eintritt der Bedingung wieder rückgängig gemacht werden. Wie bei der aufschiebenden Bedingung muss es sich bei der auflösenden Bedingung um ein ungewisses Ereignis in der Zukunft handeln, an dessen Eintritt die Beteiligten die Rechtsfolge knüpfen wollen.

1

> **Beispiel:**
> O verpflichtet sich gegenüber seinem Neffen N, der Jura studiert, bis zum Bestehen des 1. Juristischen Staatsexamens monatlich € 1000 zu zahlen, obgleich dieser nicht unterhaltsbedürftig ist. Die Schenkung wurde notariell beurkundet.
> N hat gegen O so lange einen Anspruch auf Zahlung der € 1000, bis er sein Examen ablegt. Die Ablegung des Examens stellt ein in der Zukunft liegendes ungewisses Ereignis dar, an deren Eintritt die Parteien die Rechtsfolge des Wegfalls der Unterhaltsverpflichtung stellen, mithin eine auflösende Bedingung. Bereits mit Eingehen der notariellen Verpflichtung unterliegt der Unterhaltsbetrag der Schenkungsteuer gemäß § 7 Abs. 1 Nr. 1 iVm. § 9 Abs. 1 Nr. 2 ErbStG. Die Bewertung des Anspruches des S. erfolgt nach § 13 Abs. 2 mit dem 9,3- fachen des Jahreswerts der Zahlungen (§ 5 Abs. 1 Satz 2).

2

Da der auflösend bedingte Erwerb wie ein unbedingter Erwerb zu behandeln ist, treten alle Rechtsfolgen ein, die das Gesetz an die Vornahme des Rechtsgeschäfts knüpft. Bei Schenkungen unter einer auflösenden Bedingung gilt die Schenkung als ausgeführt, mithin fällt Schenkungsteuer an. Bei Grundstücken, die unter einer auflösenden Bedingung übertragen werden, fällt **Grunderwerbsteuer** an (Umkehrschluss auf § 14 Abs. 1 Nr. 1 GrEStG). Die Einräumung eines vertraglichen **Rücktrittsrechts** wirkt bewertungsrechtlich wie eine auflösende Bedingung (vgl. BFH III R 43/67 v. 27.10.1967, BStBl. II 1968, 116).

3

II. Bewertungsrechtliche Behandlung

1. Vor Eintritt der Bedingung (Abs. 1)

Das WG wird dem Erwerber wie ein unbedingt erworbenes zugerechnet. Handelt es sich um eine Forderung oder um eine wieder-

4

kehrende Nutzung oder Leistung, so bestimmt § 5 Abs. 1 Satz 2, dass die Vorschriften zur Berechnung des Kapitalwerts der Nutzungen von unbestimmter Dauer unberührt bleiben. Da der Vermögensanfall des Erwerbers losgelöst von der auflösenden Bedingung betrachtet wird, ist die Anwendbarkeit der §§ 13 ff. selbstverständlich; insoweit ist die Regelung des § 5 Abs. 1 Satz 2 nicht nur „wenig verständlich" (so *V/K/S* §§ 4–8 Rz. 16), sondern überflüssig (zustimmend *Wilms/Jochum* § 5 Rz. 5)..

2. Nach Eintritt der Bedingung (Abs. 2)

5 Tritt die auflösende Bedingung (= das ungewisse zukünftige Ereignis) ein, kommt der Erwerb des Vermögens durch den Berechtigten wieder in Fortfall. Das WG ist wieder dem ursprünglich Berechtigten zuzurechnen. Handelt es sich um ein unter einer auflösenden Bedingung übertragenes Grundstück, so entsteht bei Eintritt der Bedingung ein Rückübertragungsanspruch des ursprünglichen Eigentümers, an dessen Erfüllung der bisher Berechtigte mitzuwirken verpflichtet ist.

6 Da die Bereicherung nur eine gewisse Zeit bestanden hat, sieht das Gesetz vor, dass auf Antrag die Festsetzung der nicht laufend veranlagten Steuern nach dem tatsächlichen Wert des Erwerbs zu berichtigen ist (§ 5 Abs. 2 Satz 1). Dies hat insbesondere Bedeutung für die **Erbschaft- bzw. Schenkungsteuer** und die **Grunderwerbsteuer.** Eine bereits bestandskräftige Steuerfestsetzung wird mit Wirkung für die Vergangenheit über § 175 Abs. 1 Satz 1 Nr. 2 AO geändert.

7 Da die Berichtigung nach dem tatsächlichen Wert des Erwerbs zu erfolgen hat, geht das Gesetz davon aus, dass dem Berechtigten zwischen Vornahme des Rechtsgeschäfts und Eintritt der auflösenden Bedingung ein vermögenswerter Vorteil entstanden ist, der auch steuerlich endgültig zu erfassen ist. Das Wirtschaftsgut selbst ist zwar herauszugeben, jedoch sollen die **Nutzungen und Erträge,** die das WG in der Zwischenzeit dem Berechtigten gebracht hat, steuerlich erfasst werden. Muss also beispielsweise jemand auf Grund einer eingetretenen auflösenden Bedingung ein selbst bewohntes Einfamilienhaus wieder herausgeben, so kommt es zu einer Berichtigung der Grunderwerbsteuer. Die auf Grund der Berichtigung zu viel bzw. zu unrecht bezahlte Steuer ist zu erstatten (*Rössler/Troll* § 5 Rz. 5). Für die zwischen Übertragung und Rückübertragung gezogenen Nutzungen (hier die Mietersparnis) ist ein Nutzungswert anzusetzen (Kapitalwert gemäß §§ 15 Abs. 2, 16, 13 Abs. 1).

Aufschiebend bedingte Lasten §6

Die Berichtigung erfolgt nur **auf Antrag,** der bis zum Ablauf des 8
Jahres, das auf den Eintritt der Bedingung folgt, zu stellen ist (§ 5
Abs. 2 Satz 2). Es handelt sich um eine gesetzliche Frist, die nicht
verlängert werden kann (*Gürsching/Stenger* § 5 Rz. 8). Allerdings ist
bei schuldloser Versäumung der Frist Wiedereinsetzung in den vorigen Stand nach § 110 AO möglich.

Eine Berichtigung der **laufend veranlagten Steuern** (heute nur 9
noch die Grundsteuer) kommt nach dem eindeutigen Wortlaut des
§ 5 Abs. 2 Satz 1 nicht in Betracht. Dies ist auch nicht erforderlich,
weil der Berechtigte in der Zwischenzeit das WG genutzt hat und
dementsprechend auch die steuerlichen Folgen tragen muss. Für die
Folgezeit nach Eintritt der auflösenden Bedingung wird die Änderung allerdings berücksichtigt.

§ 6 Aufschiebend bedingte Lasten

(1) **Lasten, deren Entstehung vom Eintritt einer aufschiebenden Bedingung abhängt, werden nicht berücksichtigt.**
(2) **Für den Fall des Eintritts der Bedingung gilt § 5 Abs. 2 entsprechend.**

I. Anwendungsbereich

Seit dem 1.1.1993 hat § 6 Abs. 1 nur noch im Privatvermögen für 1
die **Erbschaft- und Schenkungsteuer** Bedeutung (*Rössler/Troll* § 6
Rz. 1). Seit 1993 war die Vorschrift durch die Übernahme der Steuerbilanzwerte im Rahmen des Betriebsvermögens bedeutungslos
(§ 98 a Satz 2 aF). Mit der **Erbschaftsteuerreform 2009** (ErbStRG
v. 24.12.2008, BGBl. I 2008, 3018) wird sie grundsätzlich wieder
anwendbar, weil das Betriebsvermögen im Ganzen zu bewerten ist
und § 98 a gestrichen worden ist. **Zur tatsächlichen Bedeutung**
s. Vor §§ 4–8 Rz. 3, 6.

II. Aufschiebend bedingte Lasten

Lasten, deren Eintritt von einem zukünftigen ungewissen Ereignis 2
abhängig ist, sind **aufschiebend bedingt** und werden steuerlich
nicht berücksichtigt. Die Vorschrift entspricht in ihrem Abs. 1 derjenigen des § 4, bezieht sich allerdings nicht auf Wirtschaftsgüter, sondern auf Lasten. Der Begriff Lasten umfasst Verpflichtungen jeder
Art, schließt insbesondere den Begriff der Schulden und der Ver-

pflichtung zur Gewährung von Renten und anderen wiederkehrenden Leistungen ein (*Horschitz/Groß/Schnur* Rz. 2009).

3 **Beispiel:**
Siehe das Beispiel zu § 4 Rz. 3. Die Verpflichtung zur Zahlung des V ist so lange keine abzugsfähige Last, bis S das Examen ablegt.

4 Solange die Last nicht eingetreten ist, kann sie steuerlich nicht berücksichtigt werden. Dabei kommt es nicht darauf an, ob der Eintritt des Ereignisses wahrscheinlich ist oder ob der Verkehr mit der Schuld als ihrem Grunde nach gegenwärtig schon bestehend rechnet (vgl. ErbStR B 4 Abs. 2 Sätze 4 und 5 sowie BFH III 121/58 S v. 30.4.1959, BStBl. III 1959, 315; III R 74/66 v. 14.7.1967, BStBl. III 1967, 770).

III. Bewertungsrechtliche Behandlung

5 **Bis zum Eintritt** der aufschiebenden Bedingung entspricht die Behandlung der Last derjenigen der Übertragung eines WG unter einer aufschiebenden Bedingung (§ 4). Der aufschiebend bedingt Belastete kann die Last nicht abziehen.
6 **Nach Eintritt** der aufschiebenden Bedingung gelten die Ausführungen zu § 4 Rz. 6 entsprechend.
7 Nach Abs. 2 gilt § 5 Abs. 2 entsprechend. Es kommt mithin **auf Antrag** zu einer Berichtigung der nicht laufend veranlagten Steuern (s. § 5 Rz. 8 f.). Da die Last (erst) ex nunc berücksichtigt wird, stellt sich die Frage, in welcher Weise die **Berichtigung** der nicht laufend veranlagten Steuern erfolgt. Denn zum Zeitpunkt der Begründung der aufschiebend bedingten Last konnte diese nicht abgezogen werden, weil sie bewertungsrechtlich noch nicht bestand. Relevanz hat diese Berichtigungsmöglichkeit in erster Linie bei der Erbschaftsteuer, wenn der Erbe aufschiebend bedingt belastet ist. Er kann dann nach Eintritt der Bedingung die Last zum Zeitpunkt des Eintritts der Bedingung, abgezinst auf den Zeitpunkt des Erbfalls, abziehen (vgl. *Rössler/Troll* § 6 Rz. 5).

§ 7 Auflösend bedingte Lasten

(1) **Lasten, deren Fortdauer auflösend bedingt ist, werden, soweit nicht ihr Kapitalwert nach § 13 Abs. 2 und 3, § 14, § 15 Abs. 3 zu berechnen ist, wie unbedingte abgezogen.**

(2) **Tritt die Bedingung ein, so ist die Festsetzung der nicht laufend veranlagten Steuern entsprechend zu berichtigen.**

Befristung auf einen unbestimmten Zeitpunkt **§ 8**

I. Auflösend bedingte Lasten

Die Vorschrift entspricht in ihrem Anwendungsbereich § 5, der 1
sich auf WG bezieht, die unter einer auflösenden Bedingung erworben sind, während § 7 korrespondierend die Lasten regelt, deren Fortdauer **auflösend bedingt** ist. Zum Begriff der Last s. § 6 Rz. 2. Bei der auflösend bedingten Last ist ungewiss, ob und wann die Last fortfällt. Der Verpflichtete wird so gestellt, als ob die Last nicht bestünde, er kann sie also abziehen.

Beispiel: 2
S. das Beispiel zu § 5 Rz. 2. Bei der Verpflichtung zur Zahlung an N handelt es sich um eine abzugsfähige Last. Stirbt O, so handelt es sich bei dem Erben um eine abzugsfähige Nachlassverbindlichkeit (§§ 10 Abs. 5, 12 Abs. 1 ErbStG iVm. § 7 Abs. 1).

II. Bewertungsrechtliche Behandlung

Bis zum Eintritt der Bedingung wird die Last wie eine unbedingte 3
abgezogen (s. § 5 Rz. 4).

Tritt die auflösende Bedingung ein, fällt also die Last weg, wird 4
der Verpflichtete entlastet. Da er bei Begründung der Last diese steuerlich abziehen konnte, sieht § 7 Abs. 2 entsprechend § 5 Abs. 2 die **Berichtigung** der Festsetzung der nicht laufend veranlagten Steuern vor (s. § 5 Rz. 6 ff.).

Da die Berichtigung sich nach dem **tatsächlichen Wert** des 5
Erwerbs richtet, ist die Berichtigung bei wiederkehrenden Leistungen nach den §§ 13 ff. vorzunehmen. Beispielsweise ist bei der ursprünglichen Erbschaftsteuerfestsetzung die Schuld zu streichen, ihr Kapitalwert bis zum Eintritt der Bedingung bleibt hingegen abzugsfähig.

Da die Berichtigung zu einer Höherveranlagung führt, wird sie 6
im Gegensatz zu § 5 Abs. 2 **von Amts wegen** vorgenommen (*Rössler/Troll* § 7 Rz. 2).

§ 8 Befristung auf einen unbestimmten Zeitpunkt

Die §§ 4 bis 7 gelten auch, wenn der Erwerb des Wirtschaftsguts oder die Entstehung oder der Wegfall der Last von einem Ereignis abhängt, bei dem nur der Zeitpunkt ungewiß ist.

Kreutziger

§ 9 Bewertungsgrundsatz, gemeiner Wert

1 Die Vorschriften über aufschiebende und auflösende Bedingungen sind auch anzuwenden im Falle der **Befristung**. Die Befristung unterscheidet sich von der Bedingung dadurch, dass die Ungewissheit des zukünftigen Ereignisses sich nicht auf ihren Eintritt als solchen (der ist gewiss), sondern auf den Zeitpunkt bezieht. Typisches Beispiel ist der Tod eines Menschen. Der Eintritt des Todes ist gewiss, nicht aber der Zeitpunkt. Dieses Ereignis kann bei der Begründung eines Rechtsgeschäfts sowohl aufschiebenden als auch auflösenden Charakter haben. Deshalb gelten die §§ 4–7 sinngemäß.

2 Abzugrenzen ist die Befristung von der sogenannten **Betagung**, auf die § 8 keine Anwendung findet. Bei der Betagung ist die Schuld bereits entstanden, lediglich die Fälligkeit ist auf einen bestimmten Zeitpunkt befristet (BFH III R 76/72 v. 24.11.1972, BStBl. II 1973, 354). Da § 8 keine Anwendung findet, ist die Forderung bzw. Verbindlichkeit mit ihrem abgezinsten Wert bereits bei der Begründung des Schuldverhältnisses steuerlich zu berücksichtigen.

§ 9 Bewertungsgrundsatz, gemeiner Wert

(1) **Bei Bewertungen ist, soweit nichts anderes vorgeschrieben ist, der gemeine Wert zugrunde zu legen.**

(2) [1]**Der gemeine Wert wird durch den Preis bestimmt, der im gewöhnlichen Geschäftsverkehr nach der Beschaffenheit des Wirtschaftsgutes bei einer Veräußerung zu erzielen wäre.** [2]**Dabei sind alle Umstände, die den Preis beeinflussen, zu berücksichtigen.** [3]**Ungewöhnliche oder persönliche Verhältnisse sind nicht zu berücksichtigen.**

(3) [1]**Als persönliche Verhältnisse sind auch Verfügungsbeschränkungen anzusehen, die in der Person des Steuerpflichtigen oder eines Rechtsvorgängers begründet sind.** [2]**Das gilt insbesondere für Verfügungsbeschränkungen, die auf letztwilligen Anordnungen beruhen.**

Übersicht

	Rn.
I. Entstehung und Bedeutung der Vorschrift	1–5
II. Der gemeine Wert als Bewertungsmaßstab (Abs. 1)	6, 7
III. Verhältnis von § 9 zu § 11 Abs. 2	8, 9
IV. Bewertungsgrundsätze (Abs. 2)	10–17
1. Erzielbarer Preis	11
2. Gewöhnlicher Geschäftsverkehr	12
3. Beschaffenheit des Wirtschaftsguts	13

4. Preisbeeinflussende Umstände	14
5. Ungewöhnliche oder persönliche Verhältnisse	15–17
V. Verfügungsbeschränkungen (Abs. 3)	18–22

I. Entstehung und Bedeutung der Vorschrift

Die bereits in § 10 RBewG 1934 enthalten gewesene Vorschrift ist in der Neufassung des BewG v. 10.12.1965 (BGBl. I 1965, 1861) als § 9 wörtlich übernommen und in der Folgezeit nicht geändert worden. **1**

Der zwischenzeitlich eher ungebräuchliche Begriff „gemeiner Wert" entspricht nach heutigem Sprachgebrauch dem **Verkehrswert**. Er ist der Hauptbewertungsmaßstab, soweit im BewG oder den Einzelsteuergesetzen keine andere Wertermittlung vorgeschrieben ist. Seine Hauptbedeutung hat er im Erbschaftsteuerrecht (s. § 12 Abs. 1 ErbStG). **2**

Durch das **ErbStRG** v. 24.12.2008 (BGBl. I 2008, 3018) ist § 9 **unverändert geblieben**. Gleichwohl kommt der Vorschrift seit dem 1.1.2009 eine ganz andere Bedeutung zu als bisher. Während bis zum 31.12.2008 bei Bewertungen der gemeine Wert nur in insoweit zugrunde zu legen war, „soweit nichts anderes vorgeschrieben ist", ist der gemeine Wert mit der Erbschaftsteuerreform 2009 der durchgängige und einzige Bewertungsmaßstab. Hintergrund ist der Beschluss des BVerfG v. 7.11.2006 (1 BvL 10/02, BStBl. II 2007, 192). Nach Auffassung des BVerfG ist die durch § 19 Abs. 1 ErbStG angeordnete Erhebung der Erbschaftsteuer mit einheitlichen Steuersätzen auf den Wert des Erwerbs mit dem Grundgesetz unvereinbar, da sie an Werte anknüpft, deren Ermittlung bei wesentlichen Gruppen von Vermögensgegenständen – namentlich Betriebsvermögen, Grundvermögen, Anteilen an Kapitalgesellschaften, land- und forstwirtschaftliches Vermögen – den Anforderungen des Gleichheitssatzes gemäß Art. 3 Abs. 1 GG nicht genügt. Den konkreten Verstoß gegen das Gleichbehandlungsgebot des Art. 3 GG sieht das BVerfG darin, dass für die verschiedenen Nachlasskategorien kein gemeinsamer Bewertungsmaßstab vorlag. Das BVerfG forderte den Gesetzgeber auf, bis spätestens 31.12.2008 eine Neuregelung zu treffen. Diese Neuregelung sollte nach Auffassung des BVerfG sich einheitlich für alle Vermögensarten am **gemeinen Wert als maßgeblichem Bewertungsziel** ausrichten. **3**

Mit dem ErbStRG v. 24.12.2008 (BGBl. I 2008, 3018) hat der Gesetzgeber die Vorgaben des BVerfG, was den Bewertungsgrund- **4**

§ 9 Bewertungsgrundsatz, gemeiner Wert

satz anbelangt, weitestgehend umgesetzt. Es sind mit dem **gemeinen Wert** zu bewerten:
- das land- und forstwirtschaftliche Vermögen gem. § 162 Abs. 1;
- das Grundvermögen gem. § 177;
- das inländische Betriebsvermögen gem. 109 Abs. 1 iVm. § 11 Abs. 2 sowie das ausländische Betriebsvermögen gem. § 31;
- wie bisher das sonstige Vermögen, wie zB Hausrat, Wäsche, Kleidung, Kunstgegenstände, Sammlungen, Münzen, Edelmetalle und Schmuck gem. § 12 Abs. 1 ErbStG iVm. § 9;
- wie bisher das Inlandsvermögen (§ 121 BewG) gem. § 12 Abs. 1 ErbStG.

5 Mit der durchgängigen Bewertung aller Vermögensarten mit dem gemeinen Wert hat Abs. 1 insoweit seine Bedeutung verloren, als der Satzteil „soweit nichts anderes vorgeschrieben ist" **obsolet geworden** ist (a. A. *Rössler/Troll* § 9 Rz. 3). Dieser Satzteil kann bei späteren Änderungen des BewG gestrichen werden.

II. Der gemeine Wert als Bewertungsmaßstab (Abs. 1)

6 § 9 Abs. 1 bestimmt, dass bei der Bewertung der gemeine Wert zugrunde zu legen ist. Nach § 1 gilt **§ 9 für das gesamte Steuerrecht,** soweit in den Einzelgesetzen keine besonderen Bewertungsvorschriften enthalten sind. Insofern hat der gemeine Wert oder heute gebräuchlicher der Verkehrswert über das BewG hinaus Bedeutung im gesamten Steuerrecht. Wo steuerlich der gemeine Wert anzusetzen ist, gelten die Bewertungsgrundsätze des § 9, in den Einzelgesetzen eventuell mit gewissen Einschränkungen.

7 **Vom gemeinen Wert abgeleitete Bewertungsmaßstäbe** sind der Kurswert für börsennotierte Wertpapiere und Anteile (§ 11 Abs. 1), der Gegenwartswert für festverzinsliche Kapitalforderungen und -schulden (§ 12 Abs. 3), der Rückkaufswert noch nicht fälliger Versicherungsansprüche (§ 12 Abs. 4) oder der Kapitalwert wiederkehrender Nutzungen und Leistungen (§§ 13–16).

III. Verhältnis von § 9 zu § 11 Abs. 2

8 § 9 befindet sich ebenso wie § 11 Abs. 2 im Ersten Teil des BewG. Während § 9 den gemeinen Wert als Bewertungsmaßstab für **alle Vermögensarten** vorschreibt, betrifft § 11 Abs. 2 lediglich die **Bewertung von Anteilen an Kapitalgesellschaften** und über

Bewertungsgrundsätze (Abs. 2) **§ 9**

§ 109 auch die **Bewertung des gewerblichen Betriebsvermögens.** Fraglich ist, ob der „gemeine Wert" in § 11 Abs. 2 sich von dem „gemeinen Wert" des § 9 unterscheidet. Dies will offenbar *Hübner* Erbschaftsteuerreform 2009, S. 474, Fn. 183, annehmen, wenn er ausführt, dass die derzeitige Gesetzesfassung nicht deutlich mache, dass das BewG zwei unterschiedliche Begriffe des gemeinen Werts kenne. Nach der hier vertretenen Auffassung handelt es sich in § 9 lediglich um die Konstituierung des gemeinen Werts als grundsätzlicher Bewertungsmaßstab, während § 11 eine konkrete Anwendungsnorm zur Ermittlung des gemeinen Werts bei nicht notierten Anteilen an Kapitalgesellschaften und beim gewerblichen Betriebsvermögen darstellt. Wenn also über § 11 Abs. 2 der gemeine Wert von Anteilen an nicht notierten Kapitalgesellschaften sowie des gewerblichen Betriebsvermögens unter Berücksichtigung der Ertragsaussichten der Gesellschaft zu ermitteln ist und dabei die Methode anzuwenden ist, die ein Erwerber der Bemessung des Kaufpreises zugrunde legen würde, geht diese Vorschrift als **Spezialnorm** § 9 vor (zustimmend *Rössler/Troll* § 109 Rz. 4 a. E.). Deshalb sind bei der Ertragsbewertung des § 11 Abs. 2 in Abweichung von § 9 Abs. 2 Satz 3 auch ungewöhnliche und persönliche Verhältnisse zu berücksichtigen sowie in Abweichung von § 9 Abs. 3 Satz 1 auch Verfügungsbeschränkungen in der Person des Stpfl. mit zu berücksichtigen.

einstweilen frei 9

IV. Bewertungsgrundsätze (Abs. 2)

Nach der Definition in § 9 Abs. 2 ist der gemeine Wert der Preis, 10 der im gewöhnlichen Geschäftsverkehr für ein WG nach seiner Beschaffenheit unter Berücksichtigung aller den Preis beeinflussenden Umstände bei einer Veräußerung zu erzielen wäre. Ungewöhnliche oder persönliche Verhältnisse sind bei der Wertermittlung nicht zu berücksichtigen. Der gemeine Wert ist also der **objektive Wert,** den ein WG nach seiner Beschaffenheit für Jedermann hat.

1. Erzielbarer Preis

§ 9 Abs. 2 stellt nicht auf einen tatsächlich erzielten Verkaufspreis 11 ab, sondern auf den am **freien Markt erzielbaren Veräußerungspreis,** um zu gewährleisten, dass der objektive Wert angesetzt wird. Das schließt jedoch nicht aus, bei der Ermittlung des erzielbaren Preises auf Kauf- oder Veräußerungspreise zurückzugreifen, die für das zu bewertende oder für gleiche oder gleichartige WG tatsächlich gezahlt bzw. erzielt worden sind. Dabei können jedoch nur solche Käufe/Verkäufe berücksichtigt werden, die zeitnah zum Bewertungsstichtag liegen. So schreibt beispielsweise § 11 Abs. 2 Satz 2 für die Ermittlung des gemeinen Werts nichtnotierter Anteile an Kapitalgesellschaften vor, dass diese nur aus Verkäufen abzuleiten sind, die weniger als ein Jahr zurückliegen.

2. Gewöhnlicher Geschäftsverkehr

12   Maßgebend ist nur der Preis, der im **gewöhnlichen Geschäftsverkehr** erzielbar wäre. Nach der BFH-Rechtsprechung (zB BFH III R 86/78 v. 28.11.1980, BStBl. II 1981, 353 mwN) ist darunter der Handel zu verstehen, der sich nach den marktwirtschaftlichen Grundsätzen von Angebot und Nachfrage vollzieht und bei dem jeder Vertragspartner ohne Zwang und nicht aus Not, sondern freiwillig und in Wahrung seiner eigenen Interessen zu handeln in der Lage ist. Veräußerungen im **Zwangsversteigerungsverfahren** oder aus einer **Konkursmasse** erfolgen nicht im gewöhnlichen Geschäftsverkehr. Ein gewöhnlicher Geschäftsverkehr ist aber nicht deswegen zu verneinen, weil der Kreis der potentiellen Käufer oder das Angebot ggf. nur klein ist.

3. Beschaffenheit des Wirtschaftsguts

13   § 9 Abs. 2 unterstellt einen funktionierenden Absatzmarkt, dh. insbesondere eine Nachfrage nach Wirtschaftsgütern von der Art des zu bewertenden WG. Fehlt es an einem solchen Markt, so muss nach BFH (X R 2/80 v. 29.4.1987, BStBl. II 1987, 769) ein möglicher Käufer unterstellt werden, der an dem Erwerb des WG in seiner konkreten Beschaffenheit mit der vorgesehenen Verwertungsmöglichkeit interessiert und bereit ist, einen angemessenen, dem inneren Wert entsprechenden Preis zu zahlen. Im Urteilsfall ging es darum, dass die wegen ihrer Sonderanfertigung höherwertigen Ausrüstungsgegenstände nicht wie Serienerzeugnisse bewertet werden können.

Der Begriff **„Beschaffenheit des Wirtschaftsguts"** meint danach seine Ausstattung und seine Funktionsfähigkeit. Zur Beschaffenheit des WG gehören auch sein Alter, der Zustand uÄ. Insofern ist die Aussage im BFH-Urteil III R 68/73 v. 17.1.1975 (BStBl. II 1975, 377) fallbezogen zu sehen, dass unter Beschaffenheit eines WG nur solche tatsächlichen und rechtlichen Verhältnisse zu verstehen sind, die dem zu bewertenden WG arteigen sind. Nach dieser Entscheidung kann die schuldrechtliche Verpflichtung, ein auf fremdem Grund und Boden errichtetes Gebäude nach Ablauf des Nutzungs-

Bewertungsgrundsätze (Abs. 2) **§ 9**

vertrags über den Grund und Boden dem Grundeigentümer entschädigungslos zu überlassen, nicht als Wertminderung des Grundvermögens anerkannt werden.

4. Preisbeeinflussende Umstände

Neben der Beschaffenheit des WG sind bei der Ermittlung des gemeinen Werts des WG alle Umstände zu berücksichtigen, die den Preis beeinflussen. Es müssen also Umstände sein, die mit der Beschaffenheit des WG an sich nichts zu tun haben. Dazu gehören beim **Grundstück** zB Umwelteinflüsse wie Lärm oder Erschütterung. Der Preis für **Kunstgegenstände** wird durch die Bedeutung seines Künstlers bestimmt. Nach ErbStR B 9.3 Satz 2 ist der Wert von Kunstgegenständen und Sammlungen unter Berücksichtigung der schwierigen Verwertungsaussichten vorsichtig zu ermitteln. Der Preis für **Luxusgegenstände** wird in Zeiten eines konjunkturellen Abschwungs sinken. **14**

5. Ungewöhnliche oder persönliche Verhältnisse

Ungewöhnliche oder persönliche Verhältnisse sind nach der ausdrücklichen Bestimmung in Abs. 2 Satz 3 bei der Ermittlung des gemeinen Werts nicht zu berücksichtigen. **15**

Mit ungewöhnlichen Verhältnissen kann das Gesetz nur solche meinen, die **nicht im gewöhnlichen Geschäftsverkehr gelten,** wie zB der Erwerb im Zwangsversteigerungsverfahren, aus einer Konkursmasse oder auf dem Schwarzmarkt. Kunstauktionen werden dagegen als gewöhnlicher Geschäftsverkehr gelten müssen, wenn die zu bewertenden Kunstgegenstände üblicherweise auf Aktionen gehandelt werden. Maßgebend ist dann aber der Preis, der an den Verkäufer gezahlt wird. Dabei ist eine vorsichtige Bewertung angezeigt (vgl. ErbStR B 9.3 Satz 2).

Ein Preis ist durch **persönliche Verhältnisse** beeinflusst, soweit für seine Bemessung Umstände entscheidend sind, die in der Person des Käufers oder des Verkäufers oder in einer besonderen Beziehung zwischen Käufer und Verkäufer liegen. Das ist zB der Fall, wenn der Verkäufer aus einer Notlage heraus verkauft, wenn der Gegenstand für den Käufer einen besonderen ideellen Wert hat oder wenn mit Rücksicht auf verwandtschaftliche Beziehungen ein sehr niedriger oder hoher Preis zustande kommt. Als persönliche Verhältnisse sind nach Abs. 3 auch bestimmte Verfügungsbeschränkungen anzusehen (vgl. Rz. 18 ff.). **15a**

Sachleistungsansprüche sind mit dem gemeinen Wert des Gegenstandes zu bewerten, auf dessen Leistung sie gerichtet sind. Ein **16**

§ 9 Bewertungsgrundsatz, gemeiner Wert

Sachleistungsanspruch ist wie die Verpflichtung zur Gegenleistung gesondert anzusetzen und zu bewerten, auch wenn im Besteuerungszeitpunkt noch keine Vertragspartei mit der Erfüllung des Vertrags begonnen hat. Sachleistungsanspruch und Sachleistungsverpflichtung sind bereits ab dem Zeitpunkt des Vertragsabschlusses anzusetzen (ErbStR B 9.1 Abs. 1).

17 Zum **Verhältnis** des **Abs. 2 zu § 11 Abs. 2** s. Rz. 8.

V. Verfügungsbeschränkungen (Abs. 3)

18 Als persönliche Verhältnisse, die nach Abs. 2 Satz 3 bei der Ermittlung des gemeinen Werts nicht zu berücksichtigen sind, werden in Abs. 3 ausdrücklich Verfügungsbeschränkungen genannt, die in der Person des Steuerpflichtigen oder eines Rechtsvorgängers begründet sind oder auf letztwilligen Anordnungen beruhen. Diese Vorschrift steht in einem **gewissen Widerspruch zur Definition des gemeinen Werts** in Abs. 2, nach der insbesondere alle Umstände, die den Preis beeinflussen, bei der Wertermittlung zu berücksichtigen sind. Selbstverständlich beeinflussen Verfügungsbeschränkungen den Preis, unabhängig davon, durch wen diese Beschränkungen begründet worden sind. Insofern erscheint es wichtig, diese Sonderbestimmung in Abs. 3 nicht über die dort ausdrücklich genannten Fälle hinaus weit auszulegen.

19 Die Verfügungsbeschränkungen müssen sich zunächst **auf das Wirtschaftsgut selbst beziehen** und nicht auf seine Erträgnisse. Erbt zB der Sohn einen GmbH-Anteil, der mit einem vom Erblasser zugunsten seiner Schwester eingeräumten lebenslänglichen Nießbrauch belastet ist, so ist diese Nießbrauchsbelastung keine Verfügungsbeschränkung iSd. Abs. 3. Sie ist darum bei der Wertermittlung zu berücksichtigen. § 25 ErbStG steht dem nicht entgegen, weil Nießbrauchsberechtigte im Beispielsfall die Schwester bzw. Tante ist.

20 Die Verfügungsbeschränkungen müssen **in der Person des Steuerpflichtigen oder eines Rechtsvorgängers begründet sein**. Dabei wird es sich in der Regel um vertragliche Verfügungsbeschränkungen handeln (ähnlich *Wilms/Jochum* § 9 Rz. 13). Dazu gehören nach der BFH-Rspr. (zB BFH II R 46/96 v. 17.6.1998, BFH/NV 1999, 17 mwN) Veräußerungs- und Vererbungsbeschränkungen, die von den Gesellschaftern einer Kapitalgesellschaft bezüglich ihrer Geschäftsanteile in der Satzung vereinbart wurden. Sie sind bei der Ermittlung des gemeinen Werts der Anteile außer Betracht zu lassen. Nicht in der Person des Stpfl. begründete Verfügungsbeschränkungen

Begriff des Teilwerts **§ 10**

sind zB Verwertungsbeschränkungen oder Vorkaufsrechte für ein Grundstück, die auf einen Flächenbebauungsplan einer Gemeinde zurückzuführen sind. Eventuelle Wertminderungen, die sich dadurch ergeben, sind jedenfalls nach § 9 zu berücksichtigen.

Auf **letztwilliger Anordnung** beruhende Verfügungsbeschränkungen, beispielsweise durch eine Testamentsvollstreckung, sind bei der Ermittlung des gemeinen Werts nicht zu berücksichtigen (vgl. *Rössler/Troll* § 9 Rz. 28). 21

Zum **Verhältnis** des **Abs. 3 zu § 11 Abs. 2** s. Rz. 8. 22

§ 10 Begriff des Teilwerts

¹Wirtschaftsgüter, die einem Unternehmen dienen, sind, soweit nichts anderes vorgeschrieben ist, mit dem Teilwert anzusetzen. ²Teilwert ist der Betrag, den ein Erwerber des ganzen Unternehmens im Rahmen des Gesamtkaufpreises für das einzelne Wirtschaftsgut ansetzen würde. ³Dabei ist davon auszugehen, daß der Erwerber das Unternehmen fortführt.

Übersicht

	Rn.
I. Entstehung und Bedeutung der Vorschrift	1–4
II. Anwendungsbereich (Satz 1)	5–17
1. Wirtschaftsgüter, die einem Unternehmen dienen	5–10
2. Soweit kein anderer Wertansatz vorgeschrieben ist	11–17
III. Der Teilwert (Sätze 2 und 3)	18–21
1. Begriff des Teilwerts	18
2. Ermittlung des Teilwerts	19–21

I. Entstehung und Bedeutung der Vorschrift

Die bereits in § 12 RBewG 1934 enthaltene Vorschrift ist in der Neufassung des BewG v. 10.12.1965 (BGBl. I 1965, 1861) als § 10 unverändert übernommen worden. Zwischenzeitlich geändert wurde lediglich Satz 1 durch das StÄndG 1992 v. 25.2.1992 (BGBl. I 1992, 297) mit Wirkung zum 1.1.1993. Während nach der früheren Fassung die einem Unternehmen dienenden WG in der Regel mit dem Teilwert anzusetzen waren, galt ab 1.1.1993 der Teilwertansatz nur noch, soweit nichts anderes vorgeschrieben ist. 1

Die Änderung in Satz 1 stand im Zusammenhang mit der Übernahme der Steuerbilanzwerte für das gewerbliche und freiberufliche 2

Betriebsvermögen ab 1.1.1993 durch § 109 Abs. 1. Der Teilwertansatz war dadurch weitestgehend verdrängt worden.

3   Mit dem **ErbStRG** v. 24.12.2008 (BGBl. I 2008, 3018) ist die **Vorschrift vollends bedeutungslos** geworden. Der Teilwert hat seine ausschließliche Bedeutung im Betriebsvermögen. Nach § 109 Abs. 1 ist das Betriebsvermögen zukünftig nicht mehr mit den Steuerbilanzwerten, sondern mit dem gemeinen Wert anzusetzen, wobei eine Gesamtbewertung gemäß § 11 Abs. 2 durchzuführen ist. Eine Einzelbewertung der einzelnen WG findet zwar noch in Ausnahmefällen statt (vgl. § 2 Rz. 30); jedoch ist auch in diesen Fällen, z. B. bei der Ermittlung des Mindestwerts (Substanzwert) gemäß § 11 Abs. 2 Satz 3 immer der gemeine Wert der einzelnen WG maßgebend. Da der Teilwert somit nur noch Bedeutung im EStG hat (§ 6 Abs. 1 Nr. 1 Satz 3 EStG), ist § 10 überflüssig und sollte gestrichen werden (wohl auch *Rössler/Troll* § 10 Rz. 4).

4   *(einstweilen frei)*

II. Anwendungsbereich (Satz 1)

1. Wirtschaftsgüter, die einem Unternehmen dienen

5   § 10 Satz 1 bestimmt, dass WG, die einem Unternehmen dienen, mit dem **Teilwert** anzusetzen sind, soweit nichts anderes vorgeschrieben ist. Was der Teilwert ist, wird in den Sätzen 2 und 3 dieser Vorschrift erläutert (s. Rz. 18). Der Begriff Unternehmen steht dagegen im Raum.

6   Für die Abgrenzung des **Unternehmensbegriffs** in § 10 Satz 1 dürfte der auch in § 95 Abs. 1 zum Begriff des Betriebsvermögens im Zitat enthaltene § 15 Abs. 1 Satz 1 Nr. 1 EStG heranzuziehen sein, nach dem Einkünfte aus Gewerbebetrieb Einkünfte aus gewerblichen Unternehmen sind. Daraus folgt, dass Unternehmen iSd. § 10 Satz 1 jedenfalls der Gewerbebetrieb iSv. §§ 95 und 97 ist sowie die gem. § 96 dem Gewerbebetrieb gleichstehende Ausübung eines freien Berufs.

Unternehmen sind auch die **Betriebe der Land- und Forstwirtschaft.** Wenn das auch nicht klassisch abzuleiten ist, so folgt das einfach aus einer erkennbaren Gleichsetzung des Betriebs mit dem Unternehmen im Einkommensteuerrecht und Bewertungsrecht. Das Steuerrecht der Land- und Forstwirte rechnet zum Unternehmenssteuerrecht. Die Übertragung eines Betriebs der Land- und Forstwirtschaft durch Erbfall oder Schenkung ist eine Unternehmensübertragung iSv. §§ 13 a, 19 a ErbStG.

Anwendungsbereich (Satz 1) § 10

Die WG müssen dem Unternehmen **dienen**. Diese Formulierung verwendet lediglich § 33 Abs. 1, nach dem zum land- und forstwirtschaftlichen Vermögen alle WG gehören, die einen Betrieb der Land- und Forstwirtschaft dauernd zu dienen bestimmt sind. Von dieser Zuordnung nimmt § 33 Abs. 3 allerdings Zahlungsmittel, Geldforderungen, Geschäftsguthaben, Wertpapiere, Geldschulden und über den normalen Bestand hinausgehende Bestände (Überbestände) an umlaufenden Betriebsmitteln sowie bestimmte Tierbestände aus, obwohl sie zweifellos dem Betrieb dienen. Sie werden als nicht zum land- und forstwirtschaftlichen Vermögen gehörend bezeichnet und wurden durch den durch das JStG 1997 v. 20.12.1996 (BGBl. I 1996, 2049) aufgehobenen § 110 dem **sonstigen Vermögen** zugerechnet. Heute sollen sie **übriges Vermögen** sein, das nach § 9 mit dem gemeinen Wert zu bewerten ist (so ErbStR B 9.3 Satz 1). 7

Zweck der Herausnahme der og. Wirtschaftsgüter und Schulden aus dem Betrieb und damit auch aus dem Einheitswert des Betriebs der Land- und Forstwirtschaft ist ihre **Nichterfassung** bei der **Grundsteuer**. Das dürfte aber nicht ihre Nichterfassung in **Erbschafts- und Schenkungsfällen** als begünstigtes Betriebsvermögen nach § 13 a oder § 19 a ErbStG rechtfertigen. Die Frage, ob diese WG mit dem Teilwert oder mit dem gemeinen Wert anzusetzen sind, ist dabei nachrangig, weil sich Wertunterschiede kaum ergeben dürften. 8

Beim gewerblichen und freiberuflichen Vermögen stellen §§ 95 bis 97 nicht darauf ab, dass die Wirtschaftsgüter dem Betrieb dienen, sondern **zum Betrieb gehören**. Da WG nach dem hier maßgeblichen Bilanzsteuerrecht nur dann zum Betrieb gehören, wenn sie auch dem Betrieb dienen, ergeben sich dadurch aber keine Abgrenzungsprobleme.

Wirtschaftsgüter sind nach § 2 Rz. 4 sowohl positive als auch negative Vermögensgegenstände, umfassen also auch die Schulden (s. § 2 Rz. 4). 9

einstweilen frei 10

2. Soweit kein anderer Wertansatz vorgeschrieben ist

Während nach der bis zum 31.12.1992 einschließlich geltenden Fassung des § 10 Satz 1 die einem Unternehmen dienenden WG in der Regel mit dem Teilwert anzusetzen waren, gilt ab 1.1.1993 der Teilwert als Bewertungsmaßstab nur noch, soweit nichts anderes vorgeschrieben ist. Die Änderung stand im Zusammenhang mit der Maßgeblichkeit der Steuerbilanzwerte für das gewerbliche Betriebsvermögen durch § 109 ab 1.1.1993. Der Teilwertansatz beim Betriebsvermögen war dadurch zur Ausnahme geworden. Nach der **Erbschaft-** 11

§ 10 Begriff des Teilwerts

steuerreform 2009 (ErbStRG v. 24.12.2008, BGBl. I 2008, 3018) ist der Teilwertansatz beim Betriebsvermögen gänzlich obsolet geworden, weil für alle Vermögensarten der gemeine Wert anzusetzen ist.

12 Für den Ansatz des **land- und forstwirtschaftlichen Vermögens** (§§ 33 ff., 140 ff., 158 ff.) ist der gemeine Wert bei der Bewertung des Wirtschaftsteils zugrunde zu legen (§ 162 Abs. 1 Satz 1), allerdings modifiziert in Form des sogenannten Fortführungswertes (§ 162 Abs. 1 Satz 2). Vgl. iE 162 Rz. 7 ff.

13 Für das **gewerbliche und freiberufliche Vermögen** schreibt § 109 Abs. 1 vor, dass das Betriebsvermögen mit dem gemeinen Wert anzusetzen ist. Für die Ermittlung des gemeinen Werts gilt § 11 Abs. 2 entsprechend. Die bisherige Unterscheidung zwischen bilanzierenden Steuerpflichtigen und Freiberuflern, die ihren Gewinn durch Einnahme-/Überschuss-Rechnung nach § 4 Abs. 3 ermitteln, konnte aufgegeben werden, weil der gemeine Wert der durchgängige Bewertungsmaßstab ist.

14 Die Bewertung des **ausländischen land- und forstwirtschaftlichen Vermögens, Grundvermögens und Betriebsvermögens** wird trotz Einführung des allgemeinen Bewertungsmaßstabs des gemeinen Wertes weiterhin nicht in § 109, sondern in § 31 Abs. 1 geregelt. Dort ist vorgeschrieben, dass für die Bewertung „die Vorschriften des ersten Teils dieses Gesetzes, insbesondere § 9 (gemeiner Wert)" gelten. Die hM folgert daraus, dass das ausländische Betriebsvermögen mit dem **gemeinen Wert** anzusetzen ist (*Rössler/Troll* § 31 Rz. 8; *V/K/S* § 31 Rz. 2; für das neue Recht ebenso *Eisele* Erbschaftsteuerreform 2. Auflage 2009, S. 241). Die Hervorhebung, dass insbesondere § 9 (gemeiner Wert) gilt, besagt nicht, dass § 9 ausnahmslos Bewertungsmaßstab ist. Auf das ausländische land- und forstwirtschaftliche Vermögen und ausländische Betriebsvermögen war demgemäß bisher der Teilwert nach § 10 anzuwenden. Diese Auffassung kann nach der **Erbschaftsteuerreform** (ErbStRG v. 24.12.2008, BGBl. I 2008, 3018) nicht mehr aufrecht erhalten werden, denn der gemeine Wert gilt nunmehr unabhängig davon, ob es sich um inländisches oder ausländisches Betriebsvermögen handelt, so dass der **Teilwert seine Bedeutung** auch für das ausländische Sachvermögen **verloren hat.**

15–17 *einstweilen frei*

III. Der Teilwert (Sätze 2 und 3)

1. Begriff des Teilwerts

18 § 10 Satz 2 und 3 bezeichnen den Teilwert als den Betrag, den ein Erwerber des ganzen Unternehmens im Rahmen des Gesamtkaufpreises für das einzelne WG ansetzen würde. Dabei ist davon auszugehen, dass der Erwerber das Unternehmen fortführt.

Das ist die Begriffsbestimmung wie sie auch in § 6 EStG für das Bilanzsteuerrecht verwendet wird. Gleichwohl besteht zwischen **Bilanzsteuerrecht und Bewertungsrecht** ein gravierender Unterschied. Während nach § 6 EStG Bewertungsobergrenze die Anschaffungs- oder Herstellungskosten sind und der Teilwert nur anzusetzen ist, wenn er niedriger ist, kennt § 10 BewG diese Obergrenze nicht. Auch das seit 1999 in § 6 EStG verankerte Wertaufholungsgebot geht nicht über die ursprünglichen Anschaffungs- oder Herstellungskosten, ggf. vermindert um AfA-Beträge, hinaus.

2. Ermittlung des Teilwerts

§ 98 a a. F. schrieb für die Ermittlung des Werts des Betriebsvermögens eine **Einzelbewertung** der zum Gewerbebetrieb gehörenden Wirtschaftsgüter, sonstigen aktiven Ansätze sowie Schulden und sonstigen Abzüge vor. Ausgehend von diesem Grundsatz hat der BFH in st. Rspr. (vgl. insbesondere BFH III 181/64 v. 12.7.1968, BStBl. II 1968, 794; III R 88/69 v. 2.3.1973, BStBl. II 1973, 475 u. II R 2/90 v. 12.5.1993, BStBl. II 1993, 587) die Auffassung abgelehnt, dass Voraussetzung für die Feststellung des Teilwerts die Feststellung des Werts der wirtschaftlichen Einheit im Ganzen sei. Er hat vielmehr die Meinung vertreten, dass für die **Ermittlung des Teilwerts** eines WG weder nach dem Wortlaut noch nach dem Sinn des § 10 die Kenntnis des Gesamtkaufpreises des Unternehmens primär Voraussetzung sei. Die Legaldefinition des Teilwerts basiere auf der Vermutung, dass der gedachte Erwerber, der das Unternehmen fortführen will, für das einzelne WG höchstens so viel zahlen würde, als er an Kosten aufwenden müsste, um dieses WG, falls es fehlte, wiederzubeschaffen. 19

Nach der in Rz. 19 angeführten BFH-Rspr. folgt aus dem Hinweis auf den gedachten Gesamtkaufpreis für ein Unternehmen, der auch durch Ertragserwartungen beeinflusst wird, nicht, dass der Teilwert der einzelnen WG durch deren kapitalisierten Beitrag zum Erfolg des Unternehmens bestimmt wird. Vielmehr ist der Teilwert der einzelnen WG **unabhängig von den Ertragsaussichten** des Unternehmens zu bestimmen. Es würde dem Grundsatz der Einzelbewertung widersprechen, auch einen nicht als geldwerte Realität in Erscheinung getretenen Geschäftswert in die Bewertung in der Form einzubeziehen, dass er als Differenz zwischen dem Substanzwert und dem Gesamtwert des Unternehmens ermittelt und auf die einzelnen WG aufgeteilt würde. 20

Im Urteil III R 88/69 v. 2.3.1973, BStBl. II 1973, 475 (Rz. 19) weist der BFH aber darauf hin, dass ein negativer Geschäftswert, in dem sich die schlechte Rentabilität widerspiegeln würde, nicht als selbständig bewertbares (negatives) WG erfasst werden kann, weil er als eine Art Wertberichtigungsposten nach bewertungsrechtlichen Grundsätzen sich immer nur im Wert der einzelnen zum Betriebsvermögen gehörenden WG niederschlagen kann. Insofern kann der Wert einzelner WG auch unter die Wiederbeschaffungskosten sinken.

21 Zusammengefasst entspricht der Teilwert nach der BFH-Rspr. bei normaler bis guter Ertragslage des Unternehmens den **Wiederbeschaffungskosten**, bei schlechter Ertragslage sinkt er unter die Wiederbeschaffungskosten. Niedrigster Wertansatz ist dann der **Einzelveräußerungspreis**, ggf. der Schrottwert.

Wiederbeschaffungs- oder Reproduktionswert ist nach BFH III R 21/71 v. 19.2.1972 (BStBl. II 1972, 748) der Preis, den der gedachte Erwerber eines Unternehmens im Rahmen des Gesamtkaufpreises für das einzelne Wirtschaftsgut ansetzen würde. Dabei sind nicht die Wiederbeschaffungskosten maßgebend, die sich losgelöst von dem Unternehmen für ein Erzeugnis der entsprechenden Art errechnen lassen, sondern die Wiederbeschaffungskosten, die sich im konkreten Unternehmen ergeben.

§ 11 Wertpapiere und Anteile

(1) [1]**Wertpapiere und Schuldbuchforderungen, die am Stichtag an einer deutschen Börse zum Handel im regulierten Markt zugelassen sind, werden mit dem niedrigsten am Stichtag für sie im regulierten Markt notierten Kurs angesetzt.** [2]**Liegt am Stichtag eine Notierung nicht vor, so ist der letzte innerhalb von 30 Tagen vor dem Stichtag im regulierten Markt notierte Kurs maßgebend.** [3]**Entsprechend sind die Wertpapiere zu bewerten, die in den Freiverkehr einbezogen sind.**

(2) [1]**Anteile an Kapitalgesellschaften, die nicht unter Absatz 1 fallen, sind mit dem gemeinen Wert anzusetzen.** [2]**Lässt sich der gemeine Wert nicht aus Verkäufen unter fremden Dritten ableiten, die weniger als ein Jahr zurückliegen, so ist er unter Berücksichtigung der Ertragsaussichten der Kapitalgesellschaft oder einer anderen anerkannten, auch im gewöhnlichen Geschäftsverkehr für nichtsteuerliche Zwecke üblichen Methode zu ermitteln; dabei ist die Methode anzuwenden, die ein Erwerber der Bemessung des Kaufpreises zu Grunde legen würde.** [3]**Die Summe der gemeinen Werte der**

§ 11

Wertpapiere und Anteile

zum Betriebsvermögen gehörenden Wirtschaftsgüter und sonstigen aktiven Ansätze abzüglich der zum Betriebsvermögen gehörenden Schulden und sonstigen Abzüge (Substanzwert) der Gesellschaft darf nicht unterschritten werden; die §§ 99 und 103 sind anzuwenden. [4]Die §§ 199 bis 203 sind zu berücksichtigen.

(2a) *(aufgehoben)*

(3) Ist der gemeine Wert einer Anzahl von Anteilen an einer Kapitalgesellschaft, die einer Person gehören, infolge besonderer Umstände (z. B. weil die Höhe der Beteiligung die Beherrschung der Kapitalgesellschaft ermöglicht) höher als der Wert, der sich auf Grund der Kurswerte (Absatz 1) oder der gemeinen Werte (Absatz 2) für die einzelnen Anteile insgesamt ergibt, so ist der gemeine Wert der Beteiligung maßgebend.

(4) Wertpapiere, die Rechte der Einleger (Anteilinhaber) gegen eine Kapitalanlagegesellschaft oder einen sonstigen Fonds verbriefen (Anteilscheine), sind mit dem Rücknahmepreis anzusetzen.

Schrifttum: *Behringer,* Unternehmensbewertung der Mittel- und Kleinbetriebe, 5. Aufl., 2012; *Creutzmann,* Unternehmensbewertung und Erbschaftsteuer, Stbg 2008, 148; *ders.,* Unternehmensbewertung im Steuerrecht – Neuregelungen des Bewertungsgesetzes ab 1.1.2009, DB 2008, 2784; *Drukarczyk/Ernst,* Branchenorientierte Unternehmensbewertung, 3. Aufl., 2010; *Fischer/Wangas,* Bundessteuerberaterkammer veröffentlicht neue Hinweise zur Praxiswertermittlung, DStR 2010, 1853; *Hecht/von Cölln,* Ableitung des gemeinen Werts von Anteilen an gewerblichen Personengesellschaften aus Verkäufen nach § 11 Abs. 2 BewG, BB 2009, 2061; *Heilmann,* Die Anwendbarkeit betriebswirtschaftlicher Bewertungsmethoden im Erbschaft- und Schenkungsteuerrecht, 2010; *IDW,* IDW Standard: Grundsätze zur Durchführung von Unternehmensbewertungen (IDW S 1 idF 2008), WPg Supplement 3/2008, 68; *IWD,* IDW-Standard: Grundsätze zur Bewertung immaterieller Vermögenswerte (IDW S 5), WPg Supplement 4/2008, 56; *IWD.,* WP-Handbuch 2008, Band II, 13. Aufl., 2008; *Knief,* Die „Bewertung medizinischer Praxen" nach dem 31.12.2008, DB 2009, 866; *Matschke/Brösel,* Unternehmensbewertung, 3. Aufl., 2007; *Milatz,* Bewertung von Anteilen an Kapitalgesellschaften ohne Kursnotierung, GmbHR 2010, 443; *Möllmann,* Erbschaft- und schenkungsteuerliche Unternehmensbewertung anhand von Börsenkursen und stichtagsnahen Veräußerungsfällen, BB 2010, 407; *Moxter,* Grundsätze ordnungsmäßiger Unternehmensbewertung, 2. Aufl., 1983; *Olbrich/Hares/Pauly,* Erbschaftsteuerreform und Unternehmensbewertung, DStR 2010, 1250; *Peemöller,* Praxishandbuch der Unternehmensbewertung, 5. Aufl., 2012; *Piltz,* Erbschaftsteuer-Bewertungserlass: Allgemeines und Teil A (Anteile an Kapitalgesellschaften), DStR 2009, 1829; *Piltz,* Unternehmensbewertung im neuen Erbschaftsteuerrecht, DStR 2008, 745; *Rückle,* Aktuelle Fragen der Finanz-

§ 11 Wertpapiere und Anteile

wirtschaft und der Unternehmensbewertung, 1991; *Schiffers*; Bewertung von Unternehmensvermögen nach der Erbschaftsteuerreform, DStZ 2009, 548; *Schultze,* Methoden der Unternehmensbewertung, 2. Aufl., 2003; *Seetzen,* Spruchstellenverfahren und Unternehmensbewertung im Wandel, WM 1999, 565; *Stamm/Blum,* Erbschaftsteuerliche Bewertung von Betriebsvermögen, StuB 2009, 806; *von Oertzen/Zens,* Der bewertungsrechtliche Paketzuschlag, DStR 2005, 1040; *Wassermann,* Mittelständische Unternehmensbewertung im neuen Erbschaftsteuerrecht, DStR 2010, 183; *Wehmeier,* Zugewinnausgleich: Praxiswert ist zu berücksichtigen, Stbg 2008, 173; *Wöhe,* Einführung in die Allgemeine Betriebswirtschaftslehre, 24. Aufl., 2010; *Wollny,* Erbschaftsteuerliche Unternehmensbewertung, 2012; *Wollny,* Substanzwert reloaded – Renaissance eines wertlosen Bewertungsverfahrens, DStR 2012, 716 und DStR 2012, 766; *Wunsch,* Börsennotierte Aktien als Gegenstand erbschaftsteuerlich veranlasster Poolvereinbarungen, BB 2011, 2315.

Übersicht

Rn.

I. Allgemeines	1–2a
1. Rechtsentwicklung	1
2. Überblick über die Regelung, Sinn und Zweck	2–2a
II. Börsennotierte Wertpapiere und Schuldbuchforderungen, Abs. 1	3–22
1. Wertpapiere und Schuldbuchforderungen	4–11
a) Wertpapiere	4–9
b) Schuldbuchforderungen	10, 11
2. Börsennotierung	12–16
3. Bewertung	17–22
III. Ableitung des gemeinen Werts nicht notierter Anteile an Kapitalgesellschaften aus Verkäufen, Abs. 2 Satz 2 Alt. 1	23–44
1. Anteile an Kapitalgesellschaften	26, 27
2. Ableitung des gemeinen Werts aus Verkäufen	28–44
a) Verkäufe innerhalb eines Jahres	29–31
b) Gewöhnlicher Geschäftsverkehr unter fremden Dritten	32–36
c) Ableitung	37–44
IV. Ermittlung des gemeinen Werts unter Berücksichtigung der Ertragsaussichten oder einer anderen üblichen Methode, Abs. 2 Satz 2 Alt. 2 und 3	45–89
1. Allgemeines	45–47
2. Methodenwahl aus Erwerberperspektive	48–74
a) Kriterien der Methodenwahl	48–54
b) Wesentliche Verfahren der Unternehmensbewertung	55–74

3. Folgen der Methodenwahl	75–79
4. Grundsätze für die Konkretisierung der Bewertungsmethodik	80–89
a) Stichtagsprinzip	80, 81
b) Typisierung des gewöhnlichen Geschäftsverkehrs	82–89
V. Substanzwert als Mindestwert, Abs. 2 Satz 3	90–104
1. Allgemeines	90–92
2. Begriff	93–99
a) Einbeziehung dem Grunde nach	95–97
b) Einbeziehung der Höhe nach	98, 99
3. Ermittlung des Substanzwerts	100–104
VI. Paketzuschlag, Abs. 3	105–109
VII. Investmentanteilscheine, Abs. 4	110

I. Allgemeines

1. Rechtsentwicklung

Die Vorschrift geht auf § 13 RBewG 1934 zurück und ist im folgenden in wesentlichen Teilen unverändert geblieben. Nach dem **StÄndG 1992** v. 25.2.1992 (BGBl. I 1992, 297) war bei Ermittlung des gemeinen Werts für nichtnotierte Aktien ua. als Vermögenswert der EW des Betriebsvermögens der Kapitalgesellschaft zu übernehmen. Diese Regelung ist nach dem Wegfall der Vermögensteuer und damit der Feststellung eines EW des Betriebsvermögens durch das **JStG 1997** v. 20.12.1996 (BGBl. I 1996, 2049) wieder aufgehoben worden. Abs. 2 a ist durch das **Gesetz v. 29.10.1997** (BGBl. I 1997, 2590) mit Wirkung ab 1998 aufgehoben worden. Durch das **SEStEG** v. 7.12.2006 (BGBl. I 2006, 2782) wurde in den Abs. 2 eine Bestimmung eingefügt, nach welcher die Schätzung des gemeinen Werts nichtnotierter Anteile unter Berücksichtigung von Vermögen und Ertragsaussichten nicht auch für Ertragsteuerzwecke gelten sollte. Durch das **Finanzmarkt-Richtlinie-Umsetzungsgesetz** v. 16.7.2007 (BGBl. I 2007, 1330) kam es dann zu redaktionellen Anpassungen im Zusammenhang mit der Zusammenführung von amtlichem Handel und geregeltem Markt zum regulierten Markt. Eine durchgreifende Änderung der Bewertung nichtnotierter Anteile an Kapitalgesellschaften (Abs. 2 Satz 2) hat schließlich mit dem **ErbStRG** v. 24.12.2008 (BGBl. I 2008, 3018) stattgefunden. Das Kernstück der Neuerungen bildet dabei die **Abkehr vom Stuttgarter Verfahren** als Regelbewertungsverfahren, sofern der Wert nichtnotierter Anteile nicht aus zeitnahen Verkäufen abgeleitet werden kann.

2. Überblick über die Regelung, Sinn und Zweck

2   § 11 ergänzt den allgemeinen Bewertungsmaßstab des gemeinen Werts nach § 9 für Wertpapiere und Schuldbuchforderungen sowie sonstige Anteile an Kapitalgesellschaften um Sonderregelungen. Nach **Abs. 1** ist für Wertpapiere und Schuldbuchforderungen, die zum Handel an einer deutschen Börse zugelassen sind, der **Kurswert** der zutreffende Bewertungsmaßstab. Liegt für Anteile an Kapitalgesellschaften kein solcher Kurswert vor, ist nach Abs. 2 der **gemeine Wert** der Bewertungsmaßstab. Da sich diese Rechtsfolge bereits aus § 9 ergibt, ist die Regelung eigentlich überflüssig. Bedeutung besitzt die Regelung lediglich insoweit, als sie in **Abs. 2 Satz 2** und **Abs. 3** anordnet, wie der gemeine Wert zu ermitteln ist. **Abs. 4** regelt, dass die Bewertung von Anteilsscheinen an einer Kapitalanlagegesellschaft mit dem Rücknahmepreis zu erfolgen hat.

Unter die Regelung des **§ 11 Abs. 1** fallen **nur Wertpapiere und Schuldbuchforderungen**, für die ein **Kurswert** besteht. Besteht kein Kurswert und verbriefen sie Anteile an Kapitalgesellschaften, werden sie mit dem gemeinen Wert angesetzt (Abs. 2). Wertpapiere, die eine Forderung verbriefen, werden demgegenüber mit dem sich nach § 12 Abs. 1 ergebenden Wert, also grundsätzlich mit dem **Nennwert** (vgl. § 12 Rz. 14; ErbStR B 11.1 Abs. 2 Nr. 2) angesetzt.

2a   Nach dem **bis 2008** geltenden Recht richtete sich die erbschaft-/schenkungsteuerliche Bewertung von Wertpapieren und Anteilen an Kapitalgesellschaften unabhängig davon, ob es sich um Privat- oder Betriebsvermögen handelte, nach § 11 BewG (§ 12 Abs. 5 ErbStG a. F.). Mit Aufgabe der additiven Teilbewertung des Betriebsvermögens im Zuge des **ErbStRG** v. 24.12.2008 (BGBl. I 2008, 3018) ist hingegen § 11 **nicht mehr unmittelbar** auf Wertpapiere, andere Anteile an Kapitalgesellschaften oder Schuldbuchforderungen im Betriebsvermögen **anwendbar**. Stattdessen kommt es grundsätzlich zu einer Gesamtbewertung der wirtschaftlichen Einheit (vgl. § 109 Rz. 8 sowie § 11 Rz. 45). Mittelbare Bedeutung besitzt § 11 aber auch in diesen Fällen, so v. a. für die Ermittlung des Substanzwerts als Mindestwert (§ 11 Abs. 2 Satz 3, vgl. hierzu Rz. 90).

II. Börsennotierte Wertpapiere und Schuldbuchforderungen, Abs. 1

3   Börsennotierte Wertpapiere und Schuldbuchforderungen sind mit dem niedrigsten am Stichtag für sie geltenden Kurswert anzusetzen.

Börsennotierte Wertpapiere § 11

Existiert kein Stichtagskurs, ist hilfsweise auf den letzten, innerhalb von 30 Tagen vor dem Bewertungsstichtag notierten Kurs zurückzugreifen (Abs. 1).

1. Wertpapiere und Schuldbuchforderungen

a) Wertpapiere. Wertpapiere sind Urkunden, die ein privates Vermögensrecht dergestalt verbriefen, dass das Recht ohne Vorlage der Urkunde nicht geltend gemacht werden kann. Verbrieft werden können Forderungen und Mitgliedschaftsrechte. Auf die einzelnen zivilrechtlichen Voraussetzungen und Differenzierungen kommt es indes für das BewG nicht an. Entscheidend ist allein, dass ein Wertpapier gegeben und an einer inländischen Börse zum Handel zugelassen ist (*Gürsching/Stenger* § 11 Rz. 22). 4

Wertpapiere in diesem Sinne sind zunächst **Aktien** als Mitgliedschaftsrechte an einer AG, einer SE oder an vergleichbaren Gesellschaften ausländischer Rechtsformen, darüber hinaus aber auch zB **Bezugsrechte** (*Gürsching/Stenger* § 11 Rz. 99; dogmatisch aA – gemeiner Wert iSd. § 9 – *Meincke* § 12 Rz. 102, im Ergebnis aber ohne Auswirkung) sowie – unabhängig von ihrer Einordnung als Eigenkapital- oder Schuldinstrument – **Genussscheine.** 5

Ferner gehören zu den Wertpapieren **Schuldverschreibungen,** die ein Forderungsrecht verbriefen und regelmäßig auf den Inhaber lauten, § 793 BGB. Laufen die Schuldverschreibungen über längere Zeit und werden sie am Kapitalmarkt ausgegeben, werden sie als Anleihen bezeichnet. In ihrer klassischen Form gewähren sie eine feste Verzinsung und einen Anspruch auf Rückzahlung des im Papier angegebenen Betrags (Nennwert). Möglich und gebräuchlich sind zudem Papiere mit unregelmäßiger (zB. **Kombizinsanleihen, Step-up-Anleihen, Gleitzinsanleihen** oder **Floater** bzw. FRN = Floating Rate Notes) oder ganz ohne laufende Verzinsung (**Zero-Bonds** bzw. Null-Coupon-Anleihen). Darüber hinaus gehören zu den Schuldverschreibungen **Wandelschuldverschreibungen** und **Optionsanleihen.** Erstere gewähren dem Gläubiger neben der Verzinsung das Recht auf Umtausch der Wandelanleihe in Aktien. Mit dem Umtausch wird der Gläubiger zum Aktionär der AG. Letztere ist wie die Wandelanleihe ebenfalls mit dem Recht gekoppelt, Aktien der emittierenden AG gegen Zuzahlung zu erwerben, unterscheidet sich aber von der Wandelanleihe dadurch, dass sie keine untrennbare Verbindung der Schuldverschreibung mit dem Wandlungsrecht in Aktien kennt, sondern die Schuldverschreibung von dem Optionsrecht trennt. Schuldverschreibungen werden von einer Vielzahl von Institutionen herausgegeben: 6

§ 11   Wertpapiere und Anteile

- Anleihen der öffentlichen Hand: Emittenten sind Bund, Länder, Gemeinden oder vergleichbare ausländische Emittenten (**Staatsanleihen**),
- Bankschuldverschreibungen und Pfandbriefe: Als Herausgeber treten primär Landesbanken (ua. **öffentliche Pfandbriefe**, früher als Kommunalobligationen bezeichnet), andere Realkreditinstitute wie zB. Hypothekenbanken (ua. **Hypothekenpfandbriefe, Schiffshypothekenpfandbriefe**) oder allgemeine Geschäftsbanken (**Bankschuldverschreibungen**) auf. Eine Sonderform stellen **Schuldverschreibungen von Kreditinstituten mit Sonderaufgaben** dar, wie sie ua. von der Kreditanstalt für Wiederaufbau, der deutschen Siedlungs- und Landesrentenbank, der Landwirtschaftlichen Rentenbank oder der Industriekreditbank zur Finanzierung ihrer gesetzlichen Zwecke ausgegeben werden,
- Unternehmensanleihen: Diese werden idR von größeren Industriebetrieben (**Industrieobligationen**), Handels- und Dienstleistungsunternehmen emittiert.

7 Um Wertpapiere handelt es sich zudem bei **Optionsscheinen,** die das Recht, aber nicht die Pflicht verbriefen, während ihrer Laufzeit (amerikanische Option) oder nur am Ende dieses Zeitraums (europäische Option) eine festgelegte Menge von Vermögenswerten zu kaufen (Call) oder zu verkaufen (Put).

8   Auch Investmentzertifikate **in Form von Anteilsscheinen** an Sondervermögen von Kapitalanlagegesellschaften (§ 1 KAGG, § 2 InvStG) sind schließlich Wertpapiere, deren Bewertung sich mangels Börsennotierung allerdings nicht nach Abs. 1, sondern nur nach Abs. 4 richten kann (ErbStR B 11.1 Abs. 5). Gleiches gilt nach dem Gedanken des lex specialis für Zertifikate, für welche sowohl ein Rücknahmepreis als auch ein Börsenwert besteht (vgl. Rz. 110). Ausschließlich börsengehandelte Zertifikate, bei denen eine Rücknahme ausgeschlossen ist (so zB bestimmte ETFs = Exchange Traded Funds), sind hingegen mit ihrem Kurswert anzusetzen.

9   *einstweilen frei*

10   **b) Schuldbuchforderungen.** Neben den Wertpapieren sind auch börsennotierte Schuldbuchforderungen nach Abs. 1 zu bewerten. Dies sind Schuldverschreibungen der öffentlichen Hand, die ohne Ausfertigung von Schuldurkunden („stückelos") erteilt werden, so dass keine Wertpapiere vorliegen. Das Forderungsrecht des Gläubigers wird durch Eintragung in das bei der „Bundesrepublik Deutschland – Finanzagentur GmbH" geführte Schuldbuch begründet.

11   *einstweilen frei*

2. Börsennotierung

Die Bewertung nach Abs. 1 setzt voraus, dass die Wertpapiere oder 12
Schuldbuchforderungen an einer **deutschen Börse** notiert sind. Sie
müssen dabei zum **regulierten Markt** (bis zum 30.10.2007: zum
amtlichen Handel oder zum geregelten Markt) zugelassen oder in
den Freiverkehr einbezogen sein; die Preise aus dem nicht amtlich
überwachten, sog. Telefon- bzw. Bankenverkehr **(freier Markt)** bilden dagegen keine tauglichen Börsennotierungen. Die Zulassung
von Wertpapieren zum regulierten Markt erfolgt durch die Börsen-
Geschäftsführung auf Antrag des Emittenten und seines Emissionsbegleiters, wenn **(a)** der Emittent und die Wertpapiere die Bedingungen nach Art. 35 EG-VO Nr. 1287/2006 sowie der Börsenzulassungs-VO erfüllen, **(b)** ein ggf. erforderlicher Wertpapierprospekt
veröffentlicht worden ist und **(c)** der Emittent nicht gleichzeitig
seine Pflichten aus der Zulassung zum regulierten Markt an einem
anderen organisierten Markt verletzt (§ 32 BörsG). Im regulierten
Markt werden insbesondere die Aktien bekannter inländischer
Großunternehmen (zB an der Frankfurter Wertpapierbörse die
DAX-Werte) und ausländischer Unternehmen mit internationaler
Ausrichtung gehandelt. Von den festverzinslichen Wertpapieren sind
es die Emissionen der öffentlichen Hand sowie der Landesbanken,
Hypothekenbanken und Spezialkreditinstitute. In Deutschland
bestehen Wertpapierbörsen in Berlin, Düsseldorf, Frankfurt/M.,
Hamburg/Hannover, München und Stuttgart.

Nach Abs. 1 sind auch die Wertpapiere zu bewerten, die in den 13
Freiverkehr einbezogen sind. Wertpapiere, die weder zum regulierten Markt zugelassen noch in diesen Handel einbezogen sind, können vom jeweiligen Börsenträger – im Fall der Frankfurter Wertpapierbörse also von der Deutsche Börse AG – zum Freiverkehr
zugelassen werden und dürfen dann im Börsenbereich gehandelt
werden. Das Marktsegment Freiverkehr ist zwar in § 48 BörsG grob
geregelt, wesentliche Details ergeben sich allerdings erst aus den
jeweiligen Geschäftsbedingungen der Börsen.

Wertpapiere, die **an deutschen Börsen weder zum regulierten** 14
Markt zugelassen noch in den Freiverkehr einbezogen wurden,
werden nicht nach Abs. 1, sondern nach den sonstigen Regelungen,
also im Fall von Anteilsrechten nach Abs. 2 bzw. im Fall von Forderungsrechten nach § 12 Abs. 1 bewertet. Dies trifft zB auf Wertpapiere bzw. Schuldbuchforderungen zu, die lediglich an **ausländischen Börsen** und ggf. daneben im Inland im freien Markt
gehandelt werden (vgl. Rz. 29 sowie § 12 Rz. 35). Anwendungsfälle
bilden aber auch **nicht an der Börse eingeführte junge Aktien,**

§ 11 Wertpapiere und Anteile

Vorzugsaktien oder Stammaktien, selbst wenn andere Aktiengattungen an deutschen Börsen im regulierten Markt oder im Freiverkehr notiert werden (vgl. Rz. 40).

15, 16 *einstweilen frei*

3. Bewertung

17 Die börsennotierten Wertpapiere und Schuldbuchforderungen sind mit dem niedrigsten am Stichtag für sie notierten Kurs anzusetzen (Kurswert). Der Kurs ist der jeweils festgestellte **Marktpreis,** der sich aus den Notierungen von Angebot und Nachfrage am betreffenden Tag ergibt (*Gürsching/Stenger* § 11 Rz. 49). Ist das Wertpapier an verschiedenen Börsen zum Handel zugelassen und liegen mehrere verschiedene Kurse der einzelnen Börsen vor, gilt der niedrigste dieser Kurse am Stichtag (BMF v. 15.2.1965, StEK BewG 1965 § 13 Nr. 14). Sind die Wertpapiere oder Schuldbuchforderungen nicht variabel notiert, ist dabei jeweils auf den einmal börsentäglich festgestellten Einheitskurs abzustellen. Zumindest bei den meisten Aktien ist es hingegen inzwischen üblich, dass der Kurs für alle getätigten Abschlüsse fortlaufend notiert wird (variable Notierung). In diesen Fällen ist daher nicht der Eröffnungs- oder Schlusskurs, sondern der niedrigste Kassa-Kurs zu berücksichtigen (*Rössler/Troll* § 11 Rz. 7). Ohne Bedeutung ist, ob diesem Kurs Umsätze zugrunde liegen, so dass Geld-, Brief- oder Taxkurse die gleiche Bedeutung haben wie Kassa-Kurse. Das gilt grundsätzlich auch für im Freiverkehr veröffentlichte Kurse mit dem Zusatz „G" (=Geld; zu diesem Preis bestand nur Nachfrage nach dem bezeichneten Wertpapier), es sei denn, dass ihm innerhalb des 30-Tages-Zeitraumes kein Kaufangebot zugrunde liegt (BFH II R 78/86 v. 21.2.1990, BStBl. II 1990, 490). Die Kurse des Stichtages können den Kurszetteln, Kursberichten oder Kursblättern der einzelnen Börsen entnommen werden.

Liegt **am Stichtag kein Kurs** vor, so ist der letzte innerhalb von 30 Tagen vor dem Stichtag notierte Kurs maßgebend, Abs. 1 Satz 2. Existiert auch kein solcher Kurs, ist bei zum regulierten Markt zugelassenen Wertpapieren hilfsweise auf Kurse des Freiverkehrs an anderen Börsen zurückzugreifen. Wenn eine Aktie oder ein Wertpapier an einer Börse zum regulierten Markt zugelassen oder in diesen einbezogen, an einer anderen in den Freiverkehr einbezogen ist, gehen im Übrigen jedoch die Kurse des regulierten Markts denjenigen des Freiverkehrs vor.

18 Eine **vom Börsenkurs abweichende Bewertung** ist unzulässig, auch wenn der gemeine Wert nachweislich höher oder niedriger liegt (vgl. zB § 13 Abs. 3, § 14 Abs. 4), oder wenn kurze Zeit nach dem Stichtag infolge Kursverfalls eine Wertminderung eintritt (BFH II B 130/97 v. 22.9.1999, BFH/NV 2000, 320). Denn da der gemeine Wert nach § 9 Abs. 2 durch den Preis bestimmt wird, der im gewöhnlichen Geschäftsverkehr zu erzielen wäre, unterstellt der Gesetzgeber im Wege einer verfassungsrechtlich unbedenklichen Typisierung, dass der Börsenpreis diesem Betrag entspricht (BFH II B 109/00 v. 1.10.2001, BFH/NV 2002, 319; wohl aA *Meincke* § 12 Rz. 27). Auch Wertpapiere mit Sonderausstattungen oder gegenseitige Beteiligungen dürfen nicht mit einem Wert unter dem Börsenwert angesetzt werden, denn nach § 9 Abs. 2 Satz 3 sind ungewöhnliche oder persönliche Wertverhältnisse nicht zu berücksichtigen (FG Bremen v. 17.9.1997, EFG 1998, 717; *Rössler/Troll* § 11 Rz. 11). Eine Abweichung vom Kurswert ist nur zulässig, wenn der Kurs nicht der wirklichen Geschäftslage des Börsenverkehrs (vgl. § 24 Abs. 2 BörsG) entspricht (BFH II R 63/70 v. 23.2.1977, BStBl. II 1977, 427; III R 83/75 v. 25.2.1977, BStBl. II 1977, 404; II B 109/00 v. 1.10.2001, BFH/NV 2002, 319; *Rössler/Troll* § 11 Rz. 11; *Gürsching/ Stenger* § 11 Rz. 69, kritisch *Wilms/Jochum* § 11 Rz. 13; *Möllmann* BB 2010, 408). Entsprechendes muss aber auch z. B. gelten, wenn am Bewertungsstichtag keine Kursnotierungen vorliegen, so dass auf den letzten innerhalb von 30 Tagen davor notierten Börsenkurs zu rekurrieren ist (Abs. 1 Satz 2), gleichzeitig aber zwischen dem Datum dieser letzten Notierung und dem Bewertungsstichtag erhebliche kursbeeinflussende Tatsachen bekanntgeworden sind.

einstweilen frei **19–22**

III. Ableitung des gemeinen Werts nicht notierter Anteile an Kapitalgesellschaften aus Verkäufen, Abs. 2 Satz 2 Alt. 1

Anteile an Kapitalgesellschaften, die nicht unter Abs. 1 fallen, sind **23** mit dem gemeinen Wert zu bewerten. Hierzu sieht das Gesetz mit einer **festgelegten Reihenfolge** (BFH II R 185/87 v. 5.2.1992, BStBl. II 1993, 266) zwei Verfahren vor:
1. Existieren Verkäufe zwischen fremden Dritten, die weniger als ein Jahr vor dem Bewertungsstichtag liegen, so ist der gemeine Wert möglichst aus diesen Verkäufen abzuleiten (vgl. Rz. 28 ff.).
2. Nur wenn sich eine solche Ableitung nicht durchführen lässt, ist der gemeine Wert unter Berücksichtigung der Ertragsaussichten der Kapitalgesellschaft oder einer anderen anerkannten, auch im gewöhnlichen Geschäftsverkehr für nichtsteuerliche Zwecke üblichen Methode zu ermitteln (vgl. Rz. 45 ff.).

§ 11 Wertpapiere und Anteile

Den Mindestwert bildet der Substanzwert (vgl. Rz. 90 ff.).

24 Anders als bisher wird der gemeine Wert nichtnotierter Anteile an Kapitalgesellschaften nunmehr (wieder – vgl. zur Situation bis 31.12.1997 § 113 a BewG aF) gesondert festgestellt, § 151 Abs. 1 Nr. 3. Eine Besonderheit besteht dabei insoweit, als die einmal festgestellten Werte bei einer innerhalb eines Jahres folgenden Feststellung für dieselbe wirtschaftliche Einheit unverändert übernommen werden **(Basiswert),** sofern zwischenzeitlich keine wesentliche Änderung der für die Bewertung maßgeblichen Stichtagsverhältnisse eingetreten ist. Der Steuerpflichtige kann allerdings durch Abgabe einer Feststellungserklärung eine abweichende Feststellung nach den Verhältnissen des Bewertungsstichtags beantragen, § 151 Abs. 3.

25 Der Feststellungsbescheid ist **Grundlagenbescheid** zum Erbschaft- oder Schenkungsteuerbescheid (§§ 179, 182 AO). Einwendungen gegen den Wert der Kapitalgesellschaftsanteile können daher nur durch Anfechtung des Feststellungsbescheids erhoben werden.

1. Anteile an Kapitalgesellschaften

26 Anteile an Kapitalgesellschaften sind neben **Mitgliedschaftsrechten** an Aktiengesellschaften und Societates Europeae (Aktien), Kommanditanteilen von Kommanditgesellschaften auf Aktien, **Bezugsrechten** auf solche Anteile sowie Anteilen an Gesellschaften mit beschränkter Haftung auch entsprechende Rechte an Gesellschaften ausländischer Rechtsform, sofern diese deutschen Kapitalgesellschaften nach dem Gesamtbild der tatsächlichen Verhältnisse entsprechen. Ob eine ausländische Gesellschaft eine Kapitalgesellschaft darstellt, ist nach den insoweit universalen Grundsätzen des Venezuela-Urteils (RFH VI A 899/27 v. 12.2.1930, RStBl. 1930, 444) zu entscheiden.

27 **Genussrechte** gegenüber einer Kapitalgesellschaft sind als bzw. wie Kapitalgesellschaftsanteile zu behandeln, wenn diese Rechte nach dem Gesamtbild der Verhältnisse als Mitgliedschaftsrechte ausgestaltet sind, dh. eine Beteiligung am Gewinn und am Liquidationserlös vermitteln. Ist dies nicht der Fall, so sind sie als Gläubigerrechte regelmäßig wie Kapitalforderungen oder Gewinnbeteiligungsrechte zu bewerten (*Rössler/Troll* § 11 Rz. 23).

2. Ableitung des gemeinen Werts aus Verkäufen

28 Der gemeine Wert der Anteile ist in erster Linie aus **Verkäufen innerhalb eines Jahres** vor dem Stichtag **zwischen fremden Dritten** abzuleiten Abs. 2 Satz 2 Alt. 1. Aus der generellen Bezugnahme des Abs. 2 auf den Maßstab des gemeinen Werts (§ 9) ist darüber hinaus zu folgern, dass es sich jeweils um Verkäufe handeln

Ableitung des gemeinen Werts aus Verkäufen § 11

muss, die im **gewöhnlichen Geschäftsverkehr** getätigt worden sind (ErbStR B 11.2 Abs. 1 Satz 6). Wie nach bisherigem Recht ist schließlich zu beachten, dass die beobachteten Preise nicht dem gesuchten Wert entsprechen müssen, sondern der gemeine Wert aus diesen Preisen erst noch **abzuleiten** ist, so dass ggf. die Berücksichtigung von Korrekturfaktoren notwendig ist (so im Ergebnis auch ErbStR B 11.2 Abs. 1 Satz 7).

a) Verkäufe innerhalb eines Jahres. Der Begriff der **Verkäufe** 29 ist weit zu verstehen. Er beinhaltet zum einen alle entgeltlichen Übertragungen von bestehenden Anteilen an Kapitalgesellschaften und damit – insbesondere für **ausländische Wertpapiere** von Bedeutung – auch Preise des Telefon- oder Bankenverkehrs oder hilfsweise ausländische Börsenkurse (ErbStR B 11.1 Abs. 3 sowie ErbStR B 11.2 Abs. 1 Satz 5). Als Verkäufe kommen aber auch wirtschaftlich mit einer Veräußerung vergleichbare Vorgänge in Betracht, so zB die Ausgabe neuer Geschäftsanteile an einer GmbH im Rahmen einer Kapitalerhöhung (BFH II R 185/87 v. 5.2.1992, BStBl. II 1993, 266, ErbStR B 11.2 Abs. 1 Satz 4). Nicht erforderlich ist sogar, dass die Verkäufe die zu bewertende Art von Kapitalgesellschaftsanteilen betreffen. So ist es zB ggf. möglich, aus dem Kurs (ggf. auch Börsenkurs) von Stammaktien auf den Preis nichtnotierter junger Aktien oder Vorzugsaktien bzw. vice versa zu schließen (BFH II R 39/90 v. 9.3.1994, BStBl. II 1994, 394; ErbStR B 11.1 Abs. 4 Satz 1 ff. – vgl. Rz. 40). Zu berücksichtigen sind allerdings nur Verkäufe von Anteilen **derselben Gesellschaft**, deren Anteile bewertet werden sollen. Eine Ableitung aus Verkäufen von Anteilen an anderen, selbst branchengleichen Unternehmen ist hingegen unzulässig (BFH III 281/63 v. 14.10.1966, BStBl. III 1967, 82). Abweichend von der Wahl des Plural im Gesetzestext („Verkäufe") reicht schließlich für die Anwendung des Abs. 2 Satz 1 bereits ein **einziger Verkauf**, sofern dieser nicht lediglich einen Zwerganteil betrifft oder aber der zu bewertende Anteil ebenfalls ein Zwerganteil ist (BFH II R 232/82 v. 5.3.1986, BStBl. II 1986, 591, ErbStR B 11.2 Abs. 1 Satz 3). Eine feste Grenze für das Vorliegen eines Zwerganteils gibt es allerdings nicht. Sie kann sich nur aus den Umständen des Einzelfalles ergeben. Der BFH hat bei geringer Beteiligung zehn Verkaufsfälle im Nennwert von 5.500 DM bei einem Grundkapital von 3,4 Mio. DM als ausreichend angesehen, um hieraus den gemeinen Wert abzuleiten (BFH III R 17/75 v. 6.5.1977, BStBl. II 1977, 626).

Zur Ableitung des gemeinen Werts dürfen nur Verkäufe, die 30 **weniger als ein Jahr** vor dem Bewertungsstichtag liegen, herangezogen werden. Verkäufe, die ein Jahr und länger vor dem Stichtag liegen oder die nach dem Stichtag stattgefunden haben, scheiden also aus. Diese zeitliche Beschränkung schließt jedoch nicht aus, dass erst nach dem Bewertungsstichtag bekanntgewordene Umstände, die gleichwohl zu diesem Zeitpunkt bereits objektiv vorhanden waren und sich auch nachträglich tatsächlich auf den Kaufpreis ausgewirkt haben, zu berücksichtigen sind (BFH II R 43/07 v. 22.1.2009, BFH/NV 2009, 996). Eine Ausnahme für Verkäufe nach dem Stichtag wird allerdings zu Recht dann zugelassen, wenn der Verkauf kurz nach dem Stichtag liegt, die Einigung über den Kaufpreis aber bereits vor dem Stichtag erfolgt ist und der Wert des Anteils zum Stichtag durch die Kaufpreisvereinbarung dokumentiert ist (BFH II R 59/96 v. 11.11.1998, BFH/NV 1999, 908; X B 103/98 v. 23.6.1999, BFH/NV 2000, 30; II R 400/08 v. 22 6. 2010, BStBl. II 2010, 843, zu letzterem Fall *Möllmann* BB 2010, 411).

31 Eine (zumindest faktisch weitere) Ausnahme von der Einjahresfrist kann sich ferner ergeben, wenn ein aus einem ggf. bereits länger als ein Jahr zurückliegenden Verkauf abgeleiteter gemeiner Wert nach dem Basiswert-Prinzip des § 151 Abs. 3 auch auf die fragliche Bewertung angewendet wird. Weicht der danach zu übernehmende Wert allerdings wesentlich von dem aufgrund von Verkäufen innerhalb des letzten Jahres vor dem aktuellen Bewertungsstichtag abgeleiteten Wert ab, ist eine materielle Neubewertung zwingend (vgl. Rz. 24).

32 b) Gewöhnlicher Geschäftsverkehr unter fremden Dritten. Die Verkäufe müssen unter fremden Dritten im gewöhnlichen Geschäftsverkehr getätigt worden sein (§ 9 Abs. 2, vgl. § 9 Rz. 12). **Gewöhnlicher Geschäftsverkehr** ist der Handel, der sich nach marktwirtschaftlichen Grundsätzen von Angebot und Nachfrage vollzieht und bei dem jeder Vertragspartner ohne Zwang und nicht aus Not, sondern freiwillig in Wahrung seiner wirtschaftlichen Interessen zu handeln in der Lage ist (BFH III 281/63 v. 14.10.1966, BStBl. III 1967, 82; II R 101/90 v. 30.3.1994, BStBl. II 1994, 503; II R 23/97 v. 15.7.1998, BFH/NV 1998, 1463; *Rössler/Troll* § 9 Rz. 7). Ungewöhnliche Verhältnisse sind auszuscheiden. Nicht im gewöhnlichen Geschäftsverkehr gebildet sind daher Preise, die im Wege der Zwangsversteigerung oder beim Erwerb aus einer Insolvenzmasse erzielt werden (BFH III 384/69 v. 25.6.1965, HFR 1966, 1). Ebenso können nicht die erzielten Preise zugrundelegt werden, wenn beim Verkauf vinkulierter Namensaktien regelmäßig nur der für den eigenen Ankauf kostendeckende Nennwert gefordert wird, oder wenn vinkulierte Aktien nur zum Nennwert veräußert werden dürfen (BFH III 281/63 v. 14.10.1966, BStBl. III 1967, 82; II R 59/98 v. 8.8.2001, BFH/NV 2002, 317; *Rössler/Troll* § 11 Rz. 15).

Ableitung des gemeinen Werts aus Verkäufen § 11

Keine ungewöhnlichen Verhältnisse liegen hingegen vor, 33
wenn ein branchenfremdes Unternehmen Geschäftsanteile erwirbt,
um in die Branche der GmbH oder AG einzudringen (BFH III R
44/77 v. 23.2.1979, BStBl. II 1979, 618). Das gilt aber wiederum
nicht, wenn mit der Veräußerung eine Neuordnung der beteiligten
Unternehmen mit dem Ziel erstrebt wird, eine enge wirtschaftliche
und technische Zusammenarbeit zu erreichen (BFH III R 86/78 v.
28.11.1980, BStBl. II 1981, 353).

Ebenfalls im gewöhnlichen Geschäftsverkehr gebildet sind Preise 34
im Handel mit Sperrminoritäten, Schachtelbeteiligungen oder
Mehrheitsbeteiligungen an Kapitalgesellschaften, auch wenn der
Nennwert der umgesetzten Aktien im Verhältnis zum Grundkapital
sehr gering ist (BFH III R 17/75 v. 6.5.1977, BStBl. II 1977, 626).
Ohne Einfluss auf die Zugehörigkeit zum gewöhnlichen Geschäftsverkehr ist es ebenso, wenn der Preis durch allgemeine politische
oder wirtschaftpolitische Erwägungen oder durch Spekulationen auf
bestimmte Entwicklungen bestimmt wird, da diese Umstände dem
Wertpapierhandel immanent sind (BFH III R 83/75 v. 25.2.1977,
BStBl. II 1977, 404). Das gilt auch für den Verkauf von Aktien an
ein Bankkonsortium mit dem Ziel der Börseneinführung (BFH II
R 232/82 v. 5.3.1986, BStBl. II 1986, 591).

Nach der Neufassung des BewG zum 1.1.2009 darf der gemeine 35
Wert der Anteile nur noch aus Verkäufen **zwischen fremden Dritten** abgeleitet werden. Damit werden solche Transaktionen ausgeschlossen, bei denen persönliche Verhältnisse wie zB verwandtschaftliche Beziehungen zwischen Käufer und Verkäufer oder
konzernpolitische Erwägungen den Preis beeinflusst haben könnten.
Anders als nach der Rechtslage vor 2009 besteht sowohl für den
Steuerpflichtigen wie auch für die Finanzverwaltung nicht mehr die
Notwendigkeit der schwierigen Prüfung, ob Verträge zwischen nahe
stehenden Personen im gewöhnlichen Geschäftsverkehr oder zu vom
Drittvergleich abweichenden Bedingungen geschlossen wurden. Die
Regelung sorgt damit im Vergleich zur Vorgängernorm auf den
ersten Blick für eine **erleichterte Gesetzesanwendung** im Sinne
erhöhter Rechtssicherheit. In der Praxis kann die Frage, ob **Verkäufe zwischen fremden Dritten** vorliegen, dennoch vor allem
bei Verkäufen zwischen Gesellschaftern streitbefangen sein, da von
der Finanzveraltung teilweise bei solchen Transaktionen ein Transfer
zwischen fremden Dritten verneint wird. Insbesondere bei Gesellschaften mit einer Vielzahl von Gesellschaftern werden allerdings
Veräußerungen auch zwischen Gesellschaftern im Regelfall zwischen fremden Dritten stattfinden; nur bei Vorliegen weitergehender
Besonderheiten kann deshalb die Verwendung von Veräußerungen

zwischen Gesellschaftern zur Bestimmung des gemeinen Werts ausgeschlossen sein (im Ergebnis wohl gl.A. *Gürsching/Stenger* § 11 Rz. 582 ff.)

36 *einstweilen frei*

37 **c) Ableitung.** Die im gewöhnlichen Geschäftsverkehr getätigten Verkäufe bilden nicht schon automatisch den zum Bewertungsstichtag anzusetzenden gemeinen Wert. Vielmehr bedarf es nach dem Gesetzeswortlaut erst der Ableitung dieses Werts durch **Berücksichtigung individueller Korrekturen oder Gewichtungen,** wenn Umstände vorliegen, die eine solche Änderung gebieten (st. Rspr. zur insoweit wortgleichen alten Norm – vgl. BFH II R 87/97 v. 21.4.1999, BStBl. II 1999, 810; III R 44/77 v. 23.2.1979, BStBl. II 1979, 618; VI R 30/07 v. 29.7.2010, BStBl. II 2011, 68). Dass laut Gesetzesbegründung „unwiderlegbar vermutet werden [kann], dass zeitnahe Verkäufe in der Vergangenheit den zutreffenden Marktwert zum Bewertungsstichtag richtig widerspiegeln" (Gesetzesbegründung zum ErbStRG, BT-Drucks. 16/7918, S. 38), steht somit – zumindest wenn damit eine weitere Anpassung abgelehnt werden sollte – in offenem Widerspruch zur überkommenen Auslegung des unveränderten Gesetzeswortlauts und vermag nicht zu überzeugen. Auch nach neuem Recht gelten daher die zur alten Gesetzeslage entwickelten Grundsätze weiter, so dass – nicht abschließend – einzelne **Fallgruppen** unterschieden werden können.

38 **aa) Zeitliche Anpassungen.** Wurden im Einjahreszeitraum mehrere Verkäufe getätigt, so sind grundsätzlich alle diese Transaktionen zur Bestimmung des gemeinen Werts heranzuziehen (BFH III 281/63 v. 14.10.1966, BStBl. III 1967, 82). Hierbei besteht prinzipiell die Vermutung, dass der gemeine Wert dem **Durchschnittswert** dieser Verkaufspreise entspricht. Sind jedoch starke **Verwerfungen** im Zeitablauf festzustellen, so dürfen nur die zeitnah zum Stichtag liegenden Transaktionen berücksichtigt werden:

Beispiel 1 (Grundfall):
Vor dem Stichtag 31.12.2011 sind mehrere Anteile an einer GmbH verkauft worden:
10.1.2011   Stammanteile von 10 000 € für 13 000 € = 130 %
15.3.2011   Stammanteile von 15 000 € für 21 000 € = 140 %
1.12.2011   Stammanteile von 10 000 € für 11 000 € = 110 %
2.12.2011   Stammanteile von 10 000 € für 10 600 € = 106 %.
Für die Bewertung sind die zeitlich letzten Verkäufe (1. und 2.12.) heranzuziehen. Es resultiert ein durchschnittlicher Kurs von 108 %, da die Verkäufe

Ableitung des gemeinen Werts aus Verkäufen § 11

davor ganz offensichtlich am Stichtag nicht mehr dem gemeinen Wert entsprechen.

Beispiel 2 (Variation A):
Lassen wegen offenbarer Besonderheiten die Verkäufe aus dem Dezember keinen zutreffenden Schluss auf den gemeinen Wert zu, sind nur die übrigen Verkäufe in eine Durchschnittsberechnung einzubeziehen. Dies gilt unabhängig von der Höhe der Verkäufe, da der Kaufpreis regelmäßig unabhängig von der Höhe des Anteils (Ausnahme vgl. Paketzuschlag Rz. 105 ff.) ist. Unter diesen Bedingungen ergibt sich ein Durchschnittskurs von 121,5 %, abgerundet 121 %.

Beispiel 3 (Variation B):
Fehlt es in Beispiel 1 an den beiden stichtagsnächsten Verkäufen, ergibt sich sogar ein Durchschnittswert von 135 %. Ein tatsächlich – zB infolge der allgemeinen wirtschaftlichen Entwicklung – zum Stichtag hin deutlich abgesunkenes Preisniveau für Unternehmensverkäufe unterstellt, droht eine Überbewertung. Zwar soll nach der Gesetzesbegründung bei stichtagsnahen Verkäufen unwiderlegbar unterstellt werden können, dass die erzielten Preise den gemeinen Wert zutreffend widerspiegeln (BT-Drucks. 16/7918, S. 38). Verkäufe aus Januar und März können bei einer Bewertung zum 31. 12. jedoch keinesfalls als stichtagsnah aufgefasst werden. Besteht nicht ausnahmsweise die Möglichkeit, die beobachteten Kaufpreise durch zuverlässig ermittelte Korrekturfaktoren an die Wertentwicklung anzupassen, fehlt es an der in Abs. 2 Satz 2 Alt. 1 vorausgesetzten Ableitbarkeit aus Verkäufen. Die Ermittlung des gemeinen Werts muss dann auf Basis einer Unternehmensbewertung unter Berücksichtigung der Ertragsaussichten oder einer anderen Methode erfolgen (vgl. Rz. 45 ff.).

Beispiel 4 (Variation C):
Selbst wenn in weiterer Variation des Beispiels 3 die Verkäufe zu 130 % bzw. 140 % des Nennwerts stichtagsnah erfolgt sein sollten, kann entgegen der o. g. Gesetzesbegründung nicht von einer „unwiderlegbaren Vermutung" der zutreffenden Abbildung des gemeinen Werts ausgegangen werden. Mit zunehmender Stichtagsnähe der beobachteten Verkäufe im gewöhnlichen Geschäftsverkehr wächst zwar die Wahrscheinlichkeit, dass die zugrundeliegenden Verhältnisse am Bewertungsstichtag noch vorgelegen haben, dies schließt allerdings sprunghafte Änderungen nicht aus. Werden objektive Umstände dafür nachgewiesen, dass diese Verkäufe nicht mehr den gemeinen Wert am Bewertungsstichtag widerspiegeln, so ist diesem Umstand infolge des klaren Gesetzeswortlauts bei der Wertfeststellung Rechnung zu tragen. Sofern keine objektiven Maßstäbe zur Berücksichtigung dieser Wertveränderungen durch Zu- oder Abschläge bestehen, muss es dann wie in Beispiel 3 zur Ermittlung des gemeinen Werts unter Berücksichtigung der Ertragsaussichten oder einer anderen geschäftsüblichen Methode kommen (vgl. BFH VI R 30/07 v. 29.7.2010, BStBl. II 2011, 68).

§ 11 Wertpapiere und Anteile

39 Eine weitere Ausnahme vom Prinzip der umfassenden Durchschnittsbildung ist aus praktischen Gründen vonnöten, wenn eine große, im Einzelnen unbekannte bzw. unüberschaubare Zahl von Verkaufsvorgängen vorliegt. Um eine solche Situation handelt es sich insbesondere bei nicht inländisch börsennotierten, sondern lediglich im **Telefon- bzw. Bankenverkehr** gehandelten Anteilen, sowie wenn die Anteile an der Kapitalgesellschaft lediglich an **ausländischen Börsen** gehandelt werden. Als beste Schätzung des gemeinen Werts am Bewertungsstichtag sind dann die Stichtagskurse im inländischen Telefon- bzw. Bankenhandel bzw. hilfsweise die entsprechenden ausländischen Börsennotierungen zu verwenden (im Ergebnis ebenso ErbStR B 11.1 Abs. 3).

40 **bb) Artmäßige Anpassungen.** Beziehen sich die Verkäufe im Einjahreszeitraum nicht auf die zu bewertende Anteilsart, so sind nach denklogischen Gesetzen ebenfalls Anpassungen erforderlich. Dieser Aspekt ist v. a. im Zusammenhang mit der Ableitung des gemeinen Werts von **Stammaktien** aus dem Preis von **Vorzugsaktien** bzw. in umgekehrten Konstellationen relevant. Dabei ist es allerdings im Zweifel ohne nähere Begründung zulässig, den gemeinen Wert nichtnotierter Stammaktien in Höhe des im gewöhnlichen Geschäftsverkehr gezahlten Preises von Vorzugsaktien derselben Gesellschaft anzusetzen. Ein abweichender Wertansatz soll hingegen nach Ansicht des BFH nur gerechtfertigt sein, wenn der gemeine Wert der einen Anteilsart mithilfe von geschätzten Zu- bzw. Abschlägen nach Maßgabe der *individuellen* werterhöhenden bzw. wertmindernden Ausstattungsmerkmale aus dem Preis der jeweils anderen Anteilsart abgeleitet werden kann. Nicht möglich ist hingegen, das Wertverhältnis zwischen den beiden Aktiengattungen durch Rückgriff auf durchschnittliche Kursdifferenzen im gesamten (Börsen-)Handel mit Aktien verschiedener Gattungen zu ermitteln (BFH II R 87/97 v. 21.4.1999, BStBl. II 1999, 810; FinMin. Schleswig-Holstein v. 15.2.2000, DStR 2000, 429).

41 Eine durch Wertkorrekturen zu berücksichtigende qualitative Diskrepanz liegt darüber hinaus vor, wenn der zu bewertende Anteil ein **einfacher Minderheitenanteil** ist, während die beobachteten Verkaufspreise Anteilsübertragungen mit erhöhten unternehmerischen Einflussmöglichkeiten wie zB **Sperrminoritäten** oder **Mehrheitsbeteiligungen** umfassen. Spiegelbildlich zum Paketzuschlag nach Abs. 3 (vgl. Rz. 105 ff.) entspricht in diesem Fall der gemeine Wert der einfachen Beteiligung dem um einen Abschlag von i. d. R. bis zu 20 % korrigierten Verkaufspreis (BFH III R 44/77 v. 23.2.1979, BStBl. II 1979, 618).

42–44 *einstweilen frei*

IV. Ermittlung des gemeinen Werts unter Berücksichtigung der Ertragsaussichten oder einer anderen üblichen Methode, Abs. 2 Satz 2 Alt. 2 und 3

1. Allgemeines

Wenn der gemeine Wert nichtnotierter Anteilen an Kapitalgesellschaften **nicht aus Verkäufen innerhalb eines Jahres abgeleitet** werden kann (Alt. 1 – vgl. Rz. 28 ff.), ist er unter Berücksichtigung der Ertragsaussichten der Kapitalgesellschaft (Alt. 2) oder einer anderen anerkannten, auch im gewöhnlichen Geschäftsverkehr für nichtsteuerliche Zwecke üblichen Methode (Alt. 3) zu ermitteln; dabei ist die **Methode anzuwenden, die ein Erwerber der Bemessung des Kaufpreises zugrundelegen würde,** Abs. 2 Satz 2. Sofern danach der gemeine Wert unter Berücksichtigung der Ertragsaussichten zu ermitteln ist, darf alternativ das vereinfachte Ertragswertverfahren iSd. § 200 angewendet werden, wenn dies nicht zu offensichtlich unzutreffenden Ergebnissen führt (Abs. 2 Satz 4, § 199 Abs. 1). 45

Das Kernelement des vorgestellten Vorschriftengefüges bildet die Bestimmung derjenigen **Unternehmensbewertungsmethode,** welche ein Erwerber der Bemessung des Kaufpreises zugrundelegen würde (vgl. Rz. 48 ff.). Die Bedeutung der Methodenwahl für die Rechtsanwendung zeigt sich einerseits darin, dass der gemeine Wert als Ergebnis der Unternehmensbewertung regelmäßig ganz erheblich von der anzuwendenden Methode abhängt. Andererseits verknüpft das Gesetz mit den diversen Verfahren der Unternehmensbewertung auch unterschiedliche **Rechtsfolgen,** da nur bei Ermittlung des Unternehmenswerts unter Berücksichtigung der Ertragsaussichten die Anwendung des vereinfachten Ertragswertverfahrens zulässig ist (§ 199 Abs. 1, vgl. Rz. 75 ff.). Im Anschluss an die Methodenbestimmung stellt sich schließlich die Frage der **konkrete Ausgestaltung** der Unternehmensbewertungsmethoden im Sinne der dabei jeweils relevanten Grundsätze (vgl. Rz. 80 ff.). 46

einstweilen frei 47

2. Methodenwahl aus Erwerberperspektive

a) Kriterien der Methodenwahl. Wird von der eventuellen Anwendung des vereinfachten Ertragswertverfahrens abgesehen, hat nach den neuen gesetzlichen Vorgaben die nach Abs. 2 Satz 2 anzustellende Unternehmensbewertung stets nach derjenigen Vorgehensweise zu erfolgen, welche auch ein gedachter Erwerber für seine 48

§ 11 Wertpapiere und Anteile

Kaufpreisbestimmung (richtig müsste es heißen: Wertbestimmung) benutzen würde. Dies können sowohl Verfahren unter Berücksichtigung der Ertragsaussichten (Alt. 2) als auch andere Methoden der Wertbestimmung (Alt. 3) sein. Dass das Gesetz in Abs. 2 Satz 2 Hs. 1 lediglich für die letztgenannten Methoden statuiert, diese müssten anerkannt und auch im gewöhnlichen Geschäftsverkehr für nichtsteuerliche Zwecke üblich sein **(Üblichkeitsvorbehalt),** ist ohne Belang. Vielmehr erfordert schon die zwingende Orientierung des gemeinen Werts an der Kaufpreisbestimmung durch einen hypothetischen Erwerber (Abs. 2 Satz 2 Halbs. 2) die typisierende Annahme, dass dieser im gewöhnlichen Geschäftsverkehr eine geschäftsübliche Verfahrensweise der Bewertung anwende. Auch eine Unternehmensbewertung unter Berücksichtigung der Ertragsaussichten kommt deshalb nur in solchen Fällen infrage, in welchen sie zur Kaufpreisfindung im gewöhnlichen Geschäftsverkehr üblich ist (wohl a. A. *Wilms/Jochum* § 11 Rz. 42). Zusammenfassend gibt das Gesetz also keine abschließende Aufzählung bestimmter Verfahren vor. Vielmehr spiegelt gerade seine **Methodenoffenheit** die Vielfalt der individuellen Gepflogenheiten des gewöhnlichen Geschäftsverkehrs wider und ermöglicht erst damit die vom BVerfG (1 BvL 10/02 v. 7.11.2006, BStBl. II 2007, 192 – vgl. auch bereits den Vorlagebeschluss BFH II R 61/99 v. 22.5.1999, BStBl. II 2002, 598) geforderte Ausrichtung der Bewertungsvorschriften am gemeinen Wert als Verkehrswert.

49 Bei der Festlegung der Unternehmensbewertungsmethode sind **alle Umstände** (Unternehmensgröße, Branche, Region, Umfang der übertragenen Anteile etc.) der Unternehmens- bzw. Anteilsübertragung zu berücksichtigen, die auch der typisiert-hypothetische Erwerber in seine Überlegungen für eine Kaufpreisfindung im gewöhnlichen Geschäftsverkehr einbeziehen würde. So ist zwar unter der Prämisse allein finanzieller Zielsetzungen eines Käufers die Richtigkeit des investitionsrechnerischen Ansatzes der Unternehmensbewertung unbestreitbar, allerdings haben sich in zahlreichen Unternehmensfeldern daneben oder sogar mit überwiegender praktischer Bedeutung andere Unternehmensbewertungsmethoden etabliert. Da sich üblicherweise auch ein Erwerber an solchen, insbesondere als **Betriebsgrößen-** oder **Branchenspezifika** (vgl. zu Beispielen für erstere *Behringer* aaO; *Helbling* in *Peemöller* aaO S. 803 ff. bzw. zu diversen Fällen letzterer *Drukarczyk/Ernst* aaO; *Wollny* aaO S. 420 ff.) anzutreffenden Gepflogenheiten der Preisfindung orientiert, muss auch die Methodenwahl iSd. Abs. 2 Satz 2 diese Überlegungen reflektieren (vgl. Gesetzesbegründung zum ErbStRG, BT-Drucks. 16/7918, S. 38). Vor diesem Hintergrund hat die Finanzverwaltung

Unternehmensbewertung nach üblicher Methode § 11

mit einer nicht abschließenden Sammlung solcher branchenspezifischen Bewertungsmethoden begonnen (FinMin Bayern v. 30.12.2009, BeckVerw 233633 vgl. als Vorläufer auch Anlage zum Brief des FinMin. Bayern v. 19.12.2008 an den DIHT), welche sich zumindest abschnittsweise eng an *Drukarczyk/Ernst* Branchenorientierte Unternehmensbewertung 2. Aufl. 2007 anlehnt. Wenngleich die Finanzverwaltung einräumt, dass dieser Aufstellung kein Ausschließlichkeitsanspruch zukommt (FinMin Bayern v. 30.12.2009, aaO Tz. 1.5), dürfte diese Aufstellung, einmal in die Welt gesetzt, allerdings von nicht zu unterschätzender faktischer Bedeutung für die Akzeptanz der Methodenwahl des Steuerpflichtigen durch die Finanzverwaltung sein.

Aus der Festlegung auf bei der **Kaufpreisbestimmung** übliche Methoden der Unternehmensbewertung folgt zudem, dass Methoden und Ausgestaltungen der Unternehmensbewertung aus anderen Anlässen nicht automatisch als taugliche Unternehmensbewertungsverfahren iSd. Abs. 2 Satz 2 übernommen werden können. Vielmehr ist jeweils zu untersuchen, inwieweit sich zB auf die Bewertung gesellschaftsvertraglicher Abfindungszahlungen andersartige Interessen als das Aufeinandertreffen von potenziellem Käufer bzw. Verkäufer eines Unternehmensanteils auswirken (Zweckabhängigkeit der Unternehmensbewertung – vgl. *Schultze,* aaO S. 5 ff.). Allenfalls wenn keine solchen Abweichungen festgestellt werden können und die Bewertungsmethode auch sonst geschäftsüblich ist, steht einer Anwendung für Zwecke des Abs. 2 Satz 2 nichts im Wege. 50

Nach dem Gesetz ist schließlich „**die**" Unternehmensbewertungsmethode der Schätzung zugrundezulegen, welche ein gedachter Erwerber benutzen würde. Abweichend von den offenbaren Vorstellungen des Gesetzgebers kommt es allerdings vor, dass nicht nur eine einzige, sondern **mehrere Methoden** der Unternehmensbewertung gleichzeitig das Kriterium der Geschäftsüblichkeit erfüllt. Bestehen hinsichtlich der Verwendungshäufigkeit dieser Methoden bekanntermaßen unter den gegebenen Umständen ganz extreme Unterschiede, so ist das **bei weitem meistgenutzte Verfahren** zugrundezulegen. Dieses Ergebnis fußt auf der nötigen Typisierung des gedachten Erwerbers zur Abbildung des gewöhnlichen Geschäftsverkehrs und gilt ungeachtet der Überlegung, dass sich ein Käufer bei der Wahl stets auf die Wertermittlung berufen würde, welche zum niedrigsten Unternehmenswert führt (zu Letzterem vgl. Gesetzesbegründung zum ErbStRG, BT-Drucks. 16/7918, S. 38; *Rössler/Troll* § 11 Rz. 34; *Piltz* DStR 2009, 1830). 51

Können Verwendungsunterschiede dieser Dimension hingegen nicht festgestellt werden, muss nach der Gesetzesbegründung 52 zugunsten des Steuerpflichtigen eine Relevanz der Bewertungsmethode mit dem niedrigsten Ergebnis unterstellt werden (zumindest dogmatisch **a. A.** – grds. Vorrang einer Ertragswertmethode –*V/K/S* § 11 Rz. 74; *S. Viskorf* ZEV 2009, 594; weitergehend *Wilms/Jochum* § 11 Rz. 31). Ist der Steuerpflichtige – zB. im Hinblick auf die unschädliche Mitübertragung Verwaltungsvermögen – an einem hohen Unternehmenswert interessiert, trifft die der Gesetzesbegründung zugrundeliegende Prämisse hingegen nicht zu. Nach dem Sinn und Zweck der Gesetzesbegründung ist dann vielmehr davon auszugehen, dass Bewertungsunschärfen auch in diesem Fall zugunsten des Steuerpflichtigen gefüllt werden müssen. Im Ergebnis ist daher von einem **faktischen Methodenwahlrecht** zugunsten des Steuerpflichtigen auszugehen (im Ergebnis ebenso *Schiffers* DStZ 2009, 551).

53, 54 *einstweilen frei*

55 **b) Wesentliche Verfahren der Unternehmensbewertung. aa) Zukunftserfolgswertverfahren.** Unter alleiniger Betrachtung der mit einem unternehmerischen Engagement verbundenen finanziellen Zielsetzungen des Investors gehen die Betriebswirtschaftslehre (vgl. für viele *Wöhe* aaO. S. 570 ff.) und ihr folgend der Berufsstand der Wirtschaftsprüfer (***IDW* S 1**) vom **investitionstheoretischen Zukunftserfolgswert** als Unternehmenswert aus. Dieser Wert entspricht der Summe der jeweils auf den Bewertungsstichtag abgezinsten zukünftigen Zahlungsströme, welche das Unternehmen aus seiner betriebsnotwendigen Substanz seinem Anteilseigner vermitteln wird. Das nichtbetriebsnotwendige Vermögen wird daneben zu Liquidationswerten angesetzt. Die Haupteinflussfaktoren auf die somit im Sinne einer **Gesamtbewertung** ermittelten Unternehmenswert sind folglich die zukünftig aus dem Unternehmen zu erzielenden **Zahlungen** sowie der für die Diskontierung benötigte **Zinssatz**. Die Ermittlung dieser Größen kann auf unterschiedlichem Wege erfolgen und beinhaltet regelmäßig erhebliche Ermessensspielräume, welche durch individuell angemessene Annahmen gefüllt werden müssen. Im Einzelnen sind innerhalb des so definierten Konzepts des Unternehmenswerts als Ertragswerts (iwS.) eine Vielzahl von Ausgestaltungen möglich und je nach Einzelfall üblich. Unter diesen Varianten sind insbesondere das traditionelle, jahresabschlussbasierte **Ertragswertverfahren (ieS.)** und die mathematisch anspruchsvolleren und bzgl. des Kapitalisierungszinssatzes regelmäßig kapitalmarkttheoretisch fundierten Spielarten des **Discounted Cash Flow-Verfahrens** (Free Cash Flow-, Total Cash Flow-, Adjusted Present Value- bzw. Flow to Equity-Ansatz) von

Bedeutung, wie sie sich ua. in der berufsständischen Verlautbarung der Wirtschaftsprüfer IDW **S 1** (dort Rz. 101 ff.) finden (vgl. *IDW WP-Handbuch 2008* Bd. II, Abschn. A Rz. 235 ff.; *Schultze* aaO S. 359 ff.; *Eisele* aaO S. 184 ff.; *Olbrich/Hares/Pauly* DStR 2010, 1250; *Wollny* aaO S. 97 ff.).

Eine hochdetaillierte Unternehmensbewertung mittels der genannten Verfahren verursacht regelmäßig erheblichen Aufwand und wird daher auch im Rahmen von Unternehmensakquisitionen oft nur bei großen Unternehmen durchgeführt. Bei kleineren Unternehmen oder Übertragung nur geringer Anteile wird ein Erwerber aus Kosten-Nutzenüberlegungen hingegen weniger aufwändige andere Methoden wählen oder zumindest eine Ertragsbewertung (iwS.) auf Basis **vereinfachender Annahmen** – etwa in Anlehnung an den **Leitfaden der OFDen Münster und Rheinland** (vgl. www.ofd-muenster.de) zur Bewertung von (Anteilen an) Kapitalgesellschaften für ertragsteuerliche Zwecke – durchführen. Eine weitere – insbesondere auch auf die Besonderheiten kleinerer und mittlerer Unternehmen (KMU) zugeschnittene – Vereinfachung des Zukunftserfolgs bildet das von der Arbeitsgemeinschaft der Wert ermittelnden Betriebsberater im Handwerk (AWH) erarbeitete Verfahren (sog. **AWH-Standard** – vgl. www.awh.zdh.de). 56

Als Vergröberung des Ertragswertverfahrens stellt sich schließlich auch das **Modell der ewigen Rente** dar. Dabei wird ein ewig aus dem Unternehmen erzielbarer jährlicher Zahlungsstrom an den Anteilseigner i. H. v. E unterstellt und ein Zinssatz von i angenommen. Unter Vernachlässigung nichtbetriebsnotwendigen Vermögens ergibt sich dann der Unternehmenswert UW zu $UW=E/i$. Auch das gesetzlich definierte **vereinfachte Ertragswertverfahren** (vgl. § 200) stellt eine solche Unternehmensbewertung nach dem Modell der ewigen Rente dar. Es legt allerdings den Kapitalisierungszins i fest (§ 203) und gibt eine Regelermittlungsmethode für die nachhaltig erzielbaren Zahlungsströme E vor (§ 201 f.). Nach der Systematik des § 199 (Anwendungswahlrecht, Feststellungslastverteilung) geht der Gesetzgeber zwar offenbar davon aus, dass das vereinfachte Ertragswertverfahren unter der Annahme, dass eine Zukunftserfolgsbewertung überhaupt angemessen ist, im Regelfall zu angemessenen Werten führen wird. Dies ermöglicht allerdings nicht den Umkehrschluss, dass andere Varianten eines Modells der ewigen Rente regelmäßig unangemessen wären. Vielmehr ist dem Steuerpflichtigen auch die angemessen individuell ausgestaltete (vgl. Rz. 82 ff.) Anwendung des Modells der ewigen Rente zuzugestehen, sofern das Verfahren insgesamt als verkehrsüblich angesehen werden kann. 57

einstweilen frei 58, 59

§ 11 Wertpapiere und Anteile

60 **bb) Substanzwertverfahren.** Im Gegensatz zu den Ertragswertverfahren (iwS.), in welche zumindest das betriebsnotwendige Vermögen als Ganzes, dh. auf Basis der diskontierten Zukunftserfolge einfließt, sind die Substanzwertverfahren durch das **Prinzip der Einzelbewertung** gekennzeichnet: Der Unternehmenswert ergibt sich als Saldo aus den Summen der Einzelwerte allen Vermögens und aller Schulden (additive Wertermittlung). In Abhängigkeit davon, **(a)** welches Vermögen und welche Schulden einbezogen, sowie **(b)** welche Werte diesen Einzelpositionen beigemessen werden, tritt der Substanzwert in folgenden wesentlichen Ausprägungen auf:

Wert Einbeziehung	Wiederbeschaffungskosten	Zerschlagungswert
bilanzierungsfähige Vermögensposten/Schulden	Teilrekonstruktionswert	–
alle Vermögensposten/Schulden	Vollrekonstruktionswert	Liquidationswert

Der **Liquidationswert** des gesamten Unternehmens stellt für einen potenziellen Erwerber allein im Ausnahmefall der geplanten Zerschlagung einen relevanten Maßstab dar. Innerhalb der Zukunftserfolgswertverfahren wird dieses Konzept aber auch für die Bewertung des nichtbetriebsnotwendigen Vermögens benutzt.

Der **Vollrekonstruktionswert** bildet die Kosten für den vollständigen Nachbau des Unternehmens bzw. des aus ihm zu erwartenden Ertragsstroms ab und stellt den oberen Grenzpreis für einen potenziellen Unternehmenserwerber dar. Eine objektivierte Ermittlung des Vollreproduktionswerts scheitert in der Praxis regelmäßig an den Schwierigkeiten der Bewertung weicher Faktoren wie Kundenstamm, Managementqualität etc. Vereinfachend wird daher teilweise zur näherungsweisen Bestimmung des Vollreproduktionswerts auf die Einbeziehung dieser (idR nicht bilanzierten) Faktoren verzichtet. Das Ergebnis ist dann der **Teilrekonstruktionswert**.

Für einen potenziellen Unternehmens- bzw. Anteilskäufer ist schließlich in bestimmten Fällen die Verwendung eines **Substanzwerts im Sinne der ersparten Ausgaben** bei Erwerb der gebrauchten Substanz im Vergleich zur Neuerrichtung von Interesse. Dieser investitionsrechnerisch basierte Betrag wird allerdings von keinem der oben vorgestellten Substanzwerte abgebildet (vgl. *Sieben/Maltry* in *Peemöller* aaO S. 661 ff.).

61 Nach den vorgestellten Ausführungen wird dem Substanzwert im Rahmen der betriebswirtschaftlichen **Bewertungstheorie regelmäßig nur geringe Bedeutung** beigemessen (*Mandl/Rabel* in

Unternehmensbewertung nach üblicher Methode § 11

Pemöller aaO S. 83 ff.; *Wollny* DStR 2012, 720). Insbesondere vor dem Hintergrund eventuell erheblicher Unsicherheiten und Ermessensspielräume bei den Zukunftserfolgswertverfahren sind substanzorientierte Überlegungen des potenziellen Erwerbers **ggf. in der Praxis dennoch von Gewicht.** Dies kann nur insoweit zu rechtfertigen sein, als der Vollreproduktionswert unter Normalbedingungen dem Ertragswert gleichen soll (sog. Normalwerthypothese – vgl. *Moxter* aaO S. 45 ff.). Sofern nun aber der Teilreproduktionswert als adäquate Vereinfachung dieses Betrags interpretiert werden kann, muss auch der Teilreproduktionszeitwert zumindest näherungsweise dem Ertragswert entsprechen.

einstweilen frei 62–64

cc) Multiplikatorverfahren (marktorientierte Verfahren). 65
Bei den Multiplikatorverfahren wird der Unternehmenswert als Produkt aus einer als Performance-Indikator identifizierten Bezugsgröße des zu bewertenden Unternehmens und einem Faktor („Multiplikator") ermittelt. In Bezug auf die Auswahl der **Bezugsgröße** wie auch auf den anzuwendenden **Multiplikator** existieren vielfältige, unter anderem branchenabhängige sowie betriebsgrößenabhängige Varianten (vgl. insgesamt *Löhnert/Böckmann* in *Peemöller* aaO. S. 681 ff.; zur Kritik *Wassermann* DStR 2010, 188):

Insbesondere im Bereich kleinerer und mittlerer Unternehmen (KMU) sowie unter vielen Freiberuflern (vgl. zB. zur Bewertung von Steuerberaterkanzleien und Wirtschaftsprüfungsgesellschaften *Grün/ Grote* in *Peemöller* aaO S. 835 ff.; *Fischer/Wangas* DStR 2010, 1853; zu Arztpraxen *Wehmeier* Stbg 2008, 173 ff.; *Knief* DB 2009, 866 ff) haben sich verschiedene **Faustformeln** etabliert, bei deren Anwendung häufig auf die Ableitung individueller Multiplikatoren aus aktuellen Vergleichswerten zugunsten der Verwendung pauschaler, regelmäßig aber innerhalb einer gewissen Bandbreite allgemein akzeptierter Erfahrungswerte verzichtet wird. Die Bezugsgrößen dieser Multiplikatoren sind oft einfach zu ermittelnde finanzielle Indikatoren (zB Umsatz, Gewinn). Ähnliche Bewertungsmethoden, zT unter Verwendung andersartiger Bezugsgrößen, finden sich – allerdings mit im Einzelfall stark unterschiedlicher Verwendungshäufigkeit – auch in anderen Branchen sowie Unternehmensgrößen (zB für Hotels in Form der sog. „1/1.000-Methode" unter Zugrundelegung des durchschnittlichen Netto-Zimmerpreises – vgl. *Drukarczyk/Ernst* aaO S. 593).

Neben diesem pauschalen Herangehen existiert auch eine **indivi-** 65a **duelle Ausprägung** des Multiplikatorverfahrens. Bei dieser Methodik werden zunächst auf der Grundlage einer umfassenden Analyse

§ 11 Wertpapiere und Anteile

des zu bewertenden Unternehmens die im Einzelfall relevanten Werttreiber (finanzielle Größen wie Umsatz, EBIT etc. oder operative Größen wie die Anzahl der Passagiere bei Flughäfen) identifiziert. Die Ermittlung der Multiplikatoren erfolgt dann anhand des bekannten Marktpreises vergleichbarer Unternehmen bzw. -transaktionen („Peer Group") unter Berücksichtigung der jeweiligen Bezugsgrößenausprägungen bei diesen Vergleichsobjekten.

66 Grundsätzlich sind Multiplikatorverfahren einfache **Gesamtbewertungsverfahren**, die jedoch zumindest theoretisch zu mit einer Bewertung auf Basis des Zukunftserfolgswerts übereinstimmenden Ergebnissen führen müssen und damit auch als vereinfachende Ertragswertverfahren (iwS.) interpretiert werden können (vgl. *Ballwieser* in *Rückle* aaO S. 54 ff. mwN,). Multiplikatorverfahren eignen sich aufgrund ihres einfachen Ansatzes prinzipiell zu einer schnellen und damit kostengünstigen Unternehmensbewertung. Dies gilt insbesondere für die o. g. Faustformeln; die angemessene Anwendung der individuellen Multiplikatorverfahren bedarf hingegen oftmals tiefgehender und damit arbeitsaufwändiger Unternehmensanalysen. Die Multiplikatormethoden greifen zudem als sog. **marktorientierte Verfahren** für die Wertbestimmung auf allgemeine Preis-Erfahrungswerte oder aber auf tatsächlich bekanntgewordene Preise für andere, vergleichbare Unternehmen bzw. Transaktionen zurück. Dies stellt ein hohes Maß an Marktnähe sicher, beinhaltet jedoch gerade in den Fällen der o. g. individuellen Bestimmung der Multiplikatoren auch notwendig die Übernahme temporärer Marktverzerrungen oder -überzeichnungen.

67–69 *einstweilen frei*

70 dd) **Mischverfahren.** Zwar stimmen nach der Normalwerthypothese (vgl. Rz. 61) der Zukunftserfolgswert und der Vollreproduktionswert überein. Ersterer leidet allerdings regelmäßig unter dem Problem der erheblichen Ermessensspielräume (vgl. Rz. 55), letzterer unter Schwierigkeiten bei der adäquaten Erfassung nichtbilanzierter immaterieller Faktoren (vgl. Rz. 61), so dass es in der Bewertungspraxis regelmäßig zum Auseinanderfallen dieser Beträge kommt. Es haben sich daher verschiedene Unternehmensbewertungsmethoden etabliert, die auf die Eliminierung dieser Differenzen abzielen und dazu **Elemente der Substanz- als und der Ertragsbewertung kombinieren**. Im einfachsten Fall wird dabei der Unternehmenswert auf das arithmetische Mittel von Ertragswert und Substanzwert geschätzt (sog. **Mittelwertverfahren**), wobei der Substanzwert idR in Form des Teilreproduktionswerts in die Kalkulation einfließt. Eine weitere Variante stellt die **Methode der Überge-**

winnabgeltung dar, die in unterschiedlichen Spielarten existiert, und bei welcher zum (idR Teilreproduktions-)Substanzwert der über eine angenommene Normalverzinsung des Kapitals hinausgehende Zukunftserfolg befristet oder unbefristet sowie diskontiert oder undiskontiert hinzugerechnet wird. Das bisher für die erbschaft-/ schenkungsteuerliche Bewertung nichtnotierter Anteile gängige **Stuttgarter Verfahren** (vgl. 1. Auflage § 11 Rz. 34 ff.) stellt eine spezielle Version der zeitlich begrenzten, undiskontierten Übergewinnabgeltung dar.

Die Mischverfahren besitzen zwar in der Bewertungspraxis ggf. **71** eine gewisse Relevanz als **erste (grobe) Schätzung** des Unternehmenswerts (vgl. *Eisele* aaO S. 182 f.). Sie kombinieren allerdings nicht nur die Vorzüge einer Ertrags- bzw. Substanzbewertung, sondern auch ihre jeweiligen Nachteile: Wenn **aus betriebswirtschaftlicher Sicht** dem Substanzwert im Regelfall **keine Bedeutung** zukommen kann (vgl. Rz. 61), gilt dasselbe auch für eine Bewertungsmethode, in welche der Substanzwert eingeht.
einstweilen frei **72–74**

3. Folgen der Methodenwahl

Die Unterscheidung, welche der in der Praxis verbreiteten Bewer- **75** tungsmethoden als Bewertungen unter Berücksichtigung der Ertragsaussichten bzw. als andere geschäftsübliche Bewertungsmethoden aufzufassen sind, ist für die **Anwendung des Abs. 2 Satz 2** selbst **irrelevant**. Unabhängig von ihrer Klassifizierung ist im Ergebnis immer eine bzw. die Methode zugrundezulegen, welche ein hypothetischer Erwerber benutzen würde, also mit anderen Worten: welche zur Preisbestimmung geschäftsüblich ist (vgl. Rz. 48 ff.).

Wichtig ist die Differenzierung zwischen ertragsorientierten und **76** den anderen Methoden allerdings insoweit, als die Anwendung des **vereinfachten Ertragswertverfahrens** (§§ 199–203 iVm. § 11 Abs. 2 Satz 4) unter dem **Vorbehalt** steht, dass der gemeine Wert unter Berücksichtigung der Ertragsaussichten der Kapitalgesellschaft zu ermitteln ist (vgl. Rz. 45).

Da unter der Prämisse allein finanzieller Zielsetzungen der Unter- **77** nehmenswert „dem Barwert der mit dem Eigentum an dem Unternehmen verbundenen Nettozuflüsse an die Unternehmenseigner" (IDW S 1 Rz. 4) entsprechen muss, kommen nach betriebswirtschaftlichen Überlegungen zur Preisfindung für Unternehmensanteile im gewöhnlichen Geschäftsverkehr nur Bewertungsansätze, welche diese Zukunftserfolge unmittelbar (zB die Discounted Cash Flow- (= DCF-) Methodik und das Ertragswertverfahren iSd. IDW

S 1, vgl. Rz. 55 ff.) oder mittelbar (zB Multiplikatorverfahren, vgl. Rz. 65, nach der Normalwerthypothese aber selbst Substanzwertverfahren, vgl. Rz. 61) berücksichtigen, infrage. Die Schlussfolgerung, dass aufgrund dieser theoretischen Äquivalenz neben den o. g. Verfahren stets auch eine Bewertung mittels des vereinfachten Ertragswertverfahrens zulässig sein müsse, geht allerdings aus zwei Gründen zu weit: Einerseits gäbe es dann keine „anderen", auch für nichtsteuerliche Zwecke im gewöhnlichen Geschäftsverkehr üblichen Bewertungsmethoden mehr. Andererseits lässt die Gesetzesbegründung zum ErbStRG (BT-Drucks. 16/7918, S. 38) erkennen, dass mit der Bewertung unter Berücksichtigung der Ertragsaussichten eine Bewertung nach der Ertragswertmethode (i.w. S.) gemeint ist, wozu aus praktischen Gründen nicht nur das **Ertragswertverfahren ieS.**, sondern auch die **DCF-Verfahren** einschließlich ihrer o. g. Vereinfachungen zu rechnen ist. **Multiplikatorverfahren oä. vergleichsorientierte Vorgehensweisen** fallen nach den Vorstellungen des Gesetzgebers (BT-Drucks. 16/7918, S. 38) dagegen unter die zweite Kategorie der im Gesetz genannten Methoden, wenngleich gerade bei Multiplikatorverfahren auf Basis von Umsatz-, Ertrags- bzw. Gewinnbezugsgrößen der Grenzbereich zwischen (vereinfachender) Ertragswertermittlung und vergleichsorientiertem Multiplikatoransatz fließend sein kann. Werden bereits Multiplikatorbewertungen nur als „andere übliche Verfahren" aufgefasst, muss dies jedenfalls erst recht auch für **Substanzwertverfahren** gelten. Zu den Bewertungsmethoden, bei deren Üblichkeit folglich das vereinfachte Ertragswertverfahren angewendet werden kann, gehören allerdings wieder die **Mischverfahren,** in welche (auch) die idR. typisiert ermittelten (Zukunfts-)Erfolge direkt einfließen, da das Gesetz nur die Berücksichtigung der Ertragsaussichten, nicht aber deren Ausschließlichkeit verlangt (FG Hamburg 3 K 43/09 v. 28.4.2009, EFG 2010, 103; *Hübner* Erbschaftsteuerreform 2009 S. 484; *Moench/Albrecht* Erbschaftsteuer S. 182; *Rössler/Troll* § 11 Rz. 37).

78, 79 *einstweilen frei*

4. Grundsätze für die Konkretisierung der Bewertungsmethodik

80 a) **Stichtagsprinzip.** Unabhängig von der im Einzelnen gewählten Bewertungsmethode hat die Unternehmensbewertung die Verhältnisse zum Bewertungsstichtag zu berücksichtigen. Diese Aussage beinhaltet zwingend, dass zur Ermittlung des gemeinen Werts nur diejenigen Daten in die Bewertung einfließen dürfen, welche **am Bewertungsstichtag bei angemessener Sorgfalt als Informa-**

tionen hätten erlangt werden können (*IDW* S 1 Rz. 23). Erst später bekanntgewordene oder nicht plausibel vorhersehbar eingetretene Entwicklungen dürfen hingegen nicht berücksichtigt werden. Das Stichtagsprinzip spielt folglich immer dann eine wichtige Rolle, wenn der Bewertungsstichtag und der Zeitpunkt der Durchführung der Bewertung auseinanderfallen.

Im Rahmen **substanzorientierter Überlegungen** wirkt sich das 81 Stichtagsprinzip ua. auf die Bestimmung des Reproduktionswerts aus. Von besonderer Bedeutung ist es allerdings im Rahmen der Bewertung nach den **Zukunftserfolgswertverfahren**. So darf nach dem Stichtagsprinzip der **Diskontierungszinssatz** nur aus den am Bewertungsstichtag existenten und bekannten Verhältnissen wie zB den Investitionsmöglichkeiten, Zinserwartungen oder steuerlichen Rahmenbedingungen abgeleitet werden. Daneben spielt das Stichtagsprinzip auch eine Rolle für die Abgrenzung der zu berücksichtigenden Zukunftserfolge von den für die Bewertung irrelevanten **künftigen Ergebnissen**. So sind etwa die erwarteten Erfolge aus zum Bewertungsstichtag bereits begonnenen Investitionen oder aber zu erwartende Ertragseinbußen infolge des Todes der Unternehmerpersönlichkeit zwingend im Bewertungskalkül zu erfassen (zu Letzterem ErbStR B 11.2 Abs. 2 Satz 5). Lediglich geplante Maßnahmen haben hingegen nur Auswirkung auf den Unternehmenswert, wenn ihre Wurzeln kausal bis zum Bewertungsstichtag zurückreichen und dies im Unternehmenskonzept auch dokumentiert ist (sog. Wurzeltheorie – vgl. BGH IV ZR 142/70 v. 17.1.1973, DB 1973, 563; *IDW* WP-Handbuch 2008 Bd. II, Abschn. A Rz. 51 ff. u. Rz. 80 ff.). Diese Überlegungen gelten spiegelbildlich auch für Auszahlungen bzw. Aufwendungen. Daher können zB die Kosten für die Sanierung von am Stichtag noch unbekannten Altlasten im Boden nur dann in die Bewertung einfließen, wenn mit ihrem Auftreten – zB aufgrund der Unternehmensgeschichte – gerechnet werden musste (*Seetzen* WM 1999, 569).

b) Typisierung des gewöhnlichen Geschäftsverkehrs. (Fast) 82 alle Bewertungsmethoden, in besonderem Maße allerdings die Zukunftserfolgswertverfahren (vgl. Rz. 55 f.), beinhalten **Ermessensspielräume**, die im Rahmen der Unternehmensbewertung mittels angemessener Annahmen zu füllen sind. § 11 enthält hierzu keine expliziten Vorgaben. Die Unternehmensbewertung dient allerdings der Ermittlung des gemeinen Werts, § 11 Abs. 2 Satz 1. Nicht nur die Wahl des Bewertungsverfahrens selbst, sondern auch seine konkrete Ausgestaltung muss daher **typisierend die Gegebenheiten des gewöhnlichen Geschäftsverkehrs** abbilden.

§ 11 Wertpapiere und Anteile

Innerhalb des dadurch vorgegebenen Rahmens ist dann nach der Gesetzesbegründung (BT-Drucks. 16/7918, S. 38) und unter Berücksichtigung der oben angestellten Überlegungen zur Methodenwahl (vgl. Rz. 48) eine einzelfallbezogene Auffüllung verbleibender Schätzungsunschärfen **zugunsten des Steuerpflichtigen** durchzuführen.

83 Werden die letztgenannten, nur individuell zu füllenden Schätzungsunschärfen außer acht gelassen, ist die Bewertung folglich auf die Ermittlung eines intersubjektiv, dh. plausibel von Verständigen nachvollziehbaren Werts unter Berücksichtigung des am Bewertungsstichtag verfolgten Unternehmenskonzepts einschließlich aller realistischen Zukunftserwartungen (**objektivierter Unternehmenswert**, vgl. *IDW* S 1 Rz. 29) auszurichten. Künftige Entwicklungsmöglichkeiten oder gar (typisiert) subjektive Käufererwartungen spielen hingegen keine Rolle. Daher dürfen auch potenzielle **Synergieeffekte** nicht in die Bewertung einfließen. Eine Ausnahme gilt nur für sog. unechte Synergien und auch hierbei lediglich insoweit, als die synergiestiftenden Maßnahmen nach der Wurzeltheorie (Rz. 81) am Bewertungsstichtag zu berücksichtigen sind (vgl. *IDW* WP-Handbuch 2008 Bd. II, Abschn. A Rz. 83 ff. mwN). Im Rahmen der Ertragswertermittlung (iwS.) ist schließlich für die Prognose der dem Anteilseigner zufließenden Zahlungsströme grundsätzlich auf plausible Annahmen zum **Ausschüttungsverhalten** zurückzugreifen. Die danach erwarteten Zahlungsströme müssen schließlich grundsätzlich um die **persönlichen Steuern der Anteilseigner** korrigiert werden, wobei in aller Regel eine inländische unbeschränkt steuerpflichtige natürliche Person als Erwerber unterstellt werden kann (sog. unmittelbare Typisierung – vgl. *IDW* S 1 Rz. 43). Auf eine solche Korrektur kann allerdings verzichtet werden, wenn die persönliche Ertragsteuerbelastung derjenigen einer Alternativinvestition in ein Aktienportfolio entspricht (vgl. *IDW* WP-Handbuch 2008 Bd. II, Abschn. A Rz. 104 ff.).

84–89 *einstweilen frei*

V. Substanzwert als Mindestwert, Abs. 2 Satz 3

1. Allgemeines

90 Durch Abs. 2 Satz 3 wird festgelegt, dass der Substanzwert nicht unterschritten werden darf. Der **Anwendungsbereich** dieser Regelung lässt sich nur aus dem Zusammenhang sowie dem Sinn und Zweck erschließen: Kann – wie es die Gesetzesbegründung zum

ErbStRG (BT-Drucks. 16/7918, S. 38) postuliert – der Steuerpflichtige am Markt stets mindestens den Substanzwert erzielen, darf es keine Fälle geben, in welchen der aus Verkäufen im gewöhnlichen Geschäftsverkehr abgeleitete Preis (Abs. 2 Satz 2 Alt. 1, vgl. Rz. 28 ff.) unterhalb dieses Werts liegt (*Piltz* DStR 2008, 749). Die Prüfung des Mindestwerts kann sich daher auf Fälle beschränken, in welchen der Unternehmenswert unter Berücksichtigung der **Ertragsaussichten** (einschließlich des vereinfachten Ertragswertverfahrens) oder einer **anderen, im gewöhnlichen Geschäftsverkehr üblichen Methode** der Kaufpreisbestimmung (Abs. 2 Satz 2, Alt. 2 und 3 – vgl. Rz. 45 ff.) ermittelt wurde. Dieser Auffassung folgt auch die Finanzverwaltung (ErbStR B 11.3 Abs. 1).

Die Verankerung des Substanzwerts als Mindestwert entspricht grundsätzlich dem iRd. **betriebswirtschaftlichen Unternehmensbewertung** üblichen Verständnis des **Liquidationswerts** (vgl. Rz. 60) als Unternehmenswertuntergrenze (*IDW* S 1 Rz. 140). Letzterer Betrag wird als Barwert der bei Zerschlagung erzielbaren Nettoerlöse abzüglich Schulden und Liquidationskosten ermittelt, während der bewertungsrechtliche Substanzwert nach seiner Legaldefinition keine Barwertbetrachtung beinhaltet. Eine Berücksichtigung von Veräußerungs- bzw. Liquidationskosten kann Abs. 2 Satz 3 allerdings entnommen werden, wenn der Begriff der „sonstigen Abzüge" im Gegensatz zu seiner bisherigen bzw. üblichen Bedeutung (vgl. Rz. 96 und die Erläuterungen in der 1. Auflage zu § 98 a sowie dort zu § 103 Rz. 6) auch solche Kosten erfassen würde. Dies ist nach der Gesetzesbegründung zum ErbStRG (BT-Drucks. 16/7918, S. 38) zumindest dann der Fall, wenn die Gesellschaft nicht weiter betrieben werden soll: An die Stelle des normalen Saldos der gemeinen Werte tritt dann der Liquidationswert als „besondere Ausprägung des Substanzwerts". Dieser Interpretation hat sich auch die Finanzverwaltung angeschlossen (ErbStR B 11.4 Abs. 9). 91

einstweilen frei 92

2. Begriff

Nach der **Legaldefinition** entspricht der Substanzwert der Summe der der gemeinen Werte der zum Betriebsvermögen gehörenden Wirtschaftsgüter und sonstigen aktiven Ansätze abzüglich der zum Betriebsvermögen gehörenden Schulden und sonstigen Abzüge, wobei für die Ermittlung § 99 und § 103 zu beachten sind. 93

einstweilen frei 94

a) **Einbeziehung dem Grunde nach.** Dem Grunde nach gehören zum Substanzwert alle aktiven und passiven **Wirtschaftsgüter,** 95

§ 11 Wertpapiere und Anteile

die nach §§ 95 bis 97 zum Betriebsvermögen rechnen. Wenngleich die Legaldefinition auf eine bilanzielle Betrachtungsweise abstellt, ist es unbeachtlich, ob bzw. inwieweit diese WG tatsächlich bilanziert werden. Daraus folgt, dass auch WG, für welche ein Aktivierungs- (zB nicht entgeltlich erworbenes immaterielles Anlagevermögen wie Patente oder Markenrechte – § 5 Abs. 2 EStG) oder Passivierungsverbot (zB Rückstellungen für andere als in § 249 Abs. 1 HGB genannte Zwecke – § 249 Abs. 2 HGB; Drohverlustrückstellungen – § 5 Abs. 4 a EStG) besteht, im Rahmen der Vermögensaufstellung zu zeigen sind. Anders als geschäfts- bzw. firmenwertbildende Faktoren (Kundenstamm, Know-how etc.), denen ein eigener Wert zugewiesen werden kann, ist dabei ein originärer oder derivativer Geschäfts- oder Firmenwert allerdings nicht in die Vermögensaufstellung aufzunehmen (ErbStR B 11.3 Abs. 3 Satz 5; *Wollny* DStR 2012, 767; zur Abgrenzung BFH X R 32/05 v. 2.9.2008, DStRE 2009, 641).

96 Neben den WG trifft die Ansatzpflicht auch auf **„sonstige aktive Ansätze"** sowie **„sonstige Abzüge"** zu, die **keine Wirtschaftsgüter** darstellen. Wie sich aus dem Rückgriff auf den insoweit wortgleichen § 98 a BewG aF ergibt, sind mit diesen Termini alle sonstigen, tatsächlich in der Steuerbilanz angesetzten Positionen wie insbesondere Rechnungsabgrenzungsposten gemeint. Eine Ausnahme von dieser dem Grunde nach insoweit vollständigen Übernahme der Steuerbilanzposten ergibt sich jedoch aus Abs. 2 Satz 3 Hs. 2 iVm. § 103 Abs. 3: Danach dürfen **Rücklagen** wie zB solche nach § 6 b EStG, EStR 6.5 sowie EStR 6.6 und **Ausgleichsposten mit Rücklagecharakter** wie zB organschaftliche Ausgleichsposten iSd. § 14 KStG regelmäßig keinen Abzugsposten bilden (ErbStR B 11.3 Abs. 4; vgl. auch § 103 Rz. 28).

97 *einstweilen frei*

98 **b) Einbeziehung der Höhe nach.** Die Bewertung der einzelnen Ansätze in der Vermögensaufstellung hat zu gemeinen Werten, also grundsätzlich zu den im gewöhnlichen Geschäftsverkehr erzielbaren **Verkehrswerten im Rahmen einer Einzelbewertung** (§ 9) zu erfolgen.

99 Die Ermittlung dieser Werte wird schon bei kleineren Unternehmen regelmäßig mit erheblichem Aufwand und Schwierigkeiten verbunden sein, so dass die praktische Rechtsanwendung auf die großzügige Anwendung vereinfachender, jedoch im Einzelfall zu rechtfertigender Vereinfachungen angewiesen sein muss. Infrage können dabei insbesondere Anlehnungen an Steuerbilanzwerte oder die analoge Anwendung der von Rspr. und Verwaltung entwickelten Teilwertvermutungen (vgl. § 10 Rz. 19 ff.) kommen. Individuelle

Substanzwert als Mindestwert § 11

Wertermittlungen werden zumindest im Fall **nichtbilanzierter immaterieller Wirtschaftsgütern des Anlagevermögens** allerdings häufig unumgänglich sein (zu möglichen Bewertungsmethoden *IDW* S 5 sowie für entgeltlich an Dritte zur Ausnutzung überlassene Erfindungen oder Urheberrechte ErbStR B 11.3 Abs. 6). Der Geschäfts- und Firmenwert ist jedoch nicht einzelverkehrsfähig und wirkt sich folglich mangels gemeinen Werts im Ergebnis nicht in der Vermögensaufstellung aus (vgl. Rz. 95). Der gemeine Wert von **Beteiligungen** ist nach § 11 zu ermitteln. **Grundvermögen** muss nach § 99 angesetzt werden, Abs. 2 Satz 3 Hs. 2. **Bewegliches abnutzbares Anlagevermögen** soll nach Auffassung der Finanzverwaltung grundsätzlich mit mindestens 30 % der Anschaffungs- bzw. Herstellungskosten angesetzt werden können, und für Umlaufvermögen sollen die Wiederbeschaffungs- bzw. Wiederherstellungswerte (ggf. unter Verwendung der retrograden Methode) der zutreffende Wertmaßstab sein (ErbStR B 11.4 Abs. 4 f.). Innerhalb der Schulden dürfte v. a. für **Pensionsrückstellungen** eine von den Steuerbilanzwerten abweichende Bemessung des gemeinen Werts von Bedeutung sein. Individuelle Bewertungen sind naturgemäß aber auch für die **nichtbilanzierten Schulden** (vgl. Rz. 95) notwendig. Gesonderter Betrachtung bedürfen schließlich die **sonstigen aktiven Ansätze bzw. Abzüge**, da für sie ein gemeiner Wert jeweils nur im Fall der Einzelverkehrsfähigkeit, dh. zumindest wirtschaftlicher Übertragbarkeit der Vermögens- oder Schuldposition existieren kann.

3. Ermittlung des Substanzwerts

Wenngleich die Vermögensaufstellung sowohl bei der Einbeziehung dem Grunde nach als auch bei der Bewertung von der Steuerbilanz abweicht, bestehen doch Parallelen zur Ermittlung des Substanzwerts nach dem Stuttgarter Verfahren nach dem alten Bewertungsrecht. Die Finanzverwaltung hat daher zweckmäßig ihre Anweisungen zum Vorgehen bei der Wertermittlung (ErbStR B 11.4 Abs. 2 ff.) eng an die entsprechenden Passagen der alten ErbStR 2003 angelehnt. **100**

Die Vermögensaufstellung kann folglich ausgehend von einer (Steuer-)Bilanz entwickelt werden. Stimmt der Bewertungsstichtag nicht mit dem Bilanzstichtag der Kapitalgesellschaft überein (was der Regelfall sein dürfte), kann die Vermögensaufstellung auf einer **Zwischenbilanz** aufbauen. Unter **Verzicht auf eine Zwischenbilanz** muss es aus Vereinfachungsgründen aber auch zulässig sein, aus der auf den Schluss des letzten vor dem Besteuerungsstichtag **101** endenden Wirtschaftsjahres aufgestellten Bilanz eine Vermögensaufstellung abzuleiten (**Ausgangswert**) und diese dann unter Berücksichtigung der im Vermögen der Kapitalgesellschaft eingetretenen Veränderungen auf den Bewertungsstichtag fortzuentwickeln. Hierbei kommen folgende **Korrekturen** in Betracht (ErbStR B 11.6 Abs. 3):

102 1. Bis zum Besteuerungszeitpunkt entstandene Gewinne sind hinzuzurechnen, Verluste abzurechnen; hierbei ist vom Gewinn laut Steuerbilanz auszugehen. Der Gewinn/Verlust wiederum ist um AfA (Normal-AfA, erhöhte AfA, Sonder-AfA, TW-Abschreibungen) oder andere Aufwendungen auf betrieblichen Grundbesitz einschließlich Erhaltungsaufwendungen zu korrigieren, soweit dadurch der Gewinn gemindert worden ist. Gewinn/Verlust, Abschreibungen ua. Aufwendungen sind zeitanteilig bis zum Besteuerungszeitpunkt aus den entsprechenden Jahresbeträgen zu berechnen, soweit dies nicht im Einzelfall zu unangemessenen Ergebnissen führt.
2. Vermögensänderungen infolge Veräußerungen oder Erwerb von Anlagevermögen, insbesondere von Betriebsgrundstücken, Wertpapieren, Anteilen von Kapitalgesellschaften sowie Beteiligungen an Personengesellschaften, soweit sie sich nicht bereits nach Nr. 1 ausgewirkt haben;
3. Vermögensabfluss durch Gewinnausschüttungen;
4. Vermögenszuführungen oder -abflüsse infolge von Kapitalerhöhungen oder Kapitalherabsetzungen;
5. Vermögenszuführungen durch verdeckte Einlagen.

103, 104 *einstweilen frei*

VI. Paketzuschlag, Abs. 3

105 Ist der gemeine Wert einer Anzahl von Anteilen an einer **Kapitalgesellschaft** – die Anwendung eines Paketzuschlags auf Personengesellschaftsanteile scheidet mangels Verweisung des § 109 Abs. 2 auf § 11 Abs. 3 aus (vgl. § 109 Rz. 12; *Hecht/von Cölln* BB 2009, 2064; *Rössler/Troll* § 11 Rz. 50) –, die einer Person gehören, infolge besonderer Umstände höher als der Wert, der sich aufgrund der Kurswerte (Abs. 1) oder der gemeinen Werte (Abs. 2 Satz 1) für die einzelnen Anteile insgesamt ergibt, so ist nicht die Summe der Kurswerte der Anteile, sondern der gemeine Wert der gesamten Beteiligung maßgebend, § 11 Abs. 3 (sog. Paketzuschlag). Die besonderen Umstände können sich insbesondere daraus ergeben, dass die Höhe der Beteiligung der Person eine **Beherrschung** der Kapitalgesellschaft ermöglicht, was regelmäßig schon bei einer Beteiligung von mehr als 25 % anzunehmen ist.

Der im **regulierten Markt** oder **Freiverkehr** notierte Kurs berücksichtigt generell nicht, dass eine Person eine aus einer Mehrheit von Anteilen bestehende Beteiligung hält. Das Gesetz unterstellt, dass die Summe der Kurswerte der einzelnen Anteile niedriger ist, als der gemeine Wert der aus einer Mehrheit von Anteilen bestehenden gesamten Beteiligung, wenn diese Einfluss auf die Geschäftsführung gewährt. Bei Ansatz der Summe der der Kurswerte ist daher in Fällen der Beherrschung ein Zuschlag hierauf vorzunehmen (BFH II B 70/99 v. 1.3.2000, BFH/NV 2000, 1077);. dies gilt allerdings nicht, wenn der Charakter der Beteiligung bereits den Preis beeinflusst hat. Dasselbe gilt auch bei der **Ableitung des gemeinen Werts aus Verkäufen** (*Gürsching/Stenger* § 11 Rz. 430; *Rössler/Troll* § 11 Rz. 50). Der Paketzuschlag kommt daher nur in denjenigen Fällen des § 11 Abs. 1 oder 2 infrage, in welchen sich der Beteiligungscharakter nicht im Preis niedergeschlagen hat (BFH III R 81/79 v. 14.11.1980, BStBl. II 1981, 351; II B 70/99 v. 1.3.2000, BFH/NV 2000, 1077). **106**

Sofern der gemeine Wert unter Berücksichtigung der **Ertragsaussichten** (einschließlich des **vereinfachten Ertragswertverfahrens**) oder einer anderen, im gewöhnlichen Geschäftsverkehr **für nichtsteuerliche Zwecke üblichen Methode** ermittelt wird, ist die Erforderlichkeit eines Paketzuschlags im Einzelfall zu prüfen. Entscheidend ist dabei die Frage, inwieweit die konkrete Ausgestaltung der gewählten Bewertungsmethode bereits die in Abs. 3 angesprochenen besonderen Umstände berücksichtigt. Dies ist bei den og. betriebswirtschaftlichen Verfahren (vgl. Rz. 55 ff.) grundsätzlich und beim vereinfachten Ertragswertverfahren durchgängig nicht der Fall; insbesondere im Bereich der marktorientierten betriebswirtschaftlichen Verfahren sind allerdings auch Ausprägungen unter Einschluss von Paketzuschlägen („**Control premiums**") möglich und üblich (*Matschke/Brösel* aaO S. 544 ff. mwN). Zugunsten des Steuerpflichtigen unterstellt die Finanzverwaltung jedoch, dass bei Anwendung des vereinfachten Ertragswertverfahrens idR kein Paketzuschlag erforderlich ist (ErbStR B 11.6. Abs. 2 Satz 3). Beim Ansatz des Substanzwerts ist schließlich kein Paketzuschlag vorzunehmen. **107**

Überträgt ein Gesellschafter **mehr als 25 %** der Anteile an einer Kapitalgesellschaft auf einen oder mehrere Erwerber, ist ein Paketzuschlag zu machen, wenn der gemeine Wert dieser Beteiligung höher ist als der Wert, der sich insgesamt für die Anteile ergibt (ErbStR B 11.6 Abs. 1, Abs. 3). Bei der Entscheidung, ob mehr als 25 % der **108**

§ 11 Wertpapiere und Anteile

Anteile an einer Kapitalgesellschaft übergehen, ist von einem um die eigenen Anteile der Kapitalgesellschaft verminderten Nennkapital auszugehen. Im **Erbfall** sind Anteile des Erblassers, die ihm Einfluss auf die Geschäftsführung ermöglicht hatten, auch dann mit einem Paketzuschlag zu versehen, wenn die Anteile auf mehrere Erben übergehen und der Einfluss daher erlischt (analog BFH II R 80/88 v. 5.6.1991, BStBl. II 1991, 725). Setzen sich die Erben kraft eigener Vereinbarung oder einer Teilungsanordnung des Erblassers auseinander, ist das Ergebnis für die Bewertung der Anteile ohne Bedeutung (BFH II R 86/78 v. 10.11.1982, BStBl. II 1983, 329; ErbStR B 11.6 Abs. 4 Satz 2). Gewährt ein **Vermächtnis** einen Anspruch gegen den oder die Erben auf Übertragung eines Anteils und verbleibt de Erben nach der Übertragung auf den Vermächtnisnehmer lediglich ein Anteil ohne Einflussmöglichkeit, ist ein Paketzuschlag beim Erben nicht gerechtfertigt. Der Anteil des Vermächtnisnehmers ist danach zu bewerten, ob ihm die übertragenen Anteile einen Einfluss auf die Geschäftsführung ermöglichen (ErbStR B 11.6 Abs. 5 Satz 1 f.). Ein Vorausvermächtnis eines Miterben berührt demgegenüber den Wert der Anteile nicht, da die Miterben durch das Vorausvermächtnis in der Ausübung ihrer Mitgliedschaftsrechte aus der Beteiligung nicht berührt werden. Bei **Schenkungen unter Lebenden** ist entscheidend, ob der geschenkte Anteil eine Beherrschung gewährt (ErbStR B 11.6 Abs. 6). Führt die Schenkung der Anteile mit Anteilen, die der Beschenkte bereits besitzt, dazu, dass ein Einfluss auf die Geschäftsführung entsteht, ist dies für die Bewertung der geschenkten Anteile ohne Bedeutung. Das gilt auch, wenn die Anteile dem Erwerber gleichzeitig von mehreren Personen geschenkt werden (ErbStR B 11.6 Abs. 6 f.). Werden mehrere Anteile nacheinander von derselben Person geschenkt, die erst zusammengerechnet dem Erwerber den nötigen Einfluss auf die Geschäftsleitung eröffnen, sind die Anteile, die erstmals den genannten Einfluss eröffnen, sowie alle weiteren Anteile unter Berücksichtigung eines Paketzuschlags zu bewerten, wenn die Voraussetzungen des § 14 ErbStG gegeben sind (ErbStR B 11.6 Abs. 8).

109 Die Finanzverwaltung geht im Allgemeinen von **Zuschlägen bis zu 25 %** aus (ErbStR B 11.6 Abs. 9 Satz 1). Bei der konkreten Bemessung des Paketzuschlags ist der Grad der Einflussmöglichkeiten auf die Geschäftsführung zu berücksichtigen. Es wird daher regelmäßig angemessen sein, bei Beteiligungen von knapp über 25 % mit mäßigen Zuschlägen von 5–10 % zu beginnen und frühestens bei Anteilen über 75 % den Höchstzuschlagssatz von 25 % zu benutzen (*Gürsching/Stenger* § 11 Rz. 433 ff., *V/K/S* § 11 Rz. 128; vgl. auch BFH III R 44/77 v. 23.2.1979, BStBl. II 1979, 618).

Kapitalforderungen und Schulden §12

VII. Investmentanteilscheine, Abs. 4

Wertpapiere, die Rechte der Einleger (Anteilsinhaber) gegen eine 110
Kapitalanlagegesellschaft (§ 1 Abs. 1 KAGG, § 2 Abs. 6 InvG) oder
einen sonstigen Fonds verbriefen (Anteilscheine), sind mit dem
Rücknahmepreis anzusetzen, § 11 Abs. 4. Hierunter fallen auch **ausländische** Investmentfonds (§ 1 Abs. 1 AuslInvestmG). Investmentanteilscheine sind nicht börsenfähig, so dass eine Bewertung nach
§ 11 Abs. 1 ausscheidet (zu ETF vgl. Rz. 8). Sie haben aber einen
Preis, der von den Kapitalanlagegesellschaften börsentäglich neu
errechnet wird, § 21 KAGG, § 36 InvG. Der **Rücknahmepreis,**
den der Anleger bei Rückgabe seines Anteilscheines erhält, ist von
den Kapitalanlagegesellschaften börsentäglich zu ermitteln und zu
veröffentlichen. Dieser Preis ist der Bewertung zugrunde zu legen.
Wird bei ausländischen Fonds kein solcher Rücknahmepreis
bekanntgemacht, kann eine Ableitung aus dem Ausgabepreis mithilfe
eines angemessenen Abschlags von etwa 5 % (evtl. auch darüber) zur
Berücksichtigung der Kosten der Fondsverwaltung erfolgen.

§ 12 Kapitalforderungen und Schulden

(1) **¹Kapitalforderungen, die nicht in § 11 bezeichnet sind,
und Schulden sind mit dem Nennwert anzusetzen, wenn
nicht besondere Umstände einen höheren oder geringeren
Wert begründen. ²Liegen die besonderen Umstände in einer
hohen, niedrigen oder fehlenden Verzinsung, ist bei der
Bewertung vom Mittelwert einer jährlich vorschüssigen und
jährlich nachschüssigen Zahlungsweise auszugehen.**

(2) **Forderungen, die uneinbringlich sind, bleiben außer
Ansatz.**

(3) **¹Der Wert unverzinslicher Forderungen oder Schulden,
deren Laufzeit mehr als ein Jahr beträgt und die zu einem
bestimmten Zeitpunkt fällig sind, ist der Betrag, der vom
Nennwert nach Abzug von Zwischenzinsen unter Berücksichtigung von Zinseszinsen verbleibt. ²Dabei ist von einem
Zinssatz von 5,5 Prozent auszugehen.**

(4) **¹Noch nicht fällige Ansprüche aus Lebens-, Kapital- oder
Rentenversicherungen werden mit dem Rückkaufswert
bewertet. ²Rückkaufswert ist der Betrag, den das Versicherungsunternehmen dem Versicherungsnehmer im Falle der
vorzeitigen Aufhebung des Vertragsverhältnisses zu erstatten
hat. ³Die Berechnung des Werts, insbesondere die Berücksich-**

§ 12 Kapitalforderungen und Schulden

tigung von ausgeschütteten und gutgeschriebenen Gewinnanteilen kann durch Rechtsverordnung geregelt werden.

Schrifttum: *Bachem,* Bewertung von unverzinslichen Geldleistungsverbindlichkeiten, DStR 1999, 773; *Christoffel,* Abzug von Schulden bei der Ermittlung des Gesamtvermögens, DStZ 1995, 198; *ders.,* Hochverzinsliche Zero-Coupon-Bonds, DB 1986, 993; *Fiedler,* Die Besteuerung der unentgeltlichen Übertragung von Lebensversicherungsverträgen, DStR 2000, 533; *Geck/Messner,* Zuwendungsgegenstand bei Übertragung des Bezugsrechts an einer Kapitallebensversicherung, ZEV 2000, 21; *Gräßle,* Bewertung von Kapitalforderungen und -schulden nach § 12 BewG – Ablauf und Prüfschemata, SteuerStud 1997, 320; *Hasselbring,* Ist die Bewertung nicht fälliger Versicherungsansprüche nach § 12 Abs. 4 BewG noch zeitgemäß?, DStR 2001, 113; *Keß,* Erbschaft- und Schenkungsteuer: Kein Abzug der auf geerbten Forderungen ruhenden latenten Einkommensteuerlast des Erben als Nachlassverbindlichkeit, FR 2010, 954; *Schwintowski/Brömmelmeyer,* Praxiskommentar zum Versicherungsvertragsrecht, 2008; *Slabon,* Kehrwende des BGH: Pflichtteilsergänzung bei Todesfallleistung aus Lebensversicherungsvertrag, ErbBStg 2010, 151; *Viskorf,* Schenkung bei Übertragung aller Ansprüche und Rechte aus einer Kapitallebensversicherung, FR 1999, 1255.

Übersicht

	Rn.
I. Allgemeines	1–4
1. Rechtsentwicklung	1
2. Bedeutung, Überblick über die Regelung	2–4
II. Kapitalforderungen und Schulden, Abs. 1	5–20
1. Kapitalforderungen und Schulden	6–13
a) Begriff	6–8
b) Zeitlicher Ansatz	9–13
2. Bewertung	14–20
a) Bewertung mit dem Nennwert	14
b) Vom Nennwert abweichende Bewertung	15–20
III. Unverzinsliche Kapitalforderungen oder Kapitalschulden, Abs. 3	21–25
1. Tilgung der Forderung in einem Betrag	22, 23
2. Tilgung der Forderung in Raten	24, 25
IV. Niedrig oder hoch verzinste Forderungen oder Schulden	26–30
1. Niedrig verzinste Kapitalforderungen oder Schulden	26–28
2. Hoch verzinste Kapitalforderungen oder Schulden	29, 30
V. Noch nicht fällige Ansprüche aus Lebens-, Kapital- oder Rentenversicherungen, Abs. 4	31, 32
VI. Einzelfälle	33–37
1. Einlage des typisch stillen Gesellschafters und partiarische Darlehen	33, 34

2. Verzinsliche Wertpapiere	35–37
VII. Gleichl. Ländererlasse vom 10.10.2010, BStBl. I 2010, 810 (Tabellen)	38–44

I. Allgemeines

1. Rechtsentwicklung

Die Vorschrift geht auf § 16 RBewG 1931 und § 14 RBewG 1934 **1** zurück und ist in den Abs. 1 und 2 nahezu unverändert geblieben. Durch das **ZinsabschlagG** v. 9.11.1992 (BGBl. I 1992, 1853) ist Abs. 1 Satz 2 ergänzt worden, dass bei der Bewertung vom Mittelwert einer jährlich vorschüssigen und nachschüssigen Zahlungsweise auszugehen ist. Die übrigen Abs. haben unbedeutende Änderungen erfahren (vgl. iE *Rössler/Troll* § 12 Rz. 1). Durch das **ErbStRG** v. 24.12.2008 (BGBl. I 2008, 3018) wurde Abs. 4 neu gefasst. Die Bewertung noch nicht fälliger Ansprüche aus Lebensversicherungen erfolgt seitdem nur noch nach dem Rückkaufswert.

2. Bedeutung, Überblick über die Regelung

Die Vorschrift regelt die Bewertung von **Kapitalforderungen** **2** und **Schulden,** die nicht in § 11 bezeichnet sind. Sie ordnet für den Regelfall eine Bewertung mit dem **Nennwert** an, sofern nicht besondere Umstände eine Bewertung mit einem höheren oder niedrigeren Wert erfordern. **Abs. 1** regelt den Grundsatz des Ansatzes mit dem **Nennwert;** nach **Abs. 2** bleiben **uneinbringliche** Forderungen außer Ansatz. **Abs. 3** betrifft die Bewertung unverzinslicher Forderungen und Schulden mit einer Laufzeit von über einem Jahr; nach **Abs. 4** werden noch nicht fällige Ansprüche aus Lebens-, Kapital- oder Rentenversicherungen bewertet (vgl. Rz. 1).

Eine Bewertung ist nur dann nach § 12 vorzunehmen, wenn die **3** Forderung zum **Privatvermögen** gehört. Forderungen, die zum **Betriebsvermögen** eines Gewerbetreibenden, eines Freiberuflers bzw. einer in § 97 genannten Körperschaft, Personenvereinigung oder Vermögensmasse rechnen, fließen nicht nach § 12, sondern gemäß § 109 nach Maßgabe der jeweiligen Bewertung iSd. § 11 Abs. 2 in den Gesamtwert des Unternehmens ein. Infrage kommt aber eine (mittelbare) Bedeutung des § 12 für die Ermittlung etwa des Werts des nicht betriebsnotwendigen Vermögens im Rahmen von Ertragswertverfahren oder des Substanzwerts als Mindestwert iRd. Anteils- bzw. Betriebsvermögensbewertung nach § 11 Abs. 2 Satz 3 (vgl. § 11 Rz. 45 ff.), wenn davon ausgegangen wird, dass es

§ 12 Kapitalforderungen und Schulden

sich beim Wert nach § 12 um eine Erscheinungsform des gemeinen Wertes handelt (str., vgl. § 9 Rz. 7; *Gürsching/Stenger* § 12 Rz. 22 ff.). Wird ein Betrieb im Ganzen gem. § 16 EStG gegen Raten veräußert, ist Veräußerungspreis (und zugleich Anschaffungskosten für den Erwerber) der nach § 12 Abs. 3 ermittelte Gegenwartswert, da die Kaufpreisforderung des Veräußerers in das Privatvermögen übernommen wird.

4   § 12 regelt allein die **Bewertung** der Forderungen und Schulden, nicht aber, **ob** und **wann** Kapitalforderungen und Schulden anzusetzen sind. Diese Frage wird nach den entsprechenden Steuergesetzen entschieden (*Rössler/Troll* § 12 Rz. 2; vgl. dazu Rz. 9 ff.).

II. Kapitalforderungen und Schulden, Abs. 1

5   Kapitalforderungen und Schulden sind mit dem Nennwert anzusetzen, wenn nicht besondere Umstände einen anderen Wert begründen. Solche Umstände können in einer hohen, niedrigen oder fehlenden Verzinsung liegen, Abs. 1.

1. Kapitalforderungen und Schulden

6   **a) Begriff.** Kapitalforderungen sind alle Forderungen, die auf die **Zahlung von Geld** gerichtet sind. Dies können etwa Kaufpreisforderungen, Darlehensforderungen und Zinsforderungen jeder Art sein. Verbriefte Forderungen fallen jedoch nur dann in den Anwendungsbereich des § 12, wenn nicht schon **§ 11 Abs. 1 als lex specialis** eine Bewertung zum Börsenkurs vorsieht (vgl. dazu § 11 Rz. 3 ff.). Tpyische Beispiele für die erwähnten, unter § 12 fallenden Kapitalforderungen sind damit zB Bundesschatzbriefe, Finanzierungsschätze, Sparbriefe sowie nicht börsennotierte Zero-Bonds. Weitere Kapitalforderungen sind fällige Versicherungsansprüche, Steuererstattungs- und -vergütungsansprüche, Ansprüche auf Tantiemen und Gehälter, das Guthaben aus einer **Instandhaltungsrücklage** nach dem WEG (BFH II R 20/89 v. 9.10.1991, BStBl. II 1992, 152), **partiarische Darlehen** oder der Anspruch auf die Einlage eines **typisch still beteiligten Gesellschafters** (hierzu Rz. 33 ff). Die Einlage des **atypisch still Beteiligten** ist hingegen keine Kapitalforderung, denn die atypisch stille Gesellschaft ist eine Personengesellschaft iSd. § 97 Abs. 1 Nr. 5, die einen eigenen Wert erhält, der auf den atypisch stillen und die übrigen Gesellschafter aufgeteilt wird. Der Anteil des atypisch stillen Gesellschafters ist daher immer BV (vgl. § 95 Rz. 26, 44 ff.).

Kapitalforderungen und Schulden § 12

Keine Kapitalforderungen sind Ansprüche auf Sachleistungen wie 7
Ansprüche auf Übereignung der gekauften Sache, aus Werk- oder
Werklieferungsverträgen oder Dienstleistungspflichten aus Dienst-
oder Arbeitsverträgen. Solche **Sachleistungsansprüche** sind bei
gegenseitigen Verträgen mit dem gemeinen Wert des Gegenstandes
zu bewerten, auf dessen Leistung sie gerichtet sind (BFH II R 118/
86 v. 10.4.1991, BStBl. II 1991, 620; BFH II R 117/87 v.
26.6.1991, BStBl. II 1991, 749; § 9 Rz. 10 ff.; ErbStR B 9.1. Abs. 1
Satz 1).

Kapitalschulden stellen die Kehrseite der Forderungen dar. 8
Soweit der Gläubiger seine Darlehensforderung bewertet, gilt entsprechendes für den Schuldner. Die Ausführungen unter Rz. 4, 5
gelten daher entsprechend. Forderungen beim Gläubiger und Schulden beim Schuldner sind aber nicht immer mit dem identischen
Betrag zu bewerten (vgl. Rz. 16).

b) Zeitlicher Ansatz. aa) Kapitalforderungen. Kapitalforde- 9
rungen sind zu bewerten, wenn sie am Stichtag bereits entstanden,
aber noch nicht erfüllt sind. Die Forderung muss dabei nicht nur
rechtlich entstanden sein, sondern es muss auch ihre Realisierung
möglich sein (BFH II R 56/94 v. 15.10.1997, BStBl. II 1997, 796).
Bei einer **aufschiebenden Bedingung** oder **unbestimmten
Befristung** ist eine Bewertung erst vorzunehmen, wenn die Bedingung oder Befristung eingetreten ist (§§ 4, 8 – BFH II R 92/93 v.
28.6.1996, BStBl. II 1996, 348; ErbStR B 4.1 Abs. 1 Satz 1). Demgegenüber tritt bei einer **auflösenden Bedingung** die Wirkung
des Rechtsgeschäfts sofort ein, endet aber mit Eintritt der Bedingung
für die Zukunft (§ 5, ErbStR B 4.1 Abs. 1 Satz 2). Aufschiebend
bedingt sind Gewinn- oder Tantiemeansprüche, die nicht nur von
der Höhe des Gewinns, sondern auch von einem Gewinnverwen-
dungsbeschluss abhängen. Sie können erst bei Vorliegen eines entsprechenden Beschlusses erfasst werden (BFH III R 112/67 v.
10.5.1968, BStBl. II 1968, 703). Ist diese Art von Ansprüchen aber
vertraglich fest vereinbart und lediglich die Höhe ungewiss, da sie
vom Gewinn abhängt, ist eine Bewertung mit Ablauf des Wirtschaftsjahres vorzunehmen (BFH III R 98/69 v. 26.6.1970, BStBl. II
1970, 735). **Steuererstattungsansprüche, -vergütungsansprü-
che** und Ansprüche auf Erstattungszinsen, die nicht zum Betriebsvermögen gehören, sind erst anzusetzen, wenn die Erstattung entstanden ist. Das ist bei laufend/regelmäßig veranlagten Steuern mit
Ablauf des VZ regelmäßig der Fall. Einkommensteuer-Erstattungs-
ansprüche aus VZ, die vor dem Todeszeitpunkt des Erblassers ende-
ten, gehören daher mit dem materiell-rechtlich zutreffenden Wert

zum steuerpflichtigen Erwerb nach § 10 Abs. 1 ErbStG, ohne dass es auf ihre Durchsetzbarkeit (Festsetzung in einem Steuerbescheid) zum Todeszeitpunkt ankommt, sofern die Überzahlungen, die zu den Steuererstattungsansprüchen geführt haben, noch vom Erblasser geleistet wurden (BFH II R 30/06 v. 16.1.2008, BStBl. II 2008, 626; FinMin Baden-Württemberg v. 18. 1.2010, DStR 2010, 226).

10 **bb) Schulden.** Schulden sind anzusetzen, wenn sie am maßgeblichen Stichtag rechtlich bereits **entstanden und noch nicht erloschen** sind sowie eine wirtschaftliche Belastung darstellen (BFH III 9/54 S v. 5.11.1954, BStBl. III 1954, 381; II R 118/89 v. 8.12.1993, BStBl. II 1994, 216; II R 81/96 v. 27.1.1999, BFH/NV 2000, 913). Soweit sie aufschiebend bedingt oder befristet sind, gelten die Grundsätze in Rz. 7 ebenfalls. Eine aufschiebende Bedingung liegt zB vor, wenn sich der Verkäufer zum Verkauf eines bestimmten Grundstücks an einem in der Zukunft liegenden Zeitpunkt verpflichtet, der Käufer sich aber zum Abschluss des Vertrages noch nicht verpflichtet hat (BFH III R 119/80 v. 15.7.1983, BStBl. II 1983, 706). Verbindlichkeiten aus einem **Schenkungsversprechen** ohne entsprechende notarielle Form begründen noch keine Verbindlichkeit; auch dann nicht, wenn **nach** dem Stichtag die notarielle Beurkundung nachgeholt wird (BFH III 93/60 U v. 1.2.1963, BStBl. III 1963, 131). **Pflichtteilsverbindlichkeiten** sind nicht anzusetzen, solange der Pflichtteilsberechtigte seinen Anspruch nicht geltend gemacht hat und mit einer Geltendmachung ernsthaft nicht zu rechnen ist (BFH III R 94/70 v. 27.8.1971, BStBl. II 1972, 100). Entsprechendes gilt für eine **Bürgschaftsverpflichtung.** Sie kann erst dann angesetzt werden, wenn der Bürge mit seiner Inanspruchnahme ernsthaft rechnen muss. Bei der Frage, ob eine Rückzahlungsverpflichtung aus einem Darlehen zwischen Erblasser und seinen Kindern als **Nachlassverbindlichkeit** anzusehen ist, findet die ertragsteuerliche Beurteilung zur Anerkennung von Darlehensverträgen zwischen nahen Angehörigen anhand des sog. Fremdvergleichs keine Anwendung (BFH II R 45/92 v. 25.10.1995, BStBl. II 1996, 11).

11 Eine **wirtschaftliche Belastung** durch die Schuld liegt vor, wenn der Schuldner damit rechnen konnte, dass der Gläubiger seine Forderung gegen ihn geltend machen wird (BFH III R 32/74 v. 12.12.1975, BStBl. II 1976, 209; II R 81/96 v. 27.1.1999, BFH/NV 1999, 913). Dies setzt grundsätzlich eine rechtliche Verpflichtung des Schuldners zur Leistung voraus. Ist trotz einer rechtlichen Verpflichtung nicht mit einer Inanspruchnahme des Schuldners zu rechnen, sind die Schulden nicht anzusetzen. Darunter fällt zB die Verpflich-

Kapitalforderungen und Schulden § 12

tung, eine nicht eingezahlte Stammeinlage zu leisten, wenn am Bewertungsstichtag mit einer Inanspruchnahme nicht zu rechnen ist, weil Eltern ihren Kindern auf Lebenszeit ein zinsloses Darlehen gewährt haben (BFH II R 24/94 v. 5.3.1997, BFH/NV 1997, 820), oder wenn mit einer Inanspruchnahme wegen der Unterschlagung fremder Gelder nicht zu rechnen ist (RFH v. 11.2.1937, RStBl. 1937, 603).

Wird ein **Grundstück unter Beibehaltung der dinglichen Belastung** (Hypothek, Grundschuld) **verschenkt,** *ohne dass* der Beschenkte die sich aus dem Darlehensvertrag ergebende Schuld übernimmt, kommt es nur dann zu einer wirtschaftlichen Belastung und damit zum Ansatz einer Schuld, wenn der Schenker seinen Verpflichtungen aus dem Darlehensvertrag nicht nachkommt, so dass der Gläubiger die Zwangsvollstreckung in das Grundstück betreibt (BFH II B 161/99 v. 6.12.2000, BFH/NV 2001, 781). **Steuerschulden** sind wie andere Schulden erst anzusetzen, wenn sie am Bewertungsstichtag entstanden und noch nicht durch Zahlung, Aufrechnung oder Erlass erloschen sind. Laufend veranlagte Steuern entstehen regelmäßig mit Ablauf des VZ (vgl. zB § 36 Abs. 1 EStG, § 30 Nr. 3 KStG, § 18 GewStG) und sind mit Ablauf des VZ anzusetzen, auf die Steuerfestsetzung kommt es nicht an (BFH III R 140/83 v. 16.3.1984, BStBl. II 1984, 539; FinMin Baden-Württemberg v. 18. 1.2010, DStR 2010, 226). Die Frage der Abzinsung einer Steuerschuld (BFH II R 4/94 v. 17.1.1996, BFH/NV 1996, 649) stellt sich nach Einführung der Vollverzinsung (§ 233 a AO) nicht mehr. Zu erwartende Mehrsteuern infolge einer künftigen Außenprüfung können für spätestens am Bewertungsstichtag endende Veranlagungs- oder Erhebungszeiträume bereits angesetzt werden (BFH II R 118/89 v. 8.12.1993, BStBl. II 1994, 216). Entsprechendes gilt für nicht laufend veranlagte Steuern wie die ErbSt oder die GrESt. Erstere entsteht nach § 9 Abs. 1 Nr. 1 ErbStG mit dem Erbfall, letztere nach § 14 GrEStG mit Wirksamwerden des Erwerbsvorganges. Eine Steuerschuld ist aber nicht anzusetzen, wenn wegen einer zu erlassenden Steuerschuld nicht mit der Geltendmachung der Steuerschuld zu rechnen ist, zB im Falle des § 32 GrStG (BFH III 353/57 S v. 3.4.1959, BStBl. III 1959, 300). **Vorsätzlich verkürzte Steuern** sind vor Entdeckung der Straftat mangels wirtschaftlicher Belastung nicht anzusetzen, da der Stpfl. nicht mit einer Inanspruchnahme rechnen muss (BFH II R 118/89 v. 8.12.1993, BStBl. II 1994, 216; II R 81/96 v. 27.1.1999, BFH/NV 1999, 913). Demgegenüber sind **leichtfertig verkürzte Steuern** anzusetzen; ebenso Mehrsteuern nach einer Außenprüfung (BFH II R 81/96 v. 27.1.1999, BFH/NV 1999, 913).

§ 12 Kapitalforderungen und Schulden

13 Bei der **Erbschaft- und Schenkungssteuer** ist zu beachten, dass nach § 10 Abs. 6 ErbStG bestimmte Schulden und Lasten nicht abziehbar sind, soweit sie in wirtschaftlichem Zusammenhang mit Vermögensgegenständen stehen, die nicht der Besteuerung nach dem ErbStG unterliegen.

2. Bewertung

14 **a) Bewertung mit dem Nennwert.** Nach § 12 Abs. 1 Satz 1 sind Kapitalforderungen und Verbindlichkeiten mit dem Nennwert zu bewerten. Das ist der Betrag, den der Schuldner bei Fälligkeit an den Gläubiger zu leisten hat (*Rössler/Troll* § 12 Rz. 3). Ist neben der Forderung ein **Agio** (Aufgeld) zu leisten, ist es zusätzlich mit seinem Nennbetrag anzusetzen. Ist bei Auszahlung eines Darlehens ein **Disagio** (Abgeld) einbehalten worden, ist der Nennwert anzusetzen. Die ertragsteuerliche Behandlung im Betriebsvermögen spielt für die Bewertung nach § 12 keine Rolle (vgl. Rz. 3). Ist die Kapitalforderung zum Bewertungsstichtag bereits teilweise getilgt, ist nur noch der Restbetrag anzusetzen.

Kapitalforderungen und Schulden, die auf **ausländische Währung** lauten, sind mit dem am Besteuerungszeitpunkt maßgebenden Briefkurs zu bewerten (ErbStR B 12.1 Abs. 5; BFH II R 134/88 v. 19.3.1991, BStBl. II 1991, 521).

15 **b) Vom Nennwert abweichende Bewertung. aa) Überblick.** Liegen **besondere Umstände** vor, ist ein höherer oder niedrigerer Wert anzusetzen, Abs. 1 Satz 1. Was eine solche Besonderheit ist, kann nur im Einzelfall erschlossen werden. Fest steht allerdings, dass die besonderen Umstände der Forderung selbst immanent sein müssen, und dass gleichzeitig allgemeine, jeden Gläubiger auf dem Kapitalmarkt bzw. relevanten Ausschnitt davon treffende Faktoren schon begriffsnotwendig nicht *besondere* Umstände sein können (*Gürsching/Stenger* § 12 Rz. 76 mwN). Unerheblich ist ebenfalls, ob für die besonderen Umstände persönliche Verhältnisse ursächlich waren – § 9 Abs. 2 Sätze 2 f. findet insoweit keine Beachtung (BFH III R 30/71 v. 3.3.1972, BStBl. II 1972, 516).

Als **gesetzlich geregelte Einzelfälle besonderer Umstände** sind nur **uneinbringliche** (Abs. 2) **bzw. unverzinsliche Forderungen** (Abs. 3) anzusehen. Daneben und vorwiegend in Anlehnung an die beispielhafte Nennung möglicher besonderer Umstände in Abs. 1 Satz 2 (hohe, niedrige oder fehlende Verzinsung) sind durch Rechtsprechung, Verwaltung und Schrifttum allerdings weitere Gruppen gebildet worden. So ergibt sich der untenstehende, nach den vorgestellten Ausführungen nicht abschließende Überblick

Kapitalforderungen und Schulden § 12

für eine vom Nennwert abweichende Bewertung (zu weiteren Einzelfällen vgl. Rz. 33 ff. sowie die Rechtsprechungsübersicht bei *Gürsching/Stenger* § 12 Rz. 75 ff.).

Ansatz eines **niedrigeren Wertes** als der Nennwert:

Forderungen/Schulden sind	Ansatz	Rechtsgrundlage
uneinbringlich	kein Ansatz	§ 12 Abs. 2
zweifelhaft	Grad der Zweifel	§ 12 Abs. 1; ErbStR B 12.1 Abs. 3
unverzinslich und Laufzeit > 1 Jahr	Gegenwartswert	§ 12 Abs. 3
niedrig verzinslich	Gegenwartswert	§ 12 Abs. 1; ErbStR B 12.1. Abs. 2 Satz 1

Ansatz eines **höheren Wertes** als der Nennwert:

Forderungen/Schulden sind	Ansatz	Rechtsgrundlage
hoch verzinslich	Gegenwartswert	§ 12 Abs. 1; ErbStR B 12.1 Abs. 2 Satz 3

Abgesehen von den beiden o. g. Sonderfällen der uneinbringlichen **16** bzw. unverzinslichen Forderungen und Schulden enthält § 12 keine eigenständige Rechtsfolgenbestimmung, sondern schreibt nur einen vom Nennwert abweichenden Ansatz vor. Der relevante Wertmaßstab ergibt sich dann aus § 9 Abs. 1, anzusetzen ist folglich der **gemeine Wert**, bei dessen Bestimmung allerdings grundsätzlich auch den Vorgaben des § 12 Rechnung zu tragen ist (vgl. zB zur typisch stillen Beteiligung Rz 33).

bb) Uneinbringliche Forderungen, Abs. 2. Sind Forderungen **17** uneinbringlich, verkörpern sie für den Gläubiger keinen Wert mehr und sind daher nicht anzusetzen, Abs. 2. Die gesetzliche Regelung gilt **nur für Forderungen,** nicht aber für Schulden, da aus Sicht des Schuldners die z. Zt. von ihm nicht zahlbare Schuld gleichwohl noch eine wirtschaftliche und rechtliche Belastung darstellt, da zB bei einer titulierten Forderung der Gläubiger noch 30 Jahre vollstrecken kann (§ 197 BGB). Forderungen sind **uneinbringlich,** wenn am Bewertungsstichtag feststeht, dass sie wirtschaftlich keinen Wert mehr haben, weil der Schuldner die Forderung nicht mehr begleichen wird. Dies ist abzuleiten aus den Umständen des Einzelfalles, bei denen die Einkommens- und Vermögensverhältnisse des Schuldners entscheidend sind. Für eine Uneinbringlichkeit spricht, dass

Zwangsvollstreckungsmaßnahmen gegen den Schuldner fruchtlos verlaufen sind, zB fruchtlose Pfändungen, Abgabe der eidesstattlichen Versicherung gem. § 807 ZPO oder § 284 AO, dass ein Antrag auf Eröffnung des Insolvenzverfahrens mangels Masse abgelehnt oder ein Insolvenzverfahren nach Eröffnung mangels Masse eingestellt worden ist, dass der Schuldner unauffindbar ist, oder dass die Forderung verjährt und zu erwarten ist, dass der Schuldner die Einrede der Verjährung erhebt oder bereits erhoben hat (BFH II 64/65 v. 2.3.1971, BStBl. II 1971, 533).

18 **cc) Zweifelhafte Forderungen.** Eine Bewertung unter dem Nennwert ist vorzunehmen, wenn es zweifelhaft ist, ob die Kapitalforderung in vollem Umfang durchsetzbar ist. Das ist der Fall, wenn im Hinblick auf die **wirtschaftlichen Verhältnisse** des Schuldners oder auf die **rechtliche** Beurteilung Zweifel an der vollen Realisierung der Forderung bestehen. Zweifelhafte Forderungen sind mit dem **wahrscheinlichen Wert**, dh. einem niedrigeren Schätzwert anzusetzen (Gleichl. Ländererlasse v. 7.12.2001, BStBl. I 2001, 1041, Tz. II.1.2; BFH II R 62/08 v. 22.9.2010, BFH/NV 2001, 7 mwN.). Die Belastung einer Tantiemeforderung mit LSt. und ggf. KiSt., einer Dividendenforderung mit KSt. und KapESt. oder einer Zinsforderung mit KapESt. rechtfertigt keinen Ansatz unter dem Nennwert (BFH II 225/64 v. 15.12.1967, BStBl. II 1968, 238; III R 49/67 v. 15.12.1967, BStBl. II 1968 S. 340; III R 140/83 v. 16.3.1984, BStBl. II 1984, 539; II R 23/09 v. 17.2.2010, BStBl. II 2010, 641 – hierzu Verfassungsbeschwerde: BVerfG 1 BvR 1432/10; *Keß* FR 2010, 954).

Für die Beurteilung der Frage der vollen Realisierbarkeit einer Forderung sind die gesamten Umstände des Einzelfalles am Bewertungsstichtag von Bedeutung. Wertaufhellende Umstände, die erst nach dem Bewertungsstichtag bekannt werden, sind zu berücksichtigen, wenn sie am Stichtag hätten festgestellt werden können oder nicht allzulange, dh. jedenfalls kürzer als ein Dreivierteljahr, nach dem Stichtag eingetreten sind (RFH III 215/37 v. 10.2.1938, RStBl. 1938, 537; BFH III 200/55 S v. 13.1.1956, BStBl. III 1956, 62; III 83/61 v. 9.2.1962, BeckRS 1962, 21007840; I 324/62 S v. 27.4.1965, BStBl. III 1965, 409; I R 130/71 v. 4.4.1974, BStBl. II 1973, 485). Die Höhe des (negativen) Kapitalkontos und fehlende stille Reserven des Schuldners reichen für sich alleine für eine Bewertung unter dem Nennwert nicht aus (BFH II R 149/87 v. 11.3.1992, BFH/NV 1993, 355). Eine Forderung kann **wirtschaftlich** zweifelhaft sein, wenn der Schuldner die fälligen Zinsen nicht zahlt, er sich in Zahlungsschwierigkeiten befindet oder seine Zahlungen eingestellt hat (*Rössler/Troll* § 12 Rz. 14). Eine unter dem Nennwert liegende Bewertung ist aber dann nicht zulässig, wenn neben dem Schuldner andere Personen vorhanden sind, die für die Forderung einzustehen haben, wie Gesamtschuldner, Bürgen oder Haftende, zB im Falle einer Forderung gegen eine sich in Zahlungsschwierigkeiten befindliche oHG, die einen oder mehrere zahlungsfähige Gesellschafter hat (*Rössler/Troll* § 12 Rz. 14). Entsprechendes gilt für dinglich gesicherte Forderungen. Zahlt der Schuldner der persönlichen Forderung nicht oder nicht in vollem Umfang, ist die Forderung folglich mit dem Nennwert anzusetzen, wenn die dingliche Sicherheit wie Hypothek oder Grundschuld zur Deckung der Forderung und der fälligen Zinsen ausreichen wird (*Rössler/Troll* § 12 Rz. 75 f.).

Die Forderung kann aus **rechtlichen Gründen** zweifelhaft sein, 19 wenn der Schuldner die Forderung dem Grund und der Höhe nach bestreitet, oder wenn ein Rechtsstreit über die Forderung anhängig ist, dessen Ausgang ungewiss ist. Ist zwischen Bewertungsstichtag und dem Zeitpunkt der Bewertung oder Veranlagung die bestrittene Forderung rechtskräftig festgestellt worden, ist sie mit dem Nennwert anzusetzen (BFH III 235/64 v. 5.4.1968, BStBl. II 1968, 768; III R 23/73 v. 31.10.1974, BStBl. II 1975, 322; II R 52/94 v. 12.3.1997, BFH/NV 1997, 550). Eine hiervon abweichende Bewertung ist für die Bewertung einer Schadenersatzforderung angenommen worden, deren Bestehen erst nach zehnjähriger Prozessdauer rechtskräftig festgestellt wurde, nachdem zweimal der BGH befasst war und die Instanzgerichte unterschiedlich entschieden hatten (BFH III 235/64 v. 5.4.1968, BStBl. II 1968, 768).

Ist die Rechtslage am Bewertungsstichtag ungewiss, kann das FA 20 eine (ErbSt-)Veranlagung insoweit vorläufig nach § 165 AO vornehmen; es kann den Wert der Forderung aber auch nach § 162 AO schätzen (BFH II R 52/94 v. 12.3.1997, BFH/NV 1997, 550).

III. Unverzinsliche Kapitalforderungen oder Kapitalschulden, Abs. 3

Unverzinsliche Kapitalforderungen oder Kapitalschulden von 21 **bestimmter** Dauer, deren (Rest-)Laufzeit am Bewertungsstichtag noch **mehr als ein Jahr** beträgt, sind unter Berücksichtigung von Zwischenzinsen und Zinseszinsen mit einem Zinssatz von 5,5 % abzuzinsen, § 12 Abs. 3. Die Bewertung erfolgt also mit einem **unter** dem **Nennwert** liegenden Wert. Ohne Bedeutung für die Abzinsung ist es, ob die Parteien die Verzinsung ausdrücklich ausgeschlossen, oder ob sie über eine Verzinsung lediglich keine Vereinbarung getroffen haben (BFH VIII R 163/71 v. 25.6.1974, BStBl. II 1975,431; *Rössler/Troll* § 12 Rz. 20; vgl. aber FG Mchn. v. 25.5.1992, EFG 1992, 738). **Keine Unverzinslichkeit** liegt vor, wenn anstelle des Zinses andere wirtschaftliche Vorteile gewährt werden (BFH IV R 35/78 v. 9.7.1981, BStBl. II 1981, 734; *Rössler/ Troll* § 12 Rz. 20, 32; im Ergebnis ebenso ErbStR B 12.1 Abs. 2 Satz 2). Solche Vorteile können etwa in der Zahlung eines Aufgeldes, dem Einbehalt eines Abgeldes oder in der Zahlung von Provisionen liegen (BFH IV 365/58 S v. 7.2.1963, BStBl. III 1963, 258; III 107/ 63 v. 15.4.1966, HFR 1966, 403). Beträgt die Laufzeit weniger als ein Jahr, ist der Nennwert anzusetzen. Die Forderung muss während der gesamten Laufzeit unverzinslich sein (BFH I R 146/85 v. 20.1.1988, BStBl. II 1988, 372).

1. Tilgung der Forderung in einem Betrag

22 Wird die Forderung am Ende der Laufzeit in einem Betrag getilgt, kann der Gegenwartswert der *Tabelle 1* zu den Gleichl. Ländererlassen v. 10.10.2010 (BStBl. I 2010, 810) entnommen werden. Die Tabelle ist unter Rz. 39 abgedruckt. Der Vervielfältiger bezieht sich auf *1 €* Nennwert. Die in § 12 Abs. 1 Satz 2 bestimmte Rechtsfolge einer **mittelschüssigen** Zahlungsweise bezieht sich nur auf **Ratenzahlungen,** bei der Rückzahlung in einem Betrag ist auf den Zahlungszeitpunkt abzuzinsen (Gleichl. Ländererlasse v. 10.10.2010, BStBl. I 2010, 810 Tz. II.1.2.1). Die *Tabelle 1* (abgedruckt unter Rz. 39) geht mit der Spalte „Anzahl der Jahre" von einer Zahlung zum 31. 12., also der nachschüssigen Zahlung aus. Endet die Laufzeit nicht zum 31. 12. eines Jahres, ist der Wert taggenau zu errechnen. Dabei wird das Kalenderjahr mit 360 Tagen, jeder volle Monat mit 30 Tagen, der Monat, in dem der Fälligkeitstag liegt, mit der Anzahl der tatsächlichen Tage bis zum Fälligkeitstag, höchstens jedoch mit 30 Tagen gerechnet (Gleichl. Ländererlasse v. 10.10.2010, BStBl. I 2010, 810 Tz. II.2.1.1). Ggf. ist zwischen den ganzjährigen Werten linear zu interpolieren (*Wilms/Jochum* § 12 Rz. 26).

Beispiel 1:

Bewertungsstichtag	4.5.2010
Kapitalforderung oder Schuld, die in einem Betrag fällig wird, unverzinslich	50 000 €
Fälligkeit	5.8.2012
Laufzeit der Kapitalforderung/Schuld 2 Jahre, 3 Monate, 2 Tage.	

Der Abzinsungsfaktor nach Tabelle 1 beträgt
für 2 Jahre 0,898
für 3 Jahre 0,852
Unterschied 0,046
davon (3/12 + 2/360 = 92/360) 0,012
Interpolation: 0,898 − 0,012 = 0,886
Gegenwartswert 0,886 × 50 000 € = 44 300 €.

Beispiel 2:
Bewertungsstichtag 1.1.2010
Kapitalforderung oder Schuld, die in einem Betrag fällig 50 000 €
wird, unverzinslich
Fälligkeit 31.12.2010
Bewertung mit dem Nennwert, da die Laufzeit nicht über 50 000 €
1 Jahr beträgt

Beispiel 3:
wie Beispiel 2.
Fälligkeit 31.12.2018
Laufzeit 8 Jahre, Tabelle 1
Bewertung: 50 000 € × 0,652 = 32 600 €.

Beispiel 4:
Bewertungsstichtag 18.10.2010
Nennwert der unverzinslichen Forderung 100 000 €
Fälligkeit der Forderung 2.3.2013
Laufzeit 18.10.2010 bis 2.3.2013 = 2 Jahre, 4 Monate und
15 Tage
Der Abzinsungsfaktor nach Tabelle 1 beträgt
für 2 Jahre 0,898
für 3 Jahre 0,852
Unterschied 0,046
davon (4/12 + 15/360 = 135/360) 0,017
Interpolation: 0,898−0,017 = 0,881
Gegenwartswert 0,881 × 100 000 € = 88 100 €.

Ist die Laufzeit einer Kapitalforderung oder Schuld vom Leben 23
einer oder mehrerer Personen abhängig und damit *nicht* datumsmäßig bestimmt, ist die Laufzeit nach der **mittleren Lebenserwartung** der betreffenden Person zu berechnen. Hierbei ist für Bewertungsstichtage bis zum 31.12.2008 von der „Sterbetafel für die Bundesrepublik Deutschland 1986/88 nach dem Gebietsstand seit dem 3.10.1990" auszugehen, die sich in *Tabelle 6* der Gleichl. Ländererlasse v. 7.12.2001 (BStBl. I 2001, 1041) findet (abgedruckt unter Rz. 44 in der 2. Aufl.). Für Bewertungsstichtage **ab dem 1.1.2009** ist hingegen als beste Schätzungsgrundlage für den gemeinen Wert die letzte vor diesem Datum vom Statistischen Bundesamt veröffent-

§ 12 Kapitalforderungen und Schulden

lichte Sterbetafel zugrunde zu legen (Gleichl. Ländererlasse v. 10.10.2010, BStBl. I 2010, 810 Tz. II.2.1.3). Aktuell ist dies die am 20.9.2011 veröffentlichte **Sterbetafel 2008/2010**, s. BMF v. 26.9.2011 (BStBl. I 2011, 834).

Beispiel:
Kapitalforderung von 500 000 €, unverzinslich, zurückzuzahlen beim Tode der Gläubigerin, Alwine Ernst, geb. am 1.1.1937, an deren Erben. Bewertungsstichtag 1.1.2010. Es handelt sich um ein Fälligkeitsdarlehen, abhängig vom Leben einer Person.
Die Laufzeit ist abhängig von der Lebenserwartung gem. Sterbetafel 2008/2010, s. BMF v. 26.9.2011, aaO.
Alter am 1.1.2010 = 73 Jahre, Lebenserwartung 14 Jahre. Tabelle 1:
500 000 € × 0,473 =   236.500 €.

2. Tilgung der Forderung in Raten

24 Wird die Forderung nicht in einem Betrag, sondern in **Raten** getilgt, enthalten die einzelnen Raten regelmäßig eine Verzinsung der Kaufpreisforderung (BFH VIII R 163/71 v. 25.6.1974, BStBl. II 1975, 431). Auszugehen ist von einer **mittelschüssigen** Zahlungsweise, auf die Zahlungszeitpunkte innerhalb der Zahlungsperiode kommt es nicht an. Die Summe der Zahlungen innerhalb der Zahlungsperiode ist der Jahreswert, § 12 Abs. 1 Satz 2 (Gleichl. Ländererlasse v. 10.10.2010, BStBl. I 2010, 810 Tz. II.2.1.2.). Für eine in jährlich gleichbleibenden Jahresraten zu tilgende Kapitalforderung kann der Gegenwartswert nach der *Tabelle 2* der Gleichl. Ländererlasse v. 10.10.2010, a. a. O. errechnet werden. Die Tabelle 2 ist unter Rz. 40 abgedruckt. *Tabelle 2* entspricht grundsätzlich der Anlage 9 a zu § 13 Abs. 1 (vgl. § 13 Rz. 13 ff. und Anhang Rz. 9a zu Divergenzen bei Laufzeiten über 101 Jahren *Rössler/Troll* § 12 Rz. 23). Eine tilgungsfreie Zeit, die mehr als eine Zahlungsperiode umfasst, ist eine **Aufschubzeit**. Bei der Bewertung von Sachverhalten mit Aufschubzeit ist zunächst die Abzinsung für die Ratenzahlungszeit gem. *Tabelle 2* vorzunehmen, anschließend erfolgt eine Abzinsung nach *Tabelle 1* (Rz. 39)für die Aufschubzeit.

Beispiel 1:
Kapitalforderung von 100 000 €, zurückzuzahlen in 5 gleichen Jahresbeträgen zu 20 000 € jeweils am Ende des jeweiligen Kalenderjahres.
Restlaufzeit 5 Jahre, *Tabelle 2*
20 000 € × 4,388 =   87 760 €.
Das gilt auch, wenn die Forderung zu Beginn eines Jahres zurückzuzahlen ist, da die Tabelle von mittelschüssiger Zahlung ausgeht.

Beispiel 2:
Kapitalforderung von 100 000 €, zurückzuzahlen in 5 gleichen Jahrsbeträgen zu 20 000 € jeweils am Ende des jeweiligen Kalenderjahres, beginnend ab 31.12.2016, Bewertungsstichtag 1.1.2010.

Tilgungsfreie Jahre 1.1.2010–31.12.2015
(2016 bereits Tilgungsjahr) = 6 Jahre; Tilgungsraten = 5 Jahre.
1. Abzinsung nach Tabelle 2 für die Ratenzeit:
20 000 € × 4,388 = 87 760 €.
2. Weitere Abzinsung nach Tabelle 1 für die Aufschubzeit.
87 760 € × 0,725 = 63 626 €.

Alternative:
Tabelle 2
Vervielfältiger 11 Jahre 8,315
./. Vervielfältiger 6 Jahre 5,133
Differenz 3,182.
20 000 € × 3,182 = 63 640 €.

Zu weiteren Beispielen vgl. Gleichl. Ländererlasse v. 10.10.2010 (BStBl. I 2010, 810) Tz. II.3.1.2.

IV. Niedrig oder hoch verzinste Forderungen oder Schulden

1. Niedrig verzinste Kapitalforderungen oder Schulden

Kapitalforderungen oder Schulden sind **abweichend vom Nennwert** anzusetzen, wenn besondere Umstände einen niedrigeren Wert begründen. Ein besonderer Umstand ist nach der gesetzlichen Regelung des Abs. 3 die Unverzinslichkeit. Entsprechendes gilt für eine niedrige Verzinsung, da auch hier der wirtschaftliche Wert der Forderung gegenüber dem Nennwert gemindert ist. Eine **niedrige Verzinsung** ist gegeben, wenn die Verzinsung *unter 3 %* liegt *und* die Kündbarkeit am Bewertungsstichtag für längere Zeit, dh. für mindestens vier Jahre, eingeschränkt oder ausgeschlossen ist. Werden an Stelle des Zinses andere, greifbare wirtschaftliche Vorteile gewährt, kommt eine Bewertung abweichend vom Nennwert nicht in Betracht (BFH III R 7/69 v. 7.5.1971, BStBl. II 1971, 642; BFH III R 30/71 v. 3.3.1972, BStBl. II 1972, 516; BFH III R 5/73 v. 22.2.1974, BStBl. II 1974, 330; BFH II R 3/80 v. 10.2.1982, BStBl. II 1982, 351; *Rössler/Troll* § 12 Rz. 32; *Gürsching/Stenger* § 12 Rz. 89; ErbStR B 12.1 Abs. 2 Satz 2).

Bei der Bewertung ist der Nennwert um den Kapitalwert des jährlichen Zinsverlustes zu kürzen. Für die Berechnung des jährlichen Zinsverlustes ist die **Zinsdifferenz** (sog. Zinsdifferenzmethode) zwischen dem Grenzzinssatz von 3% und dem tatsächlichen Zinssatz maßgebend. Der Zinsverlust ist nach Maßgabe der Zeit bis zur möglichen Kündigung zu kapitalisieren und vom Nennwert abzuziehen. Der Kapitalwert des Zinsverlustes errechnet sich als Rente auf Zeit nach § 13 Abs. 1 iVm. der Anlage 9 a zum BewG (Anhang Rz. 9a) oder *Tabelle 2* zu den Gleichl. Ländererlassen v. 10.10.2010, BStBl. I 2010, 810, wenn die Forderung in **einem Betrag** fällig wird (BFH III R 52/79 v. 17.10.1980, BStBl. II 1981, 247; Gleichl. Ländererlasse v. 10.10.2010 (BStBl. I 2010, 810) Tz. II.1.2.2; *Rössler/Troll* § 12 Rz. 28).

Beispiel:
Eine mit 1% zu verzinsende Kapitalforderung in Höhe von 100 000 € ist frühestens nach 20 Jahren ab dem Bewertungsstichtag kündbar.
Gegenwartswert:
Nennwert 100 000 €
Zinsverlust pa. (3% − 1%) = 2%, dh. 2 000 € pa.
Kapitalwert des Zinsverlustes bei 20 Jahren
nach Anlage 9 a zum BewG: 12,279.
2 000 € × 12,279 = 24 558 €
Gegenwartswert 75 442 €.

28 Ist die Forderung in **gleichen Raten** zu tilgen, ergibt sich der Vervielfältiger zur Berechnung des Kapitalwerts des Zinsverlustes aus der *Tabelle 3* (Rz. 41) zu den Gleichl. Ländererlassen v. 10.10.2010 (BStBl. I 2010, 810). Bei **Annuitätentilgung** folgt der Vervielfältiger aus der *Tabelle 4* (Rz. 42) zu diesen Gleichl. Ländererlassen v. 10.10.2010.

Beispiel:
Eine mit 2% zu verzinsende Kapitalforderung i. H. v. 100 000 € soll in 10 gleichen Jahresraten getilgt werden.
Gegenwartswert:
Nennwert 100 000 €
Zinsverlust pa. (3% − 2%) = 1%, dh. 1 000 € pa.
Kapitalwert des Zinsverlustes nach Tabelle 3: 4,133.
1 000 € × 4,133 = 4 133 €
Gegenwartswert 95 867 €.

2. Hoch verzinste Kapitalforderungen oder Schulden

29 Hoch verzinste Kapitalforderungen oder Schulden sind abweichend vom Nennwert mit einem höheren Wert anzusetzen, wenn die **Verzinsung über 9% pa. liegt und die Kündbarkeit** für längere Zeit, dh. für mindestens 4 Jahre **ausgeschlossen** ist (ErbStR

Noch nicht fällige Ansprüche aus Versicherungen § 12

B 12.1 Abs. 2 Satz 3; *Rössler/Troll* § 12 Rz. 39). Auch in diesem Fall wird der Mehrwert nach der Zinsdifferenzmethode berechnet (vgl. Rz. 26 f.). Hierbei ist von der Differenz zwischen vereinbarten Zins und 9 % auszugehen. Der Kapitalwert der Zinsdifferenz ist dem Nennwert hinzuzurechnen. Bei Tilgung der Forderung in Raten oder bei Annuitätentilgung gelten die Ausführungen zur Bewertung niedrig verzinslicher Forderungen entsprechend (vgl. Rz. 26 f.).

Beispiel:
Eine mit 12 % zu verzinsende Kapitalforderung i. H. v. 100 000 € soll in 10 gleichbleibenden Raten getilgt werden.
Gegenwartswert:
Nennwert 100 000 €
Zinsgewinn pa. (12 % − 9 %) = 3 % dh. 3 000 € pa.
Kapitalwert des Zinsgewinnes nach Tabelle 3: 4,133
3 000 € × 4,133 = 12 399 €
Gegenwartswert 112 399 €.

Zu weiteren Berechnungsbeispielen vgl. Gleichl. Ländererlasse v. **30** 10.10.2010, BStBl. I 2010, 810 Tz. II.3.2.2 und II.3.2.3.

V. Noch nicht fällige Ansprüche aus Lebens-, Kapital- oder Rentenversicherungen, Abs. 4

Noch nicht fällige Ansprüche aus Lebens-, Kapital- oder Renten- **31** versicherungen werden zwingend mit dem **Rückkaufswert** angesetzt. Regelmäßig sind Ansprüche aus Versicherungen, die **noch nicht fällig** sind, als aufschiebend bedingt nicht zu bewerten, § 4. Demgegenüber hat der Versicherungsnehmer bei Lebens-, Kapital- und Rentenversicherungen im Falle der vorzeitigen Kündigung des Versicherungsvertrages einen Anspruch auf teilweise Rückgewähr der geleisteten Prämien aus dem vom Versicherer gebildeten Deckungskapital. Diese Beträge stellen auch schon vor Eintritt des Versicherungsfalles einen Vermögenswert dar und sind zu bewerten. Ein solcher Anspruch wird nach den Versicherungsbedingungen bei Lebens-, Kapital- und Rentenversicherungen gewährt, *nicht aber* bei reinen *Risikoversicherungen*, zB Risikolebensversicherungen, Sachversicherungen wie Diebstahls-, Feuer-, Hausrats-, Haftpflicht-, Kranken- oder Unfallversicherungen.
Wird aber eine **Unfallversicherung** mit einer Lebensversicherung gekoppelt oder eine Unfallversicherung mit Prämienrückgewähr abgeschlossen, ist der Wert dieser Versicherungen bereits *vor* Eintritt des Versicherungsfalles zu bewerten (BFH I 191/59 S v. 28.11.1961, BStBl. III 1961, 101). Bei Einräumung eines *unwiderruf-*

lichen Bezugsrechtes an einer Kapitallebensversicherung für einen anderen als den Versicherungsnehmer, unterliegt erst die im Versicherungsfall ausgezahlte Versicherungssumme der ErbSt (BFH II R 70/97 v. 30.6.1999, BStBl. II 1999, 742). Die Bewertung der nicht fälligen Ansprüche erfolgt **seit dem 1.1.2009 nur noch mit dem Rückkaufswert**. Rückkaufswert ist derjenige Betrag, den das Versicherungsunternehmen im Falle der vorzeitigen Aufhebung des Vertragsverhältnisses zu erstatten hat (zu Details vgl. *Schwintowski/ Brömmelmeyer* § 169 VVG Rz. 31 ff). Der bis 31.12.2008 alternativ mögliche Ansatz von zwei Dritteln der eingezahlten Prämien oder Kapitalbeiträge gibt den gemeinen Wert der Ansprüche nicht wieder und ist deshalb mit dem ErbStRG v. 24.12.2008 (BGBl. I 2008, 3018) gestrichen worden.

32   **Fällige** Ansprüche aus Lebens-, Kapital- und Rentenversicherungen werden, soweit es sich um Ansprüche auf Rentenzahlungen handelt, nach §§ 13, 14, soweit es sich um Ansprüche auf Einmalzahlungen handelt, hingegen wie jede andere Forderung nach § 12 Abs. 1 bis 3 bewertet.

VI. Einzelfälle

1. Einlage des typisch stillen Gesellschafters und partiarische Darlehen

33   Die Einlage des **typisch stillen Gesellschafters** im Privatvermögen ist eine Forderung, die grundsätzlich mit dem Nennwert zu bewerten ist (vgl. Rz. 14). Weicht der Ertrag der Einlage erheblich von einer normalen Verzinsung ab, ist eine unter oder über dem Nennwert liegende Bewertung entsprechend einer niedrigen oder hohen Verzinsung vorzunehmen, wenn die Kündbarkeit der Einlage am Bewertungsstichtag für längere Zeit ausgeschlossen ist. Dies ist nach Auffassung der Verwaltung der Fall, wenn das Gesellschaftsverhältnis am Bewertungsstichtag noch länger als fünf Jahre dauern wird und der Durchschnittsertrag der Einlage unter 3% bzw. über 9% liegt. In diesem Fall soll nach Auffassung der Finanzverwaltung der Nennwert der Vermögenseinlage **auch für Bewertungsstichtage nach dem 31.12.2008** um den fünffachen Unterschiedsbetrag zwischen dem Durchschnittsertrag und der Verzinsung um 9% zu erhöhen, bzw. um den fünffachen Unterschiedsbetrag zwischen 3% und dem Durchschnittsertrag zu mindern sein. Der Durchschnittsertrag soll dabei regelmäßig aus den Gewinnanteilen der letzten drei Jahre hergeleitet werden (ErbStR B 12.4).

Einzelfälle §12

Beispiel (ErbStH B 12.4):

Nennwert der Einlage	40 000 €
Durchschnittsertrag	7 000 €
„Verzinsung der Einlage" 7 000 € : 40 000 € =	17,5 %
Gegenwartswert der stillen Beteiligung	
100 % + 5 × (17,5 % – 9 %) =	142,5 %
40 000 € × 142,5 % =	57 000 €.

Diese Bewertung entspricht der Zinsdifferenzmethode, weicht **34** aber durch den Ansatz des fünffachen hiervon ab und kommt damit zu einer **„Mischbewertung"**, die den stillen Gesellschafter zwar als Inhaber der Forderung ansieht, die Bewertung aber in Anlehnung an das Stuttgarter Verfahren (vgl. § 11 Rz. 70 sowie 1. Auflage § 11 Rz. 34 ff.) nach der Formel Wert der Beteiligung = (V + 5 E) vornimmt. V = Vermögenswert; E = Differenz zwischen tatsächlicher Verzinsung und 9 %. Spätestens nach Aufgabe des Stuttgarter Verfahrens als Regelbewertung für nichtnotierte Anteile an Kapitalgesellschaften (vgl. § 11 Rz. 1) muss allerdings bezweifelt werden, dass diese Bewertung grundsätzlich zu angemessenen Ergebnissen führt. Vielmehr erscheint es vorzugswürdig, in Anlehnung an die Gedanken zur Unternehmens- bzw. Anteilsbewertung (§ 11 Rz. 45 ff.) eine **individuelle Bewertung** durchzuführen, wobei insbesondere auch eine grundsätzlich analoge Anwendung des vereinfachten Ertragswertverfahrens (vgl. § 199 ff.) infrage kommt, sofern von einer „ewigen" Überrendite ausgegangen werden kann. Der Diskontierungssatz sollte dabei unter Berücksichtigung der individuellen Ausgestaltung der typisch stillen Beteiligung zB sinnvoll etwa im Bereich zwischen dem für Forderungen maßgeblichen Wert nach Abs. 3 Satz 2 (5,5 %) und dem für das vereinfachte Ertragswertverfahren gemäß § 203 Abs. 1 relevanten Wert incl. Zuschlag liegen. Ähnelt das Risiko des stillen Gesellschafters – insbesondere aufgrund einer Verlustbeteiligung – demjenigen eines Eigenkapitalgebers, erscheint mit den o. g. Daten für eine Bewertung auf den 1.1.2009 folgendes Vorgehen angemessen:

Durchschnittsertrag	7 000 €
Geschätzter Wert = 12,33 × 7 000 €	86 310 €

In der Vergangenheit wurde zT auch eine Bewertung der typischen stillen Beteiligung unter Verwendung der **Zinsdifferenzmethode** vorgeschlagen (vgl. 1. Auflage § 12 Rz 33):

Zinsgewinn: 17,5 % – 9 % = 8,5 % bezogen auf 40 000 € =	3 400 €.
3 400 € × 4,388 (5 Jahre Laufzeit) =	14 919 €.
Gegenwartswert	54 919 €.

§ 12 Kapitalforderungen und Schulden

Insbesondere unter Beachtung der mit dem ErbStRG v. 24.12.2008 (BGBl. I 2008, 3018) verfolgten Hinwendung zu einer marktnahen Schätzung der Bewertungsmaßstäbe erscheint allerdings auch die generelle Verwendung dieses Verfahrens unangebracht, da die Methodik ebenso wie das Stuttgarter Verfahren pauschal von einer Übergewinnperiode von nur fünf Jahren ausgeht. **Partiarische Darlehen** sind nach der Methode zur Bewertung typischer stiller Beteiligungen zu bewerten.

2. Verzinsliche Wertpapiere

35   Wertpapiere verbriefen neben anderen Ansprüchen regelmäßig Forderungen. Handelt es sich um inländisch-börsennotierte Wertpapiere, erfolgt die Bewertung nach § 11 Abs. 1. Das gilt sinngemäß, wenn Wertpapiere nicht an einer inländischen Börse gehandelt werden, aber in ihrer Gestaltung börsengängigen Wertpapieren vergleichbar sind (BFH III R 29/77 v. 28.9.1982, BStBl. II 1983, 166; *V/K/S* § 12 Rz. 65; § 11 Rz. 12 ff.). Daher sind regelmäßig auch **ausländische** oder nur im sog. **Telefon- oder Bankenverkehr** gehandelte verzinsliche Wertpapiere (vgl. § 11 Rz. 14) mit ihrem Kurswert am Bewertungsstichtag anzusetzen (ErbStR B 11.1 Abs. 3).

36   Verschiedene Anleihen werden in ab- oder aufgezinster Form begeben. Bei einem **Abzinsungspapier** erfolgt die Rückzahlung zum Nennwert, Ausgabekurs ist der Nennwert abzüglich Zins- und Zinseszins. Bei einem Aufzinsungspapier erfolgt die Rückzahlung zum Nennwert zuzüglich Zins- und Zinseszins, entspricht der Ausgabekurs dem Nennwert. Hieraus folgen Unterschiede für die Bewertung der Forderung.

37   Bei **Bundesschatzbriefen Typ A** erfolgt die Ausgabe und Rückgabe zum Nennwert. Die Zinsen werden jährlich nachträglich ausgeschüttet. Es handelt sich daher um eine normale Forderung, die mit dem Nennwert zu bewerten ist (ErbStR B 12.2 Abs. 1 Satz 1). Merkmal des **Bundesschatzbrief Typ B** ist, dass eine Zinsansammlung erfolgt. Die Zinsen werden kapitalisiert und mit dem im nächsten Jahr geltenden Zinssatz weiter verzinst und erst bei Fälligkeit oder Rückgabe ausgezahlt, dh. die Zinsen und Zinseszinsen sind Teil der Forderung, so dass die Bewertung mit dem Rückzahlungswert zu erfolgen hat (ErbStR B 12.2 Abs. 1 Satz 2). **Finanzierungsschätze** des Bundes sind nicht börsenfähige, festverzinsliche Wertpapiere mit kurzer Laufzeit (ein oder zwei Jahre). Sie können nicht vor Ablauf der Laufzeit zurückgegeben werden. Die Zinsen werden durch **Abzinsung** des Kaufpreises bei Endfälligkeit ausgezahlt. Bei der Bewertung

ist daher der Rücknahmebetrag anzusetzen, der allerdings taggenau zu berechnen ist. Zur Berechnungsformel vgl. ErbStR B 12.2 Abs. 2.

Abgezinste Sparbriefe werden ebenfalls mit den Rücknahmewert angesetzt, **aufgezinste** mit dem Nennwert (ErbStR B 12.2 Abs. 3). Bei **Zero-Bonds** (Null-Coupon-Anleihen, Zero Bonds Coupons) erfolgt während der Laufzeit keine Zinszahlung, sondern erst bei Endfälligkeit. Sie sind möglich in Form eines Abzinsungs- oder Aufzinsungspapieres. Bei **börsennotierten** Zero-Bonds erfolgt die Bewertung mit dem niedrigsten im Bewertungszeitpunkt für sie im amtlichen Handel notierten Kurs (§ 11 Abs. 1 – vgl. § 11 Rz. 3 ff.; ErbStR B 12.3 Abs. 1 Satz 1). **Nichtnotierte** Zero-Bonds sind in Anlehnung an die Kursnotierung in Ausstattung und Laufzeit vergleichbarer Papiere zu bewerten. Gibt es keine vergleichbaren Papiere, ist der Rückgabewert anzusetzen (ErbStR B 12.3 Abs. 2). Beträgt die Emissionsrendite eines Zerobonds über 9 % und ist zugleich am Bewertungsstichtag die Einlösung für mindestens vier Jahre ausgeschlossen, will die Finanzverwaltung der Berechnung des Rückzahlungswerts einen Renditekurs auf dem Niveau des Kapitalmarktzinssatzes vergleichbarer Anleihen zugrunde legen (ErbStR B 12.3 Abs. 3).

VII. Gleichl. Ländererlasse vom 10.10.2010, BStBl. I 2010, 810 (Tabellen)

Gleichl. Ländererlasse betr. Bewertung von Kapitalforderungen und Kapitalschulden sowie von Ansprüchen/Lasten bei wiederkehrenden Nutzungen und Leistungen nach dem 31.12.2009 für Zwecke der Erbschaft- und Schenkungsteuer mit **Tabellen 1–8** v. 10.10.2010 (BStBl. I 2010, 810).
(...)

	Rz.
Tabelle 1: Vervielfältiger für die Abzinsung einer unverzinslichen Forderung oder Schuld, die nach bestimmter Zeit in einem Betrag fällig ist, im Nennwert von 1,– €	39
Tabelle 2: Vervielfältiger für eine unverzinsliche Kapitalforderung/-schuld, die in gleichen Jahresraten getilgt wird. Der Jahresbetrag der Raten wurde mit 1 € angesetzt.	40
Tabelle 3: Tabelle zur Berechnung der Barwerte der Zinsdifferenzen für hoch- und niedrigverzinsliche Kapitalforderungen und Schulden mit Ratentilgung	41

§ 12 Kapitalforderungen und Schulden

Tabelle 4:
Tabelle der Kapitalwerte der Zinsdifferenzen für niedrigverzinsliche Kapitalforderungen und Schulden mit Annuitätentilgung und einer Annuität im Jahresbetrag von 1,– €; Grenzzinsfuß: 3 % 42

Tabelle 5:
Tabelle der Kapitalwerte der Zinsdifferenzen für hochverzinsliche Kapitalforderungen und -schulden mit Annuitätentilgung und einer Annuität im Jahresbetrag von 1,– €; Grenzzinsfuß: 9 % 43

Tabelle 6:
Kapitalwert einer wiederkehrenden, zeitlich beschränkten Nutzung oder Leistung im Jahresbetrag von 1,– €. 44

Tabelle 1
(zu § 12 Abs. 3 BewG)

Vervielfältiger für die Abzinsung einer unverzinslichen Forderung oder Schuld, die nach bestimmter Zeit in einem Betrag fällig ist, im Nennwert von 1,– €

Anzahl der Jahre	Vervielfältiger	Anzahl der Jahre	Vervielfältiger
1	0,948	26	0,249
2	0,898	27	0,236
3	0,852	28	0,223
4	0,807	29	0,212
5	0,765	30	0,201
6	0,725	31	0,190
7	0,687	32	0,180
8	0,652	33	0,171
9	0,618	34	0,162
10	0,585	35	0,154
11	0,555	36	0,146
12	0,526	37	0,138
13	0,499	38	0,131
14	0,473	39	0,124
15	0,448	40	0,117
16	0,425	41	0,111
17	0,402	42	0,106
18	0,381	43	0,100
19	0,362	44	0,095
20	0,343	45	0,090
21	0,325	46	0,085
22	0,308	47	0,081
23	0,292	48	0,077
24	0,277	49	0,073
25	0,262	50	0,069

Gleichl. Ländererlasse vom 10.10.2010 § 12

Anzahl der Jahre	Vervielfältiger	Anzahl der Jahre	Vervielfältiger
51	0,065	76	0,017
52	0,062	77	0,016
53	0,059	78	0,015
54	0,056	79	0,015
55	0,053	80	0,014
56	0,050	81	0,013
57	0,047	82	0,012
58	0,045	83	0,012
59	0,042	84	0,011
60	0,040	85	0,011
61	0,038	86	0,010
62	0,036	87	0,009
63	0,034	88	0,009
64	0,032	89	0,009
65	0,031	90	0,008
66	0,029	91	0,008
67	0,028	92	0,007
68	0,026	93	0,007
69	0,025	94	0,007
70	0,024	95	0,006
71	0,022	96	0,006
72	0,021	97	0,006
73	0,020	98	0,005
74	0,019	99	0,005
75	0,018	100	0,005

Tabelle 2 40
(zu § 12 Abs. 1 BewG)

Vervielfältiger für eine unverzinsliche Kapitalforderung/-schuld, die in gleichen Jahresraten getilgt wird. Der Jahresbetrag der Raten wurde mit 1,– € angesetzt.

Laufzeit in Jahren	Kapitalwert	Laufzeit in Jahren	Kapitalwert
1	0,974	13	9,368
2	1,897	14	9,853
3	2,772	15	10,314
4	3,602	16	10,750
5	4,388	17	11,163
6	5,133	18	11,555
7	5,839	19	11,927
8	6,509	20	12,279
9	7,143	21	12,613
10	7,745	22	12,929
11	8,315	23	13,229
12	8,856	24	13,513

§ 12 Kapitalforderungen und Schulden

Laufzeit in Jahren	Kapitalwert	Laufzeit in Jahren	Kapitalwert
25	13,783	71	18,264
26	14,038	72	18,286
27	14,280	73	18,307
28	14,510	74	18,326
29	14,727	75	18,345
30	14,933	76	18,362
31	15,129	77	18,379
32	15,314	78	18,395
33	15,490	79	18,410
34	15,656	80	18,424
35	15,814	81	18,437
36	15,963	82	18,450
37	16,105	83	18,462
38	16,239	84	18,474
39	16,367	85	18,485
40	16,487	86	18,495
41	16,602	87	18,505
42	16,710	88	18,514
43	16,813	89	18,523
44	16,910	90	18,531
45	17,003	91	18,539
46	17,090	92	18,546
47	17,173	93	18,553
48	17,252	94	18,560
49	17,326	95	18,566
50	17,397	96	18,572
51	17,464	97	18,578
52	17,528	98	18,583
53	17,588	99	18,589
54	17,645	100	18,593
55	17,699	101	18,598
56	17,750	102	18,602
57	17,799	103	18,607
58	17,845	104	18,611
59	17,888	105	18,614
60	17,930	106	18,618
61	17,969	107	18,621
62	18,006	108	18,624
63	18,041	109	18,627
64	18,075	110	18,630
65	18,106	111	18,633
66	18,136	112	18,635
67	18,165	113	18,638
68	18,192	114	18,640
69	18,217	115	18,642
70	18,242	116	18,644

Gleichl. Ländererlasse vom 10.10.2010 § 12

Laufzeit in Jahren	Kapitalwert	Laufzeit in Jahren	Kapitalwert
117	18,646	134	18,668
118	18,648	135	18,668
119	18,650	136	18,669
120	18,652	137	18,670
121	18,653	138	18,670
122	18,655	139	18,671
123	18,656	140	18,671
124	18,657	141	18,672
125	18,659	142	18,672
126	18,660	143	18,673
127	18,661	144	18,673
128	18,662	145	18,674
129	18,663	146	18,674
130	18,644	147	18,675
131	18,665	148	18,675
132	18,666	149	18,675
133	18,667	150	18,676

Tabelle 3 41
(zu § 12 Abs. 1 BewG)

Tabelle zur Berechnung der Barwerte der Zinsdifferenzen für hoch- und niedrigverzinsliche Kapitalforderungen und Schulden mit Ratentilgung

Anzahl der Jahre	Barwert	Anzahl der Jahre	Barwert
1	0,487	21	7,275
2	0,949	22	7,510
3	1,394	23	7,737
4	1,824	24	7,957
5	2,240	25	8,171
6	2,641	26	8,378
7	3,028	27	8,578
8	3,402	28	8,773
9	3,764	29	8,961
10	4,113	30	9,144
11	4,451	31	9,322
12	4,777	32	9,494
13	5,093	33	9,661
14	5,398	34	9,823
15	5,694	35	9,980
16	5,979	36	10,133
17	6,255	37	10,281
18	6,523	38	10,425
19	6,782	39	10,565
20	7,032	40	10,701

§ 12 Kapitalforderungen und Schulden

Anzahl der Jahre	Barwert	Anzahl der Jahre	Barwert
41	10,833	71	13,518
42	10,961	72	13,577
43	11,086	73	13,635
44	11,207	74	13,692
45	11,325	75	13,748
46	11,440	76	13,802
47	11,551	77	13,855
48	11,660	78	13,907
49	11,766	79	13,958
50	11,869	80	14,008
51	11,969	81	14,056
52	12,066	82	14,104
53	12,161	83	14,151
54	12,254	84	14,196
55	12,344	85	14,241
56	12,432	86	14,285
57	12,517	87	14,328
58	12,601	88	14,370
59	12,682	89	14,411
60	12,762	90	14,451
61	12,839	91	14,491
62	12,914	92	14,530
63	12,988	93	14,568
64	13,060	94	14,605
65	13,130	95	14,641
66	13,199	96	14,677
67	13,265	97	14,713
68	13,331	98	14,747
69	13,395	99	14,781
70	13,457	100	14,814

Tabelle 4
(§ 12 Abs. 1 BewG)

Tabelle der Kapitalwerte der Zinsdifferenzen für niedrigverzinsliche Kapitalforderungen und -schulden mit Annuitätentilgung und einer Annuität im Jahresbetrag von 1,– €; Grenzzinsfuß: 3 %

Anzahl der Jahre	Vertraglicher Zinsfuß in Prozent					Anzahl der Jahre
	0,5 %	1,0 %	1,5 %	2,0 %	2,5 %	
1	0,012	0,010	0,007	0,005	0,002	1
2	0,047	0,038	0,028	0,019	0,009	2
3	0,104	0,083	0,062	0,041	0,020	3
4	0,182	0,144	0,107	0,071	0,035	4
5	0,280	0,222	0,164	0,109	0,054	5
6	0,397	0,314	0,232	0,153	0,076	6

Gleichl. Ländererlasse vom 10.10.2010 § 12

Anzahl der Jahre	Vertraglicher Zinsfuß in Prozent					Anzahl der Jahre
	0,5 %	1,0 %	1,5 %	2,0 %	2,5 %	
7	0,532	0,420	0,310	0,240	0,101	7
8	0,685	0,539	0,398	0,261	0,129	8
9	0,854	0,671	0,495	0,324	0,159	9
10	1,039	0,815	0,600	0,392	0,192	10
11	1,239	0,970	0,712	0,465	0,228	11
12	1,454	1,136	0,833	0,543	0,265	12
13	1,681	1,312	0,960	0,624	0,305	13
14	1,922	1,497	1,093	0,710	0,346	14
15	2,175	1,691	1,232	0,799	0,389	15
16	2,440	1,893	1,377	0,891	0,433	16
17	2,716	2,103	1,527	0,986	0,478	17
18	3,002	2,320	1,682	1,084	0,525	18
19	3,298	2,544	1,841	1,185	0,572	19
20	3,603	2,774	2,003	1,287	0,621	20
21	3,918	3,010	2,170	1,391	0,670	21
22	4,240	3,251	2,339	1,497	0,720	22
23	4,570	3,497	2,512	1,605	0,770	23
24	4,907	3,748	2,687	1,714	0,821	24
25	5,252	4,003	2,864	1,824	0,872	25
26	5,602	4,262	3,044	1,934	0,923	26
27	5,959	4,524	3,225	2,046	0,974	27
28	6,321	4,790	3,408	2,158	1,026	28
29	6,689	5,058	3,592	2,270	1,078	29
30	7,061	5,329	3,777	2,383	1,129	30
31	7,438	5,602	3,963	2,495	1,181	31
32	7,819	5,877	4,149	2,608	1,232	32
33	8,204	6,154	4,336	2,721	1,283	33
34	8,592	6,432	4,523	2,833	1,334	34
35	8,984	6,712	4,711	2,945	1,384	35
36	9,378	6,992	4,898	3,057	1,434	36
37	9,775	7,273	5,085	3,168	1,483	37
38	10,175	7,555	5,272	3,278	1,533	38
39	10,576	7,837	5,458	3,388	1,581	39
40	10,980	8,119	5,644	3,497	1,629	40
41	11,385	8,401	5,829	3,605	1,677	41
42	11,791	8,683	6,013	3,712	1,724	42
43	12,199	8,964	6,196	3,818	1,770	43
44	12,607	9,245	6,377	3,923	1,816	44
45	13,017	9,526	6,558	4,027	1,861	45
46	13,427	9,805	6,738	4,130	1,905	46
47	13,837	10,084	6,916	4,232	1,949	47
48	14,248	10,362	7,093	4,332	1,992	48
49	14,659	10,638	7,268	4,431	2,034	49
50	15,070	10,914	7,442	4,529	2,076	50
51	15,481	11,188	7,614	4,626	2,117	51

§ 12 Kapitalforderungen und Schulden

Anzahl der Jahre	Vertraglicher Zinsfuß in Prozent					Anzahl der Jahre
	0,5 %	1,0 %	1,5 %	2,0 %	2,5 %	
52	15,891	11,460	7,784	4,721	2,157	52
53	16,301	11,731	7,953	4,815	2,196	53
54	16,710	12,001	8,120	4,908	2,235	54
55	17,119	12,268	8,285	4,999	2,273	55
56	17,527	12,534	8,449	5,088	2,310	56
57	17,934	12,798	8,610	5,177	2,346	57
58	18,340	13,061	8,770	5,264	2,382	58
59	18,744	13,321	8,928	5,349	2,417	59
60	19,148	13,579	9,084	5,433	2,451	60
61	19,550	13,835	9,238	5,516	2,485	61
62	19,951	14,090	9,390	5,597	2,517	62
63	20,351	14,342	9,539	5,677	2,549	63
64	20,749	14,591	9,687	5,755	2,581	64
65	21,145	14,839	9,833	5,832	2,611	65
66	21,540	15,084	9,977	5,908	2,641	66
67	21,933	15,328	10,119	5,982	2,671	67
68	22,325	15,568	10,259	6,054	2,699	68
69	22,714	15,807	10,397	6,126	2,727	69
70	23,102	16,043	10,532	6,195	2,754	70
71	23,488	16,277	10,666	6,264	2,780	71
72	23,872	16,509	10,798	6,331	2,806	72
73	24,254	16,738	10,928	6,397	2,831	73
74	24,633	16,964	11,055	6,461	2,856	74
75	25,011	17,189	11,181	6,524	2,880	75
76	25,387	17,411	11,305	6,586	2,903	76
77	25,761	17,630	11,427	6,646	2,926	77
78	26,132	17,848	11,546	6,706	2,948	78
79	26,502	18,062	11,664	6,763	2,969	79
80	26,869	18,275	11,780	6,820	2,990	80
81	27,234	18,458	11,894	6,875	3,011	81
82	27,597	18,693	12,006	6,930	3,031	82
83	27,958	18,898	12,117	6,983	3,050	83
84	28,316	19,101	12,225	7,034	3,069	84
85	28,673	19,301	12,331	7,085	3,087	85
86	29,027	19,500	12,436	7,135	3,104	86
87	29,378	19,695	12,539	7,183	3,122	87
88	29,728	19,889	12,640	7,230	3,138	88
89	30,075	20,080	12,740	7,276	3,154	89
90	30,420	20,269	12,837	7,321	3,170	90
91	30,763	20,456	12,933	7,366	3,185	91
92	31,103	20,640	13,027	7,409	3,200	92
93	31,441	20,822	13,120	7,450	3,215	93
94	31,777	21,002	13,210	7,491	3,229	94
95	32,111	21,180	13,300	7,531	3,242	95
96	32,442	21,356	13,387	7,570	3,255	96

Gleichl. Ländererlasse vom 10.10.2010 § 12

Anzahl der Jahre	Vertraglicher Zinsfuß in Prozent					Anzahl der Jahre
	0,5 %	1,0 %	1,5 %	2,0 %	2,5 %	
97	32,772	21,529	13,473	7,609	3,268	97
98	33,099	21,700	13,558	7,646	3,280	98
99	33,423	21,869	13,640	7,682	3,292	99
100	33,746	22,036	13,722	7,717	3,304	100

Tabelle 5
(zu § 12 Abs. 1 BewG)

Tabelle der Kapitalwerte der Zinsdifferenzen für hochverzinsliche Kapitalforderungen und -schulden mit Annuitätentilgung und einer Annuität im Jahresbetrag von 1,– €; Grenzzinsfuß: 9 %

Anzahl der Jahre	Vertraglicher Zinsfuß in Prozent									Anzahl der Jahre
	9,5 %	10,0 %	10,5 %	11,0 %	11,5 %	12,0 %	12,5 %	13,0 %	13,5 %	
1	0,002	0,005	0,007	0,009	0,012	0,014	0,016	0,018	0,021	1
2	0,009	0,017	0,026	0,034	0,043	0,051	0,059	0,067	0,075	2
3	0,019	0,037	0,055	0,073	0,091	0,108	0,125	0,142	0,159	3
4	0,032	0,063	0,094	0,124	0,154	0,183	0,212	0,240	0,268	4
5	0,048	0,094	0,140	0,185	0,229	0,273	0,315	0,357	0,398	5
6	0,066	0,130	0,194	0,255	0,316	0,375	0,433	0,490	0,545	6
7	0,086	0,171	0,253	0,333	0,411	0,488	0,562	0,635	0,707	7
8	0,109	0,214	0,317	0,417	0,514	0,609	0,701	0,791	0,879	8
9	0,132	0,261	0,385	0,506	0,623	0,737	0,847	0,955	1,059	9
10	0,157	0,309	0,456	0,598	0,736	0,870	0,999	1,124	1,246	10
11	0,183	0,359	0,530	0,694	0,853	1,006	1,154	1,298	1,436	11
12	0,209	0,411	0,605	0,792	0,972	1,145	1,312	1,473	1,628	12
13	0,236	0,463	0,681	0,891	1,092	1,285	1,471	1,649	1,821	13
14	0,264	0,516	0,758	0,990	1,212	1,425	1,629	1,825	2,013	14
15	0,291	0,569	0,835	1,089	1,332	1,564	1,786	1,999	2,203	15
16	0,319	0,622	0,912	1,187	1,451	1,702	1,942	2,171	2,390	16
17	0,346	0,675	0,987	1,285	1,568	1,837	2,094	2,339	2,573	17
18	0,373	0,727	1,062	1,380	1,683	1,970	2,243	2,504	2,751	18
19	0,400	0,777	1,135	1,474	1,795	2,100	2,389	2,663	2,925	19
20	0,426	0,827	1,207	1,565	1,905	2,226	2,530	2,818	3,092	20
21	0,451	0,876	1,277	1,654	2,011	2,348	2,666	2,968	3,254	21
22	0,476	0,924	1,344	1,740	2,114	2,466	2,798	3,112	3,409	22
23	0,500	0,970	1,410	1,824	2,213	2,579	2,925	3,250	3,558	23
24	0,524	1,014	1,473	1,904	2,308	2,689	3,046	3,383	3,700	24
25	0,547	1,057	1,534	1,981	2,400	2,793	3,162	3,510	3,836	25
26	0,568	1,098	1,593	2,055	2,488	2,893	3,273	3,630	3,966	26
27	0,589	1,138	1,649	2,126	2,572	2,989	3,379	3,745	4,089	27
28	0,610	1,176	1,703	2,194	2,652	3,079	3,480	3,854	4,206	28

§ 12 Kapitalforderungen und Schulden

An-zahl der Jahre	Vertraglicher Zinsfuß in Prozent									An-zahl der Jahre
	9,5 %	10,0 %	10,5 %	11,0 %	11,5 %	12,0 %	12,5 %	13,0 %	13,5 %	
29	0,626	1,213	1,754	2,258	2,728	3,166	3,575	3,958	4,316	29
30	0,648	1,247	1,803	2,320	2,800	3,248	3,665	4,055	4,420	30
31	0,665	1,280	1,850	2,378	2,869	3,325	3,751	4,148	4,519	31
32	0,682	1,312	1,894	2,433	2,934	3,399	3,831	4,235	4,612	32
33	0,698	1,342	1,936	2,486	2,995	3,468	3,907	4,317	4,699	33
34	0,713	1,370	1,976	2,535	3,053	3,533	3,979	4,394	4,781	34
35	0,728	1,397	2,013	2,582	3,107	3,594	4,046	4,467	4,858	35
36	0,742	1,422	2,048	2,626	3,159	3,652	4,109	4,535	4,930	36
37	0,755	1,446	2,082	2,667	3,207	3,706	4,169	4,598	4,998	37
38	0,767	1,469	2,113	2,706	3,252	3,757	4,224	4,658	5,061	38
39	0,778	1,490	2,142	2,742	3,294	3,804	4,276	4,713	5,120	39
40	0,789	1,510	2,170	2,776	3,334	3,849	4,324	4,765	5,175	40
41	0,799	1,529	2,196	2,808	3,371	3,890	4,370	4,814	5,226	41
42	0,809	1,546	2,220	2,838	3,406	3,929	4,412	4,859	5,274	42
43	0,818	1,562	2,243	2,866	3,438	3,965	4,451	4,901	5,318	43
44	0,826	1,578	2,264	2,892	3,468	3,998	4,488	4,940	5,360	44
45	0,834	1,592	2,284	2,916	3,496	4,030	4,522	4,977	5,398	45
46	0,841	1,605	2,302	2,939	3,522	4,059	4,553	5,010	5,434	46
47	0,848	1,618	2,319	2,959	3,546	4,086	4,582	5,042	5,467	47
48	0,854	1,629	2,335	2,979	3,569	4,110	4,610	5,071	5,497	48
49	0,860	1,640	2,350	2,997	3,589	4,134	4,635	5,097	5,526	49
50	0,866	1,650	2,363	3,014	3,609	4,155	4,658	5,122	5,552	50
51	0,871	1,659	2,376	3,029	3,627	4,175	4,679	5,145	5,576	51
52	0,876	1,668	2,388	3,043	3,643	4,193	4,699	5,166	5,599	52
53	0,880	1,676	2,398	3,057	3,658	4,210	4,718	5,186	5,619	53
54	0,884	1,683	2,408	3,069	3,672	4,226	4,734	5,204	5,638	54
55	0,888	1,690	2,418	3,080	3,685	4,240	4,750	5,221	5,656	55
56	0,891	1,696	2,426	3,090	3,697	4,253	4,764	5,236	5,672	56
57	0,895	1,702	2,434	3,100	3,708	4,265	4,778	5,250	5,687	57
58	0,897	1,707	2,441	3,109	3,718	4,276	4,790	5,263	5,701	58
59	0,900	1,712	2,448	3,117	3,727	4,287	4,801	5,275	5,714	59
60	0,903	1,717	2,454	3,124	3,736	4,296	4,811	5,286	5,725	60
61	0,905	1,721	2,459	3,131	3,743	4,305	4,820	5,296	5,736	61
62	0,907	1,724	2,464	3,137	3,750	4,313	4,829	5,305	5,746	62
63	0,909	1,728	2,469	3,142	3,757	4,320	4,837	5,314	5,755	63
64	0,911	1,731	2,473	3,148	3,763	4,326	4,844	5,322	5,763	64
65	0,912	1,734	2,477	3,152	3,768	4,332	4,851	5,329	5,771	65
66	0,914	1,736	2,480	3,156	3,773	4,338	4,857	5,335	5,778	66
67	0,915	1,739	2,484	3,160	3,778	4,343	4,862	5,341	5,784	67
68	0,916	1,741	2,486	3,164	3,782	4,347	4,867	5,347	5,790	68
69	0,917	1,743	2,489	3,167	3,785	4,352	4,872	5,352	5,795	69
70	0,918	1,744	2,491	3,170	3,789	4,355	4,876	5,356	5,800	70
71	0,919	1,746	2,493	3,172	3,792	4,359	4,880	5,360	5,805	71
72	0,920	1,747	2,495	3,175	3,794	4,362	4,883	5,364	5,809	72

Gleichl. Ländererlasse vom 10.10.2010 § 12

An- zahl der Jahre	Vertraglicher Zinsfuß in Prozent									An- zahl der Jahre
	9,5 %	10,0 %	10,5 %	11,0 %	11,5 %	12,0 %	12,5 %	13,0 %	13,5 %	
73	0,921	1,749	2,497	3,177	3,797	4,365	4,886	5,367	5,812	73
74	0,921	1,750	2,499	3,179	3,799	4,367	4,889	5,371	5,816	74
75	0,922	1,751	2,500	3,181	3,801	4,369	4,892	5,373	5,819	75
76	0,922	1,752	2,501	3,182	3,803	4,371	4,894	5,376	5,822	76
77	0,923	1,752	2,502	3,183	3,805	4,373	4,896	5,378	5,824	77
78	0,923	1,753	2,503	3,185	3,806	4,375	4,898	5,380	5,827	78
79	0,923	1,754	2,504	3,186	3,807	4,376	4,900	5,382	5,829	79
80	0,924	1,754	2,505	3,187	3,808	4,378	4,901	5,384	5,831	80
81	0,924	1,755	2,506	3,187	3,809	4,379	4,903	5,386	5,832	81
82	0,924	1,755	2,506	3,188	3,810	4,380	4,904	5,387	5,834	82
83	0,924	1,755	2,507	3,189	3,811	4,381	4,905	5,388	5,836	83
84	0,924	1,756	2,507	3,189	3,812	4,382	4,906	5,389	5,837	84
85	0,925	1,756	2,507	3,190	3,812	4,383	4,907	5,390	5,838	85
86	0,925	1,756	2,508	3,190	3,813	4,383	4,908	5,391	5,839	86
87	0,925	1,756	2,508	3,191	3,813	4,384	4,908	5,392	5,840	87
88	0,925	1,756	2,508	3,191	3,814	4,384	4,909	5,393	5,841	88
89	0,925	1,757	2,508	3,191	3,814	4,385	4,909	5,394	5,842	89
90	0,925	1,757	2,508	3,191	3,814	4,385	4,910	5,394	5,842	90
91	0,925	1,757	2,508	3,191	3,814	4,385	4,910	5,395	5,843	91
92	0,925	1,757	2,508	3,191	3,815	4,386	4,911	5,395	5,844	92
93	0,925	1,757	2,508	3,192	3,815	4,386	4,911	5,396	5,844	93
94	0,925	1,757	2,508	3,192	3,815	4,386	4,911	5,396	5,845	94
95	0,925	1,757	2,508	3,192	3,815	4,386	4,911	5,396	5,845	95
96	0,925	1,757	2,508	3,192	3,815	4,386	4,912	5,396	5,845	96
97	0,925	1,757	2,508	3,192	3,815	4,386	4,912	5,397	5,846	97
98	0,925	1,757	2,508	3,192	3,815	4,386	4,912	5,397	5,846	98
99	0,925	1,757	2,508	3,192	3,815	4,386	4,912	5,397	5,846	99
100	0,925	1,757	2,508	3,192	3,815	4,386	4,912	5,397	5,846	100

Tabelle 6
(zu § 13 Absatz 1 BewG)
(entspricht Anlage 9 a zum BewG)

Kapitalwert einer wiederkehrenden, zeitlich beschränkten Nutzung oder Leistung im Jahresbetrag von 1,– €

Laufzeit in Jahren	Vervielfältiger	Laufzeit in Jahren	Vervielfältiger
1	0,974	7	5,839
2	1,897	8	6,509
3	2,772	9	7,143
4	3,602	10	7,745
5	4,388	11	8,315
6	5,133	12	8,856

§ 12 Kapitalforderungen und Schulden

Laufzeit in Jahren	Vervielfältiger	Laufzeit in Jahren	Vervielfältiger
13	9,368	58	17,845
14	9,853	59	17,888
15	10,314	60	17,930
16	10,750	61	17,969
17	11,163	62	18,006
18	11,555	63	18,041
19	11,927	64	18,075
20	12,279	65	18,106
21	12,613	66	18,136
22	12,929	67	18,165
23	13,229	68	18,192
24	13,513	69	18,217
25	13,783	70	18,242
26	14,038	71	18,264
27	14,280	72	18,286
28	14,510	73	18,307
29	14,727	74	18,326
30	14,933	75	18,345
31	15,129	76	18,362
32	15,314	77	18,379
33	15,490	78	18,395
34	15,656	79	18,410
35	15,814	80	18,424
36	15,963	81	18,437
37	16,105	82	18,450
38	16,239	83	18,462
39	16,367	84	18,474
40	16,487	85	18,485
41	16,602	86	18,495
42	16,710	87	18,505
43	16,813	88	18,514
44	16,910	89	18,523
45	17,003	90	18,531
46	17,090	91	18,539
47	17,173	92	18,546
48	17,252	93	18,553
49	17,326	94	18,560
50	17,397	95	18,566
51	17,464	96	18,572
52	17,528	97	18,578
53	17,588	98	18,583
54	17,645	99	18,589
55	17,699	100	18,593
56	17,750	101	18,598
57	17,799	mehr als 101	18,600

§ 13 Kapitalwert von wiederkehrenden Nutzungen und Leistungen

(1) ¹Der Kapitalwert von Nutzungen oder Leistungen, die auf bestimmte Zeit beschränkt sind, ist mit dem aus Anlage 9 a zu entnehmenden Vielfachen des Jahreswerts anzusetzen. ²Ist die Dauer des Rechts außerdem durch das Leben einer oder mehrerer Personen bedingt, darf der nach § 14 zu berechnende Kapitalwert nicht überschritten werden.

(2) Immerwährende Nutzungen oder Leistungen sind mit dem 18,6fachen des Jahreswerts, Nutzungen oder Leistungen von unbestimmter Dauer vorbehaltlich des § 14 mit dem 9,3fachen des Jahreswerts zu bewerten.

(3) ¹Ist der gemeine Wert der gesamten Nutzungen oder Leistungen nachweislich geringer oder höher, so ist der nachgewiesene gemeine Wert zugrunde zu legen. ²Der Ansatz eines geringeren oder höheren Werts kann jedoch nicht darauf gestützt werden, daß mit einem anderen Zinssatz als 5,5 Prozent oder mit einer anderen als mittelschüssigen Zahlungsweise zu rechnen ist.

Anlage 9 a zum BewG: Kapitalwert einer wiederkehrenden, zeitlich beschränkten Nutzung oder Leistung ein Jahresbetrag von 1 € (abgedruckt im Anhang unter Rz. 9a)
Verwaltung: Gleichl. Ländererlasse v. 10.10.2010 (BStBl. I 2010, 810) betr. Bewertung von Kapitalforderungen und Kapitalschulden sowie von Ansprüchen/ Lasten bei wiederkehrenden Nutzungen und Leistungen nach dem 31.12.2009 für Zwecke der Erbschaft-und Schenkungsteuer (abgedruckt bei § 12 Rz. 38 ff.)

Übersicht

	Rn.
I. Anwendungsbereich	1, 2
II. Kapitalwert	3–21
1. Wiederkehrende Nutzungen und Leistungen	3–6
a) Leistungen	4, 5
b) Nutzungen	6
2. Berechnung des Kapitalwerts	7–21
a) Allgemeines	7–9
b) Nutzung oder Leistung auf bestimmte Zeit	10–14
c) Nutzungen oder Leistungen von unbestimmter Dauer	15–17

d) Immerwährende Nutzungen oder Leistungen	18
e) Mindest- oder Höchstzeitrenten	19–21
III. Gemeiner Wert	22, 23

I. Anwendungsbereich

1 § 13 regelt die Bewertung von wiederkehrenden **Nutzungen und Leistungen im außerbetrieblichen Bereich,** die auf **bestimmte Zeit** beschränkt, von **unbestimmter Dauer** oder **immerwährend** sind. Wiederkehrende Nutzungen und Leistungen, die deshalb unbestimmt sind, weil sie auf die Lebenszeit einer oder mehrerer Personen abstellen, sind gem. § 14 zu bewerten.

2 Die Bewertung **von Ansprüchen** des/der Berechtigten erfolgt nach den gleichen Grundsätzen wie die Bewertung **der Schuld** der/des Verpflichteten.

II. Kapitalwert

1. Wiederkehrende Nutzungen und Leistungen

3 Wiederkehrende Nutzungen und Leistungen sind **Bezüge oder Vorteile**, die dem Berechtigten **in regelmäßigen Abständen** zufließen und die nicht Ertrag aus eigenem Vermögen darstellen. Erträge aus eigenem Vermögen, zB Zinsen eines Kapitals oder Mieten aus einem Grundstück, werden nicht gesondert erfasst. Sie sind mit dem Ansatz des WG selbst abgegolten (*Gürsching/Stenger* Vor §§ 13 Rz. 22).

4 **a) Leistungen.** Der typische Fall einer wiederkehrenden Leistung sind Rentenzahlungen. **Renten** sind wiederkehrende Leistungen in Geld oder Geldeswert, die sich auf einen bestimmten Verpflichtungsgrund oder auf ein Rentenrecht zurückführen lassen (BFH VIII R 77/69 v. 27.9.1973, BStBl II 1974 ,103). Ein bewertungsfähiges Rentenrecht i. S. d. BewG ist auch dann gegeben, wenn der Empfänger zwar keinen bürgerlich-rechtlichen Anspruch auf die Leistungen hat, aber mit Sicherheit damit rechnen kann, weil sich der Leistende den in der Vergangenheit gewährten Leistungen nicht entziehen kann oder will (*Gürsching/Stenger* Vor §§ 13–16 Rz. 17, *Rössler/Troll* § 13 Rz. 18).

5 Von den Renten sind **in Raten zu tilgende Kapitalforderungen** abzugrenzen. Die Bewertung von Tilgungsforderungen richtet

Kapitalwert § 13

sich nach § 12 (*Gürsching/Stenger* Vor §§ 13–16, Rz. 18; *Rössler/Troll* § 13 Rz. 18).

b) Nutzungen. Bei den Nutzungen handelt es sich um das **Recht, das Wirtschaftsgut oder das Vermögen** eines anderen Eigentümers ganz oder teilweise in bestimmter Weise **zu nutzen** (*Rössler/Troll* § 13 Rz. 18). Der typische Fall einer Nutzung ist das Nießbrauchsrecht (§§ 1030, 1068 BGB). Außer dem Nießbrauchsrecht gehören hierzu auch alle anderen Nutzungsrechte. Dabei ist es gleichgültig, auf welcher Rechtsgrundlage sie beruhen. Es können sowohl dingliche als auch obligatorische Rechte sein, sie können ihren Rechtsgrund sowohl im öffentlichen als auch im privaten Recht haben, sie können entgeltlich oder unentgeltlich eingeräumt worden sein (*Rössler/Troll* § 13 Rz. 12). Eine Nutzung ist des Weiteren zB das Wohnrecht gem. § 1093 BGB. Das Erbbaurecht ist zwar auch ein Nutzungsrecht. Es wird aber wie ein eigenes Grundstück bewertet (§ 68 Abs. 1 Nr. 2). 6

2. Berechnung des Kapitalwerts

a) Allgemeines. Der Kapitalwert errechnet sich als **Produkt aus dem Jahreswert** der Nutzung oder Leistung und einem bestimmten **Vervielfältiger**. 7

Der **Jahreswert ist der Betrag**, der jährlich insgesamt zu erbringenden Leistungen. Im Allgemeinen ist die Höhe der Jahresleistungen vertraglich festgelegt. Möglich ist dabei, dass im Vertrag eine spätere Änderung der Höhe vorgesehen ist. Hier ist zu unterscheiden, ob die Veränderungen zeitlich bereits feststehen oder ob deren Entstehung noch ungewiss ist. Veränderungen, die in Zukunft eintreten, am Stichtag aber schon feststehen, sind bei der Bewertung zum Bewertungsstichtag bereits zu berücksichtigen (BFH III 277/57 v. 9.9.1960, BStBl. III 1961, 18; *Rössler/Troll* § 13 Rz. 21 mit Beispiel). Änderungen, die noch ungewiss sind – zB bei Vereinbarung von Wertsicherungsklauseln – sind erst zu berücksichtigen, wenn sie eingetreten sind (*Rössler/Troll* § 13 Rz. 20; BFH II 166/63 v. 14.11.1967, BStBl. II 1968, 143). 8

Die Höhe des Vervielfältigers hängt davon ab, ob es sich um eine zeitlich beschränkte, immerwährende oder lebenslängliche Nutzung oder Leistung handelt oder ob eine Nutzung oder Leistung von unbestimmter Dauer gegeben ist. 9

b) Nutzung oder Leistung auf bestimmte Zeit. Nutzungen oder Leistungen sind von bestimmter Dauer, wenn ihr **Ende kalendermäßig feststeht** oder von einem Ereignis abhängt, dessen Ein- 10

§ 13 Kapitalwert v. wiederk. Nutzungen u. Leistungen

tritt sich am Stichtag kalendermäßig zutreffend bestimmen lässt. Die Bewertung zeitlich befristeter Nutzungen oder Leistungen richtet sich nach § 13 Abs. 1 iVm. Anlage 9 a zum BewG (Anhang Rz. 9 a).

11 Die **Anlage 9 a** zum BewG (Anhang Rz. 9 a) **ist mittelschüssig** aufgebaut, dh. sie geht davon aus, dass die Leistungen jeweils in der Mitte des Jahres zu erbringen sind. Sie ist aber auch in den Fällen anwendbar, in denen die Zahlungen vorschüssig oder nachschüssig, jährlich oder unterjährig entrichtet werden.

12 Die **Laufzeit** ist über die Anzahl der Jahresleistungen zu ermitteln. Wenn die Laufzeit der Nutzung oder Leistung nicht auf volle Jahre lautet, ist linear zu interpolieren.

Beispiel:
Der zu bewertende Rentenanspruch hat eine Restlaufzeit von 9 Jahren und 9 Monaten. Der Jahreswert beträgt 30 000 €.

Vervielfältiger 10 Jahre:	7,745
Vervielfältiger 9 Jahre:	7,143
Differenz	0,602
Davon 9/12	0,452
Vervielfältiger (7,143 + 0,452)	7,595
Kapitalwert 30 000 € × 7,595 =	227 850 €

13 **aa) Renten auf Zeit, die erst später einsetzen.** Hierfür wird zunächst mit Anlage 9 a (Anhang Rz. 9 a) ein Wert auf den Beginn des ersten Zahlungszeitraums ermittelt. Dieser Wert wird dann mit *Tabelle 1* (Gleichl. Ländererlasse v. 10.10.20100, BStBl. I 2010, 810, s. § 12 Rz. 39) wie eine unverzinsliche Forderung auf den Bewertungsstichtag abgezinst.

Beispiel:
Zum 15.5.2010 ist eine Rente von vierteljährlich 1000 € zu bewerten. Der erste Betrag soll am 1.6.2012 geleistet werden, der letzte Betrag am 1.3.2016 (Laufzeit: 16 Raten = 4 Jahre)
Bewertung aus Sicht vom 15.5.2012:
Jahreswert 4000 € × 3,602 = 14.408 €
(Vervielfältiger Anlage 9 a/Laufzeit 4 Jahre) = 14 408 €
Abzinsung auf den 15.5.2010:
Vervielfältiger gem. Tabelle 1 für tilgungsfreie Zeit von 2 Jahren : 0,898
14 408,– € × 0,898 = 12 938,– € = Kapitalwert der Rente

14 **bb) Renten auf Zeit, deren Jahreswert sich verändert.** Hier muss die **Rente „zerteilt"** werden.

Beispiel:
Am 15.5.2010 besteht eine monatliche Rente von 1000 €, die jeweils am 1. des Monats zu zahlen ist.

Kapitalwert § 13

Ab 1.10.2016 sind monatlich nur noch 800 € zu zahlen. Der letzte Betrag ist am 1.5.2018 zu zahlen.

Die Rente wird zerlegt in einen Anteil i. H. v. 200 €, der bis zum 1.9.2016 läuft (Laufzeit: 6 Jahre 4 Monate) und einen Anteil von 800 €, der bis zum 1.5.2018 (Laufzeit 8 Jahre) läuft.

a) Bewertung des Rentenanteils von 200 €
Jahreswert 2400 € × Vervielfältiger gem. Anlage 9 a für 6 Jahre, 4 Monate (interpoliert) 5,368 = 12 883 €)

b) Bewertung des Anteils von 800 €
Jahreswert 9600 € × Vervielfältiger gem. Anlage 9 a für 8 Jahre 6,509 = 62 486 €

c) Kapitalwert: 12 883 € + 62 486 € = 75 396 €

c) Nutzungen oder Leistungen von unbestimmter Dauer. 15
Nutzungen oder Leistungen von unbestimmter Dauer sind solche, bei denen das **Ende** in absehbarer Zeit **sicher,** aber der Zeitpunkt des **Wegfalls unbestimmt** ist (BFH III R 36/67 v. 24.4.1970, BStBl. II 1970, 591). Ein typischer Fall einer Leistung von unbestimmter Dauer ist die Gewährung einer Rente bis zum Ende einer Ausbildung. Nutzungen oder Leistungen von unbestimmter Dauer werden grundsätzlich mit dem 9,3-fachen des Jahreswerts bewertet (§ 13 Abs. 2 Hs. 2). Der feststehende Vervielfältiger, der dem Vervielfältiger gem. Anlage 9 a (Anhang Rz. 9 a) bei einer Laufzeit von ca. 13 Jahren entspricht, führt vielfach zu unrealistischen und damit unbefriedigenden Ergebnissen.

Lässt sich der Zeitpunkt der **Beendigung allerdings mit einiger** 16
Sicherheit vorausbestimmen, dürfte eine Nutzung oder Leistung auf bestimmte Zeit vorliegen. Die Bewertung müsste dann mittels Anlage 9 a zum BewG (Anhang Rz. 9 a) erfolgen.

Beispiel:
Der 12-jährige X erhält bis zum Ende seiner Berufsausbildung eine jährliche Rente von 2000 €.
Kapitalwert: 2000 € × 9,3 = 18 600,– €

Wiederkehrende Nutzungen oder Leistungen **von unbestimm-** 17
ter Dauer können auch von der **Lebenszeit** einer oder mehrerer Personen abhängen. In diesem Fall erfolgt die Bewertung nach § 14, vgl. § 13 Abs. 2 2. Hs.).

d) Immerwährende Nutzungen oder Leistungen. Immer- 18
währende Nutzungen oder Leistungen sind solche, bei denen das **Ende** von Ereignissen abhängt, von denen **ungewiss ist, ob und wann** sie in absehbarer Zeit eintreten (BFH III R 36/67 v. 24.4.1970, BStBl. II 1970, 591). Derartige Nutzungen oder Leistungen sind kaum denkbar, allenfalls im Zusammenhang mit juristischen

§ 13 Kapitalwert v. wiederk. Nutzungen u. Leistungen

Personen. Immerwährende Nutzungen oder Leistungen sind mit dem 18,6fachen des Jahreswerts zu bewerten. Der feststehende Vervielfältiger entspricht dem höchsten Vervielfältiger der Anlage 9 a zum BewG (Anhang Rz. 9 a).

> **Beispiel:**
> Einem Verein wird das Recht eingeräumt, während der Dauer des Bestehens ein bestimmtes Grundstück unentgeltlich und uneingeschränkt für seine Zwecke zu nutzen. Der Jahreswert beträgt 10 000 €.
> Kapitalwert: 10 000 € × 18,6 = 186 000 €

19 **e) Mindest- oder Höchstzeitrenten.** Es gibt Rentenansprüche bzw. -verpflichtungen, die sowohl **Elemente einer Zeitrente als auch** einer **Leibrente** enthalten. Zu unterscheiden sind Höchst- bzw. Mindestzeitrenten.

20 Bei **Höchstzeitrenten**, auch abgekürzte Leibrente genannt, besteht neben der zeitlichen Begrenzung eine zusätzliche Begrenzung durch das Leben einer oder mehrerer Personen. Der nach § 13 Abs. 1 ermittelte Kapitalwert ist in diesen Fällen durch den Kapitalwert nach § 14 begrenzt (§ 13 Abs. 1 Satz 2), d. h. der niedrigere Kapitalwert kommt zum Ansatz.

> **Beispiel:**
> Zum 1.5.2010 ist ein lebenslänglicher Rentenanspruch eines 70 jährigen Mannes zu bewerten. Der Jahreswert beträgt 10 000 €. Die Rente soll maximal 20 Jahre gezahlt werden.
> Kapitalwert bei Laufzeit von 20 Jahren: 10 000 € × 12,279 (Anlage 9 a) = 122 790 €
> Kapitalwert gem. § 14 , Anlage zu § 14: 10 000 € ×9,633 = 96330 €
> Der niedrigere der beiden Werte = 96330 € ist maßgebend.

21 Bei **Mindestzeitrenten**, auch verlängerte Leibrente genannt, ist bei einer lebenslänglichen Rente eine Mindestlaufzeit garantiert. In diesen Fällen ist der höhere Vervielfältiger, der sich bei einem Vergleich der Vervielfältiger für eine reine Zeitrente (Anlage 9 a zum BewG, Anhang Rz. 9 a) bzw. für eine Leibrente (Anlage zu § 14 Abs. 1 BewG) ergibt, anzuwenden (BFH III R 19/78 v. 2.10.1981, BStBl. II 1982, 11).

> **Beispiel:**
> Per 1.5.2010 ist ein lebenslänglicher Rentenanspruch eines 80 jährigen Mannes. zu bewerten. Die Rente soll noch mindestens 20 Jahre (ggf. Zahlung an die Erben) laufen. Der Jahreswert beträgt 10 000 €.
> Kapitalwert bei einer Laufzeit von 20 Jahren. 10 000 € × 12,279 (Anlage 9 a) = 122 790 €
> Kapitalwert gem. § 14, Anlage zu § 14: 10 000 € × 6,279 = 62790 €
> Der höhere der beiden Werte = 122 790 € ist maßgebend.

III. Gemeiner Wert

Ist der **gemeine Wert** einer wiederkehrenden Nutzung oder Leistung **nachweislich** geringer oder höher, so ist dieser anzusetzen. Der Nachweis kann nicht damit begründet werden, dass mit einem anderen Zinssatz oder einer anderen als der mittelschüssigen Zahlung zu rechnen ist (BFH II R 33/89 v. 27.4.1992, BStBl. II 1992, 990). Eine andere Bewertung kommt aber dann in Betracht, wenn der Rentenverpflichtete zahlungsunfähig ist oder der Berechtigte auf eine Inanspruchnahme des Verpflichteten endgültig verzichtet hat (*Rössler/Troll* § 13 Rz. 36). 22

einstweilen frei 23

§ 14 Lebenslängliche Nutzungen und Leistungen

(1) ¹**Der Kapitalwert von lebenslänglichen Nutzungen und Leistungen ist mit dem Vielfachen des Jahreswerts nach Maßgabe der Sätze 2 bis 4 anzusetzen. ²Die Vervielfältiger sind nach der Sterbetafel des Statistischen Bundesamtes zu ermitteln und ab dem 1. Januar des auf die Veröffentlichung der Sterbetafel durch das Statistische Bundesamt folgenden Kalenderjahres anzuwenden. ³Der Kapitalwert ist unter Berücksichtigung von Zwischenzinsen und Zinseszinsen mit einem Zinssatz von 5,5 Prozent als Mittelwert zwischen dem Kapitalwert für jährlich vorschüssige und jährlich nachschüssige Zahlungsweise zu berechnen. ⁴Das Bundesministerium der Finanzen stellt die Vervielfältiger für den Kapitalwert einer lebenslänglichen Nutzung oder Leistung im Jahresbetrag von einem Euro nach Lebensalter und Geschlecht der Berechtigten in einer Tabelle zusammen und veröffentlicht diese zusammen mit dem Datum der Veröffentlichung der Sterbetafel im Bundessteuerblatt.**

(2) ¹**Hat eine nach Absatz 1 bewertete Nutzung oder Leistung bei einem Alter**

1. **bis zu 30 Jahren**   **nicht mehr als 10 Jahre,**
2. **von mehr als 30 Jahren**   **nicht mehr als 9 Jahre,**
   bis zu 50 Jahren
3. **von mehr als 50 Jahren**   **nicht mehr als 8 Jahre,**
   bis zu 60 Jahren
4. **von mehr als 60 Jahren**   **nicht mehr als 7 Jahre,**
   bis zu 65 Jahren

§ 14 Lebenslängliche Nutzungen und Leistungen

5. von mehr als 65 Jahren   nicht mehr als 6 Jahre,
   bis zu 70 Jahren
6. von mehr als 70 Jahren   nicht mehr als 5 Jahre,
   bis zu 75 Jahren
7. von mehr als 75 Jahren   nicht mehr als 4 Jahre,
   bis zu 80 Jahren
8. von mehr als 80 Jahren   nicht mehr als 3 Jahre,
   bis zu 85 Jahren
9. von mehr als 85 Jahren   nicht mehr als 2 Jahre,
   bis zu 90 Jahren
10. von mehr als 90 Jahren   nicht mehr als 1 Jahr

bestanden und beruht der Wegfall auf dem Tod des Berechtigten oder Verpflichteten, so ist die Festsetzung der nicht laufend veranlagten Steuern auf Antrag nach der wirklichen Dauer der Nutzung oder Leistung zu berichtigen. ²§ 5 Abs. 2 Satz 2 gilt entsprechend. ³Ist eine Last weggefallen, so bedarf die Berichtigung keines Antrags.

(3) Hängt die Dauer der Nutzung oder Leistung von der Lebenszeit mehrerer Personen ab und erlischt das Recht mit dem Tod des zuletzt Sterbenden, so ist das Lebensalter und das Geschlecht derjenigen Person maßgebend, für die sich der höchste Vervielfältiger ergibt; erlischt das Recht mit dem Tod des zuerst Sterbenden, so ist das Lebensalter und Geschlecht derjenigen Person maßgebend, für die sich der niedrigste Vervielfältiger ergibt.

(4) ¹Ist der gemeine Wert der gesamten Nutzungen oder Leistungen nachweislich geringer oder höher als der Wert, der sich nach Absatz 1 ergibt, so ist der nachgewiesene gemeine Wert zugrunde zu legen. ²Der Ansatz eines geringeren oder höheren Werts kann jedoch nicht darauf gestützt werden, daß mit einer kürzeren oder längeren Lebensdauer, mit einem anderen Zinssatz als 5,5 Prozent oder mit einer anderen als mittelschüssigen Zahlungsweise zu rechnen ist.

Verwaltung: Ab 1.1.2009 BMF v. 20.1.2009, BStBl. I 2009, 270; ab 1.1.2010 BMF v. 1.10.2010, BStBl. I 2009, 1168; ab 1.1.2011 BMF v. 8.11.2010, BStBl. I 2010, 1288; ab 1.1.2012 BMF v. 26.9.2011, BStBl. I 2011, 834 (abgedruckt im Anhang Rz. 44 ff.).

Übersicht

	Rn.
I. Allgemeines	1–3
II. Kapitalwert lebenslänglicher Nutzungen und Leistungen	4–6

Allgemeines § 14

1. Begriff	4
2. Ermittlung des Kapitalwerts	5, 6
III. Berichtigung der nicht laufend veranlagten Steuern	7–11
IV. Abhängigkeit der Leibrente von der Lebenszeit mehrerer Personen	12–17
V. Gemeiner Wert	18

I. Allgemeines

§ 14 regelt, welcher Wert als Kapitalwert von lebenslänglichen 1
Nutzungen oder Leistungen anzusetzen ist. Der Kapitalwert stellt sich als **Produkt aus** dem **Jahreswert** und einem nach dem Alter des/der Berechtigten zu bemessenden **Vervielfältigers** dar.

In der steuerlichen Praxis hatten sich die Probleme mit der Anwen- 2
dung der Anlage 9 zum BewG (Anhang Rz. 9) zur Ermittlung des maßgebenden Vervielfältigers verschärft. Der Anlage 9 lag die allgemeine Sterbetafel für die Bundesrepublik Deutschland 1986/88 nach dem Gebietsstand seit dem 3.10.1990 zugrunde. Wie die vom Statischen Bundesamt jährlich herausgegebenen Sterbetafeln belegen, hat die Lebenserwartung deutlich zugenommen. Die Anwendung der nicht zeitgemäßen Sterbetafel führte in der Vergangenheit dazu, dass sowohl Ansprüche als auch Lasten aus lebenslänglichen Nutzungen oder Leistungen unangemessen niedrig bewertet wurden.

Im **ErbStRG** v. 24.12.2008 (BGBl. I 2008, 3018) ist nunmehr 3
geregelt, dass die jeweils **aktuelle Sterbetafel** des Statistischen Bundesamts **maßgebend** ist. Um die praktische Arbeit zu erleichtern, wurde das BMF ermächtigt, die sich aus der jeweils aktuellen Sterbetafel und der dazugehörigen Absterbeordnung ergebenden Kapitalwerte einer lebenslänglichen Nutzung oder Leistung im Jahresbetrag von einem Euro im Bundessteuerblatt zu veröffentlichen. Das ist erstmals mit BMF-Schreiben v. 20.1.2009 (BStBl. I 2009, 270) geschehen. Die Werte sind für Bewertungsstichtage ab 1.1.2009 anzuwenden. Sie werden jährlich aktualisiert und im BStBl. I veröffentlicht (zuletzt: BMF v. 26.9.2011, BStBl. I 2011, 834). Es soll unverändert von einem Zinssatz von 5,5 % und dem Mittelwert zwischen jährlich vorschüssiger und jährlich nachschüssiger Zahlungsweise ausgegangen werden. Aufgrund der veränderten Vervielfältiger werden sich um mehr als 10 % höhere Kapitalwerte ergeben. Für denjenigen, der eine Verpflichtung abziehen kann, wirkt sich dieser Umstand günstig aus. Für Anspruchsberechtigte hingegen ergeben sich negative Konsequenzen (*Eisele,* Erbschaftsteuerreform 2009 S. 207, 208).

II. Kapitalwert lebenslänglicher Nutzungen und Leistungen

1. Begriff

4 Bei Nutzungen oder Leistungen, die auf die Lebenszeit einer/ mehrerer Personen beschränkt sind, handelt es sich eigentlich um solche von unbestimmter Dauer. Bewertungsrechtlich sind es aber Nutzungen oder Leistungen mit fest bestimmter Laufzeit. Die den Vervielfältigern der Anlage zu § 14 Abs. 1 (ab 1.1.2012: BMF v. 26.9.2011, BStBl. I 2011, 834; s. Anhang Rz. 44) zugrunde liegende Lebenserwartung kann nicht widerlegt werden (*Gürsching/Stenger* § 14 Rz. 26).

2. Ermittlung des Kapitalwerts

5 Zur Ermittlung des Kapitalwerts ist **der Jahreswert** (§ 13 Rz. 8) mit dem **Vervielfältiger** der Anlage zu § 14 Abs. 1 (ab 1.1.2012: BMF v. 26.9.2011, BStBl. I 2011, 834; s. Anhang Rz. 44) zu multiplizieren. Maßgebend für die Bemessung des Vervielfältigers ist das Geschlecht der berechtigten Person und das vollendete Lebensalter in Jahren am Besteuerungszeitpunkt. Ein Lebensjahr ist gem. §§ 187 Abs. 2, 188 Abs. 2 BGB mit Ablauf des Tages vollendet, der dem Geburtstag vorangeht.

Beispiel 1
A (w) ist am 1.1.1951 geboren. Zu bewerten ist eine Leibrente mit einem Jahreswert von 10 000,– €. Besteuerungszeitpunkt ist der 1.1.2010.
A hat am 31.12.2009 ihr 59. Lebensjahr vollendet. Der Vervielfältiger beträgt 13,935.
Der Kapitalwert beträgt 10 000,– € × 13,935 = 139350 €.

Beispiel 2 (später einsetzende Rente)
Ein 60jähriger Mann erhält eine lebenslängliche Rente. Die Rente wird beginnend am 15.5.2012 monatlich mit 1.500 € gezahlt. Der Anspruch ist per 15.5.2010 zu bewerten.

Vervielfältiger lt. Anlage zu § 14 / 60 Jahre/m:	12.590
/. Vervielfältiger für Aufschubzeit von 2 Jahren / Anlage 9a	1,897
Maßgebender Vervielfältiger	10,693

Der Kapitalwert beträgt 1500 € x 12 x 10,693 = 192474 €.

6 Hinsichtlich der Bewertung von **Höchst- und Mindestzeitrenten** wird auf § 13 Rz. 19–21 verwiesen.

III. Berichtigung der nicht laufend veranlagten Steuern

Der Ansatz eines Kapitalwerts kann dann **zu Härten führen,** wenn die Dauer der Nutzung oder Leistung tatsächlich wesentlich kürzer ist als die nach der unterstellten Lebenserwartung zugrunde gelegte Laufzeit. § 14 Abs. 2 sieht in diesen Fällen eine Berichtigung der nicht laufend veranlagten Steuern nach der wirklichen Dauer der Rente vor. Nicht laufend veranlagte Steuern sind die zB die Erbschaftsteuer und die Grunderwerbsteuer (BFH II R 5/70 v. 17.9.1975, BStBl. II 1976, 171, *Rössler/Troll* § 14 Rz.19).

Der **Wegfall der Verpflichtung** muss auf dem **Tod des Berechtigten oder Verpflichteten** beruhen. Andere Gründe wie zB Zahlungsunfähigkeit oder Verzicht rechtfertigen keine Berichtigung.

Eine **weitere Voraussetzung** ist, dass die nach § 14 Abs. 1 bewertete Nutzung oder Leistung nicht mehr Jahre bestanden hat als im § 14 Abs. 2 aufgeführt ist.

Beispiel:
A (m) ist am 1.1.1959 geboren und hat folglich mit Ablauf des 31.12.2008 das 50. Lebensjahr vollendet. Am 1.1.2009 fällt ihm per Vermächtnis eine Rente im Jahreswert von 10 000,- €, zahlbar am 1. 7. eines Jahres zu. Der Kapitalwert beträgt 10 000,- € × 14,740 = 147 400,- €. Stirbt A im Jahr 2020 so hat die Rente mehr als 9 Jahre bestanden und eine Berichtigungsmöglichkeit scheidet aus. Stirbt A im Jahr 2012, so hat die Rente nicht mehr als 9 Jahre bestanden und es ist auf Antrag der Erben eine Berichtigungsveranlagung durchzuführen. Die Rente ist gem. § 13 Abs. 1 nach der tatsächlichen Laufzeit zu bewerten.

Die **Berichtigung** erfolgt gem. § 14 Abs. 2 Satz 2 **auf Antrag.** Dieser ist bis zum Ablauf des Jahres zu stellen, das auf den Tod des Berechtigten oder Verpflichteten folgt (§ 5 Abs. 2 Satz 2).

Bei Wegfall einer Last erfolgt die Berichtigung **von Amts wegen.** Da die entsprechende Anwendung des § 5 Abs. 2 Satz 2 nicht vorgeschrieben ist, ist die Berichtigung grundsätzlich unbefristet möglich. Die Verjährungsvorschriften nach der AO sind zu beachten.

IV. Abhängigkeit der Leibrente von der Lebenszeit mehrerer Personen

Wiederkehrende Nutzungen oder Leistungen können nicht nur von der Lebenszeit einer Person sondern auch von der **Lebenszeit mehrerer Personen** abhängen.

Erlischt das Recht mit dem **Tod des zuletzt Sterbenden,** so ist für die Berechnung des Kapitalwerts das Lebensalter und das

§ 14 Lebenslängliche Nutzungen und Leistungen

Geschlecht derjenigen Person maßgebend, für die sich der höchste Vervielfältiger ergibt (§ 14 Abs. 3).

14 Erlischt das Recht mit dem **Tod des Zuerstversterbenden**, so ist für die Berechnung des Kapitalwerts das Lebensalter und das Geschlecht derjenigen Person maßgebend, für die sich der niedrigste Vervielfältiger ergibt.

Beispiel:
Die Eheleute A und B erhalten eine gemeinsame Rente von 1000,–€ monatlich bis zum Tod des Zuletztversterbenden. Zum Bewertungsstichtag 1.10.2010 ist derr Ehemann At 60 Jahre alt, die Ehefrau B ist 61 Jahre alt.
Vervielfältiger Ehemann A gem Anlage zu § 14: 12,590
Vervielfältiger Ehefrau B gem. Anlage zu § 14: 13,469
Jahreswert 12 000 € × höherer Vervielfältiger 13,469 = 161628 €.Beachte: Obwohl die Ehefrau älter ist, hat sie aufgrund der höheren Lebenserwartung den höheren Vervielfältiger!

15 Voraussetzung für die Anwendung des § 14 Abs. 3 ist ein **einheitliches Recht**. Die Mehrheit der Personen muss also nebeneinander und nicht nacheinander berechtigt/verpflichtet sein (*Gürsching/Stenger* § 14 Rz. 63; *Rössler/Troll* § 14 Rz. 25).

16 Ansprüche auf **Renten** usw. mehrerer Personen, die zu Lebzeiten beider eine bestimmte Höhe haben und sich **nach dem Tod des Zuerstversterbenden vermindern**, sind wie folgt zu kapitalisieren: Bei Ehegatten ist davon auszugehen, dass – solange beide Ehegatten leben- jedem Ehegatten die Hälfte der gemeinsamen Rente zusteht, es sei denn, aus der Entstehung des Rentenanspruchs ergibt sich ein anderer Aufteilungsmaßstab. Der am Anfang maßgebende Jahreswert wird mit dem niedrigeren Vervielfältiger multipliziert. Der nach dem Tod des Erstversterbenden maßgebende Jahreswert wird mit der Differenz der Vervielfältiger multipliziert. Die sich ergebenden Werte werden addiert.

Beispiel:
Die Eheleute EF (60) und EM (65) erhalten eine gemeinsame Rente i. H. v. 1000 € monatlich bis zum Tod des Zuletztversterbenden. Nach dem Tod der ersten Person verringert sich die monatliche Rente auf 800,– € . Besteuerungszeitpunkt ist der 1.7.2010.
Vervielfältiger Ehemann EM (Anlage zu § 14 Abs. 1): 11,208
Vervielfältiger Ehefrau EF (Anlage zu § 14 Abs. 1): 13,706
Anspruch Ehemann:
Jahreswert 6 000,– € × 11,208 = 67248 €
Anspruch Ehefrau:
Jahreswert 6 000,– € × 11,208 = 67248 €
+ Jahreswert 9 600,– € × (13,706 – 11,208) = 23981 €
67248 € + 23981 € = 91229 €

Kein gemeinsamer Rentenanspruch liegt in den Fällen vor, 17
wenn der eine auf Lebenszeit eine Rente bezieht, die auf den anderen übergeht, falls dieser den ersten überlebt. In diesem Fall ist das Recht des zweiten **aufschiebend bedingt** (BFH III 199/61 v. 31.1.1964 BStBl. III 1964, 179)

Beispiel:
Ehemann (70 Jahre) erhält eine lebenslängliche Rente von 1000,- €
monatlich. Die Ehefrau (68 Jahre) erhält die Rente weiter, wenn sie ihren Ehemann überlebt. Bewertungsstichtag ist der 1.10.2010:
Rentenanspruch: Jahreswert 12 000 € × Vervielfältiger des Ehemanns gem. Anlage zu § 14 Abs. 1: 9,633 = 115596 €
Der Anspruch der Ehefrau bleibt als aufschiebend bedingter Erwerb außer Betracht.

V. Gemeiner Wert

Die Regelung ist **identisch mit der des § 13 Abs. 3.** Auf § 13 18
Rz. 22 wird daher verwiesen.

§ 15 Jahreswert von Nutzungen und Leistungen

(1) **Der einjährige Betrag der Nutzung einer Geldsumme ist, wenn kein anderer Wert feststeht, zu 5,5 Prozent anzunehmen.**

(2) **Nutzungen oder Leistungen, die nicht in Geld bestehen (Wohnung, Kost, Waren und sonstige Sachbezüge), sind mit den üblichen Mittelpreisen des Verbrauchsorts anzusetzen.**

(3) **Bei Nutzungen oder Leistungen, die in ihrem Betrag ungewiß sind oder schwanken, ist als Jahreswert der Betrag zugrunde zu legen, der in Zukunft im Durchschnitt der Jahre voraussichtlich erzielt werden wird.**

I. Allgemeines

Der Kapitalwert wiederkehrender Nutzungen und Leistungen 1
berechnet sich in allen Fällen der §§ 13, 14 nach dem **Jahreswert.**
Das ist der Betrag, den der Verpflichtete in einem Jahr leistet. Beim Normalfall der Geldzahlungen ist dies völlig unproblematisch die Summe der einzelnen Zahlungen, wobei es wegen der vom Gesetz vorgeschriebenen mittelschüssigen Zahlungsweise ohne Bedeutung ist, ob die Zahlungen vorschüssig, nachschüssig, jährlich oder unter-

jährig erfolgen. § 15 regelt darüber hinaus Besonderheiten bei der Bestimmung des Jahreswertes.

II. Jahreswert einer Geldnutzung, Abs. 1

2   Der Jahreswert einer Geldnutzung ist mit 5,5 % anzusetzen, sofern kein anderer Wert feststeht. Die Regelung hat kaum einen Anwendungsbereich. Im Falle der Erbschaftsteuer ist der Fall denkbar, dass der Erbe verpflichtet ist, zB nach drei Jahren ein Vermächtnis von 40 000 € an einen Dritten zu zahlen. Die Erbschaftsteuerveranlagung ist bei Zahlung nach § 6 Abs. 2 nach dem tatsächlichen Wert des Erwerbs zu berichtigen. Hierbei ist für die dreijährige Nutzung der 40 000 € ein Betrag von 5,5 % pro Jahr anzusetzen. Ist der Nutzungswert eines Darlehens, das zu einem niedrigen Zins gewährt worden ist, zu berechnen, bestimmt er sich nach der Differenz zwischen 5,5 % und den vereinbarten Zinsen (BFH II R 119/88 v. 17.4.1991, BStBl. II 1991, 586).

III. Jahreswert bei Sachbezügen, Abs. 2

3   Nutzungen oder Leistungen, die nicht in Geld bestehen, wie Kost, Logis, Waren, Dienstleistungen und sonstige Sachbezüge, sind mit den **üblichen Mittelpreisen** des Verbrauchsorts anzusetzen. Die Regelung entspricht § 8 Abs. 2 Satz 1 EStG, der allerdings auf den Endpreis, nicht den Mittelpreis abstellt. Die Sachbezüge sind beispielhaft aufgezählt, weitere sind möglich. Mittelpreis ist der **Durchschnittspreis** am Verbrauchsort für die genannten Sachleistungen. Die Sachleistungen sind grundsätzlich *einzeln* zu bewerten. Maßgebend ist der Betrag, den der Einzelne für die Sachleistung oder Wirtschaftsgüter gleicher Art und Güte im freien Verkehr im Durchschnitt aufwenden müsste (BFH VI R 249/71 v. 18.10.1974, BStBl. II 1975, 182; BFH VI R 132/78 v. 27.3.1981, BStBl. II 1981, 577). Einen Anhaltspunkt für die Höhe der Sachbezüge können die für die Lohnsteuer und Sozialversicherung geltenden Sätze bieten (*Rössler/Troll* § 15 Rz. 3).

IV. Ungewisser oder schwankender Jahreswert, Abs. 3

4   Bei Nutzungen und Leistungen, die in ihrem Betrag ungewiss sind oder schwanken, ist als Jahreswert der Betrag anzusetzen, der in

Ungewisser oder schwankender Jahreswert, Abs. 3 § 15

der Zukunft im Durchschnitt der Jahre voraussichtlich erzielt wird, Abs. 3. Hauptanwendungsfall ist die Bewertung von Nutzungsrechten, zB Nießbrauch, an Betrieben oder Mietwohngrundstücken, da der jährliche Gewinn oder Überschuss regelmäßig unterschiedlich sein wird, mithin schwankend ist. Schwankend sind auch Beträge mit fallender oder steigender Tendenz (BFH III 452/58 U v. 27. 1, 1961, BStBl. III 1961, 150). In diesen Fällen lässt die Rspr. einen Tendenzabschlag oder -aufschlag zu (BFH III R 82/67 v. 5.6.1970, BStBl. II 1970, 594).

Der **Jahreswert** ist zu **schätzen.** Hierbei verlangt § 15 Abs. 3 eine 5 Zukunftsprognose, bei der alle Umstände, die am Bewertungsstichtag bekannt sind, zu berücksichtigen sind (BFH V 272/55 S v. 12.1.1956, BStBl. III 1956, 62). In Ausnahmefällen können auch Umstände berücksichtigt werden, die in nicht allzu langer Zeit nach dem Bewertungsstichtag eingetreten sind. Außergewöhnliche Umstände, die am Bewertungsstichtag nicht vorauszusehen waren, müssen außer Betracht bleiben. Umstände, die erst zwei Jahre nach dem Bewertungsstichtag eintreten und am Stichtag auch nicht vorhersehbar waren, sind nicht zu berücksichtigen.

Anhaltspunkte für die Zukunft können dabei die in den letzten 6 Jahren erzielten Einkünfte sein. Bei der Ermittlung des zukünftigen durchschnittlichen Ertrags eines Gewerbebetriebes hat der BFH auf den durchschnittlichen Gewinn der letzten drei Jahre abgestellt (BFH III 163/59 U v. 19.4.1962, BStBl. III 1962, 270; BFH III R 72/70 v. 11.2.1972, BStBl. II 1972, 448), bei stark konjunkturabhängigen Gewinnen kann auf den Gewinn der letzten fünf Jahre abgestellt werden (FG Ba-Wü. v. 7.11.1987, EFG 1987, 395). Dies ist aber nur dann der Fall, wenn am Stichtag keine Umstände vorliegen, die für eine Änderung der Höhe der Einkünfte in den nächsten Jahren sprechen (BFH III R 129/70 v. 11.2.1972, BStBl. II 1972, 448). Nach mehreren Verlustjahren kann der durchschnittliche Ertrag mit 0 € angesetzt werden, einen negativen Ansatz eines Jahreswertes gibt es nicht *(Rössler/Troll* § 15 Rz. 10).

Nicht berücksichtigt werden die Inflation, dh. steigende Preise 7 und Löhne. Zukünftige Änderungen durch eine **Wertsicherungsklausel** bleiben als aufschiebend bedingte Leistung unberücksichtigt, § 4 (BFH II R 42/94 v. 12.12.1996, BFH/NV 1997, 336). Eine bereits feststehende Rentenerhöhung oder -senkung zu bestimmten Stichtagen führt nicht zu schwankenden Beträgen. Durch die Begrenzung des Jahreswerts von Nutzungen auf den Wert, der sich ergibt, wenn der Wert des genutzten WG durch 18,6 geteilt wird, ergibt sich eine erhebliche Einschränkung des § 15 Abs. 3, da in den meisten Fällen die Begrenzung des § 16 greifen wird.

§ 16 Begrenzung des Jahreswerts von Nutzungen

Bei der Ermittlung des Kapitalwerts der Nutzungen eines Wirtschaftsguts kann der Jahreswert dieser Nutzungen höchstens den Wert betragen, der sich ergibt, wenn der für das genutzte Wirtschaftsgut nach den Vorschriften des Bewertungsgesetzes anzusetzende Wert durch 18,6 geteilt wird.

I. Allgemeines

1   § 16 begrenzt den Jahreswert von Nutzungen auf maximal den Wert des WG selbst, geteilt durch 18,6. Dies folgt der ursprünglichen Auffassung der Rspr., dass die Nutzung, die lediglich Teil des Eigentums am WG selbst ist, nicht höher sein kann als der Wert des genutzten WG (BFH III 181/52 U v. 28.8.1954, BStBl. III 1954, 330; BFH III 109/54 U v. 6.5.1955, BStBl. III 1955, 199). Die Regelung hatte bislang vor allem Bedeutung im Hinblick auf die niedrigen Steuerwerte beim Grundbesitz. Trotz der künftig am gemeinen Wert ausgerichteten Bewertung aller Vermögenswerte hält der Gesetzgeber an dieser Vorschrift fest.

II. Begrenzung des Jahreswerts

2   Der Jahreswert wird ausschließlich für Nutzungen begrenzt. Für Leistungen, also insbesondere **Renten,** gibt es keine Begrenzung, da es hier keinen Vergleich mit einem WG gibt, aus dem die Leistungen fließen. Eine Begrenzung gibt es auch dann nicht, wenn die Leistungen durch **dingliche Sicherheiten,** zB eine Höchstbetragshypothek, gesichert ist (BFH III 13/60 U v. 26.7.1963, BStBl. III 1963, 434). Sind über die Nutzung hinaus weitere Ansprüche vereinbart, oder handelt es sich um einen Leistungsaustausch im Rahmen eines schwebenden Vertrages, tritt ebenfalls keine Beschränkung ein (*Rössler/Troll* § 16 Rz. 3). Der Anspruch der Nutzungen muss sich auf die Erträge aus dem belasteten WG beschränken. Das ist nicht gegeben, wenn zB ein Gewinnbezugsrecht aus einer Kommanditbeteiligung unabhängig davon besteht, ob die Beteiligung den erwarteten oder keinen Nutzen erbringt (BFH II R 127/91 v. 7.9.1994, BFH/NV 1995, 342). Ohne Bedeutung ist es, ob der Berechtigte eine Tätigkeit ausübt, die über eine bloße Vermögensverwaltung hinausgeht (BFH II R 221/81 v. 27.7.1983, BStBl. II 1983, 740). Zum Begriff der **Nutzungen** s. § 13 Rz. 6. Vereinbarungen eines **Altenteils** in

Geltungsbereich **§ 17**

Form der Nutzung einer Wohnung sowie Hege und Pflege und Sachleistungen führen zu keiner Begrenzung nach § 16, da nicht ausschließlich Nutzungen vereinbart worden sind.

Der Jahreswert der Nutzungen kann nach § 16 **nie höher** sein als der Wert, der sich ergibt, wenn der steuerliche Wert des mit den Nutzungen belasteten WG durch 18,6 geteilt wird. Dies sind 5,5 % des Steuerwerts. Liegt der Jahreswert über dem Ergebnis Wert/WG geteilt durch 18,6, dann ist der niedrigere Wert anzusetzen. Liegt der Jahreswert darunter, ist er anzusetzen.   3

Ist das **Nutzungsrecht** auf einen **Teil** der Gesamtnutzung beschränkt, ermäßigt sich der Jahreswert entsprechend. Ist demgegenüber das Nutzungsrecht auf einen bestimmten abgrenzbaren Teil des Wirtschaftsgutes beschränkt, zB auf einen Grundstücksteil, ist ein anteiliger Wert zu berechnen.   4

Beispiel 1:
A und B steht je zu ½ der Nießbrauch an einem Mietwohngrundstück mit einem Wert von 160 000 € zu.
Der Jahreswert beträgt bei A und B höchstens jeweils 80 000 € : 18,6 = 4301 €.

Beispiel 2:
C und D steht der Nießbrauch an einem Mietwohngrundstück dergestalt zu, dass C die Nutzungen des Erdgeschosses, D die Nutzungen des 1. Geschosses gebühren, Wert Erdgeschoss 120 000 €, Wert 1. Geschoss 80 000 €.
Der Jahreswert beträgt für C 120 000 € : 18,6 = maximal 6451 €,
für D 80 000 € : 18,6 = maximal 4301 €.

Zweiter Teil. Besondere Bewertungsvorschriften

§ 17 Geltungsbereich

(1) **Die besonderen Bewertungsvorschriften sind nach Maßgabe der jeweiligen Einzelsteuergesetze anzuwenden.**

(2) **Die §§ 18 bis 94, 122 und 125 bis 132 gelten für die Grundsteuer und die §§ 121a und 133 zusätzlich für die Gewerbesteuer.**

(3) [1]**Soweit sich nicht aus den §§ 19 bis 150 etwas anderes ergibt, finden neben diesen auch die Vorschriften des Ersten Teils des Gesetzes (§§ 1 bis 16) Anwendung.** [2]**§ 16 findet auf die Grunderwerbsteuer keine Anwendung.**

I. Entstehung und Bedeutung der Vorschrift

1 § 17 geht zurück auf § 20 Abs. 1 RBewG 1931. In einer erweiterten Fassung wurde sie als § 18 durch das RBewG v. 16.10.1934 fortgeführt. In der Neufassung des BewG v. 10.12.1965 (BGBl. I 1965, 1861) wurde § 18 durch den § 17 ersetzt. Inhaltlich wurde in Abs. 2 die Grunderwerbsteuer nicht mehr aufgenommen, weil die Gesetzgebungskompetenz dem Bund fehlte. Durch das **Finanzreformgesetz** v. 12.5.1969 (BGBl. I 1969, 359) erhielt der Bund die konkurrierende Gesetzgebung über die Grunderwerbsteuer, so dass sie in § 17 Abs. 2 aF wieder aufgeführt wurde. Die Einführung der Grundbesitzbewertung für Zwecke der Erbschaftsteuer sowie die Abschaffung der Vermögensteuer durch das **JStG 1997** v. 20.12.1996 (BGBl. I 1996, 2049) machten eine Anpassung des § 17 Abs. 1 erforderlich (= Geltung der besonderen Bewertungsvorschriften nach Maßgabe der jeweiligen Einzelsteuergesetze anstelle der Vermögensteuer) und führten zur Herausnahme der Geltung der Vorschriften für die Einheitsbewertung für die Erbschaftsteuer und die Grunderwerbsteuer in § 17 Abs. 2.

Die Vorschrift ist durch das **ErbStRG** v. 24.12.2008 (BStBl. I 2009, 140) unverändert geblieben. Sie hätte allerdings in ihrem Abs. 3 leicht verändert werden müssen, weil sich der **Zweite Teil des Gesetzes** nunmehr nicht nur bis § 150 wie bisher, sondern bis § 203 erstreckt.

2 § 17 bestimmt den Anwendungsbereich der besonderen Bewertungsvorschriften im Zweiten Teil. Die eigentliche Bedeutung der Vorschrift liegt heute darin, auf die Steuerarten hinzuweisen, für die die **Einheitsbewertung** noch Bedeutung hat, nämlich die Grundsteuer und die Gewerbesteuer (§ 17 Abs. 2) und die **allgemeinen Bewertungsvorschriften** neben denen der §§ 19 bis 150 (gemeint ist § 203) für anwendbar zu erklären (§ 17 Abs. 3).

II. Anwendungsbereich

3 **§ 17 Abs. 1** steht im engen Zusammenhang mit § 1 Abs. 2. Nach § 1 Abs. 2 geht eine Regelung in einem Einzelsteuergesetz den allgemeinen Bewertungsvorschriften (§§ 1–16) vor. Das Einzelsteuergesetz kann auf die allgemeinen Bewertungsvorschriften (zurück-)verweisen (zB § 12 Abs. 1 ErbStG) oder aber die besonderen Bewertungsvorschriften für anwendbar erklären (zB § 12 Abs. 3 ErbStG: Bedarfsbewertung für Grundbesitz). § 17 Abs. 1 stellt den letzteren Fall nur klar und ist damit letztlich überflüssig (vgl. *Rössler/ Troll* § 17 Rz. 3, die nach Wegfall der Vermögensteuer von „Gegenstandslosigkeit" sprechen).

§ 17 Abs. 2 bezieht sich auf die **Einheitsbewertung,** die heute nur noch für die **Grundsteuer** und für die **Gewerbesteuer** von Bedeutung ist. Bei der Grundsteuer ist Steuerbemessungsgrundlage nach wie vor der Einheitswert (§ 13 Abs. 1 GrStG). Bei der Gewerbesteuer wird beim Gewerbeertrag die Summe des Gewinns und der Hinzurechnungen um 1,2% des Einheitswerts des zum Betriebsvermögen gehörenden Grundbesitzes gekürzt (§ 9 Nr. 1 GewStG). Für Zwecke der Gewerbesteuer soll keine eigenständige Grundbesitzbewertung vorgenommen werden. Deshalb gelten hier die Einheitswerte fort. §§ 121 a und 133 stellen dies nur klar.

§ 17 Abs. 3 Satz 1 tritt ergänzend zu § 1 Abs. 2. Während § 1 Abs. 2 die Nachrangigkeit der allgemeinen vor den besonderen Bewertungsvorschriften regelt, erklärt § 17 Abs. 3 die **allgemeinen Bewertungsvorschriften** neben den besonderen Bewertungsvorschriften für anwendbar, soweit letztere nichts anderes bestimmen. Wichtig ist die Feststellung, dass der 1. Teil des BewG auch im Rahmen der Bewertung nach den Vorschriften des 2. Teils, also im Rahmen der Einheitsbewertung und der Bedarfsbewertung für den Grundbesitz Geltung hat (s. *Horschitz/Groß/Schnur* Rz. 32). § 12 Abs. 1 ErbStG erklärt die allgemeinen Bewertungsvorschriften ausdrücklich für anwendbar, sofern sich aus § 12 Abs. 2 bis 7 ErbStG nichts Abweichendes ergibt; dies ist zB für die Bewertung des übrigen Vermögens mit dem gemeinen Wert (§ 9) der Fall.

§ 17 Abs. 3 Satz 2 erklärt § 16 über die Begrenzung des Kapitalwerts von Nutzungen eines WG für die **Grunderwerbsteuer** ausdrücklich nicht für anwendbar. Besteht also die Gegenleistung für die Übertragung eines Grundstücks in der Einräumung eines Nutzungsrechts für den Veräußerer, so bemisst sich die Grunderwerbsteuer nach dem Wert der Gegenleistung (§ 8 Abs. 1 GrEStG). Da als Gegenleistung nach § 9 Abs. 1 Nr. 1 GrEStG die dem Verkäufer vorbehaltenen Nutzungen gelten, sind diese ohne die Begrenzung des § 16 zu bewerten. Den Sinn dieser Regelung mag man bezweifeln, wirkt sie sich doch ausschließlich zu Lasten des Steuerpflichtigen aus. § 16 hat danach nur Bedeutung für die Erbschaft- und Schenkungsteuer (*Gürsching/Stenger* § 17 Rz. 28).

§ 18 Vermögensarten

Das Vermögen, das nach den Vorschriften des Zweiten Teils dieses Gesetzes zu bewerten ist, umfaßt die folgenden Vermögensarten:

1. **Land- und forstwirtschaftliches Vermögen** (§§ 33 bis 67, § 31),
2. **Grundvermögen** (§§ 68 bis 94, § 31),
3. **Betriebsvermögen** (§§ 95 bis 109, § 31),
4. *(aufgehoben)*

1 § 18 regelt die für das Bewertungsrecht noch bedeutsamen Vermögensarten. WG sind einer der **drei Vermögensarten** zuzurechnen und als wirtschaftliche Einheit nach dem BewG zu bewerten.

2 Da das in § 18 Nr. 4 a. F. genannte sonstige Vermögen nur für die Vermögensteuer Bedeutung hatte, konnte die Vorschrift durch das JStG 1997 v. 20.12.1996 (BGBl. I 1996, 2049) **aufgehoben** werden.

Erster Abschnitt: Einheitsbewertung

A. Allgemeines

§ 19 Feststellung von Einheitswerten

(1) **Einheitswerte werden für inländischen Grundbesitz, und zwar für Betriebe der Land- und Forstwirtschaft (§§ 33, 48 a und 51 a), für Grundstücke (§§ 68 und 70) und für Betriebsgrundstücke (§ 99) festgestellt (§ 180 Abs. 1 Nr. 1 der Abgabenordnung).**

(2) *(aufgehoben)*

(3) **In dem Feststellungsbescheid (§ 179 der Abgabenordnung) sind auch Feststellungen zu treffen**
1. **über die Art der wirtschaftlichen Einheit und bei Grundstücken auch über die Grundstücksart (§§ 72, 74 und 75) oder die Grundstückshauptgruppe (§ 32 der weiter anzuwendenden Durchführungsverordnung zum Reichsbewertungsgesetz vom 2. Februar 1935, RGBl. I S. 81, zuletzt geändert durch die Verordnung zur Änderung der Durchführungsverordnung zum Vermögensteuergesetz, der Durchführungsverordnung zum Reichsbewertungsgesetz und der Aufbringungsumlage-Verordnung vom 8. Dezember 1944, RGBl. I S. 338);**
2. **über die Zurechnung der wirtschaftlichen Einheit und bei mehreren Beteiligten über die Höhe ihrer Anteile.**

(4) **Feststellungen nach den Absätzen 1 und 3 erfolgen nur, wenn und soweit sie für die Besteuerung von Bedeutung sind.**

Verfassungsmäßigkeit der Einheitswerte § 19

Übersicht

	Rn.
I. Allgemeines	1
II. Verfassungsmäßigkeit der Einheitswerte	2
III. Wirtschaftliche Einheiten, für die ein Einheitswert festzustellen ist	3, 4
IV. Verfahren	5–19
1. Gesonderte Feststellung	5–7
2. Einheitswertbescheid	8–15
a) Wert	9, 10
b) Art	11, 12
c) Zurechnung	13–15
3. Bekanntgabe	16
4. Ergänzungsbescheid	17
5. Rechtsfolgen	18, 19
V. Steuerliches Interesse an der Feststellung	20

I. Allgemeines

Die **Bedeutung der Einheitswerte** wurde durch das **JStG 1997** **1** v .20.12.1996 (BGBl. I 1996,2049 stark eingeschränkt. Die Einheitswerte des Grundbesitzes sind inzwischen nur noch Bemessungsgrundlage für die Grundsteuer. Mit dem Wegfall der Gewerbekapitalsteuer werden seit 1998 für das Betriebsvermögen keine Einheitswerte mehr benötigt.

Mit dem **JStG 2010** v. 8.12.2010 (BGBl.I 2010, 1768) wurde § 19 Abs. 3 Nr. 1b gestrichen, da die Vorschrift durch den Wegfall des § 99 Abs.2 überflüssig geworden ist. Neu aufgenommen wurden Hinweise auf das Reichsbewertungsgesetz und die Reichsbewertungs-Durchführungsverordnung, da der Gesetzgeber der Auffassung war, die Ergänzung sei für die Einheitswertfeststellung in den neuen Bundesländern erforderlich.

Mit Wirkung vom 1.1.2002 wurde § 19 Abs. 2 BewG durch Art. 14 Nr. 2 des **StÄndG 2001** v. 20.12.2001 (BGBl. I 2001, 3794) **aufgehoben,** da bei Grundbesitz die Feststellung eines Einheitswerts, der sowohl den inländischen als auch den ausländischen Teil einer wirtschaftlichen Einheit umfasst, nicht mehr erforderlich ist.

II. Verfassungsmäßigkeit der Einheitswerte

Beim BVerfG ist derzeit ein Verfahren anhängig (2 BvR 287/11), **2** das sich mit der Frage der **Verfassungsmäßigkeit der Einheitsbe-**

§ 19 Feststellung von Einheitswerten

wertung des Grundvermögens beschäftigt. Die Verfassungsbeschwerde richtet sich gegen BFH II R 12/09 v. 30.6.2010, BStBl.II 2010, 48. Hintergrund der Verfassungsbeschwerde ist, dass die Festsetzung der Grundsteuer immer noch auf den Einheitswerten nach den Wertverhältnissen vom 1.1.1964 bzw. in den neuen Bundesländern nach den Wertverhältnissen vom 1.1.1935 basiert.

Einheitswertfeststellungen werden daher derzeit hinsichtlich der Frage, ob die Vorschriften über die Einheitsbewertung des Grundvermögens verfassungsgemäß sind, **vorläufig** gem. § 165 Abs.1 Satz 2 Nr.3 AO erteilt. Die Vorläufigkeitserklärung erfolgt aus verfahrenstechnischen Gründen (Gleichl. Ländererlasse v. 19.4.2012, BStBl. I 2012, 490).

Beim System der Grundsteuer werden **Neuregelungen** angestrebt. Zur Zeit werden drei Lösungsalternativen diskutiert:
- Ermittlung des aktuellen Verkehrswerts eines Grundstücks, basierend auf Lage und Zustand des Gebäudes,
- Pauschalberechnung anhand der Fläche des Grundstücks und des darauf errichteten Gebäudes,
- Kompromiss zwischen exaktem Verkehrs- und Pauschalwert, indem die Grundsteuer anhand einer wertorientierten Boden- und einer wertunabhängigen Gebäudekomponente berechnet wird.

III. Wirtschaftliche Einheiten, für die ein Einheitswert festzustellen ist

3 Nach § 19 Abs. 1 sind **EW für inländischen Grundbesitz** festzustellen, und zwar für
- Betriebe der Land- und Forstwirtschaft (§§ 33, 48 a und 51 a),
- Grundstücke (§§ 68 und 70) und
- Betriebsgrundstücke (§ 99).

Grundbesitz ist der Oberbegriff für die genannten Einheiten. Grundbesitz, der einem Betrieb der Land- und Forstwirtschaft dauernd zu dienen bestimmt ist, gehört zu einer wirtschaftlichen Einheit des land- und forstwirtschaftlichen Vermögens. Für land- und forstwirtschaftliches Vermögen in den neuen Bundesländern wird kein EW iSd. § 19 Abs. 1 festgestellt, vielmehr werden nach §§ 125 bis 128 in einem vereinfachten Verfahren an Nutzungseinheiten orientierte Ersatzwirtschaftswerte festgestellt. Grundbesitz, der zu einem gewerblichen Betrieb gehört, ist Betriebsgrundstück. Der übrige Grundbesitz ist Grundvermögen. Es muss sich um inländischen Grundbesitz handeln, auf die Art der Steuerpflicht kommt es nicht an.

Ist der Stpfl. **nur beschränkt steuerpflichtig**, ist gleichwohl ein 4
EW für inländischen Grundbesitz festzustellen. Befindet sich der
Grundbesitz in vollem Umfang im Ausland, wird kein EW festgestellt. Ausländisches Sachvermögen wird gem. § 31 bewertet. Grundsätzlich wird der EW für die gesamte wirtschaftliche Einheit festgestellt. Befindet sich ein Teil des Grundbesitzes im Inland, der andere im Ausland, ist der EW für Zwecke der Grundsteuer nur für den inländischen Teil festzustellen. § 19 Abs. 2 Satz 1, wonach für den ausländischen Teil ein zweiter EW festzustellen ist, hat nach dem Wegfall der Vermögensteuer keinen Anwendungsbereich mehr, da sich die Grundsteuer nur auf den inländischen Grundbesitz erstreckt. Die Vorschrift ist daher durch das StÄndG 2001 v. 20.12.2001 (BGBl. I 2001, 3794) aufgehoben worden.

IV. Verfahren

1. Gesonderte Feststellung

Der EW ist gesondert, gegebenenfalls auch einheitlich festzustel- 5
len. Es gelten hierfür die **§§ 179 ff. AO,** darüber hinaus § 19 Abs. 3,
der zusätzliche Bestimmungen über den Inhalt des EW-Bescheides
enthält.

Die Ermittlung der Besteuerungsgrundlagen erfolgt regelmäßig
im Rahmen einer Steuerfestsetzung. In diesen Fällen gilt § 157
Abs. 2 AO, wonach Besteuerungsgrundlagen unselbstständig und mit
Rechtsbehelfen nicht anfechtbar sind. Abweichend hiervon sind
nach § 179 iVm. § 180 Abs. 1 Nr. 1 AO, § 19 Abs. 1 Besteuerungsgrundlagen gesondert, dh. selbstständig, außerhalb der Steuerfestsetzung als solcher, festzustellen. Die Besteuerungsgrundlagen werden
verselbstständigt in einem besonderen Verfahren ermittelt und festgestellt. Sind mehrere Personen an dem Gegenstand der Feststellung
beteiligt, weil sie zB Miteigentümer des Grundbesitzes nach Bruchteilen sind (Grundstücksgemeinschaft), erfolgt die Feststellung nach
§ 179 Abs. 2 Satz 2 AO zugleich einheitlich. Es wird zunächst der
EW für den gesamten Grundbesitz ermittelt und sodann auf die
Beteiligten gem. § 3 nach dem Verhältnis ihrer Anteile verteilt. Dies
gilt dann nicht, wenn die Gemeinschaft selbst steuerpflichtig ist. Das
ist bei nichtrechtsfähigen Personengesellschaften der Fall, nicht aber
bei Bruchteilseigentum.

Sachlich und **örtlich zuständig** für die Feststellung des EW ist 6
nach §§ 16, 18 Abs. 1 Nr. 1 AO das Lagefinanzamt. Erstreckt sich
der Grundbesitz auf die Zuständigkeit mehrerer FÄ, ist das FA

§ 19 Feststellung von Einheitswerten

zuständig, in dessen Bezirk der wertvollere Teil liegt, § 18 Abs. 1 Nr. 1 AO. Nach § 181 Abs. 1 iVm. § 169 AO unterliegt die Einheitsbewertung einer selbstständigen **Feststellungsverjährung,** dh. nach Ablauf der Frist ist eine Feststellung grundsätzlich nicht mehr zulässig. Die Verjährungsfrist beträgt regelmäßig vier Jahre, § 169 Abs. 2 Nr. 2 AO. Sie verlängert sich auf fünf bzw. zehn Jahre, wenn die an die Einheitsbewertung anknüpfende Steuer leichtfertig verkürzt bzw. hinterzogen worden ist, § 169 Abs. 2 Satz 2 AO. Die Frist beginnt mit Ablauf des Kalenderjahres, auf dessen Beginn die Hauptfeststellung, die Fortschreibung, die Nachfeststellung oder die Aufhebung eines EW vorzunehmen ist. Ist nach § 28 für eine Hauptfeststellung eine Erklärung einzureichen, beginnt die Frist erst mit Ablauf des Kalenderjahres, in dem die Erklärung eingereicht worden ist, spätestens jedoch mit dem Ablauf des dritten Kalenderjahres, das auf das mit dem Hauptfeststellungszeitpunkt beginnende Kalenderjahr folgt, sog. Anlaufhemmung, § 181 Abs. 3 Satz 1, 2 AO. Wird danach die Frist für die Hauptfeststellung herausgeschoben, gilt dies entsprechend für die Feststellungsfrist für eine Feststellung auf einen folgenden, in demselben Hauptfeststellungszeitraum liegenden Fortschreibungszeitpunkt, § 181 Abs. 3 Satz 3 AO. Unter den Voraussetzungen des § 171 AO kann der Ablauf der Frist gehemmt sein, weil zB über einen Einspruch des Steuerpflichtigen noch nicht entschieden worden ist, § 171 Abs. 3 und Abs. 3 a AO, oder eine Außenprüfung durchgeführt wird, § 171 Abs. 4 AO.

7 Abweichend von den unter Rz. 6 genannten Voraussetzungen ist eine **Feststellung** auch **nach Ablauf der Frist** zulässig, wenn sie für eine Steuerfestsetzung von Bedeutung ist, für die die Frist noch nicht abgelaufen ist, § 181 Abs. 5 AO. Da die Feststellung des EW nur noch allein für die Grundsteuer von Bedeutung ist, heißt dies, dass für die Grundsteuer noch keine Verjährung eingetreten sein darf. Sind mehrere Personen an dem Gegenstand der Feststellung beteiligt, reicht es aus, dass nur bei einem Beteiligten noch keine Verjährung eingetreten ist (BFH XI R 72/96 v. 27.8.1997, BStBl. II 1997, 750). Ist der EW-Bescheid mehreren bekannt zu geben und ist er vor Verjährungseintritt nur einem Beteiligten bekannt gegeben worden, wird die Frist allen Beteiligten gegenüber gewahrt (BFH VIII R 27/92 v. 27.4.1993, BStBl. II 1994, 3). Darüber hinaus regelt § 25 die Nachholung einer Feststellung mit Wirkung für einen späteren Feststellungszeitpunkt.

2. Einheitswertbescheid

8 Gem. § 181 Abs. 1 Satz 1 AO gelten die Regelungen über die Steuerfestsetzung für die Feststellung des EW entsprechend. Der

Verfahren **§ 19**

EW wird daher durch **Feststellungsbescheid** festgestellt, der die Voraussetzungen des § 157 Abs. 1 AO erfüllen, insbesondere schriftlich ergehen, inhaltlich bestimmt sein und einen Adressaten enthalten muss. Er muss eine Rechtsbehelfsbelehrung enthalten, § 157 Abs. 1 Satz 3 AO. Ist sie unterblieben, verlängert sich die Rechtsbehelfsfrist auf ein Jahr, § 357 Abs. 2 AO. Inhaltlich muss der Feststellungsbescheid den **Wert**, die **Art** sowie die **Zurechnung** der bewerteten Einheit enthalten.Nach st. Rspr. sind Feststellungen über den Grundstückswert, die Grundstücksart und die Zurechnung des Grundstücks Gegenstand je eines Verwaltungsakts,der selbständig mit Rechtsbehelfen anfechtbar ist und daher auch selbständig bestandskräftig wird (BFH II R 88/85 v. 10.12.1986, BStBl II 1987, 292; II B 208/91 v.10.11.1992, BFH/NV 1994, 222)

a) **Wert.** Die **Angabe des Wertes** (Höhe des EW) folgt aus 9 der entsprechenden Anwendung des § 157 Abs. 1 Satz 2 AO. Der erforderliche „Betrag der festgesetzten Steuer" entspricht der Höhe des EW. Der Betrag muss auf einen bestimmten Geldbetrag lauten. Das Fehlen des Wertes führt zur Nichtigkeit des Feststellungsbescheides nach § 125 Abs. 1 AO (*Rössler/Troll* § 19 Rz. 44; *Gürsching/Stenger* § 19 Rz. 124) Der EW ist nach § 30 auf volle Hundert DM nach unten abzurunden und danach in Euro umzurechnen. Hierbei ist auch ein Wert von 0 € möglich und festzustellen, da er gegebenenfalls für eine spätere Wertfortschreibung von Bedeutung ist (BFH III R 70/68 v. 27.2.1970, BStBl. II 1970, 300; III R 83/68 v. 27.2.1970, BStBl. II 1970, 301). Nicht abgerundet werden Anteile an einem EW.

Erstreckt sich das Grundstück über mehrere Gemeinden, erfolgt 10 **keine Zerlegung** des EW, sondern eine Zerlegung des Grundsteuermessbetrages, § 22 GrStG *(Rössler/Troll § 19 Rz 24)*:

b) **Art.** Nach § 19 Abs. 3 Nr. 1 sind im Feststellungsbescheid auch 11 Angaben über die Art der wirtschaftlichen Einheit, über die Vermögensart und die Grundstücksart zu treffen. Zur Feststellung der **Vermögensart** gehört die Feststellung, ob es sich um land- und forstwirtschaftliches Vermögen (§§ 33 ff.), Grundvermögen (§§ 68 ff.) oder ein Betriebsgrundstück handelt. Bei Grundstücken ist die **Grundstücksart** festzustellen, § 19 Abs. 3 Nr. 1, und zwar zunächst, ob es sich um ein unbebautes (§ 72) oder bebautes Grundstück (§ 74) handelt. Bei den unbebauten Grundstücken sind baureife Grundstücke nach § 73 eine besondere Grundstücksart. Die Vorschrift ist zurzeit ohne Bedeutung, da es hierfür keine besonderen Grundsteuer-Messzahlen oder Grundsteuer-Hebesätze gibt (vgl. *Gürsching/Stenger* § 19 Rz. 130). Handelt es sich um ein bebautes Grundstück, so muss

§ 19 Feststellung von Einheitswerten

der Feststellungsbescheid auch die Grundstücksart nach § 75 enthalten. Bei den bebauten Grundstücken ist in den neuen Bundesländern eine Feststellung über die Grundstückshauptgruppe (§ 32 RBewDV) zu treffen, nämlich Mietwohngrundstücke, Geschäftsgrundstücke, gemischtgenutzte Grundstücke, Einfamilienhäuser, Zweifamilienhäuser und sonstige bebaute Grundstücke.. Von der Grundstücksart hängt bei der Bewertung im Ertragswertverfahren (§§ 78 ff.) der anzuwendende Vervielfältiger, bei der Bewertung im Sachwertverfahren die anzuwendende Wertzahl ab, ferner die Messzahl bei der Grundsteuer, § 15 GrStG.

12   Bei einem **Betriebsgrundstück** war bis 2008 auch der Betrieb festzustellen, zu dem das Betriebsgrundstück gehört. **Seit 2009** ist diese Feststellung durch den Wegfall des § 99 Abs. 2 (ErbStRG v. 24.12.2008, BGBl I 2008, 3018) nicht mehr erforderlich.

13   **c) Zurechnung.** Nach § 19 Abs. 3 Nr. 2 ist im Einheitswertbescheid die Feststellung zu treffen, **wem die wirtschaftliche Einheit zuzurechnen ist.** Dies ist die Anordnung, wem die wirtschaftliche Einheit steuerrechtlich gehört und wer die steuerrechtlichen Folgen zu tragen hat. Aus der Zurechnung folgt, wer verpflichtet ist, die steuerrechtlichen Mitwirkungspflichten zu erfüllen, insbesondere, wer die Feststellungserklärung abzugeben hat (§ 28), an wen sich der EW-Bescheid (Adressat des Verwaltungsaktes) richtet und wem er bekannt zu geben ist. Wem die wirtschaftliche Einheit zuzurechnen ist, folgt aus § 39 AO. Grundsätzlich erfolgt die Zurechnung auf den bürgerlich-rechtlichen Eigentümer, abweichend hiervon aber auch auf den wirtschaftlichen Eigentümer. Sind an der wirtschaftlichen Einheit mehrere beteiligt, zB in der Rechtsform einer nichtrechtsfähigen Personengesellschaft, ist zusätzlich die Höhe der einzelnen Anteile anzugeben, § 19 Abs. 3 Nr. 2 2. Hs. Das ist aber nach § 3 Satz 2 nur dann der Fall, soweit nicht nach dem maßgeblichen Steuergesetz, hier allein dem GrStG, die Gesellschaft (Gemeinschaft) selbst steuerpflichtig ist. Nach § 10 Abs. 1 GrStG ist Steuerschuldner der Grundsteuer derjenige, dem der Gegenstand bei der Feststellung zuzurechnen ist, dh. § 3 Satz 2 und § 10 Abs. 1 GrStG verweisen jeweils auf die andere Vorschrift, ohne selbst eine Entscheidung zu treffen. Steuerschuldner der Grundsteuer ist aber bei nichtrechtsfähigen Personenvereinigungen die Gesellschaft selbst. Das folgt für oHG und KG unmittelbar aus § 124 HGB, wonach die Gesellschaft selbst Eigentum an Grundstücken erwerben kann. Entsprechendes gilt für die BGB-Gesellschaft. Sie ist zwar zivilrechtlich nicht rechtsfähig, aber für verschiedene Steuerarten, zB die Umsatzsteuer oder die Gewerbesteuer ohne weiteres steuerrechtsfähig. Das gilt auch für die

Verfahren § 19

Grundsteuer, da den Gesellschaftern das Grundstück in gesamthänderischer Verbundenheit gehört. Eine Angabe des einzelnen Anteiles unterbleibt somit (BFH II B 39/00 v. 22.2.2001, BStBl. II 2001, 476 unter Hinweis auf § 39 Abs. 2 Nr. 2).

Etwas anderes gilt für Bruchteilseigentum. Hier sind die einzelnen Bruchteilseigentümer Steuerschuldner, so dass eine Aufteilung zu erfolgen hat. Ist der EW bei der Bruchteilsgemeinschaft den einzelnen Gemeinschaftern zuzurechnen, sind sie gem. § 10 Abs. 3 GrStG Gesamtschuldner. Ist die Gesellschaft selbst Steuerpflichtiger, kommt für die einzelnen Gesellschafter eine Haftung für die Grundsteuer in Betracht. 14

Die Zurechnung an eine nicht mehr existierende Person führt zur Nichtigkeit gem. § 125 Abs. 1 AO *(Rössler/Troll § 19 Rz. 49)*. 15

3. Bekanntgabe

Der EW-Bescheid ist dem **hiervon Betroffenen** bekannt zu geben, §§ 122 Abs. 1, 124 Abs. 1 AO. Richtet sich der EW-Bescheid an mehrere Personen, ist er grundsätzlich jedem der Beteiligten bekannt zu geben. Abweichend hiervon lässt § 183 AO eine vereinfachte Bekanntgabe zu. 16

4. Ergänzungsbescheid

Ist eine notwendige Feststellung in einem Feststellungsbescheid versehentlich unterblieben, ist er nicht zwingend nichtig, aber lückenhaft.Nach hM können **unterbliebene Feststellungenr** über Art und Zurechnung des Grundstückes nach § 179 Abs. 3 AO in einem Ergänzungsbescheid nachgeholt werden. Ist der Bescheid gem. § 125 Abs. 1 AO nichtig, muss ein neuer Bescheid ergehen, eine Heilung durch Ergänzungsbescheid ist nicht möglich. 17

5. Rechtsfolgen

Der EW-Bescheid enthält neben dem EW Feststellungen über die Art und die Zurechnung des Grundstücks. Hierbei handelt es sich um **jeweils gesonderte Verwaltungsakte**, die daher für sich angefochten werden können (müssen) und unabhängig voneinander bestandskräftig werden. Dies gilt auch dann, wenn die Verwaltungsakte auf einer Urkunde miteinander verbunden sind. Dies folgt daraus, dass die einzelnen Feststellungen während eines Hauptfeststellungszeitraumes ein voneinander unabhängiges materiell- und verfahrensrechtliches Schicksal haben. Zur Wirksamkeit der jeweiligen Verwaltungsakte ist es nicht erforderlich, dass in der Rechtsbe- 18 helfsbelehrung hierauf hingewiesen wird.. Der EW-Bescheid ist **Grundlagenbescheid** (vgl. § 171 Abs. 10 AO). Er hat nach § 182 Abs. 1 AO Bindungswirkung für **Folgebescheide,** was andere Feststellungsbescheide, Steuermessbescheide und Steuerbescheide sein können. Zur Zeit hat der EW-Bescheid lediglich Bindungswirkung für die Festsetzung des Grundsteuer-Messbetrages, § 2 und §§ 13–15 GrStG.

Gegen den Einheitswertbescheid ist nach § 347 Abs. 1 AO der **Einspruch** gegeben. Feststellungen in einem Grundlagenbescheid können aber nur durch Anfechtung dieses Bescheides angegriffen werden, nicht durch Anfechtung des Folgebescheides, § 351 Abs. 2 AO. Mit einem Einspruch gegen den Grundsteuermessbescheid kann daher nicht die Höhe des EW selbst angegriffen werden. Wird der Grundlagenbescheid erlassen, aufgehoben oder geändert, ist der Folgebescheid nach § 175 entsprechend anzupassen. Der EW-Bescheid wirkt gem. § 182 Abs. 2 AO auch gegenüber dem Rechtsnachfolger (sog. **dingliche Wirkung**), auf den die wirtschaftliche Einheit *nach* dem Feststellungszeitpunkt übergeht, wenn er dem Rechtsvorgänger bekannt gegeben worden ist. Die Regelung gilt nur für die Einzelrechtsnachfolge, bei Gesamtrechtsnachfolge ergibt sich die dingliche Wirkung bereits aus ihrem Wesen, § 45 AO, § 1922 BGB (BFH II R 227/84 v. 25.11.1988, BStBl. II 1988, 410)

19 Tritt **Rechtsnachfolge** bei Bekanntgabe während des Laufes der Rechtsbehelfsfrist ein, kann der Rechtsnachfolger nur noch innerhalb der verbleibenden Frist Einspruch einlegen. Tritt Rechtsnachfolge vor Ergehen des EW-Bescheides ein, wirkt dieser nur gegenüber dem Rechtsnachfolger, wenn er ihm bekannt gegeben wird. Dies bewirkt, dass nunmehr auch der Rechtsnachfolger Einspruch einlegen kann. Ist demgegenüber die Rechtsnachfolge bereits vor dem Bewertungsstichtag eingetreten, der Bescheid aber an den Rechtsvorgänger adressiert worden, ist er nichtig, selbst wenn er dem Rechtsnachfolger bekannt gegeben wird. Bei **Gesamtrechtsnachfolge** gelten die obigen Rechtsfolgen entsprechend.

V. Steuerliches Interesse an der Feststellung

20 Die Feststellungen nach den Abs. 1 bis 3 erfolgen nur, wenn und soweit sie **für die Besteuerung von Bedeutung** sind, Abs. 4. Da der EW nur noch für die Grundsteuer von Bedeutung ist, kann die Feststellung unterbleiben, wenn eine Grundsteuer-Befreiung gegeben oder wenn die Steuer verjährt ist (BFH III R 73/69 v. 31.10.1969, BStBl. II 1970, 173). Ist dies der Fall, kann entgegen

§ 351 Abs. 2 AO der EW-Bescheid mit der Begründung angefochten werden, dass er für die Besteuerung nicht von Bedeutung ist. Dies gilt nicht, wenn sich die Finanzbehörde diese Entscheidung ausdrücklich im Steuermessbetragsverfahren vorbehält (BFH II R 227/82 v. 24.7.1985, BStBl. II 86, 128; II R 237/82 v. 13.11.1985, BStBl. II 1986, 191; aA *Rössler/Troll* § 19 Rz. 101). Bestehen aber nur Zweifel an der Steuerpflicht, ist der Streit im Verfahren über den Grundsteuer-Messbetrag zu entscheiden, ein EW ist festzustellen (BFH II B 183/92 v. 30.11.1993, BStBl. II 1994, 150;

§ 20 Ermittlung des Einheitswerts

¹**Die Einheitswerte werden nach den Vorschriften dieses Abschnitts ermittelt.** ²**Bei der Ermittlung der Einheitswerte ist § 163 der Abgabenordnung nicht anzuwenden; dies gilt nicht für Übergangsregelungen, die die oberste Finanzbehörde eines Landes im Einvernehmen mit den obersten Finanzbehörden der übrigen Länder trifft.**

I. Ermittlung des Einheitswertes

§ 20 Satz 1 ordnet an, dass EW **materiell-rechtlich** nach den Vorschriften „dieses" Abschnitts, dh. des Ersten Abschnitts und damit nach den §§ 19 bis 109 a zu ermitteln sind. Über den Wortlaut hinaus sind auch die Vorschriften für Grundbesitz in den neuen Bundesländern §§ 125 ff. zu beachten, ferner die Vorschriften des Ersten Teils (§§ 1 bis 16), soweit sie nicht durch Sondervorschriften ausgeschlossen sind (*Rössler/Troll* § 20 Rz. 4).

II. Keine Anwendung des § 163 AO

§ 20 Satz 2 Hs. 1 bestimmt, dass **die Billigkeitsregelung des § 163 AO** bei der Ermittlung des EW grundsätzlich keine Anwendung findet (Ausnahme Hs. 2). Nach § 181 Abs. 1 Satz 1 AO sind auf die gesonderte Feststellung die Vorschriften über die Steuerfestsetzung entsprechend anwendbar, somit auch § 163 AO. Dies soll bei der Feststellung des EW verhindert werden, da der EW ein objektiver Wert sein muss, der von etwaigen sachlichen oder persönlichen Billigkeitsregelungen unberührt bleiben soll. Billigkeitsmaßnahmen sind daher allein im Verfahren über die Festsetzung des Steuermessbetrages möglich.

III. Billigkeitsmaßnahmen aufgrund von Übergangsregelungen

3 Abweichend vom Verbot der **Billigkeitsmaßnahmen** bestimmt § 20 Satz 2 Hs. 2, dass Billigkeitsmaßnahmen als **Übergangsregelungen** zulässig sind, die die oberste Finanzbehörde eines Landes im Einvernehmen mit den obersten Finanzbehörden der übrigen Länder trifft. Hierbei handelt es sich um Regelungen, mit denen eine verschärfende Rechtsprechung des BFH zu Lasten des Stpfl. erst nach einer Übergangszeit anzuwenden ist. Solche Maßnahmen haben ihre Rechtsgrundlage in § 163 AO. Sie sind auch von den Gerichten zu beachten, wenn sie rechtmäßig sind (BFH II R 141/83 v. 15.1.1986, BStBl. II 1986, 418; IX B 138/89 v. 24.7.1990, BStBl. II 1990, 261). Wendet das FA die Übergangsregelung nicht an und setzt daher den EW nicht niedriger fest, kann der Stpfl. gegen den EW-Bescheid unmittelbar Einspruch erheben. Eines zusätzlichen Billigkeitsverfahrens bedarf es nicht (*Gürsching/Stenger* § 20 Rz. 9).

§ 21 Hauptfeststellung

(1) **Die Einheitswerte werden in Zeitabständen von je sechs Jahren allgemein festgestellt (Hauptfeststellung).**

(2) ¹**Der Hauptfeststellung werden die Verhältnisse zu Beginn des Kalenderjahrs (Hauptfeststellungszeitpunkt) zugrunde gelegt.** ²**Die Vorschriften in § 35 Abs. 2 und den §§ 54 und 59 über die Zugrundelegung eines anderen Zeitpunkts bleiben unberührt.**

I. Feststellungsarten

1 Das BewG sieht für die Ermittlung und Feststellung der EW ein **bestimmtes System** vor, da EW nicht zu beliebigen Stichtagen, sondern auf gesetzlich festbestimmte Zeitpunkte festgestellt werden.

Das BewG unterscheidet zwischen
- Hauptfeststellung (§ 21),
- Nachfeststellung (§ 23),
- Fortschreibung (§ 22): Wertfortschreibung nach Abs. 1 Artfortschreibung nach Abs. 2 sowie die Zurechnungsfortschreibung nach Abs. 2 und
- Aufhebung des EW (§ 24).

Hauptfeststellungszeitpunkt § 21

Hauptfeststellungen sollen zu regelmäßig wiederkehrenden Stichtagen durchgeführt werden, während eine Nachfeststellung oder Fortschreibung auf Zeitpunkte zwischen zwei Hauptfeststellungszeitpunkten für bestimmte Änderungen möglich sind, ebenso die Aufhebung des EW.

II. Hauptfeststellung

Einheitswerte als Besteuerungsgrundlage für eine Steuer können nur dann ihre Funktion erfüllen, wenn die Werte im Zeitpunkt der Steuerfestsetzung den tatsächlichen und rechtlichen Verhältnissen entsprechen. Da sich Wertverhältnisse, insbesondere des Grundbesitzes, ständig ändern, gebietet dies eine **regelmäßige Anpassung** der EW an veränderte Umstände. Idealtypisch wäre eine jährliche Anpassung, die sich aber aus Arbeits-, Zeit- und Kostengründen nicht verwirklichen lässt. 2

EW werden daher nach der gesetzgeberischen Entscheidung in regelmäßigen, aber größeren Zeitabständen vorgenommen. § 21 Abs. 1 schreibt einen Zeitabstand von sechs Jahren vor. Dieser Bewertungsturnus für den Grundbesitz ist aber bisher nie eingehalten worden.

§ 79 BewG 1934 ordnete für den Grundbesitz eine **Hauptfeststellung** auf den 1.1.1935 an. Dieser Feststellung folgte erst wieder eine Hauptfeststellung auf den 1.1.1964, deren Werte aber erst mit zehnjähriger Verspätung zum 1.1.1974 der Besteuerung zugrunde gelegt wurden. 3

Die nächste Hauptfeststellung ist – abweichend von § 21 Abs. 1 – durch das Gesetz v. 22.7.1970 (BStBl. I 1970, 911) **auf unbestimmte Zeit verschoben** worden. Zur Durchführung einer neuen Hauptfeststellung bedarf es daher einer besonderen gesetzlichen Regelung, die aber sicher nicht mehr kommen wird, dh. eine neue Hauptfeststellung für Grundbesitz wird es angesichts der Bedeutung des EW nur noch für die Grundsteuer nicht mehr geben. 4

In den **neuen Bundesländern** sind die EW auf den 1.1.1935 für Grundstücke weiterhin anzuwenden (§ 129 Abs. 1). 5

III. Hauptfeststellungszeitpunkt

Bei der **Hauptfeststellung** werden die Verhältnisse zu Beginn des Kalenderjahres zugrundegelegt, somit die Verhältnisse auf den 1. 6

Schaffner

§ 21 Hauptfeststellung

Januar 0. 00 Uhr. Dieser Zeitpunkt ist der **Hauptfeststellungszeitpunkt**, Abs. 2. Eine Änderung der Verhältnisse nach dem Stichtag kann nicht zurückbezogen werden (BFH II R 213/82 v. 13.8.1986, BStBl. II 1987, 48; II R 90/94 v. 25.10.1995, BFH/NV 1996, 296). Berücksichtigt werden dürfen allenfalls Umstände, die am Stichtag vorhersehbar waren (BFH II R 81/93 v. 19.10.1995, BFH/NV 1996, 292; II R 62/92 v. 5.4.1995, BFH/NV 1995, 956). Wird zB ein Grundstück am 2. 1. zerstört, kann dies für eine Hauptfeststellung auf den 1. 1. keine Berücksichtigung mehr finden. Die veränderten Verhältnisse zum 2. 1. sind auf einen späteren Stichtag durch Wert- und gegebenenfalls Artfortschreibung zu berücksichtigen. Hierbei sind dann aber die Verhältnisse des neuen Stichtags zu berücksichtigen.

7   Nach § 21 Abs. 2 Satz 2 lässt das Gesetz vom Grundsatz, nur die Verhältnisse zu Beginn des Kj. zugrunde zu legen, **Ausnahmen** zu:
- Nach § 35 Abs. 2 ist bei der Einheitsbewertung des land- und forstwirtschaftlichen Vermögens für umlaufende Betriebsmittel der Stand am Ende des Wirtschaftsjahres maßgebend, das dem Feststellungszeitpunkt vorangegangen ist.
- Gem. § 54 sind bei der Bewertung des forstwirtschaftlichen Vermögens für den Umfang und den Zustand des Bestandes an nicht eingeschlagenem Holz die Verhältnisse am Ende des Wirtschaftsjahres zugrunde zu legen, das dem Feststellungszeitpunkt vorangegangen ist.
- Gem. § 59 Abs. 1 ist bei der Bewertung von gärtnerischen Nutzflächen die durch den Anbau von Baumschulgewächsen genutzte Betriebsfläche nach den Verhältnissen zum 15. 9. bestimmt, der dem Feststellungszeitpunkt vorangegangen ist; nach § 59 Abs. 2 die durch Anbau von Gemüse, Blumen und Zierpflanzen genutzte Betriebsfläche zum 30. 6., der dem Feststellungszeitpunkt vorangegangen ist.

IV. Nachholung der Hauptfeststellung

8   **§ 21 Abs. 3 aF,** der bei Ablauf der Feststellungsfrist eine Hauptfeststellung auf den ursprünglichen Hauptfeststellungszeitpunkt, aber mit Wirkung für einen späteren Zeitpunkt vorsah, ist mit Wirkung ab 1.1.1998 **aufgehoben** worden. Durch das Gesetz v. 29.10.1997 (BStBl. I 1997, 928) ist im Falle der Verjährung nur für eine Fortschreibung oder Nachfeststellung § 25 mit Wirkung ab 1.1.1998 neu in das Gesetz eingefügt worden. Für eine verjährte Hauptfeststellung gilt diese Regelung nicht.

§ 22 Fortschreibungen

(1) Der Einheitswert wird neu festgestellt (Wertfortschreibung), wenn der in Deutscher Mark ermittelte und auf volle hundert Deutsche Mark abgerundete Wert, der sich für den Beginn eines Kalenderjahrs ergibt, von dem entsprechenden Wert des letzten Feststellungszeitpunkts nach oben um mehr als den zehnten Teil, mindestens aber um 5000 Deutsche Mark, oder um mehr als 100 000 Deutsche Mark, nach unten um mehr als den zehnten Teil, mindestens aber um 500 Deutsche Mark, oder um mehr als 5000 Deutsche Mark, abweicht.

(2) Über die Art oder Zurechnung des Gegenstandes (§ 19 Abs. 3 Nr. 1 und 2) wird eine neue Feststellung getroffen (Artfortschreibung oder Zurechnungsfortschreibung), wenn sie von der zuletzt getroffenen Feststellung abweicht und es für die Besteuerung von Bedeutung ist.

(3) ¹Eine Fortschreibung nach Absatz 1 oder Absatz 2 findet auch zur Beseitigung eines Fehlers der letzten Feststellung statt. ²§ 176 der Abgabenordnung ist hierbei entsprechend anzuwenden. Dies gilt jedoch nur für die Feststellungszeitpunkte, die vor der Verkündung der maßgeblichen Entscheidung eines obersten Gerichts des Bundes liegen.

(4) ¹Eine Fortschreibung ist vorzunehmen, wenn dem Finanzamt bekannt wird, daß die Voraussetzungen für sie vorliegen. ²Der Fortschreibung werden vorbehaltlich des § 27 die Verhältnisse im Fortschreibungszeitpunkt zugrunde gelegt. ³Fortschreibungszeitpunkt ist
1. bei einer Änderung der tatsächlichen Verhältnisse der Beginn des Kalenderjahrs, das auf die Änderung folgt;
2. in den Fällen des Absatzes 3 der Beginn des Kalenderjahrs, in dem der Fehler dem Finanzamt bekannt wird, bei einer Erhöhung des Einheitswerts jedoch frühestens der Beginn des Kalenderjahrs, in dem der Feststellungsbescheid erteilt wird.

⁴Die Vorschriften in § 35 Abs. 2 und den §§ 54 und 59 über die Zugrundelegung eines anderen Zeitpunkts bleiben unberührt.

Übersicht

	Rn.
I. Allgemeines	1–6
1. Rechtsentwicklung	1

2. Sinn und Zweck der Regelung, Begriff der Fortschreibung	2–4
3. Verhältnis der Fortschreibungsarten zueinander	5, 6
II. Wertfortschreibung	7–9
1. Allgemeines	7
2. Wertfortschreibungsgrenzen	8, 9
III. Art- und Zurechnungsfortschreibung, Abs. 2	10–13
1. Artfortschreibung	10
2. Zurechnungsfortschreibung	11–13
IV. Fortschreibung zur Fehlerbeseitigung, Abs. 3	14–19
1. Allgemeines	14, 15
2. Fehlerbegriff	16–18
3. Verbot der Fortschreibung zur Fehlerbeseitigung bei verbösernder höchstrichterlicher Rechtsprechung	19
V. Fortschreibungszeitpunkt	20–25
1. Allgemeines	20, 21
2. Änderung der tatsächlichen Verhältnisse	22
3. Fortschreibung zur Fehlerberichtigung	23–25

I. Allgemeines

1. Rechtsentwicklung

1 Die Vorschrift ist durch das Gesetz v. 29.10.1997 (BStBl. I 1997, 928) mit Wirkung **ab 1.1.1998** an den Wegfall der Vermögensteuer und der Gewerbekapitalsteuer angepasst worden und ist nunmehr **auf die EW des Grundbesitzes beschränkt.** Durch das **Steuer-Euroglättungsgesetz** v. 19.12.2000 (BStBl. I 2001, 28) ist Abs. 1 geändert worden. Eine Umrechnung der DM-Beträge in Euro ist aber nicht erfolgt. Die Umrechnung in Euro erfolgt nach § 30 erst nach der Abrundung auf volle hundert Mark nach unten. Ob dies nach einer Umstellung auf den Euro im gesamten wirtschafts- und Rechtsbereich eine sinnvolle Regelung ist, erscheint zweifelhaft.

2. Sinn und Zweck der Regelung, Begriff der Fortschreibung

2 Nach dem **Grundprinzip des Bewertungsrechts** sollen die im Hauptfeststellungszeitpunkt festgestellten EW grundsätzlich für den gesamten Hauptfeststellungszeitraum gelten. Die lange Zeitdauer zwischen den Zeitpunkten (*tatsächlich* keine neue Feststellung seit 1964 und keine neue zu erwarten) lässt sich nur rechtfertigen, wenn zumindest wesentliche Änderungen während dieses Zeitraumes

Allgemeines § 22

durch Änderung (= Fortschreibung) des EW-Bescheids berücksichtigt werden können. Wesentliche Änderungen hinsichtlich des Werts, der Art oder der Zurechnung des bewerteten Gegenstandes werden dadurch berücksichtigt, dass die bisherige Feststellung mit Wirkung für die Zukunft bis zum Ablauf des Hauptfeststellungszeitraumes geändert wird. Änderungen im Wert führen nur bei Überschreiten bestimmter Grenzen zu einer Fortschreibung, Änderungen in der Art oder Zurechnung nur, wenn sie sich bei der Besteuerung auswirken. Die Fortschreibung zur Fehlerbeseitigung nach Abs. 3, die neben die anderen Fortschreibungen tritt, soll ebenfalls zu einer Einschränkung der Dauerwirkung des EW-Bescheids führen.

Eine **Fortschreibung** setzt begrifflich einen **bereits festgestellten EW** voraus, dh. es muss bereits eine Haupt- oder Nachfeststellung oder Fortschreibung durchgeführt worden sein, da nur eine solche „fortgeschrieben" werden kann (BFH III R 83/68 v. 27.2.1970, BStBl. II 1970, 301; III R 131/80 v. 13.6.1984, BStBl. II 1984, 816; II R 31/92 v. 31.5.1995, BFH/NV 1996, 17; *Rössler/Troll* § 22 Rz. 12). War bisher keine Haupt- oder Nachfeststellung durchgeführt worden, weil sie steuerlich ohne Bedeutung oder der EW 0 DM war, ist die Haupt- oder Nachfeststellung zunächst nachzuholen, um anschließend bei geänderten Werten eine Fortschreibung vorzunehmen. Das gilt auch, wenn für die Hauptfeststellung bereits Feststellungsverjährung eingetreten ist . Innerhalb eines Hauptfeststellungszeitraumes sind **mehrere Fortschreibungen** möglich und zulässig. Eine Fortschreibung ist auch dann zulässig, wenn die ursprüngliche Feststellung auf einen früheren Stichtag auf einer Billigkeitsmaßnahme des FA nach § 163 AO beruht. Voraussetzung ist, dass sich die für die frühere Billigkeitsmaßnahme maßgeblichen tatsächlichen Verhältnisse im Fortschreibungszeitpunkt geändert haben (BFH II R 31/99 v. 12.7.2000, BFH/NV 2000, 1525). 3

> **Beispiel:**
> EW eines bebauten Grundstücks (Mietwohngrundstück) auf den 1.1.1964 200 000 DM. Der Wert erhöht sich in 1999 durch einen Anbau auf 350 000 DM, in 2001 durch eine Aufstockung auf 500 000 DM. Der EW ist zunächst auf den 1.1.2000, anschließend auf den 1.1.2002 fortzuschreiben.

Die Fortschreibung **ersetzt den bisherigen EW** mit Wirkung für die Zukunft (ex nunc) ab dem Fortschreibungszeitpunkt, dh. der bisherige EW-Bescheid bleibt unberührt. Seine Wirkungen werden lediglich durch die Fortschreibung auf einen nachfolgenden Stichtag ersetzt, im Übrigen bleiben die von der Fortschreibung nicht betroffenen Feststellungen weiter bestehen. Demgegenüber führt eine 4

§ 22 Fortschreibungen

Berichtigung oder Änderung des EW-Bescheids selbst nach § 129, §§ 172 ff. AO zu einer Berichtigung oder Änderung ex tunc.

3. Verhältnis der Fortschreibungsarten zueinander

5   Die jeweiligen Fortschreibungsarten stehen **selbstständig nebeneinander** und können daher jeweils für sich oder mit anderen Fortschreibungsarten zusammen angewandt werden (BFH III R 116/78 v. 13.11.1981, BStBl. II 1983, 88; II R 5/96 v. 11.3.1998, BFH/NV 1998, 1070; *Rössler/Troll* § 22 Rz. 49). Sie sind daher auch **selbstständig anfechtbar und änderbar.** Eine erfolgreiche Anfechtung der Artfeststellung führt daher nicht auch zu einer Änderung der Wertfeststellung, zB durch eine deshalb erforderliche Anwendung eines anderen Vervielfältigers.

Beispiel:
Der Steuerpflichtige erwirbt in 2001 ein unbebautes Grundstück und bebaut es bis Ende 2001 mit einem Mietgebäude. Zum 1.1.2002 ist eine Wert-, Art- und Zurechnungsfortschreibung vorzunehmen.

6   Eine **Fortschreibung auf denselben Zeitpunkt** ist auch dann noch zulässig, wenn bereits eine andere Fortschreibung auf denselben Zeitpunkt vorgenommen worden ist. So schließt eine Wertfortschreibung auf den 1.1.2002 eine spätere Artfortschreibung auf den 1.1.2002 nicht aus, selbst wenn die Wertfortschreibung bereits bestandskräftig sein sollte (BFH III 288/57 U v. 9.1.1959, BStBl. III 1959, 110; II R 240/84 v. 16.9.1987, BStBl. II 1987, 843). Nochmalige Fortschreibungen derselben Art auf denselben Zeitpunkt sind unzulässig. Das gilt auch für eine Fortschreibung derselben Art auf einen früheren Zeitpunkt.

II. Wertfortschreibung

1. Allgemeines

7   **Ändert sich der Wert** der wirtschaftlichen Einheit wegen Änderung der tatsächlichen Verhältnisse, ist der EW nach Abs. 1 neu festzustellen. Das Gesetz sieht aber aus Gründen der Arbeitsvereinfachung und weitestgehender Beständigkeit des EW nicht jede geringfügige Änderung als fortschreibungsfähig an, sondern macht die Wertfortschreibung vom Überschreiten bestimmter Grenzen abhängig. Zu unterscheiden sind Bruchteilsgrenze, Mindestbetrag und feste Wertgrenze. Ist die feste Grenze nach oben oder unten überschritten, sind die anderen Grenzen nicht mehr zu prüfen. Steuerliche Auswirkun-

Wertfortschreibung § 22

gen sind bei der Wertfortschreibung ohne Bedeutung. Infolge der Abrundung nach § 30 kann eine Wertfortschreibung auf 0 € erfolgen. Dies ist nicht gegeben bei Wegfall der wirtschaftlichen Einheit. In diesem Fall wird der EW aufgehoben, § 24 Abs. 1 Nr. 1. **Der Grund für die Wertfortschreibung** ist ohne Bedeutung. . Eine Fortschreibung ist auch dann vorzunehmen, wenn sich die tatsächlichen Verhältnisse nicht geändert haben, aber sich durch geänderte Vorschriften ein anderer Wert ergibt. Eine Fortschreibung ist daher auch für die Änderung eines unrichtigen EW zulässig (*Rössler/Troll* § 22 Rz. 14, 55). Zur Ermittlung des Wertes sind aber die **Wertverhältnisse** im Hauptfeststellungszeitpunkt zugrunde zu legen, § 27. Damit soll erreicht werden, dass während eines Hauptfeststellungszeitraumes Gebäude gleicher Art, Ausstattung usw., die zu unterschiedlichen Zeiten hergestellt werden, auch dann gleich bewertet werden, wenn sich das Preisniveau für später hergestellte Gebäude erhöht hat.

2. Wertfortschreibungsgrenzen

Die **Wertfortschreibungsgrenzen** sind nur noch beim Grundbesitz von Bedeutung. Sie betragen: 8

Wertfortschreibung des Grundbesitzes	feste Wertgrenze	Bruchteilsgrenze	Mindestgrenze
1. nach oben	mehr als DM 100 000	mehr als ⅒	mindestens DM 5000
2. nach unten	DM 5 000	⅒	DM 500.

Mehrere Wertabweichungen, die bis zu einem Fortschreibungszeitpunkt eingetreten sind, sind zusammenzufassen (Fortschreibungs-Richtlinien v. 2.12.1971, BStBl. I 1971, 638 Tz. 3). Die Bruchteilsgrenze kommt im Hinblick auf die feste Grenze und Mindestgrenze bei Fortschreibungen nach oben für EW von 50 000 DM bis 1 000 000 DM und bei Fortschreibungen nach unten für EW von 5000 DM bis 50 000 DM zur Anwendung. Die Mindestgrenze wird bei Änderungen bei Fortschreibungen nach oben für EW bis zu 50 000 DM und nach unten für EW bis zu 5000 DM und die feste Grenze bei Fortschreibungen nach oben für EW über 1 000 000 DM sowie bei Fortschreibungen nach unten bei EW über 50 000 DM angewendet.

Beispiel 1:
Bisheriger EW 30 000 DM, neuer Wert
a) 33 000 DM
b) 34 000 DM
c) 35 000 DM.

Schaffner 153

§ 22 Fortschreibungen

Die Grenze von 100 000 DM ist in keinem Fall überschritten. Die Bruchteilsgrenze ist im Fall a) nicht, in den Fällen b) und c) überschritten. Die Mindestgrenze von 5000 DM ist in den Fällen a) und b) nicht erreicht, im Fall c) erreicht. Eine Wertfortschreibung erfolgt daher allein im Fall c).

Beispiel 2:
Bisheriger EW 60 000 DM. Infolge Teilabbruchs neuer Wert
a) 55 000 DM
b) 54 900 DM
c) 50 000 DM.

Die feste Wertgrenze von mehr als 5000 DM ist in den Fällen b) und c) überschritten, eine Fortschreibung erfolgt, auf die Bruchteilsgrenze und die Mindestgrenze kommt es nicht mehr an. Im Fall a) ist weder die feste (mehr als 5000 DM), noch die Bruchteilsgrenze (mehr als 6000 DM) überschritten. Eine Fortschreibung erfolgt nicht. Auf das Überschreiten der Mindestgrenze kommt es nicht (mehr) an.

9   Die **Grenzen für eine Fortschreibung** können erstmals über- oder unterschritten werden, weil der bisherige EW-Bescheid geändert wird, zB nach § 173 Abs. 1 AO. War bereits ein Fortschreibungsbescheid ergangen und führt die Änderung des EW-Bescheids nunmehr zu einem Unterschreiten der Grenze, ist der Fortschreibungsbescheid nach § 175 Abs. 1 Satz 1 Nr. 2 AO **aufzuheben** (*Ritzer* DStR 1980, 12; *Rössler/Troll* § 22 Rz. 30). Werden durch eine Änderung erstmals die Grenzen überschritten, ist die Fortschreibung unter Beachtung einer etwaigen Feststellungsverjährung nachzuholen.

III. Art- und Zurechnungsfortschreibung, Abs. 2

1. Artfortschreibung

10 Eine Artfortschreibung wird vorgenommen, wenn sie von der zuletzt getroffenen Feststellung abweicht und es für die Besteuerung von Bedeutung ist, Abs. 2. Erforderlich ist eine **Änderung in der Art** der wirtschaftlichen Einheit. Eine Artfortschreibung kommt in Betracht, wenn sich die Grundstücksart ändert (§ 75), beim Wechsel vom unbebauten zum bebauten Grundstück, wenn ein Grundstück des Grundvermögens Betriebsgrundstück wird und umgekehrt oder beim Wechsel zwischen land- und forstwirtschaftlichem Vermögen und Grundvermögen, soweit keine Nachfeststellung in Betracht kommt (BFH II B 35/85 v. 4.2.1987, BStBl. II 1987, 326). Die Artfortschreibung ist an keine Grenzen gebunden. In vielen Fällen dürfte aber eine Artfortschreibung zugleich auch zu einer Wertfort-

schreibung führen. Da beide Feststellungen selbstständige Verwaltungsakte sind, bedarf es für eine gleichzeitige Wertfortschreibung des Vorliegens der Grenzen des Abs. 1 (Rz. 8). Die Artfortschreibung ist auch zulässig, um Fehler der letzten Feststellung mit Wirkung zum Fortschreibungszeitpunkt zu beseitigen. Eine Änderung der Artfortschreibung ist für die Grundsteuer regelmäßig von Bedeutung, da sich die Steuermesszahlen nach der Art des Grundstücks richten, §§ 13–15 GrStG, so dass Änderungen in der Grundstücksart regelmäßig die Höhe der Grundsteuer beeinflussen *(Rössler/Troll* § 22 Rz. 34).

2. Zurechnungsfortschreibung

Über die **Art der Zurechnung** wird eine neue Feststellung 11 getroffen, wenn sie von der zuletzt getroffenen Feststellung abweicht und die Fortschreibung für die Besteuerung von Bedeutung ist. Sie setzt voraus, dass sich die Eigentumsverhältnisse geändert haben, insbesondere, dass eine bestehende wirtschaftliche Einheit als Ganzes auf einen Erwerber übergeht und als selbstständige wirtschaftliche Einheit erhalten bleibt. Hauptanwendungsfälle sind die Veräußerung, der Erbfall oder die unentgeltliche Übertragung des Eigentums an einem Grundstück. Eine Änderung der Zurechnung erfolgt auch, wenn sich Alleineigentum in Miteigentum verwandelt hat oder sich die Miteigentumsverhältnisse geändert haben, oder wenn das wirtschaftliche Eigentum auf einen anderen als den bürgerlich-rechtlichen Eigentümer übergeht (*Rössler/Troll* § 22 Rz. 41).

Beispiel 1:
Veräußerung des Grundstück gem. notariellen Kaufvertrag per 30.10.2001; Übergang von Nutzen und Lasten per 1.12.2001, Eintragung des Eigentumswechsels im Grundbuch 1.3.2002. Es ist zum 1.1.2002 eine Zurechnungsfortschreibung vorzunehmen, da Nutzen und Lasten (= wirtschaftliches Eigentum) bereits in 2001 übergehen.

Beispiel 2:
C ist Eigentümer eines 5000 qm großen Grundstücks, von dem er nach Teilung 1000 qm an D veräußert. Eine Zurechnungsfortschreibung findet nicht statt. Für C ist eine Wertfortschreibung für das verkleinerte Grundstück gem. § 22 Abs. 1 vorzunehmen, für D eine Nachfeststellung gem. § 23 Abs. 1 Nr. 1.

Die Zurechnungsfortschreibung enthält **zugleich die Feststel-** 12 **lung**, dass die wirtschaftliche Einheit dem bisherigen Eigentümer *nicht* mehr zuzurechnen ist (BFH II R 230/82 v. 16.10.1985, BStBl. II 1986, 41; II R 107/89 v. 10.3.1993, BFH/NV 1994, 453; *Rössler/Troll* § 22 Rz. 43). Dies erfordert, dass der Fortschreibungsbe-

§ 22 Fortschreibungen

scheid auch dem Veräußerer bekannt zu geben ist. Unterbleibt dies (FinMin. Ba.-Wü. v. 26.1.1989, DStZ/E 1989, 108; FinMin Saarland v. 12.1.1989, DB 1989, 300), tritt gegenüber dem Veräußerer keine Bindungswirkung ein. Der **Zurechnungsfortschreibungsbescheid** muss daher auch dem Veräußerer bekannt gegeben werden, um die Wirkungen des EW-Bescheids ihm gegenüber zu beenden (BFH III 41/56 S v. 27.4.1956, BStBl. III 1956, 203; II R 219/84 v. 8.6.1988, BStBl. II 1988, 760). Nach der üblichen Verwaltungspraxis wird aber nur in besonderen Fällen (zB bei Streit, auf Antrag) dem bisherigen Zurechnungsträger ein Bescheid über die Zurechnungsfortschreibung bekanntgegeben (*Rössler/ Troll* § 22 Rz. 44; *Gürsching/ Stenger* § 22 Rz. 301).Die Zurechnungsfortschreibung ist wie die Artfortschreibung nicht an Grenzen gebunden. Die Wertfeststellung wirkt gegenüber dem Rechtsnachfolger (dingliche Wirkung, § 19 Rz. 26 f.), es sei denn, dass zugleich mit der Zurechnungsfortschreibung auch eine Wertfortschreibung erforderlich ist. Die Zurechnungsfortschreibung kann zur Berichtigung unrichtiger Feststellungen in der Zurechnung verwandt werden, zB bei falscher Zurechnung an Miteigentümer.

13   Die Zurechnungsfortschreibung ist regelmäßig von **steuerlicher Bedeutung**, da sich hierdurch die Steuerschuldnerschaft für die Grundsteuer ändert. Bei Gesellschaften ist der Gesellschaft das Grundstück zuzurechnen, da diese selbst Steuerschuldnerin ist (§ 19 Rz. 20). Änderungen im Gesellschafterbestand führen daher nicht zur Zurechnungsfortschreibung.

IV. Fortschreibung zur Fehlerbeseitigung, Abs. 3

1. Allgemeines

14   Eine Fortschreibung iSd. Abs. 1 oder Abs. 2 findet auch zur **Beseitigung eines Fehlers** der letzten Feststellung statt, Abs. 3. Eine Wert-, Art- oder Zurechnungsfortschreibung ist danach auch dann vorzunehmen – ohne dass sich die Verhältnisse des letzten Feststellungszeitpunktes geändert haben – wenn bei der Wert-, Art- oder Zurechnungsfeststellung ein Fehler unterlaufen ist und dieser durch die Fortschreibung beseitigt wird. Bei einer fehlerhaften Wertfeststellung darf eine Fortschreibung zur Fehlerbeseitigung aber nur erfolgen, wenn die Grenzen des § 22 Abs. 1 überschritten werden (Fortschreibungs-Richtlinien v. 2.12.1971, BStBl. I 1971, 638 Rz. 8; *Horschitz/Groß/Schnur* Rz. 483). Die Vorschrift erlaubt es, Fehler, die ansonsten wegen eingetretener Bestandskraft nicht mehr korri-

gierbar wären, unabhängig von der Bestandskraft und etwaiger Änderungsvorschriften zu beseitigen. Der Grund liegt darin, dass es angesichts der langen Hauptfeststellungszeiträume nicht akzeptabel ist, Fehler Jahr für Jahr der Besteuerung zugrunde zu legen. Die **Berichtigung gilt zugunsten und zuungunsten** des Steuerpflichtigen und ist zwingend vorzunehmen. Ein Ermessen steht der Finanzbehörde nicht zu.

Die **Fehlerbeseitigung** kommt nur in Betracht, wenn die Änderung der EW-Feststellung selbst ausscheidet, weil Änderungsvorschriften nicht erfüllt sind. Die Fortschreibung zur Fehlerberichtigung geht auf Rspr. des RFH und BFH zurück (beginnend RFH v. 31.3.1938, RStBl. 1938, 601; BFH III 110/50 S v. 24.1.1952, BStBl. III 1952, 84) und ist durch das BewÄndG 1965 (v. 13.8.1965, BStBl. I 1965, 375) in das Gesetz aufgenommen worden (vgl. *Gürsching/Stenger* § 22 Rz. 195). 15

2. Fehlerbegriff

Fehler iSd. § 22 Abs. 3 ist **jede objektive Unrichtigkeit**, mithin jeder materielle und formelle Fehler und offenbare Unrichtigkeiten iSd. § 129 AO. Dieser Fehlerbegriff entspricht somit dem des materiellen Fehlers iSd. § 177 AO (BFH II R 53/87 v. 29.11.1989, BStBl. II 1990, 149). Mit dieser Entscheidung hat der BFH zu Recht seine zuvor einschränkende Rspr. aufgegeben, wonach es sich um einen klarliegenden, einwandfrei feststellbaren Bewertungsfehler gehandelt haben musste (BFH III 77/54 U v. 7.10.1955, BStBl. III 1955, 375). Bei der Fortschreibung sind sämtliche Fehler der letzten Feststellung zu beseitigen (BFH III R 127/79 v. 31.7.1981, BStBl. II 1982, 6), ohne dass es darauf ankommt, ob dem FA die tatsächlichen Verhältnisse bekannt waren oder nicht (BFH II R 221/82 v. 8.4.1987, BFH/NV 1988, 626). 16

Die Einschränkung, dass es sich nur um eine Fehlerbeseitigung in Einzelfällen, nicht aber in einer Vielzahl von Fällen handeln dürfe, da ansonsten eine verkappte Hauptfeststellung stattfinden würde, ist vom BFH ebenfalls aufgegeben worden (sog. **Verbot der Kollektivfortschreibung;** vgl. BFH III 69/62 U v. 6.11.1964, BStBl. III 1965, 41). Die Fehlerbeseitigung ist ohne Rücksicht auf die Zahl der betroffenen Fälle zulässig, es sei denn, dass durch die Fortschreibung einer Änderung den allgemeinen wirtschaftlichen, politischen und Verkehrsverhältnissen, die sich in dem allgemeinen Markt- und Preisniveau niedergeschlagen haben oder einer anderen Beurteilung dieser allgemeinen Wertverhältnisse Rechnung getragen werden soll (BFH II R 17/90 v. 3.5.1993, BStBl. II 1993, 745). 17

§ 22 Fortschreibungen

18 **Kein Fehler** liegt vor, wenn eine anlässlich der EW-Feststellung vorgenommene **Schätzung** nur durch eine andere Schätzung ersetzt wird (BFH III R 127/79 v. 31.7.1981, BStBl. II 1982, 6), zB bei Schätzung einer anderen ortsüblichen Jahresrohmiete. Etwas anderes gilt nur, wenn die Schätzung der Jahresrohmiete außerhalb jeglicher vernünftigen Überlegung gelegen hat (BFH III 145/65 v. 22.4.1966, BStBl. III 1966, 532; *Rössler/Troll* § 22 Rz. 57).

3. Verbot der Fortschreibung zur Fehlerbeseitigung bei verbösernder höchstrichterlicher Rechtsprechung

19 Bei der Fehlerbeseitigung ist § 176 AO entsprechend anzuwenden, Abs. 3 Satz 2. § 176 AO **schützt das Vertrauen** in den Fortbestand einer bestehenden höchstrichterlichen Rspr. Bei einer Änderung darf nicht zuungunsten des Stpfl. berücksichtigt werden, dass
– das BVerfG die Nichtigkeit eines Gesetzes feststellt, auf dem die bisherige Steuerfestsetzung beruht,
– ein oberster Gerichtshof des Bundes eine Norm, auf der die bisherige Steuerfestsetzung beruht, nicht anwendet, weil er sie für verfassungswidrig hält,
– die Rspr. eines obersten Gerichtshof des Bundes sich geändert hat, die bei der bisherigen Steuerfestsetzung von der Finanzbehörde angewandt worden ist.

Die **Änderung der Rspr.** führt dazu, dass die vorherige Feststellung falsch wird und grundsätzlich eine Fortschreibung zur Fehlerberichtigung vorzunehmen ist. Dies verhindert § 176 AO aber nicht auf Dauer, sondern nur für Feststellungszeitpunkte, die *vor* der Verkündung der maßgeblichen Entscheidung eines obersten Gerichts des Bundes liegen, Abs. 3 Satz 3. Der Fehler darf daher durch Fortschreibung auf einen Feststellungszeitpunkt berücksichtigt werden, der *nach* der Verkündung der Entscheidung eines obersten Gerichts liegt.

V. Fortschreibungszeitpunkt

1. Allgemeines

20 Die Fortschreibung ist vorzunehmen, **wenn sie dem FA bekannt wird,** Abs. 4 Satz 1. Das FA muss **von Amts wegen** tätig werden. Eines Antrags des Stpfl. bedarf es nicht. Fortschreibungszeitpunkt kann nur ein Zeitpunkt sein, der nicht zugleich Hauptfeststellungs- oder Nachfeststellungszeitpunkt ist. Eine Fortschreibung und Nachfeststellung auf denselben Zeitpunkt innerhalb eines Hauptfest-

Fortschreibungszeitpunkt § 22

stellungszeitraums sind nicht möglich. Fortschreibungszeitpunkt ist immer der Beginn eines Kalenderjahres. Maßgebend sind für die Fortschreibung die Verhältnisse im Fortschreibungszeitpunkt. Für die wirtschaftliche Einheit des Grundbesitzes ist aber der Vorbehalt des § 27 zu beachten. Das bedeutet, dass sich Fortschreibungen von EW des Grundbesitzes nach den tatsächlichen Verhältnissen im Fortschreibungszeitpunkt richten müssen, aber unter Ansatz der Wertverhältnisse des Hauptfeststellungszeitpunktes.

Beispiel:
E errichtet 2002 auf einem unbebauten Grundstück, EW zum 1.1.1964 20 000 DM, ein Mehrfamilienhaus zur Vermietung. Es ist eine Wert- und Artfortschreibung nach der Grundstücksgröße, dem Bestand, baulichen Zustand usw. zum **1.1.2003** vorzunehmen. Als Jahresrohmiete ist die übliche Miete zum **1.1.1964** anzusetzen.

Für den **Fortschreibungszeitpunkt** ist zu unterscheiden, ob es sich um eine Änderung der tatsächlichen Verhältnisse, Abs. 4 Satz 3 Nr. 1, oder um eine Fortschreibung zur Fehlerberichtigung handelt, Abs. 4 Satz 3 Nr. 2. 21

2. Änderung der tatsächlichen Verhältnisse

Ändern sich die tatsächlichen Verhältnisse, ist Fortschreibungszeitpunkt der Beginn des Kalenderjahres, das auf die Änderung folgt, Abs. 4 Satz 3 Nr. 1. Zu diesem Zeitpunkt sind **alle werterhöhenden und wertmindernden Tatsachen** zu beachten (BFH II R 9/88 v. 24.10.1990, BStBl. II 1991, 60; II R 36/87 v. 28.11.1990, BStBl. II 1991, 209). Dies gilt auch für solche Änderungen, die mit Beginn des Fortschreibungszeitpunktes 1. 1. eintreten (BFH II R 109/89 v. 9.9.1992, BStBl. II 1993, 653). Ob das FA von den Änderungen Kenntnis hat, ist ohne Bedeutung. 22

3. Fortschreibung zur Fehlerberichtigung

Bei einer Fortschreibung zur Beseitigung eines Fehlers ist Fortschreibungszeitpunkt grundsätzlich der Beginn des Kalenderjahres, in dem der Fehler dem FA bekannt wird, bei einer Erhöhung des EW jedoch frühestens der Beginn des Kalenderjahres, in dem der Feststellungsbescheid (Fortschreibungsbescheid) erteilt wird, Abs. 4 Satz 3 Nr. 2. Maßgeblich ist **der Zeitpunkt der Bekanntgabe des Bescheides** (BFH III R 96/80 v. 15.10.1981, BStBl. II 1982, 15). 23

Beispiel 1:
Der EW eines neu errichteten Einfamilienhauses ist zum 1.1.2002 auf 40 000 DM festgestellt worden. In Dezember 2004 wird dem FA ein Fehler

§ 23 Nachfeststellung

bekannt, der zu einem EW von 38 000 DM führen würde. Fortschreibungszeitpunkt ist der 1.1.2004. Eine Wertfortschreibung unterbleibt aber, da die Grenzen nicht überschritten werden.

Beispiel 2:
wie oben, aber der Fehler führt zu einem EW von 46 000 DM. Der Bescheid wird am 10.1.2005 bekannt gegeben.
Fortschreibungszeitpunkt ist der 1.1.2005.

24   Die **Ausnahmeregelung** für eine **fehlerbeseitigende Werterhöhung** gilt nicht für fehlerbeseitigende Art- oder Zurechnungsfortschreibungen, selbst wenn es hierbei zu einer Erhöhung des EW kommt (BFH II R 15/89 v. 13.11.1991, BFHE 166, 571; II R 31/91 v. 2.2.1994, BFH/NV 1994, 689; *Rössler/Troll* § 22 Rz. 79). Die Fortschreibung wegen Änderung der tatsächlichen Verhältnisse und die Fortschreibung zur Fehlerberichtigung stehen selbstständig nebeneinander und sind jeweils für sich zu betrachten. Hieraus folgt, dass bei einer Fortschreibung wegen tatsächlicher Änderung gleichzeitig vorhandene Fehler, die zu einer Erhöhung des EW führen nicht mitbeseitigt werden dürfen (BFH II R 240/84 v. 16.9.1987, BStBl. II 1987, 843; II R 31/87 v. 17.5.1990, BStBl. II 1990, 732). Entsprechendes gilt bei fehlerbeseitigender Fortschreibung, die zu einem niedrigeren EW führt (BFH III R 63/79 v. 12.3.1982, BStBl. II 1982, 451). Unzulässig ist auch eine Saldierung einheitswerterhöhender tatsächlicher Änderungen und fehlerbeseitigender EW-Minderungen (BFH II R 5/96 v. 11.3.1998, BFH/NV 1998, 1070).

25   Die **Zugrundelegung eines anderen Zeitpunktes** nach § 35 Abs. 2, §§ 54 und 59 bleiben unberührt. Eine unterbliebene Fortschreibung kann nachgeholt werden.

§ 23 Nachfeststellung

(1) **Für wirtschaftliche Einheiten, für die ein Einheitswert festzustellen ist, wird der Einheitswert nachträglich festgestellt (Nachfeststellung), wenn nach dem Hauptfeststellungszeitpunkt (§ 21 Abs. 2)**
1. **die wirtschaftliche Einheit neu entsteht;**
2. **eine bereits bestehende wirtschaftliche Einheit erstmals zu einer Steuer herangezogen werden soll.**
3. *(aufgehoben)*

(2) ¹Der Nachfeststellung werden vorbehaltlich des § 27 die Verhältnisse im Nachfeststellungszeitpunkt zugrunde gelegt. ²Nachfeststellungszeitpunkt ist in den Fällen des Absatzes 1

Nachfeststellung **§ 23**

Nr. 1 der Beginn des Kalenderjahrs, das auf die Entstehung der wirtschaftlichen Einheit folgt, und in den Fällen des Absatzes 1 Nr. 2 der Beginn des Kalenderjahrs, in dem der Einheitswert erstmals der Besteuerung zugrunde gelegt wird. ³Die Vorschriften in § 35 Abs. 2 und den §§ 54 und 59 über die Zugrundelegung eines anderen Zeitpunkts bleiben unberührt.

I. Allgemeines

Entsteht eine Einheit neu oder soll sie erstmals zu einer Steuer herangezogen werden, soll sie nicht bis zum nächsten Hauptfeststellungszeitpunkt unbewertet bleiben, sondern **längstens innerhalb eines Jahres** der Besteuerung zugeführt werden. Sie muss daher bewertet werden. Entsteht eine neue wirtschaftliche Einheit in 2002, konnte sie zum Hauptfeststellungszeitpunkt nicht bewertet werden. Es muss daher zum 1.1.2003 eine Nachfeststellung vorgenommen werden. Entsprechendes gilt, wenn ein bisher steuerbefreites Grundstück wegen Änderung der Verhältnisse zukünftig der Grundsteuer unterliegt. 1

II. Nachfeststellung

1. Begriff

Nachfeststellung ist die **nachträgliche** Feststellung eines EW auf einen späteren Zeitpunkt als den Hauptfeststellungszeitpunkt. Die Nachfeststellung ist eine **erstmalige** Feststellung über den Wert, die Art und Zurechnung der wirtschaftlichen Einheit. Die Nachfeststellung wirkt nur für die Zukunft und nicht zurück (ex nunc; BFH II R 31/92 v. 31.5.1995, BFH/NV 1996, 17). Der Unterschied zur nachgeholten Hauptfeststellung (§ 21 Abs. 3 aF) liegt darin, dass die wirtschaftliche Einheit im Hauptfeststellungszeitpunkt noch gar nicht vorhanden war. War sie demgegenüber im Hauptfeststellungszeitpunkt bereits vorhanden und von steuerlicher Bedeutung, ist aber die Feststellung eines EW unterblieben, kann keine Nachfeststellung erfolgen, vielmehr muss die Hauptfeststellung nachgeholt werden (*Rössler/Troll* § 23 Rz. 7). Ob es hierzu angesichts des langen Zeitablaufes seit der letzten Hauptfeststellung überhaupt noch einen Anwendungsfall gibt, erscheint zweifelhaft. Darüber hinaus ergibt sich ein **Verjährungsproblem**. Die Feststellungsfrist für die Hauptfeststellung ist lange abgelaufen. § 21 Abs. 3 aF, der bei Ablauf der Verjährungsfrist eine 2

Hauptfeststellung auf einen späteren Feststellungszeitpunkt vorsah, ist ab 1.1.1998 aufgehoben worden. § 25 Abs. 1, der an die Stelle des § 25 Abs. 3 aF getreten ist, lässt bei Ablauf der Festsetzungsfrist nur noch das Nachholen einer Fortschreibung oder Nachfeststellung zu, nicht aber das Nachholen einer unterbliebenen Hauptfeststellung. Die Nachfeststellung hat von Amts wegen zu erfolgen (BFH III 50/62 U v. 23.8.1963, BStBl. III 1963, 518).

2. Nachfeststellungsgründe

3   a) **Entstehung neuer wirtschaftlicher Einheiten.** Der EW ist nachträglich festzustellen, wenn nach dem Hauptfeststellungszeitpunkt eine **wirtschaftliche Einheit neu entsteht,** Abs. 1 Nr. 1. Das ist der Fall, wenn zB von einem Grundstück eine Teilfläche veräußert oder abgetrennt und nicht mit einer bereits bestehenden wirtschaftlichen Einheit verbunden wird, wenn ein Grundstück als Bauland parzelliert wird, wenn ein Gebäude auf fremden Grund und Boden errichtet wird oder wenn eine land- und forstwirtschaftlich genutzte Fläche aus dem Betrieb der Land- und Forstwirtschaft ausscheidet und eine selbstständige Einheit des Grundvermögens bildet (BFH II B 69/85 v. 12.2.1986, BFH/NV 1987, 292; Fortschreibungs-Richtlinien v. 2.12.1971, BStBl. I 1971, 638 Tz. 10). Bei Veräußerung einer Teilfläche ist für die neu entstandene wirtschaftliche Einheit auch dann eine Nachfeststellung vorzunehmen, wenn beim abgebenden Grundstück wegen Nichterreichens der Grenzen des § 22 Abs. 1 eine Wertfortschreibung nicht möglich ist.

4   Bei **Aufteilung eines Grundstücks** in verschiedene Parzellen kann das bisherige Grundstück in vollem Umfang untergehen. Insoweit ist der EW nach § 24 Abs. 1 Nr. 1 aufzuheben. Ohne Bedeutung ist es, ob die neue wirtschaftliche Einheit mit oder gegen den Willen des Grundstückseigentümers entstanden ist, zB bei einer Umlegung im Rahmen des BBauG (BFH III 207/59 U v. 24.2.1961, BStBl. III 1961, 380; *Rössler/Troll* § 23 Rz. 11). Erhält der bisherige Grundeigentümer im Rahmen eines Umlegungsverfahrens für sein in Anspruch genommenes Grundstück ein anderes, ist eine Nachfeststellung durchzuführen (BFH III 207/59 U v. 24.2.1961, BStBl. III 1961, 205), nicht aber bei einer bloßen Vergrößerung oder Verkleinerung des Grundstücks (FG Hessen v. 28.4.1988, EFG 1988, 618). Hier kommt eine Wertfortschreibung in Betracht. Ein neues Grundstück entsteht mit Umwandlung eines Wohngrundstücks in Wohnungseigentum nach dem WEG. Die neue Einheit entsteht mit Eintragung in das Wohnungsgrundbuch (BFH II R 132/88 v. 24.7.1991, BStBl. II 1993, 87).

b) Erstmaliges Heranziehen zu einer Steuer. Eine Nachfeststellung ist vorzunehmen, wenn eine bereits bestehende wirtschaftliche Einheit erstmals zu einer Steuer herangezogen werden soll, Abs. 1 Nr. 2. Das ist der Fall, wenn eine **bisherige Grundsteuer-Befreiung entfällt.** War die wirtschaftliche Einheit im Hauptfeststellungszeitpunkt bereits vorhanden, aber von der Grundsteuer befreit, war ein EW nicht festzustellen. Die Grundsteuer-Befreiungen ergeben sich aus §§ 3, 4 GrStG. Fällt der Grund der Steuerbefreiung weg, weil zB ein im Eigentum des Bundeslands Hamburg stehendes Grundstück, das bisher für Zwecke eines FA gedient hat, nunmehr in ein Wohngebäude umgebaut und als solches genutzt wird, wird der EW jetzt für Zwecke der Grundsteuer benötigt. Es ist eine Nachfeststellung durchzuführen, Abs. 1 Nr. 2. Das gilt auch, wenn bisher nur Teile des Grundstücks steuerbefreit waren, zB, wenn im FA-Gebäude eine Hausmeisterwohnung untergebracht war. Der EW war nur für den Wohnzwecken dienenden Teil festzustellen. Wird später das gesamte Grundstück für Wohnzwecke genutzt, ist der bisher festgestellte EW im Wege der Nachfeststellung auf das gesamte Grundstück zu erstrecken.

III. Nachfeststellungszeitpunkt

Für die Nachfeststellung werden die **Verhältnisse im Nachfeststellungszeitpunkt** zugrunde gelegt, Abs. 2 Satz 1, unter Berücksichtigung der Wertverhältnisse im Hauptfeststellungszeitpunkt, § 27. Die Vorschriften des § 35 Abs. 2 und §§ 54 und 59 über die Zugrundelegung eines anderen Zeitpunktes bleiben unberührt, Abs. 2 Satz 3.

Nachfeststellungszeitpunkt ist in den Fällen des Abs. 1 Nr. 1 (Neuentstehen der wirtschaftlichen Einheit) der Beginn des Kalenderjahres, das auf die Entstehung folgt. Ausreichend für die Feststellung zB auf den 1.1.2002 ist die Entstehung der wirtschaftlichen Einheit „bis zum Beginn des 1.1.2002" oder „mit dem 1.1.2002" (BFH II R 109/89 v. 9.9.1992, BStBl. II 1993, 653). In den Fällen des Abs. 1 Nr. 2 (erstmaliges Heranziehen zu einer Steuer) ist Nachfeststellungszeitpunkt der Beginn des Kalenderjahres, in dem der EW erstmals der Besteuerung zugrundgelegt wird.

Beispiel 1:
Durch Abtrennung und Veräußerung einer Teilfläche eines Grundstücks zum 1.10.2001 entsteht eine neue wirtschaftliche Einheit. Die Nachfeststellung wird auf den 1.1.2002 vorgenommen.

Beispiel 2:
Durch Parzellierung in 2002 entstand eine neue wirtschaftliche Einheit, die noch in 2002 mit einem Mietwohngrundstück bebaut wurde. Für die Nachfeststellung auf den 1.1.2003 sind die
- tatsächlichen Verhältnisse hinsichtlich Grundstücksgröße und Bebauung zum 1.1.2003 zugrunde zulegen;
- Wertverhältnisse hinsichtlich Jahresrohmiete auf den 1.1.1964 (alte Bundesländer, § 27, Fortschreibungs-Richtlinien v. 2.12.1971, BStBl. I 1971, 638 Tz. 17 ff.) oder 1.1.1935 (neue Bundesländer) zugrunde zu legen.

8   Zur **Nachholung** einer unterbliebenen Nachfeststellung s. § 25 Rz. 2. Eine **Nachfeststellung zur Beseitigung eines Fehlers** ist begrifflich nicht möglich, so dass § 23 keine dem § 22 Abs. 3 entsprechende Vorschrift enthält. Mangels Vorliegen eines EW-Bescheids kann es keine Fehlerberichtigung geben; die Nachfeststellung ist eine erstmalige Feststellung (Rz. 3). Eine fehlerhaft unterbliebene Nachfeststellung kann nachgeholt werden, § 25. Eine fehlerbeseitigende Fortschreibung kann aber dann zu einer Nachfeststellung führen, wenn zugleich eine wirtschaftliche Einheit selbstständig zu bewerten ist. Voraussetzung ist aber, dass der EW, bei dessen Feststellung der Fehler unterlaufen ist, selbst durch Wertfortschreibung fortgeschrieben werden kann (BFH III 433/56 U v. 5.4.1957, BStBl. III 1957, 190; III R 138/73 v. 16.5.1975, BStBl. II 1975, 678; *Rössler/Troll* § 23 Rz. 30).

§ 24 Aufhebung des Einheitswerts

(1) **Der Einheitswert wird aufgehoben, wenn dem Finanzamt bekannt wird, daß**
1. **die wirtschaftliche Einheit wegfällt;**
2. **der Einheitswert der wirtschaftlichen Einheit infolge von Befreiungsgründen der Besteuerung nicht mehr zugrunde gelegt wird.**
3. *(aufgehoben)*

(2) **Aufhebungszeitpunkt ist in den Fällen des Absatzes 1 Nr. 1 der Beginn des Kalenderjahrs, das auf den Wegfall der wirtschaftlichen Einheit folgt, und in den Fällen des Absatzes 1 Nr. 2 der Beginn des Kalenderjahrs, in dem der Einheitswert erstmals der Besteuerung nicht mehr zugrunde gelegt wird.**

I. Allgemeines

1   § 24 ist das **Spiegelbild zu § 23.** Fällt die wirtschaftliche Einheit weg oder unterliegt sie nicht mehr der Besteuerung, bedarf es keines EW mehr (§ 19 Abs. 3), der **EW ist aufzuheben.**

II. Aufhebung

Der EW ist aufzuheben, wenn die **wirtschaftliche Einheit wegfällt** (Abs. 1 Nr. 1) oder **nicht mehr der Besteuerung unterliegt** (Abs. 1 Nr. 2). Eine wirtschaftliche Einheit „unbebautes Grundstück" fällt weg, wenn sie infolge Veräußerung nunmehr mit einem Nachbarschaftsgrundstück zusammengefasst werden muss; ebenso wenn das Eigentum an einem auf fremden Grund und Boden errichteten Gebäude auf den Eigentümer übergeht (Fortschreibungs-Richtlinien BStBl. I 1971, 638 Tz. 13), oder wenn ein auf fremden Grund und Boden errichtetes Gebäude (§ 70 Abs. 3) abgerissen wird. Der EW ist ferner aufzuheben, wenn eine Grundsteuerbefreiung eintritt, zB weil eine Körperschaft als gemeinnützig iSd. §§ 51 ff. AO anerkannt wird und somit für ihre Grundstücke Steuerbefreiung nach § 3 Abs. 1 Nr. 3 b GrStG eintritt.

2

III. Aufhebungszeitpunkt

Aufhebungszeitpunkt ist im Fall des Wegfalls der wirtschaftlichen Einheit der Beginn des Kalenderjahres, das auf den Wegfall der wirtschaftlichen Einheit folgt. Unterliegt das Grundstück nicht mehr der Besteuerung, ist es der Beginn des Kalenderjahres, in dem der EW erstmals der Besteuerung zugrunde zu legen ist. Bei Eintritt der Steuerbefreiung im Laufe eines Jahres, ist das der 1. 1. des folgenden Kalenderjahres.

3

§ 24a Änderung von Feststellungsbescheiden

[1]Bescheide über Fortschreibungen oder Nachfeststellungen von Einheitswerten des Grundbesitzes können schon vor dem maßgebenden Feststellungszeitpunkt erteilt werden. [2]Sie sind zu ändern oder aufzuheben, wenn sich bis zu diesem Zeitpunkt Änderungen ergeben, die zu einer abweichenden Feststellung führen.

I. Allgemeines

Die Vorschrift erlaubt dem FA bereits dann zu handeln, wenn die **Änderungen bekannt werden** und folgt dem Interesse der Gemeinden, bei der GrSt-Festsetzung bereits den zutreffenden EW

1

anzusetzen. Entsprechend dieser Regelung können Bescheide über Neu- oder Nachveranlagung zur GrSt ebenfalls vor dem Veranlagungszeitpunkt erteilt werden, § 21 GrStG.

II. Vorzeitige Feststellung

2   § 24 a Satz 1 gestattet eine **vorzeitige Feststellung** für Feststellungsbescheide des EW des Grundbesitzes, beschränkt auf Bescheide über Fortschreibungen oder Nachfeststellungen. Bei Fortschreibungsbescheiden werden Wert-, Art- und Zurechnungsfortschreibungsbescheide erfasst (*Rössler/Troll* § 24 a Rz. 3). Entsteht eine wirtschaftliche Einheit zB zum 1.2.2002 neu, ist Nachfeststellungszeitpunkt gem. § 23 Abs. 2 Satz 2 der 1.1.2003. Nach § 24 a darf der Feststellungsbescheid bereits in 2002 ergehen. Das FA kann eine vorzeitige Feststellung erteilen, muss es aber nicht, so dass der Stpfl. keinen Anspruch auf eine vorzeitige Erteilung hat.

III. Änderung der Fortschreibung oder Nachfeststellung

3   Ergeben sich bis zum Fortschreibungszeitpunkt Änderungen, die zu einer abweichenden Feststellung im maßgebenden Zeitpunkt führen, ist die **vorzeitige Fortschreibung oder Nachfeststellung aufzuheben oder zu ändern.** Dabei ist es ohne Bedeutung, ob und wann dem FA die Änderungen bekannt werden. Erfasst werden nur solche Änderungen, die innerhalb des Zeitraums der vorzeitigen Feststellung und dem maßgebenden Zeitpunkt entstehen, nicht erfasst werden Bewertungsfehler, die bei der vorzeitigen Feststellung unterlaufen sind oder Änderungen, die dem FA später bekannt werden, die aber bei der vorzeitigen Feststellung bereits existent waren. Fraglich ist, wann der Änderungszeitraum beginnt. Entsprechend § 173 AO wird auf die abschließende Beurteilung durch den zuständigen Sachbearbeiter abzustellen sein, da er den Sachverhalt in diesem Augenblick tatsächlich, rechtlich umfassend und abschließend gewürdigt hat. Treten nach diesem Zeitpunkt Änderungen ein, sind sie nach § 24 a Satz 2 zu berücksichtigen. Auf den Zeitpunkt der Aufgabe des Bescheides zur Post oder der Bekanntgabe des Bescheides kommt es somit nicht an (*Rössler/Troll* § 24 a Rz. 12). Ändern sich nach der vorzeitigen **Nachfeststellung** die Eigentumsverhältnisse, ist im Falle der Gesamtrechtsnachfolge der Gesamtrechtsnach-

folger an einen bestandskräftigen Bescheid gebunden. Im Falle der Einzelrechtsnachfolge tritt nach § 182 Abs. 2 AO auch eine Bindungswirkung für den Rechtsnachfolger ein, aber nur, wenn die Einzelrechtsnachfolge *nach* dem Feststellungszeitpunkt eintritt. Der Fall des § 24 a Satz 2 wird daher von § 182 Abs. 2 AO nicht erfasst. der Feststellungsbescheid ist daher aufzuheben und dem Rechtsnachfolger ein neuer Bescheid bekannt zu geben (*Rössler/Troll* § 24 a Rz. 15).

Ist bereits eine vorzeitige **Zurechnungsfortschreibung** vorgenommen worden und ändern sich vor dem maßgeblichen Zeitpunkt die Eigentumsverhältnisse erneut, ist der Bescheid aufzuheben und dem neuen Eigentümer ein Bescheid bekannt zu geben. Im Falle der Einzelrechtsnachfolge ergeht ein Änderungsbescheid nach § 24 a Satz 2. Im Falle eines kombinierten Fortschreibungsbescheides, der vorzeitig erteilt worden ist, sind die verschiedenen Fortschreibungen voneinander rechtlich unabhängig. Nach § 24 a Satz 2 ist daher nur die durch Änderungen betroffene Fortschreibung zu ändern. 4

§ 25 Nachholung einer Feststellung

(1) ¹**Ist die Feststellungsfrist (§ 181 der Abgabenordnung) bereits abgelaufen, kann eine Fortschreibung (§ 22) oder Nachfeststellung (§ 23) unter Zugrundelegung der Verhältnisse vom Fortschreibungs- oder Nachfeststellungszeitpunkt mit Wirkung für einen späteren Feststellungszeitpunkt vorgenommen werden, für den diese Frist noch nicht abgelaufen ist.** ²**§ 181 Abs. 5 der Abgabenordnung bleibt unberührt.**

(2) **Absatz 1 ist bei der Aufhebung des Einheitswerts (§ 24) entsprechend anzuwenden.**

Nach § 181 Abs. 1 AO iVm. § 169 Abs. 1 Satz 1 AO unterliegt die Einheitsbewertung einer **gesonderten Feststellungsverjährung** (vgl. § 19 Rz. 12). Ist **Verjährung** eingetreten, ist eine Feststellung, ihre Aufhebung oder Änderung nicht mehr zulässig. Ist für eine Fortschreibung oder Nachfeststellung Verjährung eingetreten, kann eine Fortschreibung oder Nachfeststellung auf einen späteren Zeitpunkt erfolgen, für den die Feststellungsfrist noch nicht abgelaufen ist. Hierbei sind aber die Verhältnisse des (ursprünglichen) Fortschreibungs- oder Nachfeststellungszeitpunktes zugrunde zu legen. Darüber hinaus gilt § 181 Abs. 5 AO entsprechend. Der Feststellungsbescheid kann noch ergehen, wenn für die Steuer, für die der Feststellungsbescheid von Bedeutung ist – also für die GrSt –, noch keine Festsetzungsverjährung eingetreten ist. 1

2 Nach § 25 Abs. 2 gilt die Nachholung auch für die **Aufhebung eines EW.**

§ 26 Umfang der wirtschaftlichen Einheit bei Ehegatten

Die Zurechnung mehrerer Wirtschaftsgüter zu einer wirtschaftlichen Einheit (§ 2) wird beim Grundbesitz im Sinne der §§ 33 bis 94, 99 und 125 bis 133 nicht dadurch ausgeschlossen, daß die Wirtschaftsgüter zum Teil dem einen, zum Teil dem anderen Ehegatten gehören.

I. Allgemeines

1 Die Vorschrift wurde durch das **JStG 1997** v. 20.12.1996 (BGBl. I 1996, 2049) durch den Wegfall der Vermögensteuer für die Zurechnung mehrerer WG auf den **Grundbesitz** eingeschränkt. Durch das **Gesetz zur Fortsetzung der Unternehmenssteuerreform** v. 29.10.1997 (BStBl. I 1996, 2590) wurde das Gesetz um einen Hinweis auf § 99 ergänzt, der sicherstellt, dass auch Betriebsgrundstücke unter die Regelung fallen. Zu den Einzelheiten vgl. *Rössler/ Troll* § 26 Rz. 1.

2 Nach § 2 Abs. 2 können **mehrere Wirtschaftsgüter** nur dann als **wirtschaftliche Einheit** bewertet werden, wenn sie demselben Eigentümer gehören. Das schließt aber nicht aus, dass eine wirtschaftliche Einheit mehreren Eigentümern gehören kann (§ 3). Zum Zwecke der Bewertung des Grundbesitzes bestimmt § 26, dass einzelne WG zu einer wirtschaftlichen Einheit gehören können, wenn sie sowohl dem einen als auch dem anderen Ehegatten gehören. Hiermit soll die einzelne Bewertung einzelner Vermögensteile des jeweiligen Ehegatten aus Vereinfachungsgründen verhindert werden. Soweit die Einbeziehung in die einheitliche Bewertung zu steuerlichen Nachteilen führt, begegnet die Regelung nach Auffassung des BFH keinen verfassungsrechtlichen Bedenken (BFH III R 40/73 v. 29.10.1974, BStBl. II 1974, 79).

II. Zurechnung zu einer wirtschaftlichen Einheit

3 Ist der eine Ehegatte zivilrechtlicher Eigentümer des Grund und Bodens, der andere Ehegatte wirtschaftlicher Eigentümer eines aufstehenden Gebäudes, sind beide WG zu einer **wirtschaftlichen Einheit** zusammenzufassen, § 26 ist vorrangig vor § 70 Abs. 3. Das gilt auch, wenn der Ehegatte das Gebäude kraft Erbbaurechtes oder eines ihm eingeräumten Nutzungsrechtes errichtet (BFH III R 131/80 v. 13.6.1984, BStBl. II 1984, 816; *Rössler/Troll* § 26 Rz. 5). Auch bei der Zurechnung von WG des land- und forstwirtschaftlichen Vermögens zu einer wirtschaftlichen Einheit gilt § 26, wenn die WG sowohl dem einen als auch dem anderen Ehegatten gehören (*Rössler/Troll* § 26 Rz. 6). Die Ergänzung des Gesetzes um den Hinweis auf § 99 soll sicherstellen, dass die Regelung des § 26 auch für Betriebsgrundstücke gilt.

§ 26 findet keine Anwendung auf die **Erbschaft- und Schen-** 4 **kungsteuer.** Soweit die die wirtschaftliche Einheit bildenden WG Eltern und ihren Kindern gehören, findet zwischen Eltern und Kindern ebenfalls keine Zurechnung statt.

§ 27 Wertverhältnisse bei Fortschreibungen und Nachfeststellungen

Bei Fortschreibungen und bei Nachfeststellungen der Einheitswerte für Grundbesitz sind die Wertverhältnisse im Hauptfeststellungszeitpunkt zugrunde zu legen.

I. Allgemeines

§ 27 dient der **Gleichmäßigkeit der Bewertung** angesichts des 1 langen Hauptfeststellungszeitraumes bei der Bewertung des Grundbesitzes. Sie soll sicherstellen, dass Veränderungen des Wertniveaus innerhalb eines Hauptfeststellungszeitraumes sich nicht auf die Bewertung auswirken, da ansonsten bei Feststellungen zu unterschiedlichen Zeitpunkten innerhalb des Hauptfeststellungszeitraumes unterschiedliche Bewertungen und eine unterschiedliche Besteuerung eintreten würden (BFH III R 63/79 v. 12.3.1982, BStBl. II 1982, 451).

Beispiel:
Vier Bauherren errichten in 1963, 1978, 1993 und 2000 vier von Ausstattung, Funktion und Bauweise gleiche Häuser zu unterschiedlichen Baukosten. § 27 führt dazu, dass die Wertverhältnisse auf den 1.1.1964 zugrunde zu legen sind, so dass für alle vier Häuser ein (in etwa) gleicher EW festzustellen ist.

II. Wertverhältnisse

2 Bei den Fortschreibungen und Nachfeststellungen des Grundbesitzes sind die Wertverhältnisse im Hauptfeststellungszeitpunkt und die **tatsächlichen Verhältnisse** im Fortschreibungs- oder Nachfeststellungszeitpunkt zugrunde zu legen. Der Unterschied zwischen Wertverhältnissen und tatsächlichen Verhältnissen ist nicht eindeutig, da auch Wertverhältnisse von tatsächlichen Gegebenheiten bestimmt werden (*Rössler/Troll* § 27 Rz. 7 f.; *Gürsching/Stenger* § 27 Rz. 20). Wertverhältnisse sind die Umstände, die das Wert- oder Preisniveau im Hauptfeststellungszeitpunkt bestimmt haben. Hierzu gehören die wirtschaftlichen Verhältnisse, die ihren Niederschlag in den Grundstücks- und Baupreisen und im allgemeinen Mietniveau gefunden haben, zB der Wegfall oder die Änderung von mietpreisrechtlichen Vorschriften. Änderungen die sich hieraus ergeben, dürfen nicht berücksichtigt werden. **Tatsächliche Verhältnisse** sind alle Änderungen am Grundstück, die durch Einzelmaßnahmen oder Einzelumstände bewirkt worden sind, zB der Wegfall der Grundsteuer-Vergünstigung (BFH II R 230/81 v. 15.10.1986, BStBl. II 1987, 201) oder der Grundsteuer-Beihilfe für Arbeiterwohnstätten, das Ende der Eigenschaft „öffentlich gefördert" (BFH II R 229/83 v. 18.12.1985, BStBl. II 1986, 445; II R 17/93 v. 29.11.1995, BFH/NV 1996, 458; II R 86/97 v. 16.6.1999, BFH/NV 1999, 1587) oder die auf einen Bebauungsplan, auf Erschließungsmaßnahmen sowie auf eine Änderung der besonderen Verkehrsverhältnisse beruhen (Fortschreibungs-Richtlinien v. 2.12.1971, BStBl. I 1971, 638 Tz. 13). Zum Wegfall der Grundsteuer-Vergünstigung ab 1.1.1974 und zum Wegfall der Grundsteuer-Beihilfe für Arbeiterwohnstätten vgl. BMF v. 14.1.1972 (BStBl. I 1972, 30).

1. Wertverhältnisse bei der Land- und Forstwirtschaft

3 Wertverhältnisse bei der Land- und Forstwirtschaft sind der Ausdruck des **Ertrags-Aufwands-Gefüges,** das für die Ermittlung der Ertragswerte auf den 1.1.1964 zugrunde gelegt wurde (Fortschreibungs-Richtlinien v. 2.12.1971, BStBl. I 1971, 638 Tz. 14). Es gelten daher bei Fortschreibungen unverändert die Vorschriften der §§ 40 Abs. 2, 5, § 55 Abs. 3, 9 sowie die Ausgangswerte für die Arten der sonstigen land- und forstwirtschaftlichen Nutzung unverändert. Zu den Änderungen der tatsächlichen Verhältnisse vgl. Fortschreibungs-Richtlinien v. 2.12.1971, aaO Tz. 15–17.

2. Wertverhältnisse bei der Bewertung des Grundvermögens

Wertverhältnisse beim Grundvermögen sind vor allem die Verhältnisse, die ihren Niederschlag in Grundstücks-, Baupreisen und im allgemeinen Mietniveau ihren Niederschlag gefunden haben (Rz. 3). Bei der Bewertung **unbebauter Grundstücke** sind die durchschnittlichen Werte anzusetzen, die zum 1.1.1964 für vergleichbare Grundstücke ermittelt worden sind (Fortschreibungs-Richtlinien v. 2.12.1971, BStBl. I 1971, 638 Tz. 18). Das gilt auch für die Bewertung **bebauter Grundstücke** im Sachwertverfahren. Veränderungen der baulichen Ausnutzbarkeit betreffen die tatsächlichen Verhältnisse, nicht die Wertverhältnisse (FG Düsseldorf v. 13.6.1972, EFG 1973, 55). Bei der Bewertung bebauter Grundstücke im Ertragswertverfahren ist vom Mietniveau zum 1.1.1964 auszugehen (BFH II R 238/82 v. 24.9.1985, BStBl. II 1986, 46; Fortschreibungs-Richtlinien v. 2.12.1971 aaO Tz. 19). Eine Wertminderung wegen Alters ist nicht zu berücksichtigen (Fortschreibungs-Richtlinien v. 2.12.1971 aaO Tz. 22; *Rössler/ Troll* § 27 Rz. 26; **aA** *Bein* DStZ 1981, 523).

§ 28 Erklärungspflicht

(1) **Erklärungen zur Feststellung des Einheitswerts sind auf jeden Hauptfeststellungszeitpunkt abzugeben.**

(2) ¹**Die Erklärungen sind innerhalb der Frist abzugeben, die das Bundesministerium der Finanzen im Einvernehmen mit den obersten Finanzbehörden der Länder bestimmt.** ²**Die Frist ist im Bundesanzeiger bekanntzumachen.** ³**Fordert die Finanzbehörde zur Abgabe einer Erklärung auf einen Hauptfeststellungszeitpunkt oder auf einen anderen Feststellungszeitpunkt besonders auf (§ 149 Abs. 1 Satz 2 der Abgabenordnung), hat sie eine besondere Frist zu bestimmen, die mindestens einen Monat betragen soll.**

(3) ¹**Erklärungspflichtig ist derjenige, dem Grundbesitz zuzurechnen ist.** ²**Er hat die Steuererklärung eigenhändig zu unterschreiben.**

I. Erklärungspflicht, Abs. 1

Nach § 149 Abs. 1 AO bestimmen die **Einzelsteuergesetze,** wer zur Abgabe einer Steuererklärung verpflichtet ist. Für das BewG ordnet dies § 28 Abs. 1 für Erklärungen zur Feststellung des EW an. Die

§ 29 Auskünfte, Erhebungen und Mitteilungen

Erklärungen sind auf jeden **Hauptfeststellungszeitpunkt** abzugeben. Für Erklärungen zu Fortschreibungen oder Nachfeststellungen gilt Abs. 1 nicht. Die Verpflichtung zur Abgabe solcher Erklärungen kann sich aus § 149 Abs. 1 Satz 2 AO ergeben, wenn das FA den Steuerpflichtigen zur Abgabe auffordert. Die Aufforderung steht im pflichtgemäßen Ermessen des FA, dann fehlerfrei ausgeübt wird, wenn Anhaltspunkte gegeben sind, dass ein Steuertatbestand verwirklicht worden ist (st. Rspr. BFH I R 45/96 v. 2.7.1997, BFH/NV 1998, 14; *Klein* § 149 AO Rz. 3). Da seit 1964 keine Hauptfeststellung mehr stattgefunden hat, eine neue wohl auch nicht stattfinden wird, hat die Vorschrift, die seit 1998 nur noch für den Grundbesitz von Bedeutung ist, zur Zeit keinen praktischen Anwendungsbereich mehr.

II. Erklärungsfrist, Abs. 2

2   Die Frist zur Abgabe der Erklärung nach Abs. 1 ist vom BMF im Einvernehmen mit den obersten FinBeh. der Länder zu bestimmen und im BAnz. bekannt zu machen. Entsprechend Rz. 1 hat auch diese Vorschrift keine praktische Bedeutung mehr. Die Frist zur Abgabe der Erklärung für Fortschreibung oder Nachfeststellung ist von der auffordernden FinBeh. zu bestimmen. Sie muss angemessen sein und mindestens einen Monat betragen. Bei Fristversäumnis kann die Abgabe der Erklärung nach §§ 328 ff. AO, insbesondere durch Androhung eines Zwangsgeldes erzwungen werden und/oder ein Verspätungszuschlag nach § 152 AO festgesetzt werden, § 152 Abs. 4 iVm. Abs. 1. Zur Berechnung der Höhe ist die steuerliche Auswirkung des EW-Bescheides auf die Grundsteuer zu schätzen.

III. Erklärungspflichtiger, Abs. 3

3   Verpflichtet zur Abgabe der Erklärung ist derjenige, dem die wirtschaftliche Einheit (§ 2) zuzurechnen ist.

§ 29 Auskünfte, Erhebungen und Mitteilungen

(1) [1]**Die Eigentümer von Grundbesitz haben der Finanzbehörde auf Anforderung alle Angaben zu machen, die sie für die Sammlung der Kauf-, Miet- und Pachtpreise braucht.** [2]**Bei dieser Erklärung ist zu versichern, daß die Angaben nach bestem Wissen und Gewissen gemacht sind.**

(2) ¹Die Finanzbehörden können zur Vorbereitung einer Hauptfeststellung und zur Durchführung von Feststellungen der Einheitswerte des Grundbesitzes örtliche Erhebungen über die Bewertungsgrundlagen anstellen. ²Das Grundrecht der Unverletzlichkeit der Wohnung (Artikel 13 des Grundgesetzes) wird insoweit eingeschränkt.

(3) ¹Die nach Bundes- oder Landesrecht zuständigen Behörden haben den Finanzbehörden die rechtlichen und tatsächlichen Umstände mitzuteilen, die ihnen im Rahmen ihrer Aufgabenerfüllung bekannt geworden sind und die für die Feststellung von Einheitswerten des Grundbesitzes, für die Feststellung von Grundbesitzwerten oder für die Grundsteuer von Bedeutung sein können; mitzuteilen sind auch diejenigen Umstände, die für die Erbschaftsteuer oder die Grunderwerbsteuer von Bedeutung sein können, sofern die Finanzbehörden dies anordnen. ²Den Behörden stehen die Stellen gleich, die für die Sicherung der Zweckbestimmung der Wohnungen zuständig sind, die auf der Grundlage des Zweiten Wohnungsbaugesetzes, des Wohnungsbaugesetzes für das Saarland oder auf der Grundlage des Wohnraumförderungsgesetzes gefördert worden sind.

(4) ¹Die Grundbuchämter teilen den für die Feststellung des Einheitswerts zuständigen Finanzbehörden für die in Absatz 3 bezeichneten Zwecke mit
1. die Eintragung eines neuen Eigentümers oder Erbbauberechtigten sowie bei einem anderen als rechtsgeschäftlichen Erwerb auch die Anschrift des neuen Eigentümers oder Erbbauberechtigten; dies gilt nicht für die Fälle des Erwerbs nach den Vorschriften des Zuordnungsrechts,
2. die Eintragung der Begründung von Wohnungseigentum oder Teileigentum,
3. die Eintragung der Begründung eines Erbbaurechts, Wohnungserbbaurechts oder Teilerbbaurechts.

²In den Fällen der Nummern 2 und 3 ist gleichzeitig der Tag des Eingangs des Eintragungsantrags beim Grundbuchamt mitzuteilen. ³Bei einer Eintragung aufgrund Erbfolge ist das Jahr anzugeben, in dem der Erblasser verstorben ist. ⁴Die Mitteilungen können der Finanzbehörde über die für die Führung des Liegenschaftskatasters zuständige Behörde oder über eine sonstige Behörde, die das amtliche Verzeichnis der Grundstücke (§ 2 Abs. 2 der Grundbuchordnung) führt, zugeleitet werden.

§ 29

(5) ¹Die mitteilungspflichtige Stelle hat die Betroffenen vom Inhalt der Mitteilung zu unterrichten. ²Eine Unterrichtung kann unterbleiben, soweit den Finanzbehörden Umstände aus dem Grundbuch, den Grundakten oder aus dem Liegenschaftskataster mitgeteilt werden.

I. Allgemeines

1   Die Vorschrift **ergänzt die allgemeinen Mitwirkungspflichten der AO** für Zwecke der EW-Feststellungen. Zur gleichmäßigen Bewertung der wirtschaftlichen Einheiten des Grundbesitzes bedarf es der Kenntnis des FA von Kauf-, Miet- und Pachtpreisen. Diese Angaben werden von den FA gem. Bodenwert-Richtlinien in Kaufpreissammlungen, Bodenpreiskarte und Richtwertkarte gesammelt. Regelmäßig werden diese Angaben den FA durch die Kaufpreisanzeigen der Notare bekannt, so dass eine Inanspruchnahme des Eigentümers überflüssig ist. Darüber hinaus beziehen sich die Auskünfte und Erhebungen des Abs. 1 und 2 auf die Vorbereitung einer Hauptfeststellung. Da diese nicht mehr zu erwarten ist (vgl. § 19 Rz. 4), ist die Vorschrift zurzeit bewertungsrechtlich **ohne Anwendungsbereich,** so dass im Folgenden lediglich ein Überblick gegeben und auf eine Einzeldarstellung verzichtet wird.

II. Sammlungen von Kaufpreisen, Abs. 1

2   Die Sammlung der in Abs. 1 genannten Preise ist notwendig, wenn eine Hauptfeststellung durchzuführen wäre. Die **Kaufpreissammlung** dient der Bestimmung des gemeinen Werts (§ 9) für unbebaute Grundstücke. Die Mietpreise sind von Bedeutung, wenn eine Bewertung des bebauten Grundstücks nach dem Ertragswertverfahren zu erfolgen hätte. Pachtpreise können bei der Bewertung im Rahmen der Land- und Forstwirtschaft von Bedeutung sein. Erklärungspflichtig ist auf Anforderung des FA der zivilrechtliche oder wirtschaftliche Eigentümer des Grundbesitzes.

III. Örtliche Erhebungen über die Bewertungsgrundlagen, Abs. 2

3   Die FA können bestimmte örtliche **Erhebungen** zur Vorbereitung einer Hauptfeststellung über die Bewertungsgrundlagen anstellen, ins-

besondere Probebewertungen im Ertrags- oder Sachwertverfahren. Hierzu sind die Behörden auf Ermittlungen bei Vergleichsobjekten angewiesen. Die Vorschrift des § 99 AO ist zu beachten.

IV. Mitteilungspflichten von Behörden, Abs. 3

Abs. 3 verpflichtet bestimmte Bundes- oder Landesbehörden, die **4** ihnen im Rahmen ihrer Aufgabenerfüllung bekannt gewordenen **rechtlichen und tatsächlichen Umstände den FA mitzuteilen,** soweit diese Umstände für die Feststellung von EW des Grundbesitzes, für die Feststellung von Grundbesitzwerten oder für die Grundsteuer von Bedeutung sind. Mitzuteilen sind auch Umstände, die für die ErbSt oder GrESt von Bedeutung sind. Die Vorschrift dient mit Inkrafttreten **ab 1.1.1986,** geändert durch das **StÄndG 2001** v. 20.12.2001 (BGBl. I 2001, 3794), dazu, immer schon praktizierte Mitteilungen, insbesondere aus der Sicht des Datenschutzes, auf eine rechtliche Grundlage zu stellen.

Verpflichtete Behörden sind solche, die nach Bundes- oder Landesrecht mit Baumaßnahmen jeder Art befasst sind, also Stadt- und Gemeindeverwaltungen, Baugenehmigungsbehörden, Katasterämter, Denkmalämter, Flurbereinigungsbehörden, sonstige Behörden, die für die Genehmigung für die Errichtung von Pflanzen-, Tierhaltungs- und sonstigen Anlage zuständig sind (*Rössler/Troll* § 29 Rz. 22). **Mitzuteilen** sind nur die Umstände, die den genannten Behörden im Rahmen ihrer Tätigkeiten bekannt werden. Es besteht keine Verpflichtung, gesonderte Ermittlungen darüber hinaus anzustellen. Den Behörden stehen die Stellen gleich, die für die Sicherung der Zweckbestimmung öffentlich oder mit Wohnungsfürsorgemitteln geförderte Wohnungen zuständig sind, zB Wohnungsbauförderungsanstalten und -fürsorgestellen oder Landesbanken, die Kreditmittel hierfür vergeben. Soweit eine Mitteilung erteilt wird, sind die hiervon Betroffenen zu unterrichten, Abs. 5 Satz 1. Nicht unter Abs. 3 fallen Mitteilungen, die die FA untereinander austauschen, zB Kontrollmitteilung über Tatsachen, die anlässlich einer Außenprüfung bekannt werden. Die Rechtsgrundlage hierfür findet sich in § 194 Abs. 3 AO. Mitteilungspflichtige Umstände sind zB erteilte Baugenehmigungen, die Bezugsfertigkeit von Gebäuden ua. (*Christoffel* DB 1986, 248).

V. Mitteilungspflicht von Grundbuchämtern, Abs. 5

Neben den in Abs. 4 genannten Behörden gilt für die Grundbuch- **5** ämter eine besondere Mitteilungspflicht an die FA für Zwecke der

EW-Feststellungen und der Grundsteuer. Die mitteilungspflichtigen Tatsachen dienen einer etwaigen Zurechnungsfortschreibung (Nr. 1: Eintragung eines neuen Eigentümers) oder für Nachfeststellungen (Nr. 2, 3 Begründung von Wohnungs-, Teileigentum, eines Erbbaurechts usw.). Die Grundbuchämter sind nicht verpflichtet, den Betroffenen über die mitgeteilten Tatsachen zu unterrichten. Dies ist sachgerecht, da Informationen aus dem Grundbuch jedem Berechtigten zugänglich sind.

§ 30 Abrundung

¹Die in Deutscher Mark ermittelten Einheitswerte werden auf volle hundert Deutsche Mark nach unten abgerundet und danach in Euro umgerechnet. ²Der umgerechnete Betrag wird auf volle Euro abgerundet.

1 § 30 hat seine Fassung ab 1.1.2002 durch das **Steuer-Euroglättungsgesetz** v. 19.12.2000 (BGBl. I 2000, 1790) erhalten und trägt der Einführung des Euro ab 1.1.2002 Rechnung.

2 Die Abrundungsvorschrift bezieht sich auf **alle Einheitswerte** des Grundbesitzes sowie sinngemäß auf den **Ersatzwirtschaftswert** (vgl. *Rössler/Troll* § 30 Rz. 3).

§ 31 Bewertung von ausländischem Sachvermögen

(1) **¹Für die Bewertung des ausländischen land- und forstwirtschaftlichen Vermögens, Grundvermögens und Betriebsvermögens gelten die Vorschriften des Ersten Teils dieses Gesetzes, insbesondere § 9 (gemeiner Wert). ²Nach diesen Vorschriften sind auch die ausländischen Teile einer wirtschaftlichen Einheit zu bewerten, die sich sowohl auf das Inland als auch auf das Ausland erstreckt.**

(2) **¹Bei der Bewertung von ausländischem Grundbesitz sind Bestandteile und Zubehör zu berücksichtigen. ²Zahlungsmittel, Geldforderungen, Wertpapiere und Geldschulden sind nicht einzubeziehen.**

I. Entstehung und Bedeutung der Vorschrift

1 § 31 Abs. 1 war bereits als § 26, § 31 Abs. 2 als § 11 Abs. 3 im RBewG v. 16.10.1934 (RGBl. I 1934, 1035) enthalten. In der Neufassung des BewG v. 10.12.1965 BStBl. I 1965, 1861) wurden die

Ausländisches Sachvermögen §31

beiden Vorschriften aus dem RBewG mit dem bis heute unveränderten Wortlaut in § 31 zusammengefasst.

§ 31 ist durch das **ErbStRG** v. 24.12.2008 (BGBl. I 2008, 3018) 2 unverändert geblieben. Gleichwohl ist die Vorschrift **nahezu bedeutungslos** geworden. Bis zum 31.12.2008 bestand ihr Sinn darin, zu gewährleisten, dass die Vergünstigungen, die für inländisches land- und forstwirtschaftliches Vermögen, inländisches Grundvermögen und inländisches Betriebsvermögen gewährt wurden, für ausländisches Vermögen nicht zu gewähren. Die Bewertung hatte stets mit dem gemeinen Wert zu erfolgen. Nach dem Paradigmenwechsel zum 1.1.2009 ist der **gemeine Wert der generelle Bewertungsmaßstab,** und zwar durchgehend für alle Vermögensarten (vgl. § 162 Abs. 1 für das land- und forstwirtschaftliche Vermögen, § 177 für das Grundvermögen, § 109 Abs. 1 für das Betriebsvermögen). Deshalb besteht kein Grund mehr, für das ausländische Sachvermögen in einem gesonderten Paragraphen die Bewertung mit dem gemeinen Wert anzuordnen. Denn der gemeine Wert gemäß § 9 ist kein anderer als derjenige, der nunmehr für alle Vermögensarten angeordnet wird (offenbar aA *Hübner,* Erbschaftsteuerreform 2009, S. 474). Vielmehr ist mit *Eisele* (Erbschaftsteuerreform 2. Auflage 2009, S. 241) davon auszugehen, dass **§ 31** eigentlich **hätte obsolet sein sollen.** Für diese Annahme spricht auch das EuGH Rs. C-256/06 v. 17.1.2008, IStR 2008, 144 – *Jäger,* das die Bewertungsdifferenzen für ausländisches und inländisches land- und forstwirtschaftliches Vermögen als im Ergebnis **gemeinschaftswidrig** eingestuft hatte. Anbieten würde sich eine **Änderung des § 31** dahingehend, dass für die Bewertung des ausländischen land- und forstwirtschaftlichen Vermögens, Grundvermögens und Betriebsvermögens die Bewertungsvorschriften, die für inländisches Vermögen gelten, **analog** anzuwenden sind.

§ 31 hat – wie auch andere Vorschriften im BewG – nur noch 3 Bedeutung in **Erbschafts- oder Schenkungsfällen,** wenn der Erblasser oder Schenker oder der Erwerber zurzeit der Entstehung der Steuer Inländer iSv. § 2 Abs. 1 Nr. 1 ErbStG ist und der Vermögensanfall ausländisches land- und forstwirtschaftliches Vermögen, Grundvermögen oder Betriebsvermögen umfasst, das nicht durch ein Doppelbesteuerungsabkommen von der deutschen Erbschaft-/Schenkungsteuer befreit ist (vgl. *Rössler/Troll* § 31 Rz. 4).

II. Ausländisches Sachvermögen

§ 31 verwendet den Begriff „ausländisches Sachvermögen" ledig- 4 lich in der Überschrift. Aus Abs. 1 Satz 1 ergibt sich, dass mit ausländischem Sachvermögen **das ausländische land- und forstwirtschaftliche Vermögen, Grundvermögen und Betriebsvermögen** gemeint ist. Sonstiges im Ausland belegenes oder befindliches oder als ausländisch geltendes Vermögen, beispielsweise eine privat genutzte Segeljacht oder eine Beteiligung an einer ausländischen Kapitalgesellschaft, fällt **nicht** unter die Bewertung des § 31. Dieses Vermögen wird im Rahmen des § 21 Abs. 2 ErbStG erfasst und wie inländisches übriges Vermögen mit dem gemeinen Wert bewertet.

5 *einstweilen frei*

III. Bewertungsgrundsätze (Abs. 1)

1. Anzuwendende Vorschriften

6 § 31 Abs. 1 Satz 1 schreibt vor, dass für das ausländische land- und forstwirtschaftliche Vermögen, Grundvermögen und Betriebsvermögen die **Vorschriften des Ersten Teils des BewG,** insbesondere § 9 (gemeiner Wert) gelten. Der Erste Teil des BewG, das sind die §§ 1 bis 16, enthält die „Allgemeinen Bewertungsvorschriften".

7 Zu den allgemeinen Bewertungsvorschriften gehört zunächst § 2, nach dessen Abs. 1 jede **wirtschaftliche Einheit** für sich zu bewerten und ihr Wert im Ganzen festzustellen ist. Was als wirtschaftliche Einheit zu gelten hat, ist nach der wenig aussagefähigen Bestimmung in § 2 Abs. 1 Satz 3 nach den Anschauungen des Verkehrs zu entscheiden. Bewertungsgegenstand ist nach § 2 Abs. 1 die wirtschaftliche Einheit **im Ganzen.** Dabei kann die wirtschaftliche Einheit ein Einzelwirtschaftsgut sein oder aus mehreren WG bestehen. Voraussetzung ist, dass die mehreren WG wirtschaftlich zusammengehören, beispielsweise zu einem Gewerbebetrieb. Aus der wirtschaftlichen Zusammengehörigkeit folgt grundsätzlich, dass auch die mit den WG im Zusammenhang stehenden Schulden der wirtschaftlichen Einheit zuzuordnen sind (vgl. aber Rz. 16 für land- und forstwirtschaftliches Vermögen und Grundvermögen).

8 § 2 Abs. 1 Satz 3 und Abs. 3 sehen für die wirtschaftliche Einheit eine Wertfeststellung im Ganzen vor, soweit nicht eine Bewertung der einzelnen WG vorgeschrieben ist. Eine solche Einzelbewertung galt nach § 98 a aF für das inländische Betriebsvermögen. Nach der **Erbschaftsteuerreform 2009** gilt nunmehr die Gesamtbewertung auch für das inländische Betriebsvermögen (§ 109 Abs. 1 iVm. § 11 Abs. 2). Das ausländische Sachvermögen ist also grundsätzlich im Wege einer Gesamtbewertung zu bewerten.

Bewertungsgrundsätze (Abs. 1) **§ 31**

Die noch in der 1. Auflage (§ 31 Rz. 8–10) vertretene Auffassung, dass das ausländische Sachvermögen mit dem Teilwert zu bewerten ist, kann nach der **Erbschaftsteuerreform 2009** nicht mehr aufrecht erhalten werden. Durch die Festlegung eines einheitlichen Bewertungsmaßstabs, nämlich dem gemeinen Wert, für alle Vermögensarten, hat § 10 seine Bedeutung für das Betriebsvermögen verloren (vgl. § 10 Rz. 14). Demgemäß kann auch für das **ausländische Sachvermögen** nichts anderes gelten, es ist mit dem **gemeinen Wert** zu bewerten. **9**

Wenn das Gesetz für inländisches als auch für ausländisches Sachvermögen einen einheitlichen Bewertungsmaßstab vorgibt, bestehen keine Bedenken, zur Ermittlung des gemeinen Werts des ausländischen Sachvermögens diejenigen **Vorschriften analog** anzuwenden, die für das inländische Sachvermögen gelten. Es sind also für die Ermittlung des gemeinen Werts des ausländischen land- und forstwirtschaftlichen Vermögens die §§ 158 ff analog anzuwenden. Für die Ermittlung des gemeinen Werts des ausländischen Grundvermögens sind die §§ 176 ff. analog anzuwenden. Für die Ermittlung des gemeinen Werts des ausländischen Betriebsvermögens sind die §§ 109 Abs. 1, Abs. 2, iVm. § 11 Abs. 2 analog anzuwenden. Gleiches gilt im Übrigen für das vereinfachte Ertragswertverfahren (§§ 199 ff.). Wenn für das inländische wie auch für das ausländische Betriebsvermögen ein einheitlicher Bewertungsmaßstab gilt, bestehen keine Bedenken, die Vorschriften des **vereinfachten Ertragswertverfahrens analog** auch auf **ausländisches Betriebsvermögen** anzuwenden (gl.A. ErbStR B 199.1 Abs. 2 und B 199.2 Satz 1; *Eisele,* Erbschaftsteuerreform 2. Auflage 2009 S. 225; **a. A.** *Mannek* DB 2009, 423, 427). **10**

einstweilen frei **11, 12**

2. Wirtschaftliche Einheit, die nur im Ausland liegt

Die besondere Bewertungsvorschrift des § 31 gilt nur, soweit das **Sachvermögen im Ausland** liegt. Dabei trifft es die Fälle, dass die wirtschaftliche Einheit nur im Ausland liegt, oder sich sowohl auf das Inland und das Ausland erstreckt. Bei Gewerbebetrieben, die nur im Ausland belegen sind, gilt ebenfalls der Grundsatz der Bewertung mit dem **gemeinen Wert.** Es bestehen nach dem vorstehend Gesagten (Rz. 10) keine Bedenken, die Vorschriften über die Bewertung des inländischen Betriebsvermögens (§§ 95 ff., insbes. § 109) sowie die Vorschriften über das vereinfachte Ertragswertverfahren gem. §§ 199 ff. analog anzuwenden. Der Wert für das ausländische Sach- **13** vermögen wird im Veranlagungsverfahren der Erbschaftsteuer ermittelt (*Rössler/Troll* § 31 Rz. 9).

3. Wirtschaftliche Einheit, die sich auf das In- und Ausland erstreckt

14 Dieser Fall dürfte am häufigsten bei **Gewerbebetrieben** gegeben sein, wenn nämlich zum inländischen Gewerbebetrieb eine **ausländische Betriebsstätte** gehört. Anders als bei den Gewerbebetrieben, die nur im Ausland liegen, ist das Vermögen der ausländischen Betriebsstätte in der Bilanz des inländischen Gewerbebetriebs erfasst. Das (Gesamt)-Betriebsvermögen ist in einen inländischen und einen ausländischen Anteil aufzuteilen. Die Ermittlung erfolgt nach der indirekten oder direkten Methode, wie sie von Rspr. und Verwaltung entwickelt wurden (vgl. iE *Rössler/Troll* § 31 Rz. 11).

15 Nach der **Erbschaftsteuerreform 2009** (ErbStRG v. 24.12.2008, BGBl. I 2008, 3018) ab 1.1.2009 kommt dieser Aufteilung eine ganz erhebliche Bedeutung zu. Liegt nämlich das ausländische Betriebsvermögen **nicht in der EU**, so können für diesen Teil die Vergünstigungen des § 13a Abs. 1 ErbStG nur gewährt werden, wenn es als Beteiligung an einer Personengesellschaft oder Anteile an einer Kapitalgesellschaft Teil einer wirtschaftlichen Einheit des Betriebsvermögens im Inland ist (ErbStR E 13b.5 Abs. 4 Satz 4).

IV. Umfang des ausländischen Grundbesitzes (Abs. 2)

16 Während **Abs. 1** sowohl das ausländische land- und forstwirtschaftliche Vermögen als auch das Grundvermögen aufführt, spricht **Abs. 2** vom ausländischen Grundbesitz. Auch § 12 Abs. 7 ErbStG erwähnt nur den ausländischen Grundbesitz. Zur **Abgrenzung** wird man auf die Definition des inländischen Grundbesitzes in § 19 Abs. 1 zurückgreifen können. Danach rechnen zum Grundbesitz **Betriebe der Land- und Forstwirtschaft, Grundstücke und Betriebsgrundstücke.**

Nach Abs. 2 gilt, dass auch beim ausländischen Grundbesitz dessen **Bestandteile und Zubehör** bei der Bewertung zu berücksichtigen sind. Zahlungsmittel, Geldforderungen, Wertpapiere und Geldschulden sind dagegen nicht in die Bewertung einzubeziehen (*Rössler/Troll* § 31 Rz. 16).

§ 32 Bewertung von inländischem Sachvermögen

¹Für die Bewertung des inländischen land- und forstwirtschaftlichen Vermögens, Grundvermögens und Betriebsvermögens gelten die Vorschriften der §§ 33 bis 109. ²Nach diesen Vorschriften sind auch die inländischen Teile einer wirtschaftlichen Einheit zu bewerten, die sich sowohl auf das Inland als auch auf das Ausland erstreckt.

I. Entstehung der Vorschrift

Die Vorschrift wurde als § 27 in das RBewG 1935 eingefügt. Die Ergänzung des § 109 a durch das StÄndG 1992 wurde durch das StÄndG 2001 v. 20.12.2001 (BGBl. I 2001, 3794) nach dessen Abschaffung wieder rückgängig gemacht. 1

Die Vorschrift ist durch das **ErbStRG** v. 24.12.2008 (BStBl. I 2009, 140) unverändert geblieben. Dabei hätten die §§ 33 bis 109 in Satz 1 geändert werden müssen, was wohl in der Hektik des Gesetzgebungsverfahrens unterblieben ist. Die Bewertung des inländischen land- und forstwirtschaftlichen Vermögens für die Erbschaft- und Schenkungsteuer erfolgt nicht mehr nach den §§ 33 ff., sondern nach den §§ 158 ff. Die Bewertung des inländischen Grundvermögens für die Erbschaftsteuer erfolgt nicht mehr nach den §§ 68 ff., sondern nach den §§ 176 ff. Dieser **redaktionelle Fehler** sollte bei der nächsten Novellierung des BewG behoben werden. 2

II. Bedeutung der Vorschrift

§ 32 bildet das **Gegenstück zu § 31**. Während § 31 den Bewertungsmaßstab für das ausländische Sachvermögen liefert, erfolgt dies in § 32 für das **inländische Sachvermögen**. Im Unterschied zu § 31 ist jedoch eine gesonderte Zusammenfassung der Wertermittlungsvorschriften durch § 32 **überflüssig**. Denn dass das inländische land- und forstwirtschaftliche Vermögen, Grundvermögen und Betriebsvermögen nach den §§ 95 bis 203 zu bewerten ist, ergibt sich bereits aus den §§ 17 und 19. § 32 ist überdies **unvollständig,** denn es fehlt ein Hinweis auf die Bewertung des auf die neuen Bundesländer entfallenden Sachvermögens; dieses wird nicht nach den §§ 95 bis 203, sondern nach den §§ 125 ff. bewertet. 3

Erstreckt sich die wirtschaftliche Einheit sowohl auf das Inland als auch auf das Ausland, so erfolgen die bewertungsrechtlichen Feststel- 4 lungen für den inländischen Teil nach den jeweils für die betreffende Vermögensart geltenden Vorschriften, wobei der **Zweite Teil des BewG Vorrang vor dem Ersten Teil** hat (§ 17 Abs. 3). Für den ausländischen Teil gilt nicht § 32, sondern § 31 (s. § 31 Rz. 14).

B. Land- und forstwirtschaftliches Vermögen

I. Allgemeines

§ 33 Begriff des land- und forstwirtschaftlichen Vermögens

(1) ¹Zum land- und forstwirtschaftlichen Vermögen gehören alle Wirtschaftsgüter, die einem Betrieb der Land- und Forstwirtschaft dauernd zu dienen bestimmt sind. ²Betrieb der Land- und Forstwirtschaft ist die wirtschaftliche Einheit des land- und forstwirtschaftlichen Vermögens.

(2) Zu den Wirtschaftsgütern, die einem Betrieb der Land- und Forstwirtschaft dauernd zu dienen bestimmt sind, gehören insbesondere der Grund und Boden, die Wohn- und Wirtschaftsgebäude, die stehenden Betriebsmittel und ein normaler Bestand an umlaufenden Betriebsmitteln; als normaler Bestand gilt ein solcher, der zur gesicherten Fortführung des Betriebes erforderlich ist.

(3) Zum land- und forstwirtschaftlichen Vermögen gehören nicht
1. Zahlungsmittel, Geldforderungen, Geschäftsguthaben und Wertpapiere,
2. Geldschulden,
3. über den normalen Bestand hinausgehende Bestände (Überbestände) an umlaufenden Betriebsmitteln,
4. Tierbestände oder Zweige des Tierbestands und die hiermit zusammenhängenden Wirtschaftsgüter (z. B. Gebäude und abgrenzbare Gebäudeteile mit den dazugehörenden Flächen, Betriebsmittel), wenn die Tiere weder nach § 51 oder § 51 a zur landwirtschaftlichen Nutzung noch nach § 62 zur sonstigen land- und forstwirtschaftlichen Nutzung gehören. ²Die Zugehörigkeit der landwirtschaftlich genutzten Flächen zum land- und forstwirtschaftlichen Vermögen wird hierdurch nicht berührt.

Übersicht

	Rn.
I. Allgemeines	1–5
II. Begriff des land- und forstwirtschaftlichen Vermögens	6–44
1. Definition der Land- und Forstwirtschaft	6–9
2. Abgrenzung vom Grundvermögen	10–12
3. Abgrenzung zum Betriebsvermögen	13–44
a) Altregelung	14–25
b) Neuregelung	26–37
c) Tierzucht und Tierhaltung	38–44
III. Bewertungsgegenstand – Betrieb der Land- und Forstwirtschaft	45–54
1. Umfang der wirtschaftlichen Einheit	46–50
2. Abgrenzung der wirtschaftlichen Einheit	51–54
IV. Wirtschaftsgüter eines Betriebes der Land- und Forstwirtschaft (Abs. 2)	55–65
1. Grund und Boden	56, 57
2. Wirtschaftsgebäude	58–61
3. Wohngebäude	62
4. Stehende Betriebsmittel	63
5. Umlaufende Betriebsmittel	64, 65
V. Nicht zum land- und forstwirtschaftlichen Vermögen gehörende Wirtschaftsgüter (Abs. 3)	66–75
1. Zahlungsmittel, Geldforderungen, Geschäftsguthaben und Wertpapiere	68
2. Geldschulden und Lasten	69
3. Überbestand an umlaufenden Betriebsmitteln	70–72
4. Tierbestände und damit zusammenhängende Wirtschaftsgüter	73–75

I. Allgemeines

Das land- und forstwirtschaftliche Vermögen ist eine der drei in § 18 genannten Vermögensarten und gehört gem. § 19 zum **Grundbesitz.** Es ist Steuergegenstand bei der **Grundsteuer,** für die die Einheitswerte weiterhin von Bedeutung sind. Zur möglichen Verfassungswidrigkeit der Einheitsbewertung siehe § 21 Rz. 9.

Anknüpfungspunkte an den Einheitswert gem. § 48, den Wirtschaftswert gem. § 46 oder den Ersatzwirtschaftswert gem. § 125 finden sich darüber hinaus in einer **Vielzahl von anderen Steuergesetzen.** So ist der Wirtschaftswert oder der Ersatzwirtschaftswert Abgrenzungskriterium für die Buchführungspflicht gem. § 141 Abs. 1 Nr. 3 AO.

§ 33 Begriff des land- und forstwirtschaftlichen Vermögens

Der Wirtschaftswert ist Abgrenzungskriterium für den Investitionsabzugsbetrag und die Sonderabschreibung gem. § 7 g EStG. Besonders im Anwendungsbereich der §§ 13, 13 a, 14 EStG sind der Einheitswert, der Wirtschaftswert, der Ersatzwirtschaftswert oder andere bewertungsrechtliche Begrifflichkeiten Abgrenzungs- oder Zurechnungskriterien. Auch die Ermittlung der Anschaffungs- oder Herstellungskosten des vor dem 1.7.1970 angeschafften land- und forstwirtschaftlichen Grund und Bodens gem. § 55 EStG stellt auf bewertungsrechtliche Regelungen ab. Anknüpfungspunkte gibt es darüber hinaus im Körperschaftsteuerrecht gem. § 25 Abs. 2 KStG, im Umsatzsteuerrecht in den §§ 12 Abs. 2 Nr. 3, 4 sowie § 24 Abs. 2 Nr. 2 UStG, im Gewerbesteuerrecht in § 3 Nr. 12, § 9 Nr. 1 GewStG. Daneben hat die Einheitsbewertung für viele **außersteuerliche Bereiche** im Bereich der Land- und Forstwirtschaft noch eine hohe Bedeutung. Dies gilt zB im Rahmen der HöfeO, der landwirtschaftlichen Krankenversicherung, bei der Gebührenbemessung für Rechtsgeschäfte mit landwirtschaftlichem Grundbesitz in § 19 Abs. 2 KostenO (§ 48 GNotKG-E als vorgesehene Nachfolgeregelung), bei der Alterssicherung der Landwirte (ALG) sowie in einer Vielzahl von weiteren außersteuerlichen Sätzen.

3 Neben den gesetzlichen Bestimmungen hat die Finanzverwaltung **Richtlinien für die Bewertung des land- und forstwirtschaftlichen Vermögens** (BewR L) veröffentlicht (BStBl. I 1967, 223). Die Richtlinien behandeln Zweifelsfragen und Auslegungsfragen von allgemeiner Bedeutung, um eine einheitliche Anwendung des Bewertungsrechts durch die Behörden der Finanzverwaltung sicherzustellen. Außerdem geben die Richtlinien aus Gründen der Verwaltungsvereinfachung Anweisungen an die Finanzämter, wie in bestimmten Fällen verfahren werden soll. Sie gelten für die auf den 1.1.1964 durchzuführende Hauptfeststellung des Einheitswerte des land- und forstwirtschaftlichen Vermögens und der Betriebsgrundstücke, die wie land- und forstwirtschaftliches Vermögen zu bewerten sind. Auch heute noch werden diese Richtlinien zur Klärung von Zweifelsfragen herangezogen.

4 Eine wesentliche Grundlage der Bewertung ist das **Bodenschätzungsgesetz**, welches durch das JStG 2008 v. 20.12.2007 (BGBl. I 2007, 3150) neu gefasst wurde. Bestandteil des Bodenschätzungsgesetzes ist ein flächendeckendes Bewertungsverfahren der natürlichen Ertragsfähigkeit landwirtschaftlich nutzbarer Böden im Bundesgebiet. Die Ergebnisse der Bodenschätzung finden über die sog. Ertragsmesszahlen Eingang in die Einheitsbewertung. Die Bodenschätzung erstreckt sich dabei auf die landwirtschaftlich nutzbaren Flächen. Zur Neufassung des Bodenschätzungsgesetzes siehe *Eisele* NWB Fach 9, 2917. Zur Bodenschätzung s. auch § 50.

Begriff des land- und forstwirtschaftlichen Vermögens § 33

Die Regelungen der §§ 33 ff. gelten **nicht** für **Flächen im Bei-** 5
trittsgebiet. Siehe dazu §§ 125, 126.

II. Begriff des land- und forstwirtschaftlichen Vermögens

1. Definition der Land- und Forstwirtschaft

Eine **Definition** der Land- und Forstwirtschaft findet sich in § 33 6
selber nicht. Eine Legaldefinition findet sich dagegen in **§ 158,** der
für Zwecke der Bewertung für die Erbschaftsteuer ab 2009 eingefügt
worden ist. Diese Definition ist eine **tätigkeitsbezogene** Definition. Nach der Rspr. des BFH ist Land- und Forstwirtschaft die
planmäßige Nutzung der natürlichen Kräfte des Bodens zur Gewinnung pflanzlicher und tierischer Erzeugnisse sowie die unmittelbare
Verwertung der dadurch selbstgewonnenen Erzeugnisse, einschließlich der erzeugten Pflanzen und Tiere selbst (ua. BFH III R 122/
71 v. 26.1.1973, BStBl. II 1973, 282; III R 56/77 v. 5.12.1980,
BStBl. II 1981, 498). Als Boden im Sinne des Satzes 1 gelten auch
Substrate und Wasser. Ob eine land- und forstwirtschaftliche Tätigkeit vorliegt, ist jeweils nach dem Gesamtbild der Verhältnisse zu
entscheiden. Entscheidend ist die tatsächliche nachhaltige land- und
forstwirtschaftliche Nutzung. Diese vom BFH entwickelte Begriffsdefinition hat die Finanzverwaltung in die **ertragsteuerliche**
Abgrenzung des land- und forstwirtschaftlichen Betriebes
vom Gewerbebetrieb gem. EStR 15.5 Abs. 1 aufgenommen.

Nicht erforderlich ist, dass die betriebliche Tätigkeit auf Gewinn- 7
erzielung ausgerichtet ist. Demnach sind auch **Liebhabereibetriebe**
im ertragsteuerlichen Sinne dem land- und forstwirtschaftlichen Vermögen zuzuordnen, weil sie ohne Gewinnerzielungsabsicht betrieben werden (BFH II B 35/85 v. 18.12.1985, BStBl. II 1986, 282).
Insoweit bestehen Unterschiede zwischen der ertragsteuerlichen und
der bewertungsrechtlichen Behandlung. Zur Gewinnerzielungsabsicht vgl. *Schmidt/Kulosa* § 13 EStG Rz. 61 ff. sowie *Leingärtner/
Kanzler* Kap. 4 Rz. 1 ff.

Regelmäßig gehören **Wirtschaftsgüter,** die einem Betrieb der 8
Land- und Forstwirtschaft dauernd **dienen bzw. zu dienen**
bestimmt sind, zum land- und forstwirtschaftlichen Vermögen
gem. § 33 Abs. 1 Satz 1. Die Zuordnung erfolgt nach der sog. Verkehrsauffassung, wie sie gem. § 2 Abs. 1 im BewG allgemein heranzuziehen ist (BFH III R 3/67 v. 30.1.1970, BStBl. II 1970, 298).
Zu einem aussetzenden Forstbetrieb s. FG Berlin-Brandenburg 3 K

2099/05 v. 24.2.2010, EFG 2010, 1157. Bei einem landwirtschaftlichen Betrieb ist eine Gesamtwürdigung der betrieblichen Verhältnisse vorzunehmen (BFH IV R 48/96 v. 10.4.1997, BFH/NV 1997, 749). Bei einer langjährigen Verpachtung s. FG Niedersachsen 1 K 468/04 v. 10.7.2008, BeckRS 2008, 26027893.

9   Daneben sind auch die üblichen **Abgrenzungsvorschriften zu den anderen Vermögensarten** zu beachten. Unter bestimmten Voraussetzungen können Flächen oder andere WG zum Grundvermögen gemäß § 68 oder Betriebsvermögen gemäß § 95 gehören.

2. Abgrenzung vom Grundvermögen

10 Zur Abgrenzung des Grundvermögens vom land- und forstwirtschaftlichen Vermögen, die von großer praktischer Bedeutung ist, siehe §§ 68, 69. Es handelt sich dabei um eine **Ausnahmevorschrift** zu § 33. Soweit Flächen mit Wohn- und Wirtschaftsgebäuden bebaut sind, zählen diese Flächen nicht zum Grundvermögen. Dies folgt aus § 33 Abs. 2, § 34.

11 Landwirtschaftlich genutzte Grundstücke, die an einen **Golfplatzbetreiber** verpachtet sind, dienen nicht mehr dauerhaft einem Betrieb der Land- und Forstwirtschaft gem. § 33, so dass sie gem. § 68 Abs. 1 dem Grundvermögen zuzurechnen sind. Die Bewertung hat sich hierbei an dem innerlandwirtschaftlichen Verkehrswert als Untergrenze zu orientieren (BFH II R 34/02 v. 20.10.2004, BStBl. II 2005, 256; BFH II R 35/02 v. 17.11.2004, BFH/NV 2005, 837). Zur ertragsteuerlichen Einordnung bei Errichtung und Betrieb eines Golfplatzes auf bisher land- und forstwirtschaftlich betriebenen Flächen s. FinMin Baden-Württemberg v. 1.4.2010 (Lafo-Kartei BW Fach 5 Nr. 2.5). Eine ertragsteuerliche Zwangsentnahme bei Verpachtung landwirtschaftlicher Grundstücke an einen Golfclub entsteht daher unabhängig von der bewertungsrechtlichen Einordnung nicht (BFH IV B 79/06 v. 3.5.2007, BFH/NV 2007, 2084).

12 Soweit Flächen eines Betriebes der Land- und Forstwirtschaft einem **Bergbauunternehmer** durch Einräumung eines Nutzungsrechts überlassen werden, kann dieser aufgrund des eingeräumten Nutzungsrechts Teile des Grund und Bodens zum Abbau des darin befindlichen bergfreien Bodenschatzes nutzen. Der Bergbautreibende hat aber nach erfolgtem Abbau die Fläche in rekultiviertem Zustand zur Fortsetzung der land- und forstwirtschaftlichen Nutzung zurückzugeben. In diesem Fall zählt das Grundstück weiterhin zum land- und forstwirtschaftlichen Vermögen (BFH II R 24/06 v. 9.4.2008, BStBl. II 2008, 951). Eine Umqualifizierung zum Grundvermögen findet nicht statt.

3. Abgrenzung zum Betriebsvermögen

Zwischen dem land- und forstwirtschaftlichen Vermögen und dem Betriebsvermögen ergeben sich immer dann **Abgrenzungsprobleme,** wenn die landwirtschaftliche Tätigkeit mit einem Handels- oder Dienstleistungsgeschäft des Landwirts verbunden ist. Die Einheitsbewertung des Betriebsvermögens ist zwar zum 31.12.1997 weggefallen, jedoch führt die Zugehörigkeit zum land- und forstwirtschaftlichen Vermögen zur Belastung mit Grundsteuer. Die Abgrenzung ist insbesondere für die Einkommensteuer von Bedeutung, EStR 15.5. Siehe dazu *Leingärtner* Kap. 12 und Kap. 13; *Schmidt/Kulosa* § 13 Rz. 39 ff. Die Abgrenzung des land- und forstwirtschaftlichen Vermögens vom Betriebsvermögen ist durch die Gleichl. Ländererlasse v. 15.12.2011 (BStBl. I 2011, 1213, 1217) komplett neu gefasst worden. Die **Neufassung** geht zurück auf BFH IV R 21/06 v. 25.3.2009, BStBl. II 2010, 113), der die bisherige Richtlinien-Regelung zur ertragsteuerlichen Abgrenzung landwirtschaftlicher Tätigkeiten von gewerblichen Tätigkeiten punktuell abgelehnt hat. Die Neuregelung gilt aus bewertungsrechtlicher Sicht für alle Bewertungsstichtage ab dem 1.1.2012. Sie kann darüber hinaus auf Antrag in allen noch offenen Fällen und damit auch rückwirkend angewendet werden. 13

a) Altregelung. Zur Altregelung siehe die Kommentierung in der 2. Auflage unter § 33 Rz. 14 ff. 14
einstweilen frei 15–25

b) Neuregelung. Mit den Gleichl. Ländererlassen v. 15.12.2011 (BStBl. I 2011, 1213, 1217) hat die Finanzverwaltung die **Abgrenzung** des land- und forstwirtschaftlichen Vermögens vom Betriebsvermögen **komplett neu geregelt.** Der im BStBl. I 2011, 1213 abgedruckte Erlass ist von den Alt-Bundesländern Baden-Württemberg, Bayern, Berlin, Bremen, Hamburg, Hessen, Niedersachsen, Nordrhein-Westfalen, Rheinland-Pfalz, Saarland und Schleswig-Holstein veröffentlicht worden. Dagegen ist der im BStBl. I 2011 S. 1217 veröffentlichte Erlass von den Ländern Brandenburg, Mecklenburg-Vorpommern, Sachsen, Sachsen-Anhalt, Thüringen sowie Berlin und Niedersachsen veröffentlicht worden. 26

Der zweite, inhaltlich wesensgleiche Ländererlass **betrifft nur die neuen Bundesländer sowie Berlin (Ost-Berlin) und auch Niedersachsen,** denn das Amt Neuhaus ist im Zuge der Wiedervereinigung dem Land Niedersachsen zugeordnet worden. Mit der Neuregelung, die für Bewertungszeiträume **ab 2012,** aber auch für alle offenen Fälle gilt, ist der bisherige Abschnitt 1.03 BewRL Landwirtschaft v. 17.11.1967 (BStBl. I 1967, 397) erheblich überarbeitet worden. Die Abgrenzung gilt auch für ertragsteuerliche Zwecke und ersetzt dort die bisherige Regelung in EStR 15.5 (BMF v. 19.12.2011, BStBl. I 2011, 1249).

27 Unverändert **definiert Abs. 1 die land- und forstwirtschaftliche Tätigkeit**. Liegen **unterschiedliche Tätigkeiten** vor, sind diese nunmehr nach der neuen BFH-Rechtsprechung immer **getrennt zu behandeln**. Eine einheitliche Tätigkeit kann nur noch in Ausnahmefällen vorliegen. Der Verkauf oder die Verwertung von eigenen Produkten führt immer zu land- und forstwirtschaftlichen Einkünften gem. § 13 EStG. **Satz 8** klärt, dass bei einer Mitunternehmerschaft, die einen landwirtschaftlichen Betrieb bewirtschaftet, gewerbliche Einkünfte nicht zu einer Abfärbung gem. § 15 Abs. 3 Nr. 1 EStG führen, soweit die erlaubten Grenzen für gewerbliche Einkünfte nicht überschritten werden.

28 Im Wesentlichen unverändert ist auch die Definition des **Strukturwandels** gemäß **Satz 2**. Es wird nach wie vor unterschieden zwischen dem **sofortigen** Strukturwandel und dem **allmählichen** Strukturwandel mit seinem Drei-Jahreszeitraum. Ein sofortiger Strukturwandel ist insbesondere dann gegeben, wenn ein Landwirt planmäßige Maßnahmen ergreift, die auf Dauer eine entsprechende nachhaltige Kapazitätserweiterung bedeuten (BFH IV R 18/06 v. 19.2.2009, BStBl II 2009, 654). In diesen Fällen beginnt grundsätzlich mit der ersten Vorbereitungshandlung, die auf die nachhaltige Kapazitätserweiterung gerichtet ist, ein Gewerbebetrieb. Ansonsten gilt ein Beobachtungszeitraum von drei Jahren.

29 Im Wesentlichen neu begründet wird der **Nebenbetrieb** gemäß **Abs. 3**, auch wenn die Ergänzungen inhaltlich wohl keine Änderung bedeuten. Geklärt wird, dass **Produkte der zweiten Verarbeitungsstufe** bis zu einem Umsatz von 51.500 € oder ⅓ des Gesamtumsatzes noch zu den Einkünften aus Land- und Forstwirtschaft zählen. Die bisherige Grenze von 10.300 € für die Vermarktung von Produkten der 2. Verarbeitungsstufe wird aufgegeben. Produkte der zweiten Verarbeitungsstufe sind danach immer gewerbliche Produkte, für welche die allgemeine Abgrenzungsregelung gem. Abs. 11 greift.

30 **Abs. 4** regelt die unmittelbare **Verwertung organischer Abfälle**. Werden organische Abfälle wie Klärschlämme auf den selbstbewirtschafteten Flächen ausgebracht, zählen die daraus resultierenden Einnahmen ohne betragsmäßige Höhe zu den Einkünften aus Land- und Forstwirtschaft. Werden die Klärschlämme nicht auf den selbstbewirtschafteten Flächen ausgebracht, greift die allgemeine Abgrenzungsregelung, dass die Umsätze daraus die relative und abso-

Begriff des land- und forstwirtschaftlichen Vermögens § 33

lute Grenze nicht übersteigen dürfen. Werden organische Abfälle aufbereitet, also z. B. abgenommene Speisereste erhitzt und für die Verfütterung vorbereitet, ist aufgrund der Be- und Verarbeitung von einem Nebenbetrieb auszugehen.

Abs. 5 definiert **eigene und fremde Erzeugnisse**. Auch Produkte der ersten Verarbeitungsstufe gelten als eigene Erzeugnisse. Roh-, Hilfs- und Betriebsstoffe, die im Rahmen des Erzeugerprozesses verwendet werden, gelten ebenfalls als eigene Erzeugnisse. Als zugekaufte und damit fremde Erzeugnisse gelten gemäß Satz 7 alle Produkte und Handelswaren, die nicht im Rahmen des Erzeugungsprozesses verwendet werden. Die bisherige Differenzierung zwischen betriebstypischen, betriebsuntypischen oder Handelswaren wird aufgegeben. 31

Komplett neu geregelt wird auch **Abs. 6 (Absatz eigener Erzeugnisse i. V. m. Zukaufswaren)**. Es wird hier der Grundsatz der BFH-Rechtsprechung (BFH IV R 21/06 v. 25.3.2009, BStBl. II 2010, 113) umgesetzt, dass die Veräußerung von Produkten in einem Hofladen oder Handelsgeschäft danach getrennt werden muss, ob die Produkte aus der Eigenerzeugung oder aus dem Handel stammen. Ein **Nebeneinander** von landwirtschaftlichen und gewerblichen Einkünften in einem Hofladen oder einem Handelsgeschäft ist daher die Regel und nicht die Ausnahme. 32

Abs. 7 regelt unverändert den **Absatz eigener Erzeugnisse i. V. m. Dienstleistungen**. Hier handelt es sich in erster Linie um Grabpflege- und Gartengestaltungsumsätze. Unverändert gilt der Grundsatz, dass solche Dienstleistungen dem Grunde nach eine einheitlich zu beurteilende Tätigkeit mit verschiedenen Leistungskomponenten sind. Überwiegt dabei die gewerbliche Tätigkeit (50 %-Grenze), ist insgesamt von gewerblichen Einkünften auszugehen. 33

Die **Veräußerung von selbsterzeugten Getränken mit weiteren Leistungen**, wie z. B. in Straußenwirtschaften, wird in **Abs. 8** im Wesentlichen unverändert geregelt. Auch hier gilt, dass die Vermarktung der eigenerzeugten Getränke, also der Ausschank, immer Urproduktion ist. Lediglich der Verkauf von Speisen und anderen Getränken stellt gewerbliche Einkünfte vor, wobei hier auch die relative und absolute Umsatzgrenze greift. 34

Abs. 9 und 10 behandeln die **Verwendung von Wirtschaftsgütern** außerhalb des Betriebs sowie **land- und forstwirtschaftliche Dienstleistungen**. Es handelt sich hier um die klassischen Lohnunternehmerleistungen. Diese Leistungen zählen dann zu den land- und forstwirtschaftlichen Einkünften, wenn die relative und absolute Umsatzgrenze nicht überschritten wird. Es wird nicht mehr danach differenziert, ob der Leistungsempfänger ein Landwirt oder ein Nicht- 35

§ 33 Begriff des land- und forstwirtschaftlichen Vermögens

landwirt ist. Voraussetzung ist alleine, dass die jeweilige Maschine zu mindestens 10 % im eigenen Betrieb eingesetzt werden kann.

36 Die zentrale Vorschrift der Neu-Regelung ist der neu eingefügte **Abs. 11**, welcher die **Abgrenzungsregelung** mit der **relativen und absoluten Umsatzgrenze** beinhaltet. Nach Satz 1 gilt eine relative und absolute Grenze für die Abs. 3 bis 8, also für die Umsätze aus Nebenbetrieben, Verkauf von Zukaufswaren sowie der Absatz eigener Erzeugnisse oder selbsterzeugter Getränke mit weiteren Leistungen. Für die Abs. 9 und 10, also klassische Lohnunternehmerleistungen, gilt die Grenze daneben gesondert. Für beide Tätigkeitsbereiche kann daher die relative und absolute Umsatzgrenze nebeneinander angewendet werden. Bei der Umsatzgrenze ist auf den **Netto-Gesamtumsatz** des gesamten Betriebs abzustellen. Zu beachten ist **Abs. 11 Satz 3** der Neuregelung. Die Umsätze aus den beiden Tätigkeitsbereichen dürfen zusammen nicht mehr als 50 % des Gesamtumsatzes des Betriebs betragen. Es gilt eine **Überwiegensgrenze**.

37 Im Wesentlichen unverändert geblieben sind die beiden Absätze zur **Energieerzeugung (Abs. 12)** und zur **Beherbergung von Fremden (Abs. 13)**. Die Erzeugung von Energie durch Wind-, Solar- oder Wasserkraft führt zu gewerblichen Einkünften. Allein die Erzeugung von Biogas kann u.U. ein Nebenbetrieb zum landwirtschaftlichen Hauptbetrieb darstellen. Unverändert geblieben ist auch die Abgrenzung bei einer Beherbergung von Fremden.

38 **c) Tierzucht und Tierhaltung.** Tierzucht und Tierhaltung gehört bei für die Landwirtschaft **typischen Tierarten** ebenfalls zur wirtschaftlichen Einheit des land- und forstwirtschaftlichen Betriebes. Zur Abgrenzung einer gewerblichen Tierhaltung erfolgt eine Umrechnung des Tierbestandes in Vieheinheiten nach § 51 Abs. 2 bis 5. Wenn Tierbestände oder Zweige von Tierbeständen nicht zum land- und forstwirtschaftlichen Vermögen gehören, rechnen auch die damit in wirtschaftlichem Zusammenhang stehenden Gebäude, Gebäudeteile, Betriebsmittel etc. zum Betriebsvermögen. Die landwirtschaftlich genutzten Flächen bleiben jedoch in der wirtschaftlichen Einheit land- und forstwirtschaftlicher Betrieb.

39 Die **Pensionspferdehaltung** gehört immer dann zur landwirtschaftlichen Tierhaltung, wenn die **Flächen-, Tierrelation** gem. § 13 Abs. 1 Nr. 1 EStG, § 51 eingehalten wird. Dies gilt auch bei dem Zukauf, der Ausbildung und dem Weiterverkauf von Reitpferden (BFH IV R 34/06 v. 17.12.2008, BStBl. II 2009, 453). Bei Pferdebetrieben gilt dies auch dann, wenn den Pferdeeinstellern Reitanlagen inklusive Reithalle zur Verfügung gestellt werden (BFH III R 182/84 v. 23.9.1988, BStBl. II 1989, 111). Eine **Reitschule** ist kein landwirtschaftlicher Betrieb, sondern ein eigener gewerblicher Betrieb. Voraussetzung ist, dass neben eigenen Reitpferden auch fremde untergebracht und entgeltlich an Dritte überlassen werden sowie die Pflege und Versorgung der Pferde und die reiterliche Ausbildung der Reitschüler vorgenommen wird (BFH V R 22/78 v. 16.7.1987, BStBl. II 1988, 83).

einstweilen frei **40–44**

III. Bewertungsgegenstand – Betrieb der Land- und Forstwirtschaft

Die **wirtschaftliche Einheit** des land- und forstwirtschaftlichen **45** Vermögens ist der Betrieb der Land- und Forstwirtschaft gem. § 33 Abs. 1 Satz 2. Was darunter zu verstehen ist, bestimmt sich nach den allgemeinen Grundsätzen des § 2 und damit nach der Verkehrsauffassung. Der Begriff „Betrieb" ist irreführend. Es wird weder eine bestimmte Mindestgröße noch ein bestimmter Besatz mit Wirtschafts- und Wohngebäuden gefordert. Jede land- und forstwirtschaftlich genutzte Fläche kann für sich eine eigene wirtschaftliche Einheit land- und forstwirtschaftlicher Betrieb darstellen. Dies folgt auch aus der Regelung zur Stückländerei gem. § 34 Abs. 7, die aus einer einzelnen Fläche bestehen kann.

1. Umfang der wirtschaftlichen Einheit

Was als eine wirtschaftliche Einheit land- und forstwirtschaftlicher **46** Betrieb anzusehen ist, bestimmt sich nach
– der **Verkehrsauffassung,** § 2 Abs. 1 Sätze 3 und 4,
– der **Eigentümeridentität,** § 2 Abs. 2 und
– der gleichen **Vermögensart** gem. § 33 Abs. 1.

Mehrere getrennt liegende Flächen können nach der Verkehrsauffas- **47** sung nur dann in die wirtschaftliche Einheit einbezogen werden, wenn sie von einer Hofstelle aus bewirtschaftet werden und zwischen ihnen ein innerer wirtschaftlicher Zusammenhang besteht (BewRL 1.05 Abs. 2). Es gilt der **Grundsatz der Zentralbewirtschaftung**, so dass eine Gesamtwürdigung der betrieblichen Verhältnisse vorzunehmen ist (BFH IV R 48/96 v. 10.4.1997, BFH/NV 1997, 749). Auch eine Hofstelle, von der aus nur Pachtland bewirtschaftet wird, bildet einen land- und forstwirtschaftlichen Betrieb.

Verpachtete landwirtschaftliche Flächen gehören deshalb **48** nicht zur wirtschaftlichen Einheit, sondern stellen daneben einen eigenen land- und forstwirtschaftlichen Betrieb (Stückländerei) dar, der dem Verpächter zugerechnet wird. Hierbei können verschiedene Pachtflächen innerhalb einer Gemeinde zu einer einzigen wirtschaftlichen Einheit zusammengefasst werden, siehe § 34 Rz. 45 ff. Nicht in die wirtschaftliche Einheit einzubeziehen ist eine **hinzuerworbene**, aber im Feststellungszeitpunkt noch an einen Dritten **verpachtete Fläche.** Dies gilt selbst dann, wenn der Erwerber die Absicht hat, zukünftig beide Flächen gemeinsam zu bewirtschaften (FG Schl-Hol v. 27.8.2003, EFG 03, 1592). Dabei geht es nicht um die Trennung von bislang als eine wirtschaftliche Einheit erfasstem Grundbesitz, sondern um die erstmalige Zusammenfassung zweier bisher getrennter wirtschaftlicher Einheiten. Ist daher zum maßgeblichen Stichtag eine Bewirtschaftung der selbstgenutzten und der durch den Zukauf noch verpachteten Flächen von einer gemeinsamen Hofstelle aus nie erfolgt, werden diese Einheiten nicht zusammengefasst. Erst ab der **Eigenbewirtschaftung** erfolgt daher die erstmalige Zusammenfassung zu einer wirtschaftlichen Einheit.

49 Die WG müssen wie bei jeder Abgrenzung der wirtschaftlichen Einheit einem **Eigentümer** gehören. Eine Ausnahme von diesem Grundsatz gilt bei der Einheitsbewertung bei **Ehegatteneigentum** gem. § 26. Wird der land- und forstwirtschaftliche Betrieb von einem Ehegatten bewirtschaftet, so sind auch die Wirtschaftsgüter, Flächen, Gebäude und Betriebsmittel, einzubeziehen, die dem anderen Ehegatten gehören, wenn sie im Betrieb genutzt werden. Der Betrieb wird aber nur dem einen Ehegatten zugerechnet. Diese bewertungsrechtliche Besonderheit kann aber nicht als Indiz für eine ertragsteuerlich anzunehmende Ehegatten-Mitunternehmerschaft sein (*Stephany* AUR 2011, 190).

50 Nicht um einen Fall des § 26 handelt es sich, wenn die **Ehegatten gemeinsam den landwirtschaftlichen Betrieb bewirtschaften** zB im Rahmen einer GbR. Hier werden die Wirtschaftsgüter gem. § 3 für Zwecke der Bewertung zusammengefasst und dann auf die Beteiligten nach dem Verhältnis ihrer Anteile aufgeteilt. Weitere Besonderheiten für Betriebe der Land- und Forstwirtschaft enthält § 34 Abs. 4 bis 6.

2. Abgrenzung der wirtschaftlichen Einheit

51 Der Betrieb der Land- und Forstwirtschaft besteht aus einem **Wohn- und Wirtschaftsteil** (§ 34 Abs. 1), denen die einzelnen WG des § 33 Abs. 2 zuzuordnen sind. Von der jeweiligen Zuordnung hängt ua. die Art der Bewertung ab.

52 Nicht zur wirtschaftlichen Einheit zählen die **Betriebswohnungen**.

53, 54 *einstweilen frei*

IV. Wirtschaftsgüter eines Betriebes der Land- und Forstwirtschaft (Abs. 2)

Ein Betrieb der Land- und Forstwirtschaft besteht grundsätzlich aus allen WG, die dem **Betrieb dauernd zu dienen bestimmt** sind. § 33 Abs. 2 zählt die wichtigsten dieser WG beispielhaft auf. Zum Betrieb gehören außerdem dingliche Rechte, wie Grunddienstbarkeiten, Wegerecht, Weiderecht, Fischereirecht. Ebenso gehört die Ausbeute von Bodenschätzen zur Land- und Forstwirtschaft, wenn die gewonnene Substanz überwiegend im eigenen land- und forstwirtschaftlichen Betrieb verwendet wird.

1. Grund und Boden

Vorbehaltlich des § 69 gehören sämtliche land- und forstwirtschaftlich genutzten Flächen zur wirtschaftlichen Einheit land- und forstwirtschaftlicher Betrieb. Die jeweiligen **Nutzungen** sind in § 34 Abs. 2 aufgezählt.

Neben diesen eigentlichen bewirtschafteten Flächen gehören dazu auch die **Hof- und Gebäudefläche** und der dazugehörige Hausgarten bis zu einer Größe von 10 Ar gem. § 40 Abs. 3 Satz 2. Größere Hausgärten sind der landwirtschaftlichen Nutzung zuzuordnen, BewRL 1.14 Abs. 1, weiter **Wirtschaftswege**, Hecken, Gräben, Grenzraine u. dgl., das Abbauland, Geringstland und Unland, bzgl. der Begriffe siehe §§ 34 und 43–45, ebenso der einem Nebenbetrieb dienende Grund und Boden, § 42.

2. Wirtschaftsgebäude

Wirtschaftsgebäude sind **Gebäude und Gebäudeteile des Betriebes,** wie Stallungen, Scheune, Werkstätten, Maschinen- und Geräteschuppen, Vorrats-, Keller- und Lagerräume. Auch Büroräume sind Teil des Betriebes. Die Wirtschaftsgebäude sind stets dem landwirtschaftlichen Vermögen zuzuordnen, das gilt auch dann, wenn sie leer stehen. Voraussetzung ist, dass sie keiner anderen Zweckbestimmung zugeführt werden. In diesem Zeitpunkt scheiden sie aus dem landwirtschaftlichen Vermögen aus.

Gebäude und Gebäudeteile, die den **Arbeitskräften des Betriebs** und deren Familienangehörigen zu Wohnzwecken dienen, sind ebenfalls Wirtschaftsgebäude und damit im Wirtschaftswert zu erfassen. Nicht erforderlich ist, dass der Wohnungsinhaber oder seine Familienangehörigen ganz im Betrieb tätig sind. Es genügt, dass

§ 33 Begriff des land- und forstwirtschaftlichen Vermögens

einer mind. 100 Tage im Jahr zur Mitarbeit verpflichtet ist, BewRL 1.02 Abs. 4, BewRL 1.07 Abs. 2.

60 Gebäude und Gebäudeteile, die **nicht landwirtschaftlichen Zwecken** des Betriebs dienen, sondern zB zu gewerblichen Zwecken vermietet werden, wie Werkstätten, und solche Gebäude und Gebäudeteile, die zu Wohnzwecken an nicht im Betrieb mitarbeitende Personen vermietet werden, scheiden aus dem land- und forstwirtschaftlichen Betrieb aus und sind als eigene wirtschaftliche Einheit des Grundvermögens zu bewerten.

Nach BMF v. 15.12.2011 (BStBl. I 2011, 1213) gilt bei Grundstücken und Gebäuden, die für land- und forstwirtschaftliche Zwecke genutzt werden und auch einem Gewerbebetrieb dienen, eine **10 %-Grenze als Vereinfachungsgrenze.** Solange diese Gebäudeteile noch mindestens 10 % für landwirtschaftliche Zwecke genutzt werden, bleiben sie unverändert bewertungsrechtlich land- und forstwirtschaftliches Vermögen. Betroffen davon sind Gebäude, in denen auch Zukaufswaren veräußert werden oder Gerät untergestellt wird, welches einem gewerblichen Lohnunternehmen dient. Aufgrund der regelmäßig stark schwankenden Nutzung ist die 10 %-Grenze aus Vereinfachungsgründen sachgerecht.

61 Die Wirtschaftsgebäude sind dem **Wirtschaftsteil** des land- und forstwirtschaftlichen Betriebes zuzuordnen. Sie sind mit Ansatz des Vergleichswertes gem. § 37 abgegolten.

3. Wohngebäude

62 Gebäude und Gebäudeteile, soweit sie dem **Inhaber des Betriebs** und seinen Familienangehörigen, den Altenteilern und dem Hauspersonal zu Wohnzwecken dienen, gehören zum Wohnteil gem. § 34 Abs. 3. Zur Abgrenzung s. § 34 Rz. 22 ff.

4. Stehende Betriebsmittel

63 Stehende Betriebsmittel sind Wirtschaftsgüter, die dem **Betrieb dauernd zu dienen** bestimmt sind. Der Begriff entspricht dem Anlagevermögen im Ertragsteuerrecht. Dazu gehören das sog. **tote Inventar,** wie Geräte, PKW, Maschinen, Betriebsvorrichtungen und das **lebende Inventar,** wie Zuchtvieh, Milchkühe, Zugtiere, Legehennen etc. Ein Überbestand rechtfertigt uU einen Zuschlag gem. § 41.

5. Umlaufende Betriebsmittel

64 Umlaufende Betriebsmittel sind Wirtschaftsgüter, die **zum Verbrauch oder Verkauf** bestimmt sind. Der Begriff entspricht dem

Umlaufvermögen im Ertragsteuerrecht. Es handelt sich dabei ua. um Saatgut, Futter, Düngemittel, Erntevorräte, Betriebsstoffe, Mastvieh. Bei der forstwirtschaftlichen Nutzung gehört auch das eingeschlagene Holz dazu.

Es gehört aber nur der **normale Bestand** der umlaufenden 65 Betriebsmittel zur wirtschaftlichen Einheit land- und forstwirtschaftlicher Betrieb. Als normal gilt ein Bestand, der zur gesicherten Fortführung des Betriebs bis zum Beginn der nächsten Ernte erforderlich ist, BewRL 1.04 Abs. 2.

V. Nicht zum land- und forstwirtschaftlichen Vermögen gehörende Wirtschaftsgüter (Abs. 3)

Hierbei handelt es sich um Wirtschaftsgüter, die tatsächlich einem 66 Betrieb der Land- und Forstwirtschaft dienen, jedoch vom **Gesetzgeber ausdrücklich ausgenommen** wurden. Es soll damit verhindert werden, dass die aufgezählten Wirtschaftsgüter der Grundsteuer unterworfen werden. Außerdem macht die Bewertungsmethode für land- und forstwirtschaftliche Betriebe den Ausschluss dieser Wirtschaftsgüter notwendig.

Der Ausschluss dieser Wirtschaftsgüter führt zu einer **Erfassung bei** 67 **den anderen Vermögensarten.** Bei der Erbschaftsteuer waren Verbindlichkeiten bis Ende 2008 nur als Nachlassverbindlichkeiten im Rahmen des § 10 Abs. 5 ErbStG abziehbar. Dies hat sich ab 2009 geändert. So gehören Verbindlichkeiten gem. § 158 Abs. 4 in bestimmten Fällen zur land- und forstwirtschaftlichen Bewertungseinheit.

1. Zahlungsmittel, Geldforderungen, Geschäftsguthaben und Wertpapiere

Bargeld und Geldforderungen, die tatsächlich aus dem land- 68 wirtschaftlichen Betrieb resultieren, zB durch den Verkauf von Ernte, Vieh etc., gehören nicht zur wirtschaftlichen Einheit. Ebenso bleiben Geschäftsguthaben bei Genossenschaften, zB Winzergenossenschaft, sowie **Wertpapiere,** wie zB Aktien, außer Betracht. Die genannten Wirtschaftsgüter gehören zum übrigen Vermögen.

2. Geldschulden und Lasten

Geldschulden dürfen nach dem Willen des Gesetzgebers den 69 Einheitswert des Betriebes der Land- und Forstwirtschaft nicht mindern. Dabei handelt es sich um sämtliche mit dem Betrieb zusammenhängende Schulden, wie Schulden in Zusammenhang mit den

Betriebsmitteln, dem Kauf von Flächen bzw. dem Bau oder Umbau von Wohn- und Wirtschaftsgebäuden.

3. Überbestand an umlaufenden Betriebsmitteln

70 **Überbestand** an umlaufenden Betriebsmitteln ist der Bestand, der über den Normalbestand hinausgeht. **Normalbestand** ist ein Bestand, der zur gesicherten Fortführung des Betriebs bis zum Beginn der nächsten Ernte erforderlich ist, BewRL 1.04 Abs. 2. Das kann je nach Betriebsart sehr unterschiedlich sein.

71 Bei der **landwirtschaftlichen Nutzung** ist ein Überbestand allein wegen der Haltbarkeit kaum denkbar, da die Ernte verkauft oder wiederverwendet wird. Bei der **forstwirtschaftlichen Nutzung** gehört zum Normalbestand das eingeschlagene Holz, soweit es den jährlichen Nutzungssatz nicht übersteigt, § 53. Bei **Weinbaubetrieben** gehört zum Normalbestand der Weinvorrat aus den Ernten der letzten fünf Jahre vor dem Bewertungsstichtag, § 56.

72 **Maßgebender Zeitpunkt** für die Ermittlung des Überbestandes ist der letzte Tag des Wirtschaftsjahres, das dem Feststellungszeitpunkt vorangeht, § 35 Abs. 2. Der Überbestand ist beim übrigen Vermögen ggf. zu berücksichtigen und mit dem gemeinen Wert gem. § 9 anzusetzen.

4. Tierbestände und damit zusammenhängende Wirtschaftsgüter

73 **Tierbestände** gehören nur unter den Voraussetzungen der §§ 51, 51 a, 62 zum land- und forstwirtschaftlichen Vermögen. Sind danach Tierbestände oder Zweige von Tierbeständen auszuscheiden, weil die zulässige Anzahl der Vieheinheiten überschritten ist, so sind auch die ihnen **dienenden Wirtschaftsgüter** nicht dem land- und forstwirtschaftlichen Vermögen zuzuordnen. Dabei handelt es sich vor allem um Gebäude bzw. Gebäudeteile wie Ställe, Flächen dieser Gebäude und Flächen für den Auslauf der Tiere, Futtermittel etc.

74 Nicht auszusondern sind die **landwirtschaftlich genutzten Flächen** gem. § 33 Abs. 3 Nr. 4 Satz 2 wie Wiesen und Weiden, die zur Tierhaltung verwendet werden. Diese Flächen bleiben weiterhin land- und forstwirtschaftliches Vermögen.

75 Da diese Tierbestände bei Überschreitung der in §§ 51, 51 a genannten Grenzen **gewerblich** sind, sind alle diese Wirtschaftsgüter der wirtschaftlichen Einheit Gewerbebetrieb zuzuordnen. Eine solche Feststellung im Rahmen der Einheitsbewertung erfolgt hierfür aber seit 1998 nicht mehr. Die den gewerblichen Tierbeständen zuzuordnenden Gebäude, Gebäudeteile und Flächen stellen daher

nur ein **Betriebsgrundstück** iSd. § 99 Abs. 1 Nr. 1 dar, das gem. § 99 Abs. 3 wie Grundvermögen zu bewerten ist. Hierfür ist weiterhin eine Einheitswertfeststellung erforderlich.

§ 34 Betrieb der Land- und Forstwirtschaft

(1) **Ein Betrieb der Land- und Forstwirtschaft umfaßt**
1. den Wirtschaftsteil,
2. den Wohnteil.

(2) **Der Wirtschaftsteil eines Betriebs der Land- und Forstwirtschaft umfaßt**
1. die land- und forstwirtschaftlichen Nutzungen:
   a) die landwirtschaftliche Nutzung,
   b) die forstwirtschaftliche Nutzung,
   c) die weinbauliche Nutzung,
   d) die gärtnerische Nutzung,
   e) die sonstige land- und forstwirtschaftliche Nutzung;
2. die folgenden nicht zu einer Nutzung nach Nummer 1 gehörenden Wirtschaftsgüter:
   a) Abbauland (§ 43),
   b) Geringstland (§ 44),
   c) Unland (§ 45);
3. die Nebenbetriebe (§ 42).

(3) **Der Wohnteil eines Betriebs der Land- und Forstwirtschaft umfaßt die Gebäude und Gebäudeteile, soweit sie dem Inhaber des Betriebs, den zu seinem Haushalt gehörenden Familienangehörigen und den Altenteilern zu Wohnzwecken dienen.**

(4) **In den Betrieb sind auch dem Eigentümer des Grund und Bodens nicht gehörende Gebäude, die auf dem Grund und Boden des Betriebs stehen, und dem Eigentümer des Grund und Bodens nicht gehörende Betriebsmittel, die der Bewirtschaftung des Betriebs dienen, einzubeziehen.**

(5) **Ein Anteil des Eigentümers eines Betriebs der Land- und Forstwirtschaft an einem Wirtschaftsgut ist in den Betrieb einzubeziehen, wenn es mit dem Betrieb zusammen genutzt wird.**

(6) **In einen Betrieb der Land- und Forstwirtschaft, der von einer Gesellschaft oder Gemeinschaft des bürgerlichen Rechts betrieben wird, sind auch die Wirtschaftsgüter einzubeziehen, die einem oder mehreren Beteiligten gehören und dem Betrieb zu dienen bestimmt sind.**

§ 34 Betrieb der Land- und Forstwirtschaft

(6a) **Einen Betrieb der Land- und Forstwirtschaft bildet auch die gemeinschaftliche Tierhaltung (§ 51 a) einschließlich der hiermit zusammenhängenden Wirtschaftsgüter.**

(7) ¹**Einen Betrieb der Land- und Forstwirtschaft bilden auch Stückländereien.** ²**Stückländereien sind einzelne land- und forstwirtschaftlich genutzte Flächen, bei denen die Wirtschaftsgebäude oder die Betriebsmittel oder beide Arten von Wirtschaftsgütern nicht dem Eigentümer des Grund und Bodens gehören.**

Übersicht

	Rn.
I. Allgemeines	1
II. Gliederung des Betriebes der Land- und Forstwirtschaft	2
III. Wirtschaftsteil (Abs. 2)	3–21
1. Nutzungen	4–19
a) Landwirtschaftliche Nutzung	5–10
b) Forstwirtschaftliche Nutzung	11–13
c) Weinbauliche Nutzung	14–16
d) Gärtnerische Nutzung	17, 18
e) Sonstige land- und forstwirtschaftliche Nutzung	19
2. Sonstige Wirtschaftsgüter	20
3. Nebenbetriebe	21
IV. Wohnteil (Abs. 3)	22–31
1. Nutzung	23–27
2. Abgrenzung nach der Verkehrsauffassung	28–31
V. Einbeziehung von nicht dem Eigentümer des Grund und Bodens gehörenden Wirtschaftsgütern (Abs. 4)	32–38
1. Fremde Gebäude	35, 36
2. Fremde Betriebsmittel	37, 38
VI. Einbeziehung von Anteilen an Wirtschaftsgütern (Abs. 5)	39–41
VII. Einbeziehung von Wirtschaftsgütern eines Miteigentümers (Abs. 6)	42, 43
VIII. Tierhaltungskooperationen (Abs. 6 a)	44
IX. Stückländereien (Abs. 7)	45–48

I. Allgemeines

1 Während § 33 die wirtschaftliche Einheit des land- und forstwirtschaftlichen Betriebes beschreibt und bestimmt, regelt § 34 den **Umfang** der **wirtschaftlichen Einheit.** Abs. 1 bis 3 zählen die

Wirtschaftsteil (Abs. 2) § 34

dazugehörenden Wirtschaftsgüter auf, Abs. 4 bis 7 enthalten besondere Abgrenzungsmerkmale, die nur im Rahmen der Land- und Forstwirtschaft gelten.

II. Gliederung des Betriebes der Land- und Forstwirtschaft

Der Betrieb der Land- und Forstwirtschaft gliedert sich in einen **Wirtschaftsteil und einen Wohnteil**. Für jeden Teil erfolgt eine gesonderte Wertermittlung gem. § 46 bzw. § 47. Die Summe aus Wirtschaftswert und Wohnungswert ergibt nach Abrundung gem. § 30 den Einheitswert des land- und forstwirtschaftlichen Betriebes gem. § 48. 2

III. Wirtschaftsteil (Abs. 2)

§ 34 Abs. 2 enthält eine **Aufzählung** der **zum Wirtschaftsteil** gehörenden Nutzungen und Wirtschaftsgüter. Gem. § 33 Abs. 1 und 2 gehören zum Wirtschaftsteil aber auch die Wirtschaftsgebäude und Betriebsmittel. Ebenso gehören die Wohnräume der Arbeitskräfte des Betriebs, die nicht Familienangehörige sind, sowie die Wohnräume der Familienangehörigen, die einen eigenen Hausstand führen, zum Wirtschaftsteil des Betriebes. Diese werden im Unterschied zum Wohnteil nicht gesondert bewertet, sondern sind im Vergleichswert der Nutzungen abgegolten. Zum Wirtschaftsteil gehören auch die Hof- und Gebäudeflächen, der Hausgarten im gegendüblichen Umfang, Wirtschaftswege und dergleichen. 3

1. Nutzungen

Es handelt sich hier um einen bewertungsrechtlichen Begriff, der nicht nur die **Fläche**, sondern auch die **dazugehörenden Wirtschaftsgüter** umfasst. Hierbei handelt es sich um Wirtschaftsgebäude, stehende Betriebsmittel, wie Maschinen und Geräte, und einen normalen Bestand an umlaufenden Betriebsmitteln, wie Saatgut, Futter- und Düngemittel. 4

a) Landwirtschaftliche Nutzung. Zur landwirtschaftlichen Nutzung gehören alle Wirtschaftsgüter, die der Nutzung von **Ackerland und Grünland** sowie der **Tierhaltung** in den Grenzen der §§ 51, 51 a dienen. Dazu gehören also auch die Wirtschaftsge- 5

§ 34 Betrieb der Land- und Forstwirtschaft

bäude, die Wohnungen der landwirtschaftlichen Arbeitskräfte und die Betriebsmittel.

6 Die landwirtschaftliche Nutzung besteht aus der eigentlichen landwirtschaftlichen Nutzung Ackerland und Grünland. Beim **Ackerland** handelt es sich um Anbauflächen von Getreide, Hackfrüchten wie Kopfkohl (Weiss-, Rot-, Wirsingkohl), Futterpflanzen, Zuckerrüben, Pflückerbsen, Pflückbohnen. Beim **Grünland** handelt es sich um Wiesen, Weiden, Almen, Hutungen und sonstige Flächen betr. Tierzucht und Tierhaltung. Siehe dazu auch BewRL 1.08.

7 Die Nutzungsteile **Hopfen und Spargel** sind als Sonderkulturen gem. § 52 gesondert zu bewerten, zählen aber auch zur landwirtschaftlichen Nutzung.

8 Zur landwirtschaftlichen Nutzung gehören auch **stillgelegte Flächen** bzw. Brachflächen, Bagatellflächen der gärtnerischen Nutzung bis 10 Ar. Das gilt auch für Bagatellflächen der Sonderkulturen, zB Spargelflächen bis 10 Ar. Sind Bagatellflächen mehrerer Nutzungen bzw. Nutzungsarten vorhanden, ist entscheidend, ob die Flächengröße der einzelnen Nutzung die Bagatellgrenze von 10 Ar nicht überschreitet. Siehe dazu auch BewRL 1.13.

9 In die landwirtschaftliche Nutzung einzubeziehen ist auch der **Obstbau der extensiven Anbauform,** dh. Streupflanzungen, die verstreut auf Äckern, Wiesen und an Wegrändern angepflanzt sind (BewRL 1.08 Abs. 4) sowie Baumobstanlagen als feldmäßiger Anbau der Stufe 1 (BewRL 1.11 Abs. 3).

10 Die Erzeugung von **Biogas** gilt wertmäßig als mit dem landwirtschaftlichen Vergleichswert abgegolten (OFD Hannover v. 26.11.2008, S-3123-20-StO 285, BewK § 34 BewG Karte 28). Im Rahmen dieses bundesweit abgestimmten Erlasses hat sich die Finanzverwaltung weiterhin darauf verständigt, dass die Abgrenzung für die Bemessung eines eventuellen Zukaufs von Rohstoffen für den Einsatz in der Biogas-Anlage anhand der eingesetzten Rohstoffe und der dabei gewonnenen Biogasmenge erfolgen soll. Sachgerechter ist ein gewichtsmäßiger Mengenvergleich der eingesetzten und ggfs. zugekauften Rohstoffe anhand des Einsatz-Tagebuchs (*Stephany* AUR 2006, 5).

11 **b) Forstwirtschaftliche Nutzung.** Zur forstwirtschaftlichen Nutzung gehören alle WG, die der **Erzeugung und Gewinnung von Rohholz** dienen. Sie gliedert sich in die Nutzungsteile Hochwald, Mittelwald, Niederwald, Kleinwald.

12 **Wirtschaftsgüter** der forstwirtschaftlichen Nutzung sind vor allem die der Holzerzeugung dienenden Flächen, Wirtschaftswege, die dem Transport und der Lagerung dienenden Flächen, Flächen,

Wirtschaftsteil (Abs. 2) **§ 34**

die der Pflanzenerzeugung dienen, die Wirtschaftsgebäude, stehende Betriebsmittel und der normale Bestand an umlaufenden Betriebsmitteln, vor allem das eingeschlagene Holz. Siehe dazu § 53.

Nicht dazu gehören die als **Weihnachtsbaumkulturen** genutzten Flächen. Hier handelt es sich um sonstige land- und forstwirtschaftliche Nutzung gem. § 62. 13

c) Weinbauliche Nutzung. Zur weinbaulichen Nutzung gehören alle WG, die der **Erzeugung** von **Trauben und der Gewinnung von Wein und Süßmost** aus diesen Trauben dienen. Dabei handelt es sich um Flächen mit im Ertrag stehenden Rebanlagen, Brachflächen, Jungfelder, sog. Rebmuttergärten und Rebschulen, wenn sie zu mehr als zwei Drittel dem Eigenbedarf dienen. 14

Dazu gehören auch **Gebäude und Gebäudeteile**, die der weinbaulichen Nutzung dienen, ebenso Lagerkeller, Geräte, Maschinen, Pressen, Fässer und Flaschen. Bzgl. des normalen Bestandes an umlaufenden Betriebsmitteln s. § 56. 15

Es ist allerdings gegenüber der **gewerblichen Tätigkeit abzugrenzen,** denn es dürfen nur überwiegend die im eigenen Betrieb erzeugten Rohstoffe bis zur 1. Stufe be- oder verarbeitet werden. Das gilt bei Be- oder Verarbeitung von Weintrauben zu Wein oder Traubensaft ohne Zusätze (mit entsprechender Kennzeichnung), hier handelt es sich um einen Teil der landwirtschaftlichen Urproduktion. Bei Verarbeitung von Wein zu Winzersekt handelt es sich dagegen um einen landwirtschaftlichen Nebenbetrieb (1. Stufe). 16

d) Gärtnerische Nutzung. Unter die **gärtnerische Nutzung** fallen Gemüse-, Blumen-, Zierpflanzenbau, Obstbau und Baumschulen, selbstständige Kleingärten, wie Schrebergärten und Laubenkolonien, Rebmuttergärten und Rebschulen mit weniger als zwei Drittel Eigenbedarf betr. Weinbau. Zum **Obstbau** gehören Anbauflächen für Kern-, Stein- und Schalenobst und Erd- und Strauchbeeren (BewRL 1.11 Abs. 3). 17

Dazu gehören auch die WG, die dieser Nutzung zu dienen bestimmt sind. **Bagatellflächen** dieser Nutzung, wie Erdbeeren bis 10 Ar oder Baumschulen bis 5 Ar, sind in die land- und forstwirtschaftliche Nutzung einzubeziehen. 18

e) Sonstige land- und forstwirtschaftliche Nutzung. Der **Umfang** der sonstigen land- und forstwirtschaftlichen Nutzungen ergibt sich aus § 62. Diese **Aufzählung** dort ist nicht **abschließend**, so dass z. B. auch der Pilzanbau und die Weihnachtsbaumkulturen zu den sonstigen land- und forstwirtschaftlichen Nutzungen zählen. Siehe auch BewRL 1.12. Zu der jeweiligen sonstigen land- und 19 forstwirtschaftlichen Nutzung zählen auch die Wirtschaftsgüter, die dieser Nutzung zuzuordnen sind.

2. Sonstige Wirtschaftsgüter

20 Auch Flächen, die zu keiner land- und forstwirtschaftlichen Nutzung gehören, sind gem. § 34 Abs. 2 Nr. 2 im Wirtschaftsteil zu erfassen. **Abbauland** sind Flächen, die durch den Abbau von Bodensubstanz dem landwirtschaftlichen Betrieb dienen, wie Sand-, Kies- und Lehmgruben und Torfstiche. Diese werden aber eher selten im landwirtschaftlichen Betrieb genutzt. **Geringstland** sind Flächen geringster Ertragsfähigkeit, die gem. § 44 pauschal bewertet werden. **Unland** sind Flächen, die keinen Ertrag abwerfen. Diese werden gem. § 45 nicht bewertet. Dabei handelt es sich ua. um Böschungen oder ausgebeutete Kiesgruben.

3. Nebenbetriebe

21 **Nebenbetriebe** sind Betriebe, die dem Hauptbetrieb der Land- und Forstwirtschaft zu dienen bestimmt sind und keinen selbstständigen gewerblichen Betrieb darstellen. Es handelt sich hierbei um **Be- und Verarbeitungsbetriebe** der ersten Verarbeitungsstufe s. § 42 und § 33 Rz. 29.

Beispiele dazu sind Brennereien, Obst- und Gemüseladen, Mühlen. Es gelten hier die Abgrenzungsregelungen im Ertragsteuerrecht, EStR 15.5. Der Begriff ist ursprünglich ein bewertungsrechtlicher, der kongruent in § 13 Abs. 2 Nr. 1 EStG übernommen worden ist. Dazu gehört auch, wenn der Land- und Forstwirt Entgelte für die Übernahme von organischen Abfällen erhält, diese be- und verarbeitet und die dabei gewonnenen Erzeugnisse nahezu ausschließlich (zB als Dünger, Futter) im eigenen land- und forstwirtschaftlichen Betrieb verwendet werden.

IV. Wohnteil (Abs. 3)

22 Das BewG folgt den betriebswirtschaftlichen Besonderheiten der Landwirtschaft und der **Verkehrsauffassung,** nach der das Wohnen im Betrieb als üblich angesehen wird. Außerdem erfordert die Versorgung des Viehs einen räumlichen Zusammenhang zwischen Wohnung und Hof. Dafür spricht auch, dass die im Rahmen eines Übergabevertrags vereinbarten wiederkehrenden Versorgungsleistungen, die auf den Wohnteil eines Betriebs der Land- und Forstwirtschaft entfallen, ertragsteuerlich gem. § 10 Abs. 1 Nr. 1a EStG als Sonderausgaben abziehbar sind. Für den Wohnteil wird ein gesonderter Wert gem. § 47 ermittelt.

1. Nutzung

Der Wohnteil umfasst die Gebäude und Gebäudeteile ohne die dazugehörigen Flächen, soweit sie einem **bestimmten Personenkreis** zu **Wohnzwecken** dienen. Maßgebend sind die jeweiligen Verhältnisse im Feststellungszeitpunkt. Entscheidend ist nicht, dass die Wohnung im Eigentum des Inhabers steht. 23

Zu diesem Personenkreis gehören: 24
- der **Betriebsinhaber,** das ist der Eigentümer des landwirtschaftlichen Betriebes bzw. der Pächter. Im Falle der Pacht gehört aber die Verpächterwohnung nicht mehr zum land- und forstwirtschaftlichen Betrieb, sondern stellt eine eigene wirtschaftliche Einheit des Grundvermögens dar.
- die **Familienangehörigen,** wie Ehegatte, Kinder, Verwandte unabhängig von § 15 AO aber nur dann, wenn sie **keinen eigenen Haushalt** führen. Dabei spielt es keine Rolle, ob diese im Betrieb mitarbeiten. Die Wohnungen der Familienangehörigen mit eigenem Hausstand, die im Betrieb mitarbeiten, gehören zum Wirtschaftsteil des land- und forstwirtschaftlichen Betriebes. Die Wohnungen der Familienangehörigen mit eigenem Hausstand, die im Betrieb nicht mitarbeiten, bilden eine eigene wirtschaftliche Einheit des Grundvermögens. 25
- das **Hauspersonal,** dabei handelt es sich um private Angestellte, die nicht im Betrieb mitarbeiten, wie zB Hausgehilfin, Köchin, Kindermädchen. 26
- die **Altenteiler** mit eigener Wohnung, so dass auch zwei Wohnungen den Wohnteil bilden können. Altenteiler sind die sich von der Bewirtschaftung des Hofes zurückziehenden bisherigen Bewirtschafter. Die Räume müssen auf Grund eines Altenteilsvertrages oder auch eines Wirtschaftsüberlassungsvertrages, der als besonderer Altenteilsvertrag auszulegen ist (zum Wirtschaftsüberlassungsvertrag siehe dazu *Leingärtner* Kap. 43 Rz. 1 ff.), bewohnt werden und den Altenteilern tatsächlich zu Wohnzwecken zur Verfügung stehen. 27

2. Abgrenzung nach der Verkehrsauffassung

Wohnungen sind nach den allgemeinen Grundsätzen des § 2 und § 33 als Wohnteil in den land- und forstwirtschaftlichen Betrieb einzubeziehen. Grundsatz ist, dass der Betriebsinhaber oder mindestens einer der zu seinem Haushalt gehörenden Familienangehörigen 28

§ 34 Betrieb der Land- und Forstwirtschaft

durch **eine mehr als nur gelegentliche Tätigkeit** an den Betrieb gebunden ist. Hierbei geht man gem. BewRL 1.02 Abs. 4 und 5 von mind. 100 Tagen im Jahr bzw. 800 Stunden aus (OFD Hannover v. 6.6.1968, S 3111 – 7 StH 311, BewK § 34 BewG Karte 3).

29 Weiterhin entscheidend für den wirtschaftlichen Zusammenhang zwischen Wohnung und Betrieb bzw. die Bindung an den Betrieb ist die **Größe des Betriebes**. In Betrieben **mittlerer Größe** ist diese Bindung idR gegeben. Bei **größeren Betrieben** muss der Betriebsinhaber oder ein Familienangehöriger den Betrieb selbstständig leiten, die Mithilfe anderer Personen ist unschädlich. Unter dieser Voraussetzung können auch Herrenhäuser und Schlösser in den Betrieb einbezogen werden. Verwaltet dagegen eine andere Person den Betrieb selbstständig, ist für die Wohnung des Betriebsinhabers eine Bindung an den Betrieb nicht gegeben und sie bildet eine eigene wirtschaftliche Einheit des Grundvermögens (BewRL 1.02 Abs. 6). Die Wohnung des Inhabers eines **Kleinbetriebes** gehört nur unter bestimmten Voraussetzungen zum land- und forstwirtschaftlichen Vermögen. Bei landwirtschaftlicher Nutzung muss entweder
– mind. 1 Vieheinheit (§ 51), bei Geflügel 2 Vieheinheiten – oder eine eigene Zugkraft (Traktor) vorhanden sein und mind. 1 ha bewirtschaftet werden – oder
– mind. 2 ha bewirtschaftet werden. Bei sonstigen Nutzungen gilt eine niedrigere Fläche, wie Spargel 0,4 ha, Weinbau 0,35 bis 0,7 ha je nach Lage (BewRL 1.2 Abs. 7, Bew-Kartei OFD Koblenz zu § 34 Karte 1, BFH IV R 33/76 v. 17.1.1980, BStBl. II 1980, 323, *Rössler/Troll* § 33 Rz. 66, 67).

30 Bei **Nebenerwerbsstellen** ist als zusätzliche Voraussetzung gefordert, dass ein angemessener Rohertrag von mind. 1500 € (3000 DM) erzielt wird.

31 Die **Lage der Wohnung** zB innerhalb eines Dorfes oder einer Kleinstadt, die bauliche Gestaltung und die räumliche Entfernung zum landwirtschaftlichen Betrieb sind für die Bindung an den Betrieb grundsätzlich nicht von Bedeutung. Doch können diese Merkmale in extrem gelagerten Fällen nach den Grundsätzen der §§ 2 und 33 herangezogen werden. Hierzu ergingen einige BFH-Urteile: ua. BFH II R 19/88 v. 9.5.1990, BStBl. II 1990, 729; danach gehört ein Wohnhaus mit einer Wohnfläche von 220 qm in 1 km Entfernung in einem reinen Wohngebiet bei einem Nebenerwerbslandwirt zum landwirtschaftlichen Betrieb, ebenso BFH II R 125/87 v. 28.3.1990, BStBl. II 1990, 727. Nach BFH IV R 217/81 v. 27.10.1983, BStBl. II 1984, 364, zur Einkommensteuer ergangen, spricht bereits eine räumliche Entfernung von 10 km gegen die Annahme einer betrieblichen Einheit. Ein von der Hofstelle getrennt liegendes Wohngebäude in Orten mit ausgesprochen städtischem Charakter wird nach der Verkehrsauffassung regelmäßig nicht mehr dem landwirtschaftlichen Betrieb zugeordnet (RFH III A 109/33 v. 19.1.1934, RStBl. 1934, 249).

V. Einbeziehung von nicht dem Eigentümer des Grund und Bodens gehörenden Wirtschaftsgütern (Abs. 4)

Die Vorschrift **durchbricht den Grundsatz der Eigentümeridentität** gem. § 2 Abs. 2, nach der nur solche Wirtschaftsgüter zu einer wirtschaftlichen Einheit zusammengefasst werden dürfen, die demselben Eigentümer gehören. Im Bereich der Landwirtschaft erfolgt wegen der Bewertung eines land- und forstwirtschaftlichen Betriebes gem. § 36 mit dem Ertragswert eine Ausnahme. Dieser resultiert aus dem Zusammenwirken aller Betriebsteile, dh. auch der fremden Gebäude und fremden Betriebsmittel, die an der Erzielung des Ertrages mitwirken. 32

Hauptanwendungsfall sind **Pacht und Nießbrauch.** Dabei sind die Flächen, die verpachtet werden, beim Eigentümer nicht mehr in die wirtschaftliche Einheit land- und forstwirtschaftlicher Betrieb einzubeziehen, sondern stellen eine eigene wirtschaftliche Einheit Stückländerei gem. § 34 Abs. 7 dar. Flächen, die nur vorübergehend verpachtet werden, sind aber weiterhin in der wirtschaftlichen Einheit zu erfassen. Bei der Verpachtung eines ganzen Betriebes sind die Wirtschaftsgüter des Pächters in die wirtschaftliche Einheit einzubeziehen, die dem Verpächter als Eigentümer zugerechnet wird. 33

Die Zuordnung eines entsprechenden Anteils am Pachtbetrieb auf den Pächter erfolgte zunächst gem. § 49, der aber mit Wirkung vom 1.1.2002 durch das StÄndG 2001 v. 20.12.2001 (BGBl. I 2001, 3794) aufgehoben worden ist. Eine Zuordnung hat daher nicht mehr zu erfolgen. 34

1. Fremde Gebäude

Es handelt sich hier nur um solche **Gebäude,** die der **Pächter** errichtet hat und die weiterhin in seinem Eigentum stehen. Das gilt nicht für Dauerbauten, die wesentliche Bestandteile des Grund und Bodens gem. § 94 BGB sind. Diese sind dem zivilrechtlichen Eigentümer, dem Verpächter, zuzurechnen. 35

Es handelt sich demnach nur um solche Gebäude, die der **Pächter** nur zu einem **vorübergehenden Zweck** (§ 95 BGB sog. Scheinbe- 36 standteil) oder in Ausübung eines **dinglichen Rechts** (Erbbaurecht) errichtet hat. In Betracht kommen vor allem Schuppen und Scheunen.

2. Fremde Betriebsmittel

37 Hierbei handelt es sich um Betriebsmittel des Pächters, die der **Bewirtschaftung des Betriebes dienen.** Das können stehende Betriebsmittel, wie zB Milchkühe, Maschinen, Traktor sein oder umlaufende Betriebsmittel, wie Saatgut, Futtervorräte, landwirtschaftliche Erzeugnisse.

38 Das sog. **Pensionsvieh,** dh. das Vieh, das kurzfristig zur Gräsung in einen anderen Betrieb gegeben wird, ist **nicht** mit einzubeziehen.

VI. Einbeziehung von Anteilen an Wirtschaftsgütern (Abs. 5)

39 Der Anteil des Eigentümers eines Betriebes der Land- und Forstwirtschaft an einem Wirtschaftsgut ist in die wirtschaftliche Einheit einzubeziehen, wenn das Wirtschaftsgut **mit dem Betrieb zusammen genutzt** wird. Es spielt dabei keine Rolle, ob es sich um Gesamthandseigentum oder Bruchteilseigentum am Wirtschaftsgut handelt.

40 Es kann sich hier um **Anteile an Grund und Boden,** zB Anteile an Gemeinschaftsweiden (sog. Allmende), Weinbergen, Äckern, um **Anteile an Gebäuden,** zB Scheunen, Lagerhäuser, und um **Anteile an Betriebsmittel,** wie Mähdrescher, Vollernter, LKW, Gefrieranlagen, Trocknungshäuser, handeln.

41 Die Regelung greift auch dann, wenn an den Wirtschaftsgütern Personen beteiligt sind, die **nicht Landwirte** sind.

VII. Einbeziehung von Wirtschaftsgütern eines Miteigentümers (Abs. 6)

42 Die Anwendung der Vorschrift erfordert, dass der Betrieb der Land- und Forstwirtschaft von einer **Gesellschaft oder Gemeinschaft des bürgerlichen Rechts** betrieben wird. Dabei kann es sich um eine GbR iSd. §§ 705 ff. BGB oder eine Güter- oder Erbengemeinschaft handeln. Nicht einzubeziehen sind **Bruchteilsgemeinschaften.** Nur der jeweilige Eigentumsanteil gem. § 1008 BGB ist gem. § 34 Abs. 5 einzubeziehen. Bei fremden Dritten liegen grds. vertragliche Vereinbarungen vor. Problematisch ist dagegen die

Prüfung, ob ein Gesellschaftsverhältnis bei Geschwistern oder Eltern und Kindern vorliegt. Hier sind die ertragsteuerlichen Regelungen entsprechend anzuwenden, EStR 15.9 Abs. 1. Dabei sind aber im Bereich der Land- und Forstwirtschaft Besonderheiten zu beachten, EStH 13.4 „Mitunternehmerschaft ohne vorliegende Vereinbarungen über ein Gesellschaftsverhältnis". Siehe dazu auch *Leingärtner* Kap. 15 Rz. 31 ff.

Die **Wirtschaftsgüter**, die im **gemeinschaftlichen Eigentum** 43 stehen, sind gem. § 3 bei der Feststellung des Einheitswertes mit einzubeziehen. Steht aber ein Teil der WG **im Alleineigentum** von einzelnen Mitgliedern der Gesellschaft oder Gemeinschaft oder im Eigentum mehrerer, aber nicht aller Mitglieder, so können diese WG, abweichend von § 2 Abs. 2, nur gem. § 34 Abs. 6 in die wirtschaftliche Einheit einbezogen werden. Dabei ist aber Voraussetzung, dass die WG im Betrieb der Gemeinschaft/Gesellschaft genutzt werden. In Betracht kommen vor allem landwirtschaftlich genutzte Flächen, wie Äcker oder Weinberge, Wirtschaftsgebäude, Betriebsmittel wie Traktor oder Mähdrescher. Die Regelung ist ebenfalls für WG des Ehegatten eines Gesellschafters anzuwenden, § 34 Abs. 4 iVm. § 26.

VIII. Tierhaltungskooperationen (Abs. 6 a)

Die **gemeinschaftliche Tierhaltung** durch Erwerbs- und Wirt- 44 schaftsgenossenschaften, Mitunternehmerschaften oder Vereine bildet einen selbständigen Betrieb der Land- und Forstwirtschaft. Die einzelnen Voraussetzungen regelt § 51 a. Dazu gehören auch die mit der Tierhaltung zusammenhängenden Wirtschaftsgüter, wie Gebäude, Bodenflächen, Maschinen und andere Betriebsmittel.

IX. Stückländereien (Abs. 7)

Einen besonderen Betrieb der Land- und Forstwirtschaft bilden 45 Stückländereien. Es handelt sich hierbei um **einzelne land- und forstwirtschaftlich genutzte Flächen,** bei denen die Wirtschaftsgebäude und/oder Betriebsmittel nicht dem Eigentümer des Grund und Bodens gehören. Dabei handelt es sich vor allem um Flächen, die vom Eigentümer an andere Land- und Forstwirte verpachtet sind, und von diesen mit eigenen Betriebsmitteln bewirtschaftet werden.

Ist **Eigentümer der verpachteten Flächen** ein Landwirt, kön- 46 nen sie mangels Bewirtschaftung durch den Eigentümer nicht in die ggfs. daneben bestehende wirtschaftliche Einheit des bewirtschafteten Betriebs einbezogen werden (§ 2 Abs. 1 Grundsatz der Zentralbewirtschaftung), sondern bilden eine eigene wirtschaftliche Einheit als Stückländerei. Dies gilt aber nur in Fällen der Dauerverpachtung. Ist der Eigentümer der verpachteten Flächen Nichtlandwirt, so stellt die Parzelle eine eigene wirtschaftliche Einheit Stückländerei dar, die dem Eigentümer zuzurechnen ist.

47 **Mehrere Stückländereien** eines Eigentümers sind allerdings zu einer wirtschaftlichen Einheit Stückländerei zusammenzufassen, wenn sie in einer Gemeinde liegen. Räumlich zusammenhängende Stückländereien bilden ausnahmsweise auch eine wirtschaftliche Einheit, wenn sie in mehreren Gemeinden liegen. S. dazu BewRL 1.05 Abs. 4.

48 Die Abgrenzung, ob es sich um einen Betrieb der Land- und Forstwirtschaft oder um eine Stückländerei, die keinen Wohnteil enthält, handelt, ist für das **Bewertungsverfahren gem. § 38** von Bedeutung. Trotz der Regelung des § 41 Abs. 3 kommen bei Stückländereien Abschläge für fehlende Wirtschaftsgebäude gem. BewRL 2.20 Abs. 3 in Betracht.

§ 35 Bewertungsstichtag

(1) **Für die Größe des Betriebs sowie für den Umfang und den Zustand der Gebäude und der stehenden Betriebsmittel sind die Verhältnisse im Feststellungszeitpunkt maßgebend.**

(2) **Für die umlaufenden Betriebsmittel ist der Stand am Ende des Wirtschaftsjahres maßgebend, das dem Feststellungszeitpunkt vorangegangen ist.**

I. Allgemeines

1 § 35 regelt, welcher **Zeitpunkt** für die Verhältnisse maßgebend ist, die bei der Bewertung eines land- und forstwirtschaftlichen Betriebes zu Grunde zu legen sind.

2 **Feststellungszeitpunkt** ist der Zeitpunkt, auf den der Einheitswert im Wege einer Hauptfeststellung, 1.1.1964 gem. § 21 Abs. 1, einer Nachfeststellung gem. § 23 oder von Fortschreibungen gem. § 22 Abs. 1 bzw. Abs. 2 festzustellen ist. Feststellungszeitpunkt ist immer der Beginn des Kalenderjahres, dh. der jeweilige 1. Januar.

3 **Bewertungsstichtag** ist der Zeitpunkt, auf den der Einheitswert zu ermitteln ist. IdR ist dieser Tag mit dem Feststellungszeitpunkt identisch, es kann aber auch ein abweichender Zeitpunkt sein.

§ 35 regelt nur die Berücksichtigung der **tatsächlichen Verhältnisse**. Davon zu unterscheiden ist der gem. § 27 für die Zugrundelegung der Wertverhältnisse maßgebende Hauptfeststellungszeitpunkt. Dabei handelt es sich um den 1.1.1964.

II. Verhältnisse im Feststellungszeitpunkt

Die Verhältnisse zum jeweiligen Feststellungszeitpunkt am 1. Januar sind maßgebend für die **Größe** des Betriebes, dh. die Fläche, den **Umfang** und den Zustand der Gebäude, Wirtschafts- und Wohngebäude, und den Umfang und Zustand der stehenden Betriebsmittel, zB Maschinen, Geräte, Viehbestand.

Dazu gibt es **Ausnahmen**. Der Waldzustand der forstwirtschaftlichen Nutzung wird nach den Verhältnissen des dem Feststellungszeitpunkt vorangegangenen Wirtschaftsjahres gem. § 54 festgestellt. Bei der gärtnerischen Nutzung wird gem. § 59 die Anbaufläche für Baumschulgewächse nach den Verhältnissen des dem Feststellungszeitpunkt vorangegangenen 15. September bestimmt und die Betriebsfläche für Gemüse, Blumen und Zierpflanzen nach den Verhältnissen des dem Feststellungszeitpunkt vorangegangenen 30. Juni bestimmt.

III. Umlaufende Betriebsmittel

Einen vom Feststellungszeitpunkt abweichenden Bewertungsstichtag schreibt § 35 Abs. 2 für **umlaufende Betriebsmittel** vor. Dabei handelt es sich um Wirtschaftsgüter, die zum Verbrauch oder Verkauf bestimmt sind. Der Begriff entspricht dem Umlaufvermögen im Ertragsteuerrecht, wie zB Saatgut, Futter, Düngemittel, Erntevorräte, Betriebsstoffe, Mastvieh.

Für die umlaufenden Betriebsmittel ist der Stand **am Ende des Wirtschaftsjahres** maßgebend, das dem Feststellungszeitpunkt vorangeht. Dies ist idR bei landwirtschaftlichen Betrieben der 30. Juni, bei forstwirtschaftlichen Betrieben der 30. September. Zum Wirtschaftsjahr s. § 4a Abs. 1 EStG. Die Regelung geht davon aus, dass in den meisten Betrieben der Bestand am Ende des Wirtschaftsjahres gering und deshalb einfach zu ermitteln ist. Diese Regelung gilt auch für die Ermittlung des Viehbestandes gem. § 51.

§ 36 Bewertungsgrundsätze

(1) **Bei der Bewertung ist unbeschadet der Regelung, die in § 47 für den Wohnungswert getroffen ist, der Ertragswert zugrunde zu legen.**

(2) ¹**Bei der Ermittlung des Ertragswerts ist von der Ertragsfähigkeit auszugehen.** ²**Ertragsfähigkeit ist der bei ordnungsmäßiger und schuldenfreier Bewirtschaftung mit entlohnten fremden Arbeitskräften gemeinhin und nachhaltig erzielbare Reinertrag.** ³**Ertragswert ist das Achtzehnfache dieses Reinertrags.**

(3) **Bei der Beurteilung der Ertragsfähigkeit sind die Ertragsbedingungen zu berücksichtigen, soweit sie nicht unwesentlich sind.**

I. Allgemeines

1 Der Einheitswert eines Betriebes der Land- und Forstwirtschaft setzt sich gem. § 34 Abs. 1 aus dem **Wirtschaftswert** und dem **Wohnungswert** zusammen. Beide Werte sind nach unterschiedlichen Bewertungsmaßstäben und Bewertungsmethoden zu ermitteln. Bei der Bewertung des Wirtschaftswertes ist der Ertragswert gem. § 36 Abs. 1 BewG zu Grunde zu legen. Die Bewertung des Wohnungswertes richtet sich nach § 47.

II. Ertragswert als Bewertungsmaßstab

2 Der **Ertragswert** ist ein originärer Bewertungsmaßstab, der nur für Betriebe der Land- und Forstwirtschaft gilt. Dies folgt aus der besonderen Bedeutung des Grund und Bodens, denn dieser dient nicht vorrangig der Bebauung wie beim Grundvermögen, sondern ist Produktionsmittel in der land- und forstwirtschaftlichen Nutzung. Dies rechtfertigt den Ansatz eines Ertragswertes, der die in der Land- und Forstwirtschaft niedrigere Verzinsung des eingesetzten Kapitals berücksichtigt.

III. Ermittlung des Ertragswertes

3 Bei der Ermittlung des Ertragswertes ist gem. § 36 Abs. 2 von der **Ertragsfähigkeit** auszugehen.

Ermittlung des Ertragswertes § 36

1. Begriff der Ertragsfähigkeit

Unter Ertragsfähigkeit ist nicht der tatsächliche Reinertrag des Betriebes zu verstehen, sondern auszugehen ist von einem **normalisierten, objektiv erzielbaren Reinertrag,** unabhängig von der Tüchtigkeit oder der Einsatzbereitschaft des Betriebsinhabers. Voraussetzung ist auch nicht eine mustergültige Bewirtschaftung. Dies ergibt sich bereits aus dem Begriff. Zu unterstellen ist aber immer eine ordnungsgemäße Bewirtschaftung. 4

Dabei bedeutet **nachhaltige Bewirtschaftung,** dass nicht die in einem bestimmten Jahr erzielbaren Erträge maßgebend sind. Diese können häufig von Naturgegebenheiten beeinflusst sein. Deshalb sind die im Hauptfeststellungszeitpunkt vorhersehbaren Zukunftsaussichten und Entwicklungstendenzen ebenfalls zu beachten. Abzustellen ist nach den üblichen Kriterien mindestens auf einen Drei-Jahreszeitraum. 5

Zu unterstellen ist eine **schuldenfreie Bewirtschaftung.** Dies ergibt sich bereits aus § 33 Abs. 3 Nr. 2, wonach die Geldschulden nicht zur wirtschaftlichen Einheit land- und forstwirtschaftlicher Betrieb gehören. Die dadurch entstehenden Kosten sollen den Ertrag nicht beeinflussen. 6

Maßgebend ist der Ertrag, der sich bei Bewirtschaftung mit **entlohnten, fremden Arbeitskräften** ergibt. In einem land- und forstwirtschaftlichen Betrieb wird die Arbeit idR vom Betriebsinhaber und seinen Familienangehörigen geleistet. Diese werden entweder nicht oder nur geringfügig entlohnt, selten auf Grund eines Arbeitsvertrages, der unter fremden Dritten üblich ist. Der erzielbare Ertrag soll aber unter Berücksichtigung einer angemessenen Lohnzahlung für alle im Betrieb erforderlichen Arbeitskräfte ermittelt werden. 7

2. Ermittlung des Reinertrages

Reinertrag ist der Rohertrag (Betriebseinnahmen) nach Abzug der gewöhnlichen Betriebsausgaben ohne Berücksichtigung der Finanzierungskosten, aber unter Abzug der üblichen Lohnkosten für alle im Betrieb erforderlichen Arbeitskräfte. Dieser Reinertrag ist mit 18 zu kapitalisieren. Der Ertragswert ist demnach ein **kapitalisierter Reinertrag.** Der Kapitalisierungsfaktor geht von einer im Bewertungsrecht üblichen Verzinsung von 5,5 % des eingesetzten Kapitals aus (100 : 5,5 = 18,18). 8

Geht man zB bei einer bestimmten Fläche landwirtschaftlicher Nutzung von einem normalisierten, objektiv erzielbaren Reinertrag von 1200 DM pro Jahr aus, ergäbe sich ein Ertragswert von 9

1200 DM × 18 = 21 600 DM. Derartige **Einzelertragswerte** werden aber nur in Ausnahmefällen ermittelt. Grundsätzlich ist die Ermittlung des Ertragswertes bezogen auf die Fläche der jeweiligen Nutzung durch ein **vergleichendes Verfahren** vorzunehmen.

IV. Beurteilung der Ertragsfähigkeit

10 Bei der Beurteilung der Ertragsfähigkeit sind die natürlichen und wirtschaftlichen **Ertragsbedingungen** der einzelnen Nutzungen gem. § 38 Abs. 2 zu berücksichtigen. Um dieses vergleichende Verfahren, welches in § 37 geregelt ist, nicht zu verkomplizieren, sind nur die Ertragsbedingungen zu berücksichtigen, die wesentlich sind.

§ 37 Ermittlung des Ertragswerts

(1) ¹**Der Ertragswert der Nutzungen wird durch ein vergleichendes Verfahren (§§ 38 bis 41) ermittelt.** ²**Das vergleichende Verfahren kann auch auf Nutzungsteile angewendet werden.**

(2) **Kann ein vergleichendes Verfahren nicht durchgeführt werden, so ist der Ertragswert nach der Ertragsfähigkeit der Nutzung unmittelbar zu ermitteln (Einzelertragswertverfahren).**

I. Vergleichendes Verfahren

1 Der Ertragswert der einzelnen Nutzungen ist durch ein vergleichendes Verfahren zu ermitteln. Dieses hat **Vorrang** vor den Einzelertragsberechnungen. Dieses Verfahren ist auch für Sonderkulturen, zB Hopfen und Spargel, anzuwenden. Der Vorteil dieses Verfahrens besteht darin, dass nicht für jede Nutzung Reinertragsberechnungen durchgeführt werden müssen. Das wäre bei der großen Zahl der Betriebe praktisch nicht durchführbar.

1a Der land- und forstwirtschaftliche Betrieb bei einer **gemeinschaftlichen Tierhaltung** gem. § 51a ist im vergleichenden Verfahren zu bewerten (BFH II R. 45/07 v. 16.12.2009, BStBl. II 2011, 808). Dies gilt auch dann, wenn die eigene Fläche ausschließlich als Hof- und Gebäudefläche genutzt wird. Viehzuschläge wegen überhöhter Tierbestände gem. § 41 Abs. 1 Nr. 1

Vergleichendes Verfahren § 37

sind möglich. Die Finanzverwaltung wendet diese BFH-Rspr. nicht an (Gleichl. Ländererlasse v. 1.9.2011, BStBl. I 2011, 939). Danach sollen Tierhaltungsgemeinschaften ohne selbstbewirtschaftete Eigentumsflächen der landwirtschaftlichen Nutzung zwar im Einzelertragswertverfahren gem. § 37 Abs. 2 zu bewerten sein. Die Bewertung als solche soll dann in einem **pauschalierten Verfahren** mit einem Ausgangswert von 500 DM / VE durchzuführen sein. Die Auffassung der Finanzverwaltung steht aber im klaren **Widerspruch zum Wortlaut des Gesetzes,** wonach das vergleichende Verfahren gem. § 37 Abs. 1 Satz 1 als Regelverfahren anzuwenden ist.

Beim vergleichenden Verfahren wird die unterschiedliche Ertragsfähigkeit der gleichen Nutzungsarten in den verschiedenen Betrieben durch **Vergleich der Ertragsbedingungen iSd. § 38** beurteilt. Diese Unterschiede werden in Zahlen ausgedrückt, die dem Verhältnis der Reinerträge entsprechen, sog. Vergleichszahlen. Die Feststellung der jeweiligen Ertragsbedingungen erfolgt durch landwirtschaftliche Sachverständige.

Hierfür werden vorweg Betriebe mit gegendüblichen Ertragsbedingungen ausgewählt und die Vergleichszahlen von Nutzungen und Nutzungsteilen ermittelt. Es handelt sich dabei um sog. **Hauptbewertungsstützpunkte,** siehe § 39 Rz. 1–7, bzw. Landes- oder Ortsbewertungsstützpunkte. Zu den Hauptbewertungsstützpunkten s. die 1. VO zur Durchführung des § 39 Abs. 1 BewG v. 30.8.1967 (BStBl. I 1967, 340).

Entsprechend den jeweiligen Ertragsbedingungen der Parzelle stellt der Sachverständige für jedes einzelne Flurstück eine **Vergleichszahl** fest, die als Verhältniszahl zu einer „Musterparzelle" mit einem bestimmten Ertrag dient. Der so errechnete Prozentsatz bezieht sich auf 1 Ar bzw. Hektar, wird aber für das Flurstück entsprechend der jeweiligen Größe, bei der landwirtschaftlichen Nutzung als sog. EMZ (Ertragsmesszahl), ausgedrückt. Hat das Flurstück eine Größe von 11,24 Ar und erbringt es im Vergleich einen Ertrag von 47 %, beträgt die Vergleichszahl 11,24 × 47 = 528,28.

In den **Teilen 2 bis 7 BewRL** ist die Ermittlung der Vergleichszahl und des Vergleichswertes für die **verschiedenen Nutzungen** dargestellt. Sind mehrere Nutzungen in einem Betrieb vorhanden, so ist jede Nutzung für sich zu bewerten und ein Vergleichswert festzustellen. Das Verfahren ist in BewRL 1.17 dargestellt. Die Vergleichszahlen sind im Liegenschaftskataster eingetragen.

Die Vergleichszahlen werden mit dem jeweiligen in § 40 Abs. 2 festgelegten Ertragswert multipliziert. Das Ergebnis stellt den **Vergleichswert der jeweiligen Nutzung** dar.

II. Einzelertragswertverfahren

7 Das Einzelertragswertverfahren ist nur in den **im BewG ausdrücklich vorgeschriebenen Fällen** anzuwenden, wie bei Nebenbetrieben gem. § 42 und Abbauland gem. § 43.

8 Das Einzelertragswertverfahren ist außerdem anzuwenden, wenn ein **vergleichendes Verfahren nicht** durchgeführt werden kann. Dies ist dann der Fall, wenn die Anzahl der vergleichbaren Betriebe zu gering ist, zB Fasanenbetriebe, oder wenn es sich um Betriebe mit stark abweichender Wirtschaftsstruktur handelt, zB Spezialbetriebe. Das Einzelertragswertverfahren ist nicht anzuwenden bei einer Bewertung von Tierhaltungsgemeinschaften gem. § 51a (s. Rz. 1a; BFH II R 45/07 v. 16.12.2009, BStBl. II 2011, 808; aA Gleichl. Ländererlasse v. 1.9.2011, BStBl. I 2011, 939).

9 Der Ertragswert ist nach den **Grundsätzen des § 36 Abs.** 2 im Einzelnen zu ermitteln. Dabei sind die Wertverhältnisse zum 1.1.1964 gem. § 27 zu Grunde zu legen. Der so ermittelte Einzelertragswert ist in Anlehnung an die Ertragswerte gem. § 40 Abs. 2 zu **halbieren,** damit eine Überbewertung vermieden wird, BewRL 1.18 Abs. 2.

§ 38 Vergleichszahl, Ertragsbedingungen

(1) **Die Unterschiede der Ertragsfähigkeit der gleichen Nutzung in den verschiedenen Betrieben werden durch Vergleich der Ertragsbedingungen beurteilt und vorbehaltlich der §§ 55 und 62 durch Zahlen ausgedrückt, die dem Verhältnis der Reinerträge entsprechen (Vergleichszahlen).**

(2) **Bei dem Vergleich der Ertragsbedingungen sind zugrunde zu legen**
1. **die tatsächlichen Verhältnisse für:**
    a) **die natürlichen Ertragsbedingungen, insbesondere Bodenbeschaffenheit, Geländegestaltung, klimatische Verhältnisse,**
    b) **die folgenden wirtschaftlichen Ertragsbedingungen:**
        aa) **innere Verkehrslage (Lage für die Bewirtschaftung der Betriebsfläche),**
        bb) **äußere Verkehrslage (insbesondere Lage für die Anfuhr der Betriebsmittel und die Abfuhr der Erzeugnisse),**
        cc) **Betriebsgröße;**

2. die in der Gegend als regelmäßig anzusehenden Verhältnisse für die in Nummer 1 Buchstabe b nicht bezeichneten wirtschaftlichen Ertragsbedingungen, insbesondere Preise und Löhne, Betriebsorganisation, Betriebsmittel.

(3) Bei Stückländereien sind die wirtschaftlichen Ertragsbedingungen nach Absatz 2 Nr. 1 Buchstabe b mit den regelmäßigen Verhältnissen der Gegend anzusetzen.

Übersicht

	Rn.
I. Vergleichszahlen	1–4
II. Ertragsbedingungen	5–21
1. Natürliche Ertragsbedingungen	8–13
2. Tatsächliche Verhältnisse für wirtschaftliche Ertragsbedingungen	14–17
3. Gegendübliche Verhältnisse für wirtschaftliche Ertragsbedingungen	18–21
III. Sonderregelung für Stückländereien	22

I. Vergleichszahlen

Die Vergleichszahlen sind **Verhältniszahlen.** Sie drücken das **Verhältnis der Ertragsfähigkeit** der jeweiligen Nutzung eines zu bewertenden Betriebes zur Ertragsfähigkeit eines anderen Betriebes (Bewertungsstützpunkt) unter Berücksichtigung der Ertragsbedingungen aus. Aus § 36 Abs. 2 folgt, dass es sich um das Verhältnis der Reinerträge handelt. 1

Das **Verfahren** zur Ermittlung der Vergleichszahlen ist nicht im Gesetz geregelt, sondern für den Hauptfeststellungszeitraum 1964 je nach Nutzung in den Teilen 2 bis 7 BewRL näher bestimmt. Zur Ermittlung der Vergleichszahlen für die landwirtschaftliche Nutzung dienen gem. § 50 die Ertragsmesszahlen – EMZ – der **Bodenschätzung lt. BodSchätzG** als Grundlage. Gem. § 1 BodSchätzG unterliegen landwirtschaftliche Flächen der Bodenschätzung. Dies geschieht – getrennt nach Ackerland und Grünland – nach dem sog. Schätzungsrahmen (s. unter Rz. 8). Die Bodenschätzungsergebnisse sind als sog. Ertragsmesszahlen (EMZ) im Liegenschaftskataster verzeichnet, sie sind auf eine Flächeneinheit in Ar bezogen. Neben den natürlichen Ertragsbedingungen beeinflusst auch die Flächengröße die Höhe der EMZ. Für Bewertungszwecke sind die Zahlen auf Hektar umzurechnen. Bei der weinbaulichen Nutzung erfolgt gem. BewRL 5.02 eine Lagenbewertung. 2

§ 38 Vergleichszahl, Ertragsbedingungen

3   Das vergleichende Verfahren läuft danach – abgesehen von der forstwirtschaftlichen Nutzung und bestimmten sonstigen Nutzungen – in **bestimmten Stufen** ab. Die Vergleichszahlen sind ggf. um noch nicht berücksichtigte natürliche Ertragsbedingungen und wegen unterschiedlicher wirtschaftlicher Ertragsbedingungen zu berichtigen.

4   Die sich daraus ergebende Zahl ist durch die Fläche der jeweiligen Nutzung inkl. anteiliger Hof- und Gebäudefläche gem. § 40 Abs. 3 zu dividieren, es ergibt sich eine **Betriebszahl** pro ha der jeweiligen Nutzung. Nach Berücksichtigung der jeweiligen Grundsteuerbelastung ergibt sich die **Vergleichszahl** der jeweiligen Nutzung, zB für die landwirtschaftliche Nutzung die LVZ (= landwirtschaftliche Vergleichszahl). Die Vergleichszahl ist gem. § 40 Abs. 2 umzurechnen. Der sich dadurch ergebende **Hektarwert** ist wieder mit der maßgebenden Fläche zu multiplizieren und ergibt den **Vergleichswert der jeweiligen Nutzung**. Dieser ist ggf. durch Zu- und Abschläge gem. § 41 zu korrigieren.

II. Ertragsbedingungen

5   Das Wesen des vergleichenden Verfahrens besteht darin, dass die unterschiedliche Ertragsfähigkeit der einzelnen Nutzung in den verschiedenen Betrieben durch **Vergleich der Ertragsbedingungen** zu berücksichtigen ist. § 38 Abs. 2 unterscheidet natürliche und wirtschaftliche Ertragsbedingungen.

6   Für die natürlichen und bestimmte wirtschaftliche Ertragsbedingungen sind die **tatsächlichen Verhältnisse** im Feststellungszeitpunkt maßgebend und für die übrigen wirtschaftlichen Ertragsbedingungen gem. § 38 Abs. 2 Nr. 2 die **gegendüblichen Verhältnisse**. Einschränkungen der land- und forstwirtschaftlichen Nutzung durch naturschutzrechtliche Ausgleichsmaßen, die Nutzungsbeschränkungen und Bewirtschaftungsauflagen nach sich ziehen, gehören zu den wirtschaftlichen Ertragsbedingungen gem. § 38 Abs. 2 Nr. 2, die grundsätzlich einen Abschlag gem. § 41 begründen können. Soweit die mindernde Ertragsfähigkeit jedoch durch Zahlung einer Entschädigung ausgeglichen wird, entfallen die Voraussetzungen des § 41.

7   Die Feststellungen erfolgen durch **landwirtschaftliche Sachverständige**.

1. Natürliche Ertragsbedingungen

8   Hierbei handelt es sich um unveränderliche Ertragsbedingungen. Soweit Ergebnisse der **Bodenschätzung** vorliegen, ist davon auszu-

Ertragsbedingungen **§ 38**

gehen. Maßgebend sind die jeweiligen tatsächlichen Verhältnisse des Betriebes. Hierzu bestehen besondere Schätzungsrahmen gem. der Anlage 1 (Ackerschätzungsrahmen) und der Anlage 2 (Grünlandschätzungsrahmen) zum Bodenschätzungsgesetz (aaO).

Zu den natürlichen Ertragsbedingungen zählt insbesondere die **Bodenbeschaffenheit.** Zu unterscheiden sind die Hauptbodenarten Sand, Lehm und Ton und der Kulturzustand des Bodens, also Acker, Wiesen, Weiden. 9

Außerdem ist die **Geländegestaltung** zu berücksichtigen. Hierbei handelt es sich um die für die Bewirtschaftung vorhandene Lage der einzelnen Fläche, wie Hügel-, Hang-, Tallage oder ebene Bodenlage. 10

Weiterhin sind die **Klimaverhältnisse** maßgebend: Temperatur, Niederschlagsmenge, Zahl der frostfreien Tage, Intensität der Sonneneinstrahlung, Waldschatten, Nebel. 11

Da es sich nur um eine **beispielhafte Aufzählung** handelt, kommen auch noch andere Ertragsbedingungen in Betracht. Hierbei handelt es sich ua. um Flächenverluste durch die Gelände- und Bodengestaltung, Steinhalden und Gebüsch oder Gräben, BewRL 2.04 bis 2.07 u. 5.08, 6.11. 12

Eine Änderung der natürlichen Ertragsbedingungen ist durch **Überprüfung der Bodenschätzergebnisse** zum jeweiligen Hauptfeststellungszeitraum vorzunehmen, BewRL 2.03. 13

2. Tatsächliche Verhältnisse für wirtschaftliche Ertragsbedingungen

Es ist Aufgabe des landwirtschaftlichen Sachverständigen, diese wirtschaftlichen Ertragsbedingungen zu ermitteln und im Rahmen des vergleichenden Verfahrens anzuwenden. § 38 Abs. 2 Nr. 1 b unterscheidet dabei **drei Gruppen,** für die die tatsächlichen Verhältnisse maßgebend sind. 14

Bei der **inneren Verkehrslage** handelt es sich um die örtliche Lage des Betriebs und der Bewirtschaftung der Betriebsflächen zueinander. Sie findet ihren Ausdruck in der Zahl, Größe, Form und Lage der einzelnen Trennstücke, in der Entfernung der Trennstücke von der Hofstelle etc. Damit wird die Geschlossenheit bzw. Zersplitterung des Betriebes im Vergleich zum Musterbetrieb berücksichtigt. Es kann zu Zu- oder Abrechnungen an der Summe der bereinigten Ertragsmesszahlen führen (bei der landwirtschaftlichen Nutzung, BewRL 2.09; bei der forstwirtschaftlichen Nutzung, BewRL 4.28). 15

Bei der **äußeren Verkehrslage** handelt es sich um die Lage des Betriebes für die Anfuhr der Betriebsmittel und die Abfuhr der 16

Erzeugnisse, also die Entfernung des Betriebes zum Verladebahnhof oder Markt und die Besonderheiten der Verkehrsverhältnisse (BewRL 2.10, 3.17, 5.09). Dies führt ebenfalls zu Ab- und Zurechnungen.

17 Die **Betriebsgröße** wirkt sich, falls sie unzureichend ist, nachteilig auf den Reinertrag aus, BewRL 2.13.

3. Gegendübliche Verhältnisse für wirtschaftliche Ertragsbedingungen

18 Für alle übrigen wirtschaftlichen Ertragsbedingungen sind die Verhältnisse maßgebend, die in der betreffenden Gegend für die Bewirtschaftung **als üblich** angesehen werden. Es handelt sich hierbei insbesondere um die Preis- und Lohnverhältnisse, die Betriebsorganisation und die Betriebsmittel und weitere nicht im Gesetz aufgezählte wirtschaftliche Ertragsbedingungen (vgl. BewRL 2.12, 2.14, 2.15, 2.17).

19 Zur **Betriebsorganisation** (zB BewRL 2.11) rechnen die Bodennutzung, die Kulturarten sowie die Viehhaltung. Auszugehen ist gem. § 36 Abs. 2 von einer ordnungsgemäßen Bewirtschaftung.

20 Bei den **regionalen Preis- und Lohnverhältnissen** sind im vergleichenden Verfahren die Preise und Löhne im Gebiet um Hannover berücksichtigt. Für regionale Abweichungen von diesen Verhältnissen sind Ab- und Zurechnungen vorzunehmen, siehe ua. Tabellen in BewRL 2.16.

21 Eine der wichtigsten übrigen wirtschaftlichen Ertragsbedingungen ist die **Grundsteuerbelastung,** BewRL 2.17 und 5.12. Die Grundsteuer stellt für den Betrieb Aufwand dar und beeinflusst damit den Ertrag. Berücksichtigt ist eine durchschnittliche Belastung bei einem Hebesatz von 200 % in 1964. Ist die Belastung in der Gegend niedriger, erfolgt eine Erhöhung, ist sie höher, erfolgt eine Abrechnung von der Betriebszahl. Das Ergebnis all dieser Korrekturen führt dann zu der Vergleichszahl für jede einzelne Nutzung, zB landwirtschaftliche Vergleichszahl, LVZ.

III. Sonderregelung für Stückländereien

22 Bei Stückländereien sind auch für die innere und äußere Verkehrslage und die Betriebsgröße die **regelmäßigen Verhältnisse** der Gegend und nicht die tatsächlichen Verhältnisse maßgebend. Dadurch wird erreicht, dass sich die Stückländereien nicht vom

Wertniveau der anderen normalen Betriebe in der Gegend unterscheiden.

§ 39 Bewertungsstützpunkte

(1) ¹Zur Sicherung der Gleichmäßigkeit der Bewertung werden in einzelnen Betrieben mit gegendüblichen Ertragsbedingungen die Vergleichszahlen von Nutzungen und Nutzungsteilen vorweg ermittelt (Hauptbewertungsstützpunkte). ²Die Vergleichszahlen der Hauptbewertungsstützpunkte werden vom Bewertungsbeirat (§§ 63 bis 66) vorgeschlagen und durch Rechtsverordnung festgesetzt. ³Die Vergleichszahlen der Nutzungen und Nutzungsteile in den übrigen Betrieben werden durch Vergleich mit den Vergleichszahlen der Hauptbewertungsstützpunkte ermittelt. ⁴§ 55 bleibt unberührt.

(2) ¹Die Hauptbewertungsstützpunkte können durch Landes-Bewertungsstützpunkte und Orts-Bewertungsstützpunkte als Bewertungsbeispiele ergänzt werden. ²Die Vergleichszahlen der Landes-Bewertungsstützpunkte werden vom Gutachterausschuß (§ 67), die Vergleichszahlen der Orts-Bewertungsstützpunkte von den Landesfinanzbehörden ermittelt. ³Die Vergleichszahlen der Landes-Bewertungsstützpunkte und Orts-Bewertungsstützpunkte können bekanntgegeben werden.

(3) ¹Zugepachtete Flächen, die zusammen mit einem Bewertungsstützpunkt bewirtschaftet werden, können bei der Ermittlung der Vergleichszahlen mit berücksichtigt werden. ²Bei der Feststellung des Einheitswerts eines Betriebs, der als Bewertungsstützpunkt dient, sind zugepachtete Flächen nicht zu berücksichtigen (§ 2 Abs. 2).

I. Vergleichszahlen der Hauptbewertungsstützpunkte

1. Allgemeines

Die Durchführbarkeit des **vergleichenden Verfahrens** (gem. § 37) 1
hängt davon ab, dass feste Bewertungsgrundlagen für die einzelnen Nutzungen vorhanden sind, mit denen ein Vergleich möglich ist. Dadurch ist nicht für jede Nutzung im jeweiligen Betrieb eine Reinertragsberechnung vorzunehmen, sondern lediglich ein Vergleich der Nutzung mit dem sog. Bewertungsstützpunkt. Die Ertragsbedingun-

§ 39 Bewertungsstützpunkte

gen der Bewertungsstützpunkte werden im Einzelnen ermittelt, sie ergeben sich aus den jeweiligen Bewertungsunterlagen.

2. Ermittlung der Vergleichszahlen der Bewertungsstützpunkte

2   Gem. § 39 Abs. 1 sind zunächst die Vergleichszahlen der Hauptbewertungsstützpunkte zum **Hauptfeststellungszeitpunkt** 1.1.1964 zu ermitteln. Als Hauptbewertungsstützpunkte dienen einzelne Nutzungen, die sich nach ihren Ertragsbedingungen gem. § 38 als Vergleich für andere Nutzungen der gleichen Art eignen.

3   Sie wurden von dem beim BMF gebildeten **Bewertungsbeirat** (s. §§ 63 bis 66) vorgeschlagen und durch Rechtsverordnung festgesetzt; sie sind damit Gesetz im materiellen Sinn. Das gilt auch für die den Vergleichszahlen zu Grunde liegenden Ertragsbedingungen. Die zu den verschiedenen Nutzungen ergangenen Rechtsverordnungen (1. VO v. 30.8.1967, BGBl. I 1967, 937; 2. VO v. 24.11.1967, BGBl. I 1967, 1191; 3. VO v. 7.12.1967, BGBl. I 1967, 1199) sind in den Verordnungen zu § 39 Abs. 1 als Anhänge zu den BewRL enthalten.

4   Die **Ermittlung der Vergleichszahlen** der Hauptbewertungsstützpunkte erfolgt nach den allgemeinen Vorschriften der §§ 33 bis 39 und den in §§ 50, 51, 55 bis 61 enthaltenen besonderen Vorschriften. Hierbei wird durch den Bewertungsbeirat als sachkundiges Beratungsgremium festgestellt, wie die Reinerträge bei ordnungsgemäßer, schuldenfreier Bewirtschaftung mit entlohnten fremden Arbeitskräften unter Berücksichtigung der jeweiligen Ertragsbedingungen zu beurteilen sind. Der Gesetzgeber hat lediglich durch das Bodenschätzungsgesetz einen Rahmen gegeben für Acker- und Grünland.

3. Ermittlung der Vergleichszahlen der Betriebe der Land- und Forstwirtschaft

5   Die **Ertragsbedingungen der übrigen Betriebe** sind unmittelbar durch Vergleich mit den Ertragsbedingungen der Hauptbewertungsstützpunkte und mittelbar durch Vergleich mit den Ertragsbedingungen der Landes- und Ortsbewertungsstützpunkte zu beurteilen. Dabei sind die natürlichen und wirtschaftlichen Ertragsbedingungen gem. § 38 Abs. 2 zu berücksichtigen.

6   Das Ergebnis dieses vergleichenden Verfahrens ist eine **Vergleichszahl** für die jeweilige Nutzung eines Betriebes, siehe BewRL 1.17 Abs. 2 und Abs. 7. Bei größeren Betrieben erfolgt eine individuelle Ermittlung der Vergleichszahlen oder eine Angleichung mittels Ver-

Ermittlung des Vergleichswerts § 40

handlungen an die Vergleichszahlen der Bewertungsstützpunkte. Die Auswahl liegt im pflichtgemäßen Ermessen des Finanzamtes.

Bei Betrieben mit bis zu fünf ha dienen die **Ertragsmesszahlen** (EMZ) der Bodenschätzung lt. Liegenschaftskataster als Grundlage. Nach Berücksichtigung von Korrekturen bzgl. der Ertragsbedingungen ergibt sich die jeweilige Vergleichszahl des Betriebes. 7

II. Landes- und Ortsbewertungsstützpunkte

Gem. § 39 Abs. 2 kann die Zahl der Hauptbewertungsstützpunkte durch **Landes- und Ortsbewertungsstützpunkte** ergänzt werden. Dies soll die Durchführung des vergleichenden Verfahrens erleichtern. Sie dienen als Hilfsmittel für die Ermittlung der Vergleichszahlen in den übrigen Betrieben. 8

Die **Gutachterausschüsse,** die bei jeder Oberfinanzdirektion gem. § 67 zu bilden sind, ermitteln die Vergleichszahlen auf Landesebene. Diese haben aber keine Rechtskraft, sondern gelten nur als Bewertungsbeispiele. Das Gleiche gilt für die durch die einzelnen Finanzbehörden der Länder ermittelten Vergleichszahlen auf Ortsebene. Die praktische Bedeutung dieser Zahlen ist aber wegen der besseren Vergleichsmöglichkeiten sehr groß. 9

III. Zugepachtete Flächen

Bei **Ermittlung der Vergleichszahlen der Bewertungsstützpunkte** werden auch zugepachtete Flächen, die mit dem Bewertungsstützpunkt zusammen bewirtschaftet werden, berücksichtigt. 10

Bei **Ermittlung des Vergleichswertes des jeweiligen** landwirtschaftlichen **Betriebes** werden aber die zugepachteten Flächen mangels Eigentümeridentität gem. § 2 Abs. 2 nicht mitgerechnet. 11

§ 40 Ermittlung des Vergleichswerts

(1) ¹**Zum Hauptfeststellungszeitpunkt wird für die landwirtschaftliche, die weinbauliche und die gärtnerische Nutzung oder für deren Teile der 100 Vergleichszahlen entsprechende Ertragswert vorbehaltlich Absatz 2 durch besonderes Gesetz festgestellt.** ²**Aus diesem Ertragswert wird der Ertragswert für die einzelne Nutzung oder den Nutzungsteil in den Betrieben mit Hilfe der Vergleichszahlen abgeleitet (Ver-**

§ 40 Ermittlung des Vergleichswerts

gleichswert). ³Der auf einen Hektar bezogene Vergleichswert ist der Hektarwert.

(2) Für die Hauptfeststellung auf den Beginn des Kalenderjahres 1964 betragen die 100 Vergleichszahlen entsprechenden Ertragswerte bei

der landwirtschaftlichen Nutzung	
ohne Hopfen und Spargel	37,26 DM
Hopfen	254,00 DM
Spargel	76,50 DM
der weinbaulichen Nutzung	200,00 DM
den gärtnerischen Nutzungsteilen	
Gemüse-, Blumen- und Zierpflanzenbau	108,00 DM
Obstbau	72,00 DM
Baumschulen	221,40 DM.

(3) ¹Die Hoffläche und die Gebäudefläche des Betriebs sind in die einzelne Nutzung einzubeziehen, soweit sie ihr dienen. ²Hausgärten bis zur Größe von 10 Ar sind zur Hof- und Gebäudefläche zu rechnen. ³Wirtschaftswege, Hecken, Gräben, Grenzraine und dergleichen sind in die Nutzung einzubeziehen, zu der sie gehören; dies gilt auch für Wasserflächen, soweit sie nicht Unland sind oder zur sonstigen land- und forstwirtschaftlichen Nutzung (§ 62) gehören.

(4) Das Finanzamt hat bei Vorliegen eines rechtlichen Interesses dem Steuerpflichtigen Bewertungsgrundlagen und Bewertungsergebnisse der Nutzung oder des Nutzungsteils von Bewertungsstützpunkten, die bei der Ermittlung der Vergleichswerte seines Betriebs herangezogen worden sind, anzugeben.

(5) Zur Berücksichtigung der rückläufigen Reinerträge sind die nach Absätzen 1 und 2 ermittelten Vergleichswerte für Hopfen um 80 Prozent, für Spargel um 50 Prozent und für Obstbau um 60 Prozent zu vermindern; es ist jedoch jeweils mindestens ein Hektarwert von 1200 Deutsche Mark anzusetzen.

I. Allgemeines zur Ermittlung der Vergleichswerte

1   Die im vergleichenden Verfahren ermittelten Vergleichszahlen geben nur das Verhältnis der unterschiedlichen Ertragsfähigkeit verschiedener Nutzungen des land- und forstwirtschaftlichen Betriebes zur entsprechenden Nutzung des Bewertungsstützpunktes an. Diese

Ausgangsertragswerte 1964 **§ 40**

Vergleichszahl muss nun in einen Geldbetrag **umgerechnet** werden. Diese Umrechnung in sog. Vergleichswerte regelt § 40.

Zu diesem Zweck sind in § 40 Abs. 2 für bestimmte Nutzungen **Ausgangsertragswerte** für je 100 Punkte einer Vergleichszahl enthalten. Diese Vorschrift ist nur in Zusammenhang mit dem Ertragswert gem. § 36 verständlich, der als Ertragswert das 18fache des Reinertrags bestimmt. § 40 regelt dagegen die Technik der Ermittlung des Vergleichswertes = Ertragswert der jeweiligen Nutzung. 2

Der Vergleichswert **ermittelt sich** durch: Vergleichszahl je 100 Punkte (VZ: 100) × Ertragswert gem. § 40 Abs. 2 (je nach Nutzung) = Hektarwert. Hektarwert × Fläche der jeweiligen Nutzung in ha = Vergleichswert der jeweiligen Nutzung in DM. 3

Die Bezeichnung in § 40 Abs. 1 mit 100 Vergleichszahlen ist irreführend, gemeint ist der Ertragswert für **je 100 Punkte** einer Vergleichszahl. 4

II. Ausgangsertragswerte 1964

Die in § 40 Abs. 2 festgesetzten Ertragswerte gehen auf Vorschläge des **Bewertungsbeirates** zurück. Es wurden für eine bestimmte Anzahl von Betrieben mit der jeweiligen Nutzung die Reinerträge pro Hektar im Hauptfeststellungszeitraum 1964 ermittelt und nach verschiedenen Gesichtspunkten gekürzt. Daraus ergab sich für die landwirtschaftliche Nutzung ein **Reinertrag** von 207 DM pro Hektar, multipliziert mit 18 (= üblicher Kapitalisierungsfaktor im Bewertungsrecht, ausgehend von einer Verzinsung von 5,5 %) ergibt sich ein Ertragswert pro Hektar landwirtschaftlicher Nutzung von 3726 DM. 5

Der im Gesetz enthaltene Ertragswert für die landwirtschaftliche Nutzung ist **auf Ar bezogen** und beträgt deshalb 37,26 DM/Ar. Auf Ar bezogen sind auch die Ertragswerte für die Sonderkulturen, für die weinbauliche Nutzung und die Baumschulen. Die Ertragswerte für die übrigen gärtnerischen Nutzungen beziehen sich **auf einen Quadratmeter,** BewRL 1.17 Abs. 4. 6

Die forstwirtschaftliche Nutzung ist nach einem **besonderen Vergleichsverfahren** gem. § 55 zu ermitteln. Für die einzelnen Arten der sonstigen landwirtschaftlichen Nutzung werden keine Vergleichszahlen ermittelt, sondern unmittelbar Vergleichswerte gem. § 62 Abs. 2. 7

Der **Hektarwert** ergibt sich demnach wie folgt: Vergleichszahl für 1 Ar pro 100 Punkte (:100) × 37,26 × 100, dh. bei einer LVZ von 87: 100 × 37,26 × 100 = oder einfacher LVZ 87 × 37,26 = 3241,62 DM Hektarwert. Das Produkt aus Hektarwert × Fläche 8

§ 40　　　　　　　　　　　　　　　　　　Ermittlung des Vergleichswerts

ergibt den **Vergleichswert** der Nutzung, dh. bei einer landwirtschaftlichen maßgebenden Fläche von 21 ha = 3241,62 DM × 21 = 68 074 DM Vergleichswert LN (landwirtschaftliche Nutzung).

III. Behandlung der Hof- und Gebäudefläche

9   Bei der Ermittlung des Vergleichswertes der einzelnen Nutzungen ist die (ggfs. anteilige) **Hof- und Gebäudefläche** gem. § 40 Abs. 3 mit **einzubeziehen.** Das setzt voraus, dass diese gem. § 2 zur wirtschaftlichen Einheit des land- und forstwirtschaftlichen Betriebes gehört. An einem Vergleichswert von 0 DM können Zuschläge wegen verstärkter Tierhaltung nach § 41 vorgenommen werden (BFH II R 50/01 v. 14.5.2004, BStBl. II 2004, 818; s. auch § 41 Rz. 15).

10   Gehören zu einem Betrieb **verschiedene Nutzungen,** sog. gemischter Betrieb, ist die Hof- und Gebäudefläche auf die einzelnen Nutzungen nach deren Anteil an der Gesamtfläche (ohne Hof- und Gebäudefläche) aufzuteilen, BewRL 1.14 Abs. 3. Die forstwirtschaftliche Nutzung ist dabei nicht zu berücksichtigen.

11   Die **Größe** der Hof- und Gebäudefläche ergibt sich grundsätzlich aus dem **Liegenschaftskataster.** Eine Ertragsmesszahl (EMZ) wird hierfür nicht festgestellt.

12   **Hausgärten** bis zu 10 Ar sind mit zur Hof- und Gebäudefläche zu rechnen. Größere Hausgärten werden idR in die landwirtschaftliche Nutzung einbezogen, BewRL 1.08 Abs. 5.

13   **Wirtschaftswege, Hecken, Gräben, Grenzraine** sind dagegen bei der Nutzung zu erfassen, zu der sie gehören.

IV. Bekanntgabe von Bewertungsgrundlagen

14   Das Finanzamt ist gem. § 40 Abs. 4 verpflichtet, dem Steuerpflichtigen **Auskünfte** über die zu Grunde gelegten Bewertungsgrundlagen zu erteilen. Auskunftspflicht besteht aber nur, wenn ein berechtigtes Interesse des Steuerpflichtigen vorliegt hinsichtlich der Bewertungsstützpunkte, der natürlichen und wirtschaftlichen Ertragsbedingungen der jeweiligen Korrekturen.

V. Vergleichswerte für Hopfen, Spargel und Obstbau

15   Da die Reinerträge für Hopfen, Spargel und Obstbau nach den Feststellungen des Bewertungsbeirates im Hauptfeststellungszeitraum

1964 ständig gesunken sind, sind die **Vergleichswerte gem. § 40 Abs. 5 zu vermindern**.

Diese Regelung wurde durch Gesetz v. 22.7.1970, BStBl. I 1970, 911 eingefügt. Sie widerspricht allerdings dem Stichtagsprinzip der Bewertung, wonach gem. § 27 Wertverhältnisse zum 1.1.1964 zu Grunde zu legen sind. **16**

Es ist jedoch ein **Mindestwert** von 1200 DM pro Hektar zu berücksichtigen. **17**

§ 41 Abschläge und Zuschläge

(1) Ein Abschlag oder ein Zuschlag am Vergleichswert ist zu machen,
1. soweit die tatsächlichen Verhältnisse bei einer Nutzung oder einem Nutzungsteil von den bei der Bewertung unterstellten regelmäßigen Verhältnissen der Gegend (§ 38 Abs. 2 Nr. 2) um mehr als 20 Prozent abweichen und
2. wenn die Abweichung eine Änderung des Vergleichswerts der Nutzung oder des Nutzungsteils um mehr als den fünften Teil, mindestens aber um 1000 Deutsche Mark, oder um mehr als 10 000 Deutsche Mark bewirkt.

(2) Der Abschlag oder der Zuschlag ist nach der durch die Abweichung bedingten Minderung oder Steigerung der Ertragsfähigkeit zu bemessen.

(2a) Der Zuschlag wegen Abweichung des tatsächlichen Tierbestands von den unterstellten regelmäßigen Verhältnissen der Gegend ist bei Fortschreibungen (§ 22) oder Nachfeststellungen (§ 23) um 50 Prozent zu vermindern.

(3) Bei Stückländereien sind weder Abschläge für fehlende Betriebsmittel beim Eigentümer des Grund und Bodens noch Zuschläge für Überbestand an diesen Wirtschaftsgütern bei deren Eigentümern zu machen.

I. Voraussetzungen

1. Allgemeines

Die Korrekturmöglichkeiten des § 41 kommen nur bei einer Bewertung im **vergleichenden Verfahren** in Betracht. Er ist beim Vergleichswert gem. § 37 Abs. 1 zu berücksichtigen. **1**

Bei Ermittlung der Vergleichszahlen im vergleichenden Verfahren sind die tatsächlichen Verhältnisse zum Bewertungsstichtag nur für **2**

§ 41 Abschläge und Zuschläge

die natürlichen Ertragsbedingungen und bestimmte, in § 38 Abs. 2 Nr. 1 b aufgeführte wirtschaftliche Ertragsbedingungen berücksichtigt worden. Für die **wirtschaftlichen Ertragsbedingungen gem. § 38 Abs. 2 Nr. 2,** Preise und Löhne, Betriebsorganisation, Betriebsgebäude und Betriebsmittel sind die gegendüblichen Verhältnisse zu Grunde gelegt worden, § 38 Rz. 18 ff.

3   Weichen die **tatsächlichen Verhältnisse** dieser bestimmten wirtschaftlichen Ertragsbedingungen lt. Rz. 2 von den unterstellten gegendüblichen Verhältnissen ab, sind diese unter bestimmten Voraussetzungen durch Zu- und Abschläge zu berücksichtigen.

2. Wertgrenzen

4   Ein Zu- oder Abschlag kommt nur in Betracht, **soweit** die **Abweichung mehr als 20 %** beträgt. Abweichungen bis 20 % bleiben damit stets außer Ansatz. Hierbei handelt es sich um einen echten Freibetrag. Außerdem muss die **Änderung des Vergleichswertes** der jeweiligen **Nutzung mehr als den fünften Teil, mindestens** aber 1000 DM **oder mehr als** 10 000 DM betragen. Mehrere Abweichungen bei einer Nutzung sind dabei zu saldieren, vgl. BewRL 1.19.

II. Anwendungsfälle und Bemessung der Ab- und Zuschläge

1. Unter- bzw. Überbestand an Gebäuden

5   Hierbei handelt es sich nur um **Wirtschaftsgebäude,** da nur diese im Wirtschaftsteil und damit dem Vergleichswert der jeweiligen Nutzung enthalten sind. Die Wohngebäude für fremde Arbeitskräfte bzw. Familienangehörige mit eigenem Hausstand sind ebenfalls zu berücksichtigen, dagegen nicht die Wohngebäude bzw. Gebäudeteile des Betriebsinhabers und der Altenteiler, s. § 33 Rz. 58 ff. Diese Wirtschaftsgebäude werden bei der Ermittlung des Vergleichswertes nicht gesondert erfasst, sondern sind abgegolten.

6   Nach § 41 Abs. 2 sind Ab- und Zuschläge danach zu bemessen, inwieweit die Abweichung **eine Minderung oder Steigerung der Ertragsfähigkeit** bedingt. Es sind die Erträge bei Berücksichtigung der tatsächlichen Verhältnisse und die Erträge bei gegendüblichen Verhältnissen zu berechnen. Der sich ergebende Differenzbetrag ist zu berechnen, um 20 % gem. § 41 Abs. 1 Nr. 1 zu kürzen, und zu kapitalisieren gem. § 36 Abs. 2.

Anwendungsfälle und Bemessung der Ab- und Zuschläge § 41

Ein **Abschlag** für einen **Unterbestand an Wirtschaftsgebäuden**, zB Stallungen, Scheune, kann nur dann in Betracht kommen, wenn dadurch die nachhaltige Ertragsfähigkeit gemindert wird. Der im Vergleichswert enthaltene Anteil der Wirtschaftsgebäude ergibt sich aus der Aufteilungstabelle in BStBl. I 1970, 906 ff. Danach sind Wirtschaftsgebäude mit 1% enthalten.

Beispiel:
Ergibt sich ein tatsächlicher Bestand, zB durch Brand oder Abbruch, von nur 15% des üblichen vollen Besatzes von 100, beträgt die **Abweichung** 85%, es werden aber nur die Abweichungen berücksichtigt, soweit sie 20% übersteigen, also 65%. Beträgt demnach der Anteil der Wirtschaftsgebäude am Vergleichswert 12% von 162 000 DM Vergleichswert LN = 19 440 DM, ist der Vergleichswert um 65% von 19 440 DM = 12 636 DM zu mindern, falls die Wertgrenzen gem. § 41 Abs. 1 Nr. 2 erfüllt sind, hier mehr als 10 000 DM. Der Abschlag vom Vergleichswert LN beträgt damit 12 636 DM.

Ein **Zuschlag** für einen **Überbestand an Wirtschaftsgebäuden** kommt in Betracht, wenn der Umfang das übliche Maß übersteigt (BFH II B 72/92 v. 23.9.1992, BFH/NV 1993, 517). Gehört die Wohnung des Betriebsinhabers mangels Bindung an den Betrieb nicht zum Wohnteil eines landwirtschaftlichen Betriebes, dafür aber die Wohnung des Verwalters zum Wirtschaftsteil, führt dies zu einem Zuschlag gem. § 41, BewRL 1.07 Abs. 3.

2. Unter- bzw. Überbestand an stehenden Betriebsmitteln

Bei stehenden Betriebsmitteln handelt es sich um lebendes und totes Inventar. Hauptanwendungsfall für Korrekturen des Vergleichswertes bei landwirtschaftlicher Nutzung ist der **Viehbestand.** Die Berechnung der Ab- und Zuschläge bei Abweichung der tatsächlichen Verhältnisse von den gegendüblichen um mehr als 20% ist in BewRL 2.20 geregelt.

Ab- und Zuschläge kommen bei den übrigen Nutzungen regelmäßig nicht in Betracht, da die Voraussetzungen des § 41 Abs. 1 nicht erfüllt sind.

3. Unterbestand an umlaufenden Betriebsmitteln

Für umlaufende Betriebsmittel, Vorräte und sonstiges sog. Umlaufvermögen, kommt **nur** eine Korrektur wegen **Unterbestand** in Betracht. Der Überbestand gehört gem. § 33 Abs. 3 Nr. 3 nicht zur wirtschaftlichen Einheit land- und forstwirtschaftlicher Betrieb.

§ 42 Nebenbetriebe

4. Sonstige Umstände

13 Es kommen ggf. Abschläge für Pensionsverpflichtungen in Betracht. Diese sind gem. § 104 zu ermitteln und dann zur Hälfte zu berücksichtigen, Bew-Karteien der Länder zu § 41.

5. Hof- und Gebäudeflächen ohne Eigenland

14 Einen Betrieb der Land- und Forstwirtschaft kann auch eine Hofstelle bilden, zu der kein eigenes Land gehört und von der aus nur Pachtland bewirtschaftet wird (*Gürsching/Stenger* § 41 Rz. 7). Besteht die dem Betriebsinhaber gehörende und genutzte Fläche (Eigenfläche) ausschließlich aus einer Hof- und Gebäudefläche, von der aus angepachtete Flächen, sog. Stückländereien, bewirtschaftet werden, schließt dies die Feststellung eines Vergleichswertes für die Hof- und Gebäudefläche gem. §§ 37, 40 nicht aus. Allerdings ist der Vergleichswert für diese Eigenfläche mit 0 DM anzusetzen. Nach BFH II R 50/01 v. 14.5.2004 (BStBl. II 2004, 818) kann an einem Vergleichswert von 0 DM Zuschläge wegen verstärkter Tierhaltung gem. § 41 gemacht werden (so auch BFH II R 45/07 v. 16.12.2009, BStBl. II 2011, 808).

III. Zuschlag wegen verstärkter Tierhaltung

15 Die lt. BewRL 2.20, Rz. 10 vorzunehmenden Zuschläge wegen verstärktem Viehbestand gelten für die Hauptfeststellung 1.1.1964 und im weiteren Hauptfeststellungszeitraum. Durch § 41 Abs. 2 a werden die **Zuschläge** (ab dem 1.1.1989) **halbiert.**

IV. Sonderregelung für Stückländereien

16 Bei Stückländereien sind weder Abschläge für fehlende Betriebsmittel beim Verpächter, noch Zuschläge für einen Überbestand an Betriebsmitteln beim Eigentümer der Hofstelle zu machen. Dagegen sind **Abschläge für fehlende Wirtschaftsgebäude** zulässig, bzw. Zuschläge für einen Überbestand beim Eigentümer. Die Berechnung ergibt sich aus BewRL 2.20 Abs. 3.

§ 42 Nebenbetriebe

(1) **Nebenbetriebe sind Betriebe, die dem Hauptbetrieb zu dienen bestimmt sind und nicht einen selbständigen gewerblichen Betrieb darstellen.**

Anwendungsfälle und Beispiele § 42

(2) **Die Nebenbetriebe sind gesondert mit dem Einzelertragswert zu bewerten.**

I. Begriff des Nebenbetriebs

Nebenbetriebe der Land- und Forstwirtschaft haben **gewerblichen** 1
Charakter, bilden aber unter bestimmten Voraussetzungen zusammen mit dem land- und forstwirtschaftlichen Betrieb eine wirtschaftliche Einheit, § 34 Abs. 2 Nr. 3. Der Begriff des Nebenbetriebs setzt voraus, dass dieser dem Hauptbetrieb der Land- und Forstwirtschaft **zu dienen bestimmt** ist und **keinen selbstständigen Gewerbebetrieb** bildet, s. a. § 33 Rz. 14 ff., 26 ff. und § 34 Rz. 21.

Die **Abgrenzung** ergibt sich im Wesentlichen aus **EStR 15.5** 2
Abs. 3. Grundsätzlich gibt es zwei Arten von Nebenbetrieben:
– der Be- und Verarbeitungsbetrieb,
– der Substanzbetrieb, der im Bewertungsrecht als Abbauland gem. § 43 in der wirtschaftlichen Einheit erfasst wird (dazu *Schmidt/Kulosa* § 13 EStG Rz. 47).

Ein **Be- und Verarbeitungsbetrieb** liegt vor, wenn 3
– überwiegend im eigenen Hauptbetrieb erzeugte Rohstoffe be- oder verarbeitet werden und die dabei gewonnenen Erzeugnisse überwiegend für den Verkauf bestimmt sind,
– *oder* Umsätze aus der Übernahme von Rohstoffen (zB organische Abfälle) erzielt, diese be- oder verarbeitet werden und die dabei gewonnenen Erzeugnisse nahezu ausschließlich (überwiegend reicht nicht aus) in dem eigenen Hauptbetrieb verwendet werden (Kompostierung),
– *und* die Erzeugnisse im Rahmen einer ersten Stufe der Be- oder Verarbeitung, die noch dem land- und forstwirtschaftlichen Betrieb zuzuordnen ist, hergestellt werden.

Das gilt aus Vereinfachungsgründen auch für **Produkte der zwei-** 4
ten (gewerblichen) **Verarbeitungsstufe,** wenn diese zur Angebotsabrundung im Rahmen der Direktvermarktung eigener land- und forstwirtschaftlicher Produkte abgegeben werden und der Umsatz daraus nicht mehr als 51 500 € oder ⅓ des Gesamtumsatzes im Wirtschaftsjahr beträgt.

II. Anwendungsfälle und Beispiele

Ein **Handels- und Dienstleistungsgeschäft** zum Absatz eigener 5
Erzeugnisse ist kein Nebenbetrieb, sondern grds. **Teil der Urproduktion.** Es ist Bestandteil der jeweiligen land- und forstwirtschaftli-

chen Nutzung. Zu der bewertungsrechtlich ab 2012 und ertragsteuerlich ab dem Wj. 2012/2013 geltenden Neu-Regelung siehe § 33 Rz. 26 ff.

6   **Brennereien,** wie Korn- und Obstbrennereien, verarbeiten die landwirtschaftlichen Produkte und stehen damit in engem wirtschaftlichem Zusammenhang mit dem Hauptbetrieb. Sie stellen Nebenbetriebe dar, wenn überwiegend die eigenen Rohstoffe eingesetzt werden. Es handelt sich hier um eine Verarbeitung 1. Stufe (Rohsprit und Feinsprit). Werden aber die Rohstoffe zu Trinkbranntwein verarbeitet, handelt es sich um einen selbstständigen Gewerbebetrieb, da es sich um eine Verarbeitung 2. Stufe handelt. Bei sog. Abfindungsbrennereien, das sind Kleinbetriebe, die nicht mehr als eine bestimmte Menge herstellen dürfen (BrennereiO), stellt der Verkauf an den Endverbraucher aber einen unschädlichen Nebenbetrieb dar (Gleichl. Ländererlasse v. 15.6.1971, BStBl. I 1971, 324). Eine Zusammenstellung der von der Bundesmonopolverwaltung tatsächlich festgesetzten Brennrechte für landwirtschaftliche Kartoffelbrennereien ab dem Betriebsjahr 1978/1979 siehe OFD Niedersachsen v. 20.3.2012, BewK § 42 BewG Karte 2 b.

7   **Brütereien,** deren Küken überwiegend dem eigenen landwirtschaftlichen Betrieb zugeführt werden, sind Teil des Hauptbetriebes. Sind dagegen die Küken überwiegend zum Verkauf bestimmt, handelt es sich um einen Nebenbetrieb.

8   **Räucherfisch, Forellenräuchereien** sind grundsätzlich als Verarbeitungsbetriebe der 1. Stufe ein Nebenbetrieb, wenn der Umfang der fremden Erzeugnisse unschädlich ist (§ 33 Rz. 26 ff.).

9   **Herstellung von Butter und Käse** ist ebenfalls als Verarbeitung 1. Stufe ein Nebenbetrieb.

10 Die **Be- oder Verarbeitung der Trauben** zu Fass- oder Flaschenwein ist als Teil der Urproduktion anzusehen. Die Erzeugung von Traubensaft aus selbsterzeugten Trauben ist ein der Weinerzeugung vergleichbarer Vorgang und damit auch kein Nebenbetrieb.

11 **Die Herstellung und der Vertrieb von Winzersekt** ist ein Nebenbetrieb (1. Stufe des landwirtschaftlichen Urprodukts Wein, BMF v. 6.12.1989, BStBl. I 1989, 462). Die Voraussetzungen ergeben sich aus den Regelungen betr. Einkommensteuer (BMF v. 18.11.1996, BStBl. I 1996, 1434). Winzersekt im Sinne dieses Erlasses muss aus Grundweinen des Betriebes hergestellt sein, die ausschließlich aus selbsterzeugten Trauben stammen. Die Sektherstellung kann auch im Wege der Werkleistung, sog. Lohnversektung, erfolgen. Außerdem ist eine genaue Kennzeichnung erforderlich.

12 Die **unmittelbare Verwertung organischer Abfälle** ist landwirtschaftliche Tätigkeit, EStR 15.5 Abs. 4. Die Abfallbeseitigung,

die nicht in Zusammenhang mit der Erzeugung von Pflanzen (Humusbildung, Düngung) oder der Verfütterung an Tiere steht, ist grds. eine gewerbliche Tätigkeit, EStR 15.5 Abs. 9 und 10.

Ein **Sägewerk** ist nur dann ein Nebenbetrieb zur Forstwirtschaft, **13** wenn er sich auf die Verarbeitung (1. Stufe) zu Brettern, Bohlen, Balken beschränkt. Eine weitergehende Verarbeitung durch Hobeln, Schleifen etc. ist schädlich.

Die **Verarbeitung von tierischen Produkten** in der 1. Stufe, **14** Schweine, Kälber, Schafe etc., zu Hälften und Vierteln ist Nebenbetrieb. Bei der Weiterverarbeitung zu Wurst und Fleischprodukten handelt es sich dagegen um weitere Stufen, die schädlich sind.

III. Bewertung

Nebenbetriebe werden gesondert mit dem **Einzelertragswert** **15** bewertet. Das ist der gem. § 36 Abs. 2 ermittelte Reinertrag lt. Wertverhältnissen 1964, kapitalisiert mit 18. Der ermittelte Einzelertrag ist vorab zu halbieren, BewRL 1.18 Abs. 2.

Für einzelne Bereiche bestehen Anwendungsregelungen. Beim **16** **Winzersekt** sind zB als Ausgangswert 0,70 DM bzw. 0,35 € je 0,75 l Flasche Winzersekt anzusetzen. Dies ergibt, multipliziert mit der Anzahl der nachhaltig hergestellten Flaschen, bereits den kapitalisierten Einzelertragswert.

Einzelheiten bzgl. der Ermittlung des Einzelertragswertes erge- **17** ben sich aus den Gleichl. Ländererlassen v. 15.6.1971, BStBl. I 1971, 324; v. 25.4.1972, BStBl. I 1972, 352; v. 6.12.1989, BStBl. I 1989, 462; v. 2.4.1991, BStBl. I 1991, 496 sowie OFD Hannover v. 8.7.1991, BewK § 42 BewG Karte 2.

§ 43 Abbauland

(1) **Zum Abbauland gehören die Betriebsflächen, die durch Abbau der Bodensubstanz überwiegend für den Betrieb nutzbar gemacht werden (Sand-, Kies-, Lehmgruben, Steinbrüche, Torfstiche und dergleichen).**

(2) **Das Abbauland ist gesondert mit dem Einzelertragswert zu bewerten.**

I. Begriff des Abbaulandes

Hierunter sind Bodenflächen zu verstehen, bei denen die **Boden-** **1** **substanz** selbst durch Abbau überwiegend, dh. zu mehr als der

Hälfte, im land- und forstwirtschaftlichen Betrieb genutzt wird. Hierbei handelt es sich vor allem um Torfstiche, Sand-, Kies- und Lehmgruben, Steinbrüche.

2 Wird die Bodensubstanz nicht im Betrieb der Land- und Forstwirtschaft verwendet, handelt es sich um eine eigene wirtschaftliche Einheit **Gewerbebetrieb.** Das ist idR der Fall bei größeren Vorkommen. Ebenso stellt ein zur gewerblichen Ausbeutung überlassenes Vorkommen einen Gewerbebetrieb dar.

II. Ermittlung des Einzelertragswertes

3 Gem. § 43 Abs. 2 ist der Einzelertragswert, der nach den Grundsätzen des § 36 Abs. 2 nach den Wertverhältnissen 1964 (§ 27) zu ermitteln ist, anzusetzen. Der ermittelte **Reinertrag** ist lt. BewRL 1.18 Abs. 2 nur zur Hälfte anzusetzen und mit 18 zu **kapitalisieren.**

4 Da die Ermittlung in der Praxis selten zutreffend erfolgen kann und die Bedeutung gering ist, wird der Einzelertragswert **pauschal mit 500 DM** je Hektar angesetzt, Erlasse der einzelnen Länder in BewKartei zu § 43, zB FinMin. Rheinland-Pfalz v. 7.1.1971, Bew-Kartei zu ³ 43 Karte 2.

§ 44 Geringstland

(1) **Zum Geringstland gehören die Betriebsflächen geringster Ertragsfähigkeit, für die nach dem Bodenschätzungsgesetz keine Wertzahlen festzustellen sind.**

(2) **Geringstland ist mit einem Hektarwert von 50 Deutschen Mark zu bewerten.**

I. Begriff des Geringstlandes

1 Geringstland sind **nicht kultivierte Flächen,** die aber kulturfähig sind, deren Ertragsfähigkeit aber so gering ist, dass sie derzeit nicht land- und forstwirtschaftlich genutzt werden können. Als Beispiele nennt BewRL 1.15 Abs. 1 unkultiviertes Heideland, das gelegentlich zur Schafhütung oder zur Gewinnung von Streu genutzt wird, und Moorflächen. Zur Bewertung als Geringstland oder Unland s. auch FG München 4 K 4098/05 v. 17.5.2006, BeckRS 2006, 26021493.

2 Diese Flächen werden idR von der **Bodenschätzung** erfasst, ihnen wird keine Wertzahl zugeordnet.

II. Bewertung

Aus Vereinfachungsgründen wird das Geringstland **pauschal mit** 3
50 DM je Hektar bewertet, § 152 Abs. 2.

§ 45 Unland

(1) **Zum Unland gehören die Betriebsflächen, die auch bei geordneter Wirtschaftsweise keinen Ertrag abwerfen können.**
(2) **Unland wird nicht bewertet.**

I. Begriff des Unlandes

Unter Unland sind Flächen zu verstehen, die selbst bei geordneter 1
Wirtschaftsführung **keinen Ertrag** abwerfen können. Sie sind im
Gegensatz zu Geringstland nicht kulturfähig. Hierzu gehören vor
allem ausgebeutete Kies- und Sandgruben, Böschungen, Gräben,
Felsen und stillgelegte Steinbrüche.

II. Bewertung

Unland wird **nicht bewertet.** Die Fläche wird allerdings als Teil 2
des land- und forstwirtschaftlichen Betriebes erfasst.

§ 46 Wirtschaftswert

¹**Aus den Vergleichswerten (§ 40 Abs. 1) und den Abschlägen und Zuschlägen (§ 41), aus den Einzelertragswerten sowie aus den Werten der nach den §§ 42 bis 44 gesondert zu bewertenden Wirtschaftsgüter wird der Wert für den Wirtschaftsteil (Wirtschaftswert) gebildet.** ²**Für seine Ermittlung gelten außer den Bestimmungen in den §§ 35 bis 45 auch die besonderen Vorschriften in den §§ 50 bis 62.**

Ermittlung des Wirtschaftswertes

Der **Wirtschaftsteil** des land- und forstwirtschaftlichen Betriebes 1
ergibt sich aus § 34 Abs. 1 Nr. 1 und Abs. 2. Bewertungsmaßstab ist
gem. § 36 Abs. 1 der Ertragswert.

2 Der **Wirtschaftswert** setzt sich wie folgt zusammen:
Vergleichswerte der einzelnen Nutzungen des land- und forstwirtschaftlichen Betriebes

+ ./. Zu- und Abschläge gem. § 41
= Ertragswerte der einzelnen Nutzungen
+ Einzelertragswert für Nebenbetriebe gem. § 42
+ Einzelertragswert für Abbauland gem. § 43
+ Einzelertragswert für Geringstland gem. § 44

= Wirtschaftswert

§ 47 Wohnungswert

¹Der Wert für den Wohnteil (Wohnungswert) wird nach den Vorschriften ermittelt, die beim Grundvermögen für die Bewertung der Mietwohngrundstücke im Ertragswertverfahren (§§ 71, 78 bis 82 und 91) gelten. ²Bei der Schätzung der üblichen Miete (§ 79 Abs. 2) sind die Besonderheiten, die sich aus der Lage der Gebäude oder Gebäudeteile im Betrieb ergeben, zu berücksichtigen. ³Der ermittelte Betrag ist um 15 Prozent zu vermindern.

Übersicht

	Rn.
I. Wohnteil des land- und forstwirtschaftlichen Betriebes	1, 2
II. Ermittlung des Wohnungswertes	3–22
1. Verfahren	3–7
2. Jahresrohmiete	8–15
3. Wohnfläche	16–18
4. Vervielfältiger	19
5. Zu- und Abschläge gem. § 82	20–22

I. Wohnteil des land- und forstwirtschaftlichen Betriebes

1 Der Wohnteil eines land- und forstwirtschaftlichen Betriebes umfasst alle **Gebäude und Gebäudeteile,** die dem Betriebsinhaber und den zu seinem Haushalt gehörenden Familienangehörigen, und den Altenteilern zu **Wohnzwecken dienen.** Zur Abgrenzung siehe § 34 Rz. 22 ff.

Die Wohnungen der im Betrieb mitarbeitenden Familienangehörigen mit eigenem Hausstand und der übrigen Arbeitskräfte gehören dagegen zum **Wirtschaftsteil** und sind mit Ansatz des Wirtschaftswertes abgegolten.

II. Ermittlung des Wohnungswertes

1. Verfahren

Der Wohnungswert wird nach den Grundsätzen ermittelt, die für die Bewertung von **Mietwohngrundstücken im Ertragswertverfahren** gelten.

Der Wohnungswert ergibt sich damit aus dem Produkt von **Jahresrohmiete** gem. § 79 und **Vervielfältiger** gem. § 80. Unter Umständen kommen noch Korrekturen gem. §§ 81 und 82 in Betracht. Der so ermittelte Wert ist um 15 % zu kürzen.

Die **pauschale Kürzung um 15 %** soll die doppelte Erfassung der bereits im Wirtschaftswert enthaltenen Grundflächen der Wohngebäude verhindern. Diese Grundflächen sind durch § 40 Abs. 3 bei der Ermittlung der Vergleichswerte der einzelnen Nutzungen bereits berücksichtigt. Außerdem sollen dadurch die Nachteile berücksichtigt werden, die sich daraus ergeben, dass der Landwirt gezwungen ist, die in seinem Betrieb vorhandene Wohnung zu nutzen, sog. **Konsumzwang**.

Für **Wohnteile** von Betrieben der Land- und Forstwirtschaft ist ab dem 1.1.1987 gem. § 52 Abs. 15 Satz 4 EStG i.d.F. v. Art. 1 Nr. 12 WohnEigFG die Nutzungswertbesteuerung entfallen. Wohnungen sind spätestens bis zum 31.12.1998 in das ertragsteuerliche Privatvermögen zu überführen gewesen. Dies hat aber keine Auswirkungen auf die bewertungsrechtliche Erfassung des Wohnteils als Bestandteil des Betriebs der Land- und Forstwirtschaft.

Sind Hofstellen und die jeweiligen Gebäudeteile **in Wohnungs- bzw. Teileigentum** aufgeteilt, gilt die Sonderbewertung gem. § 93 im Bereich der Land- und Forstwirtschaft nicht. Das ergibt sich durch die in § 47 Satz 1 enthaltene Aufzählung der aus dem Ertragswertverfahren anwendbaren Vorschriften.

Im Bau befindliche Wohngebäude sind gem. § 91 Abs. 1 nicht zu berücksichtigen. Der besondere Einheitswert gem. § 91 Abs. 2 aF hatte lediglich für die Vermögensteuer Bedeutung.

§ 47 Wohnungswert

2. Jahresrohmiete

8 Die zum Wohnteil gehörenden Gebäude und Gebäudeteile werden idR eigengenutzt oder unentgeltlich überlassen. Als Jahresrohmiete ist deshalb die **übliche Miete** gem. § 79 Abs. 2 anzusetzen. Zur Bewertung des Wohnteils siehe Gleichl. Ländererlasse v. 5.11.1969, BewK § 47 BewG Karte 7.

9 Die übliche Miete ist anhand der Jahresrohmiete, die für Räume gleicher Art, Lage und Ausstattung gezahlt wird, zu **schätzen.** Da eine Vergleichsmiete regelmäßig nicht vorliegt, wird die übliche Miete anhand der bei den Finanzämtern vorliegenden **Mietspiegeln** lt. Wertverhältnissen 1964 ermittelt.

10 Hierbei ist die **tatsächliche bauliche Ausgestaltung** des Wohngebäudes maßgebend. Handelt es sich um ein freistehendes Wohngebäude auf der Hofstelle, ist die Miete für Einfamilienhäuser heranzuziehen. Befinden sich dagegen Wohn- und Wirtschaftsräume unter einem Dach, ist als Vergleichsmiete die Miete für Mietwohngrundstücke maßgebend. Der Wortlaut des § 47 Satz 1 betr. Mietwohngrundstücke bezieht sich lt. hM nur auf den Vervielfältiger.

11 Bei der Schätzung der Miete sind aber die **Besonderheiten** zu berücksichtigen, die sich aus der Lage der Wohnung im landwirtschaftlichen Betrieb ergeben, § 47 Satz 2.

12 Hierbei handelt es sich um Abschläge für die **Lage des Betriebs,** ungünstige Ortslage, abgelegener Standort. Der Abschlag bemisst sich nach der Wegentfernung von der Wohnung zur nächstgelegenen Siedlungsgrenze, BewRL 8.02 Abs. 3 Nr. 2.

13 Ein Abschlag kann sich auch durch die ungünstige **Lage der Wohnung im Betrieb,** zu den Wirtschaftsgebäuden, wie Stallungen mit Beeinträchtigungen durch Lärm und Gerüche ergeben. Der Abschlag beträgt je nach Lage bis 40% der Miete, BewRL 8.02 Abs. 3 Nr. 1.

14 Eine weitere Korrektur bis zu 20% kann sich durch eine fehlende **Elektrizitätsversorgung** oder andere fehlende Versorgungseinrichtungen ergeben, BewRL 8.02 Abs. 2 und Abs. 3 Nr. 3.

15 Die Abschläge von der Miete dürfen aber insgesamt **70% der Miete** nicht übersteigen.

3. Wohnfläche

16 Da die genaue Ermittlung der Wohnfläche gem. §§ 42 ff. Zweite Berechnungsverordnung (II. BVO) im landwirtschaftlichen Betrieb schwierig ist, enthalten BewRL 8.03 **Vereinfachungsregelungen.** Der Betriebsinhaber hat ein Wahlrecht.

Hierbei ist zunächst von der Fläche der sog. **Kernwohnräume** 17
auszugehen. Zu den Kernwohnräumen gehören Wohn-, Schlaf- und
Kinderzimmer des Betriebsinhabers und seiner Familienangehörigen
sowie der Altenteiler und des Hauspersonals.

Die **Nebenräume,** wie Bad, Dusche, Toilette, Flur, Treppenhaus, 18
Küche und Vorratsräume, werden durch einen **prozentualen
Zuschlag** zur Fläche der Kernwohnräume gem. der Tabelle in
BewRL 8.03 erfasst.

4. Vervielfältiger

Der Vervielfältiger ist gem. der gesetzlichen Fiktion immer aus 19
den Anlagen zu § 80 bzw. zu den BewRGr für **Mietwohngrundstücke** zu entnehmen. Das gilt auch dann, wenn im Betrieb nur
eine oder zwei Wohnungen vorhanden sind.

5. Zu- und Abschläge gem. § 82

Wertmindernde Umstände, die sich bisher noch nicht in der 20
Höhe der Jahresrohmiete und des Vervielfältigers ausgewirkt haben,
können gem. **§ 82 Abs. 1** zu einem Abschlag führen. In Betracht
kommen zB Lärm- und Geruchsbelästigungen, die außerhalb des
Betriebes begründet sind oder Baumängel und Schäden, s. § 82.

Werterhöhende Umstände gem. der abschließenden Aufzäh- 21
lung in § 82 Abs. 2 dürften im Bereich der Land- und Forstwirtschaft
wohl nicht vorkommen.

Die **pauschale Kürzung** gem. § 47 Satz 3 kommt bei der Ermitt- 22
lung des Wohnungswertes immer in Betracht.

§ 48 Zusammensetzung des Einheitswerts

Der Wirtschaftswert und der Wohnungswert bilden zusammen den Einheitswert des Betriebs.

Der Betrieb der Land- und Forstwirtschaft besteht aus **dem Wirt-** 1
schaftsteil und dem Wohnteil, § 34 Abs. 1. Die Summe aus dem
Wirtschaftswert und dem Wohnungswert ist gem. § 30 auf volle hundert DM **abzurunden.**

Ab 1.1.2002 (Steuer-Euroglättungsgesetz v. 19.12.2000, BGBl. I 2
2000, 1790) ist der DM-Betrag in **Euro** umzurechnen (1: 1,95583),
der umgerechnete Betrag wird auf volle Euro abgerundet. Dieser
Einheitswert bildet dann die Bemessungsgrundlage für die Grundsteuer.

§ 48a Einheitswert bestimmter intensiv genutzter Flächen

¹Werden Betriebsflächen durch einen anderen Nutzungsberechtigten als den Eigentümer bewirtschaftet, so ist
1. bei der Sonderkultur Spargel (§ 52),
2. bei den gärtnerischen Nutzungsteilen Gemüse-, Blumen- und Zierpflanzenbau sowie Baumschulen (§ 61),
3. bei der Saatzucht (§ 62 Abs. 1 Nr. 6)

der Unterschiedsbetrag zwischen dem für landwirtschaftliche Nutzung maßgebenden Vergleichswert und dem höheren Vergleichswert, der durch die unter den Nummern 1 bis 3 bezeichneten Nutzungen bedingt ist, bei der Feststellung des Einheitswerts des Eigentümers nicht zu berücksichtigen und für den Nutzungsberechtigten als selbständiger Einheitswert festzustellen. ²Ist ein Einheitswert für land- und forstwirtschaftliches Vermögen des Nutzungsberechtigten festzustellen, so ist der Unterschiedsbetrag in diesen Einheitswert einzubeziehen.

I. Allgemeines

1 Die Vorschrift wurde durch das **BewÄndG 1971** v. 27.7.1971 (BGBl. I 1971, 1157) eingefügt und ist mit Wirkung **ab 1.1.1964 rückwirkend** anzuwenden. Mit dem JStG 2013 (BR-Drs. 302/12) plant der Gesetzgeber eine **Klarstellung,** welche Fälle mit der speziellen Regelung des § 48a erfasst werden sollen. So soll die Zurechnung bei den im Gesetz genannten bestimmten intensiven Nutzungen **grundsätzlich beim Nutzer** erfolgen, es sei denn, der Eigentümer nutzte diese Fläche bereits intensiv. Damit will der Gesetzgeber das BFH-Urteil II R 37/09 v. 6.10.2010 (BFH/NV 2011, 466) wieder „einkassieren".

2 Es handelt sich hierbei um **Pachtflächen,** die als Ackerland oder Wiese zugepachtet werden. Werden diese Flächen nunmehr vom Pächter intensiv genutzt, zB als Spargelanbauflächen oder für Baumschulen, führt dies zum Ansatz eines höheren Vergleichswertes als für die reine landwirtschaftliche Nutzung. Dieser höhere Wert ist aber dem Eigentümer der Fläche zuzurechnen, der damit die höhere Steuerbelastung trägt. Der Mehrwert dieser Intensivnutzung soll nunmehr dem Pächter zugerechnet werden.

3 Die gesetzliche Regelung schreibt vor, dass der durch die Intensivnutzung entstandene **Mehrwert** nicht dem Eigentümer der Fläche zugerechnet wird. Bei diesem ist die verpachtete Fläche idR eine

eigene wirtschaftliche Einheit Stückländerei gem. § 34 Abs. 7, da diese mangels Bewirtschaftung im ggf. vorhandenen land- und forstwirtschaftlichen Betrieb nicht mit einbezogen werden darf.

Der Mehrwert, der durch die intensive Nutzung entsteht, ist dem **Pächter der Flächen zuzurechnen** und in die wirtschaftliche Einheit des Pachtbetriebes einzubeziehen. Besteht ein solcher Pachtbetrieb nicht, weil nur zugepachtet wurde und keine eigenen Flächen vorhanden sind, ist der Mehrwert als besondere wirtschaftliche Einheit mit einem eigenen Einheitswert zu erfassen. 4

Eine Aufteilung des Betriebswertes gem. **§ 142 Abs. 4 nF (§ 49 aF)** darf **nicht** erfolgen, da § 48 a Vorrang hat. 5

II. Ermittlung des Mehrwertes

Ein Mehrwert kommt nur in Betracht, wenn **vorher landwirtschaftlich** genutzte Flächen vom Pächter intensiv genutzt werden durch den Anbau von **Spargel,** durch **Gemüse-, Blumen- und Zierpflanzenanbau,** durch **Baumschulen** oder durch **Saatzucht.** Dies gilt auch für Pachtflächen, die vorher vom Eigentümer selber intensiv genutzt worden sind (BFH II R 37/09 v. 6.10.2010, BFH/NV 2011, 466). Es spielt daher keine Rolle, ob der Eigentümer oder erst der Nutzungsberechtigte mit der intensiven Nutzung begonnen hat. 6

Für den **Eigentümer** wird die betreffende Fläche, ungeachtet der tatsächlichen Nutzung, als **landwirtschaftliche Nutzung** bewertet. 7

Beim **Pächter** wird der **Unterschiedsbetrag** zugerechnet, der sich aus dem Vergleichswert der tatsächlichen Nutzung und dem Vergleichswert der landwirtschaftlichen Nutzung ergibt. Ab- und Zuschläge gem. § 41 sind hierbei nicht zu berücksichtigen. 8

Beispiel: 9
A verpachtet 1 ha landwirtschaftlich genutzte Fläche, deren Wert 1800 DM beträgt. Landwirt B nutzt die Fläche intensiv durch Spargelanbau, Wert 7400 DM. Die Werterhöhung durch den Spargelanbau von 5600 DM ist beim Pächter B anzusetzen. Beim Verpächter A wird nur der Ertragswert von 1800 DM erfasst. Ab 1.1.2002 Umrechnung in Euro.

§ 49 *Verteilung des Einheitswerts*

(aufgehoben)

Die Vorschrift wurde durch das **StÄndG 2001** v. 22.12.2001, BGBl. I 2001, 3794 mit Wirkung v. 1.1.2002 **aufgehoben.** 1

§ 50 Ertragsbedingungen

2 Die Regelungen sind nunmehr in **§ 142 Abs. 4** enthalten und werden dort erläutert.

II. Besondere Vorschriften

a) Landwirtschaftliche Nutzung

§ 50 Ertragsbedingungen

(1) ¹**Bei der Beurteilung der natürlichen Ertragsbedingungen (§ 38 Abs. 2 Nr. 1 Buchstabe a) ist von den Ergebnissen der Bodenschätzung nach dem Bodenschätzungsgesetz auszugehen.** ²**Dies gilt auch für das Bodenartenverhältnis.**

(2) **Ist durch die natürlichen Verhältnisse ein anderes als das in der betreffenden Gegend regelmäßige Kulturartenverhältnis bedingt, so ist abweichend von § 38 Abs. 2 Nr. 2 das tatsächliche Kulturartenverhältnis maßgebend.**

I. Bodenschätzung und Bodenarten

1 Nach dem **Gesetz über die Schätzung des Kulturbodens** – BodSchätzG – ist durch ein sachkundiges Gremium eine Bodenschätzung für ausgewählte Bodenflächen im ganzen Bundesgebiet durchgeführt worden. Die Durchführung der jeweiligen Schätzung sowie der Nachweis der Schätzungsergebnisse in diesem Gesetz näher geregelt. Die Musterstücke werden durch Rechtsverordnung bekannt gegeben.

1a Die Musterstücke der Bodenschätzung gem. § 6 Abs. 1 BodSchätzG, welche die Grundlage für die Bewertung der Vergleichsstücke bilden, sind als **Anlage 1 zur Bodenschätzungs-Durchführungsverordnung** (BGBl. I 2012, 312) veröffentlicht worden. Dieses Verzeichnis erhält die Musterstücke zum Stand 30.6.2011 (zur Frage der Bodenschätzung im Nachschätzungsverfahren s. FG Mecklenburg-Vorpommern 2 K 61/07 v. 12.11.2009, n.v., NZB unbegründet vgl. BFH II B 51/10 v. 3.11.2010, n.v.). Im Übrigen betrifft die Bodenschätzung nur die von ihr erfassten Grundstücke, so dass nur Eigentümer der jeweiligen Grundstücke betroffen sein können (BFH II B 93/03 v. 19.8.2004, BFH/NV 2004, 1628).

§ 50

Die **natürlichen Ertragsbedingungen** gem. § 38 Abs. 2 Nr. 1 a bilden eine wesentliche Grundlage für die Ermittlung der Ertragsfähigkeit, ebenso die **Bodenarten:** Sand, Lehm, Ton und Moor. Hierfür sind die tatsächlichen Verhältnisse maßgebend.

Es werden Karten erstellt mit der Eintragung der Bohrlöcher und Grablöcher. Diese sog. Bodeninventur ist aufgeteilt in Bodenarten, Zustandsstufen des Bodens, Entstehungsarten, Wasserstufe (Grundwasser und Niederschläge). Danach erfolgt die Schätzung der Ertragsfähigkeit. Sie kommt in Wertzahlen zum Ausdruck, und zwar die **Bodenzahlen beim Acker** und die **Grünlandzahlen** beim Grünland.

Dies sind Reinertragsverhältniszahlen bei gemeinüblicher, ordnungsmäßiger Bewirtschaftung unter den wirtschaftlichen Bedingungen 1935. Weiter wurden eine ebene bis schwach geneigte Lage, 600 mm Jahresniederschläge, 8 Grad Jahrestemperatur, ein annähernd optimaler Grundwasserstand und die betriebswirtschaftlichen Verhältnisse mittelbäuerlicher Betriebe Mitteldeutschlands unterstellt. Abweichungen davon werden beim Acker durch Ab- und Zuschläge, beim Grünland zusätzlich durch Klimastufen im Schätzungsrahmen berücksichtigt und ergeben oben genannte Wertzahlen. Der Ackerschätzungsrahmen und der **Grünlandschätzungsrahmen** sind als Anlage zum BodSchätzG veröffentlicht worden (BodSchätzG i.d.F. des JStG 2008 v. 20.12.2007, BGBl. I 2007, 3150).

Die Ergebnisse der Bodenschätzung sind die **Ertragsmesszahlen,** die dem Liegenschaftskataster zu entnehmen sind. Dies sind die auf die jeweilige Fläche bezogenen Acker- und Grünlandzahlen. Sie gelten für die gesamte Fläche eines Flurstücks, bezogen auf Ar. Bei der Bewertung werden die auf Ar bezogenen EMZ in Hektar umgerechnet. Die Ertragsmesszahlen geben so die natürliche Ertragsfähigkeit der Fläche gemäß § 9 Abs. 1 Satz 1 BodSchätzG wieder. Die Aktualität des Katasters wird durch einen permanenten Feldvergleich gesichert, den die Katasterverwaltung zur Erfassung aller Nutzungsartenänderungen regelmäßig durchführt.

II. Kulturartenverhältnis

Beim Kulturartenverhältnis handelt es sich um das Verhältnis zwischen Ackerland und Grünland. Hier sind die **gegendüblichen** Verhältnisse maßgebend, § 38 Abs. 2 Nr. 2. Dies ist in den Wertzahlen für Acker- und Grünland berücksichtigt.

§ 51 Tierbestände

(1) *(aufgehoben)*

(1a) [1]Für Feststellungszeitpunkte ab dem 1. Januar 1999 gehören Tierbestände in vollem Umfang zur landwirtschaftlichen Nutzung, wenn im Wirtschaftsjahr

für die ersten 20 Hektar	nicht mehr als 10 Vieheinheiten,
für die nächsten 10 Hektar	nicht mehr als 7 Vieheinheiten,
für die nächsten 20 Hektar	nicht mehr als 6 Vieheinheiten,
für die nächsten 50 Hektar	nicht mehr als 3 Vieheinheiten
und für die weitere Fläche	nicht mehr als 1,5 Vieheinheiten

je Hektar der vom Inhaber des Betriebs regelmäßig landwirtschaftlich genutzten Flächen erzeugt oder gehalten werden. [2]Die Tierbestände sind nach dem Futterbedarf in Vieheinheiten umzurechnen. [3]Diese Zuordnung der Tierbestände steht einer Änderung der tatsächlichen Verhältnisse gleich, die im Kalenderjahr 1998 eingetreten ist; § 27 ist insoweit nicht anzuwenden.

(2) [1]Übersteigt die Anzahl der Vieheinheiten nachhaltig die in Absatz 1 a bezeichnete Grenze, so gehören nur die Zweige des Tierbestands zur landwirtschaftlichen Nutzung, deren Vieheinheiten zusammen diese Grenze nicht überschreiten. [2]Zunächst sind mehr flächenabhängige Zweige des Tierbestands und danach weniger flächenabhängige Zweige des Tierbestands zur landwirtschaftlichen Nutzung zu rechnen. [3]Innerhalb jeder dieser Gruppen sind zuerst Zweige des Tierbestands mit der geringeren Anzahl von Vieheinheiten und dann Zweige mit der größeren Anzahl von Vieheinheiten zur landwirtschaftlichen Nutzung zu rechnen. [4]Der Tierbestand des einzelnen Zweiges wird nicht aufgeteilt.

(3) [1]Als Zweig des Tierbestands gilt bei jeder Tierart für sich
1. das Zugvieh,
2. das Zuchtvieh,
3. das Mastvieh,
4. das übrige Nutzvieh.

[2]Das Zuchtvieh einer Tierart gilt nur dann als besonderer Zweig des Tierbestands, wenn die erzeugten Jungtiere überwiegend zum Verkauf bestimmt sind. [3]Ist das nicht der Fall, so ist das Zuchtvieh dem Zweig des Tierbestands zuzurechnen, dem es überwiegend dient.

Allgemeines § 51

(4) ¹Der Umrechnungsschlüssel für Tierbestände in Vieheinheiten sowie die Gruppen der mehr oder weniger flächenabhängigen Zweige des Tierbestands sind aus den Anlagen 1 und 2 zu entnehmen. ²Für die Zeit von einem nach dem 1. Januar 1964 liegenden Hauptfeststellungszeitpunkt an können der Umrechnungsschlüssel für Tierbestände in Vieheinheiten sowie die Gruppen der mehr oder weniger flächenabhängigen Zweige des Tierbestands durch Rechtsverordnung Änderungen der wirtschaftlichen Gegebenheiten, auf denen sie beruhen, angepaßt werden.

(5) ¹Die Absätze 1a bis 4 gelten nicht für Pelztiere. ²Pelztiere gehören nur dann zur landwirtschaftlichen Nutzung, wenn die erforderlichen Futtermittel überwiegend von den vom Inhaber des Betriebs landwirtschaftlich genutzten Flächen gewonnen sind.

Anlage 1 zum BewG: Umrechnungsschlüssel für Tierbestände in VE nach dem Futterbedarf, abgedruckt im Anhang Rz. 1.
Anlage 2 zum BewG: Gruppe der Zweige des Tierbestands nach der Flächenabhängigkeit, abgedruckt im Anhang Rz. 2.

Übersicht

	Rn.
I. Allgemeines	1–6
II. Ermittlung der Vieheinheiten	7–10
1. Ermittlung des Tierbestandes	7–9
2. Umrechnung in Vieheinheiten	10
III. Abgrenzung der landwirtschaftlichen Tierhaltung	11–17
1. Größe der maßgebenden Fläche	11–13
2. Landwirtschaftliche Tierhaltung	14–17
IV. Tierbestände als Gewerbebetrieb	18–25

I. Allgemeines

Tierbestände können dem landwirtschaftlichen Vermögen oder 1
dem Betriebsvermögen zugerechnet werden. Die **Abgrenzung**
erfolgt gem. § 51, welche mit der Abgrenzung in **§ 13 Abs. 1 Nr. 1 EStG** und § 24 Abs. 2 UStG übereinstimmt.

Die Zugehörigkeit zur Landwirtschaft ist davon abhängig, dass die 2
Tierzucht und Tierhaltung im **Zusammenhang mit einer Bodenbewirtschaftung** steht und eine eigene **Futtergrundlage** betrieben wird oder werden könnte. Die Abgrenzung betrifft nur

§ 51 Tierbestände

die für die Landwirtschaft typischen Tierarten. Nicht betroffen sind die Zucht von Haustieren, wie Hunden, Katzen, Singvögeln; betr. Hundezucht s. BFH VIII R 22/79 v. 30.9.1980, BStBl. II 1981, 210. Diese Zucht ist grundsätzlich ein Gewerbetrieb und damit Betriebsvermögen, EStR 13.2, EStH 15.5 „Tierzucht".

3 Nicht erforderlich ist die tatsächliche Fütterung aus dem Betrieb, sondern lediglich das Vorhandensein **ausreichender Flächen.**

4 Grundlage für die Abgrenzung ist der Futterbedarf für eine Vieheinheit. Deshalb ist der **Tierbestand in Vieheinheiten** umzurechnen. Die Zahl der Vieheinheiten ist dann mit der Größe der **landwirtschaftlich genutzten Fläche** zu vergleichen. Untersuchungen haben ergeben, dass der jährliche Futterbedarf für eine Vieheinheit – VE – etwa 20 dz Getreide beträgt. Danach können etwa zwei VE aus einem Hektar landwirtschaftlicher Nutzfläche ernährt werden.

5 Der **Umrechnungsschlüssel** ist in § 51 Abs. 1 enthalten. Mit Wirkung ab 3.7.1998 ist durch das Gesetz zur Anpassung steuerlicher Vorschriften der Land- und Forstwirtschaft v. 29.6.1998 (BGBl. I 1998, 1692) **§ 51 Abs. 1 a** eingefügt worden. Dieser gilt für Feststellungszeiträume **ab dem 1.1.1999. Abs. 1** ist durch das **StÄndG 2001** v. 20.12.2001 (BGBl. I 2001, 3794) **aufgehoben** worden.

6 Um eine Überschreitung der steuerlichen Vieheinheitengrenze zu vermeiden, werden land- und forstwirtschaftliche Betriebe umstrukturiert oder geteilt. Für die Voraussetzungen einer **Betriebsteilung in der Land- und Forstwirtschaft** bei Einbeziehung von Angehörigen siehe OFD Hannover v. 25.7.2008 (S-2230-168-StO 281, EStG-Kartei § 13 EStG Nr. 1.28).

II. Ermittlung der Vieheinheiten

1. Ermittlung des Tierbestandes

7 Ausgangspunkt für die Ermittlung der Tierbestände sind **die nachhaltig und regelmäßig** im Wirtschaftsjahr erzeugten und im Durchschnitt des Wj. gehaltenen Tiere, EStR 13.2 Abs. 1. Es sind damit nicht die Verhältnisse zum Stichtag bzw. eines Wj. maßgebend.

8 Als **erzeugt gelten** Tiere, deren Zugehörigkeit zum Betrieb sich auf eine Mastperiode oder einen Zeitraum von weniger als einem Jahr beschränkt und die danach verkauft oder verbraucht werden.

9 Die übrigen Tiere sind mit dem **Durchschnittsbestand** des Wj. zu erfassen. Davon abweichend ist bei Mastrindern mit einer Mast-

Abgrenzung der landwirtschaftlichen Tierhaltung   § 51

dauer von weniger als einem Jahr, bei Kälbern und Jungvieh, bei Schafen unter einem Jahr und bei Damtieren unter einem Jahr stets vom **Jahresdurchschnittsbestand** auszugehen.

2. Umrechnung in Vieheinheiten

Die maßgebenden Tierbestände sind getrennt für jede vorhandene   10
Tierart nach dem **Umrechnungsschlüssel** in Vieheinheiten umzurechnen. Der Umrechnungsschlüssel ist in den Anlagen 1 und 2 zum BewG (s. Anhang Rz. 1 u. 2) enthalten. **Anlage 1 zu § 51** (Anhang Rz. 1) ist durch das **BeitrRLUmsG** v. 7.12.2011 (BGBl. I 2011, 2592) für Bewertungsstichtage **nach dem 31.12.2011** gem. § 205 Abs. 4 BewG geändert worden.

Die Anlage 1 zu § 51 in der ab 2012 geltenden Fassung (Anhang Rz. 1) entspricht der bisherigen Abgrenzung in EStR 13.2 Abs. 1. Die Änderung geht zurück auf BFH II R 45/07 v. 16.12.2009, BStBl. II 2011, 808. Darüber hinaus ist der bisherige Vieheinheitenschlüssel für Mastenten aufgeteilt worden in die Aufzuchtphase (⅓) sowie die Mastphase (⅔). Die Umrechnung der Vieheinheiten auf der Futtergrundlage ist durch BFH-Rspr. bestätigt, ua. BFH II R 35/90 v. 8.12.1993, BStBl. II 1994, 152.

III. Abgrenzung der landwirtschaftlichen Tierhaltung

1. Größe der maßgebenden Fläche

Die Zahl der VE wird mit der Größe der **regelmäßig landwirt-**   11
schaftlich genutzten Fläche verglichen. Dabei sind folgende Flächen zu berücksichtigen:
– selbstbewirtschaftete eigene Flächen,
– selbstbewirtschaftete zugepachtete Flächen,
– Flächen, die auf Grund öffentlicher Förderungsprogramme, zB Flächenstilllegungsprogramme, Grünbracheprogramme (FELEG), stillgelegt wurden
– Flächen der Sonderkulturen, Hopfen und Spargel.

Mit der Hälfte zu berücksichtigen sind obstbaulich genutzte Flä-   12
chen, die so angelegt sind, dass eine regelmäßige landwirtschaftliche Unternutzung stattfindet. Mit einem **Viertel** zu berücksichtigen sind Almen und Hutungen, EStR 13.2 Abs. 3.

Nicht dazu gehören Abbauland, Flächen anderer Nutzungen,   13
Geringstland, Unland.

2. Landwirtschaftliche Tierhaltung

14 Der gesamte Tierbestand gehört zur Landwirtschaft, wenn die in § 51 genannten **Grenzen** nicht überschritten werden. Übersteigt die Zahl der Vieheinheiten nachhaltig den für die maßgebende Fläche angegebenen **Höchstsatz,** so gehört der darüber hinausgehende Tierbestand zur gewerblichen Tierzucht und Tierhaltung, § 51 Abs. 2.

15 Die jeweilige Zurechnung kann aber für einen **Zweig des Tierbestandes** nur einheitlich getroffen werden, § 51 Abs. 3. Zweige des Tierbestandes sind: Zugvieh (wie Ochsen, Pferde, Kühe), Zuchtvieh, Mastvieh und übriges Nutzvieh.

16 Zur Landwirtschaft sind zunächst die **mehr flächenabhängigen** Zweige des Tierbestandes zu rechnen, dies ergibt sich aus Anlage 2 zu § 51 (Anhang Rz. 2) bzw. EStR 13.2 Abs. 2. Hierbei handelt es sich um Pferdezucht und -haltung, Schafzucht und -haltung, Rindviehzucht und -mast, Milchviehhaltung.

17 Innerhalb jeder Gruppe der mehr flächenabhängigen Zweige eines Tierbestandes sind zunächst die **Zweige mit der geringeren Zahl der Vieheinheiten,** danach mit der größeren Anzahl von VE der Landwirtschaft zuzurechnen. Der Tierbestand eines einzelnen Zweiges wird nicht aufgeteilt. Tierarten sind Pferde, Rindvieh, Schafe, Ziegen, Schweine, Geflügel. Als Zweig eines Tierbestandes gelten demnach ua. Mastschweine, Legehennen, Milchkühe.

IV. Tierbestände als Gewerbebetrieb

18 Werden die Höchstgrenzen des § 51 überschritten, wird immer ein **gesamter Tierbestandszweig** aus der Landwirtschaft ausgegliedert. Der gewerblichen Tierhaltung zuzurechnen sind zunächst weniger flächenabhängige Zweige gemäß Anlage 2 zum BewG (Anhang Rz. 2) mit der größeren Anzahl von VE und dann der geringeren Anzahl von VE. Wird die Höchstgrenze noch nicht unterschritten, sind danach mehr flächenabhängige Zweige zunächst mit der größeren Anzahl der VE, dann mit der geringeren Anzahl von VE auszusondern. Der Tierbestand eines einzelnen Zweiges wird **nicht aufgeteilt.**

19 **Pelztiere** gehören nur dann zur landwirtschaftlichen Nutzung, wenn die erforderlichen Futtermittel überwiegend aus den vom Betriebsinhaber landwirtschaftlich genutzten Flächen gewonnen werden, § 51 Abs. 5. Bei fleischfressenden Pelztieren, wie Nerzen und Füchsen, kann der Futterbedarf nicht aus pflanzlichen Stoffen

Tierbestände als Gewerbebetrieb § 51

erzeugt werden. Sie gehören demnach zur gewerblichen Tierhaltung.

Tierzucht und Haltung von Tieren, die **nicht zur typischen Landwirtschaft** gehören, bilden unabhängig von den Grenzen des § 51 einen gewerblichen Betrieb. Hierbei handelt es sich vor allem um Hundezucht, Brieftauben. 20

Zur landwirtschaftlichen Tierhaltung gehört aber auch die **Pferdehaltung** in den Grenzen des § 51. Dazu gehört auch die Pensionspferdehaltung. Dabei sind zur Prüfung der Vieheinheitengrenzen des § 51 die eigenen Pferde und die in Pension genommenen Pferde zusammen zu rechnen. 21

Die Haltung von Rennpferden, Springpferden und anderen Pferden, die **ausschließlich sportlichen Zwecken** dienen, gehört dagegen nicht zur Landwirtschaft. Sie bildet entweder einen gewerblichen Betrieb oder gehört zum übrigen Vermögen. Ist jedoch die Ausbildung von Pferden zu Renn- und Tunierpferden dem ertragsteuerlichen Bereich der Land- und Forstwirtschaft zuzurechnen, ist dies auch bewertungsrechtlich zu vollziehen (so OFD Koblenz v. 1.8.2005, S-3110A; nv.). Dies folgt aus BFH I R 71/03 v. 31.3.2004 (BStBl. II 2004, 742), so dass auch der für Pferdezucht genutzte Grundbesitz unter den weiteren Voraussetzungen des § 51, also insbesondere den Vieheinheitengrenzen, grundsätzlich dem land- und forstwirtschaftlichen Vermögen iSd. § 33 zuzuordnen ist. 22

Erbringt der Landwirt weitere **Dienstleistungen,** wie Fütterung und Pflege der Pferde, Bereitstellen von Reitanlagen, Pferdeverleih, Reitunterricht, Ausbildung fremder Pferde etc., hängt die Abgrenzung der gewerblichen und landwirtschaftlichen Tätigkeiten von dem Gesamtbild der Verhältnisse ab, EStH 15.5 „Reitpferde". 23

Liegt eine gewerbliche Tierzucht/Tierhaltung vor, bildet der Tierbestand einen **eigenen gewerblichen Betrieb.** Dazu gehören neben dem Tierbestand, die dazugehörigen Gebäude und Gebäudeteile, Stallungen, und die diesen unmittelbar dienenden Flächen, wie Auslaufflächen und die entsprechenden Betriebsmittel. Die landwirtschaftlich genutzten Flächen bleiben weiterhin Teil des land- und forstwirtschaftlichen Betriebes. 24

Der verstärkt vorkommenden **Straußenhaltung** hat die Finanzverwaltung Rechnung getragen und einen abgestimmten Vieheinheitenschlüssel, die betriebsgewöhnliche Nutzungsdauer und den Schlachtwert für Strauße mitgeteilt. Danach sind Strauße mit einem Alter von mind. 14 Monaten mit 0,32 VE und jüngere Strauße mit 0,25 VE anzusetzen. Bei der Abschreibung ist eine betriebsgewöhnliche Nutzungsdauer von 35 Jahren zugrunde zu legen. Die Finanzverwaltung geht von einer Fertigstellung bei Straußen erst ab einem 25

Alter von 2 bis 3 Jahren aus. Der auf Bund-/Länderebene abgestimmte Schlachtwert beträgt durchschnittlich 230 Euro pro Tier (zB OFD Magdeburg v. 26.2.2008, S 2230-156-St 212, BeckVerw 114 297).

§ 51a Gemeinschaftliche Tierhaltung

(1) ¹**Zur landwirtschaftlichen Nutzung gehört auch die Tierzucht und Tierhaltung von Erwerbs- und Wirtschaftsgenossenschaften (§ 97 Abs. 1 Nr. 2), von Gesellschaften, bei denen die Gesellschafter als Unternehmer (Mitunternehmer) anzusehen sind (§ 97 Abs. 1 Nr. 5), oder von Vereinen (§ 97 Abs. 2), wenn**
1. **alle Gesellschafter oder Mitglieder**
   a) **Inhaber eines Betriebs der Land- und Forstwirtschaft mit selbstbewirtschafteten regelmäßig landwirtschaftlich genutzten Flächen sind,**
   b) **nach dem Gesamtbild der Verhältnisse hauptberuflich Land- und Forstwirte sind,**
   c) **Landwirte im Sinne des § 1 Abs. 2 des Gesetzes über die Alterssicherung der Landwirte sind und dies durch eine Bescheinigung der [*ab 1.1.2013:* landwirtschaftlichen]** *zuständigen* **Alterskasse nachgewiesen wird und**
   d) **die sich nach § 51 Abs. 1 a für sie ergebende Möglichkeit zur landwirtschaftlichen Tiererzeugung oder Tierhaltung in Vieheinheiten ganz oder teilweise auf die Genossenschaft, die Gesellschaft oder den Verein übertragen haben;**
2. **die Anzahl der von der Genossenschaft, der Gesellschaft oder dem Verein im Wirtschaftsjahr erzeugten oder gehaltenen Vieheinheiten keine der nachfolgenden Grenzen nachhaltig überschreitet:**
   a) **die Summe der sich nach Nummer 1 Buchstabe d ergebenden Vieheinheiten und**
   b) **die Summe der Vieheinheiten, die sich nach § 51 Abs. 1 a auf der Grundlage der Summe der von den Gesellschaftern oder Mitgliedern regelmäßig landwirtschaftlich genutzten Flächen ergibt;**
3. **die Betriebe der Gesellschafter oder Mitglieder nicht mehr als 40 km von der Produktionsstätte der Genossenschaft, der Gesellschaft oder des Vereins entfernt liegen.**

Allgemeines § 51a

²Die Voraussetzungen der Nummer 1 Buchstabe d und der Nummer 2 sind durch besondere, laufend zu führende Verzeichnisse nachzuweisen.

(2) Der Anwendung des Absatzes 1 steht es nicht entgegen, wenn die dort bezeichneten Genossenschaften, Gesellschaften oder Vereine die Tiererzeugung oder Tierhaltung ohne regelmäßig landwirtschaftlich genutzte Flächen betreiben.

(3) Von den in Absatz 1 bezeichneten Genossenschaften, Gesellschaften oder Vereinen regelmäßig landwirtschaftlich genutzte Flächen sind bei der Ermittlung der nach Absatz 1 Nr. 2 maßgebenden Grenzen wie Flächen von Gesellschaftern oder Mitgliedern zu behandeln, die ihre Möglichkeit zur landwirtschaftlichen Tiererzeugung oder Tierhaltung im Sinne des Absatzes 1 Nr. 1 Buchstabe d auf die Genossenschaft, die Gesellschaft oder den Verein übertragen haben.

(4) Bei dem einzelnen Gesellschafter oder Mitglied der in Absatz 1 bezeichneten Genossenschaften, Gesellschaften oder Vereine ist § 51 Abs. 1 a mit der Maßgabe anzuwenden, daß die in seinem Betrieb erzeugten oder gehaltenen Vieheinheiten mit den Vieheinheiten zusammenzurechnen sind, die im Rahmen der nach Absatz 1 Nr. 1 Buchstabe d übertragenen Möglichkeiten erzeugt oder gehalten werden.

(5) Die Vorschriften des § 51 Abs. 2 bis 4 sind entsprechend anzuwenden.

Übersicht

	Rn.
I. Allgemeines	1
II. Voraussetzungen	2–14
1. Persönliche Voraussetzungen	7–9
2. Sachliche Voraussetzungen	10–14
III. Viehhaltung bei den Beteiligten	15, 16
IV. Bewertung	17–19

I. Allgemeines

Die Tierhaltung ist grundsätzlich nur innerhalb der Grenzen des § 51 als Teil des land- und forstwirtschaftlichen Betriebes zu behandeln. Wird nun die Tierhaltung durch mehrere Landwirte gemeinschaftlich betrieben, hat aber die Gemeinschaft keine eigene landwirtschaftliche Fläche, sondern nur die beteiligten Landwirte, würde die Tierhaltung zu einem gewerblichen Betrieb führen. Um dieses

§ 51a Gemeinschaftliche Tierhaltung

Ergebnis zu vermeiden, bestimmt § 51 a unter bestimmten Voraussetzungen, dass die **gemeinschaftliche Tierhaltung** inkl. der damit zusammenhängenden Wirtschaftsgüter einen eigenen Betrieb der Land- und Forstwirtschaft darstellt, selbst wenn die Gemeinschaft keine eigene Fläche hat, siehe § 34 Abs. 6 a. Abgelehnt wird von der Finanzverwaltung der umgekehrte Zusammenschluss in der Form einer sogenannten **Ackerbaukooperation** (OFD Magdeburg v. 27.8.99, Bew-Kartei ST § 125 BewG Karte 4). Dem Gesetzeswortlaut steht es nicht entgegen, wenn sich ein Landwirt an mehreren Tierhaltungskooperationen beteiligt.

II. Voraussetzungen

2   Die gemeinschaftliche Tierhaltung lässt der Gesetzgeber aber nur dann zu, wenn im Gesetz näher bezeichnete persönliche und sachliche Voraussetzungen erfüllt werden. Zu den Voraussetzungen im Einzelnen siehe Rz. 3 ff. sowie OFD Koblenz v. 24.10.2005, DB 2005, 2554.

3   Will sich eine landwirtschaftlich tätige **BGB-Gesellschaft** (GbR) an einer Tierhaltungskooperation beteiligen, so müssen die persönlichen Voraussetzungen von allen Gesellschaftern der bereits tätigen GbR erfüllt werden. Deshalb müssen alle Gesellschafter der bereits tätigen GbR auch Gesellschafter der Tierhaltungskooperationen werden. Alle Gesellschafter müssen daher auch die persönlichen Voraussetzungen erfüllen. Gleiches gilt für **Erbengemeinschaften**.

4   Bei einer in der Landwirtschaft häufig vorkommenden **faktischen Ehegatten-Mitunternehmerschaft** (siehe näher zu dem Begriff *Leingärtner* Kap. 15 Rz. 31 ff.) sollten grundsätzlich beide Ehegatten der Tierhaltungskooperation beitreten. Da eine faktische Mitunternehmerschaft zwischen Ehegatten in der Land- und Forstwirtschaft i. d. R. weder den Beteiligten noch der Finanzverwaltung bekannt ist, reicht es im Regelfall aus, wenn der nach außen auftretende Ehegatte der Tierhaltungskooperation beitritt und er die genannten persönlichen Voraussetzungen erfüllt.

5   Bei Ehegatten im **Güterstand der Gütergemeinschaft** gehört zum Gesamtgut der landwirtschaftliche Betrieb, so dass die Ehegatten insoweit auch Mitunternehmer sind. Auch in diesem Fall können die Ehegatten einer Tierhaltungskooperation beitreten. Es gelten hier die Voraussetzungen wie bei einer landwirtschaftlich tätigen GbR, so dass beide Ehegatten der Tierhaltungskooperation beitreten und auch die persönlichen Voraussetzungen erfüllen müssen. Es ist nicht erforderlich, dass im Rahmen der Gütergemeinschaft die Ehe-

gatten zunächst die Beteiligung einer Tierhaltungskooperation zum Vorbehaltsgut erklären (so *Leingärtner* Kap. 7 Rz. 11). Das dort genannte BGH-Urteil II ZR 154/72 v. 10.7.1975 (NJW 1975, 1774) betraf den Fall, dass Ehegatten im Güterstand der Gütergemeinschaft für den schon vor Vereinbarung der Gütergemeinschaft vom Ehemann betriebenen Gewerbebetrieb eine OHG gegründet hatten. Diese OHG-Gründung war aber nach Auffassung des BGH nicht möglich, weil eine OHG mind. zwei Gesellschafter voraussetzt. Nach Auffassung des BGH sind aber die Ehegatten in Gütergemeinschaft als ein Gesellschafter anzusehen, so dass die Gründung der OHG abgelehnt wurde. Diese Sachverhaltsgestaltung liegt jedoch bei der Beteiligung von Ehegatten an einer Tierhaltungskooperation nach Begründung des Güterstands der Gütergemeinschaft nicht vor.

Eine Tierhaltungskooperation in der Rechtsform einer **GmbH & Co. KG** ist nicht möglich (BFH IV R 13/07 v. 15.11.2009, BFH/NV 2010, 652). Die Ablehnung wurde vom BFH damit begründet, dass eine juristische Person die **persönlichen Voraussetzungen** des § 51a Abs. 1 Nr. 1 **nicht erfüllen kann.** Da an einer GmbH & Co. KG jedoch eine Kapitalgesellschaft beteiligt ist, kann diese die persönlichen Voraussetzungen nicht erfüllen. Der BFH hat dies nicht als ungerechtfertigte Ungleichbehandlung angesehen, denn unter den Förderzweck des § 51a fallen solche Betriebe in der Rechtsform einer Kapitalgesellschaft aus strukturellen Gründen nicht. 6

1. Persönliche Voraussetzungen

Die Beteiligten, die die gemeinschaftliche Tierhaltung betreiben, müssen sich in einer **Erwerbs- und Wirtschaftsgenossenschaft,** einer **Personengesellschaft** oder einem **Verein** zusammengeschlossen haben. Eine Personengesellschaft ist auch eine BGB-Gesellschaft, bei der die Gesellschafter als Mitunternehmer anzusehen sind, § 97 Abs. 1 Nr. 5 iVm. § 15 Abs. 1 Nr. 2 EStG. 7

Diese Gesellschaften stellen grundsätzlich einen Gewerbebetrieb dar, so dass die gemeinschaftliche Tierhaltung eine wirtschaftliche Einheit gewerblicher Betrieb bilden würde. Deshalb fordert § 51 a Abs. 1 Nr. 1 weitere **persönliche Voraussetzungen der Mitglieder.** 8

Die Beteiligten müssen **hauptberuflich Landwirt** mit selbst bewirtschafteten landwirtschaftlichen Flächen sein, s. einzelne Merkmale der Buchstaben a bis c. Nebenerwerbslandwirte, die hauptberuflich als Arbeitnehmer, Gewerbetreibender oder selbständig tätig sind, scheiden damit aus. Davon wird auszugehen sein, wenn der Betreffende weniger als 50 % seiner Arbeitskraft im land- 9 und forstwirtschaftlichen Betrieb einsetzt. Diese Abgrenzung erfolgt nicht nach den erzielten Einkünften, sondern nach den Stunden, die dem jeweiligen Tätigkeitsbereich zuzuordnen sind. Der landwirtschaftliche Betrieb muss die Existenzgrundlage darstellen. Dies richtet sich nach den Regelungen der jeweiligen Alterskasse. Die Bescheinigung ist für das Finanzamt maßgebend. Tätigkeiten eines Landwirts im Rahmen der Tierhaltungskooperationen, an der er gesellschaftsrechtlich und somit auch eigentumsrechtlich beteiligt ist, zählen zur landwirtschaftlichen Tätigkeit (OFD Düsseldorf v. 29.7.2002, S 3132a-1-St24). Bei einer Gesamtbetrachtung im Hinblick auf das Merkmal der Hauptberuflichkeit ist daher auch die Tätigkeit auf Ebene der Tierhaltungskooperation immer mit einzubeziehen. Eine nur **kurzfristige, vorübergehende Mitgliedschaft** von nicht hauptberuflich tätigen Land- und Forstwirten dürfte nach dem Prinzip der Nachhaltigkeit und unter Berücksichtigung der Strukturwandelgrundsätze gem. EStR 15.5 Abs. 2, der auch für Bewertungszwecke greift (s. § 33 Rz. 28), unschädlich sein (siehe auch *Leingärtner* Kap. 7 Rz. 12).

2. Sachliche Voraussetzungen

10 Weitere Voraussetzung gem. § 51 a Abs. 1 Nr. 2 ist, dass der Tierbestand umgerechnet in VE die **Grenzen des § 51 Abs. 1 a** nicht überschreitet.

11 Bei der gemeinschaftlichen Tierhaltung wird es aber in der Regel an einer landwirtschaftlich genutzten Fläche der Gesellschaft fehlen. Deshalb können die Beteiligten die ihnen zustehende **Anzahl von Vieheinheiten** ganz oder teilweise auf die Gemeinschaft **übertragen**. Voraussetzung ist aber immer, dass jeder Beteiligte der Tierhaltungskooperation mindestens eine VE auf die Kooperation überträgt. Die von der Gemeinschaft tatsächlich gehaltenen VE dürfen aber die Summe der an sie abgetretenen VE nicht übersteigen. Hat die Gemeinschaft eigene Flächen, sind diese in die Berechnung einzubeziehen.

12 Zunächst ist die Zahl der von den einzelnen Gesellschaftern im Rahmen der bestehenden Möglichkeiten tatsächlich **abgetretenen Vieheinheiten** zu berechnen. Die zweite Grenze ist die Summe der den Beteiligten **zustehenden Anzahl von Vieheinheiten** je nach ihrer landwirtschaftlichen Fläche, denn mehr kann an die Gemeinschaft nicht abgetreten werden. Hat die Gemeinschaft noch eigene Flächen, erhöht sich die zulässige Grenze entsprechend. Siehe hierzu *Leingärtner* Kap. 7 Rz. 18. Beteiligt sich ein Landwirt an **mehreren Tierhaltungskooperationen**, so ist für die Berechung gem. § 51a

Abs. 1 S. 1 Nr. 2b jeweils die vom Landwirt insgesamt bewirtschaftete Fläche anzusetzen. Eine verhältnismäßige Verteilung nach der Anzahl der der jeweiligen Tierhaltungskooperation zur Verfügung gestellten VE scheidet aufgrund des Wortlautes der Regelung aus (aA *Felsmann* Einkommensbesteuerung der Land- und Forstwirte A Rz. 90a).

Weitere Voraussetzung ist, dass keiner der landwirtschaftlichen 13 Betriebe der Beteiligten **mehr als 40 km** von der Produktionsstätte der Gesellschaft entfernt liegt. Damit soll ein räumlicher Zusammenhang der einzelnen Betriebe sichergestellt werden.

Fallen die persönlichen oder sachlichen Voraussetzungen 14 nach Gründung der Gemeinschaft ganz oder teilweise **weg,** ist eine gewerbliche Tierhaltung erst dann anzunehmen, wenn die Grenzen des § 51 nachhaltig überschritten werden. Zur Nachhaltigkeit sind die Strukturwandelsgrundsätze gem. EStR 15.5 Abs. 2 heranzuziehen (siehe § 33 Rz. 28).

III. Viehhaltung bei den Beteiligten

Der einzelne Beteiligte kann auch weiter einen **eigenen Tierbe-** 15 **stand** haben. Er muss auch nicht alle VE an die Gemeinschaft abtreten, aber mindestens eine VE.

In diesem Fall sind die im eigenen Betrieb vorhandenen VE mit 16 den an die Gemeinschaft abgetretenen VE **zusammenzurechnen.** Wird durch die Summe die Grenze der zulässigen VE überschritten, liegt eine gewerbliche Tierhaltung für die jeweiligen Zweige eines Tierbestandes vor. Diese Rechtsfolge gem. § 51 Abs. 2 ergibt sich beim jeweiligen Beteiligten und nicht bei der Gemeinschaft.

IV. Bewertung

Gem. § 51 a Abs. 5 gelten für die Berechnung der Anzahl der VE, 17 ihres zulässigen Umfangs und der jeweiligen maßgebenden Fläche die Vorschriften des **§ 51.**

Die Ertragswertermittlung für eine **Tierhaltungskooperation** ist 18 nach dem vergleichenden Verfahren gem. § 37 auch dann durchzuführen, wenn die Eigenfläche ausschließlich als Hof- und Gebäudefläche genutzt wird (BFH II R 45/07 v. 16.12.2009, BStBl. II 2011, 808). Dies wird von der Finanzverwaltung teilweise abgelehnt (Gleichl. Ländererlasse v. 1.9.2011, BStBl. I 2011, 939). Näher dazu § 37 Rz. 1 ff.

§§ 52, 53 Sonderkulturen; Umlaufende Betriebsmittel

19 Zu den maßgebenden Ausgangswerten der Tierhaltung gibt es **Ländererlasse**, die von einem Ausgangswert von 500 DM je VE ausgehen (s. zB FinMin. Niedersachsen v. 26.6.1975, INF 1975, 487). Nach Auffassung des BFH (II R 45/07 v. 16.12.2009, BStBl. II 2011, 808) ist ein Zuschlag gem. § 41 wegen verstärkter Tierhaltung vorzunehmen. Der Zuschlag ergibt sich aus BewRL 2.20, Tabelle L30. Dieser Zuschlag ist gem. § 41 Abs. 2a zu halbieren. Die Finanzverwaltung legt dagegen einen Ausgangswert von 500 DM/VE zu Grunde, der in der Grundsteuerbelastung eventuell zu korrigieren ist (Gleichl. Ländererlasse v. 1.9.2011, BStBl. I 2011, 939). Eine **Halbierung dieses Ausgangswerts** gem. § 41 Abs. 2a lehnt die Finanzverwaltung dagegen ab. Dieser **Nichtanwendungserlass** zu BFH II R 45/07 v. 16.12.2009, a. a. O. ist aufgrund der klaren Gesetzeslage abzulehnen.

§ 52 Sonderkulturen

Hopfen, Spargel und andere Sonderkulturen sind als landwirtschaftliche Nutzungsteile (§ 37 Abs. 1) zu bewerten.

I. Begriff der Sonderkulturen

1 Die Sonderkulturen sind Teile der **landwirtschaftlichen Nutzung.** Hierzu rechnen aber nur Dauerkulturen, die ständig bzw. mehrjährig gehalten werden.

II. Bewertung

2 Die Bewertung erfolgt im **vergleichenden Verfahren** gem. § 37 Abs. 1. Die jeweiligen Vergleichszahlen für die entsprechend genutzten Flächen ergeben sich aus dem Liegenschaftskataster. Nur in Ausnahmefällen erfolgt eine Ermittlung im Einzelertragswertverfahren.

3 Die **Ermittlung** des Vergleichswertes für Hopfen ist im Einzelnen in BewRL 3.01 bis 3.12 und für Spargel in BewRL 3.13 bis 3.22 geregelt.

b) Forstwirtschaftliche Nutzung

§ 53 Umlaufende Betriebsmittel

Eingeschlagenes Holz gehört zum normalen Bestand an umlaufenden Betriebsmitteln, soweit es den jährlichen Nut-

I. Allgemeines

Die Vorschrift enthält die für die forstwirtschaftliche Nutzung notwendigen Ergänzungen zu § 33 Abs. 2.

Unter **Forstwirtschaft** ist begrifflich die Nutzung der natürlichen Kräfte des Waldbodens zur Gewinnung von Walderzeugnissen, insbesondere Nutzhölzern, ihre Verwertung durch Verkauf oder Veredelung, zB im eigenen Sägewerk als Nebenbetrieb, zu verstehen. Die Weihnachtsbaumkultur gehört dagegen zur sonstigen landwirtschaftlichen Nutzung.

II. Normalbestand an umlaufenden Betriebsmitteln

Gemäß § 53 gehört **eingeschlagenes Holz** zum normalen Bestand an umlaufenden Betriebsmitteln, soweit es den jährlichen Nutzungssatz nicht übersteigt. Damit ist es in der wirtschaftlichen Einheit land- und forstwirtschaftlicher Betrieb zu erfassen und im Normalwert gem. § 55 Abs. 2 und 3 enthalten. Der darüber hinausgehende Bestand ist als Überbestand gem. § 33 Abs. 3 Nr. 3 nicht zu erfassen, sondern gehört zum Betriebsvermögen. Es handelt sich hier um sog. Nachhaltsbetriebe, bei denen der vorhandene Baumbestand nach Holzarten und Altersklassen so abgestuft ist, dass jedes Jahr eine planmäßige Holznutzung möglich ist.

Bei Betrieben, die nicht jährlich einschlagen, tritt an die Stelle des jährlichen Nutzungssatzes ein den Betriebsverhältnissen entsprechender mehrjähriger Nutzungssatz. Es handelt sich hierbei um sog. **aussetzende Betriebe**, das sind Betriebe, die entweder nur eine Holzart oder nur eine Altersklasse bzw. nur wenige haben, so dass schlagreifes Holz nur in größeren Zeitabständen vorliegt.

§ 54 Bewertungsstichtag

Abweichend von § 35 Abs. 1 sind für den Umfang und den Zustand des Bestandes an nicht eingeschlagenem Holz die Verhältnisse am Ende des Wirtschaftsjahres zugrunde zu legen, das dem Feststellungszeitpunkt vorangegangen ist.

§ 55 Ermittlung des Vergleichswerts

1 Hinsichtlich des Umfangs und des Zustandes des Bestands an **nicht eingeschlagenem Holz** sind nicht die Verhältnisse vom Feststellungszeitpunkt, sondern die Verhältnisse vom Ende des Wirtschaftsjahres, das dem Feststellungszeitpunkt vorangeht, maßgebend.

§ 55 Ermittlung des Vergleichswerts

(1) **Das vergleichende Verfahren ist auf Hochwald als Nutzungsteil (§ 37 Abs. 1) anzuwenden.**

(2) **Die Ertragsfähigkeit des Hochwaldes wird vorweg für Nachhaltsbetriebe mit regelmäßigem Alters- oder Vorratsklassenverhältnis ermittelt und durch Normalwerte ausgedrückt.**

(3) **[1]Normalwert ist der für eine Holzart unter Berücksichtigung des Holzertrags auf einen Hektar bezogene Ertragswert eines Nachhaltsbetriebs mit regelmäßigem Alters- oder Vorratsklassenverhältnis. [2]Die Normalwerte werden für Bewertungsgebiete vom Bewertungsbeirat vorgeschlagen und durch Rechtsverordnung festgesetzt. [3]Der Normalwert beträgt für die Hauptfeststellung auf den Beginn des Kalenderjahres 1964 höchstens 3200 Deutsche Mark (Fichte, Ertragsklasse I A, Bestockungsgrad 1,0).**

(4) **[1]Die Anteile der einzelnen Alters- oder Vorratsklassen an den Normalwerten werden durch Prozentsätze ausgedrückt. [2]Für jede Alters- oder Vorratsklasse ergibt sich der Prozentsatz aus dem Verhältnis ihres Abtriebswerts zum Abtriebswert des Nachhaltsbetriebs mit regelmäßigem Alters- oder Vorratsklassenverhältnis. [3]Die Prozentsätze werden einheitlich für alle Bewertungsgebiete durch Rechtsverordnung festgesetzt. [4]Sie betragen für die Hauptfeststellung auf den Beginn des Kalenderjahres 1964 höchstens 260 Prozent der Normalwerte.**

(5) **[1]Ausgehend von den nach Absatz 3 festgesetzten Normalwerten wird für die forstwirtschaftliche Nutzung des einzelnen Betriebs der Ertragswert (Vergleichswert) abgeleitet. [2]Dabei werden die Prozentsätze auf die Alters- oder Vorratsklassen angewendet.**

(6) **Der Wert der einzelnen Alters- oder Vorratsklasse beträgt mindestens 50 Deutsche Mark je Hektar.**

(7) **Mittelwald und Niederwald sind mit 50 Deutsche Mark je Hektar anzusetzen.**

(8) **Zur Förderung der Gleichmäßigkeit der Bewertung wird, ausgehend von den Normalwerten des Bewertungsgebiets nach Absatz 3, durch den Bewertungsbeirat (§§ 63 bis 66) für den forstwirtschaftlichen Nutzungsteil Hochwald in einzelnen Betrieben mit gegendüblichen Ertragsbedingungen (Hauptbewertungsstützpunkte) der Vergleichswert vorgeschlagen und durch Rechtsverordnung festgesetzt.**
(9) **Zur Berücksichtigung der rückläufigen Reinerträge sind die nach Absatz 5 ermittelten Ertragswerte (Vergleichswerte) um 40 Prozent zu vermindern; die Absätze 6 und 7 bleiben unberührt.**

I. Nutzungsteile der Forstwirtschaft

In der forstwirtschaftlichen Nutzung werden die Nutzungsteile **Hochwald, Mittelwald** und **Niederwald** unterschieden. Zum Hochwald gehören Bestände aus gleichaltrigen oder annähernd gleichaltrigen Bäumen, die in langen Umtriebszeiten bewirtschaftet werden (Altersklassenwald). Hochwald, der aus ungleichaltrigen und ungleichstarken Beständen besteht, wird Plenterwald genannt, BewRL 4.02 Abs. 2. 1

Zur Definition **Mittelwald** und **Niederwald** siehe BewRL 4.02 Abs. 4 und 5. 2

II. Vergleichendes Verfahren

Die Bewertung im vergleichenden Verfahren ist in **BewRL 4.01 bis 4.33** geregelt. 3

Das vergleichende Verfahren ist grundsätzlich in § 37 geregelt, § 55 enthält ergänzende Vorschriften. Danach ist nur für die Bewertung des **Hochwaldes als vergleichendes Verfahren das Altersklassenverfahren** anzuwenden, § 55 Abs. 2 bis 4, BewRL 4.03, 4.04. 4

Mittel- und Niederwald sind gem. § 55 Abs. 7 mit einem festen Wert von **50 DM je Hektar** anzusetzen. 5

Das **Altersklassenverfahren** kennt aber **keine Vergleichszahlen,** sondern es werden die Ertragsbedingungen der einzelnen Nutzung mit den Ertragsbedingungen einer normalen Nutzung verglichen, s. BewRL 4.03. 6

Das Altersklassenverfahren als vergleichendes Verfahren ist uneingeschränkt bei Hochwald mit einer Fläche von **mehr als 30 Hektar** anzuwenden. 7

§ 55   Ermittlung des Vergleichswerts

8   Bei Betrieben mit einer Fläche von **mehr als 2 ha bis 30 ha** ist für den Nutzungsteil Hochwald eine vereinfachte Ertragswertermittlung nach Gemeindedurchschnittswerten vorgesehen, BewRL 4.30.

9   Bei Betrieben, deren forstwirtschaftliche **Fläche bis 2 ha** beträgt, ist grundsätzlich auch für den Nutzungsteil Hochwald ein fester Vergleichswert von 50 DM/ha anzusetzen, BewRL 4.04 Abs. 1.

10   § 55 Abs. 6 legt für Hochwald einen **Mindestwert** von 50 DM je Hektar fest.

11   Die Vergleichswerte der **Hauptbewertungsstützpunkte** gem. § 55 Abs. 8 ergeben sich aus der Verordnung v. 11.8.1967 (BGBl. I 1967, 906) zur Durchführung des § 55 Abs. 8. Sie sind nicht bindend für die übrigen Forstbetriebe, entgegen § 39 Abs. 1, sondern sollen nur als Beispiele für das Altersklassenverfahren dienen.

12   Da in der Forstwirtschaft die Reinerträge seit dem 1.1.1964 ständig gesunken sind, sind die Ertragswerte nach dem Altersklassenverfahren und dem vereinfachten Altersklassenverfahren um **40 % zu vermindern,** § 55 Abs. 9. Das gilt nicht für den jeweiligen festen Wert von 50 DM/ha.

III. Ermittlung des Normalwertes

13   **Normalwerte** sind die auf einen Hektar bezogenen Ertragswerte normaler Betriebsklassen des Hochwaldes, § 55 Abs. 2. Es handelt sich um das Achtzehnfache des jährlichen Reinertrags eines normalen Nachhaltsbetriebs.

14   Die zugrunde zu legenden Normalwerte ergeben sich aus **Verordnung** v. 27.7.1967 (BGBl. I 1967, 805) zur Durchführung des § 55 Abs. 3 und 4.

15   Die Prozentsätze sind **Verhältniszahlen,** die angeben, in welcher Höhe der Ertragswert einer Altersklasse oder Vorratsklasse im Vergleich zum normalen Hochwaldbetrieb anzusetzen ist. Sie werden mit Hilfe von sog. Abtriebswerten ermittelt, das sind sog. durchschnittliche Marktwerte abzgl. Erntekosten der stehenden Holzvorräte.

IV. Ermittlung des Vergleichswertes

16   Zunächst ist der **Normalwert einer Altersklasse** je nach Holzart und Ertragsklasse zu ermitteln, BewRL 4.13. Der Normalwert kann ggf. durch Ab- und Zurechnungen korrigiert werden, BewRL 4.20.

Der Normalwert wird mit dem **Bestockungsgrad,** BewRL 4.14, multipliziert. Der sich danach ergebende Ertragswert der Altersklasse je Hektar wird dann mit der Fläche multipliziert. **17**

Die einzelnen Schritte der Bewertung sind in **BewRL** 4.04 bis 4.33 dargestellt. Die Summe der Ertragswerte aller Altersklassen und Holzarten ergibt dann den **Ertragswert des Hochwaldes.** **18**

Der Vergleichswert des Hochwaldes ist um **40 % zu vermindern,** § 55 Abs. 9. Die Korrektur der Vergleichswerte soll die Reinerträge, entgegen § 27, an die gesunkenen Reinerträge seit 1964 anpassen. **19**

c) Weinbauliche Nutzung

§ 56 Umlaufende Betriebsmittel

(1) ¹**Bei ausbauenden Betrieben zählen die Vorräte an Weinen aus der letzten und der vorletzten Ernte vor dem Bewertungsstichtag zum normalen Bestand an umlaufenden Betriebsmitteln.** ²**Für die Weinvorräte aus der vorletzten Ernte vor dem Bewertungsstichtag gilt dies jedoch nur, soweit sie nicht auf Flaschen gefüllt sind.**

(2) ¹**Für Feststellungszeitpunkte ab dem 1. Januar 1996 zählen bei ausbauenden Betrieben die Vorräte an Weinen aus den Ernten der letzten fünf Jahre vor dem Bewertungsstichtag zum normalen Bestand an umlaufenden Betriebsmitteln.** ²**Diese Zuordnung der Weinvorräte steht einer Änderung der tatsächlichen Verhältnisse gleich, die im Kalenderjahr 1995 eingetreten ist; § 27 ist insoweit nicht anzuwenden.**

(3) **Abschläge für Unterbestand an Weinvorräten sind nicht zu machen.**

I. Allgemeines

Die weinbauliche Nutzung ist eine der in § 34 Abs. 2 genannten Nutzungen eines land- und forstwirtschaftlichen Betriebes. Zur **wirtschaftlichen Einheit** gehören alle Wirtschaftsgüter, die der Erzeugung von Trauben und der Gewinnung von Wein und Most dienen, dazu §§ 33 Rz. 35 ff. und 34 Rz. 13–15. **1**

Bei den **Flächen** handelt es sich um im Ertrag stehende Rebanlagen, noch nicht ertragsfähige Jungfelder, vorübergehend nicht bestockte Felder, Rebmuttergärten und Rebschulen, wenn sie zu mehr als ⅔ dem Eigenbedarf dienen, die ggf. anteilige Hof- und **2**

Gebäudefläche gem. § 40 Abs. 3, Wirtschaftswege, Hecken und dgl., BewRL 1.10 und 1.14.

3 § 56 enthält zur Abgrenzung der wirtschaftlichen Einheit notwendige Ergänzungen.

II. Umlaufende Betriebsmittel

4 Umlaufende Betriebsmittel sind WG, die **zum Verbrauch oder Verkauf** bestimmt sind. Der Begriff entspricht dem Umlaufvermögen im Ertragsteuerrecht.

5 § 56 Abs. 1 regelt, was zum **Normalbestand** an umlaufenden Betriebsmitteln bei Feststellungszeitpunkten vor dem 1.1.1996 gehört, § 56 Abs. 2 erweitert die bisherige Regelung bei Feststellungszeitpunkten ab dem 1.1.1996.

6 Ab 1.1.1996 gehören bei ausbauenden Betrieben die **Weinvorräte** aus den Ernten der **letzten fünf Jahre** vor dem Bewertungsstichtag zum normalen Bestand an umlaufenden Betriebsmitteln. Ein Abschlag für einen Unterbestand kommt nicht in Betracht.

7 Ein **Überbestand** gehört nicht zur Land- und Forstwirtschaft gem. § 33 Abs. 3 Nr. 2, sondern zum Betriebsvermögen oder übrigen Vermögen.

§ 57 Bewertungsstützpunkte

Als Bewertungsstützpunkte dienen Weinbaulagen oder Teile von Weinbaulagen.

I. Allgemeines

1 Die Bewertung der weinbaulichen Nutzung erfolgt ebenfalls im **vergleichenden Verfahren,** § 37.

2 Bei der Beurteilung der Ertragsfähigkeit sind die natürlichen und wirtschaftlichen **Ertragsbedingungen** gem. § 38 zu berücksichtigen.

II. Bewertungsstützpunkte, Weinbaulagen

3 Als **Bewertungsstützpunkte** dienen aber nicht Betriebe, sondern **Weinbaulagen** oder Teile von ihnen. Es ist die Ertragsfähigkeit

Innere Verkehrslage § 58

der Weinbaulagen ohne Bezug auf den Betrieb zu ermitteln. Dazu gehört auch die Art der Verwertung der geernteten Trauben.

4 Demnach gibt es für jede Weinbaulage drei **Lagenvergleichszahlen,** BewRL 5.02 Abs. 2; bei Ablieferung der Trauben und Maische, bei Verarbeitung der Trauben im eigenen Betrieb mit Erzeugung von Fasswein, bei Verarbeitung der Trauben bis zur Erzeugung von Flaschenwein.

5 Die jeweiligen Vergleichszahlen der **Hauptbewertungsstützpunkte** sind in der 2. Verordnung zu § 39 Abs. 1 v. 24.11.1967 (BGBl. I 1967, 1191) enthalten. Sie dienen der Ermittlung der Vergleichszahlen der Landes- und Ortsbewertungsstützpunkte und damit der Durchführung des vergleichenden Verfahrens. Die Lagenvergleichszahlen sind **auf Ar** bezogen.

III. Durchführung des Verfahrens

6 Die Ermittlung des Ertragswertes der weinbaulichen Nutzung ist in **BewRL 5.01 bis 5.16** geregelt.

7 Die jeweiligen Lagenvergleichszahlen sind mit der **Fläche der weinbaulichen Nutzung in Ar** zu multiplizieren und ergeben die Weinbau-Ausgangszahl. Sind verschiedene Weinbaulagen und Lagenvergleichszahlen vorhanden, dann ist jede Fläche gesondert zu berechnen, ggf. erfolgen noch Korrekturen gem. BewRL 5.08 und 5.09.

8 Die **Weinbau-Betriebszahl** ergibt sich durch Weinbau-Ausgangszahl dividiert durch die Fläche in Ar inkl. Hof- und Gebäudefläche.

9 Die Weinbau-Vergleichszahl (nach Abzug einer Korrektur wegen Grundsteuerbelastung, BewRL 5.12) ist mit dem **Ertragswert gem. § 40 Abs. 2** zu multiplizieren, für je 100 Punkte einer Vergleichszahl mal 200 DM. Dies ergibt den Vergleichswert der weinbaulichen Nutzung.

10 Bei der zu berücksichtigenden **Fläche** der weinbaulichen Nutzung in Ar ist die ggf. anteilige Hof- und Gebäudefläche zu berücksichtigen, § 40 Abs. 3.

§ 58 Innere Verkehrslage

Bei der Berücksichtigung der inneren Verkehrslage sind abweichend von § 38 Abs. 2 Nr. 1 nicht die tatsächlichen Verhältnisse, sondern die in der Weinbaulage regelmäßigen Verhältnisse zugrunde zu legen; § 41 ist entsprechend anzuwenden.

§§ 59, 60 Bewertungsstichtag; Ertragsbedingungen

1 Üblicherweise werden für die innere Verkehrslage die tatsächlichen Verhältnisse zu Grunde gelegt. Abweichend davon regelt § 58, dass in der Weinbaulage die **üblichen Verhältnisse** maßgebend sind.

2 Da die Flächen der einzelnen Weinbaulagen regelmäßig zu mehreren Betrieben gehören, kann die unterschiedliche innere Verkehrslage der einzelnen Betriebe nicht in den Lagenvergleichszahlen berücksichtigt werden. Eine entsprechende **Korrektur bei Abweichung** von den unterstellten Verhältnissen kann damit durch einen Zu- oder Abschlag gem. § 41 berücksichtigt werden.

d) Gärtnerische Nutzung

§ 59 Bewertungsstichtag

(1) **Die durch Anbau von Baumschulgewächsen genutzte Betriebsfläche wird abweichend von § 35 Abs. 1 nach den Verhältnissen an dem 15. September bestimmt, der dem Feststellungszeitpunkt vorangegangen ist.**

(2) **Die durch Anbau von Gemüse, Blumen und Zierpflanzen genutzte Betriebsfläche wird abweichend von § 35 Abs. 1 nach den Verhältnissen an dem 30. Juni bestimmt, der dem Feststellungszeitpunkt vorangegangen ist.**

1 Die vom üblichen Bewertungsstichtag abweichende Regelung ist eine für den Gartenbau notwendige Ausnahme. Der im Gesetz vorgesehene Stichtag für **Baumschulen** ist derjenige, für den der Umfang der Baumschulnutzung am leichtesten feststellbar ist. Zu diesem Zeitpunkt haben die herbstlichen Rodungen noch nicht begonnen.

2 Die von § 35 Abs. 1 abweichende Regelung für **Gemüse-, Blumen und Zierpflanzenbau,** nach der als Bewertungsstichtag der 30. Juni festgelegt wird, eignet sich für die Einordnung der Flächen in die betreffende Nutzung besser.

§ 60 Ertragsbedingungen

(1) **Bei der Beurteilung der natürlichen Ertragsbedingungen (§ 38 Abs. 2 Nr. 1 Buchstabe a) ist von den Ergebnissen der Bodenschätzung nach dem Bodenschätzungsgesetz auszugehen.**

(2) **Hinsichtlich der ertragsteigernden Anlagen, insbesondere der überdachten Anbauflächen, sind – abweichend von**

§ 38 Abs. 2 Nr. 2 – die tatsächlichen Verhältnisse des Betriebs zugrunde zu legen.

I. Allgemeines

Die gesamte gärtnerische Nutzung ist nach dem **vergleichenden Verfahren** zu bewerten. Die Regelungen sind in BewRL Teil 6 enthalten.

1

II. Bodenschätzung

Bei der Beurteilung der natürlichen Ertragsbedingungen ist auch für die gärtnerische Nutzung von den Ergebnissen der Bodenschätzung auszugehen. Dies entspricht der Regelung, die für **die landwirtschaftliche** Nutzung getroffen wurde, s. § 50 Rz. 2 ff. Danach ist für die Beurteilung der natürlichen Ertragsbedingungen von den Ergebnissen der Bodenschätzung nach dem Bodenschätzungsgesetz auszugehen, s. BewRL 6.03.

2

Beim Gartenbau ist aber hinsichtlich der ertragsteigernden Anlagen, wie Frühbeete und Gewächshäuser und andere besonders überdachte Anbauflächen, entgegen § 38 Abs. 2 Nr. 2 nicht von den regelmäßigen gegendüblichen Verhältnissen, sondern von **den tatsächlichen Verhältnissen** auszugehen. Die Verhältnisse in den einzelnen Betrieben sind nämlich zu unterschiedlich.

3

§ 61 Anwendung des vergleichenden Verfahrens

Das vergleichende Verfahren ist auf Gemüse-, Blumen- und Zierpflanzenbau, auf Obstbau und auf Baumschulen als Nutzungsteile (§ 37 Abs. 1 Satz 2) anzuwenden.

§ 61 schreibt die Anwendung des **vergleichenden Verfahrens** für Gemüse-, Blumen und Zierpflanzenbau, Obstbau und Baumschulen vor. Dies sind die Nutzungsteile der gärtnerischen Nutzung.

1

Da die Anbau- und Ertragsverhältnisse der **einzelnen Nutzungsteile** sehr unterschiedlich sind, muss der Vergleichswert in einem besonderen Verfahren ermittelt werden.

2

Die Einzelheiten des vergleichenden Verfahrens sind in **BewRL 6.01 bis 6.63** enthalten. Hierbei ist für jeden einzelnen Nutzungsteil ein eigener Hauptabschnitt vorhanden.

3

§ 62 Arten und Bewertung d. sonst. luf. Nutzung

4 Die **Hauptbewertungsstützpunkte** der gärtnerischen Nutzung sind in der 3. VO zu § 39 Abs. 1 v. 7.12.1967 (BGBl. I 1967, 1199) enthalten.

5 Die Unterschiede der Ertragsfähigkeit der einzelnen Nutzungsteile werden in **Vergleichszahlen** ausgedrückt. Dabei ergibt sich für Gemüse-, Blumen und Zierpflanzenbau eine sog. **Gartenbau-Vergleichszahl** bezogen auf die genutzte Fläche in Quadratmetern (BewRL 1.17 Abs. 4). Diese ist zur Ermittlung des Ertragswertes gem. § 40 Abs. 2 für je 100 Punkte der VZ mit 108 DM zu multiplizieren.

6 Für den Obstbau wird lt. Hauptabschnitt B, BewRL 6.24 bis 6.47, **eine Obstbau-Vergleichszahl** ermittelt, die bezogen auf qm, zur Ermittlung des Ertragswertes mit 72 DM gem. § 40 Abs. 2 für je 100 Punkte multipliziert wird.

7 Für den Nutzungsteil Baumschulen wird gem. Abschnitt C, BewRL 6.48 bis 6.63, eine **Baumschul-Vergleichszahl** ermittelt, die sich auf die genutzte Fläche in Ar bezieht, BewRL 1.17 Abs. 4. Der Ertragswert beträgt pro 100 Punkte der VZ gem. § 40 Abs. 2 221,40 DM.

e) Sonstige land- und forstwirtschaftliche Nutzung

§ 62 Arten und Bewertung der sonstigen land- und forstwirtschaftlichen Nutzung

(1) **Zur sonstigen land- und forstwirtschaftlichen Nutzung gehören insbesondere**
1. **die Binnenfischerei,**
2. **die Teichwirtschaft,**
3. **die Fischzucht für Binnenfischerei und Teichwirtschaft,**
4. **die Imkerei,**
5. **die Wanderschäferei,**
6. **die Saatzucht.**

(2) **Für die Arten der sonstigen land- und forstwirtschaftlichen Nutzung werden im vergleichenden Verfahren abweichend von § 38 Abs. 1 keine Vergleichszahlen, sondern unmittelbare Vergleichswerte ermittelt.**

I. Allgemeines

1 Die Arten der sonstigen land- und forstwirtschaftlichen Nutzung sind in § 62 aufgezählt. Diese **Aufzählung** ist nicht erschöpfend. So

Arten der sonstigen luf. Nutzung **§ 62**

fallen auch der Pilzanbau und die Weihnachtsbaumkultur unter diese Gruppe. Die Bewertung erfolgt im vergleichenden Verfahren und ist in BewRL Teil 7 geregelt.

II. Arten der sonstigen land- und forstwirtschaftlichen Nutzung

1. Binnenfischerei

Zur **Binnenfischerei** zählt die Fischerei in stehenden Gewässern, dh. in Seen und Teichen, und in fließenden Gewässern, Flüssen, Bächen und Kanälen. Nicht dazu gehören die Hochsee- und Küstenfischerei, hier handelt es sich um Gewerbebetriebe.

Das Verfahren ist in **BewRL 7.03 bis 7.08** geregelt.

2. Teichwirtschaft und Fischzucht

Die **Teichwirtschaft** und die Fischzucht für Binnenfischerei und Teichwirtschaft kommen für sich alleine vor oder sind miteinander verbunden. Nicht dazu gehört die Zierfischzucht. In vielen Fällen wird nur eine Art von Fischen erzeugt, zB Forellen oder Karpfen.

Die **BewRL 7.09 bis 7.18** enthalten **Grundlagen** für die Ermittlung des Vergleichswertes für Karpfenteichwirtschaft und Karpfenzucht und für Forellenteichwirtschaft und Forellenzucht.

3. Imkerei

Zur **Imkerei** gehören alle Formen der **Bienenhaltung,** die auf ein **wirtschaftliches Ziel** ausgerichtet sind. Bei der Bewertung ist zu unterscheiden zwischen der Bienenhaltung zur Gewinnung von Honig und Wachs, für die das vergleichende Verfahren anzuwenden ist, und den Spezialformen, zB Königinnenzuchtbetriebe und Erzeugung von Bienengift. Für diese Formen gilt das Einzelertragswertverfahren gem. § 37 Abs. 2. Das vergleichende Verfahren ist in **BewRL 7.19 bis 7.25** dargestellt.

4. Wanderschäferei

Die typischen **Merkmale der Wanderschäferei** sind die Haltung in einer Großherde unter ständiger Aufsicht eines Schafmeisters und die Nutzung fremder Flächen zumindest während des überwiegenden Teils des Jahres. Abgrenzungen finden sich in der Bew-Kartei der OFD Koblenz Karte 1 zu § 62. Die Ermittlung des Vergleichswertes ist in **BewRL 7.26 bis 7.29** enthalten.

5. Saatzucht und sonstige Nutzungen

8 Die **BewRL 7.30 bis 7.33** enthalten Abgrenzungen und Anweisungen zur Bewertungen für den Pilzanbau. Regelungen für die Weihnachtsbaumkultur finden sich in BewRL 7.34 bis 7.37 und Regelungen für die Saatzucht in BewRL 7.38 bis 7.44.

III. Bewertungsverfahren

9 Der **Ertragswert** der Nutzungen wird idR in einem **vergleichenden Verfahren** ermittelt, § 37 Abs. 1. Bei den sonstigen land- und forstwirtschaftlichen Nutzungen sind aber Vorarbeiten bzgl. der Ertragsfähigkeit zum Hauptfeststellungszeitpunkt nicht erforderlich gewesen, da eine Ermittlung jederzeit möglich ist. Deshalb werden für die einzelnen Arten unmittelbar Vergleichswerte ermittelt.

10 Statt des vergleichenden Verfahrens ist das **Einzelertragswertverfahren** nach den BewRL in bestimmten Fällen anzuwenden. Das sind: Spezialimkereien, bestimmte Saatzuchtbetriebe gem. BewRL 7.39 Abs. 3 und 7.40 Abs. 5.

III. Bewertungsbeirat, Gutachterausschuß

§ 63 Bewertungsbeirat

(1) **Beim Bundesministerium der Finanzen wird ein Bewertungsbeirat gebildet.**

(2) [1]**Der Bewertungsbeirat gliedert sich in eine landwirtschaftliche Abteilung, eine forstwirtschaftliche Abteilung, eine Weinbauabteilung und eine Gartenbauabteilung.** [2]**Die Gartenbauabteilung besteht aus den Unterabteilungen für Gemüse-, Blumen- und Zierpflanzenbau, für Obstbau und für Baumschulen.**

(3) *(aufgehoben)*

1 Der Bewertungsbeirat ist ein **sachkundiges Beratungsgremium** beim BMF. Die Aufgaben regelt § 65. Der Bewertungsbeirat gliedert sich in die in Abs. 2 aufgezählten Abteilungen.

2 Im Rahmen der Neufassung des Bodenschätzungsgesetzes durch das **JStG 2008** v. 20.12.2007 (BStBl. I 2007, 3150) ist **§ 63 Abs. 3 aufgehoben** worden. Die dem Bewertungsbeirat dort ursprünglich zugeordnete Aufgabe der Bodenschätzung wird nun durch den

Schätzungsbeirat übernommen, der sich gem. § 17 BodSchätzG zu bilden hat.

§ 64 Mitglieder

(1) **Dem Bewertungsbeirat gehören an**
1. **in jeder Abteilung und Unterabteilung:**
    a) **ein Beamter des Bundesministeriums der Finanzen als Vorsitzender,**
    b) **ein Beamter des Bundesministeriums für Ernährung, Landwirtschaft und Verbraucherschutz;**
2. **in der landwirtschaftlichen Abteilung und in der forstwirtschaftlichen Abteilung je zehn Mitglieder;**
3. **in der Weinbauabteilung acht Mitglieder;**
4. **in der Gartenbauabteilung vier Mitglieder mit allgemeiner Sachkunde, zu denen für jede Unterabteilung drei weitere Mitglieder mit besonderer Fachkenntnis hinzutreten.**

(2) **Nach Bedarf können weitere Mitglieder berufen werden.**

(3) ¹**Die Mitglieder nach Absatz 1 Nr. 2 bis 4 und nach Absatz 2 werden auf Vorschlag der obersten Finanzbehörden der Länder durch das Bundesministerium der Finanzen im Einvernehmen mit dem Bundesministerium für Ernährung, Landwirtschaft und Verbraucherschutz berufen.** ²**Die Berufung kann mit Zustimmung der obersten Finanzbehörden der Länder zurückgenommen werden.** ³**Scheidet eines der nach Absatz 1 Nr. 2 bis 4 berufenen Mitglieder aus, so ist ein neues Mitglied zu berufen.** ⁴**Die Mitglieder müssen sachkundig sein.**

(4) ¹**Die nach Absatz 3 berufenen Mitglieder haben bei den Verhandlungen des Bewertungsbeirats ohne Rücksicht auf Sonderinteressen nach bestem Wissen und Gewissen zu verfahren.** ²**Sie dürfen den Inhalt der Verhandlungen des Bewertungsbeirats sowie die Verhältnisse der Steuerpflichtigen, die ihnen im Zusammenhang mit ihrer Tätigkeit auf Grund dieses Gesetzes bekanntgeworden sind, nicht unbefugt offenbaren und Geheimnisse, insbesondere Betriebs- oder Geschäftsgeheimnisse, nicht unbefugt verwerten.** ³**Sie werden bei Beginn ihrer Tätigkeit von dem Vorsitzenden des Bewertungsbeirats durch Handschlag verpflichtet, diese Obliegenheiten gewissenhaft zu erfüllen.** ⁴**Über diese Verpflichtung ist eine Niederschrift aufzunehmen, die von dem Verpflichteten**

mit unterzeichnet wird. ⁵Auf Zuwiderhandlungen sind die Vorschriften über das Steuergeheimnis und die Strafbarkeit seiner Verletzung entsprechend anzuwenden.

1 Den **Vorsitz** im Bewertungsbeirat hat stets ein Beamter des BMF.
2 Die **Anzahl der Mitglieder** der einzelnen Abteilungen ergibt sich aus § 64 Abs. 1 Nr. 2 bis 4. Das Gesetz lässt außerdem die Berufung weiterer Mitglieder zu, zB wenn für bestimmte Regionen und Bereiche besondere Sachkunde erforderlich ist.
3 Die **Berufung und Auswahl** der Mitglieder ergibt sich aus § 64 Abs. 3.

§ 65 Aufgaben

Der Bewertungsbeirat hat die Aufgabe, Vorschläge zu machen
1. für die durch besonderes Gesetz festzusetzenden Ertragswerte (§ 40 Abs. 1),
2. für die durch Rechtsverordnung festzusetzenden Vergleichszahlen (§ 39 Abs. 1) und Vergleichswerte (§ 55 Abs. 8) der Hauptbewertungsstützpunkte,
3. für die durch Rechtsverordnung festzusetzenden Normalwerte der forstwirtschaftlichen Nutzung für Bewertungsgebiete (§ 55 Abs. 3).

1 Der Bewertungsbeirat hat nur ein **Vorschlagsrecht.** An die Vorschläge sind Gesetzgeber und Verordnungsgeber nicht gebunden.

§ 66 Geschäftsführung

(1) ¹Der Vorsitzende führt die Geschäfte des Bewertungsbeirats und leitet die Verhandlungen. ²Das Bundesministerium der Finanzen kann eine Geschäftsordnung für den Bewertungsbeirat erlassen.

(2) ¹Die einzelnen Abteilungen und Unterabteilungen des Bewertungsbeirats sind beschlußfähig, wenn mindestens zwei Drittel der Mitglieder anwesend sind. ²Bei Abstimmung entscheidet die Stimmenmehrheit, bei Stimmengleichheit die Stimme des Vorsitzenden.

(3) ¹Der Bewertungsbeirat hat seinen Sitz am Sitz des Bundesministeriums der Finanzen. ²Er hat bei Durchführung seiner Aufgaben die Ermittlungsbefugnisse, die den Finanzämtern nach der Abgabenordnung zustehen.

(4) ¹Die Verhandlungen des Bewertungsbeirats sind nicht öffentlich. ²Der Bewertungsbeirat kann nach seinem Ermessen Sachverständige hören; § 64 Abs. 4 gilt entsprechend.

Die **Geschäftsführung** des Bewertungsbeirates obliegt dem Vorsitzenden, der **Sitz** ist am Sitz des Bundesministeriums der Finanzen. Er hat im Wesentlichen nur die **Ermittlungsbefugnisse,** die auch den Finanzämtern nach der AO zustehen.

§ 67 Gutachterausschuß

(1) ¹**Zur Förderung der Gleichmäßigkeit der Bewertung des land- und forstwirtschaftlichen Vermögens in den Ländern, insbesondere durch Bewertung von Landes-Bewertungsstützpunkten, wird bei jeder Oberfinanzdirektion ein Gutachterausschuß gebildet.** ²**Bei jedem Gutachterausschuß ist eine landwirtschaftliche Abteilung zu bilden.** ³Weitere Abteilungen können nach Bedarf entsprechend der Gliederung des Bewertungsbeirats (§ 63) gebildet werden.

(2) **Die landwirtschaftliche Abteilung des Gutachterausschusses übernimmt auch die Befugnisse des Landesschätzungsbeirats nach dem Bodenschätzungsgesetz.**

(3) **Dem Gutachterausschuß oder jeder seiner Abteilungen gehören an**
1. der Oberfinanzpräsident oder ein von ihm beauftragter Angehöriger seiner Behörde als Vorsitzender,
2. ein von der für die Land- und Forstwirtschaft zuständigen obersten Landesbehörde beauftragter Beamter,
3. fünf sachkundige Mitglieder, die durch die für die Finanzverwaltung zuständige oberste Landesbehörde im Einvernehmen mit der für die Land- und Forstwirtschaft zuständigen obersten Landesbehörde berufen werden. ²**Die Berufung kann zurückgenommen werden.** ³**§ 64 Abs. 2 und 4 gilt entsprechend.** ⁴**Die Landesregierungen werden ermächtigt, durch Rechtsverordnung die zuständigen Behörden abweichend von Satz 1 zu bestimmen.** ⁵**Sie können diese Ermächtigung auf oberste Landesbehörden übertragen.**

(4) ¹**Der Vorsitzende führt die Geschäfte des Gutachterausschusses und leitet die Verhandlungen.** ²**Die Verhandlungen sind nicht öffentlich.** ³Für die Beschlußfähigkeit und die Abstimmung gilt § 66 Abs. 2 entsprechend.

1 Der Gutachterausschuss ist ein sachkundiges **Beratungsgremium** bei den jeweiligen Oberfinanzdirektionen, § 6 BodSchätzG.

2 Jeder Gutachterausschuss muss eine **landwirtschaftliche Abteilung** bilden, da dem Gutachterausschuss die Befugnisse des Landesschätzungsbeirates nach dem Bodenschätzungsgesetz übertragen sind. Die Aufgaben ergeben sich aus § 6 BodSchätzG.

3 Die **Zusammensetzung** des Gutachterausschusses ergibt sich aus § 67 Abs. 3.

C. Grundvermögen

I. Allgemeines

§ 68 Begriff des Grundvermögens

(1) Zum Grundvermögen gehören
1. der Grund und Boden, die Gebäude, die sonstigen Bestandteile und das Zubehör,
2. das Erbbaurecht,
3. das Wohnungseigentum, Teileigentum, Wohnungserbbaurecht und Teilerbbaurecht nach dem Wohnungseigentumsgesetz,

soweit es sich nicht um land- und forstwirtschaftliches Vermögen (§ 33) oder um Betriebsgrundstücke (§ 99) handelt.

(2) [1]In das Grundvermögen sind nicht einzubeziehen
1. Bodenschätze,
2. die Maschinen und sonstigen Vorrichtungen aller Art, die zu einer Betriebsanlage gehören (Betriebsvorrichtungen), auch wenn sie wesentliche Bestandteile sind.

[2]Einzubeziehen sind jedoch die Verstärkungen von Decken und die nicht ausschließlich zu einer Betriebsanlage gehörenden Stützen und sonstigen Bauteile wie Mauervorlagen und Verstrebungen.

Übersicht

	Rn.
I. Begriff des Grundvermögens	1
II. Umfang des Grundvermögens	2–9
1. Grund und Boden, Gebäude, sonstige Bestandteile und Zubehör	2–4
2. Erbbaurecht	5
3. Wohnungseigentum/Teileigentum	6–8

	4. Vom Grundvermögen ausgenommene Wirtschaftsgüter	9
III.	Betriebsvorrichtungen	10–18
	1. Begriff	10
	2. Abgrenzung	11–14
	a) Abgrenzung der Gebäude von den Betriebsvorrichtungen	12
	b) Abgrenzung einzelner Bestandteile von den Betriebsvorrichtungen	13
	c) Abgrenzung der Außenanlagen von den Betriebsvorrichtungen	14
	3. Bedeutung und Zweck der Abgrenzung	15–18

I. Begriff des Grundvermögens

Die Begriffe **„Grundbesitz"** (§ 19 Abs. 1), **„Grundvermögen"** **1**
(§ 68) und **„Grundstück"** (§ 70) sind voneinander abzugrenzen.
Grundbesitz ist der Oberbegriff. Er umfasst die wirtschaftlichen Einheiten des land- und forstwirtschaftlichen Vermögens, des Grundvermögens sowie die Betriebsgrundstücke. Das Grundvermögen ist eine der in § 18 genannten Vermögensarten. Was iE zum Grundvermögen gehört, ist im § 68 geregelt. Das Grundstück stellt den Bewertungsgegenstand, dh. die wirtschaftliche Einheit dar.

II. Umfang des Grundvermögens

1. Grund und Boden, Gebäude, sonstige Bestandteile und Zubehör

Das Gebäude ist gem. § 94 Abs. 1 BGB wesentlicher Bestandteil **2**
des Grund und Bodens. Es ist ein Bauwerk, das
– Menschen oder Sachen durch räumliche Umschließung Schutz gegen äußere Einflüsse gewährt
– den Aufenthalt von Menschen gestattet
– fest mit dem Grund und Boden verbunden ist (= gegründet auf Fundamenten)
– von einiger Beständigkeit ist (= zu beurteilen nach der Beschaffenheit und nicht nach dem Zweck des Bauwerks)
– und ausreichend standfest ist (= so gebaut, dass es nicht einstürzt).
Sonstige Bestandteile sind gem. § 94 Abs. 2 BGB die zur Herstel- **3**
lung des Gebäudes eingefügten Sachen wie zB Türen, Treppen, Fenster, eingebaute Möbel, Öfen, Badeeinrichtungen, Zentralheizungsanlagen, Warmwasseranlagen und Aufzüge. Ferner gehören

gem. § 94 Abs. 1 BGB die Außenanlagen wie zB Platz- und Wegebefestigungen, Terrassen, Gartenanlagen und Umzäunungen dazu.

Des Weiteren rechnen gem. § 96 BGB Rechte, die mit dem Eigentum am Grundstück verbunden sind (zB Überbaurechte gem. § 912 BGB, Grunddienstbarkeiten gem. § 1018 BGB) zu den sonstigen Bestandteilen. Wirtschaftsgüter, die nur zu einem **vorübergehenden Zweck,** zB für die Dauer der Miet- oder Pachtzeit, vom Mieter oder Pächter eingefügt werden, sind gem. § 95 BGB überhaupt keine Bestandteile.

4 **Zubehör** sind gem. § 97 BGB bewegliche Sachen, die – ohne Bestandteil zu sein – dem wirtschaftlichen Zweck der Hauptsache zu dienen bestimmt sind und zu ihr in einem räumlichen Verhältnis, aber in einem Verhältnis wirtschaftlicher Unterordnung stehen (zB Treppenläufer, Beleuchtungskörper, Mülltonnen, mitvermietete Waschmaschinen, Kühlschränke, Herde, Öfen).

2. Erbbaurecht

5 Das **Erbbaurecht** ist das dingliche Recht, auf oder unter der Erdoberfläche eines fremden Grundstücks in der Regel gegen Zahlung eines Erbbauzinses ein Bauwerk zu errichten (§ 92 Rz. 1).

3. Wohnungseigentum/Teileigentum

6 **Wohnungseigentum** ist das Sondereigentum an zu Wohnzwecken dienenden Räumen eines Gebäudes in Verbindung mit einem Miteigentumsanteil am gemeinschaftlichen Eigentum (§ 93 Rz. 1).
7 **Teileigentum** ist das Sondereigentum an nicht zu Wohnzwecken dienenden Räumen eines Gebäudes in Verbindung mit einem Miteigentumsanteil am gemeinschaftlichen Eigentum (§ 93 Rz. 2).
8 **Wohnungserbbaurecht und Teilerbbaurecht** sind das Erbbaurecht, das mehreren gemeinschaftlich nach Bruchteilen gehört. Die Anteile werden dabei in der Weise beschränkt, dass jedem der Mitberechtigten das Sondereigentum an einer bestimmten Wohnung oder an nicht zu Wohnzwecken dienenden bestimmten Räumen in einem auf Grund des Erbbaurechts errichteten oder zu errichtenden Gebäude eingeräumt wird.

4. Vom Grundvermögen ausgenommene Wirtschaftsgüter

9 Nicht einzubeziehen sind
– Bodenschätze
– Betriebsvorrichtungen.

III. Betriebsvorrichtungen

1. Begriff

Betriebsvorrichtungen sind Vorrichtungen, die zu einer 10
gewerblich betriebenen Betriebsanlage gehören und die in so enger
Beziehung zu einem Gewerbebetrieb stehen, dass dieser unmittelbar
mit ihnen betrieben wird. Sie sind selbst dann nicht im Grundvermögen zu erfassen, wenn sie wesentliche Bestandteile darstellen.

2. Abgrenzung

Die Abgrenzung richtet sich **nach** den **Gleichl. Ländererlassen** 11
v. 15.3.2006, BStBl. I 2006, 314 (AbgrenzR). Danach sind folgende
Abgrenzungsbereiche zu unterscheiden:

a) Abgrenzung der Gebäude von den Betriebsvorrichtun- 12
gen. Gebäude sind von den Betriebsvorrichtungen **allein mit Hilfe
des Gebäudebegriffs** abzugrenzen. Entscheidend ist, ob ein Bauwerk die Merkmale eines Gebäudes aufweist (BFH III 17/65 v.
13.6.1969, BStBl. II 1969, 517 und BFH IV R 116/86 v. 21.1.1988,
BStBl. II 1988, 628).

Ein Bauwerk ist als Gebäude anzusehen, wenn
– es Menschen oder Sachen durch räumliche Umschließung Schutz
  gegen Witterungseinflüsse gewährt (Abschn. 2.3 AbgrenzR),
– den Aufenthalt von Menschen gestattet (Abschn. 2.4. AbgrenzR),
– fest mit dem Grund und Boden verbunden ist (Abschn. 2.5.
  AbgrenzR) und
– von einiger Beständigkeit und ausreichend standfest ist
  (Abschn. 2.6 und 2.7. AbgrenzR).

Beispiele für Betriebsvorrichtungen:
Schornsteine, Silobauten, kleinere Haltestellenüberdachungen (bis zu einer
Fläche von 15 qm).

b) Abgrenzung einzelner Bestandteile von den Betriebs- 13
vorrichtungen. Ist ein Bauwerk als Gebäude anzusehen, ist zu prüfen, **ob einzelne Gebäudebestandteile** als Betriebsvorrichtung
anzusehen sind (BFH II R 171/87 v. 10.10.1990, BStBl. II 1991,
59). Entscheidend ist, ob die einzelnen Teile in einer nahezu **ausschließlichen und unmittelbaren Beziehung zu dem Betrieb**
stehen oder der Benutzung des Gebäudes dienen. Die Verstärkung
von Decken und die nicht ausschließlich zu einer Betriebsanlage
gehörenden Stützen und sonstigen Bauteile wie Mauervorlagen und

Verstrebungen sind jedoch stets Gebäudebestandteile und daher in das Grundstück einzubeziehen und nicht als Betriebsvorrichtung zu behandeln (Abschn. 3 AbgrenzR).

Beispiele für Betriebsvorrichtungen:
Backöfen, Hebebühnen, Ladeneinrichtungen, Lastenaufzüge, Kühleinrichtungen

14 **c) Abgrenzung der Außenanlagen von den Betriebsvorrichtungen. Abgrenzungsprobleme** können sich ferner bei Außenanlagen und Betriebsvorrichtungen ergeben. Bauwerke, die der Benutzung des Grundstücks dienen, gehören als Außenanlagen zum Grundstück. Bauwerke, die in einer besonderen Beziehung zu einem auf dem Grundstück ausgeübten Gewerbebetrieb stehen und mit denen das Gewerbe unmittelbar betrieben wird, stellen dagegen Betriebsvorrichtungen dar (Abschn. 4 AbgrenzR).

Beispiele für Betriebsvorrichtungen:
Gleisanlagen, Kräne, Kaianlagen.

3. Bedeutung und Zweck der Abgrenzung

15 Die Entscheidung, ob die auf einem Grundstück vorhandenen Anlagen zum Grundvermögen gehören oder als Betriebsvorrichtung anzusehen sind, ist bei der Feststellung des Einheitswerts des Grundstücks zu treffen. Die Zuordnung wirkt sich nicht nur auf die Höhe der **Grundsteuer** aus. Auswirkungen ergeben sich auch in anderen Bereichen.

16 Bei der **Einkommensteuer und Körperschaftsteuer** wirkt sich die Zuordnung auf die Höhe der Absetzungen für Abnutzung aus. Betriebsvorrichtungen können als Teil des beweglichen Anlagevermögens im Vergleich zu Gebäuden schneller abgeschrieben werden.

17 Bei der **Grunderwerbsteuer** gehört das Entgelt, das auf die Betriebsvorrichtung entfällt, nicht zur Bemessungsgrundlage (§ 2 Abs. 1 GrEStG).

18 Bei der **Umsatzsteuer** werden Betriebsvorrichtungen nicht in die Befreiung der Umsätze über die Vermietung und Verpachtung von Grundstücken einbezogen (§ 4 Nr. 12 Satz 2 UStG).

§ 69 Abgrenzung des Grundvermögens vom land- und forstwirtschaftlichen Vermögen

(1) **Land- und forstwirtschaftlich genutzte Flächen sind dem Grundvermögen zuzurechnen, wenn nach ihrer Lage,**

Besondere Abgrenzung **§ 69**

den im Feststellungszeitpunkt bestehenden Verwertungsmöglichkeiten oder den sonstigen Umständen anzunehmen ist, daß sie in absehbarer Zeit anderen als land- und forstwirtschaftlichen Zwecken, insbesondere als Bauland, Industrieland oder Land für Verkehrszwecke, dienen werden.

(2) Bildet ein Betrieb der Land- und Forstwirtschaft die Existenzgrundlage des Betriebsinhabers, so sind dem Betriebsinhaber gehörende Flächen, die von einer Stelle aus ordnungsgemäß nachhaltig bewirtschaftet werden, dem Grundvermögen nur dann zuzurechnen, wenn mit großer Wahrscheinlichkeit anzunehmen ist, daß sie spätestens nach zwei Jahren anderen als land- und forstwirtschaftlichen Zwecken dienen werden.

(3) ¹Flächen sind stets dem Grundvermögen zuzurechnen, wenn sie in einem Bebauungsplan als Bauland festgesetzt sind, ihre sofortige Bebauung möglich ist und die Bebauung innerhalb des Plangebiets in benachbarten Bereichen begonnen hat oder schon durchgeführt ist. ²Satz 1 gilt nicht für die Hofstelle und für andere Flächen in unmittelbarem räumlichen Zusammenhang mit der Hofstelle bis zu einer Größe von insgesamt einem Hektar.

(4) Absatz 2 findet in den Fällen des § 55 Abs. 5 Satz 1 des Einkommensteuergesetzes keine Anwendung.

I. Allgemeine Abgrenzung

Die allgemeinen Abgrenzungsgrundsätze ergeben sich aus den §§ 33 und 68. Gem. § 33 Abs. 1 gehören alle WG, die einem Betrieb der Land- und Forstwirtschaft dauernd zu dienen bestimmt sind, zum land- und forstwirtschaftlichen Vermögen. Grundbesitz gehört gem. § 68 Abs. 1 nur dann zum Grundvermögen, wenn feststeht, dass es sich nicht um land- und forstwirtschaftliches Vermögen handelt. 1

II. Besondere Abgrenzung

§ 69 ist eine **Ausnahmevorschrift** zum § 33 (BFH III R 56/77 v. 5.12.1980, BStBl. II 1981, 498). Danach werden in bestimmten Sonderfällen nicht bebaute Flächen, die am Feststellungszeitpunkt noch land- und forstwirtschaftlich genutzt werden, zum Grundver- 2

§ 69 Abgrenzung Grundvermögen/luf. Vermögen

mögen gerechnet. Folgende **Fallgruppen** sind dabei zu unterscheiden:
- Flächen, die in einem rechtsverbindlichen Bebauungsplan als Bauland ausgewiesen sind (§ 69 Abs. 3),
- Flächen solcher Betriebe, die die Existenzgrundlage des Betriebsinhabers darstellen (§ 69 Abs. 2),
- Flächen, die nicht unter § 69 Abs. 2 fallen, bei denen aber in absehbarer Zeit eine andere als land- und forstwirtschaftlichen Zwecken dienende Verwendung zu erwarten ist (§ 69 Abs. 1).

Bei der **Abgrenzung** ist es zweckmäßig, die vorstehende **Reihenfolge** zu beachten. Die Entscheidung, ob eine Fläche zum Grundvermögen oder zum land- und forstwirtschaftlichen Vermögen gehört, ist bei der Feststellung des Einheitswerts des Betriebs der Land- und Forstwirtschaft zu treffen.

III. Abgrenzung nach § 69 Abs. 3

1. Grundsatz

Land- und forstwirtschaftlich genutzte Flächen werden stets zum Grundvermögen gerechnet, wenn folgende Voraussetzungen gegeben sind:

3 — **Ausweis in einem rechtsverbindlichen Bebauungsplan als Bauland.** Die Flächen müssen in einem Bebauungsplan, der **rechtsverbindliche Feststellungen** über die städtebauliche Ordnung enthält, als Bauland ausgewiesen sein. Die Aufnahme in einen Flächennutzungsplan ist nicht ausreichend, da es sich hierbei lediglich um einen vorbereitenden Bauleitplan handelt (BFH III R 101/75 v. 27.1.1978, BStBl. II 1978, 292).

4 — **Möglichkeit der sofortigen Bebauung.** Die Bebauung muss sowohl **in rechtlicher als auch tatsächlicher Hinsicht** möglich sein. Rechtliche Hinderungsgründe sind zB Veränderungssperren gem. § 14 BauGB oder die Unzulässigkeit von Bauvorhaben gem. § 30 BauGB. In tatsächlicher Hinsicht hängt die Bebauungsmöglichkeit von der Größe, dem Zuschnitt und den Bodenverhältnissen ab.

5 — **Beginn/Durchführung der Bebauung innerhalb des Plangebiets.** Entscheidend ist die Bebauung innerhalb des **Plangebiets.** Die Bebauung außerhalb des Plangebiets ist nicht von Bedeutung. Das gilt selbst dann, wenn diese Flächen an das Plangebiet angrenzen.

2. Ausnahme

Die zwingende Regelung des § 69 Abs. 3 gilt nicht für **Hofstellen** 6
des Betriebsinhabers und für Flächen, die mit der Hofstelle unmittelbar räumlich zusammenhängen und nicht größer als 1 ha sind. Die Hofstelle erfasst die katastermäßig ausgewiesenen oder sonst abzugrenzenden Hof- und Gebäudeflächen. Die um das mit Wohn- und Wirtschaftsgebäuden bebaute Grundstück liegenden Grundflächen sind „andere Flächen" iSd. § 69 Abs. 3 (BFH II R 247/81 v. 9.10.1985, BStBl. II 1986, 3).

IV. Abgrenzung nach § 69 Abs. 2

Gehören Flächen zu einem land- und forstwirtschaftlichen 7
Betrieb, der die **Existenzgrundlage** des Betriebsinhabers bildet, so können diese nur unter erschwerten Bedingungen dem Grundvermögen zugerechnet werden. Derartige Flächen können nur dann zum Grundvermögen zugeordnet werden, wenn die Flächen spätestens nach zwei Jahren anderen als land- und forstwirtschaftlichen Zwecken dienen werden.

Der Betrieb bildet dann die Existenzgrundlage, wenn aus dem Betrieb Reinerträge erwirtschaftet werden, die mindestens den Sozialhilfeleistungen entsprechen (BFH III R 43/73 v. 28.6.1974, BStBl. II 1974, 702). Voraussetzung ist dabei, dass die Flächen im Eigentum des Betriebsinhabers stehen. Für Pachtflächen gilt die Sonderregelung des § 69 Abs. 2 nicht.

V. Abgrenzung nach § 69 Abs. 1

Flächen, die weder die Voraussetzungen des § 69 Abs. 3 noch des 8
§ 69 Abs. 2 erfüllen, gehören dann zum Grundvermögen, wenn nach ihrer Lage, den bestehenden Verwertungsmöglichkeiten oder den sonstigen Umständen **in absehbarer Zeit eine andere Verwendung** anzunehmen ist. Unter absehbarer Zeit ist ein Zeitraum von sechs Jahren zu verstehen (BFH III R 47/72 v. 4.8.1972, BStBl. II 1972, 849). Für die Nutzungsänderung muss eine große Wahrscheinlichkeit sprechen. Die Möglichkeit einer Nutzungsänderung reicht nicht aus (BFH II R 58/91 v. 19.10.1994, BFH/NV 1995, 286). Auf eine **Nutzungsänderung** deutet zB die unmittelbare Nachbarschaft zu einem Neubaugebiet, der Erwerb von Flächen zu Baulandpreisen oder die Einleitung eines Umlegungsverfahrens hin. Die Absicht des Eigentümers ist dabei nicht von Bedeutung.

§ 70 Grundstück

(1) **Jede wirtschaftliche Einheit des Grundvermögens bildet ein Grundstück im Sinne dieses Gesetzes.**

(2) ¹**Ein Anteil des Eigentümers eines Grundstücks an anderem Grundvermögen (z. B. an gemeinschaftlichen Hofflächen oder Garagen) ist in das Grundstück einzubeziehen, wenn alle Anteile an dem gemeinschaftlichen Grundvermögen Eigentümern von Grundstücken gehören, die ihren Anteil jeweils zusammen mit ihrem Grundstück nutzen.** ²**Das gilt nicht, wenn das gemeinschaftliche Grundvermögen nach den Anschauungen des Verkehrs als selbständige wirtschaftliche Einheit anzusehen ist (§ 2 Abs. 1 Satz 3 und 4).**

(3) **Als Grundstück im Sinne dieses Gesetzes gilt auch ein Gebäude, das auf fremdem Grund und Boden errichtet oder in sonstigen Fällen einem anderen als dem Eigentümer des Grund und Bodens zuzurechnen ist, selbst wenn es wesentlicher Bestandteil des Grund und Bodens geworden ist.**

I. Allgemeine Grundsätze für die Abgrenzung der wirtschaftlichen Einheit

1 Die wirtschaftliche Einheit des Grundvermögens ist das **Grundstück.** Der Begriff „Grundstück" ist dabei nicht gleichbedeutend mit dem Grundstücksbegriff des bürgerlichen Rechts. Der Bewertungsgegenstand „Grundstück" ist vielmehr nach den Auslegungsregelungen des § 2 zu bestimmen.

2 **Nach bürgerlichem Recht** wird als Grundstück jeder räumlich begrenzte Teil der Erdoberfläche bezeichnet, der im Bestandsverzeichnis des Grundbuchs unter einer eigenen Nummer eingetragen ist.

3 Der **bewertungsrechtliche Grundstücksbegriff** ist demgegenüber teils enger, teils weiter gefasst. So können zB mehrere grundbuchmäßig selbständige Grundstücke eine wirtschaftliche Einheit bilden; andererseits können aber auch mehrere wirtschaftliche Einheiten des BewG bürgerlich-rechtlich als ein Grundstück betrachtet werden.

1. Abgrenzung bei unbebauten Grundstücken

4 Bei unbebauten Grundstücken kann **sowohl eine einzelne Parzelle** als auch ein aus einer Vielzahl von Flurstücken bestehendes, noch nicht durch Vermessung in Parzellen aufgeteiltes Gelände als

Allg. Grundsätze für die Abgrenzung der wirtschaftl. Einheit § 70

wirtschaftliche Einheit angesehen werden. Sobald Rohbauland in baureifes Land übergeht und die einzelne Bauparzelle in ihrem Ausmaß festgelegt wird, bildet jede Parzelle eine eigene wirtschaftliche Einheit (RFH v. 29.4.1929, RStBl. 1929, 484).

Räumlich getrennte Grundstücksflächen sind ungeachtet einer beginnenden Parzellierung allein wegen der räumlichen Trennung jeweils als eigene wirtschaftliche Einheit zu betrachten (BFH III 91/54 v. 3.12.1954, BStBl. III 1955, 5).

Wird von einem größeren Grundstück nur eine **Teilfläche verpachtet** und errichtet der Pächter auf dieser Fläche ein Gebäude, so ist die Teilfläche aus dem größeren Grundstück herauszulösen und als besondere wirtschaftliche Einheit zu bewerten (BFH III R 23/75 v. 6.10.1978, BStBl. II 1979, 37). 5

2. Abgrenzung bei bebauten Grundstücken

Eine Grundstücksfläche, die eine einzige wirtschaftliche Einheit bildet, ist entweder ein **bebautes oder ein unbebautes Grundstück.** 6

Mehrere Gebäude desselben Eigentümers können nur dann zu einer wirtschaftlichen Einheit zusammengefasst werden, wenn sie einem einheitlichen Zweck dienen. Außerdem müssen sie räumlich in Zusammenhang stehen (*Gürsching/Stenger* § 70 Rz. 19). 7

Bei bebauten Grundstücken sind **Nebengebäude,** die in räumlichem Zusammenhang mit dem Hauptgebäude stehen, in die wirtschaftliche Einheit des bebauten Grundstücks einzubeziehen (*Rössler/Troll* § 70 Rz. 25). 8

Bei **Doppel- oder Reihenhäusern** bildet jedes Haus, das einen eigenen Eingang hat oder durch Brandmauern vom Nachbarhaus getrennt ist, eine selbständige wirtschaftliche Einheit. Voraussetzung ist jedoch, dass jedes Haus für sich ohne wesentliche bauliche Veränderung veräußerbar ist (BFH III 230/61 v. 7.2.1964, BStBl. III 1964, 180). 9

Bei bebauten Grundstücken, zu denen eine **größere Grundstücksfläche** gehört, stellt sich die Frage, ob ein Teil der Fläche als unbebautes Grundstück eine selbständige wirtschaftliche Einheit bildet. Dies kann nur nach den Umständen des Einzelfalls entschieden werden. Für die Entscheidung kann zB die im Rahmen der Bauplanung vorgeschriebene Mindestgröße für Baugrundstücke einen Anhaltspunkt bieten (BFH III R 67/76 v. 16.2.1979, BStBl. II 1979, 279). 10

Wohngebäude, insbesondere Einfamilienhäuser, mit gewerblich (freiberuflich) genutzten **Anbauten** bilden regelmäßig eine wirt- 11 schaftliche Einheit (BFH III R 18/77 v. 23.9.1977, BStBl. II 1978, 188).

3. Abgrenzung bei räumlicher Trennung von Grundstücksflächen oder Gebäuden

12 Im **Gegensatz zum land- und forstwirtschaftlichen Vermögen** liegen beim Grundvermögen bei räumlicher Trennung von Grundstücksflächen regelmäßig **mehrere wirtschaftliche Einheiten** vor (RFH v. 30.11.1933, RStBl. 1934, 166). So ist eine als Hausgarten genutzte Grundstücksfläche, die von dem Wohnhaus des Eigentümers getrennt an einer anderen Straße liegt, für sich als besondere wirtschaftliche Einheit zu behandeln (RFH v. 13.5.1931, RStBl. 1931, 836). Eine **räumliche Trennung** ist nicht nur gegeben, wenn fremder Grundbesitz zwischen den Parzellen eines bestimmten Eigentümers liegt, sondern auch wenn die Flächen durch öffentlichen Straßengrund getrennt werden. Die Trennung durch Privatwege, an denen der Grundstückseigentümer der getrennten Flächen Miteigentümer ist, steht dagegen der Zusammenfassung mehrerer Parzellen zu einer wirtschaftlichen Einheit nicht entgegen. Der räumliche Zusammenhang begründet aber für sich allein noch nicht die Zusammenfassung zu einer einzigen wirtschaftlichen Einheit.

II. Einbeziehung von Anteilen an anderen Grundstücken

13 Gem. § 2 Abs. 2 kann Grundbesitz nur dann zu einer wirtschaftlichen Einheit zusammengefasst werden, wenn **Eigentümeridentität** besteht. Aus Gründen der Praktikabilität ist im § 70 Abs. 2 aber für bestimmte Fälle eine **Sonderregelung** geschaffen worden. Danach ist ein Anteil des Eigentümers eines Grundstücks an anderem Grundvermögen unter bestimmten Voraussetzungen in das Grundstück einzubeziehen. In Betracht kommen Anteile an Einstellplätzen, Garagen, Zuwegen etc. Bedingung ist, dass alle Miteigentümer ihren Anteil zusammen mit ihrem Hauptgrundstück nutzen. Eine Nutzung zusammen mit dem Hauptgrundstück liegt nicht nur bei Eigennutzung, sondern auch im Vermietungsfall vor. Die Vermietung muss aber an einen Mieter des Hauptgrundstücks erfolgen. Bei einer **Gebrauchsüberlassung an Dritte** ist eine Nutzung mit dem Hauptgrundstück nicht mehr gegeben (*Rössler/Troll* § 70 Rz. 39). Eine Einbeziehung kommt ferner dann nicht in Betracht, wenn das gemeinschaftliche Eigentum nach den Anschauungen des Verkehrs als selbständige wirtschaftliche Einheit anzusehen ist. Das kann zB dann der Fall sein, wenn das gemeinschaftliche Eigentum in größerer Entfernung vom Hauptgrundstück liegt (*Rössler/Troll* § 70 Rz. 40).

III. Gebäude auf fremdem Grund und Boden

Ein Gebäude auf fremdem Grund und Boden ist eine **selbstän-** 14 **dige wirtschaftliche Einheit** des Grundvermögens und damit ein Grundstück iSd. BewG. Dies gilt selbst dann, wenn es zivilrechtlich wesentlicher Bestandteil des Grund und Bodens geworden ist. Voraussetzung ist lediglich, dass überhaupt ein Gebäude vorliegt und zum anderen, dass keine Eigentümeridentität zwischen dem Eigentümer des Grund und Bodens und dem bürgerlich-rechtlichen oder dem wirtschaftlichen Eigentümer des Gebäudes besteht (*Gürsching/ Stenger* § 70 Rz. 54). **Gebäudeteile** auf fremdem Grund und Boden kommen nicht als selbständige wirtschaftliche Einheiten in Betracht (BFH VI 202/64 v. 9.7.1965, HFR 1965, 508).

Ist allerdings Eigentümer des Grund und Bodens der eine Ehe- 15 gatte und wirtschaftlicher Eigentümer der aufstehenden Gebäude der andere Ehegatte, sind Grund und Boden **nach § 26 Nr. 1** trotz der Vorschrift des § 70 Abs. 3 zu einer wirtschaftlichen Einheit zusammenzufassen (BFH III R 131/80 v. 13.6.1984, BStBl. II 1984, 816).

§ 71 Gebäude und Gebäudeteile für den Zivilschutz

Gebäude, Teile von Gebäuden und Anlagen, die zum Schutz der Bevölkerung sowie lebens- und verteidigungswichtiger Sachgüter vor der Wirkung von Angriffswaffen geschaffen worden sind, bleiben bei der Ermittlung des Einheitswerts außer Betracht, wenn sie im Frieden nicht oder nur gelegentlich oder geringfügig für andere Zwecke benutzt werden.

I. Begünstigte Wirtschaftsgüter

Die Gebäude, Gebäudeteile oder Anlagen, die bei der Bewertung 1 außer Betracht bleiben, müssen wegen dem begünstigten Zweck **geschaffen worden** sein. Es handelt sich dabei um alle Hausschutzräume (Schutzraum, Gaskammer, Druckkammer, Gasschleuse) sowie Anlagen und Einrichtungen iSd. § 23 Schutzbaugesetz v.

9.9.1965 (BGBl. I 1965, 1232). Grundsätzlich dürfen die Räume in Friedenszeiten nicht für andere Zwecke genutzt werden. Eine nur gelegentliche oder geringfügige anderweitige Benutzung, zB als Abstellraum für Fahrräder, Gartengeräte oder dergleichen, ist in dessen unschädlich (*Gürsching/Stenger* § 71 Rz. 5).

II. Umfang der Begünstigung

2 Schutzräume, die die Voraussetzungen des § 71 erfüllen, bleiben bei der Bewertung **außer Ansatz.**
3 Wird das Grundstück im **Ertragswertverfahren** bewertet, so muss die auf die begünstigten Gebäude, Gebäudeteile oder Einrichtungsgegenstände entfallende Miete aus der Jahresrohmiete ausgeschieden werden (BewRGr 5 Abs. 3, Satz 1).
4 Erfolgt die Bewertung im **Sachwertverfahren,** so bleibt der auf begünstigte Räume entfallende umbaute Raum außer Ansatz.

II. Unbebaute Grundstücke

§ 72 Begriff

(1) ¹**Unbebaute Grundstücke sind Grundstücke, auf denen sich keine benutzbaren Gebäude befinden.** ²**Die Benutzbarkeit beginnt im Zeitpunkt der Bezugsfertigkeit.** ³**Gebäude sind als bezugsfertig anzusehen, wenn den zukünftigen Bewohnern oder sonstigen Benutzern zugemutet werden kann, sie zu benutzen; die Abnahme durch die Bauaufsichtsbehörde ist nicht entscheidend.**

(2) **Befinden sich auf einem Grundstück Gebäude, deren Zweckbestimmung und Wert gegenüber der Zweckbestimmung und dem Wert des Grund und Bodens von untergeordneter Bedeutung sind, so gilt das Grundstück als unbebaut.**

(3) **Als unbebautes Grundstück gilt auch ein Grundstück, auf dem infolge der Zerstörung oder des Verfalls der Gebäude auf die Dauer benutzbarer Raum nicht mehr vorhanden ist.**

Übersicht

	Rn.
I. Allgemeines	1
II. Begriffsbestimmung	2–9

Begriffsbestimmung §72

1. Begriff des unbebauten Grundstücks	2
2. Bezugsfertigkeit	3–6
3. Gebäude von untergeordneter Bedeutung ..	7, 8
4. Grundstücke mit zerstörten oder dem Verfall preisgegebenen Gebäuden	9
III. Bewertung	10–27
1. Grundsatz	10, 11
2. Ermittlung der Bodenrichtwerte	12–19
3. Abweichungen vom Bodenrichtwertgrundstück	20–27
a) Aufteilung in Vorder- und Hinterland	20
b) Eckgrundstücke	21, 22
c) Größe, Zuschnitt des Grundstücks	23
d) Schlechter Baugrund, Trümmergrundstücke	24–26
e) Nutzungsbeschränkungen	27

I. Allgemeines

Innerhalb des Grundvermögens unterscheidet das BewG zwischen **unbebauten und bebauten Grundstücken.** Die zutreffende Einordnung ist zum einen von Bedeutung für die Ermittlung und Höhe des Einheitswerts, zum anderen wirkt sie sich auf die Höhe der Grundsteuermeßzahl aus. 1

II. Begriffsbestimmung

1. Begriff des unbebauten Grundstücks

Ein Grundstück **ist (gilt als) unbebaut,** wenn auf dem Grundstück 2
– keine Gebäude,
– noch keine benutzbaren Gebäude,
– nicht oder nur unbedeutend benutzbare Gebäude oder
– nicht mehr benutzbare Gebäude vorhanden sind.

2. Bezugsfertigkeit

Die **Benutzbarkeit** beginnt mit der Bezugsfertigkeit. Gebäude 3 sind bezugsfertig, wenn den zukünftigen Bewohnern zugemutet werden kann, sie zu benutzen. Der Zeitpunkt der Abnahme durch die Bauaufsichtsbehörde ist dabei nicht von Bedeutung. Es kommt auch nicht darauf an, wann die Wohnung oder die Räume tatsächlich bezogen werden (*Rössler/Troll* § 72 Rz. 10).

§ 72 Begriff

Der tatsächliche Bezug spricht zwar für die Bezugsfertigkeit, dies ist aber ein widerlegbarer Schluss (BFH III R 56/69 v. 26.6.1970, BStBl. II 1970, 769).

4 Nach den heutigen Wohngewohnheiten sind an die Bezugsfertigkeit strenge Anforderungen zu stellen. Gebäude sind erst dann bezugsfertig, wenn die **wesentlichen Bauarbeiten** durchgeführt worden sind. Dazu gehört, dass
– Türen und Fenster eingebaut worden sind,
– die Anschlüsse für Strom- und Wasserversorgung und Heizung und die sanitären Einrichtungen vorhanden sind (BFH II R 262/83 v. 29.4.1987, BStBl. II 1987, 594),
– die Möglichkeit zur Einrichtung einer Küche besteht,
– die wesentlichen Maler- und Tapezierarbeiten durchgeführt worden sind (BFH III R 56/69 v. 26.6.1970, BStBl. II 1970, 769),
– der Fußbodenbelag im Wesentlichen verlegt worden ist (BFH II R 127/86 v. 28.6.1989, BFH/NV 1990, 81).

5 Unerheblich ist, wenn noch **geringfügige Restarbeiten** ausstehen. Das Streichen von Wänden und Heizkörpern, das Verlegen des Bodenbelags und die Anpassung der Unterkanten der Innentüren an den Bodenbelag sind zB unerhebliche Restarbeiten, die die Bezugsfertigkeit eines Gebäudes nicht ausschließen (BFH II R 138/86 v. 15.11.1989, BFH/NV 1990, 622).

6 Die Entscheidung über die Bezugsfertigkeit ist grundsätzlich **für das gesamte Gebäude** und nicht nur für einzelne Räume zu treffen. So ist bei Zweifamilienhäusern die Bezugsfertigkeit erst dann zu bejahen, wenn die zweite Wohnung fertiggestellt worden ist. Wird die zweite Wohnung innerhalb von zwei Jahren seit Bezugsfertigkeit der ersten Wohnung bezugsfertig, geht die Finanzverwaltung bis zur endgültigen Bezugsfertigkeit von einem unbebauten Grundstück aus. Wird die zweite Wohnung jedoch erst später fertiggestellt, geht das Finanzamt zunächst von einem Einfamilienhaus aus (BFH II R 262/83 v. 29.4.1987, BStBl. II 1987, 594).

Beispiel:
Die Wohnung im Erdgeschoss eines Zweifamilienhauses war am 1.12.2010 bezugsfertig. Die zweite Wohnung wird erst im März 2011 fertiggestellt.
Das Grundstück stellt per 1.1.2011 trotz der vorliegenden Bebauung ein unbebautes Grundstück dar.
Erst zum 1.1.2012 liegt ein bebautes Grundstück vor.

Wird ein Gebäude dagegen in Bauabschnitten errichtet, so gilt jeder fertiggestellte und bezugsfertige Teil als benutzbares Gebäude (§ 74 Rz. 2).

3. Gebäude von untergeordneter Bedeutung

Grundstücke mit benutzbaren Gebäuden, deren **Zweckbestimmung** und **Wert** im Vergleich zum Grund und Boden von untergeordneter Bedeutung sind, werden als unbebaute Grundstücke behandelt. Die Merkmale „Zweckbestimmung" und „Wert" sind jeweils eigenständig zu beurteilen. Handelt es sich um ein Gebäude von einigem Wert, so steht dies allein einer Behandlung als unbebautes Grundstück entgegen.

Ein Grundstück mit einem Gebäude von **untergeordneter Bedeutung** liegt zB vor, bei
- geringwertigen Wochenend- oder Gartenhäusern auf wertvollem Baugelände oder
- Kiosken oder Parkwärterhäusern auf Grundstücken, die zum Bau von Geschäftsgrundstücken geeignet sind (BewRGr 11 Abs. 1 und 2).

Erhöht das vorhandene Gebäude den **Verkehrswert** des Grundstücks, ist bei der Bewertung ein Zuschlag vorzunehmen (FinMin. Nds. v. 23.5.1967, StEK BewG § 72 Nr. 3).

4. Grundstücke mit zerstörten oder dem Verfall preisgegebenen Gebäuden

Als unbebautes Grundstück gilt auch ein Grundstück, auf dem infolge der **Zerstörung** oder des **Verfalls** der Gebäude auf die Dauer benutzbarer Raum nicht mehr vorhanden ist. Sind auf einem solchen Grundstück jedoch noch Keller vorhanden, die zu gewerblichen oder Wohnzwecken ausgebaut und auf die Dauer benutzbar sind, so muss das Grundstück als bebautes Grundstück behandelt werden (*Rössler/Troll* § 72 Rz. 84).

Ein Grundstück, dessen Gebäude infolge **Entkernung** keine der bestimmungsgemäßen Nutzung zuführbaren Wohnräume mehr enthält, ist auch dann als unbebautes Grundstück zu bewerten, wenn dieser Zustand nur ein Zwischenstadium zur Wiederherstellung eines benutzbaren Gebäudes darstellt (BFH II R 9/88 v. 24.10.1990, BStBl. II 1991, 60).

III. Bewertung

1. Grundsatz

Für die Bewertung von unbebauten Grundstücken ist kein besonderer Bewertungsmaßstab vorgesehen. Gem. § 9 ist daher der

§ 72 Begriff

gemeine Wert zugrunde zu legen. Eine gesetzliche Norm zur Wertermittlung fehlt. Die BewRGr enthalten hierfür jedoch entsprechende Anweisungen (BewRGr 7–10). Liegen keine Besonderheiten vor, errechnet sich der Wert nach folgender Grundformel:

qm × Bodenrichtwert per 1.1.1964

11 Der **Wert unbebauter Grundstücke** umfasst außer dem Wert des Grund und Bodens auch den Wert der **Außenanlagen.** Dazu zählen insbesondere Einfriedungen, Stützmauern, Tore, Wegebefestigungen usw. Soweit die tatsächlichen Kosten der Außenanlagen bekannt sind, können diese der Bewertung zugrunde gelegt werden. Von den tatsächlichen Kosten ist die Wertminderung wegen Alters und etwaiger baulicher Mängel und Schäden abzusetzen. Soweit tatsächliche Kosten nicht bekannt sind, sind Erfahrungssätze, das heißt die Normalherstellungskosten, anzusetzen (*Rössler/Troll* § 89 Rz. 4).

2. Ermittlung der Bodenrichtwerte

12 Unbebaute Grundstücke sind **mit dem gemeinen Wert** (= Verkehrswert) nach den Wertverhältnissen vom 1.1.1964 zu bewerten. Das ist der Preis, der bei einer Veräußerung im **gewöhnlichen Geschäftsverkehr** zu erzielen wäre. Dabei sind alle Umstände, die den Preis beeinflussen, zu berücksichtigen. Der gemeine Wert ist möglichst aus Verkäufen abzuleiten. Voraussetzung ist allerdings, dass die Preise den objektiven Wert wiedergeben. Ungewöhnliche und/oder persönliche Verhältnisse dürfen daher keine Berücksichtigung finden.

13 Die Finanzämter haben alle vergleichbaren Verkaufspreise gesammelt und daraus Richtwertkarten erstellt, aus denen für die einzelnen Grundstücke der Quadratmeter-Preis nach den Wertverhältnissen vom 1.1.1964 entnommen werden kann. In den **Richtwertkarten** werden **Durchschnittspreise** getrennt geführt für:

- **Bauerwartungsland.** Das sind Flächen, die nicht mehr zum land- und forstwirtschaftlichen Vermögen gehören, aber auch noch kein Rohbauland sind (*Rössler/Troll* § 72 Rz. 18).
- **Rohbauland.** Dabei handelt es sich um Flächen, die bereits in sogenannten Bauleitplänen oder Flächennutzungsplänen als Bauland ausgewiesen sind (*Rössler/Troll* § 72 Rz. 20).
- **Baureifes Land.** Dieses ist gegeben, wenn die Fläche in einem Bebauungsplan als Bauland festgesetzt ist, ihre sofortige Bebauung möglich ist oder die Bebauung innerhalb des Plangebiets in benachbarten Gebieten begonnen hat oder schon durchgeführt ist (*Rössler/Troll* § 72 Rz. 22).

Bewertung **§ 72**

- **Industrieland.** Dass sind unbebaute Flächen, die bereits gewerblich oder betrieblich genutzt werden oder zur Neuanlage oder Erweiterung von Betrieben bestimmt sind oder dafür vorrätig gehalten werden (*Rössler/Troll* § 72 Rz. 24).
- **Verkehrsflächen.** Bei diesen Flächen, die dem öffentlichen Verkehr dienen, ist wertmindernd zu berücksichtigen, dass sie unbebaubar sind. Insoweit handelt es sich nicht um persönliche Verhältnisse des Eigentümers, sondern um die Beschaffenheit des Grundstücks (*Rössler/Troll* § 72 Rz. 74).
- **Freiflächen.** Das sind Flächen, die als Gartenanlagen, Spielplätze, Sportplätze, oder Erholungsplätze dem öffentlichen Gebrauch dienen (*Rössler/Troll* § 72 Rz. 29).

Die sich aus den **Richtwertkarten** ergebenden Preise sind durch- **14** schnittliche Werte für bestimmte Ortsteile, Straßen oder Straßenabschnitte. Sie sind auf die typischen Verhältnisse der betreffenden Gegend abgestellt. Weichen jedoch die individuellen Merkmale eines Grundstücks von den typischen Verhältnissen ab, so müssen sie im Einzelfall noch besonders berücksichtigt werden. In Anbetracht dessen, dass die Wertverhältnisse vom 1.1.1964 maßgebend sind, sind Kaufpreisfeststellungen heutzutage fast nur noch im Wege der **Schätzung** möglich.

einstweilen frei **15–19**

3. Abweichungen vom Bodenrichtwertgrundstück

a) **Aufteilung in Vorder- und Hinterland.** Für Vorderland ist **20** in der Regel ein höherer Preis als für Hinterland zu erzielen. Dennoch ist die **Aufteilung** größerer unbebauter Grundstücke in Vorder- und Hinterland **nicht zwingend**. Die Aufteilung hängt vielmehr davon ab, ob sie **ortsüblich** oder durch **behördliche Anordnung** bedingt ist (BFH III B 21/70 v. 18.9.1970, BStBl. II 1971, 4). Ist die Grundstücksfläche in Vorder- und Hinterland aufzuteilen, so ist ihre Tiefe in Zonen zu gliedern. Die in den BewRGr 8 angegebenen Sätze haben sich nach den Erfahrungen der Praxis bewährt. Ohne örtliche Besonderheiten gilt daher Folgendes:

Zone I	Vorderland bis 40 m Tiefe	voller Bodenrichtwert
Zone II	Hinterland von 40–80 m Tiefe	Wert etwa ½ des Vorderlandpreises
Zone IIIa	Hinterland über 80 m Tiefe,	Wert etwa ¼ des soweit es baulich ausnutzbar ist Vorderlandpreises

§ 72 Begriff

Zone IIIb	Hinterland über 80 m Tiefe,	Wert weniger als ¼ soweit es baulich nicht ausnutzbar ist des Vorderlandpreises

Beispiel:
Das Finanzamt hat bei der Ermittlung der Richtwerte die Grundstücksflächen in bestimmten Gebieten in Vorder- und Hinterland aufgeteilt. Die Vorderlandtiefe misst 40 m. Die Bodenrichtwerte betragen lt. Richtwertkarte 60 DM pro qm Vorderland. Das Grundstück ist 20 m breit und 90 m tief. Das Hinterland ist baulich voll ausnutzbar.

Der Wert des unbebauten Grundstücks ist folgendermaßen zu ermitteln:

```
Vorderland Zone I      20 m × 40 m = 800 qm × 60 DM = 48 000 DM
Hinterland Zone II     20 m × 40 m = 800 qm × 30 DM = 24 000 DM
Hinterland Zone IIIa   20 m × 10 m = 200 qm × 15 DM =   3000 DM
                                                      75 000 DM
```

21 b) **Eckgrundstücke.** Bei **Eckgrundstücken** ist in der Regel von dem **höheren Wert** auszugehen, der für die begrenzenden Straßen gilt. Eckgrundstücke an Geschäftsstraßen haben infolge der bevorzugten Geschäftslage einen wesentlich **höheren Wert** als die anderen Grundstücke in der Geschäftsstraße. Eckgrundstücke an Wohnstraßen haben gegenüber den Reihengrundstücken nur dann einen höheren Wert, wenn ein Gebäude mit gewerblich genutzten Räumen errichtet werden kann. Bei Eckgrundstücken, die an Straßen mit offener Bauweise oder für die Errichtung von Ein- oder Zweifamilienhäusern vorgesehen sind, bedingt die Ecklage keinen Vorteil für das Grundstück.

22 Haben die Grundstücke wegen der bevorzugten Ecklage einen höheren Wert, ist ein **Zuschlag zum Wert** des engeren Eckgrundstücks zu machen. Dabei dürfen als Straßenfront höchstens 30 m angesetzt werden. Über diese Abmessung hinausgehende Grundstücksteile sind wie Grundstücke mit einer Straßenfront zu bewerten.

Als **Zuschläge** kommen folgende Rahmensätze in Betracht: bei Eckgrundstücken am Schnittpunkt
– zweier Wohnstraßen 5–10 %
– einer Geschäfts- mit einer Wohnstraße 15–25 %
– zweier Geschäftsstraßen 25–45 %

Die unteren Rahmensätze sind anzuwenden, wenn die Bodenpreise in den beiden Straßen erheblich voneinander abweichen; die oberen Rahmensätze kommen in Betracht, wenn die Bodenpreise in den beiden Straßen annähernd gleich sind oder es sich um eine besonders gute Geschäftslage handelt.

Beispiel:
Ein Eckgrundstück liegt an zwei Geschäftsstraßen mit einer besonders guten Geschäftslage. Die durchschnittlichen Werte für die Straßen sind 100 DM und 90 DM. Die ortsübliche Vorderlandtiefe beträgt 25 m. Zum Wert des engeren Eckgrundstücks (25 m × 25 m = 625 qm) ist ein Zuschlag, der an der oberen Grenze der Rahmensätze liegt, von 45 % = 45 DM, zu machen. Der Wert des engeren Eckgrundstücks beträgt dann 145 DM/qm.

Weitere Einzelheiten sind den BewRGr 9 zu entnehmen.

c) Größe, Zuschnitt des Grundstücks. Größe und Zuschnitt eines Grundstücks **beeinflussen den Bodenwert** entscheidend. Zu kleine Grundstücke sind gegenüber normal großen Grundstücken niedriger zu bewerten. Ein geringerer Wert ist zudem bei unzweckmäßigem Schnitt des Grundstücks gerechtfertigt (*Rössler/Troll* § 72 Rz. 50). 23

d) Schlechter Baugrund, Trümmergrundstücke. Ein schlechter Baugrund wirkt sich auf den gemeinen Wert eines unbebauten Grundstücks **wertmindernd** aus (*Rössler/Troll* § 72 Rz. 59). 24

Für die Belastung eines Grundstücks mit Trümmern kommt ein **Abschlag** nur dann in Betracht, wenn der Eigentümer die Kosten selbst zu tragen hat. 25

Verseuchter Baugrund, zB durch Industrieablagerungen, kann im **Verkehrswert gemindert** sein. Vom ermittelten Wert ist je nach den Umständen des Einzelfalls ein Abschlag zu machen (*Stöckel* DStZ 1991, 109). 26

e) Nutzungsbeschränkungen. Auf den Bodenwert wirken sich auch gewisse **dingliche Beschränkungen** (zB Grunddienstbarkeiten, Reallasten) des Eigentums an Grundstücken sowie Beschränkungen aus dem Nachbarschaftsrecht aus (*Rössler/Troll* § 72 Rz. 66). 27

§ 73 Baureife Grundstücke

(1) **Innerhalb der unbebauten Grundstücke bilden die baureifen Grundstücke eine besondere Grundstücksart.**

(2) ¹**Baureife Grundstücke sind unbebaute Grundstücke, wenn sie in einem Bebauungsplan als Bauland festgesetzt sind, ihre sofortige Bebauung möglich ist und die Bebauung innerhalb des Plangebiets in benachbarten Bereichen begonnen hat oder schon durchgeführt ist.** ²**Zu den baureifen Grundstücken gehören nicht Grundstücke, die für den Gemeinbedarf vorgesehen sind.**

Schaffner

§ 74

I. Begriff

1   Als **baureife Flächen** sind solche Flächen anzusehen, die in einem Bebauungsplan als Bauland ausgewiesen sind und deren Bebauung sofort möglich ist.

II. Anwendungsbereich

2   Die einschlägigen Steuergesetze **unterscheiden nicht** zwischen baureifen und anderen unbebauten Grundstücken. Für baureife Grundstücke gibt es weder besondere Grundsteuermessbeträge noch Hebesätze. Auch für die **Wertermittlung** ist eine begriffsmäßige Festlegung als baureifes Grundstück nicht relevant. Solange der Gesetzgeber aus der Baureife keine Steuerfolgen zieht, ist § 73 ohne Bedeutung (*Rössler/Troll* § 73 Rz. 5)

III. Bebaute Grundstücke

a) Begriff und Bewertung

§ 74 Begriff

[1]**Bebaute Grundstücke sind Grundstücke, auf denen sich benutzbare Gebäude befinden, mit Ausnahme der in § 72 Abs. 2 und 3 bezeichneten Grundstücke.** [2]**Wird ein Gebäude in Bauabschnitten errichtet, so ist der fertiggestellte und bezugsfertige Teil als benutzbares Gebäude anzusehen.**

I. Begriff des bebauten Grundstücks

1   Grundstücke, auf denen sich **benutzbare Gebäude** befinden, sind bebaute Grundstücke. Ausgenommen sind Grundstücke mit Gebäuden, die von untergeordneter Bedeutung, zerstört oder verfallen sind. Unter einem **Gebäude** ist ein Bauwerk zu verstehen, das Menschen oder Sachen durch räumliche Umschließung Schutz gegen äußere Einflüsse gewährt, den Aufenthalt von Menschen gestattet, fest mit dem Grund und Boden verbunden, von einiger Beständigkeit und standfest ist (§ 68 Rz. 2). Die Benutzbarkeit beginnt mit Bezugsfertigkeit (§ 72 Rz. 3).

II. Errichtung in Bauabschnitten

Bei Gebäuden, die **abschnittsweise** errichtet wurden, ist die **2** Bezugsfertigkeit des Bauabschnitts und nicht die Fertigstellung des Gesamtgebäudes maßgebend. Die in Bauabschnitten errichteten, bereits **fertiggestellten und bezugsfertigen Teile** sind als benutzbare Gebäude anzusehen (*Rössler/Troll* § 74 Rz. 6; *Gürsching/Stenger* § 74 Rz. 10). Eine Errichtung in Bauabschnitten ist gegeben, wenn ein baurechtlich genehmigtes Gebäude, einschließlich des Innenausbaus, nicht in zusammenhängender Bauentwicklung im planmäßig vorgesehenen Umfang bezugsfertig erstellt wird und die Unterbrechung nicht nur technisch bedingt ist oder nicht nur vorübergehend erfolgt. Es kommt nicht darauf an, wie die Bauplanung und die Baugenehmigung lauten, sondern darauf, wie die Planung in die Tat umgesetzt wird. Persönliche Verhältnisse sind nicht zu berücksichtigen (BFH II R 262/83 v. 29.4.1987, BStBl. II 1987, 594).

Ob ein Gebäude in **Bauabschnitten** errichtet wird, kann nur **3** von Fall zu Fall entschieden werden. Bei der Entscheidung wird man darauf abstellen müssen, ob der im jeweiligen Bauabschnitt errichtete Gebäudeteil für sich betrachtet eine gewisse **Eigenständigkeit** hat. Das ist zB dann der Fall, wenn vorerst nur das Erdgeschoss eines mehrstöckigen Gebäudes errichtet und mit einem festen Dach versehen wird, weil die Mittel für die Errichtung der Obergeschosse fehlen. Eine Errichtung in Bauabschnitten liegt dagegen nicht vor, wenn die Fortführung des Baues nur vorübergehend durch technische Schwierigkeiten (zB Frostperiode) unterbrochen wird (*Gürsching/Stenger* § 74 Rz.12; *Rössler/Troll* § 74 Rz. 7).

Die Errichtung eines **Zweifamilienhauses** erfolgt nicht in Bau- **4** abschnitten, sondern in einem Zug, wenn die zweite Wohnung innerhalb von zwei Jahren seit Bezugsfertigkeit der ersten Wohnung bezugsfertig wird. Ist diese Voraussetzung nicht gegeben, so ist nach Bezugsfertigkeit der ersten Wohnung der bezugsfertige Teil des Gebäudes „benutzbares Gebäude" (FinMin. Bayern v. 13.7.1981, StEK BewG § 72 Nr. 6).

§ 75 Grundstücksarten

(1) **Bei der Bewertung bebauter Grundstücke sind die folgenden Grundstücksarten zu unterscheiden:**
1. **Mietwohngrundstücke,**
2. **Geschäftsgrundstücke,**
3. **gemischt genutzte Grundstücke,**

§ 75 Grundstücksarten

4. Einfamilienhäuser,
5. Zweifamilienhäuser,
6. sonstige bebaute Grundstücke.

(2) **Mietwohngrundstücke sind Grundstücke, die zu mehr als achtzig Prozent, berechnet nach der Jahresrohmiete (§ 79), Wohnzwecken dienen mit Ausnahme der Einfamilienhäuser und Zweifamilienhäuser (Absätze 5 und 6).**

(3) **Geschäftsgrundstücke sind Grundstücke, die zu mehr als achtzig Prozent, berechnet nach der Jahresrohmiete (§ 79), eigenen oder fremden gewerblichen oder öffentlichen Zwecken dienen.**

(4) **Gemischt genutzte Grundstücke sind Grundstücke, die teils Wohnzwecken, teils eigenen oder fremden gewerblichen oder öffentlichen Zwecken dienen und nicht Mietwohngrundstücke, Geschäftsgrundstücke, Einfamilienhäuser oder Zweifamilienhäuser sind.**

(5) [1]**Einfamilienhäuser sind Wohngrundstücke, die nur eine Wohnung enthalten.** [2]**Wohnungen des Hauspersonals (Pförtner, Heizer, Gärtner, Kraftwagenführer, Wächter usw.) sind nicht mitzurechnen.** [3]**Eine zweite Wohnung steht, abgesehen von Satz 2, dem Begriff „Einfamilienhaus" entgegen, auch wenn sie von untergeordneter Bedeutung ist.** [4]**Ein Grundstück gilt auch dann als Einfamilienhaus, wenn es zu gewerblichen oder öffentlichen Zwecken mitbenutzt wird und dadurch die Eigenart als Einfamilienhaus nicht wesentlich beeinträchtigt wird.**

(6) [1]**Zweifamilienhäuser sind Wohngrundstücke, die nur zwei Wohnungen enthalten.** [2]**Die Sätze 2 bis 4 von Absatz 5 sind entsprechend anzuwenden.**

(7) **Sonstige bebaute Grundstücke sind solche Grundstücke, die nicht unter die Absätze 2 bis 6 fallen.**

Übersicht

	Rn.
I. Allgemeines	1–3
1. Anwendungsbereich	1
2. Rangordnung der Grundstücksarten	2
3. Zuordnungskriterien	3
II. Begriff des Mietwohngrundstücks	4
III. Begriff des Geschäftsgrundstücks	5, 6
IV. Begriff des gemischt genutzten Grundstücks	7
V. Begriff des Einfamilienhauses	8–23
1. Begriff	8

2. Wohnungsbegriff allgemein	9
3. Wohnungsbegriff bei Bezugsfertigkeit vor dem 1.1.1973	10
4. Wohnungsbegriff bei Bezugsfertigkeit nach dem 31.12.1972	11–18
5. Antrag auf Baugenehmigung (Bauanzeige) nach dem 31.12.1985	19
6. Mitnutzung zu gewerblichen, freiberuflichen oder öffentlichen Zwecken	20–23
VI. Begriff des Zweifamilienhauses	24
VII. Begriff des sonstigen bebauten Grundstücks	25–27

I. Allgemeines

1. Anwendungsbereich

Für die Bewertung muss zunächst festgestellt werden, zu welcher 1
Art das betreffende Grundstück gehört. Die **Bestimmung der Grundstücksart** eines bebauten Grundstücks wirkt sich in verschiedener Hinsicht aus. Zunächst beeinflusst es die Entscheidung, ob das Ertrags- oder das Sachwertverfahren als Bewertungsmethode anzuwenden ist. Findet das Ertragswertverfahren Anwendung, bestimmt sich der Vervielfältiger nach der Grundstücksart. Für die Höhe des Zuschlags wegen Übergröße ist ebenfalls die Grundstücksart relevant. Im Sachwertverfahren ist die Grundstücksart für die Wertzahl von Bedeutung. Auswirkungen ergeben sich ferner bei der Bestimmung der Grundsteuermesszahl.

2. Rangordnung der Grundstücksarten

Die **Aufzählung der Grundstücksarten** in § 75 Abs. 1 ist 2
erschöpfend. Was nicht unter die erstgenannten fünf Grundstücksarten eingeordnet werden kann, fällt unter die sechste Grundstücksart.

3. Zuordnungskriterien

Bei der **Zuordnung** zu den ersten drei **Grundstücksarten** 3
(Mietwohngrundstück, Geschäftsgrundstück, gemischt genutztes Grundstück) kommt es ausschließlich auf die Nutzungsverhältnisse an. Maßgebend sind die Verhältnisse zum jeweiligen Bewertungsstichtag (BFH III 141/53 v. 12.3.1954, BStBl. III 1954, 146; BFH III R 67/78 v. 26.9.1980, BStBl. II 1981, 208). Bei der Einstufung eines Grundstücks als **Ein- oder Zweifamilienhaus** kommt es

dagegen insbesondere auf die Anzahl der Wohnungen an. Weitere Voraussetzung ist, dass die Wohnungen zu Wohnzwecken genutzt werden. Entscheidend sind wiederum die Verhältnisse zum Feststellungszeitpunkt (BFH III R 78/81 v. 22.2.1985, BStBl. II 1985, 284).

II. Begriff des Mietwohngrundstücks

4   Ein Grundstück, das **zu mehr als 80% Wohnzwecken** dient, wird – mit Ausnahme der Ein- und Zweifamilienhäuser – als Mietwohngrundstück bezeichnet. Ob die Grenze erreicht wird, beurteilt sich nach dem Verhältnis der Jahresrohmieten. Dazu ist die Jahresrohmiete – nach den Wertverhältnissen vom 1.1.1964 – auf die Wohnräume und die anderen Zwecken dienenden Räume aufzuteilen. Zu den Wohnräumen zählen zB auch Garagen, Stallgebäude und Schuppen. Die darauf entfallende Miete ist somit der Wohnungsmiete hinzuzurechnen (*Rössler/Troll* § 75 Rz. 16).

> **Beispiel:**
> Im Erdgeschoss eines Gebäudes befindet sich ein Laden. Das 1.–5. Obergeschoss enthält Wohnungen. Zu dem Grundstück gehören fünf, von den Wohnungsmietern genutzte Garagen. Die Jahresrohmieten betragen: für den Laden 3500 DM, für die Wohnungen jeweils 2500 DM und für die Garagen jeweils 500 DM.
>
> | | | |
> |---|---|---|
> | Jahresrohmiete für die Wohnungen: | 5 × 2500 DM = | 12 500 DM |
> | Jahresrohmieten für die Garagen: | 5 × 500 DM = | 2 500 DM |
> | Jahresrohmiete für die Wohnzwecken dienenden Räume: | | 15 000 DM |
> | Jahresrohmiete für das Ladengeschäft: | | 3 500 DM |
> | Jahresrohmiete insgesamt | | 18 500 DM |
>
> Das Gebäude ist als Mietwohngrundstück zu bewerten, da die auf die Wohnräume entfallende Jahresrohmiete (15 000 DM) mehr als 80% der Gesamtjahresrohmiete ausmacht.

III. Begriff des Geschäftsgrundstücks

5   Grundstücke, die **zu mehr als 80%** – berechnet nach der Jahresrohmiete – eigenen oder fremden **gewerblichen oder öffentlichen Zwecken** dienen, werden als Geschäftsgrundstücke bezeichnet. Die freiberufliche Nutzung steht der gewerblichen Nutzung gleich (§ 96).

6   Der Begriff **„Geschäftsgrundstück"** ist nicht mit dem Begriff „Betriebsgrundstück" gleichzusetzen. Der Begriff „Betriebsgrund-

stück" besagt nichts über die Grundstücksart, sondern darüber, dass ein Grundstück Teil eines Gewerbebetriebs ist (§ 99).

Beispiel:
Ein dreigeschossiges Gebäude wird wie folgt genutzt:

Erdgeschoss:	Vermietung an einen Rechtsanwalt, für dessen Kanzlei Jahresrohmiete:	15 000 DM
1. Geschoss:	Vermietung an eine öffentliche Verwaltungsbehörde Jahresrohmiete:	10 000 DM
2. Geschoss:	Vermietung zu Wohnzwecken Jahresrohmiete:	5 000 DM
Gesamte Jahresrohmiete:		30 000 DM

Das Grundstück wird zu 83,33 %, also zu mehr als 80 %, zu freiberuflichen bzw. öffentlichen Zwecken genutzt. Es handelt sich also um ein Geschäftsgrundstück.

IV. Begriff des gemischt genutzten Grundstücks

Gemischt genutzte Grundstücke sind Grundstücke, die **teils Wohnzwecken, teils eigenen oder fremden gewerblichen, freiberuflichen oder öffentlichen Zwecken** dienen und die nicht Ein- oder Zweifamilienhäuser, Geschäfts- oder Mietwohngrundstücke sind. Es handelt sich also um Grundstücke, deren Nutzung weder für Wohnzwecke noch zu freiberuflichen, gewerblichen oder öffentlichen Zwecken mehr als 80 % ausmacht.

Beispiel:
Die Jahresrohmiete eines Grundstücks setzt sich wie folgt zusammen:

Vermietung von Wohnungen:	40 000 DM
Mietwert der eigengenutzten Wohnung:	5000 DM
Vermietung von Läden:	30 000 DM
Vermietung von Räumen an eine Behörde	15 000 DM
Mietwert des Ladengeschäfts des Eigentümers	10 000 DM
	100 000DM

Die Jahresrohmiete des Wohnzwecken dienenden Grundstücksteils beträgt 45 000 DM. Das sind 45 % der gesamten Jahresrohmiete. Das Grundstück ist deshalb kein Mietwohngrundstück.

Die Jahresrohmiete des eigenen oder fremden gewerblichen sowie öffentlichen Zwecken dienenden Teils beträgt 55 000 DM. Das sind 55 % der Gesamtmiete. Das Grundstück ist deshalb kein Geschäftsgrundstück.

Da es sich auch nicht um ein Ein- oder Zweifamilienhaus handelt, ist das Grundstück in die Grundstücksart „gemischt genutztes Grundstück" einzustufen.

V. Begriff des Einfamilienhauses

1. Begriff

8 **Einfamilienhäuser** sind Grundstücke, die nur **eine Wohnung** enthalten. Eine zweite Wohnung steht der Einordnung als „Einfamilienhaus" selbst dann entgegen, wenn die zweite Wohnung von nur untergeordneter Bedeutung ist. Lediglich Wohnungen des Hauspersonals (zB Gärtner, Heizer, Kraftwagenführer, Pförtner, Wächter usw.) zählen kraft Gesetzes nicht mit. Das sind Wohnungen, die für das Hauspersonal bestimmt sind und auch durch diese genutzt werden. Eine Hausgehilfin gehört nicht zum Hauspersonal, da sie nicht mit der Wartung und Pflege des Grundstücks selbst befasst ist (BFH III R 144/81 v. 15.11.1985, BStBl. II 1986, 247).

2. Wohnungsbegriff allgemein

9 Was bewertungsrechtlich unter einer **Wohnung** zu verstehen ist, bestimmt sich nach der **Verkehrsauffassung.** Das BewG selbst enthält hierzu für die Einheitsbewertung keine Definition. Allgemein wird unter einer Wohnung die Zusammenfassung von Wohnraum und Nebengelass verstanden, die es dem Inhaber der Wohnung ermöglicht, in diesen Räumen einen eigenen Haushalt zu führen (BewRGr 15 Abs. 3). Infolge gestiegener Ansprüche hat sich der Wohnungsbegriff durch die Rspr. im Laufe der Zeit **entscheidend geändert.** Nach der geänderten Rechtsprechung und einer Anpassungsregelung der Finanzverwaltung sind drei Zeiträume geschaffen worden, für die unterschiedliche Wohnungsbegriffe gelten.

3. Wohnungsbegriff bei Bezugsfertigkeit vor dem 1.1.1973

10 Für Wohngebäude, die vor dem 1.1.1973 bezugsfertig geworden sind, gilt die **frühere Rechtsprechung** (BFH II R 192/78 v. 12.2.1986, BStBl. II 1986, 320). Für die Annahme einer Wohnung ist es ausreichend, dass sich die Zusammenfassung mehrerer Räume zu einer Wohnung aus der Lage der Räume zueinander, aus ihrer Zweckbestimmung und aus der dieser Zweckbestimmung entsprechenden tatsächlichen Nutzung ergibt. Die Wohnungen müssen weder abgeschlossen sein noch einen eigenen Zugang besitzen (BFH III R 81/76 v. 24.11.1978, BStBl. II 1979, 255; FinMin. Ba.-Wü. v. 16.7.1980, BewG Kartei § 75 Nr. 8).

4. Wohnungsbegriff bei Bezugsfertigkeit nach dem 31.12.1972

Für Wohngebäude, die nach dem 31.12.1972 bezugsfertig geworden sind und für die der Antrag auf Baugenehmigung (Bauanzeige) bis zum 31.12.1985 erfolgt ist, gilt die **bisherige Rechtsprechung** weiter. Der Steuerpflichtige hat aber die Möglichkeit, die Anwendung der neuen, nachfolgend erläuterten Rspr. zu beantragen. **11**

Nach dem **Grundsatzurteil** des BFH III R 192/83 v. 5.10.1984, BStBl. II 1985, 151 mit den Anschlussurteilen BFH III R 62/84 v. 8.2.1985, BStBl. II 1985, 319; III R 124/84 v. 26.3.1985, BStBl. II 1985, 496 und II R 192/78 v. 12.2.1986, BStBl. II 1986, 320 sind für die Annahme einer **Wohnung** folgende Voraussetzungen erforderlich: **12**

- **Baulicher Abschluss der Wohneinheit.** Mehrere Räume können nur zu einer Wohnung zusammengefasst werden, wenn diese von einer anderen Wohneinheit **baulich getrennt** ist und einen eigenen Abschluss hat. Ob die Wohneinheiten von einer Familie oder mehreren Familien genutzt werden, ist nicht von Bedeutung. Die Wohneinheiten dürfen nicht durch Verbindungstüren miteinander verbunden sein.
- **Eigener Zugang.** Für jede Wohnung ist ein separater **abschließbarer Zugang** vom Freien aus, von einem Treppenhaus aus oder von einem Vorraum aus erforderlich. Ein Zugang durch einen Raum einer anderen Wohneinheit ist schädlich.
- **Mindestgröße.** Nach der Rspr. des BFH muss die Wohneinheit eine **Mindestwohnfläche von 23 qm** aufweisen (BFH III R 71/83 v. 20.6.1985, BStBl. II 1985, 582; II R 74/87 v. 4.7.1990, BStBl. II 1991, 131). Eine Einliegerwohnung muss nach Auffassung der FinVerw. eine Mindestwohnfläche von 25 qm haben (*Rössler/Troll* § 75 Rz. 48). Bei Appartements in Studenten- und Altenwohnheimen soll für die Annahme einer Wohnung eine Mindestfläche von 20 qm ausreichend sein (BFH II R 182/87 v. 17.5.1990, BStBl. II 1990, 705).
- **Küche.** Es muss eine Küche oder ein Raum mit Kochgelegenheit vorhanden sein. Hierbei genügt es, dass die erforderlichen Einrichtungs- und Ausstattungsgegenstände vorhanden sind, die für die Führung eines Haushalts notwendig sind. Das sind die **Anschlüsse** für Wasserzu- und -ableitung sowie für einen Herd. Eine tatsächliche Nutzung als Küche ist nicht erforderlich (BFH III R 82/84 v. 20.6.1985, BStBl. II 1985, 497). Soll ein Raum künftig als Küche vorgesehen werden, der zum Bewertungsstichtag noch als Bad eingerichtet ist, so ist der Wohnungsbe-

griff noch nicht erfüllt (BFH III R 82/84 v. 20.6.1985, BStBl. II 1985, 497).
- **Sanitäre Einrichtungen.** Es müssen eine **eigene Toilette** und ein **eigenes Bad oder Dusche** vorhanden sein (BFH III R 192/83 v. 5.10.1984, BStBl. II 1985, 151).
- **Nutzung zu Wohnzwecken.** Die Räume müssen **tatsächlich** Wohnzwecken dienen oder im Fall des Leerstehens zu Wohnzwecken vorgesehen sein (BFH III R 78/81 v. 22.2.1985, BStBl. II 1985, 284).

13–18 *einstweilen frei*

5. Antrag auf Baugenehmigung (Bauanzeige) nach dem 31.12.1985

19   Für Wohngebäude, die nach dem 31.12.1972 bezugsfertig geworden sind und für die der Antrag auf Baugenehmigung (Bauanzeige) nach dem 31.12.1985 erfolgt ist, gilt die **neue Rechtsprechung** des BFH (Gleichl. Ländererlasse v. 15.5.1985, BStBl. I 1985, 201).

6. Mitnutzung zu gewerblichen, freiberuflichen oder öffentlichen Zwecken

20   Häufig werden Einfamilienhäuser zu **gewerblichen, freiberuflichen oder öffentlichen Zwecken mitgenutzt.** Für eine derartige Mitnutzung kommen zB Büroräume eines Unternehmers, Praxisräume eines Freiberuflers oder die Poststelle in einem kleinen Dorf in Betracht. Die Mitnutzung eines Einfamilienhauses zu gewerblichen, freiberuflichen oder öffentlichen Zwecken ist **unschädlich,** wenn nach der Verkehrsauffassung die Eigenart als Einfamilienhaus dadurch nicht beeinträchtigt wird. Nach gefestigter Rspr. liegt eine **Beeinträchtigung** dann vor, wenn die mitgenutzte Fläche mindestens die Hälfte der gesamten Wohn- und Nutzfläche erreicht. Ein im Wohnbereich belegenes (zusätzliches) häusliches Arbeitszimmer stellt dabei bewertungsrechtlich lediglich einen Raum dar, dem innerhalb der Nutzung zu Wohnzwecken eine dieser Nutzung nicht widersprechende Funktion zugewiesen ist (BFH II R 61/87 v. 9.11.1988, BStBl. II 1989, 135).

21   Für den Umfang der Mitnutzung ist das **Flächenverhältnis** und nicht das Verhältnis der Jahresrohmieten entscheidend (BFH II R 48/85 v. 12.11.1986, BStBl. II 1987, 104). Bei der Bestimmung des Flächenverhältnisses sind auch die Räume einzubeziehen, die wie Zubehörräume oder Nebenräume (zB Kellerräume, Garagen) nach der II. BV nicht in der Wohnflächenberechnung enthalten sind,

wenn sich die Mitnutzung auf derartige Räume erstreckt (BFH II R 10/91 v. 6.7.1994, BFH/NV 1995, 94).

Beispiel:
Zweigeschossiges Gebäude, im Erdgeschoss Praxisräume eines Arztes, im Obergeschoss eine Wohnung. Das Grundstück ist regelmäßig ein Einfamilienhaus, solange die beruflich genutzte Fläche nicht überwiegt.

Weist das **äußere Erscheinungsbild** eines Grundstücks Merkmale auf, die die gewerbliche Mitnutzung deutlich in den Vordergrund rücken und damit dem Grundstück das Gepräge geben, so kommt es auf das Verhältnis der gewerblich genutzten Fläche zur Wohnfläche grundsätzlich nicht mehr an. Der inneren baulichen Gestaltung kommt in diesem Zusammenhang nur noch nachrangige Bedeutung zu (BFH II R 44/86 v. 22.3.1989, BFH/NV 1990, 487; BFH II R 250/81 v. 23.10.1985, BStBl. II 1986, 173). 22

Beeinträchtigt die gewerbliche, freiberufliche oder öffentliche Mitnutzung wesentlich die Eigenart als Einfamilienhaus, so ist das Grundstück als gemischt genutztes Grundstück zu bewerten (BFH II R 96/87 v. 17.4.1991, BFH/NV 1992, 445; BFH II R 10/91 v. 6.7.1994, BFH/NV 1995, 94). 23

Beispiel:
Zweigeschossiges Gebäude, im Erdgeschoss Lebensmittelladen, im Obergeschoss eine Wohnung. Das Grundstück ist regelmäßig ein gemischt genutztes Grundstück, da derartige Gebäude nach der Verkehrsauffassung nicht mehr als Einfamilienhäuser angesehen werden. Auf das Flächenverhältnis kommt es in diesem Fall nicht an.

VI. Begriff des Zweifamilienhauses

Zu den Zweifamilienhäusern gehören Wohngrundstücke mit **zwei Wohnungen** (BFH II B 102/95 v. 13.8.1996, BFH/NV 1997, 97). Im Übrigen gelten die Ausführungen zum Einfamilienhaus (Wohnungsbegriff/Mitnutzung) unter Rz. 8 ff. entsprechend. 24

VII. Begriff des sonstigen bebauten Grundstücks

Grundstücke, die sich **nicht in die vorrangigen fünf** anderen Grundstücksarten eingliedern lassen, zählen zu den sonstigen bebauten Grundstücken. Hierzu gehören zB Clubhäuser, Bootshäuser, Vereinshäuser, Jagdhütten (*Gürsching/Stenger* § 75 Rz. 167). 25

26 Auch **selbständige Garagengrundstücke,** die nicht gewerblich genutzt werden, sind den sonstigen bebauten Grundstücken zuzurechnen (*Rössler/Troll* § 75 Rz. 76).

27 Ob ein **Wochenendhaus** als Einfamilienhaus oder als sonstiges bebautes Grundstück anzusehen ist, ist nach den **Umständen des Einzelfalls** zu beantworten. So sind Wochenendhäuser, die während des ganzen Jahres bewohnbar sind und eine vollständige Wohnung enthalten, den Einfamilienhäusern zuzurechnen (BFH III R 101/77 v. 25.5.1979, BStBl. II 1979, 542). Wochenendhäuser, die diesen Anforderungen nicht entsprechen und nur in den Sommermonaten bewohnbar sind, sind dagegen als sonstige bebaute Grundstücke zu behandeln. Das Gleiche gilt für nicht ganzjährig bewohnbare **Mobilheime,** die als Gebäude anzusehen sind (*Rössler/Troll* § 75 Rz. 78).

§ 76 Bewertung

(1) **Der Wert des Grundstücks ist vorbehaltlich des Absatzes 3 im Wege des Ertragswertverfahrens (§§ 78 bis 82) zu ermitteln für**
1. **Mietwohngrundstücke,**
2. **Geschäftsgrundstücke,**
3. **gemischt genutzte Grundstücke,**
4. **Einfamilienhäuser,**
5. **Zweifamilienhäuser.**

(2) **Für die sonstigen bebauten Grundstücke ist der Wert im Wege des Sachwertverfahrens (§§ 83 bis 90) zu ermitteln.**

(3) **Das Sachwertverfahren ist abweichend von Absatz 1 anzuwenden**
1. **bei Einfamilienhäusern und Zweifamilienhäusern, die sich durch besondere Gestaltung oder Ausstattung wesentlich von den nach Absatz 1 zu bewertenden Einfamilienhäusern und Zweifamilienhäusern unterscheiden;**
2. **bei solchen Gruppen von Geschäftsgrundstücken und in solchen Einzelfällen bebauter Grundstücke der in § 75 Abs. 1 Nr. 1 bis 3 bezeichneten Grundstücksarten, für die weder eine Jahresrohmiete ermittelt noch die übliche Miete nach § 79 Abs. 2 geschätzt werden kann;**
3. **bei Grundstücken mit Behelfsbauten und bei Grundstücken mit Gebäuden in einer Bauart oder Bauausführung, für die ein Vervielfältiger (§ 80) in den Anlagen 3 bis 8 nicht bestimmt ist.**

§ 76 Bewertung im Ertragswertverfahren

Übersicht

	Rn.
I. Allgemeines	1
II. Bewertung im Ertragswertverfahren	2
III. Bewertung im Sachwertverfahren	3–16
1. Bewertung von sonstigen bebauten Grundstücken	3
2. Bewertung von besonders gestalteten bzw. ausgestatteten Ein- und Zweifamilienhäusern	4–11
a) Besondere Gestaltung	5, 6
b) Besondere Ausstattung	7–11
3. Bewertung von bestimmten Gruppen von Geschäftshäusern und von besonderen Einzelfällen bei gemischt genutzten, Mietwohn- und Geschäftsgrundstücken	12–14
4. Bewertung von Behelfsbauten und Grundstücken, für die ein Vervielfältiger nicht bestimmt ist	15, 16

I. Allgemeines

Zur Ermittlung des gemeinen Werts als Bewertungsmaßstab bei bebauten Grundstücken sieht das Gesetz **zwei Methoden** vor: das **Ertragswertverfahren** (§§ 78–82) und das **Sachwertverfahren** (§§ 83–90). Welches Verfahren anzuwenden ist, bestimmt sich nach der Art des Grundstücks. Bei ertragbringenden Grundstücken kommt das Ertrags- wertverfahren zur Anwendung. Bei Grundstücken, bei denen der Grundstücksertrag nicht oder nur unvollkommen in Erscheinung tritt, ist ein nach den Herstellungskosten errechneter Sachwert wertbestimmend. An der Verfassungsmäßigkeit zweier verschiedener Verfahren bestehen keine Bedenken (BFH III R 49/73 v. 12.6.1974, BStBl. II 1974, 602; BFH II R 42/94 v. 4.9.1996 BFH/NV 1997, 98). **1**

II. Bewertung im Ertragswertverfahren

Im **Regelfall** sollen Grundstücke im **Ertragswertverfahren** bewertet werden. Eine Bewertung im Ertragswertverfahren kommt vor allem bei Grundstücken in Betracht, die regelmäßig Mieterträge bringen. Dies ist insbesondere bei Mietwohngrundstücken und bei gemischt genutzten Grundstücken der Fall. Bei derartigen Grundstü- **2** cken kommt eine Bewertung im Sachwertverfahren nur im besonderen Ausnahmefall in Betracht. Auch regelmäßig vermietete Geschäftsgrundstücke sind im Ertragswertverfahren zu bewerten. Nur für bestimmte Gruppen oder besondere Einzelfälle ist das Sachwertverfahren vorgesehen. Obwohl Ein- und Zweifamilienhäusern im allgemeinen Geschäftsverkehr nach Sachwertgesichtspunkten gehandelt werden, soll die Masse der Ein- und Zweifamilienhäuser nach dem Willen des Gesetzgebers im Ertragswertverfahren bewertet werden. Eine Ausnahme bilden nur die besonders gestalteten bzw. ausgestatteten Ein- und Zweifamilienhäuser (*Stöckel* DStZ 1998, 357).

III. Bewertung im Sachwertverfahren

1. Bewertung von sonstigen bebauten Grundstücken

3 **Sonstige bebaute** Grundstücke sind ausnahmslos im Sachwertverfahren zu bewerten. Dies gilt selbst dann, wenn ein derartiges Grundstück vermietet oder verpachtet ist.

2. Bewertung von besonders gestalteten bzw. ausgestatteten Ein- und Zweifamilienhäusern

4 Ein- und Zweifamilienhäuser, die sich **wegen der Größe** der Wohnfläche, der Form oder Anordnung der Wohnräume, der Verwendung besonderen Materials oder wegen aufwendiger Außenanlagen wesentlich von der großen Masse der im Ertragswertverfahren zu bewertenden Ein- und Zweifamilienhäuser unterscheiden (sog. Luxusbauten), sind im Sachwertverfahren zu bewerten. Zur Frage, wann eine wesentliche Abweichung von der Norm gegeben ist, hat der BFH mehrfach Stellung genommen:

5 **a) Besondere Gestaltung.** Der Begriff „**besondere Gestaltung**" ist im Gesetz **nicht definiert.** Für die Auslegung ist daher der Zweck des Gesetzes maßgebend. Ob eine besondere Gestaltung zu bejahen ist, muss anhand objektiver Kriterien entschieden werden; persönliche Verhältnisse des Eigentümers sind unbeachtlich.

6 Nach den BewRGr liegt eine **besondere Ausstattung** vor allem dann vor, wenn das Gebäude wegen der Größe der Wohnfläche, der Form oder der Anordnung der Wohnräume oder in anderer Weise so stark **von der üblichen Gestaltung** abweicht, dass im Fall einer Vermietung eine dem Wert des Grundstücks angemessene Miete nicht erzielt werden könnte. Die besondere Gestaltung kann sich

Bewertung im Sachwertverfahren **§ 76**

aber auch auf das ganze Grundstück beziehen. So kann sich eine besondere Gestaltung auch aus der Größe des Grundstücks oder der Anlage der unbebauten Fläche ergeben (BFH III R 86/69 v. 23.7.1971, BStBl. II 1971, 797; III R 107/76 v. 10.2.1978, BStBl. II 1978, 294; III R 6/77 v. 27.4.1978, BStBl. II 1978, 523).

b) Besondere Ausstattung. Bei dem Begriff „besondere Ausstattung" handelt es sich ebenfalls um einen **unbestimmten Rechtsbegriff.** Inwieweit eine besondere Ausstattung durch Verwendung wertvollen Baumaterials oder durch den Bau aufwendiger Außenanlagen vorliegt, ist nach dem Gesamtcharakter des Grundstücks zu beurteilen. 7

Als **Anhaltspunkte** können die Folgenden in den BewRGr aufgeführten Merkmale dienen: 8
- Dach mit Kupfer oder Blei gedeckt.
- Fassade aus Natursteinstein oder anderen wertvollen Baustoffen.
- Treppen aus besonders wertvollem Material, zB Marmor oder Naturstein;
- Geländer kunstgeschmiedet, geschnitzt oder aus wertvollem Material.
- Türen aus Eiche (massiv) oder Edelholz (massiv oder furniert).
- Verglasung aus Spiegelglas, Isolier- oder Bleiverglasung.
- Räume mit wertvoller Vertäfelung der Wände oder Decken, eingebauten Wandschränken, mit Türen aus Edelholz oder massiver Eiche, sonstige kostbare Wand- und Deckenbehandlung, wie zB kostbare Stoff- oder Lederbespannung, wertvolle Wand- oder Deckenmalereien.
- Wertvoller Fußbodenbelag, zB Parkett aus verschiedenen Holzarten oder aus Edelholz,
- Marmorböden, Solnhofer Platten, Veloursböden.
- Klimaanlage.
- Je Wohnung mehr als zwei Bäder oder zusätzlich zu einem Bad mehrere Duschen.
- Offener Kamin aus wertvollem Baustoff.
- Schwimmbecken.
- Aufwändige Nebengebäude oder Außenanlagen, zB Reithalle, Tennisplatz, Wasserspiele.

Die Aufzählung ist **nicht erschöpfend.** Weitere in der Rechtsprechung genannte besondere Ausstattungsmerkmale sind zB eine große Terrasse mit Natursteinplatten und Pergola, ein beleuchtbarer Springbrunnen sowie Fenster und Türen mit Natureinfassungen und schmiedeeisernen Gittern (BFH III R 6/77 v. 27.4.1978, BStBl. II 1978, 523). 9

§ 76 Bewertung

10 Es reicht in der Regel nicht, wenn nur ein Merkmal vorliegt. Die besondere Gestaltung/Ausstattung muss vielmehr nach den **Gesamtverhältnissen** beurteilt werden. Zu beachten ist dabei, dass es auf die Verhältnisse vom Hauptfeststellungszeitpunkt ankommt. Dass heutzutage Edelholztüren, Veloursböden, Isoverglasungen usw. eher zum Standard gehören, ist daher unbeachtlich (*Rössler/Troll* § 76 Rz. 26).

11 **Einzelfälle zur besonderen Gestaltung oder Ausstattung von Einfamilienhäusern**
– Eine Wohnfläche von 220 qm rechtfertigt für sich die Bewertung eines Einfamilienhauses im Sachwertverfahren (BFH II R 192/78 v. 12.2.1986, BStBl. II 1986, 320).
– Gehört zu einem Einfamilienhaus eine freistehende Schwimmhalle, dann ist das Einfamilienhaus jedenfalls dann im Sachwertverfahren zu bewerten, wenn die Schwimmhalle im Zusammenwirken mit anderen Gestaltungs- und Ausstattungsmerkmalen eine wesentliche Abweichung von den im Ertragswertverfahren zu bewertenden Einfamilienhäusern begründet (BFH III R 107/76 v. 10.2.1978, BStBl. II 1978, 294).
– Eine besondere Ausstattung, die zu einer wesentlichen Abweichung von den im Ertragswertverfahren zu bewertenden Einfamilienhäusern führt, kann sich grundsätzlich auch aus dem Vorhandensein eines Schwimmbades ergeben. Ein Schwimmbecken mit einer Wasseroberfläche von 28 qm rechtfertigt für sich gesehen nicht die Anwendung des Sachwertverfahrens (BFH II R 17/97 v. 11.11.1998, BFH/NV 1999, 593).
– Befindet sich auf einem Einfamilienhausgrundstück eine Schwimmhalle, so rechtfertigt dieser Umstand für sich allein die Bewertung im Sachwertverfahren (BFH II R 146/77 v. 5.3.1986, BStBl. II 1986, 386).
– Allein das Vorhandensein einer Schwimmhalle im Keller eines Einfamilienhauses mit einer Oberfläche von 28 qm rechtfertigt noch nicht die Anwendung des Sachwertverfahrens. Es ist jedoch zu prüfen, ob das zu bewertende Objekt sich insgesamt auf Grund seiner besonderen Gestaltung und Ausstattung wesentlich von den im Ertragswertverfahren zu bewertenden Einfamilienhäusern unterscheidet (BFH II R 42/94 v. 12.12.1996, BFH/NV 1997, 336).

3. Bewertung von bestimmten Gruppen von Geschäftshäusern und von besonderen Einzelfällen bei gemischt genutzten, Mietwohn- und Geschäftsgrundstücken

12 **Bestimmte Gruppen** von Geschäftsgrundstücken, für die sich weder eine Jahresrohmiete ermitteln noch eine übliche Miete schätzen lässt, sind ebenfalls im **Sachwertverfahren** zu bewerten. Nach der Rechtsprechung ist Voraussetzung, dass für die weit überwiegende Mehrzahl der Grundstücke einer solchen Grundstücksgruppe eine Jahresrohmiete überhaupt nicht ermittelt oder die übliche Miete

Mindestwert § 77

nicht mit den üblichen Hilfsmitteln geschätzt werden kann (BFH III R 118/72 v. 5.10.1973, BStBl. II 1974, 98). Wenn diese Voraussetzung bei einer bestimmten Grundstücksgruppe erfüllt ist, dann sind sämtliche Grundstücke dieser Gruppe im Sachwertverfahren zu bewerten. Das gilt selbst dann, wenn im Einzelfall die Jahresrohmiete eines solchen Grundstücks ermittelt werden könnte (BFH III R 120/74 v. 7.11.1975, BStBl. II 1976, 277).

Im Sachwertverfahren werden demnach **vor allem** Fabrikgrundstücke, Hotels (BFH III R 42, 47/78 v. 20.2.1981, BStBl. II 1981, 458), Warenhäuser, Lichtspielhäuser (BFH III R 125/75 v. 11.2.1977, BStBl. II 1977, 408), Sanatorien und Kliniken, Bank- und Versicherungsgrundstücke, Tankstellen usw. bewertet. **13**

Gleiches gilt **im Einzelfall** für andere, insbesondere eigengenutzte Geschäftsgrundstücke, Mietwohngrundstücke und gemischt genutzte Grundstücke, für die zur Schätzung der üblichen Miete notwendige Vergleichsgrundstücke nicht vorhanden sind (BFH II R 147/77 v. 24.7.1985, BStBl. II 1985, 44). **14**

4. Bewertung von Behelfsbauten und Grundstücken, für die ein Vervielfältiger nicht bestimmt ist

Grundstücke mit **Behelfsbauten** sind ebenfalls im Sachwertverfahren zu bewerten. Unter Behelfsbau ist insbesondere ein Gebäude zu verstehen, dass nur für einen **vorübergehenden** Zweck errichtet worden ist und dessen Lebensdauer infolge Bauart, Bauausführung oder infolge Verwendung bestimmter Baustoffe verhältnismäßig gering ist. Durch diese Regelung soll eine Überbewertung vermieden werden. Denn für derartige Grundstücke wird im Verhältnis zum Sachwert meist eine hohe Miete erzielt (*Rössler/Troll* § 76 Rz. 45). **15**

Grundstücke, die auf Grund ihrer **besonderen Bauart oder Bauausführung** nicht in eine der Gruppen A, B oder C der Vervielfältigertabellen fallen, sind ebenfalls im Sachwertverfahren zu bewerten. Hierzu gehören zB Gebäude in Holzfachwerk, die ohne massive Fundamente errichtet worden sind, Gebäude in Tafelbauart sowie ganzjährig bewohnbare Mobilheime, die als Gebäude anzusehen sind (*Rössler/Troll* § 76 Rz. 46). **16**

§ 77 Mindestwert

¹**Der für ein bebautes Grundstück anzusetzende Wert darf nicht geringer sein als der Wert, mit dem der Grund und Boden allein als unbebautes Grundstück zu bewerten wäre.** ²**Müssen Gebäude oder Gebäudeteile wegen ihres baulichen**

I. Allgemeines

1   Die **Vorschrift soll verhindern,** dass bebaute Grundstücke im Einzelfall **zu niedrig bewertet** werden. Selbst dann, wenn der Reinertrag eines Grundstücks hinter einer angemessenen Verzinsung des Bodenwerts zurückbleibt, werden bebaute Grundstücke im allgemeinen nicht unter ihrem Bodenwert gehandelt. Die Regelung des § 77 sieht daher vor, dass der für ein bebautes Grundstücks anzusetzende Wert nicht niedriger sein darf als der Wert, mit dem der Grund und Boden allein als unbebautes Grundstück zu bewerten wäre.

II. Sonderregelung für den Hauptfeststellungszeitraum 1964

2   Bei Durchführung der Hauptfeststellung zum 1.1.1964 hat sich gezeigt, dass in sehr vielen Fällen der **Mindestwert** nach § 77 in Betracht gekommen wäre. Um die Auswirkungen der Mindestwertregelung für den Hauptfeststellungszeitraum zu **mildern,** ist in Art. 7 des StÄndG 1969 v. 18.8.1969 (BGBl. I 1969, 1211) Folgendes bestimmt worden: Der für ein bebautes Grundstück anzusetzende Wert darf nicht geringer sein als 50% des Werts, mit dem der Grund und Boden allein als unbebautes Grundstück zu bewerten wäre.

III. Wertermittlung

3   Anzusetzen ist der Wert, den der Grund und Boden allein **als unbebautes Grundstück** hätte. Der Wert aufstehender Gebäude darf nicht erfasst werden (RFH III A 388/31 v. 16.6.1932, RStBl. III 1932, 778). Dieser Wert umfasst aber – wie auch sonst bei bebauten Grundstücken – den Wert für Grund und Boden, Gebäude und Außenanlagen (BFH III 364/60 U v. 15.3.1963, BStBl. III 1963, 252).

4   **Abbruchkosten** sind nicht zu berücksichtigen, da § 77 Satz 2 derzeit keine Geltung hat (*Gürsching/Stenger* § 77 Rz. 10; *Rössler/Troll* § 77 Rz. 13).

Beispiel:
Für ein Einfamilienhaus ergibt sich im Ertragswertverfahren ein Grundstückswert von 96 000 DM (Jahresrohmiete 10 000 DM × maßgebender Ver-

vielfältiger 9,6). Ab- und Zuschläge gem. §§ 81, 82 kommen nicht in Betracht. Der Wert der Grundstücksfläche beträgt 240 000 DM (angenommen 1200 qm × 200 DM).

Das Einfamilienhaus ist mit dem Mindestwert iHv. 50% von 240 000 DM = 120 000 DM zu bewerten.

b) Verfahren

1. Ertragswertverfahren

§ 78 Grundstückswert

¹**Der Grundstückswert umfaßt den Bodenwert, den Gebäudewert und den Wert der Außenanlagen. ²Er ergibt sich durch Anwendung eines Vervielfältigers (§ 80) auf die Jahresrohmiete (§ 79) unter Berücksichtigung der §§ 81 und 82.**

I. Überblick über das Verfahren

Das **Ertragswertverfahren** stellt eine der beiden Methoden zur Ermittlung des gemeinen Werts bei bebauten Grundstücken dar. Der Grundstückswert ergibt sich durch Anwendung eines Vervielfältigers (§ 80) auf die Jahresrohmiete (§ 79) unter Berücksichtigung der außergewöhnlichen Grundsteuerbelastung (§ 81) und den in § 82 vorgesehenen Ermäßigungen und Erhöhungen in Einzelfällen. 1

Das Ergebnis ist ein **kapitalisierter Reinertrag** des Grundstücks. Die große Zahl der zu bewertenden Grundstücke lässt allerdings nicht zu, für jede wirtschaftliche Einheit den tatsächlichen Reinertrag festzustellen. Den Vervielfältigern liegen Reinerträge zugrunde, die unter Berücksichtigung pauschalierter Bewirtschaftungskosten und pauschalierter Bodenertragsanteile, aufgegliedert nach Grundstücksarten, Baujahrgruppen und Gemeindegrößenklassen ermittelt worden sind. Zur Berechnung der Vervielfältiger hat BFH III R 160/72 v. 31.10.1974, BStBl. II 1975, 106 Stellung genommen. 2

Der so ermittelte **Grundstückswert** umfasst den Bodenwert, den Gebäudewert und den Wert der Außenanlagen. 3

II. Bewirtschaftungskosten

Bei den **Bewirtschaftungskosten** unterscheidet man Verwaltungskosten, Instandhaltungskosten, Mietausfallwagnis und Betriebs- 4 kosten. Die Abschreibung gehört nicht dazu. Die Bewirtschaftungskosten wurden bei der Berechnung der Vervielfältiger **pauschaliert** und mit Durchschnittssätzen angesetzt. Die Pauschalierung schließt die Berücksichtigung in abweichender Höhe nach Lage des Einzelfalls aus (BewRGr 19).

III. Bodenwertanteil

5 Der durch Anwendung des **Vervielfältigers** auf die Jahresrohmiete ermittelte Grundstückswert umfasst auch den Bodenwert. In bestimmten Fällen ist es notwendig, den Grundstückswert in einen Gebäudewertanteil, der den Wert der Außenanlagen umfasst, und einen Bodenwertanteil **aufzuteilen.** Die Aufteilung ist erforderlich beim Abschlag wegen der Notwendigkeit eines baldigen Abbruchs des Gebäudes,
– in bestimmten Fällen einer wesentlichen Verkürzung der Lebensdauer,
– beim Erbbaurecht,
– beim Wohnungseigentum und Teileigentum und
– bei Gebäuden auf fremdem Grund und Boden.

6 Der **anteilige Wert des Grund und Bodens** am Grundstückswert ist je nach Grundstücksart, Baujahrgruppe und Gemeindegrößenklasse unterschiedlich hoch. In den genannten Fällen muss deshalb der Bodenwertanteil aus dem im Vervielfältiger berücksichtigten Bodenertragsanteil errechnet werden. Zu diesem Zweck sind die Bodenertragsanteile mit bestimmten Kapitalisierungsfaktoren zu multiplizieren. Aus Vereinfachungsgründen wurden die Bodenertragsanteile und die Kapitalisierungsfaktoren zu einheitlichen Multiplikatoren zusammengefasst. Diese Multiplikatoren sind in die Vervielfältigertabellen der BewRGr eingearbeitet. Der Bodenwertanteil ist daher im Einzelfall recht einfach zu ermitteln. Er ergibt sich durch die Anwendung dieser Multiplikatoren auf die Jahresrohmiete.

> **Beispiel:**
> Ein in Massivbauweise 1890 errichtetes Einfamilienhaus gehört zu einer Gemeinde mit 1500 Einwohnern. Die Jahresrohmiete beträgt 4000 DM.
>
> | | | |
> |---|---|---|
> | Der Grundstückswert beträgt 4000 DM × 9,5 | = | 38 000 DM |
> | Der Bodenwert beträgt 4000 DM × 2,5 | = | 10 000 DM |
> | (Anlage 1 BewRGr) | | |
> | Der Rest entfällt auf den Gebäudewert | = | 28 000 DM |

7 Die **Pauschalierung** des Bodenertragsanteils schließt die gesonderte Ermittlung des Bodenwerts im einzelnen Fall aus. Eine Ausnahme bildet die Berechnung des Zuschlags wegen Übergröße gem. § 82 Abs. 2 Nr. 1 (BewRGr 20 Abs. 3).

§ 79 Jahresrohmiete

(1) ¹Jahresrohmiete ist das Gesamtentgelt, das die Mieter (Pächter) für die Benutzung des Grundstücks auf Grund vertraglicher Vereinbarungen nach dem Stand im Feststellungszeitpunkt für ein Jahr zu entrichten haben. ²Umlagen und alle sonstigen Leistungen des Mieters sind einzubeziehen. ³Zur Jahresrohmiete gehören auch Betriebskosten (z. B. Gebühren der Gemeinde), die durch die Gemeinde von den Mietern unmittelbar erhoben werden. ⁴Nicht einzubeziehen sind Untermietzuschläge, Kosten des Betriebs der zentralen Heizungs-, Warmwasserversorgungs- und Brennstoffversorgungsanlage sowie des Fahrstuhls, ferner alle Vergütungen für außergewöhnliche Nebenleistungen des Vermieters, die nicht die Raumnutzung betreffen (z. B. Bereitstellung von Wasserkraft, Dampfkraft, Preßluft, Kraftstrom und dergleichen), sowie Nebenleistungen des Vermieters, die nur einzelnen Mietern zugute kommen.

(2) ¹Statt des Betrags nach Absatz 1 gilt die übliche Miete als Jahresrohmiete für solche Grundstücke oder Grundstücksteile,
1. die eigengenutzt, ungenutzt, zu vorübergehendem Gebrauch oder unentgeltlich überlassen sind,
2. die der Eigentümer dem Mieter zu einer um mehr als zwanzig Prozent von der üblichen Miete abweichenden tatsächlichen Miete überlassen hat.

²Die übliche Miete ist in Anlehnung an die Jahresrohmiete zu schätzen, die für Räume gleicher oder ähnlicher Art, Lage und Ausstattung regelmäßig gezahlt wird.

(3) und (4) *(aufgehoben)*

(5) Bei Fortschreibungen und Nachfeststellungen gelten für die Höhe der Miete die Wertverhältnisse im Hauptfeststellungszeitpunkt.

Übersicht

	Rn.
I. Allgemeines	1
II. Tatsächliche Miete	2–12
1. Begriff	2, 3
2. Gesamtentgelt	4–10

a) Besondere Entgelte	4
b) Umlagen	5
c) Sonstige Leistungen	6–10
3. Nicht zur Jahresrohmiete gehörende Beträge	11, 12
III. Übliche Miete	13–18
1. Anwendungsbereich	13, 14
2. Ermittlung der üblichen Miete	15–18
a) Schätzung der üblichen Miete durch Vergleichsmieten	16
b) Schätzung unter Zuhilfenahme von Mietspiegelsätzen	17, 18
IV. Miete bei Grundsteuervergünstigung	19–21
1. Zuschlag wegen Grundsteuervergünstigung	19
2. Zuschlag wegen Gewährung von Grundsteuerbeihilfen für Arbeiterwohnstätten	20
3. Jahresrohmiete nach Wegfall der Grundsteuervergünstigung	21
V. Miete bei Fortschreibungen und Nachfeststellungen	22–24
1. Vermietete Wohnungen	23
2. Nichtvermietete Wohnungen	24

I. Allgemeines

1 Der Begriff der **Jahresrohmiete** ist aus der **Leistungsverpflichtung des Mieters** konzipiert. Es ist demnach nicht entscheidend, was der Vermieter von dritter Seite erhält. Dies ist wichtig für die Frage, ob und welche Leistungen, die zur Errichtung und Finanzierung von Gebäuden gegeben werden, zur Jahresrohmiete zu rechnen sind oder nicht. Im Rahmen der Ermittlung der Jahresrohmiete sind **zwei Fälle** zu unterscheiden:
– die tatsächliche Miete
– die übliche Miete.

II. Tatsächliche Miete

1. Begriff

2 Jahresrohmiete ist das **Gesamtentgelt,** das die Mieter für die Benutzung des Grundstücks aufgrund der vertraglichen Vereinbarungen zwischen Vermieter und Mieter für ein Jahr zu entrichten haben. Maßgebend ist der Stand vom 1.1.1964, das heißt die Miete

Tatsächliche Miete §79

des Monats Januar 1964 ist auf einen Jahresbetrag umzurechnen. Das Gesamtentgelt umfasst alles, was der Mieter für die Benutzung des Grundstücks zu leisten hat.

Zur Jahresrohmiete gehören nur die Beträge, die als Entgelt für die **Benutzung des Grundstücks** anzusehen sind. Zum Grundstück gehören gem. § 68 der Grund und Boden, die Gebäude, die sonstigen Bestandteile und das Zubehör. Nicht zum Grundstück gehören Maschinen und Betriebsvorrichtungen. Maßgebend ist die Sollmiete. Mietausfälle sind deshalb unbeachtlich. 3

2. Gesamtentgelt

Neben der eigentlichen Kaltmiete gehören zum **Gesamtentgelt** auch:

a) Besondere Entgelte. Zur **Jahresrohmiete** zählen auch Entgelte für 4
- Zubehörräume und Nebengebäude (zB Garagen, Schuppen),
- Grundstücksflächen (zB Parkplätze, Hausgarten),
- Möbel und sonstige Einrichtungsgegenstände, die Bestandteil oder Zubehör des Gebäudes sind (zB festeingebaute Möbel, mitvermietete Waschmaschinen, Herde, Öfen etc.)

b) Umlagen. Zur **Jahresrohmiete** gehören auch **Bewirtschaftungskosten,** die auf die Mieter umgelegt werden wie zB 5
- Grundsteuer,
- Wassergeld,
- Schornsteinfegergebühren,
- Müllabfuhrgebühren,
- Fäkalienabfuhrgebühren,
- Kosten für Beleuchtung von Treppen und Fluren sowie andere gemeinsam genutzte Räume,
- Versicherungskosten,
- Straßenreinigungskosten.

c) Sonstige Leistungen. aa) Übernahme der Kosten der Schönheitsreparaturen. Zum Entgelt zählt (zählen) zB auch **die Übernahme der Kosten der Schönheitsreparaturen.** Gem. § 536 BGB ist der Vermieter verpflichtet, dem Mieter die Mietsache in einem zu dem vertragsmäßigen Gebrauch geeigneten Zustand zu überlassen und sie während der Mietzeit in diesem Zustand zu erhalten. Hierzu gehört auch die Ausführung von Schönheitsreparaturen. Diese gesetzliche Verpflichtung des Vermieters ist bei der Bemessung des Vervielfältigers berücksichtigt worden. Trägt dagegen der Mieter – abweichend von der gesetzlichen Regelung – die Kosten der 6

Schaffner

Schönheitsreparaturen, ist die Jahresrohmiete zu erhöhen. Die ursprüngliche Regelung in den BewRGr 22 ist durch die Entscheidung des BFH III R 62/73 v. 28.6.1974 (BStBl. II 1974, 670) überholt. Die **Höhe des Zuschlags** wird danach nicht mehr von der Grundstücksart, sondern von der Art der Nutzung der Räume abhängig gemacht. Der Zuschlag zur Jahresrohmiete beträgt
– bei Räumen, die Wohnzwecken dienen: 5 %
– und bei Räumen, die gewerblichen, öffentlichen oder beruflichen Zwecken dienen: 3 %.

Bei der Ermittlung der maßgebenden Jahresrohmiete führt die vertraglich vereinbarte Übernahme der Kosten für Schönheitsreparaturen durch die Mieter auch dann zu einem Zuschlag, wenn der Eigentümer Schönheitsreparaturen auf seine Kosten hat durchführen lassen, weil die Mieter ihre vertraglichen Verpflichtungen nicht erfüllt haben (BFH III R 64/71 v. 14.1.1972, BStBl. II 1972, 376).

Bewohnt der Eigentümer eines Zweifamilienhauses **eine Wohnung dieses Hauses selbst,** so trägt er die Kosten der Schönheitsreparaturen für diese Wohnung nicht in der Eigenschaft als Vermieter, sondern als derjenige, der diese Wohnung bewohnt und nutzt. Wird die übliche Miete für diese Wohnung aus Mietverhältnissen abgeleitet, bei denen die Mieter die Schönheitsreparaturen zu tragen haben, ist die übliche Miete für die eigengenutzte Wohnung zu erhöhen (BFH III R 136/73 v. 6.12.1974, BStBl. II 1975, 189).

Beispiel:
Gebäude mit zwei Wohnungen (Jahresrohmiete je Wohnung: 4000 €) und einem Laden (Jahresrohmiete 5000 DM). Die Schönheitsreparaturen werden von den Mietern getragen.
Ermittlung der Jahresrohmiete:

Zwei Wohnungen × 4000 DM = 8000 DM + 5 % Zuschlag = 400 DM →	8 400 DM
Ein Laden × 5000 DM + 3 % Zuschlag = 150 DM →	5 150 DM
	13 550 DM

7 **bb) Zuschläge für die berufliche oder gewerbliche Mitnutzung der Wohnung.** Vgl. hierzu *Rössler/Troll* § 79 Rz. 33.

8 **cc) Mietvorauszahlungen.** Mietvorauszahlungen sind **Vorleistungen** des Mieters an den Vermieter. Durch die geleisteten Beträge wird der Mietzins ganz oder zum Teil im voraus entrichtet. Nach Ablauf der Zeit, für die die Vorauszahlungen verrechnet werden, ist die festgelegte volle Miete zu entrichten. Mietvorauszahlungen gehören damit zur Jahresrohmiete. Bei Ermittlung der Miete ist der Betrag einzubeziehen, der im Feststellungszeitpunkt als Vorauszah-

Tatsächliche Miete § 79

lung monatlich auf die Miete angerechnet wird (BFH III R 20/72 v. 24.11.1972, BStBl. II 1973, 109).

dd) Baukostenzuschüsse. Bei den Baukostenzuschüssen ist **zu unterscheiden** zwischen Zuschüssen, die auf die Miete **angerechnet** werden und sogenannten **verlorenen Baukostenzuschüssen.** Ist vereinbart worden, dass der Baukostenzuschuss auf die Miete anzurechnen ist, so stellt der Zuschuss eine Mietvorauszahlung dar. Ein solcher Zuschuss ist in die Jahresrohmiete einzubeziehen). Bei den verlorenen Baukostenzuschüssen handelt es sich um Geld-, Sach- oder Arbeitsleistungen an den Bauherrn, die zur Deckung der Gesamtkosten dienen und erbracht werden, um den Gebrauch von Wohn- und Geschäftsräumen zu erlangen oder Kapitalkosten zu ersparen, ohne dass vereinbart ist, den Wert der Leistung zurückzuerstatten oder mit der Miete oder einem ähnlichen Entgelt zu verrechnen oder als Vorauszahlung hierauf zu behandeln. Derartige Baukostenzuschüsse sind ebenfalls in die Jahresrohmiete einzubeziehen (*Gürsching/Stenger* § 79 Rz 11f; *Rössler/Troll* § 79 Rz. 13 f.).

ee) Umbauten und Einbauten durch den Mieter. Kosten für Um- und Einbauten sind **nur dann** in die Jahresrohmiete einzubeziehen, wenn die Bauten nach Beendigung des Mietverhältnisses nicht wieder beseitigt werden dürfen, den Mietwert aber erhöhen und dem Mieter keine Entschädigung zusteht (*Rössler/Troll* § 79 Rz. 22).

3. Nicht zur Jahresrohmiete gehörende Beträge

Nicht zur Jahresrohmiete gehören:
- **Entgelte für mitvermietete Maschinen oder Betriebsvorrichtungen.** Nur das, was für die Benutzung des Grundstücks gezahlt wird, ist in die Jahresrohmiete einzubeziehen. Mitvermietete Maschinen und Betriebsvorrichtungen gehören nicht zum Betriebsvermögen (§ 68 Abs. 2 Nr. 2). Das dafür gezahlte Entgelt ist daher auszuscheiden.
- **Abschließend in § 79 Abs. 1 und 4 aufgeführte Kosten.** Dazu gehören:
  a) Untermietzuschläge
  b) Kosten des Betriebs der zentralen Heizungsanlage
  c) Kosten des Betriebs der zentralen Warmwasserversorgungs- und Brennstoffversorgungsanlage
  d) Kosten des Betriebs des Fahrstuhls
  e) Nebenleistungen, die nicht die Raumnutzung betreffen (zB Kraftstrom, Dampfkraft usw.)

§ 79 f) Nebenleistungen, die nur einzelnen Mietern zugute kommen
g) überdurchschnittlich hoher gewerblicher Wasserverbrauch.

12 *einstweilen frei*

III. Übliche Miete

1. Anwendungsbereich

Anstelle der tatsächlichen Jahresrohmiete kommt die **übliche Miete** in folgenden Fällen in Betracht:

13 Wenn das Grundstück oder Grundstücksteile
- eigengenutzt werden,
- ungenutzt sind,
- zum vorübergehenden Gebrauch überlassen sind,
- unentgeltlich überlassen sind oder
- dem Mieter zu einer um mehr als 20% von der üblichen Miete abweichenden tatsächlichen Miete überlassen werd.

Auf den Grund der Abweichung, zB verwandtschaftliche oder persönliche Verhältnisse, kommt es nicht an. Diese Überprüfung hatte nur zum Hauptfeststellungszeitpunkt 1.1.1964 eine praktische Bedeutung, bei Nachfeststellungen und Fortschreibungen jedoch nicht mehr.

Beispiel:
Die übliche Miete beträgt 3600 DM. Bezahlt werden tatsächlich
a) 2700 DM b) 3240 DM
Die übliche Miete beträgt 3600 DM. Die Abweichung von 20% beträgt 720 DM. Der Toleranzrahmen liegt zwischen 2880 DM und 3600 DM. Auszugehen ist demnach im Fall a von 3600 DM und im Fall b von 3240 DM.

14 *einstweilen frei*

2. Ermittlung der üblichen Miete

15 Die übliche Miete ist in Anlehnung an die Jahresrohmiete zu schätzen, die für Räume **gleicher oder ähnlicher Art**, Lage und Ausstattung regelmäßig gezahlt wird. Für die Schätzung kommen insbesondere die folgenden zwei Möglichkeiten in Betracht:

16 **a) Schätzung der üblichen Miete durch Vergleichsmieten.** Vgl. BFH III R 41/75 v. 10.8.1984, BStBl. II 1985, 36. Dieser Art der Schätzung kommt heutzutage **kaum noch Bedeutung** zu. Ein Vergleich mit der im Jahr 1964 für Vergleichsobjekte tatsächlich gezahlten Miete ist äußerst schwierig und deshalb nicht praktikabel (*Rössler/Troll* § 79 Rz. 54).

Miete bei Grundsteuervergünstigung § 79

b) Schätzung unter Zuhilfenahme von Mietspiegelsätzen. 17
Vgl. BFH III R 6/75 v. 19.12.1975, BStBl. II 1976, 283. Kann die übliche Miete nicht durch unmittelbaren Vergleich mit ge-eigneten vermieteten Objekten ermittelt werden, so muss sie auf andere Weise geschätzt werden. Das wichtigste Hilfsmittel für die Schätzung der üblichen Miete sind die von den Finanzämtern zum 1.1.1964 aufgestellten **Mietspiegel.** Die Mietspiegel enthalten Durchschnittsmieten je Quadratmeter Wohnfläche bzw. Nutzfläche für Wohnungen in Mietwohngrundstücken und gemischt genutzten Grundstücken sowie Ein- und Zweifamilienhäusern und für gewerblich genutzte Räume. Wohnfläche ist die Summe der Grundflächen der Räume, die zu einer Wohnung gehören. Nutzfläche ist die Summe der Grundflächen, die nicht zu einer Wohnung gehören. Die Wohnfläche ist nach den Grundsätzen der §§ 42 bis 44 der Zweiten Berechnungsverordnung idF v. 1.8.1963 (BGBl. I 1963, 594) zu berechnen (BewR Gr 23 Abs. 2).

In den üblichen Mieten der meisten Mietspiegel sind **keine** 18 **Zuschläge für Schönheitsreparaturen berücksichtigt.** Bei der Schätzung ist deshalb darauf zu achten, ob sich die Kosten für Schönheitsreparaturen in den Mietspiegelsätzen niedergeschlagen haben.

IV. Miete bei Grundsteuervergünstigung

Gem. § 79 Abs. 3 und 4 a. F. kommen bei der Ermittlung der maßgebenden Jahresrohmiete uU folgende Zuschläge in Betracht:

1. Zuschlag wegen Grundsteuervergünstigung

Für Grundstücke, die nach dem **II. WoBauG** grundsteuerbegüns- 19 tigt sind, ist die **Jahresrohmiete um 12% zu erhöhen.** Diese Korrektur ist erforderlich, weil bei der Ermittlung der Vervielfältiger eine normale (durchschnittliche) Grundsteuerbelastung angesetzt wurde. Die pauschale Erhöhung der Jahresrohmiete verletzt keine verfassungsrechtlich geschützten Grundrechte. Die Grundsteuervergünstigung ist mit Wirkung vom 1.1.1991 weggefallen (Art. 22 Nr. 10 Steuerreformgesetz 1990 v. 25.7.1988, BStBl. I 1988, 1093, 1138). Die 10jährige Grundsteuervergünstigung kommt nur noch für öffentlich geförderte oder steuerbegünstigte Wohnungen in Betracht, die vor dem 1.1.1990 bezugsfertig geworden sind. Ein Zuschlag gem. § 79 Abs. 3 ist daher **letztmals für in 1989 fertiggestellte steuerbegünstigte Wohnungen zum 1.1.1990 vorzunehmen.** Dieser Zuschlag fällt dann nach Ablauf von zehn Jahren zum 1.1.2000 weg.

§ 79 Jahresrohmiete

Beispiel:
Auf einem Grundstück sind begünstigte und nicht begünstigte Wohnungen errichtet worden. Die Jahresrohmiete für den begünstigten Wohnraum beträgt 8000 DM, die für den nicht begünstigten Wohnraum 12 000 DM.
Als Jahresrohmiete sind anzusetzen:

Begünstigter Wohnraum: 8000 DM + 12% Zuschlag 960 DM =	8 960 DM
Nicht begünstigter Wohnraum: 12 000 DM/kein Zuschlag	12 000 DM
Jahresrohmiete insgesamt	20 960 DM

2. Zuschlag wegen Gewährung von Grundsteuerbeihilfen für Arbeiterwohnstätten

20 Es gelten die gleichen Grundsätze wie bei Grundstücken mit Grundsteuervergünstigung. Der Zuschlag beträgt jedoch 14%. Die Vorschrift hat in der Praxis **keine Bedeutung** mehr (*Rössler/Troll* § 79 Rz. 102).

3. Jahresrohmiete nach Wegfall der Grundsteuervergünstigung

21 Nach Wegfall der Grundsteuervergünstigung nach dem II. WoBauG fällt der **Zuschlag gem. § 79 Abs. 3 aF** nach neuerer Rechtsprechung des BFH **ersatzlos weg.** Bei der Bewertung ist dann von der üblichen Marktmiete für nichtgrundsteuerbegünstigte Wohnräume nach den Wertverhältnissen vom 1.1.1964 auszugehen (BFH II R 230/81 v. 15.10.1986, BStBl. II 1987, 201). Kann diese Miete nicht anhand eines Mietspiegels geschätzt werden, so kann der Ansatz eines pauschalen Zuschlags zur üblichen Miete für grundsteuerbegünstigte Wohnräume in Betracht kommen (FinMin. Ba.-Wü. v. 14.4.1988, BewKartei Ba.-Wü. § 79 Karte 15). Der Wegfall der Grundsteuervergünstigung ist als Fortschreibungsgrund anzusehen. Die neue Rspr. ist für alle **Einheitswertfeststellungen ab 1.1.1988** anzuwenden. Die neue Rechtslage gilt zwar auch für die davor liegenden Feststellungszeitpunkte. Soweit jedoch bereits Einheitswerte nach der früheren Rechtsauffassung (Ansatz eines Zuschlags von 2% anstelle des Zuschlags iHv 12%) durchgeführt worden sind, kann eine Korrektur nur im Rahmen einer fehlerbeseitigenden Fortschreibung gem. § 22 Abs. 3 durchgeführt werden (Gleichl. Ländererlasse v. 29.4.1991, BStBl. I 1991, 533). Bei Wegfall der Grundsteuerbeihilfe für Arbeiterwohnstätten gilt die vorstehende Regelung entsprechend. Diese Fälle haben jedoch in der Praxis keine Bedeutung mehr.

V. Miete bei Fortschreibungen und Nachfeststellungen

Bei Nachfeststellungen und Wertfortschreibungen muss von der 22
Miete ausgegangen werden, die für das Grundstück zum 1.1.1964
(im Hauptfeststellungszeitpunkt) nach seinem **tatsächlich bestehenden Zustand** im Nachfeststellungs- oder Fortschreibungszeitpunkt (Lage, Größe, Ausstattung, Finanzierungsart) gegolten haben
würde. Das kommt für Wohnungen und Räume in Betracht, die
nach dem 1.1.1964 errichtet oder tatsächlich verändert worden sind.
Folgende Fälle sind zu unterscheiden:

1. Vermietete Wohnungen

Für vermietete Wohnungen gilt eine **tatsächliche Miete, die** 23
den Wertverhältnissen vom 1.1.1964 entspricht. Zu den Wertverhältnissen gehört auch das an diesem Stichtag geltende Mietpreisgefüge unter Berücksichtigung der öffentlichen Förderungen und
Steuervergünstigungen. Eine bloße Umrechnung der Miete vom
Feststellungszeitpunkt auf die Wertverhältnisse vom 1.1.1964 ist
somit nicht ausreichend (BFH II R 5/86 v. 26.7.1989, BStBl. II
1990, 147). Wird bei der Ermittlung der Miete auf Mietspiegelsätze
zurückgegriffen, so wird man in der Praxis regelmäßig Durchschnittsmieten ansetzen, die letztlich den üblichen Mieten entsprechen. Ab 1.1.1974 kommen somit praktisch nur noch übliche Mieten zum Ansatz. Damit erübrigt sich ab 1.1.1974 auch die
Überprüfung gem. § 79 Abs. 2 Satz 1 Nr. 2.

2. Nichtvermietete Wohnungen

Für eigengenutzte, unentgeltlich überlassene oder ungenutzte 24
Wohnungen ist die **übliche Miete** nach den Wertverhältnissen vom
1.1.1964 zugrunde zu legen. Es ergeben sich dabei keine Besonderheiten.

§ 80 Vervielfältiger

(1) ¹**Die Zahl, mit der die Jahresrohmiete zu vervielfachen
ist (Vervielfältiger), ist aus den Anlagen 3 bis 8 zu entnehmen.**
²**Der Vervielfältiger bestimmt sich nach der Grundstücksart,
der Bauart und Bauausführung, dem Baujahr des Gebäudes
sowie nach der Einwohnerzahl der Belegenheitsgemeinde im
Hauptfeststellungszeitpunkt.** ³**Erstreckt sich ein Grundstück**

über mehrere Gemeinden, so ist Belegenheitsgemeinde die Gemeinde, in der der wertvollste Teil des Grundstücks belegen ist. ⁴Bei Umgemeindungen nach dem Hauptfeststellungszeitpunkt sind weiterhin die Einwohnerzahlen zugrunde zu legen, die für die betroffenen Gemeinden oder Gemeindeteile im Hauptfeststellungszeitpunkt maßgebend waren.

(2) Die Landesregierungen werden ermächtigt, durch Rechtsverordnung zu bestimmen, daß Gemeinden oder Gemeindeteile in eine andere Gemeindegrößenklasse eingegliedert werden, als es ihrer Einwohnerzahl entspricht, wenn die Vervielfältiger wegen der besonderen wirtschaftlichen Verhältnisse in diesen Gemeinden oder Gemeindeteilen abweichend festgesetzt werden müssen (z. B. in Kurorten und Randgemeinden).

(3) Ist die Lebensdauer eines Gebäudes gegenüber der nach seiner Bauart und Bauausführung in Betracht kommenden Lebensdauer infolge baulicher Maßnahmen wesentlich verlängert oder infolge nicht behebbarer Baumängel und Bauschäden wesentlich verkürzt, so ist der Vervielfältiger nicht nach dem tatsächlichen Baujahr des Gebäudes, sondern nach dem um die entsprechende Zeit späteren oder früheren Baujahr zu ermitteln.

(4) ¹Befinden sich auf einem Grundstück Gebäude oder Gebäudeteile, die eine verschiedene Bauart oder Bauausführung aufweisen oder die in verschiedenen Jahren bezugsfertig geworden sind, so sind für die einzelnen Gebäude oder Gebäudeteile die nach der Bauart und Bauausführung sowie nach dem Baujahr maßgebenden Vervielfältiger anzuwenden. ²Können die Werte der einzelnen Gebäude oder Gebäudeteile nur schwer ermittelt werden, so kann für das ganze Grundstück ein Vervielfältiger nach einem durchschnittlichen Baujahr angewendet werden.

Anlagen 3 bis 8 zum BewG: Vervielfältigertabellen nach der Grundstücksart (abgedruckt im Anhang Rz. 3 bis 8)
Anlagen 1 bis 8 zu den BewRGr: Vervielfältiger nach der Gemeindegröße (abgedruckt im Anhang Rz. 27 bis 34)

I. Regelfall

1   Die Jahresrohmiete ist mit dem Vervielfältiger zu multiplizieren. Die Vervielfältiger des BewG sind geordnet nach Grundstücksarten

Vervielfältiger bei wesentl. Verkürzung der Lebensdauer § 80

in den **Anlagen 3–8 zum BewG** (s. Anhang Rz. 3–8) aufgeführt. Zur Erleichterung der praktischen Bewertungsarbeit sind die Vervielfältiger in den **Anlagen 1–8 zu den BewR Gr** *(Anhang Rz. 27–34)* nach Gemeindegrößenklassen zusammengestellt. In den letztgenannten Anlagen finden sich auch die Multiplikatoren für den Bodenwertanteil. Die **Vervielfältiger** bestimmen sich nach:
- der Grundstücksart
  (zB Einfamilienhaus, Mietwohngrundstück, Geschäftsgrundstück).
- der Bauart und Bauausführung, wobei drei Bauarten-Gruppen unterschieden werden
  (Massivbauten; Holzfachwerkbauten mit Ziegelsteinausmauerung; Holzfachwerkbauten)
- dem Baujahr, wobei drei Baujahrgruppen unterschieden werden
  (Altbauten; Neubauten; Nachkriegsbauten).
- der Gemeindegrößenklasse, wobei das BewG acht Gemeindegrößenklassen unterscheidet. Maßgebend für die Einordnung ist die Einwohnerzahl im Hauptfeststellungszeitpunkt. Diese Einwohnerzahl bleibt auch bei Nachfeststellungen und Fortschreibungen maßgebend. Auch spätere Veränderungen der Einwohnerzahl, zB durch Eingemeindungen, bleiben unberücksichtigt.

II. Vervielfältiger bei wesentlicher Verlängerung der Lebensdauer des Gebäudes

Verlängert sich die Lebensdauer eines Gebäudes auf Grund besonderer Umstände wesentlich, so bemisst sich der Vervielfältiger nicht nach dem tatsächlichen Baujahr, sondern nach einem **fiktiven Baujahr**. Eine wesentliche Verlängerung der Nutzungsdauer kommt bei durchgreifenden Sanierungsmaßnahmen in Betracht. Die Verbesserungen müssen sich auf tragende Bauteile wie Fundamente, Mauern, Decken, Dach usw. erstrecken. Die Neugestaltung der Fassade eines Gebäudes allein verlängert dessen Lebensdauer nicht wesentlich. Verlängert sich die Lebensdauer, ist nicht von einem tatsächlichen, sondern von einem um die Verlängerung erhöhten fiktiven Baujahr auszugehen *(Rössler/Troll § 80 Rz. 25)*. 2

Beispiel:
In einer Gemeinde mit 1500 Einwohnern befindet sich ein Gebäude, das 1895 in Massivbauweise als Mietwohngrundstück errichtet worden ist. Durchgreifende Erneuerungsarbeiten haben die Lebensdauer des Gebäudes um 30 Jahre verlängert.

§ 80 Vervielfältiger

Der Vervielfältiger ist vorliegend nicht nach dem tatsächlichen Baujahr 1895 (= 7,4), sondern nach einem fiktiven Baujahr 1925 (1895 + 30) zu bestimmen. Der Vervielfältiger beträgt demnach 9,8.

III. Vervielfältiger bei wesentlicher Verkürzung der Lebensdauer

3   Weist ein Gebäude **Baumängel oder Bauschäden** auf, so ist zunächst zu prüfen, ob diese behebbar oder nicht behebbar sind. **Nicht behebbar** ist ein Baumangel/Bauschaden dann, wenn er auch durch Ausbesserung nicht auf die Dauer beseitigt werden kann. Baumängel beruhen in der Regel auf einer mangelnden Bauausführung (zB fehlende Isolierung, schlechte Verarbeitung). Bauschäden treten dagegen erst nach Fertigstellung des Baus durch äußere Einwirkung auf (Wasserschaden, Schwammschäden, Erschütterungsschäden). Behebbare Baumängel/Bauschäden finden im Rahmen des § 82 Berücksichtigung. Nicht behebbare Baumängel/Bauschäden führen regelmäßig zu einer wesentlichen Verkürzung der Lebensdauer des Gebäudes. In diesen Fällen ist von einem um die Verkürzung geminderten fiktiven Baujahr auszugehen (*Gürsching/Stenger* § 80 Rz. 32).

Beispiel:
Ein Mietwohngrundstück in einer Gemeinde mit 1500 Einwohnern wurde im Kj. 1950 in Massivbauweise errichtet. Infolge einer Bodensenkung ist die Lebensdauer um 30 Jahre verkürzt. Der Vervielfältiger richtet sich nicht nach dem tatsächlichen Baujahr 1950 (9,8), sondern nach einem fiktiven Baujahr 1920 (1950–30). Der Vervielfältiger beträgt demnach 8,7.

4   Es kommt vor, dass sich die Verkürzung der Lebensdauer nicht in einer Verringerung des Vervielfältigers auswirkt. In diesen Fällen ist bei der Ermittlung des Grundstückswerts bzw. der Bestimmung des Vervielfältigers von dem tatsächlichen Baujahr auszugehen. Die Verkürzung der Lebensdauer ist dann ausnahmsweise gem. § 82 Abs. 1 durch einen **angemessenen Abschlag** zu berücksichtigen. Das gilt auch dann, wenn ein fiktives Baujahr zu einem höheren Vervielfältiger führt (OFD Kiel v. 6.12.1968, StEK BewG § 80 Nr. 5).

Beispiel:
Ein Mietwohngrundstück in einer Gemeinde mit 150 000 Einwohnern wurde im Kj. 1904 in Massivbauweise errichtet. Die Lebensdauer ist auf Grund nicht behebbarer Bauschäden um 30 Jahre verkürzt.
Es ergibt sich ein fiktives Baujahr von 1874 (1904–30). Dieses Baujahr ist in der Vervielfältiger-Tabelle nicht mehr ausgewiesen. Der Vervielfältiger ist daher nach dem tatsächlichen Baujahr zu bestimmen. Der Bauschaden ist im

Rahmen des § 82 Abs. 1 durch einen angemessenen Abschlag zu berücksichtigen.

IV. Vervielfältiger bei Gebäuden oder Gebäudeteilen verschiedener Bauart oder verschiedenen Alters

1. Selbständige Gebäude/Gebäudeteile

Befinden sich auf einem Grundstück einer wirtschaftlichen Einheit Gebäude oder Gebäudeteile, die eine verschiedene Bauart oder Bauausführung aufweisen und/oder die in verschiedenen Jahren bezugsfertig geworden sind, erfolgt eine **getrennte Bewertung** der einzelnen Gebäude oder Gebäudeteile. Die Jahresrohmiete ist auf die einzelnen Gebäude/Gebäudeteile aufzuteilen und mit dem nach der Bauart und Bauausführung sowie nach dem Baujahr der einzelnen Gebäude/Gebäudeteile maßgebenden Vervielfältiger zu multiplizieren. Die Summe der Einzelwerte ergibt den **Grundstückswert**. Voraussetzung für diese Form der Bewertung ist eine gewisse Selbständigkeit und Abgrenzbarkeit der Gebäudeteile. Obwohl unterschiedliche Vervielfältiger zugrundegelegt werden, ist die Grundstücksart und die Gemeindegrößenklasse für die einzelnen Gebäude/Gebäudeteile die gleiche (BewR Gr 28 Abs. 1).

Beispiel:
Ein Mietwohngrundstück in einer Gemeinde von 120 000 Einwohnern besteht aus einem Vorderhaus, das im Jahre 1905 als Holzfachwerkbau mit Ziegelsteinausmauerung errichtet worden ist sowie aus einem in Massivbauweise im Jahre 1925 errichteten Erweiterungsbau (Hinterhaus). Außerdem sind im Hof im Jahre 2000 noch fünf Garagen in leichter Bauausführung (Bauart Gruppe B) errichtet worden. Die Jahresrohmiete beträgt für das Vorderhaus 4000 DM, für das Hinterhaus 3000 DM und für die Garagen 1800 DM.

Der Grundstückswert errechnet sich wie folgt:

Vorderhaus	4000 × 5,2 = 20 800 DM
Hinterhaus	3000 × 7,8 = 23 400 DM
Garagen	1800 × 8,7 = 15 660 DM
Grundstückswert	59 860 DM

2. Aufstockungen

Bei Aufstockungen ist im Allgemeinen das Baujahr der **unteren Geschosse** maßgebend Dabei ist jedoch zu prüfen, ob durch die baulichen Maßnahmen die restliche Lebensdauer des Gebäudes wesentlich verlängert worden ist und ggf. ein fiktives, jüngeres Bau-

3. Anbauten

7   Anbauten teilen im Allgemeinen das **Schicksal des Haupthauses,** dh. der für das Hauptgebäude maßgebende Vervielfältiger ist für das gesamte Objekt maßgebend. Nur ausnahmsweise ist für den Anbau ein eigener Vervielfältiger anzuwenden. Dies ist der Fall, wenn der Anbau nach Größe, Bauart oder Nutzung eine andere Lebensdauer als das Hauptgebäude aufweist. Für den Anbau ist dann ein eigener Vervielfältiger zu bestimmen (*Rössler/Troll* § 80 Rz. 35; *Gürsching/Stenger* § 80 Rz 38).

4. Durchschnittliches Baujahr im Einzelfall

8   Können die Werte der einzelnen Gebäude/Gebäudeteile nur **schwer ermittelt** werden, so kann für das ganze Grundstück ein **Vervielfältiger nach einem durchschnittlichen Baujahr** angewendet werden. Das kann zB in Betracht kommen, wenn sich die für einzelne Gebäude/Gebäudeteile eines Grundstücks gezahlten Mieten nicht oder nur schwer abgrenzen lassen. Der Umfang und ggf. die unterschiedliche Beschaffenheit der in den verschiedenen Jahren bezugsfertig gewordenen Gebäudeteile soll dabei Berücksichtigung finden (BewRGr 28 Abs. 3). Das wird aber nur im Weg der **freien Schätzung** möglich sein.

§ 81 Außergewöhnliche Grundsteuerbelastung

[1]Weicht im Hauptfeststellungszeitpunkt die Grundsteuerbelastung in einer Gemeinde erheblich von der in den Vervielfältigern berücksichtigten Grundsteuerbelastung ab, so sind die Grundstückswerte in diesen Gemeinden bis zu 10 Prozent zu ermäßigen oder zu erhöhen. [2]Die Prozentsätze werden durch Rechtsverordnung bestimmt.

I. Allgemeines

1   Bei der **Berechnung der Vervielfältiger** ist neben anderen Bewirtschaftungskosten auch die Grundsteuer mit einem durchschnittlichen Prozentsatz berücksichtigt worden. Weicht die tatsächliche Grundsteuerbelastung in einer Gemeinde im Hauptfeststellungszeitpunkt erheblich von der pauschal berücksichtigten

Grundsteuerbelastung ab, so ist der Grundstückswert in diesen Gemeinden **bis zu 10 % zu ermäßigen oder zu erhöhen.**

II. Verfahren

Die Finanzämter haben aufgrund der VO zur Durchführung des § 81 v. 2.9.1966, BStBl. I 1966, 882 die Gemeinden, in denen die Grundsteuerbelastung vom Durchschnitt abweicht, festgestellt. Mit Hilfe einer für jede Gemeinde errechneten **Belastungszahl** wurde ermittelt, ob und mit welchem Prozentsatz eine Ermäßigung oder Erhöhung der Grundstückswerte vorzunehmen ist. Die Belastungszahlen sind zum Teil in den Bewertungskarteien der Länder veröffentlicht; ansonsten können sie beim zuständigen Finanzamt erfragt werden.

III. Gemeindefreie Gebiete

In gemeindefreien Gebieten, zB in Bayern, wird im allgemeinen keine Grundsteuer erhoben. Stattdessen werden meist **Kreisumlagen** erhoben. Diese Kreisumlagen sind der Grundsteuerbelastung iSd. § 81 gleichzustellen (*Rössler/Troll* § 81 Rz. 9).

IV. Ausnahmeregelung für grundsteuerbegünstigte Grundstücke und für Arbeiterwohnstätten

Die Regelung des § 81 gilt nicht für solche Grundstücke/Grundstücksteile, für die **Grundsteuervergünstigung** nach den Wohnungsbaugesetzen oder Grundsteuerbeihilfe für Arbeiterwohnstätten gewährt wird. Die Erhöhung der Jahresrohmiete gem. § 79 Abs. 4 aF um 12% bzw. 14% entspricht einer durchschnittlichen Grundsteuerbelastung. Das gilt allerdings nur, wenn das ganze Grundstück begünstigt ist Bei teilweiser Begünstigung ist der Zuschlag oder Abschlag nur auf den nicht grundsteuerbegünstigten Teil vorzunehmen.

§ 82 Ermäßigung und Erhöhung

(1) ¹**Liegen wertmindernde Umstände vor, die weder in der Höhe der Jahresrohmiete noch in der Höhe des Vervielfältigers berücksichtigt sind, so ist der sich nach den §§ 78 bis 81**

§ 82 Ermäßigung und Erhöhung

ergebende Grundstückswert zu ermäßigen. ²Als solche Umstände kommen z. B. in Betracht
1. ungewöhnlich starke Beeinträchtigungen durch Lärm, Rauch oder Gerüche,
2. behebbare Baumängel und Bauschäden und
3. die Notwendigkeit baldigen Abbruchs.

(2) ¹Liegen werterhöhende Umstände vor, die in der Höhe der Jahresrohmiete nicht berücksichtigt sind, so ist der sich nach den §§ 78 bis 81 ergebende Grundstückswert zu erhöhen. ²Als solche Umstände kommen nur in Betracht
1. die Größe der nicht bebauten Fläche, wenn sich auf dem Grundstück keine Hochhäuser befinden; ein Zuschlag unterbleibt, wenn die gesamte Fläche bei Einfamilienhäusern oder Zweifamilienhäusern nicht mehr als 1500 qm, bei den übrigen Grundstücksarten nicht mehr als das Fünffache der bebauten Fläche beträgt,
2. die nachhaltige Ausnutzung des Grundstücks für Reklamezwecke gegen Entgelt.

(3) ¹Die Ermäßigung nach Absatz 1 Nr. 1 und 2 oder die Erhöhung nach Absatz 2 darf insgesamt dreißig Prozent des Grundstückswerts (§§ 78 bis 81) nicht übersteigen. ²Treffen die Voraussetzungen für die Ermäßigung nach Absatz 1 Nr. 1 und 2 und für die Erhöhung nach Absatz 2 zusammen, so ist der Höchstsatz nur auf das Ergebnis des Ausgleichs anzuwenden.

Anlage 9 zu den BewR Gr: Tabelle zu § 82 Abs.1 Nr. 3 (abgedruckt im Anhang Rz. 35)

Übersicht

	Rn.
I. Allgemeines	1
II. Ermäßigungen des Grundstückswerts	2–10
1. Ungewöhnlich starke Beeinträchtigungen durch Lärm, Rauch oder Gerüche	2–5
a) Beeinträchtigung durch Lärm	3
b) Beeinträchtigung durch Rauch	4
c) Beeinträchtigung durch Gerüche	5
2. Ermäßigung bei behebbaren Baumängeln/Bauschäden	6, 7
3. Notwendigkeit baldigen Abbruchs	8, 9
4. Sonstige wertmindernde Umstände	10
III. Erhöhungen des Grundstückswerts	11–13
1. Zuschlag wegen übergroßer Fläche	11, 12

Ermäßigungen des Grundstückswerts § 82

2. Nutzung des Grundstücks zu Reklamezwecken	13
IV. Begrenzung der Zu- und Abschläge	14
V. Zuordnung und Reihenfolge der Zu- und Abschläge	15, 16
1. Zuordnung	15
2. Reihenfolge	16

I. Allgemeines

Das Produkt aus Jahresrohmiete und Vervielfältiger entspricht in 1 vielen Fällen bereits dem endgültigen Grundstückswert. Liegen im Einzelfall jedoch **wertmindernde oder werterhöhende Umstände** vor, die sich weder in der Jahresrohmiete noch im Vervielfältiger ausgewirkt haben, ist der Grundstückswert durch entsprechende Zu- oder Abschläge zu **korrigieren**. Die möglichen Abschläge sind in § 82 Abs. 1 beispielhaft, die Zuschläge dagegen in § 82 Abs. 2 abschließend aufgezählt.

II. Ermäßigungen des Grundstückswerts

1. Ungewöhnlich starke Beeinträchtigungen durch Lärm, Rauch oder Gerüche

Die **Belästigung** durch Lärm, Rauch oder Gerüche ist nur dann 2 wertmindernd zu berücksichtigen, wenn sie von außen her auf das Grundstück einwirkt. Für ein Grundstück, von dem zB der Lärm ausgeht, ist der Abschlag nicht zu gewähren (FinMin. Schl.-Hol. v. 21.8.1968, StEK BewG § 82 Nr. 14). Berücksichtigungsfähig sind zudem nur Beeinträchtigungen von **ungewöhnlicher Stärke.** Ob es sich um außergewöhnlich starke Belästigungen handelt, hängt von den Umständen des Einzelfalls, zB von den örtlichen Verhältnissen, ab (FinMin. NRW v. 27.2.1967, StEK § 82 Nr. 2). Der Abschlag betrifft sowohl den Grund und Boden als auch das Gebäude. Bemessungsgrundlage ist der ungekürzte Grundstückswert.

Beispiel:
Ein Mietwohngrundstück, 1900 als Massivbau errichtet, ist in einer Gemeinde mit 1500 Einwohnern belegen. Die Jahresrohmiete beträgt 10 000 DM. Von einer nahegelegenen Fabrik ausgehende Belästigungen machen einen Abschlag von 5 % erforderlich.
Berechung des Einheitswerts per 1.1.1964
Jahresrohmiete 10 000 DM × Vervielfältiger 7,8 =

Schaffner

§ 82 Ermäßigung und Erhöhung

vorläufiger Grundstückswert	78 000 DM
abzüglich Abschlag von 5% nach § 82 Abs. 1 Nr. 1	3 900 DM
Grundstückswert zugleich Einheitswert	74 100 DM

3 **a) Beeinträchtigung durch Lärm.** Eine **ungewöhnliche Lärmbelästigung** setzt nicht nur eine **ungewöhnliche Lautstärke** voraus, sondern auch eine **gewisse Dauer bzw. Stetigkeit** (FG Hessen v. 11.10.1973, EFG 1974, 101) voraus. Eine Ermäßigung wegen Lärmbeeinträchtigung kommt nur in Betracht, wenn der übliche Verkehrslärm überschritten wird (OFD Hannover v. 21.1.1979, StEK § 82 Nr. 30). Die Lärmbelästigung durch eine in der Nähe eines Einfamilienhauses gelegenen Autobushaltestelle und durch das Läuten einer Kirchenglocke bildet keine ungewöhnliche Beeinträchtigung iSd. § 82 Abs. 1 Nr. 1 (BFH III R 41/75 v. 10.8.1984, BStBl. II 1985, 200). Der Grundsatz, dass der übliche Verkehrslärm nicht als eine Beeinträchtigung von außergewöhnlicher Stärke anzusehen ist, gilt auch für den Lärm, der von U-Bahnen, S-Bahnen oder Fernbahnen verursacht wird. Für Lärmbelästigungen dieser Art ist ein Abschlag nur in **begründeten Ausnahmefällen** gerechtfertigt (OFD Köln v. 28.4.1969, StEK § 82 Nr. 18). Allein die Lage eines Grundstücks in einem Tieffluggebiet reicht nicht aus, um von einer ungewöhnlich starken Lärmbeeinträchtigung ausgehen zu können. Vielmehr müssen besondere und außergewöhnliche Belastungsfaktoren vorliegen (BFH II R 69/90 v. 7.7.1993, BStBl. II 1994, 6). Eine Ermäßigung wegen ungewöhnlich starker Beeinträchtigung durch Fluglärm kommt nur für solche Grundstücke in Betracht, die innerhalb der nach dem Gesetz zum Schutz gegen Fluglärm v. 30.3.1971 (BGBl. I 1971, 282) festgesetzten Schutzzonen des Lärmbereichs liegen (BFH III R 79, 141/81 v. 4.8.1983, BStBl. II 1983, 708). Für die Abschläge vom Grundstückswert wegen ungewöhnlich starker Beeinträchtigung durch Fluglärm sind im Umkreis der Flugplätze Zonen zu bilden und innerhalb dieser Zonen die Abschläge gleichmäßig zu gewähren (OFD Kiel v. 1.2.1968, StEK § 82 Nr. 10). Der Lärm eines größeren Verkehrs- oder Militärflugplatzes mit An- und Abflug von Düsenflugzeugen rechtfertigt einen Abschlag bis zur Höhe von 10% des Grundstückswerts (FinMin. Bayern v. 17.11.1967, StEK § 82 Nr. 9).

4 **b) Beeinträchtigung durch Rauch. Beeinträchtigung durch Rauch** kommen vor allem in **Industriegebieten** vor. Immissionen in einer Groß- oder Industriestadt rechtfertigen keine Ermäßigung, wenn diese Luftverunreinigung auch in anderen Teilen der Stadt vorliegen (FG Düsseldorf v. 22.7.1974, EFG 1974, 562).

Ermäßigungen des Grundstückswerts § 82

c) Beeinträchtigung durch Gerüche. Ob eine Ermäßigung 5
wegen außergewöhnlicher Geruchsbelästigung zu gewähren ist,
hängt von der **Intensität und Häufigkeit der Beeinträchtigung**
ab. Im Allgemeinen wird ein Abschlag nur bei solchen Grundstücken in Betracht kommen, die in unmittelbarer Nähe vom Ausgangspunkt der Geruchsbelästigung (zB Müllkippe, große Gaswerke, Abdeckereien) liegen (*Rössler/Troll* § 82 Rz. 24). Zur Ermäßigung des Grundstückswerts wegen einer nahegelegenen Mülldeponie hat der BFH II R 97/87 v. 12.12.1990, BStBl. II 1991, 196 Stellung genommen.

2. Ermäßigung bei behebbaren Baumängeln/ Bauschäden

Baumängel beruhen in der Regel auf einer **mangelhaften Bau-** 6
ausführung (zB fehlende oder ungenügende Isolierung). Bauschäden treten dagegen erst nach Fertigstellung des Gebäudes durch äußere Einwirkung auf (zB Wasserschaden, Schwamm). Während nicht behebbare Baumängel/Bauschäden gem. § 80 Abs. 3 über den Vervielfältiger wertmindernd zu berücksichtigen sind, können behebbare Baumängel/Bauschäden Anlass sein, den Grundstückswert über einen Abschlag zu ermäßigen. So können ungenügende, aber nachträglich verbesserungsfähige Isolierungen oder schlechte, jedoch auswechselbare Baustoffe einen Abschlag rechtfertigen. Auch ein aufgestauter Reparaturbedarf kann Grund für eine Ermäßigung sein (BFH III R 145/71 v. 21.10.1972, BStBl. II 1973, 670).

Baumängel wirken sich lediglich auf das betroffene Gebäude aus. 7
Der Abschlag ist daher nur auf den **Gebäudewert** zu berechnen. Dazu ist es erforderlich, den Grundstückswert in einen Gebäude- und einen Grund und Bodenanteil aufzuteilen. Dies erfolgt mittels des Bodenwertmultiplikators (Anlagen 1–8 zu den BewR Gr; s. § 80 Rz. 16 ff.). Die Höhe des Abschlags ergibt sich aus dem Schadensgrad und dem Wertanteil des schadhaften Bauteils am Gebäudegesamtwert. Der Schadensgrad wird in der Regel durch einen Bausachverständigen, der Wertanteil des schadhaften Bauteils durch eine bestimmte Wertigkeitstabelle (Anlage 1 zu BewR Gr; s. Anhang Rz. 27) bestimmt.

Beispiel:
Ein Zweifamilienhaus, Massivbau, Baujahr 1960, befindet sich in einer Gemeinde mit 250 000 Einwohnern. Die maßgebliche Jahresrohmiete beträgt 10 800 DM. Durch einen Brand Ende Dezember 1998 ist der Dachstuhl des Gebäudes beschädigt worden. Bis zur Beseitigung des Bauschadens im Januar 2001 ist der gemeine Wert des Gebäudes um 10 % gemindert.

§ 82   Ermäßigung und Erhöhung

Berechnung:

Jahresrohmiete 10 800 DM × Vervielfältiger 10,5 =	113 400 DM
davon Grund und Bodenanteil 10 800 DM × 2,0 (Anlage 7 BewR Gr; s. Anhang Rz. 33) =	21 600 DM
Gebäudeanteil	91 800 DM
Abschlag gem. § 82 Abs. 1 Nr. 2 10 % v 91 800 DM =	./. 9180 DM
ermäßigter Grundstückswert	104 220 DM
abgerundet § 30	104 200 DM

3. Notwendigkeit baldigen Abbruchs

8   Der **baldige Abbruch** eines Gebäudes rechtfertigt einen Abschlag gem. § 82 Abs. 1 Nr. 3. Ein baldiger Abbruch ist zu bejahen, wenn das Gebäude innerhalb eines Zeitraums von 10 Jahren ab Feststellungszeitpunkt abgerissen werden muss (BewR Gr 31 Abs. 4). Der vorzeitige Abbruch muss **aus objektiven Gründen** erfolgen. Die Notwendigkeit des Abbruchs kann sich zB ergeben, weil das Grundstück lt. Bebauungsplan einer Gemeinde im Sanierungsgebiet liegt. Ein Abbruch aus subjektiven Gründen, zB Abriss wegen unzweckmäßiger Gestaltung, rechtfertigt dagegen keinen Abschlag. Von den Fällen des baldigen Abbruchs sind die Fälle des **vorzeitigen Abbruchs aufgrund vertraglicher Vereinbarungen** zu unterscheiden (§ 92 Abs. 1, § 94 Abs. 3).

9   Die **Höhe des Abschlags** richtet sich nach der – vom Feststellungszeitpunkt aus gesehenen – Restlebensdauer des Gebäudes sowie nach Bauart und Bauausführung. Das Jahr des Abbruchs zählt dabei nicht mit. Die Grundstücksart ist nicht von Bedeutung (Gleichl. Ländererlasse v. 8.10.1982, BStBl. I 1982 ,771).

Der Abschlag bezieht sich nur auf den **Gebäudewert.** Der Bodenwert ist mittels Bodenwertmultiplikators (Anlagen 1–8 zu den BewR Gr; s. Anhang Rz. 27–34) aus dem Grundstückswert auszuscheiden (BewR Gr 33 IV). Bemessungsgrundlage ist der um die der Begrenzung unterliegenden Ermäßigungen und Erhöhungen des § 82 korrigierte Gebäudewert. Der Abschlag ist nur dann vorzunehmen, wenn das Gebäude ohne Entschädigung abgebrochen werden muss. Bei voller Entschädigung soll nur ein Abschlag bis zu 10 % des Grundstückswerts (nicht des Gebäudewerts) zulässig sein als Ausgleich für die Belästigungen, die das Entschädigungsverfahren mit sich bringt und für die Tatsache, dass das Kapital nicht langfristig angelegt ist (FinMin. Ba-Wü. v. 25.5.1970, StEK § 82 Nr. 3). Bei **Teilentschädigungen** ist ein **Zwischenwert** zu ermitteln.

Erhöhungen des Grundstückswerts § 82

Beispiel:
Zu bewerten ist ein 1000 qm großes, gemischt genutztes Grundstück mit einem gewerblichen Anteil von 40 % in einer Gemeinde mit 80 000 Einwohnern. Das Gebäude ist 1926 in Massivbauweise errichtet worden. Die Jahresrohmiete beträgt 25 000 DM. Im Jahr 2000 stellt sich heraus, dass das Gebäude spätestens im Jahr 2006 abgebrochen werden muss.

Berechnung:
Jahresrohmiete 25 000 DM × Vervielfältiger 8,0 =	200 000 DM
Bodenwertanteil: 25 000 DM × 1,67	
(Anlage 5 BewR Gr) =	41 750 DM
Gebäudeanteil (s. Anhang Rz. 31):	158 250 DM
Abbruch in fünf 5 Jahren	
→ Abschlag iHv 90 % des Gebäudewerts	142 425 DM
Ermäßigter Grundstückswert	57 575 DM
Abgerundet § 30	57 500 DM

4. Sonstige wertmindernde Umstände

Die Aufzählung der wertmindernden Umstände im § 82 Abs. 1 ist nicht erschöpfend. Denkbar sind noch **weitere Ermäßigungsgründe** wie zB auf einem Grundstück ruhende Dienstbarkeiten sowie nicht behebbare Bauschäden/Baumängel, die sich nicht gem. § 80 Abs. 3 in einer Verringerung des Vervielfältigers ausgewirkt haben.

III. Erhöhungen des Grundstückswerts

1. Zuschlag wegen übergroßer Fläche

Ein Zuschlag wegen **Übergröße** kommt unter folgenden Voraussetzungen in Betracht:
- Auf dem Grundstück darf sich **kein Hochhaus** befinden. Als Hochhaus gilt jedes Gebäude, in dem der Fußboden mindestens eines zum dauernden Aufenthalt von Menschen dienenden Raumes mehr als 22 m über dem Gelände liegt (BewR Gr 32 Abs. 2 Nr. 1).
- Die gesamte Fläche des Grundstücks muss bei Ein- oder Zweifamilienhäusern **mehr als 1500 qm** und bei den übrigen Grundstücksarten **mehr als das fünffache der bebauten Fläche** betragen. Bei Wohnungseigentum, das nach § 93 Abs. 1 Satz 2 in die Grundstücksart „Einfamilienhaus" einzuordnen ist, ist bei der Berechnung des Zuschlags wegen der Größe der nicht bebauten Fläche vom Fünffachen der bebauten Fläche auszugehen (FinMin. Bayern v. 20.2.1967, StEK BewG § 82 Nr. 1).

§ 82 Ermäßigung und Erhöhung

- Die **wirtschaftliche Einheit** muss **richtig abgegrenzt** sein. Unter Umständen ist ein Teil der bebauten Fläche als selbständige wirtschaftliche Einheit (unbebautes Grundstück) zu bewerten.

12 Der Zuschlag berechnet sich wie folgt:

$$\frac{\text{Wert der gesamten Grundstücksfläche (wie bei unbebauten Grundstücken)}}{\text{abzüglich Wert der Normalfläche (bewertet wie ein unbebautes Grundstück)}}$$

= Zuschlag wegen Übergröße

Die Aufteilung des Grund und Bodens in **Vorder- und Hinterland** ist bei der Ermittlung des Zuschlags zu beachten (FinMin. Schl.-Hol. v. 29.8.1969, StEK § 82 Nr. 20).

Der Zuschlag wegen einer übergroßen Grundstücksfläche wird nicht durch den im Vielfachen der Jahresrohmiete enthaltenen Bodenwertanteil begrenzt (BFH III R 88/71 v. 10.3.1972, BStBl. II 1972, 522).

Beispiel:
Ein Einfamilienhaus hat eine Grundstücksfläche von 2000 qm (100 m Tiefe, 20 m Breite). Der Bodenrichtwert für einen qm Vorderland beträgt 40 DM. Es gelten keine örtlichen Besonderheiten. Der Zuschlag wegen Übergröße errechnet sich unter Berücksichtigung des Abschn. 8 BewR Gr wie folgt:

Wert der gesamten Fläche		
Vorderland Zone I	20 m × 40 m = 800 qm × 40 DM	= 32 000 DM
Hinterland Zone II	20 m × 40 m = 800 qm × 20 DM	= 16 000 DM
Hinterland Zone III a	20 m × 20 m = 400 qm × 10 DM	= <u>4 000 DM</u>
Bodenwert		52 000 DM
Normalfläche bei Einfamilienhäusern 1500 qm		
Vorderland Zone I	20 m × 40 m = 800 qm × 40 DM	= 32 000 DM
Hinterland Zone II	20 m × 35 m = 700 qm × 20 DM	= <u>14 000 DM</u>
		46 000 DM
Gesamter Bodenwert		52 000 DM
Abzüglich Normalfläche		46 000 DM
Zuschlag		6 000 DM

2. Nutzung des Grundstücks zu Reklamezwecken

13 Ein Zuschlag gem. § 82 Abs. 2 Nr. 2 ist nur dann vorzunehmen, wenn die Reklamenutzung **nachhaltig gegen Entgelt** erfolgt.

Begrenzung der Zu- und Abschläge § 82

Nachhaltig ist ein Zeitraum von mehr als einem Jahr (*Gürsching/ Stenger* § 82 Rz. 317). **Eigenreklame** des Grundstückseigentümers rechtfertigt keinen Zuschlag. Wird für die Reklamenutzung kein besonderes Entgelt gezahlt, kommt ebenfalls kein Zuschlag in Betracht (*Rössler/Troll* § 82 Rz. 69). Die **Höhe des Zuschlags** richtet sich nach dem jährlichen Reinertrag (Wertverhältnisse vom 1.1.1964), der noch zu vervielfachen ist. Abweichend von den BewR Gr ist der Zuschlag bei einer Reklamenutzung von 6 Jahren und mehr – aus Sicht des Feststellungszeitpunkts – mit dem Vierfachen des jährlichen Reinertrags anzusetzen (BewKartei OFD München-Nürnberg § 82 Abs. 3 Nr. 2 Karte 1). Beträgt der Nutzungszeitraum weniger als sechs Jahre, so ist der Vervielfältiger mit 2–3 anzunehmen.

Beispiel:
A gestattet dem B für mindestens noch 10 Jahre, die Hausfassade für Reklame zu nutzen. Die jährliche Miete beträgt dafür nach den Wertverhältnissen vom 1.1.1964 900 DM. A entstehen im Zusammenhang mit der Reklamenutzung Kosten von 120 DM (Wertverhältnisse vom 1.1.1964).
Der Zuschlag errechnet sich wie folgt
Einnahmen aus Reklamenutzung 900 DM ./. Kosten 120 DM = 780 DM
780 DM × 4 = 3120 DM

IV. Begrenzung der Zu- und Abschläge

Die Abschläge wegen ungewöhnlich starker Beeinträchtigung 14 wegen Lärm, Rauch Gerüche und wegen behebbarer Baumängel/ Bauschäden sowie die Zuschläge wegen Übergröße und Reklamenutzung dürfen insgesamt **30 % des Grundstückswerts** nicht übersteigen. Treffen wertmindernde und werterhöhende Umstände zusammen, ist der Höchstsatz von 30 % auf den Saldo vorzunehmen. Von der Begrenzung ausgenommen ist der Abschlag wegen baldigen Abbruchs. Die sonstigen wertmindernden Umstände unterliegen ebenfalls nicht der Beschränkung.

Beispiel:
Der Grundstückswert eines Mietwohngrundstücks beträgt 78 000 DM. Der Bodenanteil beläuft sich auf 10 000 DM. Wegen Lärm- und Geruchsbelästigung ist ein Abschlag von 5 %, wegen behebbarer Baumängel ein Abschlag von 10 % gerechtfertigt. Außerdem kommen Zuschläge wegen übergroßer Fläche von 31 000 DM und wegen Reklamenutzung von 4500 DM in Betracht.

§ 82 Ermäßigung und Erhöhung

Berechnung:

Vorläufiger Grundstückswert		78 000 DM
Abschläge wegen Lärm und Geruch 5 % von 78 000 DM =	3 900 DM	
Abschlag wegen behebbarer Baumängel 10 % von 68 000 DM =	6 800 DM	
	10 700 DM	
Zuschlag wegen Übergröße	31 000 DM	
Zuschlag wegen Reklamenutzung	4 500 DM	
Ergebnis des Ausgleichs	24 800 DM	
Begrenzung auf 30 % von 78 000 DM =	23 400 DM	23 400 DM
Korrigierter Grundstückswert		101 400 DM

V. Zuordnung und Reihenfolge der Zu- und Abschläge

1. Zuordnung

15 Die Abschläge wegen Beeinträchtigung durch Lärm, Rauch und Gerüche **betreffen sowohl den Bodenwert als auch den Gebäudewert.** Die Abschläge wegen behebbarer Baumängel/ Bauschäden und wegen der Notwendigkeit vorzeitigen Abbruchs beziehen sich nur auf das Gebäude. Die Abschläge wegen sonstiger wertmindernder Umstände können je nach Einzelfall den Bodenwert, den Gebäudewert oder beide Werte betreffen. Der Zuschlag wegen Übergröße ist zum Bodenwert, der Zuschlag wegen Reklamenutzung zum Gebäude vorzunehmen (*Rössler/ Troll* § 82 Rz. 80, 81).

2. Reihenfolge

16 **Zunächst** sind die **der Begrenzung unterliegenden Ab- und Zuschläge** zu ermitteln. Innerhalb dieser Gruppe braucht eine Reihenfolge nicht eingehalten zu werden. Erst danach sind die weiteren Abschläge, insbesondere der Abschlag wegen der Notwendigkeit des baldigen Abbruchs vorzunehmen (FinMin. NRW v. 3.4.1967, StEK BewG § 82 Nr. 3).

Beispiel:
Der vorläufige Grundstückswert eines Mietwohngrundstücks beträgt 78 000 DM. Davon entfallen auf den Wert des Gebäudes 68 000 DM. Wegen behebbarer Bauschäden ist ein Abschlag von 10 %, wegen der Notwendigkeit baldigen Abbruchs ein Abschlag von 40 % gerechtfertigt.

Schematische Übersicht § 83

Der Einheitswert errechnet sich wie folgt:

Gebäudewert	68 000 DM
./. begrenzter Abschlag nach § 82 Nr. 2	6 800 DM
Zwischenwert	61 200 DM
./. nicht begrenzter Abschlag nach § 82 Abs. 1 Nr. 3	24 480 DM
Restgebäudewert	36 720 DM
+ Bodenwertanteil	10 000 DM
ermäßigter Grundstückswert	46 720 DM
Einheitswert	46 700 DM

2. Sachwertverfahren

§ 83 Grundstückswert

¹**Bei der Ermittlung des Grundstückswertes ist vom Bodenwert (§ 84), vom Gebäudewert (§§ 85 bis 88) und vom Wert der Außenanlagen (§ 89) auszugehen (Ausgangswert).** ²**Der Ausgangswert ist an den gemeinen Wert anzugleichen (§ 90).**

I. Allgemeines

Das **Sachwertverfahren** ist neben dem Ertragswertverfahren die **zweite Bewertungsmethode** zur Ermittlung des gemeinen Werts bebauter Grundstücke. In welchen Fällen das Sachwertverfahren zur Anwendung kommt, ergibt sich aus § 76 Abs. 2 und 3. Beim Sachwertverfahren wird zunächst der Ausgangswert ermittelt. Dieser setzt sich aus dem Bodenwert, dem Gebäudewert und dem Wert der Außenanlagen zusammen. Im Gegensatz zum Ertragswertverfahren werden diese drei Werte getrennt ermittelt. Der gemeine Wert ergibt sich letztlich durch Anwendung einer Wertzahl auf den Ausgangswert. 1

Die Vorschriften über den **Mindestwert** finden auch im Sachwertverfahren Anwendung (BewR Gr 34 Abs. 3).

II. Schematische Übersicht

Das folgende **Schaubild,** das der Anlage 10 BewR Gr (s. Anhang Rz. 37) entnommen ist, verdeutlicht den Ablauf des Sachwertverfahrens. 2

Darstellung der Ermittlung des Grundstückswerts im Sachwertverfahren

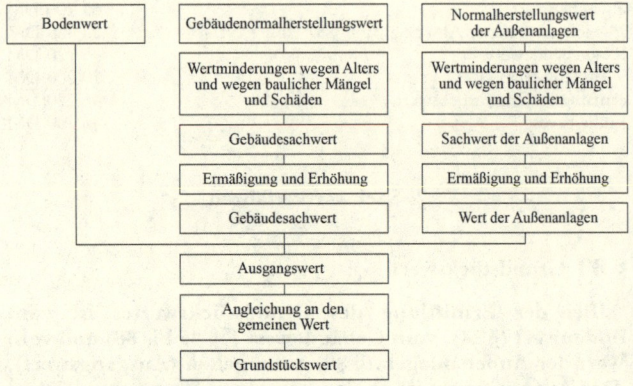

§ 84 Bodenwert

Der Grund und Boden ist mit dem Wert anzusetzen, der sich ergeben würde, wenn das Grundstück unbebaut wäre.

I. Allgemeiner Grundsatz

1   Der Grund und Boden ist mit dem Wert anzusetzen, der sich ergeben würde, wenn das **Grundstück unbebaut** wäre (§ 72 Rz. 10). Bei der Bewertung ist die Aufteilung in Vorder- und Hinterland sowie die Lage als Eckgrundstück zu beachten. Die Tatsache, dass das Grundstück bebaut ist, findet erst bei der Angleichung des Ausgangswerts an den gemeinen Wert Berücksichtigung.

2   Lässt sich der Bodenwert nicht unmittelbar aus Verkaufspreisen für benachbarte, vergleichbare Grundstücke ableiten, so verdient die Ableitung des gemeinen Werts **aus Richtwerten** den Vorzug vor der Einholung eines Sachverständigengutachtens. Soweit das Grundstück von den typischen Verhältnissen der Bodenrichtwertgrundstücke abweicht, sind die besonderen preisbestimmenden Umstände des zu bewertenden Grundstücks durch Zu- und Abschläge zu berücksichtigen (BFH II R 13/91 v. 21.7.1993, BFH/NV 1994, 610).

II. Sonderfälle

1. Fabrikgrundstücke

Fabrikgrundstücke und andere im Industriegebiet belegene, gewerblich genutzte Grundstücke sind mit den für **Industrieland üblichen Kaufpreisen** zu bewerten. Eine Ableitung aus Richtwerten für Grundstücke, die anderen Zwecken dienen, ist abzulehnen (*Gürsching/Stenger* § 84 Rz. 46). Grundstücke, die für eine spätere Fabrikerweiterung vorgesehen sind (Vorratsgelände), werden regelmäßig mit der Hälfte des Werts angesetzt, der für das eigentliche Fabrikgrundstücke ermittelt worden ist (*Kahlert* DB 1971, 883).

Bei Fabrikgrundstücken und den anderen gewerblich genutzten Grundstücken kann sich eine besonders **günstige Lage** zum öffentlichen Verkehrsnetz (zB Anschlussmöglichkeit an das Eisenbahnnetz, Lage an schiffbaren Gewässern und in Hafengebieten) werterhöhend auswirken (BewR Gr Abschn. 3).

Bei der Ermittlung von Fabrikgrundstücken ist allgemein zu beachten, dass der Bodenrichtwert **mit wachsender Grundstücksfläche** degressiv (Abschläge bis zu 54 %) und bei kleinerer Grundstücksfläche progressiv (Zuschläge bis 80 %) verläuft. Bei einem örtlichen Bodenrichtwert für Industriegelände in einer Größe von 50 000 qm ergeben sich – abgestellt auf die Größe des Grundstücks – folgende Zu- oder Abschläge (FinSen. Bremen v. 25.1.1973, StEK § 84 BewG Nr. 2):

Fläche bis ... qm	Zuschlag in %	Abschlag in %
3 000	80,0	
5 000	56,0	
10 000	42,0	
15 000	33,2	
20 000	26,0	
25 000	20,0	
30 000	14,8	
35 000	10,0	
40 000	6,4	
45 000	3,2	
50 000	0	
100 000		3,2
150 000		6,8
200 000		10,4
250 000		14,8
300 000		20,0
350 000		26,0

§ 84 Bodenwert

Fläche bis ... qm	Zuschlag in %	Abschlag in %
400 000		32,8
450 000		41,2
500 000		54,0

Auch wenn die Tabelle auf die Verhältnisse der Stadt Bremen abstellt, dürften sich ebenso für andere Gebiete Anhaltspunkte für die Bewertung ergeben.

6 **2. Grundstücke mit Arkaden.** Der Wert von Arkadengrundstücken kann wegen der **eingeschränkten baulichen Nutzbarkeit** gemindert sein oder aber auch wegen einer Mehrnutzung erhöht sein. Dabei ist zunächst entscheidend, ob die Arkaden aufgrund einer baubehördlichen Auflage oder freiwillig erstellt worden sind.

7 Sind die Arkaden **freiwillig** errichtet worden, so ist kein Raum für eine Wertminderung (BewR Gr Abschn. 35 Abs. 4).

8 Ist der Bau von Arkaden **vorgeschrieben,** so kommt es bei der Bewertung darauf an, ob die Arkadengrundfläche in privater Hand geblieben ist oder ob die Gehfläche der Arkaden der Gemeinde gehört.

9 Ist die Arkadengrundfläche **in privater Hand** geblieben, ist im Allgemeinen wegen der eingeschränkten Nutzungsmöglichkeit eine Wertminderung zu berücksichtigen. Der Abschlag ergibt sich aus dem Verhältnis des von den Arkaden umschlossenen Rauminhalts zum gesamten Rauminhalt des Gebäudes einschließlich der Arkaden. Wird der Arkadenraum jedoch durch das Aufstellen von Vitrinen, Schaukästen oder dergleichen genutzt, ist für einen Abschlag wegen der weitgehenden Raumnutzung in der Regel kein Raum.

Beispiel:
Grundstücksfläche: 1000 qm/bebaute Fläche: 500 qm/ Bodenrichtwert: 50 DM/qm
Arkadengrundfläche: 100 qm/Höhe des Gebäudes: 20 m/Höhe der Arkaden: 5 m
Rauminhalt des gesamten Gebäudes (einschließlich der Arkaden):
500 qm (bebaute Fläche) × 20 m (Gebäudehöhe) = 10 000 cbm
Rauminhalt der Arkaden:
100 qm (Arkadengrundfläche) × 5 m (Arkadenhöhe) = 500 cbm
Bodenwert: 1000 qm (gesamte Fläche) × 50 DM = 50 000 DM

Abschlag: $\dfrac{500 \times 100}{10\,000}$ = 5 % 5 % von 50 000 DM = 2500 DM

→ Bodenrichtwert: 50 000 DM ./. 2500 DM = 47 500 DM

10 Gehört die Gehfläche der Arkaden **der Gemeinde,** so ist der Wert des Grund und Bodens wegen der erhöhten baulichen Ausnut-

zung des restlichen Grund und Bodens durch Über- und Unterbebauung der der Gemeinde gehörenden Grundstücksfläche zu erhöhen. Die Höhe des Mehrwerts errechnet sich nach dem Verhältnis des durch die Arkaden gewonnenen Rauminhalts zum Rauminhalt, der sich bei normaler Nutzung (ohne Arkaden) ergeben hätte (BewR Gr Abschn. 35 Abs. 4 Nr. 2).

Beispiel:
Grundstücksfläche: 1000 qm/
davon 100 qm Arkadenfläche/bebaute Fläche: 400 qm;
davon 100 qm Arkadenfläche/Höhe des Gebäudes:
20 m/Höhe der Arkaden: 5 m
Rauminhalt ohne Arkaden: 400 qm (bebaute Fläche) × 20 m = 8000 cbm
Rauminhalt durch Mehrausnutzung:
100 qm (Arkadengrundfläche) × 15 m = 1500 cbm
(20 m Gebäude ./. 5 m Arkadenhöhe)
Bodenwert:

Flächennutzung $\dfrac{400 \text{ qm} \times 100}{900} = 44{,}44\,\%$

Normalnutzung: $\dfrac{500 \text{ qm} \times 100}{1000 \text{ qm}} = 50\,\%$

Da der Bodenwert bei einer Flächenausnutzung von 50 % je qm 50 € beträgt, errechnet sich bei einer Flächenausnutzung von 44,44 % ein Bodenwert von

$\dfrac{50 \text{ DM} \times 44{,}44}{50} = 44{,}44 \text{ DM}$

→ 900 qm × 44,44 DM = 39 996 DM

+ Zuschlag wegen Mehrnutzung: $\dfrac{1500 \text{ qm} \times 100}{8000 \text{ qm}} = 18{,}75\,\%$

18,75 % von 39 996 DM = 7499,25
Bodenwert 39 996 DM + Zuschlag iHv. 7499,25 DM = 47 495,25 DM

3. Grundstücke mit Passagen. Bei Grundstücken mit Passagen 11 kann das Hinterland grundsätzlich so genutzt werden wie das Vorderland. Ein **Abschlag** kommt daher **nicht in Betracht** (BewR Gr Abschn. 35 Abs. 5).

§ 85 Gebäudewert

[1]**Bei der Ermittlung des Gebäudewertes ist zunächst ein Wert auf der Grundlage von durchschnittlichen Herstellungskosten nach den Baupreisverhältnissen des Jahres 1958 zu errechnen.** [2]**Dieser Wert ist nach den Baupreisverhältnissen im Hauptfeststellungszeitpunkt umzurechnen (Gebäudenor-**

§ 85 Gebäudewert

malherstellungswert). ³Der Gebäudenormalherstellungswert ist wegen des Alters des Gebäudes im Hauptfeststellungszeitpunkt (§ 86) und wegen etwa vorhandener baulicher Mängel und Schäden (§ 87) zu mindern (Gebäudesachwert). ⁴Der Gebäudesachwert kann in besonderen Fällen ermäßigt oder erhöht werden (§ 88).

Anlagen 13 -17 zu den BewR Gr: Tabellen zur Berechnung des Raummeterpreises (abgedruckt im Anhang Rz. 39 ff.)

I. Schematische Übersicht

1 Gebäudewert

Umbauter Raum (Anlage 12 BewR Gr) ×
Durchschnittspreis 1958, umgerechnet auf den 1.1.1964
<u>(Anlagen 14–16 BewR Gr) =</u>
Gebäudenormalherstellungswert (§ 85)
./. Absetzungen für Wertminderung
a) wegen Alters (§ 86)
<u>b) wegen behebbarer Baumängel und Bauschäden (§ 87) =</u>
Gebäudesachwert (§ 85 Satz 3)
./. Abschläge (§ 88 Abs. 1 und 2)
<u>+ Zuschläge (§ 88 Abs. 1 und 3) =</u>
Gebäudewert (§ 85 Satz 1)

II. Ermittlung des Gebäudenormalherstellungswerts

1. Durchschnittliche Herstellungskosten

2 Der Ermittlung des Gebäudenormalherstellungswerts sind nicht die tatsächlichen Baukosten zugrunde zu legen. Maßgebend sind vielmehr die **durchschnittlichen Herstellungskosten** des Jahres 1958, die auf die Baupreisverhältnisse vom 1.1.1964 umzurechnen sind. Zu den Herstellungskosten rechnen auch die in der Anlage 11 BewR Gr bezeichneten Baunebenkosten (Kosten der Architekten- und Ingenieurleistungen, Kosten der Verwaltungsleistungen, Kosten der Behördenleistungen und die sonstigen Nebenkosten). Außergewöhnliche Mehr- oder Minderkosten finden keine Berücksichtigung.

3 Die durchschnittlichen Herstellungskosten ergeben sich durch **Vervielfachung der Anzahl der Kubikmeter** des umbauten Raumes mit einem durchschnittlichen Preis pro Kubikmeter (BFH II R

3/79 v. 26.6.1981, BStBl. II 1981, 643). Der sich danach ergebende Wert wird ggf. wegen der bei der Berechnung des umbauten Raumes nicht erfassten Bauteile erhöht. Ebenso müssen besondere Umstände, die im Raummeterpreis nicht zum Ausdruck kommen, durch Zu- oder Abschläge berücksichtigt werden (BewR Gr 39). Eine Ausnahme machen Überdachungen mit eigenen Stützen. Ihre Herstellungskosten werden nach Durchschnittspreisen je Quadratmeter überdachter Fläche berechnet.

2. Berechnung des umbauten Raums

Der umbaute Raum ist nach **DIN 277** (November 1950) zu berechnen. Danach werden Vollgeschosse, Keller und ausgebaute Dachgeschosse mit dem vollen Rauminhalt angesetzt. Nicht ausgebaute Dachräume werden mit einem Drittel ihres Rauminhalts berücksichtigt, und zwar auch dann, wenn die Decke über dem obersten Vollgeschoss nicht begehbar ist. Einzelheiten ergeben sich aus den Zeichnungen in Anlage 12 der BewR Gr. Die Berechnung kann nicht nach der neuen DIN 277 (Mai 1973) vorgenommen werden. Es ergeben sich Berechnungsdifferenzen von bis zu 40 % Faustregeln zur Umrechnung lassen sich nicht aufstellen (OFD Kiel v. 28.6.1967, StEK BewG 1965 § 85 Nr. 6).

3. Ermittlung des Raummeterpreises

Die Raummeterpreise sind nach **Erfahrungswerten** anzusetzen. Die Höhe der Raummeterpreise ist abhängig von
– der Nutzung des Gebäudes,
– der Bauart und
– der Bauweise.
Die Merkmale für die Beurteilung der baulichen Ausstattung eines Gebäudes (einfache bis aufwändige Ausstattung) ist der Anlage 13 zu den BewR Gr (Anhang Rz. 39) zu entnehmen. Die durchschnittlichen Raummeterpreise ergeben sich aus den Anlagen 14 bis 16 der BewR Gr (Anhang Rz. 40 ff.). Die dort genannten Preise sind bereits unter Berücksichtigung der maßgebenden Baupreisindices auf die Baupreisverhältnisse vom 1.1.1964 umgerechnet. Im Regelfall ist von der Mittelwertigkeit der jeweiligen Ausstattungsart auszugehen (BFH II R 51/88 v. 30.1.1991, BFH/NV 1992, 371).

Anlage 14 zu den BewR Gr (Anhang Rz. 40) enthält die Raummeterpreise für **Fabrikgrundstücke.** Die Werte finden auch Anwendung bei Zechen, Werkstätten des Handwerks, Lagerhausgrundstücken, Molkereigrundstücken, Schlachthäusern und Mühlengrundstücken. Die Anlage 14 untergliedert sich in zwei Teile.

Teil A gilt für Verwaltungsgebäude, Sozialgebäude, Laboratorien, Pförtnergebäude und Wohngebäude. Teil B gilt für Fabrikgebäude, Werkstattgebäude, Lagergebäude und andere nicht unter Teil A fallende Gebäude. Die Durchschnittswerte der Anlagen 14 bis 16 (Anhang Rz. 40 ff.) können zu ermäßigen oder zu erhöhen sein, wenn sie für den gemeinen Wert des Gebäudes bedeutsame Eigenschaften und Umstände zB hinsichtlich Bauart, Bauweise, Konstruktion und Objektgröße nicht ausreichend berücksichtigen (BFH III R 3/79 v. 26.6.1981, BStBl. II 1981, 643).

7 **Anlage 15 zu den BewR Gr** (Anhang Rz. 41) enthält die Raummeterpreise für die dort genannten **Geschäftsgrundstücke** und für **sonstige bebaute Grundstücke.**

8 **Anlage 16 zu den BewR Gr** (Anhang Rz. 42) enthält die Bauteil-Preistabelle für die im Sachwertverfahren zu bewertenden **Ein- und Zweifamilienhäuser,** die zugleich als Berechnungsbogen zur Ermittlung des Raummeterpreises auf den 1.1.1964 ausgestaltet ist. Die Tabelle enthält Werte für 20 Bauteile. Die Summe der Preise ergibt den Raummeterpreis, mit dem die Anzahl der Kubikmeter umbauten Raumes zu vervielfachen ist.

Grundstücke:
- Gleichl. Ländererlasse v. 25.6.1993, BStBl. I 1993, 528 für Warenhausgrundstücke, Einkaufszentren, Grundstücke mit Großmärkten, SB-Märkten und Verbrauchermärkten und mit Messehallen
- Gleichl. Ländererlasse v. 21.7.1994, BStBl. I 1994, 480 für Geschäftsgrundstücke und sonstige bebaute Grundstücke

§ 86 Wertminderung wegen Alters

(1) [1]**Die Wertminderung wegen Alters bestimmt sich nach dem Alter des Gebäudes im Hauptfeststellungszeitpunkt und der gewöhnlichen Lebensdauer von Gebäuden gleicher Art und Nutzung.** [2]**Sie ist in einem Prozentsatz des Gebäudenormalherstellungswerts auszudrücken.** [3]**Dabei ist von einer gleichbleibenden jährlichen Wertminderung auszugehen.**

(2) **Als Alter des Gebäudes gilt die Zeit zwischen dem Beginn des Jahres, in dem das Gebäude bezugsfertig geworden ist, und dem Hauptfeststellungszeitpunkt.**

(3) [1]**Als Wertminderung darf insgesamt kein höherer Betrag abgesetzt werden, als sich bei einem Alter von siebzig Prozent der Lebensdauer ergibt.** [2]**Dieser Betrag kann nur überschritten werden, wenn eine außergewöhnliche Wertminderung vorliegt.**

(4) **Ist die restliche Lebensdauer eines Gebäudes infolge baulicher Maßnahmen verlängert, so ist der nach dem tatsächlichen Alter errechnete Prozentsatz entsprechend zu mindern.**

I. Allgemeines

Der **Gebäudenormalherstellungswert** entspricht dem Wert eines neuen, am Hauptfeststellungszeitpunkt in Benutzung genommenen Gebäudes. Jedes Gebäude unterliegt aber durch Alterung und Abnutzung dem **Wertverzehr.** Deshalb ist der Gebäudenormalherstellungswert um eine Wertminderung wegen Alters zu kürzen. Diese Wertminderung darf jedoch nur bis zum Hauptfeststellungszeitpunkt 1.1.1964 berücksichtigt werden. Sie kommt daher nur für Gebäude in Betracht, die bis zum 1.1.1964 errichtet worden sind. Die Anwendung dieser Regelung verstößt nicht gegen Art. 3 GG (BFH II R 58/89 v. 7.12.1994, BStBl. II 1995, 235).

II. Regelfall

Die **Wertminderung wegen Alters** hängt von **zwei Faktoren** ab:
- dem tatsächlichen Alter des einzelnen Gebäudes im Hauptfeststellungszeitpunkt und
- der gewöhnlichen Lebensdauer von Gebäuden gleicher Art und Nutzung.

Sie wird in einem Prozentsatz des Gebäudenormalherstellungswerts ausgedrückt. Dabei darf nur von einer gleichbleibenden jährlichen Wertminderung ausgegangen werden. Andere Verfahren, zB progressive oder degressive Abschreibungsmethoden, sind nicht zulässig.

Die Wertminderung wegen Alters bestimmt sich nicht nach der **betriebsgewöhnlichen Nutzungsdauer,** sondern nach der technischen Lebensdauer von Gebäuden gleicher Art und Nutzung. Dabei ist unter dem Begriff „Art" die Bauart der Gebäude, nicht aber deren Verwendungszweck zu verstehen. Eine von der technischen Lebensdauer abweichende, auf wirtschaftlichen Gründen beruhende, kürzere Nutzungsdauer von Gebäuden ist nicht bei der Ermittlung des Gebäudesachwerts zu berücksichtigen. Sie kann jedoch in Sonderfällen eine Ermäßigung des Gebäudesachwerts gemäß § 88 rechtfertigen (BFH III R 117/78 v. 23.5.1980, BStBl. II 1980, 561).

§ 86 Wertminderung wegen Alters

3a Da sich die gewöhnliche Lebensdauer eines Gebäudes **nicht im voraus** mit Sicherheit bestimmen lässt, kommen die im Abschnitt 41 BewR Gr niedergelegten **Erfahrungssätze** zur Anwendung. Die dort genannten Wertminderungssätze ergeben sich, wenn man die Zahl 100 durch die angesetzte gewöhnliche Lebensdauer teilt.

Bei der Berechnung des Alters des Gebäudes ist das **Jahr der Bezugsfertigkeit voll mitzurechnen.** Dabei ist aber zu beachten, dass das Alter des Gebäudes im Hauptfeststellungszeitpunkt maßgebend ist. Dies gilt auch bei Fortschreibungen und Nachfeststellungen auf spätere Zeitpunkte.

Die **Wertminderung** berechnet sich mithin nach folgender Formel:

$$\text{Prozentsatz der Wertminderung} = \frac{\text{Alter des Gebäudes} \times 100}{\text{Gewöhnliche Lebensdauer}}$$

Der maßgebende Prozentsatz ist aufzurunden (FinMin. Ba.-Wü. v. 17.5.1967 BewKartei Ba.-Wü. zu § 86 Karte 1 Nr. 1).

Beispiel:
Ein Lagergebäude (Massivbau) wurde im Dezember 1954 fertiggestellt. Der Gebäudenormalherstellungswert beträgt 135 000 DM. Im Kj. 2001 wird das Lagergebäude ausgebaut, so dass sich ein Gebäudenormalherstellungswert von 145 000 DM ergibt.

Das Gebäude besitzt am 1.1.1964 ein Lebensalter von 10 Jahren. Gem. BewR Gr 41 beträgt die gewöhnliche Lebensdauer des Gebäudes 80 Jahre, der Wertminderungssatz 1,25 % (= 100 : 80).

→ Gebäudenormalherstellungswert per 1.1.2002 145 000 DM
./. Alterswertminderung $\frac{10 \times 100}{80}$ = 12,5 %
1,25 × 10 = 12,5 % oder aufgerundet 13 %

13 % von 145 000 DM =   18 850 DM
Gebäudesachwert   126 150 DM

III. Gebäude mit Gebäudeteilen verschiedenen Alters

1. Anbauten und Erweiterungsbauten

4 Anbauten/Erweiterungsbauten teilen regelmäßig aufgrund ihrer Bau-art oder Nutzung das **Schicksal des Hauptgebäudes.** Der Berechnung der Wertminderung wegen Alters ist daher für das gesamte Gebäude das Alter des Hauptgebäudes zugrunde zu legen. Diese Regelung wirkt sich zugunsten des Steuerpflichtigen aus.

5 **Nur dann, wenn die Anbauten** aufgrund ihrer Größe, Bauart oder Nutzung nicht das Schicksal des Hauptgebäudes teilen, ist eine getrennte Berechnung der Alterswertminderung durchzuführen.

2. Aufstockungen

Bei Aufstockungen ist die Alterswertminderung im allgemeinen nach dem **Alter der unteren Geschosse** zu bemessen. Dabei ist zu prüfen, ob durch die baulichen Maßnahmen die restliche Lebensdauer des Gebäudes verlängert worden ist. Dies wird insbesondere dann der Fall sein, wenn es sich um durchgreifende Maßnahmen handelt. Im Erlasswege ist geregelt worden, dass die Einschränkung „im Allgemeinen" nur im Zusammenhang mit einer etwaigen Verlängerung der Nutzungsdauer zu sehen ist. Ansonsten ist bei Aufstockungen stets von einem einheitlichen Wertminderungssatz auszugehen (FinMin. Bayern v. 15.5.1969, BewKartei OFD München-Nürnberg § 86 Karte 2).

IV. Verkürzung/Verlängerung der Lebensdauer

1. Wertminderung bei Verkürzung der Lebensdauer

Die gewöhnliche Lebensdauer kann durch **Baumängel oder Bauschäden** verkürzt sein. Es wirkt sich nicht jeder Baumangel oder Bauschaden auf die Lebensdauer des Gebäudes aus. Nur bei erheblichen, nicht behebbaren oder nur mit unverhältnismäßig hohen Kosten zu beseitigenden Bauschäden/Baumängeln ist eine Verkürzung der Lebensdauer anzunehmen. In diesen Fällen ist zur Errechnung der Wertminderung wegen Alters die voraussichtliche tatsächliche Lebensdauer von Gebäuden mit derartigen Baumängeln/Bauschäden zu errechnen. Die **voraussichtliche Lebensdauer** wird errechnet, indem die voraussichtliche Restlebensdauer im Hauptfeststellungszeitpunkt zu dem tatsächlichen Gebäudealter in diesem Zeitpunkt hinzugerechnet wird. Bei einer Verkürzung der Nutzungsdauer bleibt bei der Berechnung der Wertminderung folglich das Alter im Hauptfeststellungszeitpunkt maßgeblich, während die Gesamtlebensdauer verändert wird.

Beispiel:
Ein Gebäude mit einer gewöhnlichen Lebensdauer von 80 Jahren ist im Hauptfeststellungszeitpunkt 30 Jahre alt. Wegen eines im Kj. 2001 eingetretenen nicht behebbaren Bauschadens beträgt die voraussichtliche Restlebensdauer am 1.1.2002 nur noch zehn Jahre.
Die voraussichtliche Lebensdauer im Feststellungszeitpunkt 1.1.2002 errechnet sich wie folgt:
Alter im Feststellungszeitpunkt 68 Jahre + voraussichtliche Lebensdauer am Feststellungszeitpunkt zehn Jahre = 78 Jahre.
Wertminderungssatz: 100 : 78 = 1,28 %

§ 86 Wertminderung wegen Alters

Wertminderung am 1.1.1964: 30 × 1,28 % = 38,4 %, aufgerundet 39 %.

Bauliche Mängel und Schäden, die nicht bei der Berechnung der Wertminderung wegen Alters Berücksichtigung finden können, berechtigen nur im Rahmen des § 87 zu einem Abschlag.

2. Wertminderung bei Verlängerung der Nutzungsdauer

8   Der **Wertminderungssatz** ist **zu vermindern**, wenn sich die restliche Lebensdauer infolge baulicher Maßnahmen verlängert. Eine Verlängerung der Restlebensdauer wird nur dann anzunehmen sein, wenn das Gebäude durchgreifend verbessert worden ist. Es muss sich hierbei um durchgreifende Maßnahmen an tragenden Bauteilen handeln. In diesen Fällen ist bei der Berechnung der Wertminderung nicht das tatsächliche Alter des Gebäudes, sondern ein dem Ausmaß der baulichen Erneuerung angemessenes geringeres Alter zugrunde zu legen.

Beispiel:
Bei einem Gebäude mit einer gewöhnlichen Lebensdauer von 80 Jahren (Wertminderungssatz: 1,25 %) und einem Alter von 40 Jahren im Hauptfeststellungszeitpunkt ist im Kj. 2001 eine durchgreifende Erneuerung an tragenden Bauteilen durchgeführt worden. Dadurch wird sich die Restlebensdauer um 20 Jahre verlängern.
Bei der Berechnung der Wertminderung ist anstelle des tatsächlichen Alters von 40 Jahre ein um 20 Jahre gemindertes Alter von 20 Jahren zu berücksichtigen. Die Wertminderung beträgt daher nicht 40 × 1,25 % = 50 %, sondern nur 20 × 1,25 % = 25 %.

Im Gegensatz zu den Fällen, bei denen die Lebensdauer verkürzt ist, verändert sich in den Fällen, in denen sich die Lebensdauer verlängert, bei der Berechnung der Wertminderung das tatsächliche Alter. Die Gesamtlebensdauer bleibt dagegen unverändert. Bei Gebäuden, die nach dem 1.1.1964 errichtet worden sind, wirkt sich eine Verlängerung der Nutzungsdauer demnach nicht aus.

V. Höchstsatz

9   Die **Alterswertminderung** ist **nicht unbegrenzt berücksichtigungsfähig**. Gem. § 86 Abs. 3 darf maximal der Betrag abgesetzt werden, der sich bei einem Alter von 70 % der Lebensdauer ergibt. Dieser Regelung liegt die Überlegung zugrunde, dass auch beim Verkauf eines älteren Gebäudes im allgemeinen ein angemessener Kaufpreis zu erzielen ist. Der nach Abzug der Alterswertminderung verbleibende Wert darf somit grundsätzlich

30% des Gebäudenormalherstellungswerts nicht unterschreiten. Eine Ausnahme ist gem. § 86 Abs. 3 Satz 2 nur dann zulässig, wenn es sich um eine außergewöhnliche Wertminderung handelt. Das kann zB in den Fällen der Verkürzung der Lebensdauer gegeben sein. In derartigen Fällen darf der Restwert von 30% aber nur dann unterschritten werden, wenn im Feststellungszeitpunkt feststeht, dass das Gebäude innerhalb eines Zeitraums von zehn Jahren abgerissen werden muss.

§ 87 Wertminderung wegen baulicher Mängel und Schäden

[1]Für bauliche Mängel und Schäden, die weder bei der Ermittlung des Gebäudenormalherstellungswertes noch bei der Wertminderung wegen Alters berücksichtigt worden sind, ist ein Abschlag zu machen. [2]Die Höhe des Abschlags richtet sich nach Bedeutung und Ausmaß der Mängel und Schäden.

I. Wertminderung wegen baulicher Schäden

Baumängel/Bauschäden, die sich **weder bei der Ermittlung des Gebäudenormalherstellungswerts** noch bei der Wertminderung wegen Alters ausgewirkt haben, können gem. § 87 Berücksichtigung finden. Da nicht behebbare Baumängel/Bauschäden bereits bei der Ermittlung der Alterswertminderung berücksichtigt werden, kann sich nur um behebbare Baumängel/Bauschäden handeln. In Betracht kommen zB fehlerhafte Bauausführungen, das Fehlen von Bauteilen oder Folgen äußerer Schadenseinwirkungen (zB Rauch, Wasser, Schwamm). Voraussetzung ist dabei aber, dass der Schaden behoben werden kann. 1

Die **Höhe des Abschlags** richtet sich nach der Bedeutung und dem Ausmaß der Baumängel/Bauschäden. Bei fehlenden Bauteilen (zB durch Sturm abgetragenes Dach) richtet sich der Abschlag nach dem Wertanteil des fehlenden Bauteils am Gesamtwert des Gebäudes. In allen anderen Fällen richtet sich der Abschlag nach dem Ausmaß des Schadens an dem jeweiligen Bauteil. Der Abschlag gem. § 87 unterliegt keiner Begrenzung. 2

Baukostenuntersuchungen bei den am häufigsten vorkommenden Industriebauten haben folgende **durchschnittliche Bauanteile** ergeben: 3

§ 88 Ermäßigung und Erhöhung

Außenwand/Fassade: 13%; Dacheindeckung: 12%; Fenster: 5%; Fußboden: 5%; Heizung: 5% und Sonstiges (Büro-, Sanitär-, Sozialräume): 6%.

Auf den Wertanteil des schadhaften Bauteils wird dann der ermittelte **Schadensgrad** angewendet. Da der Abschlag von dem um die Wertminderung wegen Alters gekürzten Gebäudenormalherstellungswert angewendet wird, ist der Abschlag umso niedriger, je älter das Gebäude ist (*Rössler/Troll* § 87 Rz. 8, 9).

II. Zusammentreffen von nicht behebbaren und behebbaren Baumängeln

4 Treffen behebbare Baumängel/Bauschäden zusammen mit nicht behebbaren Baumängeln/Bauschäden, so stellt sich die Frage, in welcher **Reihenfolge** die Mängel/Bauschäden zu berücksichtigen sind. Gem. BewR Gr Abschn. 43 ist zunächst die Wertminderung wegen Alters vorzunehmen. Von dem dann verbleibenden Wert ist der Abschlag gem. § 87 vorzunehmen.

Beispiel:
Ein Gebäude mit einer gewöhnlichen Lebensdauer von 90 Jahren und einem Alter von 35 Jahren im Hauptfeststellungszeitpunkt muss infolge eines nicht behebbaren Schadens in 10 Jahren abgebrochen werden. Außerdem liegt ein behebbarer Bauschaden von 30% vor. Der Gebäudenormalherstellungswert beträgt 50 000 DM.

Zunächst ist die Wertminderung wegen Alters zu berücksichtigen. Diese errechnet sich wie folgt:

Tatsächliche Lebensdauer (Alter von 35 Jahren + Restnutzungszeit von zehn Jahren): 45 Jahre

Jährlicher Wertminderungssatz: $\frac{90}{45} = 2\%$

Gebäudenormalherstellungswert:	50 000 DM
./. Alterswertminderung iHv. 2% v. 50 000 DM	1000 DM
Zwischenwert	49 000 DM
./. Abschlag wegen behebbarer Baumängel iHv. 30% v. 49 000 DM	14 700 DM
Gebäudewert	34 300 DM

§ 88 Ermäßigung und Erhöhung

(1) **Der Gebäudesachwert kann ermäßigt oder erhöht werden, wenn Umstände tatsächlicher Art vorliegen, die bei seiner Ermittlung nicht berücksichtigt worden sind.**

§ 88 Ermäßigung wegen ungünstiger Lage

(2) **Eine Ermäßigung kann insbesondere in Betracht kommen, wenn Gebäude wegen der Lage des Grundstücks, wegen unorganischen Aufbaus oder wirtschaftlicher Überalterung in ihrem Wert gemindert sind.**

(3) **Ein besonderer Zuschlag ist zu machen, wenn ein Grundstück nachhaltig gegen Entgelt für Reklamezwecke genutzt wird.**

Übersicht

	Rn.
I. Allgemeines	1
II. Ermäßigung wegen ungünstiger Lage	2–7
III. Ermäßigung wegen wirtschaftlicher Überalterung	8–11
IV. Ermäßigung wegen der Notwendigkeit vorzeitigen Abbruchs	12–14
V. Ermäßigung wegen unorganischen Aufbaus	15, 16
VI. Ermäßigung wegen übermäßiger Raumhöhe	17, 18
VII. Erhöhung des Gebäudesachwerts	19, 20
VIII. Zusammentreffen mehrerer Ermäßigungs- und Erhöhungsgründe	21

I. Allgemeines

Liegen Umstände vor, die eine Ermäßigung oder Erhöhung des 1
Gebäudesachwerts rechtfertigen, im Rahmen der sonstigen Vorschriften aber **noch keine Berücksichtigung** gefunden haben, können diese uU gem. § 88 angesetzt werden. Die Gründe für eine Ermäßigung oder Erhöhung gem. § 88 sind nur beispielhaft angeführt, umfassen aber den Hauptanwendungsbereich. Die Höhe der Zu- oder Abschläge hängt von den Umständen des Einzelfalls ab. Entscheidend ist, welche Auswirkung der wertbeeinflussende Umstand auf den Verkaufspreis hätte. Eine Begrenzung ist nicht zu beachten.

II. Ermäßigung wegen ungünstiger Lage

Die ungünstige Lage eines Grundstücks wird sich zwar häufig 2
schon auf den Bodenrichtwert ausgewirkt haben; dennoch kann **auch der Wert des Gebäudes** durch eine ungünstige Lage beeinflusst werden.

Räumliche Abgelegenheit führt nicht unbedingt zu einer 3
Ermäßigung des Gebäudewerts. So ist die räumliche Abgelegenheit

§ 88 Ermäßigung und Erhöhung

dann ohne Bedeutung, wenn die Zweckbestimmung des Grundstücks eine derartige Abgelegenheit erforderlich macht oder wenn sich die Abgelegenheit sich nicht nachhaltig auf die Nutzung auswirkt (RFH III 22/39 v. 14.6.1939, RStBl. 1939, 863).

4 **Wertmindernd** wirkt sich dagegen die Nähe
– eines Flugplatzes
– eines Müllabladeplatzes
– eines Atomreaktors
– oder eines Gefängnisses
aus (*Gürsching/Stenger* § 88 Rz. 34)

5 Bei Grundstücken, die in einem **Bergschadensgebiet** oder in einem Gebiet liegen, das einer **Überschwemmungsgefahr** ausgesetzt ist, kann eine Ermäßigung in Betracht kommen (*Rössler/Troll* § 88 Rz. 12).

6 **Die ungünstige Lage eines Einfamilienhauses,** das in unmittelbarer Nähe einer Fabrik mit starker Rußentwicklung, Staubentwicklung oder Lärmverursachung liegt, kann sich auf den Wert des Gebäudes auswirken. Wie beim § 82 kommt eine Minderung aber nur dann in Betracht, wenn es sich um eine außergewöhnlich starke Beeinträchtigung handelt (RFH III 124/38 v. 25.1.1940, RStBl. 1940, 471).

7 Für Gebäude in **Sanierungsgebieten** soll ein Abschlag bis zu 10 vH des Grundstückswerts gewährt werden. Mit diesem Abschlag soll berücksichtigt werden, dass das aufgewendete Kapital nicht langfristig angelegt werden kann und die Abwicklung des Entschädigungsverfahrens für den Grundstückseigentümer eine Belästigung darstellt. Deshalb ist ein Abschlag auf den Gebäude- und den Bodenwert gerechtfertigt.

III. Ermäßigung wegen wirtschaftlicher Überalterung

8 Ist die **wirtschaftliche Wertminderung größer** als der Betrag, um den sich der Wert des Gebäudes wegen seines Alters vermindert, kann eine Ermäßigung wegen wirtschaftlicher Überalterung vorgenommen werden. Der Abschlag ist aber nur dann gerechtfertigt, wenn der Zeitraum der tatsächlichen Verwendung gegenüber der gewöhnlichen Lebensdauer aus zwingenden objektiven Gründen verkürzt ist und das Gebäude aus diesem Grund vorzeitig abgebrochen werden muss (RFH III 236/39 v. 16.11.1939, RStBl. 1940, 492; BFH III R 11/75 v. 11.3.1977, BStBl. II 1978, 3; BFH III R 6/77 v. 27.4.1978, BStBl. II 1978, 523). Wird ein Gebäude lediglich aus Gründen der Zweckmäßigkeit früher abgebrochen oder sind

Ermäßigung wegen der Notwendigkeit vorzeitigen Abbruchs § 88

bauliche Veränderungen (Ein- und Umbauten) geplant, rechtfertigt dies keine Wertminderung (BewR Gr Abschn. 44 Abs. 6, Satz 2). Die Ermäßigung wegen wirtschaftlicher Überalterung setzt nicht voraus, dass das Gebäude in absehbarer Zeit abgebrochen werden muss (BFH III R 6/77 v. 27.4.1978, BStBl. II 1978, 523).

Die Höhe des Abschlags richtet sich nach der verkürzten Gesamtlebensdauer (Gl. Ländererlasse v. 8.10.1982, BStBl. I 1982, 771). 9

Für Gebäude, die **vor dem 1.1.1964** (Hauptfeststellungszeitpunkt) errichtet worden sind, errechnet sich der Abschlag wie folgt: 10

$$\frac{\text{Alter im Feststellungszeitpunkt}}{\text{verkürzte Gesamtlebensdauer}} \times 100 \; ./. \; \text{Altersminderung (§ 86) in \% = Abschlag in \%}$$

Dieser Abschlag ist auf den Gebäudenormalherstellungswert zu beziehen. Der sich ergebende Betrag ist vom Gebäudesachwert abzuziehen.

Für Gebäude, die **nach dem 1.1.1964** (Hauptfeststellungszeitpunkt) errichtet worden sind, errechnet sich der Abschlag wie folgt: 11

$$\frac{\text{Alter im Feststellungszeitpunkt}}{\text{verkürzte Gesamtlebensdauer}} \times 100 = \text{Abschlag in \%}$$

IV. Ermäßigung wegen der Notwendigkeit vorzeitigen Abbruchs

Eine Ermäßigung des Gebäudesachwerts kann auch in Betracht kommen, wenn ein Gebäude aus objektiven Gründen **in den nächsten zehn Jahren** abgebrochen werden muss (FG Nürnberg v. 14.11.1974, EFG 1975, 146). Ein Abbruch aus subjektiven Gründen, zB damit der Eigentümer seine persönlichen Vorstellungen und Planungen umsetzen kann, rechtfertigt dagegen keinen Abschlag (*Gürsching/Stenger* § 88 Rz. 171). 12

Die Höhe des Abschlags errechnet sich wie der Abschlag wegen wirtschaftlicher Überalterung (Gleichl. Ländererlasse v. 8.10.1982, BStBl. I 1982, 771). Die verkürzte Lebensdauer ist dabei wie folgt zu ermitteln: 13

Alter im maßgebenden Feststellungszeitpunkt
+ restliche Lebensdauer im maßgebenden Feststellungszeitpunkt
(ohne Abbruchjahr)
= verkürzte Gesamtlebensdauer

§ 88 Ermäßigung und Erhöhung

14   Die vorstehende Regelung findet **nur dann Anwendung,** wenn das Gebäude ohne Entschädigung abgebrochen werden muss. Wird der Abbruch voll entschädigt, so ist nur ein Abschlag von 10 % zulässig. Bei einer teilweisen Entschädigung, ist ein Abschlag zwischen 10 % und dem Abschlag, der sich bei entschädigungslosem Abbruch ergeben würde, anzusetzen (Gleichl. Ländererlasse v. 8.10.1982, BStBl. I 1982, 771).

V. Ermäßigung wegen unorganischen Aufbaus

15   Ein Abschlag wegen unorganischen Aufbaus kommt im Allgemeinen **nur bei Fabrik-Grundstücken** in Betracht. Ein unorganischer Aufbau liegt vor, wenn sich durch die Anordnung der Betriebsgebäude eine wesentliche Behinderung ergibt, durch die sich die Produktion oder der sonstige Geschäftsbetrieb in nennenswerter Höhe verteuern. Der auf dem Grundstück geführte Betrieb ist dabei mit einem Normalbetrieb und nicht mit einem Idealbetrieb zu vergleichen (BFH III R 76/77 v. 16.11.1979, BStBl. II 1980, 87).

16   Die **Höhe des Abschlags** ist zu schätzen. Der Abschlag soll maximal 5 % betragen (BFH III R 76/77 v. 16.11.1979, BStBl. II 1980, 87).

VI. Ermäßigung wegen übermäßiger Raumhöhe

17   Gebäude mit **übermäßigen Raumhöhen,** die bei neuen Bauten nicht mehr üblich sind, unterliegen ebenfalls einer Wertminderung. Der Abschlag wird ausschließlich für das Übermaß an Raumhöhe zugestanden.

18   **Die Höhe** des Abschlags bemisst sich nach dem Unterschied zwischen dem Gebäudesachwert unter Ansatz der tatsächlichen Raumhöhe und dem Gebäudesachwert unter Ansatz der Raumhöhe, die für die neue Verwendung maßgebend ist. Bei Anwendung der Anlage 14 Teil B darf jedoch eine Geschosshöhe von 4 m nicht unterschritten werden.

Bei der Berechnung des Abschlags ist zu beachten, dass sich bei der angenommenen geringeren Höhe die Gebäudeklasse oder innerhalb der Gebäudeklasse der Raummeterpreis ändern kann.

VII. Erhöhung des Gebäudesachwerts

19   Gem. § 88 Abs. 3 ist der Gebäudewert ua. deshalb zu erhöhen, weil das Grundstück nachhaltig **gegen Entgelt für Reklamezwe-**

Wert der Außenanlagen **§ 89**

cke genutzt wird. Eigenreklame führt nicht zu einer Werterhöhung. Die Ausführungen zum § 82 Abs. 2 Nr. 2 (§ 82 Rz. 13) gelten auch für das Sachwertverfahren.

Zuschläge aus anderen Gründen sind zwar zulässig, dürften 20 aber nur sehr selten vorkommen. So werden wertsteigernde Verbesserungen an Gebäuden bereits im Gebäudenormalherstellungswert erfasst. Denkbar wäre jedoch zB ein Zuschlag aufgrund baulicher Maßnahmen, die zu einer Verlängerung der Lebensdauer eines nach dem 31.12.1963 errichteten Gebäudes führen.

VIII. Zusammentreffen mehrerer Ermäßigungs- und Erhöhungsgründe

In welcher **Reihenfolge** die möglichen Zu- und Abschläge zu 21 berücksichtigen sind, ist weder im Gesetz noch in den BewR Gr geregelt. Wie beim **Zusammentreffen von Zu- und Abschlägen** zu verfahren ist, haben die Länder in einem gleichlautenden Erlass angeordnet (zB FinMin. NRW v. 27.2.1967, DStR 1967, 225).

§ 89 Wert der Außenanlagen

¹Der Wert der Außenanlagen (z. B. Umzäunungen, Wege- oder Platzbefestigungen) ist aus durchschnittlichen Herstellungskosten nach den Baupreisverhältnissen des Jahres 1958 zu errechnen und nach den Baupreisverhältnissen im Hauptfeststellungszeitpunkt umzurechnen. ²Dieser Wert ist wegen des Alters der Außenanlagen im Hauptfeststellungszeitpunkt und wegen etwaiger baulicher Mängel und Schäden zu mindern; die Vorschriften der §§ 86 bis 88 gelten sinngemäß.

I. Begriff

Der Begriff **„Außenanlagen"** ist gesetzlich nicht definiert, son- 1 dern im § 89 lediglich beispielhaft angeführt. Vom § 68 lässt sich jedoch ableiten, dass alle Anlagen und Bauwerke, die weder ein Gebäude noch eine Betriebsvorrichtung sind, als Außenanlage anzusehen sind. Gem. Abschn. 45 Abs. 1 BewR Gr gehören zu den Außenanlagen insbesondere die Einfriedungen, Tore, Stützmauern,

§ 89 Wert der Außenanlagen

Brücken Unterführungen, Wegebefestigungen, Platzbefestigungen, Schwimmbecken, Tennisplätze, Gartenanlagen sowie die außerhalb des Gebäudes gelegenen Versorgungsanlagen und Abwasseranlagen innerhalb der Grundstücksgrenzen.

II. Bewertungsgrundsatz

2   Der **Wert der Außenanlagen** ist entsprechend der für Gebäude geltenden Regelungen in drei Stufen zu ermitteln:
1. Stufe: Ermittlung des Normalherstellungswerts nach den in der Anlage 17 BewR Gr (s. Anhang Rz. 43) zusammengestellten Erfahrungswerten
2. Stufe: Berücksichtigung von Wertminderungen wegen Alters, baulicher Mängel und Schäden in sinngemäßer Anwendung der §§ 86, 87 sowie Berücksichtigung von Ermäßigungen und Erhöhungen in sinngemäßer Anwendung des § 88
3. Stufe: Angleichung an den gemeinen Wert gem. § 90.
3   Bei der Wertminderung wegen Alters ist hinsichtlich der **gewöhnlichen Lebensdauer und der jährlichen Wertminderung** von folgenden Beträgen auszugehen:

	Lebensdauer in Jahren	jährliche Wertminderung in %
1. Einfriedungen		
Holz- und Drahtzäune	10–20	10–5
Plattenwände und Einfriedungsmauern	20–50	5–2
2. Wege und Platzbefestigungen		
Leichte Decken und Plattenwege	10–20	10–5
Sonstige Bodenbefestigungen	20–50	5–2
3. Rahmen und Stützmauern	20–50	5–2
4. Schwimmbecken	10–20	10–5
5. Entwässerungs- und Versorgungsleitungen	20–50	5–2

4   Hinsichtlich der Bewertung von Außenanlagen bei der Bewertung **unbebauter Grundstücke** wird auf den Erlass des OFD Düsseldorf v. 6.12.1994, DB 1995, 71 verwiesen. Es bestehen keine Bedenken, zur Anpassung an den gemeinen Wert den für die Außenanlagen ermittelten Wert pauschal um 20% zu kürzen.

III. Pauschale Bewertung von Außenanlagen

Gem. Abschn. 45 Abs. 2 Satz 3 BewR Gr kann es bei Geschäftsgrundstücken genügen, als Wert der Außenanlagen 2–8 vH des gesamten Gebäudewerts anzusetzen. Dieser Prozentsatz ist jedoch nur auf einen Gebäudewert anzuwenden, der um einen etwaigen Zuschlag wegen Reklamenutzung gekürzt worden ist (FinMin. Bayern v. 7.9.1967, DStZ/E 1967, 386).

§ 90 Angleichung an den gemeinen Wert

(1) **Der Ausgangswert (§ 83) ist durch Anwendung einer Wertzahl an den gemeinen Wert anzugleichen.**
(2) **¹Die Wertzahlen werden durch Rechtsverordnung unter Berücksichtigung der wertbeeinflussenden Umstände, insbesondere der Zweckbestimmung und Verwendbarkeit der Grundstücke innerhalb bestimmter Wirtschaftszweige und der Gemeindegrößen, im Rahmen von 85 bis 50 Prozent des Ausgangswertes festgesetzt. ²Dabei können für einzelne Grundstücksarten oder Grundstücksgruppen oder Untergruppen in bestimmten Gebieten, Gemeinden oder Gemeindeteilen besondere Wertzahlen festgesetzt werden, wenn es die örtlichen Verhältnisse auf dem Grundstücksmarkt erfordern.**

I. Allgemeines

Die Summe aus Bodenwert, Gebäudewert und Wert der Außenanlagen ergibt den **Ausgangswert.** Erfahrungsgemäß ist der gemeine Wert eines Grundstücks geringer als der Sachwert. Die Wertanpassung erfolgt durch Anwendung einer Wertzahl auf den Ausgangswert. Diese **Wertzahlen** wurden durch die VO zur Durchführung des § 90 v. 2.9.1966 (BGBl. I 1966, 553), geändert durch VO v. 25.2.1970 (BGBl. I 1970, 216) und ergänzt durch das Steuer-Euroglättungsgesetz v. 19.12.2000 (BGBl. I 2000, 1790) in dem durch § 90 Abs. 2 bestimmten Rahmen festgesetzt.

II. Wortlaut der VO über die Wertzahlen für die Hauptfeststellung 1964

Vom 2. September 1966 (BGBl. I 1966, 553)
Geändert durch VO v. 25.2.1970 (BGBl. I 1970, 216) und durch Gesetz v.
19.12.2000 (BGBl. I 2000, 1790)

§ 90 Angleichung an den gemeinen Wert

§ 1 [Ermittlung der Einheitswerte im Sachwertverfahren]
In den Fällen, in denen die Einheitswerte der bebauten Grundstücke im Sachwertverfahren zu ermitteln und die Wertverhältnisse vom 1. Januar 1964 zugrunde zu legen sind, ist nach den §§ 2 bis 4 zu verfahren.

§ 2 [Wertzahl]
(1) ¹Die Wertzahl zur Angleichung des Ausgangswerts (§ 83 des Gesetzes) an den gemeinen Wert wird in einem Hundertsatz ausgedrückt. ²Sie ergibt sich aus der nachstehenden Übersicht:

Grundstücksart und Grundstücksgruppe	Wertzahl in v. H.
A. Geschäftsgrundstücke	
1. Fabriken und Werkstätten des Handwerks mit einem Ausgangswert bis zu 500 000 DM	
Altbauten	70
Neubauten	75
Nachkriegsbauten	80
mit einem Ausgangswert über 500 000 DM bis zu 1 000 000 DM	
Altbauten	70
Neubauten	75
Nachkriegsbauten	75
mit einem Ausgangswert über 1 000 000 DM	70
2. Lagerhäuser	80
3. Warenhäuser	
Altbauten	75
Neubauten	80
Nachkriegsbauten	85
4. Hotels und Kinderheime	
Betriebe, die mindestens 3 Monate im Jahr geschlossen sind	65
übrige Betriebe	70
5. Grundstücke, die unmittelbar und nicht nur vorübergehend der Gewinnung, Lieferung und Verteilung von Wasser zur öffentlichen Versorgung dienen	60
6. Grundstücke, die unmittelbar dem öffentlichen Verkehr mit Luftfahrzeugen, Schienenbahnen, Oberleitungsomnibussen und Kraftomnibussen dienen	50
7. Grundstücke, die unmittelbar dem Betrieb, der Erhaltung und der Verwaltung eines öffentlichen Hafens dienen	50
8. Geld- und Kreditinstitute	
Altbauten	60
Neubauten	65
Nachkriegsbauten	75
9. Lichtspielhäuser und Theater	
in Gemeinden bis 10 000 Einwohner	60

Wertzahlen für die Hauptfeststellung 1964 **§ 90**

Grundstücksart und Grundstücksgruppe	Wertzahl in v. H.
in Gemeinden über 10 000 bis 100 000 Einwohner	65
in Gemeinden über 100 000 Einwohner	60
10. übrige Geschäftsgrundstücke	
Altbauten	70
Neubauten	75
Nachkriegsbauten	80
B. Mietwohngrundstücke und gemischtgenutzte Grundstücke	
Altbauten	70
Neubauten	75
Nachkriegsbauten	80
C. Einfamilienhäuser und Zweifamilienhäuser	
Altbauten	60
Neubauten	65
Nachkriegsbauten	75
D. Sonstige bebaute Grundstücke	
Altbauten	60
Neubauten	70
Nachkriegsbauten	75

(2) Als Hotels gelten auch Fremdenheime und andere Grundstücke, die dem Beherbergungsgewerbe dienen.

(3) Bei Lichtspielhäusern und Theatern ist die Einwohnerzahl der Belegenheitsgemeinde im Hauptfeststellungszeitpunkt maßgebend; § 80 Abs. 1 Sätze 3 und 4 des Gesetzes sind entsprechend anzuwenden.

(4) [1]Es sind anzuwenden die Wertzahlen für
1. Altbauten, wenn die Gebäude bis zum 31. März 1924 bezugsfertig geworden sind,
2. Neubauten, wenn die Gebäude in der Zeit vom 1. April 1924 bis zum 20. Juni 1948 bezugsfertig geworden sind,
3. Nachkriegsbauten, wenn die Gebäude nach dem 20. Juni 1948 bezugsfertig geworden sind.

[2]Bei Grundstücken mit Gebäuden oder Gebäudeteilen verschiedener Baujahrgruppen, für die die Wertminderung wegen Alters (§ 86 des Gesetzes) getrennt berechnet worden ist, ist für das ganze Grundstück eine durchschnittliche Wertzahl zu bilden. [3]Dabei ist von dem Verhältnis der auf die verschiedenen Baujahrgruppen entfallenden Gebäudewerte oder Teile des Gebäudewerts auszugehen. [4]Die errechnete Zahl ist auf die durch die Zahl 5 teilbare Zahl abzurunden, die ihr am nächsten kommt.

(5) [1]Gehören Teile eines Geschäftsgrundstücks zu verschiedenen Grundstücksgruppen, so ist für das ganze Grundstück eine durchschnittliche Wertzahl zu bilden. [2]Dabei ist von dem Verhältnis der auf die verschiedenen Grundstücksgruppen entfallenden Gebäudewerte oder Teile des Gebäudewerts auszugehen. [3]Die errechnete Zahl ist auf die durch die Zahl 5 teilbare Zahl abzurunden, die ihr am nächsten kommt. [4]Dies gilt nicht für Teile eines Fabrikgrundstücks.

Schaffner

§ 90 Angleichung an den gemeinen Wert

§ 3 [Ermäßigung für Fabrikgrundstücke]
Für Fabrikgrundstücke, bei denen der gesamte Betrieb stilliegt, gilt folgendes:
1. Läßt sich das Grundstück nicht mehr für einen Fabrikbetrieb, aber noch für andere Zwecke verwenden, so ermäßigt sich die Wertzahl um 10.
2. Läßt sich das Grundstück noch für einen Fabrikbetrieb verwenden, steht aber nicht fest, dass der Betrieb spätestens nach zwei Jahren wieder aufgenommen wird, so ermäßigt sich die Wertzahl um 5.
3. Steht fest, dass ein Fabrikbetrieb spätestens nach zwei Jahren wieder aufgenommen wird, so bestimmt sich die Wertzahl nach § 2.

§ 4 [Grundstücke im Zonenrandgebiet]
(1) ¹Für Geschäftsgrundstücke und für gemischtgenutzte Grundstücke im Zonenrandgebiet ermäßigt sich die Wertzahl, die sich nach den §§ 2 und 3 ergibt, um 10. ²Als Zonenrandgebiet im Sinne dieser Verordnung sind anzusehen
1. im Land Schleswig-Holstein
    die kreisfreien Städte → Flensburg, Kiel, Neumünster und Lübeck,
    die Kreise → Flensburg, Schleswig, Eckernförde, Rendsburg, Plön, Oldenburg, Eutin, Segeberg, Stormarn und Lauenburg;
2. im Land Niedersachsen
    die kreisfreien → Städte Lüneburg und Wolfsburg,
    die Landkreise → Lüneburg, Lüchow-Dannenberg, Uelzen und Gifhorn,
    die kreisfreien → Städte Braunschweig, Salzgitter und Goslar,
    die Landkreise → Helmstedt, Braunschweig, Wolfenbüttel, Goslar, Gandersheim und Restkreis Blankenburg,
    die kreisfreie Stadt → Hildesheim und die frühere kreisfreie Stadt Göttingen,
    die Landkreise → Peine, Hildesheim-Marienburg, Zellerfeld, Osterode, Einbeck, Northeim, Duderstadt, Göttingen und Münden;
3. im Land Hessen
    die kreisfreien Städte → Kassel und Fulda,
    die Landkreise → Hofgeismar, Kassel, Witzenhausen, Eschwege, Melsungen, Rotenburg, Hersfeld, Hünfeld, Lauterbach, Fulda und Schlüchtern;
4. im Land Bayern
    die kreisfreien → Städte Bad Kissingen und Schweinfurt,
    die Landkreise → Mellrichstadt, Bad Neustadt/Saale, Brückenau, Königshofen/Grabfeld, Bad Kissingen, Hofheim, Ebern, Schweinfurt und Haßfurt,
    die kreisfreien Städte → Coburg, Neustadt b. Coburg, Hof, Selb, Kulmbach, Marktredwitz, Bayreuth und Bamberg,
    die Landkreise → Coburg, Staffelstein, Bamberg, Lichtenfels, Kronach, Stadtsteinach, Kulmbach, Naila, Münchberg, Hof, Rehau, Wunsiedel und Bayreuth,
    die kreisfreie Stadt → Weiden,
    die Landkreise → Tirschenreuth, Kemnath, Neustadt a. d. Waldnaab, Vohenstrauß, Nabburg, Oberviechtach, Waldmünchen, Neunburg v. W., Cham und Roding

die kreisfreien Städte → Deggendorf und Passau,
die Landkreise → Kötzting, Viechtach, Regen, Bogen, Grafenau, Deggendorf, Wolfstein, Wegscheid und Passau.
(2) Durch die Ermäßigung nach Absatz 1 darf sich keine geringere Wertzahl als 50 vom Hundert ergeben.

§ 5 [Weitergeltung von DM-Beträgen]
Die in dieser Verordnung genannten Beträge in Deutscher Mark gelten nach dem 31. Dezember 2001 als Berechnungsgrößen fort.

§ 6 [Inkrafttreten]
Diese Verordnung tritt am Tage nach ihrer Verkündung in Kraft.

IV. Sondervorschriften

§ 91 Grundstücke im Zustand der Bebauung

(1) **Bei Grundstücken, die sich am Feststellungszeitpunkt im Zustand der Bebauung befinden, bleiben die nicht bezugsfertigen Gebäude oder Gebäudeteile (z. B. Anbauten oder Zubauten) bei der Ermittlung des Wertes außer Betracht.**

(2) *(aufgehoben)*

I. Allgemeines

Seit **Wegfall der Vermögensbesteuerung** (ab 1.1.1997 für die Vermögensteuer, ab 1.1.1998 für die Gewerbekapitalsteuer) wird der Einheitswert für ein Grundstück im Zustand der Bebauung nur für Zwecke der Grundsteuer benötigt. Die Ermittlung des besonderen Einheitswerts (§ 91 Abs. 2) ist daher seit 1.1.1977 entfallen. 1

II. Begriff des Grundstücks im Zustand der Bebauung

Ein Grundstück befindet sich **so lange im Zustand der Bebauung** wie der unfertige Bau durch Weiterführung der Bauarbeiten zu Ende geführt werden kann. 2

III. Ermittlung des Grundstückswerts

3   Bei der Wertermittlung bleiben die **nicht bezugsfertigen Gebäude/Gebäudeteile** außer Betracht. Gleiches gilt für nicht fertiggestellte Außenanlagen. Im Allgemeinen bleibt daher während der Bebauungsphase der zuletzt festgestellte Einheitswert maßgebend. Wird auf einem bisher unbebauten Grundstück gebaut, behält in der Regel der bisherige Einheitswert für das unbebaute Grundstück seine Gültigkeit. Der Beginn der Bebauung kann allerdings die Überprüfung des bisherigen Einheitswerts notwendig werden lassen, zB weil früheres Rohbauland nun zu baureifem Land wird. Wird auf einem bereits bebauten Grundstück angebaut, dann ist der bisher gültige Einheitswert als auch die bisherige Grundstücksart weiterhin maßgebend.

§ 92 Erbbaurecht

(1) ¹**Ist ein Grundstück mit einem Erbbaurecht belastet, so ist sowohl für die wirtschaftliche Einheit des Erbbaurechts als auch für die wirtschaftliche Einheit des belasteten Grundstücks jeweils ein Einheitswert festzustellen.** ²**Bei der Ermittlung der Einheitswerte ist von einem Gesamtwert auszugehen, der für den Grund und Boden einschließlich der Gebäude und Außenanlagen festzustellen wäre, wenn die Belastung nicht bestünde.** ³**Wird der Gesamtwert nach den Vorschriften über die Bewertung der bebauten Grundstücke ermittelt, so gilt jede wirtschaftliche Einheit als bebautes Grundstück der Grundstücksart, von der bei der Ermittlung des Gesamtwerts ausgegangen wird.**

(2) **Beträgt die Dauer des Erbbaurechts in dem für die Bewertung maßgebenden Zeitpunkt noch 50 Jahre oder mehr, so entfällt der Gesamtwert (Absatz 1) allein auf die wirtschaftliche Einheit des Erbbaurechts.**

(3) ¹**Beträgt die Dauer des Erbbaurechts in dem für die Bewertung maßgebenden Zeitpunkt weniger als 50 Jahre, so ist der Gesamtwert (Absatz 1) entsprechend der restlichen Dauer des Erbbaurechts zu verteilen.** ²**Dabei entfallen auf**
1. die wirtschaftliche Einheit des Erbbaurechts:
   der Gebäudewert und ein Anteil am Bodenwert; dieser beträgt bei einer Dauer des Erbbaurechts

unter 50 bis zu 40 Jahren	95 Prozent,
unter 40 bis zu 35 Jahren	90 Prozent,
unter 35 bis zu 30 Jahren	85 Prozent,
unter 30 bis zu 25 Jahren	80 Prozent,
unter 25 bis zu 20 Jahren	70 Prozent,
unter 20 bis zu 15 Jahren	60 Prozent,
unter 15 bis zu 10 Jahren	45 Prozent,
unter 10 bis zu 5 Jahren	25 Prozent,
unter 5 Jahren	0 Prozent;

2. die wirtschaftliche Einheit des belasteten Grundstücks: der Anteil am Bodenwert, der nach Abzug des in Nummer 1 genannten Anteils verbleibt.
³Abweichend von den Nummern 1 und 2 ist in die wirtschaftliche Einheit des belasteten Grundstücks ein Anteil am Gebäudewert einzubeziehen, wenn besondere Vereinbarungen es rechtfertigen. ⁴Das gilt insbesondere, wenn bei Erlöschen des Erbbaurechts durch Zeitablauf der Eigentümer des belasteten Grundstücks keine dem Gebäudewert entsprechende Entschädigung zu leisten hat. ⁵Geht das Eigentum an dem Gebäude bei Erlöschen des Erbbaurechts durch Zeitablauf entschädigungslos auf den Eigentümer des belasteten Grundstücks über, so ist der Gebäudewert entsprechend der in den Nummern 1 und 2 vorgesehenen Verteilung des Bodenwertes zu verteilen. ⁶Beträgt die Entschädigung für das Gebäude beim Übergang nur einen Teil des Gebäudewertes, so ist der dem Eigentümer des belasteten Grundstücks entschädigungslos zufallende Anteil entsprechend zu verteilen. ⁷Eine in der Höhe des Erbbauzinses zum Ausdruck kommende Entschädigung für den Gebäudewert bleibt außer Betracht. ⁸Der Wert der Außenanlagen wird wie der Gebäudewert behandelt.

(4) Hat sich der Erbbauberechtigte durch Vertrag mit dem Eigentümer des belasteten Grundstücks zum Abbruch des Gebäudes bei Beendigung des Erbbaurechts verpflichtet, so ist dieser Umstand durch einen entsprechenden Abschlag zu berücksichtigen; der Abschlag unterbleibt, wenn vorauszusehen ist, daß das Gebäude trotz der Verpflichtung nicht abgebrochen werden wird.

(5) Das Recht auf den Erbbauzins ist nicht als Bestandteil des Grundstücks und die Verpflichtung zur Zahlung des Erbbauzinses nicht bei der Bewertung des Erbbaurechts zu berücksichtigen.

(6) ¹Bei Wohnungserbbaurechten oder Teilerbbaurechten ist der Gesamtwert (Absatz 1) in gleicher Weise zu ermitteln,

wie wenn es sich um Wohnungseigentum oder um Teileigentum handeln würde. ²Die Verteilung des Gesamtwertes erfolgt entsprechend Absatz 3.

(7) ¹Wertfortschreibungen für die wirtschaftlichen Einheiten des Erbbaurechts und des belasteten Grundstücks sind abweichend von § 22 Abs. 1 nur vorzunehmen, wenn der Gesamtwert, der sich für den Beginn eines Kalenderjahres ergibt, vom Gesamtwert des letzten Feststellungszeitpunkts um das in § 22 Abs. 1 bezeichnete Ausmaß abweicht. ²§ 30 ist entsprechend anzuwenden. ³Bei einer Änderung der Verteilung des Gesamtwerts nach Absatz 3 sind die Einheitswerte für die wirtschaftlichen Einheiten des Erbbaurechts und des belasteten Grundstücks ohne Beachtung von Wertfortschreibungsgrenzen fortzuschreiben.

Tabelle zu § 92 Abs. 4 BewG: FinMin Bayern v. 10.1.1968, S 3215–2/20–69889 *(abgedruckt unter Rz. 17)*

Übersicht

	Rn.
I. Allgemeines	1–3
II. Bedeutung der Vorschrift	4
III. Ermittlung des Gesamtwerts	5
IV. Verteilung des Gesamtwerts	6–11
1. Restlaufzeit beträgt 50 Jahre und mehr	7
2. Restlaufzeit beträgt weniger als 50 Jahre	8–11
a) Das Gebäude geht gegen angemessene Entschädigung über	9
b) Das Gebäude geht ohne Entschädigung über	10
c) Das Gebäude geht gegen teilweise Entschädigung über	11
V. Berücksichtigung einer Abbruchverpflichtung	12
VI. Mindestbewertung	13–15
1. Mindestwert im Ertragswertverfahren	14
2. Mindestwert im Sachwertverfahren	15
VII. Feststellungen	16
VIII. Tabelle zu § 92 Abs. 4	17

I. Allgemeines

1 Unter einem Erbbaurecht versteht man das **veräußerliche oder vererbliche Recht** auf oder unter der Oberfläche des belasteten Grundstücks ein Bauwerk (meistens ein Gebäude) zu haben. Beim

Erbbaurecht handelt es sich um ein dingliches Recht am Grundstück.

Bürgerlich-rechtlich bleibt der Erbbauverpflichtete weiterhin 2 Eigentümer des Grundstücks. Als Gegenleistung für die Einräumung des Erbbaurechts hat der Erbbauberechtigte einen Erbbauzins zu entrichten. Das Erbbaurecht wird wie ein Grundstück behandelt. Es erhält ein eigenes Grundbuchblatt. Das vom Erbbauberechtigten errichtete Gebäude stellt einen Bestandteil des Erbbaurechts dar. Es steht daher im bürgerlich-rechtlichen Eigentum des Erbbauberechtigten. Das Erbbaurecht erlischt normalerweise durch Zeitablauf. Das Eigentum an dem vom Erbbauberechtigten errichteten Gebäude geht danach – in der Regel gegen Zahlung einer angemessenen Entschädigung – auf den Erbbauverpflichteten über.

Bewertungsrechtlich stellt das Erbbaurecht ein selbstständiges 3 Grundstück dar (§ 68 Abs. 1 Nr. 2 iVm. § 70 Abs. 1). Das Erbbaurecht und das belastete Grundstück bilden zwei selbstständige wirtschaftliche Einheiten, für die grundsätzlich jeweils ein Einheitswert festzustellen ist.

II. Bedeutung der Vorschrift

Die Regelungen des § 92 haben mit Wegfall der Vermögensteuer 4 (ab 1.1.1997) und der Gewerbekapitalsteuer (ab 1.1.1998) **an Bedeutung verloren.** Für die Erbschaft- und Schenkungsteuer werden Erbbaurechte ab 1996 und für die Grunderwerbsteuer ab 1997 gem. § 148 bewertet. Einheitswerte werden seither nur noch für die Grundsteuer benötigt. Da der Erbbauberechtigte gem. § 13 Abs. 3 ErbStG Schuldner der Grundsteuer für das belastete Grundstück und für das Erbbaurecht ist, erübrigt sich eine getrennte Bewertung der beiden wirtschaftlichen Einheiten. Denn sie werden für Grundsteuerberechnungszwecke ohnehin zu einer einheitlichen Bemessungsgrundlage zusammengefasst. Von der getrennten Feststellung kann abgesehen werden, wenn die Einheitswerte auch nicht für die Kürzung nach § 9 Nr. 1 GewStG bei der Ermittlung des Gewerbeertrags erforderlich sind (FinMin. Ba-Wü. v. 24.3.1998, DB 1998, 801). Die Kommentierung des § 92 wird daher auf die wesentlichen Punkte beschränkt.

III. Ermittlung des Gesamtwerts

Bei der Ermittlung der Einheitswerte ist zunächst ein **Gesamt-** 5 **wert** für Grund und Boden, Gebäude und Außenanlagen festzustellen, als bestünde die Belastung nicht. Dieser Gesamtwert ist dann auf die beiden wirtschaftlichen Einheiten aufzuteilen.

IV. Verteilung des Gesamtwerts

6   Die **Aufteilung ist abhängig** von
– der Restlaufzeit des Erbbaurechts
– von den vertraglichen Vereinbarungen.

1. Restlaufzeit beträgt 50 Jahre und mehr

7   Beträgt die Dauer des Erbbaurechts am Feststellungszeitpunkt noch 50 Jahre oder mehr, so entfällt der **Gesamtwert allein** auf die wirtschaftliche Einheit des Erbbaurechts. In diesem Fall ist für das belastete Grundstück ein Einheitswert von bislang 0 DM, nunmehr 0 € festzustellen.

2. Restlaufzeit beträgt weniger als 50 Jahre

8   Beträgt die Dauer des Erbbaurechts am Feststellungszeitpunkt weniger als 50 Jahre, so ist für die Verteilung des Gesamtwerts neben der Restlaufzeit des Erbbaurechts entscheidend, **welche besonderen Vereinbarungen** getroffen worden sind. Folgende Fälle sind zu unterscheiden:

9   **a) Das Gebäude geht gegen angemessene Entschädigung über.** Der Gesamtwert ist entsprechend der restlichen Dauer des Erbbaurechts auf die beiden wirtschaftlichen Einheiten **zu verteilen.** Auf die wirtschaftliche Einheit des Erbbaurechts entfällt der volle Gebäudewert und ein Anteil am Bodenwert. Der Anteil am Bodenwert ist nach Maßgabe der Tabelle des § 92 Abs. 3 Nr. 1 zu berechnen. Auf die wirtschaftliche Einheit des belasteten Grundstücks entfällt der verbleibende Anteil am Bodenwert.

Diese Zurechnung setzt voraus, dass der Gesamtwert zuvor in einen Gebäude- und einen Bodenwertanteil aufgeteilt worden ist. Dies geschieht im Ertragswertverfahren mit Hilfe der in den Anlagen 1–8 BewR Gr (Anhang Rz. 27 ff.) abgedruckten Bodenwertmultiplikatoren. Im Sachwertverfahren ergibt sich der Bodenwertanteil durch Anwendung der Wertzahl (§ 90) auf den gesondert ermittelten Bodenwert (§ 84).

> **Beispiel:**
> Ein im Erbbaurecht errichtetes Mietwohngrundstück (Massivbau, Baujahr 2001) ist in einer Gemeinde mit mehr als 500 000 Einwohnern belegen. Das

Verteilung des Gesamtwerts § 92

Erbbaurecht beginnt am 1.5.2001 zu laufen. Die Laufzeit beträgt 48 Jahre. Die Jahresrohmiete beträgt 10 000 DM.

Gesamtwert gem. § 92 Abs. 1:	10 000 DM × 9,1 =	91 000 DM
Bodenwertanteil:	10 000 DM × 1,82 =	18 200 DM
Gebäudewertanteil:		72 800 DM
Auf die wirtschaftliche Einheit des Erbbaurechts entfallen:		
– der Gebäudewert		72 800 DM
– 95 % des Bodenwertanteils von 18 200 DM		17 290 DM
Einheitswert per 1.1.2002 (abgerundet, § 30)		90 000 DM
Auf die wirtschaftliche Einheit des belasteten Grundstücks entfällt der verbleibende		
Anteil am Bodenwert iHv. 5 % von 18 200 DM		910 DM
Einheitswert per 1.1.2002 (abgerundet, § 30)		900 DM

b) Das Gebäude geht ohne Entschädigung über. In diesem 10 Fall **partizipieren beide wirtschaftliche Einheiten** am Gebäudewert und am Bodenwert. Die Höhe der Anteile ergibt sich aus der Tabelle zu § 92 Abs. 3 Nr. 1. Ein im Ertragswertverfahren ermittelter Gesamtwert braucht nicht zuvor in einen Bodenwert- und einen Gebäudewertanteil aufgesplittet zu werden.

Beispiel:
Sachverhalt wie im vorhergehenden Beispiel. Das Gebäude geht jedoch ohne Entschädigung auf den Eigentümer des belasteten Grundstücks über.

Der Gesamtwert iHv. 91 000 DM ist ohne vorherige Aufteilung in einen Bodenwert- und Gebäudewertanteil wie folgt zu verteilen:

Wirtschaftliche Einheit des Erbbaurechts	
95 % von 91 000 DM	86 450 DM
Einheitswert per 1.1.2002 (abgerundet, § 30)	86 400 DM
Wirtschaftliche Einheit des belasteten Grundstücks	
5 % von 91 000 DM	4550 DM
Einheitswert per 1.1.2002 (abgerundet, § 30)	4500 DM

c) Das Gebäude geht gegen teilweise Entschädigung über. 11 Beträgt die Entschädigung für das Gebäude beim Übergang **nur einen Teil des Gebäudewerts,** so ist wie folgt zu verfahren.

Auf die wirtschaftliche Einheit des belasteten **Grundstücks** entfällt
– ein Anteil am Bodenwert.

- ein Anteil am Gebäudewert, soweit keine Entschädigung gezahlt wird.

Auf die wirtschaftliche Einheit des **Erbbaurechts** entfällt
- ein Anteil am Bodenwert.
- ein Anteil am Gebäudewert, soweit keine Entschädigung gezahlt wird.
- der nach Verteilung verbleibende Gebäudewert.

Beispiel:
Sachverhalt wie in den vorhergehenden Beispielen. Beim Heimfall ist jedoch eine Entschädigung iHv. ½ zu leisten.

Wirtschaftliche Einheit des Erbbaurechts	
95 % des Bodenwerts	17 290 DM
95 % des halben, entschädigungslosen Gebäudewerts	34 580 DM
100 % des halben, zu entschädigenden Gebäudewerts	36 400 DM
	88 270 DM
Einheitswert per 1.1.2002 (§ 30)	88 200 DM
Wirtschaftliche Einheit des belasteten Grundstücks	
5 % des Bodenwerts	910 DM
5 % des halben, entschädigungslosen Gebäudewerts	1 820 DM
	2 730 DM
Einheitswert per 1.1.2002 (§ 30)	2 700 DM

V. Berücksichtigung einer Abbruchverpflichtung

12   Verpflichtet sich der Erbbauberechtigte, das Gebäude bei Beendigung des Erbbaurechts abzubrechen, lässt § 92 Abs. 4 einen **Abschlag** zu. Dieser Abschlag ist allerdings nicht zu gewähren, wenn das Gebäude trotz der Verpflichtung nicht abgebrochen werden muss (BFH II R 217/82 v. 26.2.1986, BStBl. II 1986, 449). Der Abschlag ist wie der Abschlag gem. § 82 Abs. 1 Nr. 3 zu berechnen. Allerdings ist beim Erbbaurecht nicht Voraussetzung, dass das Gebäude vom Feststellungszeitpunkt aus betrachtet innerhalb von zehn Jahren abgebrochen werden muss.

VI. Mindestbewertung

13   Die Regelung des **§ 77 ist zu beachten.** Gesamtwert ist im Fall der Mindestbewertung der Mindestwert. Dieser ist in einen Bodenwert- und Gebäudewertanteil aufzuteilen.

Feststellungen § 92

1. Mindestwert im Ertragswertverfahren

Die Aufteilung erfolgt nach folgender Formel: **14**

$$\text{Mindestwert} \times \frac{\text{Bodenwertanteil im Grundstückswert}}{\text{Grundstückswert}} = \text{Bodenwertanteil}$$

Der Gebäudewertanteil ergibt sich aus dem Unterschied zwischen Bodenwert und Gesamtwert.

2. Mindestwert im Sachwertverfahren

Die Aufteilung erfolgt nach folgender Formel: **15**

$$\text{Mindestwert} \times \frac{\text{Bodenwertanteil im Ausgangswert}}{\text{Ausgangswert}} = \text{Bodenwertanteil}$$

Der Gebäudewertanteil ergibt sich aus dem Unterschied zwischen Bodenwert und Gesamtwert.

VII. Feststellungen

Die **Höhe der Einheitswerte** wird entscheidend durch die Höhe **16** des Gesamtwerts und die Dauer des Erbbaurechts bestimmt. Änderungen des Gesamtwertes bzw. des Verteilungsschlüssels beeinflussen den Wert der beiden wirtschaftlichen Einheiten. Gem. § 92 Abs. 8 sind folgende Fälle zu unterscheiden:
- Die Höhe des Gesamtwerts hat sich geändert.
- Der Verteilungsschlüssel hat sich durch Zeitablauf geändert.
- Sowohl Gesamtwert als auch Verteilungsschlüssel haben sich geändert.

Die Konsequenzen verdeutlicht das nachfolgende Schaubild:

Änderungen	Wertgrenzen des § 22 Abs. 1 Nr. 1	Wertfortschreibung	Gesamtwert und Verteilungsschlüssel
1. des Gesamtwerts	a) nicht erreicht	nein	–
	b) erreicht	ja	neuer Gesamtwert/alter Verteilungsschlüssel
2. des Verteilungsschlüssels	nicht von Bedeutung	ja	alter Gesamtwert/neuer Verteilungsschlüssel

Änderungen	Wertgrenzen des § 22 Abs. 1 Nr. 1	Wertfortschreibung	Gesamtwert und Verteilungsschlüssel
3. des Gesamtwertes und des Verteilungsschlüssels	a) nicht erreicht b) erreicht	ja ja	alter Gesamtwert/neuer Verteilungsschlüssel neuer Gesamtwert/neuer Verteilungsschlüssel

VIII. Tabelle zu § 92 Abs. 4

17 Berücksichtigung der Abbruchverpflichtung beim Erbbaurecht
FinMin. Bayern v. 10.1.1968, S 3215 – 2/20 – 69889

Nach § 92 Abs. 4 BewG ist die Verpflichtung des Erbbauberechtigten, das Gebäude bei Beendigung des Erbbaurechts abzubrechen, durch einen Abschlag zu berücksichtigen. Für Gebäude auf fremdem Grund und Boden gilt eine entsprechende Regelung nach § 94 Abs. 3 BewG. In den Fällen einer Bewertung im Ertragswertverfahren ist die Höhe des Abschlags der Anlage 9 der BewR Gr *(Anhang Rz. 35)* zu entnehmen (Abschn. 48 Abs. 5, Abschn. 50 Abs. 3 BewR Gr). Diese Tabelle endet bei einer restlichen Lebensdauer des Gebäudes von 30 Jahren.

Hierzu ist die Frage gestellt worden, ob bei einer restlichen Lebensdauer des Gebäudes von mehr als 30 Jahren ein Abschlag zu unterbleiben habe. Diese Frage wird verneint. Dem Erbbauberechtigten wird nach § 92 Abs. 3 Satz 5 BewG in Verbindung mit der Tabelle in Satz 2 ein Anteil am Gebäudewert zugerechnet, wenn das Erbbaurecht noch mehr als 30, aber weniger als 50 Jahre dauert und das Gebäude bei seinem Ablauf entschädigungslos an den Eigentümer des belasteten Grundstücks fällt. Bei dieser Rechtslage kann dem Erbbauberechtigten in dem wirtschaftlich für ihn ähnlich liegenden Fall, in dem er das Gebäude zwar nicht nach dem 30, aber früher als in 50 Jahren bevorstehenden Ablauf des Erbbaurechts abbrechen muss, ebenfalls nicht der volle Gebäudewert, sondern nur ein um einen Abschlag verminderter Gebäudewert zugerechnet werden. Bei einem Gebäude auf fremdem Grund und Boden ist entsprechend zu entscheiden.

Der Abschlag bei einer Bewertung im Ertragswertverfahren ist folgender Tabelle zu entnehmen, die an die Hundertsätze in der Anlage 9 BewR Gr *(Anhang Rz. 35)* anschließt.

Baujahrgruppe	§ 92 Abs. 4, § 94 Abs. 3 Satz 3 BewG restliche Lebensdauer			
	31 bis 35 Jahre	36 bis 40 Jahre	41 bis 45 Jahre	46 bis 49 Jahre
1	2	3	4	5

A. bei Massivbauten mit Mauerwerk aus Ziegelsteinen, Natursteinen, Kalksandsteinen, Schwemmsteinen oder ähnlichen Steinen sowie bei Stahl- und Stahlbetonskelettbauten außer bei solchen Bauten, die unter B fallen

Altbauten				
vor 1895	–	–	–	–
1895 bis 1899	5	–	–	–
1900 bis 1904	10	5	–	–
1905 bis 1915	15	10	5	–
1916 bis 31.3.1924	15	10	5	–
Neubauten				
1.4.1924 bis 31.12.1934	20	15	10	5
1.1.1935 bis 20.6.1948	20	15	10	5
Nachkriegsbauten				
nach dem 20.6.1948	25	20	15	10

B. bei Holzfachwerkbauten mit Ziegelsteinausmauerung, Gebäuden aus großformatigen Bimsbetonplatten oder ähnlichen Platten sowie bei anderen eingeschossigen massiven Gebäuden in leichter Bauausführung

Altbauten				
1916 bis 31.3.1924	5	–	–	–
Neubauten				
1.4.1924 bis 31.12.1934	15	10	5	–
1.1.1935 bis 20.6.1948	15	10	5	–
Nachkriegsbauten				
nach dem 20.6.1948	15	10	5	–

C. bei Holzfachwerkbauten mit Lehmausfachung und besonders haltbaren Holzbauten mit massiven Fundamenten

Neubauten				
1.1.1935 bis 20.6.1948	5	–	–	–
Nachkriegsbauten				
nach dem 20.6.1948	15	10	5	–

Bei der Bewertung im Sachwertverfahren ist nach Abschn. 48 Abs. 5 letzter Satz bzw. Abschn. 50 Abs. 3 Satz 6 BewR Gr zu verfahren.

Ein Abschlag ist jedoch dann nicht veranlasst, wenn die restliche Lebensdauer mehr als 49 Jahre beträgt.

§ 93 Wohnungseigentum und Teileigentum

(1) ¹**Jedes Wohnungseigentum und Teileigentum bildet eine wirtschaftliche Einheit.** ²**Für die Bestimmung der Grundstücksart (§ 75) ist die Nutzung des auf das Wohnungseigentum und Teileigentum entfallenden Gebäudeteils maßgebend.** ³**Die Vorschriften der §§ 76 bis 91 finden Anwendung, soweit sich nicht aus den Absätzen 2 und 3 etwas anderes ergibt.**

(2) ¹Das zu mehr als achtzig Prozent Wohnzwecken dienende Wohnungseigentum ist im Wege des Ertragswertverfahrens nach den Vorschriften zu bewerten, die für Mietwohngrundstücke maßgebend sind. ²Wohnungseigentum, das zu nicht mehr als achtzig Prozent, aber zu nicht weniger als zwanzig Prozent Wohnzwecken dient, ist im Wege des Ertragswertverfahrens nach den Vorschriften zu bewerten, die für gemischtgenutzte Grundstücke maßgebend sind.

(3) ¹Entsprechen die im Grundbuch eingetragenen Miteigentumsanteile an dem gemeinschaftlichen Eigentum nicht dem Verhältnis der Jahresrohmiete zueinander, so kann dies bei der Feststellung des Wertes entsprechend berücksichtigt werden. ²Sind einzelne Räume, die im gemeinschaftlichen Eigentum stehen, vermietet, so ist ihr Wert nach den im Grundbuch eingetragenen Anteilen zu verteilen und bei den einzelnen wirtschaftlichen Einheiten zu erfassen.

Übersicht

	Rn.
I. Allgemeines	1–5
1. Begriff des Wohnungseigentums	1, 2
2. Begriff des Teileigentums	3
3. Begründung von Wohnungs- und Teileigentum	4, 5
II. Bewertung	6–15
1. Grundstücksart	6–8
a) Grundstücksart bei Wohnungseigentum	7
b) Grundstücksart bei Teileigentum	8
2. Bewertungsverfahren	9–13
3. Wert der im Gemeinschaftseigentum stehenden Räume	14
4. Abweichung der Miteigentumsanteile	15
III. Feststellungen	16

I. Allgemeines

1. Begriff des Wohnungseigentums

1 Wohnungseigentum ist das **Sondereigentum an einer Wohnung** in Verbindung mit dem Miteigentumsanteil an dem gemeinschaftlichen Eigentum, zu dem es gehört (§ 1 Abs. 2 WEG). **Sondereigentum** ist eine bestimmte Wohnung und die zu dieser Wohnung gehörenden Bestandteile des Gebäudes, die verändert, beseitigt oder eingefügt werden können, ohne dass dadurch das

Allgemeines § 93

gemeinschaftliche Eigentum oder ein auf Sondereigentum beruhendes Recht eines anderen Wohnungseigentümers über das nach § 14 WEG zulässige Maß hinaus beeinträchtigt oder die äußere Gestaltung des Gebäudes verändert wird (§ 5 Abs. 1 WEG). Das Sondereigentum bezieht sich somit auf die **Wohnung und die zur Wohnung gehörenden Nebenräume,** wie Kellerräume, Bodenräume, Garagen, soweit diese nicht gemeinschaftliches Eigentum sind. Zum Sondereigentum zählen ferner die nicht wesentlichen Gebäudebestandteile der Wohnung, wie nicht tragende Zwischenwände, Türen, Wand- und Deckenputz, Tapeten, Fliesen etc.

Zum **gemeinschaftliches Eigentum** zählt insbesondere der 2 Grund und Boden sowie die Teile, Anlagen und Einrichtungen des Gebäudes, die nicht im Sondereigentum oder im Eigentum Dritter stehen (§ 1 Abs. 5 WEG). Des weiteren können auch eine Hausmeisterwohnung, Läden und andere gewerblich genutzte Räume zum Gemeinschaftseigentum gehören.

2. Begriff des Teileigentums

Teileigentum ist das Sondereigentum an **nicht Wohnzwecken** 3 **dienenden Räumen** eines Gebäudes in Verbindung mit dem Miteigentumsanteil an dem gemeinschaftlichen Eigentum, zu dem es gehört (§ 1 Abs. 3 WEG). Für das Teileigentum gelten die Vorschriften des Wohnungseigentums entsprechend (§ 1 Abs. 6 WEG).

3. Begründung von Wohnungs- und Teileigentum

Wohnungseigentum und Teileigentum wird gem. § 2 WEG 4 begründet durch **Teilung** (Teilungserklärung gegenüber dem Grundbuchamt, § 8 WEG) oder durch **vertragliche Vereinbarung von Sondereigentum** (§ 3 WEG). Die Teilung wird durch Anlegung der Wohnungsgrundbücher wirksam (§ 8 Abs. 2 Satz 2 WEG). Zur Einräumung des Sondereigentums durch Vertrag ist die Einigung in Form der Auflassung aller Miteigentümer über den Eintritt der Rechtsänderung und die Eintragung im Grundbuch erforderlich (§ 4 WEG).

Bewertungsrechtlich reicht es für die Begründung von Woh- 5 nungs- und Teileigentum aus, dass die Teilungserklärung beurkundet und der Eintragungsantrag beim Grundbuchamt eingegangen ist (Gleichl. Ländererlasse v. 26.11.1992, BStBl. I 1993, 104). Zu weiteren Fragen der Abgrenzung, Entstehung und Grundstücksart der wirtschaftlichen Einheit „Wohnungs- und Teileigentum" wird auf die Gleichl. Ländererlasse v. 26.11.1992, aaO verwiesen.

II. Bewertung

1. Grundstücksart

6 Die Grundstücksart (§ 75) richtet sich nach der **Nutzung des jeweiligen Wohnungs- oder Teileigentums.** Die Nutzung des Gesamtgrundstücks ist unbeachtlich. Die Grundstücksart der zu einer wirtschaftlichen Einheit zusammengefassten Wohnungseigentumsrechte bestimmt sich nach der Anzahl der Wohnungen und nach den möglicherweise gewerblichen, freiberuflichen oder öffentlichen Zwecken dienenden Räumen dieser wirtschaftlichen Einheit. Es kann sich dabei um ein Einfamilienhaus, Zweifamilienhaus, Mietwohngrundstück oder gemischt genutztes Grundstück handeln.

Bei **Teileigentum** kommt eine **Zuordnung** „Geschäftsgrundstück" oder „gemischtgenutztes Grundstück" in Betracht.

Beispiel:
Ein fünfstöckiges Gebäude enthält zehn Eigentumswohnungen, die jeweils zu Wohnzwecken genutzt werden.
Bewertungsrechtlich liegen zehn wirtschaftliche Einheiten vor, für die jeweils ein Einheitswert festzustellen ist. Bei den wirtschaftlichen Einheiten handelt es sich jeweils um ein Einfamilienhaus.
Bewertet werden diese wie ein Mietwohngrundstück.

7 **a) Grundstücksart bei Wohnungseigentum.** Besteht die wirtschaftliche Einheit **„Wohnungseigentum"** aus **nur einer Wohnung,** ist sie der Grundstücksart **„Einfamilienhaus"** zuzurechnen. Die Mitnutzung zu gewerblichen, freiberuflichen oder öffentlichen Zwecken steht der Einordnung in die Grundstücksart „Einfamilienhaus" nicht unbedingt entgegen (§ 75 Abs. 5 Satz 4). Gehört zum Wohnungseigentum ein Anteil an einer im gemeinschaftlichen Eigentum stehenden Hausmeisterwohnung, so bleibt es bei der Grundstücksart „Einfamilienhaus". Ist mit dem Wohnungseigentum ein **Anteil** an einer oder mehreren im gemeinschaftlichen Eigentum stehenden sonstigen Wohnungen verbunden, so handelt es sich um ein Mietwohngrundstück. Werden zwei Eigentumswohnungen wie eine Wohnung genutzt, so sind sie zu einer **wirtschaftlichen Einheit** zusammenzufassen. Entscheidend ist die bauliche Verbindung der Wohnungen (BFH III R 73/77 v. 23.2.1979, BStBl. II 1979, 547). Gehören zu einem Wohnungseigentum zwei Wohnungen in demselben Haus, bei denen die eine nicht an die andere, sondern an die unter dieser gelegene Wohnung angrenzt, so liegen jeweils zwei als Einfamilienhaus zu bewertende Einheiten vor (BFH II R 82/88 v. 24.10.1990, BStBl. II 1991, 503).

b) Grundstücksart bei Teileigentum. Teileigentum ist ein 8
Geschäftsgrundstück, wenn es ausschließlich gewerblichen, freiberuflichen oder öffentlichen Zwecken dient.

2. Bewertungsverfahren

Die Bewertung richtet sich **grundsätzlich** nach den allgemeinen 9
Regeln des § 76. Für Wohnungseigentum, das zu 20% oder mehr
Wohnzwecken dient, ist jedoch nach den besonderen Vorschriften
des § 93 Abs. 2 zu bewerten. Danach gilt Folgendes:
- **Wohnungseigentum, das zu mehr als 80% Wohnzwecken** 10
dient, ist im Wege des Ertragswertverfahrens nach den für Mietwohngrundstücke maßgebenden Vorschriften zu bewerten.
- **Wohnungseigentum, das zu nicht mehr als 80% aber zu** 11
nicht weniger als 20% Wohnzwecken dient, ist im Wege des Ertragswertverfahrens nach den für gemischt genutzte Grundstücke geltenden Regeln zu bewerten.
- **Wohnungseigentum, das ausnahmsweise zu mehr als 80%** 12
gewerblichen, freiberuflichen oder öffentlichen Zwecken
dient, ist als Geschäftsgrundstück zu bewerten.

Bei der Bewertung von Wohnungseigentum, das in die Grundstücksart „Einfamilienhaus" oder „Zweifamilienhaus" einzuordnen ist, ist
bei der Berechnung des **Zuschlags wegen Übergröße** gem. § 82
Abs. 2 Nr. 1 zu beachten, das vom Fünffachen der bebauten Fläche
auszugehen ist.

Teileigentum ist nach den Vorschriften, die für die im einzelnen 13
Fall in Betracht kommende Grundstücksart maßgebend ist, zu
bewerten.

3. Wert der im Gemeinschaftseigentum stehenden Räume

Bei der Bewertung im Ertragswertverfahren ist der **Wert des Mitei-** 14
gentumsanteils durch den Ansatz des Mietwerts regelmäßig voll
erfasst. Das gilt allerdings nur, wenn das Verhältnis der Miteigentumsanteile dem Verhältnis der Jahresrohmieten entspricht. Werden einzelne Räume, die im Gemeinschaftseigentum stehen, vermietet, so ist
der Wert nach den im Grundbuch eingetragenen Anteilen zu verteilen
und bei den einzelnen wirtschaftlichen Einheiten zu erfassen.

Beispiel:
Ein bebautes Grundstück (Nachkriegsbau, Massivbau, Gemeinde: 60 000
Einwohner) besteht aus zwei Eigentumswohnungen sowie aus einem im
gemeinschaftlichen Eigentum stehenden Laden und einer Dachgeschosswoh-

nung. Für jeden Wohnungseigentümer ist ein Miteigentumsanteil von 50%
im Grundbuch eingetragen. Die Jahresrohmieten für die Eigentumswohnungen betragen jeweils 3600 DM, für den Laden 4000 DM und für die Dachgeschosswohnung 1800 DM.

Die Einheitswerte für die beiden Eigentumswohnungen errechnen sich jeweils wie folgt:

Jahresrohmiete für die Eigentumswohnung	3600 DM
50% der Jahresrohmiete für den Laden	2000 DM
50% der Jahresrohmiete für die Dachgeschosswohnung	900 DM
insgesamt	6500 DM

Die wirtschaftliche Einheit wird zu 69,23% für Wohnzwecke und zu 30,77 % zu gewerblichen Zwecken genutzt und damit der Grundstücksart „gemischt genutztes Grundstück" zugeordnet. Die Bewertung richtet sich nach § 93 Abs. 2 Satz 3. Der Vervielfältiger beträgt 9,0.

Einheitswert: 6500 DM × 9,0 = 58 500 DM

4. Abweichung der Miteigentumsanteile

15   Weicht das **Verhältnis der Jahresrohmieten** wesentlich von dem Verhältnis der grundbuchlichen Miteigentumsanteile ab, lässt § 93 Abs. 3 Satz 1 zu, dass der Wert der Miteigentumsanteile nach den grundbuchlich eingetragenen Anteilen erfasst wird. Ist der im gemeinschaftlichen Eigentum stehende Bodenwert zu ermitteln, ist der im Grundstückswert enthaltene Bodenwertanteil auszusondern, im Verhältnis der Grundbuchanteile aufzuteilen und dem verbleibenden Wert hinzuzurechnen.

III. Feststellungen

16   Wird Wohnungs- oder Teileigentum neu begründet, so ist für jedes Wohnungs- oder Teileigentum eine Nachfeststellung gem. § 23 Abs. 1 Nr. 1 durchzuführen. Wird eine bisherige wirtschaftliche Einheit in Wohnungs- oder Teileigentum **umgewandelt,** so ist der bisherige Einheitswert gem. § 24 Abs. 1 Nr. 1 aufzuheben und für die wirtschaftlichen Einheiten des Wohnungs- oder Teileigentums jeweils eine Nachfeststellung gem. § 23 Abs. 1 Nr. 1 durchzuführen.

§ 94 Gebäude auf fremdem Grund und Boden

(1) ¹**Bei Gebäuden auf fremdem Grund und Boden ist der Bodenwert dem Eigentümer des Grund und Bodens und der Gebäudewert dem wirtschaftlichen Eigentümer des Gebäudes zuzurechnen.** ²**Außenanlagen (z. B. Umzäunungen, Wegebefestigungen), auf die sich das wirtschaftliche Eigentum am**

Gebäude erstreckt, sind unbeschadet der Vorschriften in § 68 Abs. 2 in die wirtschaftliche Einheit des Gebäudes einzubeziehen. ³Für die Grundstücksart des Gebäudes ist § 75 maßgebend; der Grund und Boden, auf dem das Gebäude errichtet ist, gilt als bebautes Grundstück derselben Grundstücksart.

(2) Für den Grund und Boden ist der Wert nach den für unbebaute Grundstücke geltenden Grundsätzen zu ermitteln; beeinträchtigt die Nutzungsbehinderung, welche sich aus dem Vorhandensein des Gebäudes ergibt, den Wert, so ist dies zu berücksichtigen.

(3) ¹Die Bewertung der Gebäude erfolgt nach § 76. ²Wird das Gebäude nach dem Ertragswertverfahren bewertet, so ist von dem sich nach den §§ 78 bis 80 ergebenden Wert der auf den Grund und Boden entfallende Anteil abzuziehen. ³Ist vereinbart, daß das Gebäude nach Ablauf der Miet- oder Pachtzeit abzubrechen ist, so ist dieser Umstand durch einen entsprechenden Abschlag zu berücksichtigen; der Abschlag unterbleibt, wenn vorauszusehen ist, daß das Gebäude trotz der Verpflichtung nicht abgebrochen werden wird.

Tabelle zu § 94 Abs.3 BewG: FinMin Bayern v. 10.1.1968, S 3215–2/ 20–69889 (abgedruckt unter Rz. 15)

I. Allgemeines

Abweichend vom Erbbaurecht erlangt derjenige, der das Gebäude 1 auf fremden Grund und Boden errichtet hat, **bürgerlich-rechtlich** kein Eigentum an dem Gebäude. Das Gebäude kann als wesentlicher Bestandteil des Grund und Bodens nicht Gegenstand besonderer Rechte sein. **Bewertungsrechtlich** stellt das Gebäude auf fremden Grund und Boden ein Grundstück und damit eine wirtschaftliche Einheit dar (§ 70 Abs. 3). Derjenige, der das Gebäude errichtet hat, erlangt steuerrechtlich das wirtschaftliche Eigentum an dem Gebäude (§ 39 Abs. 2 AO).

Der Grund und Boden und das Gebäude bilden **zwei selbststän-** 2 **dige wirtschaftliche Einheiten**, für die je ein Einheitswert festzustellen ist. Der Bodenwert ist dabei dem Eigentümer des Grund und Bodens, der Gebäudewert dem wirtschaftlichen Eigentümer des Gebäudes zuzurechnen. Dem wirtschaftlichen Eigentümer des Gebäudes werden darüber hinaus auch die dem Gebäude dienenden, von ihm errichteten und ihm wirtschaftlich gehörenden Außenanlagen zugerechnet. Abweichend vom Erbbaurecht ist kein Gesamtwert zu ermit-

§ 94 Gebäude auf fremdem Grund und Boden

teln, der anschließend zu verteilen wäre. Jede wirtschaftliche Einheit ist vielmehr getrennt, nach eigenen Regeln zu bewerten. Dass sich durch die Zusammenrechnung ein höherer Wert ergeben kann, als bei der Bewertung des Grundstücks als eine wirtschaftliche Einheit, wird in Kauf genommen (OFD Kiel v. 22.10.1968, StEK BewG § 94 Nr. 4).

II. Bewertung des Grund und Bodens

3   Die **wirtschaftliche Einheit** des Grund und Bodens **gilt als bebautes Grundstück.** Die Grundstücksart bestimmt sich nach der des aufstehenden Gebäudes. Der Grund und Boden mit mehreren Gebäuden ist der Grundstücksart zuzurechnen, die sich ergeben würde, wenn nur ein Gebäude dieser Art errichtet worden wäre (OFD Bremen v. 29.3.1973, StEK BewG 1965 § 75 Nr. 7).

4   Obwohl der Grund und Boden als bebautes Grundstück gilt, wird der Wert nach den **Regeln,** die **für unbebaute Grundstücke** gelten, bewertet. Zur Ermittlung des gemeinen Werts unbebauter Grundstücke wird auf § 72 Rz. 10 verwiesen. Die Nutzungsbehinderung, die daraus resultiert, dass auf dem Grundstück ein Gebäude steht, ist nur ausnahmsweise wertmindernd zu berücksichtigen. Solange der Verpächter eine angemessene Rendite erzielt, kommt eine Ermäßigung jedenfalls nicht in Betracht. In den Fällen des entschädigungslosen Übergangs des Gebäudes nach Ablauf der Pachtzeit ist eine Wertminderung ebenfalls nicht zu rechtfertigen (*Rössler/Troll* § 94 Rz. 12).

5   Bei der Bewertung des Grund und Bodens ist darauf zu achten, dass die wirtschaftlichen **Einheiten zutreffend abgegrenzt** worden sind. Denn als Grund und Boden iSd. § 94 Abs. 1 Satz 3 kann nur die vom wirtschaftlichen Eigentümer des Gebäudes genutzte Fläche verstanden werden. Dies führt dazu, dass aus einem größeren Stammgrundstück ggf. diese selbstständige wirtschaftliche Einheit herauszulösen ist (BFH II R 219/85 v. 2.8.1989, BStBl. II 1989, 826). Wird demnach von einem größeren Grundstück nur eine Teilfläche Verpachtet und errichtet der Pächter auf dieser Fläche ein Gebäude, so ist diese Fläche aus dem größeren Grundstück herauszulösen und als besondere wirtschaftliche Einheit zu bewerten (BFH III R 23/75 v. 6.10.1978, BStBl. II 1979, 37).

Beispiel:
Einfamilienhaus, Baujahr 2001, Massivbau, Gemeinde größer als 500 000 Einwohner, Jahresrohmiete 3000 DM, 500 qm großes Grundstück, Bodenrichtwert 30 DM.

Bewertung des Gebäudes § 94

Wert für den Grund und Boden:
500 qm × 30 DM = 15 000 DM Grundstücksart: Einfamilienhaus

III. Bewertung des Gebäudes

1. Regelfall

Die wirtschaftliche Einheit des Gebäudes auf fremden Grund und **6** Boden gilt **stets als bebautes Grundstück** im Sinne des § 74. Die Vorschriften des § 72 Abs. 2 über Gebäude von untergeordneter Bedeutung finden keine Anwendung (BFH III R 23/75 v. 6.10.1978, BStBl. II 1979, 37). Aus Vereinfachungsgründen sind allerdings Bauwerke auf fremdem Grund und Boden nicht als Gebäude zu bewerten, wenn der Einheitswert nicht mehr als 1000 DM bzw. 511 DM beträgt (FinMin. NRW v. 5.6.1968, DB 1968, 1648).

Für die **Bewertung des Gebäudes** gelten die **Vorschriften des** **7** **§ 76.** Wird das Gebäude im Ertragswertverfahren bewertet, so ist von dem sich nach den §§ 78 bis 80 ergebenden Wert der Bodenwertanteil abzuziehen. Der Bodenwertanteil ist mit Hilfe der in den Anlagen 1 bis 8 BewR Gr (s. § 80 Rz. 16 bis 23) aufgeführten Multiplikatoren herauszurechnen. Dadurch wird eine doppelte Erfassung des Grund und Bodens vermieden. Bei der Bewertung ist zu beachten, dass nach dem Sinn und Zweck der Vorschrift des § 94 **kein Zuschlag wegen Übergröße** iSd. § 82 Abs. 2 Nr. 1 zum Ansatz kommt. Ebenso ist für eine **Mindestbewertung** gem. § 77 kein Raum. Bei der Bewertung im Sachwertverfahren ergeben sich keine Besonderheiten. Es ist der Wert für das Gebäude und für die Außenanlagen anzusetzen.

Beispiel:
Wie unter § 94 Rz. 5
Wert für das Gebäude auf fremdem Grund und Boden:
Jahresrohmiete 3000 DM × 11,9 =	35 700 DM
./. Bodenwertanteil 3000 DM × 3,33	9 990 DM
Gebäudewert	25 710 DM

Grundstücksart: Einfamilienhaus

2. Berücksichtigung einer Abbruchverpflichtung

Ist vereinbart, dass das Gebäude nach Ablauf der Miet- oder Pacht- **8** zeit abzubrechen ist, kommt ein Abschlag in Betracht. Der Abschlag unterbleibt, wenn vorauszusehen ist, dass das Gebäude trotz der

§ 94 Gebäude auf fremdem Grund und Boden

Abrissverpflichtung nicht abgebrochen wird (BFH II R 217/82 v. 26.2.1986, BStBl. II 1982, 449). Die vertragliche Vereinbarung muss so eindeutig und unbedingt sein, dass hinsichtlich der Abbruchverpflichtung keine Zweifel bestehen (BFH III R 97/79 v. 3.7.1981, BStBl. II 1981, 759). Im Gegensatz zum Abschlag gem. § 82 Abs. 1 Nr. 3 ist nicht Voraussetzung, dass der Abbruch „bald" bevorsteht.

9   **a) Abschlag im Ertragswertverfahren.** Die **Höhe des Abschlags** ergibt sich aus der Anlage 9 der BewRGr (Anhang Rz. 35). Sie richtet sich nach der Zeit vom jeweiligen Feststellungszeitpunkt bis zum Zeitpunkt des Abbruchs. Bei der Berechnung der Restnutzungsdauer ist zu beachten, dass das Abbruchjahr nicht mitrechnet.

Beispiel:
Vorläufiger Gebäudewert (Nachkriegsbau, Massivbau) per 1.1.2002: 35 000 DM, nach den vertraglichen Vereinbarungen Abbruch in 28 Jahren

vorläufiger Gebäudewert lt. Beispiel:	35 000 DM
./. Abschlag wegen Abbruch iHv. 30 % von 35 000 DM	10 500 DM
Gebäudewert	24 500 DM

10 **b) Abschlag im Sachwertverfahren.** Der Abschlag wird nach dem Verhältnis des Alters des Gebäudes im jeweiligen Feststellungszeitpunkt zu der verkürzten Gesamtlebensdauer bemessen (BFH III R 53/79 v. 3.7.1981, BStBl. II 1981, 761).

IV. Feststellungen

1. Beginn des Miet- bzw. Pachtvertrags

11 Für die neu entstandene wirtschaftliche Einheit **„Gebäude auf fremdem Grund und Boden"** ist eine **Nachfeststellung** gem. § 23 Abs. 1 Nr. 1 durchzuführen.

12 Für die wirtschaftliche Einheit **„Grund und Boden"** ist eine **Artfortschreibung** gem. § 22 Abs. 2 vom unbebauten zum bebauten Grundstück durchzuführen. Sofern die vermietete bzw. verpachtete Fläche von einem größeren Grundstück abgetrennt worden und damit eine neue wirtschaftliche Einheit entstanden ist, kommt für die abgetrennte Fläche eine Nachfeststellung gem. § 23 Abs. 1 Nr. 1 in Betracht.

2. Ende der Miet- bzw. Pachtzeit

13 Die wirtschaftliche Einheit **„Gebäude auf fremdem Grund und Boden"** fällt weg. Der dafür festgestellte Einheitswert ist gem. § 24 Abs. 1 Nr. 1 **aufzuheben**.

Bei der wirtschaftlichen Einheit **„Grund und Boden"** ist **zu** 14
differenzieren, ob das Gebäude abgebrochen wird oder ob das
Gebäude – unabhängig davon, ob eine Entschädigung gezahlt wird
oder nicht – auf den Eigentümer des Grund und Bodens übergeht.
Wird das Gebäude abgebrochen, so ist eine Artfortschreibung vom
bebauten zum nunmehr wieder unbebauten Grundstück durchzuführen. Geht das Gebäude dagegen auf den Eigentümer des Grund
und Bodens über, so ist zu prüfen, ob eine Wertfortschreibung gem.
§ 22 Abs. 1 in Betracht kommt.

V. Tabelle zu § 94 Abs. 3

Berücksichtigung der Abbruchverpflichtung beim Erbbaurecht 15
FinMin. Bayern v. 10.1.1968, S 3215 – 2/20 – 69889 (abgedruckt unter
§ 92 Rz. 17)

D. Betriebsvermögen

Vor §§ 95–109 Betriebsvermögen

I. Zum geltenden Recht

Die §§ 95 ff. haben durch das **ErbStRG** v. 24.12.2008 (BStBl. I 1
2009, 140) einschneidende Änderungen erfahren. Während Begriff
und Umfang des Betriebsvermögens nahezu unverändert geblieben
sind, liegen die entscheidenden Änderungen bei der Bewertungsvorschrift des § 109 und beim aufgehobenen § 98 a aF. § 109 in seiner
bisherigen Fassung regelte den Ansatz der WG des Gewerbebetriebs
mit den **Steuerbilanzwerten.** Dies wurde durch BVerfG v.
7.11.2006 (BStBl. II 2007, 192) als **verfassungswidrig** verworfen.
Das Verdikt des BVerfG lautet, dass die Bewertungsgrundlage für
die Erbschaft-/Schenkungsteuer für alle Vermögensarten einheitlich
sich am gemeinen Wert auszurichten hat. Nach Auffassung des
BVerfG ist die Bewertung auf der Grundlage der Steuerbilanzwerte
völlig ungleichmäßig und willkürlich. Der Gleichheitssatz erfordere,
dass die Bewertung aller Vermögensgegenstände einheitlich am
gemeinen Wert als maßgeblichem Bewertungsziel ausgerichtet sei;
erst im Anschluss an die zutreffende Bewertung dürfe der Gesetzgeber in einem zweiten Schritt aus Gemeinwohlgründen außerfiskalische Förderungsziele durch zielgenaue und normenklare Verschonungsmaßnahmen verfolgen.

Vor §§ 95–109 Betriebsvermögen

2 Dies hat der Gesetzgeber mit dem **ErbStRG** v. 24.12.2008 (BGBl. I 2008, 3018) zum 1.1.2009 umgesetzt. Nach der Erbschaftsteuerreform 2009 wird Betriebsvermögen grundsätzlich mit seinem **gemeinen Wert** angesetzt (§ 109 Abs. 1). Der Verweis in § 109 Abs. 1 und Abs. 2 auf § 11 Abs. 2 markiert die zweite entscheidende Änderung in der zukünftigen Bewertung. Während bisher die WG des Gewerbebetriebs einzeln bewertet wurden, ist zukünftig die Ertragswertmethode oder eine andere anerkannte auch im gewöhnlichen Geschäftsverkehr für nicht steuerliche Zwecke übliche Methode anzuwenden. Damit ist der bisherige Grundsatz der Einzelbewertung aufgegeben und eine Hinwendung zur **Gesamtbewertung** erfolgt. Konsequenterweise wurde § 98 a, der bis zum 31.12.2008 die Einzelbewertung der WG vorschrieb, ersatzlos aufgehoben. Das Gesetz schreibt künftig für alle wirtschaftlichen Einheiten des Betriebsvermögens sowie für nicht notierte Anteile an Kapitalgesellschaften ein einheitliches Bewertungsverfahren vor; die bisherige **Rechtsformabhängigkeit der Bewertungsmethode entfällt** in Zukunft. Vorrangig ist in allen Fällen – sofern keine zeitnahen Kaufpreise vorliegen – die Bewertung im Ganzen nach dem Ertrag.

3 Das BewG regelt in seinem Zweiten Teil, im Ersten Abschnitt unter Buchstabe D, in den §§ 95 bis 109 Begriff, Umfang und Bewertung des Betriebsvermögens. Daneben ist im Dritten Abschnitt in § 137 eine Sondervorschrift für die sog. Bilanzierungshilfen nach dem DMBilG enthalten. Im Sechsten Abschnitt unter Buchstabe D ist in den §§ 199–203 das vereinfachte Ertragswertverfahren geregelt.

4 Während bis 1996 bzw. bis einschließlich 1997 der Einheitswert des Betriebsvermögens für die Vermögensteuer, die Gewerbekapitalsteuer und die Erbschaft-/Schenkungsteuer benötigt wurde, ist der Wert des Betriebsvermögens nach dem BewG nach Wegfall der Vermögensteuer zum 31.12.1996 und der Gewerbekapitalsteuer zum 31.12.1997 **nur noch für Erbschaft-/Schenkungsfälle** erforderlich.

Durch das Gesetz zur Fortsetzung der Unternehmenssteuerreform v. 29.10.1997 (BGBl. I 1997, 2590) sind §§ 19 Abs. 1 und 28 Abs. 1 darum auch in der Weise geändert worden, dass mit Wirkung ab 1.1.1998 Einheitswerte für inländische Gewerbebetriebe nicht mehr festgestellt und dementsprechend auch nicht mehr erklärt werden.

5 Gemäß § 151 Abs. 1 Satz 1 Nr. 2 ist der Wert des Betriebsvermögens durch das Betriebsfinanzamt gesondert festzustellen, wenn dieser Wert für Zwecke der Erbschaft- und Schenkungsteuer von Bedeutung ist (vgl. *Gürsching/Stenger* § 95 Rz. 26).

6 Einheitswerte für inländische Gewerbebetriebe wurden regelmäßig auf den **Feststellungszeitpunkt 1. Januar** festgestellt. Nunmehr erfolgt die Ermittlung des Werts des Gewerbebetriebs auf den

Stichtag der Entstehung der Erbschaft-/Schenkungsteuer entsprechend § 9 ErbStG.
einstweilen frei 7, 8

II. Überblick über die aufgehobenen Vorschriften

Begründet durch den Wegfall der Vermögensteuer und Gewerbekapitalsteuer sind die nachfolgend kurz erläuterten Vorschriften entbehrlich und darum durch das Gesetz zur Fortsetzung der Unternehmenssteuerreform v. 29.10.1997 (BGBl. I 1997, 2590) **mit Wirkung ab 1.1.1998 aufgehoben** worden: 9

§ 101 Nicht zum Betriebsvermögen gehörende Wirtschaftsgüter – Das waren Wirtschaftsgüter, die von der Vermögensteuer und Gewerbekapitalsteuer befreit waren.

Für die Erbschaft-/Schenkungsteuer war § 101 nicht anzuwenden (§ 12 Abs. 5 Satz 2 ErbStG). Insofern führt die Aufhebung der Vorschrift hier zu keiner höheren Steuerbelastung.

§ 102 Vergünstigung für Schachtelgesellschaften – Nach dieser Vorschrift gehörten Beteiligungen nicht zum Gewerbebetrieb, die insbesondere von inländischen Kapitalgesellschaften unmittelbar an inländischen Kapitalgesellschaften oder ausländischen iSv. § 8 Abs. 2 AStG aktiv tätigen Kapitalgesellschaften gehalten wurden, wenn es sich um eine mindestens zehnprozentige Beteiligung gehandelt hatte, die seit mindestens 12 Monaten vor dem maßgebenden Abschlusszeitpunkt (§ 106 aF) bestanden hatte.

Auch diese Vorschrift war bei der Erbschaft-/Schenkungsteuer nicht anzuwenden (§ 12 Abs. 5 Satz 2 ErbStG aF).

§ 106 Bewertungsstichtag – Für den Bestand und die Bewertung des Betriebsvermögens waren grundsätzlich die Verhältnisse im Feststellungszeitpunkt, das war der 1. 1., maßgebend. Für Betriebe, deren Wirtschaftsjahr mit dem Kalenderjahr übereinstimmte, war der Abschlusstag 31. 12. zugrunde zu legen. Bei vom Kalenderjahr abweichenden Wirtschaftsjahren konnte auf Antrag der Schluss des abweichenden Wirtschaftsjahres zugrunde gelegt werden, das dem Feststellungszeitpunkt voranging. In beiden Fällen galt der auf den Abschlusszeitpunkt ermittelte Einheitswert als Einheitswert vom Feststellungszeitpunkt. Abweichend davon waren für Betriebsgrundstücke die Verhältnisse am 1. 1. maßgebend, für Wertpapiere und Anteile an Kapitalgesellschaften der vor dem Feststellungszeitpunkt liegende 31. 12. und für Beteiligungen an Personengesellschaften die Einheitswertfeststellung bei der Personengesellschaft.

In Erbschaft-/Schenkungsteuerfällen wird der Wert des Betriebsvermögens auf den Stichtag der Entstehung der Steuer ermittelt (vgl. Rz. 6).

§ 107 Ausgleich von Vermögensveränderungen nach dem Abschlusszeitpunkt – Zum Ausgleich von Verschiebungen durch Ausscheiden oder Zuführen von Wirtschaftsgütern zwischen dem Abschlusszeitpunkt (§ 106 aF) und dem Feststellungszeitpunkt 1. 1. enthielt § 107 eine umfangreiche Regelung.

Vor §§ 95–109

Für die Erbschaft-/Schenkungsteuer hatte diese Vorschrift keine Bedeutung.

10 Durch das **StÄndG 1992** v. 25.2.1992 (BGBl. I 1992, 297) hatte sich bereits die Bewertung des Betriebsvermögens ab Feststellungszeitpunkt 1.1.1993 grundlegend dadurch geändert und vereinfacht, dass bei Steuerpflichtigen, die ihren Gewinn nach § 4 Abs. 1 oder § 5 EStG ermitteln, die zum Gewerbebetrieb gehörenden Wirtschaftsgüter, sonstigen aktiven Ansätze, Schulden und sonstigen passiven Ansätze in der Regel mit den **Steuerbilanzwerten** anzusetzen waren (§ 109 Abs. 1). Hiervon ausgenommen waren lediglich Grundstücke, Anteile an Personengesellschaften und Wertpapiere und Anteile an Kapitalgesellschaften.

Die Steuerbilanzwerte galten auch für die Erbschaft-/Schenkungsteuer (§ 12 Abs. 5 Satz 2 ErbStG aF).

Durch die Übernahme der Steuerbilanzwerte wurden

§ 103 a Rückstellungen für die Preisnachlässe, für Wechselhaftung und für Jubiläumszuwendungen sowie

§ 105 Steuerschulden

entbehrlich und darum ebenfalls mit Wirkung 1.1.1993 aufgehoben.

Durch das **Zinsabschlaggesetz** v. 9.11.1992 (BGBl. I 1992, 1853) wurde ebenfalls mit Wirkung 1.1.1993

§ 100 Mineralgewinnungsrechte – aufgehoben. Damit sind auch das Recht zur Ausbeutung bergrechtlicher Mineralien und die aus dem Eigentum am Grundstück fließende Berechtigung zum Abbau von bergfreien (= grundeigenen) Bodenschätzen mit dem (etwaigen) Steuerbilanzwert anzusetzen anstelle der bisherigen Einheitswerts.

11 Durch das **StÄndG 2001** v. 20.12.2001 (BGBl. I 2001, 3794) wurde mit Wirkung 1.1.2002

§ 98 Arbeitsgemeinschaften – aufgehoben. Die Vorschrift bezweckte eine steuereinheitliche Behandlung von Arbeitsgemeinschaften, deren alleiniger Zweck in der Erfüllung eines einzigen Werkvertrags bestand. Sie war als Ergänzung zu § 180 Abs. 4 AO und § 2 a GewStG zu sehen. Für Erbschaft- und Schenkungsteuerfälle hatte die Vorschrift keine Bedeutung.

12 Durch das **ErbStRG** v. 24.12.2008 (BGBl. I 2008, 3018) wurden mit Wirkung zum 1.1.2009 aufgehoben:

§ 95 Abs. 1 Satz 1, 2. Hs.; Satz 2. Siehe dazu § 95 Rz. 1.

§ 98 a Bewertungsgrundsätze. Unter der Herrschaft der Steuerbilanzwerte schrieb die Vorschrift den Grundsatz der Einzelbewertung für die zu einem Gewerbebetrieb gehörenden Wirtschaftsgüter vor. Durch den Wechsel zur Gesamtbewertung ist die Vorschrift überflüssig geworden.

§ 99 Abs. 2 Betriebsgrundstücke. Abs. 2 enthielt eine besondere Zurechnungsregelung für Betriebsgrundstücke. Sie waren entweder voll oder gar nicht anzusetzen. Nach der Neuregelung folgt die Behandlung als Betriebsgrundstück immer der ertragsteuerlichen Behandlung, so dass die Vorschrift überflüssig geworden ist.

§ 104 Pensionsverpflichtungen. Die Vorschrift sah eine besondere Regelung bei der Bewertung von Pensionsverpflichtungen vor, und zwar im Rahmen der Einzelbewertung. Nach der Neuregelung der Gesamtbewertung, die alle Wirtschaftsgüter (positive und negative) des Gewerbebetriebs beinhaltet, gibt es keinen besonderen Ansatz von Pensionsverpflichtungen mehr, so dass die Vorschrift überflüssig geworden ist.

III. Doppelregelung für gewerblich tätige Personengesellschaften durch das StÄndG 2001

§ 95 Abs. 1 bestimmt, dass das Betriebsvermögen alle Teile eines **13** Gewerbebetriebs iSv. § 15 Abs. 1 und 2 EStG umfasst, die bei der steuerlichen Gewinnermittlung zum Betriebsvermögen gehören. Die Vorschrift übernimmt damit sowohl die einkommensteuerliche Begriffsbestimmung des Gewerbebetriebs in § 15 Abs. 2 EStG als auch den durch § 15 Abs. 1 EStG erfassten Kreis der Gewerbetreibenden. Das sind nach Nr. 1 die gewerblichen Einzelunternehmer, nach Nr. 2 die gewerblich tätigen Personengesellschaften und nach Nr. 3 der Gesellschaftsanteil des persönlich haftenden Gesellschafters einer KGaA, soweit er nicht auf Aktienkapital entfällt. § 97 Abs. 1 Nr. 5 in der vor dem StÄndG 2001 geltenden Fassung legte dagegen das Betriebsvermögen der Personengesellschaften fest, die nicht oder nicht ausschließlich gewerblich tätig sind, die nach § 15 Abs. 3 EStG aber gewerbliche Einkünfte erzielen.

Durch das **StÄndG 2001** v. 20.12.2001 (BGBl. I 2001, 3794) **14** wurde § 97 Abs. 1 Nr. 5 um die schon in § 95 Abs. 1 erfassten gewerblich tätigen Personengesellschaften iSd. § 15 Abs. 1 Nr. 2 EStG sowie um die durch § 96 erfassten freiberuflich tätigen Personengesellschaften iSd. § 18 Abs. 4 Satz 2 EStG erweitert. In der Gesetzesbegründung (BR-Drucks. 399/01 S. 59) heißt es dazu, dass klargestellt wird, dass es sich auch bei den Gesellschaften iSd. §§ 15 Abs. 1 Nr. 2, 18 Abs. 4 Satz 2 EStG bewertungsrechtlich um Gewerbebetriebe handelt. Angesichts des insoweit eindeutigen § 95 Abs. 1 konnte man auch vor der Änderung des § 97 Abs. 1 Nr. 5 durch das StÄndG 2001 keine Zweifel daran haben, dass die gewerblich tätigen Personengesellschaften iSd. § 15 Abs. 1 Nr. 2 EStG auch bewertungsrechtlich einen Gewerbebetrieb unterhalten. Dasselbe gilt für die freiberuflich tätigen Personengesellschaften, die nach dem klaren Wortlaut des § 96 einem Gewerbebetrieb gleichstehen.

So sehr es zu begrüßen ist, dass für die Personengesellschaften, unab- **15** hängig davon, ob sie nach § 15 Abs. 1 Nr. 2 EStG oder nach § 15 Abs. 3 EStG gewerbliche Einkünfte erzielen, durch § 97 Abs. 1 a nunmehr eine einheitliche gesetzliche Regelung über die Aufteilung des Betriebsvermögens getroffen ist, so bedauerlich ist es aber auch, dass der Gesetzgeber einmal mehr nicht die Gelegenheit genutzt hat, in sich schlüssige Bestimmungen im Bereich des Betriebsvermögens zu schaffen und unnötigen Ballast abzuwerfen. Die Zweigleisigkeit beim Umfang des Betriebsvermögens durch die §§ 95 und 97 wird durch die Ergänzung in § 97 Abs. 1 Nr. 5 jedenfalls nicht überzeugender.

§ 95 Begriff des Betriebsvermögens

(1) **Das Betriebsvermögen umfasst alle Teile eines Gewerbebetriebs im Sinne des § 15 Abs. 1 und 2 des Einkommensteuergesetzes, die bei der steuerlichen Gewinnermittlung zum Betriebsvermögen gehören.**

(2) **Als Gewerbebetrieb gilt unbeschadet des § 97 nicht die Land- und Forstwirtschaft, wenn sie den Hauptzweck des Unternehmens bildet.**

(3) *(aufgehoben)*

Schrifttum: *Halaczinsky/Riedel,* Das neue Erbschaftsteuerrecht, 2009; *Moench/Albrecht,* Erbschaftsteuer 2. Auflage 2009; *Piltz,* Unternehmensbewertung im neuen Erbschaftsteuerrecht, DStR 2008, 745; *Wiegand,* Die Neuregelung des erbschaftsteuerlichen Bewertungsrechts auf der Grundlage der künftigen Bewertungsverordnungen, ZEV 2008, 129.

Übersicht

	Rn.
I. Entstehung und Bedeutung der Vorschrift	1–5
II. Begriff und Umfang des Betriebsvermögens (Abs. 1)	6–38
1. Gewerbebetrieb iSd. § 15 Abs. 1 und 2 EStG	7–11
2. Bei der steuerlichen Gewinnermittlung zum Betriebsvermögen gehörende Wirtschaftsgüter und Schulden	12–36
a) Das Betriebsvermögen bei bilanzierenden Gewerbetreibenden	13
b) Das Betriebsvermögen bei nichtbilanzierenden Gewerbetreibenden	14
c) Notwendiges Betriebsvermögen, gewillkürtes Betriebsvermögen, notwendiges Privatvermögen, gemischte Nutzung	15–18a
d) Rechtliches/wirtschaftliches Eigentum	19, 19a
e) Personengesellschaften – Sonderbetriebsvermögen, Ergänzungskapital, Anteil des Gesellschafters	20–25
f) Die atypisch stille Beteiligung	26–28
g) Der Gesellschaftsanteil des persönlich haftenden Gesellschafters einer KGaA	29, 30
h) Betriebsvermögen bei Gewerbebetrieben	

im Gründungs- oder Abwicklungsstadium	31, 32
i) Betriebsvermögen bei der Betriebsverpachtung im Ganzen	33
j) Betriebsaufspaltung	34
k) Ausländisches Betriebsvermögen	35, 36
3. Exkurs: Verwaltungsvermögen	37, 38
III. Land- und Forstwirtschaft ist grundsätzlich kein Gewerbebetrieb (Abs. 2)	39, 40

I. Entstehung und Bedeutung der Vorschrift

1 § 95 in der vorstehenden Fassung ist durch das **ErbStRG** v. 24.12.2008 (BStBl. I 2009, 3018) mit Wirkung zum 1.1.2009 neu gefasst worden. Satz 1 2. Hs., der eine **Sonderregelung für Betriebsgrundstücke** enthielt, wurde gestrichen, weil für Betriebsgrundstücke die Sonderzurechnungsnorm des § 99 Abs. 2 aF entfallen ist. Abs. 1 Satz 2 konnte gestrichen werden, weil im Rahmen der Gesamtbewertung für das Betriebsvermögen etwaige Ausgleichsposten bei einer Organschaft bereits berücksichtigt sind (*Gürsching/Stenger* § 95 Rz. 13). Die Sonderregelung in § 95, dass Ausgleichsposten beim Betriebsvermögen nicht anzusetzen sind, hat deshalb keine Bedeutung mehr.

2 § 95 definiert den **Begriff Betriebsvermögen** und legt damit gleichermaßen dessen Umfang fest. Die Vorschrift gilt unmittelbar nur für Einzelgewerbebetriebe iSv. § 15 Abs. 1 Nr. 1 EStG, für die in § 15 Abs. 1 Nr. 2 EStG aufgeführten Personengesellschaften sowie für die in § 15 Abs. 1 Nr. 3 EStG aufgeführten persönlich haftenden Gesellschafter einer KGaA, soweit ihr Kapitalanteil nicht auf Aktien entfällt. Für die in § 15 Abs. 3 EStG aufgeführten Personengesellschaften sowie für Körperschaften, sonstige Personenvereinigungen und Vermögensmassen ist das Betriebsvermögen gesondert in § 97 geregelt.

3 Nach Wegfall der Vermögensteuer zum 31.12.1996 und der Gewerbekapitalsteuer zum 31.12.1997 ist das Betriebsvermögen nur noch in **Erbschaft-/Schenkungsteuerfällen** von Bedeutung.

einstweilen frei **4, 5**

II. Begriff und Umfang des Betriebsvermögens (Abs. 1)

6 § 95 ist mit „Begriff des Betriebsvermögens" überschrieben. Abs. 1 Satz 1 erscheint dadurch sprachlich insofern etwas verun-

§ 95

glückt, als er den Begriff des Betriebsvermögens mit dessen Umfang erläutert: „Das Betriebsvermögen umfasst alle Teile eines Gewerbebetriebs iSd. § 15 Abs. 1 und 2 EStG, die bei der steuerlichen Gewinnermittlung zum Betriebsvermögen gehören."

6a „**Alle Teile eines Gewerbebetriebs**" ist eine im Steuerrecht sonst nicht gebräuchliche Umschreibung für alle WG und sonstigen Ansätze sowie Schulden und sonstigen Abzüge, die bei der steuerlichen Gewinnermittlung zum Betriebsvermögen gehören(ErbStR B 95 Abs. 1 Satz 1). § 95 erfasst damit das Betriebsvermögen von vornherein als Nettovermögen. Die gesonderte Vorschrift über den Schuldenabzug in § 103 hat nach dem Paradigmenwechsel durch die **Erbschaftsteuerreform 2009** von der Einzelbewertung zur Gesamtbewertung nur noch Bedeutung für die verbleibenden Fälle der Einzelbewertung (s. § 103 Rz. 3).

1. Gewerbebetrieb iSd. § 15 Abs. 1 und 2 EStG

7 § 95 Abs. 1 stellt auf den **Gewerbebetrieb** iSd. § 15 Abs. 1 und 2 EStG ab und übernimmt damit sowohl die einkommensteuerliche Begriffsbestimmung des Gewerbebetriebes in § 15 Abs. 2 EStG als auch den durch § 15 Abs. 1 EStG erfassten Kreis der Gewerbetreibenden.

Gewerbebetrieb iSd. § 15 Abs. 2 EStG ist nach dessen Wortlaut eine selbstständige, nachhaltige Betätigung, die mit der Absicht, Gewinn zu erzielen, unternommen wird und sich als Beteiligung am allgemeinen wirtschaftlichen Verkehr darstellt, wenn die Betätigung weder als Ausübung von Land- und Forstwirtschaft noch als Ausübung eines freien Berufs noch als eine andere selbstständige Arbeit anzusehen ist.

8 § 15 Abs. 1 EStG erfasst als (laufende) Einkünfte aus Gewerbebetrieb in der Nr. 1 den **gewerblichen Einzelunternehmer,** in der Nr. 2 die **gewerblich tätige Personengesellschaft** (OHG, KG oder andere Personengesellschaft, bei der der Gesellschafter als Unternehmer/Mitunternehmer anzusehen ist) sowie in der Nr. 3 den Gesellschaftsanteil des **persönlich haftenden Gesellschafters einer KGaA,** soweit er nicht auf Aktienkapital entfällt. Auf das Betriebsvermögen, das zu diesen Gewerbebetrieben gehört, ist § 95 unmittelbar anzuwenden. Eine eigenständige bewertungsrechtliche Prüfung, ob ein Gewerbebetrieb iSv. § 15 Abs. 1 und 2 EStG vorliegt, findet nicht statt (BFH II R 58/98 v. 25.10.2000, BStBl. II 2001, 92).

9 Als Gewerbebetrieb gilt auch die Tätigkeit der **in § 15 Abs. 3 EStG** aufgeführten Personengesellschaften. Das sind die nicht aus-

Begriff und Umfang des Betriebsvermögens (Abs. 1) **§ 95**

schließlich gewerblich tätigen und die sog. gewerblich geprägten Personengesellschaften. Diese Personengesellschaften unterhalten nicht in vollem Umfang einen Gewerbebetrieb bzw. keinen Gewerbebetrieb, wie er in § 15 Abs. 2 EStG definiert ist. Dadurch fallen sie nach hier vertretener Auffassung nicht unter § 95 (ähnlich *Rössler/ Troll* § 95 Rz. 33). Ihr Betriebsvermögen ist in § 97 geregelt. Das Gleiche gilt für die körperschaftsteuerpflichtigen juristischen Personen, also insbesondere für die **Kapitalgesellschaften.** Auch diese unterhalten stets einen Gewerbebetrieb ohne Rücksicht darauf, ob sie tatsächlich eine gewerbliche Tätigkeit iSv. § 15 Abs. 2 EStG ausüben. Die Unterscheidung zwischen dem **Betriebsvermögen nach § 95 oder § 97** macht der BFH offensichtlich nicht. Seine zu § 95 ergangenen Entscheidungen BFH II B 7/98 v. 27.1.1999 (BStBl. II 1999, 206) und BFH II R 24/98 v. 16.6.1999 (BFH/NV 2000, 10), nach denen eine Bestandsidentität zwischen der Steuerbilanz und dem Betriebsvermögen nach § 95 besteht, betreffen das Betriebsvermögen von Kapitalgesellschaften.

einstweilen frei **10, 11**

2. Bei der steuerlichen Gewinnermittlung zum Betriebsvermögen gehörende Wirtschaftsgüter und Schulden

Diese Wirtschaftsgüter und Schulden sind aus den **Gewinn- 12 mittlungsvorschriften** in § 4 Abs. 1 EStG oder § 5 EStG abzuleiten, sowie für Gesellschafter einer Personengesellschaft zusätzlich aus § 15 Abs. 1 Nr. 2 und ggf. Nr. 3 EStG.

Während § 4 Abs. 1 EStG lediglich den Begriff **„Betriebsvermögen"** bei der Bestimmung des Gewinns verwendet („Gewinn ist der Unterschiedsbetrag zwischen dem Betriebsvermögen am Schluss des Wirtschaftsjahrs und dem Betriebsvermögen am Schluss des vorangegangenen Wirtschaftsjahrs, ..."), enthält § 5 Abs. 1 EStG eine konkrete Aussage über das Betriebsvermögen von Gewerbetreibenden, die auf Grund gesetzlicher Vorschriften verpflichtet sind, Bücher zu führen und regelmäßig Abschlüsse zu machen, oder die ohne eine solche Verpflichtung Bücher führen und regelmäßig Abschlüsse machen. Diese haben am Schluss des Wirtschaftsjahrs das Betriebsvermögen anzusetzen, das nach handelsrechtlichen Grundsätzen ordnungsmäßiger Buchführung auszuweisen ist. Auch für Gewerbetreibende, die freiwillig Bücher führen, kommt danach nur die Gewinnermittlung nach § 5 EStG in Betracht. Die Gewinnermittlung nach § 4 Abs. 1 EStG gilt lediglich für die Gewerbetreibenden, für die sich die Buchführungspflicht aus § 141 AO ergibt. Nach § 141 Abs. 1 Satz 2 AO sind dabei die handelsrechtlichen Bilanzierungsgrundsätze sinngemäß anzuwenden. Insofern dürfte es für den Umfang des Betriebsvermögens grundsätzlich keinen Unterschied machen, ob der Gewinn nach § 4 Abs. 1 EStG oder nach § 5 EStG ermittelt wird. Betriebsvermögen haben auch die Gewerbetreibenden, die nicht verpflichtet sind, Bücher zu führen, und die darum ihren Gewinn gem. § 4 Abs. 3 EStG nach dem Überschuss der Betriebseinnahmen über die Betriebsausgaben ermitteln.

13 **a) Das Betriebsvermögen bei bilanzierenden Gewerbetreibenden.** Das **Betriebsvermögen bei bilanzierenden Gewerbetreibenden** ist nach § 5 Abs. 1 Satz 1 EStG aus dem handelsrechtlichen Jahresabschluss abzuleiten. § 246 Abs. 1 Satz 1 HGB verpflichtet jeden Kaufmann, sämtliche Vermögensgegenstände, Schulden und Rechnungsabgrenzungsposten im Jahresabschluss auszuweisen. Dabei dürfen nur die Vermögensgegenstände bilanziert werden, die sachlich dem unternehmerischen Bereich zuzurechnen sind. Das Unternehmensvermögen (Handelsgeschäft) ist daher vom Privatvermögen des Kaufmanns zu trennen (*Beck Bil-Komm.* § 246 HGB Rz. 43). Aus dieser Handelsbilanz ist, soweit erforderlich, die Steuerbilanz abzuleiten. Dazu enthält § 5 Abs. 2 bis 5 EStG eine Reihe von Ansatzvorschriften, die von den handelsrechtlichen Grundsätzen ordnungsmäßiger Bilanzierung abweichen. Das für ertragsteuerliche Zwecke in der Handelsbilanz oder ggf. in der abweichenden Steuerbilanz mit allen aktiven und passiven Bilanzposten ausgewiesene Betriebsvermögen ist der Umfang des Betriebsvermögens iSv. § 95. Der BFH (zB II B 7/98 v. 27.1.1999, BStBl. II 1999, 206, BFH II R 24/98 v. 16.6.1999, BFH/NV 2000, 10) geht von einer **Bestandsidentität** zwischen Steuerbilanz und Vermögensaufstellung (heute Betriebsvermögen nach § 95) aus (ErbStR B 95 Abs. 2). Aufgrund der Maßgeblichkeit der Handelsbilanz für die Steuerbilanz (§ 5 Abs. 1 EStG) spricht *Herzig* (DB 1992, 1053; vgl. auch *Rödder* DStR 1992, 965) zutreffend von einer verlängerten Maßgeblichkeit der Handelsbilanz für die Vermögensaufstellung (den Ansatz als Betriebsvermögen). So schließt er den Grundsatz der Bestandsidentität zwischen Steuerbilanz und dem Ausweis als Betriebsvermögen nach § 95 beispielsweise aus, eine in der Steuerbilanz nicht gebildete Pensionsrückstellung bewertungsrechtlich anzusetzen (BFH II R 24/98 v. 16.6.1999, BFH/NV 2000, 10). Zu **Durchbrechungen des Grundsatzes der Bestandsidentität** vgl. ErbStR B 95 Abs. 2 Satz 2.

14 **b) Das Betriebsvermögen bei nichtbilanzierenden Gewerbetreibenden.** Das **Betriebsvermögen bei nichtbilanzierenden Gewerbetreibenden** kann nicht aus einer Bilanz abgeleitet werden.

Gleichwohl gehören auch bei diesen Gewerbetreibenden alle Wirtschaftsgüter und Schulden zum Betriebsvermögen, die den Gewerbebetrieb dienen und nach ertragsteuerlichen Grundsätzen zu bilanzieren wären, ausgenommen gewillkürtes Betriebsvermögen (*V/K/S* § 95 Rz. 34, 28;iE ErbStR B 95 Abs. 3).

c) Notwendiges Betriebsvermögen, gewillkürtes Betriebsvermögen, notwendiges Privatvermögen, gemischte Nutzung. Wie schon nach handelsrechtlichen Grundsätzen ist auch für steuerliche Zwecke in der Bilanz nur das Vermögen auszuweisen, das dem Gewerbebetrieb dient. Steuerlich wird dabei unterschieden zwischen dem **notwendigen Betriebsvermögen,** das ausschließlich und unmittelbar für eigenbetriebliche Zwecke des Steuerpflichtigen genutzt wird oder zumindest dazu bestimmt ist, und dem gewillkürten Betriebsvermögen, das in einem gewissen Zusammenhang mit dem Betrieb steht und ihn zu fördern bestimmt oder geeignet ist. 15

Die grundsätzlich beim Steuerpflichtigen liegende Entscheidung, **gewillkürtes Betriebsvermögen** auszuweisen, muss in der Buchführung unmissverständlich in einer Weise kundgemacht werden, dass ein sachverständiger Dritter ohne weitere Erklärung des Steuerpflichtigen die Zugehörigkeit zum Betriebsvermögen erkennen kann (BFH X R 37/91 v. 22.9.1993, BStBl. II 1994, 172). Ist diese Zugehörigkeit gegeben, so gehört das gewillkürte Betriebsvermögen auch zum Betriebsvermögen iSv. § 95 (vgl. *Rössler/Troll § 95 Rz. 20).* Nach ständiger BFH-Rspr. kann der Gewinnermittler nach § 4 Abs. 3 EStG kein gewillkürtes Betriebsvermögen haben. Im Urteil X R 37/91 v. 22.9.1993, aaO stellt der BFH dies in Frage, ohne indes darüber zu entscheiden. 16

Zum **notwendigen Privatvermögen** gehören alle WG, die ausschließlich oder nahezu ausschließlich der privaten Lebensführung des Eigentümers dienen oder die der Eigentümer ausschließlich oder nahezu ausschließlich einem Familienangehörigen aus privaten Gründen unentgeltlich zur Nutzung überlässt. 17

Die **Abgrenzung von Privat- und Betriebsvermögen** gilt nach der Rechtsprechung auch für das Gesamthandsvermögen von Personengesellschaften. Daher kann sich nach BFH (IV R 56/87 v. 11.5.1989, BStBl. II 1989, 657 mwN) ergeben, dass ein Teil des Gesellschaftsvermögen notwendiges Privatvermögen der Gesellschafter ist und bei der Ermittlung der gemeinsamen gewerblichen Einkünfte der Gesellschafter nicht berücksichtigt werden darf. Das als notwendiges Privatvermögen anzusehende Gesamthandsvermögen gehört auch bewertungsrechtlich nicht zum Betriebsvermögen (iE *Rössler/Troll* § 95 Rz. 21 ff.).

18 Bei **gemischter Nutzung,** dh. wenn ein WG sowohl privaten als auch betrieblichen Zwecken dient, ist eine entsprechende Zerlegung in einen privaten und in einen betrieblichen Teil – außer bei Grundstücken – nicht zulässig. Ist der Anteil der betrieblichen Nutzung größer als 50%, gehört das WG insgesamt zum notwendigen Betriebsvermögen. Wird das WG zu mehr als 90% privat genutzt, gehört es zum notwendigen Privatvermögen. Bei betrieblicher Nutzung von mindestens 10% bis zu 50% ist ein Ausweis als gewillkürtes Betriebsvermögen möglich (EStR 4.2 Abs. 1). Diese ertragsteuerliche Behandlung der gemischt genutzten WG gilt auch bewertungsrechtlich, ausgenommen Grundstücke (vgl. *V/K/S* § 95 Rz. 24).

18a Bei **Grundstücken** ist für ertragsteuerliche Zwecke eine prozentuale Aufteilung notwendig, weil die unterschiedlich genutzten Gebäudeteile jeweils ein besonderes WG darstellen (EStR 4.2 Abs. 3 ff.). Bewertungsrechtlich gehörte das Grundstück bis zum 31.12.2008 in vollem Umfang zum Betriebsvermögen, wenn es zu mehr als 50 vH seines Wertes dem Gewerbebetrieb diente, andernfalls gehörte das ganze Grundstück zum Grundvermögen (§ 99 Abs. 2 aF). Diese Spezialregelung für Grundstücke ist mit dem **ErbStRG v. 24.12.2008** (BGBl. I 2008, 3018) zum 1.1.2009 entfallen. Die bewertungsrechtliche Behandlung folgt nunmehr auch bei Grundstücken der ertragsteuerlichen Behandlung (ErbStR B 99 Abs. 1). Diese Regelung gilt auch für die Erbschaft-/Schenkungsteuer (§ 12 Abs. 3 ErbStG iVm. § 157 Abs. 3).

19 **d) Rechtliches/wirtschaftliches Eigentum.** Vermögensgegenstände dürfen in der Bilanz des Kaufmanns nur ausgewiesen werden, wenn sie seinem Vermögen zugerechnet werden können. Die Zurechnung bestimmt sich zunächst nach den rechtlichen Eigentumsverhältnissen. Nach den handelsrechtlichen Grundsätzen ordnungsmäßiger Bilanzierung (vgl. *A/D/S* § 246 HGB Rz. 260 ff., *Beck Bil-Komm.* § 246 HGB Rz. 4 ff.), den steuerlichen Vorschriften (§ 39 AO) und der Rechtsprechung (vgl. zB BGH II ZR 164/94 v. 6.11.1995, DB 1996, 268 und BFH III R 233/90 v. 12.9.1991, BStBl. II 1992, 182) gehören zum Vermögen des Kaufmanns aber auch die Vermögensgegenstände, die zivilrechtlich zwar einer anderen Person gehören, die aber nach der Ausgestaltung der Rechtsbeziehungen zu dem zivilrechtlichen Rechtsinhaber und nach den tatsächlichen Verhältnissen wirtschaftlicher Bestandteil seines Vermögens sind; sog. wirtschaftliches Eigentum. Diese vermögensmäßige Zurechnung entspricht im Wesentlichen § 39 Abs. 2 Nr. 1 AO, nach dem ein WG demjenigen zuzurechnen ist, der, ohne

Begriff und Umfang des Betriebsvermögens (Abs. 1) § 95

rechtlicher Eigentümer zu sein, die tatsächliche Herrschaft über das WG in der Weise ausübt, dass er den Eigentümer im Regelfall für die gewöhnliche Nutzungsdauer von der Einwirkung auf das WG wirtschaftlich ausschließen kann. Dementsprechend sind zuzurechnen: Treugut dem Treugeber, Sicherungsgut dem Sicherungsgeber, unter Eigentumsvorbehalt übertragene Vermögensgegenstände dem Erwerber oder verpfändete Gegenstände dem Pfandrechtsbesteller. Sind danach in Handels- und Steuerbilanz Vermögensgegenstände bzw. WG auszuweisen, die dem Kaufmann/Gewerbetreibenden als wirtschaftlicher Eigentümer zuzurechnen sind, so gehören diese WG auch zum Betriebsvermögen iSv. § 95(zustimmend *Gürsching/Stenger* § 200 Rz. 33).

WG des **Unternehmer-Ehegatten** dürfen selbst dann nicht in der Steuerbilanz erfasst werden, wenn der Ehegatte diese dem Unternehmer-Ehegatten zur Nutzung in dessen Betrieb überlässt. Da § 26 weder für das Betriebsvermögen noch für die Erbschaftsteuer gilt (*Rössler/Troll* § 26 Rz. 7, 8), kann über diese Vorschrift nicht erreicht werden, dass WG des Unternehmer-Ehegatten in das Betriebsvermögen mit einzubeziehen sind (s. aber § 99 Rz. 10 a). Dieselben Grundsätze gelten auch für die **Betriebsgrundstücke** (BMF v. 24.6.1999, DStR 1999, 1231). **19a**

e) **Personengesellschaften – Sonderbetriebsvermögen, Ergänzungskapital, Anteil des Gesellschafters.** Durch die Bezugnahme in § 95 Abs. 1 Satz 2 BewG auf § 15 Abs. 1 Nr. 2 EStG ist für das bewertungsrechtliche Betriebsvermögen einer Personengesellschaft bestimmt, dass dazu neben dem in der Bilanz der Personengesellschaft auszuweisenden Gesamthandsvermögen auch das **Sonderbetriebsvermögen** der Gesellschafter gehört. Unter Sonderbetriebsvermögen versteht man die WG, die im zivilrechtlichen Eigentum eines oder mehrerer Gesellschafter stehen, die aber der Personengesellschaft zur Nutzung überlassen sind, einschl. der damit im Zusammenhang stehenden Verbindlichkeiten (sog. Sonderbetriebsvermögen I), oder die der Beteiligung des Gesellschafters an der Personengesellschaft dienen, wie der Anteil an der Komplementär-GmbH oder das Refinanzierungsdarlehen für den Erwerb der Beteiligung (sog. Sonderbetriebsvermögen II). In der Rechtsprechung des BFH ist anerkannt, dass der Mitunternehmer einer Personengesellschaft im Rahmen des Sonderbetriebsvermögens **auch gewillkürtes Betriebsvermögen** haben kann (zB BFH IV R 125/76 v. 11.10.1979, BStBl. II 1980, 40). Die Zugehörigkeit des Sonderbetriebsvermögens zum Mitunternehmeranteil leitet der BFH (zB VIII B 21/93 v. 31.8.1995, BStBl. II 1995, 890 mwN sowie **20**

BFH VIII R 66/96 v. 3.3.1998, BStBl. II 1998, 383) aus § 15 Abs. 1 Nr. 2 EStG ab, nach dem zu den Einkünften aus Gewerbebetrieb eines Gesellschafters einer Personengesellschaft neben dem Gewinnanteil auch die Vergütungen, die der Gesellschafter von der Gesellschaft für seine Tätigkeit im Dienst der Gesellschaft oder für die Hingabe von Darlehen oder für die Überlassung von WG bezogen hat, gehören.

21 § 15 Abs. 1 Nr. 2 EStG erfasst **nicht den umgekehrten Fall,** dass die Personengesellschaft dem Gesellschafter zu fremdüblichen Konditionen WG zur Nutzung überlässt oder ein Darlehen gewährt (BFH IV R 64/93 v. 9.5.1996, BStBl. II 1996, 642 mwN). Diese WG bleiben Betriebsvermögen bei der Personengesellschaft. Gewährt die Personengesellschaft dem Gesellschafter dagegen ein zinsloses Darlehen, so gehört die Darlehensforderung nach BFH IV R 64/93 v. 9.5.1996, BStBl. II 1996, 642, zum notwendigen Privatvermögen der Gesellschaft, dh., dass sie bereits nach § 5 EStG nicht in der (Steuer-)Bilanz auszuweisen ist (vgl. ErbStH B 97.1). § 95 hat dieser bilanzsteuerrechtlichen Betrachtung zu folgen.

22 Der bewertungsrechtlichen Zurechnung des Sonderbetriebsvermögens zum Betriebsvermögen der Personengesellschaft kam für die Vermögensteuer und Gewerbekapitalsteuer eine nicht unwesentliche Bedeutung zu. Für die jetzt nur noch relevanten **Erbschaft-/ Schenkungsteuerfälle** hat die Zurechnung des Sonderbetriebsvermögens zum Betriebsvermögen nur Auswirkung, wenn mit dem Mitunternehmeranteil auch das Sonderbetriebsvermögen erworben wird. Behält beispielsweise im Falle einer Schenkung eines Mitunternehmeranteils der Schenker eine nicht zu den wesentlichen Betriebsgrundlagen gehörende Darlehensforderung gegen die Personengesellschaft zurück, so fällt insoweit auch keine Schenkungsteuer an. Das Sonderbetriebsvermögen, beispielsweise die oben genannte Darlehensforderung, gehört zwar bewertungsrechtlich zum Betriebsvermögen. Wenn der Schenker aber zB den Mitunternehmeranteil auf seinen Sohn und die Darlehensforderung gegen die Personengesellschaft auf seine Tochter, die nicht Mitunternehmer bei der Personengesellschaft ist, überträgt, so erhält die Tochter kein begünstigtes Betriebsvermögen nach §§ 13 a Abs. 1 i. V. m. 13 b Abs. 1 Nr. 2 ErbStG, sondern nur ein einzelnes WG, das überdies bei Entgegennahme aus dem Betriebsvermögen ausscheidet. Der Sohn wird allerdings die Vergünstigung für den Mitunternehmeranteil erhalten müssen, weil die Darlehensforderung gegen die Personengesellschaft keine wesentliche Betriebsgrundlage darstellt.

23 Bei **doppelstöckigen Personengesellschaften** steht der mittelbar über eine oder mehrere Personengesellschaften beteiligte Gesell-

Begriff und Umfang des Betriebsvermögens (Abs. 1) § 95

schafter dem unmittelbar beteiligten Gesellschafter gleich (§ 15 Abs. 1 Nr. 2 Satz 2 EStG). Darum gehört beispielsweise ein Darlehen, das der Gesellschafter der Obergesellschaft der Untergesellschaft gewährt, zu seinem Sonderbetriebsvermögen bei der Untergesellschaft und zum Betriebsvermögen iSv. § 95 (*Rössler/Troll* § 95 Rz. 38). In Erbschaft-/Schenkungsteuerfällen kann es für dieses Sonderbetriebsvermögen aber nur die Vergünstigung nach § 13 a Abs. 1 ErbStG geben, wenn mit diesem Sonderbetriebsvermögen auch der Mitunternehmeranteil an der Obergesellschaft übertragen wird. Das Sonderbetriebsvermögen bei der Untergesellschaft alleine ist lediglich ein einzelnes WG eines Betriebsvermögens, für das die Vergünstigung der § 13 a Abs. 1 ErbStG nicht gilt.

Nach **bisheriger Verwaltungsauffassung** (R 115 Abs. 1 Nr. 2 ErbStR 2003) gehörte zum Betriebsvermögen der Personengesellschaft auch das **Ergänzungskapital.** Unter Ergänzungskapital versteht man bei Erwerb einer Beteiligung an einer Personengesellschaft den dem Veräußerer (über sein steuerliches Kapitalkonto hinaus) gezahlten Mehrwert für die Beteiligung. Dieser Mehrwert, d. h. die vergüteten stillen Reserven, sind in einer Ergänzungsbilanz des eingetretenen Gesellschafters bei der Gesellschaft auszuweisen. Hieran hat es bereits in der Vergangenheit erhebliche Kritik gegeben (*Hübner* DStR 2000, 1205, 1214; *ders.* ZEV 2003, 12, 13). *Hübner* weist zutreffend darauf hin, dass der Sinn ertragsteuerlicher Ergänzungsbilanzen nicht mit der zivilrechtlichen Zuordnung der Vermögenssubstanz, für die einzig die vereinbarten Beteiligungsquoten (Festkapitalkonten) maßgeblich sind, korreliert. Ergänzungsbilanzen bilden nämlich – anders als Sonderbilanzen – keine WG ab, sondern Wertkorrekturen zu WG des Gesamthandvermögens, die dem Grunde nach in der Gesellschaftsbilanz anzusetzen sind (vgl. weitergehend *Hübner,* Erbschaftsteuerreform 2009 S. 499 f.).

Es kann offen bleiben, ob dieser Kritik für das **alte Recht** zu folgen ist. Denn beim früheren Einzelbewertungsverfahren mit dem Ansatz der Steuerbilanzwerte haben die Korrekturen in Ergänzungsbilanzen auch die nach § 109 Abs. 1 a. F. zu übernehmenden Steuerbilanzwerte verändert und mussten somit berücksichtigt werden. Der **Gesetzgeber** hat sich aber jetzt unter der Herrschaft des Bewertungsmaßstabs des gemeinen Werts für das Betriebsvermögen **zu Recht der Kritik** von *Hübner* (a. a. O.) **angeschlossen.** In der Begründung des Finanzausschusses zum ErbStRG (BT-Drucks. 16/11107 S. 16) zu § 97 heißt es dazu: „*Das Kapital etwaiger Ergänzungsbilanzen der Gesellschafter wird nicht berücksichtigt, weil die Ergänzungsbilanzen weder bei der Ermittlung des Unternehmenswerts berücksichtigt werden, noch zusätzliche Entnahmerechte gewähren*". Diese zu § 97 bei der Aufteilung des Werts des Betriebsver-

24

mögens gegebene Begründung hat auch Auswirkungen auf § 95. Denn mit der Abkehr der Einzelbewertung mit Steuerbilanzwerten und der Hinwendung zu einer Gesamtbewertung des Betriebsvermögens mit dem gemeinen Wert haben Ergänzungsbilanzen bei der Wertermittlung keine Bedeutung mehr. Ergänzungsbilanzen scheiden somit seit dem 1.1.2009 bei der Ermittlung des erbschaftsteuerlichen Betriebsvermögens aus (vgl. *V/K/S* § 97 Rz. 17).

25 § 95 bestimmt nicht, wie der **Anteil des Gesellschafters am Betriebsvermögen der Personengesellschaft** zu ermitteln ist. Nach der Ergänzung des § 97 Abs. 1 Nr. 5 durch das StÄndG 2001 v. 20. 12. 2001 (BGBl. I 2001, 3794 gilt die in § 97 Abs. 1 a getroffene Regelung über die Aufteilung des Betriebsvermögens von Personengesellschaften aber auch für die hier angesprochenen Personengesellschaften iSv. § 15 Abs. 1 Nr. 2 EStG, vgl. zur Aufteilungsregelung § 97 Rz. 54 ff.

26 **f) Die atypisch stille Beteiligung.** Im Gegensatz zum typisch stillen Gesellschafter, der nicht Mitunternehmer ist, weil er nur einen Anspruch auf Auszahlung seines Gewinnanteils und seines Guthabens nach Auflösung der Gesellschaft hat, ist der atypisch stille Gesellschafter, der auch an den Anlagewerten und deren Wertsteigerung beteiligt ist, **Mitunternehmer.** Die atypisch stille Beteiligung stellt somit eine Gesellschaft iSd. § 97 Abs. 1 Nr. 5 dar (*Zacharias/Hebig/Rinnewitz* Die atypisch stille Gesellschaft S. 175). Der Wert der Beteiligung wird nach denselben Grundsätzen ermittelt wie der Wert des Anteils an einer OHG oder KG. Nach Ermittlung des gesamten Werts des Betriebsvermögens (des Geschäftsinhabers) ermittelt sich der Anteil des stillen Gesellschafters durch Aufteilung dieses Werts auf den Inhaber des Handelsgeschäfts und den stillen Gesellschafter gemäß § 97 Abs. 1 a. (Vgl. ausführlich *Gürsching/Stenger* § 97 Rz. 179 ff.; FinMin. Bayern v. 13.11.1989, BStBl. I 1989, 452; OFD Rostock v. 19.12.1999, StEd 2000, 90). In FinMin. Bayern v. 11.1.2008, DStR 2008, 508, hatte die Finanzverwaltung noch die Auffassung vertreten, dass die atypisch stille Beteiligung als bloße Innengesellschaft über kein begünstigtes Vermögen iSd. § 13 a ErbStG aF verfüge. Diese unzutreffende Auffassung ist zwischenzeitlich wieder aufgegeben worden (FinMin Bayern v. 23.9.2009, DStR 2009, 908). Da es nur darauf ankommt, ob ertragsteuerlich eine Mitunternehmerschaft vorliegt, handelt es sich bei der atypisch stillen Beteiligung um **begünstigtes Vermögen** nach § 13 a Abs. 1 iVm. § 13 b Abs. 1 Nr. 2 ErbStG.

27 Auch eine **Unterbeteiligung** an einem Personengesellschaftsanteil kann so ausgestaltet sein, dass der Unterbeteiligte an den stillen Reserven und am Liquidationserlös des Gesellschafters beteiligt wird.

In diesem Fall spricht man von einer atypisch stillen Unterbeteiligung, weil der Unterbeteiligte Mitunternehmer ist. Ihm ist dann ein Anteil an dem Anteil des Betriebsvermögens des Hauptbeteiligten zuzurechnen, d. h., er ist wie ein Mitunternehmer zu behandeln (*Gürsching/Stenger* § 97 Rz. 222). Die atypisch stille Unterbeteiligung verfügt wie die atypisch stille Beteiligung über begünstigtes Vermögen nach § 13 a Abs. 1 iVm. § 13 b Abs. 1 Nr. 2 ErbStG.

einstweilen frei 28

g) Der Gesellschaftsanteil des persönlich haftenden Gesellschafters einer KGaA. Eine KGaA unterliegt als Kapitalgesellschaft der Körperschaftsteuer. Nach § 9 Abs. 1 Nr. 1 KStG ist der Teil des Gewinns der KGaA aber abzuziehen, der an persönlich haftende Gesellschafter auf ihre nicht auf das Grundkapital gemachten Einlagen oder als Vergütung (Tantieme) für die Geschäftsführung verteilt wird. Dem entspricht § 15 Abs. 1 Nr. 3 EStG, nach dem als Einkünfte aus Gewerbebetrieb auch die Gewinnanteile der persönlich haftenden Gesellschafter einer KGaA, soweit sie nicht auf Anteile am Grundkapital entfallen, anzusehen sind. Zu den Gewinnanteilen gehören auch Vergütungen für die Tätigkeit im Dienst der Gesellschaft oder für die Hingabe von Darlehen oder für die Überlassung von WG. Soweit der Gewinnanteil des persönlich haftenden Gesellschafters auf seine Kommanditaktien entfällt, erzielt er Einkünfte aus Kapitalvermögen. Nach BFH X R 14/88 v. 21.6.1989 (BStBl. II 1989, 881) kann der persönlich haftende Gesellschafter einer KGaA wie ein Mitunternehmer Sonderbetriebsvermögen haben. Sein Gewinnanteil einschließlich seiner Sondervergütungen, Sonderbetriebseinnahmen und Sonderbetriebsausgaben ist durch Betriebsvermögensvergleich zu ermitteln. Die ihm gehörigen Kommanditaktien sind weder Betriebsvermögen noch Sonderbetriebsvermögen. 29

Durch den Bezug in § 95 Abs. 1 Satz 1 BewG auf § 15 Abs. 1 EStG gilt der Anteil des persönlich haftenden Gesellschafters an der KGaA, soweit er nicht auf Anteile am Grundkapital entfällt, als Betriebsvermögen iSv. § 95 und als **begünstigtes Betriebsvermögen** nach § 13 a Abs. 1 ErbStG. Da die Kommanditaktien kein Betriebsvermögen sind, fallen sie nicht unter die Begünstigungsvorschrift, auch wenn § 13 a Abs. 1 ErbStG sie nicht ausdrücklich ausnimmt. Die Kommanditaktien können dagegen unter die begünstigten Anteile nach § 13 b Abs. 1 Nr. 2 ErbStG fallen. 30

h) Betriebsvermögen bei Gewerbebetrieben im Gründungs- oder Abwicklungsstadium. § 95 erfasst das Betriebsvermögen iSv. § 15 Abs. 1 und 2 EStG ohne dabei auf eine tatsächlich gegebene **Gewerbesteuerpflicht** abzustellen. Nach BFH II R 25/ 31

90 v. 17.2.1993 (BStBl. II 1993, 584) setzt darum die Feststellung eines Einheitswerts des Betriebsvermögens einer Personengesellschaft nicht voraus, dass sich die Gesellschaft noch im werbenden Stadium befindet und der Gewerbesteuer unterliegt. Ein Einheitswert des Betriebsvermögens sei vielmehr so lange festzustellen, wie noch bewertungsrechtliches Betriebsvermögen vorhanden ist. Der Gewerbebetrieb iSv. § 95 Abs. 1 erlischt demnach erst dann, wenn alle WG iSd. § 15 Abs. 1 und 2 EStG veräußert oder in das Privatvermögen überführt worden sind. Auch wenn heute kein Einheitswert des Betriebsvermögen mehr festzustellen ist, behält die Feststellung, dass das bei der im Abwicklungsstadium befindlichen Personengesellschaft noch vorhandene Betriebsvermögen solches iSv. § 95 ist, weiterhin Gültigkeit. Die Entscheidung des BFH müsste sinngemäß auch für ein Einzelunternehmen gelten.

32 Auch bei einem **Gewerbetrieb,** der sich noch in der **Gründungsphase** befindet, kommt es für die Frage, ob ein Gewerbebetrieb iSd. § 95 Abs. 1 vorliegt, nicht darauf an, ob er bereits der Gewerbesteuerpflicht unterliegt. Gleichwohl ist die Gewerbesteuerpflicht ein starkes Indiz. Ab dem Zeitpunkt des Beginns der Gewerbesteuerpflicht wird regelmäßig auch ein Gewerbebetrieb iSd. § 95 Abs. 1 vorliegen. Das Bewertungsrecht ist an die Gewerbesteuerpflicht aber nicht gebunden; es kann auch schon zu einem früheren Zeitpunkt Betriebsvermögen vorhanden sein (vgl. *V/K/S* § 95 Rz. 7). Die Feststellung, dass Gewerbebetriebe, die sich im Gründungs- oder Abwicklungsstadium befinden, schon bzw. noch Betriebsvermögen iSv. § 95 haben, besagt nicht schon, dass es auch im Erbschafts- oder Schenkungsfall begünstigtes Betriebsvermögen iSv. § 13 a Abs. 1 ErbStG ist. Nur das Betriebsvermögen ist begünstigt, das im Zeitpunkt der Steuerentstehung als solches vom Erblasser oder Schenker auf den Erwerber übergeht und in der Hand des Erwerbers inländisches Betriebsvermögen bleibt. Diese Voraussetzung ist nicht gegeben, wenn der Erwerber die Liquidation des Gewerbebetriebs abschließt bzw. wenn der noch in Gründung befindliche Betrieb nicht anschließend werbend tätig wird.

33 **i) Betriebsvermögen bei der Betriebsverpachtung im Ganzen.** Ein **verpachtetes Unternehmen** ist grundsätzlich nicht als Gewerbebetrieb des Eigentümers zu behandeln. Allerdings liegen für den Steuerpflichtigen so lange **gewerbliche Einkünfte** vor, wie er nicht die Betriebsaufgabe erklärt und für ihn objektiv die Möglichkeit besteht, den Betrieb später fortzuführen (EStR 16 Abs. 2). Unter dieser Voraussetzung ist auch bewertungsrechtlich noch Betriebsvermögen gegeben (BFH II R 25/90 v. 17.2.1993, BStBl. II 1993, 584

Begriff und Umfang des Betriebsvermögens (Abs. 1) **§ 95**

mwN). Die letztlich entscheidende Frage, ob im Erbschafts-/Schenkungsfall begünstigtes Betriebsvermögen iSv. § 13 a Abs. 1 ErbStG gegeben ist, hängt – ebenso wie bei den Gewerbebetrieben im Gründungs- und Abwicklungsstadium – vom Verhalten des Erwerbers ab. Solange er die Betriebsaufgabe innerhalb des Verschonungszeitraums von fünf Jahren (§ 13b Abs. 4 i. V. m. § 13a Abs. 1 ErbStG) bzw. sieben Jahren (§ 13 a Abs. 8 ErbStG) nicht erklärt und objektiv die Möglichkeit hat, den Betrieb später fortzuführen, muss die Begünstigung nach § 13 a Abs. 1 ErbStG gewährt werden.

j) Betriebsaufspaltung. Eine **Betriebsaufspaltung** liegt vor, **34** wenn ein Unternehmen (Besitzunternehmen) WG, die zu den wesentlichen Grundlagen des Betriebs gehören, miet- oder pachtweise einer von ihm gegründeten und beherrschten Kapitalgesellschaft zum Zwecke der **Weiterführung des Betriebs** überlässt (BFH III 232/52 U v. 22.1.1954, BStBl. III 1954, 91). Die vermieteten oder verpachteten WG bleiben auch weiterhin Betriebsvermögen des Besitzunternehmens und bilden dort einen Gewerbebetrieb iSd. § 95 Abs. 1. Im Fall der mitunternehmerischen Betriebsaufspaltung können die WG auch Sonderbetriebsvermögen bei der Betriebsgesellschaft sein (*Rössler/Troll* § 95 Rz. 35). Diese Grundsätze gelten auch für die Fälle der unechten Betriebsaufspaltung (vgl. *V/K/S* § 95 Rz. 12). Besitzunternehmen und Betriebsunternehmen bilden je einen Gewerbebetrieb iSv. § 95 Abs. 1 (*Rössler/Troll* § 95 Rz. 40).

k) Ausländisches Betriebsvermögen. Das Betriebsvermögen **35** iSv. § 95 Abs. 1 umfasst grundsätzlich auch das in einem ausländischen Staat belegene Vermögen **(Auslandsvermögen)** eines inländischen Gewerbebetriebs. Die Bewertung erübrigt sich allerdings, sofern das ausländische Betriebsvermögen nach einem DBA nicht zur deutschen Erbschaft- oder Schenkungsteuer herangezogen wird. In sinngemäßer Anwendung des § 121 Nr. 3 gehört zum ausländischen Betriebsvermögen eines inländischen Gewerbebetriebs das Vermögen, das einem im Ausland betriebenen Gewerbe dient, wenn dafür im Ausland eine Betriebsstätte unterhalten wird oder ein ständiger Vertreter bestellt wird. Das Betriebsvermögen ist dann auf den inländischen Teil des Gewerbebetriebs und die ausländische Betriebsstätte aufzuteilen. Bedeutung hat diese Aufteilung für die Gewährung des Verschonungsabschlages nach § 13a Abs. 1 ErbstG, wenn sich das ausländische Betriebsvermögen nicht in der EU befindet (vgl. dazu § 31 Rz. 15).

Die **Bewertung des ausländischen Betriebsvermögens** erfolgt **36** auch nach der **Erbschaftsteuerreform 2009** zum 1.1.2009 nicht nach § 109, sondern nach § 12 Abs. 7 ErbStG iVm. § 31 mit dem gemeinen Wert (*Rössler/Troll* § 95 Rz. 46; *Gottschalk* ZEV 2009, 157, 165). Dies ist insofern inkonsequent, als dass nach der Erbschaftsteuerreform 2009 inländisches und ausländisches Betriebsvermögen gleich bewertet wird, nämlich immer mit dem **gemeinen Wert.** § 31 hätte deshalb eigentlich obsolet sein sollen (zutreffend *Eisele* Erbschaftsteuerreform 2. Auflage 2009 S. 241). Vgl. § 31 Rz. 2. Die **abweichende Auffassung** von *Pauli/Maßbaum* (Erbschaftsteuerreform 2009, S. 435), der im Rahmen der Ermittlung des gemeinen Werts von Beteiligungen an ausländischem Betriebsvermögen die Neuregelungen der §§ 11 Abs. 2, 97 Abs. 1a, 109 Abs. 2, 157 Abs. 5, 199 ff. anwenden will, ist zu begrüßen, ist aber zur Zeit durch den eindeutigen Wortlaut des § 12 Abs. 7 ErbStG nicht mit dem Gesetz vereinbar. Dies zeigt sich auch daran, dass die §§ 199 ff. bei ausländischem Betriebsvermögen nur analog angewendet werden können (s. dazu § 199 Rz. 9).

3. Exkurs: Verwaltungsvermögen

37 Mit dem **ErbStRG** v. 24.12.2008 (BGBl. I 2008, 3018) ist in § 13 b Abs. 2 ErbStG eine neue Begrifflichkeit innerhalb des Betriebsvermögens eingeführt worden. Inländisches und EU-Auslandsbetriebsvermögen kann zukünftig unter bestimmten Voraussetzungen zu 85 % oder sogar 100 % von der Erbschaft-/Schenkungsteuer befreit werden (s. §§ 13 a Abs. 1, Abs. 8, 13 b Abs. 4). Nach § 13 b Abs. 2 ErbStG bleibt an sich begünstigtes Betriebsvermögen von der Begünstigung ausgenommen, wenn es zu mehr als 50 % bzw. mehr als 10 % (§ 13a Abs. 8 Nr. 3 ErbStG) aus Verwaltungsvermögen besteht. Zum **Verwaltungsvermögen** gehören:
– Dritten zur Nutzung überlassene Grundstücke, Grundstücksteile, grundstücksgleiche Rechte und Bauten, in erster Linie also vermietete Grundstücke;
– Anteile an Kapitalgesellschaften, wenn die unmittelbare Beteiligung am Nennkapital dieser Gesellschaften 25 % oder weniger beträgt und keine Stimmrechtsbindung der Gesellschafter untereinander erfolgt ist;
– Beteiligungen an Personengesellschaften und übrige Beteiligungen an Kapitalgesellschaften, wenn bei diesen Gesellschaften das Verwaltungsvermögen mehr als 50 % beträgt;
– Wertpapiere sowie vergleichbare Forderungen, die nicht dem Hauptzweck des Gewerbebetriebes, eines Kreditinstitutes oder eines Finanzdienstleistungsinstituts iSd. § 1 Abs. 1 und 1 a KWG zuzurechnen sind;
– Kunstgegenstände, Kunstsammlungen, wissenschaftliche Sammlungen, Bibliotheken und Archive, Münzen, Edelmetalle und

Edelsteine, wenn der Handel mit diesen Gegenständen oder deren Verarbeitung nicht der Hauptzweck des Gewerbetriebs ist.

Da es sich bei vorstehendem **Verwaltungsvermögen um Betriebsvermögen iSd. § 95 handelt** (arg. § 13 b Abs. 2 Satz 1 ErbStG) hat das Vorliegen von Verwaltungsvermögen auf die Feststellung der wirtschaftlichen Einheit des gewerblichen Betriebs iSd. § 95 Abs. 1 keinen Einfluss. Bedeutung erlangt das Verwaltungsvermögen nur innerhalb des ErbStG, wo über die Verschonung oder Nichtverschonung des Betriebsvermögens entschieden wird. Es wird deshalb auf die einschlägigen Kommentierungen zu § 13 b Abs. 2 ErbStG verwiesen (zB *Meincke* § 13 b ErbStG Rz. 10 ff.; *Troll/Gebel/Jülicher* § 13b ErbStG Rz. 241 ff. sowie auf *Mönch/Albrecht* Erbschaftsteuer 2. Auflage 2009, Rz. 857 ff.; *Eisele* Erbschaftsteuerreform 2. Auflage 2009 S. 54 ff.; *Halaczinsky/Riedel* Das neue Erbschaftsteuerrecht S. 167 ff.). Vgl. im übrigen ErbStR E 13b 8 – 20. 38

III. Land- und Forstwirtschaft ist grundsätzlich kein Gewerbebetrieb (Abs. 2)

Nach § 95 Abs. 2 gilt die Land- und Forstwirtschaft unbeschadet des § 97 nicht als Gewerbebetrieb, wenn sie den Hauptzweck des Unternehmens bildet. Die Nichterfassung beim gewerblichen Betriebsvermögen ist danach an drei Voraussetzungen geknüpft: 39
- **Es muss ein Betrieb der Land- und Forstwirtschaft gegeben sein.** Nach EStR 15.5 Abs. 1, der nach den Gleichl. Ländererlassen v. 30.5.1997 (BStBl. I 1997, 600) auch für die bewertungsrechtliche Abgrenzung des land- und forstwirtschaftlichen Vermögens vom gewerblichen Betriebsvermögen gilt, ist Land- und Forstwirtschaft die planmäßige Nutzung der natürlichen Kräfte des Bodens zur Erzeugung von Pflanzen und Tieren sowie die Verwertung der dadurch gewonnen Erzeugnisse.
- **Die Land- und Forstwirtschaft muss den Hauptzweck des Unternehmens bilden.** Abgrenzungsprobleme treten auf, wenn in einem Betrieb nicht nur typische Land- und Forstwirtschaft betrieben wird, sondern daneben in mehr oder weniger großem Umfang auch eine Tätigkeit ausgeübt wird, die gewerblichen Charakter hat. Bei einer nur zufälligen, vorübergehenden und auflösbaren Verbindung beider Tätigkeiten sind nach EStR 15.5 Abs. 1, getrennte Betriebe der Land- und Forstwirtschaft und des Gewerbes anzunehmen. Steht eine der Tätigkeiten im Vordergrund und prägt diese Tätigkeit den Betrieb nachhaltig, liegt

§ 96 Freie Berufe

dagegen ein einheitlicher land- und forstwirtschaftlicher Betrieb oder ein einheitlicher Gewerbebetrieb vor.

– Die Land- und Forstwirtschaft **darf nicht von den in § 97 erfassten Körperschaften, Personenvereinigungen und Vermögensmassen betrieben werden** (vgl. *Rössler/Troll* § 95 Rz. 47). Bei diesen bilden alle WG einen Gewerbebetrieb, und zwar auch dann, wenn sie einer land- und forstwirtschaftlichen Tätigkeit dienen.

Zu den durch § 97 erfassten Personenvereinigungen gehören die Personengesellschaften iSv. § 15 Abs. 3 EStG. Das sind die Personengesellschaften, die neben der Land- und Forstwirtschaft auch eine gewerbliche Tätigkeit ausüben, sowie die gewerblich geprägten Personengesellschaften. Bei diesen Gesellschaften gilt die gesamte Tätigkeit als gewerblich. Insofern kann die oben erwähnte Verwaltungsmeinung in EStR 15.5 Abs. 1 nicht auf diese Gesellschaften bezogen werden.

40 **Gilt das land- und forstwirtschaftliche Vermögen als gewerbliches Betriebsvermögen,** so ist nach § 99 Abs. 3 der Grundbesitz gleichwohl wie land- und forstwirtschaftliches Vermögen zu bewerten. §§ 158 ff. entsprechend umfassen die als land- und forstwirtschaftliches Vermögen zu bewertenden Betriebsgrundstücke darum alle Teile der wirtschaftlichen Einheit (hier der Untereinheit) Land- und Forstwirtschaft (glA *Gürsching/Stenger* § 99 Rz. 42). Dazu gehören insbesondere der Grund und Boden, die Wohn- und Wirtschaftsgebäude, die stehenden Betriebsmittel und ein normaler Bestand an umlaufenden Betriebsmitteln (§ 158 Abs. 3). Daneben sind die nach § 158 Abs. 4 nicht zum land- und forstwirtschaftlichen Vermögen gehörenden WG und Schulden, wie Zahlungsmittel, Geldforderungen, Geldschulden oder Überbestände an umlaufenden Betriebsmitteln, im gewerblichen Betriebsvermögen zu erfassen (*Gürsching/Stenger* § 99 Rz. 42).

§ 96 Freie Berufe

Dem Gewerbebetrieb steht die Ausübung eines freien Berufs im Sinne des § 18 Abs. 1 Nr. 1 des Einkommensteuergesetzes gleich; dies gilt auch für die Tätigkeit als Einnehmer einer staatlichen Lotterie, soweit die Tätigkeit nicht schon im Rahmen eines Gewerbebetriebs ausgeübt wird.

I. Entstehung und Bedeutung der Vorschrift

1 § 96 ist durch das **StÄndG 1992** v. 25.2.1992 (BGBl. I 1992, 297) mit Wirkung vom 1.1.1993 neu gefasst worden.

Durch diese Vorschrift wird das der freien Berufstätigkeit und der 2
Tätigkeit als Einnehmer einer staatlichen Lotterie dienende Vermögen **dem gewerblichen Betriebsvermögen gleichgestellt.** Das einer sonstigen selbstständigen Tätigkeit iSv. § 18 Abs. 1 Nr. 3, 4 EStG dienende Vermögen wird durch diese Vorschrift nicht erfasst, dh., dass dieses Vermögen bewertungsrechtlich nicht als Betriebsvermögen gilt (vgl. *Rössler/Troll* § 96 Rz. 8).

Aus der Gleichstellung des freiberuflichen Vermögens mit dem gewerblichen Betriebsvermögen folgt zum einen, dass es nach den gleichen Grundsätzen zu ermitteln und zu bewerten ist, wie das gewerbliche Betriebsvermögen, und zum anderen, dass für dieses in Erbschaft- und Schenkungsfällen die Vergünstigung des § 13 a, § 13 b ErbStG gewährt wird, d.h. auch Freiberufler können bei Übertragung ihrer Praxen optional bei Vorliegen der sonstigen Voraussetzungen die **Verschonung** nach § 13 a Abs. 1 iVm. § 13 b Abs. 4 ErbStG (Freistellung zu 85 %) oder aber die Freistellung zu 100 % nach § 13 a Abs. 8 ErbStG wählen.

einstweilen frei 3

II. Freie Berufstätigkeit

Durch § 96 wird die Ausübung des **freien Berufs** dem Gewerbe- 4
betrieb gleichgestellt. Zur Zuordnung einer Tätigkeit zum freien Beruf verweist § 96 auf § 18 Abs. 1 Nr. 1 EStG. Danach gehören zu der freiberuflichen Tätigkeit die folgenden drei Gruppen:
– die selbstständig ausgeübte wissenschaftliche, künstlerische, schriftstellerische, unterrichtende oder erzieherische Tätigkeit,
– die selbstständige Berufstätigkeit der Ärzte, Zahnärzte, Tierärzte, Rechtsanwälte, Notare, Patentanwälte, Vermessungsingenieure, Ingenieure, Architekten, Handelschemiker, Wirtschaftsprüfer, Steuerberater, beratenden Volks- und Betriebswirte, vereidigten Buchprüfer (vereidigten Bücherrevisoren), Steuerbevollmächtigten, Heilpraktiker, Dentisten, Krankengymnasten, Journalisten, Bildberichterstatter, Dolmetscher, Übersetzer, Lotsen,
– die selbstständige Tätigkeit der den aufgezählten Berufen ähnlichen Berufe.

§ 18 Abs. 1 Nr. 1 EStG setzt voraus, dass die freiberufliche Tätigkeit 5
von einer **natürlichen Person** oder einer § 15 Abs. 1 Nr. 2 EStG entsprechenden **Personengesellschaft** (s. § 18 Abs. 4 Satz 2 EStG) ausgeübt wird. Wird die freiberufliche Tätigkeit dagegen in einer GmbH ausgeübt, hat der Freiberufler keine Einkünfte aus freiberuflicher Tätigkeit. Seine GmbH-Anteile sind kein der freien Berufstätig-

§ 96 Freie Berufe

keit dienendes Vermögen. Zu Ausnahmefällen siehe *Rössler/Troll* § 96 Rz. 9. Da nach § 97 Abs. 1 Nr. 1 alle WG von Kapitalgesellschaften unwiderlegbar einen Gewerbebetrieb bilden, hat § 96 für Kapitalgesellschaften keine Bedeutung.

III. Betriebsvermögen beim freien Beruf

6   Das **freiberufliche Betriebsvermögen** umfasst in sinngemäßer Anwendung des § 95 alle WG und Schulden, die auch bei der steuerlichen Gewinnermittlung zum freiberuflichen Vermögen gehören (ErbStR B 95 Abs. 1 Satz 2).

7   Für den Freiberufler ergibt sich weder aus § 5 Abs. 1 EStG noch aus § 141 AO eine **Buchführungs- und Bilanzierungspflicht.** Sofern er dennoch Bücher führt und regelmäßig Abschlüsse macht, kommt die Gewinnermittlung durch Betriebsvermögensvergleich nach § 4 Abs. 1 EStG in Betracht. Die in dieser **Bilanz** nach einkommensteuerlichen Grundsätzen ausgewiesenen WG und Schulden sind sein Betriebsvermögen iSv. § 96. Dies gilt insbesondere auch für Geldbestände, Bank- und ähnliche Guthaben sowie entstandene Honoraransprüche.

Ein WG gehört nur dann zum freiberuflichen Betriebsvermögen, wenn zwischen dem Betrieb oder Beruf und dem WG eine **objektive Beziehung** besteht; das WG muss bestimmt und geeignet sein, dem Betrieb zu dienen bzw. ihn zu fördern. Der Umfang des Betriebsvermögens wird durch die Erfordernisse des Berufs begrenzt; selbst ein bilanzierender Angehöriger der freien Berufe kann nicht in demselben Umfang gewillkürtes Betriebsvermögen bilden wie ein Gewerbetreibender. Das gilt insbesondere für Geldgeschäfte (BFH IV R 80/88 v. 24.8.1989, BStBl. II 1990, 17).

Für die Bewertung der freien Berufe als Betriebsvermögen gilt § 109 Abs. 1, s. § 109 Rz. 6 ff.

8   Im Falle der **Überschussermittlung nach § 4 Abs. 3 EStG** gehören zu dem (nur berücksichtigungsfähigen notwendigen) Betriebsvermögen alle WG und Schulden, die der freiberuflichen Tätigkeit unmittelbar dienen bzw. zuzurechnen sind. Das sind in erster Linie der beruflich genutzte PKW, die sonstige Betriebs- und Geschäftsausstattung, das eventuell beruflich genutzte Grundstück, Honorarforderungen, der bereits abrechenbare Anspruch aus erbrachten Leistungen oder Teilleistungen, Guthaben oder Verbindlichkeiten auf den betrieblichen Bankkonten und Verbindlichkeiten aus Lieferungen und Leistungen (*Rössler/Troll* § 96 Rz. 6).

Aus dem Verweis in § 18 Abs. 4 Satz 2 EStG auf § 15 Abs. 1 Nr. 2 9
EStG folgt, dass auch der Gesellschafter einer freiberuflich tätigen
Personengesellschaft Sonderbetriebsvermögen haben kann;
zum Begriff s. § 95 Rz. 20 ff.
einstweilen frei 10, 11

IV. Staatliche Lotterieeinnehmer

§ 18 Abs. 1 Nr. 2 EStG rechnet zu den **Einkünften aus selbst-** 12
ständiger Arbeit auch die Einkünfte der staatlichen Lotterieeinnehmer, wenn sie nicht Einkünfte aus Gewerbebetrieb sind. Bewertungsrechtlich ist das dieser Tätigkeit dienende Vermögen Betriebsvermögen, unabhängig davon, welcher Einkunftsart diese Tätigkeit zuzuordnen ist. Die Frage, ob beispielsweise die Lottoannahme eines Tabak- und Zeitschriftenhändlers Teil des Gewerbebetriebs oder eine vom Gewerbebetrieb getrennte selbstständige Tätigkeit ist, stellt sich darum bewertungsrechtlich nicht (vgl. *Gürsching/ Stenger* § 96 Rz. 46).

§ 97 Betriebsvermögen von Körperschaften, Personenvereinigungen und Vermögensmassen

(1) ¹Einen Gewerbebetrieb bilden insbesondere alle Wirtschaftsgüter, die den folgenden Körperschaften, Personenvereinigungen und Vermögensmassen gehören, wenn diese ihre Geschäftsleitung oder ihren Sitz im Inland haben:
1. Kapitalgesellschaften (Aktiengesellschaften, Kommanditgesellschaften auf Aktien, Gesellschaften mit beschränkter Haftung, Europäische Gesellschaften);
2. Erwerbs- und Wirtschaftsgenossenschaften;
3. Versicherungsvereinen auf Gegenseitigkeit;
4. Kreditanstalten des öffentlichen Rechts;
5. Gesellschaften im Sinne des § 15 Abs. 1 Nr. 2 und Abs. 3 oder § 18 Abs. 4 Satz 2 des Einkommensteuergesetzes.
²Zum Gewerbebetrieb einer solchen Gesellschaft gehören auch die Wirtschaftsgüter, die im Eigentum eines Gesellschafters, mehrerer oder aller Gesellschafter stehen, und Schulden eines Gesellschafters, mehrerer oder aller Gesellschafter, soweit die Wirtschaftsgüter und Schulden bei der steuerlichen Gewinnermittlung zum Betriebsvermögen der Gesellschaft gehören (§ 95); diese Zurechnung geht anderen Zurechnungen vor.

§ 97

²§ 34 Abs. 6 a und § 51 a bleiben unberührt.

(1a) Der gemeine Wert eines Anteils am Betriebsvermögen einer in § 97 Abs. 1 Satz 1 Nr. 5 genannten Personengesellschaft ist wie folgt zu ermitteln und aufzuteilen:
1. Der nach § 109 Abs. 2 ermittelte gemeine Wert des der Personengesellschaft gehörenden Betriebsvermögens (Gesamthandsvermögen) ist wie folgt aufzuteilen:
   a) die Kapitalkonten aus der Gesamthandsbilanz sind dem jeweiligen Gesellschafter vorweg zuzurechnen;
   b) der verbleibende Wert ist nach dem für die Gesellschaft maßgebenden Gewinnverteilungsschlüssel auf die Gesellschafter aufzuteilen; Vorabgewinnanteile sind nicht zu berücksichtigen.
2. ¹Für die Wirtschaftsgüter und Schulden des Sonderbetriebsvermögens eines Gesellschafters ist der gemeine Wert zu ermitteln. ²Er ist dem jeweiligen Gesellschafter zuzurechnen.
3. Der Wert des Anteils eines Gesellschafters ergibt sich als Summe aus dem Anteil am Gesamthandsvermögen nach Nummer 1 und dem Wert des Sonderbetriebsvermögens nach Nummer 2.

(1b) ¹Der gemeine Wert eines Anteils an einer in § 97 Abs. 1 Satz 1 Nr. 1 genannten Kapitalgesellschaft bestimmt sich nach dem Verhältnis des Anteils am Nennkapital (Grund- oder Stammkapital) der Gesellschaft zum gemeinen Wert des Betriebsvermögens der Kapitalgesellschaft im Bewertungsstichtag. ²Dies gilt auch, wenn das Nennkapital noch nicht vollständig eingezahlt ist. ³Richtet sich die Beteiligung am Vermögen und am Gewinn der Gesellschaft auf Grund einer ausdrücklichen Vereinbarung der Gesellschafter nach der jeweiligen Höhe des eingezahlten Nennkapitals, bezieht sich der gemeine Wert nur auf das tatsächlich eingezahlte Nennkapital.

(2) Einen Gewerbebetrieb bilden auch die Wirtschaftsgüter, die den sonstigen juristischen Personen des privaten Rechts, den nichtrechtsfähigen Vereinen, Anstalten, Stiftungen und anderen Zweckvermögen gehören, soweit sie einem wirtschaftlichen Geschäftsbetrieb (ausgenommen Land- und Forstwirtschaft) dienen.

(3) *(aufgehoben)*

§ 97

Übersicht

	Rn.
I. Entstehung und Bedeutung der Vorschrift	1–4
II. Gewerbebetriebe der Körperschaften, Personenvereinigungen und Vermögensmassen (Abs. 1)	5–23
1. Durch die Vorschrift erfasste Gewerbebetriebe	5–12
2. Wirtschaftsgüter, die einen Gewerbebetrieb bilden	13–15
3. Wirtschaftsgüter, die den Körperschaften usw. gehören	16–20
4. Umfang des Betriebsvermögens	21, 22
5. Geschäftsleitung oder Sitz im Inland	23
III. Die in Abs. 1 erfassten Körperschaften, Personenvereinigungen und Vermögensmassen sowie die Anteile daran	24–64
1. Kapitalgesellschaft (Nr. 1)	25–33
a) Aktiengesellschaften	25–28
b) Kommanditgesellschaften auf Aktien	29, 30
c) Gesellschaften mit beschränkter Haftung	31, 32
d) Europäische Gesellschaften	33
2. Erwerbs- und Wirtschaftsgenossenschaften (Nr. 2)	34–36
3. Versicherungsverein auf Gegenseitigkeit (Nr. 3)	37–39
4. Kreditanstalten des öffentlichen Rechts (Nr. 4)	40, 41
5. Personengesellschaften (Nr. 5)	42–62
a) Kreis der Personengesellschaften	42–47
b) Umfang des Betriebsvermögens	48–53
c) Aufteilung des Werts des Betriebsvermögens auf die Gesellschafter	54–62
6. Aufteilung des gemeinen Werts eines Anteils an einer Kapitalgesellschaft	63
7. Gemeinschaftliche Tierhaltung	64
IV. Gewerbebetriebe der sonstigen juristischen Personen des privaten Rechts, der rechtsfähigen Vereine, Anstalten, Stiftungen und anderen Zweckvermögen (Abs. 2)	65

I. Entstehung und Bedeutung der Vorschrift

Die Vorschrift ist durch das **ErbStRG** v. 24.12.2008 (BGBl. I **1** 2008, 2018) nur geringfügig verändert worden. Die früher in § 56 RBewG 1934 enthaltene Regelung ist in der Neufassung des

§ 97 Betriebsvermögen von Körperschaften

BewG v. 10.12.1965 (BGBl. I 1965, 1861) als § 97 zunächst unverändert übernommen worden. Zwischenzeitlich geändert wurde lediglich Abs. 1 Nr. 5, in der vorstehenden Fassung durch das **StÄndG 2001** v. 20.12.2001 (BGBl. I 2001, 3794). Der bis zum 31.12.2008 geltende Absatz 1 a wurde durch das **JStG 1997** v. 20.12.1996 (BGBl. I 1996, 2049) eingefügt und durch das StÄndG 2001 nochmals geändert. Die ab 1.1.2009 gültige Fassung des Abs. 1 a wurde durch das ErbStRG v. 24.12.2008, aaO eingefügt.

Bei den in Abs. 1 Nr. 1 im Klammerzusatz aufgeführten Kapitalgesellschaften wurden die **Europäischen Gesellschaften** durch das ErbStRG v. 24.12.2008 (BGBl. I 2008, 3018) eingefügt. Der ebenfalls durch dieses Gesetz eingefügte **Absatz 1 b** ist eine Folge der Abschaffung des Stuttgarter Verfahrens für die Bewertung von Anteilen an Kapitalgesellschaften.

2 Nach Wegfall der Vermögensteuer zum 31.12.1996 und der Gewerbekapitalsteuer zum 31.12.1997 ist für die Körperschaften, Personenvereinigungen und Vermögensmassen die Verpflichtung entfallen, den Wert des Betriebsvermögens zu ermitteln. § 97 hat nur noch Bedeutung in **Erbschaft- und Schenkungsteuerfällen**. Die Regelung schreibt in ihrem Abs. 1 fest, welche Gesellschaften (unwiderlegbar) einen Gewerbebetrieb bilden und damit unter § 95 fallen. In ihren Abs. 1 a und 1 b regelt sie die Aufteilung des gemeinen Wertes eines Anteils am Betriebsvermögen einer in § 97 Abs. 1 Satz 1 Nr. 5 genannten Personengesellschaft (Abs. 1 a) und die Aufteilung des gemeinen Werts eines Anteils an einer in § 97 Abs. 1 Nr. 1 genannten Kapitalgesellschaft (Abs. 1 b). Wie bisher werden die Anteile an Personengesellschaften den Gesellschaftern getrennt nach Gesamthandsvermögen und Sonderbetriebsvermögen zugerechnet. Neben der Technik dergestalt, dass dem jeweiligen Gesellschafter zunächst sein Anteil am Gesamthandsvermögen und sodann sein Anteil am Sonderbetriebsvermögen jeweils gesondert zuzurechnen ist, hat sich insbesondere durch die **Neufassung des Abs. 1 a** materiell geändert, dass das Mehr- oder Minderkapital in steuerlichen **Ergänzungsbilanzen** nunmehr nicht mehr zu den aufzuteilenden Kapitalkonten gehört (s. dazu Rz. 51).

3 Der durch das ErbStRG v. 24.12.2008 (Rz. 1) eingefügte Abs. 1 b beruht auf der Überlegung, dass mit der Abschaffung des Stuttgarter Verfahrens der gemeine Wert eines Anteils an einer Kapitalgesellschaft nicht mehr in einem Prozentsatz bezogen auf das Nennkapital ausgedrückt wird, sondern in einer absoluten Größe, die sich immer auf die wirtschaftliche Einheit „Betriebsvermögen der Kapitalgesellschaft" bezieht (vgl. *Hübner* Erbschaftsteuerreform 2009 S. 496). Demgemäß sieht Abs. 1 b eine **Aufteilung nach Nennkapitalan-**

Gewerbebetriebe der Körperschaften § 97

teilen vor. Dies gilt auch, wenn das Nennkapital noch nicht vollständig eingezahlt ist. Zum Fall der Maßgeblichkeit des eingezahlten Nennkapitals s. Rz. 63.

einstweilen frei 4

II. Gewerbebetriebe der Körperschaften, Personenvereinigungen und Vermögensmassen (Abs. 1)

1. Durch die Vorschrift erfasste Gewerbebetriebe

§ 97 Abs. 1 regelt das Betriebsvermögen der sog. **Gewerbebetriebe kraft Rechtsform.** Das sind die Kapitalgesellschaften, Erwerbs- und Wirtschaftsgenossenschaften, Versicherungsvereine auf Gegenseitigkeit, Kreditanstalten des öffentlichen Rechts und Personengesellschaften iSd. § 15 Abs. 3 EStG. Durch das StÄndG 2001 v. 20.12.2001 (BGBl. I 2001, 3794) ist die Vorschrift um die gewerblich tätigen Personengesellschaften iSd. § 15 Abs. 1 Nr. 2 EStG **erweitert** worden. Da der Umfang des Betriebsvermögens dieser Personengesellschaften bereits in § 95 Abs. 1 geregelt ist, ergibt sich insoweit eine nicht plausible Doppelregelung. Dabei ist der Regelung in § 95 Abs. 1 schon deswegen der Vorrang einzuräumen, weil sie das Betriebsvermögen als Ganzes erfasst, während § 97 Abs. 1 auf WG beschränkt ist. 5

Bei **Kapitalgesellschaften, Erwerbs- und Wirtschaftsgenossenschaften und Versicherungsvereinen auf Gegenseitigkeit** gilt die Tätigkeit nach § 2 Abs. 2 Satz 1 GewStG stets und in vollem Umfang als Gewerbebetrieb. Die Gewerbesteuerpflicht ist bei diesen Unternehmen nur an die Rechtsform geknüpft mit der Folge, dass nicht nur eine gewerbliche Tätigkeit, sondern jegliche Tätigkeit überhaupt die Gewerbesteuerpflicht auslöst (GewStR 13 Abs. 1). Nach BFH I R 67/88 v. 22.8.1990, BStBl. II 1991, 250 gilt die Tätigkeit einer Kapitalgesellschaft auch dann in vollem Umfang als Gewerbebetrieb, wenn sie nicht unter eine der sieben Einkunftsarten des § 2 Abs. 1 EStG fällt. 6

Bereits mit dem **SEStEG** v. 7.12.2006 (BGBl. I, 2006, 2782) wurde die **Europäische Gesellschaft** in den Katalog der Kapitalgesellschaften des Abs. 1 Nr. 1 mit aufgenommen. Die **Europäische Gesellschaft** ist eine Rechtsform für Unternehmen in der EU, mit der die EU seit Jahresende 2004 die Gründung von Gesellschaften nach weitgehend einheitlichen Rechtsprinzipien ermöglicht. Mit der Ergänzung des Abs. 1 Satz 1 Nr. 1 durch Art. 8 SEStEG wird klarge- 7 stellt, dass auch die WG, die einer Europäischen Gesellschaft gehören, einen Gewerbetrieb bilden, wenn diese ihre Geschäftsleitung oder in ihren Sitz in Deutschland hat (vgl. *Rössler/Troll* § 97 Rz. 7 a).

8 Bei **Kreditanstalten des öffentlichen Rechts** ergibt sich die Gewerbesteuerpflicht aus § 2 GewStDV. Danach sind Unternehmen von juristischen Personen des öffentlichen Rechts gewerbesteuerpflichtig, wenn sie als stehende Gewerbebetriebe anzusehen sind. Nach BFH I R 102/81 v. 22.8.1984, BStBl. II 1985, 61 ist bei Unternehmen von juristischen Personen des öffentlichen Rechts darauf abzustellen, ob sie gemäß § 1 Abs. 1 Satz 1 GewStDV unter Beteiligung am allgemeinen wirtschaftlichen Verkehr als selbstständige nachhaltige Betätigung mit Gewinnabsicht betrieben werden. Kreditanstalten des öffentlichen Rechts dienen nicht der Ausübung der öffentlichen Gewalt (Hoheitsbetriebe), sie stehen vielmehr in Konkurrenz zu anderen Kreditinstituten und Banken.

9 Für die gewerblich tätigen **Personengesellschaften iSd. § 15 Abs. 1 Nr. 2 EStG** gelten wegen ihrer Doppelerfassung durch § 95 Abs. 1 und § 97 Abs. 1 die Ausführungen zu § 95 (insbesondere § 95 Rz. 20 ff.). Die Tätigkeit von **Personengesellschaften iSv. § 15 Abs. 3 EStG** gilt nach dieser Vorschrift als Gewerbebetrieb. Die hier angesprochenen Personengesellschaften sind solche, die neben ihrer eigentlichen, nicht gewerblichen Tätigkeit auch eine gewerbliche Tätigkeit ausüben, und deshalb insgesamt als gewerblich gelten, oder die kein Gewerbe iSv. § 15 Abs. 2 EStG ausüben, die aber als gewerblich geprägt angesehen werden, weil bei ihnen nur Kapitalgesellschaften persönlich haftende Gesellschafter sind und nur diese, oder Personen, die nicht Gesellschafter sind, zur Geschäftsführung befugt sind.

10–12 *einstweilen frei*

2. Wirtschaftsgüter, die einen Gewerbebetrieb bilden

13 Einen **Gewerbebetrieb** bilden insbesondere alle WG, die den Kapitalgesellschaften, Erwerbs- und Wirtschaftsgenossenschaften, Versicherungsvereinen auf Gegenseitigkeit, Kreditanstalten des öffentlichen Rechts und Personengesellschaften iSd. § 15 Abs. 1 Nr. 2 und Abs. 3 EStG gehören.

Diese Aussage in § 97 Abs. 1 erscheint **überholungsbedürftig** gegenüber der an die Rechtslage ab 1.1.1993 angepassten Bestimmung in § 95 Abs. 1, nach der das Betriebsvermögen alle Teile eines Gewerbebetriebs iSd. § 15 Abs. 1 und 2 EStG umfasst, die bei der steuerlichen Gewinnermittlung zum Betriebsvermögen gehören. In § 95 hat der Gesetzgeber das bewertungsrechtliche Betriebsvermögen umfassend festgelegt und dabei gleichzeitig zum Ausdruck gebracht, dass das ertragsteuerliche und das bewertungsrechtliche Betriebsvermögen **grundsätzlich identisch** sind. In § 97 Abs. 1 fehlt dagegen der Bezug auf das ertragsteuerliche Betriebsvermögen, das auch bewertungsrechtlich anzusetzen ist. Die Vorschrift stellt unverändert und nach hier vertretener Auffassung unvollständig nur auf die WG ab, die den genannten Körperschaften, Personenvereinigungen und Vermögensmassen gehören.

Der in § 97 Abs. 1 verwendete Begriff **„Wirtschaftsgut"** ist dort nicht definiert. Das ist auch nicht erforderlich, weil die ertragsteuerliche Sichtweise mit dem Bewertungsrecht übereinstimmt (BFH II R 170/85 v. 15.2.1989, BStBl. II S. 401). Erfasst werden sowohl positive als auch negative (= Schulden) WG (ErbStR B 97.1 Abs. 1 Nr. 1). **13a**

Das auf weiteres hinweisende, dem Begriff WG voranstehende **„insbesondere"** ist wohl nicht im Zusammenhang mit den WG zu sehen, sondern mit den genannten Körperschaften, Personenvereinigungen und Vermögensmassen. Das folgt aus dem Wort „auch" in Abs. 2 dieser Vorschrift, nach der einen Gewerbebetrieb **auch** die einem wirtschaftlichen Geschäftsbetrieb dienenden WG bilden, die den dort aufgezählten Gebilden gehören. **14**

einstweilen frei **15**

3. Wirtschaftsgüter, die den Körperschaften usw. gehören

Anders als § 95, der auf das Betriebsvermögen abstellt, das auch bei der steuerlichen Gewinnermittlung dazu gehört, rechnet § 97 Abs. 1 zum Betriebsvermögen **alle WG, die den dort aufgezählten Körperschaften, Personenvereinigungen und Vermögensmassen gehören.** Das Gesetz macht davon lediglich eine Ausnahme bei den in Abs. 1 Satz 1 Nr. 5 genannten Personengesellschaften. Bei diesen Gesellschaften sind die zum Sonderbetriebsvermögen eines Gesellschafters gehörenden WG und Schulden in Übereinstimmung mit der steuerlichen Gewinnermittlung anzusetzen (ErbStR B 97.1 Abs. 1 Nr. 2; Rz. 48 f.). **16**

Der Begriff **„gehören"** ist im Sinne einer Vermögenszurechnung zu verstehen. Die WG gehören den Kapitalgesellschaften, Erwerbs- und Wirtschaftsgenossenschaften, Versicherungsvereinen auf Gegenseitigkeit und Kreditanstalten des öffentlichen Rechts, wenn sie ihrem Vermögen zuzurechnen sind. Die Zurechnung bestimmt sich zunächst nach den **rechtlichen Eigentumsverhältnissen.** Zum Vermögen gehören aber auch die Vermögensgegenstände bzw. WG, die zwar zivilrechtlich einem anderen gehören, über die das Unter- **17**

§ 97

nehmen aber wie ein Eigentümer verfügen kann, sog. **wirtschaftliches Eigentum** (vgl. § 95 Rz. 19).

18 WG, die den Unternehmen gehören, dh. **zuzurechnen sind,** sind stets Betriebsvermögen. Eine Unterscheidung zwischen Betriebsvermögen und notwendigem Privatvermögen, wie sie bei § 95 Abs. 1 durch den Bezug auf § 15 Abs. 1 und 2 EStG vorgenommen wird, entfällt. Zu Abgrenzungsschwierigkeiten kann es dabei allerdings bei Personengesellschaften kommen, wenn Gesamthandsvermögen ertragsteuerlich notwendiges Privatvermögen ist.

19, 20 *einstweilen frei*

4. Umfang des Betriebsvermögens

21 Mit der Änderung des BewG durch das **StÄndG 1992** v. 25.2.1992 (BGBl. I 1992, 297) wollte der Gesetzgeber in erster Linie die generelle Übernahme der Steuerbilanz für das bewertungsrechtliche Betriebsvermögen dem Grunde und der Höhe nach regeln. Während das in § 95 Abs. 1 klar zum Ausdruck kommt, ist § 97 Abs. 1 nicht an diese Rechtslage angepasst worden. Gleichwohl ist die Bestandsidentität zwischen dem ertragsteuerlichen und dem bewertungsrechtlichen Betriebsvermögen gegeben; denn anders als bei den unter § 95 Abs. 1 fallenden Gewerbebetrieben iSv. § 15 Abs. 1 und 2 EStG sowie den Personengesellschaften iSv. § 15 Abs. 3 EStG haben die anderen in § 97 Abs. 1 aufgezählten Gewerbebetriebe kraft Rechtsform keine Privatsphäre. WG und auch Schulden, die diesen Betrieben gehören, rechnen darum auch ertragsteuerlich zum Betriebsvermögen.

22 Diese **Bestandsidentität** zwischen Vermögensaufstellung und Ertragsteuerbilanz betont der BFH gerade auch bei den Gewerbebetrieben kraft Rechtsform (so zB BFH II B 7/98 v. 27.1.1999, BStBl. II 1999, 206 oder II R 2/98 v. 17.5.2000, BStBl. II 2000, 456). In BFH II R 58/98 v. 25.10.2000 (BStBl. II 2001, 92) weist der BFH zu Recht darauf hin, dass für Stichtage 1.1.1993 bis 1.1.1997 die Bestandsidentität durchbrochen war, soweit zum Betriebsvermögen bewertungsrechtlich steuerfreie WG gehört hatten, im Urteilsfall ein nach dem damaligen § 136 von der Vermögensteuer und Gewerbekapitalsteuer befreites Grundstück in den neuen Bundesländern. Nach Wegfall der Vermögensteuer ab 1997 und der Gewerbekapitalsteuer ab 1998 sind auch die Befreiungsvorschriften im BewG aufgehoben worden. Befreiungsvorschriften, die sich außerhalb des BewG ergeben, zB aus DBA im Bereich der Vermögensteuer, sind für die deutsche Besteuerung gegenstandslos geworden. Von Interesse können heute nur noch Doppelbesteuerungsabkommen auf dem Gebiet der Erbschaft-/Schenkungsteuer sein.

5. Geschäftsleitung oder Sitz im Inland

Die WG und Schulden bilden nur dann in ihrer Gesamtheit einen 23 Gewerbebetrieb bzw. bewertungsrechtlich Betriebsvermögen, wenn die in Abs. 1 aufgeführten Körperschaften, Personenvereinigungen oder Vermögensmassen ihre Geschäftsleitung oder ihren Sitz im Inland haben. Zum inländischen Geschäftsleitungsort und Sitz vgl. §§ 10 und 11 AO. Sofern der inländische Geschäftsleitungsort und/oder Sitz gegeben ist, rechnen zum Betriebsvermögen auch die im Ausland belegenen Teile, gleichgültig, ob sie zu einer dort belegenen Betriebsstätte gehören oder Einzelwirtschaftsgüter sind. Vgl. dazu für die Erbschaft- und Schenkungsteuer § 95 Rz. 35).

III. Die in Abs. 1 erfassten Körperschaften, Personenvereinigungen und Vermögensmassen sowie die Anteile daran

Nach **Wegfall der Vermögensteuer ab 1997 und der Gewer-** 24 **bekapitalsteuer ab 1998** ist für die unter § 97 Abs. 1 fallenden Körperschaften, Personenvereinigungen und Vermögensmassen die Verpflichtung entfallen, den Wert ihres Betriebsvermögens regelmäßig zu ermitteln. Eine **Wertermittlung** ist nur noch erforderlich, soweit ein Anteil an den Körperschaften, Personenvereinigungen oder Vermögensmassen für sich oder im Rahmen eines Gewerbebetriebs oder eines Mitunternehmeranteils durch Erbschaft oder Schenkung übertragen wird und der Wert des übertragenen Anteils aus dem Wert des Unternehmens, an dem der Anteil besteht, zu ermitteln ist. Für diesen Fall erfolgt die Ermittlung des Werts des Betriebsvermögens der Unternehmen nach den vorbeschriebenen Grundsätzen.

1. Kapitalgesellschaft (Nr. 1)

a) Aktiengesellschaften. Aktiengesellschaften sind Gesell- 25 schaften mit eigener Rechtspersönlichkeit. Sie haben ein in Aktien zerlegtes Grundkapital. Gegenstand einer Übertragung durch Erbfall oder Schenkung sind die Aktien.

Aktien, die am Bewertungsstichtag, das ist der Stichtag der Entste- 26 hung der Erbschaft-/Schenkungsteuer (§ 9 ErbStG), **an einer deutschen Börse** zum amtlichen Handel oder zum geregelten Markt zugelassen oder in den Freiverkehr einbezogen sind, sind nach § 11 Abs. 1 iVm. § 12 Abs. 1 ErbStG mit dem niedrigsten Kurs anzusetzen, der am Stichtag notiert worden ist. Liegt am Stichtag keine

Notierung vor, so ist der Letzte innerhalb von 30 Tagen vor dem Stichtag im amtlichen Handel notierte Kurs maßgebend.

27 Aktien, die **nicht an der Börse** gehandelt werden oder für die innerhalb der letzten 30 Tage keine Börsennotierung erfolgt ist, sind nach § 11 Abs. 2 mit dem gemeinen Wert anzusetzen. Lässt sich der gemeine Wert nicht aus Verkäufen unter fremden Dritten ableiten, die weniger als ein Jahr zurückliegen, so ist er unter Berücksichtigung der Ertragsaussichten der Kapitalgesellschaft oder einer anderen anerkannten auch im gewöhnlichen Geschäftsverkehr für nicht steuerliche Zwecke üblichen Methode zu ermitteln (vgl. dazu § 11 Rz. 45 ff.).

28 Für die übertragenen Aktien gilt die **Begünstigung nach § 13 a bzw. § 19 a ErbStG,** wenn die Aktiengesellschaft zurzeit der Entstehung der Steuer Sitz oder Geschäftsleitung im Inland hat und der Erblasser oder Schenker am Grundkapital der Aktiengesellschaft zu mehr als einem Viertel unmittelbar beteiligt war. Die Begünstigungsvorschrift setzt nicht voraus, dass auf den Erwerber mehr als ein Viertel des Aktienkapitals übertragen wird.

29 **b) Kommanditgesellschaften auf Aktien. Kommanditgesellschaften auf Aktien** sind Gesellschaften mit eigener Rechtspersönlichkeit, bei denen mindestens ein Gesellschafter den Gesellschaftsgläubigern unbeschränkt haftet (persönlich haftender Gesellschafter) und die übrigen Gesellschafter an dem in Aktien zerlegten Grundkapital beteiligt sind, ohne persönlich für die Verbindlichkeiten der Gesellschaft zu haften (Kommanditaktionäre). Steuerlich wird der Anteil des persönlich haftenden Gesellschafters wie ein Mitunternehmeranteil behandelt (§ 15 Abs. 1 Nr. 3 EStG). Bewertungsrechtlich fällt er unter § 95 Abs. 1 (vgl. § 95 Rz. 29 f.). Dementsprechend rechnen zum Vermögen der KGaA nach § 97 Abs. 1 nicht die nicht auf das Grundkapital geleisteten Einlagen der persönlich haftenden Gesellschafter. Bei der **Aufteilung des Werts des Betriebsvermögens** wird so verfahren, als hätte die KGaA nur einen Kommanditisten, der durch die Gesamtheit der Kommanditaktionäre repräsentiert wird (BFH III R 76/73 v. 8.11.1974, BStBl. II 1975, 470).

30 Für die **Bewertung der Kommanditaktien** sowie die eventuelle Begünstigung bei der Erbschaft-/Schenkungsteuer gelten die Ausführungen in Rz. 25–28 sinngemäß.

31 **c) Gesellschaften mit beschränkter Haftung. Gesellschaften mit beschränkter Haftung** erlangen mit ihrer Eintragung im Handelsregister eigene Rechtspersönlichkeit. Die Gesellschafter sind mit einer Stammeinlage am Stammkapital der Gesellschaft beteiligt. Für

In Abs. 1 erfasste Körperschaften **§ 97**

die **Bewertung der Stammeinlagen** oder der GmbH-Anteile sowie die eventuelle Begünstigung bei der Erbschaft-/Schenkungsteuer gelten die Ausführungen in Rz. 26 und 27 sinngemäß.

Die **Unternehmergesellschaft** (UG) ist nach § 5a GmbHG der Rechtsnatur nach eine GmbH, so dass diese Unterform der GmbH von § 97 Abs. 1 Nr. 1 erfasst wird (*V/K/S* § 97 Rz. 5). **32**

d) Europäische Gesellschaften. Zu **Europäischen Gesellschaften** vgl. Rz. 7. **33**

2. Erwerbs- und Wirtschaftsgenossenschaften (Nr. 2)

Erwerbs- und Wirtschaftsgenossenschaften sind **Gesellschaften von nicht geschlossener Mitgliederzahl** (§ 1 GenG). Sie bezwecken die Förderung des Erwerbs oder der Wirtschaft ihrer Mitglieder durch gemeinschaftlichen Geschäftsbetrieb. Die Genossenschaft erlangt mit der Eintragung in das Genossenschaftsregister ihres Sitzes die Rechte einer eingetragenen Genossenschaft und damit insbesondere die Rechtsstellung einer juristischen Person mit Kaufmannseigenschaft (§§ 13, 17 GenG). **34**

Mitglied einer Genossenschaft kann grundsätzlich jede natürliche und juristische Person werden, ebenso eine Personenhandelsgesellschaft. Die **Mitgliedschaft** wird durch die Abgabe einer wirksamen Beitrittserklärung und die Zulassung des Beitretenden durch die Genossenschaft erworben (§ 15 GenG). Die Beitrittserklärung muss die ausdrückliche Verpflichtung des Genossen enthalten, die nach Gesetz und Statut geschuldeten Einzahlungen auf den Geschäftsanteil zu leisten (§ 15 a GenG). Jeder Genosse hat das Recht, durch Kündigung seinen Austritt aus der Genossenschaft zu erklären (§ 65 GenG). Der Auseinandersetzungsanspruch des ausscheidenden Genossen besteht in der Regel in seinem eingezahlten Geschäftsguthaben zuzüglich einer eventuellen Gewinnausschüttung und Warenrückvergütung. Auf die Rücklagen, eventuell ausgenommen Ergebnisrücklagen, und das sonstige Vermögen der Genossenschaft hat der ausscheidende Genosse keinen Anspruch (§ 73 GenG). Der Genossenschaftsanteil ist jederzeit übertragbar, sofern der Erwerber anstelle des Übertragenden Genosse wird (§ 76 GenG). **35**

Bewertungsrechtlich sind alle WG, die der eingetragenen Genossenschaft gehören, **Betriebsvermögen.** Die eingezahlten Geschäftsguthaben der Mitglieder sind in der Bilanz der Genossenschaft unter Eigenkapital auszuweisen. Der **Wert eines durch Erbschaft oder Schenkung übertragenen Genossenschaftsanteils** ist nicht nach dem Vermögen der Genossenschaft zu ermitteln. Er entspricht dem eingezahlten Geschäftsguthaben. Für die Ermittlung **36**

des Werts des Betriebsvermögens nach § 97 dürfte für die Genossenschaft darum kein Anlass mehr bestehen.

3. Versicherungsverein auf Gegenseitigkeit (Nr. 3)

37 Der **Versicherungsverein auf Gegenseitigkeit** (§§ 15 ff. Versicherungswesengesetz – VAG) betreibt die Versicherung seiner Mitglieder nach dem Grundsatz der Gegenseitigkeit, dh. auf mitgliedschaftlicher Basis. Er wird dadurch rechtsfähig, dass ihm die Aufsichtsbehörde erlaubt, als „Versicherungsverein auf Gegenseitigkeit" Geschäfte zu betreiben. Die Verfassung des VVaG wird durch die Satzung bestimmt.

In der Satzung ist vorzusehen, dass ein **Gründungsstock** gebildet wird, der die Kosten der Vereinserrichtung zu decken sowie als Gewähr- und Betriebsstock zu dienen hat. Den Personen, die den Gründungsstock zur Verfügung gestellt haben, darf kein Kündigungsrecht eingeräumt werden. In der Satzung kann ihnen außer einer Verzinsung aus den Jahreseinnahmen eine Beteiligung an dem Überschuss nach der Jahresbilanz zugesichert werden. Der Gründungsstock darf nur aus den Jahreseinnahmen und nur soweit getilgt werden, wie die nach § 37 VAG zu bildende Verlustrücklage angewachsen ist.

38 **Mitglied** kann nur werden, wer ein Versicherungsverhältnis mit dem Verein begründet. Die Mitgliedschaft endet, soweit die Satzung nichts anderes bestimmt, wenn das Versicherungsverhältnis aufhört. Neue Mitglieder brauchen sich in aller Regel nicht an dem Gründungsstock zu beteiligen. Endet die Mitgliedschaft, so werden sie auch nicht aus diesem Vermögen abgefunden.

39 **Bewertungsrechtlich** sind alle WG, die dem VVaG gehören, Betriebsvermögen. Der Gründungsstock ist Eigenkapital des VVaG (*WP-Handbuch* 2012, Band I, K Rz. 301; BFH I 32/53 U v. 21.4.1953, BStBl. III 1953, 175 unter Bezug auf die dort angeführte RFH-Rechtsprechung). Gleichwohl haben die Personen, die den Gründungsstock zur Verfügung gestellt haben, damit nur eine Gläubigerposition erlangt. Einen Anteil am VVaG, der vererbt oder verschenkt werden könnte, haben also weder diese Personen, noch die Mitglieder des VVaG. Insofern wird für die Ermittlung des Werts des Betriebsvermögens des VVaG kein Bedarf mehr bestehen.

4. Kreditanstalten des öffentlichen Rechts (Nr. 4)

40 **Kreditanstalten** des öffentlichen Rechts sind der Kreditgewährung dienende Unternehmen, die von öffentlich-rechtlichen Kör-

perschaften betrieben werden oder denen die Eigenschaft einer Körperschaft des öffentlichen Rechts besonders verliehen worden ist.

Mitgliedschaftsrechte, die durch Erbschaft oder Schenkung 41 übertragen werden könnten, bestehen nicht. Insofern wird auch für die Kreditanstalten des öffentlichen Rechts kein Bedarf mehr für die Ermittlung ihres Vermögens bestehen.

5. Personengesellschaften (Nr. 5)

a) Kreis der Personengesellschaften. § 97 Abs. 1 Nr. 5 erfasste 42 vor der Erweiterung der Vorschrift durch das StÄndG 2001 v. 20.12.2001 (BGBl. I 2001, 3794) lediglich die **nur teilweise gewerblich tätigen sowie die gewerblich geprägten Personengesellschaften** iSd. § 15 Abs. 3 EStG. Das war schlüssig, weil das Betriebsvermögen der gewerblich tätigen Personengesellschaften iSd. § 15 Abs. 1 Nr. 2 EStG in § 95 Abs. 1 geregelt ist. Durch das StÄndG 2001 v. 20. 12. 2001, aaO hat sich daran nichts geändert, gleichwohl wurde § 97 Abs. 1 Nr. 5 um die **gewerblich tätigen Personengesellschaften** erweitert, mit der Folge, dass deren Betriebsvermögen nunmehr in zwei Vorschriften geregelt ist (vgl. dazu Vor §§ 95–109 Rz. 13 ff.).

Die durch § 97 Abs. 1 Nr. 5 erfassten Personengesellschaften sind 43 nunmehr
- die gewerblich tätigen Personengesellschaften iSd. § 15 Abs. 1 Nr. 2 EStG (vgl. § 95 Rz. 20 ff.),
- die nur teilweise gewerblich tätigen Personengesellschaften iSd. § 15 Abs. 3 EStG (dazu § 97 Rz. 44),
- die gewerblich geprägten Personengesellschaften iSd. § 15 Abs. 3 EStG (dazu § 97 Rz. 45).

Voraussetzung für die Qualifizierung der gesamten Einkünfte als gewerblich iSd. § 15 Abs. 3 EStG ist in beiden Fällen, dass die Tätigkeit mit **Einkünfteerzielungsabsicht** unternommen wird.

Die **nur teilweise gewerblich tätigen Personengesellschaf-** 44 **ten** sind solche, die neben ihrer eigentlichen, nicht gewerblichen Tätigkeit, also einer land- und forstwirtschaftlichen, freiberuflichen oder vermögensverwaltenden Tätigkeit, auch eine gewerbliche Tätigkeit ausüben. Für diesen Fall gilt die gesamte Tätigkeit der Personengesellschaft als gewerblich, sog. **Abfärbetheorie**. Auf den Umfang der tatsächlich gewerblichen Tätigkeit kommt es grundsätzlich nicht an. Ein treffendes Beispiel für die Abfärbetheorie ist BFH IV R 60/95 v. 24.4.1997 (BStBl. II 1997, 567). Hier hatte eine GbR neben ihrer beratenden Ingenieurtätigkeit auf dem Gebiet der Datenverarbeitung individuelle kundenspezifische Einzelprogramme entwickelt und über einen Computer-Hersteller bezogene Computerprodukte nebst Anlagen an die Kunden geliefert. Nach BFH ist der Ankauf und Verkauf von Waren der freiberuflichen Tätigkeit derart wesensfremd, dass er zur gewerblichen Prägung der einheitlichen Gesamttätigkeit führt. Dem kann man für den Urteilsfall, bei dem der Geräteumsatz rd. 40 % des Gesamtumsatzes ausmachte, zustimmen. Dass aber jede noch so geringfügige gewerbliche Tätigkeit der Personengesellschaft zur Umqualifizierung ihrer nicht gewerblichen Tätigkeit führen soll, halten zwischenzeitlich auch Gerichte für zweifelhaft. So hat BFH XI R 12/98 v. 11.8.1999 (BStBl. II 2000, 229) entschieden, dass jedenfalls bei einem Anteil der gewerblichen Einkünfte von nur 1,25 % des Gesamtumsatzes die Umqualifizierung aller Tätigkeiten in gewerbliche nicht greift. Das ist aber letztlich eine Frage des Einkommensteuerrechts. § 97 Abs. 1 Nr. 5 folgt bei der Qualifizierung des Vermögens als gewerbliches der **einkommensteuerlichen Zuordnung.** Da gewerbliches Betriebsvermögen in Erbschafts- oder Schenkungsfällen nach § 13 a ErbStG begünstigt besteuert wird, wie im Übrigen auch land- und forstwirtschaftliches und dem freien Beruf dienendes Vermögen, kann sich eine Umqualifizierung durchaus vorteilhaft auswirken.

45 Als **gewerblich geprägt gilt eine Personengesellschaft** nach § 15 Abs. 3 Satz 1 Nr. 2 EStG, die nicht gewerblich iSv. § 15 Abs. 2 EStG tätig ist und bei der ausschließlich eine oder mehrere Kapitalgesellschaften persönlich haftende Gesellschafter sind und nur diese oder Personen, die nicht Gesellschafter sind, zur Geschäftsführung befugt sind. Als gewerblich geprägt gilt danach auch eine OHG, deren Gesellschafter ausschließlich Kapitalgesellschaften sind. Dagegen rechnet die typische GmbH & Co. KG, die ein Gewerbe iSv. § 15 Abs. 2 EStG betreibt, nicht als gewerblich geprägt. Sie erzielt gewerbliche Einkünfte nach § 15 Abs. 1 Nr. 2 EStG und fällt somit bewertungsrechtlich vorrangig unter § 95 Abs. 1. Auch hier ist die **einkommensteuerliche Wertung,** ob ein Gewerbebetrieb vorliegt, ob also die Einkünfteerzielungsabsicht zu unterstellen ist, verbindlich für das Vorhandensein von Betriebsvermögen.

46 § 97 Abs. 1 Nr. 5 idF d. StÄndG 2001 zählt zu den Personengesellschaften, die gewerbliches Betriebsvermögen haben, auch die **freiberuflich tätigen Gesellschaften nach § 18 Abs. 4 Satz 2 EStG.** Das folgt bereits aus § 96, nach dem die Ausübung des freien Berufs bewertungsrechtlich dem Gewerbebetrieb gleichsteht.

47 *einstweilen frei*

48 **b) Umfang des Betriebsvermögens.** Der **Umfang des Betriebsvermögens** der Personengesellschaften bestimmt sich

In Abs. 1 erfasste Körperschaften § 97

grundsätzlich nach den ertragsteuerlichen Regelungen. Danach rechnet zum Gewerbebetrieb der Personengesellschaft in erster Linie das in der Bilanz der Gesellschaft ausgewiesene **Gesamthandsvermögen**. ErbStR B 97.1 Abs. 1 Nr. 1 zählt dazu die WG und sonstigen aktiven Ansätze sowie die Schulden und sonstigen Abzüge. Diese Aufzählung ist vollständig.

§ 97 Abs. 1 Nr. 5 Satz 2 rechnet zum Betriebsvermögen der Personengesellschaften auch die WG, die im Eigentum eines Gesellschafters, mehrerer oder aller Gesellschafter stehen und bei der steuerlichen Gewinnermittlung zum Betriebsvermögen der Gesellschaft gehören. Das ist der Fall, wenn diese WG der Personengesellschaft zur Nutzung überlassen sind; sog. **Sonderbetriebsvermögen I** (vgl. dazu § 95 Rz. 20). ErbStR B 97.1 Abs. 1 Nr. 2 rechnet dazu auch das sog. **Sonderbetriebsvermögen II.** Das ist Vermögen, das der Beteiligung des Gesellschafters an der Personengesellschaft dient, wie beispielsweise der Anteil an der Komplementär GmbH. Dem ist zuzustimmen, da auch das Sonderbetriebsvermögen II ertragsteuerlich zum Betriebsvermögen gehört. Klarstellend wird im BewG darauf hingewiesen, dass die **Zurechnung anderen Zurechnungen vorgeht**. Gemeint ist der Fall, dass dieses Vermögen rechtlich zum Betriebsvermögen des Gesellschafters gehört und dem entsprechend auch im handelsrechtlichen Jahresabschluss des Gesellschafters ausgewiesen wird. In der Steuerbilanz ist dieses Vermögen abweichend bei der Beteiligung an der Personengesellschaft anzusetzen (vgl. ErbStR B 97.1 Abs. 1 Satz 2). Auch insoweit stimmt das bewertungsrechtliche Betriebsvermögen mit dem ertragsteuerlichen überein. 49

§ 97 Abs. 1 Nr. 5 Satz 2 idF des StÄndG 2001 v. 20.12.2001 (BGBl. I 2001, 3794) führt erstmals ausdrücklich auch die **zum Sonderbetriebsvermögen gehörenden Schulden** an. Der ertragsteuerlichen Regelung entsprechend sind das die mit dem Sonderbetriebsvermögen I oder II im Zusammenhang stehenden Refinanzierungsmittel beim Gesellschafter (vgl. nunmehr ausdrücklich ErbStR B 97.1 Abs. 1 Nr. 2 2. Halbsatz). Schulden in diesem Sinne sind auch die zum Erwerb der Beteiligung aufgenommenen Fremdmittel. 50

Nach bisheriger Auffassung der Verwaltung (R 115 Abs. 1 Satz 1 Nr. 2 ErbStR 2003) waren in das Betriebsvermögen der Personengesellschaft auch die Bilanzansätze aus etwaigen **Ergänzungsbilanzen** einzubeziehen (vgl. 1. Auflage § 97 Rz. 53 iVm. § 95 Rz. 24). Diese Rechtsauffassung der Verwaltung ist mit dem **ErbStRG** v. 24.12.2008 (BGBl. I 2008, 3018) obsolet geworden. In der Regierungsbegründung zu § 97 (BT-Drucks. 16/11 107 S. 16) heißt es dazu: 51

"Das Kapital etwaiger Ergänzungsbilanzen der Gesellschafter wird nicht berücksichtigt, weil die Ergänzungsbilanzen weder bei der Ermittlung des Unternehmenswerts berücksichtigt werden, noch zusätzliche Entnahmerechte gewähren."

Der Gesetzgeber trägt hiermit der **Fundamentalkritik** von *Hübner* (Die Unternehmensnachfolge im Erbschaft- und Schenkungsteuerrecht S. 71; *ders.* DStR 2000, 1205, 1214; *ders.* ZEV 2003, 12) Rechnung, wonach **Ergänzungsbilanzen mit den Sonderbilanzen nicht gleichgestellt werden könnten.** Der Sinn ertragsteuerlicher Ergänzungsbilanzen korreliere nicht mit der zivilrechtlichen Zuordnung der Vermögenssubstanz, für die einzig die vereinbarten Beteiligungsquoten (Festkapitalkonten) maßgeblich seien. Die Wertkorrekturen in den Ergänzungsbilanzen hätten dagegen allein die auf das Ertragsteuerrecht beschränkte Funktion, unterschiedliche Anschaffungskosten der Gesellschafter für die WG des Gesamthandvermögens festzuhalten, fortzuschreiben und auf diese Weise eine an der individuellen Entwicklung dieser Anschaffungskosten orientierte Versteuerung der stillen Reserven des Gesamthandsvermögens zu ermöglichen und sicherzustellen. Durch die in Ergänzungsbilanzen abgebildeten Wertkorrekturen würden nicht etwa die stillen Reserven des Gesamthandsvermögens mit zivilrechtlicher Wirkung den einzelnen Gesellschaftern zugewiesen; diese, nämlich die zivilrechtliche Zuordnung der stillen Reserven des Gesamthandsvermögens, richte sich allein nach den Vereinbarungen über die Beteiligung am Gesellschaftsvermögen, typischerweise also nach dem Festkapital (s. *Hübner* Erbschaftsteuerreform 2009 S. 499). Der Gesetzgeber ist ausweislich der Gesetzesbegründung dieser Sichtweise gefolgt, wenn er davon ausgeht, dass Ergänzungsbilanzen bei der Ermittlung des Unternehmenswerts nicht zu berücksichtigen sind. Folge dieser nunmehr gesetzlich festgelegten Regelung ist, dass auch die **Ergänzungsbilanzen** bei der **Aufteilung des Betriebsvermögens** auf die Gesellschafter keine Berücksichtigung mehr finden (s. dazu Rz. 54).

52 **Forderungen und Schulden** zwischen Gesellschaft und Gesellschafter waren bis zum Ablauf des Kalenderjahres 2001 nicht anzusetzen, selbst wenn diese Posten in der Steuerbilanz ausgewiesen waren. Sie waren **nicht als Sonderbetriebsvermögen** zu behandeln. Die Bestandsidentität war insoweit durchbrochen (vgl. *V/K/S* § 97 Rz. 21). Durch das StÄndG 2001 v. 20.12.2001 (BGBl. I 2001, 3794) wurde § 97 Abs. 1 Nr. 5 geändert. Nunmehr sind Forderungen und Schulden der Gesellschafter gegenüber der Personengesellschaft einzubeziehen, soweit sie bei der steuerlichen Gewinnermittlung zum Betriebsvermögen der Gesellschaft gehören (EStR B 97.1

In Abs. 1 erfasste Körperschaften § 97

Abs. 2 Satz 1). Steht einer Forderung der Personengesellschaft an einen Gesellschafter, die in der Gesamthandsbilanz auszuweisen ist, kein entsprechender Schuldposten in einer Sonderbilanz dieses Gesellschafters gegenüber, kann bei der Ermittlung des Werts des Betriebsvermögens die entsprechende Schuld nicht berücksichtigt werden (ErbStR B 97.1 Abs. 2 Satz 2). Die Schuld ist als private Schuld zu behandeln (ErbStR B 97.1 Abs. 2 Satz 3). Erbschaftsteuerlich kann sich dies im Hinblick auf die §§ 13a, 13b ErbStG für den Stpfl. als günstig auswirken, weil er die Schuld in voller Höhe mit hoch besteuertem Privatvermögen verrechnen kann (vgl. *V/K/S* § 97 Rz. 21).

einstweilen frei 53

c) Aufteilung des Werts des Betriebsvermögens auf die 54
Gesellschafter (vgl. iE ErbStR B 97.3). Das einer Personengesellschaft gehörende Betriebsvermögen ist **Gesamthandsvermögen.** Die zum Betriebsvermögen gehörenden WG und sonstigen aktiven Ansätze sowie Schulden und sonstigen Abzüge werden dementsprechend den Gesellschaftern anteilig zugerechnet.

Durch das **ErbStRG** v. 24.12.2008 (BGBl. I 2008, 3018) wurde 55
Abs. 1 a neu gefasst. Die Änderung ist eine Folge der Abkehr von der Übernahme der ertragsteuerlichen Bilanzansätze für das bewertungsrechtliche Betriebsvermögen und der Hinwendung zum gemeinen Wert eines Anteils am Betriebsvermögen. Diese Bewertung ist entweder nach § 11 Abs. 2 oder aber im vereinfachten Ertragswertverfahren (§§ 199 ff.) vorzunehmen. Da beim vereinfachten Ertragswertverfahren das Sonderbetriebsvermögen nicht mit einbezogen wird (§ 202 Abs. 1 Satz 1 2. Hs.) hat der Gesetzgeber sich entschieden, die Aufteilung in einem ersten Schritt auf das Gesamthandsvermögen zu beschränken. Das Sonderbetriebsvermögen wird mit seinem gemeinen Wert dem für das Gesamthandsvermögen ermittelten Wert hinzuaddiert (Abs. 1 a Nr. 2 und 3; vgl. BV-Erl. Gleichl. Ländererlasse v. 25. 6. 2009, BStBl. I 2009, 698, 704).). In der Regierungsbegründung (BT-Drucks. 16/11107 S. 16) heißt es dazu:

„Das Gesamthandsvermögen der Gesellschaft einerseits und das zivilrechtlich den Gesellschaftern gehörende Sonderbetriebsvermögen andererseits sind getrennt zu bewerten. Dies entspricht auch der Vorgehensweise bei anderen marktüblichen Bewertungsverfahren. Damit wird sogleich eine Vereinfachung erreicht. Ansonsten müsste das Sonderbetriebsvermögen aller Gesellschafter einbezogen werden und nicht nur dasjenige des Gesellschafters, dessen Anteil Zuwendungsgegenstand ist. Bei der anschließenden Aufteilung des Gesamtertragswerts müsste es für alle wieder herausgerechnet werden. Die im Rahmen der Gesamthandsgemeinschaft verbuchten Aufwands- und Ertragsposten im

Zusammenhang mit dem Sonderbetriebsvermögen, z. B. Miet- und Pachtzahlungen oder Zinsen, werden bei der Ertragswertermittlung berücksichtigt, so dass es nicht zu einer doppelten Erfassung des Sonderbetriebsvermögens kommen kann.

Der ermittelte Ertragswert des Gesamthandvermögens ist zunächst anhand der Kapitalkonten zu verteilen. Das Kapital etwaiger Ergänzungsbilanzen der Gesellschafter wird nicht berücksichtigt, weil die Ergänzungsbilanzen weder bei der Ermittlung des Unternehmenswerts berücksichtigt werden, noch zusätzliche Entnahmerechte gewähren.

Der nach Abzug der Kapitalkonten verbleibende Restwert ist anhand des Gewinnverteilungsschlüssels aufzuteilen.

Die Summe aus dem anteiligen Wert des Gesamthandsvermögens und dem gemeinen Wert des Sonderbetriebsvermögens ergibt den gemeinen Wert des Anteils des Gesellschafters."

56 Der **gemeine Wert eines Anteils am Betriebsvermögen** einer in § 97 Abs. 1 Satz 1 Nr. 5 genannten Personengesellschaft ist demgemäß wie folgt zu ermitteln und aufzuteilen:
– Ermittlung des gemeinen Werts des Gesamthandsvermögens nach § 109 Abs. 2,
– Vorwegzurechnung der Kapitalkonten aus der Gesamthandsbilanz an den jeweiligen Gesellschafter (**ohne die Kapitalkonten etwaiger Ergänzungsbilanzen**),
– Zuweisung verbleibender Unterschiedsbeträge nach dem für die Gesellschaft maßgebenden Gewinnverteilungsschlüssel,
– Gesonderte Ermittlung des gemeinen Werts des Sonderbetriebsvermögens und Zuweisung an den jeweiligen Gesellschafter,
– Addition des Anteils am Gesamthandsvermögen und des Werts des Sonderbetriebsvermögens.

57 **aa) Gesamthandsvermögen.** Abs. 1 a Nr. 1 schreibt vor, dass in einem ersten Schritt **ausschließlich das Gesamthandsvermögen** der Personengesellschaft **zu ermitteln und aufzuteilen ist.** Die Kapitalkonten aus der Gesamthandsbilanz der Gesellschaft sind den jeweiligen Gesellschaftern vorweg zuzurechnen. Zu den Kapitalkonten gehören alle Eigenkapitalkonten, also Festkapitalkonten, variable Kapitalkonten, gesellschafterbezogene Rücklagenkonten und die Anteile an gesamthänderisch gebundenen Rücklagen (vgl. *Hübner* Erbschaftsteuerreform 2009 S. 498).

Diese **Zurechnungsvorschrift** beinhaltet, dass dem Gesellschafter stets sein Kapitalkonto zuzurechnen ist, ohne Rücksicht darauf, ob er für die Verbindlichkeiten der Personengesellschaft unbeschränkt oder nur beschränkt haftet. Folglich wird auch dem beschränkt haftenden Kommanditisten sein eventuelles negatives Kapitalkonto laut Handelsbilanz bewertungsrechtlich ohne Einschränkung zugerechnet. Für den Steuerpflichtigen hat dies u. U. eine erhebliche positive Auswirkung; denn er kann im Erbschafts-/Schenkungsfall negatives Betriebsvermögen mit positivem Betriebsvermögen oder anderem steuerpflichtigen Vermögen ausgleichen.

Die in Rz. 55 dargestellte Gesetzesbegründung beinhaltet die erfreuliche Klarstellung, dass **Ergänzungsbilanzen** nicht zu den Kapitalkonten gehören, die dem jeweiligen Gesellschafter vorweg zuzurechnen sind. Denn Ergänzungsbilanzen werden bei der Ermittlung des Unternehmenswerts nicht berücksichtigt, noch gewähren sie zusätzliche Entnahmerechte (zu Einzelheiten s. *Hübner* Erbschaftsteuerreform 2009 S. 498 ff.). 58

bb) Verbleibender Wert. Nach Abs. 1 a Nr. 1 b ist der nach Berücksichtigung der Vorwegzurechnungen verbleibende Wert des Betriebsvermögens nach dem für die Gesellschaft maßgebenden Gewinnverteilungsschlüssel auf die Gesellschafter aufzuteilen; Vorabgewinnanteile sind nicht zu berücksichtigen. Bei richtiger Vorwegzurechnung ist der verbleibende Wert der Betrag, der sich aus unterschiedlichen Wertansätzen zwischen Steuerbilanz und Betriebsvermögen nach § 109 ergibt, zB bei Grundstücken oder Beteiligungen. Der verbleibende Wert kann positiv oder negativ sein (siehe aber Rz. 61). 59

cc) Sonderbetriebsvermögen. Das Sonderbetriebsvermögen wird erst nach Vorwegzurechnung der Kapitalkonten aus der Gesamthandsbilanz sowie der Aufteilung des verbleibenden Wertes nach dem Gewinnverteilungsschlüssel gesondert mit dem gemeinen Wert (= Feststellung der Wirtschaftsgüter und Schulden) ermittelt und dem jeweiligen Gesellschafter zugerechnet. 60

dd) Wert des Anteils. Abs. 1 a Nr. 3 enthält die sehr wichtige Feststellung, dass sich für jeden Gesellschafter der **gemeine Wert seines Anteils** aus der Summe seines Anteils am Gesamthandsvermögen und dem gemeinen Wert seines Sonderbetriebsvermögens ergibt. Danach kann jeder Gesellschafter, auch der beschränkt haftende, einen negativen Anteil am Betriebsvermögen der Personengesellschaft haben. 61

Fraglich ist, ob dies auch dann gilt, soweit ein **nicht nachschusspflichtiger Kommanditist seine Kommanditeinlage voll erbracht hat.** Dies bejahte die Finanzverwaltung bis zum 31.12.2008 (s. R 116 Abs. 1 Satz 3 ErbStR 2003). Nach neuem Recht, also **seit dem 1.1.2009,** soll in diesem Fall dem nicht nachschusspflichtigen Kommanditisten **kein** negativer Wert am Gesamthandsvermögen zugerechnet werden können (ErbStR B 97.3 Abs. 1 Satz 3). Gegen diese Auffassung hat *Gerlach* (DStR 2010, 309, 311; ihm zustimmend *Rössler/Troll* § 97 Rz. 28) beachtliche **Kritik** hervorgebracht. Die Verwaltungsauffassung widerspreche dem Wortlaut des § 97 Abs. 1a.

Das ist zwar richtig, jedoch wird man im Ergebnis der Verwaltungsauffassung folgen müssen (so auch *V/K/S* § 97 Rz. 36 Beispiel 5). Zum einen ist die Änderung der Verwaltungsauffassung wegen **missbräuchlichen Gestaltungen** zur Einsparung von Erbschaft- und Schenkungsteuern erforderlich geworden. Banken hatten Anlagemodelle entwickelt, bei denen beschränkt haftenden Kommanditisten hohe negative Werte am Betriebsvermögen zugerechnet wurden, um die Beteiligung dann mit Negativwert zur Verrechnung mit anderen positiven Werten auf die nächste Generation zu übertragen.

Zum anderen ergibt sich die Richtigkeit der Verwaltungsauffassung aus einem **Vergleich** mit dem Fall, dass das negative Kapitalkonto nicht durch Verluste, sondern durch Entnahmen entstanden ist. Im letzteren Fall lebt die Haftung des Kommanditisten nach § 172 Abs. 4 HGB wieder auf, so dass in diesem Fall ihm auch ein negativer Wert zugerechnet werden kann. Der nicht nachschusspflichtige Kommanditist ist jedoch durch Verluste wirtschaftlich nicht belastet; er kann jederzeit aus der Gesellschaft ausscheiden, ohne zu weiteren Nachzahlungen verpflichtet zu sein. Im Ergebnis ist deshalb der neuen Verwaltungsauffassung zuzustimmen.

62 Die **Aufteilung des gemeinen Werts des Betriebsvermögens** ist in dem nachfolgenden Beispiel dargestellt.

Beispiel:	Vorsp.	gesamt	A	B
			– ⅔ –	– ⅓ –
Wert des Betriebsvermögens		3700	3700	
davon:				
– Kapitalkonten lt. Handelsbilanz	– 2000	2000	2700	– 700
– Mehrwerte aus Abweichung Steuerbilanz/Bewertung nach Gewinnverteilungsschlüssel	– 600	600	400	200
– Gemeiner Wert des Sonderbetriebsvermögens des B der Personengesellschaft überlassenes Grundstück	– 600	600		600
– Sonderbetriebsvermögen des A der Personengesellschaft überlassenes Grundstück	– 500	500	500	
	0	3700	3600	100

6. Aufteilung des gemeinen Werts eines Anteils an einer Kapitalgesellschaft

Der **gemeine Wert** eines Anteils an einer in Abs. 1 Satz 1 Nr. 1 genannten Kapitalgesellschaft war in der Vergangenheit nicht gesetzlich geregelt. Die Aufteilung ergab sich unter der Geltung des Stuttgarter Verfahrens durch die Anwendung des für den gemeinen Wert ermittelten Prozentsatzes auf das Nennkapital des von dem einzelnen Gesellschafter gehaltenen Anteils. Nachdem nunmehr der gemeine Wert nicht mehr in einem Prozentsatz bezogen auf das Nennkapital ausgedrückt wird, sondern in einer **absoluten Größe,** wird die Aufteilung explizit im Gesetz geregelt (vgl. *Hübner* Erbschaftsteuerreform2009 S. 496). Abs. 1 b Satz 1 bestimmt die Aufteilung nach dem Verhältnis des **Anteils am Nennkapital** (Grund- oder Stammkapital) der Gesellschaft zum gemeinen Wert des Betriebsvermögens der Kapitalgesellschaft zum Bewertungsstichtag. Die Regierungsbegründung dazu lautet (BT-Drucks. 16/11107 s. S. 16):

„Der gemeine Wert eines Anteils an einer Kapitalgesellschaft ist in den Fällen des § 11 Abs. 2 Satz 2 ff. in zwei Stufen zu ermitteln. Zunächst wird nach § 11 Abs. 2 der gemeine Wert des Betriebsvermögens der Kapitalgesellschaft ermittelt. In einer zweiten Stufe wird nach dem Verhältnis des übergegangenen oder übertragenen Anteils am Nennkapital (Grund- oder Stammkapital) der Gesellschaft zum gemeinen Wert des Betriebsvermögens der Kapitalgesellschaft im Bewertungsstichtag aufgeteilt."

Diese Vorgabe gilt auch in den Fällen, in denen das Nennkapital noch nicht vollständig eingezahlt ist. Anders ist zu verfahren, wenn sich die Beteiligung am Vermögen und am Gewinn der Gesellschaft aufgrund einer ausdrücklichen Vereinbarung der Gesellschafter (zB in der Satzung) nach der jeweiligen Höhe des eingezahlten Nennkapitals richtet (vgl. *Eisele* Erbschaftsteuerreform 2. Auflage 2009 S. 239). Hier bezieht sich der gemeine Wert nur auf das **tatsächlich eingezahlte Nennkapital** (Abs. 1 b Satz 3). **Kritisch** zu dieser Ausnahmeregelung *V/K/S* § 97 Rz. 39, der davon ausgeht, dass sich auch in diesem Fall die Beteiligung des Gesellschafters am Vermögen der Gesellschaft stets nach der Beteiligungsquote richtet.

7. Gemeinschaftliche Tierhaltung

Nach § 97 Abs. 1 Satz 2 iVm. §§ 34 Abs. 6 a und 51 a bilden die von Erwerbs- und Wirtschaftsgenossenschaften, von Personengesellschaften iSd. § 15 Abs. 3 EStG oder von Vereinen betriebene gemeinschaftliche Tierhaltung oder Tierzucht unter den in § 51 a genannten Voraussetzungen einen **Betrieb der Land- und Forstwirtschaft.**

IV. Gewerbebetriebe der sonstigen juristischen Personen des privaten Rechts, der rechtsfähigen Vereine, Anstalten, Stiftungen und anderen Zweckvermögen (Abs. 2)

65 Einen **Gewerbebetrieb** bilden auch die WG, die den sonstigen juristischen Personen des privaten Rechts, den nichtrechtsfähigen Vereinen, Anstalten, Stiftungen und anderen Zweckvermögen gehören, soweit sie einem wirtschaftlichen Geschäftsbetrieb (ausgenommen Land- und Forstwirtschaft) dienen. Anders als bei den durch § 97 Abs. 1 erfassten Körperschaften, Personenvereinigungen und Vermögensmassen, bei denen alle ihnen gehörende WG (und Schulden) einen Gewerbebetrieb bilden, rechnen hier zum Gewerbebetrieb nur die WG (und Schulden), die einem wirtschaftlichen Geschäftsbetrieb dienen.

66 Ein **wirtschaftlicher Geschäftsbetrieb** ist nach § 14 AO eine selbstständige nachhaltige Tätigkeit, durch die Einnahmen oder andere wirtschaftliche Vorteile erzielt werden und die über den Rahmen einer Vermögensverwaltung hinausgeht. Die Absicht, Gewinn zu erzielen, ist nicht erforderlich.

67 Nach Wegfall der Vermögensteuer und der Gewerbekapitalsteuer dürfte sich in aller Regel für die genannten Gebilde nicht mehr die Notwendigkeit ergeben, den Wert ihres wirtschaftlichen Geschäftsbetriebs zu ermitteln, ausgenommen **inländische Familienstiftungen,** deren Vermögen in Zeitabständen von je 30 Jahren der **Ersatzerbschaftsteuer** unterliegt (dazu ausführlich ErbStR R 1.2).

68 Soweit der Wert des wirtschaftlichen Geschäftsbetriebs zu ermitteln ist, gelten die Erläut. in Rz. 13–22 sinngemäß.

§ 98 *(aufgehoben)*

§ 98a *Bewertungsgrundsätze*

[1]Der Wert des Betriebsvermögens wird in der Weise ermittelt, daß die Summe der Werte, die für die zu dem Gewerbebetrieb gehörenden Wirtschaftsgüter und sonstigen aktiven Ansätze (Rohbetriebsvermögen) ermittelt worden sind, um die Summe der Schulden und sonstigen Abzüge (§ 103) gekürzt wird. [2]Die §§ 4 bis 8 sind nicht anzuwenden.

1 § 98a ist durch das ErbStRG v. 24.12.2008 (BGBl. I 2008, 3018) **aufgehoben** worden. Siehe zum Wegfall von Satz 2 Vor §§ 4–8 Rz. 3 und die Erläut in der 2. Auflage.

§ 99 Betriebsgrundstücke

(1) **Betriebsgrundstück im Sinne dieses Gesetzes ist der zu einem Gewerbebetrieb gehörige Grundbesitz, soweit er, losgelöst von seiner Zugehörigkeit zu dem Gewerbebetrieb,**
1. **zum Grundvermögen gehören würde oder**
2. **einen Betrieb der Land- und Forstwirtschaft bilden würde.**

(2) *(aufgehoben)*

(3) **Betriebsgrundstücke im Sinne des Absatzes 1 Nr. 1 sind wie Grundvermögen, Betriebsgrundstücke im Sinne des Absatzes 1 Nr. 2 wie land- und forstwirtschaftliches Vermögen zu bewerten.**

I. Entstehung und Bedeutung der Vorschrift

§ 99 ist durch das **ErbStRG** v. 24.12.2008 (BGBl. I 2008, 3018) mit Wirkung zum 1.1.2009 neu gefasst worden. Während die Abs. 1 und 3 unverändert geblieben sind, ist Abs. 2 vollständig gestrichen worden. § 99 war bereits als § 57 im RBewG v. 16.10.1934 (RGBl. I 1934, 1035) enthalten, ausgenommen Abs. 2 Satz 3. Diese Regelung erscheint erstmals im BewG 1965 idF v. 10.12.1965 (BGBl. I 1965, 1861). Darüber hinaus wurden lediglich durch dieses Gesetz der bis dahin verwendete Begriff „land- und forstwirtschaftlicher Betrieb" durch „Betrieb der Land- und Forstwirtschaft" und durch das **StÄndG 1992** v. 25.2.1992 (BGBl. I 1992, 297) der Begriff „gewerblicher Betrieb" durch „Gewerbebetrieb" ersetzt.

§ 99 bestimmt, welche Grundstücke **Betriebsgrundstücke** iSd. BewG sind und wie sie zu bewerten sind. Durch § 99 Abs. 2 aF wurde darauf verzichtet, die Frage, ob ein Grundstück als Betriebsgrundstück zu bewerten ist, allein nach steuerbilanziellen Grundsätzen auszurichten. Diente das Grundstück, das losgelöst vom Gewerbebetrieb zum Grundvermögen gehören würde, zu mehr als der Hälfte seines Werts dem Gewerbebetrieb, so galt das ganze Grundstück als Teil des Gewerbebetriebs und als Betriebsgrundstück – „Alles oder Nichts-Prinzip". Diente das Grundstück nur zur Hälfte seines Werts oder zu einem geringeren Teil dem Gewerbebetrieb, so gehörte das ganze Grundstück zum Grundvermögen. Waren an dem Grundstück neben dem Betriebsinhaber noch andere Personen beteiligt, so galt auch hinsichtlich des Anteils des Betriebsinhabers das Grundstück nicht als Betriebsgrundstück. Mit der **Aufhebung des § 99 Abs. 2** wird nunmehr erreicht, dass nur noch der ertragsteuerlich zum Betriebsvermögen gehörende Teil beim Wert des Betriebsvermögens berücksichtigt wird (§ 95 Abs. 1 BewG iVm. § 15 Abs. 1 und 2 EStG). Das bedeutet, dass sich im notwendigen Betriebsvermögen auch Grundstücksteile befinden können, obwohl das Gesamtgrundstück zu mehr als der Hälfte privaten Zwecken dient. Grundstücksteile, die an Dritte für fremde betriebliche Zwecke vermietet oder verpachtet oder an Dritte zu Wohnzwecken vermietet sind, können gewillkürtes Betriebsvermögen oder Privatvermögen sein. Sind an dem Betriebsgrundstück Betriebsfremde beteiligt, ist der Anteil des Betriebsinhabers sein anteiliges Betriebsvermögen (vgl. *V/K/S* § 99 Rz. 7 mit Beispiel).

3   *einstweilen frei*

II. Betriebsgrundstück iSv. Abs. 1 erster Halbsatz

4   Abs. 1 enthält in seinem ersten Halbsatz die für sich gesehen klare Aussage, dass Betriebsgrundstück iSd. BewG **der zu einem Gewerbebetrieb gehörende Grundbesitz** ist. Ob ein Grundstück oder ein Grundstücksteil zum Gewerbebetrieb gehört, wird nunmehr ausschließlich im Ertragsteuerrecht entschieden (ErbStR B 99 Abs. 1). Die ertragsteuerliche Beurteilung, die seit 1.1.1993 für das gesamte bewertungsrechtliche Betriebsvermögen maßgebend ist, gilt nunmehr ausnahmslos auch für Grundstücke.

5–8 *einstweilen frei*

III. Einordnung der Grundstücke (Abs. 1 zweiter Halbsatz)

9   Nach der klaren Aussage in Abs. 1 erster Halbsatz, dass Betriebsgrundstück iSd. BewG der zu einem Gewerbebetrieb gehörende Grundbesitz ist, erscheint der zweite Halbsatz wie eine Einschränkung, dass dieser Grundbesitz nur „soweit" Betriebsgrundstück ist, wie er losgelöst von seiner Zugehörigkeit zu dem Gewerbebetrieb zum Grundvermögen gehören oder einen Betrieb der Land- und Forstwirtschaft bilden würde. Da das BewG eine Zurechnung von Grundstücken außerhalb des Betriebsvermögens nur beim Grundvermögen oder beim land- und forstwirtschaftlichen Vermögen kennt, soll damit tatsächlich nur ausgedrückt werden, dass es diese **zwei Kategorien von Betriebsgrundstücken** geben kann, die ggf. unterschiedlich zu bewerten sind. Insofern ist diese Vorschrift im Zusammenhang mit Abs. 3 zu sehen, der unter Bezug auf Abs. 1 zweiter Halbsatz die Bewertung der Betriebsgrundstücke regelt.

Einordnung der Grundstücke (Abs. 1 HS 2) **§ 99**

1. Grundstücke, die bewertungsrechtlich zur Kategorie Grundvermögen gehören

Aus der Unterscheidung des gewerblichen Grundbesitzes in solchen, der losgelöst vom Gewerbebetrieb Grundvermögen oder land- und forstwirtschaftliches Vermögen sein würde, folgt, dass entsprechend § 176 (Grundvermögen) zu den Betriebsgrundstücken der ersten Kategorie gehören: 10
- der Grund und Boden, die Gebäude, die sonstigen Bestandteile und das Zubehör,
- das Erbbaurecht,
- das Wohnungseigentum, Teileigentum, Wohnungserbbaurecht und Teilerbbaurecht nach dem Wohnungseigentumsgesetz,
- Gebäude auf fremden Grund und Boden (§ 70 Abs. 3), soweit es sich nicht um land- und forstwirtschaftliches Vermögen handelt.

Zu den Betriebsgrundstücken gehören dagegen nicht Bodenschätze und Betriebsvorrichtungen, auch wenn letztere wesentliche Bestandteile des Grundstücks sind (§ 176 Abs. 2 Nr. 2). Zur Abgrenzung der Betriebsvorrichtungen von den Grundstücken s. § 68 Rz. 11 ff.

Die Einordnung eines Grundstückes als **Betriebsgrundstück** (= Zuordnung zum Betriebsvermögen) hat wegen des Verschonungsinstrumentariums nach §§ 13a, 13b ErbStG erhebliche Bedeutung (zutreffend *Rössler/Troll* § 99 Rz. 3). Die Schlussfolgerung, die in *Rössler/Troll* aaO allerdings daraus gezogen wird, dass wegen der Nichtgeltung des § 26 bei der Erbschaft- und Schenkungsteuer ein Grundstück, das im Miteigentum eines Nichtunternehmer-Ehegatten steht, nicht nach § 13a ErbStG begünstigt sein kann, ist hingegen unzutreffend. Mit Aufhebung des § 99 Abs. 2 aF zum 31.12.2008 kann der Anteil eines Ehegatten ein Betriebsgrundstück und der des anderen Ehegatten Grundvermögen sein. Maßgeblich ist die **ertragsteuerliche Zuordnung** (vgl. *V/K/S* § 99 Rz. 8; *Wilms/Jochum* § 99 Rz. 24-26). Anders, wenn das Grundstück im Alleineigentum des Nichtunternehmer-Ehegatten steht und dem Betrieb des Unternehmer-Ehegatten dient. Ein solches Grundstück kann nicht Betriebsgrundstück sein (BFH II R 27/05 v. 26.2.2007, BFH/NV 2007, 1275). 10a

2. Grundstücke, die bewertungsrechtlich in die Kategorie Betrieb der Land- und Forstwirtschaft gehören

Das Gesetz spricht von den Grundstücken, die losgelöst von ihrer Zugehörigkeit zum Gewerbebetrieb „einen Betrieb der Land- und 11

§§ 99–102 Betriebsgrundstücke

Forstwirtschaft bilden würden", und meint vermutlich nur „zu einem Betrieb der Land- und Forstwirtschaft gehören würden"; denn den **Betrieb der Land- und Forstwirtschaft** bilden nicht nur dessen Grundstücke. Zum Betrieb der Land- und Forstwirtschaft gehören ebenso die stehenden Betriebsmittel und ein normaler Bestand an umlaufenden Betriebsmitteln (§ 158 Abs. 3).
Land- und forstwirtschaftlich genutzte Grundstücke können bei den in § 95 Abs. 1 erfassten Gewerbebetrieben iSv. § 15 Abs. 1 und 2 EStG nur zum **Betriebsvermögen** gehören, wenn die Land- und Forstwirtschaft lediglich ein Nebenzweck des Gewerbebetriebes ist (§ 95 Abs. 2, vgl. § 95 Rz. 39, 40). Bei den in § 97 erfassten Körperschaften, Personenvereinigungen und Vermögensmassen gehört die Land- und Forstwirtschaft dagegen auch dann zum Gewerbebetrieb, wenn sie den Hauptzweck des Unternehmens bildet. Das folgt aus § 97 Abs. 1, nach dem alle WG einen Gewerbebetrieb bilden. Für die gewerblich tätigen Personengesellschaften iSv. § 15 Abs. 1 Nr. 2 EStG, deren Vermögen grundsätzlich in § 95 Abs. 1 geregelt ist, wurde durch das **StÄndG 2001** v. 20.12.2001 (BGBl. I 2001, 3794) in Bezug auf § 99 insofern eine widerstreitende Regelung geschaffen, als sie nunmehr zusätzlich durch § 97 Abs. 1 Nr. 5 erfasst werden.

12, 13 *einstweilen frei*

IV. Bewertung der Betriebsgrundstücke (Abs. 3)

14 Nach Abs. 1 werden Betriebsgrundstücke wie Grundvermögen behandelt, wenn sie losgelöst vom Gewerbebetrieb Grundvermögen wären, und wie land- und forstwirtschaftliche Grundstücke, wenn sie losgelöst vom Gewerbebetrieb zu dieser Gruppe gehören würden. In Übereinstimmung mit dieser Regelung bestimmt Abs. 3, dass die Bewertung der Betriebsgrundstücke nach den für das Grundvermögen oder den für das land- und forstwirtschaftliche Vermögen geltenden Vorschriften erfolgt.

15 Betriebsgrundstücke, die zur **Gruppe Grundvermögen** gehören, werden nach §§ 68–94 bewertet. Für die für erbschaft- und schenkungsteuerliche Zwecke maßgebenden gemeinen Werte gelten die §§ 151, 157, 176 bis 198.

16 Betriebsgrundstücke, die zur **Gruppe Land- und Forstwirtschaft** gehören würden, werden nach den §§ 33 bis 67 bewertet. Für die für erbschaft- und schenkungsteuerliche Zwecke maßgebenden gemeinen Werte gelten die §§ 151, 157, 158 bis 175.

§§ 100 bis 102 *(aufgehoben)*

§ 103 Schulden und sonstige Abzüge

(1) Schulden und sonstige Abzüge, die nach § 95 Abs. 1 zum Betriebsvermögen gehören, werden vorbehaltlich des Absatzes 3 berücksichtigt, soweit sie mit der Gesamtheit oder einzelnen Teilen des Betriebsvermögens im Sinne dieses Gesetzes in wirtschaftlichem Zusammenhang stehen.

(2) Weist ein Gesellschafter in der Steuerbilanz Gewinnansprüche gegen eine von ihm beherrschte Gesellschaft aus, ist bei dieser ein Schuldposten in entsprechender Höhe abzuziehen.

(3) Rücklagen sind nur insoweit abzugsfähig, als ihr Abzug bei der Bewertung des Betriebsvermögens für Zwecke der Erbschaftsteuer durch Gesetz ausdrücklich zugelassen ist.

Übersicht

	Rn.
I. Entstehung und Bedeutung der Vorschrift	1–4
II. Schulden und sonstige Abzüge, die nach § 95 Abs. 1 zum Betriebsvermögen gehören (Abs. 1 erster Halbsatz)	5–23
1. Der Schuldenbegriff	5
2. Sonstige Abzüge	6
3. Zugehörigkeit nach § 95 Abs. 1 zum Betriebsvermögen	7–13
4. Schulden und sonstige Abzüge beim Betriebsvermögen nach § 97	14, 15
5. Abgrenzung zwischen Verbindlichkeiten und Eigenkapital	16–23
III. Zusammenhang der Schulden mit begünstigtem Betriebsvermögen (§§ 13 a Abs. 1, 13 b Abs. 1 Nr. 2 ErbStG)	24–26
IV. Beim Gesellschafter aktivierter Gewinnanspruch (Abs. 2)	27
V. Rücklagen (Abs. 3)	28

I. Entstehung und Bedeutung der Vorschrift

§ 103 ist durch das **ErbStRG** v. 24.12.2008 (BGBl. I 2008, 3018) **1** unverändert geblieben. Die Vorschrift ist durch das StÄndG 1992 v. 25.2.1992 (BGBl. I 1992, 297) mit Wirkung vom 1.1.1993 neu gefasst worden und im Abs. 1 durch das StandOG v. 13.9.1993 (BGBl. I 1993, 1569) ebenfalls mit Wirkung vom 1.1.1993 nochmals geändert worden. Durch das StÄndG 2001 v. 20.12.2001 (BGBl. I

§ 103

2001, 3794) wurde der in Abs. 3 bisher noch verwendete Begriff „bei der Einheitsbewertung des Betriebsvermögens" durch die Wörter „bei der Bewertung des Betriebsvermögens für Zwecke der Erbschaftsteuer" ersetzt.

2 § 103 regelt die Berücksichtigung von Schulden und sonstigen Abzügen beim Betriebsvermögen. **Im Zusammenhang mit § 95 Abs. 1,** auf den Abs. 1 Bezug nimmt, erscheint die Vorschrift **entbehrlich.** Der mit „Begriff des Betriebsvermögens" überschriebene § 95 definiert ihn in seinem Abs. 1 als „alle Teile eines Gewerbebetriebs iSv. § 15 Abs. 1 und 2 EStG, die bei der steuerlichen Gewinnermittlung zum Betriebsvermögen gehören", das sind alle WG und sonstigen aktiven Ansätze sowie Schulden und sonstigen Abzüge. Die Berücksichtigung von Schulden und sonstigen Abzügen ergibt sich darum schon unmittelbar aus § 95 Abs. 1.

3 Die Bedeutung des § 103 ist durch die **Erbschaftsteuerreform 2009** deutlich gesunken. § 103 war bisher im Rahmen der Einzelbewertung (vgl. § 98 a aF) die Rechtsgrundlage für den Abzug von Schulden innerhalb des Betriebsvermögens. Durch die **Abschaffung der Einzelbewertung** als Regelbewertung und die Hinwendung zur **Gesamtbewertung** ist § 103 in den meisten Fällen überflüssig geworden, denn mit der Ermittlung des gemeinen Werts über § 109 iVm. § 11 Abs. 2 Satz 2 sind die Schulden innerhalb des Betriebsvermögens mit abgegolten und bedürfen keines besonderen Abzuges mehr (vgl. *Rössler/Troll* § 103 Rz. 3 f.). **Dies gilt nicht,** sofern es bei der Einzelbewertung der WG bleibt, nämlich in den Fällen der Mindestbewertung (Substanzwert), der durch Saldierung der Einzelwerte der zu der wirtschaftlichen Einheit gehörenden Einzelwirtschaftsgüter zu ermitteln ist, bei der Ermittlung des Sonderbetriebsvermögens nach § 97 Abs. 1 Nr. 5 Satz 2 sowie in den Fällen des § 200 Abs. 2–4. Hier bleibt es beim gesonderten Ansatz der Schulden über § 103. Zur generellen und **zutreffenden Kritik** zum systematischen Verständnis des § 103 vgl. *Hübner* DStR 2000, 1205, 1206; *ders.* Erbschaftsteuerreform 2009 S 486 f.).

4 *einstweilen frei*

II. Schulden und sonstige Abzüge, die nach § 95 Abs. 1 zum Betriebsvermögen gehören (Abs. 1 erster Halbsatz)

1. Der Schuldenbegriff

5 Das BewG enthält keinen eigenständigen Schuldenbegriff. Wegen der Maßgeblichkeit der Steuerbilanz für das bewertungsrechtliche

Zum BV gehörende Schulden u. Abzüge § 103

Betriebsvermögen einerseits und der Handelsbilanz für die Steuerbilanz andererseits, ist er aus dem **Bilanzrecht** zu übernehmen.

Der bilanzrechtliche Schuldenbegriff steht als Oberbegriff für Verbindlichkeiten sowie für Rückstellungen für ungewisse Verbindlichkeiten und für drohende Verluste aus schwebenden Geschäften (dazu ausführlich *Beck Bil.-Komm.* § 247 HGB Rz. 201 ff.). Schulden setzen einen Leistungszwang gegenüber einem anderen, dh. eine Außenverpflichtung voraus. Diese kann auch eine faktische Verpflichtung sein. Keine Schulden sind darum die Aufwandsrückstellungen, zB für unterlassene Instandhaltungen. Bei diesen handelt es sich lediglich um eine sog. Innenverpflichtung.

2. Sonstige Abzüge

Das **Bilanzrecht** kennt als Oberbegriffe für die Bilanzposten 6 lediglich Vermögensgegenstände, Schulden und Rechnungsabgrenzungsposten (§ 246 Abs. 1 Satz 1 HGB). Die in § 103 Abs. 1 für Passivposten neben den Schulden aufgeführten sonstigen Abzüge sind sowohl dem Bilanzrecht als auch dem Bilanzsteuerrecht fremd. Der Begriff sonstige Abzüge ist auch nicht im BewG definiert. Einen Anhalt dafür, was der Gesetzgeber damit erfassen wollte, gibt er selbst in der Gesetzesbegründung zum StandOG (BT-Drucks. 12/5015 S. 106). Danach handelt es sich bei der Neufassung des § 103 Abs. 1 um eine Klarstellung, dass neben den Schulden im eigentlichen Sinn auch andere passive Ansätze aus der Steuerbilanz (zB Rückstellungen, Rechnungsabgrenzungsposten) und Erbbauzinsverpflichtungen in die Vermögensaufstellung zu übernehmen sind. Mit Ausnahme der Erbbauzinsverpflichtung, für die in Handels- und Steuerbilanz kein Schuldposten auszuweisen ist, besteht also im Ergebnis Übereinstimmung zwischen den nach Bilanzrecht/Bilanzsteuerrecht auszuweisenden Schulden und (passiven) Rechnungsabgrenzungsposten und den bewertungsrechtlich zu berücksichtigenden Schulden und sonstigen Abzügen (vgl. *Gürsching/Stenger* § 103 Rz. 242).

3. Zugehörigkeit nach § 95 Abs. 1 zum Betriebsvermögen

§ 103 Abs. 1 bezieht sich auf die Schulden und sonstigen Abzüge, 7 die nach § 95 Abs. 1 zum Betriebsvermögen gehören. Durch diesen Bezug wird klargestellt, dass es sich dabei um die Schulden und sonstigen Abzüge handelt, die bei der **steuerlichen Gewinnermittlung** zum Betriebsvermögen gehören. Damit ist hinsichtlich der Passivseite nochmals die **Bestandsidentität** zwischen der für

§ 103 Schulden und sonstige Abzüge

ertragsteuerliche Zwecke maßgebenden Bilanz und dem Bewertungsrecht unterstrichen worden (vgl. ErbStR B 103.1).

8 Die zum Betriebsvermögen gehörenden Schulden und sonstigen Abzüge sind bei **bilanzierenden Gewerbetreibenden** nach § 5 Abs. 1 Satz 1 EStG aus dem handelsrechtlichen Jahresabschluss unter Beachtung der besonderen Ansatzvorschriften nach § 5 Abs. 2 a bis 4 b EStG abzuleiten. Nach diesen Ansatzvorschriften dürfen für die steuerliche Gewinnermittlung insbesondere bestimmte Rückstellungen nicht gebildet werden, obwohl die Bildung handelsrechtlich geboten ist, so zB für drohende Verluste aus schwebenden Geschäften. Daneben können sich Abweichungen aus der unterschiedlichen Auslegung des Schuldenbegriffs nach Handelsrecht und der steuerlichen Rechtsprechung ergeben, insbesondere im Bereich der öffentlich-rechtlichen Verpflichtungen. So hat der BFH im Urteil I R 6/96 v. 8.11.2000 (BStBl. II 2001, 570) entschieden, dass die Verpflichtung zur Entsorgung eigenen Abfalls nach dem AbfG einen nicht rückstellbaren eigenbetrieblichen Aufwand darstellt. Handelsrechtlich gelten auch öffentlich-rechtliche Verpflichtungen als ungewisse Verbindlichkeiten iSv. § 249 Abs. 1 Satz 1 HGB.

9 Die ErbStR B 103.2 Abs. 3 stellen klar, dass zu den abzugsfähigen Schulden auch die auflösend bedingten und die aufschiebend bedingten gehören. **Ungewisse Verbindlichkeiten** können abgezogen werden, soweit sie zum Bewertungsstichtag eine wirtschaftliche Belastung darstellen.

10 Die Frage, inwieweit **Schulden und sonstige Abzüge** vorliegen, stellt sich nicht mehr beim **bewertungsrechtlichen Betriebsvermögen.** Hier sind die Schulden und sonstigen Abzüge zu berücksichtigen, die in der für ertragsteuerliche Zwecke zugrunde gelegten Bilanz ausgewiesen sind. Nach Handelsrecht zu bejahende Verbindlichkeiten, wie beispielsweise die unter Rz. 8 aufgeführten Rückstellungen für drohende Verluste aus schwebenden Geschäften oder für öffentlich-rechtliche Verpflichtungen, die in der Steuerbilanz nicht anzusetzen sind, können darum auch bewertungsrechtlich nicht geltend gemacht werden.

11 Bei **nichtbilanzierenden Gewerbetreibenden** und **freiberuflich Tätigen** müssen die berücksichtigungsfähigen Schulden und Abzüge in wirtschaftlichem Zusammenhang mit der Gesamtheit oder mit einzelnen Teilen des Betriebsvermögens stehen (ErbStR B 103.2 Abs. 1). Dieser ist gegeben, wenn die Entstehung der Schuld ursächlich und unmittelbar auf Vorgängen beruht, die das Betriebsvermögen betreffen. Die Fälligkeit der Schuld ist nicht Voraussetzung für ihre Abzugsfähigkeit.

Zum BV gehörende Schulden u. Abzüge § 103

Sachleistungsansprüche und Sachleistungsverpflichtungen 12
sind bereits ab dem Zeitpunkt des Vertragsschlusses anzusetzen. Ihr
Wert entspricht dem Wert des Gegenstandes, auf den die Leistung
gerichtet ist,(ErbStR B 103.1 Abs. 5).

Steuerschulden, die in wirtschaftichem Zusammenhang mit 13
dem Betrieb stehen (also nicht Einkommensteuerschulden) können
abgezogen werden. Dies können vor allem Umsatz-, Gewerbe- und
Grundsteuerschulden sein, vgl. ErbStR B 103.2 Abs. 6.

4. Schulden und sonstige Abzüge beim Betriebsvermögen nach § 97

In § 103 Abs. 1 fehlt eine Bezugnahme auf das Betriebsvermögen 14
iSd. § 97. Gleichwohl ist die Vorschrift dahingehend auszulegen, dass
Schulden und sonstige Abzüge, die zum Betriebsvermögen gehören,
generell abzuziehen sind. Auch der BFH hat keine Schwierigkeiten
hinsichtlich des Schuldenabzugs bei den in § 97 Abs. 1 geregelten
Gewerbebetrieben kraft Rechtsform (zB BFH II R 2/98 v.
17.5.2000, BStBl. II 2000, 456). Ohne § 97 zu erwähnen, leitet er
ihn aus §§ 95 Abs. 1 und 103 Abs. 1 ab. Vom Ergebnis her ist dem
BFH zuzustimmen. Wie bei den unter § 95 Abs. 1 erfassten Gewerbebetrieben ist auch bei den Gewerbebetrieben kraft Rechtsform
für den Abzug von Schulden die **Steuerbilanz maßgebend.**

einstweilen frei 15

5. Abgrenzung zwischen Verbindlichkeiten und Eigenkapital

Bilanzrechtlich ist **Eigenkapital** der Unterschied zwischen Ver- 16
mögensgegenständen und RAP auf der Aktivseite und Rückstellungen, Verbindlichkeiten, RAP und Sonderposten mit Rücklageanteil
auf der Passivseite der Bilanz. Bei Passivpositionen kann es Abgrenzungsschwierigkeiten bei der Frage geben, ob sie Eigenkapital- oder
Fremdverbindlichkeitencharakter haben.

Bei **Kapitalgesellschaften** gehören zum Eigenkapital (§ 266 17
Abs. 3 HGB) das gezeichnete Kapital (das ist bei der AG und KGaA
das Grundkapital und bei der GmbH das Stammkapital), die Kapitalrücklage, die Gewinnrücklagen, der Gewinnvortrag/Verlustvortrag
sowie der Jahresüberschuss/Jahresfehlbetrag. Die **noch nicht eingeforderte ausstehende Einlage** auf das gezeichnete Kapital ist ein
Korrekturbetrag zum Eigenkapital. Solange sie nicht eingefordert
ist, stellt sie auch bewertungsrechtlich keinen Vermögenswert dar.
Eigenkapitalersetzende Darlehen sind rechtlich und steuerrechtlich Verbindlichkeiten.

§ 103 Schulden und sonstige Abzüge

18 Bei **der KGaA** gehören die nicht auf das Grundkapital geleisteten Einlagen der persönlich haftenden Gesellschafter nicht zum Eigenkapital. Beim persönlich haftenden Gesellschafter gelten sie aber als sein Betriebsvermögen (§ 15 Abs. 1 Nr. 3 EStG, vgl. § 95 Rz. 29).

19 Bei **Genossenschaften** gehören Geschäftsguthaben von Mitgliedern, deren Mitgliedschaft durch Kündigung, durch Tod oder infolge Ausschlusses „zum Schluss eines Geschäftsjahres" endet, nicht zum Eigenkapital. Sie sind als Schuldposten zu berücksichtigen (BFH II R 2/98 v. 17.5.2000, BStBl. II 2000, 456).

20 Bei **Personengesellschaften** beruht das Eigenkapital auf gesellschaftsrechtlicher Grundlage. Es stammt aus Einlagen oder Gewinngutschriften, gemindert um Entnahmen oder Verlustbelastungen.

Von den gesellschaftsrechtlichen Einlagen sind die auf schuldrechtlicher Grundlage beruhenden **Verbindlichkeiten der Personengesellschaft gegenüber ihren Gesellschaftern abzugrenzen.** Dazu gehören die Verbindlichkeiten aus dem Lieferungs- und Leistungsverkehr zwischen der Personengesellschaft und ihren Gesellschaftern. Sie sind sowohl ertragsteuerlich als auch bewertungsrechtlich Verbindlichkeiten der Personengesellschaft. Auch das Gesellschafterdarlehen ist aus der Sicht der Personengesellschaft eine Gesamthandsverbindlichkeit. Es ist darum bei ihr auch bewertungsrechtlich als Schuldposten zu berücksichtigen. Das gilt auch für den Fall, dass das Darlehen eigenkapitalersetzenden Charakter hat. Beim Gesellschafter gehört die entsprechende Darlehensforderung dagegen nach § 15 Abs. 1 Nr. 2 EStG zu seinem Sonderbetriebsvermögen bei der Personengesellschaft (vgl. auch § 97 Rz. 50, 55).

Forderungen und Schulden der Gesellschafter gegenüber der Personengesellschaft sind **einzubeziehen,** soweit sie bei der steuerlichen Gewinnermittlung zum Betriebsvermögen der Gesellschaft gehören (ErbStR B 97.1 Abs. 2 Satz 1). Steht einer Forderung der Personengesellschaft an einen Gesellschafter, die in der Gesamthandsbilanz auszuweisen ist, kein entsprechender Schuldposten in der Sonderbilanz dieses Gesellschafters gegenüber, kann bei der Ermittlung des Werts des Betriebsvermögens die entsprechende Schuld nicht berücksichtigt werden (ErbStR B 97.1 Abs. 2 Satz 2). Vgl. zum Ganzen *Gürsching/Stenger* § 97 Rz. 435 ff.

21 **Bei der stillen Gesellschaft** ist steuerrechtlich zu unterscheiden zwischen der typisch stillen Gesellschaft, bei der der Stille nicht an den stillen Reserven beteiligt ist und auch kein Unternehmerrisiko trägt, und der atypisch stillen Gesellschaft, bei der der Stille an den stillen Reserven beteiligt ist und ein dem Kommanditisten vergleichbares Unternehmerrisiko trägt.

Bei der **typisch stillen Gesellschaft** ist die Einlage des Stillen 22
aus der Sicht des Inhabers des Handelsgeschäfts eine Verbindlichkeit. Die Verpflichtung aufgrund der typisch stillen Beteiligung an
einem Gewerbebetrieb ist mit dem Nennwert der Vermögenseinlage des stillen Gesellschafters anzusetzen (ErbStR B 103.2 Abs. 4
Satz 1; *Blaurock,* Handbuch der Stillen Gesellschaft 6. Aufl. § 26
Rz. 26.6).

Die **atypisch stille Gesellschaft** gilt dagegen steuerlich als Mit- 23
unternehmerschaft. Dementsprechend ist die Einlage des Stillen
nicht Verbindlichkeit bei der steuerlichen Mitunternehmerschaft,
sondern steuerlich Kapitalkonto des stillen Gesellschafters (*Blaurock*
aaO § 26 Rz. 26.32)

III. Zusammenhang der Schulden mit begünstigtem Betriebsvermögen (§§ 13 a Abs. 1, 13 b Abs. 1 Nr. 2 ErbStG)

Durch das **ErbStRG** v. 24.12.2008 (BGBl. I 2008, 3018) wird 24
der Erwerb von Betriebsvermögen unter den Voraussetzungen der
§§ 13 a, b, ErbStG begünstigt. Nach §§ 13 a Abs. 1, Abs. 8 iVm. 13 b
Abs. 4 ErbStG beträgt der **Verschonungsabschlag** für Betriebsvermögen entweder 85% oder 100% Betriebsschulden, die mit dem
nach § 13 a befreiten Vermögen im wirtschaftlichen Zusammenhang
stehen, sind nur mit dem Betrag abzugsfähig, der dem Verhältnis des
nach Anwendung des § 13 a anzuwendenden Wert dieses Vermögens
zu dem Wert vor Anwendung des § 13 a entspricht (§ 10 Abs. 6
Satz 4 ErbStG). Das bedeutet, dass Schulden entweder nur zu 15%
(Verschonungsabschlag beträgt 85%) oder zu 0% (Verschonungsabschlag beträgt 100%) abzugsfähig sind (*Eisele* Erbschaftsteuerreform
2. Auflage 2009 S. 71; *Halaczinsky/Riedel* Das neue Erbschaftsteuerrecht S. 48–49; *Stahl/Fuhrmann* DStZ 2008, 13, 18).

Wichtig ist die Unterscheidung zwischen dem grundsätzlichen 25
Abzug der Betriebsschulden (§ 103) und dem tatsächlichen Abzug
nach § 10 Abs. 6 Satz 4 ErbStG. Findet die Feststellung des Wertes
des Betriebsvermögens im **Gesamtwertverfahren** statt (Regelfall),
sind die Schulden mit dem Ansatz des Ertragswertes abgegolten; sie
werden nicht besonders berücksichtigt. Findet die Feststellung des
Werts des Betriebsvermögens im Wege der **Einzelbewertung** statt
(Ausnahmefall), werden die Schulden in einem ersten Schritt über
§ 103 voll abgesetzt. Erst im Veranlagungsverfahren zur Erbschaftsteuer finden die Kürzungen nach § 10 Abs. 6 Satz 4 ErbStG statt.

einstweilen frei 26

IV. Beim Gesellschafter aktivierter Gewinnanspruch (Abs. 2)

27 Für den Fall, dass ein Gesellschafter in seiner Steuerbilanz einen **Gewinnanspruch** gegen eine von ihm beherrschte Gesellschaft ausweist, ist bei dieser ein Schuldposten in entsprechender Höhe abzuziehen. Bei der beherrschten Gesellschaft kann es sich nur um eine Kapitalgesellschaft handeln. Die Vorschrift geht noch klassisch von dem zwischenzeitlich aufgehobenen § 106 aus (vgl. Vor §§ 95–109 Rz. 8), nach dem für den Bestand und die Bewertung des Betriebsvermögens grundsätzlich die Verhältnisse im Feststellungszeitpunkt, das war der 1. 1., maßgebend waren. Sofern heute **in Erbschaft- und Schenkungsteuerfällen** für eine Kapitalgesellschaft noch der Wert ihres Betriebsvermögens zu ermitteln ist, erfolgt die Ermittlung auf den Stichtag der Entstehung der Erbschaft-/Schenkungsteuer entsprechend § 9 ErbStG. Für den eigentlich nur denkbaren Fall, dass die Mehrheitsbeteiligung an der Kapitalgesellschaft zu einem durch Erbschaft oder Schenkung übertragenen Betriebsvermögen gehört, ist bei der Bewertung dieses Betriebsvermögens und bei der Ermittlung des Vermögenswerts der beherrschten Kapitalgesellschaft darauf zu achten, ob ein eventuell zum letzten Bilanzstichtag beim Mehrheitsgesellschafter ausgewiesener Dividendenanspruch am Bewertungsstichtag noch besteht. Wichtig erscheint nur, dass der zur Ausschüttung vorgesehene Gewinn nicht doppelt als Betriebsvermögen erfasst wird (zum Ganzen *Gürsching/Stenger* § 103 Rz. 428 ff.; *Rössler/Troll* § 103 Rz. 29).

V. Rücklagen (Abs. 3)

28 Rücklagen sind nur insoweit abzugsfähig, als ihr Abzug bei der Bewertung des Betriebsvermögens für Zwecke der Erbschaftsteuer durch Gesetz ausdrücklich zugelassen ist. Die Identität zwischen Steuerbilanz und dem bewertungsrechtlichen Betriebsvermögen wird hier von Gesetzes wegen durchbrochen (ErbStR B 103.1 Abs. 2). Die in § 103 Abs. 3 gemeinten Rücklagen sind nicht die im handelsrechtlichen Jahresabschluss im Eigenkapital auszuweisenden Kapital- und Gewinnrücklagen, sondern die **Sonderposten mit Rücklageanteil** iSv. § 247 Abs. 3 HGB und seit 1999 wohl auch der „Sonderposten aus der Währungsumstellung auf den Euro" gem. Art. 43 EGHGB entsprechend „Euro-

Bewertung **§§ 103a–109**

umrechnungsrücklage" gem. § 6 d EStG. Beim Sonderposten mit Rücklageanteil handelt es sich um eine **gewinnmindernd gebildete Rücklage,** die für Zwecke der Steuern vom Einkommen und vom Ertrag zulässig ist, beispielsweise die Rücklage nach § 6 b EStG. Mit Ausnahme des früheren Entwicklungsländersteuergesetzes bezieht sich die steuerliche Vergünstigung regelmäßig nur auf die Steuern vom Einkommen und Ertrag. Für die bewertungsrechtlich heute nur noch relevanten Erbschaft- und Schenkungsteuerfälle reduziert die Vorschrift sich auf die Nichtabzugfähigkeit der Sonderposten mit Rücklageanteil (zum Ganzen *Gürsching/Stenger* § 103 Rz. 448 ff.; *Rössler/Troll* § 103 Rz. 30 ff.).

§§ 103a bis § 108 *(aufgehoben)*

§ 109 Bewertung

(1) ¹**Das Betriebsvermögen von Gewerbebetrieben im Sinne des § 95 und das Betriebsvermögen von freiberuflich Tätigen im Sinne des § 96 ist jeweils mit dem gemeinen Wert anzusetzen.** ²**Für die Ermittlung des gemeinen Werts gilt § 11 Abs. 2 entsprechend.**

(2) ¹**Der Wert eines Anteils am Betriebsvermögen einer in § 97 genannten Körperschaft, Personenvereinigung oder Vermögensmasse ist mit dem gemeinen Wert anzusetzen.** ²**Für die Ermittlung des gemeinen Werts gilt § 11 Abs. 2 entsprechend.**

(3), (4) *(aufgehoben)*

I. Allgemeines

1. Rechtsentwicklung

Mit Wirkung **ab 1.1.1993** legte Abs. 1 in der Fassung des **1** StÄndG v. 25.2.1992 (BGBl. I 1992, 297) fest, dass das **Betriebsvermögen bei bilanzierenden Gewerbetreibenden** vorbehaltlich der (damaligen) Abs. 3 und 4 mit den Steuerbilanzwerten der WG anzusetzen sei, während nach Abs. 2 bei nichtbilanzierenden Steuerpflichtigen das abnutzbare Anlagevermögen mit den ertragsteuerlichen Werten anzusetzen war. Das **StandOG** v. 13.9.1993 (BGBl. I 1993, 1569) erweiterte die Übernahme der Steuerbilanzwerte in Abs. 1 ausdrücklich auch auf „sonstige aktive Ansätze, Schulden und sonstige passive Ansätze". Im Zuge der Aufhebung

§ 109

von Abs. 3 und 4 durch das **Gesetz zur Fortsetzung der Unternehmenssteuerreform** v. 29.10.1997 (BGBl. I 1997, 3121) wurde dann auch der entsprechende Verweis im Abs. 1 gestrichen. Zur umfassenden Neuregelung sowohl des Abs. 1 als auch des Abs. 2 ist es schließlich durch das **ErbStRG** v. 24.12.2008 (BGBl. I 2008, 3018) gekommen. Damit findet die in § 11 Abs. 2 verankerte, verstärkte Ausrichtung der Bewertungsvorschriften an den **gemeinen Werten** auch auf die Bewertung des Betriebsvermögen der Gewerbetreibenden, Freiberufler sowie der in § 97 genannten Körperschaften, Personenvereinigungen und Vermögensmassen Anwendung. Der Gesetzgeber hat damit den Vorgaben des BVerfG (1 BvL 10/02 v. 7.11.2006, BStBl. II 2007, 192) entsprochen.

2. Bedeutung der Regelung, Sinn und Zweck

2 Nach dem **ErbStRG** v. 24.12.2008 (Rz. 1) handelt es sich bei § 109 um eine **reine Verweisnorm,** aufgrund derer die in § 11 Abs. 2 niedergelegten Anweisungen zur Ermittlung des gemeinen Werts von Anteilen an einer Kapitalgesellschaft entsprechend auch auf die Bewertung des Betriebsvermögens von Gewerbetreibenden, Freiberuflern sowie von in § 97 genannten Körperschaften, Personenvereinigungen und Vermögensmassen angewendet wird. Von ihrer Wirkung her gehören diese Regelungen gleichwohl zu den wichtigsten Bestimmungen zum Betriebsvermögen im Bewertungsrecht, da sich in ihnen die vom BVerfG 1 BvL 10/02 v. 7.11.2006 (aaO, Rz. 7.1) geforderte umfassende Orientierung der Bewertungsvorschriften am gemeinen Wert manifestiert.

3–5 *einstweilen frei*

II. Bewertung des Betriebsvermögens von Gewerbetreibenden und Freiberuflern (Abs. 1)

6 Das Betriebsvermögen von Gewerbetreibenden iSd. § 95 bzw. Freiberuflern iSd. § 96 ist mit dem analog § 11 Abs. 2 zu ermittelnden gemeinen Wert anzusetzen, Abs. 1.

7 **Tatbestandsvoraussetzung** für den Ansatz der gemeinen Werte nach Abs. 1 ist grundsätzlich allein das Vorliegen von Betriebsvermögens iSd. §§ 95 bzw. 96 von Gewerbetreibenden bzw. Freiberuflern. § 109 nimmt prinzipiell auf diese Normen Bezug, auf die dortigen Ausführungen (vgl. insbes. § 95 Rz. 12 ff.) wird daher verwiesen. **Nicht** unter den Anwendungsbereich des Abs. 1 fällt jedoch **ausländisches Betriebsvermögen,** welches aufgrund des Spezialitätsgrundsatzes nach § 12 Abs. 7 i. V. m. § 31 Abs. 1 zu bewerten ist (vgl. *Maßbaum,* Erbschaftsteuerreform 2009 S. 432 f; *Gürsching/Stenger* § 109 Rz. 13; unklar *V/K/S* § 109 Rz. 1 ff., nach dem § 109 keine eigenständige Bedeutung für die Wertermittlung mehr habe; auf ausländisches Betriebsvermögen wird nicht eingegangen). Zur Abgrenzung in- und ausländischen Betriebsvermögens vgl. § 31 Rz. 4. Seitdem allerdings sowohl Abs. 1 als auch § 31 Abs. 1 einen Ansatz mit dem gemeinen Wert vorschreiben, dürfte diese Unterscheidung nur noch von theoretischer Bedeutung sein. Zwar ist nach Abs. 1 iVm. § 11 Abs. 2 für inländisches Betriebsvermögen eine konkrete Rangfolge der Wertermittlung vorgeschrieben (vgl. § 11 Rz. 23 ff.), welche für ausländisches Betriebsvermögen nicht gesetzlich verankert ist. Jedoch ist im Wege der Analogie auch für ausländisches Betriebsvermögen die Geltung dieser Vorschrift anzunehmen (vgl. § 31 Rz. 10). Im Endeffekt und auch schon vor dem Hintergrund der europarechtlichen Niederlassungsfreiheit (zum vergleichbaren Fall land- und forstwirtschaftlichen Vermögens EuGH C-256/06 v. 17.1.2008, DStRE 2008, 174 „Jäger") darf es folglich keine abweichende Bewertung von in- und ausländischem Betriebsvermögen mehr geben.

Liegt (inländisches) gewerbliches oder freiberufliches Betriebsvermögen vor, so ist die **Rechtsfolge** sein Ansatz mit dem gemeinen Wert, Abs. 1 Satz 1. Die Ermittlung dieses Werts muss dabei § 11 Abs. 2 entsprechen, Abs. 1 Satz 2. Auf die Erläut. zu § 11 wird daher insoweit verwiesen. Danach gilt kurzgefasst: **8**
– Primär ist der gemeine Wert **aus maximal ein Jahr vor dem Bewertungsstichtag zurückliegenden Verkäufen unter fremden Dritten abzuleiten** (Abs. 1 Satz 2 iVm. § 11 Abs. 2 Satz 2 Alt. 1 – vgl. § 11 Rz. 23 ff.).
– Nur wenn die Ableitung des gemeinen Werts aus Verkäufen unmöglich ist, muss auf die **Unternehmensbewertung** zurückgegriffen werden. Zur Anwendung gelangt dabei diejenige Methode, welche auch ein hypothetischer Erwerber im gewöhnlichen Geschäftsverkehr seinem Kaufpreiskalkül zugrundelegen würde (Abs. 1 Satz 2 iVm. § 11 Abs. 2 Satz 2 Alt. 2 und 3 – vgl. § 11 Rz. 45 ff.). Falls diese Unternehmensbewertungsmethode die Ertragsaussichten des Gewerbebetriebs berücksichtigt, kommt auch die Anwendung des **vereinfachten Ertragswertverfahrens** infrage, sofern dieses nicht zu offensichtlich unzutreffenden Ergebnissen führt (§ 199 Abs. 2). Unabhängig von den Ergebnissen dieser Unternehmensbewertung ist jedoch der **Substanzwert als Mindestwert** anzusetzen (Abs. 1 Satz 2 iVm. § 11 Abs. 2 Satz 3 – vgl. § 11 Rz. 90 ff.). Zur Ermittlung dieses Werts muss

der Steuerpflichtige daher selbst dann eine **Vermögensaufstellung** anfertigen, wenn er weder zur Buchführung und Bilanzierung verpflichtet ist noch dies freiwillig tut (vgl. zum Substanzwert ErbStR B 109.2).

9, 10 *einstweilen frei*

II. Bewertung des Betriebsvermögens von Körperschaften, Personenvereinigungen oder Vermögensmassen (Abs. 2)

11 Der **Wert eines Anteils am Betriebsvermögen** einer in § 97 genannten Körperschaft, Personenvereinigung oder Vermögensmasse ist mit dem analog § 11 Abs. 2 zu ermittelnden gemeinen Wert anzusetzen, Abs. 2. Abgesehen davon, dass Abs. 2 auf die in § 97 aufgeführten Körperschaften, Personenvereinigungen und Vermögensmassen (vgl. § 97 Rz. 5 ff.) Bezug nimmt, stimmt die Vorschrift wortgleich mit Abs. 1 überein, daher kann im Wesentlichen auf die Erläuterungen zu Abs. 1 verwiesen werden (Rz. 7 ff.).

Tatbestandsvoraussetzung für die Anwendung des Abs. 2 ist grundsätzlich allein, dass es sich um Betriebsvermögen der in § 97 genannten Zurechnungseinheiten handelt. Wegen § 31 ist jedoch **ausländisches Betriebsvermögen** vom Anwendungsbereich des Abs. 2 ausgenommen (vgl. Rz. 7 sowie § 31 Rz. 2).

– **Rechtsfolge** des Abs. 2 ist der Ansatz mit dem gemeinen Wert, für dessen Wert § 11 Abs. 2 entsprechend anzuwenden ist (vgl. Rz. 8 sowie § 11 Rz. 23 ff.). Für die Bewertung des Anteils am Betriebsvermögen einer gewerblichen oder freiberuflichen Personengesellschaft (§ 97 Abs. 1 Satz 1 Nr. 5) gelten jedoch zusätzlich die Besonderheiten des § 97 Abs. 1 a (vgl. § 97 Rz. 54 ff.), für den gemeinen Wert des Anteils an einer inländischen Kapitalgesellschaft § 97 Abs. 1 b (vgl. § 97 Rz. 63).

12 – Zwar verweist Abs. 2 Satz 2 (nur) auf § 11 Abs. 2 und nicht auf § 11 Abs. 3. Dies schließt jedoch nicht aus, dass wegen der generellen Bezugnahme auf den gemeinen Wert in Abs 2 Satz 1 auch andere Regelungen im Rahmen der Wertermittlung nach Abs. 2 zu berücksichtigen sind (vgl. *Hecht/von Cölln* BB 2009,. 2061, 2064; *Rössler/Troll* § 11 Rz. 50). Infrage kommt hierbei insbesondere eine analoge Anwendung des § 11 Abs. 3 (**Paketzuschlag** – vgl. § 11 Rz. 105 ff.). Ist beispielsweise der gemeine Wert der Beteiligung an einer Personengesellschaft aufgrund der Stimmrechtsverhältnisse höher als nach den rein finanziellen Prognosen innerhalb des bestehenden Unternehmenskonzepts, könnte auch

Inlandsvermögen §§ 109a–121

insoweit über einen Wertzuschlag nachgedacht werden müssen (so auch *Rössler/Troll* § 11 Rz. 50).In den ErbSt-Richtlinien 2011 finden sich in ErbStR B 11.6, der den Paketzuschlag regelt, dazu keine ausdrückliche Stellungnahme. Die weitere Entwicklung zu dieser Frage bleibt abzuwarten.

§ **109a** *(aufgehoben)*

Zweiter Abschnitt: Sondervorschriften und Ermächtigungen

§§ **110 bis 120** *(aufgehoben)*

§ **121** Inlandsvermögen

Zum Inlandsvermögen gehören:
1. das inländische land- und forstwirtschaftliche Vermögen;
2. das inländische Grundvermögen;
3. das inländische Betriebsvermögen. ²Als solches gilt das Vermögen, das einem im Inland betriebenen Gewerbe dient, wenn hierfür im Inland eine Betriebsstätte unterhalten wird oder ein ständiger Vertreter bestellt ist;
4. Anteile an einer Kapitalgesellschaft, wenn die Gesellschaft Sitz oder Geschäftsleitung im Inland hat und der Gesellschafter entweder allein oder zusammen mit anderen ihm nahestehenden Personen im Sinne des § 1 Abs. 2 des Außensteuergesetzes in der jeweils geltenden Fassung am Grund- oder Stammkapital der Gesellschaft mindestens zu einem Zehntel unmittelbar oder mittelbar beteiligt ist;
5. nicht unter Nummer 3 fallende Erfindungen, Gebrauchsmuster und Topographien, die in ein inländisches Buch oder Register eingetragen sind;
6. Wirtschaftsgüter, die nicht unter die Nummern 1, 2 und 5 fallen und einem inländischen Gewerbebetrieb überlassen, insbesondere an diesen vermietet oder verpachtet sind;
7. Hypotheken, Grundschulden, Rentenschulden und andere Forderungen oder Rechte, wenn sie durch inländischen Grundbesitz, durch inländische grundstücksgleiche Rechte oder durch Schiffe, die in ein inländisches Schiffsregister eingetragen sind, unmittelbar oder mittelbar gesichert sind. ²Ausgenommen sind Anleihen und Forderungen, über die Teilschuldverschreibungen ausgegeben sind;

§ 121

8. Forderungen aus der Beteiligung an einem Handelsgewerbe als stiller Gesellschafter und aus partiarischen Darlehen, wenn der Schuldner Wohnsitz oder gewöhnlichen Aufenthalt, Sitz oder Geschäftsleitung im Inland hat;
9. Nutzungsrechte an einem der in den Nummern 1 bis 8 genannten Vermögensgegenstände.

Übersicht

	Rn.
I. Entstehung und Bedeutung der Vorschrift	1–3
1. Entstehung	1
2. Bedeutung	2, 3
II. Begriff des Inlandsvermögens	4–6
III. Umfang des Inlandsvermögens	7–55
1. Inländisches land- und forstwirtschaftliches Vermögen (§ 121 Nr. 1)	7–9a
2. Inländisches Grundvermögen (§ 121 Nr. 2)	10–13
3. Inländisches Betriebsvermögen (§ 121 Nr. 3)	14–22
4. Anteile an inländischen Kapitalgesellschaften (§ 121 Nr. 4)	23–31
a) Unmittelbare Beteiligung	23–26
b) Mittelbare Beteiligung	27–31
5. Erfindungen, Gebrauchsmuster und Topographien (§ 121 Nr. 5)	32–35
6. Einem inländischen Gewerbebetrieb überlassene Wirtschaftsgüter (§ 121 Nr. 6)	36–39
7. Forderungen und Rechte, die grundpfandrechtlich gesichert sind (§ 121 Nr. 7)	40–45
8. Forderungen aus stiller Beteiligung und partiarischen Darlehen (§ 121 Nr. 8)	46–51
9. Nutzungsrechte an Inlandsvermögen (§ 121 Nr. 9)	52–55
IV. Abzug von Schulden und Lasten	56–64
1. Allgemeines	56–58
2. Einzelfragen	59–64
V. Erweitertes Inlandsvermögen	65–69

I. Entstehung und Bedeutung der Vorschrift

1. Entstehung

1 Die Vorschrift ist durch das **ErbStRG** v. 24.12.2008 (BGBl. I 2008, 3018) unverändert geblieben. In ihrem Kern war sie schon im RBewG 1935 als § 77 enthalten. Sie wurde durch das **JStG 1997**

v. 20.12.1996 (BGBl. I 1996, 2049) im Hinblick auf die Nichterhebung der Vermögensteuer ab 1.1.1997 insoweit neu gefasst, als die Abs. 1 und 3 gestrichen wurden. Der frühere § 121 Abs. 2, der die einzelnen Bereiche des Inlandsvermögens aufzählt, ist heute alleiniger Gegenstand der Vorschrift.

2. Bedeutung

Bis zum 31.12.1996 diente die Vorschrift in erster Linie der Ermittlung des steuerpflichtigen Vermögens für beschränkt Steuerpflichtige für Zwecke der Vermögensteuer. **Seit 1.1.1997** hat sie nur noch Bedeutung für die **Erbschaft- und Schenkungsteuer.** Da nach § 2 Abs. 1 ErbStG die unbeschränkte Steuerpflicht bereits dann eintritt, wenn der Erblasser zur Zeit seines Todes oder der Schenker zur Zeit der Ausführung der Schenkung oder der Erwerber zur Zeit der Entstehung der Steuer ein Inländer ist, hat die Vorschrift auch bei der Erbschaftsteuer nur die Bedeutung, in den Fällen der beschränkten Steuerpflicht, das steuerpflichtige Inlandsvermögen zu ermitteln (§ 2 Abs. 1 Nr. 3 Satz 1 ErbStG). Die Vorschrift findet also nur dann Anwendung, wenn keiner der am erbschaft- oder schenkungsteuerpflichtigen Vorgang Beteiligten zu den Inländern gehört. 2

Im Hinblick auf den ausschließlichen Geltungsbereich der Vorschrift für Zwecke der Erbschaft- und Schenkungsteuer, ist ihr **systematischer Standort** im BewG seit dem 1.1.1997 **verfehlt.** Sie sollte aus dem BewG herausgenommen und in das ErbStG eingefügt werden (zustimmend *Rössler/Troll* § 121 Rz. 1). 3

II. Begriff des Inlandsvermögens

Eine **gesetzliche Definition** des Inlandsvermögens **fehlt.** Allerdings ist aus § 4 Abs. 1 AStG abzuleiten, dass der Begriff des Inlandsvermögens nicht „das im Inland befindliche Vermögen" meint, sondern ein engerer ist (BFH III 281/62 v. 11.3.1966, DStZ/B 1966, 335). Daraus folgt, dass der Katalog des inländischen Vermögens iSd. § 121 abschließender Natur ist. WG, die dort nicht genannt sind, fallen nicht unter den Begriff des Inlandsvermögens und unterliegen damit nicht der Erbschaft- und Schenkungsteuerpflicht in den Fällen der (normalen) beschränkten Steuerpflicht. 4

Zu den Fällen der erweiterten beschränkten Erbschaft- und Schenkungsteuerpflicht des § 4 Abs. 1 AStG, s. Rz. 64 ff. 5

Aus ErbStR E 2.2 Abs. 1 folgt, dass zum Inlandsvermögen bei beschränkter Steuerpflicht nur solche WG gehören, die auch bei 6

§ 121 Inlandsvermögen

unbeschränkter Steuerpflicht einem Erwerb zuzurechnen sind. Sind deshalb nach den Vorschriften des ErbStG oder anderer Gesetze bestimmte WG nicht zur Besteuerung heranzuziehen (s. den Katalog des § 13 Abs. 1 ErbStG), so gehören diese WG nicht zum Inlandsvermögen iSd. § 121. Zu den anderen Gesetzen gehören insbesondere die **Doppelbesteuerungsabkommen,** sofern sie einem ausländischen Staat das ausschließliche Besteuerungsrecht zuweisen(vgl. *Rössler/Troll* § 121 Rz. 2).

III. Umfang des Inlandsvermögens

Zum **Inlandsvermögen** gehören:

1. Inländisches land- und forstwirtschaftliches Vermögen (§ 121 Nr. 1)

7   Es handelt sich um eine **Rechtsgrundverweisung.** Zur Bestimmung des land- und forstwirtschaftlichen Vermögens, s. §§ 158 ff. Der Erbschaft- und Schenkungsteuer unterliegt der Betrieb der Land- und Forstwirtschaft als wirtschaftliche Einheit des land- und forstwirtschaftlichen Vermögens (§ 158 Abs. 2). Nicht zum land- und forstwirtschaftlichen Vermögen gehören die einem land- und forstwirtschaftlichen Vermögen gehörenden WG des § 158 Abs. 4, insbesondere der Überbestand. Diese WG können demgemäß durch einen beschränkt Steuerpflichtigen erbschaft- bzw. schenkungsteuerfrei übertragen werden. Erstreckt sich die wirtschaftliche Einheit des land- und forstwirtschaftlichen Betriebs sowohl auf das Inland als auch auf das Ausland, so wird nur der inländische Teil zum Inlandsvermögen (*Rössler/Troll* § 121 Rz. 4; *V/K/S* § 121 Rz. 5).

8   Der land- und forstwirtschaftliche Betrieb muss dem beschränkt Steuerpflichtigen gehören. Gemeint ist **wirtschaftliches Eigentum** iSv. § 39 Abs. 2 Nr. 1 AO. Besteht lediglich ein Nutzungsrecht an einem inländischen land- und forstwirtschaftlichen Betrieb, so ist nicht Nr. 1, sondern Nr. 9 anwendbar (s. Rz. 52).

9   **Bewertung:** Nach § 12 Abs. 3 ErbStG iVm. §§ 157 Abs. 2, 162 Abs. 1 mit dem **gemeinen Wert,** sofern nicht die neuen Bundesländer betroffen sind. Die dortigen land- und forstwirtschaftlichen Betriebe werden nach § 125 Abs. 2 mit dem **Ersatzwirtschaftswert** bewertet, s. § 125 Rz. 13 ff.).

9a Das inländische land- und forstwirtschaftliche Vermögen eines beschränkt Steuerpflichtigen unterliegt den **Verschonungsregelungen** für land- und forstwirtschaftliches Vermögen gem. § 13a

Umfang des Inlandsvermögens § 121

Abs. 1 Satz 1, Abs. 8 i.V.m § 13b Abs. 1 Nr. 1, Abs. 2,4 ErbStG nach den gleichen Regeln wie beim Erwerb durch unbeschränkt Steuerpflichtige.

2. Inländisches Grundvermögen (§ 121 Nr. 2)

Es handelt sich um eine **Rechtsgrundverweisung.** Die §§ 176 ff. sind zur Bestimmung des inländischen Grundvermögens uneingeschränkt anwendbar. Mit dem inländischen Grundvermögen sind dessen wirtschaftliche Einheiten, also die Grundstücke iSd. § 176 Abs. 1 gemeint. Bei Beteiligung des beschränkt Steuerpflichtigen an einer Grundstücksgemeinschaft, einem offenen oder geschlossenen Immobilienfonds unterliegt nur der Anteil an der Grundstücksgemeinschaft der Besteuerung, der auf inländische Grundstücke entfällt (vgl. *Rössler/Troll* § 121 Rz. 5).

Sachleistungsansprüche, hier der Anspruch oder die Verpflichtung auf Übereignung eines inländischen Grundstücks gehören nicht zum Inlandsvermögen, da sie in § 121 nicht genannt sind (vgl. zum alten Recht BFH III 98/58 U v. 10.10.1958, BStBl. III 1958 22, 24). Sobald jedoch das inländische Grundstück dem ausländischen Erwerber als **wirtschaftlichem Eigentümer** zuzurechnen ist (Regelfall bei treuhänderisch gehaltenen Anteilen an Immobilien-KG), gehört es auch zu seinem steuerpflichtigen Inlandsvermögen (*Rössler/Troll* § 121 Rz. 5).

Bewertung: Nach § 12 Abs. 3 ErbStG i. V. m. §§ 157 Abs. 3, 151 Abs. 1 Satz 1 Nr. 1 BewG mit dem **Grundbesitzwert,** sowohl in den alten wie auch in den neuen Bundesländern.

Das inländische Grundvermögen eines beschränkt Steuerpflichtigen unterliegt den **Verschonungsregelungen** für Grundvermögen gemäß ; § 13 c Abs. 1 ErbStG nach den gleichen Regeln wie beim Erwerb durch unbeschränkt Steuerpflichtige.

einstweilen frei

3. Inländisches Betriebsvermögen (§ 121 Nr. 3)

Im Unterschied zu den vorhergehenden Nummern 1 und 2 bestimmt die Vorschrift selbst, was unter inländischem Betriebsvermögen zu verstehen ist, nämlich das Vermögen, das einem im Inland betriebenen Gewerbe dient, wenn hierfür im Inland eine **Betriebsstätte** unterhalten wird oder ein **ständiger Vertreter** bestellt ist. Zur Ermittlung des Vermögens, das einem in Inland betriebenen Gewerbe dient, kann uneingeschränkt auf die §§ 95 ff. verwiesen werden.

15 § 121 Nr. 3 Satz 2 hat jedoch zwei Einschränkungen gegenüber der Ermittlung des erbschaftsteuerlichen Vermögens für unbeschränkt Steuerpflichtige:

Zum einen muss im Inland **tatsächlich ein Gewerbe betrieben** werden. Dies hat insbesondere Bedeutung für beschränkt steuerpflichtige Kapitalgesellschaften und die anderen in § 97 Abs. 1 genannten Körperschaften, Personenvereinigungen und Vermögensmassen, sofern diese Sitz und Ort der Geschäftsleitung im Ausland haben. Deren Tätigkeit gilt hier nicht schon kraft Gesetzes als Gewerbebetrieb (vgl. BFH III R 116/79 v. 30.1.1981, BStBl. II 1981, 560). Allerdings begründet die Eintragung einer Zweigniederlassung (§ 13 HGB) in das Handelsregister eine – widerlegbare – Vermutung für eine gewerbliche Tätigkeit im Inland (BFH II R 107/97 v. 9.11.1999, BFH/NV 2000, 688, 689).

Zum anderen unterliegt inländisches Betriebsvermögen nur dann der beschränkten Erbschaft- bzw. Schenkungsteuerpflicht, wenn im Inland eine **Betriebsstätte** unterhalten wird oder aber ein **ständiger Vertreter** für den Gewerbebetrieb bestellt ist.

16 Für den Begriff der **Betriebsstätte** gilt die (weitere) **Definition des § 12 AO,** nicht etwa die engeren Regeln in den Doppelbesteuerungsabkommen (Art. 6 OECD-MA zur Vermeidung der Doppelbesteuerung auf dem Gebiete der Nachlass-, Erbschaft- und Schenkungsteuern). Betriebsstätte ist jede feste Geschäftseinrichtung oder Anlage, die der Tätigkeit eines Unternehmers dient. In § 12 Satz 2 AO sind beispielhaft einzelne Fälle von Betriebsstätten aufgezählt: Die Stätte der Geschäftsleitung, Zweigniederlassungen, Geschäftsstellen, Fabrikations- oder Werkstätten, Warenlager, Ein- oder Verkaufsstellen, Bergwerke, Steinbrüche oder andere stehende, örtlich fortschreitende oder schwimmende Stätten der Gewinnung von Bodenschätzen, Bauausführungen oder Montagen, auch örtlich fortschreitende oder schwimmende, wenn sie insgesamt länger als sechs Monate dauern. Siehe iE *Gürsching/Stenger* § 121 Rz. 43 ff.

17 **Ständiger Vertreter** ist nach § 13 Satz 1 AO eine Person, die nachhaltig die Geschäfte des Unternehmers besorgt und dabei dessen Sachweisungen unterliegt (s. dazu *Gürsching/Stenger* § 121 Rz. 49 ff.).

18 Zum inländischen Betriebsvermögen gehören **alle WG, die der inländischen Betriebsstätte dienen,** wobei es keinen Unterschied macht, ob sie sich im Inland oder im Ausland befinden (RFH III A 140/30 v. 19.4.1934, RStBl. 1934, 738). Über § 95 entscheidet auch hier die ertragsteuerliche Behandlung.

19 Ist ein beschränkt Steuerpflichtiger an einer **inländischen Personengesellschaft** beteiligt, so fällt das Vermögen der Personengesell-

Umfang des Inlandsvermögens § 121

schaft grundsätzlich unter § 121 Nr. 3. Dies gilt aber nur so lange und so weit das Vermögen auch dem inländischen Gewerbebetrieb dient. Dies folgt aus § 121 Abs. 3 Satz 2 1. Hs. Ist deshalb eine inländische Personengesellschaft an einer Kapitalgesellschaft beteiligt, die Sitz und Geschäftsleitung im Ausland hat, so gehört die Beteiligung zwar ertragsteuerlich zum inländischen Betriebsvermögen, jedoch nicht zum Inlandsvermögen iSd. § 121 (FinMin. NRW v. 2.3.1979, DB 1979, 769). Zutreffend *Rössler/Troll* § 121 Rz. 16; *Gürsching/ Stenger* § 121 Rz. 68; aA *V/K/S* § 121 Rz. 12 aE, die auch hier auf die ertragsteuerliche Behandlung abstellen wollen.

Vorstehende Grundsätze gelten auch für die **freiberufliche** **20 Tätigkeit,** denn sie wird steuerlich wie ein Gewerbebetrieb behandelt (§ 96 Abs. 1). Voraussetzung ist jedoch auch hier, dass für die Ausübung des freien Berufs im Inland eine Betriebsstätte unterhalten oder ein ständiger Vertreter bestellt ist. Dies hat Bedeutung für **grenzüberschreitende Freiberuflersozietäten** (vgl. zur ertragsteuerlichen Seite *Rademacher-Gottwald,* Besteuerungsprobleme der grenzüberschreitenden Sozietäten von Rechtsanwälten, Steuerberatern und Wirtschaftsprüfern, S. 315 ff.). Stirbt also beispielsweise ein ausländischer Freiberufler, der Angehöriger einer grenzüberschreitenden Sozietät ist, so unterliegt das ihm zuzurechnende inländische Freiberuflervermögen (zB Geschäftsguthaben und Honorarforderungen) auch dann der Besteuerung nach § 121 Nr. 3, wenn die Sozietät Sitz und Geschäftsleitung nicht im Inland hat (vgl. auch FinMin. NRW v. 7.10.1992, DB 1992, 2528).

Bewertung: Gemäß § 12 Abs. 5 i. V. m. §§ 109, 11 Abs. 2 mit **21** dem **gemeinen Wert;** dies gilt auch für Freiberufler. Die **§§ 199 ff.** finden Anwendung. Zu beachten ist hier, dass auch für die Feststellung des Wertes des inländischen Betriebsvermögens nach § 121 Nr. 3 keine Einzelbewertung der WG mehr stattfindet, sondern eine **Gesamtbewertung** nach § 11(*vgl. Rössler/Troll § 121 Rz. 18).* Es gelten die dort und in § 109 dargestellten Grundsätze. Dies gilt seit dem 1.1.2009 auch für Betriebsgrundstücke. Nach dem Wegfall des früheren § 99 Abs. 2 a. F. ist bei Grundstücken nur noch zu prüfen, ob sie zu einem Betrieb oder zum Grundvermögen gehören. Gehören sie zu einem Betrieb, ist der Wert des Grundstücks durch den für die wirtschaftliche Einheit des Betriebsvermögens zu ermittelnden Gesamtwert abgegolten (*Hübner* Erbschaftsteuerreform 2009 S. 509; *Halaczinsky/Riedel* Das neue Erbschaftsteuerrecht, S. 111). In den Fällen, in denen Betriebsgrundstücke dennoch einer Einzelbewertung unterliegen (zB isolierte Schenkung/Vererbung eines Betriebsgrundstücks; Qualifizierung des Betriebsgrundstücks als Sonderbetriebsvermögen; Einzelbewertung in den Fällen des § 200 Abs. 2 und

4; Mindestbewertung; Grundstück gehört zum Verwaltungsvermögen), ist der **gemeine Wert** maßgebend (§ 12 Abs. 5 iVm. Abs. 3 ErbStG, §§ 157 Abs. 3, 177).

22 Das inländische Betriebsvermögen eines beschränkt Steuerpflichtigen unterliegt den **Verschonungsregelungen** für Betriebsvermögen gemäß §§ 13 a Abs. 1, Abs. 8, 13 b Abs. 4 ErbStG nach den gleichen Regeln wie beim Erwerb durch unbeschränkt Steuerpflichtige.

4. Anteile an inländischen Kapitalgesellschaften (§ 121 Nr. 4)

23 a) **Unmittelbare Beteiligung.** Der beschränkt Steuerpflichtige muss zu **mindestens 10%** allein oder zusammen mit ihm iSd. § 1 Abs. 2 AStG nahe stehenden Personen zum Zeitpunkt des Vermögensanfalls am Nennkapital einer Kapitalgesellschaft mit Sitz oder Geschäftsleitung im Inland **beteiligt** sein. Mit Wirkung vom 1.1.1984 wurde die **Beteiligungsgrenze** von mehr als 25% auf $^1/_{10}$ **herabgesetzt.** Die Herabsetzung ging konform mit der gleichfalls zu diesem Zeitpunkt herabgesetzten Beteiligungsgrenze bei Schachtelbeteiligungen iSd. § 102 aF. Sie läuft nicht konform mit der Wesentlichkeitsgrenze des § 17 EStG. Ist beispielsweise ein beschränkt Steuerpflichtiger an einer inländischen Kapitalgesellschaft mit 5% beteiligt, so unterliegt der Gewinn aus der Veräußerung der Beteiligung zwar nach § 49 Abs. 1 Nr. 2 Buchst. e EStG der inländischen Besteuerung, nicht jedoch der inländischen Erbschaft- bzw. Schenkungsteuerpflicht.

24 Im Falle des Vorliegens eines **Doppelbesteuerungsabkommens** zwischen Deutschland und dem ausländischen Staat auf dem Gebiet der Nachlasssteuern hat die Vorschrift keine Bedeutung, weil das Besteuerungsrecht regelmäßig den Wohnsitzstaat des Anteilseigners und nicht dem Belegenheitsstaat der Kapitalgesellschaft zugewiesen wird (vgl. *Rössler/Troll* § 121 Rz. 22; *Gürsching/Stenger* § 121 Rz. 104).

25 Da die Vorschrift von der Beteiligung am Grund- oder Stammkapital der inländischen Gesellschaft spricht, reicht die **stimmenmäßige Beherrschung** der Kapitalgesellschaft, zB durch eine abweichende Verteilung von Stimmrechten und Beteiligungsquoten, nicht aus.

26 Die Steuerpflicht kann nicht dadurch umgangen werden, dass eine Beteiligung iSd. Nr. 4 sukzessive in Teilabschnitten, die unter 10% liegen, übertragen wird. Hier sind alle Übertragungen innerhalb

Umfang des Inlandsvermögens § 121

eines **Zehn-Jahres-Zeitraumes** zusammenzurechnen (*vgl. Rössler/ Troll § 121 Rz. 24*).

b) Mittelbare Beteiligung. Nach dem Wortlaut des § 121 Nr. 4 27 wird auch die mittelbare Beteiligung für die Bestimmung der 10 %-Grenze berücksichtigt. Der Wortlaut ist jedoch zu weitgehend. Es muss streng danach unterschieden werden, ob der **unmittelbar** Beteiligte eine natürliche Person, Personengesellschaft oder Kapitalgesellschaft ist und ob der beschränkt Steuerpflichtige unmittelbar **und** mittelbar oder **ausschließlich** mittelbar an der inländischen Kapitalgesellschaft beteiligt ist.

Wird die unmittelbare Beteiligung durch einen **Treuhänder** 28 gehalten, so ist sie dem beschränkt Steuerpflichtigen als Treugeber ohne weiteres direkt über § 39 Abs. 2 Nr. 1 AO zuzurechnen. Gleiches gilt, wenn der beschränkt Steuerpflichtige die Beteiligung über eine **ausländische** Personengesellschaft hält (zutreffend *Rössler/Troll* § 121 Rz. 25; unklar *V/K/S* § 121 Rz. 17, die offenbar das Inlandsvermögen einer ausländischen Personengesellschaft aus dem Anwendungsbereich der Nr. 4 ausklammern wollen). Wird hingegen die Beteiligung über eine **inländische** Personengesellschaft gehalten, so ist die Beteiligung inländisches Betriebsvermögen und fällt damit nicht unter Nr. 4, sondern unter Nr. 3 (*Rössler/Troll* § 121 Rz. 27). Hält der beschränkt Steuerpflichtige zusätzlich eine unmittelbare Beteiligung an der inländischen Kapitalgesellschaft, und beträgt die unmittelbare gehaltene Beteiligung weniger als 10 %, so sind beide Beteiligungen zusammenzurechnen (*Gürsching/Stenger* § 121 Rz. 121; *Rössler/Troll* § 121 Rz. 27; s. ErbStR E 2.2 Abs. 3 Satz 3).

Eine differenzierte Betrachtung ist bei einer **mittelbaren Beteiligung über eine Kapitalgesellschaft** geboten. Im Unterschied zur 29 Personengesellschaft entfaltet die Kapitalgesellschaft nämlich grundsätzlich Abschirmwirkung gegenüber ihren Gesellschaftern. Ist demgemäß eine natürliche Person oder Personengesellschaft an einer ausländischen Kapitalgesellschaft beteiligt, die ihrerseits an einer inländischen Kapitalgesellschaft beteiligt ist, so entfaltet die ausländische Kapitalgesellschaft grundsätzlich Abschirmwirkung gegenüber ihrem Anteilseigner. Ein Durchgriff auf ihn kann grundsätzlich nicht erfolgen, weil die ausländische Kapitalgesellschaft ihrerseits beschränkt steuerpflichtig ist und infolgedessen die inländische Beteiligung auch nur bei ihr als Inlandsvermögen erfasst werden kann (*Rössler/Troll* § 121 Rz. 25; *Gürsching/Stenger* § 121 Rz. 112). Fälle eines Missbrauchs von steuerlichen Gestaltungsmöglichkeiten (§ 42 AO) sind kaum denkbar (so aber die Verwaltungsmeinung in ErbStR E 2.2 Abs. 3 Sätze 6 und 7). Insbesondere kann es nicht darauf ankommen, ob die unmittelbar beteiligte (ausländische) Kapitalgesellschaft eine eigene Wirtschaftstätigkeit entfaltet. Diese Überlegungen sind ertragsteuerlicher Natur und können auf erbschaft- bzw. schenkungsteuerliche Sachverhalte nicht übertragen werden. Das Ersetzen von unmittelbar gehaltenen Beteiligungen durch mittelbare, beispielsweise bei Gründung einer Familienholding oder auch aus Haftungsgesichtspunkten, ist für sich genommen immer ein wirtschaftlich zu beachtender Grund (zustimmend: *Rössler/Troll* § 121 Rz. 23).

30 Hingegen kommt es zu einer **Zusammenrechnung von unmittelbarer und mittelbarer Beteiligung,** wenn der beschränkt Steuerpflichtige neben seiner mittelbaren Beteiligung auch eine unmittelbare Beteiligung an der inländischen Kapitalgesellschaft hält. In diesem Fall kommt es zur Zusammenrechnung allerdings nur insoweit, als die mittelbar gehaltene Beteiligung der unmittelbaren hinzugerechnet wird, um die Wesentlichkeitsgrenze zu überprüfen (*Gürsching/Stenger* § 121 Rz. 113, 114). Verschenkt der beschränkt Steuerpflichtige in einem solchen Fall sowohl die unmittelbare als auch die mittelbare Beteiligung, unterliegt gleichwohl nur die unmittelbare Beteiligung der deutschen Schenkungsteuerpflicht. Zu weiteren Beispielen der mittelbaren Beteiligung über eine inländische Kapitalgesellschaft, vgl. *Gürsching/Stenger* § 121 Rz. 115 ff. sowie *Rössler/Troll* § 121 Rz. 26.

31 **Bewertung:** Gemäß § 12 Abs. 2 ErbStG mit dem **gemeinen Wert,** der nach § 11 Abs. 2 zu ermitteln ist. Es gilt also insbesondere § 11 Abs. 2 Satz 2. Damit ist auch für die Beteiligung eines beschränkt Steuerpflichtigen an einer inländischen Kapitalgesellschaft gewährleistet, dass seine Beteiligung unter Berücksichtigung der Ertragsaussichten der Kapitalgesellschaft oder einer anderen anerkannten, auch im gewöhnlichen Geschäftsverkehr für nicht steuerlichen Zwecke üblichen Methode zu ermitteln ist. Die **§§ 199 ff.** finden Anwendung.

5. Erfindungen, Gebrauchsmuster und Topographien (§ 121 Nr. 5)

32 Erfindungen (§ 1 PatG), Gebrauchsmuster (§ 1 Abs. 1 GebrMG) sowie Topographien (= dreidimensionale Strukturen von mikroelektronischen Halbleitererzeugnissen, s. § 1 Abs. 1 Halbleiterschutzgesetz v. 22.10.1987, BGBl I 1987 2294) gehören unter zwei Voraussetzungen zum **Inlandsvermögen.** Negativ abgegrenzt dürfen sie nicht bereits unter Nr. 3 fallen, dh. zum inländischen Betriebsvermögen (= Betriebsstätte) eines beschränkt Steuerpflichtigen gehören. Dies hat insbesondere Bedeutung für ausländische Patentgesellschaften (vgl. dazu *Gürsching/Stenger* § 121 Rz. 134; *Rössler/Troll* § 121 Rz. 30).

Ein zusätzliches Erfordernis ist der Eintrag in ein inländisches 33 Buch oder Register, womit in erster Linie das **Patentregister** gemeint ist. Ohne Bedeutung dabei ist es, ob das in Rede stehende Wirtschaftsgut im In- oder im Ausland verwertet wird. Zur Patentüberlassung s. Rz. 37.

Nach dem ausdrücklichen Wortlaut ist Nr. 5 auf Erfindungen, 34 Gebrauchsmuster und Topographien beschränkt. Eine **Erstreckung auf ähnliche Rechte findet nicht statt.** Demgemäß zählen Urheberrechte (§ 1 ff. UrhG), Geschmacksmuster (§ 1 GeschmMG), Marken (§ 1 MarkenG) sowie Warenzeichen (§ 1 WarenzeichenG) nicht zum Inlandsvermögen nach Nr. 5. Dies gilt selbst dann, wenn sie in ein inländisches Register eingetragen sind. Sie können aber entweder nach Nr. 3 zu einem inländischen Betriebsvermögen gehören oder nach Nr. 6 zu erfassen sein, wenn sie einem inländischen gewerblichen Betrieb überlassen sind (ErbStR E 2.2 Abs. 4; *Eisele in Rössler/ Troll § 121 Rz. 32)*).

Bewertung: Gemäß § 12 Abs. 1 ErbStG iVm. § 9 mit dem 35 **gemeinen Wert.**

6. Einem inländischen Gewerbebetrieb überlassene Wirtschaftsgüter (§ 121 Nr. 6)

Zweck der Vorschrift ist die erbschaftsteuerliche Erfassung von 36 WG, die einem inländischen Gewerbebetrieb dienen und einem anderen als dem Betriebsinhaber gehören. Anderenfalls wären sie bereits durch § 121 Nr. 3 erfasst (zutreffend *Rössler/Troll* § 121 Rz. 33). Beispielhaft zählt das Gesetz die Fälle der Vermietung und Verpachtung auf. Auch Leasing und sonstige Nutzungsrechte gehören hierher. Erfasst werden alle WG, die nicht bereits durch Nr. 1, 2 oder 5 zum Inlandsvermögen gehören. Verpachteter Grundbesitz fällt demgemäß unter Nr. 2 und nicht unter Nr. 6 (*Rössler/Troll* § 121 Rz. 35).

Nr. 6 erfasst **sämtliche Wirtschaftsgüter.** Es kommen sowohl 37 materielle als auch immaterielle WG in Betracht. Auf die Zeitdauer der Überlassung kommt es nicht an.

Nr. 6 tritt **ergänzend zu Nr. 5.** Die unter Rz. 32 erwähnten 38 Urheberrechte, Geschmacksmuster, Marken- und Warenzeichen fallen unter Nr. 6, sofern sie einem inländischen Gewerbebetrieb überlassen sind. Dies hat insbesondere Bedeutung für in Lizenz vergebene Erfindungen. Durch die Subsidiarität der Nr. 6 gegenüber der Nr. 5

§ 121

(vgl. *Gürsching/Stenger* § 121 Rz. 136) werden die in Nr. 5 genannten WG dann durch Nr. 6 erfasst, wenn sie zwar einem inländischen Gewerbebetrieb überlassen worden sind, jedoch nicht in ein inländisches Buch oder Register eingetragen sind.

39 **Bewertung:** s. Rz. 35.

7. Forderungen und Rechte, die grundpfandrechtlich gesichert sind (§ 121 Nr. 7)

40 Im Kern geht es bei dieser Vorschrift um die Erfassung von Forderungen, sofern sie grundpfandrechtlich bzw. durch Schiffe, die in ein inländisches Seeschiffsregister eingetragen sind, gesichert sind. Als klarstellende Beispiele nennt Nr. 7 insbesondere Hypotheken und Grundschulden, die immer durch Grundbesitz gesichert sind. Als grundstücksgleiche Rechte komme insbesondere das Erbbaurecht in Betracht. Andere Forderungen oder Rechte sind zB Rechte auf Renten und andere wiederkehrende Nutzungen und Leistungen sowie Sachleistungsansprüche (*Rössler/Troll* § 121 Rz. 37). Entscheidend ist die **dingliche Sicherung** der Forderung oder des Rechts im Inland. Es wird eine Rechtsbeziehung vorausgesetzt, die es dem Gläubiger bei Eintritt des Sicherungsfalles ermöglicht, Befriedigung aus dem Grundstück zu erlangen (§ 1147 BGB; Zwangsverwaltung nach dem ZVG). Ist dies der Fall, kommt es nach dem ausdrücklichen Wortlaut der Nr. 7 nicht darauf an, ob die Forderung unmittelbar oder nur mittelbar abgesichert ist.

41 Eine **unmittelbare Absicherung** liegt vor, wenn der Gläubiger unmittelbar auf den Grundbesitz zur Befriedigung seiner Forderung zugreifen kann (so zB bei der Grundschuld). Der Grundbesitz muss dinglich für die Forderung haften. Weitere Beispiele: Höchstbetragshypothek, Vormerkung.

42 Auch eine **mittelbare Sicherung** kann im Einzelfall ausreichen. Typischer Fall ist die Verpfändung eines Grundpfandrechts an einem inländischen Grundstück oder die treuhänderische Verwaltung des Hypothekenbriefs zugunsten des beschränkt Steuerpflichtigen (vgl. *V/K/S* § 121 Rz. 24; *Rössler/Troll* § 121 Rz. 39). Entscheidend ist die Möglichkeit des Gläubigers, sich erforderlichenfalls Befriedigung aus dem Grundpfandrecht zu verschaffen.

43 Nicht zum Inlandsvermögen gehören Anleihen und Forderungen, die über **Teilschuldverschreibungen** ausgegeben sind (*Rössler/Troll* § 121 Rz. 41). Pfandbriefe sind demgemäß nicht – auch nicht mittelbar – durch inländischen Grundbesitz gesichert und gehören deshalb nicht zum Inlandsvermögen (RFH v. 9.1.1936, RStBl. 1936, 120).

Umfang des Inlandsvermögens § 121

Über die Grundpfandrechte hinaus kann auch die Sicherung einer 44
Forderung durch ein im **inländischen Schiffsregister eingetragenes Schiff** (Schiffshypothek, Schiffspfandrecht) zu Inlandsvermögen führen. Eintragungsfähig sind Seeschiffe, Binnenschiffe und Schiffsbauwerke und die Anteile daran (*Rössler/Troll* § 121 Rz. 42). Hypotheken an einem Schiffsbauwerk fallen unter Nr. 6 (glA *Rössler/Troll* § 121 Rz. 42). Sofern ein Miteigentumsanteil an einem Schiff belastet wird, muss der Anteil unmittelbar belastet sein. Die bloße Sicherung einer Kapitalforderung durch ein Reedereivermögen (zB an einem Anteil einer Partenreederei) ist weder eine unmittelbare noch eine mittelbare Sicherung (glA *Gürsching/Stenger* § 121 Rz. 174; *Rössler/Troll* § 121 Rz. 42), denn es fehlt die Möglichkeit, zur Befriedigung der Forderung auf das Schiff zuzugreifen.

Bewertung: Gemäß § 12 Abs. 1 ErbStG iVm. §§ 12 ff. mit dem 45
Nennwert bzw. dem **Kapitalwert**.

8. Forderungen aus stiller Beteiligung und partiarischen Darlehen (§ 121 Nr. 8)

Forderungen eines beschränkt Steuerpflichtigen aus seiner Beteili- 46
gung als stiller Gesellschafter sowie Forderungen aus partiarischen Darlehen sind dann Inlandsvermögen, wenn der Schuldner (Geschäftsinhaber) Wohnsitz, Geschäftsleitung oder Sitz im Inland hat. Unter die Vorschrift fällt nur die **typische stille Beteiligung**, die trotz ihres gesellschaftsrechtlichen Charakters Kapitalforderung ist. Die **atypisch stille Beteiligung** führt zu einer Mitunternehmerschaft iSv. § 97 Abs. 1 Nr. 5 bzw. § 15 Abs. 1 Nr. 2 EStG und fällt deshalb bereits unter Nr. 3 (*vgl. V/K/S* § 121 Rz. 25).

Der **typisch still Beteiligte** leistet eine Einlage in das Handelsge- 47
werbe eines Dritten und wird dafür am Gewinn, ggf. auch am Verlust, des Handelsunternehmens beteiligt. Es handelt sich um eine reine Innengesellschaft. Das Regelstatut der §§ 233 ff. HGB, insbesondere die Kontrollrechte, müssen erfüllt sein. Bei Auflösung der stillen Gesellschaft erhält der stille Gesellschafter seine Einlage (§ 235 Abs. 1 HGB), ggf. zuzüglich gutgeschriebener Gewinnanteile, zurück.

Bewertungsgegenstand ist die Einlage des stillen Gesellschafters, 48
nicht aber der jährliche Gewinnanteil (ErbStR E 2.2 Abs. 5 Satz 2). Dies gilt auch für den stehengelassenen Gewinn, es sei denn, dass der stille Gesellschafter auch mit diesem Gewinn am Ergebnis des Handelsgewerbes beteiligt ist, mit anderen Worten der stehengelassene Gewinn die Einlage erhöht hat (BFH III R 66–67/74 v. 17.10.1975, BStBl. II 1976, 275).

49 Im Gegensatz dazu leistet der **partiarische Darlehensgeber** keine Einlage, weil kein gemeinsamer Zweck verfolgt wird. Er bleibt Darlehensgeber und erhält dafür ggf. neben Zinsen einen Gewinnanteil an dem Geschäft. Eine Verlustbeteiligung ist ausgeschlossen (*vgl. Rössler/Troll* § 121 Rz. 44).

50 Instruktiv zur Unterscheidung zwischen typischer stiller Beteiligung und partiarischem Darlehen, insbesondere im Fall der **Insolvenz** ist das Urteil des OLG Dresden v. 8.9.1999, DStR 2000, 649; vgl. auch *Schmidt/Weber-Grellet* § 20 Rz. 76 ff).

51 Bewertung: Gemäß § 12 Abs. 1 ErbStG iVm. § 12 Abs. 1 als Kapitalforderungen grundsätzlich mit dem **Nennwert.** Zu Besonderheiten des **Gegenwartswerts** bei der Einlage des typisch stillen Gesellschafters, s. ErbStR B 12.4. Die Regelung ist auf das gewinnabhängige partiarische Darlehen analog anzuwenden (vgl. *V/K/S* § 12 Rz. 64 aE).

9. Nutzungsrechte an Inlandsvermögen (§ 121 Nr. 9)

52 Nr. 9 ist ein **Auffangtatbestand.** Während die Nr. 1 bis 8 WG aufzählen, die unter den angegebenen Voraussetzungen zum Inlandsvermögen gehören, erfasst Nr. 9 Nutzungsrechte an diesen WG. Nach der Gesetzesbegründung (BT-Drucks. VI/3418 S. 106) soll die Vorschrift verhindern, dass statt der Übertragung eines nach § 121 steuerpflichtigen WG lediglich ein Nutzungsrecht an diesem bestellt wird. Demgemäß ist für die Anwendung der Nr. 9 zwingende Voraussetzung, dass das WG, an dem ein Nutzungsrecht eingeräumt wird, unter den Katalog der Nr. 1 bis 8 fällt. Wichtigster praktischer Anwendungsfall ist der **Nießbrauch** (dinglich oder obligatorisch). Besteht der Nießbrauch an einem gewerblichen Unternehmen, so ist er uneingeschränkt als Inlandsvermögen zu erfassen. Besteht der Nießbrauch an einem Anteil an einer Kapitalgesellschaft, so wird der Nießbrauch nur dann erfasst, wenn der Anteil selbst mindestens 10% beträgt, denn nur dann ist er ein WG iSd. Nr. 4 (ErbStR E 2.2 Abs. 6 Satz 2; *V/K/S* § 121 Rz. 26). Besteht der Nießbrauch an einer Vermögensmasse, so kann er nur dann als Inlandsvermögen erfasst werden, wenn die Vermögensmasse grundpfandrechtlich gesichert ist. So ist beispielsweise der Nießbrauch an einem inländischen Wertpapierdepot nicht als Nutzungsrecht iSd. Nr. 9 zu erfassen.

53 Das **Erbbaurecht** ist zwar auch ein Nutzungsrecht, gilt bewertungsrechtlich jedoch als Grundstück des Erbbauberechtigten (§ 92 Abs. 1 Satz 1), so dass Inlandsvermögen bereits nach Maßgabe der Nr. 2 vorliegt.

Abzug von Schulden und Lasten § 121

Sofern WG, die grundsätzlich von den Nr. 1 bis 8 erfasst werden, von der Erbschaft- bzw. Schenkungsteuerpflicht **aufgrund besonderer Vorschriften** (zB § 13 ErbStG) **befreit** sind, soll dies keinen Einfluss auf die Steuerpflicht des an ihnen bestellten Nutzungsrecht haben (so BFH III 38/573 v. 31.5.1957, BStBl. III 1957, 242; zustimmend *V/K/S* § 121 Rz. 26). Im Hinblick darauf, dass Nr. 9 ein Auffangtatbestand ist, der nur verhindern will, dass die beschränkte Steuerpflicht durch die Begründung von Nutzungsrechten umgangen wird, ist diese Auffassung **abzulehnen** (zweifelnd auch *Rössler/Troll* § 121 Rz. 45; *Gürsching/Stenger* § 121 Rz. 199 Fußnote 2). 54

Bewertung: Gemäß § 12 Abs. 1 ErbStG iVm. §§ 13 ff. mit dem **Kapitalwert.** § 16 ist zu beachten. 55

IV. Abzug von Schulden und Lasten

1. Allgemeines

Bereits in Rz. 3 wurde darauf hingewiesen, dass § 121 nur noch Bedeutung für die **Erbschaft- und Schenkungsteuer** hat und demgemäß im BewG fehlplaziert ist. Dies zeigt sich auch anhand der Regelungen für den Abzug von Schulden und Lasten. Sie sind nicht im BewG, sondern zutreffend im ErbStG enthalten. § 10 ErbStG, insbesondere Abs. 6, ist deshalb auf das Inlandsvermögen uneingeschränkt anzuwenden. 56

einstweilen frei 57, 58

2. Einzelfragen

Schulden und Lasten werden bei der Ermittlung des Inlandsvermögens nur insoweit berücksichtigt, als sie mit diesem Vermögen im **wirtschaftlichen Zusammenhang** stehen und dieses Vermögen belasten (EStR E 2.2 Abs. 7 Satz 1). Das bedeutet umgekehrt, dass bei belasteten Vermögensgegenständen, die bei der Besteuerung nicht angesetzt werden, weil sie nicht unter den Katalog der Nr. 1 bis 9 fallen, ein Schuldenabzug grundsätzlich nicht möglich ist (§ 10 Abs. 6 Satz 1 ErbStG). Ist also beispielsweise ein inländisches Grundstück mit einer Grundschuld belastet, so steht diese im wirtschaftlichen Zusammenhang mit steuerpflichtigem Inlandsvermögen und ist demgemäß abziehbar. Hat hingegen der beschränkt Steuerpflichtige eine im Inland belegene Segelyacht auf Kredit erworben, so fällt diese nicht unter die Nr. 1 bis 9, so dass die Schuld nicht abzugsfähig ist (zum erweiterten Inlandsvermögen in diesen Fällen, s. Rz. 64 ff). 59

§ 121
Inlandsvermögen

60 Durch das **ErbStRG** v. 24.12.2008 (BGBl. I 2008, 3018) werden bestimmte Vermögensgegenstände von der Erbschaftsteuer ganz befreit oder zumindest begünstigt. Die Begünstigung gilt auch für beschränkt Steuerpflichtige, mit der Folge, dass der Schuldenabzug entsprechend wegfällt bzw. begrenzt ist:

– Nach §§ 13 a Abs. 1, Abs. 8 iVm. § 13 b Abs 1, Abs. 4 ErbStG beträgt der **Verschonungsabschlag für Betriebsvermögen, Betriebe der Land- und Forstwirtschaft und Anteile an Kapitalgesellschaften i. S. d. § 13b Abs. 1 Nr. 3 ErbStG** entweder 85% oder 100%. Schulden und Lasten, die mit dem nach § 13 a befreiten Vermögen im wirtschaftlichen Zusammenhang stehen, sind nur mit dem Betrag abzugsfähig, der dem Verhältnis des nach Anwendung des § 13 a ErbStG anzuwendenden Werts dieses Vermögens zu dem Wert vor Anwendung des § 13 a ErbStG entspricht (§ 10 Abs. 6 Satz 4 ErbStG). Das bedeutet, dass Schulden entweder nur zu 15% (Verschonungsabschlag beträgt 85%) oder zu 0% (Verschonungsabschlag beträgt 100%) abzugsfähig sind. Die **Schuldenkürzung** wirkt sich allerdings bereits bei der Feststellung der wirtschaftlichen Einheit des Betriebsvermögens aus. Schulden und Lasten, die im wirtschaftlichen Zusammenhang mit dem Betriebsvermögen stehen, sind mit der Bewertung des Betriebsvermögens abgegolten, d. h. sie können nicht gesondert nach § 10 ErbStG abgezogen werden (§ 10 Abs. 6 Satz 4 ErbStG). Vgl. *Halaczinsky/Riedel* Das neue Erbschaftsteuerrecht, S. 122; *Eisele* Erbschaftsteuerreform 2. Auflage 2009 S. 71).

– Nach § 13 c Abs. 1 ErbStG sind **zu Wohnzwecken vermietete Grundstücke** mit 90% ihres (gemeinen) Werts anzusetzen. Entsprechend sind Schulden und Lasten, die mit nach § 13 c ErbStG befreiten Vermögen im wirtschaftlichen Zusammenhang stehen, nur mit dem Betrag abzugsfähig, der dem Verhältnis des nach Anwendung des § 13 c ErbStG anzusetzenden Wert dieses Vermögens zu dem Wert vor Anwendung des § 13 c ErbStG entspricht (§ 10 Abs. 6 Satz 5 ErbStG). Schulden und Lasten sind demgemäß mit 90% abzugsfähig (*Halaczinsky/Riedel* Das neue Erbschaftsteuerrecht, S. 49; *Eisele* Erbschaftsteuerreform 2. Auflage 2009 S. 73).

61 Fällt ein WG grundsätzlich unter die Nr. 1 bis 9, besteht jedoch ein **Doppelbesteuerungsabkommen,** welches das Besteuerungsrecht dem Wohnsitzstaat des beschränkt Steuerpflichtigen zuweist, so sind im Zusammenhang mit dem WG stehende Schulden und Lasten nicht abzugsfähig (§ 10 Abs. 6 Satz 2 ErbStG). Schulden und Lasten, die mit teilweise befreiten Vermögensgegenständen im wirtschaftlichen Zusammenhang stehen, sind nur mit dem Betrag abziehbar, der dem steuerpflichtigen Teil entspricht (§ 10 Abs. 6 Satz 3 ErbStG).

Die vorstehenden Ausführungen gelten für **Steuerschulden** entsprechend. Stehen sie im wirtschaftlichen Zusammenhang mit geschenktem oder ererbtem Vermögen, so sind sie vom Inlandsvermögen abziehbar. Rückständige Erbschaftsteuern für das ererbte Inlandsvermögen und rückständige Einkommensteuern für das Einkommen aus diesem Vermögen können deshalb unbegrenzt abgezogen werden (*vgl. V/K/S* § 121 Rz. 36). Gehen Steuerforderungen mit über, so sind sie mit den Steuerschulden des Erblassers zu saldieren (ErbStR E 2.2 Abs. 7 Satz 3). 62

Zu weiteren **Einzelfällen aus der Rspr.**, s. *Gürsching/Stenger* § 121 Rz. 265 ff. 63

einstweilen frei 64

V. Erweitertes Inlandsvermögen

Zu unterscheiden ist die erweiterte unbeschränkte Steuerpflicht iSd. § 2 Abs. 1 Nr. 1 Buchst. b ErbStG und die erweiterte beschränkte Steuerpflicht iSd. § 4 AStG. Auf den ersten Fall ist § 121 nicht anwendbar. Wer nämlich als Erblasser, Schenker, Bedachter oder Erbe als Inländer gilt, ist unbeschränkt erbschaft- bzw. schenkungsteuerpflichtig. Als Inländer gelten **deutsche Staatsangehörige,** die sich nicht länger als fünf Jahre dauernd im Ausland aufgehalten haben, ohne im Inland einen Wohnsitz zu haben. Das bedeutet, dass für die ersten fünf Jahre nach dem Wohnsitzwechsel deutsche Staatsangehörige mit ihrem gesamten Vermögen unabhängig von seiner Belegenheit der deutschen Erbschaft- bzw. Schenkungsteuer unterliegen, wenn nicht ein DBA gegenteiliges regelt. 65

Liegen die Voraussetzungen der unbeschränkten Steuerpflicht nicht (mehr) vor, so tritt nach § 2 Abs. 1 Nr. 3 ErbStG grundsätzlich beschränkte Steuerpflicht ein. Steuerpflichtig sind dann nur die WG des § 121. War jedoch der Erblasser, Schenker, Bedachter oder Erbe **als Deutscher** insgesamt mindestens fünf Jahre unbeschränkt einkommensteuerpflichtig und ist er nach Wegzug in einem Niedrigsteuerland ansässig mit wesentlichen wirtschaftlichen Interessen in Deutschland, so ist er bis zum Ablauf von zehn Jahren nach Wegzug erweitert beschränkt steuerpflichtig (§ 4 Abs. 1 iVm. § 2 Abs. 1 Satz 1 AStG). In diesem Fall tritt Erbschaft- bzw. Schenkungsteuerpflicht über den in § 2 Abs. 1 Nr. 3 ErbStG bezeichneten Umfang hinaus für alle Teile des Erwerbs ein, deren Erträge bei unbeschränkter Einkommensteuerpflicht nicht ausländischer Einkünfte iSd. § 34 c Abs. 1 EStG wären. Es sind dies **die in § 121 genannten WG sowie darüber hinaus:** 66

§ 121
Inlandsvermögen

- Kapitalforderungen gegen Schuldner im Inland;
- Spareinlagen und Bankguthaben bei Geldinstituten im Inland;
- Aktien und Anteile an Kapitalgesellschaften, Investmentfonds und offene Immobilienfonds sowie Geschäftsguthaben bei Genossenschaften im Inland;
- Ansprüche auf Renten und andere wiederkehrende Leistungen gegen Schuldner im Inland sowie Nießbrauchs- und Nutzungsrechte an Vermögensgegenständen im Inland;
- Erfindungen und Urheberrechte, die im Inland verwertet werden;
- Versicherungsansprüche gegen Versicherungsunternehmen im Inland;
- bewegliche WG, die sich im Inland befinden;
- Vermögen, dessen Erträge nach § 5 AStG der erweiterten beschränkten Steuerpflicht unterliegen;
- Vermögen, das nach § 15 AStG dem erweitert beschränkt Steuerpflichtigen zuzurechnen ist.

67 Damit kann der **Umfang der Erbschaft- bzw. Schenkungsteuerpflicht** wie folgt kategorisiert werden: Sofern es sich um **deutsche Staatsangehörige** handelt, sind diese fünf Jahre nach Wegzug erweitert unbeschränkt steuerpflichtig und unter den Voraussetzungen des § 4 AStG weitere fünf Jahre (nicht etwa zehn Jahre!) erweitert beschränkt steuerpflichtig. Danach tritt normale beschränkte Steuerpflicht ein. Handelt es sich bei den Wegzüglern um **ehemalige Deutsche,** die mit dem Wegzug ihre deutsche Staatsangehörigkeit aufgegeben haben, tritt nicht die erweiterte unbeschränkte Steuerpflicht, sondern für zehn Jahre die erweiterte beschränkte Steuerpflicht in Kraft. Handelt es sich bei den Wegzüglern **nicht um Deutsche** (beispielsweise um ausländische Manager, die nur vorübergehend unbeschränkt steuerpflichtig waren), soll gilt § 2 Abs. 1 Nr. 3 ErbStG iVm. § 121 mit dem Tag des Wegzugs.

68 § 10 Abs. 6 ErbStG findet auf die erweiterte beschränkte Steuerpflicht uneingeschränkt Anwendung. **Schulden und Lasten** können also nur insoweit abgezogen werden, als sie mit dem erweiterten Inlandsvermögen im wirtschaftlichen Zusammenhang stehen (*vgl. Rössler/Troll* § 121 Rz. 53). Wird also ein Gegenstand verschenkt oder vererbt, der zwar nicht unter den Katalog des § 121 fällt (zB eine privat genutzte Segelyacht), wohl aber zum erweitert beschränkten Inlandsvermögen gehört, so ist die diesbezügliche Schuld voll abziehbar. Der Freibetrag des § 16 Abs. 2 ErbStG gilt sowohl für die beschränkte als auch für die erweitert beschränkte Steuerpflicht (s. Tz. 4.1.3 BMF v. 2.12.1994, BStBl. I 1995 Sondernummer 1).

69 Die erweiterte beschränkte Steuerpflicht kann nicht durch **Zwischenschaltung einer ausländischen Kapitalgesellschaft**

Sondervorschrift für Anwendung der EW 1964 **§ 121a**

umgangen werden (§ 5 AStG). Zu diesen Fällen s. *Gürsching/Stenger* § 121 Rz. 305 ff.; *Rössler/Troll* § 121 Rz. 52).

§ 121a Sondervorschrift für die Anwendung der Einheitswerte 1964

Während der Geltungsdauer der auf den Wertverhältnissen am 1. Januar 1964 beruhenden Einheitswerte des Grundbesitzes sind Grundstücke (§ 70) und Betriebsgrundstücke im Sinne des § 99 Abs. 1 Nr. 1 für die Gewerbesteuer mit 140 Prozent des Einheitswerts anzusetzen.

I. Entstehung der Vorschrift

Die Vorschrift wurde durch das **Vermögensteuerreformgesetz 1974** v. 17.4.1974 (BGBl. I 1974, 349) eingeführt. Sie wurde zuletzt geändert durch das **JStG 1997** v. 20.12.1996 (BGBl. I 1996, 2049). 1

II. Bedeutung der Vorschrift

Die letzte Hauptfeststellung für die Feststellung der Einheitswerte 2 des Grundbesitzes erfolgte auf den 1.1.1964. Wirksam wurden die festgestellten Werte erst zehn Jahre später zum 1.1.1974. Um einen Ausgleich für die inzwischen eingetretenen Wertsteigerungen zu finden (man wollte entgegen § 21 Abs. 1 Nr. 1, der zwischenzeitlich durch Art. 2 des BewÄndG 1970 suspendiert worden war, keine neue Hauptfeststellung durchführen), bestimmte § 121 a, dass für Zwecke der Vermögensteuer, Gewerbesteuer, Erbschaft- und Schenkungsteuer und der Grunderwerbsteuer der **Einheitswert um 40 % zu erhöhen** war.

Nach **Abschaffung der Gewerbekapitalsteuer** zum 1.1.1998, 3 der Vermögensteuer zum 1.1.1997 unter gleichzeitiger Einführung der Bedarfsbewertung (§§ 138 ff.) für Grundbesitz für Zwecke der Erbschaft- und Schenkungsteuer und der Grunderwerbsteuer hat die Vorschrift heute nur noch Bedeutung für die **Gewerbesteuer** in den Fällen des § 9 Nr. 1 GewStG.

III. Anwendungsbereich

Einheitswertabhängige Steuern sind heute noch die Grundsteuer 4 und die Gewerbesteuer. Bei der **Grundsteuer** war schon immer

Kreutziger

§§ 121b–125 Land- und forstwirtschaftliches Vermögen

der Einheitswert ohne Zuschlag Steuerbemessungsgrundlage (§ 13 Abs. 1 GrStG). Es verbleibt ein Zuschlag von 40 % zum Einheitswert in den Fällen, in denen zum Betriebsvermögen Grundbesitz gehört. Nach § 9 Nr. 1 GewStG werden die Summe des Gewinns und der Zurechnungen um 1,2 % des Einheitswerts des zum Betriebsvermögen des Unternehmens gehörenden Grundbesitzes gekürzt.

5 Durch die **Begrenzung** des Zuschlags **auf Grundstücke** (§ 70) und **Betriebsgrundstücke** im Sinne des § 99 Abs. 1 Nr. 1 wird klargestellt, dass der Zuschlag auf den für den land- und forstwirtschaftlichen Betrieb festgestellten Einheitswert (§§ 19 Abs. 1 Nr. 1, 33, 48) sowie auf ausländischen Grundbesitz (§ 31) keine Anwendung findet (*vgl. Rössler/Troll* § 121a Rz. 3).

§ 121b *(aufgehoben)*

§ 122 Besondere Vorschriften für Berlin (West)

¹**§ 50 Abs. 1, § 60 Abs. 1 und § 67 gelten nicht für den Grundbesitz in Berlin (West).** ²**Bei der Beurteilung der natürlichen Ertragsbedingungen und des Bodenartenverhältnisses ist das Bodenschätzungsgesetz sinngemäß anzuwenden.**

§ 123 Ermächtigungen

Die Bundesregierung wird ermächtigt, mit Zustimmung des Bundesrates die in § 12 Abs. 4, § 21 Abs. 1, § 39 Abs. 1, § 51 Abs. 4, § 55 Abs. 3, 4 und 8, den §§ 81 und 90 Abs. 2 vorgesehenen Rechtsverordnungen zu erlassen.

§ 124 *(aufgehoben)*

Dritter Abschnitt: Vorschriften für die Bewertung von Vermögen in dem in Artikel 3 des Einigungsvertrages genannten Gebiet

A. Land- und forstwirtschaftliches Vermögen

§ 125 Land- und forstwirtschaftliches Vermögen

(1) **Einheitswerte, die für Betriebe der Land- und Forstwirtschaft nach den Wertverhältnissen vom 1. Januar 1935 festge-**

stellt worden sind, werden ab dem 1. Januar 1991 nicht mehr angewendet.

(2) ¹Anstelle der Einheitswerte für Betriebe der Land- und Forstwirtschaft werden abweichend von § 19 Abs. 1 Ersatzwirtschaftswerte für das in Absatz 3 bezeichnete Vermögen ermittelt und ab 1. Januar 1991 der Besteuerung zugrunde gelegt. ²Der Bildung des Ersatzwirtschaftswerts ist abweichend von § 2 und § 34 Abs. 1, 3 bis 6 und 7 eine Nutzungseinheit zugrunde zu legen, in die alle von derselben Person (Nutzer) regelmäßig selbstgenutzten Wirtschaftsgüter des land- und forstwirtschaftlichen Vermögens im Sinne des § 33 Abs. 2 einbezogen werden, auch wenn der Nutzer nicht Eigentümer ist. ³§ 26 ist sinngemäß anzuwenden. ⁴Grundbesitz im Sinne des § 3 Abs. 1 Satz 1 Nr. 6 und Satz 2 des Grundsteuergesetzes wird bei der Bildung des Ersatzwirtschaftswerts nicht berücksichtigt.

(3) ¹Zum land- und forstwirtschaftlichen Vermögen gehören abweichend von § 33 Abs. 2 nicht die Wohngebäude einschließlich des dazugehörigen Grund und Bodens. ²Wohngrundstücke sind dem Grundvermögen zuzurechnen und nach den dafür geltenden Vorschriften zu bewerten.

(4) ¹Der Ersatzwirtschaftswert wird unter sinngemäßer Anwendung der §§ 35, 36, 38, 40, 42 bis 45, 50 bis 54, 56, 59, 60 Abs. 2 und § 62 in einem vereinfachten Verfahren ermittelt. ²Bei dem Vergleich der Ertragsbedingungen sind abweichend von § 38 Abs. 2 Nr. 1 ausschließlich die in der Gegend als regelmäßig anzusehenden Verhältnisse zugrunde zu legen.

(5) Für die Ermittlung des Ersatzwirtschaftswerts sind die Wertverhältnisse maßgebend, die bei der Hauptfeststellung der Einheitswerte des land- und forstwirtschaftlichen Vermögens in der Bundesrepublik Deutschland auf den 1. Januar 1964 zugrunde gelegt worden sind.

(6) ¹Aus den Vergleichszahlen der Nutzungen und Nutzungsteile, ausgenommen die forstwirtschaftliche Nutzung und die sonstige land- und forstwirtschaftliche Nutzung, werden unter Anwendung der Ertragswerte des § 40 die Ersatzvergleichswerte als Bestandteile des Ersatzwirtschaftswerts ermittelt. ²Für die Nutzungen und Nutzungsteile gelten die folgenden Vergleichszahlen:

§ 125 Land- und forstwirtschaftliches Vermögen

1. **Landwirtschaftliche Nutzung**
   a) Landwirtschaftliche Nutzung ohne Hopfen und Spargel
   Die landwirtschaftliche Vergleichszahl in 100 je Hektar errechnet sich auf der Grundlage der Ergebnisse der Bodenschätzung unter Berücksichtigung weiterer natürlicher und wirtschaftlicher Ertragsbedingungen.
   b) Hopfen
   Hopfenbau-Vergleichszahl je Ar 40
   c) Spargel
   Spargelbau-Vergleichszahl je Ar 70
2. **Weinbauliche Nutzung**
   Weinbau-Vergleichszahlen je Ar:
   a) Traubenerzeugung (Nichtausbau) 22
   b) Faßweinausbau 25
   c) Flaschenweinausbau 30
3. **Gärtnerische Nutzung**
   Gartenbau-Vergleichszahlen je Ar:
   a) Nutzungsteil Gemüse-, Blumen- und Zierpflanzenbau:
      aa) Gemüsebau 50
      bb) Blumen- und Zierpflanzenbau 100
   b) Nutzungsteil Obstbau 50
   c) Nutzungsteil Baumschulen 60
   d) Für Nutzungsflächen unter Glas und Kunststoffplatten, ausgenommen Niederglas, erhöhen sich die vorstehenden Vergleichszahlen bei
      aa) Gemüsebau
         nicht heizbar .... um das 6fache,
         heizbar .... um das 8fache,
      bb) Blumen- und Zierpflanzenbau, Baumschulen
         nicht heizbar .... um das 4fache,
         heizbar .... um das 8fache.

(7) Für die folgenden Nutzungen werden unmittelbar Ersatzvergleichswerte angesetzt:
1. **Forstwirtschaftliche Nutzung**
   Der Ersatzvergleichswert beträgt 125 Deutsche Mark je Hektar.
2. **Sonstige land- und forstwirtschaftliche Nutzung**
   Der Ersatzvergleichswert beträgt bei

   a) Binnenfischerei .... 2 Deutsche Mark je kg des nachhaltigen Jahresfangs,

b) Teichwirtschaft	
aa) Forellenteichwirtschaft	20 000 Deutsche Mark je Hektar,
bb) übrige Teichwirtschaft	1000 Deutsche Mark je Hektar,
c) Fischzucht für Binnenfischerei und Teichwirtschaft	
aa) für Forellenteichwirtschaft	30 000 Deutsche Mark je Hektar,
bb) für übrige Binnenfischerei und Teichwirtschaft	1500 Deutsche Mark je Hektar,
d) Imkerei	10 Deutsche Mark je Bienenkasten,
e) Wanderschäferei	20 Deutsche Mark je Mutterschaf,
f) Saatzucht	15 Prozent der nachhaltigen Jahreseinnahmen,
g) Weihnachtsbaumkultur ..	3000 Deutsche Mark je Hektar,
h) Pilzanbau	25 Deutsche Mark je Quadratmeter,
i) Besamungsstationen	20 Prozent der nachhaltigen Jahreseinnahmen.

I. Entstehung und Bedeutung der Vorschrift

Die Vorschrift ist im Rahmen der Wiedervereinigung durch den **Einigungsvertrag** vom 31.8.1990 (BGBl. II 1990, 889) in das Gesetz aufgenommen worden. Die Vorschrift gilt für das **land- und forstwirtschaftliche Vermögen im sog. Beitrittsgebiet,** also dem Gebiet der ehemaligen DDR, welches die heutigen Bundesländer Mecklenburg-Vorpommern, Brandenburg, Sachsen-Anhalt, Thüringen, Sachsen sowie Ost-Berlin umfasst. **1**

Die Regelung ist eingeführt worden, weil eine **flächendeckende Einheitsbewertung** des land- und forstwirtschaftlichen Vermögens im Beitrittsgebiet zuletzt aufgrund der Wertverhältnisse vom 1.1.1935 erfolgt ist. Ein Anknüpfen an diese alten Einheitswerte für die ab 1993 einsetzende Grundsteuerpflicht war daher nicht **sachgerecht.** **2**

Anstatt einer Neuermittlung der Einheitswerte hat der Gesetzgeber für das land- und forstwirtschaftliche Vermögen die Ermittlung **3** von **Ersatzwirtschaftswerten ab dem 1.1.1991** vorgesehen. Der wesentliche Unterschied zur Einheitsbewertung gem. §§ 33 ff. ist darin zu sehen, dass nicht auf die Eigentumsverhältnisse, sondern auf die **bewirtschaftete Nutzungseinheit** abgestellt wird. Die Nutzungseinheit umfasst alle regelmäßig selbstgenutzten WG des land- und forstwirtschaftlichen Vermögens, auch wenn der Nutzer nicht Eigentümer ist.

II. Anwendung der Ersatzwirtschaftswerte

4 Die Ersatzwirtschaftswerte gelten ab dem 1.1.1991. Zur Ermittlung der **Ersatzwirtschaftswerte** sind **Gleichl. Erlasse** der Länder Berlin, Brandenburg, Mecklenburg-Vorpommern, Sachsen, Sachsen-Anhalt und Thüringen v. 11.12.1990, BStBl. I 1990, 833 mit Änderungen bzw. Ergänzungen v. 11.7.1991, BStBl. I 1991, 655, v. 1.8.1994, BStBl. I 1994, 597 und zuletzt v. 15.12.2011, BStBl. I 2011, 1217 ergangen. Diese Gleichl. Ländererlasse orientieren sich an den in den alten Bundesländern heranzuziehenden Richtlinien für die Bewertung des land- und forstwirtschaftlichen Vermögens (BewRL). Siehe also § 33 Rz. 26 ff.

5 Abweichend von den allgemeinen Vorschriften zur Abgrenzung der wirtschaftlichen Einheit gem. §§ 2, 34 wird bei der Ermittlung von Ersatzwirtschaftswerten an die **Nutzungseinheit** angeknüpft. Hierbei handelt es sich um die dem land- und forstwirtschaftlichen Vermögen dienenden WG iSd. § 33 Abs. 2, die von einem **Nutzer bewirtschaftet** werden.

6 Die **Eigentumsverhältnisse** der Flächen und WG haben **keine Bedeutung.** Eine Zurechnung auf den Eigentümer erfolgt nur dann, wenn eine Identität zwischen Eigentümer und Nutzer besteht oder die Flächen weder selbst genutzt noch verpachtet werden.

III. Nutzungseinheit des land- und forstwirtschaftlichen Vermögens

7 **Nutzungseinheit** des land- und forstwirtschaftlichen Vermögens ist der **Betrieb** der Land- und Forstwirtschaft. Siehe dazu § 33 Rz. 31. Die Nutzungseinheit umfasst die in **§ 34 Abs. 2** bezeichneten **Nutzungen und Wirtschaftsgüter** sowie die Nebenbetriebe. Die Grundsätze zur Abgrenzung der wirtschaftlichen Einheit gem. § 2 Abs. 1 sind anzuwenden.

Nutzungseinheit des luf. Vermögens § 125

In die Nutzungseinheit sind alle vom **Nutzer** (Pächter, Eigentümer, Nutzungsberechtigter) regelmäßig **selbst genutzten Wirtschaftsgüter** einzubeziehen. Das sind alle WG, die gem. § 33 Abs. 1 einem Betrieb dauernd zu dienen bestimmt sind, auch wenn der **Nutzer** nicht Eigentümer dieser WG ist. Dazu gehören auch gem. § 26 die dem Ehegatten des Nutzenden gehörenden WG. 8

Die **land- und forstwirtschaftlich genutzten Flächen** umfassen die in § 34 Abs. 2 enthaltenen einzelnen **Nutzungen**. Dazu gehören auch Hof- und Wirtschaftsgebäudeflächen, die gesondert auszuweisen und nicht zu bewerten sind, Wege, Hecken, Grenzraine, Geringstland, Unland, Abbauland, sowie Grund und Boden, der einem Nebenbetrieb dient. Im Einzelnen siehe § 34 Rz. 4 ff. 9

Als **Wirtschaftsgebäude** eines Betriebs kommen ua. Ställe, Scheunen, Schuppen, Keller in Betracht. 10

Abweichend von den allgemeinen **Abgrenzungsregelungen** der wirtschaftlichen Einheit des Betriebs der Land- und Forstwirtschaft gehören **Wohngebäude** inkl. dazugehöriger Grund und Boden gem. § 125 Abs. 3 **nicht** zur Nutzungseinheit. Damit zählen die Wohnungen des Betriebsinhabers, seiner Familie und der Arbeitnehmer des Betriebs nicht zum land- und forstwirtschaftlichen Betrieb, sondern zum Grundvermögen. Das betrifft auch den Hausgarten, die Garagen und anderen Nebengebäude des Wohngebäudes. Lassen sich die zum Grundvermögen gehörenden Flächen nur schwer ermitteln, kann hilfsweise in analoger Anwendung der §§ 143 Abs. 2, 167 Abs. 2 das Fünffache der durch das Wohngebäude bebauten Fläche angenommen werden. 11

Im Übrigen gelten die **Abgrenzungen zum Grundvermögen, zum Betriebsvermögen** und die Zuordnung des Tierbestandes gem. §§ 33, 34, 51, 51 a, 69 entsprechend. Die neue Sichtweise der Finanzverwaltung zur Abgrenzung des land- und forstwirtschaftlichen Vermögens vom Betriebsvermögen (Gleichl. Länderlasse v. 15.12.2011, BStBl. I 2011, 1217) gilt für alle Bewertungsstichtage **ab dem 1.1.2012** und kann auf Antrag in allen noch offenen Fällen angewendet werden. 12

Stückländereien gem. § 34 Abs. 7 bilden keine eigene Nutzungseinheit des land- und forstwirtschaftlichen Vermögens. Diese Regelung, die von der bei der Einheitsbewertung praktizierten Handhabung abweicht, ist darauf zurückzuführen, dass die Flächen regelmäßig beim Nutzer in seinem Ersatzwirtschaftswert erfasst sind (FinMin. Niedersachsen v. 23.4.1991, BB 1991, 1250).

Ein Ersatzwirtschaftswert wird ebenfalls für **Kleingärtner** iSd. Bundeskleingartengesetzes ermittelt, soweit sie vorwiegend gärtnerisch genutzt werden (*Rössler/Troll* § 125 BewG, Rz. 11).

IV. Verfahren zur Ermittlung der Ersatzwirtschaftswerte

13 Die Ersatzwirtschaftswerte werden in einem **vereinfachten Vergleichsverfahren** ermittelt. Hierbei gelten die Regelungen betr. den Ertragswert gem. § 36, die Bewertungsstichtage gem. § 35, die Nebenbetriebe, Abbauland, Geringstland, Unland gem. §§ 42 bis 45 entsprechend.

14 Beim **vergleichenden Verfahren** wird die unterschiedliche Ertragsfähigkeit der gleichen Nutzungsart in den verschiedenen Betrieben durch Vergleich der Ertragsbedingungen beurteilt. Abweichend von § 38 Abs. 2 Nr. 1 sind aber bei Betrieben im Beitrittsgebiet beim Vergleich der Ertragsbedingungen iSd. § 38 ausschließlich die gegendüblichen Verhältnisse zu Grunde zu legen.

15 Bzgl. der Bewertung der **Nebenbetriebe** gelten die in § 34 Rz. 20 und § 42 Rz. 15 enthaltenen Ausführungen. Sie sind mit dem **Einzelertragswert** zu bewerten.

16 Der **Stichtag** für die **Wertverhältnisse** ist wie bei der Einheitsbewertung gem. § 125 Abs. 5 der **1. 1. 1964.**

17 Die **Ersatz-Vergleichszahlen der jeweiligen Nutzung** sind in § 125 Abs. 6 enthalten. Sind in einem Betrieb mehrere Nutzungen vorhanden, ergibt sich der Ersatzwirtschaftswert durch Addition der einzelnen Ersatzvergleichswerte und der Werte nach §§ 42 bis 44.

18 Bei der **landwirtschaftlichen Nutzung** ist von den Ergebnissen der Bodenschätzung auszugehen, die in EMZ – Ertragsmesszahlen – für eine bestimmte Fläche ausgedrückt wird. Diese EMZ ist ggf. noch um bisher nicht berücksichtigte Ertragsbedingungen zu bereinigen, das gilt vor allem für Grünland (i. E. s. Gleichl. Ländererlasse v. 11.12.1990, aaO). Die sich danach ergebende landwirtschaftliche Vergleichszahl in 100 je Hektar wird mit dem Ertragswert gem. § 40 Abs. 2 multipliziert, Vergleichszahl je 100 Punkte (VZ: 100) × Ertragswert (gem. § 40 Abs. 2) 37,26 DM pro Hektar = Hektarwert. Hektarwert × Fläche der landwirtschaftlichen Nutzung in ha = Vergleichswert der landwirtschaftlichen Nutzung in DM.

19 Bei den **übrigen Nutzungen, Nutzungsteilen** sind die maßgebenden Verhältnisse bereits in den Vergleichszahlen gem. § 125 Abs. 6 berücksichtigt. Ab- und Zurechnungen wegen abweichender üblicher Ertragsbedingungen sind deshalb nicht erforderlich. Die Vergleichszahlen der jeweiligen Fläche in Ar sind mit den jeweiligen Ertragswerten gem. § 40 Abs. 2 zu multiplizieren; multipliziert mit der Fläche der jeweiligen Nutzung in Ar ergibt dies den jeweiligen Vergleichswert.

Für die **forstwirtschaftliche Nutzung** und die **sonstige land- und forstwirtschaftliche Nutzung** werden keine Vergleichszahlen ermittelt, sondern unmittelbar Ersatzvergleichswerte gem. § 125 Abs. 7.

§ 126 Geltung des Ersatzwirtschaftswerts

(1) ¹**Der sich nach § 125 ergebende Ersatzwirtschaftswert gilt für die Grundsteuer; er wird im Steuermeßbetragsverfahren ermittelt.** ²**Für eine Neuveranlagung des Grundsteuermeßbetrags wegen Änderung des Ersatzwirtschaftswerts gilt § 22 Abs. 1 sinngemäß.**

(2) ¹**Für andere Steuern ist bei demjenigen, dem Wirtschaftsgüter des land- und forstwirtschaftlichen Vermögens zuzurechnen sind, der Ersatzwirtschaftswert oder ein entsprechender Anteil an diesem Wert anzusetzen.** ²**Die Eigentumsverhältnisse und der Anteil am Ersatzwirtschaftswert sind im Festsetzungsverfahren der jeweiligen Steuer zu ermitteln.**

I. Geltung des Ersatzwirtschaftswertes für die Grundsteuer

Der nach § 125 ermittelte Ersatzwirtschaftswert kann nicht als Einheitswert festgestellt werden, da die in der Nutzungseinheit enthaltenen Wirtschaftsgüter an den **Nutzer** und nicht den Eigentümer anknüpfen. Gem. § 40 GrStG ist **Schuldner der Grundsteuer** des land- und forstwirtschaftlichen Vermögens deshalb abweichend von § 10 GrStG der Nutzer des Vermögens gem. § 125 Abs 2. Damit kann der sich auf die Nutzung beziehende Wert der Nutzungseinheit auch nur Bemessungsgrundlage für die Grundsteuer sein.

§ 126 Abs. 1 bestimmt deshalb, dass der Ersatzwirtschaftswert nur für Zwecke der Grundsteuer erhoben wird. Der nach § 125 ermittelte Ersatzwirtschaftswert ist aber nicht mit dem Einheitswert der §§ 33 ff. vergleichbar, weil in die Nutzungseinheit auch WG einbezogen worden sind, die nicht im Eigentum des Nutzers stehen.

Der Ersatzwirtschaftswert wird nicht gesondert festgestellt, sondern ist **unselbstständige Besteuerungsgrundlage** im Grundsteuermessbetragsverfahren. Ist ein Einspruch gegen den Ersatzwirtschaftswert erforderlich, muss sich von daher der Einspruch gegen den Grundsteuermessbescheid richten (zweifelnd FG Sachsen 7 K

2252/99 v. 23.2.2005, BeckRS 2005, 26020602 rkr.). Geht es um die Grundsteuerbefreiung, kann ein entsprechender Anspruch sowohl in einem Verfahren gegen den Einheitswertbescheid als auch den Grundsteuermessbescheid geltend gemacht werden (FG Berlin-Brandenburg 3 K 2099/05 B v. 24.2.2010, EFG 2010, 1157).

3   Ersatzwirtschaftswerte werden erstmals für die Grundsteuer **ab 1991** ermittelt.

4   **Wertänderungen** des Ersatzwirtschaftswertes können nicht durch eine Wertfortschreibung berücksichtigt werden, sondern nur durch eine Neuveranlagung der Grundsteuer. Eine Neuveranlagung erfolgt allerdings nur, wenn die gem. § 30 abgerundeten jeweiligen Ersatzwirtschaftswerte um das für Wertfortschreibungen erforderliche Ausmaß des § 22 Abs. 1 abweichen.

II. Geltung des Ersatzwirtschaftswertes für andere Steuern

5   Für Zwecke der **Erbschaft- und Schenkungsteuer** in den Jahren 1996 bis 2008 gilt der Ersatzwirtschaftswert entsprechend den Regelungen des Vierten Abschnitts (§ 138 ff.). Für Erbschaft- und Schenkungsteuerfälle ab 2009 gelten dagegen ausschließlich die Regelung des Sechsten Abschnitts (§§ 158 ff.).

6   Für Zwecke der **Grunderwerbsteuer** gelten die Regelungen des Ersatzwirtschaftswerts ab 1997 entsprechend dem vierten Abschnitt.

7   Besondere Bedeutung haben die Ersatzwirtschaftswerte noch bei der **Einkommensbesteuerung.** So sieht § 7 g EStG für den im Rahmen des **UntStRefG 2008** v. 14.8.2007 (BGBl. I 2007, 1912) eingeführten Investitionsabzugsbetrag sowie für die Sonderabschreibung den Ersatzwirtschaftswert als Abgrenzungskriterium vor. Auch § 13 a Abs. 5 Satz 2 EStG stellt auf den Ersatzwirtschaftswert ab. Bei der Einkommensteuer ist aber § 57 Abs. 3 EStG zu beachten. Danach ist der Ersatzwirtschaftswert nach den Eigentumsverhältnissen umzurechnen (zB OFD Rostock v. 2.6.2000, DB 2000, 1440). Grundsätzlich sind für die Ermittlung eines Anteils am Ersatzwirtschaftswert die Gleichl. Ländererlasse v. 23.4.1991 (BStBl. I 1991, 499) sinngemäß anzuwenden. Aufgrund eines Zusatzes der OFD Magdeburg v. 11.1.1999 (Bew-Kartei ST § 126 BewG Karte 1) behalten die Gleichl. Ländererlasse v. 23.4.1991, aaO auch nach Änderung der Grundbewertung für Zwecke der Einkommensteuer gem. § 57 Abs. 3 EStG weiterhin ihre Gültigkeit. Aus Vereinfachungsgründen kann die Berechnung auch nach den Gleichl. Ländererlassen v. 23.4.1991, aaO und den dort genannten prozentualen Anteilen erfolgen.

§ 127 Erklärung zum Ersatzwirtschaftswert

(1) ¹Der Nutzer des land- und forstwirtschaftlichen Vermögens (§ 125 Abs. 2 Satz 2) hat dem Finanzamt, in dessen Bezirk das genutzte Vermögen oder sein wertvollster Teil liegt, eine Erklärung zum Ersatzwirtschaftswert abzugeben. ²Der Nutzer hat die Steuererklärung eigenhändig zu unterschreiben.

(2) ¹Die Erklärung ist erstmals für das Kalenderjahr 1991 nach den Verhältnissen zum 1. Januar 1991 abzugeben. ²§ 28 Abs. 2 gilt entsprechend.

Die Ermittlung des Ersatzwirtschaftswertes erfolgt nicht im Rahmen einer gesonderten Feststellung, sondern ist **eine unselbstständige Besteuerungsgrundlage** zur Ermittlung des Grundsteuermessbetrags. Deshalb gelten die Regelungen zur Abgabe einer Erklärung zur Feststellung des Einheitswertes nicht. 1

Der **Nutzer** des land- und forstwirtschaftlichen Vermögens hat dem Finanzamt eine Erklärung zum Ersatzwirtschaftswert abzugeben. 2

Die Erklärung ist **erstmals zum 1. 1. 1991** für die Grundsteuer-Nachveranlagung 1991 abzugeben. 3

§ 128 Auskünfte, Erhebungen, Mitteilungen, Abrundung

§ 29 und § 30 gelten bei der Ermittlung des Ersatzwirtschaftswerts sinngemäß.

Die Regelungen betr. Auskünfte, Erhebungen und Mitteilungen im Verfahren zur Einheitsbewertung gem. **§ 29** gelten bei der Ermittlung des Ersatzwirtschaftswertes entsprechend, s. § 29 Rz. 2 bis 5. 1

Der **Ersatzwirtschaftswert** soll wie der Einheitswert des Betriebes der Land- und Forstwirtschaft auf volle Hundert DM nach unten **abgerundet** werden. Danach erfolgt eine Umrechnung in Euro. Der umgerechnete Betrag wird auf volle Euro abgerundet. 2

B. Grundvermögen

§ 129 Grundvermögen

(1) **Für Grundstücke gelten die Einheitswerte, die nach den Wertverhältnissen am 1. Januar 1935 festgestellt sind oder noch festgestellt werden (Einheitswerte 1935).**

§§ 129a, 130

(2) Vorbehaltlich der §§ 129 a bis 131 werden für die Ermittlung der Einheitswerte 1935 statt der §§ 27, 68 bis 94
1. §§ 10, 11 Abs. 1 und 2 und Abs. 3 Satz 2, §§ 50–53 des Bewertungsgesetzes der Deutschen Demokratischen Republik in der Fassung vom 18. September 1970 (Sonderdruck Nr. 674 des Gesetzblattes),
2. § 3 a Abs. 1, §§ 32 bis 46 der Durchführungsverordnung zum Reichsbewertungsgesetz vom 2. Februar 1935 (RGBl. I S. 81), zuletzt geändert durch die Verordnung zur Änderung der Durchführungsverordnung zum Vermögensteuergesetz, der Durchführungsverordnung zum Reichsbewertungsgesetz und der Aufbringungsumlage-Verordnung vom 8. Dezember 1944 (RGBl. I S. 338), und
3. die Rechtsverordnungen der Präsidenten der Landesfinanzämter über die Bewertung bebauter Grundstücke vom 17. Dezember 1934 (Reichsministerialblatt S. 785 ff.), soweit Teile des in Artikel 3 des Einigungsvertrages genannten Gebietes in ihrem Geltungsbereich liegen,

weiter angewandt.

§ 129a Abschläge bei Bewertung mit einem Vielfachen der Jahresrohmiete

(1) Ist eine Ermäßigung wegen des baulichen Zustandes des Gebäudes (§ 37 Abs. 1, 3 und 4 der weiter anzuwendenden Durchführungsverordnung zum Reichsbewertungsgesetz) zu gewähren, tritt der Höchstsatz 50 Prozent anstelle des Höchstsatzes von 30 Prozent.

(2) ¹Der Wert eines Grundstücks, der sich aus dem Vielfachen der Jahresrohmiete ergibt, ist ohne Begrenzung auf 30 Prozent (§ 37 Abs. 3 der weiter anzuwendenden Durchführungsverordnung zum Reichsbewertungsgesetz) zu ermäßigen, wenn die Notwendigkeit baldigen Abbruchs besteht. ²Gleiches gilt, wenn derjenige, der ein Gebäude auf fremdem Grund und Boden oder aufgrund eines Erbbaurechts errichtet hat, vertraglich zum vorzeitigen Abbruch verpflichtet ist.

§ 130 Nachkriegsbauten

(1) Nachkriegsbauten sind Grundstücke mit Gebäuden, die nach dem 20. Juni 1948 bezugsfertig geworden sind.

(2) ¹Soweit Nachkriegsbauten mit einem Vielfachen der Jahresrohmiete zu bewerten sind, ist für Wohnraum die ab

Bezugsfertigkeit preisrechtlich zulässige Miete als Jahresrohmiete vom 1. Januar 1935 anzusetzen. ²Sind Nachkriegsbauten nach dem 30. Juni 1990 bezugsfertig geworden, ist die Miete anzusetzen, die bei unverändertem Fortbestand der Mietpreisgesetzgebung ab Bezugsfertigkeit preisrechtlich zulässig gewesen wäre. ³Enthält die preisrechtlich zulässige Miete Bestandteile, die nicht zur Jahresrohmiete im Sinne des § 34 der weiter anzuwendenden Durchführungsverordnung zum Reichsbewertungsgesetz gehören, sind sie auszuscheiden.

(3) Für Nachkriegsbauten der Mietwohngrundstücke, der gemischtgenutzten Grundstücke und der mit einem Vielfachen der Jahresrohmiete zu bewertenden Geschäftsgrundstücke gilt einheitlich der Vervielfältiger neun.

§ 131 Wohnungseigentum und Teileigentum, Wohnungserbbaurecht und Teilerbbaurecht

(1) ¹Jedes Wohnungseigentum und Teileigentum bildet eine wirtschaftliche Einheit. ²Für die Bestimmung der Grundstückshauptgruppe ist die Nutzung des auf das Wohnungseigentum und Teileigentum entfallenden Gebäudeteils maßgebend. ³Die Vorschriften zur Ermittlung der Einheitswerte 1935 bei bebauten Grundstücken finden Anwendung, soweit sich nicht aus den Absätzen 2 und 3 etwas anderes ergibt.

(2) ¹Das zu mehr als 80 Prozent Wohnzwecken dienende Wohnungseigentum ist mit dem Vielfachen der Jahresrohmiete nach den Vorschriften zu bewerten, die für Mietwohngrundstücke maßgebend sind. ²Wohnungseigentum, das zu nicht mehr als 80 Prozent, aber zu nicht weniger als 20 Prozent Wohnzwecken dient, ist mit dem Vielfachen der Jahresrohmiete nach den Vorschriften zu bewerten, die für gemischtgenutzte Grundstücke maßgebend sind.

(3) ¹Entsprechen die im Grundbuch eingetragenen Miteigentumsanteile an dem gemeinschaftlichen Eigentum nicht dem Verhältnis der Jahresrohmiete zueinander, so kann dies bei der Feststellung des Wertes entsprechend berücksichtigt werden. ²Sind einzelne Räume, die im gemeinschaftlichen Eigentum stehen, vermietet, so ist ihr Wert nach den im Grundbuch eingetragenen Anteilen zu verteilen und bei den einzelnen wirtschaftlichen Einheiten zu erfassen.

(4) ¹Bei Wohnungserbbaurechten oder Teilerbbaurechten gilt § 46 der weiter anzuwendenden Durchführungsverordnung zum Reichsbewertungsgesetz sinngemäß. ²Der Gesamtwert ist in gleicher Weise zu ermitteln, wie wenn es sich um Wohnungseigentum oder um Teileigentum handelte. ³Er ist auf den Wohnungserbbauberechtigten und den Bodeneigentümer entsprechend zu verteilen.

§ 132 Fortschreibung und Nachfeststellung der Einheitswerte 1935

(1) Fortschreibungen und Nachfeststellungen der Einheitswerte 1935 werden erstmals auf den 1. Januar 1991 vorgenommen, soweit sich aus den Absätzen 2 bis 4 nichts Abweichendes ergibt.

(2) ¹Für Mietwohngrundstücke und Einfamilienhäuser im Sinne des § 32 der weiter anzuwendenden Durchführungsverordnung zum Reichsbewertungsgesetz unterbleibt eine Feststellung des Einheitswerts auf den 1. Januar 1991, wenn eine ab diesem Zeitpunkt wirksame Feststellung des Einheitswerts für die wirtschaftliche Einheit nicht vorliegt und der Einheitswert nur für die Festsetzung der Grundsteuer erforderlich wäre. ²Der Einheitswert für Mietwohngrundstücke und Einfamilienhäuser wird nachträglich auf einen späteren Feststellungszeitpunkt festgestellt, zu dem der Einheitswert erstmals für die Festsetzung anderer Steuern als der Grundsteuer erforderlich ist.

(3) Wird für Grundstücke im Sinne des Absatzes 2 ein Einheitswert festgestellt, gilt er für die Grundsteuer von dem Kalenderjahr an, das der Bekanntgabe des Feststellungsbescheids folgt.

(4) Änderungen der tatsächlichen Verhältnisse, die sich nur auf den Wert des Grundstücks auswirken, werden erst durch Fortschreibung auf den 1. Januar 1994 berücksichtigt, es sei denn, daß eine Feststellung des Einheitswerts zu einem früheren Zeitpunkt für die Festsetzung anderer Steuern als der Grundsteuer erforderlich ist.

§ 133 Sondervorschrift für die Anwendung der Einheitswerte 1935

¹Die Einheitswerte 1935 der Betriebsgrundstücke sind für die Gewerbesteuer wie folgt anzusetzen:

1. **Mietwohngrundstücke** mit 100 Prozent des Einheitswerts 1935,
2. **Geschäftsgrundstücke** mit 400 Prozent des Einheitswerts 1935,
3. **gemischtgenutzte Grundstücke, Einfamilienhäuser und sonstige bebaute Grundstücke** mit 250 Prozent des Einheitswerts 1935,
4. **unbebaute Grundstücke** mit 600 Prozent des Einheitswerts 1935.

²Bei Grundstücken im Zustand der Bebauung bestimmt sich die Grundstückshauptgruppe für den besonderen Einheitswert im Sinne des § 33 a Abs. 3 der weiter anzuwendenden Durchführungsverordnung zum Reichsbewertungsgesetz nach dem tatsächlichen Zustand, der nach Fertigstellung des Gebäudes besteht.

I. Allgemeines

Die **letzte Hauptfeststellung** für das Grundvermögen im Gebiet der neuen Bundesländer wurde per 1.1.1935 durchgeführt. Aus Vereinfachungsgründen werden für die Grundsteuererhebung in den neuen Bundesländern weiterhin die Einheitswerte nach den Wertverhältnissen vom 1.1.1935 zugrundegelegt.

II. Rechtliche Grundlagen für die Einheitsbewertung in den neuen Bundesländern

Als **Grundlage** für die Einheitsbewertung dienen neben der Abgabenordnung
- die §§ 129 bis 133 BewG
- §§ 10, 11, 50, 51, 52, 53 BewG-DDR
- §§ 3 a, 32, 33, 33 a, 34, 35, 36, 37, 39, 40, 42, 43, 44, 45, 46 RBewDV
- **Gleichlautende Erlasse** der obersten Finanzbehörden der Länder Berlin, Brandenburg, Sachsen-Anhalt, Sachsen und Thüringen
  - v. 20.11.1990, BStBl. I 1990, 827 (Bewertung des Grundvermögens und der Betriebsgrundstücke)
  - v. 6.11.1991, BStBl. I 1991, 968 (Bewertung von Einfamilienhäusern)

§ 133 Sondervorschrift für Anwendung der EW 1935

- v. 21.4.1992, BStBl. I 1992, 371 (Bewertung von Mietwohngrundstücken und Einfamilienhäusern)
- v. 8.9.1992, BStBl. I 1992, 572 (Bewertung von Grundstücken mit Bank-, Versicherungs-, Verwaltungs- und Bürogebäuden sowie Hotelgebäuden und vergleichbaren Gebäuden)
- v. 9.11.1992, BStBl. I 1992, 712 (Bewertung von Tankstellengrundstücken)
- v. 23.11.1992, BStBl. I 1992, 724 (Abgrenzung der wirtschaftlichen Einheit bei Einfamilienhäusern mit räumlich getrennt liegenden Garagen)
- v. 24.11.1992, BStBl. I 1992, 725 (Bewertung von Garagengrundstücken)
- v. 19.1.1993, BStBl. I 1993, 173 (Bewertung von Mietwohngrundstücken und gemischt genutzten Grundstücken)
- v. 21.5.1993, BStBl. I 1993, 467 (Bewertung von Fabrikgrundstücken, Lagerhausgrundstücken, Grundstücken mit Werkstätten und vergleichbaren Grundstücken)
- v. 25.6.1993, BStBl. I 1993, 528 (Bewertung von Warenhausgrundstücken, Einkaufszentren etc.)
- v. 22.12.1993, BStBl. I 1994, 96 (Abgrenzung des Grundvermögens vom land- und forstwirtschaftlichen Vermögen)
- v. 21.7.1994, BStBl. I 1994, 480 (Bewertung der übrigen Geschäftsgrundstücke und der sonstigen bebauten Grundstücke)
- v. 22.7.1994, BStBl. I 1994, 499 (Bewertung von Einfamilienhäusern)
- v. 25.7.1994, BStBl. I 1994, 502 (Bewertung von Wohnungs- und Teileigentum)
- v. 7.3.1995, BStBl. I 1995, 247 (Bewertung von dem Verfall preisgegebenen Gebäuden)

• Gleichl. Ländererlasse v. 31.3.1992, BStBl. I 1992, 342 (Abgrenzungserlass).

III. Vereinfachtes Verfahren in den neuen Bundesländern

3 Für **Mietwohngrundstücke** und **Einfamilienhäuser** in den neuen Bundesländern, die ab 1991 erstmals zur Grundsteuer herangezogen werden und für die bislang kein Einheitswert festgestellt worden ist, gilt eine Vereinfachungsregelung. Die Grundsteuer ist in diesen Fällen nicht auf der Grundlage des Einheitswerts zu ermitteln. Vielmehr ist eine Ersatzbemessungsgrundlage zugrunde zu legen.

Die Wohn- oder Nutzfläche ist mit einem pauschalen Jahresbetrag von 1 € (bis VZ 2001: 2 DM) bzw. 0,75 € (bis VZ 2001: 1,50 DM) zu multiplizieren. Der so errechnete Betrag entspricht der zu erhebenden Grundsteuer.

Der Betrag von 1 € bzw. 2 DM gilt für Wohnungen mit Bad, Innen-WC und Sammelheizung. Für alle übrigen Wohnungen ist ein Betrag von 0,75 € bzw. 1,50 DM zugrunde zu legen. Für Garagen und PKW-Abstellplätze werden jeweils 5 € (bis VZ 2001: 10 DM) angesetzt. Dabei wird von einem üblichen Hebesatz von 300 % ausgegangen. Wird ein höherer oder geringerer Hebesatz erhoben, ändert sich der Jahresbetrag im entsprechenden Verhältnis.

Beispiel:
Mietwohngrundstück in Mecklenburg-Vorpommern, vier Wohnungen mit einer gesamten Wohnfläche von 440 qm, vier PKW-Stellplätze, üblicher Hebesatz: 310 %

$$440 \text{ qm} \times 1\,€ = 440\,€$$
$$4 \times 5\,€ = 20\,€$$
$$460\,€$$

$$\text{Grundsteuer} \quad \frac{460\,€ \times 310 \text{ (tatsächlicher Hebesatz)}}{300 \text{ (üblicher Hebesatz)}} = 475{,}33\,€$$

C. Betriebsvermögen

§§ 134 bis 136 *(aufgehoben)*

§ 137 Bilanzposten nach dem D-Markbilanzgesetz

Nicht zum Betriebsvermögen gehören folgende Bilanzposten nach dem D-Markbilanzgesetz:
1. **das Sonderverlustkonto,**
2. **das Kapitalentwertungskonto und**
3. **das Beteiligungsentwertungskonto.**

I. Entstehung und Bedeutung der Vorschrift

§ 137 ist durch das **StÄndG 1992** v. 25.2.1992 (BGBl. I 1992, 257) eingefügt worden. Die Vorschrift ist im Zusammenhang mit der ebenfalls durch das StÄndG 1992 eingeführten Übernahme der Steuerbilanzwerte im Einheitswert des Betriebsvermögens zu sehen.

§ 137 Bilanzposten nach dem D-Markbilanzgesetz

2 § 137 betrifft die Unternehmen im Beitrittsgebiet, die **zum 1. 7. 1990 eine DM-Eröffnungsbilanz** aufzustellen hatten. Bei den aufgeführten Aktivposten nach dem DMBilG handelt es sich um sog. Bilanzierungshilfen. Sie stellen keine echten Vermögenswerte dar und können fehlendes Eigenkapital nicht ersetzen (amtl. Begr. zu den Änderungen der §§ 17, 24 DMBilG, BR-Drucks. 70/91). § 137 stellt sicher, dass diese Aktivposten nicht als Besitzposten in der Vermögensaufstellung übernommen werden. Das gilt auch für die Erbschaft-/Schenkungsteuer (§ 12 Abs. 5 Satz 2 ErbStG).

II. Das Sonderverlustkonto (Nr. 1)

3 § 17 Abs. 4 DMBilG bestimmt, dass zum Ausgleich der in der DM-Eröffnungsbilanz erstmals zu bildenden Rückstellungen nach § 249 Abs. 1 Satz 1 HGB auf der Aktivseite ein **Sonderverlustkonto** auszuweisen ist, soweit der Rückstellungsbetrag nicht durch eine Ausgleichsforderung (Rz. 5) ausgeglichen wird. Der aktivierte Betrag ist in den Folgejahren jeweils in Höhe der Aufwendungen (gewinnmindernd) abzuschreiben, die zur Erfüllung der zurückgestellten Verpflichtungen entstehen. In Höhe des Sonderverlustkontos ist innerhalb der Gewinnrücklagen eine Sonderrücklage zu bilden. Das Sonderverlustkonto ist wegen seines Eigenkapitalcharakters bewertungsrechtlich nicht als Besitzposten zu berücksichtigen (*vgl. Rössler/Troll § 137 Rz. 3*).

III. Das Kapitalentwertungskonto (Nr. 2)

4 Das Kapitalentwertungskonto (§ 28 Abs. 1 DMBilG) steht im Zusammenhang mit einer vorläufigen Kapitalneufestsetzung zum 1.7.1990 von „privaten Unternehmen" jeder Rechtsform, welche keinen ehemaligen VEB als Rechtsvorgänger hatten oder mit Wirkung zum 1.7.1990 bereits privatisiert waren. Diese Unternehmen konnten die Neufestsetzung des Kapitals vorläufig in der Weise durchführen, dass das in der Schlussbilanz zum 30.6.1990 in Mark der DDR ausgewiesene gezeichnete Kapital mit dem gleichen Betrag in DM in die Eröffnungsbilanz zum 1.7.1990 übernommen wurde. Soweit dieser Betrag das bei Aufstellung der DM-Eröffnungsbilanz ermittelte Eigenkapital überstieg, war auf der Aktivseite der Eröffnungsbilanz ein Kapitalentwertungskonto auszuweisen. Das Kapitalentwertungskonto musste innerhalb von fünf Geschäftsjahren nach dem Stichtag der Eröffnungsbilanz ausgeglichen werden (§ 2 Abs. 2 DMBilG). § 137

Feststellung von Grundbesitzwerten § 138

Nr. 2 hat darum nur noch für vorangegangene Feststellungszeitpunkte Bedeutung. Wegen seines Eigenkapitalcharakters ist das Kapitalentwertungskonto bei der Feststellung des Einheitswerts des Betriebsvermögens nicht anzusetzen (*vgl. Rössler/Troll* § 137 Rz. 5).

IV. Das Beteiligungsentwertungskonto (Nr. 3)

Unternehmen des bisher volkseigenen Vermögens, die der Treu- 5 handanstalt unentgeltlich übertragen worden waren, und in deren DM-Eröffnungsbilanz sich ein nicht durch Eigenkapital gedeckter Fehlbetrag ergeben hätte, hatten in Höhe des Fehlbetrags eine **Ausgleichsforderung** auszuweisen (§ 24 Abs. 1 DMBilG). Mutterunternehmen, die Schuldner einer solchen Ausgleichsforderung waren, hatten in Höhe dieser Verbindlichkeit auf der Aktivseite ihrer Eröffnungsbilanz ein **Beteiligungsentwertungskonto** einzustellen, soweit nicht ein nicht durch Eigenkapital gedeckter Fehlbetrag auszuweisen war (§ 24 Abs. 5 DMBilG). Der aktivierte Betrag ist in den Folgejahren jeweils in Höhe der Tilgung gewinnwirksam abzuschreiben. In Höhe des Beteiligungsentwertungskontos war in der DM-Eröffnungsbilanz innerhalb der Gewinnrücklagen eine Sonderrücklage zu bilden. Das Beteiligungsentwertungskonto führte zu einer Verbesserung des Eigenkapitals; wegen dieses Einkapitalcharakters kann es bewertungsrechtlich jedoch nicht berücksichtigt werden (*vgl. Rössler/Troll* § 137 Rz. 6).

Vierter Abschnitt: Vorschriften für die Bewertung von Grundbesitzfür die Grunderwerbsteuer ab 1. Januar 1997

A. Allgemeines

§ 138 Feststellung von Grundbesitzwerten

(1) ¹**Grundbesitzwerte werden unter Berücksichtigung der tatsächlichen Verhältnisse und der Wertverhältnisse zum Besteuerungszeitpunkt festgestellt.** ²**§ 29 Abs. 2 und 3 gilt sinngemäß.**

(2) **Für die wirtschaftlichen Einheiten des land- und forstwirtschaftlichen Vermögens und für Betriebsgrundstücke im Sinne des § 99 Abs. 1 Nr. 2 sind die Grundbesitzwerte unter Anwendung der §§ 139 bis 144 zu ermitteln.**

§ 138 Feststellung von Grundbesitzwerten

(3) ¹Für die wirtschaftlichen Einheiten des Grundvermögens und für Betriebsgrundstücke im Sinne des § 99 Abs. 1 Nr. 1 sind die Grundbesitzwerte unter Anwendung der §§ 68, 69 und 99 Abs. 2 und der §§ 139 und 145 bis 150 zu ermitteln. ²§ 70 gilt mit der Maßgabe, dass der Anteil des Eigentümers eines Grundstücks an anderem Grundvermögen (beispielsweise an gemeinschaftlichen Hofflächen oder Garagen) abweichend von Absatz 2 Satz 1 dieser Vorschrift in das Grundstück einzubeziehen ist, wenn der Anteil zusammen mit dem Grundstück genutzt wird. ³§ 20 Satz 2 ist entsprechend anzuwenden.

(4) Weist der Steuerpflichtige nach, dass der gemeine Wert der wirtschaftlichen Einheit im Besteuerungszeitpunkt niedriger ist als der nach den §§ 143, 145 bis 149 ermittelte Wert, ist der gemeine Wert als Grundbesitzwert festzustellen.

I. Allgemeines

1   Der Anwendungsbereich des § 138 ist von **untergeordneter Bedeutung**. Er reduziert sich **seit 1.1.1997** auf allgemeine Regelungen bei der Bewertung von Grundbesitz für Grunderwerbsteuerzwecke. Dabei ist derzeit ungeklärt, ob die Bewertung des Grundbesitzes nach §§ 138 bis 150 verfassungsgemäß ist. Wegen des beim BVerfG anhängigen Verfahrens (2 BvR 287/11) setzt die Finanzverwaltung inzwischen die Grunderwerbsteuerfestsetzungen vorläufig gem. § 165 AO fest (Gleichl. Ländererlasse v. 17.11.2011, BStBl I 2011, 575). Das Verfahren zur Bewertung von Grundbesitz für Erbschaft- und Schenkungsteuerzwecke ist mit Wirkung vom 1.1. 2009 im § 157 geregelt. Die bislang im § 138 Abs. 5 und 6 geregelten Verfahrensvorschriften zur gesonderten Feststellung sind durch das **JStG 2007** v. 13.12.2006 (BGBl. I 2006, 2878) mit Wirkung vom 1.1.2007 in den § 151–156 geregelt worden.

II. Wertverhältnisse

2   Grundbesitzwerte waren zunächst **nach den Wertverhältnissen vom 1.1.1996** zu bewerten. Mit dem Gesetz zur Änderung des BewG v. 10.12.2001 (BStBl. I 2002, 75) ist die Geltung der Wertverhältnisse zum 1.1.1996 für Grundbesitzwerte verlängert worden bis zum 31.12.2006. Mit dem JStG 2007 (Rz. 1) wurde dann festgelegt,

dass die tatsächlichen Verhältnisse und auch die Wertverhältnisse zum Besteuerungszeitpunkt maßgebend sind

III. Nachweis des niedrigeren gemeinen Werts

1. Allgemeines

§ 138 Abs. 4 eröffnet **für sämtliche gem. §§ 145 bis 149 zu bewertende wirtschaftliche Einheiten** die Möglichkeit, den geringeren gemeinen Wert nachzuweisen. Für Besteuerungszeitpunkte vor dem 1.1.2007 war der Nachweis des niedrigeren gemeinen Werts in Einzelvorschriften (u. a. §§ 145 Abs. 3 Satz 3, 146 Abs. 7, 148 Abs. 6) geregelt. 3

2. Nachweismöglichkeiten

Den Steuerpflichtigen trifft die **Nachweislast für einen niedrigeren gemeinen Wert** und nicht eine bloße Darlegungslast. (BFH II R 69/01 v. 10.11.2004, BStBl. I 2005, 259; *Gürsching/Stenger* § 138 Rz. 68 f.; *Rössler/Troll* § 138 Rz. 29 f.). Die Finanzverwaltung lässt als Nachweis das **Gutachten** eines Sachverständigen oder des örtlichen Gutachterausschusses s (*Rössler/Troll* § 138 Rz. 32 f.)) zu. Der Nachweis kann auch durch einen **stichtagsnahen** Kaufpreis erbracht werden, *Rössler/Troll* § 138 Rz. 36 f.). 4

Ein zum Nachweis eines niedrigeren gemeinen Werts des Grundstücks vorgelegtes Gutachten muss inhaltlich richtig sein und den allgemein anerkannten Grundsätzen der Wertermittlung genügen, wie sie insbesondere in der WertV niedergelegt sind (FG Nürnberg IV 419/1999 v. 29.3.2001, EFG 2001, 960; *Gürsching/Stenger* § 138 Rz. 90 f). Stichtagsnah ist ein Kaufpreis, wenn er innerhalb eines Jahres vor oder nach dem Besteuerungszeitpunkt im gewöhnlichen Geschäftsverkehr zustande gekommen ist. Die Rspr. hat den Ein-Jahreszeitraum mittlerweile unter bestimmten Voraussetzungen ausgedehnt (BFH II R 55/01 v. 2.7.2004, BStBl. II 2004, 703).

§ 139 Abrundung

Die Grundbesitzwerte werden auf volle 500 Euro nach unten abgerundet.

Die **Abrundungsvorschrift** hat **seit 1.1.2009** (vgl. § 145 Rz. 1; § 146 Rz. 1) nur noch Bedeutung für Grundbesitzwerte, die für Grunderwerbsteuerzwecke festzustellen sind.

B. Land- und forstwirtschaftliches Vermögen

§ 140 Wirtschaftliche Einheit und Umfang des land- und forstwirtschaftlichen Vermögens

(1) ¹**Der Begriff der wirtschaftlichen Einheit und der Umfang des land- und forstwirtschaftlichen Vermögens richten sich nach § 33.** ²**Dazu gehören auch immaterielle Wirtschaftsgüter (zum Beispiel Brennrechte, Milchlieferrechte, Jagdrechte und Zuckerrübenlieferrechte), soweit sie einem Betrieb der Land- und Forstwirtschaft dauernd zu dienen bestimmt sind.**

(2) **Zu den Geldschulden im Sinne des § 33 Abs. 3 Nr. 2 gehören auch Pensionsverpflichtungen.**

I. Allgemeines

1   § 140 ff. wurde eingefügt ab 1.1.1997 durch das **JStG 1997** v. 20.12.1996 (BGBl. I 1996, 2049). Die Vorschriften sind für die **Erbschaftsteuer** erstmals auf Erwerbe nach dem 31.12.1995 und letztmalig für Erwerbe vor dem 1.1.2009 anzuwenden. Für Erbschafts- und Schenkungsfälle ab 2009 s. §§ 158 ff. Für Zwecke der **Grunderwerbsteuer** sind die Vorschriften ab 1.1.1997 anzuwenden. Dies gilt auch für Grunderwerbsteuerfälle ab 2009.

2   Die **gesonderte Feststellung** der Grundbesitzwerte für land- und forstwirtschaftliche Betriebe bzw. Betriebsgrundstücke iSd. § 99 Abs. 1 Nr. 2 ist in § 138 Abs. 2 und § 138 Abs. 5 bestimmt. Die Feststellung erfolgt nur im Bedarfsfalle und hat Bindungswirkung für die Erbschaftsteuer und ggf. Grunderwerbsteuer.

3   Maßgebend sind die **tatsächlichen Verhältnisse** im Besteuerungszeitpunkt. Dieser bestimmt sich gem. §§ 11, 9 ErbStG. Tatsächliche Verhältnisse sind ua. der Umfang der wirtschaftlichen Einheit, der Nutzung, der Lage, des baulichen Zustands und der Zurechnung. Auch für die **Wertverhältnisse** ist der Besteuerungszeitpunkt ausschlaggebend.

4   Zur Bewertung des land- und forstwirtschaftlichen Vermögens siehe auch ErbStR 2003 v. 17.3.2003 (BStBl. I, 2003, Sondernr. 1), dort R 125 bis 157 ErbStR 2003. Diese ErbSt-Richtlinien gelten für alle Bewertungsfälle **bis zum 31.12.2008.**

Erst für Erwerbsfälle **ab 2009** gelten die **ErbSt-Richtlinien 2011** (ErbStR 2011 v. 19.12.2011, BStBl. I 2011, Sondernr. 1).

II. Begriff des land- und forstwirtschaftlichen Betriebes

Die wirtschaftliche Einheit des land- und forstwirtschaftlichen Vermögens ist der **Betrieb der Land- und Forstwirtschaft**. Der Begriff und der Umfang des Betriebes der Land- und Forstwirtschaft richten sich aufgrund der Verweisung auf § 33 nach den Regelungen der Einheitsbewertung. Dazu gehören alle WG, die dem Betrieb dauernd zu dienen bestimmt sind. Siehe hierzu § 33 Rz. 40 ff. Das sind insbesondere gem. § 33 Abs. 2 Grund und Boden, Wohn- und Wirtschaftsgebäude, stehende Betriebsmittel und ein normaler Bestand an umlaufenden Betriebsmitteln.

Im Unterschied zur Einheitsbewertung sind hier aber die **tatsächlichen Verhältnisse im Besteuerungszeitpunkt** und nicht die Verhältnisse im Feststellungszeitpunkt maßgebend. Der Besteuerungszeitpunkt richtet sich nach §§ 11, 9 ErbStG.

Ehegattengrundstücke sind im Gegensatz zur Einheitsbewertung nicht in die wirtschaftliche Einheit einzubeziehen, da § 26 bei der Erbschaftsteuer nicht anwendbar ist. Es sind lediglich die Eigentumsflächen des Erblassers bzw. Schenkers zu bewerten.

Bei **gemischt genutzten Wirtschaftsgütern** ist die ertragsteuerliche Abgrenzung zwischen Landwirtschaft und Gewerbe gem. EStR 15.5 zu beachten. Nur dann, wenn WG auch ertragsteuerlich einem Gewerbebetrieb zuzuordnen sind, sind sie vorrangig dem Betriebsvermögen gem. § 95 zuzuordnen. Die mit den Gleichl. Ländererlassen v. 15.12.2011 (BStBl. I 2011, 1213, 1217) veröffentlichte Neuregelung von EStR 15.5 gilt grundsätzlich für **Bewertungsstichtage ab 2012,** kann auf Antrag jedoch in allen noch offenen Fällen angewendet werden. Zur Abgrenzung siehe § 33 Rz. 26 ff.

Voraussetzung für die Zuordnung zum land- und forstwirtschaftlichen Vermögen ist die **Zweckbestimmung** im Besteuerungszeitpunkt. Solange sich diese nicht geändert hat, gehören Grund und Boden und Gebäude weiterhin zum landwirtschaftlichen Betrieb. Das gilt insbesondere für Brachflächen, leerstehende Stallungen etc. Diese Regelung entspricht der Einheitsbewertung.

Speziell in das Gesetz aufgenommen wurde, dass auch **immaterielle Wirtschaftsgüter** zum Betrieb der Land- und Forstwirtschaft gehören. Dies dient lediglich der Klarstellung. Neben den in § 140 Abs. 1 Satz 2 genannten immateriellen WG zählen dazu auch die 2005 im Rahmen der gemeinsamen Agrarreform eingeführten Zahlungsansprüche.

III. Abgrenzung des land- und forstwirtschaftlichen Vermögens

1. Zum Grundvermögen

11 Zu den WG, die zum Grundvermögen abzugrenzen sind, gehört vor allem der **Grund und Boden.** Regelungen hierzu enthält § 69, der für unbebaute Flächen – entsprechend der Einheitsbewertung – anzuwenden ist. Ein Abgrenzungsproblem ergibt sich aber nur, wenn diese Flächen noch land- und forstwirtschaftlich genutzt werden, diese also eine entsprechende Zweckbestimmung haben. Siehe hierzu § 69 Rz. 2 ff.

12 Die Abgrenzung betrifft auch **Wohn- und Wirtschaftsgebäude.** Hierfür gelten die Regelungen des § 33. Zu den Abgrenzungen iE s. § 33 Rz. 43 ff. und § 141 Rz. 13 ff.

2. Zum Betriebsvermögen

13 Für die Abgrenzung zum Betriebsvermögen gelten die Regelungen der **Einheitsbewertung** entsprechend. Auch hier ist die ertragsteuerliche Abgrenzung gem. EStR 15.5 heranzuziehen. Siehe auch R 127 ErbStR 2003. Zur Neuregelung siehe Rz. 8.

3. Zum übrigen Vermögen

14 Hierbei handelt es sich vor allem um die in § 33 Abs. 3 aufgezählten **Wirtschaftsgüter. Zahlungsmittel, Geldforderungen, Geschäftsguthaben und Wertpapiere** gehören zum übrigen Vermögen, auch wenn sie in Zusammenhang mit dem Betrieb stehen. **Nicht** zum landwirtschaftlichen Vermögen gehören auch **Geldschulden** aufgrund der Verweisung auf § 33 Abs. 3 Nr. 2 sowie **Pensionsverpflichtungen,** die ausdrücklich in § 140 Abs. 2 genannt sind. Diese Verbindlichkeiten sind als Nachlassverbindlichkeiten gem. § 10 Abs. 5 Nr. 1 ErbStG abzugsfähig.

15 Der **Überbestand an umlaufenden Betriebsmitteln** zählt zum übrigen Vermögen. Dabei handelt es sich bei der Bedarfsbewertung betr. der forstwirtschaftlichen Nutzung um eingeschlagenes Holz, soweit es den jährlichen Nutzungssatz übersteigt, R 138 Abs. 1 ErbStR 2003. Bei der weinbaulichen Nutzung gehören die Vorräte an Fass- und Flaschenweinen aus der Ernte der letzten fünf Jahre vor dem Besteuerungszeitpunkt zum Überbestand, R 139 Abs. 1 ErbStR 2003.

Bewegliche Wirtschaftsgüter, die im Besteuerungszeitpunkt 16
einem land- und forstwirtschaftlichen Betrieb nicht dienen, gehören
ebenfalls zum übrigen Vermögen.

§ 141 Umfang des Betriebs der Land- und Forstwirtschaft

(1) **Der Betrieb der Land- und Forstwirtschaft umfaßt**
1. **den Betriebsteil,**
2. **die Betriebswohnungen,**
3. **den Wohnteil.**

(2) ¹**Der Betriebsteil umfaßt den Wirtschaftsteil eines Betriebs der Land- und Forstwirtschaft (§ 34 Abs. 2), jedoch ohne die Betriebswohnungen (Absatz 3).** ²**§ 34 Abs. 4 bis 7 ist bei der Ermittlung des Umfangs des Betriebsteils anzuwenden.**

(3) **Betriebswohnungen sind Wohnungen einschließlich des dazugehörigen Grund und Bodens, die einem Betrieb der Land- und Forstwirtschaft zu dienen bestimmt, aber nicht dem Wohnteil zuzurechnen sind.**

(4) **Der Wohnteil umfaßt die Gebäude und Gebäudeteile im Sinne des § 34 Abs. 3 und den dazugehörigen Grund und Boden.**

Übersicht

	Rn.
I. Allgemeines	1
II. Umfang des land- und forstwirtschaftlichen Betriebes	2–6
III. Betriebsteil	7–12
IV. Betriebswohnungen	13–16
V. Wohnteil	17–23

I. Allgemeines

Für den Umfang des Betriebes der Land- und Forstwirtschaft 1
greift der Gesetzgeber auf eine Dreiteilung zurück. So besteht der
Betrieb der Land- und Forstwirtschaft aus dem **Betriebsteil,** den
Betriebswohnungen und dem **Wohnteil.** Die Zusammenfassung
der Einzelwerte erfolgt gem. § 144 und diese bilden dann den
Grundbesitzwert für das land- und forstwirtschaftliche Vermögen.

II. Umfang des land- und forstwirtschaftlichen Betriebes

2 Der Betrieb der Land- und Forstwirtschaft bestimmt sich aufgrund der Verweisung in § 140 Abs. 2 gem. **§§ 33, 34**. Er setzt weder eine **Mindestgröße** noch vollen Besatz an Wirtschafts- und Wohngebäuden und Betriebsmitteln voraus. Auch einzelne land- und forstwirtschaftlich genutzte Flächen oder gepachtete Betriebe und Flächen bilden als **Stückländereien** gem. § 34 Abs. 7 eine eigene wirtschaftliche Einheit.

3 Die Zusammenfassung der WG zu einer wirtschaftlichen Einheit erfolgt nach dem **Grundsatz der Zentralbewirtschaftung.** Mehrere getrennt liegende Flächen können nach der Verkehrsauffassung gem. § 2 Abs. 1 nur dann in die wirtschaftliche Einheit einbezogen werden, wenn sie von einer Hofstelle aus bewirtschaftet werden und zwischen ihnen ein innerer wirtschaftlicher Zusammenhang besteht.

4 Bei **verpachteten Betrieben** oder einzelnen **verpachteten Flächen** sind in die wirtschaftliche Einheit auch dem Eigentümer des Grund und Bodens nicht gehörende Gebäude oder Betriebsmittel einzubeziehen, § 34 Abs. 4. Hier hat aber für Zwecke der Erbschaftsteuer eine Aufteilung des Betriebswertes gem. § 142 Abs. 4 zu erfolgen. Die Aufteilung erfolgt nach dem prozentualen Anteil der WG im Ertragswert gem. ErbStH 133 Abs. 3.

5 Ein **Anteil des Eigentümers** eines land- und forstwirtschaftlichen Betriebes **an Wirtschaftsgütern,** die einer Gesellschaft oder Gemeinschaft des bürgerlichen Rechts gehören, ist ebenfalls in den Betrieb einzubeziehen, § 34 Abs. 5. Dies kommt insbesondere bei **Maschinengemeinschaften** vor, die sich häufig im Bruchteilseigentum von mehreren Landwirten befinden.

6 Wird ein Betrieb der Land- und Forstwirtschaft von **einer Gesellschaft oder Gemeinschaft** betrieben, sind auch die im Eigentum der Gesellschafter (Gemeinschafter) stehenden WG einzubeziehen, § 34 Abs. 6. Hierbei ist aber zu beachten, dass für Zwecke der Erbschaftsteuer nur der Anteil des Erblassers bzw. Schenkers zu bewerten ist. Der Wert des Betriebes ist demnach gem. § 142 Abs. 4 aufzuteilen.

III. Betriebsteil

7 Der Betriebsteil umfasst den **Wirtschaftsteil** des Betriebs der Land- und Forstwirtschaft entsprechend der Einheitsbewertung, aber **ohne die Betriebswohnungen.**

Der Betriebsteil umfasst die **Nutzungen gem. § 34 Abs. 2,** das 8
sind:
- Flächen iSd. § 2 Bodenschätzungsgesetz,
- landwirtschaftlich genutzte Flächen, die Sonderkulturen Hopfen, Spargel und Tabak, gärtnerische Nutzung mit den Nutzungsteilen Gemüsebau und Baumschulen und sonstige landwirtschaftliche Nutzungen, die bodengebunden sind, wie Saatzucht, Wanderschäferei und Weihnachtsbaumkultur,
- weinbaulich genutzte Flächen,
- forstwirtschaftlich genutzte Flächen.

Außerdem gehören dazu das **Abbauland,** § 43, das **Geringstland,** 9
§ 44 und das **Unland,** § 45, sowie die **Nebenbetriebe** gem. § 42, s. § 34 Rz. 21.

Die Hof- und Wirtschaftsgebäudeflächen, die nicht Betriebswoh- 10
nungen sind, die **Wirtschaftswege,** Hecken, Gräben etc. sind einzubeziehen.

Weiterhin gehören dazu die **Wirtschaftsgebäude,** die stehenden 11
und umlaufenden **Betriebsmittel.** Zur Abgrenzung iE s. § 34 Rz. 4 ff.

Die Bewertung erfolgt unter Verwendung **fester standardisier-** 12
ter Ertragswerte gem. § 142 Abs. 2 Nr. 1 bis 6.

IV. Betriebswohnungen

Betriebswohnungen sind **Gebäude und Gebäudeteile** inkl. 13
dazugehöriger Grund und Boden (Stellplätze und Gärten), die den **Arbeitnehmern des Betriebs** und deren Familienangehörigen zu Wohnzwecken dienen. Die Abgrenzung erfolgt wie in der Einheitsbewertung, siehe § 34 Rz. 3, § 33 Rz. 58.

Es kann sich hier **zB** um **Wohnungen des Verwalters,** Landar- 14
beiterwohnungen, einzelne Zimmer der landwirtschaftlichen Aushilfskräfte, Wohnungen der im Betrieb mitarbeitenden Kinder und Familienangehörigen mit eigenem Hausstand handeln. Die Wohnungen der Arbeitnehmer im Ruhestand bleiben Betriebswohnungen.

Die Betriebswohnungen waren bei der Einheitsbewertung grds. 15
mit Ansatz der Vergleichswerte abgegolten. Bei der Bedarfsbewertung erfolgt ein gesonderter Ansatz durch eine **Bewertung wie für den Wohnteil** gem. § 143. Dies resultiert daher, dass zu Zeiten der Einheitsbewertung Landarbeitern üblicherweise immer eine Wohnung zur Verfügung gestellt worden ist. Dies ist in heutiger Zeit eher

die Ausnahme, so dass der Gesetzgeber sich zu einer gesonderten Bewertung der Betriebswohnungen entschlossen hat.

16 Für Betriebswohnungen findet **§ 34 Abs. 6 keine Anwendung,** dh. bei einer Gemeinschaft oder Gesellschaft, bei denen die Betriebswohnungen im Alleineigentum eines Gesellschafters (des Erblassers) sind, liegt insoweit eine eigene wirtschaftliche Einheit vor. Es handelt sich hierbei um einen eigenen Betrieb der Land- und Forstwirtschaft, bestehend nur aus der Betriebswohnung.

V. Wohnteil

17 Es handelt sich wie in der Einheitsbewertung gem. § 34 Abs. 3 um **Gebäude und Gebäudeteile,** die dem **Inhaber des Betriebes,** Eigentümer oder Pächter und den zu seinem Haushalt gehörenden Familienangehörigen zu Wohnzwecken dienen. Ebenso gehören die den **Altenteilern** zu Wohnzwecken dienenden Räume zum Wohnteil, wenn die Nutzung in einem Altenteilsvertrag geregelt ist.

18 Voraussetzung ist, dass der Betriebsinhaber oder einer seiner Familienangehörigen durch eine mehr als nur gelegentliche Tätigkeit **an den Betrieb gebunden** ist. Die Regelungen entsprechen im Wesentlichen denen bei der Einheitsbewertung. Nach Aufgabe der aktiven landwirtschaftlichen Tätigkeit scheidet der Wohnteil aus und ist als Grundvermögen gem. § 146 zu bewerten (BFH II R 37/10 v. 28.3.12, BFH/NV 2012, 1416).

19 Lediglich für den **Inhaber eines Kleinbetriebes** ist die Bindung nicht mehr von der Fläche abhängig, sondern es reicht eine Tätigkeit von insgesamt 4 bis 6 Wochen aus. Bei Nebenerwerbsstellen reicht eine Fläche von weniger als 3000 qm nicht für die Zuordnung der Wohnung zum Wohnteil aus.

20 Die Wohnräume des **Hauspersonals** rechnen ebenfalls zum Wohnteil, dagegen sind die Wohnungen von im Betrieb tätigen Arbeitnehmern den Betriebswohnungen zuzuordnen.

21 Wohnungen und Räume, die weder zu den Betriebswohnungen noch zum Wohnteil gehören, stellen idR eine eigene wirtschaftliche Einheit des **Grundvermögens** dar. Das gilt zB für die Wohnung des verheirateten Sohnes, der nicht im Betrieb mitarbeitet und einen eigenen Haushalt führt.

22 Die **Bewertung** erfolgt wie die Bedarfsbewertung im Grundvermögen. Dabei ist zu beachten, dass die Regelung des § 34 Abs. 6 nicht greift.

23 **Ertragsteuerlich privatisierte Wohnungen,** die ggfs. bewertungsrechtlich noch zum Wohnteil zählen, nehmen nicht an der

Steuervergünstigung des § 13a ErbStG teil (BFH II R 37/09 v. 27.10.2010, BStBl. II 2011, 134).

§ 142 Betriebswert

(1) ¹Der Wert des Betriebsteils (Betriebswert) wird unter sinngemäßer Anwendung der §§ 35 und 36 Abs. 1 und 2, der §§ 42, 43 und 44 Abs. 1 und der §§ 45, 48 a, 51, 51 a, 53, 54, 56, 59 und 62 Abs. 1 ermittelt. ²Abweichend von § 36 Abs. 2 Satz 3 ist der Ertragswert das 18,6fache des Reinertrags.

(2) Der Betriebswert setzt sich zusammen aus den Einzelertragswerten für Nebenbetriebe (§ 42), das Abbauland (§ 43), die gemeinschaftliche Tierhaltung (§ 51 a) und die in Nummer 5 nicht genannten Nutzungsteile der sonstigen land- und forstwirtschaftlichen Nutzung sowie den folgenden Ertragswerten:
1. landwirtschaftliche Nutzung:
   a) landwirtschaftliche Nutzung ohne Hopfen und Spargel: ²Der Ertragswert ist auf der Grundlage der Ergebnisse der Bodenschätzung nach dem Bodenschätzungsgesetz zu ermitteln. ³Er beträgt 0,35 Euro je Ertragsmesszahl;
   b) Nutzungsteil Hopfen .... 57 Euro je Ar;
   c) Nutzungsteil Spargel .... 76 Euro je Ar;
2. forstwirtschaftliche Nutzung:
   a) Nutzungsgrößen bis zu 10 Hektar, Nichtwirtschaftswald, Baumartengruppe Kiefer, Baumartengruppe Fichte bis zu 60 Jahren, Baumartengruppe Buche und sonstiges Laubholz bis zu 100 Jahren und Eiche bis zu 140 Jahren .... 0,26 Euro je Ar;
   b) Baumartengruppe Fichte über 60 Jahren bis zu 80 Jahren und Plenterwald .... 7,50 Euro je Ar;
   c) Baumartengruppe Fichte über 80 bis zu 100 Jahren .... 15 Euro je Ar;
   d) Baumartengruppe Fichte über 100 Jahre 20 Euro je Ar;
   e) Baumartengruppe Buche und sonstiges Laubholz über 100 Jahre .... 5 Euro je Ar;
   f) Eiche über 140 Jahre .... 10 Euro je Ar;
3. weinbauliche Nutzung:
   a) Traubenerzeugung und Fassweinausbau:
      aa) in den Weinbaugebieten Ahr, Franken und Württemberg .... 36 Euro je Ar;
      bb) in den übrigen Weinbaugebieten .... 18 Euro je Ar;
   b) Flaschenweinausbau:

§ 142

   aa) in den Weinbaugebieten Ahr, Baden, Franken,
       Rheingau und Württemberg .... 82 Euro je Ar;
   bb) in den übrigen Weinbaugebieten .... 36 Euro je Ar;
4. gärtnerische Nutzung:
   a) Nutzungsteil Gemüse-, Blumen- und Zierpflanzenbau:
      aa) Gemüsebau:
          – Freilandflächen .... 56 Euro je Ar;
          – Flächen unter Glas und Kunststoffen ....
            ....511 Euro je Ar;
      bb) Blumen- und Zierpflanzenbau:
          – Freilandflächen .... 184 Euro je Ar;
          – beheizbare Flächen unter Glas und Kunststoffen .
            ....1841 Euro je Ar;
          – nichtbeheizbare Flächen unter Glas und Kunststof-
            fen .... 920 Euro je Ar;
   b) Nutzungsteil Obstbau .... 20 Euro je Ar;
   c) Nutzungsteil Baumschulen
      – Freilandflächen .... 164 Euro je Ar;
      – Flächen unter Glas und Kunststoffen ....
        ....1329 Euro je Ar;
5. sonstige land- und forstwirtschaftliche Nutzung:
   a) Nutzungsteil Wanderschäferei . 10 Euro je Mutterschaf;
   b) Nutzungsteil Weihnachtsbaumkultur ... 133 Euro je Ar;
6. Geringstland:
²Der Ertragswert für Geringstland beträgt .. 0,26 Euro je Ar.

(3) ¹Für die nach § 13 a des Erbschaftsteuergesetzes begünstigten Betriebe der Land- und Forstwirtschaft kann beantragt werden, den Betriebswert abweichend von Absatz 2 Nr. 1 bis 6 insgesamt als Einzelertragswert zu ermitteln. ²Der Antrag ist bei Abgabe der Feststellungserklärung schriftlich zu stellen. ³Die dafür notwendigen Bewertungsgrundlagen sind vom Steuerpflichtigen nachzuweisen.

(4) ¹In den Fällen des § 34 Abs. 4 ist der Betriebswert nach § 19 Abs. 3 Nr. 2 zu verteilen. ²Bei der Verteilung wird für einen anderen Beteiligten als den Eigentümer des Grund und Bodens ein Anteil nicht festgestellt, wenn er weniger als 500 Euro beträgt. ³Die Verteilung unterbleibt, wenn die Anteile der anderen Beteiligten zusammen weniger als 500 Euro betragen. ⁴In den Fällen des § 34 Abs. 6 gelten die Sätze 1 bis 3 entsprechend. ⁵Soweit der Betriebswert des Eigentümers des Grund und Bodens unter Berücksichtigung von § 48 a festgestellt ist, findet in den Fällen des § 34 Abs. 4 eine Verteilung nicht statt.

Allgemeines § 142

Übersicht

		Rn.
I.	Allgemeines	1–9
II.	Zusammensetzung des Betriebswertes	10–15
III.	Sonstige land- und forstwirtschaftliche Nutzung	16–18
IV.	Behandlung intensiv genutzter Flächen	19–22
V.	Ertragswert der landwirtschaftlichen Nutzung	23–28
VI.	Ertragswert der forstwirtschaftlichen Nutzung	29–31
VII.	Ertragswert der weinbaulichen Nutzung	32, 33
VIII.	Ertragswert der gärtnerischen Nutzung	34–38
IX.	Ertragswert der sonstigen land- und forstwirtschaftlichen Nutzung	39–41
X.	Ertragswert des Geringstlandes	42
XI.	Einzelertragswert	43–45
XII.	Aufteilung des Betriebswertes	46–60
	1. Allgemeines	46–48
	2. Anwendungsfälle	49–54
	3. Verfahren	55–60

I. Allgemeines

Für die Ermittlung des Betriebswertes wurden die bei der **Einheitsbewertung** maßgebenden Grundsätze, Definitionen und Abgrenzungskriterien übernommen. Dabei sind die Besonderheiten der Bedarfsbewertung zu beachten. 1

Der Feststellungszeitpunkt der Einheitsbewertung gem. § 35 ist durch den **Besteuerungszeitpunkt** gem. § 11 ErbStG, zB der Todeszeitpunkt gem. § 9 Abs. 1 Nr. 1 ErbStG oder bei Schenkungen der Zeitpunkt der Ausführung der Zuwendung gem. § 9 Abs. 1 Nr. 2 ErbStG, zu ersetzen. 2

Die Besonderheiten bei **umlaufenden Betriebsmitteln** gelten weiterhin, so dass in bestimmten Fällen die Verhältnisse zum Schluss des Wirtschaftsjahres, das dem Besteuerungszeitpunkt vorangeht, heranzuziehen ist. Siehe dazu § 35 für die landwirtschaftliche Nutzung sowie §§ 53, 54 bei der forstwirtschaftlichen Nutzung, § 56 bei der weinbaulichen Nutzung und § 59 bei der gärtnerischen Nutzung. 3

Grundlage für die Ermittlung des Betriebswertes ist der **Ertragswert** iSd. § 36, s. § 36 Rz. 4 ff. Zur Anpassung an die gem. § 13 maßgebenden Kapitalisierungsfaktoren ist der Ertragswert hier das **18,6 fache des Reinertrags.** Das Bewertungsverfahren wird jedoch durch die in § 142 Abs. 2 enthaltenen festen Ertragswerte weitge- 4

§ 142

Betriebswert

hend vereinfacht. Dadurch werden das vergleichende Verfahren und die Ermittlung von Vergleichswerten ersetzt.

5 Die Definition und Abgrenzung der **Nebenbetriebe** gem. § 42, das **Abbauland** gem. § 43, das **Geringstland** gem. § 44 und das **Unland** gem. § 45 werden übernommen. Die Bewertung erfolgt mit Einzelertragswerten, wobei die Finanzverwaltung teilweise pauschale Einzelertragswerte, zB für den Nebenbetrieb Winzersekt (FinMin. Baden-Württemberg v. 17.4.2002, BewK § 142 BewG Karte 3); für Abfindungsbrennereien (FinMin. Baden-Württemberg v. 22.4.2002, DStR 2002, 859); Bewertung von Brennrechten (BMF v. 4.3.2002, BewK Bayern § 142 Abs. 2 BewG Karte 1); Bewertung des Abbaulandes (FinMin. Bayern v. 29.10.2001, BewK § 142 Abs. 2 BewG Karte 1) erlassen hat.

6 Bei der Bedarfsbewertung werden nur die dem Betriebsinhaber gehörenden Flächen berücksichtigt. Zugepachtete Flächen werden nur in den Fällen des § 48 a erfasst. Dabei handelt es sich um **intensiv genutzte Flächen,** wie die Sonderkultur Spargel, gärtnerische Nutzungsteile und Saatzucht. Dem Pächter wird der Mehrwert seiner Intensivnutzung zugerechnet, s. Rz. 19 ff.

7 Die Abgrenzung der landwirtschaftlichen von der gewerblichen **Tierhaltung** erfolgt nach den Grundsätzen des § 51 und EStR 13, s. dazu § 51 Rz. 11. Werden die Grenzen nicht überschritten, sind die Tierbestände in den Ertragswerten der landwirtschaftlichen Nutzung abgegolten.

8 **Gemeinschaftliche Tierhaltungen** sind gem. § 51 a der landwirtschaftlichen Nutzung zuzuordnen, sa. § 34 Abs. 6 a. Die Bewertung erfolgt gesondert mit Einzelertragswerten, s. Rz. 15.

9 Die Definition der **sonstigen landwirtschaftlichen Nutzung** entspricht derjenigen bei der Einheitsbewertung gem. § 62 Abs. 1, s. dazu § 62 Rz. 2 bis 8.

II. Zusammensetzung des Betriebswertes

10 Der Betriebswert setzt sich zusammen aus den **Einzelertragswerten** für Nebenbetriebe, Abbauland, die gemeinschaftliche Tierhaltung, sonstige landwirtschaftliche Nutzung, außer Wanderschäferei und Weihnachtsbaumkultur. Dazu gehören außerdem die **festen Ertragswerte** gem. § 142 Abs. 2 Nr. 1 bis 4 für die landwirtschaftliche Nutzung inkl. Hopfen, Spargel und Tabak, die forstwirtschaftliche, weinbauliche, gärtnerische Nutzung und die Wanderschäferei und Weihnachtsbaumkultur, zzgl. Ertragswert für Geringstland. Die

Zusammensetzung des Betriebswertes § 142

Summe dieser Werte bildet den Betriebswert, der begrifflich dem Wirtschaftswert bei der Einheitsbewertung entspricht.

Der Begriff der **Nebenbetriebe** ergibt sich aus § 42 und EStR 15.5 Abs. 3. Dazu zählen zB Brennereien, Forellenräucherei, Sägewerk, Kompostierung, Winzersekt. Der Einzelertragswert ist das 18,6fache des nach den Grundsätzen des § 36 Abs. 2 ermittelten Reinertrags. Maßgebend sind die tatsächlichen Verhältnisse im Besteuerungszeitpunkt und die Wertverhältnisse zum 1.1.1996. Die Finanzverwaltungen haben teilweise Pauschalwerte für Nebenbetriebe bestimmt. Für den Nebenbetrieb Winzersekt siehe FinMin. Baden-Württemberg v. 17.4.2002, BewK § 142 BewG Karte 3, wonach ein pauschaler Einzelertragswert von 0,40 Euro je 0,75 Literflasche anzusetzen ist. Für Abfindungsbrennereien siehe FinMin. Baden-Württemberg v. 22.4.2002, BewK § 142 BewG, Karte 1. Danach beträgt der Einzelertragswert für den Nebenbetrieb Abfindungsbrennerei 1650 Euro je 3 hl Jahresbrennrecht. **11**

Zum **Abbauland** gehören Sand-, Kies-, Lehmgruben, Steinbrüche, Torfstiche etc., wenn der Abbau überwiegend für den Betrieb der Land- und Forstwirtschaft und nicht gewerblich genutzt wird. Es ist der Einzelertragswert zu ermitteln oder zur Vereinfachung ein pauschaler Wert von 5 Euro je Ar, R 134 ErbStR 2003 Abs. 4 anzusetzen. **12**

Geringstland sind gem. § 44 Flächen mit geringster Ertragsfähigkeit. Dabei handelt es sich um unkultivierte, jedoch kulturfähige Flächen, deren Ertragsfähigkeit so gering ist, dass sie in ihrem derzeitigen Zustand nicht regelmäßig landwirtschaftlich genutzt werden können. Die Abgrenzung im Einzelnen ergibt sich aus R 153 ErbStR 2003. Der feste Ertragswert beträgt 0,26 Euro je Ar. gem. § 142 Abs. 2 Nr. 6 **13**

Bezgl. der Abgrenzung von **Unland** s. § 45 Rz. 1. Unland wird gem. § 45 Abs. 2 nicht bewertet. **14**

Die **gemeinschaftliche Tierhaltung** (Abgrenzung s. § 51 a) ist der landwirtschaftlichen Nutzung zuzuordnen. Das gilt auch bei kooperativer Tierhaltung ohne Grund und Boden, § 34 Abs. 6 a. Die Zuordnung zur Landwirtschaft erfolgt nur, wenn die Grenzen des § 51 a Abs. 1 Nr. 2 nicht überschritten sind, ansonsten gehört der Tierbestand zur gewerblichen Tierhaltung. Während sich die zur landwirtschaftlichen Nutzung gehörenden Vieheinheiten im Betriebswert nicht auswirken, erfolgt bei Tierhaltungsgemeinschaften ein gesonderter Ansatz. Die Bewertung erfolgt im vergleichenden Verfahren gem. § 37 Abs. 1 Satz 1, auch wenn die Eigenfläche ausschließlich als Hof- und Gebäudefläche genutzt wird (BFH II R 45/07 v. 16.12.2009, BStBl. II 2011, 808). Die ggfs. wegen überhöh- **15** ter Tierbestände vorzunehmenden **Viehzuschläge** sind aber nach § 41 Abs. 2a zu halbieren (s. dazu § 37 Rz. 1 ff. und § 41 Rz. 14). Die Gleichl. Ländererlasse v. 1.9.2011 (BStBl. I 2011, 939) sind als Nichtanwendungserlasse der Finanzverwaltung abzulehnen.

III. Sonstige land- und forstwirtschaftliche Nutzung

16 Die sonstige land- und forstwirtschaftliche Nutzung iSd. § 62 Abs. 1 ist mit dem **Einzelertragswert** nach den allgemeinen Grundsätzen des § 36 Abs. 2 anzusetzen, R 134 Abs. 2 ErbStR 2003. Dazu gehören alle WG, die den entsprechenden Nutzungsteilen dienen. Die Bewertung bei der Einheitsbewertung erfolgt dagegen im vergleichenden Verfahren.

17 Eine Ausnahme bilden die **Wanderschäferei** und die **Weihnachtsbaumkultur.** Hierfür bestehen gem. § 142 Abs. 2 Nr. 5 **feste Ertragswerte.** Der Ertragswert ergibt sich aus der Multiplikation der Anzahl der Mutterschafe mit 10 Euro. Der Ertragswert bei der Weihnachtsbaumkultur ergibt sich aus der Fläche in Ar × 133 Euro.

18 Die Einzelertragswerte der **sonstigen land- und forstwirtschaftlichen Nutzungen,** also zB Binnenfischerei, Teichwirtschaft, Imkerei, Pilzanbau, Saatzucht oder Besamungsstationen, erfolgen nach den **allgemeinen Regeln** wie bei der Einheitsbewertung.

IV. Behandlung intensiv genutzter Flächen

19 Der Betriebswert gem. § 142 Abs. 1 ist unter sinngemäßer Anwendung des § 48a zu ermitteln. Es handelt sich hierbei um **Pachtflächen,** die als Ackerland oder Wiese zugepachtet werden. Siehe dazu § 48a Rz. 1 ff.

20 Dem **Verpächter** als Eigentümer der ehemals landwirtschaftlich genutzten Flächen wird nur der **Ertragswert der landwirtschaftlichen Nutzung** gem. § 142 Abs. 2 Nr. 1a mit 0,35 Euro je Ertragsmesszahl zugerechnet. Die Zurechnung erfolgt ungeachtet der Anteile an „fremden" WG dh., eine Aufteilung gem. § 142 Abs. 4 unterbleibt.

21 Der **Mehrwert**, der durch die intensive Nutzung entsteht, ist dem **Pächter der Flächen zuzurechnen** und in die wirtschaftliche Einheit des Pachtbetriebes einzubeziehen. Besteht ein solcher Pachtbetrieb nicht, weil nur Flächen zugepachtet wurden und keine eigenen Flächen vorhanden sind, stellt der Mehrwert den Betriebswert des land- und forstwirtschaftlichen Betriebes als besondere wirtschaftliche Einheit Stückländerei gem. § 34 Abs. 7 dar. Ein Mehrwert kommt nur in Betracht, wenn **vorher landwirtschaftlich genutzte** Flächen vom Pächter intensiv genutzt werden. Pachtflächen, die vorher vom Eigentümer selbst intensiv genutzt wurden, fallen nicht unter die Regelung.

Beim **Pächter** wird als **Mehrwert durch die Intensivnutzung** 22 **der Unterschiedsbetrag** zugerechnet, der sich aus dem Ertragswert der tatsächlichen Intensivnutzung und dem Ertragswert der landwirtschaftlichen Nutzung ergibt, die dem Ansatz beim Verpächter mit 0,35 Euro je EMZ entspricht.

V. Ertragswert der landwirtschaftlichen Nutzung

Zur **Abgrenzung** der landwirtschaftlichen Nutzung s. § 34 23 Rz. 5 ff. Maßgebend ist die Fläche der landwirtschaftlichen Nutzung nach der Bodenschätzung lt. Bodenschätzungsgesetz. Die Nutzungsteile Hopfen und Spargel gehören zwar auch zur landwirtschaftlichen Nutzung, werden aber gesondert bewertet. Lediglich sog. **Bagatellflächen** bis zu 10 Ar werden in die landwirtschaftliche Nutzung einbezogen.

Die Flächen sind nach den Verhältnissen im Besteuerungszeit- 24 punkt der jeweiligen Nutzung zuzuordnen. Im **Automatisierten Liegenschaftsbuch** – ALB – werden die Flächen der landwirtschaftlichen Nutzung mit bestimmten Schlüsselzahlen klassifiziert. Die zugepachteten Flächen sind ebenfalls zu berücksichtigen. Unter Anwendung des § 142 Abs. 4 werden dann die entsprechenden Wertanteile für den Grund und Boden ausgesondert.

Aus dem Liegenschaftskataster sind die **Ertragsmesszahlen** – 25 EMZ – der landwirtschaftlichen Flächen zu entnehmen und die Summe mit dem pauschalen Ertragswert von **0,35 Euro je EMZ** zu multiplizieren. Das ergibt den Ertragswert der landwirtschaftlichen Nutzung, § 142 Abs. 2 Nr. 1 a. Dabei sind die Hof- und Wirtschaftsgebäudeflächen nicht zu berücksichtigen. Es erfolgt auch keine gesonderte Bewertung von anderen WG, wie zB Tierbestand und Wirtschaftsgebäude.

Zum Nutzungsteil **Hopfen** gehören die in R 136 Abs. 1 ErbStR 26 2003 aufgezählten WG. Die Fläche des gesondert zu bewertenden Nutzungsteils Hopfen ergibt sich nach dem Bodenschätzungsgesetz.

Der **Ertragswert** des Nutzungsteils Hopfen ergibt sich aus der 27 Fläche in Ar multipliziert mit **57 Euro je Ar,** § 142 Abs. 2 Nr. 1 b.

Ebenfalls zur landwirtschaftlichen Nutzung gehört der gesondert 28 zu bewertende Nutzungsteil **Spargel.** Die maßgebende Fläche ergibt sich nach dem Bodenschätzungsgesetz, bei Zupachtungen ist § 48 a zu beachten. Bagatellflächen bis 10 Ar sind aber in die landwirtschaftliche Nutzung einzubeziehen. Der **Ertragswert** des Nutzungsteils Spargel ergibt sich durch Multiplikation der Fläche in Ar mit **76 Euro je Ar,** § 142 Abs. 2 Nr. 1 c.

VI. Ertragswert der forstwirtschaftlichen Nutzung

29 Zur forstwirtschaftlichen Nutzung gehören alle **Wirtschaftsgüter,** die der Erzeugung und Gewinnung von Rohholz dienen, s. § 34 Rz. 11 ff. Der Überbestand an umlaufenden Betriebsmitteln (siehe § 53) gehört zum übrigen Vermögen.

30 Die **Bewertung** der forstwirtschaftlichen Nutzung hängt gem. § 142 Abs. 2 Nr. 2 von der Nutzungsgröße, dh. der Fläche der forstwirtschaftlichen Nutzung, der Waldart (Plenterwald, Niederwald etc.) und den einzelnen Baumartengruppen (Kiefer, Fichte etc.) ab. Siehe auch betr. der einzelnen Begriffe Anmerkungen zu §§ 53 bis 55.

31 Die **festen Ertragswerte** bestimmen sich nach den Baumarten und dem Alter. Dabei wird die jeweilige **Fläche in Ar** multipliziert mit den entsprechenden Ertragswerten je Ar. Weitere Festwerte sind in R 138 Abs. 4 ErbStR 2003 enthalten.

VII. Ertragswert der weinbaulichen Nutzung

32 Zur weinbaulichen Nutzung gehören alle **Wirtschaftsgüter,** die der Erzeugung von Trauben sowie der Gewinnung von Maische, Most und Wein dienen § 34 Rz. 14 ff. Der Überbestand an umlaufenden Betriebsmitteln gem. § 56 gehört zum übrigen Vermögen.

33 Beim Ansatz der **Ertragswerte** werden drei **Verwertungsformen** der Trauben unterschieden. Dies sind die Traubenerzeugung (also Nichtausbau), Fassweinausbau gem. § 142 Abs. 2 Nr. 3 a und der Flaschenweinausbau gem. § 142 Abs. 2 Nr. 3 b. Kommen in einem Betrieb alle drei Verwertungsformen vor, sind die Flächen entsprechend der auf die Verwertungsformen entfallenden Erntemengen aufzuteilen. Die Flächen sind den jeweiligen **Weinbaugebieten** zuzuordnen. Der Ertragswert berechnet sich aus der dazugehörenden **Fläche in Ar** multipliziert mit dem jeweiligen Ertragswert von 18 bis 82 Euro je Ar.

VIII. Ertragswert der gärtnerischen Nutzung

Die **Abgrenzung** und Zuordnung der WG ergibt sich aus R 140 Abs. 1 bis 3 ErbStR 2003. Bagatellflächen bis 10 Ar werden in die landwirtschaftliche Nutzung einbezogen. Das gilt aber nicht für Flächen unter Glas und Kunststoff, R 135 Abs. 4 ErbStR 2003. 34

Die gärtnerische Nutzung gliedert sich in die einzelnen **Nutzungsteile** Gemüse-, Blumen- und Zierpflanzenbau, Obstbau, Baumschulen. **Kleingärten** sind Stückländereien, die wie Freiland-Gemüsebau bewertet werden. Die Zuordnung richtet sich nach der tatsächlichen Nutzung im Besteuerungszeitpunkt. Bei zugepachteten Flächen ist § 48 a zu beachten, s. Rz. 19 ff. 35

Für die Bewertung des Nutzungsteils **Gemüse-, Blumen- und Zierpflanzenanbau** sind die Flächen entsprechend aufzuteilen. Zu differenzieren sind Freilandflächen, Flächen unter Glas oder Kunststoff sowie beheizbare Flächen. Auch dafür gibt es feste Ertragswerte, die sich aus § 142 Abs. 2 Nr. 4 ergeben. Dem Blumen- und Zierpflanzenbau sind auch Flächen zur Gewinnung von Schmuckreisig und Bindegrün, Rollrasen, Flächen zur Vermehrung von Blumensamen zuzuordnen. Zum Gemüsebau gehört auch der Anbau von Tee, Gewürz- und Heilkräutern. 36

Zum Nutzungsteil **Obstbau** rechnen obstbaulich intensiv genutzte Flächen. Der Ertragswert beträgt 20 Euro je Ar gem. § 142 Abs. 2 Nr. 4 b. 37

Zum Nutzungsteil **Baumschulen** gehören Freilandflächen, Flächen unter Glas und Kunststoffe sowie forstliches Saat- und Pflanzkempe, Rebschulen und Rebmuttergärten sowie Zwischenflächen und das Vorgewende. Der Ertragswert für Freilandflächen beträgt 164 Euro je Ar, für Flächen unter Glas und Kunststoff 1329 Euro je Ar gem. § 142 Abs 2 Nr. 4 c. 38

IX. Ertragswert der sonstigen land- und forstwirtschaftlichen Nutzung

Zu den sonstigen land- und forstwirtschaftlichen Nutzungen gehören die in § 62 Abs. 1 genannten Nutzungen, also Binnenfischerei, Teichwirtschaft, Fischzucht für Binnenfischerei und Teichwirtschaft, Imkerei, Wanderschäferei und Saatzucht. Hinzu kommt noch der Pilzanbau und Besamungsstationen. 39

40 **Feste Ertragswerte** enthält § 142 Abs. 2 Nr. 5 aber nur für die **Wanderschäferei** mit 10 Euro je Mutterschaf und die **Weihnachtsbaumkultur** mit 133 Euro je Ar.

41 **Die übrigen Nutzungsteile** werden mit **Einzelertragswerten** nach den Grundsätzen des § 36 Abs. 2 bewertet. Der Reinertrag ist gem. § 142 Abs. 1 mit 18,6 zu kapitalisieren.

X. Ertragswert des Geringstlandes

42 Für das **Geringstland** ist gem. § 142 Abs. 2 Nr. 6 ein Ertragswert von 0,26 Euro je Ar anzusetzen. Zum Geringstland siehe § 44.

XI. Einzelertragswert

43 Auf **Antrag** ist gem. § 142 Abs. 3 die Anwendung des Einzelertragswertverfahrens zulässig. Die **Einzelertragswerte** werden nach den Grundsätzen des § 36 Abs. 2 ermittelt, der Reinertrag ist mit 18,6 zu kapitalisieren. Der Antrag ist schriftlich spätestens bis zur Abgabe der Feststellungserklärung zu stellen.

44 Das Verfahren ist nur für den Betriebsteil, für Teilbetriebe oder Anteile an Betrieben zulässig, die **ertragsteuerlich Betriebsvermögen** eines Betriebs der Land- und Forstwirtschaft sind und damit den **Freibetrag gem. § 13 a Abs. 4 Nr. 2 ErbStG** erhalten. Betriebe, die gem. § 14 iVm. § 16 Abs. 3 EStG aufgegeben worden sind und dessen Vermögen nunmehr Privatvermögen darstellt, sind nicht begünstigt. Ebenso sind Stückländereien nicht begünstigt, da es sich nicht um Betriebe gem. § 13 a Abs. 4 Nr. 2 ErbStG handelt. In diesen Fällen kann daher kein Einzelertragswert statt der pauschalen Ertragswerte herangezogen werden.

45 Ein rückwirkender **Wegfall des Freibetrags** gem. § 13 a ErbStG, zB wegen der Missbrauchsklausel gem. § 13 a Abs. 5 ErbStG oder ein Verzicht auf den Freibetrag gem. § 13 a Abs. 6 ErbStG, hat keine Auswirkung auf das beantragte Einzelertragswertverfahren.

XII. Aufteilung des Betriebswertes

1. Allgemeines

46 **Bis Ende 2001** war in § 142 Abs. 1 der Hinweis auf eine **sinngemäße Anwendung des § 49** enthalten. Dies führte in den Fällen des § 34 Abs. 4, 6 und 7 zu einer Aufteilung des Betriebswertes.

Danach sind in die wirtschaftliche Einheit land- und forstwirtschaftlicher Betrieb die WG mit einzubeziehen, die dem Eigentümer des Grund und Bodens nicht gehören. Bei diesen **fremden Wirtschaftsgütern** handelt es sich um Wirtschaftsgebäude, stehende Betriebsmittel und umlaufende Betriebsmittel, die ungeachtet der Eigentumsverhältnisse in den Betriebswert einbezogen werden.

Die Vorschrift hat im Rahmen der Einheitsbewertung **keine Bedeutung** mehr, weil bei der **Grundsteuer** gem. § 10 Abs. 1 GrStG der Eigentümer der wirtschaftlichen Einheit alleiniger Steuerschuldner ist. Eine Aufteilung ist demnach nicht erforderlich (BFH II B 39/00 v. 22.2.2001, BStBl. II 2001, 478). Insofern ist § 49 durch das **StÄndG 2001** v. 20.12.2001 (BGBl. I 2001, 3794) **aufgehoben** worden. 47

Die Aufteilung gem. § 49 ist aber im Rahmen der **Bedarfsbewertung** gem. § 142 weiter für Zwecke der Erbschaft-/Schenkungsteuer und Grunderwerbsteuer nach neuem Recht anzuwenden. Deshalb wurde ebenfalls durch das **StÄndG 2001** ab 2002 (s. Rz. 47) die bisherige Regelung des § 49 in **§ 142 Abs. 4** eingefügt. 48

2. Anwendungsfälle

Die Vorschrift hat bei Anwendung des § 34 Abs. 4 und 6 Bedeutung. Sie findet in **Pachtfällen** oder sonstigen Fällen von **Nutzungsüberlassungen** Anwendung. Für Zwecke der Erbschaftsteuer ist eine Aufteilung in eigene und fremde WG erforderlich, weil nur der Eigentumswechsel Steuergegenstand ist. Soweit Flächen- oder WG hinzugepachtet werden, werden die mit den zugepachteten WG verbundenen Ertragsanteile aus dem Betriebswert herausgerechnet. Zum Verfahren siehe Rz. 57 ff. 49

Der Betriebswert eines land- und forstwirtschaftlichen Betriebes wird zunächst unter Berücksichtigung **der Ertragsanteile sämtlicher Wirtschaftsgüter,** die in den Betrieb einzubeziehen sind, ermittelt. 50

Fremde Wirtschaftsgüter sind bei Zupachtungen der Grund und Boden, bei Verpachtungen die Wirtschaftsgebäude, die stehenden und umlaufenden Betriebsmittel. 51

Die Vorschrift findet auch bei **Stückländereien** gem. § 34 Abs. 7 Anwendung, da auch hier fremde WG gem. § 34 Abs. 4 einbezogen werden. 52

Bei der Ermittlung der Wertanteile sind die **Wertgrenzen** zu beachten. Danach werden die Wertanteile dem Eigentümer nur dann zugerechnet, wenn es sich um Grund- und Bodenanteile handelt (dann immer) oder bei anderen WG nur dann, wenn der Wertanteil 53 ab 2002 mindestens 500 Euro (§ 142 Abs. 4) beträgt. Dies gilt auch, wenn die Anteile der anderen Beteiligten zusammen weniger als 500 Euro betragen.

54 **Keine Anwendung** erfolgt in den Fällen des § 48 a und den Fällen mit **eiserner Inventarverpachtung** gem. § 582 a BGB. Dies folgt aus § 142 Abs. 4 Satz 5 idF des StÄndG 2001 v. 20.12.2001 (BGBl. I 2001, 3794).

3. Verfahren

55 Die Aufteilung erfolgt durch **Ermittlung der Wertanteile** der einzelnen WG aus der Tabelle gem. H 133 Abs. 3 ErbStH 2003. Diese Tabelle enthält eine prozentuale Aufteilung der WG am Ertragswert in Abhängigkeit der Größe der selbst bewirtschafteten Flächen und der verschiedenen Nutzungsteile. Eine Abweichung von den Tabellenwerten erfolgt nur dann, wenn die tatsächlichen Wertanteile offensichtlich nicht mit den Tabellenwerten übereinstimmen.

56 H 133 Abs. 3 ErbStH 2003 enthält **Sonderregelungen** für viehlose Betriebe, für forstwirtschaftliche Nutzung und sonstige land- und forstwirtschaftliche Nutzung sowie Nebenbetriebe.

57 **Geringstland** ist aus Vereinfachungsgründen voll beim Eigentümer zuzurechnen.

58 Bei der **Zupachtung** von Flächen bilden der Eigentumsbetrieb und die zugepachteten Flächen jeweils eigene wirtschaftliche Einheiten bei den Eigentümern, bzgl. der zugepachteten Flächen handelt es sich um Stückländereien gem. § 34 Abs. 7 beim Verpächter. Die Ertragswertanteile für diese zugepachteten Flächen (betr. Wirtschaftsgebäude und Betriebsmittel) werden unabhängig von der Anzahl der unterschiedlichen Zupachtungen als **ein Wertanteil** zum Betriebswert des Eigentumsbetriebes erfasst. Dabei wird beim Pächter der im Ertragswert der Fläche enthaltene Anteil für den Grund und Boden abgezogen.

59 In den Fällen der **Verpachtung einzelner Flächen** wird die Stückländerei beim Eigentümer der Flächen (ggf. zu einer wirtschaftlichen Einheit zusammengefasst) erfasst. Der Anteil der Betriebsmittel und Wirtschaftsgebäude wird nach den Tabellenwerten aus dem Ertragswert dieser Flächen herausgerechnet. Beim Pachtbetrieb werden diese Wertanteile zum Betriebswert hinzugerechnet.

Beispiel:
A bewirtschaftete einen reinen Pachtbetrieb mit landwirtschaftlichen Flächen von 80 Hektar (EMZ 714.286). Der Ertragswert des Betriebes gem.

§ 142 Abs. 2 Nr. 1 a beträgt daher 250 000 Euro (714 286 EMZ × 0,35 Euro/ EMZ). Die stehenden und umlaufenden Betriebsmittel gehören A, die übrigen WG dem Verpächter. Beim Tod von A ist für Zwecke der Erbschaftsteuer ein Grundbesitzwert zu ermitteln. Dieser Grundbesitzwert für den Pächteranteil setzt sich zusammen aus dem prozentualen Anteil der stehenden und umlaufenden Betriebsmittel am gesamten Ertragswert des Betriebes. Gemäß H 133 Abs. 3 ErbStH 2003 beträgt der Anteile für umlaufende Betriebsmittel 5 %, für die stehenden Betriebsmittel 14 % vom Ertragswert. Der Betriebswert des Pächters beträgt daher 19 % von 250 000 Euro, also 47 500 Euro.

Probleme ergeben sich allerdings **in den Fällen des § 34 Abs. 6,** **60** wenn der Betrieb nicht im Alleineigentum des Erblassers steht, sondern im Eigentum einer Gemeinschaft/Gesellschaft und weitere Flächen vorhanden sind, die im Alleineigentum des Erblassers (sog. Sonderbetriebsvermögen) stehen. Das gilt auch für sog. Ehegattenfälle, da § 26 bei der Bedarfsbewertung keine Anwendung findet. Hier müssen wohl zur zutreffenden Bewertung des Anteils des Erblassers gem. § 138 Abs. 5 der gemeinschaftliche Betrieb inkl. der gemeinschaftlichen Flächen und der Zupachtungen unter Berücksichtigung des § 142 Abs. 4 und die im Alleineigentum stehenden Flächen getrennt bewertet werden. Dabei sind die Ertragsanteile der der GbR überlassenen WG des Sonderbetriebsvermögens (zB Grund und Boden) über § 142 Abs. 4 herauszurechnen und dem/ den Eigentümern zuzurechnen. Die restlichen Ertragsanteile für Betriebsmittel und Wirtschaftsgebäude sind der GbR zuzurechnen. Der Erblasser erhält damit einen Anteil am gemeinschaftlichen Grundbesitzwert gem. § 138 Abs. 5 Nr. 2 entsprechend seinem Eigentumsanteil und einen Wertanteil gem. § 142 Abs. 4 als eigener Betriebsteil zugerechnet.

§ 143 Wert der Betriebswohnungen und des Wohnteils

(1) **Der Wert der Betriebswohnungen (§ 141 Abs. 3) und der Wert des Wohnteils (§ 141 Abs. 4) sind nach den Vorschriften zu ermitteln, die beim Grundvermögen für die Bewertung von Wohngrundstücken gelten (§§ 146 bis 150).**

(2) **In den Fällen des § 146 Abs. 6 ist für die Betriebswohnungen und für den Wohnteil bei Vorliegen der Voraussetzungen des Absatzes 3 jeweils höchstens das Fünffache der bebauten Fläche zugrunde zu legen.**

(3) **Zur Berücksichtigung von Besonderheiten, die sich im Falle einer räumlichen Verbindung der Betriebswohnungen und des Wohnteils mit der Hofstelle ergeben, sind deren Werte (§§ 146 bis 149) jeweils um 15 Prozent zu ermäßigen.**

§ 143 Wert der Betriebswohnungen und des Wohnteils

I. Abgrenzung

1 Den **Betriebswohnungen** und dem **Wohnteil** sind die zugehörigen Gebäude und Gebäudeteile gem. § 141 Abs. 3, Abs. 4 zuzuordnen. § 34 Abs. 6 findet jedoch hier keine Anwendung. Dies hat zur Folge, dass bei Betrieben die im gemeinschaftlichen Eigentum stehen, hinsichtlich des Wohnteils oder der Betriebswohnungen insoweit eine eigene wirtschaftliche Einheit gegeben ist, wenn die Betriebswohnungen oder der Wohnteil im Alleineigentum des Erblassers stehen.

II. Wertermittlung

2 Die Wertermittlung erfolgt nach den Vorschriften der **Bedarfsbewertung für bebaute Grundstücke** gem. §§ 146 bis 150. Zum Bewertungsschema siehe § 146 Rz. 3.

3 Es ergibt sich folgendes **Schema:**

Jahresmiete × 12,5
= Summe ./. Alterswertminderung
= Zwischensumme + ggf. 20% Zuschlag (selten)
= Grundstückswert und Prüfung Mindestwert
   abzgl. Ermäßigung gem. § 143 Abs. 3
= Wert der Betriebswohnung oder des Wohnteils

4 Als Jahresmiete wird grds. die **übliche Miete** gem. § 146 Abs. 3 in Betracht kommen, da die Wohnungen/Wohnräume entweder durch den Betriebsinhaber und seine Familienangehörigen selbst genutzt, an Angehörige überlassen, unentgeltlich überlassen bzw. bei Betriebswohnungen an Arbeitnehmer überlassen werden.

5 Die **Ermittlung der üblichen Miete** wird aus Vergleichsmieten oder Mietspiegeln abgeleitet, möglich ist auch ein Mietgutachten. Daraus ergibt sich der Betrag, den ein fremder Mieter für eine nach Art, Lage, Größe, Ausstattung und Alter vergleichbare Wohnung zahlen würde, und zwar netto ohne Betriebskosten.

6 Für die Ermittlung der **Wohnfläche** gelten die gleichen Grundsätze wie im Grundvermögen, §§ 42 bis 44 II. BV – II. Berechnungsverordnung – in der geänderten Fassung v. 23.7.1996 (BGBl. I 1996, 1167). Unmittelbar der Betriebsführung dienende Büroräume gehören zum Betriebsteil, ebenso Garagen für PKW, wenn der PKW zum Betriebsvermögen gehört. Eine vereinfachte Wohnflächenermittlung wie in der Einheitsbewertung ist nicht vorgesehen.

Die **Alterswertminderung** erfolgt nach den Regelungen gem. 7
§ 146 Abs. 4 und beträgt 0,5 % für jedes volle Jahr, max. 25 % des
Produkts aus Jahresmiete × 12,5. Dabei kann aus Vereinfachungsgründen im Jahr der Bezugsfertigkeit vom 1. Januar dieses Jahres an
gerechnet werden.

Dient das Gebäude, in dem sich der Wohnteil/Betriebswohnun- 8
gen befindet, **ausschließlich** Wohnzwecken und enthält es **nicht
mehr als zwei Wohnungen,** ist ein **Zuschlag von 20 %** vorzu-
nehmen. Für den Wohnungsbegriff sind die Regelungen in R 175
Abs. 2 ErbStR 2003 maßgebend. Es ist jeder sich auf dem bebauten
Grundstück befindende Baukörper getrennt zu betrachten. Befindet
sich das Büro des Landwirts, das zum Betriebsvermögen gehört, im
Wohngebäude, fehlt es an der ausschließlichen Wohnnutzung; ein
Zuschlag von 20 % unterbleibt. Da sich im Bereich der Land- und
Forstwirtschaft in den Gebäuden meistens unterschiedlich genutzte
Räume, Wohnungen und Betriebsräume, befinden, kommt ein
Zuschlag selten in Betracht. Siehe dazu BFH II R 37/10
v. 28.3.2012, BFH/NV 2012, 1416.

Der Steuerpflichtige (Erbe) kann statt des nach § 146 Abs. 2 bis 6 9
ermittelten Wertes den **niedrigeren Verkehrswert** gem. § 146
Abs. 7 nachweisen. Dabei kommt eine Ermäßigung gem. § 143
Abs. 3 um 15 % nur dann in Betracht, wenn dies nicht bereits beim
Verkehrswert berücksichtigt ist. § 143 Abs. 2 ist aber auch bei einem
Verkehrswertgutachten zu berücksichtigen.

III. Mindestwert

Der Wert für den Wohnteil/Betriebswohnungen darf nicht gerin- 10
ger sein als der **Wert für den Grund und Boden** alleine. Der Wert
eines unbebauten Grundstücks berechnet sich nach der Fläche und
80 % des Bodenrichtwertes. Im Ansatz des Bodenrichtwertes sind
für Bewertungsfälle bis zum 31.12.2006 die Wertverhältnisse zum
1.1.1996 ausschlaggebend. Für Bewertungsfälle nach diesem Zeitpunkt sind dagegen die zuletzt ermittelten Bodenrichtwerte der
Gutachterausschüsse anzusetzen. Dies folgt aus § 145 Abs. 3 Satz 3.

Die maßgebende Fläche ist gem. § 141 Abs. 3 und 4 der **dazuge-** 11
hörige Grund und Boden. Die Zuordnung des Grund und
Bodens sowie der Gartenflächen richtet sich nach den entsprechenden ertragsteuerlichen Abgrenzungskriterien. Es kann daher nur der
Teil des Grund und Bodens dem Bodenteil zugerechnet werden, der
nach § 13 Abs 4, 5 EStG steuerfrei entnommen werden konnte.
Siehe dazu Gleichl. Ländererlasse v. 2.4.2007 (BStBl. I 2007, 314

Tz. 10 Abs. 6). Dazu gehört die mit dem Wohngebäude überbaute Fläche zzgl. der sog. Umgriff, das sind Abstandsflächen und Seitenstreifen, weiterhin Zugänge, Zufahrten, Stellflächen, die zu mehr als 90 % der Wohnung dienen, ebenso Gartenflächen im ortsüblichen Umfang, Vor-, Nutz- und Hausgärten. Die Fläche ist regelmäßig geringer als die Hof- und Wirtschaftsgebäudefläche, die sich aus dem Liegenschaftskataster ergibt. Die restliche Hof- und Wirtschaftsgebäudefläche ist nicht zu berücksichtigen.

12 Im Falle einer räumlichen Verbindung der Betriebswohnung/Wohnteil mit der Hofstelle gem. § 143 Abs. 2 iVm. Abs. 3 ist der Grund und Boden auf das **Fünffache der bebauten Fläche** zu begrenzen, s. § 143 Rz. 14 f.

13 Die **bebaute Fläche** ist grundsätzlich analog zur Berechnung der Bruttogrundfläche nach DIN 277 zu ermitteln. Gem. R 156 Abs. 2 ErbStR 2003 ist eine pauschale Ermittlung möglich, Wohnfläche × 1,25. Bei mehrgeschossigen Gebäuden ist das Ergebnis durch die Anzahl der Vollgeschosse zu teilen.

IV. Ermäßigung

14 Bei Betriebswohnungen und Wohnteil ist gem. § 143 Abs. 3 ein **15 %iger Lageabschlag** vorgesehen. Diese Ermäßigung ist zum Schluss zur Ermittlung des Wertes der Betriebswohnungen und des Wohnteils vorzunehmen. Der Abschlag kommt auch in Betracht, wenn der Mindestwert gem. § 146 Abs. 6 anzusetzen ist. Der Abschlag kommt aber nicht mehr in Betracht, wenn kein funktioneller Zusammenhang zwischen dem Gebäude und dem landwirtschaftlichen Betrieb besteht (FG Niedersachsen 1 K 427/06 v. 8.1.2010, EFG 2010, 1772; Rev. BFH II R 37/10).

15 Der Abschlag setzt jedoch eine enge **räumliche Verbindung mit der Hofstelle** voraus. Zur Definition der Hofstelle, R 157 Abs. 2 ErbStR 2003. Befinden sich die Betriebswohnungen und Wohnteil unmittelbar neben den Wirtschaftsgebäuden, ist die räumliche Verbindung gegeben. Dabei ist eine Trennung durch eine öffentliche Straße mit geringem Verkehrsaufkommen unschädlich. Eine Trennung durch Industriegelände oder bebaute Grundstücke ist aber schädlich.

V. Sonderfälle

16 § 143 Abs. 1 verweist betr. der Bewertung auf §§ 146 bis 150. Das bedeutet, dass entgegen der Behandlung in der Einheitsbewertung auf eine Hofstelle, die in **Wohnungs- und Teileigentum** aufgeteilt wurde, die Regelung gem. § 146 Abs. 7 Anwendung findet. Der Wohnteil und ggf. die Betriebswohnungen sind nach dem Ertragswertverfahren gem. § 146 zu bewerten und die Wirtschaftsgebäude sind mit dem Ansatz des Betriebswertes abgegolten.

Sind der Grund und Boden des Wohnteils/Betriebswohnungen mit einem **Erbbaurecht** belastet, erfolgt die Bewertung nach den besonderen Regelungen des § 148. Zur Änderung des § 148 durch das **JStG 2007** v. 13.12.2006 (BStBl. I 2006, 2878) siehe § 148 Rz. 1 ff. 17

Für Gebäude im **Zustand der Bebauung** gelten die Vorschriften des § 149 für den Wohnteil/Betriebswohnungen entsprechend. Zur Änderung des § 149 durch das JStG 2007 v. 13.12.2006 (aaO) siehe § 149 Rz. 1 ff. 18

§ 144 Zusammensetzung des land- und forstwirtschaftlichen Grundbesitzwerts

Der Betriebswert, der Wert der Betriebswohnungen und der Wert des Wohnteils bilden zusammen den land- und forstwirtschaftlichen Grundbesitzwert.

Der land- und forstwirtschaftliche Grundbesitzwert setzt sich zusammen aus dem Betriebswert, dem Wert der Betriebswohnungen und dem Wert des Wohnteils. Die Werte werden **jeweils getrennt ermittelt** und dann **zusammengefasst.** Allerdings können auch der Betriebsteil und der Wohnteil für sich einen land- und forstwirtschaftlichen Grundbesitzwert bilden. 1

Der so ermittelte Wert ist gem. **§ 139** auf volle 500 Euro abzurunden. 2

C. Grundvermögen

I. Unbebaute Grundstücke

§ 145 Unbebaute Grundstücke

(1) ¹**Unbebaute Grundstücke sind Grundstücke, auf denen sich keine benutzbaren Gebäude befinden.** ²**Die Benutzbarkeit beginnt im Zeitpunkt der Bezugsfertigkeit.** ³**Gebäude sind als bezugsfertig anzusehen, wenn den zukünftigen Bewohnern oder sonstigen Benutzern zugemutet werden kann, sie zu benutzen; die Abnahme durch die Bauaufsichtsbehörde ist nicht entscheidend.**

§ 145 Unbebaute Grundstücke

(2) ¹Befinden sich auf dem Grundstück Gebäude, die auf Dauer keiner oder nur einer unbedeutenden Nutzung zugeführt werden können, gilt das Grundstück als unbebaut; als unbedeutend gilt eine Nutzung, wenn die hierfür erzielte Jahresmiete (§ 146 Abs. 2) oder die übliche Miete (§ 146 Abs. 3) weniger als 1 Prozent des nach Absatz 3 anzusetzenden Werts beträgt. ²Als unbebautes Grundstück gilt auch ein Grundstück, auf dem infolge der Zerstörung oder des Verfalls der Gebäude auf Dauer benutzbarer Raum nicht mehr vorhanden ist.

(3) ¹Der Wert eines unbebauten Grundstücks bestimmt sich regelmäßig nach seiner Fläche und dem um 20 Prozent ermäßigten Bodenrichtwert (§ 196 des Baugesetzbuchs in der jeweils geltenden Fassung). ²Die Bodenrichtwerte sind von den Gutachterausschüssen nach dem Baugesetzbuch zu ermitteln und den Finanzämtern mitzuteilen. ³Bei der Wertermittlung ist stets der Bodenrichtwert anzusetzen, der vom Gutachterausschuss zuletzt zu ermitteln war. ⁴Wird von den Gutachterausschüssen kein Bodenrichtwert ermittelt, ist der Bodenwert aus den Werten vergleichbarer Flächen abzuleiten und um 20 Prozent zu ermäßigen.

Übersicht

	Rn.
I. Anwendungsbereich	1
II. Allgemeines	2
III. Begriffsbestimmung	3–7
1. Begriff des unbebauten Grundstücks	3
2. Bezugsfertigkeit	4
3. Keine oder nur unbedeutende Nutzung	5, 6
4. Zerstörte oder verfallene Gebäude	7
IV. Bewertung	8–21
1. Grundsatz	8
2. Ermittlung der Bodenrichtwerte	9, 10
3. Abweichungen vom Bodenrichtwertgrundstück	11–17
a) Abweichende Geschossflächenzahl (GFZ)	12
b) Aufteilung in Vorder- und Hinterland	13
c) Flächengrößenabhängige Umrechnungsfaktoren	14
d) Frei- und Verkehrsflächen	15
e) Erschließungszustand	16
f) Einspruchsmöglichkeit	17
4. Nachweis des niedrigeren gemeinen Werts	18–21

I. Anwendungsbereich

Die Regelung in der Fassung des Artikels 18 des **JStG 2007** 1
v. 13.12.2006 (BGBl. I 2006, 2878) gilt für die Bewertung von
Grundbesitz
  für die **Erbschaftsteuer** für Besteuerungszeitpunkte, die nach
  dem 31.12.2006 und vor dem 1.1.2009 liegen und
– für die **Grunderwerbsteuer** für Besteuerungszeitpunkte, die
  nach dem 31.12.2006 liegen.
Derzeit ist **ungeklärt, ob** die Bewertung des Grundbesitzes nach
den Vorschriften der §§ 138 bis 150 **verfassungsgemäß** ist. Im Hinblick auf das beim BVerfG anhängige Verfahren (1 BvL 13/11) werden Grunderwerbsteuerfestsetzungen inzwischen **vorläufig** gem.
§ 165 AO festgesetzt (Gleichl. Ländererlasse v. 17.6.2011, BStBl I
2011, 575)

II. Allgemeines

§ 145 dient der **Bestimmung des unbebauten Grundstücks** in 2
Abgrenzung zum bebauten Grundstück und der **Ermittlung
des Werts** für das unbebaute Grundstück. Darüber hinaus ist die
Vorschrift aber auch bei der Bewertung bebauter Grundstücke von
Bedeutung. So darf gem. § 146 Abs. 6 der gem. § 146 Abs. 2 bis 5
ermittelte Ertragswert nicht geringer sein als der Wert, mit dem der
Grund und Boden allein als unbebautes Grundstück zu bewerten
wäre **(Mindestbewertung).** Auch bei der Bewertung von Sonderfällen iSd. § 147 wird auf die Bewertungsvorschrift des § 145 Abs. 3
zurückgegriffen, allerdings mit der Maßgabe, dass an Stelle des
Abschlags von 20 % ein solcher von 30 % tritt.

III. Begriffsbestimmung

1. Begriff des unbebauten Grundstücks

Für die Bestimmung/Abgrenzung des unbebauten Grundstücks 3
gelten im Wesentlichen **dieselben Regelungen wie zur Einheitsbewertung.**
Ein Grundstück ist (gilt als) unbebaut, wenn auf dem Grundstück
– keine Gebäude
– noch keine benutzbaren Gebäude
– auf Dauer nicht oder nur unbedeutend benutzbare Gebäude oder

§ 145 Unbebaute Grundstücke

– nicht mehr benutzbare Gebäude vorhanden sind.

2. Bezugsfertigkeit

4   Die Benutzbarkeit beginnt mit der **Bezugsfertigkeit**. Gebäude sind bezugsfertig, wenn den zukünftigen Bewohnern zugemutet werden kann, sie zu benutzen. Der Begriff der Benutzbarkeit des § 145 entspricht dem des § 72. Insoweit wird daher auf § 72 Rz. 3 verwiesen (*Rössler/Troll* § 145 Rz. 6; *Gürsching/Stenger* § 145 Rz. 21 ff.).

3. Keine oder nur unbedeutende Nutzung

5   Ein Gebäude kann **keiner Nutzung** zugeführt werden, wenn es aus bautechnischen Gründen auf Dauer nicht genutzt werden kann. Auch eine wirtschaftliche Überalterung kann ein Grund dafür sein, dass das Gebäude auf Dauer nicht mehr nutzbar ist. Eine **nur vorübergehende Beeinträchtigung** reicht nicht aus. Für die Beurteilung kommt es auf die tatsächlichen und rechtlichen Verhältnisse im Besteuerungszeitpunkt an (*Rössler/Troll* §145 Rz. 8 f.; *Gürsching/Stenger* § 145 Rz. 35)

6   Im Gegensatz zur Einheitsbewertung lässt sich der Begriff der **unbedeutenden Nutzung** bei der Bedarfsbewertung weitestgehend mathematisch berechnen. Wann ein Gebäude nur unbedeutend genutzt wird, ist im Gesetz allerdings nur für die Fälle geregelt, in denen eine Jahresmiete erzielt wird oder ermittelt werden kann. Gem. § 145 Abs. 2 Satz 1 2. Hs. liegt eine unbedeutende Nutzung vor, wenn die erzielte oder erzielbare Miete weniger als 1 % des nach § 145 Abs. 3 für ein unbebautes Grundstück anzusetzenden Werts beträgt. Zur Mietermittlung wird auf § 146 Rz. 4 ff. verwiesen. Bei Grundstücken, für die sich eine übliche Miete nicht ermitteln lässt (§ 147), ist lt. Auffassung der Finanzverwaltung regelmäßig eine unbedeutende Nutzung anzunehmen, wenn die bebaute Fläche eingeschossiger Gebäude nicht mehr als 25 qm beträgt (*Rössler/Troll* § 145 Rz. 14).

4. Zerstörte oder verfallene Gebäude

7   Zum Begriff des verfallenen oder zerstörten Gebäudes wird auf § 72 Rz. 9 verweisen (*Rössler/Troll* § 145 Rz. 12; *Gürsching/Stenger* § 145 Rz. 29 ff.).

IV. Bewertung

1. Grundsatz

Der **Wert unbebauter Grundstücke** errechnet sich nach folgender Formel: **8**
Grundstücksfläche in qm × um 20 % ermäßigter Bodenrichtwert pro qm.
Außenanlagen sind im Gegensatz zur Einheitsbewertung nicht extra zu bewerten. Der Wert des unbebauten Grundstücks umfasst den Wert der Außenanlagen.
Wertbeeinflussende Merkmale wie Ecklage, Zuschnitt etc. sind mit dem Abschlag von 20 % abgegolten (*Geiß* ZEV 98, 13; *Gürsching/Stenger* § 145 Rz. 131).

2. Ermittlung der Bodenrichtwerte

Die Bodenrichtwerte werden von den Gutachterausschüssen nach **9** den Vorschriften des Baugesetzbuchs anhand von **Kaufpreisammlungen** ermittelt und in **Bodenrichtwertkarten** erfasst. Grundsätzlich werden Bodenrichtwertkarten alle zwei Jahre aufgestellt. Entscheidend ist der Wert, der auf den 1. 1. vor dem Besteuerungszeitpunkt festgestellt wird, Wann dies geschieht, ist gleichgültig. Ggf. muss mit der Bewertung abgewartet werden bis der Wert vorliegt (*Rössler/Troll* § 145 Rz. 33).

Beispiel:
Für Grunderwerbsteuerzwecke wird der Wert eines unbebauten Grundstücks per 30.1.2012 benötigt. Der Gutachterausschuss hat zuletzt per 31.12.2009 einen Bodenrichtwert von 300.- €/qm festgestellt. In seiner Sitzung im April 2012 legt der Gutachterausschuss den Bodenrichtwert per 31.12.2011 mit 400.- €/qm fest.
Bei der Bewertung des Grundstücks ist von einem Bodenrichtwert von 400.€/qm auszugehen, Das ist der turnusmäßig zuletzt vor dem Besteuerungszeitpunkt vom Gutachterausschuss zu ermittelnde Wert.

Bei den von den Gutachterausschüssen ermittelten Bodenricht- **10** werten handelt es sich um **durchschnittliche Lagewerte**, die sich für ein Gebiet mit im Wesentlichen gleichen Lage- und Nutzungsverhältnissen ergeben. Sofern für den Gutachterausschuss keine Verpflichtung besteht, einen Bodenrichtwert zu ermitteln, ist der Bodenwert vom Finanzamt aus den Werten vergleichbarer Flächen abzuleiten und um 20 % zu ermäßigen.

3. Abweichungen vom Bodenrichtwertgrundstück

11 Für unbebaute Grundstücke, die mit den **lagetypischen** Merkmalen des Bodenrichtwertgrundstücks übereinstimmen, ist der Bodenrichtwert anzusetzen. Abweichungen können im Einzelfall aber nicht ausgeschlossen werden. Insbesondere wenn im Einzelfall das Maß der baulichen Nutzung, die Geschossflächenzahl oder die Aufteilung in Vorder- und Hinterland nicht mit dem Bodenrichtwertgrundstück übereinstimmt, ist eine **Wertanpassung** vorzunehmen. Die Wertkorrekturen können auch nebeneinander in Betracht kommen (*Gürsching/Stenger* § 145 Rz. 119)

12 **a) Abweichende Geschossflächenzahl (GFZ).** Die GFZ gibt an, wieviel qm Geschossfläche je qm Grundstücksfläche zulässig sind. Die Geschossflächenzahl ist somit der Quotient aus der Geschossfläche und der Grundstücksfläche. Wird in der Bodenrichtwertkarte zu dem Bodenrichtwert eine GFZ angegeben, ist bei Grundstücken, deren GFZ von der des Bodenrichtwertgrundstücks abweicht, der Wert mit Hilfe der vom Gutachter ermittelten **Umrechnungskoeffizienten** (R 161 ErbStR 2003) abzuleiten.

Dabei sind folgende Formeln anzuwenden:
Die GFZ des zu bewertenden Grundstücks weicht von der GFZ des Bodenrichtwertgrundstücks ab:

$$\frac{\text{Umrechnungskoeffizient für die Geschossflächenzahl des zu bewertenden Grundstücks}}{\text{Umrechnungskoeffizient für die Geschossflächenzahl des Bodenrichtwertgrundstücks}} \times \text{Bodenrichtwert} = \text{Bodenwert pro qm}$$

Beispiel:
Der Bodenrichtwert eines Grundstücks beträgt zum 1.1.2007 240 €/qm bei einer GFZ von 0,8. Die GFZ des zu bewertenden Grundstücks beträgt 0,6.

Der Bodenrichtwert ist wie folgt zu ermitteln:
Umrechnungskoeffizient bei einer GFZ von 0,8 = 0,90
Umrechnungskoeffizient bei einer GFZ von 0,6 = 0,78
(0,78 : 0,90) × 240 €/qm = 208 €/qm (Abrundung auf volle Euro nach unten)

Die GFZ des Bodenrichtwertgrundstücks oder des zu bewertenden Grundstücks weichen von den in der Tabelle (R 161 ErbStR 2003) angegebenen Werten ab:

Bewertung § 145

Umrechnungskoeffizient $= 0{,}6 \times \sqrt{\text{GFZ}} + 0{,}2 \times \text{GFZ} + 0{,}2$
(R 161 ErbStR 2003; *Eisele* INF 2000, 483).

b) Aufteilung in Vorder- und Hinterland. Haben die Gutachterausschüsse die Bodenrichtwerte **in Abhängigkeit** von der Grundstückstiefe ermittelt, muss die Grundstücksfläche des zu bewertenden Grundstücks in Vorder- und Hinterland aufgeteilt werden. Die Grundstücksfläche ist dabei nach ihrer Tiefe in Zonen zu gliedern, deren Abgrenzung sich nach den Vorgaben des Gutachterausschusses richtet. Als Vorderland wird die Grundstücksfläche bezeichnet, die für eine Bebauung tatsächlich zur Verfügung steht. Einzelheiten ergeben sich aus den Angaben der Gutachterausschüsse. Bejaht der Gutachterausschuss dem Grunde nach eine Aufteilung in Vorder- und Hinterland, sind jedoch keine Angaben zur Grundstückstiefe verfügbar, dürfte der Rückgriff auf Erfahrungswerte aus der Einheitsbewertung (BewR Gr 8) angezeigt sein (*Weinmann* ZEV 1997, 359). 13

Beispiel:
Ein Grundstück ist 35 m breit und 110 m tief. Die Bodenrichtwertkarte weist einen Bodenrichtwert von 180 €/qm aus. Nach den ergänzenden Angaben in der Bodenrichtwertkarte ist von einer Vorderlandtiefe von 40 m auszugehen. Für Grundstückstiefen über 40 m bis 80 m (Hinterlandzone I) sind 50 % des Bodenrichtwerts und für darüber hinaus gehende Grundstückstiefen (Hinterlandzone II) lediglich 15 % des Bodenrichtwerts anzusetzen.

Der Bedarfswert errechnet sich wie folgt:

Vorderland:	35 m × 40 m = 1400 qm × 180 € =	252 000 €
Hinterland Zone I:	35 m × 40 m = 1400 qm × 90 € =	126 000 €
Hinterland Zone II:	35 m × 30 m = 1050 qm × 27 € =	28 350 €
Zwischenwert		406 350 €
davon 80 %		325 080 €
(§ 139)		325 000 €

c) Flächengrößenabhängige Umrechnungsfaktoren. Haben die Gutachterausschüsse **Umrechnungskoeffizienten** in Abhängigkeit von der Grundstücksgröße vorgegeben, sind diese stets anzusetzen (BFH II R 21/02 v. 11.5.2005, BStBl. II 2005, 686). Einzelheiten ergeben sich aus den Angaben der Gutachterausschüsse. 14

Beispiel:
Ein Grundstück hat eine Größe von 2200 qm. Der Bodenrichtwert beträgt 200 €/qm. Das lagetypische Grundstück hat eine Größe von 1700 qm. Für diese Abweichung in der Grundstücksgröße ist in der Bodenrichtwertkarte ein Umrechnungskoeffizient von 0,8 angegeben.

Es ergibt sich folgende Berechnung:

2200 qm × 0,8 × 200 € = 352 000 €
davon 80 % 281 600 €
Abrundung § 139 281 500 €

(*Gürsching/Stenger* § 145 Rz. 103 ff.).

15 **d) Frei- und Verkehrsflächen.** Ist der Bodenrichtwert **aufgrund ausgewiesener** Frei- und Verkehrsflächen nicht gemindert worden, so ist dies bei der Wertermittlung des zu bewertenden Grundstücks zu berücksichtigen, sofern das Grundstück sich in privater Hand befindet. Die Höhe des Abschlags ist unter Berücksichtigung der Verhältnisse des Einzelfalls zu berechnen (*Eisele* INF 2000, 484).

16 **e) Erschließungszustand.** Hat der Gutachterausschuss einen **Bodenrichtwert für erschließungsbeitragspflichtiges Bauland** festgelegt, ist dieser Richtwert maßgebend, solange die Erschließungsbeitragspflicht besteht. Auf den tatsächlichen Erschließungszustand kommt es nicht an (BFH II R 62/03 v. 18.8.2005, BStBl. II 2006, 5).

17 **f) Einspruchsmöglichkeit.** Die so ermittelten und den Finanzämtern mitgeteilten Werte können nur durch **Einspruch gegen den Feststellungsbescheid über den Grundstückswert** angefochten werden. Dies wird insbesondere dann notwendig sein, wenn die Merkmale des zu bewertenden Grundstücks von denen des Grundstücks abweichen, die den Bodenrichtwerten zugrunde liegen. Dabei ist allerdings zu beachten, dass die Bodenrichtwerte nur eingeschränkt gerichtlich überprüfbar sind. Dem Steuerpflichtigen bleibt insbesondere die Möglichkeit einen geringeren Grundstückswert durch Nachweis des geringeren gemeinen Werts zu erreichen (*Eisele* INF 2000, 485).

4. Nachweis des niedrigeren gemeinen Werts

18 Der Nachweis des gemeinen Werts ist für Besteuerungszeitpunkte **ab 1.1.2007 im § 138 Abs. 4** geregelt. Wegen der stark vereinfachten Bewertungsmethode kann es im Einzelfall zu Überbewertungen kommen. Ist der gemeine Wert des unbebauten Grundstücks nach den Wertverhältnissen vom Besteuerungszeitpunkt nachweislich niedriger als der Wert, der sich nach den vorstehenden Regelungen ergibt, hat der Steuerpflichtige die Möglichkeit, den niedrigeren gemeinen Wert nachzuweisen. Als Nachweis ist regelmäßig ein Gutachten des örtlich zuständigen Gutachterausschusses oder eines Sachverständigen für die Bewertung von Grundstücken erforderlich (BFH II R 69/01 v. 10.11.2004 BStBl. II 2005, 259).

Ein dem FA vom Steuerpflichtigen vorgelegtes **Gutachten** zur Höhe des gemeinen Werts unterliegt der freien Beweiswürdigung. Das FA hat zu prüfen, ob das vorgelegte Gutachten zum Nachweis des niedrigeren gemeinen Werts geeignet ist. Um die Nichtberücksichtigung des Gutachtens zu begründen, ist es ausreichend, wenn auf die im Gutachten festgestellten Mängel hingewiesen wird. Ein Gegengutachten des FA ist regelmäßig nicht erforderlich. (FinMin. Ba.-Wü. v. 24.8.1998, DStR 1998, 417). Die Beweislast liegt beim Steuerpflichtigen. Er hat auch die Kosten zu tragen. Es empfiehlt sich daher, zuvor eine Kosten/Nutzen-Analyse zu machen.

Auch ein im gewöhnlichen Geschäftsverkehr innerhalb eines Jahres vor oder nach dem Besteuerungszeitpunkt zustande gekommener **Kaufpreis** über das zu bewertende Grundstück kann als Nachweis dienen. Der Zeitraum kann ausgedehnt werden, wenn sich die bewertungsrechtlich maßgebenden Verhältnisse nicht gravierend geändert haben (Gleichl.. Ländererlasse v. 2.4.2007, BStBl. I 2007, 314).

Ein **Nachweis** kommt z. B. in Betracht, wenn
- ein Grundstück ungünstig geschnitten ist,
- sich die Ecklage eines Grundstücks wertmindernd auswirkt,
- eine Beeeinträchtigung durch Lärm, Rauch, Staub oder Gerüche gegeben ist,
- ungünstige Bodenverhältnisse gegeben sind.

II. Bebaute Grundstücke

§ 146 Bebaute Grundstücke

(1) **Grundstücke, auf die die in § 145 Abs. 1 genannten Merkmale nicht zutreffen, sind bebaute Grundstücke.**

(2) ¹**Der Wert eines bebauten Grundstücks ist das 12,5fache der im Besteuerungszeitpunkt vereinbarten Jahresmiete, vermindert um die Wertminderung wegen des Alters des Gebäudes (Absatz 4).** ²Jahresmiete ist das Gesamtentgelt, das die Mieter (Pächter) für die Nutzung der bebauten Grundstücke aufgrund vertraglicher Vereinbarungen für den Zeitraum von zwölf Monaten zu zahlen haben. ³Betriebskosten sind nicht einzubeziehen.

§ 146

(3) ¹An die Stelle der Jahresmiete tritt die übliche Miete für solche Grundstücke oder Grundstücksteile,
1. die eigengenutzt, ungenutzt, zu vorübergehendem Gebrauch oder unentgeltlich überlassen sind,
2. die der Eigentümer dem Mieter zu einer um mehr als 20 Prozent von der üblichen Miete abweichenden tatsächlichen Miete überlassen hat.

²Die übliche Miete ist die Miete, die für nach Art, Lage, Größe, Ausstattung und Alter vergleichbare, nicht preisgebundene Grundstücke von fremden Mietern bezahlt wird; Betriebskosten (Absatz 2 Satz 3) sind hierbei nicht einzubeziehen. ³Ungewöhnliche oder persönliche Verhältnisse bleiben dabei außer Betracht.

(4) ¹Die Wertminderung wegen Alters des Gebäudes beträgt für jedes Jahr, das seit Bezugsfertigkeit des Gebäudes bis zum Besteuerungszeitpunkt vollendet worden ist, 0,5 Prozent, höchstens jedoch 25 Prozent des Werts nach den Absätzen 2 und 3. ²Sind nach Bezugsfertigkeit des Gebäudes bauliche Maßnahmen durchgeführt worden, die die gewöhnliche Nutzungsdauer des Gebäudes um mindestens 25 Jahre verlängert haben, ist bei der Wertminderung wegen Alters von einer der Verlängerung der gewöhnlichen Nutzungsdauer entsprechenden Bezugsfertigkeit auszugehen.

(5) Enthält ein bebautes Grundstück, das ausschließlich Wohnzwecken dient, nicht mehr als zwei Wohnungen, ist der nach den Absätzen 1 bis 4 ermittelte Wert um 20 Prozent zu erhöhen.

(6) Der für ein bebautes Grundstück nach den Absätzen 2 bis 5 anzusetzende Wert darf nicht geringer sein als der Wert, mit dem der Grund und Boden allein als unbebautes Grundstück nach § 145 Abs. 3 zu bewerten wäre.

(7) Die Vorschriften gelten entsprechend für Wohnungseigentum und Teileigentum.

Übersicht

	Rn.
I. Anwendungsbereich	1
II. Allgemeines	1a
III. Begriff	2
IV. Ertragswertverfahren	3–24
1. Bewertung im Überblick	3
2. Jahresmiete	4–15
a) Tatsächliche Jahresmiete	5–11

b) Übliche Miete	12–14
c) Berechnung der Wohn- und Nutzflächen	15
3. Alterswertminderung	16–19
a) Normalfall	16
b) Verlängerung der gewöhnlichen Nutzungsdauer	17, 18
c) Gebäude unterschiedlichen Baualters	19
4. Bewertungszuschlag für Ein- und Zweifamilienhäuser	20
5. Mindestwert	21
6. Nachweis des niedrigeren gemeinen Werts .	22, 23
7. Wohnungs- und Teileigentum	24

I. Anwendungsbereich

1 § 146 idF des Art. 18 des JStG 2007 v. 13.12.2006 (BGBl. I 2006, 2878) gilt für die Bewertung von Grundbesitz
– für die **Erbschaftsteuer** für Besteuerungszeitpunkte, die nach dem 31.12.2006 und vor dem 1.1.2009 liegen
und
– für die **Grunderwerbsteuer** für Besteuerungszeitpunkte, die nach dem 31.12.2006 liegen.
– Derzeit ist **ungeklärt,** ob die Bewertung von Grundbesitz nach den Vorschriften derr §§ 138 bis 150 **verfassungsgemäß** ist. Im Hinblick auf das beim BVerfG anhängige Verfahren (1 BvL 13/11) werden Grunderwerbsteuerfestsetzungen zwischenzeitlich gem. § 165 AO erteilt (Gleichl. Ländererlasse v. 1.4.2010, BStBl I 2010, 266).

II. Allgemeines

Regelverfahren für die Bewertung bebauter Grundstücke ist das **1a** Ertragswertverfahren. Ähnlich wie bei der Einheitsbewertung wird über die **Grundformel Jahresmiete × Vervielfältiger** ein Wert für das bebaute Grundstück ermittelt, der den Grund und Boden, das Gebäude und die Außenanlagen umfasst. Das sehr pauschale Verfahren (ein einheitlicher Vervielfältiger für sämtliche Grundstücksarten und Regionen) führt zu einer massiven Unterbewertung des Grundbesitzes. Kaufpreisuntersuchungen haben ergeben, dass die für bebaute Grundstücke im Ertragswertverfahren ermittelten Grundbesitzwerte im Durchschnitt nur 51 % der Verkehrswerte ausmachen.

III. Begriff

2 Bebaute Grundstücke definieren sich im Umkehrschluss des § 145 Abs. 1 als Grundstücke, die **keine unbebauten Grundstücke** sind (§ 146 Abs. 1). Im Gegensatz zur Einheitsbewertung wird nicht nach einzelnen Grundstücksarten unterschieden.

IV. Ertragswertverfahren

1. Bewertung im Überblick

3 Die Bewertung der bebauten Grundstücke erfolgt regelmäßig nach dem Ertragswertverfahren.

Bewertungsschema

a) Jahresmiete bzw. Übliche Miete ...... €
b) × Vervielfältiger iHv. 12,5
c) = Ausgangswert ...... €
d) abzüglich Alterswertminderung ...... €
e) = Zwischenwert ...... €
f) zuzüglich 20 % Zuschlag bei Wohngrundstücken
 mit einer oder zwei Wohnungen ...... €
g) = Grundstückswert (abgerundet auf 500 €) ...... €
h) Mindestwertprüfung
i) Niedrigerer gemeiner Wert
 (*Rössler/Troll* § 146 Rz. 39)

2. Jahresmiete

4 Bei bebauten Grundstücken wurde in Besteuerungsfällen bis zum 31.12.2006 als Ausgangspunkt der Bewertung die durchschnittliche Jahresmiete der letzen drei Jahre angesetzt. Dies wurde als zu aufwändig empfunden. **Seit 1.1.2007** ist die Miete vom Besteuerungszeitpunkt maßgebend und in eine Jahresmiete umzurechnen. Die Mietermittlung ist nunmehr sehr einfach, führt aber dazu, dass sich ein kurzeitiges hohes oder niedriges Wertniveau auf den Wert auswirkt.

5 **a) Tatsächliche Jahresmiete. aa) Begriff.** Heranzuziehen ist das **Entgelt,** das die Mieter aufgrund vertraglicher Vereinbarungen **für die Nutzung des Grundstücks (§ 68)** für den **Zeitraum von zwölf Monaten** zu zahlen haben. Bei der Jahresmiete handelt es sich um eine Sollmiete. Mietpreisbindungen, Liquiditätsprobleme des Mieters oder endgültige Mietausfälle sind unbeachtlich (R 167 ErbStR 2003).

Ertragswertverfahren § 146

bb) Betriebskosten. Umlagefähige Betriebskosten, die gem. 6
§ 2 der VO über die Aufstellung von Betriebskosten v. 25.11.2003
(BGBl. I 2003, 2346) gesondert gegenüber dem Mieter abgerechnet
werden können, sind dabei – abweichend vom Begriff der Jahresrohmiete des § 79 – **nicht einzubeziehen.** Sind die umlagefähigen
Betriebskosten aufgrund mietvertraglicher Vereinbarung in die
Mieteinnahmen gerechnet worden, ist bei der Ermittlung der Nettokaltmiete eine entsprechende Kürzung vorzunehmen. Die umlagefähigen Betriebskosten sind hierbei mit dem Betrag anzusetzen, der
wirtschaftlich auf den maßgebenden Vermietungszeitraum entfällt.
Aus Vereinfachungsgründen bestehen keine Bedenken, eine zeitanteilige Zurechnung nach Monaten vorzunehmen (*Eisele* INF 1998,
297).

Werden **Betriebskosten** hingegen **pauschal erhoben** und nicht
mit dem Mieter abgerechnet, sind sie in der Jahresmiete zu erfassen.
Die tatsächlich angefallenen Betriebskosten sind dann davon abzuziehen (R 168 Abs. 1 ErbStR 2003).

Zu den **umlagefähigen Betriebskosten** zählen: 7
– Grundsteuer
– Kosten der Wasserversorgung
– Kosten der Entwässerung
– Kosten der zentralen Heizungsanlage einschl. Wartung und Reinigung
– Kosten der zentralen Wasserversorgung
– Kosten des Betriebs von Aufzügen
– Gebühren für Straßenreinigung und Müllabfuhr
– Kosten für Hausreinigung
– Kosten der Gartenpflege
– Kosten der Beleuchtung (Allgemeinstrom)
– Schornsteinfegergebühren
– Beiträge zur Gebäudehaftpflicht und Gebäudesachversicherung
– Kosten für den Hauswart
– Kosten für Gemeinschaftsantenne oder Kabelanschluss
– Kosten des Betriebs der maschinellen Wascheinrichtung
– Betriebskosten von Nebengebäuden, Anlagen und Einrichtungen

(R 168 ErbStR 2003; *Eisele* INF 1998, 297; *Gürsching/Stenger*
§ 146 Rz. 124 ff.).

Nicht umlagefähige Bewirtschaftungskosten – zB Instand- 8
setzungskosten, Verwaltungskosten oder das Mietausfallwagnissind bereits bei der Festlegung des Vervielfältigers berücksichtigt
worden, so dass insoweit ein Abzug ausgeschlossen ist (R 168
ErbStR 2003).

§ 146 Bebaute Grundstücke

9   **cc) Umfang. Zur Jahreskaltmiete** iSd. § 146 Abs. 3 rechnen auch
- Entgelte für die Benutzung von Nebengebäuden (Garagen, Schuppen),
- Entgelte für die Benutzung separater Grundstücksflächen (zB Stellplätze),
- Vergütungen für außergewöhnliche Nebenleistungen des Vermieters,
- Vergütungen, die nur einzelnen Mietern zugute kommen.

Auf die Miete anzurechnende Baukostenzuschüsse und Mietvorauszahlungen sowie Mieterdarlehen sind bei der Ermittlung der Jahresmiete ebenso zu berücksichtigen wie Untermietzuschläge.

10   **Nicht in die Jahresmiete einzubeziehen** sind insbesondere (R 167 ErbStR 2003):
- Einnahmen für die Überlassung von Maschinen und Betriebsvorrichtungen
- Einnahmen für die Überlassung von Einrichtungsgegenständen (zB bei Ferienwohnungen)
- Zuzahlungen Dritter außerhalb des Mietverhältnisses (zB Zahlungen des Mietgarantiegebers bei Bauherrengemeinschaften).

11   **dd) Umsatzsteuer. Umsatzsteuer** ist, soweit das Gebäude umsatzsteuerpflichtig vermietet wird, nicht in die Jahreskaltmiete einzubeziehen (R 167 Satz 4 ErbStR 2003).

12   **b) Übliche Miete. aa) Begriff.** Kann auf tatsächliche Mieterträge nicht zurückgegriffen werden, ist die **übliche Miete** anzusetzen. Bei der üblichen Miete handelt es sich um die Miete, die nach Art, Lage, Größe, Ausstattung und Alter vergleichbarer, nicht preisgebundener Grundstücke von fremden Mietern zu zahlen ist. Betriebskosten sind wie bei der tatsächlichen Jahresmiete nicht einzubeziehen.

13   **bb) Anwendungsbereich.** Voraussetzung für den Ansatz der üblichen Miete ist die
- **fehlende Nutzung:** Hierbei handelt es sich insbesondere um Gebäude/Gebäudeteile, die wegen eines Mieterwechsels oder während der Durchführung von Modernisierungsmaßnahmen leer stehen.
- **Eigennutzung:** Das Gebäude/der Gebäudeteil wird vom Eigentümer selbst bzw. durch seine Familie (Ehegatte oder die zum Haushalt gehörenden Kinder) genutzt.
- **Unentgeltliche Überlassung:** Die übliche Miete ist bei einer unentgeltlichen Überlassung des Grundstücks zwingend anzuset-

zen. Dabei ist es unerheblich, warum und an wen unentgeltlich überlassen wird.
- **Vermietung** zu einer um mehr als 20 % von der üblichen Miete abweichenden tatsächlichen Miete.

cc) Ermittlung der üblichen Miete. Die übliche Miete kann abgeleitet werden aus
- **Vergleichsmieten:** Die Ableitung der üblichen Miete aus Vergleichsmieten kommt insbesondere dann in Betracht, wenn in einem vermieteten Objekt Mieten für vergleichbare Wohnungen gezahlt werden. Bei Einfamilienhäusern dürften kaum geeignete Vergleichsobjekte vorhanden sein. Bei Zweifamilienhäusern bietet sich die Bezugnahme auf Vergleichsmieten an, wenn neben einer eigengenutzten Wohnung eine zweite fremdvermietete Wohnung vorliegt. Bei der Ableitung aus neuen Mietverträgen ist zu bedenken, dass Neuabschlussmieten regelmäßig über dem Niveau von Bestandsmieten liegen. Zur Erreichung eines gleichwertigen Mischungsverhältnisses zwischen Neuabschluss- und Bestandsmieten sollte bei Neuabschlussmieten ein Abschlag und bei Bestandsmieten ein Zuschlag erfolgen (*Eisele* INF 1998, 298; *Reppenhagen* INF 1997, 168; *Halaczinsky/Obermeier/Teß* Neuregelung der Grundstücksbewertung 1998 S. 157; BFH III B 12/76 v. 24.9.1976, BStBl. II 1977, 196).
- **Mietspiegeln:** Die in den Mietspiegeln angegebenen Mietsätze müssen einen repräsentativen Querschnitt der ortsüblichen Entgelte vergleichbarer Wohnungen abbilden. Sind in dem Mietspiegel Betriebskosten enthalten, müssen diese herausgerechnet werden (*Troll* DB 1985, 1713). Bei Ableitung des Mietwerts von Ein- und Zweifamilienhäusern aus einem Mietspiegel, der nur für Mietwohngrundstücke gilt, sind die Mietansätze in Anbetracht des Vorteils des „ungestörten Wohnens" zu korrigieren. Folgende Zuschläge sind üblich:
  - 20 % für ein freistehendes Einfamilienhaus
  - 10 % bei einem Reihenhaus
  - 5 % bei einem Zweifamilienhaus

  (BFH III R 41/75 v. 10.8.1984, BStBl. II 1985, 36).
- **Mietgutachten:** Kann die übliche Miete weder aus Vergleichsmieten noch aus dem Mietspiegel abgeleitet werden, muss sie uU aufgrund eines Mietgutachtens angesetzt werden. Verlangt wird das Gutachten eines öffentlich bestellten und vereidigten Sachverständigen. Da der Grundstückseigentümer kostenpflichtig ist, ist es ratsam, den angestrebten Mietansatz überschlägig mit dem des Finanzamts zu vergleichen und nur bei wesentlicher Abweichung ein Gutachten in Auftrag zu geben.

§ 146

15   **c) Berechnung der Wohn- und Nutzflächen.** Neben der Miethöhe hat die Wohn-/Nutzfläche Einfluss auf den durchschnittlichen Jahresmietwert. **Maßgebend** sind die **§§ 42–44 der II. BerechnungsVO** idF v. 12.10.1990 (BGBl. I 1990, 2178), zuletzt geändert durch Art. 78 Abs. 2 Gesetz v. 23.11.2007 (BGBl. I 2007, 2614) bzw. die §§ 2 ff. der VO zur Berechnung der Wohnfläche v. 25.11.2003 (BGBl. I 2003, 2346).

3. Alterswertminderung

16   **a) Normalfall.** Der **Ausgangswert** (Jahresmiete × 12,5) ist **um 0,5 % pro Jahr** des Gebäudealters im Besteuerungszeitpunkt, **höchstens jedoch um 25 % zu mindern.** Danach ist für jedes Jahr seit Bezugsfertigkeit des Gebäudes, das bis zum Besteuerungszeitpunkt vollendet worden ist, 0,5 % des Ausgangswerts abzuziehen. Um Schwierigkeiten bei der Feststellung des Tags der Bezugsfertigkeit zu vermeiden, kann aus Vereinfachungsgründen davon ausgegangen werden, dass Fertigstellungszeitpunkt der 1. Januar des Fertigstellungsjahres ist (R 174 Abs. 1 Satz 2 ErbStR 2003). Obwohl im Ausgangswert auch ein Anteil am Grund und Boden enthalten ist, wird der Abschlag auf den vollen Ausgangswert vorgenommen.

17   **b) Verlängerung der gewöhnlichen Nutzungsdauer.** Bei baulichen **Sanierungsmaßnahmen,** die das Gebäude durchgreifend erneuern und verbessern und damit die gewöhnliche Nutzungsdauer um mindestens 25 Jahre verlängern, ist von einer um die Verlängerung der gewöhnlichen Nutzungsdauer entsprechenden Bezugsfertigkeit auszugehen. In diesem Fall ist ein fiktives späteres Jahr der Bezugsfertigkeit zu errechnen. Eine durchgreifende Erneuerung/ Verbesserung ist zB dann gegeben, wenn Baumaßnahmen am Fundament, an tragenden Wänden oder am Dachaufbau vorgenommen werden. Die Neueindeckung eines Daches oder die Verklinkerung der Fassade kann dagegen nicht als durchgreifende Sanierungsmaßnahme angesehen werden. Beispiel Start

> Ein Zweifamilienhaus ist zum 10.4.2012 zu bewerten. Das Gebäude ist 1959 errichtet worden. Aufgrund umfangreicher Sanierungsmaßnahmen hat sich die Nutzungsdauer um 30 Jahre verlängert.
> Bei der Berechnung der Alterswertminderung ist nicht von dem tatsächlichen Baujahr 1959 sondern von einem um 30 Jahre jüngeren Baujahr = 1989 auszugehen. Zum Bewertungsstichtag ergibt sich eine Alterswertminderung von 0,5 x 23 Jahren (1.1.1989-31.12.2011) = 11.5 %.

18   Ist die Nutzungsdauer zB wegen **nicht behebbarer Baumängel** verkürzt, bleibt dies ohne Einfluss auf die Höhe des Alterswertab-

schlags. Eine Ermäßigung des Grundstückswerts kann nur dadurch erreicht werden, dass der niedrigere gemeine Wert des Grundstücks nachgewiesen wird (*Rössler/Troll* § 146 Rz. 58).

c) Gebäude unterschiedlichen Baualters. Sind **mehrere** 19 **Gebäude unterschiedlichen Baualters** zu bewerten, erfolgt für jedes Gebäude eine eigene Berechnung der Alterswertminderung. Anbauten an ein Gebäude teilen idR das Schicksal des Hauptgebäudes, dh. die Alterswertminderung wird nach dem Baujahr des Hauptgebäudes berechnet. Etwas anderes gilt nur, wenn der Anbau als selbstständiger Baukörper anzusehen ist, für den ein eigener Fertigstellungszeitpunkt maßgebend ist. Bei Aufstockungen bemisst sich die Alterswertminderung nach dem Alter der unteren Geschosse, es sei denn, durch die Baumaßnahme tritt eine Verlängerung der restlichen Lebensdauer des Gebäudes um mehr als 25 Jahre ein, so dass für das gesamte Gebäude ein fiktives Fertigstellungsjahr zu ermitteln ist (R 174 Abs. 4 ErbStR 2003).

4. Bewertungszuschlag für Ein- und Zweifamilienhäuser

Bei Ein- und Zweifamilienhäusern, die ausschließlich **Wohnzwe-** 20 **cken** dienen, wird nach Abzug der Alterswertminderung auf den verbleibenden Grundstückswert ein pauschaler Zuschlag von 20 % vorgenommen. Bei Eigentumswohnungen kommt ein Zuschlag nur dann in Betracht, wenn die Wohnanlage nicht mehr als zwei Wohnungen enthält. Bei Wohnanlagen mit mehr als zwei Wohnungen entfällt der Zuschlag. Ob ein Grundstück mehr als zwei Wohnungen enthält, wird anhand des bewertungsrechtlichen Wohnungsbegriffs geprüft, der bei Abgrenzung der Grundstücksarten nach § 75 auch für die Einheitsbewertung maßgeblich ist (BFH II R 31/85 v. 5.2.1986, BStBl. II 1986, 448). Zum Wohnungsbegriff wird im Übrigen auf § 75 verwiesen. Dient das Grundstück auch eigenen oder fremden gewerblichen, freiberuflichen oder öffentlichen Zwecken kommt kein Zuschlag in Frage. Ein häusliches Arbeitszimmer ist allerdings der Wohnnutzung zuzurechnen (R 175 Abs. 3 Satz 2 ErbStR 2003). Ein Zuschlag gem. § 145 Abs. 3 ist auch dann gerechtfertigt, wenn die übliche Miete von tatsächlich gezahlten Mieten für Mietwohngrundstücke abgeleitet wurde (FinMin. Nds. v. 3.8.1998, DStR 1998, 1604).

5. Mindestwert

Der für ein bebautes Grundstück gem. § 146 Abs. 2 bis 5 anzuset- 21 zende Wert darf nicht geringer sein als der Wert, mit dem der Grund

§ 146 Bebaute Grundstücke

und Boden allein als unbebautes Grundstück nach § 145 Abs. 3 zu bewerten wäre. Der Mindestwert errechnet sich in der Regel aus der Grundstücksfläche und dem auf 80 % ermäßigten Bodenrichtwert.

Zum 5.4.2012 ist ein Grundstück mit zwei gleich großen Wohnungen zu bewerten. Die Grundstücksfläche beträgt 1.300 qm. Der zuletzt zu ermittelnde Bodenrichtwert beträgt 345 €/qm. Die maßgebende Jahresmiete beträgt je Wohnung 7.500.- €. Das Gebäude ist am 30.6.1938 fertiggestellt worden. Das Grundstück ist eingezäunt. Der gemeine Wert der Außenanlagen beträgt zum Bewertungsstichtag 10.000 €.

Wertermittlung:

Ausgangswert = Jahresmiete 15.000 € x Vervielfältiger 12,5	187.500 €
Abzüglich Alterswertminderung 1.1.1938 bis 31.12.2011 = 74 Jahre= 37%	
Max 25 % von 187.500 €	46.875 €
Geminderter Ausgangswert	140.625 €
+ Zuschlag gem. § 146 Abs. 5 - 20 % von 140.625.- €	28.125 €
Grundstückswert	168.750 €
Die Außenanlagen sind nicht extra zu bewerten.	
Mindestwert § 146 Abs.6	
Grundstücksfläche 1.300 qm x 345 €	448.500 €
Davon 80 % /Abschlag von 20 %	358.800 €
Der Mindestwert ist höher und kommt zum Tragen	358.500 €
Abrundung gem. § 139	

6. Nachweis des niedrigeren gemeinen Werts

22 Die **typisierende Wertermittlung** kann in Einzelfällen dazu führen, dass sich für bebaute Grundstücke Werte ergeben, die über den Verkehrswert hinausgehen. Weist der Steuerpflichtige nach, dass der gemeine Wert des bebauten Grundstücks niedriger ist als der nach § 146 Abs. 2 bis 5 ermittelte Wert, kommt dieser zum Ansatz.

23 Der Nachweis des gemeinen Werts ist im § 138 Abs. 4 geregelt.

7. Wohnungs- und Teileigentum

24 Jedes Wohnungs- und Teileigentum gilt als Grundstück und als eigene wirtschaftliche Einheit (§ 68 Abs. 1 Nr. 2). Das gilt auch für die Bedarfsbewertung (§ 138 Abs. 3). Die **Bewertungsregeln für bebaute Grundstücke** im Ertragswertverfahren **gelten** für Wohnungs- und Teileigentum entsprechend. Beim Mindestwert kommt es auf den zum Wohnungs- oder Teileigentum gehörenden Grundstücksanteil an (*Gürsching/Stenger* § 146 Rz. 35 ff.; *Rössler/Troll* § 146 Rz. 68).

§ 147 Sonderfälle

(1) ¹Läßt sich für bebaute Grundstücke die übliche Miete (§ 146 Abs. 3) nicht ermitteln, bestimmt sich der Wert abweichend von § 146 nach der Summe des Werts des Grund und Bodens und des Werts der Gebäude. ²Dies gilt insbesondere, wenn die Gebäude zur Durchführung bestimmter Fertigungsverfahren, zu Spezialnutzungen oder zur Aufnahme bestimmter technischer Einrichtungen errichtet worden sind und nicht oder nur mit erheblichem Aufwand für andere Zwecke nutzbar gemacht werden können.

(2) ¹Der Wert des Grund und Bodens ist gemäß § 145 mit der Maßgabe zu ermitteln, daß an Stelle des in § 145 Abs. 3 vorgesehenen Abschlags von 20 Prozent ein solcher von 30 Prozent tritt. ²Der Wert der Gebäude bestimmt sich nach den ertragsteuerlichen Bewertungsvorschriften; maßgebend ist der Wert im Besteuerungszeitpunkt.

Übersicht

	Rn.
I. Allgemeines	1
II. Anwendungsbereich	2–5
III. Regelfall	6–13
1. Grund und Boden	6
2. Gebäude	7–11
a) Gebäude bei Bilanzierenden	8, 9
b) Gebäude bei Gewinnermittlung durch Einnahme-Überschussrechnung	10
c) Gebäude im Privatvermögen	11
3. Grundstückswert	12
4. Niedrigerer gemeiner Wert	13
IV. Mischbebauung	14–17
1. Regelungsgegenstand	14
2. Bewertungsgrundsätze	15
3. Nachteile aus der Abschaffung des Mischverfahrens	16
4. Niedrigerer gemeiner Wert	17

I. Allgemeines

Lässt sich für bebaute Grundstücke die übliche Miete nicht ermitteln, sieht § 147 eine **Sonderbewertung** vor. An die Stelle des Ertragswertverfahrens tritt ein zweistufiges Berechnungsverfahren, das sogenannte **Steuerbilanzwertverfahren**. Der Grundstückswert 1 bestimmt sich dann nach der Summe der Werte von Grund und Boden und des Gebäudes. Während der Grund und Boden nach bewertungsrechtlichen Grundsätzen bestimmt wird, errechnet sich der Gebäudewert nach ertragsteuerlichen Bewertungsvorschriften. Der Ansatz mit Steuerbilanzwerten bei Bilanzierenden bewirkt zwar eine erhebliche Vereinfachung, führt aber wegen der unterschiedlichen, uneingeschränkt zu berücksichtigenden Abschreibungsmöglichkeiten zu Zufallsergebnissen (*Rössler/Troll* § 147 Rz. 2; *Eisele* ZEV 1999, 373).

II. Anwendungsbereich

2   Bebaute Grundstücke, die **nicht vermietet** sind und für die sich auch **keine übliche Miete** ermitteln lässt, sind nach § 147 zu bewerten. Dies gilt auch für Grundstücke, die an Angehörige oder Arbeitnehmer des Eigentümers vermietet sind und für die sich eine übliche Miete nicht ermitteln lässt. Ist das Grundstück dagegen vermietet, ist stets das Ertragswertverfahren anzuwenden. Die Grundstücke, die für eine Bewertung nach § 147 in Betracht kommen, können in zwei Kategorien aufgeteilt werden.

3   **Zur ersten Kategorie** gehören Grundstücke mit Gebäuden, die zur Durchführung bestimmter Fertigungsverfahren, zu Spezialnutzungen oder zur Aufnahme bestimmter technischer Einrichtungen errichtet worden sind und nicht oder nur mit erheblichem Aufwand für andere Zwecke nutzbar gemacht werden können. Hierbei handelt es sich gem. R 178 Abs. 1 Satz 3 ErbStR 2003 um Grundstücke mit Badehäusern, Bootshäusern, Gewächshäusern, Hallenbädern, Kliniken, Kühlhäusern, Laboratorien, Lichtspielhäusern, Molkereigebäuden, Parkhäusern, Pförtnergebäuden, Produktionsgebäuden, Saalbauten, Tankstellengebäuden, Theatern, Transformatorengebäuden, Trinkhallen, Trockenhäusern und Werkstattgebäuden (*Gürsching/Stenger* § 147 Rz. 60–81). Für diese Grundstücke ist die **Bewertung nach § 147 obligatorisch,** wenn insoweit keine Vermietung vorliegt, wobei die Vermietung an Angehörige bzw. Arbeitnehmer des Eigentümers unbeachtlich ist.

4   Daneben gibt es eine weitere **Gruppe von Grundstücken,** die **nicht flächendeckend** im Bundesgebiet **vermietet** werden und für die sich daher auf dem regionalen Markt uU keine übliche Miete ermitteln lässt. Hierbei handelt es sich gem. R 178 Abs. 1 Satz 4 ErbStR 2003 insbesondere um Bankgebäude, hallenartige Gebäude, Heime, Hotelgebäude, Hotelpensionen, Privatschulen, Sporthallen, Vereinshäuser und vergleichbare Gebäude (*Gürsching/Stenger* § 147

Rz. 82–88). Lässt sich auf dem regionalen Markt eine Miete ermitteln, so ist die Bewertung nach § 146 vorrangig. Andernfalls ist die Bewertung nach § 147 durchzuführen. Die Frage nach dem regionalen Markt kann bei der jeweiligen Grundstücksgruppe unterschiedlich zu beurteilen sein, so dass eine Einzelfallbetrachtung erforderlich ist.

Aufwändig ausgestattete bzw. gestaltete Wohngebäude sind 5 stets im Ertragswertverfahren zu bewerten (*Rössler/Troll* § 147 Rz. 5). Problematisch dürfte in diesen Fällen die Ermittlung der üblichen Miete sein, da die einschlägigen Mietspiegel das Ausstattungsniveau von Luxusvillen nicht berücksichtigen (*Thiel* DB 1997, 64).

III. Regelfall

1. Grund und Boden

Der Grund und Boden wird mit dem Wert, den er als unbebautes 6 Grundstück nach § 145 hätte, angesetzt. Statt eines Abschlags von 20 % ist allerdings ein **Abschlag von 30 %** vorzunehmen. Der 30 %ige Abschlag wird damit gerechtfertigt, dass die Nutzung von Fabrikgrundstücken aufgrund der individuellen Gestaltung regelmäßig eingeschränkt ist (*Christoffel* GmbHR 1998, 74). Der Nachweis des niedrigeren gemeinen Werts ist möglich. Ein solcher Nachweis kommt insbesondere bei erheblichen Belastungen mit Altlasten oder bei Abbruchkosten für ältere Fabrikgebäude in Betracht.

2. Gebäude

Gem. § 147 Abs. 2 Satz 2 bestimmt sich der Wert des Gebäudes 7 **nach ertragsteuerlichen Bewertungsvorschriften.** In Abhängigkeit von der Vermögenszugehörigkeit und der Gewinnermittlungsart sind folgende Fallkonstellationen denkbar:

a) Gebäude bei Bilanzierenden. Anzusetzen ist der **Steuerbi-** 8 **lanzwert.** Dabei sind sämtliche Abschreibungen- auch Sonderabschreibungen sowie sonstige Minderungen, zB durch Übertragung einer 6 b-Rücklage zu berücksichtigen. Sogar der Erinnerungswert von lediglich 1 € ist zu übernehmen. Über den Steuerbilanzwert für das Gebäude kann die Bemessungsrundlage erheblich beeinflusst werden. Sämtliche Abschreibungsmöglichkeiten sollten daher optimal genutzt werden (*Rössler/Troll* § 147 Rz. 14; *Gürsching/Stenger* § 147 Rz. 114).

Maßgebend ist der Steuerbilanzwert **zum Besteuerungszeit-** 9 **punkt.** Dies erfordert grundsätzlich das Aufstellen einer **Zwischen-**

bilanz zum Besteuerungszeitpunkt. Aus Vereinfachungsgründen ist es aber bei unverändertem Gebäudezustand zulässig, den maßgebenden Wert aus dem letzten Bilanzansatz für das Gebäude durch Kürzungen um die anteiligen Abschreibungen bis zum Besteuerungszeitpunkt abzuleiten (*Rössler/Troll* § 147 Rz. 14).

10 **b) Gebäude bei Gewinnermittlung durch Einnahme-Überschussrechnung.** Anzusetzen ist der **Restbuchwert** im Besteuerungszeitpunkt. Der Restbuchwert errechnet sich aus den Anschaffungs- oder Herstellungskosten abzüglich der Abschreibungen, die für die Zeit vom Anschaffungs- bzw. Fertigstellungszeitpunkt bis zum Besteuerungszeitpunkt in Anspruch genommen worden sind. Zu verrechnende Zuschüsse mindern die Anschaffungs- oder Herstellungskosten (*Eisele* INF 1998, 171).

11 **c) Gebäude im Privatvermögen.** Auszugehen ist von den **Anschaffungs- oder Herstellungskosten** unter Berücksichtigung zu verrechnender Zuschüsse und **Abschreibungen** bis zum Besteuerungszeitpunkt (*Wolf* DStR 1997, 349).

3. Grundstückswert

12 Die Werte von Grund und Boden und Gebäude sind zu einem **Gesamtwert** zusammenzufassen. Mit den getrennt für Grund und Boden und Gebäude zu ermittelnden Werten sind auch die auf dem Grundstück befindlichen Außenanlagen sowie das Zubehör abgegolten (*Gürsching/Stenger* § 147 Rz. 100).

Beispiel:
Für Grunderwerbsteuerzwecke ist per 1.4.2012 ein Fabrikgrundstück zu bewerten. Das Grundstück hat eine Fläche von 2500 qm. Der zuletzt zu ermittelnde Bodenrichtwert per 1.1.2011 beträgt 300 €/qm. Der Steuerbilanzwert des Gebäudes beträgt zum Erwerbszeitpunkt 90 000 €.

Wertermittlung:

Bodenwert gem. § 147 Abs. 2 Satz 1:	2500 qm × 300 € = 750 000 € /davon 70 % =	525 000 €
Gebäudewert gem. § 147 Abs. 2 Satz 2:		90 000 €
Grundstückswert §139		615 000 €

4. Niedrigerer gemeiner Wert

13 Der **Nachweis des geringeren gemeinen Werts** für das gesamte Objekt ist möglich (§ 138 Abs. 4).

IV. Mischbebauung

1. Regelungsgegenstand

Es ist möglich, dass sich auf einem Grundstück sowohl Gebäude 14
bzw. Gebäudeteile befinden, für die das Ertragswertverfahren einschlägig ist als auch solche, die gem. § 147 mit dem ertragsteuerlichen Wert anzusetzen sind. Das von der Finanzverwaltung für Erwerbe vor dem 1.1.2003 praktizierte **Mischverfahren** ist ab 2003 nicht mehr anzuwenden. In derartigen Fällen richtet sich die Wertermittlung nun für die gesamte wirtschaftliche Einheit einheitlich nach § 147 (R 178 Abs. ErbStR 2003).

Beispiel
Auf einem per 10.4.2012 zu bewertenden Grundstück befindet sich ein Büro- und ein Werkstattgebäude.Das bewertungsrechtlich als eine wirtschaftliche Einheit zu beurteilende Grundstück wird bilanziert. Das Bürogebäude hat per 10.4.2012 einen Steuerbilanzwert von 355000 €, das Werkstattgebäude von 178650 €, Das Grundstück hat eine Fläche von 4000 qm. Der maßgebende Bodenrichtwert beträgt 100 €/qm.

Wertermittlung
Die Wertermittlung erfolgt ausschließlich nach den Grundsätzendes § 147, auch dann, wenn das Bürogebäude für sich betrachtet gem. §146 bewertet werden könnte.

Wert des Grund und Bodens § 147 Abs.2 Satz 2: 4.000qm x 100€ x 70 % =	280.000 €
Wert für das Bürogebäude § 147 Abs.2 Satz 2	355.000 €
Wert für das Werkstattgebäude	178.650 €
Grundstückswert	813.650 €
Gerundet gem. § 139	813.500 €

Die Mindestwertregelung ist bei der Bewertung nach § 147 nicht zu beachten.

2. Bewertungsgrundsätze

Bei **Erwerben ab dem 1.1.2003** ist wie folgt vorzugehen: 15
– Lässt sich für das gesamte Grundstück **eine Jahresmiete** (vereinbart oder üblich) ermitteln, ist das Grundstück im Ertragswertverfahren zu bewerten.
– Ist für ein Grundstück **keine Jahresmiete** (vereinbart oder üblich) zu ermitteln, ist dieses Grundstück gem. § 147 zu bewerten (*Gürsching/Stenger* § 147 Rz. 153).

3. Nachteile aus der Abschaffung des Mischverfahrens

16 **Bei neu errichteten Gebäuden** wäre es für die Betroffenen häufig günstiger gewesen, wenn es bei dem bisherigen (bis 31.12.2002) Mischverfahren geblieben wäre. Um eine etwaige Höherbewertung zu vermeiden, sollte die wirtschaftliche Einheit in zwei selbständige Grundstücke aufgeteilt werden, und zwar in ein Grundstück, das mit dem Ertragswertobjekt bebaut ist, und in ein Grundstück, das mit Gebäuden bebaut ist, für die die Sonderbewertung nach § 147 durchzuführen ist. Im Ergebnis erreicht man damit die Anwendung des „alten" Mischverfahrens (*Gürsching/Stenger* § 147 Rz.155).

4. Niedrigerer gemeiner Wert

17 Der niedrigere gemeine Wert kann **nachgewiesen** werden (§ 138 Abs. 4).

§ 148 Erbbaurecht

(1) **Ist das Grundstück mit einem Erbbaurecht belastet, ist bei der Ermittlung der Grundbesitzwerte für die wirtschaftliche Einheit des belasteten Grundstücks und für die wirtschaftliche Einheit des Erbbaurechts von dem Gesamtwert auszugehen, der sich für den Grund und Boden einschließlich der Gebäude vor Anwendung des § 139 ergäbe, wenn die Belastung nicht bestünde.**

(2) **Der Wert des Grund und Bodens entfällt auf die wirtschaftliche Einheit des belasteten Grundstücks.**

(3) ¹**Der Gebäudewert entfällt allein auf die wirtschaftliche Einheit des Erbbaurechts, wenn die Dauer dieses Rechts im Besteuerungszeitpunkt mindestens 40 Jahre beträgt oder der Eigentümer des belasteten Grundstücks bei Erlöschen des Erbbaurechts durch Zeitablauf eine dem Wert des Gebäudes entsprechende Entschädigung zu leisten hat.** ²**Beträgt die Dauer des Erbbaurechts im Besteuerungszeitpunkt weniger als 40 Jahre und ist eine Entschädigung ausgeschlossen, ist der Gebäudewert zu verteilen.** ³**Dabei entfallen auf die wirtschaftliche Einheit des Erbbaurechts bei einer Dauer dieses Rechts von**

unter 40	bis zu	35 Jahren	90 Prozent
unter 35	bis zu	30 Jahren	85 Prozent
unter 30	bis zu	25 Jahren	80 Prozent

unter 25	bis zu	20 Jahren	70 Prozent
unter 20	bis zu	15 Jahren	60 Prozent
unter 15	bis zu	10 Jahren	50 Prozent
unter 10	bis zu	8 Jahren	40 Prozent
unter 8	bis zu	7 Jahren	35 Prozent
unter 7	bis zu	6 Jahren	30 Prozent
unter 6	bis zu	5 Jahren	25 Prozent
unter 5	bis zu	4 Jahren	20 Prozent
unter 4	bis zu	3 Jahren	15 Prozent
unter 3	bis zu	2 Jahren	10 Prozent
unter 2 Jahren	bis zu	1 Jahr	5 Prozent
unter 1 Jahr			0 Prozent.

⁴**Auf die wirtschaftliche Einheit des belasteten Grundstücks entfällt der verbleibende Teil des Gebäudewerts.** ⁵**Beträgt die Entschädigung für das Gebäude beim Übergang nur einen Teil des gemeinen Werts, ist der dem Eigentümer des belasteten Grundstücks entschädigungslos zufallende Anteil entsprechend zu verteilen.** ⁶**Eine in der Höhe des Erbbauzinses zum Ausdruck kommende Entschädigung für den gemeinen Wert des Gebäudes bleibt außer Betracht.**

(4) ¹**Bei den nach § 146 zu bewertenden Grundstücken beträgt der Gebäudewert 80 Prozent des nach § 146 Abs. 2 bis 5 ermittelten Werts; der verbleibende Teil des Gesamtwerts entspricht dem Wert des Grund und Bodens.** ²**Bei bebauten Grundstücken im Sinne des § 147 Abs. 1 ist der Wert des Grund und Bodens nach § 147 Abs. 2 Satz 1 und der Gebäudewert nach § 147 Abs. 2 Satz 2 zu ermitteln.**

(5) **Für Wohnungserbbaurechte oder Teilerbbaurechte gelten die Absätze 1 bis 4 entsprechend.**

(6) **Das Recht auf den Erbbauzins wird weder als Bestandteil des Grundstücks noch als gesondertes Recht angesetzt; die Verpflichtung zur Zahlung des Erbbauzinses ist weder bei der Bewertung des Erbbaurechts noch als gesonderte Verpflichtung abzuziehen.**

Übersicht

	Rn.
I. Allgemeines	1
II. Zivilrechtlicher Begriff „Erbbaurecht"	2–7
III. Wert des belasteten Grundstücks und des Erbbaurechts	8, 9
IV. Ermittlung des Gesamtwerts und Aufteilung in	

Gebäudewert und Wert für den Grund und Boden	10–14
1. Ermittlung des Gesamtwerts bei unbebauten Grundstücken	10
2. Ermittlung des Gesamtwerts bei bebauten Grundstücken	11–14
a) Ermittlung bei Grundstücken, die gem. § 146 bewertet werden	11
b) Ermittlung beim Ansatz des Mindestwerts	12
c) Ermittlung bei Grundstücken, die gem. § 147 bewertet werden	13
d) Ermittlung bei Grundstücken, die gem. § 149 bewertet werden	14
V. Wirtschaftliche Einheit „Erbbaurecht"	15–18
1. 100 % vom Gebäudewert	16
2. 90 %–0 % vom Gebäudewert	17
3. Sonderfall	18
VI. Wirtschaftliche Einheit „belastetes Grundstück"	19
VII. Erbbauzins	20
VIII. Wohnungs- und Teilerbbaurecht	21, 22
1. Begriff	21
2. Bewertung	22
IX. Nachweis des niedrigeren gemeinen Werts	23

I. Allgemeines

1 Mit dem **JStG 2007** v. 13.12.2006 (BGBl. I 2006, 2878) wurde die Bewertung von Erbbaurechtsverhältnissen **mit Wirkung vom 1.1.2007 völlig neu geregelt.** Während bisher die Restlaufzeiten des Erbbaurechts oder eine vereinbarte Entschädigung ohne Bedeutung für die Bewertung waren, werden diese nunmehr – in Anlehnung an die Einheitsbewertung – berücksichtigt.

II. Zivilrechtlicher Begriff „Erbbaurecht"

2 Das Erbbaurecht ist gem. § 1 Abs. 1 ErbbRVO **das veräußerliche und vererbliche Recht** an einem Grundstück auf oder unter der Oberfläche des Grundstücks ein Bauwerk zu haben.

3 Der **Eigentümer des Grund und Bodens** lässt sich die Einschränkung seiner Rechtsstellung in der Regel durch die Zahlung eines Erbbauzinses entgelten, der nach Zeit und Höhe im Voraus für die ganze Erbbauzeit bestimmt sein muss (§ 9 ErbbRVO). Das

Grundstück, an dem das Erbbaurecht bestellt ist, wird als belastetes Grundstück bezeichnet.

Zivilrechtlich entsteht das Erbbaurecht durch Abschluss eines notariellen Vertrags und der Eintragung im Grundbuch (§ 11 ErbbRVO/§ 873 BGB). — 4

Bewertungsrechtlich entsteht das Erbbaurecht bereits, wenn an dem Grundstück durch notariellen Vertrag ein Erbbaurecht bestellt und alles Notwendige zur Eintragung veranlasst worden ist (BFH II R 145/82 v. 8.4.1987, BFH/NV 1988, 568). — 5

Gem. § 12 Abs. 1 ErbbRVO gilt das auf Grund des Erbbaurechts errichtete Gebäude als wesentlicher Bestandteil des Erbbaurechts. Demnach ist das **Gebäude kein wesentlicher Bestandteil** des Grundstücks. — 6

Grundsätzlich erhält der Erbbauberechtigte bei Erlöschen des Erbbaurechts eine **Entschädigung** dafür, dass das Bauwerk nach Zeitablauf an den Grundstückseigentümer fällt (§ 27 ErbbRVO). — 7

III. Wert des belasteten Grundstücks und des Erbbaurechts

Bei Grundstücken, die mit einem Erbbaurecht belastet sind, bestehen **zwei getrennte wirtschaftliche Einheiten.** Gegenstand der Bewertung ist die wirtschaftliche Einheit „Erbbaurecht" und/oder die wirtschaftliche Einheit „belastetes Grundstück". — 8

Bei der Bewertung ist von einem **Gesamtwert** auszugehen, der sich für den Grund und Boden einschließlich der Gebäude vor Anwendung des § 139 ergäbe, wenn die Belastung nicht bestünde. Der Gesamtwert ist dann in Abhängigkeit von den vertraglichen Vereinbarungen (Restlaufzeit/Art der Entschädigungsleistung) auf die beiden wirtschaftlichen Einheiten aufzuteilen (*Rössler/Troll* § 148 Rz. 5–7). — 9

IV. Ermittlung des Gesamtwerts und Aufteilung in Gebäudewert und Wert für den Grund und Boden

1. Ermittlung des Gesamtwerts bei unbebauten Grundstücken

Wenn der Erbbauberechtigte das Erbbaurecht noch nicht ausgeübt hat, d.h. das Grundstück **noch unbebaut** ist, ermittelt sich der Gesamtwert nach § 145 Abs. 3. Der sich ergebende Wert entfällt in vollem Umfang auf den Grund und Boden und damit auf das belas- — 10

§ 148 Erbbaurecht

tete Grundstück. Das Erbbaurecht wird mit 0.- € angesetzt (Gleichl. Ländererlasse v. 2.4.2007, BStBl I 2007, 314).

2. Ermittlung des Gesamtwerts bei bebauten Grundstücken

11 **a) Ermittlung bei Grundstücken, die gem. § 146 bewertet werden.** Von dem **gem. § 146 Abs. 2–6 ermittelten Wert** entfallen
- 80 % auf das Gebäude
- 20 % auf den Grund und Boden

Beispiel:
Per 10.3.2012 ist ein im Erbbaurecht errichtetes Einfamilienhaus (Wohnfläche 150 qm/maßgebende Miete 10 €/qm) zu bewerten. Die Grundstücksgröße beträgt 500qm. Der zuletzt zu ermittelnde Bodenrichtwert beträgt 300 €. Das Einfamilienhaus ist vor 60 Jahren errichtet worden.

Wertermittlung

Miete 150 qm x 10 € x12 Monate (= Jahresmiete) xVervielfältiger 12,5	= 225000 €
Abzüglich Alterswertminderung, max 25 % von 225.000 €	56250 €
	168750 €
+ Zuschlag gem. § 146 Abs.5	33750 €
	202500 €
Mindestwert gem. §146 Abs. 6	
500 qm x 300 x 80 %	120000 €
Mindestwert kommt nicht zum Tragen.	
Auf das Gebäude entfällt ein Anteil von 80 %	162000 €
Auf den Grund und Boden entfällt der verbleibende Teil	40500 €

12 **b) Ermittlung beim Ansatz des Mindestwerts.** Von dem **Mindestwert** entfallen
- 80 % auf das Gebäude
- 20 % auf den Grund und Boden

13 **c) Ermittlung bei Grundstücken, die gem. § 147 bewertet werden.** Der Wert des Grund und Bodens errechnet sich nach § 147 Abs. 2 Satz 1. Der Wert des Gebäudes errechnet sich nach § 147 Abs. 2 Satz 2.

14 **d) Ermittlung bei Grundstücken, die gem. § 149 bewertet werden.** Bei Grundstücken im Zustand der Bebauung richtet sich die Aufteilung nach der Bewertungsmethode für die Bewertung des gesamten Grundstücks.

V. Wirtschaftliche Einheit „Erbbaurecht"

Der wirtschaftlichen Einheit **„Erbbaurecht"** ist der **volle Gebäudewert oder ein Teil davon** zuzurechnen. Der Wert umfasst auch die vom Erbbauberechtigten errichteten Außenanlagen, die sonstigen wesentlichen Bestandteile und das Zubehör. Etwaige vom Erbbauberechtigten errichtete Betriebsvorrichtungen sind gesondert zu erfassen und zu bewerten. Im Gegensatz zum bis zum 31.12.2006 geltenden Recht kann sich nicht mehr ein negativer Wert ergeben. Das Erbbaurecht kann allerdings 0.– € betragen, wenn es im Besteuerungszeitpunkt noch nicht durch Bebauung ausgeübt worden ist (*Rössler/Troll* § 148 Rz. 11).

Die **Zuordnung** des Gebäudewerts bzw. Anteils am Gebäudewert zum Erbbaurecht richtet sich nach folgenden Regeln:

1. 100 % vom Gebäudewert

Die **Dauer** des Erbbaurechts beträgt im Besteuerungszeitpunkt noch **mindestens**
– 40 Jahre
oder
– der Eigentümer des belasteten Grundstücks hat bei Erlöschen des Erbbaurechts durch Zeitablauf eine dem Wert des Gebäudes entsprechende Entschädigung zu leisten

Ergebnis: Der volle Gebäudewert stellt den Bedarfswert des Erbbaurechts dar.

Beispiel:
Zu bewerten ist ein im Erbbaurecht errichtetes Mehrfamilienhaus. Der Gesamtwert (§ 146) beträgt 483 750 €. Die Restlaufzeit des Erbbaurechts beträgt noch 47 Jahre.
Der Gebäudewert beträgt 80 % des Gesamtwerts = 387.000 € (§ 139). Dieser Wert stellt den Wert der wirtschaftlichen Einheit „Erbbaurecht" dar.
Anmerkung: Der Bodenwert beträgt 20 % = 96 750 €. Dieser Wert stellt den Wert der wirtschaftlichen Einheit „belastetes Grundstück" dar. Der Wert ist gem. § 139 zu runden. Der Grundbesitzwert beträgt somit 96 500 €.

2. 90 %–0 % vom Gebäudewert

– Die Dauer des Erbbaurechts beträgt im Besteuerungszeitpunkt **weniger als 40 Jahre**
(Tabelle § 148 Abs. 3 Satz 3)
und

– der Eigentümer des belasteten Grundstücks zahlt bei Erlöschen des Erbbaurechts durch Zeitablauf keine dem Wert des Grundstücks **entsprechende Entschädigung**.

Ergebnis: Ein Teil des Gebäudewerts entfällt auf die wirtschaftliche Einheit „Erbbaurecht". Der verbleibende Teil ist der wirtschaftlichen Einheit „belastetes Grundstück" zuzuordnen. Je kürzer die Restlaufzeit des Erbbaurechts ist, umso kleiner ist der auf das Erbbaurecht entfallende Anteil. Dementsprechend erhöht sich der Anteil, der auf das belastete Grundstück entfällt.

> **Beispiel:**
> Zu bewerten ist ein im Erbbaurecht errichtetes Mehrfamilienhaus. Der Gesamtwert (§ 146) beträgt 1 031 250 €. Die Restlaufzeit des Erbbaurechts beträgt im Besteuerungszeitpunkt noch 30 Jahre. Die Zahlung einer Entschädigung ist nicht vorgesehen.
> Der Gebäudewert beträgt 80 % des Gesamtwerts = 825 000 €. Bei einer Restlaufzeit von 30 Jahren entfällt auf das Erbbaurecht ein Anteil am Gebäudewert von 85 % = 701 250 €. Nach Rundung (§ 139) ergibt sich ein Grundbesitzwert von 701 000 €.
> *Anmerkung:* Der Bodenwert beträgt 20 % vom Gesamtwert = 206.250 €. Die wirtschaftliche Einheit „belastetes Grundstück" setzt sich zusammen aus dem Bodenwert iHv. 206 250 € und dem verbleibenden Anteil am Gebäudewert iHv. 123 750 € = 330 000 €. Der Grundbesitzwert beträgt 330.000 € (§ 139).

3. Sonderfall

18 Hat der Eigentümer des belasteten Grundstücks bei Ablauf des Erbbaurechts für das Gebäude **nur einen Teil** des Verkehrswerts als **Entschädigung** zu zahlen, ist nur der entschädigungslos zufallende Gebäudeteil entsprechend der Vorgaben des § 148 Abs. 3 Satz 3 zu erteilen.

> **Beispiel:**
> Zu bewerten ist ein im Erbbaurecht errichtetes Einfamilienhaus. Der Gesamtwert (§ 146) beträgt 155 000 €. Die Restlaufzeit beträgt noch 4,5 Jahre. Die zu zahlende Entschädigung beträgt 75 % des Verkehrswerts.
> Der Gebäudewert beträgt 80 % = 124 000 €
> Entschädigter Anteil des Gebäudewerts: 75 % von 124. 000 € = 93 000 €
> → voller Ansatz
> Entschädigungslos übergehender Anteil: 25 % von 124. 000 € = 31 000 €
> → Ansatz mit 20 %
> gem. Tabelle § 148 Abs. 3 = 6200 €
> Der Wert des Erbbaurechts beträgt 93 000 € + 6200 € = 99 200 €. Der Grundbesitzwert beträgt nach Rundung (§ 139): 99 000 €.

Nachweis des niedrigeren gemeinen Werts § 148

Anmerkung: Der Bodenwert beträgt 20 % vom Gesamtwert= 31 000 €. Der Wert des belasteten Grundstück setzt sich zusammen aus dem Bodenwert 31 000 € und dem verbleibenden Gebäudewert 24. 800 € = 55. 800 €. Für das belastete Grundstück ergibt sich nach Rundung (§ 139) ein Grundbesitzwert von 55. 500 €.

VI. Wirtschaftliche Einheit „belastetes Grundstück"

Auf die wirtschaftliche Einheit „belastetes Grundstück" entfällt gem. § 148 Abs. 2 der **Wert des Grund und Bodens und** gem. § 148 Abs. 3 Satz 4 ggf. **ein Anteil am Gebäudewert.** 19

Ist das Grundstück zum Besteuerungszeitpunkt unbebaut und damit der Gesamtwert nach § 145 Abs. 3 zu ermitteln, entfällt der Gesamtwert allein auf die wirtschaftliche Einheit des belasteten Grundstücks (vgl. Beispiele § 148 Rz. 14–16).

VII. Erbbauzins

§ 148 Abs. 6 stellt klar, dass das **Recht auf Erbbauzins** bzw. die **Verpflichtung zur Zahlung** von Erbbauzinsen weder Bestandteil des Grundstücks ist bzw. bei der Bewertung abzuziehen ist. Das Recht auf Erbbauzins bzw. die Verpflichtung zur Zahlung des Erbbauzinses stellt auch kein gesondert zu erfassendes Recht bzw. eine gesondert zu erfassende Verpflichtung dar. 20

VIII. Wohnungs- und Teilerbbaurecht

1. Begriff

Zum Begriff des Wohnungs- und Teilerbbaurechts wird auf § 92 Rz. 1 verwiesen. 21

2. Bewertung

Die allgemeinen Regeln gelten gem. § 148 Abs. 5 auch für das Wohnungs- und Teilerbbaurecht. 22

IX. Nachweis des niedrigeren gemeinen Werts

Gem. § 138 Abs. 4 ist für beide wirtschaftliche Einheiten der Nachweis des geringeren gemeinen Werts möglich. 23

§ 148 a Gebäude auf fremdem Grund und Boden

(1) ¹**Bei Gebäuden auf fremdem Grund und Boden ist § 148 Abs. 1 entsprechend anzuwenden.** ²**Der Bodenwert ist dem Eigentümer des Grund und Bodens, der Gebäudewert dem Eigentümer des Gebäudes zuzurechnen.**
(2) § 148 Abs. 4 und 6 ist entsprechend anzuwenden.

I. Allgemeines

1   Die Regelung ist durch das **JStG 2007** v. 13.12.2006 (BGBl. I 2006, 2878) **neu gefasst** und eingefügt worden. Entsprechend der Neuregelung bei der Bewertung von Erbbaurechten ist auch die Bewertung von Gebäuden auf fremdem Grund und Boden völlig neu gestaltet worden.

II. Begriff „Gebäude auf fremdem Grund und Boden"

2   Ein Gebäude auf fremdem Grund und Boden liegt vor, **wenn ein anderer als der Eigentümer** des Grund und Bodens darauf ein Gebäude errichtet hat und ihm das Gebäude steuerlich zuzurechnen ist. Bewertungsrechtlich liegen zwei wirtschaftliche Einheiten vor. Der Wert des Grund und Bodens ist dem Grundstückseigentümer und der des Gebäudes dem wirtschaftlichen Eigentümer zuzurechnen.

3   Die Annahme wirtschaftlichen Eigentums setzt **eindeutige vertragliche Vereinbarungen** voraus. Der Erbauer des Gebäudes muss die tatsächliche Herrschaft über das Gebäude ausüben und den bürgerlich-rechtlichen Eigentümer auf Dauer von der Einwirkung auf das Gebäude ausschließen können.

4   Befinden sich auf dem Grundstück **nur Betriebsvorrichtungen** oder Außenanlagen liegt kein Fall des Gebäudes auf fremdem Grund und Boden vor.

III. Bewertung

1. Zwei wirtschaftliche Einheiten

5   **Wie beim Erbbaurecht** handelt es sich bei Grundstücken, die mit Gebäuden bebaut sind, die nicht dem Eigentümer zuzurechnen

Bewertung § 148 a

sind, um **zwei wirtschaftliche Einheiten.** Die wirtschaftliche Einheit „Gebäude auf fremdem Grund und Boden" entspricht dabei dem „Erbbaurecht". Die wirtschaftliche Einheit „mit fremdem Gebäude bebautes Grundstück" entspricht der wirtschaftlichen Einheit „belastetes Grundstück".

2. Gesamtwert/Aufteilung in Gebäudewert und Wert für den Grund und Boden

Der auf die wirtschaftlichen Einheiten aufzuteilende Gesamtwert 6
ist – wie in den Erbbaurechtsfällen – **so zu bewerten, als ob das Gebäude Bestandteil des Grund und Bodens** wäre. Sodann ist der Gesamtwert in einen Gebäudewert und einen Wert für den Grund und Boden aufzuteilen. Für die Aufteilung des Gesamtwerts auf das Gebäude und den Grund und Boden gelten dieselben Grundsätze, die beim Erbbaurecht zu beachten sind.

Gebäudewert:
- 80 % des nach § 146 Abs. 2 bis 5 ermittelten Ertragswerts,
- Wert nach § 147 Abs. 2 Satz 2,
- anteiliger Wert nach § 149 in Abhängigkeit vom Bewertungsverfahren (§§ 146 oder 147).

Wert für den Grund und Boden:
- 20 % des nach § 146 Abs. 2 bis 5 ermittelten Ertragswerts,
- Wert nach § 147 Abs. 2 Satz 1,
- anteiliger Wert nach § 149 in Abhängigkeit vom Bewertungsverfahren (§§ 146 oder 147).

3. Zuordnung zu den wirtschaftlichen Einheiten

Der **Bodenwert** ist dem Eigentümer des Grund und Bodens 7
zuzurechnen.

Der **Gebäudewert** ist dem Eigentümer des Gebäudes zuzurech- 8
nen. Eine **Aufteilung** des Gebäudewerts in Abhängigkeit von der Laufzeit und Entschädigung ist nicht vorgesehen.

4. Nutzungsentgelt

Ansprüche auf Nutzungsentgelte bzw. entsprechende Verpflich- 9
tungen haben keinen Einfluss auf die Wertermittlung. Sie sind weder Bestandteil des Grundstücks noch als gesondertes Recht anzusetzen.

Schaffner

IV. Nachweis des niedrigeren gemeinen Werts

10   Der **Nachweis** des niedrigeren gemeinen Werts ist gem. § 138 Abs. 4 für beide wirtschaftliche Einheiten möglich.

§ 149 Grundstücke im Zustand der Bebauung

(1) ¹Ein Grundstück im Zustand der Bebauung liegt vor, wenn mit den Bauarbeiten begonnen wurde und Gebäude oder Gebäudeteile noch nicht bezugsfertig sind. ²Der Zustand der Bebauung beginnt mit den Abgrabungen oder der Einbringung von Baustoffen, die zur planmäßigen Errichtung des Gebäudes führen.

(2) ¹Der Wert ist entsprechend § 146 unter Zugrundelegung der üblichen Miete zu ermitteln, die nach Bezugsfertigkeit des Gebäudes zu erzielen wäre. ²Von diesem Wert sind 80 Prozent als Gebäudewert anzusetzen. ³Dem Grundstückswert ohne Berücksichtigung der nicht bezugsfertigen Gebäude oder Gebäudeteile, ermittelt bei unbebauten Grundstücken nach § 145 Abs. 3 und bei bereits bebauten Grundstücken nach § 146, sind die nicht bezugsfertigen Gebäude oder Gebäudeteile mit dem Betrag als Gebäudewert hinzuzurechnen, der dem Verhältnis der bis zum Besteuerungszeitpunkt entstandenen Herstellungskosten zu den gesamten Herstellungskosten entspricht. ⁴Dieser Wert darf den Wert des Grundstücks, der nach Bezugsfertigkeit des Gebäudes anzusetzen wäre, nicht übersteigen.

(3) Ist die übliche Miete nicht zu ermitteln, ist der Wert entsprechend § 147 zu ermitteln.

Übersicht

	Rn.
I. Allgemeines	1
II. Begriff	2–5
III. Bewertung im Ertragswertverfahren	6–20
1. Bebauung eines unbebauten Grundstücks	6–12
a) Wert des Grundstücks vor der Bebauung	7
b) Wert der neu geschaffenen Bausubstanz	8–10
c) Grundstückswert	11
d) Höchstgrenze	12
2. Erweiterung eines bebauten Grundstücks	13–20
a) Wert des Grundstücks vor der Bebauung	14–16
b) Wert der neu geschaffenen Bausubstanz	17, 18

c) Grundstückswert	19
d) Höchstgrenze	20
IV. Bewertung im Sachwertverfahren	21–29
1. Bebauung eines unbebauten Grundstücks	21–24
a) Wert für den Grund und Boden	22
b) Wert der neu geschaffenen Bausubstanz	23
c) Grundstückswert	24
2. Erweiterung eines bebauten Grundstücks	25–29
a) Wert für den Grund und Boden	26
b) Wert für das vorhandene Gebäude	27
c) Wert der neu geschaffenen Bausubstanz	28
d) Grundstückswert	29
V. Nachweis des niedrigeren gemeinen Werts	30

I. Allgemeines

§ 149 entspricht dem früheren § 91 Abs. 2. Zusätzlich zum Wert 1
des Grund und Bodens soll die **anteilige Bausubstanz** erfasst werden. Dies geschieht in der Form, dass die bis zum Besteuerungszeitpunkt angefallenen Baukosten in einem dem Fertigungsgrad entsprechenden Teil des künftigen Grundstückwerts erfasst werden (*Rössler/Troll* § 149 Rz. 2; *Gürsching/Stenger* § 149 Rz. 11). Bei der Bewertung des Grundstücks im Zustand der Bebauung ist zu unterscheiden, ob es sich bei dem fertiggestellten Grundstück um ein im Ertragswertverfahren oder um ein gem. § 147 zu bewertendes Grundstück handelt.

II. Begriff

Ein Grundstück im Zustand der Bebauung liegt vor, wenn mit 2
den **Abgrabungsarbeiten** oder mit der **Einbringung von Baustoffen** zur planmäßigen Errichtung eines Gebäudes/Gebäudeteils begonnen worden ist. Die Vorbereitung des Grundstücks, zB durch Abbruch eines vorhandenen Gebäudes, die Einzäunung und ähnliche Maßnahmen, ist noch nicht als Beginn der Baumaßnahme anzusehen (R 187 Abs. 1 ErbStR 2003).

Solange ein unbebautes Grundstück vorliegt, sind **Planungskos-** 3
ten als immaterielles Wirtschaftsgut zusätzlich zum Wert des Grund und Bodens zu erfassen. Liegt ein Grundstück im Zustand der Bebauung vor, fließen die Planungskosten dagegen nur in den Aufteilungsmaßstab für die Ermittlung des Fertigstellungsgrads ein (*Rössler/Troll* § 149 Rz. 7).

4 Der Zustand der Bebauung endet mit der **Bezugsfertigkeit** des errichteten Bauwerks. Bezugsfertig ist ein Gebäude, wenn den künftigen Bewohnern oder sonstigen Benutzern zugemutet werden kann, es zu benutzen. Auf die Abnahme durch die Bauaufsichtssichtsbehörde kommt es nicht an. Die Bewertung des Grundstücks erfolgt dann als bebautes Grundstück nach den Grundsätzen des § 146 bzw. § 147.

5 Wird ein Grundstück in **Bauabschnitten** bebaut, liegt ein Grundstück im Zustand der Bebauung nur vor, wenn mit dem nächsten Bauabschnitt begonnen worden ist. Auch wenn sich schon bezugsfertige Gebäude auf dem Grundstück befinden, kann ein Grundstück im Zustand der Bebauung gegeben sein. Das ist der Fall, wenn durch An-, Aus- oder Umbauten an einem bereits vorhandenen Gebäude neuer Wohn- oder Gewerberaum geschaffen werden soll. Modernisierungsmaßnahmen erfüllen dagegen diese Voraussetzungen nicht.

Beispiel 1:
A hat ein Einfamilienhaus errichtet, dessen Dachgeschoss vorübergehend nicht ausgebaut wurde, weil der dadurch geschaffene Wohnraum von A und seiner Ehefrau nicht genutzt würde. Allerdings hat A sämtliche Voraussetzungen für einen Ausbau des Dachgeschosses geschaffen, und zwar für den Fall, dass seine Tochter B in das Einfamilienhaus einzieht. A entschließt sich in 1998, sein Einfamilienhaus auf B zu übertragen und den Dachgeschossausbau in Angriff zu nehmen.

Es liegt kein abschnittsweises Bauen vor, da A zumindest vorübergehend kein Interesse daran hatte, das Dachgeschoss auszubauen. Dieses Interesse ergab sich erst dadurch, dass seine Tochter B in das Einfamilienhaus einziehen will. Hat A im Besteuerungszeitpunkt noch nicht mit den Ausbauarbeiten begonnen, überträgt er ein Einfamilienhaus. Ist dagegen im Besteuerungszeitpunkt ein Teil der Ausbauarbeiten bereits durchgeführt, liegt ein Gebäude im Zustand der Bebauung vor.

Beispiel 2:
C hat ein Einfamilienhaus mit einer Arztpraxis als Anbau geplant. Das Einfamilienhaus ist im Besteuerungszeitpunkt bereits fertiggestellt; mit den Bauarbeiten an der Arztpraxis ist noch nicht begonnen worden.

Besteuert wird hier ein Einfamilienhaus als bereits bezugsfertiges Gebäude mit dem Grund und Boden, und zwar als abgeschlossener Bauabschnitt. Da mit dem Bauabschnitt „Praxisanbau" noch nicht begonnen worden war, kann sich diese Baumaßnahme noch nicht auf den Grundstückswert auswirken. Hätte C bereits die Ausschachtungsarbeiten für den Praxisanbau durchführen lassen, läge insgesamt ein Grundstück im Zustand der Bebauung vor, bei dem der Grundstückswert für das Einfamilienhaus um die neu geschaffene Bausubstanz „Praxisanbau" bis zum Besteuerungszeitpunkt zu erfassen gewesen wäre.

(*Gürsching/Stenger* § 149 Rz. 26).

III. Bewertung im Ertragswertverfahren

1. Bebauung eines unbebauten Grundstücks

Der **Wert** ermittelt sich wie folgt: 6

Wert des Grundstücks vor der Bebauung (§ 145 Abs. 3)
+ Wert der nicht bezugsfertigen Gebäude/Gebäudeteile nach dem Grad der Fertigstellung
= Grundstückswert für Grundstück im Zustand der Bebauung

Dabei ist zu beachten, dass der so ermittelte Wert gem. § 149 Abs. 1 Satz 4 nicht höher sein darf, als der Wert, den das Grundstück nach Fertigstellung hat.

a) Wert des Grundstücks vor der Bebauung. Der Wert ermit- 7
telt sich wie bei unbebauten Grundstücken gem. § 145 Abs. 3. Besonderheiten, wie die Aufteilung in Vorder- und Hinterland, die Berücksichtigung abweichender Geschosszahlen oder der Ansatz größenabhängiger Umrechnungsfaktoren sind zu beachten.

b) Wert der neu geschaffenen Bausubstanz. Bei der Wertermittlung ist nach folgender **Berechnungsweise** vorzugehen:
– **Wert des bebauten Grundstücks nach Fertigstellung** 8
  (zugleich Höchstwert). Bei der Wertermittlung ist von der **üblichen Miete** auszugehen, die nach Bezugsfertigkeit erzielt werden kann. Diese Miete ist mit dem Faktor 12,5 zu multiplizieren. Wird das Grundstück nach Fertigstellung des Gebäudes vermietet, dürfte die vereinbarte Erstmiete, soweit § 146 Abs. 3 dem nicht entgegensteht, anzusetzen sein. Eine **Alterswertminderung** scheidet aus, da es sich bei dem Gebäude im Zeitpunkt der Bezugsfertigkeit um einen Neubau handelt. Der **Zuschlag für ein Wohngebäude** mit ein oder zwei Wohnungen ist, sofern die übrigen Voraussetzungen zum Zeitpunkt der Bezugsfertigkeit vorliegen, anzusetzen (*Gürsching/Stenger* § 149 Rz. 40 ff.).
– **Kürzung des Werts nach Fertigstellung um einen Grund-** 9
  und Bodenanteil. Der Wert nach Fertigstellung umfasst sowohl den Wert des Gebäudes als auch den Wert des Grund und Bodens. Der Grund- und Bodenwert wird gem. § 149 Abs. 1 Satz 2 pauschal mit 20 %, der Gebäudewert dementsprechend mit 80 % angesetzt.
– **Ansatz des Gebäudewerts nach dem Grad der Fertigstel-** 10
  lung. Der Grad der Fertigstellung ergibt sich aus dem **Verhältnis der** vom Beginn der Baumaßnahme bis zum Besteuerungszeit-

punkt angefallenen **Herstellungskosten** zu den gesamten Herstellungskosten nach Abschluss der Baumaßnahme. Stehen die nach dem Besteuerungszeitpunkt anfallenden Herstellungskosten noch nicht fest, können sie unter Heranziehung von Kostenvoranschlägen zB geschätzt werden. Bei Erwerb einer im Bau befindlichen Eigentumswohnung können hilfsweise die im Kaufvertrag festgelegten, vom Baufortschritt abhängig gemachten Kaufpreisraten herangezogen werden (*Rössler/Troll* § 149 Rz. 13).

11 c) **Grundstückswert.** Der Wert für das zuvor **unbebaute Grundstück** zuzüglich des Werts der **neu geschaffenen Bausubstanz** ergibt – vorbehaltlich des § 149 Abs. 1 Satz 4 (Höchstgrenze) – den Grundstückswert.

> **Beispiel:**
> Ein unbebautes Grundstück (Größe 800 qm, Bodenrichtwert 200 €/qm) wird mit einem Einfamilienhaus bebaut. Per 1.2.2012 wird der Grundbesitzwert benötigt. Bis zu diesem Zeitpunkt sind Herstellungskosten von 100 000 € angefallen. Die gesamten Herstellungskosten sollen 400 000 € betragen. Nach Bezugsfertigkeit wäre eine übliche Miete von 12 000 € pa. anzusetzen.
>
> **1. Wert nach Fertigstellung**
> 12 000 € (übliche Miete) × 12,5 =   150 000 €
> + Zuschlag gem. § 146 Abs. 5 iHv. 20 %   30 000 €
>   180 000 €
>
> **2. Gebäudewert**
> 80 % von 180 000 € =   144 000 €
> **3. Ansatz entsprechend dem Grad der Fertigstellung**
> Gesamte Herstellungskosten 400 000 €
> Herstellungskosten bis zum Besteuerungszeitpunkt 100 000 €
> → Grad der Fertigstellung: 25 %
> 25 % von 144 000 € =   36 000 €
> **4. Wert für das unbebaute Grundstück**
> 800 qm × 200 € × 80 % =   128 000 €
> **Grundstückswert**   164 000 €

12 d) **Höchstgrenze.** Gem. § 149 Abs. 1 Satz 4 darf der Wert des Grundstücks im Zustand der Bebauung nicht über den **Wert** des Grundstücks hinausgehen, der **nach Bezugsfertigkeit** des Gebäudes anzusetzen wäre.

> **Beispiel:**
> Für ein Grundstück im Zustand der Bebauung ergibt sich unter Ansatz des Werts für den Grund und Boden und der bis zum Besteuerungszeitpunkt geschaffenen Bausubstanz ein Grundstückswert von 200 000 €. Nach Bezugsfertigkeit würde der Grundstückswert 180 000 € betragen. Als Grundstücks-

wert für das Grundstück im Zustand der Bebauung ist der Höchstwert, also 180 000 €, anzusetzen.

2. Erweiterung eines bebauten Grundstücks

Wird ein bereits bebautes Grundstück um ein Gebäude oder einen Gebäudeteil **erweitert**, errechnet sich der Grundstückswert wie folgt: **13**

Wert des bebauten Grundstücks vor Beginn der Baumaßnahme
(§ 146)
+ Wert der nicht bezugsfertigen Gebäude/Gebäudeteile nach
  dem Grad der Fertigstellung

= Grundstückswert für das Grundstück im Zustand der Bebauung

Zu beachten ist wiederum, dass der so ermittelte Wert gem. § 149 Abs. 1 Satz 4 nicht höher sein darf als der Wert, den das Grundstück nach Fertigstellung hat.

a) Wert des Grundstücks vor der Bebauung. Der Grundstückswert vor Beginn der Baumaßnahme ist **ohne Berücksichtigung des** im Besteuerungszeitpunkt **noch nicht fertiggestellten Gebäudes/Gebäudeteils** zu berechnen. Die Mindestwertregelung ist zu beachten. **14**

Werden vorhandene **Gebäudeteile abgebrochen,** ist für die Ermittlung des Ausgangswerts nur das zu berücksichtigen, was nach Beendigung der Abbrucharbeiten auf dem Grundstück vorhanden ist. Handelt es sich dabei um ein nicht benutzbares Gebäude, erfolgt die Bewertung ohne Berücksichtigung der Bausubstanz wie bei einem unbebauten Grundstück. Die vorhandene Altsubstanz wird in diesen Fällen mit ihrem gemeinen Wert den Herstellungskosten bis zum Besteuerungszeitpunkt zugerechnet. Handelt es sich dagegen um ein benutzbares Gebäude, ist für dieses zusammen mit dem Grund und Boden eine Wertermittlung im Ertragswertverfahren durchzuführen (*Gürsching/Stenger* § 149 Rz. 81). **15**

Für den **Zuschlag iHv. 20 %** bei Wohngrundstücken mit nicht mehr als zwei Wohnungen kommt es bei dem Ausgangswert auf den Zeitpunkt des Beginns der Baumaßnahme an. Der Umstand, dass im Besteuerungszeitpunkt bereits eine dritte Wohnung im Bau befindlich ist, wirkt sich daher auf die Höhe des Grundstückswerts vor Baubeginn nicht aus (FinMin. Bayern v. 28.9.1998, StEK BewG § 149 Nr. 2). **16**

b) Wert der neu geschaffenen Bausubstanz. Dieser Wert errechnet sich wie folgt: **17**

§ 149 Grundstücke im Zustand der Bebauung

- Übliche Miete für den Anbau zum Fertigstellungszeitpunkt × Vervielfacher iHv. 12,5 %,
- Kürzung um den Bodenwertanteil iHv. 20 %,
- Ansatz unter Berücksichtigung des Fertigstellungsgrads (Verhältnis der Herstellungskosten).

(R 189 Abs. 2 Satz 2 ErbStR 2003).

18 Der **Wert der neu geschaffenen Bausubstanz** errechnet sich wie folgt:

Wert des Grundstücks nach Fertigstellung
./. Wert des Grundstücks vor Beginn der Baumaßnahme
= Wertzuwachs

davon 80 % als Gebäudeanteil/anzusetzen nach dem Fertigstellungsgrad.

19 **c) Grundstückswert.** Der Wert für das **zuvor bereits bebaute Grundstück** zuzüglich des Werts der **neu geschaffenen Bausubstanz** ergibt – vorbehaltlich des § 149 Abs. 1 Satz 4 (Höchstgrenze) – den Grundstückswert.

Beispiel (Erwerb nach dem 31.12.1998)
Ein mit einem Mehrfamilienhaus bebautes Grundstück, das 1000 qm groß ist und für das sich aus der Bodenrichtwertkarte ein Bodenrichtwert von 400 €/qm ergibt, wird um einen Anbau erweitert. Der nachgewiesene Verkehrswert für das Grundstück in unbebautem Zustand beträgt nach dem Gutachten eines vereidigten und öffentlich bestellten Sachverständigen 300 000 €. Der Eigentümer stirbt während der Bauphase; Besteuerungszeitpunkt ist der 12.6.2002. Die Herstellungskosten für den Anbau haben bis zu diesem Zeitpunkt 50 000 € betragen. Die Erben wenden nach dem Erbfall noch weitere 150 000 € an Herstellungskosten auf. Der Fertigstellungsgrad im Besteuerungszeitpunkt beträgt somit 25 %. Die Jahresmiete des bereits vorhandenen Gebäudes, das im Besteuerungszeitpunkt 10 Jahre und nach Beendigung der Baumaßnahme 12 Jahre alt ist, beträgt 24 000 € (entspricht auch der Miete nach Fertigstellung des Anbaus). Für den Anbau ergibt sich nach Fertigstellung eine übliche Miete von 9000 €. Der Anbau teilt aufgrund der Bauweise nicht das Schicksal des Hauptgebäudes.

Wert des bebauten Grundstücks **nach Beendigung** der Baumaßnahme
Jahresmiete für den Altbau von 24 000 €

× Vervielfacher 12,5 =	300 000 €
abz. Alterswertminderung (12 × 0,5 % = 6 %)	./. 18 000 €
verbleiben	282 000 €
Übliche Miete für den Anbau nach Fertigstellung von 9000 € × Vervielfacher 12,5 =	112 500 €
Grundstückswert	394 500 €

Wert des bebauten Grundstücks **vor Beginn** der Baumaßnahme (Bauteil I)
Jahresmiete von 24 000 € × Vervielfacher 12,5 =   300 000 €

Alterswertminderung (10 × 0,5% = 5% des Ausgangswerts)	./. 15 000 €
Verbleiben	285 000 €
Mindestwert	
1000 qm × 400 €/qm × 80%	320 000 €
Nachgewiesener niedrigerer Verkehrswert	300 000 €
Anzusetzen	300 000 €

Gebäudewert für den Anbau (Bauteil II) nach dem Grad der Fertigstellung im Besteuerungszeitpunkt	
Übliche Jahresmiete von 9000 € × Vervielfacher 12,5 =	112 500 €
Bodenwertanteil (20% von 112 500 €)	./. 22 500 €
Gebäudewertanteil für den Ausbau	90 000 €

Entsprechend dem Fertigstellungsgrad im Besteuerungszeitpunkt	
25% von 90 000 €	22 500 €
Grundstückswert einschließlich des im Bau befindlichen Gebäudeteils	322 500 €

d) Höchstgrenze. Gem. **§ 149 Abs. 1 Satz 4** darf der **Wert** des 20 Grundstücks im Zustand der Bebauung nicht über den Wert des Grundstücks hinausgehen, der **nach Bezugsfertigkeit des Gebäudes** anzusetzen wäre. Der Wert muss auch die Alterswertminderung berücksichtigen, die auf die Zeit zwischen dem Besteuerungszeitpunkt und dem Fertigstellungszeitpunkt entfällt (FinMin. Bayern v. 22.12.1999, StEK BewG § 149 Nr. 4).

IV. Bewertung im Sachwertverfahren

1. Bebauung eines unbebauten Grundstücks

Der **Grundstückswert** errechnet sich wie folgt: 21

Wert des Grund und Bodens
+ im Bau befindliche Bausubstanz, ermittelt nach ertragsteuerlichen Grundsätzen

= Grundstückswert

a) Wert für den Grund und Boden. Der Grund und Boden 22 ist nach folgender Formel zu bewerten:
Grundstücksfläche × Bodenrichtwert abzüglich Abschlag iHv. 30%
Ab Baumaßnahme verringert sich damit der Wert des Grund und Bodens um 10% (30% Abschlag statt 20%; *Gürsching/Stenger* § 149 Rz. 61).

b) Wert der neu geschaffenen Bausubstanz. Der **Gebäude-** 23 **wert** ist gem. § 149 Abs. 2 iVm. § 147 Abs. 3 Satz 2 **nach ertrag-**

steuerlichen Bewertungsvorschriften zu ermitteln. Dies sind die bis zum Besteuerungszeitpunkt angefallenen ertragsteuerlichen Herstellungskosten. Abbruchkosten bleiben außer Betracht (R 190).

24 **c) Grundstückswert.** Der Wert von Grund und Boden plus Wert für das im Bau befindliche Gebäude ergeben zusammen den Grundstückswert für das Grundstück im Zustand der Bebauung.

2. Erweiterung eines bebauten Grundstücks

25 Der **Grundstückswert** errechnet sich wie folgt:

  Wert des Grund und Bodens
+ Wert des vorhandenen Gebäudes
+ Wert für die im Bau befindliche Bausubstanz

= Grundstückswert

26 **a) Wert für den Grund und Boden.** Der Grund und Boden ist wie bei der Bebauung zuvor unbebauter Grundstücke nach folgender Formel zu bewerten:

Grundstücksfläche × Bodenrichtwert abzüglich Abschlag iHv. 30 %

27 **b) Wert für das vorhandene Gebäude.** Das vorhandene Gebäude ist mit dem ertragsteuerlichen Wert anzusetzen.

28 **c) Wert der neu geschaffenen Bausubstanz.** Das im Bau befindliche Gebäude ist wie bei zuvor unbebauten Grundstücken mit den bis zum Besteuerungszeitpunkt angefallenen ertragsteuerlichen Herstellungskosten anzusetzen.

d) Grundstückswert.

29 **Beispiel:**
Ein Grundstück mit einer Fläche von 5000 qm ist mit einem Produktionsgebäude bebaut. An dieses Produktionsgebäude wird eine größere Lagerhalle angebaut, die von dem Grundstückseigentümer eigengenutzt wird. Für diese Lagerhalle lässt sich nach Bezugsfertigkeit keine übliche Miete ermitteln. Während der Bauphase ist der Grundstückseigentümer verstorben. Für das Grundstück ergibt sich ein Bodenrichtwert von 30 €/qm. Der Steuerbilanzwert des Produktionsgebäudes beträgt im Besteuerungszeitpunkt 500 000 €. Für die Lagerhalle sind bis zum Besteuerungszeitpunkt 600 000 € an Herstellungskosten aufgewandt worden; in diesen Herstellungskosten sind 20 000 € Abbruchkosten enthalten.
Der Grundstückswert ist nach § 149 Abs. 2 zu ermitteln, und zwar unter getrennter Berechnung des Werts des Grund und Bodens und des Gebäudewerts.

Für den Grund und Boden sind anzusetzen:	
5000 qm × 30 €/qm × 70% =	105 000 €
Das bereits vorhandene Gebäude ist mit dem Steuerbilanzwert anzusetzen =	500 000 €
Das im Bau befindliche Gebäude ist mit den bis zum Besteuerungszeitpunkt angefallenen Herstellungskosten, allerdings ohne Berücksichtigung der Abbruchkosten anzusetzen =	580 000 €
Grundstückswert	1 185 000 €

V. Nachweis des niedrigeren gemeinen Werts

Der **Nachweis** des geringeren gemeinen Werts für das im Zustand der Bebauung befindliche Grundstück ist im § 138 Abs. 4 vorgesehen. 30

§ 150 Gebäude und Gebäudeteile für den Zivilschutz

Gebäude, Teile von Gebäuden und Anlagen, die wegen der in § 1 des Zivilschutzgesetzes bezeichneten Zwecke geschaffen worden sind und im Frieden nicht oder nur gelegentlich oder geringfügig für andere Zwecke benutzt werden, bleiben bei der Ermittlung des Grundstückswerts außer Betracht.

I. Begünstigte Wirtschaftsgüter

Begünstigt sind Gebäude, Gebäudeteile und Anlagen, die **wegen der in § 1 Zivilschutzgesetz** v. 25.3.1997 (BGBl. I 1997, 720) bezeichneten Zwecke geschaffen worden sind. Befreit sind danach insbesondere private Schutzräume (Schutzraum, Gaskammer, Druckkammer usw.) und dazu gehörende Anlagen und Einrichtungen. Werden diese Räume in Friedenszeiten gelegentlich für andere Zwecke (zB Abstellen von Fahrrädern, Gartengeräten uä.) genutzt, so ist dieses für die Befreiung unschädlich. Eine dauerhafte Nutzung zu anderen Zwecken ist dagegen schädlich (*Rössler/Troll* § 150 Rz. 5). 1

II. Umfang der Begünstigung

Die begünstigten Gebäude, Gebäudeteile und Anlagen bleiben bei der Ermittlung des Grundstückswerts **außer Betracht.** Bei der Bewertung im Ertragswertverfahren wird die auf die begünstigten 2

Teile entfallende Jahresmiete nicht angesetzt (R 192 Abs. 2 Satz 1 ErbStR 2003). Bei Grundstücken, die gem. § 147 bewertet werden, bleiben die auf die begünstigten Gebäude, Gebäudeteile und Anlagen entfallenden Anschaffungs- oder Herstellungskosten abzüglich der Abschreibungen bis zum Besteuerungszeitpunkt außer Ansatz. Der **Wert des Grund und Bodens** ist mit 70% des Bodenrichtwerts anzusetzen; die den begünstigten Gebäude(teilen) zuzurechnende Grundstücksfläche wird dabei nicht herausgerechnet (R 192 Abs. 3 ErbStR 2003).

Fünfter Abschnitt: Gesonderte Feststellungen

§ 151 Gesonderte Feststellungen

(1) ¹**Gesondert festzustellen (§ 179 der Abgabenordnung)** sind
1. Grundbesitzwerte (§§ 138, 157),
2. der Wert des Betriebsvermögens oder des Anteils am Betriebsvermögen (§§ 95, 96, 97),
3. der Wert von Anteilen an Kapitalgesellschaften im Sinne des § 11 Abs. 2,
4. der Anteil am Wert von anderen als in den Nummern 1 bis 3 genannten Vermögensgegenständen und von Schulden, die mehreren Personen zustehen,

wenn die Werte für die Erbschaftsteuer oder eine andere Feststellung im Sinne dieser Vorschrift von Bedeutung sind. ²Die Entscheidung über eine Bedeutung für die Besteuerung trifft das für die Festsetzung der Erbschaftsteuer oder die Feststellung nach Satz 1 Nr. 2 bis 4 zuständige Finanzamt.

(2) **In dem Feststellungsbescheid für Grundbesitzwerte sind auch Feststellungen zu treffen**
1. über die Art der wirtschaftlichen Einheit;
2. über die Zurechnung der wirtschaftlichen Einheit und bei mehreren Beteiligten über die Höhe des Anteils, der für die Besteuerung oder eine andere Feststellung von Bedeutung ist; beim Erwerb durch eine Erbengemeinschaft erfolgt die Zurechnung in Vertretung der Miterben auf die Erbengemeinschaft. ²Entsprechendes gilt für die Feststellungen nach Absatz 1 Satz 1 Nr. 2 bis 4.

(3) ¹Gesondert festgestellte Werte im Sinne des Absatzes 1 Satz 1 Nummer 1 bis 4 sind einer innerhalb einer Jahresfrist folgenden Feststellung für dieselbe wirtschaftliche Einheit

Allgemeines § 151

unverändert zu Grunde zu legen, wenn sich die für die erste Bewertung maßgeblichen Stichtagsverhältnisse nicht wesentlich geändert haben. ²Der Erklärungspflichtige kann eine von diesem Wert abweichende Feststellung nach den Verhältnissen am Bewertungsstichtag durch Abgabe einer Feststellungserklärung beantragen.

(4) Ausländisches Vermögen unterliegt nicht der gesonderten Feststellung.

(5) ¹Grundbesitzwerte (Absatz 1 Satz 1 Nr. 1) sind auch festzustellen, wenn sie für die Grunderwerbsteuer von Bedeutung sind. ²Absatz 1 Satz 2 gilt entsprechend. ³Absatz 2 ist nicht anzuwenden.

Übersicht

	Rn.
I. Allgemeines	1–5
II. Gegenstand der Feststellung	6
III. Feststellung bei Bedarf	7–11
IV. Feststellungszeitpunkt	12
V. Art und Zurechnung der wirtschaftlichen Einheit	13–18
VI. Nachrichtliche Angaben im Feststellungsbescheid	19
VII. Basiswert	20–22
VIII. Ausländisches Vermögen	23
IX. Gesonderte Feststellung für Grunderwerbsteuerzwecke	24–26

I. Allgemeines

Für Besteuerungszeitpunkte **vor dem 1.1.2007** regelte § 138 das 1 Verfahrensrecht zur Bedarfsbewertung. Geregelt war nur die gesonderte Feststellung von Grundbesitzwerten für die Erbschaft- und Schenkungsteuer und die Grunderwerbsteuer. Es fehlten jedoch Vorschriften für die gesonderte Wertfeststellung anderer Besteuerungsgrundlagen, die für die Erbschaft- und Schenkungsteuer von Bedeutung sind, wie zB die Ermittlung des Werts des Betriebsvermögens bei einem Einzelunternehmer. Diese Werte mussten von den Erbschaftsteuerfinanzämtern im Rahmen der Erbschaft- und Schenkungsteuerveranlagung als unselbstständige Besteuerungsgrundlagen selbstständig ermittelt werden. Meistens bedienten sich die Erbschaftsteuerfinanzämter der Amtshilfe der Betriebsfinanzämter.

§ 151 Gesonderte Feststellungen

2   Für Besteuerungszeitpunkte **nach dem 31.12.2006** wurde das Feststellungsverfahren in den §§ 151–156 neu geregelt (**JStG 2007** v. 13.12.2006 (BGBl. I 2006, 2878) und auf sämtliche Wertfeststellungen ausgedehnt.

3   § 151 Abs. 1 Satz 1 Nr. 1 und 2, Abs. 2 und Abs. 3 wurden durch das **ErbStRG** v. 24.12.2008 (BGBl. I 2008, 3018) **mit Wirkung vom 1.1.2009** neu gefasst.

4   § 151 Abs. 1 Nr. 4 ist durch das **JStG 2010** v. 8.12.2010 (BGBl. I 2010, 1768) eingefügt worden. Danach ist nicht der Wert von anderen als in den § 151 Abs. 1 Nr 1-3 genannten Vermögensgegenständen und Schulden zu ermitteln, sondern der Anteil an diesem Wert. Diese Regelung ist **rückwirkend ab 2009** anzuwenden. Die **Basiswertregelung** des § 151 Abs. 3 Satz1 wurde durch das **StVereinfG 2011** v. 1.11.2011 (BGBl. I 2011, 2131) auf Feststellungen iSd § 151 Abs. 1 Nr. erweitert.

5   Für die Anwendung der **Steuerbefreiung von Betriebsvermögen** gem. §§13a, 13b und 19a ErbStG müssen die Erbschaftsteuerstellen prüfen, ob bestimmte Voraussetzungen erfüllt sind. Durch das StVereinfG 2011 (Rz. 4) wurden daher die Regelungen des § 151 Abs. 1 Satz 1 Nr. 2 BewG durch die §§ 13a Abs. 1a und 13b Abs. 2a ErbStG ergänzt.

Bei Bewertungsstichtagen, die **nach dem 31.06.2011** liegen, erfolgen nun auch **gesonderte Feststellungen**
- zum Wert des Verwaltungsvermögens (§ 13b Abs. 2a ErbStG),
- zum Wert des jungen Verwaltungsvermögens (§ 13b Abs. 2a ErbStG),
- zur Ausgangslohnsumme (§ 13a Abs. 1a ErbStG),
- zur Zahl der Arbeitnehmer am Bewertungsstichtag(§ 13a Abs. 1a ErbStG),
- zur Lohnsumme der einzelnen Jahre (§ 13a Abs. 1a ErbStG).

Die Feststellungen erfolgen durch das **Betriebsfinanzamt.** Für Bewertungsstichtage, die vor dem 1.7.2011 liegen, wurden diese Angaben im Feststellungsbescheid lediglich **nachrichtlich** mitgeteilt.

II. Gegenstand der Feststellung

6   § 151 regelt in Abs. 1, in welchen Fällen Feststellungsbescheide zu erteilen sind. Danach erfolgen **gesonderte Feststellungen** gem.
- **§ 151 Abs. 1 Nr. 1** für Grundbesitzwerte iSd. § 138 (für Zwecke der Grunderwerbsteuer) und des § 157 (für Zwecke der Erbschaft- und Schenkungsteuer), d.h. also für
    - Grundstücke und

Feststellung bei Bedarf **§ 151**

- Betriebe der Land-und Forstwirtschaft,
- **§ 151 Abs. 1 Nr. 2** für Werte des Betriebsvermögens von
  - Gewerbetreibenden (§ 95)
  - Freiberuflich Tätigen (§ 96)
  - Anteilen an Personengesellschaften (§ 97 Abs. 1a), d.h. Anteilen an gewerblich tätigen oder gewerblich geprägten Personengesellschaften
  - Anteilen an freiberuflich tätigen Personengesellschaften
- **§ 151 Abs. 1 Nr. 3** für den Wert von Anteilen an Kapitalgesellschaften iSd. § 11 Abs. 2, d.h. von nicht börsennotierten Anteilen (zB GmbH-Anteilen),
- **§ 151 Abs. 1 Nr. 4** für den Wert von anderen als vorstehend genannten Vermögensgegenständen und von Schulden, die mehreren Personen zu stehen (zB Anteile an vermögensverwaltenden Personengesellschaften/Gemeinschaften oder Anteile an Grundstücksgemeinschaften, die neben dem Grundstück noch über Bankkonten verfügen oder Schulden haben).

III. Feststellung bei Bedarf

Feststellungen erfolgen nur wenn sie für die Besteuerung von Bedeutung sind. Das ist der Fall, wenn die Werte für die Erbschaft- oder Schenkungsteuer oder eine andere Feststellung iSd Vorschrift von Bedeutung sind (ErbStR B 151.1) 7

> Ein Einzelunternehmen wird vererbt. Zum Betriebsvermögen gehören ein Grundstück und Anteile an einer Personengesellschaft.
> Folgende Feststellungen sind erforderlich: Der Wert des Betriebsvermögens des Einzelunternehmens ist gem. § 151 Abs. 1 Nr. 2 gesondert festzustellen, da er direkt für die Erbschaftsteuer von Bedeutung ist.
> Um den Wert des Betriebsvermögens des Einzelunternehmens festzustellen zu können, werden der Wert des Grundstücks und der Wert des Anteils an der Personengesellschaft benötigt. Hierfür sind ebenfalls gesonderte Feststellungen gem. § 151 Abs. 1 Nr. 1 und 2 erforderlich, da diese Werte indirekt für die Erbschaftsteuer von Bedeutung sind.

Die **Entscheidung über eine Bedeutung für die Besteuerung** trifft das für die Festsetzung der Erbschaftsteuer zuständige Finanzamt (ErbStR B 151.1 Satz 3). Die Entscheidung über eine Bedeutung für eine andere Feststellung iSd Vorschrift trifft das die Feststellung anfordernde Finanzamt (ErbStR B 151.1 Satz 4). Die Feststellungstelle, die für eine andere Feststellungsstelle eine Feststellung durchführen muss, entscheidet daher, ob die weitere Feststellung erforderlich ist (*Rössler/Troll* § 151 Rz. 33) 8

Schaffner 547

9 In welchen Fällen eine Feststellung von Bedeutung ist, ist im Gesetz **nicht konkret geregelt.** Auch in der Gesetzesbegründung gibt es hierzu keine Hinweise. Nach Auffassung der Finanzverwaltung kann zB bei einer Grundstücksschenkung **auf eine Wertfeststellung verzichtet** werden, wenn der Grundstückswert erkennbar unter dem persönlichen Freibetrag liegt und eine Zusammenrechnung mit früheren Zuwendungen derselben Person (§ 14 ErbStG) entfällt bzw. auch nicht zu einer Steuerfestsetzung führen wird (*Rössler/ Troll* § 151 Rz. 31).

10 Das Ersuchen um Feststellung eines Werts für Zwecke der beabsichtigten Steuerfestsetzung stellt jedenfalls keinen selbständig anfechtbaren Verwaltungsakt dar, sondern lediglich einen **verwaltungsinternen Vorgang** (BFH II B 61/05 v. 26.1.2006, BFH/NV 2006,921)

11 Im Einvernehmen mit den Verfahrensbeteiligten kann darauf verzichtet werden ein Feststellungsverfahren durchzuführen, wenn es sich um einen **Fall von geringer Bedeutung** handelt. Dies ist insbesondere dann der Fall, wenn der Verwaltungsaufwand der Beteiligten außer Verhältnis zur steuerlichen Auswirkung steht und der festzustellende Wert unbestritten ist (ErbStR B 151.1 Abs. 3 Satz 1)

IV. Feststellungszeitpunkt

12 Der **Zeitpunkt,** zu dem die Bedarfswertfestellung **erforderlich** ist, richtet sich nach der Entstehung der Erbschaft-und Schenkungsteuer (§§ 9,11, 12 ErbStG). Dieser Zeitpunkt muss den Feststellungsstellen vorgegeben werden, da nur so eine zutreffende Wertfeststellung erfolgen kann.

V. Art und Zurechnung der wirtschaftlichen Einheit

13 Außer dem Wert der wirtschaftlichen Einheit ist die **Art** der wirtschaftlichen Einheit und die **Zurechnung** im Feststellungsbescheid anzugeben.

14 Bei der **Feststellung der Art** der wirtschaftlichen Einheit ist zunächst eine Zuordnung zur Vermögensart vorzunehmen (Grundvermögen, land-und forstwirtschaftliches Vermögen oder Betriebsgrundstück). Des Weiteren ist bei Grundstücken des Grundvermögens die Grundstücksart (unbebaut, bebaut, Einfamilienhaus, Zweifamilienhaus usw.) zu bestimmen. Im Bereich des land-und forstwirtschaftlichen Vermögens ist eine Zuordnung zum Betriebsteil, zu den Betriebswohnungen oder zum Wohnteil vorzunehmen.

Im Feststellungsbescheid sind auch **Angaben zur Zurechnung** 15
zu machen.

Geht Grundbesitz auf eine Erbengemeinschaft über, erfolgt die 16
Zurechnung des Grundbesitzes auf die Erbengemeinschaft. Diese
Regelung ist gegenüber der Regelung des § 138 neu. Das für die
Erbschaftsteuer zuständige Finanzamt soll über die Erbquote entscheiden und damit auch über die Frage, welcher Erbe den Grundbesitzwert in welchem Umfang zu versteuern hat.

In den Fällen, in denen ein Grundstück durch Vermächtnis übergeht, 17
ist der Wert der wirtschaftlichen Einheit gesondert festzustellen und den
Erben oder der Erbengemeinschaft (in Vertretung der Miterben) zuzurechnen. Eine eigenständige gesonderte Feststellung erfolgt auch gegenüber dem Vermächtnisnehmer (ErbStR B 151.2 Abs. 2 Nr. 4)

Wegen weiterer Einzelheiten wird auf die umfangreichen Ausfüh- 18
rungen in den Erbschaftsteuer-Richtlinien 2011 (ErbStR B 151.2,
B 151.4, B 151.5, B 151.6 verwiesen.

VI. Nachrichtliche Angaben im Feststellungsbescheid

Die für die Feststellung der Grundbesitzwerte zuständigen Lagefi- 19
nanzämter teilen den für die Erbschaftsteuer zuständigen Finanzämtern nachrichtlich folgende Angaben mit:
* die Wohn- und Nutzfläche des Gebäudes zur Berechnung von Flächenverhältnissen,
* die Wohnfläche einer vom Rechtsvorgänger selbst genutzten Wohnung zur Anwendung der Steuerbefreiung gem. § 13 Abs 1 Nr.4a-4c ErbStG,
* die Wohnfläche der zu Wohnzwecken vermieteten Gebäude (teile) zur Anwendung der Steuerbefreiung gem. § 13 c ErbStG,
* die Art und die Höhe einer im Rahmen des Nachweises des niedrigeren gemeinen Werts nach § 198 abgezogenen Belastung (Wohnrecht/ Nießbrauchsrecht) zur Vermewidung einer Doppelberücksichtigung der Belastung (§ 10 Abs 6 Satz 6 ErbStG).

(Rössler / Troll § 151 Rz 42a; EStH B 151.2)

VII. Basiswert

Die bisherige Regelung aus R 124 Abs. 5 ErbStR 2003, nach 20
der in bestimmten Fällen ein Grundbesitzwert als sogenannter Basiswert ausnahmsweise für mehrere Besteuerungsfälle verwendet werden konnte, wurde durch das **JStG 2007** v. 13.12.2006 (BGBl. I

§ 151 Gesonderte Feststellungen

2006, 2878) mit Wirkung vom 1.1.2007 als generelle Regelung übernommen. Die zunächst nur auf Grundbesitzwerte anzuwendende Regelung wurde durch das **ErbStRG** v. 24.12.2008 (BGBl. I 2008, 3018) auf Wertfeststellungen iSd. § 151 Abs. 1-3 ausgedehnt. Mit dem **StVereinfG 2011** v. 1.11.2011 (BGBl. I 2011, 2131) ist der Anwendungsbereich mWv. 1.7.2011 auch auf Feststellungen iSd § 151 Abs. 1 Nr.4 ausgedehnt worden.

21 Im § 153 Abs. 3 wird geregelt, dass der gesondert festgestellte Wert einer innerhalb einer **Jahresfrist** folgenden Feststellung für dieselbe wirtschaftliche Einheit unverändert zu Grunde zu legen ist, wenn sich die für die erste Bewertung maßgebenden Stichtagsverhältnisse nicht wesentlich geändert haben. Der Basiswert ist stets dann anzusetzen, wenn für die wirtschaftliche Einheit innerhalb einer Jahresfrist, gerechnet ab der ersten Bewertung, ein weiterer Steuerfall eintritt, für den wiederholt ein Wert zu ermitteln wäre. Nach Ablauf der Jahresfrist ist für den jeweils nächsten Erwerbsfall eine Bewertung nach den Verhältnissen vom Besteuerungszeitpunkt durchzuführen und damit zugleich ein neuer Basiswert zu ermitteln. Mit der Basiswertregelung verfolgt der Gesetzgeber das Ziel, Wertermittlungen mit erheblichem Erklärungsaufwand zu ersparen.

22 Da diese Regelung **nur zugunsten des Steuerpflichtigen wirken soll,** hat der Erklärungspflichtige die Möglichkeit, eine vom Basiswert abweichende Feststellung durch Abgabe einer Feststellungserklärung zu beantragen. Auf diese Art können Wertminderungen berücksichtigt oder auch Fehler der ersten Feststellung beseitigt werden.

VIII. Ausländisches Vermögen

23 Der Wert von ausländischem Vermögen **wird nicht gesondert festgestellt.** Derartige Werte werden im Rahmen der Erbschaft- oder Schenkungsteuerveranlagung als unselbstständige Werte festgestellt. Ihr Wertansatz kann daher nur durch Einspruch gegen den Erbschaft- oder Schenkungsteuerbescheid angefochten werden (ErbStR B 151.1 Abs. 2).

IX. Gesonderte Feststellung für Grunderwerbsteuerzwecke

24 § 8 Abs. 2 GrEStG sieht für Grunderwerbsteuerzwecke in bestimmten Fällen den Ansatz der Bedarfswerte als Bemessungsgrundlage für Grunderwerbsteuerzwecke vor. Der **Bedarfswert** kommt in folgenden Fällen zum Ansatz:

Örtliche Zuständigkeit **§ 152**

- wenn eine Gegenleistung nicht vorhanden oder nicht zu ermitteln ist (§ 8 Abs.2 Nr. 1 GrEStG),
- -bei Umwandlungen aufgrund des Bundes-oder Landesgesetzes, bei Einbringungen sowie bei anderen Erwerbsvorgängen auf gesellschaftsrechtlicher Grundlage (§ 8 Abs.2 Nr. 2 GrEStG),
- bei einem Gesellschafterwechsel in einer Personengesellschaft (§ 8 Abs.2 Nr. 2 iVm § 1Abs. 2a GrEStG).

Ergänzend zu dieser materiell-rechtlichen Vorschrift ordnet § 151 Abs. 5 daher verfahrensrechtlich an, dass Grundbesitzwerte auch dann festzustellen sind, wenn sie für die Grunderwerbsteuer von Bedeutung sind.

Der **verfahrenstechnische Ablauf** gestaltet sich in der Praxis 25 wie folgt:
- Die Grunderwerbsteuerstelle fordert von dem für das Grundstück zuständigen Lagefinanzamt den Grundbesitzwert an. Dabei ist die wirtschaftliche Einheit zu benennen und der Besteuerungszeitpunkt anzugeben.
- Der Steuerpflichtige wird vom Lagefinanzamt zur Abgabe einer Erklärung aufgefordert.
- Das Lagefinanzamt erteilt für Zwecke der Grunderwerbsteuerfestsetzung einen Feststellungsbescheid.

Einwendungen gegen die Höhe, Art und Zurechnung des Grundbesitzwerts können nur im **Einspruchsverfahren** gegen den Feststellungsbescheid geltend gemacht werden, da es sich bei dem Ferststellungsbescheid um einen Grundlagenbescheid iSd § 171 Abs. 10 handelt.

Die Frage, ob sich die Grunderwerbsteuer nach dem **Bedarfswert** 26 **oder einer bestimmten Gegenleistung** bemisst, ist nicht im Einspruchsverfahren gegen die gesonderte Festsetzung sondern im Einspruchsverfahren gegen den Grunderwerbsteuerbescheid zu klären (BFH II B 155/03 v. 16.6.2005, BFH/NV 2005, 2054).Grunderwerbsteuer-Festsetzungen, für die die Grunderwerbsteuer nach dem Grundbesitzwert bemessen wird, sind vorläufig gem. § 165 Abs. 1 S.2 Nr.3 und 4 AO durchzuführen. Gleichl. Ländererlasse v. 17.6.2011, BStBl. I 2011, 575). Der Grund für die Vorläufigkeit ist darin begründet, dass die Wertermittlung der Grundbesitzbewerte **möglicherweise verfassungswidrig** ist.

§ 152 Örtliche Zuständigkeit

Für die gesonderten Feststellungen ist örtlich zuständig:
1. in den Fällen des § 151 Abs. 1 Satz 1 Nr. 1 das Finanzamt, in dessen Bezirk das Grundstück, das Betriebsgrundstück

§ 152

oder der Betrieb der Land- und Forstwirtschaft oder, wenn sich das Grundstück, das Betriebsgrundstück oder der Betrieb der Land- und Forstwirtschaft auf die Bezirke mehrerer Finanzämter erstreckt, der wertvollste Teil liegt;

2. in den Fällen des § 151 Abs. 1 Satz 1 Nr. 2 das Finanzamt, in dessen Bezirk sich die Geschäftsleitung des Gewerbebetriebs, bei Gewerbebetrieben ohne Geschäftsleitung im Inland das Finanzamt, in dessen Bezirk eine Betriebsstätte – bei mehreren Betriebsstätten die wirtschaftlich bedeutendste – unterhalten wird, und bei freiberuflicher Tätigkeit das Finanzamt, von dessen Bezirk aus die Berufstätigkeit vorwiegend ausgeübt wird;
3. in den Fällen des § 151 Abs. 1 Satz 1 Nr. 3 das Finanzamt, in dessen Bezirk sich die Geschäftsleitung der Kapitalgesellschaft befindet, bei Kapitalgesellschaften ohne Geschäftsleitung im Inland oder, wenn sich der Ort der Geschäftsleitung nicht feststellen lässt, das Finanzamt, in dessen Bezirk die Kapitalgesellschaft ihren Sitz hat;
4. in den Fällen des § 151 Abs. 1 Satz 1 Nr. 4 das Finanzamt, von dessen Bezirk die Verwaltung des Vermögens ausgeht, oder, wenn diese im Inland nicht feststellbar ist, das Finanzamt, in dessen Bezirk sich der wertvollste Teil des Vermögens befindet.

I. Allgemeines

1 Die durch das **JStG 2007** v. 13.12.2006 (BGBl. I 2006, 2878) eingefügte Vorschrift regelt die örtliche Zuständigkeit der Feststellungsfinanzämter. In Anbetracht dessen, dass ab 2007 nicht nur für Grundbesitzwerte, sondern auch für die anderen im § 151 genannten Werte eine Feststellung erfolgen hat, ist es notwendig zu regeln, welches örtliche Finanzamt in welcher Feststellungsangelegenheit tätig werden muss.

2 Da für **Auslandsvermögen** keine gesonderten Feststellungen erfolgen, bleibt für die Wertfeststellung das betreffende Erbschaftsteuerfinanzamt zuständig.

II. Zuständigkeiten

3 Für die Feststellung von
– Grundbesitzwerten ist das **Lagefinanzamt** (vgl. auch § 18 Abs. 1 Nr. 1 AO),

Erklärungspflicht, Verfahrensvorschriften § 153

- Betriebsvermögenswerten ist das **Betriebsfinanzamt** (vgl. auch § 18 Abs. 1 Nr. 2, 3 AO),
- Anteilen an Kapitalgesellschaften ist das **Geschäftsleitungsfinanzamt** (§§ 10, 11, 20 AO),
- anteiligen WG ist das **Verwaltungsfinanzamt** (vgl. auch § 18 Abs. 1 Nr. 4 Satz 1 AO) zuständig.

§ 153 Erklärungspflicht, Verfahrensvorschriften für die gesonderte Feststellung, Feststellungsfrist

(1) ¹Das Finanzamt kann von jedem, für dessen Besteuerung eine gesonderte Feststellung von Bedeutung ist, die Abgabe einer Feststellungserklärung verlangen. ²Die Frist zur Abgabe der Feststellungserklärung muss mindestens einen Monat betragen.

(2) ¹Ist der Gegenstand der Feststellung mehreren Personen zuzurechnen oder ist eine Personengesellschaft oder Kapitalgesellschaft dessen Eigentümer, kann das Finanzamt auch von der Gemeinschaft oder Gesellschaft die Abgabe einer Feststellungserklärung verlangen. ²Dies gilt auch, wenn Gegenstand der Feststellung ein Anteil am Betriebsvermögen ist. ³Das Finanzamt kann in Erbbaurechtsfällen die Abgabe einer Feststellungserklärung vom Erbbauberechtigten und vom Erbbauverpflichteten verlangen. ⁴Absatz 4 Satz 2 ist nicht anzuwenden.

(3) In den Fällen des § 151 Abs. 1 Satz 1 Nr. 3 kann das Finanzamt nur von der Kapitalgesellschaft die Abgabe einer Feststellungserklärung verlangen.

(4) ¹Der Erklärungspflichtige hat die Erklärung eigenhändig zu unterschreiben. ²Hat ein Erklärungspflichtiger eine Erklärung zur gesonderten Feststellung abgegeben, sind andere Beteiligte insoweit von der Erklärungspflicht befreit.

(5) § 181 Abs. 1 und 5 der Abgabenordnung ist entsprechend anzuwenden.

I. Allgemeines

§ 153 ergänzt die Verfahrensvorschriften in § 181 AO. Die 1
Abs. 1–4 betreffen unmittelbar die Erklärungspflichten der Beteiligten für Feststellungen gem. § 151. Im **Abs. 1** wird das Finanzamt

ermächtigt, von jedem, für dessen Besteuerung eine gesonderte Feststellung erforderlich ist, die Abgabe einer Feststellungserklärung zu verlangen. Die **Abs. 2–4** regeln die Erklärungspflicht in besonders gelagerten Fällen. Im **Abs. 5** wird auf spezielle Regelungen der AO verwiesen. Grundsatz ist, dass derjenige eine Erklärung abzugeben hat, der über den **besten Informationsstand** verfügt.

II. Aufforderung zur Feststellungserklärung

2   Es ist nicht vorgeschrieben, dass die im Gesetz benannten Beteiligten von sich aus eine **Erklärung** abzugeben haben. Erst nach Aufforderung durch das für die Feststellung zuständige Finanzamt konkretisiert sich die **Erklärungspflicht.** In der Übersendung des Erklärungsformulars ist eine Aufforderung zu sehen. Bei mehreren Beteiligten muss im Zweifel die Aufforderung an alle Beteiligten gesandt werden. Zuständig ist das Feststellungsfinanzamt. Die Aufforderung steht im pflichtgemäßen Ermessen des zuständigen Finanzamts. Sie hat aber zu erfolgen, wenn es vom zuständigen Erbschaft- und Schenkungsteuerfinanzamt dazu aufgefordert wird (*Rössler/Troll* § 153 Rz. 4). Das für die gesonderte Feststellung zuständige Finanzamt hat dem Steuerpflichtigen eine bestimmte Frist, die mindestens einen Monat betragen muss, einzuräumen.

III. Personenkreis

3   Der **potenziellen Feststellungserklärungspflicht** unterliegen (*Gürsching/Stenger* § 153 Rz. 12):
- alle Personen, für deren Besteuerung eine gesonderte Feststellung von Bedeutung ist (§ 153 Abs. 1 Satz 1),
- Gemeinschaften, wenn ein Feststellungsgegenstand mehreren Personen zuzurechnen ist (153 Abs. 2 Satz 1 Alt. 1),
- Personen- und Kapitalgesellschaften als Eigentümer von Feststellungsgegenständen (§ 153 Abs. 2 Satz 1 Alt. 2 und 3),
- Personengesellschaften iSd. § 15 Abs. 1 Nr. 2, Abs. 3 und § 18 Abs. 4 EStG, deren Anteile bewertungsbedürftig sind (§ 153 Abs. 2 Satz 2),
- Kapitalgesellschaften, deren Anteile nach § 11 Abs. 2 bewertet werden müssen (§ 153 Abs. 3 Satz 2; ErbStR B 153 Abs. 1 Satz 2).

Beispiel 1:
A ist **Alleinerbe eines Grundstücks**. Das Finanzamt kann vom Erben A die Abgabe einer Feststellungserklärung für den Grundbesitzwert verlangen.
Beispiel 2:
Die **Kinder K 1 und K2 erben zu gleichen Teilen** von ihrem Vater ein **Grundstück**. Das Finanzamt kann sowohl von K1 als auch von K2 eine Feststellungserklärung für den Grundbesitzwert verlangen, da der Wert für Beide für die Erbschaftsteuer von Bedeutung ist.
Beispiel 3:
Der **Alleinerbe A erwirbt einen Anteil an einer Personengesellschaft.** Zum Gesamthandsvermögen der Personengesellschaft gehört ein Grundstück. Das Finanzamt kann vom Alleinerben A die Abgabe von Feststellungserklärungen für den Anteil am Wert des Betriebsvermögens und für den Grundbesitzwert verlangen, da die Feststellungen direkt bzw. indirekt für A von Bedeutung sind. Alternativ kann das Finanzamt auch von der Personengesellschaft eine Feststellungserklärung für den Anteil am Wert des Betriebsvermögens und für den Grundbesitzwert verlangen. Da die Gesellschaft über die besten Kenntnisse verfügt, sollte diese vorrangig zur Erklärungsabgabe aufgefordert werden.
Beispiel 4:
A ist **Alleinerbe eines Anteils an einer Kapitalgesellschaft.** Zum Betriebsvermögen der Kapitalgesellschaft gehört der Anteil an einer Personengesellschaft. Bei der Bewertung von nicht notierten Anteilen an Kapitalgesellschaften kann nur die Kapitalgesellschaft zur Abgabe der Erklärung aufgefordert werden. Vom Alleinerben A kann keine Erklärung angefordert werden, obwohl der Anteil für dessen Besteuerung von Bedeutung ist. Von der Kapitalgesellschaft kann auch die Feststellungserklärung über den Anteil am Wert der Personengesellschaft angefordert werden. Alternativ kann das Finanzamt sich aber hinsichtlich des Anteils am Wert des Betriebsvermögens der Personengesellschaft auch an die Personengesellschaft wenden.

IV. Eigenhändige Unterschrift

Mit der eigenhändigen Unterschrift soll der Erklärende die Verantwortung für die tatsächliche Richtigkeit der Angaben übernehmen. Die erforderliche Erklärung ist regelmäßig auf amtlichen Vordrucken vorzunehmen.

V. Wirkung für andere Beteiligte

Haben mehrere Personen zB ein Grundstück geerbt, genügt es, wenn einer der beteiligten Erben eine Feststellungserklärung abgibt. In diesem Fall sind die anderen Beteiligten **von der Erklärungspflicht befreit**.

§ 154 Beteiligte am Feststellungsverfahren

(1) Am Feststellungsverfahren sind beteiligt
1. diejenigen, denen der Gegenstand der Feststellung zuzurechnen ist,
2. diejenigen, die das Finanzamt zur Abgabe einer Feststellungserklärung aufgefordert hat.
3. diejenigen, die eine Steuer schulden, für deren Festsetzung die Feststellung von Bedeutung ist. ²Wird eine Steuer für eine Schenkung unter Lebenden im Sinne des § 7 des Erbschaftsteuer- und Schenkungsteuergesetzes geschuldet, ist der Erwerber Beteiligter, es sei denn, der Schenker hat die Steuer selbst übernommen (§ 10 Absatz 2 des Erbschaftsteuer- und Schenkungsteuergesetzes) oder soll als Schuldner der Steuer in Anspruch genommen werden. ³Der Schenker ist Beteiligter am Feststellungsverfahren, wenn er die Steuer übernommen hat oder als Schuldner für die Steuer in Anspruch genommen werden soll.

(2) In den Fällen des § 151 Abs. 1 Satz 1 Nr. 3 ist der Feststellungsbescheid auch der Kapitalgesellschaft bekannt zu geben.

(3) ¹Soweit der Gegenstand der Feststellung einer Erbengemeinschaft in Vertretung der Miterben zuzurechnen ist, ist § 183 der Abgabenordnung entsprechend anzuwenden. ²Bei der Bekanntgabe des Feststellungsbescheids ist darauf hinzuweisen, dass die Bekanntgabe mit Wirkung für und gegen alle Miterben erfolgt.

I. Allgemeines

1 § 154 enthält **unterschiedliche Regelungen.** Zum einen geht es um die Frage, wer Beteiligter des Verfahrens ist. Darüber hinaus wird eine Aussage zur Bekanntgabe von Feststellungsbescheiden über den Wert nicht börsennotierter Anteile getroffen. Im Zuge der Erbschaftsteuerreform 2009 (ErbStRG v. 24.12.2008, BGBl. I 2008, 3018) ist des Weiteren eine besondere Regelung von Bedarfsbewertungsbescheiden an Erbengemeinschaften erfolgt.
Durch das **StVereinfG 2011** v. 1.11.2011 (BGBl. I 2011, 2131) ist im § 154 Abs. 1 eine neue Nr. 3 eingefügt worden. Seit dem 1.7.2011 gilt auch der Erwerber und der die Schenkungsteuer übernehmende Schenker immer als Verfahrensbeteiligter, weil er

die Steuer zu tragen hat. Deshalb soll auch diesem Personenkreis die Möglichkeit eröffnet werden, einen **Rechtsbehelf** einzulegen.

II. Die Beteiligten bei Bedarfsbewertungsverfahren

Der **Beteiligtenbegriff** ist von erheblicher verfahrensrechtlicher 2 Bedeutung, da er die Mitwirkungs-, Erklärungs- und Beweispflichten, aber auch die Rechte regelt (*Rössler/Troll* § 154 Rz. 4).

Beteiligter ist 3
1. wem der Feststellungsbescheid zuzurechnen ist. Entscheidend ist die personelle Zurechnung. Sie richtet sich nach den zivilrechtlichen Eigentumsverhältnissen (*Gürsching/Stenger* § 154 Rz. 9; *Rössler/Troll* § 154 Rz. 5 f.).
2. wen das Finanzamt **aufgefordert hat, eine Feststellungserklä-** 4 **rung abzugeben.** Allein die Tatsache der Aufforderung zur Abgabe einer Feststellungserklärung macht den Inhaltsadressaten zum Beteiligten (*Gürsching/Stenger* § 154 Rz. 15; *Rössler/Troll* § 154 Rz. 7).
3. **Seit 1.7.2011** ist auch derjenige Beteiligter, der die Steuer schuldet.

III. Bekanntgabe bei Anteilsbewertungen

Die Regelung des § 154 Abs. 2 gilt nur für die Fälle der Bewer- 5 tung nicht börsennotierter **Anteile an Kapitalgesellschaften.** Der Wortlaut der Norm, den Feststellungsbescheid auch der Kapitalgesellschaft bekannt zu geben, lässt zwei Schlüsse zu. Einerseits soll ihr dadurch ermöglicht werden, die inhaltliche Richtigkeit der Anteilsbewertung zu kontrollieren. Sie ist konsequent auch rechtsbehelfsbefugt (§ 155 Satz 1). Andererseits spricht dies dafür, dass entsprechende Bescheide ohnehin dem/den Gesellschafter/n als den betroffenen Steuerschuldnern bekannt gegeben werden müssen (*Gürsching/Stenger* § 154 Rz. 29; (*Rössler/Troll* § 154 Rz. 9).

IV. Beteiligte bei Vorliegen einer Erbengemeinschaft

Abs. 3 regelt die Bekanntgabe im Fall von Erbengemeinschaf- 6 ten. Diese erfolgt gem. § 151 Abs. 2 Nr. 2 **nur bei Grundbesitz-**

werten. Im Fall des Erwerbs durch eine Erbengemeinschaft ist ein Feststellungsbescheid entsprechend § 183 AO einem (zu bestellenden) Empfangsbevollmächtigen bekannt zu geben. Die Regelung in Abs. 3 betrifft zunächst die Modalitäten des Empfangs von Grundbesitz-Feststellungsbescheiden. Mit zu berücksichtigen ist aber auch die Zurechnungsregelung in § 151 Abs. 2 Nr. 2. Danach sind **Grundbesitzwerte** beim Erwerb durch Erbengemeinschaften der **Erbengemeinschaft** als solcher in Vertretung der Miterben **zuzurechnen.** Feststellungs-(regelungs-)adressat wäre demnach die Erbengemeinschaft (mit Wirkung für und gegen alle Miterben). Da durch das **StVereinfG 2011** v. 1.11.11 (BGBl. I 2011, 2131) nun geregelt ist, dass **Beteiligter** am Feststellungsverfahren immer auch der **Steuerschuldner der Erbschafts- oder Schenkungsteuer** nach ErbStG bzw. der Grunderwerbsteuer nach dem GrEStG ist, hat das Problem an Bedeutung verloren (*Rössler/Troll* § 154 Rz. 11).

§ 155 Rechtsbehelfsbefugnis

¹**Zur Einlegung von Rechtsbehelfen gegen den Feststellungsbescheid sind die Beteiligten im Sinne des § 154 Abs. 1 sowie diejenigen befugt, für deren Besteuerung nach dem Grunderwerbsteuergesetz der Feststellungsbescheid von Bedeutung ist.** ²**Soweit der Gegenstand der Feststellung einer Erbengemeinschaft in Vertretung der Miterben zuzurechnen ist, sind § 352 der Abgabenordnung und § 48 der Finanzgerichtsordnung entsprechend anzuwenden.**

I. Allgemeines

1   Der **Feststellungsbescheid** über den Steuerwert hat **Bindungswirkung** für die jeweilige Erbschaft-, Schenkung- oder Grunderwerbsteuerfestsetzung. Einwendungen gegen die Höhe der Steuer können, soweit sie die Bedarfswerte betreffen, nur gegen die Feststellungsbescheide als Grundlagenbescheide (§ 171 Abs. 10 AO), nicht aber gegen die Steuerbescheide als Folgebescheide (§ 182 Abs. 1 Satz 1 AO) erhoben werden.

II. Rechtsbehelfsbefugnis

2   Der Steuerschuldner darf förmlich festgestellte Bedarfswerte nicht bestandskräftig werden lassen, wenn er sie nicht akzeptieren will.

Doch hierzu muss er auch verfahrensrechtlich befugt sein. § 155 regelt **die spezielle Rechtsbehelfsbefugnis** bei Bedarfsbewertungsbescheiden. Danach wird wie folgt differenziert:
- Rechtsbehelfsbefugt sind stets die Beteiligten iSd. § 154 Abs. 1,
- Feststellungsbescheide über Grundbesitzwerte für Grunderwerbsteuerzwecke dürfen auch von den Steuerschuldnern angefochten werden,
- § 352 AO/§ 48 FGO ist entsprechend anzuwenden, soweit Feststellungsbescheide einer Erbengemeinschaft auf Bewertungsstichtage nach dem 31.12.2008 zuzurechnen sind. Danach müssen Rechtsbehelfe grundsätzlich durch vertretungsbefugte Personen, hilfsweise Empfangsbevollmächtigte, erhoben werden (*Gürsching/Stenger* § 155 Rz. 5, 50; *Rössler/Troll* § 155 Rz. 4 f.).

§ 156 Außenprüfung

Eine Außenprüfung zur Ermittlung der Besteuerungsgrundlagen ist bei jedem Beteiligten (§ 154 Abs. 1) zulässig.

I. Allgemeines

Die Finanzbehörden haben in Erfüllung ihrer **Amtspflicht** zur gesetz- und gleichmäßigen Steuerfestsetzung und -erhebung den entscheidungserheblichen Sachverhalt von Amts wegen zu ermitteln (§§ 85, 88 Abs 1 Satz 1 AO). Hierzu wird im Einzelfall häufig eine Außenprüfung durchgeführt, um vor Ort die für die Besteuerung maßgebenden Verhältnisse zu ermitteln (§§ 193 ff. AO). Grundsätzlich kann eine Außenprüfung auch die Erbschaft- und Schenkungsteuer sowie die Grunderwerbsteuer umfassen (§ 194 Abs. 1 Satz 2 AO). Doch dies war bislang eher selten der Fall. Mit § 156 ist nun eine eigenständige Rechtsgrundlage vorhanden, die es erlaubt, nach dem 31.12.2006 verwirklichte Erwerbsvorgänge einer Außenprüfung zu unterwerfen (*Gürsching/Stenger* § 156 Rz. 1, 4).

1

II. Umfang der Außenprüfung

Der **sachliche Umfang** ergibt sich aus den Anforderungen des Erbschaft-, Schenkung- und Grunderwerbsteuerrecht und ist dadurch auch begrenzt (*Rössler/Troll* § 156 Rz. 5). Ermittelt werden dürfen lediglich die bewertungsrelevanten Verhältnisse der jeweiligen

2

Feststellungsbescheide. Eine Prüfung, die über den durch § 151 gezogenen Rahmen hinausgeht, ist unzulässig (*Gürsching/Stenger* § 156 Rz. 10, 15).

III. Beteiligte

3 Der Begriff „**Beteiligter**" ist im § 154 geregelt (§ 154 Rz. 2–4).

Sechster Abschnitt: Vorschriften für die Bewertung von Grundbesitz, von nicht notierten Anteilen an Kapitalgesellschaften und von Betriebsvermögen für die Erbschaftsteuer ab 1. Januar 2009

A. Allgemeines

§ 157 Feststellung von Grundbesitzwerten, von Anteilswerten und von Betriebsvermögenswerten

(1) ¹**Grundbesitzwerte** werden unter Berücksichtigung der tatsächlichen Verhältnisse und der Wertverhältnisse zum Bewertungsstichtag festgestellt. ²§ 29 Abs. 2 und 3 gilt sinngemäß.

(2) Für die wirtschaftlichen Einheiten des **land- und forstwirtschaftlichen Vermögens** und für Betriebsgrundstücke im Sinne des § 99 Abs. 1 Nr. 2 sind die Grundbesitzwerte unter Anwendung der §§ 158 bis 175 zu ermitteln.

(3) ¹Für die wirtschaftlichen Einheiten des **Grundvermögens** und für Betriebsgrundstücke im Sinne des § 99 Abs. 1 Nr. 1 sind die Grundbesitzwerte unter Anwendung der §§ 159 und 176 bis 198 zu ermitteln. ²§ 70 gilt mit der Maßgabe, dass der Anteil des Eigentümers eines Grundstücks an anderem Grundvermögen (zum Beispiel an gemeinschaftlichen Hofflächen oder Garagen) abweichend von Absatz 2 Satz 1 dieser Vorschrift in das Grundstück einzubeziehen ist, wenn der Anteil zusammen mit dem Grundstück genutzt wird. ³§ 20 Satz 2 ist entsprechend anzuwenden.

(4) ¹Der Wert von **Anteilen an Kapitalgesellschaften** im Sinne des § 11 Abs. 2 Satz 2 (Anteilswert) wird unter Berücksichtigung der tatsächlichen Verhältnisse und der Wertver-

hältnisse zum Bewertungsstichtag festgestellt. ²Der Anteilswert ist unter Anwendung des § 11 Abs. 2 zu ermitteln.

(5) ¹Der Wert von Betriebsvermögen oder des Anteils am Betriebsvermögen im Sinne der §§ 95, 96 und 97 (Betriebsvermögenswert) wird unter Berücksichtigung der tatsächlichen Verhältnisse und der Wertverhältnisse zum Bewertungsstichtag festgestellt. ²Der Betriebsvermögenswert ist unter Anwendung des § 109 Abs. 1 und 2 in Verbindung mit § 11 Abs. 2 zu ermitteln.

I. Allgemeines

Die Regelung des § 157 ist im **Zusammenhang mit den** durch das JStG 2007 v. 13.12.2006 (BGBl. I 2006, 2878) neu geregelten §§ 151–156 zu sehen. Während die §§ 151 ff. (V. Abschnitt) für die Grunderwerbsteuer und die Erbschaft-/Schenkungsteuer gelten, finden die Regelungen des § 157 (VI. Abschnitt) nur Anwendung für die Erbschaft- und Schenkungsteuer. Bei den §§ 151 ff. handelt es sich um Verfahrensvorschriften. Die Regelung des § 157 modifiziert diese Vorschriften lediglich und gibt darüber hinaus Anweisungen zur Bewertung. 1

II. Feststellung von Grundbesitzwerten

1. Tatsächliche Verhältnisse

Bei der Bewertung von Grundbesitz sind die **tatsächlichen Verhältnisse zum Bewertungsstichtag** zu Grunde zu legen. Der Bewertungsstichtag ist gem. § 11 BewG iVm § 9 ErbStG zu bestimmen So ist zB bei der Festlegung der Grundstücksart (§ 181) auf die tatsächliche Nutzung am Bewertungsstichtag abzustellen oder es sind bei der Ermittlung des Rohertrags (§ 186) die am Bewertungsstichtag geltenden vertraglichen Vereinbarungen zu Grunde zu legen. 2

2. Wertverhältnisse

Die Grundbesitzwerte sind unter Berücksichtigung der **Wertverhältnisse vom Bewertungsstichtag** festzustellen. So ist zB der Rohertrag (§ 186) nach der am Besteuerungszeitpunkt maßgebenden Miete zu bemessen. 3

Von dieser Regelung gibt es allerdings gewisse **Abweichungen.** So ist zB bei der Bewertung von unbebauten Grundstücken (§ 179) 4 nicht auf den Besteuerungszeitpunkt ein Bodenrichtwert zu ermitteln. Vielmehr ist der zuletzt vor dem Besteuerungszeitpunkt zu ermittelnde Bodenrichtwert maßgebend. Die bei der Bewertung im Sachwertverfahren zugrunde zu legenden Regelherstellungskosten (§ 190) werden ebenfalls nicht zum Besteuerungszeitpunkt ermittelt. Anzusetzen sind die vom Statistischen Bundesamt per 1.1.2007 ermittelten Werte.

3. Einbeziehung von Anteilen an anderen Grundstücken

5   Abweichend vom Grundsatz der **Eigentümeridentität** (§ 2 Abs. 2) wird hier aus Praktikabilitätsgründen eine Sonderregelung getroffen. Danach kann der Anteil des Eigentümers eines Grundstücks an anderem Grundvermögen in das Grundstück einzubeziehen sein, wenn der Anteil zusammen mit dem Grundstück genutzt wird. In Anbetracht kommen insbesondere Anteile an Einstellplätzen, Garage, Zuwegen etc.

4. Mitteilungen

6   Durch einen **Verweis auf § 29 Abs. 2 und 3** wird ausdrücklich klargestellt, dass die Finanzbehörden zur Durchführung der Feststellung örtliche Erhebungen durchführen können. Insoweit ist dadurch auch die Unverletzlichkeit der Wohnung nach Art. 13 GG eingeschränkt. Außerdem haben die nach Bundes- oder Landesrecht zuständigen Behörden den Finanzbehörden alle notwendigen Auskünfte für das Feststellungsverfahren zu erteilen.

5. Wertermittlung

7   Für die wirtschaftlichen Einheiten des land- und forstwirtschaftlichen Vermögens und für Betriebsgrundstücke (§ 99 Abs. 1 Nr. 2) sind die Grundbesitzwerte unter Anwendung der §§ 158–175, für die wirtschaftlichen Einheiten des Grundvermögens unter Anwendung der §§ 159, 176–198 zu ermitteln.

III. Feststellung des Werts von Anteilen an Kapitalgesellschaften

8   Für die **Bewertung von Anteilen an Kapitalgesellschaften,** sog. Anteilswerte, sind die tatsächlichen Verhältnisse und die Wertverhältnisse vom Bewertungsstichtag maßgebend. Einzelheiten zum Bewertungsverfahren ergeben sich aus § 11 Abs. 2.

IV. Feststellung des Werts des Betriebsvermögens

Bei der **Ermittlung des Betriebsvermögenswerts** für Einzelunternehmen, freiberufliche Tätigkeiten und Personengesellschaften sind die tatsächlichen Verhältnisse und die Wertverhältnisse vom Bewertungsstichtag maßgebend. Der Wert des Betriebsvermögens wird dabei über die Vorgaben des § 109 Abs. 1 und 2 nach den allgemeinen Wertermittlungsvorschriften des § 11 Abs. 2 ermittelt. 9

B. Land- und forstwirtschaftliches Vermögen

I. Allgemeines

§ 158 Begriff des land- und forstwirtschaftlichen Vermögens

(1) ¹Land- und Forstwirtschaft ist die planmäßige Nutzung der natürlichen Kräfte des Bodens zur Erzeugung von Pflanzen und Tieren sowie die Verwertung der dadurch selbst gewonnenen Erzeugnisse. ²Zum land- und forstwirtschaftlichen Vermögen gehören alle Wirtschaftsgüter, die einem Betrieb der Land- und Forstwirtschaft zu diesem Zweck auf Dauer zu dienen bestimmt sind.

(2) ¹Die wirtschaftliche Einheit des land- und forstwirtschaftlichen Vermögens ist der Betrieb der Land- und Forstwirtschaft. ²Wird ein Betrieb der Land- und Forstwirtschaft in Form einer Personengesellschaft oder Gemeinschaft geführt, sind in die wirtschaftliche Einheit auch die Wirtschaftsgüter einzubeziehen, die einem oder mehreren Beteiligten gehören, wenn sie dem Betrieb der Land- und Forstwirtschaft auf Dauer zu dienen bestimmt sind.

(3) ¹Zu den Wirtschaftsgütern, die der wirtschaftlichen Einheit Betrieb der Land- und Forstwirtschaft zu dienen bestimmt sind, gehören insbesondere
1. der Grund und Boden,
2. die Wirtschaftsgebäude,
3. die stehenden Betriebsmittel,
4. der normale Bestand an umlaufenden Betriebsmitteln,
5. die immateriellen Wirtschaftsgüter,
6. die Wohngebäude und der dazugehörende Grund und Boden.

§ 158 Begriff des land- und forstwirtschaftlichen Vermögens

²Als normaler Bestand an umlaufenden Betriebsmitteln gilt ein solcher, der zur gesicherten Fortführung des Betriebs erforderlich ist.

(4) Zum land- und forstwirtschaftlichen Vermögen gehören nicht

1. Grund und Boden sowie Gebäude und Gebäudeteile, die nicht land- und forstwirtschaftlichen Zwecken dienen,
2. Kleingartenland und Dauerkleingartenland,
3. Geschäftsguthaben, Wertpapiere und Beteiligungen,
4. über den normalen Bestand hinausgehende Bestände an umlaufenden Betriebsmitteln,
5. Tierbestände oder Zweige des Tierbestands und die hiermit zusammenhängenden Wirtschaftsgüter (zum Beispiel Gebäude und abgrenzbare Gebäudeteile mit den dazugehörenden Flächen, Betriebsmittel), wenn die Tiere weder zur landwirtschaftlichen Nutzung noch nach § 175 zu den übrigen land- und forstwirtschaftlichen Nutzungen gehören. ²Die Zugehörigkeit der landwirtschaftlich genutzten Flächen zum land- und forstwirtschaftlichen Vermögen wird hierdurch nicht berührt,
6. Geldforderungen und Zahlungsmittel,
7. Pensionsverpflichtungen.

(5) **Verbindlichkeiten** gehören zum land- und forstwirtschaftlichen Vermögen, soweit sie nicht im unmittelbaren wirtschaftlichen Zusammenhang mit den in Absatz 4 genannten Wirtschaftsgütern stehen.

Übersicht

	Rn.
I. Allgemeines	1–5
II. Bewertungseinheit Land- und Forstwirtschaft	6–11
III. Wirtschaftliche Einheit des land- und forstwirtschaftlichen Vermögens	12–24
IV. Abgrenzung zu den übrigen Vermögensarten	25–42
1. Abgrenzung zum Grundvermögen	26–29
2. Abgrenzung zum Betriebsvermögen	30–39
3. Abgrenzung zum übrigen Vermögen	40–42

I. Allgemeines

1 §§ 158, 159 bestimmen den **Umfang des land- und forstwirtschaftlichen Vermögens** und grenzen es vom Grundvermögen,

Betriebsvermögen und dem übrigen Vermögen ab. Das land- und forstwirtschaftliche Vermögen ist eine der drei in § 18 genannten Vermögensarten, so dass der Gesetzgeber an gesonderten und selbstständigen Bewertungsvorschriften für die Land- und Forstwirtschaft festgehalten hat.

Im Wesentlichen greift der Gesetzgeber bei den gemäß **ErbStRG** v. 24.12.2008 (BGBl. I 2008, 3018) ab 2009 geltenden Vorschriften auf bekannte Definitionen und Abgrenzungen zur Bewertung des land- und forstwirtschaftlichen Vermögens zurück. §§ 158 ff. entsprechen inhaltlich teilweise wortgleich den §§ 33 ff. Allerdings hat der Gesetzgeber durch die **selbstständige Definition der Bewertungseinheit des land- und forstwirtschaftlichen Vermögens** gem. §§ 158 ff. für Zwecke der Erb- und Schenkungsteuer ab 2009, bei der er auf Verweisungen auf die Regelungen der §§ 33 ff. verzichtet, deutlich zu erkennen gegeben, dass die für Zwecke der Einheitsbewertung erlassenen §§ 33 ff. allenfalls sinngemäß angewendet werden können. 2

Die Notwendigkeit der gesonderten Feststellung des Grundbesitzwerts für die wirtschaftliche Einheit des land- und forstwirtschaftlichen Vermögens ergibt sich aus § 157 Abs. 2 iVm. § 151 Abs. 1 Nr. 1. Es handelt sich dabei um eine **Bedarfsbewertung**, welche nur Bindungswirkung für die Erbschaft- und Schenkungsteuer hat. 3

Die Neuregelung gilt gemäß der Anwendungsvorschrift des § 205 Abs. 1 für alle **Erb- und Schenkungsfälle nach dem 31.12.2008**. Für Bewertungen für Zwecke der Erb- und Schenkungsteuer vor diesem Datum gelten die §§ 140 bis 144 unverändert fort. 4

Mit Gleichl. Ländererlassen v. 1.4.2009 (BStBl. I 2009, 552) hat sich die Finanzverwaltung zur Bewertung des land- und forstwirtschaftlichen Vermögens für die ab 2009 geltende Rechtslage geäußert. Diese Gleichl. Ländererlasse sind eingeflossen in die **Erbschaftsteuer-Richtlinien 2011** (ErbStR 2011 v. 19.12.2011, BStBl. I 2011, Sondernummer 1) sowie die Erbschaftsteuer-Hinweise 2011 (ErbStH 2011). Gravierende inhaltliche Änderungen zwischen den Gleichl. Ländererlassen aus 2009 und den ErbStR 2011 sind jedoch nicht eingetreten. In diesem Zusammenhang steht auch die neue Auffassung der Finanzverwaltung zur Abgrenzung des land- und forstwirtschaftlichen Vermögens vom Betriebsvermögen, welche mit Gleichl. Ländererlassen v. 15.12.2011 (BStBl. I 2011, 1213 und 1217) veröffentlicht worden ist. 5

II. Bewertungseinheit Land- und Forstwirtschaft

Der **Begriff** der Land- und Forstwirtschaft wird in § 158 Abs. 1 tätigkeitsbezogen definiert und entspricht der neuen **ertragsteuerli-** 6

chen Abgrenzung von Land- und Forstwirtschaft und Gewerbe gem. EStR 15.5 Abs. 1 Satz 1 nach BMF-Schreiben v. 19.12.2011 (BStBl. I 2011, 1249). Danach gehören zum land- und forstwirtschaftlichen Vermögen neben der klassischen Landwirtschaft und der Forstwirtschaft auch der Weinbau, der Gartenbau und die sonstigen Betriebszweige.

7   Die Definition der **Bewertungseinheit** land- und forstwirtschaftliches Vermögen findet sich in § 158 Abs. 2 und entspricht dem Wortlaut nach § 33 Abs. 1 Satz 1. Danach zählen all die WG, die ihrer Zweckbestimmung nach **dauerhaft** einer land- und forstwirtschaftlichen Tätigkeit zuzurechnen sind, zum land- und forstwirtschaftlichen Vermögen.

8   Voraussetzung ist, dass die WG einem **Betrieb der Land- und Forstwirtschaft** auf Dauer zu dienen bestimmt sind. Entscheidend ist die **Zweckbestimmung** im Besteuerungszeitpunkt (vgl. § 140 Rz. 9). Nicht erforderlich ist eine Selbstbewirtschaftung, so dass auch verpachtete Betriebe oder verpachtete Einzelflächen einen Betrieb der Land- und Forstwirtschaft bilden können. Dies folgt auch aus der selbstständigen Definition der Stückländereien in § 160 Abs. 7.

Bewertungsgegenstand des land- und forstwirtschaftlichen Vermögens ist der **Betrieb Land- und Forstwirtschaft** gem. § 160 Abs. 1. Der Betrieb der Land- und Forstwirtschaft wird danach wiederum dreigeteilt in Wirtschaftsteil, Betriebswohnungen und Wohnteil. Für die Bewertung des Wirtschaftsteils gelten die §§ 162 ff., wobei hier eine Behaltensfrist von 15 Jahren zu berücksichtigen ist. Die Bewertung der Betriebswohnungen und des Wohnteils gem. § 167 vollzieht sich nach den Vorschriften zur Bewertung des Grundvermögens. § 168 Abs. 1 sieht dann eine Zusammenfassung dieser drei nach unterschiedlichen Grundsätzen ermittelten Werte des Betriebes der Land- und Forstwirtschaft zum Grundbesitzwert für die Vermögensart Land- und Forstwirtschaft vor. Die erbschaftsteuerlichen Vergünstigungen für das Betriebsvermögen gem. §§ 13 a, 13 b ErbStG stellen auf diesen Grundbesitzwert gem. § 168 Abs. 1 ab.

9   §§ 169 bis 175 sind **spezielle Vorschriften** für die einzelnen land- und forstwirtschaftlichen Nutzungen iSd. § 160 Abs. 2 Nr. 1 und ergänzen durch teilweise klarstellende Regelungen die Bewertung dieser Nutzungen.

10 Für die bewertungsrechtliche Einordnung von WG zum land- und forstwirtschaftlichen Vermögen ist nicht die **ertragsteuerliche Einordnung** als Betriebs- oder Privatvermögen ausschlaggebend. Unabhängig von der ertragsteuerlichen Zuordnung erfolgt die bewertungsrechtliche Definition des land- und forstwirtschaftlichen

Vermögens. Deshalb wird auch land- und forstwirtschaftliches Vermögen im **ertragsteuerlichen Privatvermögen**, also verpachtete Betriebe, Teilbetriebe oder Einzelflächen, grundsätzlich nach §§ 158 ff. bewertet.

Das land- und forstwirtschaftliche Vermögen ist gem. § 158 Abs. 2 **rechtsformunabhängig** zu bewerten. Dies bedeutet, dass Einzelbetriebe und Personengesellschaften und Gemeinschaften, bei denen erbschaftsteuerlich regelmäßig nur ein Anteil zu erfassen ist, nach einheitlichen Grundsätzen und damit in der Sache identisch bewertet werden.

III. Wirtschaftliche Einheit des land- und forstwirtschaftlichen Vermögens

§ 158 Abs. 2 Satz 1 bestimmt, dass die wirtschaftliche Einheit des land- und forstwirtschaftlichen Vermögens der **Betrieb der Land- und Forstwirtschaft** ist. Es gelten dem Grunde nach die bisherigen Abgrenzungskriterien, wobei § 158 sich aber nicht auf eine Verweisung auf § 33 beschränkt, sondern die wirtschaftliche Einheit des Betriebs der Land- und Forstwirtschaft selbstständig definiert und formuliert.

Der Betrieb der Land- und Forstwirtschaft als bewertungsrechtlicher Anknüpfungspunkt setzt **keine Mindestgröße** oder einen vollen **Besatz** mit den üblicherweise branchentypisch vorhandenen WG voraus. Dazu zählen **ebenfalls** Verpachtungsfälle, also sowohl die Verpachtung eines gesamten Betriebes, eines Teilbetriebes oder auch von Einzelflächen. Zur Abgrenzung zu einem selbstbewirtschafteten Betrieb siehe § 160 Abs. 7 **Stückländereien.**

Auch **Einzelflächen** können unter der Voraussetzung, dass sie land- und forstwirtschaftlich genutzt werden und nicht gem. § 159 zum Grundvermögen zu zählen sind, einen Betrieb der Land- und Forstwirtschaft bilden.

In die wirtschaftliche Einheit des land- und forstwirtschaftlichen Vermögens bei einem Einzelbetrieb sind gem. § 158 Abs. 2 Satz 1 nur die WG einzubeziehen, die im **zivilrechtlichen Eigentum** des Erblassers oder Schenkers stehen. § 34 Abs. 4 gilt nicht. Dies steht im Gegensatz zur bis Ende 2008 geltenden Bedarfsbewertung mit der Verweisung in § 141 Abs. 2 Satz 2. Ab 2009 sind daher in die wirtschaftliche Einheit des land- und forstwirtschaftlichen Vermögens im fremden Eigentum stehende WG nicht mehr mit einzubeziehen.

Werden Flächen **gemeinschaftlich bewirtschaftet** und besteht damit ein wirtschaftlicher Zusammenhang, so werden diese ohne

§ 158 Begriff des land- und forstwirtschaftlichen Vermögens

Rücksicht auf ihre räumliche Lage zu einer wirtschaftlichen Einheit zusammengefasst.

17 Erfolgt eine Bewirtschaftung eines Betriebs der Land- und Forstwirtschaft in Form einer **Personengesellschaft oder Gemeinschaft,** ist das land- und forstwirtschaftliche Vermögen deshalb einheitlich zu ermitteln. Gemäß § 158 Abs. 2 Satz 2 werden in der wirtschaftlichen Einheit auch diejenigen WG erfasst, die im Alleineigentum oder Miteigentum eines Gesellschafters oder Gemeinschafters stehen. Siehe dazu auch § 97 Abs. 1 Nr. 5 Satz 2 mit einer vergleichbaren Regelung für das Sonderbetriebsvermögen bei gewerblichen oder freiberuflichen Mitunternehmerschaften. Nicht mit einzubeziehen sind die WG, die zwar dem Betrieb dauernd zu diesen bestimmt sind, jedoch im Eigentum eines Nichtgesellschafters stehen (ErbStR B 158.1 Abs. 3).

18 Mangels ausdrücklicher Verweisung findet § 26 keine Anwendung (vgl. § 26 Rz. 4). Deshalb ist der Anteil eines Ehegatten an einem land- und forstwirtschaftlichen Betrieb, soweit die Ehegatten eine **Gütergemeinschaft** vereinbart haben und sich der Betrieb im Gesamtgut gem. § 1416 BGB befindet, selbstständig als wirtschaftliche Einheit zu ermitteln.

19 Eine beispielhafte, nicht abschließende **Aufzählung der Wirtschaftsgüter,** die zur wirtschaftlichen Einheit des Betriebs der Land- und Forstwirtschaft zählen, ergibt sich aus § 158 Abs. 3. Dieser ist § 33 Abs. 2 nachgebildet und entspricht auch der Regelung des § 140 Abs. 2. Danach gehören der Grund und Boden, die Wirtschaftsgebäude, die stehenden Betriebsmittel, der normale Bestand an umlaufenden Betriebsmitteln, die immateriellen Wirtschaftsgebäude und die Wohngebäude mit dem dazu gehörenden Grund und Boden zu den im Regelfall vorkommenden WG.

20 Zu den **Besonderheiten der einzelnen Wirtschaftsgüter** eines Betriebes der Land- und Forstwirtschaft s. § 33 Rz. 55 ff.

21 Besonders benannt worden sind gem. s. § 158 Abs. 3 Nr. 5 **immaterielle Wirtschaftsgüter.** Diese gehörten auch bislang schon gem. § 140 Abs. 1 Satz 2 zu den WG eines Betriebes der Land- und Forstwirtschaft und die ausdrückliche Erwähnung erfolgt nur aus Klarstellungsgründen. Dabei handelt es sich im Regelfall um Lieferrechte, wie zB Brennrechte, Milchlieferrechte, Jagdrechte, Zuckerrübenlieferrechte oder die Ansprüche aus den GAP-Zahlungsansprüchen.

22 Ein normaler Bestand an **umlaufenden Betriebsmitteln** gem. § 158 Abs. 3 Satz 2 ist erforderlich, um eine ordnungsgemäße Bewirtschaftung bis zur nächsten Ernte zu ermöglichen. Neben den Pflanzenbeständen und Vorräten, den Maschinen und Geräten gehören auch die Tierbestände in den Grenzen des § 169 zum normalen Bestand der umlaufenden Betriebsmittel.

Ausdrücklich **nicht zum land- und forstwirtschaftlichen Vermögen** gehören die in § 158 Abs. 4 abschließend aufgezählten WG. Die Aufzählung entspricht im Wesentlichen § 33 Abs. 3. Zur Abgrenzung mit dem übrigen Vermögen siehe Rz. 40. 23

Abweichend von der bisherigen Regelung gem. § 33 Abs. 3 Nr. 2 gehören gem. § 158 Abs. 5 **Verbindlichkeiten** dann zum land- und forstwirtschaftlichen Vermögen, wenn sie nicht mit WG gem. § 158 Abs. 4 im unmittelbaren wirtschaftlichen Zusammenhang stehen. Der Gesetzgeber bedient sich bei der Bestimmung der zum land- und forstwirtschaftlichen Vermögen gehörenden Verbindlichkeiten daher einer Negativabgrenzung. Insoweit findet im Gegensatz zum bis Ende 2008 geltenden Recht bereits eine Saldierung des Bruttovermögens mit den Verbindlichkeiten auf Ebene der Bewertung statt. Dies ist auch sachgerecht, denn bei der Verkehrswertermittlung für das bewertungsrechtliche Betriebsvermögen gem. § 11 Abs. 2 wird ebenfalls ein Schuldenabzug zugelassen, um das Reinvermögen als Bereicherungsgrundlage zu ermitteln. Verbindlichkeiten, die gem. § 164 Abs. 6 Satz 2 bei der Ermittlung des Mindestwertes nicht abgezogen werden können, sind **Nachlassverbindlichkeiten** und gem. § 10 Abs. 5 ErbStG zu berücksichtigen.

Der **Umfang der Verbindlichkeiten** des land- und forstwirtschaftlichen Vermögens im Sinne des § 158 Abs. 5 wird bestimmt durch die **ertragsteuerliche Zuordnung** zum steuerlichen Betriebsvermögen. Dies folgt aus den Vorgaben zur Berechnung des Fortführungswertes anhand des Reingewinns gem. § 163 Abs. 2 Satz 2. Bei der Ermittlung des Reingewinns werden nur die ertragsteuerlich ansetzbaren Verbindlichkeiten durch den Schuldzinsenabzug reingewinnmindernd berücksichtigt. Verbindlichkeiten, die daher nicht auf ertragsteuerlicher Ebene berücksichtigt werden können, also zB Altenteilsleistungen, Pensionsverpflichtungen oder Abfindungszahlungen, sind daher mangels Berücksichtigung bei der Bewertung des land- und forstwirtschaftlichen Vermögens unverändert als **Nachlassverbindlichkeiten** gem. § 10 Abs. 5 ErbStG zu berücksichtigen. 24

IV. Abgrenzung zu den übrigen Vermögensarten

Nach wie vor muss eine Abgrenzung des land- und forstwirtschaftlichen Vermögens zu den übrigen Vermögensarten, also zum Grundvermögen, zum Betriebsvermögen und zum übrigen Vermö- 25 gen erfolgen. Dazu ist insbesondere die abschließende Aufzählung gem. § 158 Abs. 4 sowie § 159 für die Abgrenzung zum Grundvermögen heranzuziehen.

1. Abgrenzung zum Grundvermögen

26 Für die **Abgrenzung** des Grundvermögens vom land- und forstwirtschaftlichen Vermögen gem. § 159 gelten die bekannten Grundsätze, Definitionen und Abgrenzungskriterien, so wie sie bereits in den §§ 33 ff., 69 enthalten und beschrieben sind.

27 Grund und Boden sowie Gebäude und Gebäudeteile dienen auch dann noch land- und forstwirtschaftlichen Zwecken, wenn zwar keine land- und forstwirtschaftliche Nutzung mehr stattfindet, jedoch **noch keine anderweitige Nutzung** als Grundvermögen, Betriebsvermögen oder übriges Vermögen gegeben ist. Dies folgt aus dem Umkehrschluss des § 158 Abs. 4 Nr. 1, der diese WG erst dann aus dem land- und forstwirtschaftlichen Vermögen ausschließt, wenn eine anderweitige Nutzung im Rahmen der anderen bewertungsrechtlichen Vermögensarten gegeben ist. Eine tatsächliche land- und forstwirtschaftliche Bewirtschaftung ist daher nicht erforderlich. Darunter fällt zB ein leerstehender Viehstall, der aufgrund der Umstellung des Betriebes nicht mehr benötigt wird (ErbStR B 158.1 Abs 5 S. 3 Nr. 3). Erst dann, wenn eine tatsächliche außerlandwirtschaftliche Nutzung stattfindet, zählt das Wirtschaftsgebäude nicht mehr zum land- und forstwirtschaftlichen Vermögen. Ob es dann zum Grundvermögen oder zum Betriebsvermögen gehört, ist separat zu prüfen.

28 Gleiches gilt auch für den **Wohnteil eines land- und forstwirtschaftlichen Betriebes**. Soweit zB eine Wohnung oder ein Haus leer steht, weil der Altenteiler verstorben oder Personen ausgezogen sind, zählt der Wohnteil unverändert noch zum land- und forstwirtschaftlichen Vermögen, soweit keine anderweitige Nutzung stattfindet.

29 Bei **verpachteten land- und forstwirtschaftlichen Betrieben** zählt der Wohnteil, also das Betriebsleiter- und das Altenteilerhaus, im Gegensatz zu § 34 Abs. 3 weiterhin noch zum land- und forstwirtschaftlichen Vermögen. Dies folgt aus der unterschiedlichen Zielrichtung der Regelung des § 34 Abs. 3, der der Einheitsbewertung dient, und der Regelung des § 158, welcher eine Bedarfsbewertung für Zwecke der Erbschaft- und Schenkungsbesteuerung vorsieht. Verpachtete Betriebe gehören im Anwendungsbereich des § 158 zum land- und forstwirtschaftlichen Vermögen, so dass dies auch auf den Wohnteil durchschlägt. Zur Begründung s. § 160

Rz. 22. Anders ErbStR B 160.22 Abs. 7. Zur Bewertung des Wohnteils siehe § 167.

2. Abgrenzung zum Betriebsvermögen

Die Abgrenzung zum Betriebsvermögen erfolgt vorrangig nach der **ertragsteuerlichen Abgrenzung gem. EStR 15.5.** Für Bewertungszeiträume **ab 2012** greifen die Gleichl. Ländererlasse v. 15. 12. 11 (BStBl. I 2011, 1213 und 1217). Auf Antrag kann die neue Sichtweise auch in allen noch offenen Fällen angewendet werden. 30

Außerbetrieblich genutzte Maschinen oder andere bewegliche WG dienen danach noch einem land- und forstwirtschaftlichen Betrieb, wenn der Umsatz aus der außerlandwirtschaftlichen Verwendung nicht mehr als 51 500 € oder ⅓ des Gesamtumsatzes bei einer Nutzung gegenüber anderen Betrieben der Land- und Forstwirtschaft beträgt. Die Finanzverwaltung hat die bisherige Differenzierung nach der Art des Leistungsempfängers aufgegeben. 31

Gemischt genutzte Maschinen, die zB für landwirtschaftliche und eigengewerbliche Zwecke eingesetzt werden, sind anteilig der jeweiligen Vermögensart zuzuordnen. Insoweit greift die Abgrenzung gem. § 33 Rz. 13 ff. entsprechend. Die Finanzverwaltung sollte auch hier die Regelung aus Vereinfachungsgründen zulassen, die für die Zuordnung von gemischt genutzten Grundstücken und Gebäuden gemäß den Gleichl. Ländererlassen v. 15.12.2011 (BStBl. I 2011, 1213 und 1217) greift **(10 %-Regelung).** 32

Soweit **Tierbestände** oder **Zweige des Tierbestands** gem. §§ 169, 175 nicht zum land- und forstwirtschaftlichen Vermögen gehören, gehören auch die mit diesen Tierbeständen im wirtschaftlichen Zusammenhang stehenden WG, also insbesondere Gebäude und Gebäudeteile, gem. § 158 Abs. 4 Nr. 5 Satz 1 komplett oder ggfs. anteilig nicht zum land- und forstwirtschaftlichen Vermögen, sondern zum Betriebsvermögen. 33

Wird ein **Gewerbebetrieb** in einem auch landwirtschaftlich genutzten Gebäude unterhalten, also zB ein gewerblicher Hofladen in einem Teil eines landwirtschaftlichen Betriebsgebäudes, so hat eine anteilige Zuordnung zu den Vermögensarten Land- und Forstwirtschaft sowie Betriebsvermögen zu erfolgen. Aus Vereinfachungsgründen kann diese anteilige Zuordnung immer dann entfallen, wenn das Grundstück oder das Gebäude zu **mindestens 10 %** für landwirtschaftliche Zwecke eingesetzt wird (Gleichl. Ländererlasse v. 15.12.2011, BStBl. I 2011, 1213 und 1217.). Diese Vereinfachungsregelung der Finanzverwaltung trägt deutlich zur Erleichterung des Bewertungsverfahrens bei. 34

35 **Kapitalgesellschaften oder Genossenschaften**, die einen Betrieb der Land- und Forstwirtschaft unterhalten, sind kraft Rechtsform gewerbliche Betriebe und daher nach den Grundsätzen für das Betriebsvermögen zu bewerten. Zu beachten ist dabei aber § 99 Abs. 1 Nr. 2. Landwirtschaftlich genutzte Flächen sind gem. § 157 Abs. 2 nach den Bewertungsregeln für das land- und forstwirtschaftliche Vermögen gem. §§ 158 ff. zu erfassen.

36 Für **Beteiligungen an Maschinengemeinschaften** ist gem. § 157 Abs. 1 Satz 1 Nr. 4 grundsätzlich ein eigenständiger Wert zu ermitteln. Siehe auch ErbStR B 158.4 Abs. 1 Satz 3. Allerdings ist zu differenzieren, ob die Maschinengemeinschaft als Bruchteils- oder Gesamthandsgemeinschaft ausgelegt ist und ob die Maschine nur in den Betrieben der beteiligten Land- und Forstwirte eingesetzt wird.

37 **Bruchteilseigentum an Maschinengemeinschaften** gem. §§ 741 ff. BGB liegt im Regelfall immer dann vor, wenn die Maschinen ausschließlich in den Betrieben ihrer Gemeinschafter eingesetzt werden. Insoweit liegt keine Beteiligung gem. § 158 Abs. 4 Satz 3 vor, so dass das Bruchteilseigentum anteilig zum jeweiligen land- und forstwirtschaftlichen Vermögen gehört. Die Bewertung erfolgt daher im Rahmen der jeweiligen Betriebsbewertung gem. §§ 163, 164. Eine gesonderte Feststellung eines eigenständigen Wertes für die Maschinengemeinschaft ist gem. § 157 Abs. 1 Satz 1 Nr. 4 in diesem Fall nicht erforderlich.

38 Diese Grundsätze gelten auch dann, wenn sich die Maschine im **Gesamthandseigentum** der Gesellschafter befindet und die Maschine nur in den land- und forstwirtschaftlichen Betrieben der Gesellschafter eingesetzt wird. Mangels Außenauftritt und mangels Gewinnerzielungsabsicht liegt keine ertragsteuerlich relevante Tätigkeit vor.

39 Erst dann, wenn und soweit die **Maschinengemeinschaft auch gegenüber fremden Dritten tätig** wird, liegt von Anfang an keine land- und forstwirtschaftliche Tätigkeit vor. Es handelt sich ertragsteuerlich um gewerbliche Einkünfte, so dass die Bewertungsvorschriften für das Betriebsvermögen heranzuziehen sind. Nur in diesem Fall ist an eine gesonderte Feststellung eines eigenständigen Betriebes für einen Gewerbebetrieb gegeben, so dass die WG als Betriebsvermögen zu erfassen sind (so auch ErbStR B 158.4 Abs. 1 Satz 4).

3. Abgrenzung zum übrigen Vermögen

40 Die Abgrenzung des land- und forstwirtschaftlichen Vermögens zum übrigen Vermögen ergibt sich im Wesentlichen aus der

Abgrenzung luf. genutzte Flächen/Grundvermögen § 159

abschließenden Aufzählung des § 158 Abs. 4 Nr. 3, 4, 6 und 7. Die Abgrenzung entspricht im Wesentlichen § 33 Abs. 3 sowie § 140 Abs. 2 hinsichtlich der Pensionsverpflichtung. Geschäftsguthaben, Wertpapiere, Beteiligungen, Geldforderungen, Zahlungsmittel und Pensionsverpflichtungen gehören daher nicht zum land- und forstwirtschaftlichen Vermögen, sondern zum übrigen Vermögen. Pensionsverpflichtungen sind als Verbindlichkeiten erst auf Ebene der Erbschaftsteuer gem. § 10 Abs. 5 ErbStG zu berücksichtigen.

Gemäß § 158 Abs. 4 Nr. 3 gehören auch **Geschäftsguthaben** 41 nicht zum land- und forstwirtschaftlichen Vermögen. Dies ist bedenklich und deshalb auch abzulehnen, denn bei der Ermittlung des Wirtschaftswertes gem. § 163 unter Berücksichtigung des Reingewinns sind Geschäftsguthaben berücksichtigt. Auch bei der Berechnung des Mindestwertansatzes gem. § 164 fließen über den Wertansatz für das Besatzkapital auch Geschäftsguthaben in die Bemessungsgrundlage mit ein. Für eine gesonderte Erfassung und damit einen Ansatz als übriges Vermögen besteht daher kein Raum.

Zur **Beteiligung an einer Maschinengemeinschaft** siehe 42 Rz. 37. Soweit die Beteiligung nicht zum land- und forstwirtschaftlichen Vermögen zählt, liegt im Regelfall Betriebsvermögen vor.

§ 159 Abgrenzung land- und forstwirtschaftlich genutzter Flächen zum Grundvermögen

(1) Land- und forstwirtschaftlich genutzte Flächen sind dem Grundvermögen zuzurechnen, wenn nach ihrer Lage, den am Bewertungsstichtag bestehenden Verwertungsmöglichkeiten oder den sonstigen Umständen anzunehmen ist, dass sie in absehbarer Zeit anderen als land- und forstwirtschaftlichen Zwecken, insbesondere als Bauland, Industrieland oder Land für Verkehrszwecke, dienen werden.

(2) Bildet ein Betrieb der Land- und Forstwirtschaft die Existenzgrundlage des Betriebsinhabers, so sind dem Betriebsinhaber gehörende Flächen, die von einer Stelle aus ordnungsgemäß nachhaltig bewirtschaftet werden, dem Grundvermögen nur dann zuzurechnen, wenn mit großer Wahrscheinlichkeit anzunehmen ist, dass sie spätestens nach zwei Jahren anderen als land- und forstwirtschaftlichen Zwecken dienen werden.

(3) ¹Flächen sind stets dem Grundvermögen zuzurechnen, wenn sie in einem Bebauungsplan als Bauland festgesetzt sind, ihre sofortige Bebauung möglich ist und die Bebauung innerhalb des Plangebiets in benachbarten Bereichen begon-

§ 160 Betrieb der Land- und Forstwirtschaft

nen hat oder schon durchgeführt ist. ²Satz 1 gilt nicht für die Hofstelle und für andere Flächen in unmittelbarem räumlichen Zusammenhag mit der Hofstelle bis zu einer Größe von insgesamt 1 Hektar.

1 Diese Regelung entspricht inhaltlich § 69 Abs. 1 bis 3. Zur Abgrenzung von land- und forstwirtschaftlichen Vermögen s. § 158 Rz. 27 ff. sowie § 69 Rz. 1 ff.

2 Die Entscheidung darüber, ob eine Fläche zum land- und forstwirtschaftlichen Vermögen oder zum Grundvermögen zu rechnen ist, ist bei der **Feststellung des Grundbesitzwertes** für den Betrieb der Land- und Forstwirtschaft zu entscheiden (ErbStR B 158.3 Abs. 1 S. 2). Bei der **Beherbergung von Fremden** zieht die Finanzverwaltung die ertragsteuerlichen Grundsätze gem. EStR 15.13 i. V. m. EStR 15.7 heran.

3 Besondere Bedeutung hat § 159 Abs. 3 Satz 2. Dabei handelt es sich nicht nur um eine Ausnahme zu Abs. 3 Satz 1, sondern eine **generelle Ausnahme zum gesamten § 159** (zum insoweit gleichlautenden § 69 Abs. 3 Satz 2 siehe *Rössler/Troll* § 69 Rz. 95, *Gürsching/Stenger* § 69 Rz. 154). Soweit eine Fläche in unmittelbarem räumlichen Zusammenhang mit der Hofstelle liegt und zusammen mit der Hofstelle nicht größer als 1 ha ist, ist diese auch dann als land- und forstwirtschaftliches Vermögen zu bewerten, wenn eine sofortige Bebaubarkeit gegeben ist. Es spielt in diesem Fall auch keine Rolle, ob der landwirtschaftliche Betrieb Existenzgrundlage des Betriebsinhabers bildet, so dass diese Regelung für verpachtete Betriebe, Teilbetriebe oder Einzelflächen angewendet werden kann. Siehe dazu auch *Leingärtner* Kap. 96 Rz. 23 ff.

4 Nach BFH II R 48/01 v. 13.8.2003 (BStBl. II 2003, 908) fallen landwirtschaftlich genutzte Flächen, die dem Betriebsinhaber gehören, aber von ihm nicht selbst bewirtschaftet, sondern verpachtet werden, nicht in die Sonderregelung des § 69 Abs. 2. Dies dürfte auch für § 159 Abs. 2 gelten.

§ 160 Betrieb der Land- und Forstwirtschaft

(1) **Ein Betrieb der Land- und Forstwirtschaft umfasst**
1. **den Wirtschaftsteil,**
2. **die Betriebswohnungen und**
3. **den Wohnteil.**

(2) ¹**Der Wirtschaftsteil eines Betriebs der Land- und Forstwirtschaft umfasst**
1. **die land- und forstwirtschaftlichen Nutzungen:**

a) die landwirtschaftliche Nutzung,
b) die forstwirtschaftliche Nutzung,
c) die weinbauliche Nutzung,
d) die gärtnerische Nutzung,
e) die übrigen land- und forstwirtschaftlichen Nutzungen,
2. die Nebenbetriebe,
3. die folgenden nicht zu einer Nutzung nach den Nummern 1 und 2 gehörenden Wirtschaftsgüter:
a) Abbauland,
b) Geringstland,
c) Unland.
²Der Anbau von Hopfen, Tabak und Spargel gehört nur zu den Sondernutzungen, wenn keine landwirtschaftliche Nutzung im Sinne des Satzes 1 Nr. 1 Buchst. a vorliegt.

(3) Nebenbetriebe sind Betriebe, die dem Hauptbetrieb zu dienen bestimmt sind und nicht einen selbständigen gewerblichen Betrieb darstellen.

(4) Zum Abbauland gehören die Betriebsflächen, die durch Abbau der Bodensubstanz überwiegend für den Betrieb der Land- und Forstwirtschaft nutzbar gemacht werden (Sand-, Kies-, Lehmgruben, Steinbrüche, Torfstiche und dergleichen).

(5) Zum Geringstland gehören die Betriebsflächen geringster Ertragsfähigkeit, für die nach dem Bodenschätzungsgesetz vom 20. Dezember 2007 (BGBl. I S. 3150, 3176) keine Wertzahlen festzustellen sind.

(6) Zum Unland gehören die Betriebsflächen, die auch bei geordneter Wirtschaftsweise keinen Ertrag abwerfen können.

(7) ¹Einen Betrieb der Land- und Forstwirtschaft bilden auch Stückländereien, die als gesonderte wirtschaftliche Einheit zu bewerten sind. ²Stückländereien sind einzelne land- und forstwirtschaftlich genutzte Flächen, bei denen die Wirtschaftsgebäude oder die Betriebsmittel oder beide Arten von Wirtschaftsgütern nicht dem Eigentümer des Grund und Bodens gehören, sondern am Bewertungsstichtag für mindestens 15 Jahre einem anderen Betrieb der Land- und Forstwirtschaft zu dienen bestimmt sind.

(8) Betriebswohnungen sind Wohnungen, die einem Betrieb der Land- und Forstwirtschaft zu dienen bestimmt, aber nicht dem Wohnteil zuzurechnen sind.

(9) Der Wohnteil eines Betriebs der Land- und Forstwirtschaft umfasst die Gebäude und Gebäudeteile, die dem Inha-

§ 160 Betrieb der Land- und Forstwirtschaft

ber des Betriebs, den zu seinem Haushalt gehörenden Familienangehörigen und den Altenteilern zu Wohnzwecken dienen.

Übersicht

	Rn.
I. Allgemeines	1, 2
II. Umfang des land- und forstwirtschaftlichen Betriebes	3–6
III. Wirtschaftsteil	7–19
1. Land- und forstwirtschaftliche Nutzungen	8–10
2. Stückländereien, Verpachtungen	11–16
3. Nebenbetriebe	17, 18
4. Sonstige Wirtschaftsgüter	19
IV. Betriebswohnungen	20
V. Wohnteil	21–25

I. Allgemeines

1 § 160 Abs. 1 beschreibt den Betrieb der Land- und Forstwirtschaft. Festgehalten wird an der bisherigen **Dreiteilung** in Wirtschaftsteil, Betriebswohnungen und Wohnteil gem. § 141 Abs. 1, während § 34 Abs. 1 für Zwecke der Einheitsbewertung nur eine Zweiteilung des Betriebs der Land- und Forstwirtschaft in Wirtschaftsteil und Wohnteil vorsieht. Die Addition der drei Werte ergibt den Grundbesitzwert des Betriebs der Land- und Forstwirtschaft gem. § 168 Abs. 1.

2 Nicht entscheidend ist die **ertragsteuerliche Einordnung** als Privat- oder Betriebsvermögen, sondern nur die bewertungsrechtliche Zuordnung zu einem Betrieb der Land- und Forstwirtschaft. Siehe dazu auch § 158 Rz. 11.

II. Umfang des land- und forstwirtschaftlichen Betriebes

3 Durch die Fortführung der **Dreiteilung des Betriebes der Land- und Forstwirtschaft** wird an die Begriffsdefinition zum Umfang des land- und forstwirtschaftlichen Vermögens gem. § 141 angeknüpft. Siehe dazu § 141 Rz. 2 ff.

4 § 160 Abs. 1 definiert im Gegensatz zu § 141 den **Umfang des Betriebes der Land- und Forstwirtschaft** vollkommen selbstständig und verzichtet auf einen Verweis auf die Regelungen der Einheitsbewertung in § 34. Die bisherige Rechtsprechung und Kom-

Wirtschaftsteil § 160

mentierung dazu kann daher nur sinngemäß unter Berücksichtigung des unterschiedlichen Bewertungsziels herangezogen werden.

Insbesondere ist § 34 Abs. 4 nicht anwendbar, so dass WG, die 5 dem Betrieb der Land- und Forstwirtschaft dienen, aber nicht im Eigentum des Steuerpflichtigen stehen, auszusondern sind. Dies gilt insbesondere für das Inventar bei einer **eisernen Verpachtung** gem. § 582 a BGB, soweit der Pächterbetrieb zu bewerten ist. Eigentumsrechtlich ist das Inventar dem Verpächter zuzuordnen, da dieser einen Besitzverschaffungsanspruch gegenüber dem Pächter hat. ErbStR B 9.1 Abs. 1 ist nicht anwendbar, da es dort nur um Sachleistungsansprüche wie zB Eigentumsverschaffungsansprüche geht. Bei der Bewertung des Wirtschaftsteils des land- und forstwirtschaftlichen Betriebes des „eisernen" Pächters im Mindestwertverfahren gem. § 164 Abs. 4 darf daher kein Wertansatz für das Besatzkapital vorgenommen werden.

Ist der Steuerpflichtige **Bruchteilseigentümer,** zB im Rahmen 6 einer Maschinengemeinschaft an bestimmten Maschinen, so sind diese anteilig in seinen land- und forstwirtschaftlichen Betrieb einzubeziehen. Eine gesonderte Feststellung gem. § 151 Abs. 1 hat in sinngemäßer Anwendung des § 34 Abs. 5 nicht zu erfolgen. Siehe dazu auch § 158 Rz. 41.

III. Wirtschaftsteil

Der Wirtschaftsteil eines Betriebes der Land- und Forstwirtschaft 7 ist für Zwecke der Bewertung in seine **einzelnen Bestandteile zu zerlegen.** Gem. § 160 Abs. 2 Satz 1 umfasst er die land- und forstwirtschaftliche Nutzung, die Nebenbetriebe und die sonstigen WG, die gesondert zu bewerten sind. § 160 Abs. 2 Satz 1 greift insoweit auf § 34 Abs. 2 sowie § 141 Abs. 2 zurück. Dazu zählen auch die **Hof- und Wirtschaftsgebäudeflächen**, soweit sie nicht zu den Betriebswohnungen oder zum Wohnteil gehören. Zu den Flächen gehören weiterhin auch Wege, Hecken, Gräben, Grenzraine und dergleichen (siehe dazu ErbStR B 160.1 Abs. 3).

1. Land- und forstwirtschaftliche Nutzungen

Zum Umfang der landwirtschaftlichen, forstwirtschaftlichen, 8 weinbaulichen und gärtnerischen Nutzung siehe § 34 Rz. 4 ff., § 141 Rz. 7 ff. Gesondert zu erfassen sind daneben Stückländereien gem. § 160 Abs. 7.

In Abweichung zu § 34 Abs. 2 Nr. 1 Buchst. e spricht § 160 Abs. 2 9 Nr. 1 Buchst. e nunmehr von den **übrigen land- und forstwirt-**

Stephany

§ 160 Betrieb der Land- und Forstwirtschaft

schaftlichen Nutzungen statt von den sonstigen land- und forstwirtschaftlichen Nutzungen. Der Umfang der übrigen land- und forstwirtschaftlichen Nutzungen ergibt sich aus § 175. Dabei wird differenziert zwischen den Sondernutzungen Hopfen, Spargel, Tabak und andere Sonderkulturen sowie den sonstigen landwirtschaftlichen Nutzungen.

10 Die Nutzungen **Hopfen, Spargel und Tabak** gehören gem. § 160 Abs. 2 Satz 2 jedoch nur dann zu diesen Sondernutzungen, wenn keine land- und forstwirtschaftliche Nutzung im Betrieb der Land- und Forstwirtschaft vorliegt. Insoweit weicht diese Regelung von § 52 ab. Im Umkehrschluss reicht damit eine auch nur geringfügige landwirtschaftliche Nutzung aus, um den Anbau von Hopfen, Tabak und Spargel der landwirtschaftlichen Nutzung zuzuordnen. Aufgrund der unterschiedlichen Bewertungsregelungen für die landwirtschaftliche Nutzung und die Sondernutzungen Hopfen, Spargel, Tabak gem. § 163 Abs. 7 ist diese Unterscheidung von großer praktischer Bedeutung.

Zur **Beschreibung der verschiedenen Nutzungsteile** s. ErbStR B 160.2 ff..

2. Stückländereien, Verpachtungen

11 Ebenfalls einen Betrieb der Land- und Forstwirtschaft bilden **Stückländereien** gem. § 160 Abs. 7. Inhaltlich entspricht diese Regelung im Wesentlichen § 34 Abs. 7. Siehe dazu § 34 Rz. 45. Es handelt sich hierbei um eine Regelung für im Ganzen verpachtete Betriebe, für Teilverpachtungen oder die Verpachtung von einzelnen land- und forstwirtschaftlich genutzten Flächen (ErbStR B 160.1 Abs. 6).

12 In Abweichung von § 34 Abs. 7 wird der Begriff der Stückländerei jedoch in § 160 Abs. 7 durch die **Verwendung eines Zeitfaktors** neu definiert. So liegt iSd. § 160 Abs. 7 nur dann eine Stückländerei vor, wenn die Nutzungsüberlassung am Bewertungsstichtag noch mindestens 15 Jahre vertraglich fortdauert. In diesen Fällen geht der Gesetzgeber typisierend davon aus, dass es sich bei der Verpachtung des Betriebes, des Betriebsteils oder von Einzelflächen um einen Dauerzustand handelt. Gemäß § 168 Abs. 2 BewG iVm. § 13 b Abs. 1 Nr. 1 ErbStG gibt es für den so ermittelten Grundbesitzwert für Stückländereien nicht die erbschaftsteuerlichen Vergünstigungsregelungen für das Betriebsvermögen.

13 Für die Zeitgrenze von 15 Jahren ist der **Vertragszustand zum Bewertungsstichtag** gem. § 161 entscheidend. Selbst in den Fällen, in denen die Verpachtung tatsächlich schon länger als 15 Jahre anhält, zum Bewertungsstichtag die vertragliche Restpachtlaufzeit jedoch weniger als 15 Jahre beträgt, ist nicht von einer Stückländerei iSd. § 160 Abs. 7 auszugehen. Auch automatische Pachtvertragsverlängerungsklauseln sind unschädlich, soweit zum Bewertungsstichtag die Restpachtlaufzeit nicht mehr als 15 Jahre beträgt. Die gesetzliche Formulierung in § 160 Abs. 7 Satz 2 ist insoweit eindeutig.

Zur **Bewertung von Stückländereien** iSd. § 160 Abs. 7 siehe § 162 Abs. 2. Es greift insoweit der Mindestwertansatz gem. § 164, wobei jedoch ein Ansatz für das Besatzkapital gem. § 164 Abs. 4 Satz 3 mangels selbstbewirtschafteter Flächen nicht vorzunehmen ist. **14**

Aufgrund der Neufassung der Begriffsdefinition der Stückländereien gem. § 160 Abs. 7 ist in all den Fällen, in denen die **Verpachtung die 15-Jahresfrist unterschreitet,** bewertungsrechtlich nicht von einer Stückländerei, sondern von einer normalen land- und forstwirtschaftlichen Nutzung gem. § 160 Abs. 2 Nr. 1 auszugehen. **15**

Stückländereien oder Verpachtungen von weniger als 15 Jahren können sich häufig im **ertragsteuerlichen Privatvermögen** befinden. Dies spielt für die Bewertung aber keine Rolle, da allein auf die Nutzung, nicht aber auf die ertragsteuerliche Zuordnung abgestellt wird. **16**

3. Nebenbetriebe

Die **Abgrenzung der Nebenbetriebe** von der land- und forstwirtschaftlichen Nutzung gem. § 160 Abs. 3 entspricht inhaltlich § 42 Abs. 1. Zur Abgrenzung sind die ertragsteuerlichen Grundsätze gem. EStR 15.5 Abs. 3 heranzuziehen. **17**

Zu **Anwendungsfällen und Beispielen** siehe dazu § 42 Rz. 5 ff. **18**

4. Sonstige Wirtschaftsgüter

Die sonstigen Wirtschaftsgüter gem. § 160 Abs. 2 Nr. 3, also das **Abbauland,** das **Geringstland** und das **Unland,** werden in den §§ 160 Abs. 4 bis 6 näher beschrieben. Diese Regelungen entsprechen den bewertungsrechtlichen Regelungen gem. § 43 Abs. 1 für das Abbauland, § 44 Abs. 1 für das Geringstland und § 45 Abs. 1 für das Unland. Ausführlich zum Umfang des Geringstlandes siehe ErbStR B 160.20. **19**

IV. Betriebswohnungen

§ 160 Abs. 8 definiert den Begriff der Betriebswohnungen. Diese Regelung entspricht § 141 Abs. 3. Siehe dazu § 141 Rz. 13 ff. **20**

V. Wohnteil

21 Die **Definition des Wohnteils** gem. § 160 Abs. 9 entspricht ebenfalls der Definition gem. § 141 Abs. 4, ohne jedoch die Bezugnahme auf § 34 Abs. 3 aufzunehmen. Deshalb kann die dazu ergangene Rspr. und die Verwaltungsauffassung allenfalls analog aufgrund des abweichenden Bewertungsziels übernommen werden. Siehe dazu ErbStR B 160.22.

22 Dies gilt insbesondere für den **Wohnteil verpachteter Betriebe.** § 160 Abs. 9 ordnet den Wohnteil dann dem Betrieb der Land- und Forstwirtschaft zu, wenn sie dem Inhaber des Betriebes zu Wohnzwecken dienen. Da gem. § 160 Abs. 7 eine Stückländerei begrifflich erst dann vorliegt, wenn eine Nutzungsüberlassung von mehr als 15 Jahren zum Bewertungsstichtag gegeben ist, handelt es sich bei Verpachtungen mit einer kürzeren Laufzeit am Bewertungsstichtag im Umkehrschluss um einen normalen Betrieb der Land- und Forstwirtschaft. Die Verbindung des Wohnhauses zu dem Betrieb der Land- und Forstwirtschaft bleibt daher solange erhalten, so lange nicht eine Stückländerei gem. § 160 Abs. 7 anzunehmen ist. Die bewertungsrechtliche Einordnung gem. § 34 Abs. 3 spielt insoweit keine Rolle, da § 160 Abs. 9 eine eigenständige Begriffsdefinition des Wohnteils vornimmt. Die Finanzverwaltung ordnet dagegen die Verpächterwohnung dem Grundvermögen zu (ErbStR B 160.22).

23 Der Wohnteil besteht aus der dem **Inhaber gehörenden Wohnung.** Als Inhaber ist dabei der zivilrechtliche Eigentümer des land- und forstwirtschaftlichen Betriebes anzusehen.

24 Gebäude oder Gebäudeteile, die von **Altenteilern zu Wohnzwecken** genutzt werden, sind entsprechend den Regelungen für die Betriebsinhaberwohnung zu behandeln und dem Wohnteil zuzurechnen.

25 Zum **Grund und Boden des Wohnteils** zählen neben der bebauten Fläche auch die üblichen Umgriffsflächen, Gartenflächen oder Stellplätze. Aus Vereinfachungsgründen kann bei den Wohnhäusern, die ertragsteuerlich privatisiert worden sind, die dem steuerlichen Privatvermögen zugeordnete Grundfläche herangezogen werden.

§ 161 Bewertungsstichtag

(1) **Für die Größe des Betriebs, für den Umfang und den Zustand der Gebäude sowie für die stehenden Betriebsmittel sind die Verhältnisse am Bewertungsstichtag maßgebend.**

(2) **Für die umlaufenden Betriebsmittel ist der Stand am Ende des Wirtschaftsjahres maßgebend, das dem Bewertungsstichtag vorangegangen ist.**

Der Bewertungsstichtag für die Feststellung des Grundbesitzwertes für die wirtschaftliche Einheit des land- und forstwirtschaftlichen Vermögens gem. § 157 Abs. 1 ergibt sich aus den **erbschaftsteuerlichen Regelungen** gem. §§ 11, 9 ErbStG. Bei Erwerben von Todes wegen entsteht die Steuer gem. § 9 Abs. 1 Nr. 1 ErbStG mit dem Tod des Erblassers, bei Schenkungen unter Lebenden gem. § 9 Abs. 1 Nr. 2 ErbStG mit dem Zeitpunkt der Ausführung der Zuwendung. Zu den Einzelheiten siehe § 9 ErbStG. 1

Infolgedessen hat die Bewertung gem. § 161 Abs. 1 auch zu diesem Stichtag zu erfolgen. Für Erwerbe von Todes wegen ist der Bewertungsstichtag daher im Regelfall der Todestag, für lebzeitige Schenkungen regelmäßig der Übergang von Besitz, Nutzen und Lasten, also der Übergang des wirtschaftlichen Eigentums. 2

Abweichungen zum Bewertungsstichtag ergeben sich aus der Regelung des § 172 für die forstwirtschaftliche Nutzung sowie § 174 für die gärtnerische Nutzung. 3

Gem. § 161 Abs. 2 ist jedoch eine **Erleichterung bei der Ermittlung der umlaufenden Betriebsmittel** gesetzlich normiert, die § 35 Abs. 2 nachgebildet ist. Die Abweichung erfolgt deshalb, da zum Ende eines Wirtschaftsjahres in der Regel nur solche umlaufenden Betriebsmittel vorhanden sind, die zur ordnungsgemäßen Bewirtschaftung benötigt werden. Einerseits dient dies der Erleichterung der Ermittlung der umlaufenden Betriebsmittel und andererseits der Abgrenzung der Überbestände. Es handelt sich hierbei nicht um ein Wahlrecht, sondern um eine gesetzlich vorgegebene Abweichung vom Bewertungsstichtag. Abzustellen ist auf das tatsächliche Wirtschaftsjahr des Betriebes, welches sich nach § 4 a EStG iVm. § 8 c EStDV ergibt. 4

§ 162 Bewertung des Wirtschaftsteils

(1) ¹**Bei der Bewertung des Wirtschaftsteils ist der gemeine Wert zu Grunde zu legen.** ²**Dabei ist davon auszugehen, dass der Erwerber den Betrieb der Land- und Forstwirtschaft fortführt.** ³**Bei der Ermittlung des gemeinen Werts für den Wirtschaftsteil sind die land- und forstwirtschaftlichen Nutzungen, die Nebenbetriebe, das Abbau-, Geringst- und Unland jeweils gesondert mit ihrem Wirtschaftswert (§ 163) zu**

bewerten. ⁴Dabei darf ein Mindestwert nicht unterschritten werden (§ 164).

(2) **Der Wert des Wirtschaftsteils für einen Betrieb der Land- und Forstwirtschaft im Sinne des § 160 Abs. 7 wird nach § 164 ermittelt.**

(3) ¹Wird ein Betrieb der Land- und Forstwirtschaft oder ein Anteil im Sinne des § 158 Abs. 2 Satz 2 innerhalb eines Zeitraums von 15 Jahren nach dem Bewertungsstichtag veräußert, erfolgt die Bewertung der wirtschaftlichen Einheit abweichend von den §§ 163 und 164 mit dem Liquidationswert nach § 166. ²Dies gilt nicht, wenn der Veräußerungserlös innerhalb von sechs Monaten ausschließlich zum Erwerb eines anderen Betriebs der Land- und Forstwirtschaft oder eines Anteils im Sinne des § 158 Abs. 2 Satz 2 verwendet wird.

(4) ¹Sind wesentliche Wirtschaftsgüter (§ 158 Abs. 3 Satz 1 Nr. 1 bis 3 und 5) dem Betrieb der Land- und Forstwirtschaft innerhalb eines Zeitraumes von 15 Jahren nicht mehr auf Dauer zu dienen bestimmt, erfolgt die Bewertung der Wirtschaftsgüter abweichend von den §§ 163 und 164 mit dem jeweiligen Liquidationswert nach § 166. ²Dies gilt nicht, wenn der Veräußerungserlös innerhalb von sechs Monaten ausschließlich im betrieblichen Interesse verwendet wird.

Übersicht

	Rn.
I. Allgemeines	1–6
II. Ansatz des gemeinen Wertes	7–11
III. Ansatz des Liquidationswertes	12–32
1. Fristbestimmung	14, 15
2. Gesamtbetriebs- oder Teilbetriebsveräußerung	16–20
3. Behandlung wesentlicher Wirtschaftsgüter	21–27
4. Reinvestitionsklausel	28–32

I. Allgemeines

1 Die Bewertung des Wirtschaftsteils eines land- und forstwirtschaftlichen Betriebes gem. § 160 Abs. 2 erfolgt gem. § 162 Abs. 1 Satz 1 mit dem **gemeinen Wert,** wobei es sich dabei um einen **Fortführungswert** gem. § 162 Abs. 1 Satz 2 handelt. Insoweit bricht das ab 2009 geltende Bewertungsrecht mit den bisherigen Regelungen.

Das BVerfG hat in seinem Beschluss (BVerfG 1 BvL 10/02 v. 7.11.2006, BStBl. II 2007, 192) ausdrücklich die Bewertung land- und forstwirtschaftlicher Betriebe mit dem **Ertragswert gem. § 36** für Zwecke der Erbschaftsbesteuerung abgelehnt. Die tatsächliche Bewertung des Wirtschaftsteils eines land- und forstwirtschaftlichen Betriebes mit dem gemeinen Wert erfolgt deshalb nach neuem Recht mit dem Fortführungswert gem. § 163, wobei gem. § 164 ein Mindestwert zugrunde zu legen ist.

Gesondert zu ermitteln ist der **Wert für Stückländereien** gem. § 160 Abs. 7. Die Bewertung von Stückländereien erfolgt ausschließlich mit dem Mindestwert gem. § 164. Die Bewertung ausschließlich mit dem Mindestwert gilt auch für **verpachtete Betriebe, Teilbetriebe oder Einzelflächen,** die keine Stückländerei gem. § 160 Abs. 7 sind. Da diese Betriebe, Betriebsteile oder Flächen nicht selbst bewirtschaftet werden, ist die Ermittlung mit dem Wirtschaftswert gem. § 163 nicht sachgerecht. Zudem kann für diese Betriebe kein Standarddeckungsbeitrag gem. § 163 Abs. 3 ermittelt werden, so dass insoweit auch die Bewertung gem. § 163 ins Leere laufen würde.

Aufgrund der Bewertung des Wirtschaftsteils eines Betriebes der Land- und Forstwirtschaft mit dem Fortführungswert hat der Gesetzgeber in § 162 Abs. 3 und 4 **gesonderte Behaltensfristen** als Nachbewertungsvorbehalte normiert.

Diese **Nachbewertungsvorbehalte** gibt es ausschließlich für das land- und forstwirtschaftlichen Vermögen, nicht aber für die anderen Vermögensarten. Der Nachbewertungsvorbehalt beträgt 15 Jahre. Erfolgt ein Verstoß innerhalb dieses Zeitraums, hat die Bewertung des Wirtschaftsteils abweichend von § 162 Abs. 1 grundsätzlich gem. § 166 Abs. 2 mit dem Liquidationswert zu erfolgen, wobei nun das jeweilige Wirtschaftsgut und nicht der gesamte Betrieb neu zu bewerten ist.

Um Härtefälle bei Nachbewertungsfällen zu vermeiden, hat der Gesetzgeber eine **Reinvestitionsklausel** von sechs Monaten vorgesehen. Erfolgt daher eine Reinvestition gem. § 162 Abs. 3 Satz 3, Abs. 4 Satz 2 innerhalb dieser Zeit im betrieblichen Interesse, so verzichtet der Gesetzgeber auf einen Ansatz dieser WG mit dem Liquidationswert.

II. Ansatz des gemeinen Wertes

Die Ermittlung des gemeinen Wertes für den Wirtschaftsteil eines Betriebes der Land- und Forstwirtschaft bzw. das jeweilige Wirt-

§ 162 Bewertung des Wirtschaftsteils

schaftsgut erfolgt mit dem **Fortführungswert**. Dabei handelt es sich um den Wert, der den land- und forstwirtschaftlichen Nutzungen, Nebenbetrieben und übrigen WG bei einer Fortführung des land- und forstwirtschaftlichen Betriebes unter objektiv ökonomischen Bedingungen beizumessen ist. Für land- und forstwirtschaftliche Betriebe gelten daher auch die bewertungsrechtlichen Grundzüge für das Betriebsvermögen gem. § 11 Abs. 2, §§ 199 ff., wobei der Gesetzgeber die Besonderheiten land- und forstwirtschaftlicher Betriebe berücksichtigt hat. Im Unterschied zu gewerblichen Betrieben erfolgt deshalb auch die Ermittlung des Wirtschaftswertes nicht anhand der tatsächlichen Ertragsaussichten des jeweiligen Einzelbetriebes, sondern durch den Ansatz eines **normierten Reingewinns**.

8   Die nachhaltige Ertragsfähigkeit land- und forstwirtschaftlicher Betriebe stellt dabei nicht auf den tatsächlich zu bewertenden Betrieb oder auf Muster- oder Spitzenbetriebe ab, sondern auf die Betriebsergebnisse vergleichbarer Betriebe. Dies wird durch ein Abstellen auf die Ergebnisse des **Testbetriebsbuchführungsnetzes des Bundesministeriums für Ernährung, Landwirtschaft und Verbraucherschutz** (BMELV) erreicht. Während das vereinfachte Ertragswertverfahren für das Betriebsvermögen gem. § 201 Abs. 2 auf die tatsächlichen Ergebnisse der letzten drei vor dem Bewertungsstichtag abgelaufenen Wirtschaftsjahre Bezug nimmt, wird bei der Bewertung land- und forstwirtschaftlicher Betriebe auf den durchschnittlichen Reingewinn der letzten fünf Jahre abgestellt. Die Art und Weise der Ermittlung ist in § 163 näher geregelt und dort beschrieben.

9   § 162 Abs. 1 Satz 4 stellt jedoch klar, dass ein **Mindestwert** gem. § 164 nicht unterschritten werden darf. Dies entspricht im Wesentlichen der Regelung des § 11 Abs. 2 Satz 3 für gewerbliche Betriebe. Danach darf bei einer Bewertung mit dem vereinfachten Ertragswertverfahren gem. §§ 199 ff. ein Substanzwert nicht unterschritten werden. Die Ermittlung des Mindestwertes gem. § 164 ist daher der Substanzwertermittlung auf der Ebene der Vermögensart Betriebsvermögen gleichzusetzen.

10 § 162 Abs. 2 definiert davon abweichend den **Wertansatz für Stückländereien** iSd. § 160 Abs. 7. Für Stückländereien gilt nur der Mindestwertansatz, wobei sich dieser alleine aus dem Wertansatz für den Grund und Boden gem. § 164 Abs. 2 ergibt. Ein Wertansatz für das Besatzkapital gem. § 164 Abs. 4 kommt nicht in Betracht, da gem. § 164 Abs. 4 Satz 3 als Stückländereien einzuordnende Betriebe der Land- und Forstwirtschaft keine selbst bewirtschafteten Flächen aufweisen.

Die Wertermittlung für Stückländereien gem. § 162 Abs. 2 mit der Verweisung auf den Mindestwertansatz gem. § 164 muss auch für **verpachtete Betriebe, Teilbetriebe oder Einzelflächen** gelten, die aufgrund der Zeitkomponente nicht als Stückländereien iSd. § 160 Abs. 7 einzuordnen sind. Die fehlende Bezugnahme im Gesetz resultiert offensichtlich aus der Verwendung des abweichenden Begriffs der **Stückländerei** im Verhältnis zu § 34 Abs. 7. Aber auch bei verpachteten Betrieben, verpachteten Teilbetrieben oder verpachteten Einzelflächen fehlt es an der Selbstbewirtschaftung, so dass von daher eine Bewertung nur nach dem Mindestwertverfahren in Betracht kommt.

III. Ansatz des Liquidationswertes

Aufgrund der Bewertung des Wirtschaftsteils eines Betriebes der Land- und Forstwirtschaft unter Fortführungsgesichtspunkten und damit durch einen objektivierten Ertragswert hat der Gesetzgeber einen **Nachbewertungsvorbehalt** von 15 Jahren vorgesehen. Erfolgt gem. § 162 Abs. 3 Satz 1 eine Veräußerung des gesamten Betriebes oder eines Anteils an einem Betrieb innerhalb von 15 Jahren oder sind wesentliche WG gem. § 162 Abs. 4 Satz 1 innerhalb von 15 Jahren dem Betrieb der Land- und Forstwirtschaft nicht mehr zu dienen bestimmt, erfolgt die Bewertung mit dem **Liquidationswert** gem. § 166 Abs. 2.

Diese Nachbewertung mit dem Liquidationswert findet jedoch dann nicht statt, wenn eine **Reinvestition** innerhalb von sechs Monaten erfolgt.

1. Fristbestimmung

Die 15-Jahresfrist gem. § 162 Abs. 3 Satz 1, Abs. 4 Satz 1 beginnt ab dem Bewertungsstichtag gem. § 161 Abs. 1 zu laufen. Die Frist berechnet sich nach den **allgemeinen Regelungen** der §§ 186 ff. BGB.

Die **abweichenden Bewertungsstichtage** gem. § 161 Abs. 2, für die forstwirtschaftliche Nutzung gem. § 172 und die gärtnerische Nutzung gem. § 174, bleiben hierbei unbeachtlich, da diese Erleichterungen nur für Ermittlungszwecke, nicht aber für die Bestimmung von Fristen gedacht sind.

2. Gesamtbetriebs- oder Teilbetriebsveräußerung

16 § 162 Abs. 3 Satz 1 regelt den Nachbewertungsvorbehalt bei der **Veräußerung eines gesamten Betriebs** der Land- und Forstwirtschaft gem. § 158 Abs. 2 Satz 1. Werden **Anteile an einem Betrieb** der Land- und Forstwirtschaft gem. § 158 Abs. 2 Satz 2 veräußert, gilt der Nachbewertungsvorbehalt ebenfalls.

17 Der Nachbewertungsvorbehalt gilt auch bei der **Veräußerung eines Teilbetriebes** im ertragsteuerlichen Sinne, da in dem Begriff der wirtschaftlichen Einheit des land- und forstwirtschaftlichen Vermögens gem. § 158 Abs. 2 Satz 1 möglicherweise vorhandene Teilbetriebe bewertungsrechtlich zu einem Betrieb der Land- und Forstwirtschaft zusammengefasst werden.

18 Der **Begriff der Veräußerung** ist nach ertragsteuerlichen Grundsätzen auszulegen. Nicht darunter fällt daher der Übergang bzw. die Übergabe eines Betriebes der Land- und Forstwirtschaft innerhalb der 15-jährigen Frist durch Erbfall oder Schenkung. Zu erbschaftsteuerlichen Behaltensregelungen für land- und forstwirtschaftliches Vermögen siehe ErbStR E 13a.7.

19 Auch die ertragsteuerliche **Aufnahme eines Angehörigen in ein bestehendes Einzelunternehmen** iSd. § 6 Abs. 3 EStG löst nicht den Nachbewertungsvorbehalt aus. Gleiches gilt für die Einbringung eines land- und forstwirtschaftlichen Betriebes gem. § 24 UmwStG. Soweit jedoch durch die Aufnahme oder mit der Einbringung Vermögensgegenstände zivilrechtlich auf andere Personen übergehen, ist das übergehende Vermögen bewertungsrechtlich zu ermitteln.

20 Auch die **Auflösung einer bestehenden Gesellschaft** im Wege der Realteilung gem. § 16 Abs. 3 Satz 3 EStG löst keinen Nachbewertungsfall aus, da es an dem Tatbestand der Veräußerung fehlt. Dies gilt selbst dann, wenn im Rahmen einer Realteilung ein Spitzenausgleich gezahlt wird. Die **Auseinandersetzung einer Erbengemeinschaft** mit einem land- und forstwirtschaftlichen Betrieb ist daher ebenfalls kein Nachbewertungsfall. Zur Erbschaftsbesteuerung siehe ErbStR E 13a.11.

3. Behandlung wesentlicher Wirtschaftsgüter

21 Soweit **wesentliche Wirtschaftsgüter** gem. § 162 Abs. 4 Satz 1 dem Betrieb der Land- und Forstwirtschaft innerhalb eines Zeitraums von 15 Jahren nicht mehr auf Dauer zu dienen bestimmt sind, greift ebenfalls der Nachbewertungsvorbehalt. In diesem Fall hat eine Bewertung der betroffenen WG mit dem Liquidationswert gem. § 166 Abs. 2 Nr. 2 zu erfolgen.

22 Der **Begriff der wesentlichen Wirtschaftsgüter** ist dem Bewertungsrecht fremd und stammt aus dem Ertragsteuerrecht. Deshalb definiert § 162 Abs. 4 Satz 1 die wesentlichen WG eines Betriebes der Land- und Forstwirtschaft unter Bezugnahme auf § 158 Abs. 3 Satz 1 Nr. 1 bis 3 und 5. Insoweit handelt es sich um eine abschließende Aufzählung. Der normale Bestand an umlaufenden Betriebsmitteln gem. § 158 Abs. 3 Satz 1 Nr. 4 gehört nicht zu den wesentlichen WG in diesem Sinne.

23 Aus bewertungsrechtlicher Sicht ist es sachgerecht, bei der Definition des Begriffs der wesentlichen WG auf die **ertragsteuerliche Abgrenzung** abzustellen (siehe dazu *Leingärtner* Kap. 49 a Rz. 13 ff.). Durch die Verweisung in § 162 Abs. 4 Satz 1 auf die WG gem. § 158 Abs. 3 Nr. 1 bis 3 und 5 sind mit Ausnahme der umlaufenden Betriebsmittel de facto alle WG wesentlich für einen Betrieb der Land- und Forstwirtschaft. Die Abstellung auf die wesentlichen WG und die Verweisung auf § 158 Abs. 3 Satz 1 Nr. 1 bis 3 und 5 ist aber so auszulegen, dass die schädlich verwendeten und abschließend aufgezählten WG für den Betrieb auch tatsächlich wesentlich sein müssen. Insoweit muss es daher auch unwesentliche WG geben. Ansonsten hätte die gesetzgeberische Eingrenzung auf „*wesentliche*" WG keinen Sinn und wäre ins Leere gelaufen.

24 Aufgrund der mittlerweile auch in der Land- und Forstwirtschaft Einzug gehaltenen arbeitsteiligen Erledigung hat der BFH für ertragsteuerliche Belange eine **betriebsorientierte Betrachtung wesentlicher Wirtschaftsgüter** vorgenommen und zB die Hofstelle einschließlich der Wirtschaftsgebäude nicht mehr als wesentliche Betriebsgrundlagen eingeordnet (BFH IV R 65/98 v. 18.3.1999, BStBl. II 1999, 198; BFH IV R 61/01 v. 26.6.2003, BStBl. II 2003, 755). Auch immaterielle WG gem. § 158 Abs. 3 Nr. 5 gehören im ertragsteuerlichen Sinne grundsätzlich nicht zu den wesentlichen WG, da diese ohne Weiteres jederzeit über die bestehenden Börsensysteme oder am freien Markt erworben oder wiederbeschafft werden können. Hinsichtlich des Grund und Bodens gem. § 158 Abs. 3 Nr. 1 hält der BFH nur 90 % der Flächen eines land- und forstwirtschaftlichen Betriebes für wesentlich für die Betriebsfortführung. Ständige Rspr. des BFH, so zB BFH IV R 28/00 v. 24.2.2005, BFH/NV 2005, 1062.

25 Diese vom BFH für die **Ertragsteuern aufgestellten Grundsätze** sind daher auch für § 162 Abs. 4 Satz 1 heranzuziehen, weil ansonsten selbst die Veräußerung einer Kleinstfläche, die Veräußerung von Geringst- oder Unland oder selbst der Verkauf von einzelnen Tieren, die als stehende Betriebsmittel einzuordnen sind, zu einer Nachbewertung führen würde.

26 Deshalb hat die Finanzverwaltung die Wesentlichkeitsgrenze bei den **stehenden Betriebsmitteln** betragsmäßig bestimmt. Gemäß ErbStR B 162 Abs. 4 S. 3 sind stehende Betriebsmitteln nur dann wesentliche WG, wenn der gemeine Wert des einzelnen WG oder einer Sachgesamtheit von WG am Bewertungsstichtag **mindestens 50 000 €** beträgt. Zu den stehenden Betriebsmitteln gehört das lebende und tote Inventar. Diese Wertgrenze ist wirtschaftsgutspezifisch auszulegen und kann beliebig oft in der Nachbewertungszeit von 15 Jahren in Anspruch genommen werden.

27 Soweit wesentliche WG nicht mehr dem land- und forstwirtschaftlichen Vermögen, sondern einer **anderen begünstigten Vermögensart** zugeordnet werden, hat nach hier vertretener Auffassung ein Ansatz des Liquidationswertes zu unterbleiben. Dazu zählt zB die Umnutzung eines landwirtschaftlichen Wirtschaftsgebäudes, welches bislang land- und forstwirtschaftlichen Zwecken diente und vom Betriebsübernehmer als Hofladen oder Bauernhofcafé umgebaut worden ist. Ertragsteuerlich sind die Wirtschaftsgebäude dem Gewerbebetrieb zuzuordnen, so dass auch die bewertungsrechtliche Einordnung als land- und forstwirtschaftliches Vermögen wegfallen dürfte. Allerdings findet eine Umgruppierung zu einer ebenfalls begünstigten Vermögensart, hier dem Betriebsvermögen, statt. Hätte der Rechtsvorgänger bereits eine Trennung vorgenommen, wäre das umgenutzte Wirtschaftsgebäude der Vermögensart Betriebsvermögen zuzuordnen gewesen. Zum Zeitpunkt der Übertragung hätten dafür die erbschaftsteuerlichen Vergünstigungen für das Betriebsvermögen in Anspruch genommen werden können. Vor diesem Hintergrund ist es sachgerecht, dass in den Fällen, in denen eine Umnutzung von wesentlichen WG aus der Vermögensart Land- und Forstwirtschaft in ebenfalls begünstigte Vermögensarten gem. § 13 b ErbStG erfolgt, nicht der Ansatz des Liquidationswertes vorzunehmen ist. Im Hinblick auf die Zuordnung von Grundstücken und Gebäuden hat die Finanzverwaltung mit den Gleichl. Ländererlassen v. 15.12.2011 (BStBl I 2011, 1213 und 1217) durch die Einführung einer **10 %-Grenze** dem bereits entsprochen. Siehe auch § 158 Rz. 34.

4. Reinvestitionsklausel

28 Sowohl im Falle der Veräußerung eines gesamten Betriebes oder eines Anteils an einem Betrieb gem. § 162 Abs. 3 Satz 1 als auch im Falle der Veräußerung von wesentlichen WG gem. § 162 Abs. 4 Satz 1 greift eine **Reinvestitionsklausel** von sechs Monaten gem. 162 Abs. 3 Satz 2, Abs. 4 Satz 2.

Die **Frist von sechs Monaten** beginnt mit Übergang von Besitz, 29
Nutzen und Lasten oder dem Todesfall, also entsprechend der ertragsteuerlichen Abgrenzung (ebenso *Gürsching/Stenger* § 162 Rz 48; aA *Rössler/Troll* § 162 Rz 9). Zur Fristberechnung siehe § 187 ff. BGB.

Im Falle der Veräußerung eines Betriebes muss der **Veräuße-** 30
rungserlös innerhalb der sechs Monate wiederum zum Erwerb eines anderen Betriebes oder eines Anteils an einem Betrieb eingesetzt werden. Werden wesentliche WG veräußert, gilt ebenfalls der Übergang von Besitz, Nutzen und Lasten als Beginn der Reinvestitionsfrist.

Eine Verwendung im betrieblichen Interesse gem. § 162 Abs. 4 31
Satz 2 liegt auch vor, soweit **betriebliche Schulden getilgt** werden. Gemäß § 158 Abs. 5 gehören Verbindlichkeiten ausdrücklich zum Betrieb der Land- und Forstwirtschaft, so dass eine Tilgung von Verbindlichkeiten eine Verwendung im betrieblichen Interesse darstellt.

Auch wenn § 162 Abs. 4 Satz 2 davon spricht, dass der Veräuße- 32
rungserlös **ausschließlich im betrieblichen Interesse** verwendet wird, bedeutet dies nach allgemeinen Grundsätzen, dass mind. 90 % des Veräußerungserlöses wieder reinvestiert werden muss. Eine geringfügige außerbetriebliche Verwendung bis zu einem Umfang von 10 % als allgemeine Geringfügigkeitsgrenze dürfte unschädlich sein, zumal vom Veräußerungserlös noch Kosten und Ertragsteuern abgezogen werden müssen.

§ 163 Ermittlung der Wirtschaftswerte

(1) ¹Bei der Ermittlung der jeweiligen Wirtschaftswerte ist von der nachhaltigen Ertragsfähigkeit land- und forstwirtschaftlicher Betriebe auszugehen. ²Ertragsfähigkeit ist der bei ordnungsmäßiger Bewirtschaftung gemeinhin und nachhaltig erzielbare Reingewinn. ³Dabei sind alle Umstände zu berücksichtigen, die bei einer Selbstbewirtschaftung den Wirtschaftserfolg beeinflussen.

(2) ¹Der Reingewinn umfasst das ordentliche Ergebnis abzüglich eines angemessenen Lohnansatzes für die Arbeitsleistung des Betriebsinhabers und der nicht entlohnten Arbeitskräfte. ²Die im unmittelbaren wirtschaftlichen Zusammenhang mit einem Betrieb der Land- und Forstwirtschaft stehenden Verbindlichkeiten sind durch den Ansatz der Zinsaufwendungen abgegolten. ³Zur Berücksichtigung der nachhaltigen Ertragsfähigkeit ist der Durchschnitt der letzten

§ 163

fünf abgelaufenen Wirtschaftsjahre vor dem Bewertungsstichtag zu Grunde zu legen.

(3) ¹Der Reingewinn für die landwirtschaftliche Nutzung bestimmt sich nach der Region, der maßgeblichen Nutzungsart (Betriebsform) und der Betriebsgröße nach der Europäischen Größeneinheit (EGE). ²Zur Ermittlung der maßgeblichen Betriebsform ist das Klassifizierungssystem nach der Entscheidung 85/377/EWG der Kommission vom 7. Juni 1985 zur Errichtung eines gemeinschaftlichen Klassifizierungssystems der landwirtschaftlichen Betriebe (ABl. EG Nr. L 220 S. 1), zuletzt geändert durch Entscheidung der Kommission vom 16. Mai 2003 (ABl. EU Nr. L 127 S. 48), in der jeweils geltenden Fassung heranzuziehen. ³Hierzu sind die Standarddeckungsbeiträge der selbst bewirtschafteten Flächen und der Tiereinheiten der landwirtschaftlichen Nutzung zu ermitteln und daraus die Betriebsform zu bestimmen. ⁴Die Summe der Standarddeckungsbeiträge ist durch 1200 Euro zu dividieren, so dass sich die Betriebsgröße in EGE ergibt, die einer der folgenden Betriebsgrößenklassen zuzuordnen ist:

1. Kleinbetriebe von 0 bis unter 40 EGE,
2. Mittelbetriebe von 40 bis 100 EGE,
3. Großbetriebe über 100 EGE.

⁵Das Bundesministerium der Finanzen veröffentlicht die maßgeblichen Standarddeckungsbeiträge im Bundessteuerblatt. ⁶Der entsprechende Reingewinn ergibt sich aus der Spalte 4 der Anlage 14 in Euro pro Hektar landwirtschaftlich genutzter Fläche (EUR/ha LF).

(4) ¹Der Reingewinn für die forstwirtschaftliche Nutzung bestimmt sich nach den Flächen der jeweiligen Nutzungsart (Baumartengruppe) und den Ertragsklassen. ²Die jeweilige Nutzungsart umfasst:

1. Die Baumartengruppe Buche, zu der auch sonstiges Laubholz einschließlich der Roteiche gehört,
2. die Baumartengruppe Eiche, zu der auch alle übrigen Eichenarten gehören,
3. die Baumartengruppe Fichte, zu der auch alle übrigen Nadelholzarten mit Ausnahme der Kiefer und der Lärche gehören,
4. die Baumartengruppe Kiefer und Lärchen mit Ausnahme der Weymouthskiefer,
5. die übrige Fläche der forstwirtschaftlichen Nutzung.

Ermittlung der Wirtschaftswerte § 163

³Die Ertragsklassen bestimmen sich für
1. die Baumartengruppe Buche nach der von Schober für mäßige Durchforstung veröffentlichten Ertragstafel,
2. die Baumartengruppe Eiche nach der von Jüttner für mäßige Durchforstung veröffentlichten Ertragstafel,
3. die Baumartengruppe Fichte nach der von Wiedemann für mäßige Durchforstung veröffentlichten Ertragstafel,
4. die Baumartengruppe Kiefer nach der von Wiedemann für mäßige Durchforstung veröffentlichten Ertragstafel.

⁴Der nach den Sätzen 2 und 3 maßgebliche Reingewinn ergibt sich aus der Spalte 4 der Anlage 15 in Euro pro Hektar (EUR/ha).

(5) ¹Der Reingewinn für die weinbauliche Nutzung bestimmt sich nach den Flächen der jeweiligen Nutzungsart (Verwertungsform). ²Er ergibt sich aus der Spalte 3 der Anlage 16.

(6) ¹Der Reingewinn für die gärtnerische Nutzung bestimmt sich nach dem maßgeblichen Nutzungsteil, der Nutzungsart und den Flächen. ²Er ergibt sich aus der Spalte 4 der Anlage 17.

(7) Der Reingewinn für die Sondernutzungen Hopfen, Spargel, Tabak ergibt sich aus der Spalte 3 der Anlage 18.

(8) ¹Der Reingewinn für die sonstigen land- und forstwirtschaftlichen Nutzungen, für Nebenbetriebe sowie für Abbauland ist im Einzelertragswertverfahren zu ermitteln, soweit für die jeweilige Region nicht auf einen durch statistische Erhebungen ermittelten pauschalierten Reingewinn zurückgegriffen werden kann. ²Der Einzelertragswert ermittelt sich aus dem betriebsindividuellen Ergebnis und dem Kapitalisierungszinssatz nach Absatz 11.

(9) Der Reingewinn für das Geringstland wird pauschal mit 5,40 Euro pro Hektar festgelegt.

(10) Der Reingewinn für das Unland beträgt 0 Euro.

(11) ¹Der jeweilige Reingewinn ist zu kapitalisieren. ²Der Kapitalisierungszinssatz beträgt 5,5 Prozent und der Kapitalisierungsfaktor beträgt 18,6.

(12) Der kapitalisierte Reingewinn für die landwirtschaftliche, die forstwirtschaftliche, die weinbauliche, die gärtnerische Nutzung oder für deren Nutzungsteile, die Sondernutzungen und das Geringstland ist mit der jeweiligen Eigentumsfläche des Betriebs zum Bewertungsstichtag zu vervielfältigen, der dieser Nutzung zuzurechnen ist.

§ 163 Ermittlung der Wirtschaftswerte

(13) ¹Die Hofflächen und die Flächen der Wirtschaftsgebäude sind dabei anteilig in die einzelnen Nutzungen einzubeziehen. ²Wirtschaftswege, Hecken, Gräben, Grenzraine und dergleichen sind in die Nutzung einzubeziehen, zu der sie gehören; dies gilt auch für Wasserflächen soweit sie nicht Unland sind oder zu den übrigen land- und forstwirtschaftlichen Nutzungen gehören.

(14) Das Bundesministerium der Finanzen wird ermächtigt, durch Rechtsverordnung mit Zustimmung des Bundesrates die Anlagen 14 bis 18 zu diesem Gesetz dadurch zu ändern, dass es die darin aufgeführten Reingewinne turnusmäßig an die Ergebnisse der Erhebungen nach § 2 des Landwirtschaftsgesetzes anpasst.

Anlage 14 zum BewG: Landwirtschaftliche Nutzung, abgedruckt im Anhang Rz. 14.
Anlage 15 zum BewG: Forstwirtschaftliche Nutzung, abgedruckt im Anhang Rz. 15.
Anlage 16 zum BewG: Weinbauliche Nutzung, abgedruckt im Anhang Rz. 16.
Anlage 17 zum BewG: Gärtnerische Nutzung, abgedruckt im Anhang Rz. 17.
Anlage 18 zum BewG: Sondernutzungen, abgedruckt im Anhang Rz. 18.

Übersicht

	Rn.
I. Allgemeines	1–5
II. Begriff des Reingewinns	6–11
III. Bestimmung des Reingewinns	12–53
1. Landwirtschaftliche Nutzung	14–33
a) Ermittlung des Standarddeckungsbeitrags	17–23
b) Bestimmung der Region	24, 25
c) Ermittlung der Betriebsform	26–29
d) Betriebsgröße	30, 31
e) Bestimmung des Reingewinns	32, 33
2. Forstwirtschaftliche Nutzung	34–40
3. Weinbauliche Nutzung	41–43
4. Gärtnerische Nutzung	44–47
5. Übrige land- und forstwirtschaftliche Nutzungen, Geringstland, Unland, Abbauland, Nebenbetriebe	48–51
6. Zuordnung von Hofflächen und Wirtschaftsgebäuden	52, 53

IV. Berechnung des Reingewinns	54–58
1. Kapitalisierung	54–56
2. Abstellen auf die Eigentumsflächen	57, 58

I. Allgemeines

Für die Ermittlung der Wirtschaftswerte sieht § 163 ein Reglertragswertverfahren für jede einzelne der möglichen land- und forstwirtschaftlichen Nutzungen vor. Gemäß § 163 Abs. 1 ist das **Ertragswertverfahren als Reingewinnverfahren** ausgestaltet worden. Dieses Verfahren entspricht vom Ansatz her der Ermittlung des gemeinen Wertes gem. § 11 Abs. 2 Satz 2. **1**

Die Vorgehensweise bei der **Ermittlung des Reingewinns** für die verschiedenen land- und forstwirtschaftlichen Nutzungen ergibt sich aus § 163 Abs. 3 bis 10. Der danach ermittelte Reingewinn ist gem. § 163 Abs. 11 zu kapitalisieren und mit der Eigentumsfläche des Betriebes zu multiplizieren. **2**

Der **Begriff des Wirtschaftswertes** gem. § 163 ist nicht vergleichbar mit dem Wirtschaftswert gem. § 46. Es handelt sich um eine eigene Begrifflichkeit für die Bewertung des land- und forstwirtschaftlichen Vermögens für die Erbschaftsteuer ab 2009. **3**

Die Ermittlung des Reingewinns der landwirtschaftlichen, forstwirtschaftlichen, weinbaulichen und gärtnerischen Nutzung sowie für die Sondernutzungen Hopfen, Spargel und Tabak ergibt sich aus den **standardisierten Werten der Anlagen 14 bis 18 zum BewG** (Anhang Rz. 14 ff.) und ist insoweit vom Gesetzgeber definitiv vorgegeben. **4**

Für die sonstigen land- und forstwirtschaftlichen Nutzungen, für Nebenbetriebe sowie für das Abbauland hat ebenfalls zunächst ein Rückgriff auf statistische Erhebungen und damit auf Pauschalwerte zu erfolgen. Nur wenn diese Werte nicht vorliegen, ist der **Reingewinn durch ein Einzelertragswertverfahren** gem. § 163 Abs. 8 Satz 1 zu ermitteln. **5**

Ausführlich zur Ermittlung des Wirtschaftswertes siehe ErbStH B 163 mit Beispielen.

II. Begriff des Reingewinns

Der Gesetzgeber stellt bei der Ermittlung des Reingewinns nicht auf das vom Steuerpflichtigen individuell erzielte Betriebsergebnis ab, sondern auf den bei ordnungsgemäßer Bewirtschaftung **gemein-** **6**

§ 163 Ermittlung der Wirtschaftswerte

hin und nachhaltig erzielbaren Reingewinn. Mit dieser gesetzlichen Definition kann die Ertragsfähigkeit der Betriebe unter Berücksichtigung der natürlichen Ertragsbedingungen, wie zB Bodengüter und klimatische Verhältnisse, erfasst werden.

7   Die nachhaltige Ertragsfähigkeit gem. § 163 Abs. 1 Satz 2 wird durch ein Abstellen auf die **durchschnittlichen Reingewinne der letzten fünf Jahre** von vergleichbaren Betrieben erreicht. Durch diesen Rückgriff auf statistische Werte und deren regionaler Aufgliederung werden auch die wirtschaftlichen Ertragsbedingungen der jeweiligen Region angemessen berücksichtigt.

8   Das BewG knüpft dabei an die gem. § 2 Abs. 1 LwG (v. 13.12.2007, BGBl. I 2007, 2936) vom Bundesministerium für Ernährung, Landwirtschaft und Verbraucherschutz (BMELV) festzustellenden jährlichen Ertrags- und Aufwandspositionen land- und forstwirtschaftlicher Betriebe an. In die **Agrarberichterstattung** fließen die Betriebs- und Buchführungsergebnisse von 6000 bis 8000 landwirtschaftlichen Betrieben ein. Eine Anpassung der Anlagen 14 bis 18 zum BewG (Anhang Rz. 14 ff.) an die jährlichen Ergebnisse erfolgt durch Rechtsverordnung gem. § 163 Abs. 14.

9   Ausgangspunkt der Reingewinnberechnung ist der **Rohertrag** nach den vom BMELV festgestellten Buchführungsergebnissen. Davon sind Investitionszulagen, zeitraumfremde und außerordentliche Erträge in Abzug zu bringen und zeitraumfremde sowie außerordentliche Aufwendungen hinzuzurechnen. Darüber hinaus ist ein weiterer Abzug vorzunehmen für einen angemessenen Lohnansatz für den Betriebsinhaber und weitere nicht entlohnte Arbeitskräfte. Der so ermittelte Reingewinn bildet unter Berücksichtigung der betriebswirtschaftlichen Ausrichtung des Betriebs die nachhaltige Ertragsfähigkeit der Betriebe ab.

10 Im Rahmen dieser Reingewinnberechnung werden ertragsteuerlich anzusetzende **Schuldzinsen** bereits als Aufwandsposten berücksichtigt, so dass folgerichtig gem. § 163 Abs. 2 Satz 2 ein weiterer Abzug der mit dem Betrieb der Land- und Forstwirtschaft im Zusammenhang stehenden betrieblichen Verbindlichkeiten nicht mehr möglich ist. Der Gesetzgeber unterstellt damit typisierend, dass die Verzinsung der Verbindlichkeiten dem Kapitalisierungszinssatz gem. § 163 Abs. 11 iHv. 5,5 % entspricht. Damit ergibt sich der gleiche Kapitalisierungszinssatz wie für die Bewertung gewerblicher Betriebe im vereinfachten Verfahren gem. § 203 Abs. 1.

11 Im Rahmen der Reingewinnberechnung werden auch die **üblichen Geschäftsguthaben,** zB aus der Veräußerung der Ernte, erfasst. Gemäß § 158 Abs. 4 Nr. 3 zählen Geschäftsguthaben jedoch nicht zum land- und forstwirtschaftlichen Vermögen. Um eine ver-

fassungsrechtlich bedenkliche Doppelerfassung der Geschäftsguthaben zu vermeiden, ist daher entweder ein entsprechender Abschlag bei der Reingewinnberechnung vorzunehmen oder auf die Bewertung der Geschäftsguthaben als übriges Vermögen zu verzichten. Da der Gesetzgeber die Reingewinnwerte vorgegeben hat, bietet sich daher ein Verzicht auf eine zusätzliche Erfassung der Geschäftsguthaben gem. § 158 Abs. 4 Nr. 3 als übriges Vermögen an.

III. Bestimmung des Reingewinns

Die Ermittlung des **Reingewinns für die jeweilige land- und forstwirtschaftliche Nutzung** ergibt sich aus § 163 Abs. 3 bis 10. Dabei gibt es zum Teil erhebliche Unterschiede. Während die Reingewinnbestimmung für die landwirtschaftliche Nutzung gem. § 163 Abs. 3 abhängig ist von der Region, der Betriebsform und der Betriebsgröße, werden für andere landwirtschaftliche Nutzungen bundesweit einheitliche pauschale Reingewinnwerte vorgegeben. 12

Sind in einem Betrieb mehrere verschiedene land- und forstwirtschaftliche Nutzungen nebeneinander vorhanden, sog. **Kombinationsbetriebe,** hat eine getrennte Reingewinnberechnung für jede der verschiedenen Nutzungen zu erfolgen. 13

1. Landwirtschaftliche Nutzung

Der Reingewinn für die landwirtschaftliche Nutzung gem. § 163 Abs. 3 iVm. Anlage 14 (Anhang Rz. 14) bestimmt sich nach der Region, in der der Betrieb geographisch liegt, der jeweiligen Betriebsform und der Betriebsgröße. Bei 38 Regionen, 7 Betriebsformen und 3 Betriebsgrößen ergeben sich so **798 Einordnungsmöglichkeiten** für die Ermittlung des Reingewinns der landwirtschaftlichen Nutzung. 14

Um die zutreffende Einordnung vornehmen zu können, sind zunächst die **Standarddeckungsbeiträge** der landwirtschaftlichen Nutzung des Betriebes zu ermitteln. Die Standarddeckungsbeiträge bestimmen sich dabei nach dem Klassifizierungssystem der Europäischen Union und berücksichtigen die Nutzungsarten der selbst bewirtschafteten Flächen und die Viehhaltung. 15

Der so ermittelte Standarddeckungsbeitrag ist dann durch 1200 Euro zu dividieren, um festzustellen, ob es sich bei dem zu bewertenden landwirtschaftlichen Betrieben um einen **Klein-, Mittel- oder Großbetrieb** entsprechend der Europäischen Größeneinheit (EGE) handelt. 16

§ 163   Ermittlung der Wirtschaftswerte

17   **a) Ermittlung des Standarddeckungsbeitrags.** Ausgangspunkt für die Bestimmung des Reingewinns der landwirtschaftlichen Nutzung sind die **Standarddeckungsbeiträge** des Betriebes. Bei den Standarddeckungsbeiträgen handelt sich um eine standardisierte Rechengröße, die sich aus durchschnittlichen Erträgen, Preisen und Aufwendungen errechnet. Der Standarddeckungsbeitrag wird dabei je Flächeneinheit einer Fruchtart oder je Tiereinheit einer Viehart aus erzeugter Menge mal dem zugehörigen Preis als geldliche Bruttoleistung ermittelt, von der die zurechenbaren variablen Spezialkosten abgezogen werden.

18   Insgesamt werden jährlich aufgrund fünfjähriger Durchschnittswerte für **23 Merkmale der Bodennutzung** und **16 Tierhaltungsmerkmale** für **38 Regionen** Standarddeckungsbeiträge errechnet. Aufgrund der Verordnungsermächtigung gem. § 163 Abs. 3 Satz 5 hat die Finanzverwaltung die Standarddeckungsbeiträge für die Wirtschaftsjahre 2002/2007 mit BMF v. 18.3.2009, BStBl. I 2009, 479 bekanntgegeben. Aufgrund der Verordnungsermächtigung sollen die maßgebenden Standarddeckungsbeiträge jährlich bekanntgegeben werden. Zuletzt sind die Standarddeckungsbeiträge als Anlage 2 zu ErbStR B 163 bekanntgegeben worden.

19   Zur Ermittlung der Summe der Standarddeckungsbeiträge eines Betriebes sind die **selbst bewirtschafteten Flächen** mit den Merkmalen der Bodennutzung und die vorhandene Anzahl der Tiere mit den Tierhaltungsmerkmalen zu multiplizieren.

20   Soweit die Sondernutzungen **Hopfen und Tabak** gem. § 160 Abs. 2 Satz 2 zur landwirtschaftlichen Nutzung zählen, sind die für Hopfen und Tabak ausgewiesenen Standarddeckungsbeiträge heranzuziehen. Für **Spargel** ist jedoch kein eigener Standarddeckungsbeitrag ausgewiesen, so dass dieser als „Sonstige Ackerkultur auf dem Ackerland" als Auffangvorschrift einzuordnen ist.

21   In den Fällen, in denen **Weidevieh und Futterflächen** vorhanden sind (Milchviehbetriebe), ist von einem ausgeglichenen Futtersaldo auszugehen, so dass das gesamte Raufutter des Betriebes vom gehaltenen Vieh verbraucht wird. Deshalb sind die Standarddeckungsbeiträge der Futterflächen nicht anzusetzen, sondern nur die Standarddeckungsbeiträge für das Weidevieh (Statistisches Bundesamt, Land- und Forstwirtschaft, Fischerei, Fachserie 3, Reihe 2.1.4, 13).

22   Bei Schweine haltenden Betrieben werden die für **Ferkel ermittelten Standarddeckungsbeiträge** nur dann gesondert berücksichtigt, wenn sich in dem Betrieb keine Muttersauen befinden. Sind dagegen Zuchtsauen vorhanden, ist die Ferkelerzeugung in der Berechnung der Einzelstandarddeckungsbeiträge der Zuchtsauen enthalten.

§ 163

Bei **Geflügel** gilt der Standarddeckungsbeitrag je 100 Stück. 23

b) Bestimmung der Region. Die Einordnung des Betriebes in die zutreffende Region erfolgt nach der **Lage des Betriebssitzes,** im Regelfall daher nach der postalischen Lage der Hofstelle. Die Anlage 14 zum BewG (Anhang Rz. 14) sieht dafür eine Einordnung nach Bundesländern und – teilweise – nach Regierungsbezirken vor. 24

Bei Betrieben, die sich über **mehrere Regionen** erstrecken, ist für die zutreffende Einordnung die Lage des Betriebssitzes ausschlaggebend. 25

c) Ermittlung der Betriebsform. Die maßgebliche Nutzungsart oder Betriebsform des Betriebes gem. § 163 Abs. 3 Satz 1 bestimmt sich nach dem **ermittelten Gesamtstandarddeckungsbeitrag.** Der Gesetzgeber selber gibt gem. Anlage 14 zum BewG (Anhang Rz. 14) sieben verschiedene Betriebsformen vor. Es handelt sich dabei um **spezialisierte Betriebe** mit den Betriebsformen Ackerbau, Milchvieh, sonstiger Futterbau und Veredlung sowie **Verbundbetriebe** mit den Betriebsformen Pflanzenbau-Verbund, Vieh-Verbund und Pflanzen- und Vieh-Verbund. 26

Zur Betriebsformbestimmung greift der Gesetzgeber auf ein **europaweit einheitliches Klassifizierungssystem** zurück. Dieses System geht auf eine Entscheidung der EU-Kommission v. 7.6.1985 (85/377/EWG, EG ABl. 1985 L 220 S. 1) zur Errichtung eines gemeinschaftlichen Klassifizierungssystems der landwirtschaftlichen Betriebe zurück und ist mittlerweile viermal, zuletzt in der Entscheidung 2003/369/EG der EU-Kommission v. 16.5.2003 (EU ABl. 2003 L 127 S. 48) geändert worden. Durch die Bezugnahme auf diese Regelungen in § 163 Abs. 3 Satz 2 wird dieses europaweite Klassifizierungssystem nunmehr Grundlage zur Einordnung und Feststellung der betriebswirtschaftlichen Ausrichtung der Betriebe. 27

Nach diesem Klassifizierungssystem bestimmt sich die betriebswirtschaftliche Ausrichtung eines Betriebes nach dem sog. **Zweidrittel-Überwiegensprinzip.** Hat ein Produktionszweig einen Anteil von mehr als ⅔ am gesamten Standarddeckungsbeitrag des Betriebes, so kann er einer der sieben Nutzungsarten gem. der Anlage 14 (Anhang Rz. 14) zu § 163 Abs. 3 zugeordnet werden. Zur Einordnung muss der **Anteil der einzelnen Produktionszweige** am gesamten Standarddeckungsbeitrag des Betriebes bestimmt werden. Bei den spezialisierten Betriebsformen Ackerbau, Milchvieh, sonstiger Futterbau sowie Veredlung muss der Anteil dieser Produktionszweige mehr als ⅔ am Gesamtstandarddeckungsbeitrag des Betriebes betragen. Eine Einordnung als Verbundbetrieb erfolgt dagegen, wenn keiner der Produktionszweige mehr als ⅔ des gesam- 28 ten Standarddeckungsbeitrages umfasst. Ausführlich zur Einordnung siehe ErbStR B 163 Abs. 3.

29 Mittlerweile ist die **Betriebsklassifizierung nach den Standarddeckungsbeiträgen** auf EU-Ebene nur noch für Wirtschaftsjahre bis einschließlich 2009/2010 möglich. **Ab dem Wirtschaftsjahr 2010/2011** wurde mit VO (EG) 867/2009 v. 21.9.2009 (EU ABl. 2009 L 148 S. 17) das gemeinschaftliche Klassifizierungssystem der landwirtschaftlichen Betriebe geändert. Diese **Neuklassifikation** beruht auf der betriebswirtschaftlichen Ausrichtung und auf der wirtschaftlichen Betriebsgröße. Anknüpfungspunkt ist der **Standardoutput**, der den Standarddeckungsbeitrag ablöst. Standardoutput eines landwirtschaftlichen Betriebes ist der durchschnittliche Geldwert der landwirtschaftlichen Erzeugung zu Ab-Hof-Preisen. Direktzahlungen, Umsatzsteuer und produktionsspezifische Steuern werden im Standardoutput nicht berücksichtigt. Insgesamt sind 14 Leistungsklassen möglich, die zukünftig in fünf Betriebsgrößenklassen eingeordnet werden (s. dazu OFD Niedersachsen v. 26.5.2012, ESt-Kartei ND § 13 EStG Nr. 4.2h). Die Einordnung nach europäischen Größeneinheiten (EGE) sah lediglich drei Betriebsgrößenklassen vor (§ 163 Abs. 3 Satz 4). Dadurch hat sich die amtliche Veröffentlichung ab dem Wirtschaftsjahr 2010/2011 insbesondere im Bereich von kleineren Ackerbaubetrieben und von Veredlungsbetrieben verändert. Der **Gesetzgeber** hat die neue EU-rechtliche Klassifizierung **noch nicht nachvollzogen.**

30 **d) Betriebsgröße.** Um den zutreffenden Reingewinn gemäß Anlage 14 zum BewG (Anhang Rz. 14) zu ermitteln, ist die **Betriebsgröße** des Betriebes festzustellen. Auch hier ist zunächst die Summe der Standarddeckungsbeiträge heranzuziehen und dann durch 1200 Euro gem. § 163 Abs. 3 Satz 4 zu dividieren. Diese Rechenoperation ist erforderlich, weil entsprechend der Europäischen Klassifikation der einzelbetrieblich ermittelte Standarddeckungsbeitrag auf die **europäischen Größeneinheiten** (EGE) umzurechnen ist.

31 Bei den EGE handelt es sich um eine **gemeinschaftliche Maßeinheit,** die derzeit pro EGE 1200 Euro Standarddeckungsbeitrag entspricht. Gemäß § 163 Abs. 3 Satz 4 sind drei Betriebsgrößen voneinander abzugrenzen, und zwar Kleinbetriebe von 0 bis 40 EGE, Mittelbetriebe von über 40 bis 100 EGE sowie Großbetriebe von über 100 EGE. Zur Neuregelung des Klassifizierungssystems siehe Rz. 29.

32 **e) Bestimmung des Reingewinns.** Ist eine Einordnung des Betriebes in eine der 38 Regionen (Regierungsbezirke, Länder), der

7 Betriebsformen und der 3 Betriebsgrößen erfolgt, kann aus **Spalte 4 der Anlage 14** zu § 163 Abs. 3 BewG (Anhang Rz. 14) der zutreffende Reingewinn pro anzusetzender Fläche abgelesen werden.

Beispiele zur Berechnung des Reingewinns siehe ErbStH B 163 33 sowie *Leingärtner* Kap. 99 Rz. 262 ff.

2. Forstwirtschaftliche Nutzung

Die Ermittlung des Reingewinns für die forstwirtschaftliche Nut- 34 zung ergibt sich aus § 163 Abs. 4 iVm. der **Spalte 4 der Anlage 15** zu § 163 Abs. 4 BewG (Anhang Rz. 15).

Ausgangspunkt für die Reingewinnermittlung der forstwirtschaft- 35 lichen Nutzung ist ein an der Substanz orientiertes Ertragswertverfahren. Basis dafür ist der sog. **Waldrentierungswert,** der den Vermögenswert der im Forstbetrieb insgesamt vorhandenen WG (Grund und Boden, Waldbestände, Wege, stehende und umlaufende Betriebsmittel) über den nachhaltig aus der Bewirtschaftung des Forstbetriebes erzielbaren Reinertrag definiert. Der Reingewinn gem. Spalte 4 der **Anlage 15** zu § 163 Abs. 4 BewG (Anhang Rz. 15) entspricht dabei dem kapitalisierten jährlichen Waldreinertrag, der auf Dauer im Zuge der Waldbewirtschaftung auf der entsprechenden Fläche erzielt werden kann.

Eine **Regionalisierung der Werte** für die Bestimmung des 36 Reingewinns für die forstwirtschaftliche Nutzung erfolgt im Gegensatz zur landwirtschaftlichen Nutzung nicht. Durch den Rückgriff auf die **Ertragsklassen** gem. Spalte 3 der **Anlage 15** zu § 163 Abs. 4 (Anhang Rz. 15) werden aber auch Unterschiede in der jeweiligen Standortleistungsfähigkeit berücksichtigt, so dass man von einer typisierenden Regionalisierung sprechen kann.

Im Gegensatz zur Reingewinnermittlung für die landwirtschaftli- 37 che Nutzung erfolgt bei der Reingewinnermittlung für die forstwirtschaftliche Nutzung auch keine Betriebsgrößenfeststellung. Dem wird aber durch die Differenzierung in die **vier Hauptbaumartengruppen** Buche, Eiche, Fichte und Kiefer sowie die Differenzierung in drei Ertragsklassen der jeweiligen Baumartengruppe Rechnung getragen.

Mischwald zählt zu der übrigen Fläche der forstwirtschaftlichen 38 Nutzung. Nicht zur forstwirtschaftlichen Nutzung zählen **Weihnachtsbaumkulturen.** Diese gehören gem. § 175 Abs. 2 Nr. 9 zu den sonstigen land- und forstwirtschaftlichen Nutzungen.

Zur Einordnung der Betriebe in die entsprechende Nutzungsart 39 und Ertragsklassen kann auf die Daten der im Regelfall vorhandenen

Forsteinrichtung (Betriebswerk) zurückgegriffen werden. Für Nichtwirtschaftswald mit einer Gesamtgröße bis zu 10 ha lässt die Finanzverwaltung unabhängig von der Nutzungsart und der Ertragsklasse aus Vereinfachungsgründen den Reingewinn für die Baumartengruppe Kiefer zu (ErbStR B 163 Abs. 4). Soweit kein Betriebswerk vorhanden ist, kann die Einordnung der Betriebe auch nach dem Grund- und Bodenverzeichnis erfolgen.

40 Bei der Ermittlung des Reingewinns für die forstwirtschaftliche Nutzung sind die **Verbindlichkeiten** gem. § 158 Abs. 5 bereits anteilig berücksichtigt.

3. Weinbauliche Nutzung

41 Die Reingewinnermittlung für die weinbauliche Nutzung ergibt sich der § 163 Abs. 5 sowie der dazu erlassenen Anlage 16 zum BewG (Anhang Rz. 16). Eine **Regionalisierung** der Werte erfolgt nicht.

42 Der Reingewinn bestimmt sich nach der bewirtschafteten Fläche der jeweiligen Nutzungsart, wobei gemäß Spalte 2 der Anlage 16 zu § 163 Abs. 5 (Anhang Rz. 16) zwischen **Flaschenweinerzeugung, Fassweinerzeugung** und **Traubenerzeugung** abzugrenzen ist. Soweit in einem Betrieb mehrere Verwertungsformen nebeneinander vorkommen, erfolgt eine Aufteilung der Fläche entsprechend der Erntemengen.

43 Die **Traubenerzeugung** umfasst dabei die Erzeugung von Trauben, Maische oder Most und deren Veräußerung an Genossenschaften oder andere Betriebe (Nichtausbau). Die Verwertungsform des **Fassweinausbaus** umfasst die Erzeugung und die Verarbeitung der Trauben im eigenen Betrieb und den Ausbau sowie den Verkauf von Fassweinen. Die Nutzungsart **Flaschenweinerzeugung** umfasst schließlich die Erzeugung und die Verarbeitung der Trauben im eigenen Betrieb und den Ausbau sowie der Verkauf von Flaschenweinen.

4. Gärtnerische Nutzung

44 Die Reingewinnermittlung für die gärtnerische Nutzung ist in § 163 Abs. 6 (Rz. 62) iVm. Anlage 17 zu § 163 (Anhang Rz. 17) geregelt. Der Gesetzgeber hat hier ebenfalls auf eine **Regionalisierung** der Werte verzichtet.

45 Insgesamt sind **vier verschiedene Nutzungsteile** zu differenzieren. Dabei handelt es sich um Gemüsebau, Blumen- und Zierpflanzenbau, Baumschulen und Obstbau. Bei den Nutzungsteilen Gemüsebau und Blumen- und Zierpflanzenbau ist darüber hinaus noch

Bestimmung des Reingewinns § 163

hinsichtlich der Nutzungsarten Freilandanbau sowie Anbau unter Glas- und Kunststoffen eine weitere Untergliederung vorgesehen.

Soweit **mehrere Nutzungsteile und Nutzungsarten** in einem Betrieb vorkommen, ist eine Aufteilung vorzunehmen. Nach Auffassung der Finanzverwaltung kann dies nach dem Anbauverzeichnis gem. § 142 AO erfolgen. **46**

Nicht zur gärtnerischen Nutzung zählt der Gemüseanbau, der im Rahmen der **landwirtschaftlichen Fruchtfolge** vorgenommen wird. Darunter fällt insbesondere der Feldgemüseanbau. Diese Nutzungen zählen zu den landwirtschaftlichen Nutzungen. **47**

5. Übrige land- und forstwirtschaftliche Nutzungen, Geringstland, Unland, Abbauland, Nebenbetriebe

Zu den übrigen land- und forstwirtschaftlichen Nutzungen gehören gem. § 175 zum einen die Sondernutzungen **Hopfen, Spargel und Tabak** und zum anderen die **sonstigen land- und forstwirtschaftlichen Nutzungen** gem. § 175 Abs. 2. **48**

Die Reingewinnermittlung für die Sondernutzungen **Hopfen, Spargel und Tabak** ergibt sich aus § 163 Abs. 7 iVm. Anlage 18 zum BewG (Anhang Rz. 18). Soweit in dem jeweiligen Betrieb eine landwirtschaftliche Nutzung gem. § 160 Abs. 2 Satz 1 Nr. 1 Buchst. a erfolgt, muss der Reingewinn für die Sondernutzungen Hopfen, Spargel und Tabak nicht gesondert ermittelt werden. In diesen Fällen ist der Reingewinn bereits mit dem Reingewinn für die landwirtschaftliche Nutzung gem. § 163 Abs. 3 abgegolten. **49**

Der Reingewinn für die **sonstigen land- und forstwirtschaftlichen Nutzungen**, für **Nebenbetriebe** sowie für das **Abbauland** hat gem. § 163 Abs. 8 ebenfalls durch Rückgriff auf statistische, pauschalierte Werte zu erfolgen. Nur dann, wenn solche Werte nicht vorhanden sind, ist der Reingewinn im Einzelertragswertverfahren zu ermitteln. Die Einzelertragswertermittlung erfolgt nach den Grundzügen des § 163 Abs. 1. Auf § 36 ist insoweit nicht zurückzugreifen. **50**

Den Reingewinn für das **Geringstland** hat der Gesetzgeber mit 5,40 Euro pro Hektar gem. § 163 Abs. 9 festgesetzt. Der Reingewinn für das **Unland** wurde gem. § 163 Abs. 10 auf 0 Euro pro Hektar festgesetzt. Der Reingewinn für das Unland ist damit höher als der Reingewinn für die überwiegenden land- und forstwirtschaftlichen Nutzungen gemäß Anlage 14, 16, 17, 18 zum BewG (Anhang Rz. 14 ff.). **51**

6. Zuordnung von Hofflächen und Wirtschaftsgebäuden

52 In den jeweiligen land- und forstwirtschaftlichen Nutzungsarten sind die **dazugehörigen Hofflächen und Flächen der Wirtschaftsgebäude** gem. § 163 Abs. 13 anteilig mit einzubeziehen. Diese Regelung entspricht § 40 Abs. 3. Eine Abgrenzung hat hier insbesondere zu den Betriebswohnungen und dem Wohnteil gem. § 160 Abs. 1 Nr. 2, Nr. 3 zu erfolgen.

53 Soweit Flächen für Betriebswohnungen oder den Wohnteil zu berücksichtigen sind, ist gem. § 167 Abs. 2 jeweils das **Fünffache der bebauten Fläche** als den Betriebswohnungen oder dem Wohnteil zugehörige Fläche anzusetzen.

IV. Berechnung des Reingewinns

1. Kapitalisierung

54 Soweit der Reingewinn für die einzelnen land- und forstwirtschaftlichen Nutzungsarten ermittelt worden ist, hat gem. § 163 Abs. 11 eine Kapitalisierung zu erfolgen. Der Gesetzgeber hat den **Kapitalisierungszinssatz,** der auf den Reingewinn anzuwenden ist, auf 5,5 % bestimmt.

55 Er setzt sich zusammen aus einem **Basiszinssatz** von 4,5 % und einem **Zuschlag** von 1 %. Der Basiszinssatz beruht dabei auf der langfristig erzielbaren Rendite öffentlicher Anleihen, die anhand der Zinsstrukturdaten von der Deutschen Bundesbank jeweils zum ersten Werktag eines Jahres mitgeteilt wird.

56 Auf dieser Basis errechnet sich ein **Kapitalisierungsfaktor** von 18,6.

2. Abstellen auf die Eigentumsflächen

57 Bei der Berechnung des Reingewinns sind die kapitalisierten Reingewinne für die einzelnen land- und forstwirtschaftlichen Nutzungsarten gem. § 163 Abs. 12 mit den **jeweiligen Eigentumsflächen** des Betriebes zu multiplizieren. Auch hier gilt, dass bei verschiedenen Nutzungsarten die Eigentumsflächen anteilig den jeweiligen Nutzungsarten zuzuordnen sind.

58 Zu berücksichtigen sind nur die Flächen, die im **zivilrechtlichen Eigentum** des Steuerpflichtigen stehen. Soweit bereits das wirtschaftliche Eigentum übergegangen ist, bleiben diese Flächen aufgrund des Bewertungsverfahrens für erbschaftsteuerliche Zwecke unberücksichtigt (anders ErbStR B 163 Abs. 12). Dies ergibt sich aus der strengen Heranziehung des Zivilrechts für Zwecke der Erbschaft- und Schenkungsteuer.

§ 164 Mindestwert

(1) Der Mindestwert des Wirtschaftsteils setzt sich aus dem Wert für den Grund und Boden sowie dem Wert der übrigen Wirtschaftsgüter zusammen und wird nach den Absätzen 2 bis 4 ermittelt.

(2) ¹Der für den Wert des Grund und Bodens im Sinne des § 158 Abs. 3 Satz 1 Nr. 1 zu ermittelnde Pachtpreis pro Hektar (ha) bestimmt sich nach der Nutzung, dem Nutzungsteil und der Nutzungsart des Grund und Bodens. ²Bei der landwirtschaftlichen Nutzung ist dabei die Betriebsgröße in EGE nach § 163 Abs. 3 Satz 4 Nr. 1 bis 3 zu berücksichtigen. ³Der danach maßgebliche Pachtpreis ergibt sich jeweils aus der Spalte 5 der Anlagen 14, 15 und 17 sowie aus der Spalte 4 der Anlagen 16 und 18 und ist mit den Eigentumsflächen zu vervielfältigen.

(3) Der Kapitalisierungszinssatz des regionalen Pachtpreises beträgt 5,5 Prozent und der Kapitalisierungsfaktor beträgt 18,6.

(4) ¹Der Wert für die übrigen Wirtschaftsgüter im Sinne des § 158 Abs. 3 Satz 1 Nr. 2 bis 5 (Besatzkapital) bestimmt sich nach der Nutzung, dem Nutzungsteil und der Nutzungsart des Grund und Bodens. ²Bei der landwirtschaftlichen Nutzung ist dabei die Betriebsgröße in EGE nach § 163 Abs. 3 Satz 4 Nr. 1 bis 3 zu berücksichtigen. ³Der danach maßgebliche Wert für das Besatzkapital ergibt sich jeweils aus der Spalte 6 der Anlagen 14, 15 a, 17 sowie aus der Spalte 5 der Anlagen 16 und 18 und ist mit den selbst bewirtschafteten Flächen zu vervielfältigen.

(5) Der Kapitalisierungszinssatz für die übrigen Wirtschaftsgüter (§ 158 Abs. 3 Satz 1 Nr. 2 bis 5) beträgt 5,5 Prozent und der Kapitalisierungsfaktor beträgt 18,6.

(6) ¹Der kapitalisierte Wert für den Grund und Boden und der kapitalisierte Wert für die übrigen Wirtschaftsgüter sind um die damit in wirtschaftlichem Zusammenhang stehenden Verbindlichkeiten zu mindern. ²Der Mindestwert, der sich hiernach ergibt, darf nicht weniger als 0 Euro betragen.

(7) Das Bundesministerium der Finanzen wird ermächtigt, durch Rechtsverordnung mit Zustimmung des Bundesrates

§ 164 Mindestwert

die Anlagen 14 bis 18 zu diesem Gesetz dadurch zu ändern, dass es die darin aufgeführten Pachtpreise und Werte für das Besatzkapital turnusmäßig an die Ergebnisse der Erhebungen nach § 2 des Landwirtschaftsgesetzes anpasst.

Anlage 14 zum BewG: Landwirtschaftliche Nutzung, abgedruckt im Anhang Rz. 14.
Anlage 15 zum BewG: Forstwirtschaftliche Nutzung, abgedruckt im Anhang Rz. 15.
Anlage 15 a zum BewG: Forstwirtschaftliche Nutzung, abgedruckt im Anhang Rz. 15a.
Anlage 16 zum BewG: Weinbauliche Nutzung, abgedruckt im Anhang Rz. 16.
Anlage 17 zum BewG: Gärtnerische Nutzung, abgedruckt im Anhang Rz. 17.
Anlage 18 zum BewG: Sondernutzungen, abgedruckt im Anhang Rz. 18.

Übersicht

	Rn.
I. Allgemeines	1–4
II. Begriff des Mindestwertes	5–9
III. Bestimmung des Mindestwertes	10–30
1. Landwirtschaftliche Nutzung	12–18
a) Einordnung selbst bewirtschafteter Betriebe	13, 14
b) Wertansatz für verpachtete Betriebe und Stückländereien	15–18
2. Forstwirtschaftliche Nutzung	19–22
3. Weinbauliche Nutzung	23, 24
4. Gärtnerische Nutzung	25–27
5. Übrige land- und forstwirtschaftliche Nutzungen	28–30
IV. Berechnung des Mindestwertes	31–33
1. Kapitalisierung	31
2. Verbindlichkeiten	32, 33

I. Allgemeines

1 Das **Mindestwertverfahren** gem. § 164 trägt dem Umstand Rechnung, dass das Regelertragswertverfahren gem. § 163 häufig zu einem negativen oder einem äußerst geringen Reingewinn gelangt. In Anlehnung an das Substanzwertverfahren für das Betriebsvermögen gem. § 11 Abs. 2 Satz 3 ist für die Bewertung des land- und forstwirtschaftlichen Vermögens daher erstmalig ein Mindestwertverfahren als Bewertungsuntergrenze konzipiert worden.

Das Mindestwertverfahren kommt in all den Fällen zur Anwendung, in denen das **Reinertragsverfahren** gem. § 163 **negativ oder äußerst gering** ist. Das Mindestwertverfahren darf gem. § 164 Abs. 6 Satz 2 nicht negativ werden. Dazu kann es uU durch den Abzug der Verbindlichkeiten gem. § 164 Abs. 6 Satz 1 kommen, so dass dann doch wieder ein etwaiger positiver Reingewinn gem. § 163 anzusetzen wäre. In der Praxis ist es daher erforderlich, in allen Bewertungsfällen des land- und forstwirtschaftlichen Vermögens sowohl das Regelertragswertverfahren gem. § 163 als auch das Mindestwertverfahren gem. § 164 durchzuführen. 2

Die Ermittlung eines Mindestwertes scheidet dagegen aus für die **sonstigen landwirtschaftlichen Nutzungen** gem. § 175 Abs. 2, für **Nebenbetriebe**, für **Abbauland**, für **Geringstland** und für das **Unland**. In diesen Fällen ist lediglich eine Reingewinnermittlung gem. § 163 Abs. 8, 9, 10 vorzunehmen. Der Mindestwert ist deshalb für diese Nutzungsarten nicht zu ermitteln, weil § 164 ausschließlich entsprechende Regelungen und Vorgaben für die landwirtschaftliche, forstwirtschaftliche, weinbauliche und gärtnerische Nutzung sowie für die Sondernutzungen Hopfen, Spargel und Tabak gemäß den Anlagen 14 bis 18 zum BewG (Anhang Rz. 14 ff.) vorsieht. 3

Ausführlich zur Ermittlung des Mindestwertes und zu Beispielen zur Berechnung des Mindestwertes siehe ErbStR B 164 sowie ErbStH B 164. 4

II. Begriff des Mindestwertes

Das Mindestwertverfahren ist ein **zweistufiges Verfahren** und setzt sich zusammen einerseits aus einem Wertansatz für den Grund und Boden gem. § 164 Abs. 2 sowie andererseits einem Ansatz für das Besatzkapital gem. § 164 Abs. 4. Die jeweiligen Werte sind zu kapitalisieren und von der Summe der kapitalisierten Einzelwerte sind dann die Verbindlichkeiten gem. § 164 Abs. 6 Satz 1 in Abzug zu bringen. 5

Der **Wertansatz für den Grund und Boden** gem. § 164 Abs. 2 erfolgt durch eine Multiplikation der Eigentumsfläche mit einem **standardisierten Pachtpreis** gem. den Anlagen 14 bis 18 des 6

§ 164 Mindestwert

BewG (Anhang Rz. 14 ff.) für die Nutzungsarten Landwirtschaft, Forstwirtschaft, Weinbau, Gartenbau und den Sondernutzungen Hopfen, Spargel und Tabak. Die Pachtpreise gemäß den Anlagen 14 bis 18 des BewG (Anhang Rz. 14 ff.) sind der fünfjährige Durchschnitt der erzielbaren Pachtpreise und der Agrarberichterstattung des Bundesministeriums für Ernährung, Landwirtschaft und Verbraucherschutz entnommen. Hinsichtlich der landwirtschaftlichen Nutzung sind die bundesdurchschnittlichen Ergebnisse unter Berücksichtigung der Standarddeckungsbeiträge regionalisiert worden.

7   Der **Wertansatz für das Besatzkapital** gem. § 164 Abs. 4 erfolgt durch eine Multiplikation der selbst bewirtschafteten Flächen mit einem **standardisierten Ansatz für das Besatzkapital** gem. Anlagen 14 bis 18 des BewG (Anhang Rz. 14 ff.). Mit dem Wertansatz für das Besatzkapital sind die WG gem. § 158 Abs. 3 Nr. 2 bis 5, also die Wirtschaftsgebäude, die stehenden und umlaufenden Betriebsmittel sowie die immateriellen WG, mit abgegolten. Eine gesonderte, individuelle Erfassung dieser WG erfolgt daher nicht. Der Wert für das Besatzkapital ist in den Anlagen 14 bis 18 zum BewG (Anhang Rz. 14 ff.) in Euro pro Hektar Fläche der jeweiligen Nutzung angegeben.

8   Ein Wertansatz für das Besatzkapital scheidet nach dem klaren Wortlaut des Gesetzes in den Fällen aus, in denen **keine selbst bewirtschafteten Flächen** gem. § 164 Abs. 4 Satz 3 vorhanden sind. Dabei handelt es sich insbesondere um **verpachtete Betriebe, Teilbetriebe oder Einzelflächen** sowie um **Stückländereien** gem. § 160 Abs. 7.

9   Dies gilt auch für den Verpächter bei einer **Eisernen Verpachtung** gem. § 582 BGB. Der fehlende Ansatz für das Besatzkapital beim Verpächter ist auch sachgerecht, da diese WG in der wirtschaftlichen Einheit des landwirtschaftlichen Betriebspächters dem Grunde nach zu erfassen sind. Bei der Eisernen Verpachtung steht zwar das Besatzkapital im Eigentum des Verpächters, doch ist in diesem Fall aufgrund des Abstellens auf selbst bewirtschaftete Flächen, die beim eisernen Verpächter nicht vorliegen, ein entsprechender Ansatz vom Gesetzgeber nicht vorgesehen. Beim Pächter ist in diesen Fällen ebenfalls kein Ansatz des Besatzkapitals vorzunehmen, da dieser nicht zivilrechtlicher Eigentümer des Besatzkapitals ist. Da die Eiserne Verpachtung eine häufige Regelung zur Vorbereitung der Vermögensübertragung innerhalb der Familie ist und der Gesetzgeber diesen Fall nicht ausdrücklich geregelt hat, ist davon auszugehen, dass er in diesen Fällen bewusst auf eine Erfassung des Besatzkapitals verzichten wollte.

III. Bestimmung des Mindestwertes

Der Mindestwert bestimmt sich nach der **Einordnung des** 10
Betriebes entsprechend seiner Nutzung, dem Nutzungsteil und der jeweiligen Nutzungsart. Insoweit gelten die gleichen Grundsätze wie bei der Ermittlung des Reingewinns gem. § 163.

Bei der landwirtschaftlichen Nutzung ist darüber hinaus zusätzlich 11 noch die **Betriebsgröße** zu bestimmen.

1. Landwirtschaftliche Nutzung

Bei der Bestimmung des Mindestwertes für die landwirtschaftliche 12 Nutzung sind die **Wertansätze der Anlage 14** zum BewG (Anhang Rz. 14) heranzuziehen.

a) Einordnung selbst bewirtschafteter Betriebe. Um eine 13 richtige Einordnung des Betriebes zur Berechnung des **Wertansatzes für den Grund und Boden** vornehmen zu können, ist wie bei der Ermittlung des Wirtschaftswertes gem. § 163 Abs. 3 Satz 1 zunächst die **Region,** dann die **Betriebsform** und schließlich die **Betriebsgröße** nach europäischen Größeneinheiten (EGE) zu ermitteln. Dies bedeutet, dass auch für die Feststellung des Mindestwertes zunächst eine Einordnung des Betriebes gem. Anlage 14 zum BewG (Anhang Rz. 14) in eine der dort genannten 38 Regionen, 7 Betriebsformen und 3 Betriebsgrößen vorzunehmen ist. Abgrenzungskriterium hierfür sind wiederum die Standarddeckungsbeiträge, so dass bei der Einordnung § 163 Abs. 3 heranzuziehen ist. Zur Neufassung der EU-Klasifizierung siehe § 163 Rz. 29.

Bei dem **Wertansatz für das Besatzkapital** gem. § 164 Abs. 4 14 ist ebenfalls eine Einordnung des Betriebes nach der Region, Betriebsform und der Betriebsgröße nach den europäischen Größeneinheiten (EGE) vorzunehmen. Auch hier sind die Grundsätze zur Betriebseinordnung gem. § 163 Abs. 3 anhand der Standarddeckungsbeiträge heranzuziehen.

b) Wertansatz für verpachtete Betriebe und Stückländereien. 15 Nicht geregelt hat der Gesetzgeber die **Einordnung verpachteter Betriebe** oder von **Stückländereien** gem. § 160 Abs. 7. So kann sich die Ermittlung des Standarddeckungsbeitrages nicht an selbst bewirtschafteten Flächen oder Tiereinheiten orientieren, weil diese schlichtweg nicht vorliegen. Deshalb soll in diesen Fällen nach Auffassung der Finanzverwaltung eine Einordnung verpachteter Betriebe auf Grundlage der Klassifizierung der Flächen im automatischen Liegenschaftskataster erfolgen (ErbStR B 164 Abs. 9). Anhand der katastermäßig festgestellten Nutzungsart ist dann eine Einordnung der Flächen als Grünlandfläche, Ackerlandfläche oder sonstige landwirtschaftliche Nutzung vorzunehmen. Auch hier gilt der Überwiegensgrundsatz von ⅔ der Flächen. Sind danach ⅔ der verpachteten Flächen Grünlandflächen, ist der Betrieb insgesamt als sonstiger Futterbaubetrieb einzuordnen und die entsprechenden regionalen Werte für diese Betriebsform gem. Anlage 14 zum BewG (Anhang Rz. 14) heranzuziehen.

16 Diese Vorgehensweise der Finanzverwaltung ergibt sich nicht aus dem Gesetz und ist daher abzulehnen. § 164 Abs. 2 Satz 2 verweist auf die Ermittlung der Betriebsgröße gem. § 163 Abs. 3 Satz 4 Nr. 1 bis 3. Danach bestimmt sich die Betriebsgröße ausschließlich nach dem **Standarddeckungsbeitrag der selbst bewirtschafteten Flächen** und der Tiereinheiten der landwirtschaftlichen Nutzung. Diese sind aber bei verpachteten Betrieben nicht vorhanden. Daraus lässt sich nur der Schluss ziehen, dass der Standarddeckungsbeitrag verpachteter Betriebe immer bei Null liegt, so dass in diesen Fällen immer von einem Kleinbetrieb von Null bis 40 EGE auszugehen ist.

17 Aufgrund der so vorgenommenen Einordnung als **Kleinbetrieb** erfolgt dann eine Multiplikation des entsprechenden Wertansatzes gem. Anlage 14 zum BewG (Anhang Rz. 14) mit den Eigentumsflächen.

18 Für verpachtete Betriebe, Teilbetriebe, Einzelflächen oder Stückländereien gem. § 160 Abs. 7 erfolgt **kein Ansatz für das Besatzkapital,** da diese Betriebe nicht über selbst bewirtschaftete Flächen verfügen. Gleiches gilt auch in Fällen der eisernen Verpachtung gem. § 582 a BGB. Auch hier erfolgt keine Selbstbewirtschaftung der Flächen, so dass kein Wertansatz für das Besatzkapital im Rahmen der Mindestwertberechnung beim Verpächter vorzunehmen ist. Die anderslautende Verwaltungsmeinung ist abzulehnen, da diese Auffassung ausdrücklich der gesetzlichen Regelung entgegensteht.

2. Forstwirtschaftliche Nutzung

19 Die Mindestwertberechnung für die forstwirtschaftliche Nutzung erfolgt ebenfalls in einen **zweigeteilten Mindestwertverfahren** durch Ansatz eines Pachtpreises für den Wertansatz für den Grund und Boden und einem Wertansatz für das Besatzkapital.

20 Die Pachtpreise für den **Wertansatz des Grund und Bodens** ergeben sich aus Anlage 15 zu § 164 Abs. 2 (Anhang Rz. 15) für die verschiedenen Baumartengruppen, wobei typisierend immer ein Pachtpreis von 5,40 Euro je ha zu Grunde gelegt wird. Eine Diffe-

Bestimmung des Mindestwertes § 164

renzierung zwischen den einzelnen Ertragsklassen erfolgt insoweit nicht.

Der **Wertansatz für das Besatzkapital** ergibt sich aus 21 Anlage 15 a zu § 164 Abs. 4 BewG (Anhang Rz. 15a). Der Wertansatz differenziert bei den einzelnen Baumartengruppen nach den Ertragsklassen und insgesamt zehn verschiedenen jeweils 20-jährigen Altersklassen. Für die Nutzungsart Nichtwirtschaftswald, Nichtholzbodenfläche und -blößen ist mangels gesetzgeberischer Vorgabe kein Wert für das Besatzkapital anzusetzen.

Soweit in einem forstwirtschaftlichen Betrieb **mehrere Baumartengruppen** vorhanden sind, ist getrennt für jede Baumartengruppe die Mindestbewertung durch Ansatz des Pachtpreises für den Grund und Boden und eines Wertansatzes für das Besatzkapital zu ermitteln. 22

3. Weinbauliche Nutzung

Die Mindestwertberechnung bei der weinbaulichen Nutzung 23 erfolgt durch einen vom Gesetzgeber in Anlage 16 zum BewG (Anhang Rz. 16) vorgegebenen Pachtpreis je ha Eigentumsfläche als **Wertansatz für den Grund und Boden** und durch einen vorgegebenen **Wertansatz für das Besatzkapital** je ha selbstbewirtschafteter Fläche. Die Einordnung erfolgt analog zu § 163 Abs. 5 entsprechend den drei bei der weinbaulichen Nutzung vorgegebenen Nutzungsarten.

Finden sich in einem Weinbaubetrieb **mehrere Verwertungsformen** nebeneinander, so ist die Mindestwertberechnung für jede der drei möglichen Bewertungsformen der weinbaulichen Nutzung getrennt vorzunehmen. 24

4. Gärtnerische Nutzung

Die Wertansätze für die **Mindestwertberechnung der gärtnerischen Nutzung** ergeben sich aus Anlage 16 zu § 164 Abs. 2, 4 (Anhang Rz. 16). 25

Die Differenzierung hinsichtlich der **verschiedenen Nutzungsteile und Nutzungsarten** erfolgt ebenso wie bei der Reingewinnberechnung. 26

Zu berücksichtigen ist, dass in den Fällen, in denen mehrere ver- 27 schiedene gärtnerische Nutzungsteile oder Nutzungsarten vorhanden sind, jeweils getrennt die Mindestwertberechnung für die einzelnen Nutzungsteile und Nutzungsarten vorzunehmen ist.

5. Übrige land- und forstwirtschaftliche Nutzungen

28 Bei den übrigen land- und forstwirtschaftlichen Nutzungen gibt es nur für die Sondernutzungen **Hopfen, Spargel und Tabak** gem. Anlage 18 zum BewG (Anhang Rz. 18) Wertansätze für die Berechnung des Mindestwertes auf Basis des Pachtpreises und für das Besatzkapital. Eine Mindestwertermittlung für die Sondernutzungen Hopfen, Spargel und Tabak erfolgt jedoch nur dann, wenn keine landwirtschaftliche Nutzung gem. § 160 Abs. 2 Satz 1 Nr. 1 Buchst. a gegeben ist.

29 Für die **sonstigen land- und forstwirtschaftlichen Nutzungen** hat der Gesetzgeber dagegen keine Wertansätze für eine Mindestbewertung vorgesehen. Bei diesen Nutzungen verbleibt es daher bei der Reingewinnermittlung im Einzelertragswertverfahren gem. § 163 Abs. 8. Abzulehnen ist die Auffassung der Finanzverwaltung, für die sonstigen land- und forstwirtschaftlichen Nutzungen einen Pachtpreis von 171 Euro je ha Eigentumsfläche und den gemeinen Wert für das Besatzkapital anzusetzen (ErbStR B 164 Abs. 3). Für diesen Ansatz gibt es keinen Anhaltspunkt im Gesetz.

30 Gleiches gilt für das **Abbauland**, das **Geringstland** und auch für das **Unland**.

IV. Berechnung des Mindestwertes

1. Kapitalisierung

31 Sowohl der Wertansatz des Grund und Bodens, der sich nach dem Pachtpreis bestimmt, als auch der Wertansatz für das Besatzkapital ist mit 5,5 % zu kapitalisieren, so dass sich wiederum ein **Kapitalisierungsfaktor** von 18,6 ergibt. Der Zinssatz von 5,5 % setzt sich ebenso wie bei der Reingewinnmethode aus einem Basiszinssatz von 4,5 % und einem Risikozuschlag von 1 % zusammen.

2. Verbindlichkeiten

32 Die einzelnen kapitalisierten Wertansätze sind zusammenzurechnen und von der Summe dieser Werte sind die mit dem Betrieb im Zusammenhang stehenden **Verbindlichkeiten** gem. § 158 Abs. 5 in vollem Umfang abzuziehen. Zu den anzusetzenden Verbindlichkeiten siehe § 158 Rz. 25.

33 Durch den Abzug der Verbindlichkeiten darf der Mindestwert gem. § 164 Abs. 6 Satz 2 jedoch nicht weniger als 0 Euro betragen. Sollte der Wert daher durch Abzug der Verbindlichkeiten negativ werden, wird der Mindestwert bei 0 Euro angehalten. Ist insoweit der Reingewinn gem. § 163 höher, so ist dieser gem. § 162 Abs. 1 dann doch wieder anzusetzen.

§ 165 Bewertung des Wirtschaftsteils mit dem Fortführungswert

(1) **Der Wert des Wirtschaftsteils wird aus der Summe der nach § 163 zu ermittelnden Wirtschaftswerte gebildet.**

(2) **Der für einen Betrieb der Land- und Forstwirtschaft anzusetzende Wert des Wirtschaftsteils darf nicht geringer sein als der nach § 164 ermittelte Mindestwert.**

(3) **Weist der Steuerpflichtige nach, dass der gemeine Wert des Wirtschaftsteils niedriger ist als der nach den Absätzen 1 und 2 ermittelte Wert, ist dieser Wert anzusetzen; § 166 ist zu beachten.**

I. Allgemeines

§ 165 fasst die Bewertung des Wirtschaftsteils gem. § 163 – Reingewinnverfahren – und § 164 – Mindestwertverfahren – zusammen. 1

Der Wert des Wirtschaftsteils eines Betriebs der Land- und Forstwirtschaft gem. § 160 Abs. 1 Nr. 1 ist grundsätzlich der **höhere Wert** aus dem Reingewinnverfahren gem. § 163 und dem Mindestwertverfahren gem. § 164. Dies ergibt sich aus § 165 Abs. 2. Eine **Öffnungsklausel** sieht § 165 Abs. 3 vor, wonach dem Steuerpflichtigen der Nachweis eines niedrigeren gemeinen Wertes möglich ist. 2

Zur Bewertung des Wirtschaftsteils mit dem Fortführungswert siehe auch ErbStR B 165. 3

II. Ermittlung des Fortführungswertes

Im ersten Schritt ist zur Ermittlung des Fortführungswertes eine **Addition der Werte** der einzelnen land- und forstwirtschaftlichen Nutzungen gem. § 163 Abs. 3 bis 10 unter Berücksichtigung der Kapitalisierung gem. § 163 Abs. 11 vorzunehmen. Dabei handelt es sich um die landwirtschaftliche, forstwirtschaftliche, weinbauliche und gärtnerische Nutzung sowie die Sondernutzungen Hopfen, Spargel und Tabak sowie die sonstigen land- und forstwirtschaftlichen Nutzungen gem. § 175 Abs 2. 4

§ 165 Bewertung des Wirtschaftsteils mit dem Fortführungswert

5   Bei der Bewertung der landwirtschaftlichen Nutzung wird bei den **Klein- und Mittelbetrieben** von 0 bis 100 EGE regelmäßig das Mindestwertverfahren anzusetzen sein, da in diesen Betriebsgrößenklassen der Reingewinn durchgängig negativ ist.
6   Bei der **weinbaulichen Nutzung** und den Sondernutzungen **Hopfen, Spargel und Tabak** ist immer das Mindestwertverfahren anzusetzen, da das Reingewinnverfahren aufgrund der negativen Werte gemäß den Anlagen 16 und 18 zum BewG (Anhang Rz. 16 ff.) immer zu negativen Werten kommt.
7   Bei der **gärtnerischen Nutzung** ist mit Ausnahme des Nutzungsteils Gemüsebau mit der Nutzungsart Flächen unter Glas- und Kunststoffen sowie bei dem Nutzungsteil Baumschulen auch immer das Mindestwertverfahren heranzuziehen, da nur bei den beiden vorgenannten Nutzungsteilen oder Nutzungsarten überhaupt ein positiver Reingewinn vorliegt (Anhang Rz. 17).
8   Für **verpachtete Betriebe, Teilbetriebe oder Einzelflächen** sowie für **Stückländereien** gem. § 160 Abs. 7 ist als Fortführungswert nur der Mindestwert gem. § 164 anzusetzen. Der Mindestwert für diese Betriebe besteht jedoch nur aus dem Mindestwertansatz für den im Eigentum stehenden Grund und Boden gem. § 164 Abs. 2. Ein Ansatz für das Besatzkapital gem. § 164 Abs. 4 scheidet aufgrund der fehlenden Selbstbewirtschaftung der Flächen aus.

III. Öffnungsklausel

9   § 165 Abs. 3 beinhaltet eine Öffnungsklausel für den Steuerpflichtigen, einen vom Fortführungswert abweichenden **niedrigeren gemeinen Wert** des Wirtschaftsteils des Betriebs der Land- und Forstwirtschaft gem. § 160 Abs. 1 Nr. 1 nachweisen zu können.
10 Der Nachweis des gemeinen Wertes kann nur für den gesamten Wirtschaftsteil, also für alle land- und forstwirtschaftlichen Nutzungen gem. § 163 Abs. 3 bis 10, einheitlich erfolgen. Nach der gesetzlichen Formulierung ist ein **separater Wertnachweis** nur für eine einzelne land- und forstwirtschaftlichen Nutzung nicht möglich. Liegt daher in einem Betrieb der Land- und Forstwirtschaft sowohl eine landwirtschaftliche Nutzung als auch eine weinbauliche Nutzung vor, so kann ein niedriger gemeiner Wert nur insgesamt für den gesamten Betrieb, nicht aber nur für die landwirtschaftliche oder weinbauliche Nutzung erfolgen.
11 **Verbindlichkeiten** sind von dem so ermittelten gemeinen Wert gem. § 158 Abs. 5 dann in Abzug zu bringen, wenn sie im unmittelbaren wirtschaftlichen Zusammenhang mit dem Wirtschaftsteil eines

Betriebes der Land- und Forstwirtschaft stehen. Sind die Verbindlichkeiten höher als der gemeine Wert, kann sich auch ein negativer Wert ergeben. § 164 Abs. 6 Satz 2 findet insoweit keine Anwendung.

Bei der Ermittlung des gemeinen Wertes ist immer § 166, die Bewertung des Wirtschaftsteils mit dem **Liquidationswert,** zu beachten. Deshalb muss bei dem Nachweis des gemeinen Wertes durch ein Sachverständigengutachten der Liquidationswert des Grund und Bodens und der übrigen WG berücksichtigt werden. 12

Der Nachweis selber ist regelmäßig durch ein Gutachten eines Sachverständigen zu erbringen, der eine besondere **Sachkunde in Bewertungsfragen der Land- und Forstwirtschaft** vorweisen sollte. 13

§ 166 Bewertung des Wirtschaftsteils mit dem Liquidationswert

(1) **Im Falle des § 162 Abs. 3 oder Abs. 4 ist der Liquidationswert nach Absatz 2 zu ermitteln und tritt mit Wirkung für die Vergangenheit an die Stelle des bisherigen Wertansatzes.**

(2) **Bei der Ermittlung des jeweiligen Liquidationswerts nach Absatz 1**
1. **ist der Grund und Boden im Sinne des § 158 Abs. 3 Satz 1 Nr. 1 mit den zuletzt vor dem Bewertungsstichtag ermittelten Bodenrichtwerten zu bewerten.** ²**§ 179 Satz 2 bis 4 gilt entsprechend.** ³**Zur Berücksichtigung der Liquidationskosten ist der ermittelte Bodenwert um 10 Prozent zu mindern;**
2. **sind die übrigen Wirtschaftsgüter im Sinne des § 158 Abs. 3 Satz 1 Nr. 2 bis 5 mit ihrem gemeinen Wert zu bewerten.** ²**Zur Berücksichtigung der Liquidationskosten sind die ermittelten Werte um 10 Prozent zu mindern.**

I. Allgemeines

§ 166 bestimmt den Wertansatz für die Fälle, in denen der Nachbewertungsvorbehalt gem. § 162 Abs. 3, Abs. 4 innerhalb der **Nachbewertungsfrist von 15 Jahren** greift. Dabei handelt es sich um den sog. Liquidationswert, der sich gem. § 166 Abs. 2 berechnet. 1

Der **Liquidationswertansatz** erfolgt nur für den Wirtschaftsteil eines Betriebes der Land- und Forstwirtschaft gem. § 160 Abs. 1 Nr. 1. Für die Betriebswohnungen und den Wohnteil als weitere 2

§ 166 Bewertung des Wirtschaftsteils mit dem Liquidationswert

Teile des Betriebes der Land- und Forstwirtschaft ist dies nicht erforderlich.

II. Auswirkung des Ansatzes des Liquidationswertes

3   Der Liquidationswert ist nur dann von Bedeutung, wenn eine **schädliche Handlung** iSd. § 162 Abs. 3, Abs. 4 vorgenommen worden ist. Er ist daher auch nur in diesen Fällen zu ermitteln. Eine rein vorsorgliche Ermittlung und Festsetzung des Liquidationswertes hat nicht zu erfolgen.

4   Erfolgt eine schädliche Handlung innerhalb der Nachbewertungsfrist von 15 Jahren, hat erstmalig eine Liquidationswertfeststellung **rückwirkend auf den Bewertungsstichtag** gem. § 161 zu erfolgen. Siehe dazu § 161 Rz. 1. Diese Bewertung hat entweder für den gesamten Betrieb, für einen Anteil am Betrieb oder für wesentliche WG gem. § 162 Abs. 4 zu erfolgen.

5   Gleichzeitig ist der **bisherige Wertansatz** für die dem Nachbewertungsvorbehalt und damit der Liquidationsbewertung unterliegenden Betriebsteile oder WG zu korrigieren bzw. rückgängig zu machen. Die bisherige Wertberechnung für den Wirtschaftsteil gem. § 162 ist dabei anteilig um den Wert der ausgeschiedenen WG oder Betriebsteile zu kürzen. Siehe dazu auch die Beispiele in ErbStH B 166.

6   Aufgrund der **Korrektur des ursprünglichen Wertansatzes** ist sowohl die Reingewinnberechnung gem. § 163 als auch die Mindestwertberechnung gem. § 164 neu durchzuführen. Soweit Flächen verkauft worden sind, ergibt sich ein neuer Standarddeckungsbeitrag für die landwirtschaftliche Nutzung, die uU zu einer anderen Eingruppierung hinsichtlich der Nutzungsart oder hinsichtlich der Betriebsgröße führen kann. Falls eine solche Umgruppierung erfolgt, wären dann auch andere Wertansätze für den Reingewinn, den Pachtpreis und das Besatzkapital gemäß der Anlagen 14 bis 18 zum BewG (Anhang Rz. 14 ff.) heranzuziehen.

III. Berechnung des Liquidationswertes

7   Die **Wertermittlung zur Feststellung des Liquidationswertes** erfolgt getrennt für den Grund und Boden gem. § 158 Abs. 3 Satz 1 Nr. 1 sowie die sonstigen WG gem. § 158 Abs. 3 Nr. 2 bis 5, also die Wirtschaftsgebäude, die stehenden Betriebsmittel sowie die immateriellen WG.

Für die **umlaufenden Wirtschaftsgüter** ist kein Liquidations- 8
wert gem. § 166 Abs. 2 Nr. 2 zu ermitteln, da eine Veräußerung der
umlaufenden Betriebsmittel ausdrücklich nicht dem Nachbewertungsvorbehalt des § 162 Abs. 4 Satz 1 unterfällt. Aus der abschließenden Verweisung in § 162 Abs. 4 Satz 1 und der fehlenden Bezugnahme auf die umlaufenden Betriebsmittel gem. § 158 Abs. 3 Satz 4
folgt, dass für umlaufende Betriebsmittel ein Liquidationswert mangels Nachbewertungsvorbehalt nicht zu ermitteln ist. Dies ist insoweit auch sachgerecht, da umlaufende Betriebsmittel solche WG
sind, die zum baldigen Verbrauch oder Verkauf im Rahmen des
land- und forstwirtschaftlichen Betriebes bestimmt sind. Es handelt
sich dabei im ertragsteuerlichen Sinne um Umlaufvermögen, bei
der landwirtschaftlichen Nutzung insbesondere um Saatgut, Futter,
Düngemittel, Erntevorräte, Betriebsstoffe und das Mastvieh (siehe
auch § 33 Rz. 64 f.). Die gesetzliche Verweisung in § 166 Abs. 2
Nr. 2 Satz 1 ist insoweit nicht korrekt.

1. Wertansatz für den Grund und Boden

Der Liquidationswert für den Grund und Boden bestimmt sich 9
gem. § 166 Abs. 2 Nr. 1 Satz 1 nach den **Bodenrichtwerten.** Ausschlaggebend sind die Bodenrichtwerte, die zuletzt vor dem Bewertungsstichtag gem. § 161 Abs. 1 festgestellt worden sind. Bodenrichtwerte sind gem. § 196 Abs. 1 Satz 5 BauGB alle zwei Jahre zu
ermitteln. Die Ermittlung der Bodenrichtwerte liegt daher bezogen
auf den Bewertungsstichtag nicht länger als zwei Jahre zurück.

Die Bewertung des Grund und Bodens erfolgt ohne einen **Ansatz** 10
für den Aufwuchs. Dies ist bei der Übernahme der Bodenrichtwerte zu berücksichtigen. Der Aufwuchs auf dem Grund und
Boden, also zB die Bestockung bei forstwirtschaftlichen Flächen
oder bei Baumschulflächen, ist gem. § 166 Abs. 2 Nr. 2 Satz 1 bei
den übrigen WG zu erfassen.

2. Wertansatz für die übrigen Wirtschaftsgüter

§ 166 Abs. 2 Nr. 2 Satz 1 bestimmt für die übrigen WG iSd. § 158 11
Abs. 3 Satz 1 Nr. 2 bis 5, dass die Liquidationsbewertung durch den
Ansatz des gemeinen Wertes zu erfolgen hat. Der gemeine Wert
bestimmt sich gem. § 9 Abs. 2. Die Ermittlung des gemeinen Wertes
hat auf den Bewertungsstichtag gem. § 161 Abs. 1 zu erfolgen. Ist
daher eine Veräußerung eines WG erfolgt, kann nicht einfach der
Veräußerungserlös angesetzt werden, sondern es muss der gemeine
Wert rückwirkend auf den Bewertungsstichtag ermittelt werden.

12 Ein Wertansatz für **umlaufende Betriebsmittel** erfolgt nur im Falle der Gesamtbetriebsveräußerung gem. § 162 Abs. 3.

3. Verbindlichkeiten

13 Soweit der Liquidationswert anzusetzen ist, sind die mit dem Betrieb, dem Betriebsteil oder den einzelnen WG im Zusammenhang stehenden **Verbindlichkeiten** in Abzug zu bringen. Gemäß § 158 Abs. 5 gehören Verbindlichkeiten zum land- und forstwirtschaftlichen Vermögen, soweit ein unmittelbarer wirtschaftlicher Zusammenhang gegeben ist.

14 Bei der Veräußerung des gesamten Betriebes oder des gesamten Betriebsteils sind dabei sämtliche Verbindlichkeiten zu berücksichtigen, bei der Veräußerung von einzelnen WG nur die mit dem einzelnen WG im unmittelbaren Zusammenhang stehenden Verbindlichkeiten.

4. Berücksichtigung der Liquidationskosten

15 Der sich gem. § 166 Abs. 2 berechnete Liquidationswert ist pauschal um 10% zu mindern. Dieser **pauschale Abschlag** soll die Liquidationskosten berücksichtigen. Es spielt dabei keine Rolle, ob höhere oder niedrigere Liquidationskosten anzusetzen sind.

§ 167 Bewertung der Betriebswohnungen und des Wohnteils

(1) **Die Bewertung der Betriebswohnungen und des Wohnteils erfolgt nach den Vorschriften, die für die Bewertung von Wohngrundstücken im Grundvermögen (§§ 182 bis 196) gelten.**

(2) **Für die Abgrenzung der Betriebswohnungen und des Wohnteils vom Wirtschaftsteil ist höchstens das Fünffache der jeweils bebauten Fläche zu Grunde zu legen.**

(3) **Zur Berücksichtigung von Besonderheiten, die sich im Falle einer engen räumlichen Verbindung von Wohnraum mit dem Betrieb ergeben, ist der Wert des Wohnteils und der Wert der Betriebswohnungen nach den Absätzen 1 und 2 um 15 Prozent zu ermäßigen.**

(4) [1]**Weist der Steuerpflichtige nach, dass der gemeine Wert des Wohnteils oder der Betriebswohnungen niedriger ist als der sich nach den Absätzen 1 bis 3 ergebende Wert, ist der gemeine Wert anzusetzen.** [2]**Für den Nachweis des niedrigeren**

gemeinen Werts gelten grundsätzlich die auf Grund des § 199 Abs. 1 des Baugesetzbuchs erlassenen Vorschriften.

Übersicht

	Rn.
I. Allgemeines	1–4
II. Bewertungsverfahren	5–10
III. Begrenzung der maßgeblichen Grundstücksfläche	11–14
IV. Bewertungsabschlag	15–17
V. Öffnungsklausel	18–21

I. Allgemeines

Die Betriebswohnungen und der Wohnteil sind Bestandteile des 1 Betriebes der Land- und Forstwirtschaft gem. § 160 Abs. 1. Deshalb hat es der Gesetzgeber als sachgerecht angesehen, die Bewertung dieser Gebäude der Bewertung des land- und forstwirtschaftlichen Vermögens gem. §§ 158 ff. zuzuordnen.

Für die Bewertung gelten aber gleichwohl die **Grundsätze für** 2 **die Bewertung von Wohngrundstücken im Grundvermögen** gem. §§ 182 bis 196. Dies sah auch die bisherige Bedarfsbewertung für Zwecke der Erbschaft- und Schenkungsteuer bis Ende 2008 vor.

Den Besonderheiten bei der Bewertung der Betriebswohnungen 3 und des Wohnteils, die sich aufgrund der **räumlichen Nähe zu einem land- und forstwirtschaftlichen Betrieb** ergeben, hat der Gesetzgeber in § 167 Abs. 2, Abs. 3 Rechnung getragen.

Dem Steuerpflichtigen bleibt es unbenommen, einen niedrigeren 4 gemeinen Wert im Rahmen der **Öffnungsklausel** des § 167 Abs. 4 nachzuweisen.

Ein umfassendes Berechnungsbeispiel für Betriebswohnungen und den Wohnteil siehe ErbStH B 167.

II. Bewertungsverfahren

Der Begriff der Betriebswohnungen wird in § 160 Abs. 8, der 5 Begriff des Wohnteils in § 160 Abs. 9 definiert.

Aufgrund des Rückgriffs auf die Regelungen zur Bewertung des 6 Grundvermögens ist zunächst die **richtige Bewertungsmethode** gem. § 182 zu bestimmen.

Für die Bewertung des **Wohnteils** ist gem. § 182 Abs. 2 eigentlich 7 zunächst das Vergleichswertverfahren heranzuziehen, soweit es sich um ein Ein- oder Zweifamilienhaus handelt. Da Vergleichswerte für landwirtschaftliche Wohnhäuser nur in den seltensten Fällen vorliegen dürften, wird regelmäßig das **Sachwertverfahren** gem. § 189 ff. anzuwenden sein.

8   Das Sachwertverfahren ist auch dann anzuwenden, wenn der Wohnteil über **mehr als zwei abgeschlossene Wohnungen** verfügt. Dies kann dann der Fall sein, wenn mehrere Generationen in einem Haus zusammenleben oder Familienangehörige eigene abgeschlossene Wohnungen bewohnen.

9   Auch für **Betriebswohnungen** dürfte regelmäßig das **Sachwertverfahren** mangels entsprechender Vergleichswerte anzuwenden sein. Etwas anderes gilt jedoch dann, soweit sich die Betriebswohnung auf einer separaten Parzelle befindet und die Betriebswohnungen entgeltlich an Arbeitnehmer oder deren Familienangehörigen vermietet sind. In diesen Fällen hat eine Bewertung der Betriebswohnung als Mietwohngrundstück gem. § 182 Abs. 3 Nr. 1 im **Ertragswertverfahren** zu erfolgen.

10   Zur Bewertung im Vergleichswert, Ertragswert oder Sachwertverfahren siehe die Erläuterungen zu §§ 183 ff.

III. Begrenzung der maßgeblichen Grundstücksfläche

11   Im Rahmen der verschiedenen Bewertungsmethoden ist regelmäßig ein **Bodenrichtwert** gem. § 179 zu ermitteln, der auf die Größe der Parzelle abstellt, auf der sich das Wohngebäude befindet. Hier sieht § 167 Abs. 2 eine flächenmäßige Begrenzung des in die Berechnung einzubeziehenden Grund und Bodens vor.

12   Heranzuziehen ist für die Ermittlung des Bodenwertes nur das **Fünffache der jeweils bebauten Fläche.** Diese Regelung entspricht inhaltlich § 143 Abs. 2.

13   Ausgangspunkt ist immer die bebaute Fläche des Grundstücks laut den Katasterangaben. Nicht mit einbezogen werden Hausgartenflächen, Umgriffsflächen oder Stellplätze. Die bebaute Fläche ist grundsätzlich analog zur Berechnung der **Bruttogrundfläche nach DIN 277** gem. Anlage 12 zu BewRGr (BStBl. I 1966, 890) zu ermitteln.

14   Soweit sich die Betriebswohnungen oder der Wohnteil auf der Hofparzelle befinden und die Hofparzelle ansonsten landwirtschaftlich genutzt wird, ist zur Berechnung der in die landwirtschaftliche Bewertung einzubeziehende Fläche für **jede selbstständig zu bewertende Wohneinheit** das Fünffache der jeweils zu bebauten Fläche in Abzug zu bringen. Nur die danach übrigbleibende Restfläche einer gemischt genutzten Parzelle ist dann in die Bewertung des

Öffnungsklausel § 167

Wirtschaftsteils eines Betriebes der Land- und Forstwirtschaft gem. § 160 Abs. 1 Nr. 1 einzubeziehen.

IV. Bewertungsabschlag

Aufgrund der **engen räumlichen Verbindung** zwischen Betriebswohnungen und dem Wohnteil mit der Hofstelle eines land- und forstwirtschaftlichen Betriebes nimmt der Gesetzgeber einen pauschalen Abschlag vom Wertansatz nach den Regelungen des Grundvermögens in Höhe von 15 % vor. Dies entspricht der bisherigen Regelung gem. § 143 Abs. 3. 15

Der **Abschlag von 15 %** ist jeweils getrennt und einzeln für die Betriebswohnungen und den Wohnteil zu berechnen. Soweit mehrere Wohneinheiten den Betriebswohnungen oder dem Wohnteil zuzuordnen sind, zB bei einer Betriebsleiter- und einer Altenteilerwohnung, ist für jede der zu bewertenden Einheiten der Abschlag von 15 % anzusetzen. Zu den weiteren Voraussetzungen des Abschlags siehe § 143 Rz. 14 ff. 16

Der Ansatz des Abschlages erfolgt immer nach Durchführung der Bewertung der Betriebswohnungen und des Wohnteils nach den Vorschriften für die Bewertung des Grundvermögens gem. §§ 182 bis 196. 17

V. Öffnungsklausel

Betriebswohnungen und der Wohnteil werden im Rahmen der Bewertung des land- und forstwirtschaftlichen Vermögens erfasst, so dass der Gesetzgeber in § 167 Abs. 4 eine gesonderte Öffnungsklausel für den Nachweis des gemeinen Wertes vorgesehen hat. Der **Verkehrswertnachweis** kann separat für die Betriebswohnungen oder separat für den Wohnteil oder, soweit mehrere Gebäude den jeweiligen Teilen zuzuordnen sind, für jede zu bewertende Einheit erfolgen. 18

Die Regelung entspricht § 198, wonach auch für jede wirtschaftliche Einheit des Grundvermögens der Nachweis eines niedrigeren gemeinen Wertes zulässig ist. 19

Im Rahmen dieses Verkehrswertnachweises ist die **Begrenzung der maßgeblichen Grundstücksfläche** zur Berechnung des Bodenwertes gem. § 167 Abs. 2 zu berücksichtigen. 20

Der **Abschlag von 15 %** für die räumliche Nähe gem. § 167 Abs. 3 ist jedoch nicht zu berücksichtigen, da dies im Rahmen der Feststellung des gemeinen Wertes bereits berücksichtigt wird. 21

§ 168 Grundbesitzwert des Betriebs der Land- und Forstwirtschaft

(1) Der Grundbesitzwert eines Betriebs der Land- und Forstwirtschaft besteht aus
1. dem Wert des Wirtschaftsteils (§ 160 Abs. 2),
2. dem Wert der Betriebswohnungen (§ 160 Abs. 8) abzüglich der damit im unmittelbaren wirtschaftlichen Zusammenhang stehenden Verbindlichkeiten,
3. dem Wert des Wohnteils (§ 160 Abs. 9) abzüglich der damit im unmittelbaren wirtschaftlichen Zusammenhang stehenden Verbindlichkeiten.

(2) Der Grundbesitzwert für Stückländereien als Betrieb der Land- und Forstwirtschaft (§ 160 Abs. 7) besteht nur aus dem Wert des Wirtschaftsteils.

(3) Der Grundbesitzwert für einen Anteil an einem Betrieb der Land- und Forstwirtschaft im Sinne des § 158 Abs. 2 Satz 2 ist nach den Absätzen 4 bis 6 aufzuteilen.

(4) ¹Der Wert des Wirtschaftsteils ist nach den beim Mindestwert (§ 164) zu Grunde gelegten Verhältnissen aufzuteilen. ²Dabei ist
1. der Wert des Grund und Bodens und der Wirtschaftsgebäude oder ein Anteil daran (§ 158 Abs. 3 Satz 1 Nr. 1 und 2) dem jeweiligen Eigentümer zuzurechnen. ²Im Falle des Gesamthandseigentums ist der Wert des Grund und Bodens nach der Höhe der gesellschaftsrechtlichen Beteiligung aufzuteilen;
2. der Wert der übrigen Wirtschaftsgüter (§ 158 Abs. 3 Satz 1 Nr. 3 bis 5) nach dem Wertverhältnis der dem Betrieb zur Verfügung gestellten Wirtschaftsgüter aufzuteilen. ²Im Falle des Gesamthandseigentums ist der Wert der übrigen Wirtschaftsgüter nach der Höhe der gesellschaftsrechtlichen Beteiligung aufzuteilen;
3. der Wert der zu berücksichtigenden Verbindlichkeiten (§ 164 Abs. 4) dem jeweiligen Schuldner zuzurechnen. ²Im Falle des Gesamthandseigentums ist der Wert der zu berücksichtigenden Verbindlichkeiten nach der Höhe der gesellschaftsrechtlichen Beteiligung aufzuteilen.

(5) ¹Der Wert für die Betriebswohnungen ist dem jeweiligen Eigentümer zuzurechnen. ²Im Falle des Gesamthandseigentums ist der Wert nach der Höhe der gesellschaftsrechtlichen Beteiligung aufzuteilen.

Grundbesitzwert Land- und Forstwirtschaft § 168

(6) ¹Der Wert für den Wohnteil ist dem jeweiligen Eigentümer zuzurechnen. ²Im Falle des Gesamthandseigentums ist der Wert nach der Höhe der gesellschaftsrechtlichen Beteiligung aufzuteilen.

Übersicht

	Rn.
I. Allgemeines	1–3
II. Grundbesitzwert Land- und Forstwirtschaft	4–13
1. Wirtschaftsteil	5–9
2. Betriebswohnungen und Wohnteil	10, 11
3. Stückländereien	12, 13
III. Aufteilung des Grundbesitzwertes	14–20

I. Allgemeines

§ 168 Abs. 1 fasst die Bewertung des land- und forstwirtschaftlichen Vermögens zusammen. Diese setzt sich zusammen aus dem Wertansatz für den Wirtschaftsteil gem. § 160 Abs. 2 sowie den Wertansätzen für die Betriebswohnung gem. § 160 Abs. 8 und den Wohnteil gem. § 160 Abs. 9. **1**

§ 168 Abs. 1 Nr. 1 ist auch die **Verbindungsvorschrift zum Erbschaftsteuerrecht.** Begünstigtes land- und forstwirtschaftliches Vermögen gem. § 13 b Abs. 1 Nr. 1 ErbStG ist das land- und forstwirtschaftliche Vermögen iSd. § 168 Abs. 1 Nr. 1. Auch die Behaltensfrist gem. § 13 a Abs. 5 Nr. 2 Satz 1 ErbStG stellt auf das land- und forstwirtschaftliche Vermögen iSd. § 168 Abs. 1 Nr. 1 ab. Nicht zum erbschaftsteuerlich begünstigten Vermögen gehören die Betriebswohnungen, der Wohnteil und die Stückländereien gem. § 160 Abs. 7. **2**

Soweit eine Personengesellschaft oder eine Gemeinschaft vorliegt, ist der Grundbesitzwert gem. § 168 Abs. 3 zwischen den Beteiligten aufzuteilen. Die Art und Weise der **Aufteilung** ist in § 168 Abs. 4 bis 6 geregelt. **3**

II. Grundbesitzwert Land- und Forstwirtschaft

Der Grundbesitzwert setzt sich aus der **Summe der Einzelwerte** für den Wirtschaftsteil, die Betriebswohnungen und den Wohnteil zusammen. Eine abweichende Bestimmung gibt es für Stückländereien gem. § 160 Abs. 7. **4**

§ 168 — Grundbesitzwert des Betriebs der LuF

1. Wirtschaftsteil

5 Der Wertansatz für den Wirtschaftsteil gem. § 160 Abs. 2 erfolgt gem. § 162 Abs. 1. Vorrangig ist das **Regelertragswertverfahren** gem. § 163, als Mindestwert das **Mindestwertverfahren** gem. § 164 heranzuziehen. Erfolgt eine schädliche Verwendung innerhalb der Nachbewertungsfrist von 15 Jahren gem. § 162 Abs. 3, Abs. 4, so hat eine Bewertung des Wirtschaftsteils mit dem Liquidationswert gem. § 166 zu erfolgen.

6 Schließlich könnte sich der Wertansatz für den Wirtschaftsteil auch durch einen **Verkehrswertnachweis** gem. § 165 Abs. 3 ergeben.

7 Der sich danach ergebende Wert ist als Wert des Wirtschaftsteils gem. § 160 Abs. 2 zu bezeichnen, der dann in den **Grundbesitzwert** gem. § 168 Abs. 1 Nr. 1 einfließt.

8 Dieser Wert umfasst gleichzeitig das **begünstigte land- und forstwirtschaftliche Vermögen gem. § 13 b Abs. 1 Nr. 1 ErbStG**. Immer dann, wenn ein Nachbewertungsfall gem. § 162 Abs. 3, Abs. 4 gegeben ist, ändert sich der Grundbesitzwertansatz für den Wirtschaftsteil durch eine Hinzurechnung des Liquidationswertes und eine Kürzung des bisherigen Wertansatzes, so dass sich insoweit auch Auswirkungen auf den Verschonungsabschlag und den Abzugsbetrag auf Ebene der Erbschafts- und Schenkungsbesteuerung ergeben können.

9 Allerdings ist zu berücksichtigen, dass sowohl auf Bewertungsebene gem. § 162 Abs. 3, Abs. 4 als auch auf erbschaft- und schenkungsteuerlicher Ebene gem. § 13 a Abs. 5 Satz 3, 4 ErbStG eine **Reinvestition** möglich ist. Erfolgt daher eine Reinvestition innerhalb der sechsmonatigen Frist, so findet keine Neubewertung des Wirtschaftsteils statt mit der Konsequenz, dass sich auch der Grundbesitzwert gem. § 168 Abs. 1 Nr. 1 nicht ändert.

2. Betriebswohnungen und Wohnteil

10 Der Grundbesitzwertanteil für die Betriebswohnungen und den Wohnteil ergibt sich aus den Bewertungsregelungen des § 167. Zu berücksichtigen sind die mit diesen Bewertungsobjekten im Zusammenhang stehenden **Verbindlichkeiten**, die aufgrund des Nettowertansatzes in vollem Umfang in Abzug zu bringen sind.

11 Der Anteil des Grundbesitzwertes für die Betriebswohnungen und den Wohnteil ist **nicht begünstigtes Vermögen** gem. § 13 b Abs. 1 Nr. 1 ErbStG.

3. Stückländereien

Der Grundbesitzwert für die **Stückländereien** gem. § 160 Abs. 7 wird in § 168 Abs. 2 gesondert benannt. Dies erfolgt deshalb, weil der Grundbesitzwert für Stückländereien nicht zum begünstigten erbschaftsteuerlichen Vermögen gem. § 13 b Abs. 1 Nr. 1 ErbStG zählt. **12**

Liegt dagegen **keine Stückländerei** gem. § 160 Abs. 7 vor, also zB bei einer Verpachtung eines Betriebes, Teilbetriebes oder einzelner Flächen mit einer Restpachtlaufzeit von 15 Jahren, so gehen die Wertansätze für diese Verpachtungsfälle in die Bewertung des Wirtschaftsteils des land- und forstwirtschaftlichen Vermögens gem. § 160 Abs. 2 ein. Diese verpachteten WG sind dann aber auch erbschafts- und schenkungssteuerlich begünstigt. **13**

III. Aufteilung des Grundbesitzwertes

Der Grundbesitzwert für einen Betrieb der Land- und Forstwirtschaft ist immer gem. § 158 Abs. 2 für die **gesamte wirtschaftliche Einheit** des land- und forstwirtschaftlichen Vermögens zu ermitteln. Deshalb hat eine Aufteilung des Grundbesitzwertes in den Fällen zu erfolgen, in denen nur ein Teil des Betriebes der Land- und Forstwirtschaft zu bewerten ist. Gleiches gilt in den Fällen, in denen im Rahmen von Familienpersonengesellschaften oder Personengesellschaften zwischen fremden Dritten nur entsprechende Anteile zu bewerten sind. Zu den Gemeinschaftsverhältnissen von land- und forstwirtschaftlichen Betrieben siehe *Leingärtner* Kap. 15 Rz. 1 ff. **14**

Auf den jeweiligen Steuerpflichtigen aufzuteilen sind **drei verschiedene Wirtschaftseinheiten**. Aufzuteilen ist der Wert des Grund und Bodens und der Wirtschaftsgebäude, der Wert der übrigen WG und der Wert der Verbindlichkeiten. **15**

Die Zuordnung richtet sich dabei in erster Linie nach den **Eigentumsverhältnissen** der Gesellschaft bzw. der Gesellschafter. Soweit Gesamthandsvermögen vorliegt, hat eine Aufteilung nach den gesellschaftsrechtlichen Beteiligungen zu erfolgen. Die Bestimmungen darüber lassen sich im Regelfall im Gesellschaftsvertrag finden. Sind solche Bestimmungen nicht vorhanden, kann als Aufteilungsmaßstab auch der Stand der **Kapitalkonten** herangezogen werden können. **16**

Eine **faktische Ehegattengesellschaft,** die ertragsteuerlich häufig vorliegen kann (*Leingärtner* Kap. 15 Rz. 33 ff.), bleibt bewertungsrechtlich gem. § 26 unbeachtlich. In diesen Fällen sind die jeweiligen Eigentumsanteile der Ehegatten gesonderte zu bewerten, so dass eine Aufteilung nicht zu erfolgen hat. **17**

18 Bei **Personengesellschaften** zwischen Familienangehörigen oder zwischen fremden Dritten hat eine einheitliche Bewertung des Betriebes zu erfolgen. Der Wert des Grund und Bodens und der Wirtschaftsgebäude ist gem. § 168 Abs. 4 Nr. 1 Satz 1 nach den Eigentumsverhältnissen, die Aufteilung der übrigen WG gem. § 168 Abs. 4 Nr. 2 nach der jeweiligen Beteiligung an der jeweiligen Gesellschaft vorzunehmen. Soweit Verbindlichkeiten vorhanden sind, sind diese dem jeweiligen Schuldner zuzuordnen.

19 Sind die Verbindlichkeiten **Gemeinschaftsschulden,** sind diese ebenfalls nach der gesellschaftsrechtlichen Beteiligung aufzuteilen.

20 Gleiches gilt für die Aufteilung des Wertansatzes für **Betriebswohnungen** und den **Wohnteil.** Auch hier ist vorrangig eine Aufteilung nach den Eigentumsverhältnissen und erst in zweiter Linie eine Aufteilung nach der gesellschaftsrechtlichen Beteiligung vorzunehmen.

II. Besonderer Teil

a) Landwirtschaftliche Nutzung

§ 169 Tierbestände

(1) ¹Tierbestände gehören in vollem Umfang zur landwirtschaftlichen Nutzung, wenn im Wirtschaftsjahr

für die ersten 20 Hektar	nicht mehr als 10 Vieheinheiten
für die nächsten 10 Hektar	nicht mehr als 7 Vieheinheiten
für die nächsten 20 Hektar	nicht mehr als 6 Vieheinheiten
für die nächsten 50 Hektar	nicht mehr als 3 Vieheinheiten
und für die weitere Fläche	nicht mehr als 1,5 Vieheinheiten

je Hektar der vom Inhaber des Betriebs regelmäßig landwirtschaftlich genutzten Flächen erzeugt oder gehalten werden. ²Die Tierbestände sind nach dem Futterbedarf in Vieheinheiten umzurechnen.

(2) ¹Übersteigt die Anzahl der Vieheinheiten nachhaltig die in Absatz 1 bezeichnete Grenze, so gehören nur die Zweige des Tierbestands zur landwirtschaftlichen Nutzung, deren Vieheinheiten zusammen diese Grenze nicht überschreiten. ²Zunächst sind mehr flächenabhängige Zweige des Tierbestands und danach weniger flächenabhängige Zweige des Tiersbestands zur landwirtschaftlichen Nutzung zu rechnen. ³Innerhalb jeder dieser Gruppen sind zuerst Zweige des Tier-

Tierbestände § 169

bestands mit der geringeren Anzahl von Vieheinheiten und dann Zweige mit der größeren Anzahl von Vieheinheiten zur landwirtschaftlichen Nutzung zu rechnen. ⁴Der Tierbestand des einzelnen Zweiges wird nicht aufgeteilt.

(3) ¹Als Zweig des Tierbestands gilt bei jeder Tierart für sich
1. das Zugvieh,
2. das Zuchtvieh,
3. das Mastvieh und
4. das übrige Nutzvieh.

²Das Zuchtvieh einer Tierart gilt nur dann als besonderer Zweig des Tierbestands, wenn die erzeugten Jungtiere überwiegend zum Verkauf bestimmt sind. ³Ist das nicht der Fall, so ist das Zuchtvieh dem Zweig des Tierbestands zuzurechnen, dem es überwiegend dient.

(4) ¹Die Absätze 1 bis 3 gelten nicht für Pelztiere. ²Pelztiere gehören nur dann zur landwirtschaftlichen Nutzung, wenn die erforderlichen Futtermittel überwiegend von den vom Inhaber des Betriebs landwirtschaftlich genutzter Flächen gewonnen werden.

(5) ¹Für die Umrechnung der Tierbestände in Vieheinheiten sowie für die Gruppen der mehr flächenabhängigen oder weniger flächenabhängigen Zweige des Tierbestands sind die in Anlage 19 und 20 aufgeführten Werte maßgebend. ²Das Bundesministerium der Finanzen wird ermächtigt, durch Rechtsverordnung mit Zustimmung des Bundesrates die Anlagen 19 und 20 zu diesem Gesetz dadurch zu ändern, dass der darin aufgeführte Umrechnungsschlüssel und die Gruppen der Zweige eines Tierbestands an geänderte wirtschaftliche oder technische Entwicklungen angepasst werden können.

Anlage 19 zum BewG: Umrechnungsschlüssel für Tierbestände in Vieheinheiten nach dem Futterbedarf, abgedruckt in Anhang Rz. 19.
Anlage 20 zum BewG: Gruppen der Zweige des Tierbestands nach der Flächenabhängigkeit, abgedruckt in Anhang Rz. 20.

§ 169 entspricht inhaltlich § 51. Die in § 169 Abs. 5 genannte 1
Anlage 19 zum BewG (Anhang Rz. 19) bestimmt den Vieheinheitenschlüssel und entspricht Anlage 1 zum BewG (Anhang Rz. 1). Eine Differenzierung der Berechnung der Tiere nach dem Jahresdurchschnitt bzw. nach der Jahreserzeugung hat davon abweichend nicht zu erfolgen.

Stephany

§§ 170–172

2   Anlage 20 zum BewG (Anhang Rz. 20 bestimmt die Gruppen der mehr oder weniger flächenabhängigen Tierzweige und entspricht wortgleich der Anlage 2 zum BewG (Anhang Rz. 2).

§ 170 Umlaufende Betriebsmittel

Bei landwirtschaftlichen Betrieben zählen die umlaufenden Betriebsmittel nur soweit zum normalen Bestand, als der Durchschnitt der letzten fünf Jahre nicht überschritten wird.

1   Erstmals gesetzlich definiert wird der normale Bestand der umlaufenden Betriebsmittel gem. § 158 Abs. 3 Satz 1 Nr. 4 Satz 2.
2   Stichtag für die Feststellung des normalen Bestands an umlaufenden Betriebsmitteln ist gem. § 161 Abs. 2 der **Stand am Ende des Wirtschaftsjahres,** welches dem Bewertungsstichtag vorangeht.
3   Bei der Ermittlung des normalen Bestands sind daher die Bilanzansätze der **fünf letzten Wirtschaftsjahre** zu ermitteln, durch fünf zu teilen und das Ergebnis mit dem Bestand zum Ende des dem Bewertungsstichtag vorangehenden Wirtschaftsjahres zu vergleichen.
4   Eine Überschreitung dieses Wertes der betrieblichen Besonderheiten dürfte unschädlich sein, soweit der Steuerpflichtige dies nachweisen kann. Dazu zählen zB witterungsbedingte Verschiebungen von Ernteterminen oder andere unvorhergesehene Ereignisse.

b) Forstwirtschaftliche Nutzung

§ 171 Umlaufende Betriebsmittel

[1]Eingeschlagenes Holz gehört zum normalen Bestand an umlaufenden Betriebsmitteln, soweit es den jährlichen Nutzungssatz nicht übersteigt. [2]Bei Betrieben, die nicht jährlich einschlagen (aussetzende Betriebe), tritt an die Stelle des jährlichen Nutzungssatzes ein den Betriebsverhältnissen entsprechender mehrjähriger Nutzungssatz.

1   Diese Regelung entspricht § 53. Siehe dazu § 53 Rz. 1 ff.

§ 172 Abweichender Bewertungsstichtag

Bei der forstwirtschaftlichen Nutzung sind abweichend von § 161 Abs. 1 für den Umfang und den Zustand des Bestands

an nicht eingeschlagenem Holz die Verhältnisse am Ende des Wirtschaftsjahres zu Grunde zu legen, das dem Bewertungsstichtag vorangegangen ist.

Die Vorschrift entspricht § 54 und dient der Bewertungserleichterung. Siehe hierzu § 54 Rz. 1 ff.

c) Weinbauliche Nutzung

§ 173 Umlaufende Betriebsmittel

(1) **Bei ausbauenden Betrieben zählen die Vorräte an Weinen aus den Ernten der letzten fünf Jahre vor dem Bewertungsstichtag zum normalen Bestand an umlaufenden Betriebsmitteln.**
(2) **Abschläge für Unterbestand an Weinvorräten sind nicht zu machen.**

Die Regelung entspricht § 56, wobei die Änderungen für Feststellungszeitpunkte ab 1996 gem. § 56 Abs. 2, nämlich das Abstellen auf die Weinvorräte aus den Ernten der letzten fünf Jahre vor dem Bewertungsstichtag, textlich übernommen worden ist.

d) Gärtnerische Nutzung

§ 174 Abweichende Bewertungsverhältnisse

(1) ¹**Die durch Anbau von Baumschulgewächsen genutzte Betriebsfläche wird nach § 161 Abs. 1 bestimmt.** ²**Dabei sind die zum 15. September feststellbaren Bewirtschaftungsverhältnisse zu Grunde zu legen, die dem Bewertungsstichtag vorangegangen sind.**
(2) ¹**Die durch Anbau von Gemüse, Blumen und Zierpflanzen genutzte Betriebsfläche wird nach § 161 Abs. 1 bestimmt.** ²**Dabei sind die zum 30. Juni feststellbaren Bewirtschaftungsverhältnisse zu Grunde zu legen, die dem Bewertungsstichtag vorangegangen sind.**
(3) **Sind die Bewirtschaftungsverhältnisse nicht feststellbar, richtet sich die Einordnung der Flächen nach der vorgesehenen Nutzung**

Die Regelung entspricht § 59 und ist eine notwendige **Modifikation des Bewertungsstichtages** für Gartenbaubetriebe.

§ 175 Übrige land- und forstwirtschaftliche Nutzungen

2   § 174 Abs. 3 ergänzt Abs. 1 und 2 und betrifft insbesondere den Zugang von Flächen zwischen dem Bewertungsstichtag und dem Besteuerungszeitpunkt.

e) Übrige land- und forstwirtschaftliche Nutzungen

§ 175 Übrige land- und forstwirtschaftliche Nutzungen

(1) **Zu den übrigen land- und forstwirtschaftlichen Nutzungen gehören**
1. **die Sondernutzungen Hopfen, Spargel, Tabak und andere Sonderkulturen,**
2. **die sonstigen land- und forstwirtschaftlichen Nutzungen.**

(2) **Zu den sonstigen land- und forstwirtschaftlichen Nutzungen gehören insbesondere**
1. **die Binnenfischerei,**
2. **die Teichwirtschaft,**
3. **die Fischzucht für Binnenfischerei und Teichwirtschaft,**
4. **die Imkerei,**
5. **die Wanderschäferei,**
6. **die Saatzucht,**
7. **der Pilzanbau,**
8. **die Produktion von Nützlingen,**
9. **die Weihnachtsbaumkulturen.**

I. Allgemeines

1   Die Regelung dient der **Abgrenzung von der landwirtschaftlichen Nutzung** und stellt klar, dass jede der genannten Tätigkeiten jeweils eine Nutzung für sich darstellt. Dies ist zur besseren Ermittlung der einschlägigen Wirtschaftswerte erforderlich, da gerade bei Sondernutzungen hinsichtlich der Erträge als auch der Aufwendungen besondere Verhältnisse vorliegen.

2   Bei den übrigen land- und forstwirtschaftlichen Nutzungen differenziert der Gesetzgeber im Gegensatz zu § 34 Abs. 2 Nr. 1 einerseits zwischen den **Sondernutzungen** Hopfen, Spargel, Tabak und anderer Kulturen und andererseits zwischen den **sonstigen land- und forstwirtschaftlichen Nutzungen.** Für Zwecke der Einheitsbewertung werden die Sonderkulturen Hopfen, Spargel und Tabak nur der landwirtschaftlichen Nutzung zugeordnet.

II. Sondernutzungen Hopfen, Spargel, Tabak

Hopfen, Spargel und Tabak gehören gem. § 160 Abs. 2 Satz 2 nur **3** dann zu den übrigen land- und forstwirtschaftlichen Nutzungen, wenn keine landwirtschaftliche Nutzung vorliegt. Es reicht eine wenn auch nur **geringfügige land- und forstwirtschaftliche Nutzung** aus. Insoweit entspricht die Regelung auch der Zuordnung der Sonderkulturen Hopfen, Spargel und Tabak zur landwirtschaftlichen Nutzung im Rahmen der Einheitsbewertung gem. § 52.

Nur in den Fällen, in denen **keine land- und forstwirtschaftliche Nutzung** vorliegt, erfolgt eine Einordnung der Sondernutzungen Hopfen, Spargel und Tabak als übrige land- und forstwirtschaftliche Nutzungen. In diesen Fällen hat dann eine gesonderte Reingewinnermittlung gem. § 163 Abs. 7 sowie eine gesonderte Mindestwertberechnung unter Hinzuziehung der Anlage 18 zum BewG (Anhang Rz. 18) zu erfolgen. **4**

III. Sonstige land- und forstwirtschaftliche Nutzung

Die Aufzählung der sonstigen landwirtschaftlichen Nutzungen **5** gem. § 175 Abs. 2 ist nicht abschließend und entspricht inhaltlich § 62 Abs. 1, wobei der Pilzanbau, die Produktion von Nützlingen und die Weihnachtsbaumkulturen zusätzlich aufgenommen worden sind.

Die Wertermittlung für diese sonstigen land- und forstwirtschaftlichen Nutzungen sind grundsätzlich gem. § 163 Abs. 8 durch den **Rückgriff auf pauschalierte Werte** zu ermitteln. Nur dann, wenn diese nicht vorliegen, ist das Einzelertragswertverfahren heranzuziehen. **6**

Für die sonstigen land- und forstwirtschaftlichen Nutzungen ist **7** **kein Mindestwert** gem. § 164 zu ermitteln, da insoweit keine Wertansätze vom Gesetzgeber vorgegeben sind.

C. Grundvermögen

I. Allgemeines

§ 176 Grundvermögen

(1) **Zum Grundvermögen gehören**
1. der Grund und Boden, die Gebäude, die sonstigen Bestandteile und das Zubehör,

§ 176 Grundvermögen

2. das Erbbaurecht,
3. das Wohnungseigentum, Teileigentum, Wohnungserbbaurecht und Teilerbbaurecht nach dem Wohnungseigentumsgesetz,

soweit es sich nicht um land- und forstwirtschaftliches Vermögen (§§ 158 und 159) oder um Betriebsgrundstücke (§ 99) handelt.

(2) In das Grundvermögen sind nicht einzubeziehen
1. Bodenschätze,
2. die Maschinen und sonstigen Vorrichtungen aller Art, die zu einer Betriebsanlage gehören (Betriebsvorrichtungen), auch wenn sie wesentliche Bestandteile sind. ²Einzubeziehen sind jedoch die Verstärkungen von Decken und die nicht ausschließlich zu einer Betriebsanlage gehörenden Stützen und sonstigen Bauteile wie Mauervorlagen und Verstrebungen.

I. Allgemeines

1   Die Umschreibung der **Vermögensart „Grundvermögen"** entspricht inhaltlich dem § 68. Gleichwohl hat der Gesetzgeber den Umfang des Grundvermögens und die Abgrenzung des Grundvermögens für den 6. Abschnitt des BewG originär geregelt.

II. Umfang des Grundvermögens

2   Das **Grundvermögen** umfasst
– den Grund und Boden
– Gebäude (§ 68 Rz. 2)
– sonstige Bestandteile (§ 68 Rz. 3) und
– Zubehör (§ 68 Rz. 4).

Des Weiteren gehört zum Grundvermögen
– das Erbbaurecht (§ 68 Rz. 5)

das Wohnungseigentum, Teileigentum, Wohnungserbbaurecht und Teilerbbaurecht (§ 68 Rz. 6–8) (ErbStR B 176.1 Abs,1).

Es darf sich dabei aber weder um land- und forstwirtschaftliches Vermögen noch um Betriebsgrundstücke handeln.

3   **Nicht zum Grundvermögen** zählen
– Bodenschätze
– Betriebsvorrichtungen (§ 68 Rz. 10–14, Gleichl. Ländererlasse v. 15.3.2006, BStBl. I 2006, 314 (ErbStR B 176.1 Abs.4)

III. Bodenschätze

Bodenschätze sind nicht Teil des Grundvermögens (BMF v. 4
7.10.1998, BStBl. I 1998, 1221). Es handelt sich bewertungsrechtlich
vielmehr – sofern die Bodenschätze entdeckt worden sind – um
selbstständige Wirtschaftsgüter. Das Bewertungsrecht enthält
weder zur Erfassung noch zur Bewertung von Bodenschätzen eigenständige Regelungen. Es kommt für die Erfassung also darauf an, ob
der Bodenschatz einem Gewerbebetrieb (Erfassung im Gesamtwert)
oder ob er noch dem Privatvermögen zuzuordnen ist (*Hübner* Erbschaftsteuerreform 2009 S. 507).

IV. Abgrenzung von den Betriebsgrundstücken

Die Zuordnung des Grundstücks zu einem Betrieb oder zum 5
Grundvermögen entscheidet darüber, ob der Wert des Grundstücks
durch den für die wirtschaftliche Einheit des Betriebsvermögens zu
ermittelnden Gesamtwert abgegolten ist (§ 12 Abs. 2 bzw. 5 ErbStG)
oder ob das Grundstück als Grundvermögen mit seinem gemeinen
Wert gesondert zu erfassen ist (§ 12 Abs. 3 ErbStG). Ist das Grundstück einem Betrieb zuzuordnen ist eine Einzelbewertung in den
Fällen des § 200 Abs. 2 und 4, im Fall der Qualifizierung als Sonderbetriebsvermögen und in den Fällen der Mindestbewertung§ 11
Abs. 2 Satz 3) vorzunehmen Auch dann, wenn das Betriebsgrundstück als junges Verwaltungsvermögen iSd § 13b Abs.2 ErbStG anzusehen ist, muss eine Einzelbewertung erfolgen (*Gürsching/Stenger*
§ 176 Rz. 9). Die Qualifikation als Betriebsgrundstück geht der
Zuordnung zum land- und forstwirtschaftlichen Vermögen oder
zum Grundvermögen vor.

Der Umfang der **Zugehörigkeit eines Grundstücks zum** 6
Betriebsvermögen richtet sich nach der ertrtagsteuerlichen
Behandlung (§ 99). Für Besteuerungszeitpunkte **nach dem**
31.12.2008 ist keine Feststellung mehr über den Gewerbebetrieb vorzunehmen , dem das Betriebsgrundstück zuzuordnen ist.
Festgestellt wird nur noch die Grundstücksart „Betriebsgrundstück".

V. Abgrenzung vom land- und forstwirtschaftlichen Vermögen

Die **Zuordnung** einer Fläche **zum land- und forstwirtschaft-** 7
lichen Vermögen oder zum Grundvermögen ist von ihrer Nutzung

abhängig. Land- und forstwirtschaftlich genutzte Flächen sind, vorrangig dem land- und forstwirtschaftlichen Vermögen zuzurechnen (§ 176 Abs. 1, § 158 Abs. 1).

§ 177 Bewertung

Den Bewertungen nach den §§ 179 und 182 bis 196 ist der gemeine Wert (§ 9) zu Grunde zu legen.

I. Begriff „gemeiner Wert"

1   Für Zwecke der Erbschaft- und Schenkungsteuer ist das Grundvermögen ab 1.1.2009 mit dem gemeinen Wert zu bewerten. Der gemeine Wert (§ 9) entspricht dem **Verkehrswert.** Dies ergibt sich aus § 194 BauGB, in dem der Begriff des Verkehrswerts (Marktwerts) inhaltlich übereinstimmend mit dem Begriff des gemeinen Werts in § 9 Abs. 2 definiert wird. Die **Einheitswerte** auf der Basis des Jahres 1964 wurden zwar auch als „gemeiner Wert" bezeichnet. Diese Werte waren aber weit von den tatsächlichen Verkehrswerten entfernt. Die **neuen Grundbesitzwerte** kommen den tatsächlichen gemeinen Werten zwar schon sehr viel näher; aufgrund der typisierten Bewertung wird es in vielen Fällen aber dennoch zu Über- oder auch Unterbewertungen kommen.

II. Bewertungsverfahren zur Wertermittlung

2   Die Bewertung des Grundbesitzes ist völlig neu geregelt worden. Die **Neuorientierung** weicht deutlich vom bisherigen Recht der §§ 146 ff. ab, bei der man versucht hat, nahezu jedes bebaute Grundstück in einem einheitlichen (Ertragswert-)Verfahren zu bewerten. Nunmehr bietet der Gesetzgeber vier unterschiedliche Verfahren zur Ermittlung des gemeinen Werts an. Die Bewertung unbebauter Grundstücke erfolgt nach dem Bodenwertverfahren. Für die Ermittlung des gemeinen Werts bebauter Grundstücke stehen drei Verfahren zur Verfügung. Den Vorrang genießt das **Vergleichswertverfahren.** Für sog. Renditeobjekte, bei denen der Markt den Wert anhand nachhaltig erzielbarer Erträge ermittelt, sieht das Gesetz das **Ertragswertverfahren** vor. Für die Fälle, in denen eine Bewertung weder im Vergleichswertverfahren noch im Ertragswertverfahren möglich ist, bleibt das **Sachwertverfahren.**

Die typisierenden Bewertungsmethoden orientieren sich an den Regelungen des BauGB, der Wertermittlungsverordnung (WertV), den Wertermittlungsrichtlininen 2006 und seit 1.7.2010 der Immobilienwertermittlungsverordnung (ImmoWertV) v. 19.5.2010 (BGBl I 2010, 639),die die WertV abgelöst hat. Der Gesetzgeber ist sich dabei bewusst, dass es für das Grundvermögen keinen absoluten, sicher realisierbaren Marktwert gibt. Erreicht werden soll jedoch ein Marktwertniveau mit einer verfassungsrechtlich unangreifbaren Streubreite (+/−20%). 3

II. Unbebaute Grundstücke

§ 178 Begriff der unbebauten Grundstücke

(1) ¹**Unbebaute Grundstücke sind Grundstücke, auf denen sich keine benutzbaren Gebäude befinden.** ²**Die Benutzbarkeit beginnt im Zeitpunkt der Bezugsfertigkeit.** ³**Gebäude sind als bezugsfertig anzusehen, wenn den zukünftigen Bewohnern oder sonstigen Benutzern zugemutet werden kann, sie zu benutzen; die Abnahme durch die Bauaufsichtsbehörde ist nicht entscheidend.**

(2) ¹**Befinden sich auf dem Grundstück Gebäude, die auf Dauer keiner Nutzung zugeführt werden können, gilt das Grundstück als unbebaut.** ²**Als unbebaut gilt auch ein Grundstück, auf dem infolge von Zerstörung oder Verfall der Gebäude auf Dauer kein benutzbarer Raum mehr vorhanden ist.**

I. Allgemeines

Für Zwecke der Erbschaft- und Schenkungsteuer ist wie bei der Bewertung für Zwecke der Grundsteuer und für Zwecke der Grunderwerbsteuer zwischen unbebauten und bebauten Grundstücken zu unterscheiden. Die **zutreffende Zuordnung** ist von Bedeutung für das anzuwendende Bewertungsverfahren. 1

II. Begriffsbestimmung

1. Begriff des unbebauten Grundstücks

Ein Grundstück ist (gilt) als **unbebaut,** wenn auf dem Grundstück 2
– keine Gebäude

§ 178 Begriff der unbebauten Grundstücke

- noch nicht benutzbare Gebäude oder
- auf Dauer nicht mehr benutzbare Gebäude vorhanden sind.

Die Begriffsbestimmung **„unbebautes Grundstück"** folgt im Wesentlichen den Regelungen der §§ 72 und 145 Abs. 1 und 2.

3   **Nicht übernommen** wurde allerdings die Regelung, wonach auch **Grundstücke mit Gebäuden von untergeordneter Bedeutung** als unbebaute Grundstücke gelten. Befinden sich auf einem Grundstück Gebäude mit nur unbedeutender Nutzung handelt es sich um ein bebautes Grundstück.

2. Bezugsfertigkeit

4   Wenn ein Gebäude bezugsfertig ist, endet der **Zustand der fehlenden Benutzbarkeit** und das Grundstück ist als bebautes Grundstück zu bewerten. Der Begriff der Benutzbarkeit(ErbStR B 178b Abs.2) entspricht dem des § 72 bzw. § 145. Insoweit wird daher auf § 72 Rz. 3–6 § 145 Rz. 3 verwiesen.

5   **Grundstücke im Zustand der Bebauung sind** nicht als unbebaute, sondern als bebaute Grundstücke zu bewerten. Für diese Grundstücke ist auch weiterhin ein besonderer Wert zu ermitteln (§ 196).

6   Bei der Entscheidung, **ob ein Gebäude bezugsfertig ist,** ist auf das ganze Gebäude abzustellen. Sind zB zum Besteuerungszeitpunkt zwar schon Wohnungen im Erdgeschoss fertig, die übrigen Wohnungen aber noch nicht, so ist das gesamte Gebäude als nicht bezugsfertig anzusehen. Wird ein Gebäude dagegen nur zum Teil fertig gestellt und der Innenausbau nach den Wünschen der künftigen Nutzer zurückgestellt, so ist das Gebäude insgesamt als bezugsfertig anzusehen. (ErbStR B 178 Abs. 3 Sätze 1–5).

3. Errichtung in Bauabschnitten

7   Bei **abschnittsweise errichtetem Gebäude** ist die Entscheidung, ob ein bezugsfertiges Gebäude anzunehmen ist, nach der Verkehrsanschauung zu treffen. Eine Errichtung in Bauabschnitten ist gegeben, wenn ein Gebäude nicht in einem Zuge in planmäßig vorgesehenem Umfang bezugsfertig erstellt wird. Das ist zB dann der Fall, wenn anstelle des geplanten Mietwohngrundstücks zunächst nur eine Wohnung im Erdgeschoss fertig gestellt wird. Die Verzögerung/Unterbrechung darf nicht auf bautechnischen Gründen beruhen und muss von gewisser Dauer – mindestens zwei Jahre – sein (BFH II R 262/83 v. 29.4.1987, BStBl. II 1987, 594; ErbStR B 178 Abs. 3 Sätze 6–8)

4. Nicht mehr benutzbare Gebäude

Nicht mehr benutzbare Gebäude sind von denen **abzugrenzen, die nur vorübergehend** – zB wegen baulicher Mängel oder auf Grund von Umbauarbeiten – nicht benutzbar sind. Derartige Grundstücke sind als bebaute Grundstücke zu bewerten. 8

Ein Gebäude ist **dem Verfall preisgegeben,** wenn der Verfall so weit fortgeschritten ist, dass das Gebäude nach objektiven Verhältnissen auf Dauer nicht mehr benutzt werden kann. Die Verfallsmerkmale müssen an der Bausubstanz erkennbar sein und das gesamte Gebäude betreffen. Von einem Verfall ist auszugehen, wenn erhebliche Schäden an konstruktiven Teilen des Gebäudes eingetreten sind und ein Zustand gegeben ist, der aus bauordnungsrechtlicher Sicht die sofortige Räumung nach sich ziehen würde (BFH III R 87/74 v. 20.6.1975, BStBl. II 1975, 803). 9

Gebäude, die infolge **Entkernung** keine bestimmungsgemäß benutzbaren Räume mehr enthalten, sind – auch wenn dies nur vorübergehend der Fall ist – nicht zu erfassen (BFH II R 9/88 v. 24.10.1990, BStBl. II 1991, 60). 10

§ 179 Bewertung der unbebauten Grundstücke

¹Der Wert unbebauter Grundstücke bestimmt sich regelmäßig nach ihrer Fläche und den Bodenrichtwerten (§ 196 des Baugesetzbuchs). ²Die Bodenrichtwerte sind von den Gutachterausschüssen nach dem Baugesetzbuch zu ermitteln und den Finanzämtern mitzuteilen. ³Bei der Wertermittlung ist stets der Bodenrichtwert anzusetzen, der vom Gutachterausschuss zuletzt zu ermitteln war. ⁴Wird von den Gutachterausschüssen kein Bodenrichtwert ermittelt, ist der Bodenwert aus den Werten vergleichbarer Flächen abzuleiten.

I. Allgemeines

Für unbebaute Grundstücke sieht das Gesetz ein **vergleichendes Verfahren** vor. Aus der Kaufpreissammlung werden Bodenrichtwerte ermittelt, die mit der Grundstücksfläche zu multiplizieren sind. Lässt sich kein Bodenrichtwert ermitteln, so ist der Bodenwert aus den Werten vergleichbarer Flächen abzuleiten. In der Praxis werden für eine Vielzahl von Grundstücken weder Bodenrichtwerte festgestellt werden können noch Werte vergleichbarer Flächen vorliegen. 1

II. Bewertung

1. Grundsatz

2 Der **Wert unbebauter Grundstücke** umfasst den Wert des Grund und Bodens, mit dem die Außenanlagen abgegolten sind. Er errechnet sich wie folgt:

Zuletzt (vor dem Besteuerungszeitpunkt) zu ermittelnder Bodenrichtwert × Grundstücksfläche.

Bei der Wertermittlung ist stets der Bodenrichtwert anzusetzen, dessen turnusmäßige Ermittlung dem Bewertungsstichtag vorausging. Wann der Wert ermittelt worden ist und wann er dem Finanzamt mitgeteilt wird, ist nicht von Bedeutung.

Beispiel:
Zum 28.2.2011 wird ein Grundstück im Wege der Schenkung übertragen. Der Gutachterausschuss hat zuletzt per 31.12.2008 einen Bodenrichtwert von 300,– € pro qm ermittelt. In seiner Sitzung im März 2011 ermittelt der Gutachterausschuss zum 31.12.2010 einen Bodenrichtwert von 350 €/qm. Der Wert wird dem Finanzamt erst im April 2011 mitgeteilt.
Bei der Bewertung ist ein Bodenrichtwert von 350 € pro qm zugrunde zu legen.

Der nach der bisherigen Rechtslage vorzunehmende 20%ige (Unwägbarkeits-)Abschlag auf den Bodenrichtwert ist nicht übernommen worden. Bei gleichbleibendem Wertniveau ist der Wert unbebauter Grundstücke damit um 25 % höher als bisher.

Beispiel:
Vater V schenkt seinem Sohn S per 7.1.2011 ein unbebautes Grundstück mit einer Fläche von 1000 qm. Der zuletzt ermittelte Bodenrichtwert beträgt 120 €. Der Steuerpflichtige weist einen gemeinen Wert von 100 000 € nach.
Der Grundstückswert errechnet sich wie folgt: Fläche 1000 qm × Bodenrichtwert 120 € =120 000€. Der nachgewiesene gemeine Wert von 100 000,– € ist niedriger und kommt daher zum Ansatz (§ 198).

2. Ermittlung der Bodenrichtwerte

3 **Grundlage** für die Ermittlung der Bodenrichtwerte sind die Regelungen des BauGB. Gem. § 196 Abs. 1 Satz 1 BauGB sind auf Grund der Kaufpreissammlung flächendeckend durchschnittliche Lagewerte unter Berücksichtigung des unterschiedlichen Entwicklungszustands zu ermitteln. Lässt sich von den Gutachterausschüssen kein Bodenrichtwert ermitteln, ist der Bodenwert aus den Bodenrichtwerten vergleichbarer Flächen abzuleiten.

Für **Bauerwartungsland und Rohbauland** (§ 5 ImmoWertV) 4
sind aussagekräftige Werte besonders schwer zu ermitteln, da es nur
wenige Verkaufsfälle gibt. Bauerwartungsland sind Flächen, die nach
ihrer Eigenschaft, sonstigen Beschaffenheit und Lage eine bauliche
Nutzung in absehbarer Zeit tatsächlich erwarten lassen. Rohbauland
sind Flächen, die nach den §§ 30, 33 und 34 BauGB für eine bauliche
Nutzung bestimmt sind, deren Erschließung aber noch nicht gesichert ist oder die nach Lage, Form oder Größe für eine bauliche
Nutzung unzureichend gestaltet sind. Bruttorohbauland schließt im
Gegensatz zum Nettorohbauland die für öffentliche Zwecke benötigten Flächen des Planungsgebiets ein.

In bebauten Gebieten sind Bodenrichtwerte mit dem Wert zu 5
ermitteln, der sich ergeben würde, wenn der Boden unbebaut wäre.
Es sind **Richtwertzonen** zu bilden, die Gebiete umfassen, deren
Art und Maß der baulichen Nutzung weitgehend übereinstimmt.
Wertbeeinflussende Merkmale (Art und Maß der baulichen Nutzung, Grundstückstiefe, Grundstücksgröße, Unterteilung in
erschließungsbeitragspflichtiges und erschließungsbeitragsfreies Bauland) sind zu dokumentieren.

Weichen die **lagetypischen Merkmale** des zu bewertenden 6
Grundstücks von denen des Bodenrichtwertgrundstücks ab, ist aus
dem Bodenrichtwert ein Bodenwert je Quadratmeter Grundstücksfläche abzuleiten. **Wertkorrekturen** kommen u.a. im Hinblick auf
die Geschossflächenzahl, Grundstückstiefe und -größe in Betracht.
Es können dabei durchaus auch Wertkorrekturen nebeneinander in
Betracht kommen (ErbStR B 179.2 Abs.7) **Weitere wertbeeinflussende Merkmale** wie zB Ecklage, Zuschnitt, Oberflächenbeschaffenheit, Beschaffenheit des Baugrunds, Lärm-, Staub- und Geruchsbelästigung bleiben außer Ansatz . Die **Bodenrichtwerte** sind
jeweils zum Ende jedes zweiten Kalenderjahres festzustellen, bei
steuerlicher Bedeutung auch häufiger. Der Zwei-Jahresturnus soll
hinreichend aktuelle Bodenrichtwerte gewährleisten.

3. Ermittlungszuständigkeit der Gutachterausschüsse

Gem. § 192 Abs. 1 BauGB werden selbstständige, unabhängige 7
Gutachterausschüsse zur Ermittlung von Grundstückswerten und
für sonstige Wertermittlungen gebildet. Die Gutachterausschüsse
werden – in Abhängigkeit des jeweiligen Bundeslands – bei Gemeinden, Kreisen kreisfreien Städten und zusätzlich auch für große kreisangehörige Städte (so in Rheinland-Pfalz) gebildet. Der Zuständigkeitsbereich der Gutachterausschüsse richtet sich nach dem
jeweiligen Landesrecht. **Örtlich zuständig** ist immer der Gutach-

§ 179 Bewertung der unbebauten Grundstücke

terausschuss, in dessen Gebiet das zu begutachtende Grundstück belegen ist. Bei Belegenheit eines Grundstücks im Bereich mehrerer Gutachterausschüsse wird derjenige Ausschuss tätig, in dessen Bereich der größere Teil des Grundstücks liegt. Gutachter sind weisungsunabhängig. Sie haben das Recht Gebühren zu erheben. In Anbetracht dessen, dass sie – auch ohne Einbindung in den allgemeinen Behördenaufbau – Aufgaben der öffentlichen Verwaltung wahrnehmen, sind sie als Behörden anzusehen (*Eisele* Erbschaftsteuerreform 2009 S. 130)

4. Publizität der Bodenrichtwerte

8   § 196 Abs. 3 BauGB schreibt vor, dass die **Bodenrichtwerte zu veröffentlichen** sind. Des Weiteren kann jedermann von den Geschäftsstellen der Gutachterausschüsse Auskunft über die Bodenrichtwerte verlangen. Die Form der Veröffentlichung der Bodenrichtwerte ist landesgesetzlichen Regelungen vorbehalten. Die Eintragung in Bodenrichtwertkarten mit anschließender öffentlicher Auslegung ist üblich. Die Auskunftspflicht reduziert sich nicht nur auf die Höhe der Bodenrichtwerte. Vielmehr sind auch Informationen mit zeitlichem und sachlichem Bezug zu geben (*Eisele* Erbschaftsteuerreform 2009 S. 131).

5. Geschossflächenzahl

9   Wird in der **Bodenrichtwertkarte zu dem Bodenrichtwert eine Geschossflächenzahl (GFZ) angegeben,** ist bei Grundstücken, deren GFZ von der des Bodenrichtwertgrundstücks abweicht, der Wert mit Hilfe von Umrechnungskoeffizienten zu ermitteln. Die GFZ gibt Auskunft darüber, wie viel Quadratmeter Grundstücksfläche bei Realisierung eines Bauvorhabens zulässig sind. Die **Umrechnungskoeffizienten** dienen dazu, das Verhältnis der GFZ des zu bewertenden Grundstücks zur GFZ des Bodenrichtwertgrundstücks auszudrücken (*Eisele* Erbschaftsteuerreform 2009 S. 126). Liegen seitens der Gutachterausschüsse keine Umrechnungskoeffizienten vor, gelten die folgenden Umrechnungskoeffizienten gem. Anlage 11 WertR 2006 (ErbStH B 179.2).

Geschossflächenzahl	Umrechnungskoeffizient	Geschossflächenzahl	Umrechnungskoeffizient
0,4	0,66	1,4	1,19
0,5	0,72	1,5	1,23
0,6	0,78	1,6	1,28

Bewertung **§ 179**

Geschossflä- chenzahl	Umrechungs- koeffizient	Geschossflä- chenzahl	Umrech- nungskoeffi- zient
0,7	0,84	1,7	1,32
0,8	0,90	1,8	1,36
0,9	0,95	1,9	1,41
1,0	1,00	2,0	1,45
1,1	1,05	2,1	1,49
1,2	1,10	2,2	1,53
1,3	1,14	2,3	1,57
		2,4	1,61

Die **Ableitung des Bodenwerts** erfolgt nach folgender Formel:

$$\frac{\text{Umrechnungskoeffizient für die Geschossflächenzahl des zu bewertenden Grundstücks}}{\text{Umrechnungskoeffizient für die Geschossflächenzahl des Bodenrichtwertgrundstücks}} \times \text{Bodenrichtwert} = \text{Bodenwert/qm}$$

Weichen die Geschossflächenzahlen von den Werten gem. WertR 2006 **ab,** so sind die Umrechnungskoeffizienten nach folgender Formel zu berechnen:

$$\text{Umrechnungskoeffizient} = 0{,}6 \times \sqrt{\text{GFZ}} + 0{,}2 \times \text{GFZ} + 0{,}2$$

Beispiel:
Der zuletzt ermittelte Bodenrichtwert beträgt 100,- €/qm bei einer Geschossflächenzahl von 0,4. Das zu bewertende Grundstück hat eine Geschossflächenzahl von 0,6.
Der Bodenrichtwert ist wie folgt zu berechnen:

$$\frac{0{,}78 \text{ (Umrechnungskoeffizient bei Geschossflächenzahl 0,6)} \times 100{,}-\text{€}}{0{,}66 \text{ (Umrechnungskoeffizient bei Geschossflächenzahl 0,4)}} = \text{Bodenrichtwert von } 118{,}18 \text{ €}$$

(Abrundung auf volle Cent)

6. Grundstückstiefe

Haben die Gutachterausschüsse die **Bodenrichtwerte in Abhängigkeit von der Grundstückstiefe** ermittelt, ist die Grundstücksfläche in Vorder- und Hinterland aufzuteilen. Auf die Kommentierung zur Bedarfsbewertung bei § 145 Rz. 13 wird verwiesen.

10

7. Grundstücksgröße

11 Haben die Gutachterausschüsse **Umrechnungskoeffizienten** in Abhängigkeit von der Grundstücksgröße vorgegeben, sind diese anzusetzen (BFH II R 21/02 v. 11.5.2005, BStBl. II 2005, 686). Dies wird vornehmlich bei Bodenrichtwertzonen mit Ein- und Zweifamilienhausbebauung der Fall sein. Danach wird sich regelmäßig ein mit wachsender Größe des Grundstücks fallender Quadratmeterpreis ergeben. Sind seitens des Gutachterausschusses keine Umrechnungsfaktoren für die Grundstücksgröße vorgegeben, kommt ein niedrigerer Ansatz des Bodenwerts nur bei entsprechendem Verkehrswertnachweis (§ 198) in Betracht. Die bloße Behauptung, dass die Höhe des Bodenrichtwerts wegen Übergröße unzutreffend sei, reicht nicht aus (*Eisele* Erbschaftsteuerreform 2009 S. 127).

8. Rundung

12 Der aufgrund von Korrekturen ermittelte Bodenwert pro qm ist **auf volle Cent abzurunden** und ergibt multipliziert mit der Grundstücksfläche den Wert des Grund und Bodens (Bodenwert). Der Bodenwert ist auf volle Euro abzurunden (ErbStR B 179.3 Abs.1)

III. Geringerer gemeiner Wert

13 Der niedrigere gemeine Wert kann **nachgewiesen werden** (vgl. § 198). In Anbetracht dessen, dass es keinen pauschalen Abschlag mehr für Unwägbarkeiten gibt, müssen wertmindernde Umstände, zB Lärmbelästigungen, die Qualität des Bodens beeinträchtigende Umstände, besondere Emissionen etc. künftig durch ein Verkehrswertgutachten nachgewiesen werden.

14 Im Gegensatz zu dem seit 1.7.2010 anzuwendenden § 16 Abs.3 ImmoWertV sind bei der steuerlichen Bewertung **Freilegungskosten** nicht zu berücksichtigen. Wegen der fehlenden Berücksichtigung dieser Kosten kann es zu **Überbewertungen** kommen, die durch ein entsprechendes Sachverständigengutachten nachgewiesen werden müssen (*Gürsching/Stenger* § 198 Rz. 102).

15 Bei der **Überprüfung** möglicher **wertmindernder Umstände** ist darauf zu achten, dass es durchaus auch werterhöhende Merkmale geben kann. So hat der Sachverständige bei der Bewertung unbebauter Grundstücke einen Wert für etwaige Außenanlagen anzusetzen, während diese bei der steuerlichen Bewertung unberücksichtigt bleiben (*Gürsching/Stenger* § 198 Rz. 105).

III. Bebaute Grundstücke

§ 180 Begriff der bebauten Grundstücke

(1) ¹Bebaute Grundstücke sind Grundstücke, auf denen sich benutzbare Gebäude befinden. ²Wird ein Gebäude in Bauabschnitten errichtet, ist der fertiggestellte Teil als benutzbares Gebäude anzusehen.

(2) Als Grundstück im Sinne des Absatzes 1 gilt auch ein Gebäude, das auf fremdem Grund und Boden errichtet oder in sonstigen Fällen einem anderen als dem Eigentümer des Grund und Bodens zuzurechnen ist, selbst wenn es wesentlicher Bestandteil des Grund und Bodens geworden ist.

I. Begriff „bebautes Grundstück"

Ein Grundstück ist bebaut, wenn sich darauf **benutzbare** 1 **Gebäude** (§ 68 Rz. 2) befinden. Zum Begriff der „Benutzbarkeit" wird auf § 178 Rz. 4–6 und zur „Errichtung in Bauabschnitten" auf § 178 Rz. 7 verwiesen.

II. Gebäude auf fremdem Grund und Boden

Sind **Gebäude auf fremdem Grund und Boden** errichtet oder 2 sonst einem anderen, als dem Eigentümer zuzurechnen, sind sie als bebautes Grundstück zu behandeln. Die Regelung entspricht inhaltlich dem § 70 Abs. 3. Folgende Fälle sind zu unterscheiden:
- Das Gebäude ist ein **Scheinbestandteil iSd. § 95 Abs. 1 BGB** 3 nur für vorübergehende Zwecke errichtet und muss vom Hersteller nach Ablauf der Miet- und Pachtzeit des Grund und Bodens wieder entfernt werden. In diesem Fall ist der Mieter bzw. Pächter des Grund und Bodens als Hersteller des Gebäudes zugleich bürgerlich-rechtlicher als auch wirtschaftlicher Eigentümer des Gebäudes.
- Das Gebäude ist **wesentlicher Bestandteil (§§ 93 und 94 BGB)** 4 **des Grund und Bodens,** aber dem Mieter bzw. Pächter des Grund und Bodens als wirtschaftlichem Eigentümer zuzurechnen (Abschn. 4 Abs. 3 BewRGr).

Auf jeden Fall werden nur Gebäude erfasst, nicht dagegen Betriebsvorrichtungen oder Außenanlagen (zur Abgrenzung vgl. § 68 Rz. 2).

§ 181 Grundstücksarten

(1) Bei der Bewertung bebauter Grundstücke sind die folgenden Grundstücksarten zu unterscheiden:
1. Ein- und Zweifamilienhäuser,
2. Mietwohngrundstücke,
3. Wohnungs- und Teileigentum,
4. Geschäftsgrundstücke,
5. gemischt genutzte Grundstücke und
6. sonstige bebaute Grundstücke.

(2) ¹Ein- und Zweifamilienhäuser sind Wohngrundstücke, die bis zu zwei Wohnungen enthalten und kein Wohnungseigentum sind. ²Ein Grundstück gilt auch dann als Ein- oder Zweifamilienhaus, wenn es zu weniger als 50 Prozent, berechnet nach der Wohn- oder Nutzfläche, zu anderen als Wohnzwecken mitbenutzt und dadurch die Eigenart als Ein- oder Zweifamilienhaus nicht wesentlich beeinträchtigt wird.

(3) Mietwohngrundstücke sind Grundstücke, die zu mehr als 80 Prozent, berechnet nach der Wohn- oder Nutzfläche, Wohnzwecken dienen, und nicht Ein- und Zweifamilienhäuser oder Wohnungseigentum sind.

(4) Wohnungseigentum ist das Sondereigentum an einer Wohnung in Verbindung mit dem Miteigentumsanteil an dem gemeinschaftlichen Eigentum, zu dem es gehört.

(5) Teileigentum ist das Sondereigentum an nicht zu Wohnzwecken dienenden Räumen eines Gebäudes in Verbindung mit dem Miteigentum an dem gemeinschaftlichen Eigentum, zu dem es gehört.

(6) Geschäftsgrundstücke sind Grundstücke, die zu mehr als 80 Prozent, berechnet nach der Wohn- und Nutzfläche, eigenen oder fremden betrieblichen oder öffentlichen Zwecken dienen und nicht Teileigentum sind.

(7) Gemischt genutzte Grundstücke sind Grundstücke, die teils Wohnzwecken, teils eigenen oder fremden betrieblichen oder öffentlichen Zwecken dienen und nicht Ein- und Zweifamilienhäuser, Mietwohngrundstücke, Wohnungseigentum, Teileigentum oder Geschäftsgrundstücke sind.

(8) Sonstige bebaute Grundstücke sind solche Grundstücke, die nicht unter die Absätze 2 bis 7 fallen.

(9) ¹Eine Wohnung ist die Zusammenfassung einer Mehrheit von Räumen, die in ihrer Gesamtheit so beschaffen sein müssen, dass die Führung eines selbständigen Haushalts möglich

Ein- und Zweifamilienhaus **§ 181**

ist. ²Die Zusammenfassung einer Mehrheit von Räumen muss eine von anderen Wohnungen oder Räumen, insbesondere Wohnräumen, baulich getrennte, in sich abgeschlossene Wohneinheit bilden und einen selbständigen Zugang haben. ³Außerdem ist erforderlich, dass die für die Führung eines selbständigen Haushalts notwendigen Nebenräume (Küche, Bad oder Dusche, Toilette) vorhanden sind. ⁴Die Wohnfläche muss mindestens 23 Quadratmeter (m²) betragen.

I. Allgemeines

Im Unterschied zur Bedarfsbewertung nach dem Vierten Abschnitt wird bei der Bewertung nunmehr bei den bebauten Grundstücken – wie auch bei Einheitsbewertung – zwischen **verschiedenen Grundstücksarten** unterschieden. Die Unterscheidung ist für die Wahl des Bewertungsverfahrens von Bedeutung. Die Abgrenzung erfolgt nach dem Verhältnis der Wohn- und Nutzfläche. Maßgebend ist die Wohnfläche nach der Wohnflächenverordnung (WoFlV) v. 25.11.2003 (BGBl I 2003, 2346). Ist die Wohnfläche bis zum 31.12.2003 nach der II. Berechnungsverordnung (II. BV) berechnet worden, bleibt es bei dieser Berechnung (§ 5 WoFlV), soweit nach dem 31.12.2003 keine baulichen Veränderungen an dem Wohnraum vorgenommen worden sind, die eine Neuberechnung erforderlich machen. Entscheidend ist die tatsächliche Nutzung am Bewertungsstichtag (ErbStR B 181.1 Abs. 1). 1

II. Ein- und Zweifamilienhaus

1. Begriff

Die Regelung zur Einordnung eines Grundstücks als Ein- oder Zweifamilienhaus ist dem **§ 75 Abs. 5 und 6 nachgebildet. Einfamilienhäuser** sind Grundstücke, die nur eine Wohnung enthalten. **Zweifamilienhäuser** sind Grundstücke, die nicht mehr als zwei Wohnungen enthalten (§ 75 Rz. 8 und 24). Es darf sich dabei nicht um Wohnungseigentum handeln (*Rössler/Troll* § 181 Rz. 4 ff.). 2

2. Wohnungsbegriff

Der **Wohnungsbegriff** war bisher nicht im BewG geregelt. Nunmehr ist **im Abs. 9 geregelt,** was unter einer Wohnung zu verstehen ist. Diese Regelung entspricht den in der Vergangenheit von der Rspr. zum § 75 herausgebildeten Grundsätzen (§ 75 Rz. 11–19). 3

Schaffner 643

3. Mitnutzung zu anderen als Wohnzwecken

4 Die **Mitnutzung für betriebliche oder öffentliche Zwecke ist unschädlich, wenn** diese
- weniger als 50% berechnet nach der Wohn- oder Nutzfläche – beträgt und
- die Eigenart des Grundstücks als Ein- oder Zweifamilienhaus nicht wesentlich beeinträchtigt.

Dieselben Grundsätze gelten bei der Einheitsbewertung von Ein- oder Zweifamilienhäusern, so dass insoweit auf die Erläuterungen unter § 75 Rz. 20–23 verwiesen wird.

III. Mietwohngrundstücke

5 Mietwohngrundstücke enthalten **mehr als zwei Wohnungen.** Voraussetzung für die Zuordnung eines Grundstücks als Mietwohngrundstück ist eine mehr als 80%ige Nutzung zu Wohnzwecken. Die prozentuale Nutzung bestimmt sich nach dem Verhältnis der Wohn- und Nutzfläche und nicht wie bei der Einheitsbewertung nach dem Verhältnis der Jahresrohmieten.Es kann daher nicht auf die **Grundstücksart** lt. Einheitswertbescheid abgestellt werden. Auf dem Grundstück müssen sich mehr als zwei Wohnungen befinden. (*Rössler/Troll* § 181 Rz. 8).

IV. Wohnungseigentum/Teileigentum

6 Jedes Wohnungseigentum und jedes Teileigentum **gilt als Grundstück iSd. des BewG** (§ 176 Abs. 1 Nr. 3).

7 **Wohnungseigentum** ist das Sondereigentum an einer Wohnung in Verbindung mit dem Miteigentum an dem gemeinschaftlichen Eigentum, zu dem es gehört (§ 1 Abs. 2 WEG).

8 **Teileigentum** ist das Sondereigentum an nicht Wohnzwecken dienenden Räumen eines Gebäudes in Verbindung mit dem Miteigentumsanteil an dem gemeinschaftlichen Eigentum, zu dem es gehört (§ 1 Abs. 3 WEG).

9 **Gemeinschaftliches Eigentum** sind der Grund und Boden sowie Teile, Anlagen und Einrichtungen des Gebäudes, die nicht im Sondereigentum oder Eigentum eines Dritten stehen (§ 1 Abs. 4 WEG).

10 **Wohnungseigentum und Teileigentum kann begründet werden** durch Teilungserklärung gegenüber dem Grundbuchamt (§ 8 WEG) oder durch vertragliche Vereinbarung (§ 3 WEG). Gem.

§ 3 WEG kann Sondereigentum auch an Räumen in einem erst zu errichtenden Gebäude eingeräumt werden. Ebenso ist die Teilung durch den Eigentümer auch bei einem erst noch zu errichtenden Gebäude möglich (§ 8 Abs. 1 WEG). Zivilrechtlich entsteht das Wohnungs-/Teileigentum mit der Anlegung des Wohnungs-/Teileigentumsgrundbuchs. Schenkungsteuerlich gilt das Wohnungs-/Teileigentum bereits dann als entstanden, wenn die Teilungserklärung beurkundet ist und die Anlegung des Grundbuchs beantragt werden kann (; BFH II R 132/88 v. 24.7.1991, BStBl. II 1993, 87; BFH II R 79/86 v. 1.4.1987, BStBl. II 1987, 840 und BFH II R 46/88 v. 1.8.1990, BStBl. II 1990, 1016).

V. Geschäftsgrundstücke

Geschäftsgrundstücke sind Grundstücke, die zu **mehr als 80 %** – 11 berechnet nach der Wohn- und Nutzfläche – eigenen betrieblichen oder öffentlichen Zwecken dienen (*Rössler/Troll* § 181 Rz. 11).

VI. Gemischt genutzte Grundstücke

Gemischt genutzte Grundstücke sind Grundstücke, **die teils Wohn-** 12 **zwecken und teils betrieblichen oder öffentlichen Zwecken** dienen und die kein Einfamilienhaus, kein Zweifamilienhaus, kein Teileigentum, kein Wohnungseigentum, kein Mietwohngrundstück und kein Geschäftsgrundstück darstellen. Im Gesetz ist zwar nicht ausdrücklich erwähnt, dass der Anteil der Nutzung nach der Wohn- und Nutzfläche zu ermitteln ist. Ein anderer Aufteilungsmaßstab würde aber der Systematik widersprechen.

VII. Sonstige bebaute Grundstücke

Es handelt sich hierbei um eine **Auffangvorschrift** für die 13 Grundstücke, die sonst keiner anderen Grundstücksart zugeordnet werden können.

VIII. Wohnungsbegriff

Der Wohnungsbegriff wird **erstmals im BewG geregelt.** Es wur- 14 den die bewährten Grundsätze der Rspr. des BFH (§ 75 Rz. 9–19)

übernommen. Voraussetzung für die Annahme einer Wohnung ist danach
- Zusammenfassung einer Mehrheit von Räumen,
- baulich getrennte, in sich abgeschlossene Wohneinheit,
- eigener Zugang,
- Führung eines selbstständigen Haushalts muss möglich sein (Küche, Bad oder Dusche, Toilette),
- Mindestgröße: 23 qm,
(*Gürsching/ Stenger* § 181 Rz. 42; *Rössler/Troll* § 181 Rz. 15).

§ 182 Bewertung der bebauten Grundstücke

(1) **Der Wert der bebauten Grundstücke ist nach dem Vergleichswertverfahren (Absatz 2 und § 183), dem Ertragswertverfahren (Absatz 3 und §§ 184 bis 188) oder dem Sachwertverfahren (Absatz 4 und §§ 189 bis 191) zu ermitteln.**

(2) **Im Vergleichswertverfahren sind grundsätzlich zu bewerten**
1. **Wohnungseigentum,**
2. **Teileigentum,**
3. **Ein- und Zweifamilienhäuser.**

(3) **Im Ertragswertverfahren sind zu bewerten**
1. **Mietwohngrundstücke,**
2. **Geschäftsgrundstücke und gemischt genutzte Grundstücke, für die sich auf dem örtlichen Grundstücksmarkt eine übliche Miete ermitteln lässt.**

(4) **Im Sachwertverfahren sind zu bewerten**
1. **Grundstücke im Sinne des Absatzes 2, wenn kein Vergleichswert vorliegt,**
2. **Geschäftsgrundstücke und gemischt genutzte Grundstücke mit Ausnahme der in Absatz 3 Nr. 2 genannten Grundstücke,**
3. **sonstige bebaute Grundstücke.**

I. Allgemeines

1 Der **Gesetzgeber** hat erkannt, dass die Bewertung anhand eines **einheitlichen Bewertungsverfahrens nicht möglich** ist. Die Frage, nach welchem Verfahren künftig ein bebautes Grundstück zu bewerten ist, richtet sich nach der **Grundstücksart.** Je nach Zuordnung des Grundstücks erfolgt die Bewertung nach dem Vergleichswert-, Ertragswert- oder Sachwertverfahren.

II. Überblick über die Bewertungsverfahren
Bewertung bebauter Grundstücke

Vergleichsverfahren	Ertragswertverfahren	Sachwertverfahren
§§ 182 Abs. 2/183 Ableitung aus Verkäufen von Grundstücken – Wohnungseigentum – Teileigentum – Ein- und Zweifamilienhäuser	§§ 182 Abs. 3/184 ff. Ableitung aus nachhaltig erzielbarem Ertrag – Mietwohngrundstücke, – Geschäftsgrundstücke und – gemischt genutzte Grundstücke, für die sich eine übliche Miete ermitteln lässt	§§ 182 Abs. 4/189 ff. Herstellungskosten vergleichbarer Objekte – Wohnungseigentum, – Teileigentum, – Ein- und Zweifamilienhäuser, soweit kein Vergleichswert vorliegt – Geschäftsgrundstücke und – gemischt genutzte Grundstücke, für die sich keine übliche Miete ermitteln lässt – Sonstige bebaute Grundstücke

Ein- und Zweifamilienhäuser werden **auf keinen Fall** im Ertragswertverfahren bewertet. Dies gilt auch dann, wenn sich eine übliche Miete ermitteln lässt.

Mietwohngrundstücke sind **immer** im Ertragswertverfahren zu bewerten. Gegebenenfalls muss die Miete geschätzt werden.

Für Geschäfts- und gemischt genutzte Grundstücke, für die zwar eine tatsächliche Miete vereinbart worden ist, aber auf dem Markt **keine übliche Miete** ermittelt werden kann, darf das Ertragswertverfahren nicht angewendet werden. Es fehlt an der Vergleichbarkeit.

Befinden sich auf einem Grundstück **nicht nur Gebäude(-teile), die im Ertragswertverfahren zu bewerten** sind, erfolgt die Wertermittlung für die gesamte wirtschaftliche Einheit einheitlich nach dem Sachwertverfahren ErbStR B 182 Abs. 5).

§ 183 Bewertung im Vergleichswertverfahren

(1) ¹**Bei Anwendung des Vergleichswertverfahrens sind Kaufpreise von Grundstücken heranzuziehen, die hinsichtlich der ihren Wert beeinflussenden Merkmale mit dem zu bewertenden Grundstück hinreichend übereinstimmen (Vergleichsgrundstücke).** ²Grundlage sind vorrangig die von den

Gutachterausschüssen im Sinne der §§ 192 ff. des Baugesetzbuchs mitgeteilten Vergleichspreise.

(2) ¹Anstelle von Preisen für Vergleichsgrundstücke können von den Gutachterausschüssen für geeignete Bezugseinheiten, insbesondere Flächeneinheiten des Gebäudes, ermittelte und mitgeteilte **Vergleichsfaktoren** herangezogen werden. ²Bei Verwendung von Vergleichsfaktoren, die sich nur auf das Gebäude beziehen, ist der Bodenwert nach § 179 gesondert zu berücksichtigen.

(3) Besonderheiten, insbesondere die den Wert beeinflussenden Belastungen privatrechtlicher und öffentlich-rechtlicher Art, werden im Vergleichswertverfahren nach den Absätzen 1 und 2 nicht berücksichtigt.

I. Anwendungsbereich

1   Das **Vergleichswertverfahren** kommt nur bei Grundstücken in Betracht, die mit **weitgehend gleichartigen Gebäuden** bebaut sind und bei denen sich der **Grundstücksmarkt** an Vergleichswerten orientiert. Im Vergleichswertverfahren werden daher Wohnungseigentum, Teileigentum und Ein- bzw. Zweifamilienhäuser bewertet. Für die Anwendung des Vergleichswertverfahrens müssen Kaufpreise geeigneter Vergleichsgrundstücke in genügender Anzahl vorliegen. Wenn keine Vergleichswerte vorliegen, ist das **Sachwertverfahren** anzuwenden. Das **Ertragswertverfahren ist ausgeschlossen.** Das Vergleichswertverfahren dürfte sich vor allem für die Bewertung von Eigentumswohnungen und Reihenhaussiedlungen eignen. Dagegen werden **individuell errichtete Ein- und Zweifamilienhäuser** in der Praxis so stark voneinander abweichen, dass geeignete Vergleichsgrundstücke nur selten vorhanden sein dürften.

II. Verfahren

2   Zur Ermittlung des Grundstückswerts sieht das Gesetz **zwei Verfahrensweisen** vor:
   1. Ableitung des Werts aus Verkäufen vergleichbarer Grundstücke **(direktes Verfahren),**
   2. Anwendung von Vergleichsfaktoren **(indirektes Verfahren).**
Vorzugsweise sollen **Vergleichskaufpreise** herangezogen werden. Das indirekte Verfahren ist **nachrangig** anzuwenden. Besonderheiten, die aus privat- oder öffentlich rechtlichen Belastungen resultie-

III. Vergleichskaufpreise

Im **Vergleichspreisverfahren** wird der Vergleichswert aus einer 3
ausreichenden Zahl von geeigneten Vergleichspreisen ermittelt. Eine
Bewertung anhand von Vergleichskaufpreisen wird **nur dann möglich** sein, wenn die zur Verfügung stehenden Kaufpreise von Grundstücken stammen, die hinsichtlich der den Wert beeinflussenden Merkmale mit dem zu bewertenden Grundstück hinreichend übereinstimmen oder die Abweichungen in sachgerechter Weise berücksichtigt werden können.. Die **Abweichung** darf **maximal 20 % betragen.Wertbeeinflussende Merkmale** sind zB das Baujahr, die Größe, die Wohn- und Nutzfläche, Ausstattung, Zuschnitt und Beschaffenheit. Grundlage sind zunächst die von den Gutachterausschüssen mitgeteilten Vergleichspreise. Nachrangig können die der Finanzverwaltung vorliegenden Unterlagen zu vergleichbaren Kauffällen herangezogen werden. (ErbStR B 183 Abs.2)

Die Ableitung des gemeinen Werts aus Vergleichspreisen bezieht 4
sich sowohl auf den Grund und Boden als auch auf die aufstehenden Gebäude (*Gürsching/Stenger* § 183 Rz. 15).5

Weichen die **Grundstücksmerkmale** des Vergleichsgrundstücks 5
von den Grundstücksmerkmalen des zu bewertenden Grundstücks ab, so sind diese Abweichungen durch Zu- und Abschläge nach Vorgabe des Gutachterausschusses zu berücksichtigen (ErbStR B 183 Abs. 4).

Ausnahmsweise kann auch ein **Vergleichspreis** genügen (ErbStH 6
B 183 Abs 2; *Gürsching/Stenger* § 183 Rz. 24). Als Vergleichspreis kann auch der für die zu bewertende wirtschaftliche Einheit tatsächlich innerhalb eines Jahres vor dem Bewertungsstichtag unter fremden Dritten erzielte Kaufpreis gelten, sofern zwischenzeitlich keine Änderungen der Wertverhältnisse eingetreten sind und dem Verkauf keine ungewöhnlichen oder persönlichen Verhältnisse zu Grunde gelegen haben (ErbStH B 183 Abs. 2)

Beispiel:
In der Eigentumswohnanlage Glückstraße 1 in Neustadt wird die ETW-Nr. 10 mit einer Wohnfläche von 75 qm zum 1.1.2011 verschenkt. Die amtliche Kaufpreissammlung weist in derselben Anlage einen Kauffall vom 1.8.2010 aus. Diese ETW mit 80 qm Fläche wurde zu einem Kaufpreis von 120 000 € übertragen. Die Ausstattung und Lage in der Anlage sind vergleichbar.

Für die Bewertung der ETW Nr. 10 kann der Vergleichspreis direkt herangezogen werden. Es ist lediglich die abweichende Wohnfläche durch Umrechnung zu berücksichtigen. 120 000 € : 80 qm = 1500 €/qm.
Grundbesitzwert der ETW Nr. 1 = 75 qm × 1500€/qm = 112 500 €

IV. Vergleichswertfaktoren

7 **Anstelle von Vergleichskaufpreisen** können auch Vergleichsfaktoren, die von den Gutachterausschüssen für geeignete Einheiten ermittelt und mitgeteilt werden, herangezogen werden. Rückgriff könnte – zB aufgrund von Grundstücksmarktberichten der Gutachterausschüsse – auf Durchschnittspreise je qm Wohn-/Nutzfläche, differenziert nach Wohnungsgröße und Baujahr, genommen werden. Liegen ausreichend Vergleichsfaktoren vor, ermittelt sich der gemeine Wert des zu bewertenden Grundstücks wie folgt:
Allgemeine wertbestimmende Merkmale in EUR/qm × Wohn-/Nutzfläche in qm = Gemeiner Wert

8 Zu beachten ist, dass es sich bei den **Vergleichsfaktoren** nur um **Durchschnittswerte** handelt, die eigentlich der Korrektur bedürfen. Die von der WertV / seit 1.7.2010 ImmoWertV vorgesehenen Zu- und Abschläge sind im BewG aber nicht vorgesehen. Abweichungen von nicht mehr als 20 % liegen im akzeptablen Toleranzbereich (ErbStH B 183 Abs.4). Die 20 % Grenze kann sich dabei nur auf messbare Größen beziehen (*Gürsching/Stenger* § 183 Rz. 42)). Auf das Beispiel zu dieser Problematik in ErbStH B 183 Abs. 4 wird verwiesen.

9 Liegen nur Vergleichsfaktoren für das Gebäude vor, ist der **Bodenwert** nach § 179 gesondert zu berücksichtigen. Der Grundstückswert errechnet sich dann aus der Addition von Bodenwert und dem mittels des Vergleichsfaktorverfahrens ermittelten Gebäudewerts (ErbStR B 183 Abs. 3 Satz 4).

Beispiel 1:
Vater V überträgt seinem Sohn S am 15. 1. 2011 im Wege der Schenkung eine Eigentumswohnung. Die Wohn-/Nutzfläche beträgt 100 qm. Der zuständige Gutachterausschuss hat für vergleichbare Objekte den durchschnittlichen Verkaufspreis mit dem Faktor 2000 €/qm angegeben. Für die Schenkungsteuer ergibt sich ein Grundstückswert von 100 qm × 2000 € = 200 000 €.

Beispiel 2:
Per 1.3.2011 ist ein Einfamilienhaus (Baujahr 1993) zu bewerten. Die Wohnfläche beträgt 150 qm. Das Grundstück ist 600 qm groß. Der zuletzt festgestellte Bodenrichtwert beträgt 260 €. Einem vom örtlichen Gutachter-

Vergleichswertfaktoren § 183

ausschuss veröffentlichten Grundstücksmarktbericht (Auszug) ist Folgendes zu entnehmen:

Vergleichswerte für freistehende Einfamilienhäuser (pro qm Wohnfläche)

Alter	Bodenrichtwert	
	200- 249	250 – 299
Bis 10 Jahre	2200 €	2400 €
11- 20 Jahre	2100 €	2300 €

Abweichung in Bezug auf die Wohnfläche im Vergleich zum Referenzobjekt (Zu- und Abschläge beziehen sich auf den Vergleichswert je qm Wonfläche)

Abweichung	Folge
bis 20 qm	+ 50 €/qm
bis 30 qm	+ 60 €/qm

Abweichungen in Bezug auf die Grundstücksfläche im Vergleich zum Referenzobjekt (Zu- und Abschläge beziehen sich auf den Vergleichswert je qm Grundstücksfläche)

Abweichung	Folge
bis 50 qm	+ 20 €
bis 100 qm	+ 40 €

Das **Vergleichsobjekt** hat folgende Eigenschaften:
- Baujahr: 2006
- Wohnfläche: 170 qm
- Grundstücksfläche: 700 qm

Der **Grundbesitzwert** ist gem. § 183 Abs. 2 im Vergleichswertverfahren (indirekte Methode) wie folgt zu ermitteln:

Vergleichspreis (Spalte: Bodenrichtwert 250 qm – 299 qm/11- 20 Jahre)	2300 €	
Zuschlag wegen abweichender Wohnfläche (bis 20 qm)	+ 50 €	
Zuschlag wegen abweichender Grundstücksfläche (bis 100 qm)	+ 40 €	
		2390 €
Grundbesitzwert: Wohnfläche 150 qm x 2390 € =		358.500 €

Die Toleranzgrenze von 20 % ist eingehalten worden.

Schaffner

V. Geringerer gemeiner Wert

10 Der gemeine Wert kann nachgewiesen werden (§ 198). Bei der Anwendung des Vergleichswertverfahrens werden **Besonderheiten,** insbesondere die den Wert beeinflussenden Belastungen privatrechtlicher und öffentlich-rechtlicher Art, **nicht berücksichtigt.** Bei der Ermittlung des Verkehrswerts wirken sich dagegen wertbeeinflussende Rechte und Belastungen sehr wohl auf den Wert aus). Rechte und Lasten öffentlich-rechtlicher Art können sich zB aus dem Planungs-, Bauordnungs- und Abgabenrecht ergeben. Privatrechtliche Rechte und Lasten sind insbesondere dinglich gesicherte Nutzungsrechte, Erbbaurechte, Vorverkaufsrechte sowie langfristige Miet- und Pachtverträge. In derartigen Fällen sollten stets die Erfolgsausichten eines Verkehrswertgutachten geprüft werden (*Rössler/Troll* § 198 Rz. 28).

§ 184 Bewertung im Ertragswertverfahren

(1) **Bei Anwendung des Ertragswertverfahrens ist der Wert der Gebäude (Gebäudeertragswert) getrennt von dem Bodenwert auf der Grundlage des Ertrags nach § 185 zu ermitteln.**

(2) **Der Bodenwert ist der Wert des unbebauten Grundstücks nach § 179.**

(3) ¹**Der Bodenwert und der Gebäudeertragswert (§ 185) ergeben den Ertragswert des Grundstücks.** ²**Es ist mindestens der Bodenwert anzusetzen.** ³**Sonstige bauliche Anlagen, insbesondere Außenanlagen, sind regelmäßig mit dem Ertragswert des Gebäudes abgegolten.**

I. Allgemeines

1 Für Mietwohngrundstücke sowie für Geschäftsgrundstücke und gemischt genutzte Grundstücke, für die sich auf dem örtlichen Grundstücksmarkt eine übliche Miete ermitteln lässt (§ 182 Abs. 3), sieht der Gesetzgeber zur Ermittlung des gemeinen Werts zwingend das Ertragswertverfahren vor. . Es handelt sich um ein gemischtes Verfahren. Für das Gebäude wird der Gebäudeertragswert ermittelt und mit dem nach § 179 ermittelten Bodenwert addiert. Sonstige bauliche Anlagen (insbesondere Außenanlagen) sind regelmäßig mit dem Ertragswert des Gebäudes erfasst. Als Ertragswert ist mindestens der Bodenwert anzusetzen.

II. Gebäudeertragswert

Die Ermittlung des Gebäudeertragswerts ist im Vergleich zur früheren Rechtslage **wesentlich komplexer.** Es finden zahlreiche Pauschalierungen – zB bei den Bewirtschaftungskosten und dem Vervielfältiger – Anwendung. Die Ermittlung des Gebäudeertragswerts ist im § 185 geregelt.

III. Bodenwert

Der Bodenwert des bebauten Grundstücks wird **wie der eines unbebauten Grundstücks** ermittelt. Dabei ist jedoch zu beachten, dass der **Nachweis** eines niedrigeren gemeinen Werts nicht geführt werden kann. Der gemeine Wert kann nur für die gesamte wirtschaftliche Einheit „bebautes Grundstück" erbracht werden (*Gürsching/Stenger* § 184 Rz. 12)

IV. Ertragswert des Grundstücks

Der Ertragswert ergibt sich aus **der Addition von Bodenwert und Gebäudeertragswert.** Als Mindestwert ist der Bodenwert anzusetzen. Sonstige bauliche Anlagen, insbesondere Außenanlagen, sind nicht extra zu bewerten.

Rohertrag (Jahresmiete bzw. übliche Miete) (§ 185 Abs. 1, § 186)	Bodenrichtwert (ggf. angepasster Bodenwert)
./.	×
Bewirtschaftungskosten (§ 185 Abs. 1, § 187)	Grundstücksfläche
=	
Reinertrag des Grundstücks (§ 185 Abs. 1)	
./.	
Bodenwertverzinsung (§ 179, § 185 Abs. 2, § 188)	
=	
Gebäudereinertrag ≥ 0 Euro (§ 185 Abs. 2)	
Vervielfältiger (§ 185 Abs. 3)	

§ 184 Bewertung im Ertragswertverfahren

=	=
Gebäudeertragswert +	Bodenwert
(§ 185 Abs. 1–3) =	(§ 179, § 184 Abs. 2)

Ertragswert = Grundbesitzwert
(§ 184 Abs. 3)

Beispiel:
Vater V überträgt seinem Sohn S am 15.1.2011 im Wege der Schenkung ein zu Wohnzwecken vermietetes Grundstück (Baujahr 1972). Die Grundstücksfläche (Grund und Boden) beträgt 700 qm. Der zuletzt festgestellte Bodenrichtwert beträgt 500 € pro qm. Die Grundfläche des Hauses beträgt 300 qm. Die monatlichen Kaltmieten betragen für das gesamte Objekt 2400 €. Die ortsübliche Miete für vergleichbare Objekte liegt bei 3000 €. Die von den Mietern zu tragenden Nebenkosten (decken die Betriebskosten) betragen 600 € monatlich. Den Gutachterausschüssen liegen hinsichtlich der Bewirtschaftungskosten keine Erfahrungssätze vor.

Bewertung: Bei dem bebauten Grundstück (§ 180) handelt es sich um ein Mietwohngrundstück (§ 181), das im Ertragswertverfahren (§ 182) zu bewerten ist. Der Ertragswert setzt sich aus dem Bodenwert und dem Gebäudeertragswert zusammen (§ 184).

1. Schritt: Ermittlung des Bodenwertanteils (§ 184 iVm. § 179)
Grundstücksfläche 700 qm × zuletzt festgestellter Bodenrichtwert 500 € = 350 000 €

2. Schritt: Ermittlung des Gebäudeertragswerts (§§ 185 bis 188)

a) Rohertrag (§ 186)
tatsächliche Monatsmiete (ohne Nebenkosten) 2400 × 12 = 28 800 €
ortsübliche Miete (ohne Nebenkosten) 3000 × 12 = 36 000 €
Die tatsächliche Miete weicht nur um 20 % und nicht um mehr als 20 % von der ortsüblichen Miete ab
→ Ansatz der tatsächlichen Jahresnettokaltmiete

b) Restnutzungsdauer (§ 185 Abs. 3)
Alter des Gebäudes: 39 Jahre
Wirtschaftliche Gesamtnutzungsdauer gem. Anlage 22: 80 Jahre
→ Restnutzungsdauer: 41 Jahre (> Mindestrestnutzungsdauer)

c) Bewirtschaftungskosten (§ 187)
Ansatz nach Erfahrungssätzen gem. Anlage 23: 23 % − 6 624 €
22 176 €

d) Liegenschaftszins (§ 188)
5 % von 350 000,– − 17 500 €
4 676 €

e) Vervielfältiger (§ 85 Abs. 3)
Bei einem Liegenschaftszins von 5 % und einer Restnutzungsdauer von 41 Jahren ergibt sich gem. Anlage 21 ein Vervielfältiger von 17,29

f) Gebäudeertragswert	80 848 €

3. Schritt: Ertragswert
Bodenwert 350 000 € +
Gebäudeertragswert 80 848 € = Ertragswert 430 848 €
(Mindestwert ist überschritten)

V. Geringerer gemeiner Wert

Der geringere gemeine Wert kann **nachgewiesen** werden (§ 198). **Überbewertungen** können sich im Ertragswertverfahren zB dadurch ergeben, dass
- die Mindestwertregelung (§ 184 Abs. 3 Satz 2) zum Tragen kommt,
- statt der nachhaltig erzielbaren Miete die aktuelle Miete bei der Ermittlung des Rohertrags anzusetzen ist,
- Bewirtschaftungskosten und Liegenschaftszinsen mit pauschalen Ansätzen zum Tragen kommen,
- die Mindestrestnutzungsdauer (§ 185 Abs. 3 Satz 5) zur Anwendung kommt,
- in Erbbaurechtsfällen (§§ 192 ff.) keine Marktanpassung erfolgt.

§ 185 Ermittlung des Gebäudeertragswerts

(1) ¹**Bei der Ermittlung des Gebäudeertragswerts ist von dem Reinertrag des Grundstücks auszugehen.** ²**Dieser ergibt sich aus dem Rohertrag des Grundstücks (§ 186) abzüglich der Bewirtschaftungskosten (§ 187).**

(2) ¹**Der Reinertrag des Grundstücks ist um den Betrag zu vermindern, der sich durch eine angemessene Verzinsung des Bodenwerts ergibt; dies ergibt den Gebäudereinertrag.** ²**Der Verzinsung des Bodenwerts ist der Liegenschaftszinssatz (§ 188) zu Grunde zu legen.** ³**Ist das Grundstück wesentlich größer, als es einer den Gebäuden angemessenen Nutzung entspricht, und ist eine zusätzliche Nutzung oder Verwertung einer Teilfläche zulässig und möglich, ist bei der Berechnung des Verzinsungsbetrags der Bodenwert dieser Teilfläche nicht zu berücksichtigen.**

(3) ¹**Der Gebäudereinertrag ist mit dem sich aus der Anlage 21 ergebenden Vervielfältiger zu kapitalisieren.** ²**Maßgebend für den Vervielfältiger sind der Liegenschaftszinssatz und die Restnutzungsdauer des Gebäudes.** ³**Die Restnutzungsdauer wird grundsätzlich aus dem Unterschiedsbetrag**

§ 185 Ermittlung des Gebäudeertragswerts

zwischen der wirtschaftlichen Gesamtnutzungsdauer, die sich aus der Anlage 22 ergibt, und dem Alter des Gebäudes am Bewertungsstichtag ermittelt. ⁴Sind nach Bezugsfertigkeit des Gebäudes Veränderungen eingetreten, die die wirtschaftliche Gesamtnutzungsdauer des Gebäudes verlängert oder verkürzt haben, ist von einer der Verlängerung oder Verkürzung entsprechenden Restnutzungsdauer auszugehen. ⁵Die Restnutzungsdauer eines noch nutzbaren Gebäudes beträgt regelmäßig mindestens 30 Prozent der wirtschaftlichen Gesamtnutzungsdauer.

Anlage 21 zum BewG: Vervielfältiger (abgedruckt im Anhang Rz. 21)
Anlage 22 zum BewG: Wirtschaftliche Gesamtnutzungsdauer (abgedruckt im Anhang Rz. 22)

I. Reinertrag des Grundstücks

1   Der Wert, der sich aus dem **Rohertrag** (§ 186) abzüglich der Bewirtschaftungskosten (§ 187) ergibt, stellt den Reinertrag des Grundstücks dar.

Beispiel:
Ein Mietwohngrundstück wird per 15.3.2012 im Wege der Schenkung auf S übertragen. Die Monatsnettokaltmiete beträgt 3000 €. Die Restnutzungsdauer beträgt 45 Jahre.

Der **Reinertrag** errechnet sich wie folgt:	
Monatsmiete 3000 € × 12:	36 000 €
./. Bewirtschaftungskosten iHv. 23 % (Anlage 23) von 36 000 €	8 280 €
Reinertrag des Grundstücks	27 720 €

II. Gebäudereinertrag

2   Der um eine **angemessene Verzinsung des Bodenwerts** verminderte Reinertrag des Grundstücks ergibt den Gebäudereinertrag.

Vervielfältiger **§ 185**

Beispiel:
Per 20.3.2012 wird ein Mietwohngrundstück im Wege der Schenkung an S übertragen. Der Reinertrag des Grundstücks beträgt 27 720 €. Der Bodenwert beträgt 200 000 €.

Der **Gebäudereinertrag** errechnet sich wie folgt:

Reinertrag des Grundstücks:	27 720 €
./.Bodenwertverzinsung 5 % (Liegenschaftszins § 188 Abs. 2 Nr. 1) von 200 000 €	10 000 €
Gebäudereinertrag	17 720 €

III. Teilflächen

Ist ein **Grundstück wesentlich größer,** als es einer den Gebäuden angemessenen Nutzung entspricht und handelt es sich bei der „Überfläche" – ohne dass mehrere wirtschaftliche Einheiten vorliegen – um eine selbstständig verwertbare Teilfläche, ist die zusätzliche Teilfläche nicht bei der Berechnung des Bodenwertverzinsungsbetrags zu berücksichtigen. Es ist nur die der jeweiligen Bebauung zurechenbare Grundstücksfläche anzusetzen. Diese zurechenbare Grundstücksfläche entspricht regelmäßig der bebauten Fläche einschließlich der sog. **Umgriffsfläche.** Der Umfang der Umgriffsfläche wird in den ErbStR 2011 nicht näher erläutert. In der Praxis wird häufig das Fünffache der bebauten Fläche als Anhaltspunkt für den Umfang der Umgriffsfläche dienen können (*Gürsching/ Stenger* § 185 Rz. 18). Die Teilfläche muss nicht baulich nutzbar sein. Es reicht, wenn die Teilfläche sinnvoll genutzt werden kann, zB als Lagerfläche, Abstellfläche, Gartenfläche usw. Für die Bodenwertermittlung ist dagegen die gesamte Fläche anzusetzen (*Rössler/Troll* § 184 bis 188 Rz. 23). 3

Beispiel:
Für das Gebäude auf dem Grundstück A ist lediglich die Teilfläche 1 notwendig. Die Teilfläche 2 ist selbstständig nutzbar. Bei der Berechnung des Betrags der Bodenwertverzinsung ist nur die Teilfläche 1 zu berücksichtigen. Bei der Bodenwertermittlung sind dagegen beide Teilflächen anzusetzen. ((ErbStR B 185.1 Abs. 3)

IV. Vervielfältiger

Die Vervielfältiger, sind der **Anlage 21** zum BewG (Anhang Rz. 21) zu entnehmen. Maßgeblich für den Vervielfältiger sind der Liegenschaftszins (§ 188) und die Restnutzungsdauer des Gebäudes. 4

§ 185 Ermittlung des Gebäudeertragswerts

Die Restnutzungsdauer ermittelt sich grundsätzlich nach der wirtschaftlichen Gesamtnutzungsdauer, die in Anlage 22 zum BewG (Anhang Rz. 22) typisierend geregelt ist, und dem Alter des Gebäudes zum Bewertungsstichtag.

Beispiel:
Alter des Gebäudes (Mietwohngrundstück) am Bewertungsstichtag: 38 Jahre/Gesamtnutzungsdauer gem. Anlage 22 zum BewG: 80 Jahre → Restnutzungsdauer: 42 Jahre
Liegenschaftszins gem. § 188 Abs. 2 Nr. 1:
5 % → Vervielfältiger gem. Anlage 21 zum BewG: 17,42.

V. Restnutzungsdauer

1. Normale Restnutzungsdauer/Mindestnutzungsdauer

5   Die **Restnutzungsdauer** ergibt sich aus dem Unterschiedsbetrag zwischen der typisierten wirtschaftlichen Gesamtnutzungsdauer und dem Alter des Gebäudes am Bewertungsstichtag. Es bestehen keine Bedenken, als Zeitpunkt der Bezugsfertigkeit stets den 1. 1. des Jahres der Bezugsfertigkeit anzunehmen. Die typisierte wirtschaftliche Gesamtnutzungsdauer ist der Anlage 22 zum BewG (Anhang Rz. 22) zu entnehmen. Die Gesamtnutzungsdauer richtet sich bei Ein- und Zweifamilienhäusern, Mietwohngrundstücken, Wohnungseigentum und gemischt genutzten Grundstücken (mit Wohn- und Gewerbeflächen) nach der Grundstücksart. Bei allen anderen Grundstücksarten richtet sich die Gesamtnutzungsdauer nach den in der Anlage 22 zum BewG (Anhang Rz. 22) aufgeführten Gebäudeklassen. Die Gesamtnutzungsdauer für nicht aufgeführte Gebäudeklassen ist aus der Gesamtnutzungsdauer vergleichbarer Gebäudeklassen abzuleiten.

Beispiele:
Mietwohngrundstück: 80 Jahre
gemischt genutztes Grundstück: 70 Jahre
Geschäftsgrundstück, Einkaufsmarkt: 40 Jahre.

6   Die **Mindestnutzungsdauer** eines Gebäudes beträgt 30 % der wirtschaftlichen Gesamtnutzungsdauer. Damit soll dem Umstand Rechnung getragen werden, dass auch ein älteres Gebäude, das laufend instandgehalten wird, nicht wertlos ist. Im Ergebnis wird damit eine immerwährende Nutzung unterstellt. In besonderen Fällen – zB bei bestehender Abbruchverpflichtung – kann die Mindestrestnutzungsdauer jedoch unterschritten werden. Abgesehen davon, dass

eine zeitlich unbegrenzte Nutzbarkeit völlig abwegig ist, lässt sich außerdem keine sachliche Begründung für die unterschiedlichen Ansätze bei den einzelnen Grundstücksarten finden (*Hübner* Erbschaftsteuerreform 2009 S. 528). Zu beachten ist, dass die Mindestrestnutzungsdauer auch für die Ermittlung der pauschalierten Bewirtschaftungskosten maßgebend ist (*Gürsching/ Stenger* § 185 Rz. 102).

2. Verlängerung/Verkürzung der Restnutzungsdauer

In Ausnahmefällen ist von einem späteren Baujahr (fiktives 7 Baujahr) auszugehen, wenn in den letzten zehn Jahren durchgreifende Instandhaltungsmaßnahmen oder Modernisierungen durchgeführt wurden, die zu einer wesentlichen Verlängerung der Restnutzungsdauer führen. Das Ausmaß der Modernisierung beurteilt sich nach einem Punkteschema. Die Verlängerung der Nutzungsdauer hängt von der üblichen Gesamtnutzungsdauer, dem Gebäudealter und dem in Punkten ausgedrückten Modernisierungsgrad ab. Eine Interpolation ist nicht vorgesehen. (ErbStR B 185.3 Abs. 4). Das Punktesystem vermag allerdings nicht zu überzeugen, da es lediglich eine Scheingenauigkeit erzeugt und zu rechnerisch nicht überzeugenden Ergebnissen führt (*Gürsching/Stenger* § 185 Rz. 58).

Ein zum Bewertungsstichtag 49 Jahre altes Mietwohngrundstück wurde in den letzten zehn Jahren wie folgt modernisiert:

Dacherneuerung inkl. Verbesserung der Wärmedämmung	3 Punkte
Einbau von Bädern	3 Punkte
Modernisierung der Fenster	2 Punkte
Verbesserung der Grundrissgestaltung	3 Punkte
Summe	11 Punkte

(ErbStR B 185.3 Tabelle 1)
Bei einer wirtschaftlichen Gesamtnutzungsdauer von 80 Jahren gem. Anlage 22 zum BewG (Anhang Rz. 22) und einem Modernisierungsgrad von 11 Punkten ergibt sich aus ErbStR B 185.3 Tabelle 2 eine neue Restnutzungsdauer von 43 Jahren.

Wäre das Gebäude am Bewertunggstichtag 50 Jahre alt, so ergäbe sich für das nur ein Jahr ältere Gebäude eine neue Restnutzungsdauer von nur 39 Jahren und wäre damit vier Jahre kürzer als die Restnutzungsdauer des 49 Jahre alten Gebäudes.

Eine Verkürzung der Restnutzungsdauer kommt nur in 8 besonders gelagerten Einzelfällen in Betracht, zB bei bestehender Abbruchverpflichtung für das Gebäude. Baumängel und Bauschäden führen dagegen zu keiner Verkürzung der Nutzungsdauer (ErbStR B 185.3 Abs.5).

3. Grundstück mit mehreren Gebäuden bzw. Gebäudeteilen

9 **a) Gewogene/gewichtete Restnutzungsdauer.** Besteht eine **wirtschaftliche Einheit aus mehreren Gebäuden oder Gebäudeteilen** mit einer gewissen Selbstständigkeit, die eine verschiedene Bauart aufweisen, unterschiedlich genutzt werden oder die in verschiedenen Jahren bezugsfertig geworden sind, können sich unterschiedliche Restnutzungsdauern ergeben. In diesen Fällen ist eine gewogene Restnutzungsdauer zu ermitteln, die sich nach dem Verhältnis der Roherträge. Lassen sich die Roherträge den einzelnen Gebäudeteilen nur schwer zuordnen, ist von einer nach Wohn- und Nutzflächen gewichteten Restnutzungsdauer auszugehen (ErbStR B 185.4).

10 Die **gewogene Restnutzungsdauer** ist wie folgt zu ermitteln:

$$\frac{\text{RoG 1} \times \text{RND 1} + \text{ROG n} \times \text{RND n}}{\text{RoG 1} + \text{RoG n}}$$

(ErbStH B 185.4; Beispiel 1)

11 Die **gewichtete Restnutzungsdauer** ist wie folgt zu ermitteln:

$$\frac{\text{WF/NF 1} \times \text{RND 1} + \text{WF/NF n} \times \text{RND n}}{\text{WF/NF 1} + \text{WF/NFn}}$$

(ErbStH B 185.4; Beispiel 2)

RoG = Rohertrag, RND = Restnutzungsdauer, WF/NF= Wohn- bzw. Nutzfläche ErbStH B 185.4.

12 **b) Anbauten. Anbauten** teilen idR das **Schicksal des Hauptgebäudes.** Sollte bei dem Erweiterungsbau nach Größe, Bauart oder Nutzung eine andere Restnutzungsdauer anzunehmen sein, ist die gewichtete Restnutzungsdauer zu ermitteln (ErbStR B 185.4 Abs. 5 Satz 1).

Auf einem Grundstück befindet sich ein Gebäude I (wirtschaftliche Gesamtnutzungsdauer gem. Anlage 22 zum BewG (Anhang Rz. 22): 60 Jahre/tatsächliches Alter: 18 Jahre / Nutzfläche: 1000 qm). Auf dem Grundstück wurde vor drei Jahren ein Erweiterungsbau II errichtet (wirtschaftliche Gesamtnutzungsdauer gem. Anlage 22 zum BewG: 60 Jahre / Nutzfläche: 500qm). Nach den Gegebenheiten teilt der Erweiterungsbau nicht das Schicksal des Hauptgebäudes. Es ist daher die gewichtete Restnutzungsdauer zu ermitteln:

Gebäude I:
wirtschaftliche Gesamtnutzungsdauer	60 Jahre
abzüglich Alter am Bewertungsstichtag	18 Jahre
Restnutzungsdauer	42 Jahre

Erweiterungsbau:

wirtschaftliche Gesamtnutzungsdauer	60 Jahre
abzüglich Alter am Bewertungsstichtag	3 Jahre
Restnutzungsdauer (RND)	57 Jahre

Die **Mindestrestnutzungsdauer** von 30 % ist jeweils überschritten (§ 185 Abs. 3 Satz 5)

NF 1 (1000qm) x RND 1 (42 Jahre) + NF 2 (500 qm) x RND 2 (57 Jahre)	= 70500
NF 1 (1000 qm) + NF 2 (500 qm)	= 1500
RND gewichtet	= 47 Jahre

c) Aufstockungen. Bei Aufstockungen ist **idR das Baujahr der unteren Geschosse** zu Grunde zu legen. Es ist aber zu prüfen, ob sich die Restnutzungsdauer des Gebäudes verlängert hat (ErbStR B 185.4 Abs. 5 Satz 3). 13

§ 186 Rohertrag des Grundstücks

(1) [1]**Rohertrag ist das Entgelt, das für die Benutzung des bebauten Grundstücks nach den am Bewertungsstichtag geltenden vertraglichen Vereinbarungen für den Zeitraum von zwölf Monaten zu zahlen ist.** [2]**Umlagen, die zur Deckung der Betriebskosten gezahlt werden, sind nicht anzusetzen.**

(2) [1]**Für Grundstücke oder Grundstücksteile,**
1. **die eigengenutzt, ungenutzt, zu vorübergehendem Gebrauch oder unentgeltlich überlassen sind,**
2. **die der Eigentümer dem Mieter zu einer um mehr als 20 Prozent von der üblichen Miete abweichenden tatsächlichen Miete überlassen hat,**

ist die übliche Miete anzusetzen. [2]**Die übliche Miete ist in Anlehnung an die Miete zu schätzen, die für Räume gleicher oder ähnlicher Art, Lage und Ausstattung regelmäßig gezahlt wird.** [3]**Betriebskosten sind nicht einzubeziehen.**

I. Allgemeines

Ausgangsgröße für die Bewertung ist der Rohertrag. Vorrangig anzusetzen ist das tatsächliche Nutzungsentgelt (Abs. 1). In besonderen Ausnahmefällen ist die übliche Miete anzusetzen (Abs. 2). 1

II. Tatsächlich gezahltes Entgelt

2   **Ausgangspunkt für das Ertragswertverfahren** ist das Entgelt, das der Mieter oder Pächter für die Benutzung des bebauten Grundstücks nach den am Bewertungsstichtag geltenden vertraglichen Vereinbarungen, umgerechnet auf zwölf Monate, zu zahlen hatte. Es handelt sich um eine **Jahressollmiete**. Mietausfälle bleiben unbeachtlich.

3   Neben der vertraglich vereinbarten Miete **zählen zum Entgelt auch:**
  - Mieteinnahmen für Stellplätze,
  - Mieteinnahmen für Nebengebäude, z. B. für Garagen,
  - Vergütungen für außergewöhnliche Nebenleistungen des Vermieters, die nicht die Raumnutzung betreffen, aber neben der Raumnutzung auf Grund des Mietvertrags gewährt werden (zB Reklamenutzung sowie für das Aufstellen von Automaten),
  - Vergütungen für Nebenleistungen, die zwar die Raumnutzung betreffen, jedoch nur einzelnen Mietern zugute kommen (zB zusätzliche Mieteinnahmen für die Verkabelung des Gebäudes zwecks Datenfernübertragung, für den Einbau einer Klimaanlage oder für vdie Nutzung eines Schwimmbads),
  - Untermietzuschläge,
  - Baukostenzuschüsse uznd Mietvorauszahlungen, soweit sie auf die Miete anzurechnen sind,
  - Zahlungen des Mieters an Dritte für den Eigentümer, soweit es sich nicht um Betriebskosten iSd § 27 II.BV oder § 2 BetrKV handelt (zB Erschließungskosten),
  - Leistungen des Mieters, die nicht in Geld bestehen, soweit sie nicht gleichzeitig als Betriebskosten zu berücksichtigen wären (zB die Übernahme der Grundstücksverwaltung),
  - um Neben- und Betriebskosten bereinigte Leasing-Raten, soweit sie auf die Überlassung des Grundstücks entfallen.

4   **Nicht in das Entgelt einzubeziehen** sind insbesondere
  - Umlagen, die zur Deckung der Betriebskosten gezahlt werden,
  - Einnahmen für die Überlassung von Maschinen nund Betriebsvorrichtungen,
  - Einnahmen für die Überlassung von Einrichtunfgsgegenständen (zB bei möblierten Wohnungen, Ferienwohnungen, Studentenwohnheimen),
  - Dienstleistungen, die nicht die Grundstücksnutzung betreffen (Reinigungsdienste),
  - Zuzahlungen Dritter außerhalb des Mietverhältnisses (zB bei Bauherrengemeinschaften Zahlungen des Mietgarantiegebers),

Tatsächlich gezahltes Entgelt § 186

- Aufwendungszuschüsse im öffentlich geförderten Wohnungsbau,
- die Umsatzsteuer.

(ErbStR B 186.1 Abs.1)

Bei mehrstöckigen Mietverhältnissen berechnet sich die Jah- 5
resmiete nach den Beträgen, die der oder die Mieter (Hauptmieter)
an den Vermieter (Eigentümer) vereinbarungsgemäß zu zahlen
haben. Hierzu zählen auch Untermietzuschläge (ErbStR B 186.1
Abs.1 Satz 8).

Mietvorauszahlungen sind auf die Laufzeit umzurechnen. 6

Beispiel:
V vermietet als Eigentümer langfristig ein Geschäftsgrundstück. Zwecks Finanzierung notwendiger Modernisierungsmaßnahmen vereinbaren die Vertragsparteien neben der Zahlung der monatlichen Miete von 2.000 € für den Zeitraum von fünf Jahren (60 Monaten) ab dem 1.2.2011 zusätzlich eine Vorauszahlung auf die erhöhte Miete. Diese beträgt nach Ablauf des Vorauszahlungszeitraums (1.2.2015) 2.500 €. Am 1.3.2011 verschenkt V dieses Grundstück.

Das vereinbarte Entgelt zum Bewertungsstichtag errechnet sich wie folgt: Vereinbarte monatliche. Miete (2.000 € x 12)	24.000 €
Vereinbarte Mietvorauszahlung (30.000 : 60 x 12)	6.000 €
Entgelt § 186 Abs.1	30.000 €

Das Beispiel in ErbStH B 186.1 dürfte so zu verstehen sein, dass durch die Vorauszahlungsvereinbarung am Bewertungsstichtag im Ergebnis bereits die erhöhte Miete von 2.500 € zu berücksichtigen ist.

Sehen die vertraglichen Vereinbarungen am Bewertungsstichtag 7
vor, dass die Miete in der Zukunft in unterschiedlich hohen Beträgen
(Staffelmiete) zu zahlen ist, muss dieses bereits bei der Ermittlung
des Rohertrags berücksichtigt werden (*Gürsching/Stenger* § 186
Rz. 17).

Beispiel:
V vermietete als Eigentümer ab dem 1.6.2009 langfristig ein Laborgebäude mit einer Nutzfläche von 120 qm. Die vereinbarte monatliche Nettokaltmiete betrug 800 €. Zum jeweils 1.6. eines Jahres sieht der Mietvertrag eine Steigerung dewr vereinbarten Nettokaltmiete iHv 0,20 € je qm Wohnfläche vor. Am 31.1.2011 verstarb V.

Das vereinbarte Entgelt zum Bewertungsstichtag am 31.1.2011 ermittelt sich wie folgt:

Vereinbarte monatliche. Miete (800 € x 12)	9.600 €
Mietsteigerung zum 1.6.2010 (0,20 x 120 am x 12)	228 €
Entgelt § 186 Abs.1	9.888 €

Aus dem Beispiel im ErbStH B 186.1 ist abzuleiten, dass die **gestaffelte Mietänderung nur für ein Jahr** berücksichtigt worden ist, obwohl die Erhöhungsbeträge bereits für die nächsten Jahre feststehen. Das dürfte sachgerecht sein, denn Mieterhöhungen sind auch ohne konkrete betragsmäßige vertragliche Vereinbarung im Laufe der Mietvertragsdauer üblich, ohne dass es insoweit zu einer Erfassung innerhalb der anzusetzenden Miete käme (*Gürsching/Stenger* § 186 Rz. 24).

III. Übliche Miete

8 Bei **Eigennutzung, Leerstand, unentgeltlicher Nutzung** und vergleichsweise hoher bzw. niedriger Miete ist die übliche Miete anzusetzen. Die übliche Miete ist in Anlehnung an die Miete zu schätzen, die für Räume gleicher oder ähnlicher Art, Lage, Ausstattung regelmäßig bezahlt wird. Die übliche Miete kann abgeleitet werden aus
– Vergleichsmieten (§ 146 Rz. 14)
– Mietspiegeln (§ 146 Rz. 14)
– Mietgutachten (§ 146 Rz. 14)
– Mietdatenbanken (§ 558 e BGB)
(*Grootens* BBEV 2008, 361; BFH II R 68/06 v. 6.1.2008, BFH/NV 2008, 1120).

Beispiel:
In einem Mietwohngrundstück befinden sich drei vergleichbare Wohnungen. Wohnung I ist selbstgenutzt. Wohnung II ist für 8,– € pro qm, Wohnung III für 11,– € pro qm vermietet. Die übliche Miete beträgt 13,– € pro qm.

Anzusetzen sind:
Wohnung I: 13 € (übliche Miete),
Wohnung II: 13 € (Abweichung mehr als 20 % von der üblichen Miete)
Wohnung III: (11,– € tatsächliche Miete weicht nicht um mehr als 20 % von der üblichen Miete ab).

IV. Ferienwohnungen

9 Bei Ferienwohnungen ist die übliche Miete **nach der saisonabhängigen Miete** – ohne Entgelte für Einrichtungsgegenstände oder sonstige Dienst-/Sachleistungen – unter Berücksichtigung der üblichen Auslastung zu ermitteln. Zeiten der Selbstnutzung sind in die durchschnittliche Auslastung einzubeziehen. Leerstandszeiten sind im zeitlichen Verhältnis der tatsächlichen Selbstnutzung zur tatsächlichen Vermietung aufzuteilen (ErbStR B 186.5 Abs.6; ErbStH B 186.5 mit Beispiel; *Gürsching/ Stenger* § 186 Rz. 167).

§ 187 Bewirtschaftungskosten

(1) Bewirtschaftungskosten sind die bei gewöhnlicher Bewirtschaftung nachhaltig entstehenden Verwaltungskosten, Betriebskosten, Instandhaltungskosten und das Mietausfallwagnis; durch Umlagen gedeckte Betriebskosten bleiben unberücksichtigt.

(2) ¹Die Bewirtschaftungskosten sind nach Erfahrungssätzen anzusetzen. ²Soweit von den Gutachterausschüssen im Sinne der §§ 192 ff. des Baugesetzbuchs keine geeigneten Erfahrungssätze zur Verfügung stehen, ist von den pauschalierten Bewirtschaftungskosten nach Anlage 23 auszugehen.

Anlage 23 zum BewG: Pauschalierte Bewirtschaftungskosten für Verwaltung, Instandhaltung und Mietausfallwagnis in Prozent der Jahresmiete oder üblichen Miete (ohne Betriebskosten) (abgedruckt im Anhang Rz. 23)

I. Begriff

Vom Rohertrag sind die Bewirtschaftungskosten abzuziehen. Die 1
Regelung entspricht **§ 19 ImmoWertV**. Hierunter fallen:
- **Verwaltungskosten:** Kosten, die zur Verwaltung des Grundstücks erforderlich sind. Dazu gehören Kosten für Arbeitskräfte und Einrichtungen, Kosten der Aufsicht, Kosten für die gesetzliche und freiwillige Prüfung des Jahresabschlusses sowie der Geschäftsführung.
- **Betriebskosten:** Hierbei handelt es sich um Aufwendungen, die infolge des Eigentums am Grundstück oder seines bestimmungsgemäßen Gebrauch sowie seiner baulichen und sonstigen Anlagen laufend entstehen.
- **Instandhaltungskosten:** Hierunter fallen Kosten, die infolge Abnutzung, Alterung und Witterung zur Erhaltung des bestimmungsgemäßen Gebrauchs der baulichen Anlagen während ihrer Nutzungsdauer aufgewendet werden müssen.
- **Mietausfallwagnis:** Berücksichtigt wird das Risiko der Uneinbringlichkeit von Mietrückständen oder des Leerstands.

§ 188 Liegenschaftszinssatz

2 Durch **Umlagen** gedeckte Betriebskosten sind nicht zu berücksichtigen. **Zinsen** für Hypothekendarlehen und Grundschulden oder sonstige Zahlungen für auf dem Grundstück lastende Verpflichtungen bleiben ebenfalls außer Ansatz.

3–6 *einstweilen frei*

II. Berechnung der Kosten

7 **Vorrangig sind** die anzusetzenden Bewirtschaftungskosten **nach Erfahrungssätzen** anzusetzen. Die Erfahrungssätze sollen von den Gutachtern ermittelt und mitgeteilt werden. Sofern Erfahrungssätze nicht zur Verfügung stehen, sind die pauschalierten Bewirtschaftungskosten nach Anlage 23 zum BewG (Anhang Rz. 23) zu übernehmen. Diese bestimmen sich nach der Grundstücksart und der Restnutzungsdauer (ggf. Mindestrestnutzungsdauer) des Gebäudes und betragen zwischen 18 und 29 % des Rohertrags. In der Praxis werden nur im Ausnahmefall Datensammlungen der Gutachterausschüsse zu den Bewirtschaftungskosten vorliegen, da diese Kosten nicht zu den für die Wertermittlung erforderlichen Daten gehören . Sind die tatsächlichen Bewirtschaftungskosten wesentlich höher als die pauschalierten Kosten, kommt eine Berücksichtigung nur durch Nachweis des geringeren gemeinen Werts über ein Verkehrswertgutachten in Betracht.

§ 188 Liegenschaftszinssatz

(1) **Der Liegenschaftszinssatz ist der Zinssatz, mit dem der Verkehrswert von Grundstücken im Durchschnitt marktüblich verzinst wird.**

(2) ¹**Anzuwenden sind die von den Gutachterausschüssen im Sinne der §§ 192 ff. des Baugesetzbuchs ermittelten örtlichen Liegenschaftszinssätze.** ²**Soweit von den Gutachterausschüssen keine geeigneten Liegenschaftszinssätze zur Verfügung stehen, gelten die folgenden Zinssätze:**
1. **5 Prozent für Mietwohngrundstücke,**
2. **5,5 Prozent für gemischt genutzte Grundstücke mit einem gewerblichen Anteil von bis zu 50 Prozent, berechnet nach der Wohn- und Nutzfläche,**
3. **6 Prozent für gemischt genutzte Grundstücke mit einem gewerblichen Anteil von mehr als 50 Prozent, berechnet nach der Wohn- und Nutzfläche, und**
4. **6,5 Prozent für Geschäftsgrundstücke.**

I. Begriff

Der Reinertrag des Grundstücks ist um die **Bodenwertverzin-** 1
sung zu vermindern. Diese ergibt sich aus dem Liegenschaftszins.
Dies ist der Zinssatz, mit dem der Verkehrswert von Grundstücken
im Durchschnitt marktüblich verzinst wird..

II. Berechnung

Bei den **Liegenschaftszinsen** handelt es sich um Daten, die für 2
die **Verkehrswertermittlung** von Grundstücken erforderlich sind.
Sie sind von den Gutachterausschüssen aus der Kaufpreissammlung
abzuleiten. Häufig kommen die Gutachterausschüsse dieser Verpflichtung nicht nach. In diesen Fällen sind die im Gesetz geregelten,
typisierten Zinssätze anzuwenden. Werden die Liegenschaftszinssätze
von den Gutachterausschüssen in Wertspannen veröffentlicht, so ist
der für das zu bewertende Grundstück anzuwendende Liegenschaftszins beim Gutachter zu erfragen.

III. Selbstständig verwertbare Teilflächen

Ist das **zu bewertende Grundstück wesentlich größer** als es 3
einer den Gebäuden angemessenen Nutzung entspricht und ist eine
zusätzliche Nutzung oder Verwertung der Teilfläche (= selbstständig
verwertbare Teilfläche) zulässig und möglich, ohne dass mehrere
wirtschaftliche Einheiten vorliegen, ist diese Teilfläche bei der
Berechnung des Bodenwertverzinsungsbetrags nicht zu berücksichtigen (§ 185 Rz. 3).

§ 189 Bewertung im Sachwertverfahren

(1) [1]**Bei Anwendung des Sachwertverfahrens ist der Wert der Gebäude (Gebäudesachwert) getrennt vom Bodenwert nach § 190 zu ermitteln.** [2]**Sonstige bauliche Anlagen, insbesondere Außenanlagen, und der Wert der sonstigen Anlagen sind regelmäßig mit dem Gebäudewert und dem Bodenwert abgegolten.**

(2) **Der Bodenwert ist der Wert des unbebauten Grundstücks nach § 179.**

(3) [1]**Der Bodenwert und der Gebäudesachwert (§ 190) ergeben den vorläufigen Sachwert des Grundstücks.** [2]**Dieser ist**

zur Anpassung an den gemeinen Wert mit einer Wertzahl nach § 191 zu multiplizieren.

I. Allgemeines

1 Das Sachwertverfahren kommt insbesondere bei bebauten Grundstücken in Betracht, bei denen es für die Werteinschätzung am Immobilienmarkt nicht vorrangig auf den Ertrag ankommt, sondern bei denen **die Herstellungskosten** (Ersatzbeschaffungskosten) **wertbestimmend** sind. Dieses Wertermittlungsverfahren wird primär zur Bewertung solcher Grundstücke angewendet, die üblicherweise zum Zweck der Eigennutzung erworben werden, mithin nicht als Renditeobjekte fungieren (*Eisele* Erbschaftsteuerreform 2009 S. 147) Das Sachwertverfahren geht – wie das Ertragswertverfahren – von einer getrennten Erfassung von Bodenwert und Gebäudewert aus. Der Wert der Außenanlagen (insbesondere Gartenanlagen, Anpflanzungen etc.) bleibt infolge der Typisierung des Sachwertverfahrens regelmäßig unberücksichtigt, es sei denn, dass wegen der besonderen Werthaltigkeit (zB ein großer Swimmingpool) gesonderte Wertansätze nach gewöhnlichen Herstellungskosten erforderlich werden. Der sich aus der Addition von Bodenwert und Gebäudewert ergebende vorläufige Sachwert ist mittels einer Wertzahl an den gemeinen Wert anzupassen.

II. Überblick

2 Bodenrichtwert
×
Grundstücksfläche
=
Bodenwert

Regelherstellungskosten
×
Bruttogrundfläche
=
Gebäuderegelherstellungswert
−
Alterswertminderung
=
Bodenwert + Gebäudesachwert
Vorläufiger Sachwert
×
Wertzahl
=
Grundbesitzwert

Niedrigerer gemeiner Wert § 189

Beispiel:
Vater V überträgt seiner Tochter T am 15.3.2011 im Wege der Schenkung ein vermietetes Einfamilienhaus. Das 1972 erbaute Haus hat ein ausgebautes Dachgeschoss und einen Keller. Die Brutto-Grundfläche beträgt 300 qm. Die Ausstattung entspricht gehobenen Ansprüchen. Das Gebäude ist laufend instandgesetzt worden. Der Bodenrichtwert beträgt 500,– € pro qm. Das Grundstück hat eine Größe von 600 qm. Vergleichswerte liegen nicht vor. Es wurden auch keine Sachwertfaktoren ermittelt.

Mangels eines geeigneten Vergleichswerts kommt eine Bewertung im Vergleichsverfahren nicht in Betracht. Obwohl eine Miete feststellbar ist, wird das Einfamilienhaus nicht im Ertragswert – sondern im Sachwertverfahren bewertet.

1. Schritt: Ermittlung des Bodenwerts (§ 189 Abs. 2)
Grundstücksfläche 600 qm × zuletzt festgestellter Bodenrichtwert 500 € = 300 000 €
2. Schritt: Ermittlung des Gebäudewertanteils
a) Regelherstellungskosten (§ 190 Abs. 1)
Lt. Anlage 24 betragen die Regelherstellungskosten bei einem Einfamilienhaus des Bj 1971, unterkellert und mit ausgebautem Dachgeschoss in gehobener Ausstattung 990,– €
b) Gebäuderegelherstellungswert (§ 190 Abs. 1)
Bruttogrundfläche 300 qm × 990 € = 297 000 €
c) Alterswertminderung (§ 190 Abs. 2)
Alter des Gebäudes 39 Jahre
Typisierte Gesamtnutzungsdauer: 80 Jahre
Alterswertminderung 39 × 100/80 = 48,75 %
48,75 % von 297 000€ = 144 788 €
d) Gebäudesachwert
297 000 € – 144 788 € = 152 212 € (Mindestwertansatz § 190 Abs. 2 Satz 4 ist überschritten)
3. Schritt: Ermittlung des vorläufigen Sachwerts (§ 189 Abs. 3)
Bodenwert 300 000 € + Gebäudesachwert 152 212 € = 452 212 €
4. Schritt: Angleichung an den gemeinen Wert (§ 191)
Wertzahl gem. Anlage 25 zum BewG: 0,9 S
5. Schritt: Ermittlung des Grundstückssachwerts (§ 189 Abs. 3)
438 375 € × 0,9 = 406 991 €

III. Niedrigerer gemeiner Wert

Der niedrigere gemeine Wert kann nachgewiesen werden (§ 198). **Überbewertungen** können sich insbesondere im Hinblick auf die Alterswertminderung (Restwertregelung) und die Marktanpassung (stark pauschalierte Wertzahlen) ergeben (*Eisele* Erbschaftsteuerreform 2009 S. 170 f.). 3

§ 190 Ermittlung des Gebäudesachwerts

(1) ¹Bei der Ermittlung des Gebäudesachwerts ist von den Regelherstellungskosten des Gebäudes auszugehen. ²Regelherstellungskosten sind die gewöhnlichen Herstellungskosten je Flächeneinheit. ³Der Gebäuderegelherstellungswert ergibt sich durch Multiplikation der jeweiligen Regelherstellungskosten mit der Brutto-Grundfläche des Gebäudes. ⁴Die Regelherstellungskosten sind in der Anlage 24 enthalten. ⁵Das Bundesministerium der Finanzen wird ermächtigt, durch Rechtsverordnung mit Zustimmung des Bundesrates die Anlage 24 zu diesem Gesetz dadurch zu ändern, dass es die darin aufgeführten Regelherstellungskosten nach Maßgabe marktüblicher gewöhnlicher Herstellungskosten und des vom Statistischen Bundesamt veröffentlichten Baupreisindex aktualisiert, soweit dies zur Ermittlung des gemeinen Werts erforderlich ist.

(2) ¹Vom Gebäuderegelherstellungswert ist eine Alterswertminderung abzuziehen. ²Diese wird regelmäßig nach dem Verhältnis des Alters des Gebäudes am Bewertungsstichtag zur wirtschaftlichen Gesamtnutzungsdauer nach Anlage 22 bestimmt. ³Sind nach Bezugsfertigkeit des Gebäudes Veränderungen eingetreten, die die wirtschaftliche Gesamtnutzungsdauer des Gebäudes verlängert oder verkürzt haben, ist von einem entsprechenden früheren oder späteren Baujahr auszugehen. ⁴Der nach Abzug der Alterswertminderung verbleibende Gebäudewert ist regelmäßig mit mindestens 40 Prozent des Gebäuderegelherstellungswerts anzusetzen.

Anlage 22 zum BewG: Wirtschaftliche Gesamtnutzungsdauer (abgedruckt im Anhang Rz. 22).

Anlage 24 zum BewG: Ermittlung des Gebäuderegelherstellungswerts (abgedruckt im Anhang Rz. 24).

I. Regelherstellungskosten

1   Ausgangspunkt für die **Ermittlung des Gebäudesachwerts** sind die **Regelherstellungskosten 2010** (RHK 2010) des Gebäudes. Bei der Verkehrswertermittlung von Gebäuden sind nicht die tatsächlichen Herstellungskosten, sondern die gewöhnlichen Herstellungskosten (= Normalherstellungskosten) zugrunde zu legen. Die Regelherstellungskosten beruhen auf den **Normalherstel-**

lungskosten 2000 (NHK 2000), die Bestandteil der für die Verkehrswertermittlung von Grundstücken maßgeblichen Wertermittlungsrichtlinien 2006 (WertR 2006) bzw. ab 1.7.2010 der Immobilienwertermittlungsverordnung (ImmoWertV) sind. Für Zwecke der typisierenden steuerlichen Bewertung wurden die NHK 2000 nicht unverändert übernommen. Vielmehr wurden Gebäudetypen zusammengefasst und anhand des vom Statistischen Bundesamt ermittelten Baupreisindexes zum IV. Quartal 2010 angepasst.

Sofern lediglich Raummeterpreise vorlagen, wurden die Werte **in Flächenpreise umgerechnet.** Die Baunebenkosten wurden eingerechnet. Die Regelherstellungskosten sind der Anlage 24 (Anhang Rz. 24) zu entnehmen. Sie bestimmen sich nach Gebäudeart, Baujahr, Gebäudetyp und Ausstattungszustand. Eine Indexierung auf den Besteuerungszeitpunkt ist nicht vorgesehen. Durch die Verordnungsermächtigung zur Aktualisierung der Regelherstellungskosten wird eine Festschreibung der Wertverhältnisse vermieden und damit dem verfassungsrechtlichen Auftrag, die Vermögensgegenstände mit Gegenwartswerten zu erfassen, entsprochen. Die Regelherstellungskosten stellen Bundesmittelwerte dar, dh. es handelt sich um Durchschnittswerte für das gesamte Bundesgebiet. Aus Vereinfachungsgründen wurde auf eine Regionalisierung verzichtet (*Hübner* Erbschaftsteuerreform 2009 S. 333). 2

Der **Gebäuderegelherstellungswert** ermittelt sich wie folgt:
  Regelherstellungskosten × Bruttogrundfläche

II. Bruttogrundfläche

Die **Bruttogrundfläche** stellt diejenige Fläche dar, die sich anhand der Fertigmaße (einschließlich Außenputz) ergibt. Nicht ausgebaute Dachgeschosse sind einzubeziehen. Im Ergebnis ist die umbaute Außenfläche des Gebäudes mit der Anzahl der Geschosse zu multiplizieren. Das Produkt ergibt die Bruttogrundfläche (ErbStR B 190.6). 3

III. Alterswertminderung

Der **Gebäuderegelherstellungswert** ist wegen des Alters des Gebäudes zu mindern. Die Alterswertminderung bestimmt sich nach dem Alter des Gebäudes zum Bewertungsstichtag und einer sich aus Anlage 22 zum BewG (Anhang Rz. 22) ergebenden typisierten wirtschaftlichen Gesamtnutzungsdauer. Nach der Gesetzesbegrün- 4

§ 190 — Ermittlung des Gebäudesachwerts

dung ist von einer linearen Wertminderung auszugehen. Als Zeitpunkt der Bezugsfertigkeit ist der 1. 1. des Jahres der Bezugsfertigkeit anzunehmen.

> **Beispiel:**
> Es ist ein im Sachwertverfahren zu bewertendes Hotel zu bewerten. Das Hotel ist zum Besteuerungszeitpunkt 25 Jahre alt. Gem. Anlage 22 zum BewG (Anhang Rz. 22) beträgt die wirtschaftliche Gesamtnutzungsdauer 60 Jahre. Es ergibt sich eine Alterswertminderung von 25 × 100/60 = 41,67 %.

5 In Ausnahmefällen ist von einem **fiktiven Baujahr** auszugehen. Von einem späteren Baujahr ist auszugehen, wenn durchgreifende Instandhaltungsmaßnahmen durchgeführt wurden, die zu einer Verlängerung der Restnutzungsdauer führen. Entsprechend ist ein früheres Baujahr anzunehmen, wenn das Gebäude nicht mehr den allgemeinen Anforderungen entspricht.

6 Das Gesetz sieht eine **Mindestwertregelung** vor. Als Gebäudewert sind mindestens 40 % der Gebäuderegelherstellungskosten anzusetzen. Diese Annahme ist keinesfalls zwingend und im Ergebnis nur auf den Wunsch der Typisierung zurückzuführen. Der Gesetzgeber begründet diese Regelung damit, dass auch ein älteres Gebäude, das laufend instandgehalten wird, einen Wert hat. Damit bleiben aber zB Bauschäden und unterlassene Instandhaltungsmaßnahmen unberücksichtigt. Sofern sich hierdurch ein gemeiner Wert ergibt, der unter dem ermittelten Grundbesitzwert liegt, kommt eine Berücksichtigung wiederum nur über ein Verkehrswertgutachten zum Tragen.

IV. Außenanlagen

7 Außenanlagen und sonstige Anlagen sind regelmäßig **mit dem Gebäudewert und dem Bodenwert abgegolten.** Nur in Einzelfällen mit besonders werthaltigen Außenanlagen und sonstigen Anlagen werden hierfür gesonderte Wertansätze nach durchschnittlichen Herstellungskosten erforderlich (ErbStR B 190.5 Satz 1,2). Was im Einzelnen unter **sonstigen Anlagen** zu verstehen ist, ist weder im Gesetz noch in den Richtlinien definiert. Unter dem Begriff könnten zB Gartenanlagen, gärtnerische Anpflanzungen und Parks zu verstehen sein (*Gürsching/Stenger* § 189 Rz. 57)

8 Die **besondere Werthaltigkeit** von Außenanlagen wird in **zwei Stufen** definiert:

Außenanlagen § 190

- **10 % Grenze:** Außenanlagen sind besonders werthaltig, wenn ihre Sachwerte in der Summe 10 % des Gebäudesachwerts übersteigen. In die Prüfung der 10 % Grenze sind alle in Betracht kommenden Außenanlagen – nicht nur die in der ErbStR B 190.5 aufgeführten Außenanlagen – einzubeziehen.
- **Überschreiten bestimmter Größenmerkmale gem. Tabelle zu ErbStR B 190.5:** Von der Tabelle werden nur einige Außenanlagen beispielhaft aufgeführt. Übersteigt die Summe der Sachwerte der Außenanlagen bereits die 10 % Grenze, sind die in der Tabelle aufgeführten Größenmerkmale unerheblich.

Alterswertminderung bei besonders werthaltigen Außenanlagen. Von den besonders werthaltigen Außenanlagen ist - wie beim Gebäudewert - eine Alterswertminderung abzuziehen (ErbStR B 189.5 Satz 4). Für die in der Tabelle aufgeführten Außenanlagen wird eine **typisierte Gesamtnutzungsdauer** ausgewiesen. Die Gesamtnutzungsdauer anderer Außenanlagen und sonstiger Anlagen ist im **Schätzungswege** zu ermitteln. Eine Begrenzung der Alterswertminderung ist nicht vorgesehen. Übersteigt das Alter der besonders werthaltigen Außenanlagen die gewöhnliche Gesamtnutzungsdauer kommt es mangels Restwert nicht zu einem wertmäßigen Ansatz (*Gürsching/ Stenger* § 189 Rz. 52).

9

Beispiel:
Ein mit einem Einfamilienhaus bebautes Grundstück ist zum 1.9.2010 zu bewerten. Der Bodenwert beträgt 80.000 €, der Gebäudesachwert 130.000 €. An das Haus grenzt eine 40 qm große, nicht überdachte Terrasse (Baujahr 1998, sonstiger Plattenbelag). Außerdem befindet sich auf dem Grundstück ein 60 qm großes Schwimmbecken (Baujahr 2000, einfache Austattung). Prüfung der Außenanlagen auf **besondere Werthaltigkeit:**

10

a) Terrasse

Regelherstellungskosten 50 €/qm x Fläche 40 qm = Regelherstellungswert	2000 €
./. Alterswertminderung 30 % (12 Jahre/40 Jahre)	600 €
Sachwert Terrasse	1400 €

b) Schwimmbecken

Regelherstellungskosten 190 € x Fläche 60 qm = Regelherstellungswert	11400 €
./. Alterswertminderung 33,3 % (10 Jahre/30 Jahre)	8059 €
Sachwert Schwimmbecken	3341 €

c) Sachwert aller Außenanlagen

Terrasse 1400 € + Schwimmbecken 3341 €	4741 €

d) Überprüfung der 10 % Grenze
  10 % des Gebäudesachwerts = 13000 € → keine Überschreitung der 10 % Grenze. Das Schwimmbad erfüllt aber die Größenmerkmale und ist daher

§§ 191, 192 Wertzahlen; Bewertung in Erbbaurechtsfällen

als besonders werthaltige Außenanlage zu erfassen. Der **vorläufige Sachwert** errechnet sich wie folgt;

Bodenwert	80000 €
Gebäudesachwert	130000 €
Sachwert Außenanlagen Schwimmbecken	3341 €
Vorläufiger Sachwert	213341€

§ 191 Wertzahlen

(1) **Als Wertzahlen im Sinne des § 189 Abs. 3 sind die Sachwertfaktoren anzuwenden, die von den Gutachterausschüssen im Sinne der §§ 192 ff. des Baugesetzbuchs für das Sachwertverfahren bei der Verkehrswertermittlung abgeleitet wurden.**

(2) **Soweit von den Gutachterausschüssen keine geeigneten Sachwertfaktoren zur Verfügung stehen, sind die in der Anlage 25 bestimmten Wertzahlen zu verwenden.**

Anlage 25 zum BewG: Wertzahlen, nach § 181 Abs. 1 Nr. 1 u. Nr. 3 bis 6, abgedruckt im Anhang Rz. 25.

1 Der vorläufige Sachwert spiegelt noch nicht die **Lage am Grundstücksmarkt** wider. Mit der Wertzahl soll eine Marktwertanpassung erfolgen. Die Wertzahl ergibt sich vorrangig aus den von den Gutachterausschüssen abgeleiteten Marktanpassungsfaktoren. Können keine geeigneten Sachwertfaktoren zur Verfügung gestellt werden, ist hilfsweise auf Anlage 25 zum BewG (Anhang Rz. 25) zurückzugreifen, die die Wertzahl nach Grundstücksart, Höhe des vorläufigen Sachwerts und Höhe des Bodenrichtwerts unterscheidet.

2 Diese Verfahrensweise entspricht der **Praxis der Verkehrswertermittlung,** die eine Anpassung zur Berücksichtigung der Lage auf dem Grundstücksmarkt gem. § 14 Abs. 2 ImmoWertV vorsieht.

IV. Sonderfälle

§ 192 Bewertung in Erbbaurechtsfällen

¹**Ist das Grundstück mit einem Erbbaurecht belastet, sind die Werte für die wirtschaftliche Einheit Erbbaurecht (§ 193) und für die wirtschaftliche Einheit des belasteten Grundstücks (§ 194) gesondert zu ermitteln.** ²**Mit der Bewertung**

des Erbbaurechts (§ 193) ist die Verpflichtung zur Zahlung des Erbbauzinses und mit der Bewertung des Erbbaurechtsgrundstücks (§ 194) ist das Recht auf den Erbbauzins abgegolten; die hiernach ermittelten Grundbesitzwerte dürfen nicht weniger als 0 Euro betragen.

I. Begriff des Erbbaurechts

Das Erbbaurecht stellt eine **besondere Form des Eigentums an Bauwerken** dar. Die zivilrechtlichen Einzelheiten sind in der ErbbauVO geregelt. Dem Erbbauberechtigten wird das **veräußerliche und vererbliche Recht** eingeräumt, auf oder unter der Oberfläche des Grundstücks ein **Bauwerk zu haben** (§ 1 Abs. 1 ErbbauVO). Als Gegenleistung zahlt der Erbbauberechtigte an den Erbbauverpflichteten (Eigentümer des Grund und Bodens) einen Erbbauzins. 1

Das **Erbbaurecht entsteht** zivilrechtlich mit der Eintragung in das Grundbuch (§ 11 Abs. 1 ErbbauVO). Schenkungsteuerlich gilt das Erbbaurecht bereits dann als entstanden, wenn an dem Grundstück durch notariellen Vertrag ein Erbbaurecht bestellt worden ist und die Vertragsparteien in der Lage sind, die Eintragung im Grundbuch zu erwirken. (ErbStR 23 Abs. 1). 2

Das auf Grund des Erbbaurechts errichtete Gebäude ist **wesentlicher Bestandteil des Erbbaurechts** (§ 12 Abs. 1 Satz 1 ErbbauVO). Kommt das Erbbaurecht zum Erlöschen, werden die Bestandteile des Erbbaurechts Bestandteile des Grundstücks (§ 12 Abs. 3 ErbbauVO). 3

II. Bewertung

Wie bei der Einheitsbewertung und der Bedarfsbewertung handelt es sich auch bei der Bewertung für Erbschaft- und Schenkungsteuerzwecke beim Erbbaurecht und bei dem belasteten Grundstück **um zwei getrennte wirtschaftliche Einheiten**. Die Bewertung der wirtschaftlichen Einheit „Erbbaurecht" erfolgt nach § 193. Die Bewertung des belasteten Grundstücks erfolgt nach § 194. 4

Beispiel:
Zum 20.5.2010 sind sowohl ein Erbbaugrundstück als auch das Erbbaurecht zu bewerten. Auf dem Grundstück befindet sich ein 1948 errichtetes,

§ 192 Bewertung in Erbbaurechtsfällen

unterkellertes Einfamilienhaus mittlerer Ausstattung mit nicht ausgebautem Dachgeschoss.

Die Regelherstellungskosten (RHK 2007) betragen 610,– € pro qm. Die Bruttogrundfläche beträgt 240 qm. Der Bodenrichtwert für das 540 qm große Grundstück beträgt 200,– €/qm. Das 1948 bestellte Erbbaurecht hat eine Laufzeit von 99 Jahren. Die vereinbarten jährlichen Erbbauzinsen betragen 2400,– €. Bei Ablauf des Erbbaurechts wird das Gebäude mit ⅔ des Zeitwerts entschädigt. Vergleichspreise bzw. Vergleichsfaktoren liegen nicht vor.

Da weder Vergleichspreise noch -faktoren vorliegen, erfolgt die Bewertung nach der finanzmathematischen Methode (§ 193 Abs. 2)

a) Wert des Erbbaurechts
1. Schritt: Ermittlung des Bodenwertanteils (§ 193 Abs. 3 und 4)

Angemessener Verzinsungsbetrag (§ 193 Abs. 4)

540 qm × 200,– € × 3 % =	3240,– €
Abzüglich vereinbarter jährlicher Erbbauzins	2400,– €
Unterschiedsbetrag	840,– €
× Vervielfältiger gem. Anlage 21 (Restlaufzeit des Erbbaurechts: 37 Jahre)	22,17
= Bodenwertanteil	18 622,– €

2. Schritt: Ermittlung des Gebäudewertanteils (§ 193 Abs. 5 Satz 1 und 2)

Regelherstellungswert 610,– € × 240 qm =	146 400,– €
abzüglich Alterswertminderung Alter des Gebäudes 62 Jahre/wirtschaftliche Gesamtnutzungsdauer gem. Anlage 22:	
80 Jahre → 77,5 % max. 60 % (Mindestwert)	87 840,– €
Gebäudesachwert	58 560,– €

3. Schritt: Ermittlung des auf das Erbbaugrundstück entfallenden Gebäudewertanteil (§ 194 Abs. 4)

58 560,– € × ⅓ (entschädigungslos übergehender Anteil)	19 520,– €
Abzinsung gem. Anlage 26 (Restlaufzeit: 37 Jahre/Zins: 3 %)	0,3350
Gebäudewertanteil Erbbaugrundstück	6539,– €

4. Schritt: Wert des Erbbaurechts

Bodenwertanteil 18 622,– €	
+ Gebäudesachwert 58 560,– €	
./. Gebäudewertanteil Erbbaugrundstück 6 539,– € =	70 643,– €

b) Wert des Erbbaugrundstücks
1. Schritt: Ermittlung des Bodenwertanteils

Abgezinster Bodenwert gem. Anlage 26 (Restlaufzeit: 37 Jahre/Zins: 3 %)

540 qm × 200,– € × 0,3350	36 180,– €
+ kapitalisierter Erbbauzins (Anlage 21) 2400,– € × 22,17	53 208,– €
Bodenwertanteil	89 388,– €

2. Schritt: Ermittlung des Gebäudewertanteils (s. o.)   6 539,– €

Grundbesitzwert Erbbaugrundstück	95 927,– €

§ 193 Bewertung des Erbbaurechts

(1) Der Wert des Erbbaurechts ist im Vergleichswertverfahren nach § 183 zu ermitteln, wenn für das zu bewertende Erbbaurecht Vergleichskaufpreise oder aus Kaufpreisen abgeleitete Vergleichsfaktoren vorliegen.

(2) In allen anderen Fällen setzt sich der Wert des Erbbaurechts zusammen aus einem Bodenwertanteil nach Absatz 3 und einem Gebäudewertanteil nach Absatz 5.

(3) ¹Der Bodenwertanteil ergibt sich aus der Differenz zwischen
1. dem angemessenen Verzinsungsbetrag des Bodenwerts des unbelasteten Grundstücks nach Absatz 4 und
2. dem vertraglich vereinbarten jährlichen Erbbauzins.

²Der so ermittelte Unterschiedsbetrag ist über die Restlaufzeit des Erbbaurechts mit dem sich aus Anlage 21 ergebenden Vervielfältiger zu kapitalisieren.

(4) ¹Der angemessene Verzinsungsbetrag des Bodenwerts des unbelasteten Grundstücks ergibt sich durch Anwendung des Liegenschaftszinssatzes, der von den Gutachterausschüssen im Sinne der §§ 192 ff. des Baugesetzbuchs ermittelt wurde, auf den Bodenwert nach § 179. ²Soweit von den Gutachterausschüssen keine geeigneten Liegenschaftszinssätze zur Verfügung stehen, gelten die folgenden Zinssätze:
1. 3 Prozent für Ein- und Zweifamilienhäuser und Wohnungseigentum, das wie Ein- und Zweifamilienhäuser gestaltet ist,
2. 5 Prozent für Mietwohngrundstücke und Wohnungseigentum, das nicht unter Nummer 1 fällt,
3. 5,5 Prozent für gemischt genutzte Grundstücke mit einem gewerblichen Anteil von bis zu 50 Prozent, berechnet nach der Wohn- und Nutzfläche, sowie sonstige bebaute Grundstücke,
4. 6 Prozent für gemischt genutzte Grundstücke mit einem gewerblichen Anteil von mehr als 50 Prozent, berechnet nach der Wohn- und Nutzfläche, und
5. 6,5 Prozent für Geschäftsgrundstücke und Teileigentum.

(5) ¹Der Gebäudewertanteil ist bei der Bewertung des bebauten Grundstücks im Ertragswertverfahren der Gebäudeertragswert nach § 185, bei der Bewertung im Sachwertverfahren der Gebäudesachwert nach § 190. ²Ist

§ 193

der bei Ablauf des Erbbaurechts verbleibende Gebäudewert nicht oder nur teilweise zu entschädigen, ist der Gebäudewertanteil des Erbbaurechts um den Gebäudewertanteil des Erbbaugrundstücks nach § 194 Abs. 4 zu mindern.

Anlage 21 zum BewG: Vervielfältiger (abgedruckt im Anhang Rz. 21)

I. Allgemeines

1   Während bisher in **Erbbaurechtsfällen** auf einen Gesamtwert als Ausgangsgröße für die Bewertung der wirtschaftlichen Einheiten abzustellen war, sind nunmehr die Werte für die beiden wirtschaftlichen Einheiten gesondert zu ermitteln.

II. Bewertung im Vergleichswertverfahren

2   **Vorrangig** anzuwenden ist das **Vergleichswertverfahren** iSd. § 183. Das Vergleichswertverfahren setzt allerdings voraus, dass Kaufpreise für Vergleichsgrundstücke, die möglichst innerhalb der gleichen Grundstücksart, mit etwa gleich hohen Erbbauzinsen, in Gebieten mit etwa gleichem Bodenwertniveau, mit gleicher Restlaufzeit und etwa gleichen Möglichkeiten der Anpassung der Erbbauzinsen vorhanden sind. Aufgrund dieser Erfordernisse dürfte in der Praxis eine Bewertung nach dem Vergleichswertverfahren ausscheiden (*Eisele* NWB Aktuell v. 25.2.2008, 695, 705). Liegen keine Vergleichskaufpreise vor, ist zu prüfen, ob geeignete **Vergleichsfaktoren** gegeben sind.

III. Bewertung nach finanzmathematischer Methode

1. Allgemeines

3   Kann das Vergleichswertverfahren **mangels geeigneter Vergleichsgrundstücke** nicht angewandt werden, so ist der Wert des Erbbaurechts nach § 193 Abs. 2 aus der Summe des Bodenwertwertanteils (§ 193 Abs. 3) und dem Gebäudewertanteil (§ 193 Abs. 5) zu bestimmen.

Bewertung nach finanzmathematischer Methode §193

2. Überblick über das Verfahren

Angemessener Verzinsungsbetrag 4
des Bodenwerts
./.
Vertraglich vereinbarter jährlicher
Erbbauzins
=
Unterschiedsbetrag   Gebäudeertrag oder
                                      Gebäudesachwert
×   ./.
Vervielfältiger (Anlage 21 zum BewG) ggf. Gebäudewertanteil
                                      des Erbbaugrundstücks
=   =
Bodenwertanteil   +   Gebäudewertanteil
                = Grundbesitzwert

3. Angemessene Verzinsung des Bodenwerts

Der **angemessene Verzinsungsbetrag** ergibt sich aus der **Multiplikation** des Bodenwerts für das Grundstück gem. § 179 und des Liegenschaftszinssatzes. Vorrang sollen die Gutachterschüsse Liegenschaftszinssätze ermitteln und mitteilen. Liegen keine Werte vor, gelten die im § 193 Abs. 4 niedergelegten Zinssätze. 5

4. Erzielbarer Erbbauzins

Der **maßgebende Erbbauzins** ist nach § 193 Abs. 3 Satz 1 Nr. 2 der am Bewertungsstichtag zu zahlende Erbbauzins, umgerechnet auf einen Jahresbetrag. Dabei ist stets auf die vertraglichen Vereinbarungen abzustellen; auf den gezahlten Erbbauzins kommt es nicht an. Sind Erbbauzinsen in unterschiedlicher Höhe vereinbart (gestaffelter Erbbauzins, Vorauszahlungen), ist die Summe der Barwerte für die jeweiligen Zahlungszeitpunkte/-räume zu bilden. Die künftigen Anpassungen auf Grund von Wertsicherungsklauseln sind nicht zu berücksichtigen. Ist kein Erbbauzins zu zahlen, stellt der angemessene Verzinsungsbetrag des Bodenwerts gleichzeitig den Unterschiedsbetrag dar. 6

5. Unterschiedsbetrag

Der Unterschiedsbetrag ermittelt sich aus der **angemessenen Verzinsung** des Bodenwerts **abzüglich** des erzielbaren **Erbbauzinses**. Der Unterschiedsbetrag ist der weiteren Berechnung zugrundezulegen, auch wenn er negativ ist. Dieser ist mit dem sich 7

§ 193   Bewertung des Erbbaurechts

aus Anlage 21 zum BewG (Anhang Rz. 21) ergebenden Vervielfältiger über die Restlaufzeit des Erbbaurechts zu kapitalisieren.

6. Bodenwertanteil

8   Der nach Anlage 21 zum BewG (Anhang Rz. 21) **kapitalisierte Unterschiedsbetrag** zwischen dem angemessenen Verzinsungsbetrag des Bodenwerts des unbelasteten Grundstücks und dem vertraglich vereinbarten jährlichen Erbbauzins stellt den **Bodenwertanteil** dar. Der Bodenwertanteil kann auch **negativ** sein, wenn der vereinbarte Erbbauzins höher ist als der bei Neuabschluss zum Bewertungsstichtag übliche Erbbauzins (z. B. infolge stark gefallener Bodenpreise). Der Bodenwertanteil des Erbbaurechts entspricht dem wirtschaftlichen Vorteil, den der Erbbauberechtigte dadurch erlangt hat, dass er in vielen Fällen entsprechend den Regelungen des Erbbauvertrags über die Restlaufzeit des Erbbaurechts nicht den vollen Bodenwertverzinsungsbetrag leisten muss.

7. Gebäudewertanteil

9   Je nachdem, **welcher Grundstücksart** das Gebäude **zuzurechnen** ist, ist entweder das Ertragswertverfahren (Ermittlung des Gebäudeertragswerts gem. § 185) oder das Sachwertverfahren (Ermittlung des Gebäudesachwerts gem. § 190) einschlägig.

10   Bei **vollwertiger Entschädigung** bei Ablauf des Erbbaurechts entspricht der Gebäudeertragswert oder Gebäudesachwert dem Gebäudewertanteil.

11   Ist der Gebäudewert bei Ablauf des Erbbaurechts **nicht oder nur teilweise zu entschädigen,** ist der Gebäudeertragswert bzw. der Gebäudesachwert um den Gebäudewertanteil des Erbbaugrundstücks zu vermindern. Bei der Minderung des Gebäudewertanteils des Erbbaurechts infolge fehlender Entschädigung unterstellt der Gesetzgeber typisierend, dass das Gebäude aufgrund der Regelungen über die Mindest-Restnutzungsdauer und über den Mindest-Gebäudewert in diesem Zeitpunkt noch einen erheblichen Wert hat.

12   Eine **Berücksichtigung weiterer wertbeeinflussender Umstände** beispielsweise von Marktanpassungsfaktoren, vom Üblichen abweichende Auswirkungen vertraglicher Vereinbarungen (insbesondere fehlende Wertsicherungsklauseln oder der Ausschluss einer Anpassung des Erbbaurechtsvertrags) kommt nicht in Betracht ErbStR B 193 Abs. 8.

§ 194 Bewertung des Erbbaugrundstücks

(1) Der Wert des Erbbaugrundstücks ist im Vergleichswertverfahren nach § 183 zu ermitteln, wenn für das zu bewertende Grundstück Vergleichskaufpreise oder aus Kaufpreisen abgeleitete Vergleichsfaktoren vorliegen.

(2) ¹In allen anderen Fällen bildet der Bodenwertanteil nach Absatz 3 den Wert des Erbbaugrundstücks. ²Dieser ist um einen Gebäudewertanteil nach Absatz 4 zu erhöhen, wenn der Wert des Gebäudes vom Eigentümer des Erbbaugrundstücks nicht oder nur teilweise zu entschädigen ist.

(3) ¹Der Bodenwertanteil ist die Summe des über die Restlaufzeit des Erbbaurechts abgezinsten Bodenwerts nach § 179 und der über diesen Zeitraum kapitalisierten Erbbauzinsen. ²Der Abzinsungsfaktor für den Bodenwert wird in Abhängigkeit vom Zinssatz nach § 193 Abs. 4 und der Restlaufzeit des Erbbaurechts ermittelt; er ist Anlage 26 zu entnehmen. ³Als Erbbauzinsen sind die am Bewertungsstichtag vereinbarten jährlichen Erbbauzinsen anzusetzen; sie sind mit dem sich aus Anlage 21 ergebenden Vervielfältiger zu kapitalisieren.

(4) Der Gebäudewertanteil des Erbbaugrundstücks entspricht dem Gebäudewert oder dem anteiligen Gebäudewert, der dem Eigentümer des Erbbaugrundstücks bei Beendigung des Erbbaurechts durch Zeitablauf entschädigungslos zufällt; er ist nach Maßgabe der Anlage 26 auf den Bewertungsstichtag abzuzinsen.

Anlage 21 zum BewG: Vervielfältiger (abgedruckt im Anhang Rz. 21)
Anlage 26 zum BewG: Abzinsungsfaktoren (abgedruckt im Anhang Rz. 26)

I. Bewertung im Vergleichswertverfahren

Vorrangig ist – wie bei der Bewertung des Erbbaurechts – das **Vergleichswertverfahren** anzuwenden. Notwendig ist hierfür allerdings, dass entweder Vergleichskaufpreise oder Vergleichsfaktoren vorliegen. (§ 193 Rz. 2). 1

II. Bewertung nach finanzmathematischer Methode

Kommt eine Bewertung nach dem **Vergleichswertverfahren nicht in Betracht,** ist der Wert nach dem Bodenwertanteil zu 2

§ 194 Bewertung des Erbbaugrundstücks

bestimmen. Dieser ist, sofern keine oder nur eine teilweise Entschädigung bei Ablauf des Erbbaurechts zu leisten ist, um einen Gebäudewertanteil zu erhöhen.

III. Überblick über das Verfahren

3 Abgezinster Bodenwert des unbelasteten Grundstücks
+
Über die Restlaufzeit kapitalisierter Erbbauzins
=
Bodenwertanteil
+ ggf. abgezinster Gebäudewertanteil
(abhängig von der Restnutzungsdauer des
Gebäudes, der Restlaufzeit des Erbbaurechts
und der Höhe der Gebäudeentschädigung)
=
Grundbesitzwert

IV. Abgezinster Bodenwertanteil

4 **Ausgangspunkt** ist der gem. § 179 ermittelte Bodenwert, der über die Restlaufzeit des Erbbaurechts abzuzinsen ist. Der Abzinsungsfaktor ergibt sich aus der Anlage 26 zum BewG (Anhang Rz. 26).

V. Kapitalisierter erzielbarer Erbbauzins

5 Der **vereinbarte jährliche Erbbauzins ist** mit dem entsprechenden Vervielfältiger aus Anlage 21 zum BewG (Anhang Rz. 21) zu kapitalisieren. Aus Vereinfachungsgründen ist auf den vereinbarten und nicht auf den erzielbaren Erbbauzins abzustellen.

VI. Bodenwertanteil

6 Der **abgezinste Bodenwert** des unbelasteten Grundstücks erhöht um den kapitalisierten erzielbaren Erbbauzins ergibt den Bodenwertanteil.

VII. Abgezinster Gebäudewertanteil

7 Sofern **keine oder nur eine teilweise Entschädigung** bei Ablauf des Erbbaurechts zu zahlen ist, ist der Bodenwertanteil **um**

einen abgezinsten Gebäudewertanteil zu erhöhen. Der Gebäudewertanteil ermittelt sich entsprechend der Grundstücksart nach dem Ertrags- oder Sachwertverfahren. Der **Gebäudeertragswert** bzw. der **Gebäudesachwert** stellt den Gebäudewertanteil dar. Der entschädigungslos zufallende Gebäudewertanteil ist sodann auf den Bewertungsstichtag abzuzinsen. Der Abzinsungsfaktor ergibt sich aus Anlage 26 zum BewG (Anhang Rz. 26). Der Gebäudewertanteil entspricht dem Wertvorteil, den der Grundstückseigentümer bei Beendigung des Erbbaurechts dadurch erlangt, dass er keinen oder nur einen Teil des bestehenden Werts des Gebäudes an den Erbbauberechtigten zu zahlen hat ErbStR B 194 Abs. 5.

§ 195 Gebäude auf fremdem Grund und Boden

(1) **In Fällen von Gebäuden auf fremdem Grund und Boden sind die Werte für die wirtschaftliche Einheit des Gebäudes auf fremdem Grund und Boden (Absatz 2) und die wirtschaftliche Einheit des belasteten Grundstücks (Absatz 3) gesondert zu ermitteln.**

(2) [1]**Das Gebäude auf fremdem Grund und Boden wird bei einer Bewertung im Ertragswertverfahren mit dem Gebäudeertragswert nach § 185, bei einer Bewertung im Sachwertverfahren mit dem Gebäudesachwert nach § 190 bewertet.** [2]**Ist der Nutzer verpflichtet, das Gebäude bei Ablauf des Nutzungsrechts zu beseitigen, ist bei der Ermittlung des Gebäudeertragswerts der Vervielfältiger nach Anlage 21 anzuwenden, der sich für die am Bewertungsstichtag verbleibende Nutzungsdauer ergibt.** [3]**§ 185 Abs. 3 Satz 5 ist nicht anzuwenden.** [4]**Ist in diesen Fällen der Gebäudesachwert zu ermitteln, bemisst sich die Alterswertminderung im Sinne des § 190 Abs. 2 Satz 1 bis 3 nach dem Alter des Gebäudes am Bewertungsstichtag und der tatsächlichen Gesamtnutzungsdauer.** [5]**§ 190 Abs. 2 Satz 4 ist nicht anzuwenden.**

(3) [1]**Der Wert des belasteten Grundstücks ist der auf den Bewertungsstichtag abgezinste Bodenwert nach § 179 zuzüglich des über die Restlaufzeit des Nutzungsrechts kapitalisierten Entgelts.** [2]**Der Abzinsungsfaktor für den Bodenwert wird in Abhängigkeit vom Zinssatz nach § 193 Abs. 4 und der Restlaufzeit des Nutzungsverhältnisses ermittelt; er ist Anlage 26 zu entnehmen.** [3]**Das über die Restlaufzeit des Nutzungsrechts kapitalisierte Entgelt**

ergibt sich durch Anwendung des Vervielfältigers nach Anlage 21 auf das zum Bewertungsstichtag vereinbarte jährliche Entgelt.

Anlage 21 zum BewG: Vervielfältiger (abgedruckt im Anhang Rz. 21)
Anlage 26 zum BewG Abzinsungsfaktoren (abgedruckt im Anhang Rz. 26)

I. Begriff

1   Ein **Gebäude auf fremdem Grund und Boden** liegt vor, wenn ein anderer als der Eigentümer des Grund und Bodens darauf ein Gebäude errichtet hat und ihm das Grundstück zuzurechnen ist. Das ist der Fall, wenn es Scheinbestandteil des Grund und Bodens ist (§ 95 BGB) oder dem Nutzungsberechtigten für den Fall der Nutzungsbeendigung gegenüber dem Eigentümer des Grund und Bodens ein Anspruch auf Ersatz des Verkehrswerts des Gebäudes zusteht. Ein solcher Anspruch kann sich aus einer **vertraglichen Vereinbarung** oder dem **Gesetz** ergeben. Es handelt sich hier um eine stark typisierende Regelung. Es ist daher nicht auszuschließen, dass der nach dieser Vorschrift ermittelte Wert den gemeinen Wert übersteigt. Dem Steuerpflichtigen steht der Nachweis des niedrigeren gemeinen Werts nach § 198 offen.

II. Bewertung allgemein

2   Das Gebäude auf fremdem Grund und Boden und das belastete Grundstück bilden **zwei wirtschaftliche Einheiten,** die getrennt voneinander zu bewerten sind. Maßgeblich für die Bewertung ist die Sicht eines möglichen Erwerbs des Gebäudes bzw. des belasteten Grundstücks. Ein möglicher Erwerber des Gebäudes würde für das Objekt bei einer groben Kalkulation nur den aktuellen Gebäudeertrags- oder Gebäudesachwert ansetzen. Die Verpflichtung zur Zahlung des Nutzungsentgelts für den Grund und Boden wird nicht berücksichtigt, da dieser bei einer typisierenden Betrachtung in wirtschaftlich gleicher Höhe ein Nutzungsvorteil gegenübersteht. Sinngemäß ist die Regelung zur Bewertung des Grund und Bodens einzuordnen. Ein möglicher Erwerber des Grund und Bodens würde bei einer groben Kalkulation nur den auf den Bewertungsstichtag abgezinsten Bodenwert zuzüglich des kapitalisierten Nutzungsentgelts zahlen.

III. Bewertung des Gebäudes im Ertragswertverfahren

Handelt es sich um ein Gebäude auf fremden Grund und Boden, **das hinsichtlich der Gebäudeart im Ertragswertverfahren** zu bewerten ist, so wird hierfür der Gebäudeertragswert (§ 185) angesetzt. Ist der Nutzer verpflichtet, das Gebäude bei Ablauf des Nutzungsrechts zu entfernen, ist zu beachten, dass der Vervielfältiger sich nach der am Bewertungsstichtag verbleibenden Nutzungsdauer ergibt. Die Regelung zur Mindestrestnutzungsdauer findet keine Anwendung.

3

Beispiel:
Ein Mietwohngrundstück ist auf fremden Grund und Boden errichtet. Für Schenkungsteuerzwecke ist per 15.3.2010 ein Grundbesitzwert zu ermitteln. Der Gebäudereinertrag beträgt 45 840,– €. Das Mietwohnhaus ist 20 Jahre alt. Nach Ablauf des maßgeblichen Vertrags in 25 Jahren muss der Eigentümer des Gebäudes das Gebäude abbrechen. Der Grundbesitzwert errechnet sich wie folgt:

Gebäudereinertrag		45 840,– €
Vervielfältiger gem. Anlage 21 (Anhang Rz. 21)		
Pauschale Nutzungsdauer	80 Jahre	
Alter des Gebäudes	20 Jahre	
Restnutzungsdauer	60 Jahre	
Hier max. die verbleibende Nutzungsdauer:		14,09
25 Jahre → Vervielfältiger (Liegenschaftszins 5 %)		
Gebäudeertragswert = Wert des Gebäudes auf fremden Grund und Boden		645 886,– €

IV. Bewertung des Gebäudes im Sachwertverfahren

Handelt es sich bei dem Gebäude auf fremdem Grund und Boden um eine Grundstücksart, die im **Sachwertverfahren** zu bewerten ist, so wird der **Gebäudesachwert** (§ 190) angesetzt. Ist der Nutzer verpflichtet, das Gebäude bei Ablauf des Nutzungsrechts zu beseitigen, ist zu beachten, dass sich die Alterswertminderung in diesen Fällen nach dem Alter des Gebäudes am Bewertungsstichtag und der tatsächlichen Gesamtnutzungsdauer bemisst. Ein Mindestrestwert ist nicht anzusetzen, da bei einer Beseitigungsverpflichtung ein solcher nicht besteht ErbStR B 195.2.

4

V. Bewertung des belasteten Grundstücks

5 Maßgeblich für die Regelung ist die **Sicht eines möglichen Erwerbers** des Grund und Bodens. Er würde für das Objekt bei einer „groben" Kalkulation nur den auf den Bewertungsstichtag abgezinsten Bodenwert zuzüglich der kapitalisierten Nutzungsentgelte zahlen.

Die Abzinsung des Bodenwerts (§ 195 Abs. 3 Satz 2, § 193 Abs. 4 iVm. Anlage 26 zum BewG, Anhang Rz. 26) und die Kapitalisierung des Nutzungsentgelts (§ 195 Abs. Satz 3 iVm. Anlage 21 zum BewG, Anhang Rz. 21) erfolgt in Abhängigkeit der **Restlaufzeit des Nutzungsrechts.** Ein Gebäudewertanteil ist nicht zu berücksichtigen.

Beispiel:
Ein mit einem fremden Gebäude bebautes Grundstück wird am 15.4.2010 im Wege der Schenkung übertragen. Das Grundstück ist 1000 m groß. Der zuletzt ermittelte Bodenrichtwert beträgt 300 €/qm. Am Bewertungsstichtag beträgt die Restlaufzeit des Nutzungsrechts noch 20 Jahre. An Pachtzins sind p. a. 10 000 € zu zahlen. Der Gutachterausschuss gibt einen Liegenschaftszins von 5,5,% vor. Der Grundstückswert errechnet sich wie folgt:

Abgezinster Bodenwert: 1000 qm × 300 € × 0,3427 =	102 810 €
(§ 195 Abs. 3 Satz 3 iVm. § 193 Abs. 4 und Anlage 26 zum BewG)	
+ kapitalisierter Pachtzins 10 000 € × 11,95 =	119 500 €
(§ 195 Abs. 3 Satz 3 iVm. Anlage 21)	
Grundbesitzwert =	222 310 €

§ 196 Grundstücke im Zustand der Bebauung

(1) ¹**Ein Grundstück im Zustand der Bebauung liegt vor, wenn mit den Bauarbeiten begonnen wurde und Gebäude und Gebäudeteile noch nicht bezugsfertig sind.** ²**Der Zustand der Bebauung beginnt mit den Abgrabungen oder der Einbringung von Baustoffen, die zur planmäßigen Errichtung des Gebäudes führen.**

(2) **Die Gebäude oder Gebäudeteile im Zustand der Bebauung sind mit den bereits am Bewertungsstichtag entstandenen Herstellungskosten dem Wert des bislang unbebauten oder bereits bebauten Grundstücks hinzuzurechnen.**

1 Die **Bewertung** eines Grundstücks im Zustand der Bebauung kann vor dem Hintergrund einer verkehrswertorientierten Bewertung **einfach** erfolgen. Dem steuerlichen Wert der schon vorhande-

nen wirtschaftlichen Einheit – bei einem unbebauten Grundstück der Wert nach § 179 oder bei einem bebauten Grundstück der Wert nach § 182 – sind lediglich die zum Bewertungsstichtag angefallenen Herstellungskosten hinzuzurechnen. Ob die Herstellungskosten schon bezahlt sind, ist für die Bewertung unerheblich.

Beispiel: 2
Erblasser E hat im Sommer 2010 auf einem bisher unbebauten Grundstücks mit dem Bau eines Zweifamilienhauses begonnen. Im April 2011 verstirbt E. Zu diesem Zeitpunkt ist das Gebäude noch nicht fertiggestellt. Der Wert des unbebauten Grundstücks beträgt 250 000 €. Bis zum Todestag sind Baukosten iHv. 100 000 € angefallen.
Der Grundbesitzwert errechnet sich wie folgt;

Wert des unbebauten Grundstücks:	250 000 €
+ bis zum Todestag angefallene Herstellungskosten:	100 000 €
Grundbesitzwert:	350 000 €

§ 197 Gebäude und Gebäudeteile für den Zivilschutz

Gebäude, Teile von Gebäuden und Anlagen, die wegen der in § 1 des Zivilschutzgesetzes vom 25. März 1997 (BGBl. I S. 726), das zuletzt durch Artikel 2 des Gesetzes vom 27. April 2004 (BGBl. I S. 630) geändert worden ist, in der jeweils geltenden Fassung bezeichneten Zwecke geschaffen worden sind und im Frieden nicht oder nur gelegentlich oder geringfügig für andere Zwecke benutzt werden, bleiben bei der Ermittlung des Grundbesitzwerts außer Betracht.

Die sachliche Befreiung entspricht § 150. Siehe § 150 Rz. 1 f. 1

V. Nachweis des niedrigeren gemeinen Werts

§ 198 Nachweis des niedrigeren gemeinen Werts

[1]Weist der Steuerpflichtige nach, dass der gemeine Wert der wirtschaftlichen Einheit am Bewertungsstichtag niedriger ist als der nach den §§ 179, 182 bis 196 ermittelte Wert, so ist dieser Wert anzusetzen. [2]Für den Nachweis des niedrigeren gemeinen Werts gelten grundsätzlich die auf Grund des § 199 Abs. 1 des Baugesetzbuchs erlassenen Vorschriften.

I. Allgemeines

1 Das BVerfG forderte in seiner Entscheidung 1 BvL 10/02 v. 7.11.2006 (BStBl. II 2007, 192) eine **verkehrsnahe Bewertung** aller Vermögensarten und damit auch des Grundvermögens. In § 177 ist daher geregelt, dass bei der Bewertung des Grundvermögens der gemeine Wert (§ 9) zugrunde zu legen ist. Nach Maßgabe des § 9 sind hierbei **alle wertbeeinflussenden Umstände am Bewertungsstichtag** zu berücksichtigen. Hierzu gehören die allgemeinen Wertverhältnisse auf dem Grundstücksmarkt und der Zustand des zu bewertenden Grundstücks. Der Grundstückszustand bestimmt sich nach der Gesamtheit der wertbeeinflussenden rechtlichen Gegebenheiten, insbesondere den Rechten und Belastungen privatrechtlicher und öffentlich-rechtlicher Art, den tatsächlichen Eigenschaften, der sonstigen Beschaffenheit und der Lage des Grundstücks.

2 Nur **ungewöhnliche oder persönliche Verhältnisse** sind **nicht zu berücksichtigen** . Bei der Vielzahl der Erbschaft- und Schenkungsteuerfälle in denen Grundvermögen übertragen wird, ist jedoch eine verfassungsrechtlich zulässige typisierende Bewertung erforderlich. Auf Grund der typisierenden Bewertungsverfahren lässt es sich nicht vermeiden, dass die ermittelten Werte in besonders gelagerten Fällen über den gemeinen Wert eines Grundstücks hinausgehen können. Damit sich die vereinfachte Grundbesitzbewertung nicht nachteilig auswirkt, kann der Steuerpflichtige gegenüber dem Finanzamt **nachweisen, dass der gemeine Wert** am Bewertungsstichtag **niedriger** ist als der nach den Bewertungsvorschriften ermittelte Grundbesitzwert. Der Nachweis ist für die nach § 179, §§ 182 bis 196 bewerteten wirtschaftlichen Einheiten möglich, wobei der Nachweis die gesamte wirtschaftliche Einheit umfassen muss.

II. Sachverständigengutachten

3 Der **Nachweis des niedrigeren gemeinen Werts** erfolgt primär über ein Sachverständigengutachten. Zum Kreis der Sachverständigen, die für den Gutachtennachweis in Betracht kommen, zählen neben den öffentlich bestellten und vereidigten Sachverständigen für die Bewertung von Grundstücken öffentlich bestellte Vermessungsingenieure sowie zertifizierte Sachverständige (*Eisele* NWB Fach 10, 933, 938). Ein von einem Wirtschaftsprüfer erstelltes **Gutachten** ist nicht anerkannt worden (BFH II R 69/01 v. 10.12.2004,

BStBl. II 2005, 259). Bei der Ermittlung des Verkehrswerts ist § 199 Abs. 1 BauGB, dh. sämtliche wertbeeinflussenden Umstände sind zu berücksichtigen. Den Steuerpflichtigen trifft die Nachweispflicht und nicht die bloße Darlegungslast. Enthält ein Gutachten Mängel, so kann das Finanzamt das Gutachten zurückweisen. Ein Gegengutachten durch das Finanzamt ist nicht erforderlich (ErbStR B 198 Abs.3).

Die Gutachten basierten bislang auf der WertV und den WertRL 2006. **Seit dem 1.7.2010** ist an die Stelle der WertV die **Immobilienwertermittlungsverordnung** (ImmoWertV) v. 19.5.2010 (BGBl I 2010, 639) getreten. Gutachten, die nach dem 1.7.2010 erstellt werden, müssen sich daher an den **neuen Regelungen** orientieren (*Gürsching/Stenger* § 198 Rz. 58ff). 4

III. Zeitnaher Kaufpreis

Als **Nachweis eines niedrigeren gemeinen Werts** kommt auch ein im gewöhnlichen Geschäftsverkehr innerhalb eines Jahres vor und nach dem Bewertungsstichtag zustande gekommenen **Kaufpreis** über das zu bewertende Grundstück als Nachweis des geringeren gemeinen Werts dienen. Auch ein außerhalb des Jahreszeitraums zustande gekommener Kaufpreis kann akzeptiert werden, wenn die maßgeblichen Verhältnisse gegenüber den Verhältnissen zum Bewertungsstichtag unverändert geblieben sind (ErbStR B 198 Abs.4). 5

D. Nicht notierte Anteile an Kapitalgesellschaften und Betriebsvermögen

Vorbemerkungen zu §§ 199–203

I. Rechtsentwicklung

Die Bundesregierung hatte am 8.2.2008 einen Diskussionsentwurf für eine **Verordnung zur Durchführung des § 11 Abs. 2 (Anteils- und Betriebsvermögensbewertungsverordnung – AntBVBewV)** vorgelegt. Er regelte in sieben Paragraphen in einer Rechtsverordnung die Anwendung des vereinfachten Ertragswertverfahrens. Rechtsgrundlage war § 11 Abs. 2 Satz 4 idF des Art. II des Entwurfes eines Erbschaftsteuerreformgesetz (ErbStRG) v. 11.12.2007. § 11 Abs. 2 Satz 4 dieses Entwurfs regelte, dass zur 1

Vor §§ 199–203

Sicherstellung einer einheitlichen Rechtsanwendung bei gleichen Sachverhalten und zur Erleichterung der Bewertung die Bundesregierung ermächtigt wird, mit Zustimmung des Bundesrates den bei Ertragswertermittlungen anzuwendenden Kapitalisierungszinssatz und Einzelheiten für ein Ertragswertverfahren zu regeln.

2 Der **Entwurf der Rechtsverordnung** ist schnell Gegenstand **erheblicher Kritik** geworden. So regelte § 1 Abs. 3 AntBVBewV, dass das vereinfachte Ertragswertverfahren nicht anzuwenden ist, wenn der Gewerbebetrieb oder die Gesellschaft am Bewertungsstichtag in die Größenklasse Großbetrieb (G1) im Sinne des § 3 BpO in der jeweils geltenden Fassung einzuordnen ist. In der **Regierungsbegründung** zu dieser Vorschrift hieß es dazu nur, dass die Anwendung des vereinfachten Ertragswertverfahrens generell auf kleine und mittlere Unternehmen beschränkt sein soll. Für Großbetriebe bestehe kein Bedarf an einem vereinfachten Verfahren, weil davon auszugehen ist, dass ohnehin Finanzplandaten und andere für eine Unternehmensbewertung in einem anerkannten Ertragswertverfahren benötigte Daten verfügbar sind. Diese **Begründung überzeugte nicht** (zur Kritik siehe *Hannes/Onderka* ZEV 2008, 173, 174; *Schmitt* WPg 2008, 239, 244; *Piltz* DStR 2008, 745, 748; *Barthel* FB 2008, 520, 521), so dass diese Einschränkung im Laufe des Gesetzgebungsverfahrens aufgegeben worden ist. Das **vereinfachte Bewertungsverfahren steht** somit **allen Unternehmen jeglicher Größenordnung offen** (vgl. § 199).

3 Die massivste **Kritik** entzündete sich allerdings daran, dass das **Verfahren zur vereinfachten Bewertung des Betriebsvermögens** (ebenso die Verfahren zur Bewertung des Grundvermögens und des land- und forstwirtschaftlichen Vermögens) **in einer Rechtsverordnung statt im BewG** selbst geregelt werden sollte. Nach weit überwiegender Meinung ist es nämlich weder mit dem verfassungsrechtlichen Parlamentsvorbehalt noch mit Art. 80 Abs. 1 GG vereinbar, dass der parlamentarische Gesetzgeber die Methoden der Wertermittlung für die jeweiligen Vermögensarten an die Exekutive delegiert, statt sie selbst im BewG zu regeln (siehe dazu ausführlich *Barthel* FB 2008, 520 Fn. 1). Letztlich geht es um die Umsetzung der Forderung des BVerfG (1 BvL 10/02 v. 7.11.2006, BStBl. II 2007, 192), dass das Stuttgarter Verfahren als Regelbewertung abgelöst und durch die verfassungsrechtlich gebotene Bemessungsgrundlage des gemeinen Werts/Verkehrswerts ersetzt werden muss. Das kann nicht in einer Rechtsverordnung, sondern muss im BewG selbst geregelt sein. Der Gesetzgeber hat sich letztlich dieser Meinung angeschlossen und den Regelungsinhalt der Verordnungsentwürfe vollumfänglich in das BewG (§ 199 bis § 203) übernommen.

Die **Erbschaftsteuer-Richtlinien 2011** (ErbStR 2011) v. **4**
19.12.2011, BStBl. I 2011, 2, ErbStR B 199 ff. sind auf alle Erwerbsfälle anzuwenden, für die die Steuer **nach dem 2.11.2011** entstanden ist. Sie **gelten auch** für Erwerbsfälle, für die die Steuer vor dem 3.11.2011 entstanden ist, soweit sie geänderte Vorschriften des ErbStG und des BewG betreffen, die vor dem 3.11.2011 anzuwenden sind.

II. Überblick über die Regelungen, Sinn und Zweck

§ 11 Abs. 2 Satz 4 bestimmt, dass die §§ 199 bis 203 „zu berück- **5** sichtigen sind". Dieses gesetzgeberischen Hinweises hätte es an sich nicht bedurft, weil die §§ 199 ff. eine **Konkretisierung des § 11 Abs. 2 Satz 2** darstellen(zustimmend *Rössler/Troll* § 199 Rz. 2. Sowohl in § 11 Abs. 2 Satz 2 als auch in den §§ 199 ff. geht es darum, den gemeinen Wert von Anteilen an einer Kapitalgesellschaft oder dem gemeinen Wert des Betriebsvermögens bzw. eines Anteils am Betriebsvermögen nach § 109 Abs. 1 und 2 unter Berücksichtigung der Ertragsaussichten der Kapitalgesellschaft bzw. des Gewerbebetriebs oder der Gesellschaft zu ermitteln. Während aber § 11 Abs. 2 Satz 2 die Bewertung unter Berücksichtigung der Ertragsaussichten gleichberechtigt neben anderen anerkannten, auch im gewöhnlichen Geschäftsverkehr für nicht steuerliche Zwecke üblichen Methoden stellt, ist das vereinfachte Ertragswertverfahren gemäß § 199 nur dann anzuwenden, wenn der gemeine Wert des übertragenen Unternehmens anhand des **Ertragswertverfahrens** zu ermitteln ist. Nur für diese Bewertungsmethode bieten die §§ 199 ff. die Möglichkeit, ohne hohen Ermittlungsaufwand oder Kosten für einen Gutachter einen objektivierten Unternehmens- bzw. Anteilswert zu ermitteln.

Ist die **andere nach § 11 Abs. 2 Satz 2 zulässige Bewer-** **6** **tungsmethode anwendbar,** weil zB branchenüblich, so scheidet das vereinfachte Ertragswertverfahren zur Ermittlung des gemeinen Werts des Unternehmens aus (Gleichl. Ländererlasse v. 25. 6. 2009, BStBl. I 2009, 698, 707; Bericht des Finanzausschusses, BT-Drucks. 16/11107 S. 26). Methodisch orientiert sich das vereinfachte Ertragswertverfahren damit an der Bewertungsweise eines echten Ertragswertverfahrens. Es ist der **durchschnittliche Jahresertrag** zu ermitteln, der dann mit einem Kapitalisierungsfaktor multipliziert wird. Im Unterschied zum früheren Stuttgarter Verfahren wird der durchschnittliche Jahresertrag allerdings nicht mehr gewichtet, sondern es wird der lineare Durchschnitt herangezogen. Der Kapitalisierungsfaktor ergibt sich aus dem Kapitalisierungszinssatz, der aus dem Basiszinssatz abgeleitet wird und einem Risikozuschlag von 4,5 %. Das bedeutet, dass der Kapitalisierungsfaktor – im Unterschied zu sonstigen Ertragswertverfahren – abgesehen vom beweglichen Basiszinssatz fix ist und das auf Branchen- bzw. Unternehmensspezifika daher im Rahmen des Kapitalisierungsfaktors nicht flexibel reagiert werden kann.

7 **Kritik:** Es kann zum jetzigen Zeitpunkt, zu dem praktische Erfahrungen mit dem vereinfachten Bewertungsverfahren nur begrenzt vorliegen, nur gemutmaßt werden, dass dieses Verfahren **in der Praxis keine große Bedeutung erlangen wird** (zur Kritik siehe insbesondere *Rössler/Troll* § 199 Rz. 2; *Kohl/König* BB 2012, 607; *Barthel* FB 2008, 520, 523; *Hannes/Onderka* ZEV 2008, 173, 175; *Schulte* FR 2008, 341, 346). Das liegt in erster Linie an der starren Regelung des § 203 zur Ermittlung des Kapitalisierungsfaktors, der keinerlei Berücksichtigung von individuellen Besonderheiten des Einzelfalles erlaubt. Der Basiszins, der aus der langfristig erzielbaren Rendite öffentlicher Anleihen abzuleiten ist, wird von der Deutschen Bundesbank ermittelt und vom BMF im BStBl. veröffentlicht. Für das **Jahr 2012** beträgt er 2,44 % (BMF v. 2.1.2012, BStBl. I 2012, 13). Erhöht man diesen Zinssatz um den gesetzlich festgelegten Risikozuschlag von 4,5 % (§ 203 Abs. 1), ergibt sich ein Kapitalisierungszinssatz von 6,94 % und ein Kapitalisierungsfaktor von 1 : 6,94 x 100 = 14,41.

8 Hier wird das **Problem** evident: Die über alle Unterschiede im Einzelfall hinweggehende Vorgabe eines **fixen Risikozuschlags** steht in einem **offensichtlichen Widerspruch** zur Vorgehensweise der Betriebswirtschaftslehre, die grundsätzlich den Risikozuschlag im Hinblick auf die spezifische Risikostruktur des zu bewertenden Unternehmens unter Berücksichtigung externer und interner Einflüsse vornimmt und deshalb des Risikozuschlag unternehmensspezifisch justiert (vgl. *Hübner* Erbschaftsteuerreform 2009 S. 494 unter Verweis auf IDW S 1 2008, Tz. 91).Die Vorstellung, man könne die Risiken einer Investition in einem Unternehmen von den Besonderheiten des Einzelfalls losgelöst im BMF beurteilen und festlegen, erscheinen zweifelhaft (*Hübner* aaO S. 494). Die angestrebte Vereinfachung wird nicht erreicht werden, weil das typisierte Verfahren auf einem deutlich überhöhten Niveau liegt. Wer ein einfaches typisierendes Verfahren anbieten will, muss auf einen Wert abzielen, der in dem Korridor der gemeinen Werte in der Nähe der Wertuntergrenze liegt (vgl. *Rössler/Troll* § 203 Rz. 3; *Hübner* aaO S. 488).

9 Der **Kapitalisierungsfaktor** für das Jahr 2012 in Höhe von 14,41 offenbart jedoch, dass die Bewertung nach dem vereinfachten Ertragswertverfahren auf die obere Wertgrenze zielt, weil in einer

Vielzahl von Fällen am Markt nicht realisierte Werte sich errechnen (*Neufang* BB 2009, 2004, 2010 spricht bezogen auf klein- und mittelständische Unternehmen sogar von völlig weltfremden Werten). Dies steht im Widerspruch zur Entscheidung des BVerfG 1 BvL 10/ 02 v. 7.11.2006 (BStBl. II 2007, 192), wonach die Bewertung des Produktivvermögens einen Annäherungswert an den gemeinen Wert liefern soll. Bei einem Kapitalisierungsfaktor von 14,41 wird diese Anforderung des BVerfG missachtet (a. A. *Wilms/Jochum* § 199 Rz. 13, grundsätzliche Verfassungsmäßigkeit des vereinfachten Ertragswertverfahrens, Forderung nach einer Korrektur der „offensichtlich unzutreffenden Ergebnisse"). Die weitere Entwicklung hierzu bleibt abzuwarten.

§ 199 Anwendung des vereinfachten Ertragswertverfahrens

(1) **Ist der gemeine Wert von Anteilen an einer Kapitalgesellschaft nach § 11 Abs. 2 Satz 2 unter Berücksichtigung der Ertragsaussichten der Kapitalgesellschaft zu ermitteln, kann das vereinfachte Ertragswertverfahren (§ 200) angewendet werden, wenn dieses nicht zu offensichtlich unzutreffenden Ergebnissen führt.**

(2) **Ist der gemeine Wert des Betriebsvermögens oder eines Anteils am Betriebsvermögen nach § 109 Abs. 1 und 2 in Verbindung mit § 11 Abs. 2 Satz 2 unter Berücksichtigung der Ertragsaussichten des Gewerbebetriebs oder der Gesellschaft zu ermitteln, kann das vereinfachte Ertragswertverfahren (§ 200) angewendet werden, wenn dieses nicht zu offensichtlich unzutreffenden Ergebnissen führt.**

Schrifttum: *Barthel* Unternehmenswert: Entwurf einer Anteils- und Betriebsvermögensbewertungsverordnung, FinanzBetrieb 2008, 520; *Brüggemann* Diskussionsentwurf AntBVBewV: Anteile an Kapitalgesellschaften nach altem und neuem Recht, ErbBstg 2008, S. 125; *Creutzmann* Unternehmensbewertung und Erbschaftsteuer – Anmerkungen zum Diskussionsentwurf für eine Anteils- und Betriebsvermögensbewertungsverordnung, Stbg 2008, S. 148; *Eisele* Erbschaftsteuerreform, 2. Auflage 2009; *Halaczinsky/Riedel* Das neue Erbschaftsteuerrecht, 2009; *Hannes/Onderka* Die Bewertung von Betriebsvermögen und Anteilen an Kapitalgesellschaften nach der „AntBVBewV", ZEV 2008, 173; *Hübner* Erbschaftsteuerreform 2009, 2009; *Kohl/König* Das vereinfachte Ertragswertverfahren im Lichte des aktuellen Kapitalmarktumfeldes, BB 2012, 607; *Mannek* Diskussionsentwurf für eine Anteils- und Betriebsvermögensbewertungsverordnung – AntBVBewV, DB 2008, 423; *Moench/Albrecht* Erbschaftsteuer 2. Auflage, 2009; *Piltz* Unternehmensbewertung im neuen Erbschaftsteuerrecht, DStR 2008, 745; *Pauli/Maßbaum* Erbschaftsteuerreform 2009).

I. Anwendung auf Kapitalgesellschaften (Abs. 1)

1 § 199 Abs. 1 regelt die Anwendung des vereinfachten Ertragswertverfahrens für die Bewertung von Anteilen an einer Kapitalgesellschaft. Voraussetzung für die Anwendung des vereinfachten Ertragswertverfahrens ist, dass der gemeine Wert von Anteilen an einer Kapitalgesellschaft nach § 11 Abs. 2 Satz 2 unter Berücksichtigung der Ertragsaussichten der Kapitalgesellschaft zu ermitteln ist. Damit ist das **vereinfachte Ertragswertverfahren** in folgenden Fällen **nicht anwendbar:**

– Für die Kapitalgesellschaft besteht zum Stichtag ein Börsenkurs (§ 11 Abs. 1),
– Der gemeine Wert ‚der Anteile lässt sich aus Verkäufen unter fremden Dritten ableiten, die weniger als ein Jahr zurückliegen (§ 11 Abs. 2 Satz 2),
– Der Substanzwert, d. h. die Summe der gemeinen Werte der zum Betriebsvermögen gehörenden WG und sonstigen aktiven Ansätze abzüglich der zum Betriebsvermögen gehörenden Schulden und sonstigen Abzüge ist höher als der vereinfachte Ertragswert (§ 11 Abs. 2 Satz 3),
– Es steht fest, dass die zu bewertende Kapitalgesellschaft liquidiert wird. Bei der (beabsichtigten) Liquidation kann nicht mehr von einem operativ tätigen Unternehmen ausgegangen werden, so dass es auch keinen nachhaltigen zukünftigen Jahresertrag mehr erzielt (vgl. *Barthel* FB 2008, 520, 522; *Piltz* DStR 2008, 745, 749),
– Die Ertragswertmethode ist nicht anwendbar, sondern eine andere anerkannte, auch im gewöhnlichen Geschäftsverkehr für nicht steuerliche Zwecke übliche Methode (siehe dazu Rz. 2 ff.),
– Das vereinfachte Ertragswertverfahren führt zu einem „offensichtlich unzutreffenden Ergebnis" (Abs. 1 letzter Halbsatz; siehe dazu Rz. 6 f.).

1. Anderes anerkanntes Bewertungsverfahren

2 Nur dann, wenn die **Ertragswertmethode** nach § 11 Abs. 2 Satz 2 die richtige Bewertungsmethode ist, kommt das vereinfachte Bewertungsverfahren alternativ zur Anwendung. Das heißt im Umkehrschluss, dass das vereinfachte Ertragswertverfahren dann **nicht anwendbar** ist, wenn für den zu bewertenden Unternehmenstyp ein anderes anerkanntes, auch im gewöhnlichen Geschäftsverkehr für nicht steuerliche Zwecke übliches Verfahren einschlägig

Anwendung auf Kapitalgesellschaften (Abs. 1) **§ 199**

ist (ErbStR B 199.1 Abs. 1 Satz 2). In der Begründung des Finanzausschusses (BT-Drucks. 16/11107 S. 26 zu § 199) wird ausdrücklich beispielsweise ein **Multiplikatorverfahren** erwähnt. Tatsächlich handelt es sich um sämtliche anderen betriebswirtschaftlichen Unternehmensbewertungsmethoden, die nach § 11 Abs. 2 Satz 2 zur Unternehmensbewertung zulässig und anstelle des Ertragswertverfahrens anwendbar sind, zB Multiplikatorenverfahren, vergleichsorientierte Verfahren, zB bei der Anwendung von Umsatz-, Ergebnis- und Mengenmultiplikatoren (vgl. dazu iE. § 11 Rz. 65 f.).

Aus dem Gesetz ist nicht zu entnehmen, was geschehen soll, wenn 3 sowohl das Ertragswertverfahren als auch eine andere anerkannte Bewertungsmethode, die nach § 11 Abs. 2 Satz 2 zulässig ist, angewendet werden kann. Hier handelt es sich um eine **Methodenkonkurrenz** (vgl. *Piltz* DStR 2008, 745, 747), die so aufzulösen ist, dass die Feststellungslast, ob eine andere Methode anstelle der Ertragswertmethode anwendbar ist, der sich jeweils darauf Berufende ist (Gleichl. Ländererlasse v. 25.6.2009, BStBl. I 2009, 698, 707). Daraus ist Folgendes abzuleiten:
– Grundsätzlich anzuwenden ist die Ertragswertmethode (*Piltz* DStR 2008, 745, 748). Will der Steuerpflichtige mit einer anderen anerkannten Methode nachweisen, dass eine andere nicht steuerliche Methode zu einem niedrigen Ergebnis kommt, muss der darlegen, dass die **andere Methode die übliche** ist. In diesem Fall kann er nur nach dieser Methode bewerten, das vereinfachte Ertragswertverfahren findet keine Anwendung.
– Will der Steuerpflichtige die Ertragswertmethode anwenden, weil sie zu niedrigeren Werten kommt als eine andere nicht steuerliche Methode, so muss er darlegen, dass die Ertragswertmethode für das zu bewertende Unternehmen der **Üblichkeit** entspricht. Kann er das, kann er anstelle der normalen Bewertung nach § 11 Abs. 2 auch das vereinfachte Ertragswertverfahren in Anspruch nehmen (ErbStR B 199.1 Abs. 1 Satz 3). Das Finanzamt ist daran gebunden, es sei denn, das Ergebnis ist offensichtlich unzutreffend.

einstweilen frei **4, 5**

2. Offensichtlich unzutreffendes Ergebnis

Das **vereinfachte Ertragswertverfahren** ist **nicht anwendbar,** 6 wenn es zu einem **offensichtlich unzutreffenden Ergebnis** führt (§ 199 Abs. 1 letzter Halbsatz). Eine Legaldefinition für offensichtlich unzutreffende Ergebnisse gibt es nicht. Allerdings entspricht die Beschränkung des Verfahrens auf nicht offensichtlich unrichtige Ergebnisse dem Rechtsprechungsvorbehalt, unter dem auch das Stuttgarter Verfahren bestanden hatte (vgl. *Hübner* Erbschaftsteuerreform 2009 S. 488). Der BFH hat in ständiger Rspr. das **Stuttgarter Verfahren** als ein geeignetes Verfahren zur Schätzung des gemeinen Wertes von Anteilen an Kapitalgesellschaften als Besteuerungsgrundlage für andere Steuerarten angesehen, von dem mit Rücksicht auf die Gleichmäßigkeit der Besteuerung nur abgewichen werden könne, wenn es im Ausnahmefall zu offensichtlich unrichtigen Ergebnissen führe (bspw. BFH III R 113/88 v. 12.2.1992, BStBl. II 1993, 288; BFH II R 101/90 v. 30.3.1994, BStBl. II 1994, 503). Der Hinweis von *Halaczinsky/Riedel* Das neue Erbschaftsteuerrecht S. 127, dass diese Rspr. zur Bestimmung eines offensichtlich unzutreffenden Ergebnisses im Rahmen des vereinfachten Ertragswertverfahrens herangezogen werden könne, geht hingegen fehl. Die Rspr. hat nämlich tatsächlich in keinem einzigen Fall die Anwendung des Stuttgarter Verfahrens abgelehnt, mit der Begründung, das Bewertungsergebnis führe zu einem offensichtlich unzutreffenden Ergebnis. Eine Berufung auf die Grundsätze des Stuttgarter Verfahrens hilft hier also nicht weiter (zustimmend *Rössler/Troll* § 199 Rz. 4).

7 Nach der Begründung des BT-Finanzausschusses (BT-Drucks. 16/11107 S. 26 zu § 199) können **unzutreffende Ergebnisse** zB dann vorliegen, wenn sich im Rahmen von Erbauseinandersetzungen oder aus zeitnahen Verkäufen, auch nach dem Bewertungsstichtag, Erkenntnisse über den Wert des Unternehmens oder der Beteiligung herleiten lassen (zu Ungereimtheiten dieser Regelung vgl. *Piltz* DStR 2008, 745, 748). Auch bleibt die Frage offen, ob der Begriff „offensichtlich" betragsmäßig durch eine Mindestabweichung nach oben oder unten zu interpretieren ist (so offenbar *Manneck* DB 2008, 423, 428 – Wertabweichung von mehr als 50 %; *Wilms/Jochum* § 199 Rz. 31 – Wertabweichung von mehr als 30 %; sowie *Rohde/Gemeinhardt* StuB 2008, 338, 340 – Abweichungen von 20 bis 25 % erheblich) oder ob der Begriff methodisch bzw. marktmäßig zu interpretieren ist (vgl. *Eisele* Erbschaftsteuerreform 2. Auflage 2009, 224). Die Erbschaftsteuer-Richtlinien 2011 geben in ErbStR B 199.1 Abs. 6 weitere Hinweise, wann **offensichtlich unzutreffende Ergebnisse** vorliegen können, nämlich:
– bei komplexen Strukturen von verbundenen Unternehmen,
– bei neu gegründeten Unternehmen, bei denen der künftige Jahresertrag noch nicht aus den Vergangenheitserträgen abgeleitet werden kann, insbesondere bei Gründungen innerhalb eines Jahres vor dem Bewertungsstichtag,
– bei einem Branchenwechsel eines Unternehmens, bei dem deshalb der künftige Jahresertrag noch nicht aus den Vergangenheitserträgen abgeleitet werden kann.

Anwendung auf Kapitalgesellschaften (Abs. 1) **§ 199**

– in sonstigen Fällen, in denen aufgrund der besonderen Umstände der künftige Jahresertrag nicht aus den Vergangenheitserträgen abgeleitet werden kann. Hierzu gehören z. B. Wachstumsunternehmen, branchenbezogene oder allgemeine Krisensituationen oder absehbare Änderungen des zukünftigen wirtschaftlichen Umfeldes,
– bei grenzüberschreitenden Sachverhalten, z. B. nach § 1 AStG, § 4 Abs. 1 Satz 3 EStG oder § 12 Abs. 1 KStG, sofern der jeweils andere Staat nicht die Ergebnisse des vereinfachten Ertragswertverfahrens seiner Besteuerung zugrunde legt.

Eine petitio principii ist die Feststellung in ErbStR B 199.1 Abs. 6 Satz 2, dass grundsätzlich keine Bedenken bestehen, in den Fällen der **neu gegründeten Unternehmen** und beim **Branchenwechsel** eines Unternehmens den Substanzwert als Mindestwert (§ 11 Abs. 2 Satz 3) anzusetzen, sofern dies nicht zu offensichtlich unzutreffenden Ergebnissen führt. Diese Feststellung hilft nicht weiter, weil die vorstehenden Beispiele ja gerade solche sein sollen, bei denen von einem unzutreffenden Ergebnis ausgegangen werden kann. Die weitere Entwicklung hierzu, insbesondere Konkretisierungen durch die Rspr., bleibt abzuwarten.

3. Kann-Regelung

Das **vereinfachte Ertragswertverfahren** ist ein **optionales Verfahren.** Die Worte „kann" in Abs. 1 und Abs. 2 machen das deutlich. Nach der Begründung des BT-Finanzausschusses v. 26.11.2008 (BT-Drucks. 16/11107 S. 26 zu § 199) soll das vereinfachte Ertragswertverfahren die Möglichkeit bieten, ohne hohen Ermittlungsaufwand oder Kosten für einen Gutachter einen objektivierten Unternehmens- bzw. Anteilswert auf der Grundlage der Ertragsaussichten nach § 11 Abs. 2 Satz 2 zu ermitteln. Mit dieser Möglichkeit dokumentiert der Gesetzgeber, dass zukünftig der Rückgriff auf typisierende Bewertungsregelungen möglich sein soll (*Eisele* Erbschaftsteuerreform 2. Auflage 2009 S. 223). Der Steuerpflichtige (nicht die Finanzverwaltung, so zutreffend *Hannes/Onderka* ZEV 2008, 173, 174; a. A. *V/K/S* § 199 Rz. 2) kann sich zwischen dem normalen Ertragswertverfahren nach § 11 Abs. 2 Satz 2 und dem vereinfachten Ertragswertverfahren nach den §§ 199 ff. entscheiden. Dies bestätigen inzwischen auch die ErbStR 2011, denn in ErbStR B 199.1 Abs. 4 Satz 1 heißt es: „Nach § 199 Abs. 1 und 2 BewG hat der Steuerpflichtige ein **Wahlrecht,** das vereinfachte Ertragswertverfahren anzuwenden". Diese als Vereinfachung gedachte Regelung ist allerdings nur vermeintlich eine solche. Denn der Steuerpflichtige

8

braucht eine **Entscheidungsgrundlage,** wie er sich denn entscheiden soll. Die bekommt er nur, wenn er das normale Ertragswertverfahren durchführt bzw. durchführen lässt und mit dem anschließend durchzuführenden vereinfachten Ertragswertverfahren vergleicht. Damit ist bereits die Gesetzesbegründung, dass der Steuerpflichtige ohne hohen Ermittlungsaufwand oder Kosten für einen Gutachter einen objektivierten Unternehmens- bzw. Anteilswert ermitteln kann, ad absurdum geführt. Das Wahlrecht kann nur sinnvoll ausgeübt werden, wenn eine **Bewertung nach beiden Verfahren** durchgeführt wird (vgl. *Rössler/Troll* § 199 Rz. 3; *Wilms/Jochum* § 199 Rz. 28.

4. Bewertung von Anteilen an ausländischen Gesellschaften

9   Das Gesetz selbst gibt keinen Hinweis darauf, ob das vereinfachte Bewertungsverfahren auch für **ausländische Kapitalgesellschaften** anzuwenden ist. Dies wurde noch in 2008 von *Mannek* (DB 2008, 423, 427) abgelehnt. Die ErbStR 2011 stellen jetzt in ErbStR B 199.2 endgültig klar (vorher schon Gleichl. Ländererlasse v. 25.6.2009, BStBl. I 2009, 698, 707), dass auch bei der Bewertung von Anteilen an ausländischen Kapitalgesellschaften oder ausländischem Betriebsvermögen das vereinfachte Ertragswertverfahren angewendet werden kann.

10   Nach § 31 gelten für die Bewertung des ausländischen land- und forstwirtschaftlichen Vermögens, Grundvermögens und Betriebsvermögens die **Vorschriften des Ersten Teils dieses Gesetzes,** insbesondere § 9 (gemeiner Wert). Zu den Vorschriften des Ersten Teils dieses Gesetzes gehört aber auch § 11, der in Abs. 2 Satz 2 ebenfalls den gemeinen Wert für die Bewertung von Anteilen an Kapitalgesellschaften zugrunde legt. Nach der Änderung des **§ 11 Abs. 2** durch die Erbschaftsteuerreform 2009 kann zwischen beiden Werten kein Unterschied mehr gemacht werden. Der Ansatz des gemeinen Werts ist unmittelbar Ausfluss des Grundsatzbeschlusses des BVerfG 1 BvL 10/02 v. 7.11.2006, BStBl. II 2007, 192. Deshalb kommt es bei der Bewertung von Anteilen an ausländischen Kapitalgesellschaften nur darauf an, ob für diese das normale Ertragswertverfahren angewendet werden kann. Ist dies zu bejahen, findet auch das vereinfachte Ertragswertverfahren Anwendung. Allerdings kommt nur eine **analoge Anwendung** in Betracht (ErbStR B 199.1 Abs. 2), solange das ausländische Betriebsvermögen gesondert in § 31 geregelt ist, wozu es seit dem 1.1.2009 keine Veranlassung mehr gibt (zustimmend *Rössler/Troll* § 199 Rz. 3b).

II. Bewertung von Betriebsvermögen oder eines Anteils am Betriebsvermögen (Abs. 2)

Während § 199 Abs. 1 sich nur auf den gemeinen Wert von Anteilen an einer Kapitalgesellschaft bezieht, regelt § 199 Abs. 2 entsprechend die Bewertung des **Betriebsvermögens bzw. eines Anteils am Betriebsvermögen**. § 109 Abs. 1 bezieht sich auf das Betriebsvermögen von Gewerbebetrieben iSd. § 95 und das Betriebsvermögen von freiberuflich Tätigen iSd. § 96. § 109 Abs. 2 bezieht sich auf den Wert eines Anteils am Betriebsvermögen einer in § 97 genannten Körperschaft, Personenvereinigung oder Vermögensmasse. Der Gesetzgeber hat hiermit entschieden, dass die Anwendung des vereinfachten Ertragswertverfahrens rechtsformneutral zu erfolgen hat (vgl. *V/K/S* vor § 199 letzter Absatz). Sie gilt also nicht nur für Kapitalgesellschaften, sondern insbesondere auch für Einzelunternehmen, Freiberufler und Personengesellschaften. Die Erläuterungen zu Abs. 1 (Rz. 1 ff.) gelten hier entsprechend.

11

§ 200 Vereinfachtes Ertragswertverfahren

(1) **Zur Ermittlung des Ertragswerts ist vorbehaltlich der Absätze 2 bis 4 der zukünftig nachhaltig erzielbare Jahresertrag (§§ 201 und 202) mit dem Kapitalisierungsfaktor (§ 203) zu multiplizieren.**

(2) **Können Wirtschaftsgüter und mit diesen in wirtschaftlichem Zusammenhang stehende Schulden aus dem zu bewertenden Unternehmen im Sinne des § 199 Abs. 1 oder 2 herausgelöst werden, ohne die eigentliche Unternehmenstätigkeit zu beeinträchtigen (nicht betriebsnotwendiges Vermögen), so werden diese Wirtschaftsgüter und Schulden neben dem Ertragswert mit dem eigenständig zu ermittelnden gemeinen Wert oder Anteil am gemeinen Wert angesetzt.**

(3) **Hält ein zu bewertendes Unternehmen im Sinne des § 199 Abs. 1 oder 2 Beteiligungen an anderen Gesellschaften, die nicht unter Absatz 2 fallen, so werden diese Beteiligungen neben dem Ertragswert mit dem eigenständig zu ermittelnden gemeinen Wert angesetzt.**

(4) **Innerhalb von zwei Jahren vor dem Bewertungsstichtag eingelegte Wirtschaftsgüter, die nicht unter die Absätze 2 und 3 fallen, und mit diesen im wirtschaftlichen Zusammen-**

§ 200 Vereinfachtes Ertragswertverfahren

hang stehende Schulden werden neben dem Ertragswert mit dem eigenständig zu ermittelnden gemeinen Wert angesetzt.

I. Anwendungsbereich

1 § 200 regelt den **Ausgangspunkt des vereinfachten Ertragswertverfahrens**. Nach Abs. 1 ist vorbehaltlich der Abs. 2 bis 4 der zukünftig nachhaltig erzielbare Jahresertrag mit dem Kapitalisierungsfaktor zu multiplizieren. Der **nachhaltig erzielbare Jahresertrag** ergibt sich aus den §§ 201 und 202 und **der Kapitalisierungsfaktor** ist nach § 203 zu ermitteln.

Kern der Vorschrift ist die Aussonderung bestimmter WG aus dem vereinfachten Ertragswertverfahren (Abs. 2 bis 4). Auszusondern und gesondert mit dem gemeinen Wert zu bewerten sind:
– nicht betriebsnotwendiges Betriebsvermögen,
– betriebsnotwendige Beteiligungen an anderen Gesellschaften,
– innerhalb von zwei Jahren vor dem Bewertungsstichtag eingelegte WG.

II. Nicht notwendiges Betriebsvermögen

2 Können WG und die mit diesen im wirtschaftlichen Zusammenhang stehenden Schulden aus dem Gewerbebetrieb oder der Gesellschaft herausgelöst werden, ohne die eigentliche Unternehmenstätigkeit zu beeinträchtigen, werden diese Wirtschaftsgüter und Schulden als **nicht betriebsnotwendiges Vermögen** neben dem Ertragswert mit dem eigenständig zu ermittelnden gemeinen Wert angesetzt (ErbStR B 200 Abs. 2). Als typische Beispiele nennen die ErbStR B 200 Abs. 2: Grundstücke, Gebäude, Kunstgegenstände, Beteiligungen, Wertpapiere oder auch Geldbestände. Weitere typische Beispiele sind die Gegenstände des Verwaltungsvermögens iSv. § 13 b Abs. 2, Nr. 1–5 ErbStG. Unglücklich ist hierbei, dass das vereinfachte Bewertungsverfahren auf den Begriff des nichtbetriebsnotwendigen Vermögens abstellt, und damit neben der im ErbStG vorgesehenen Kategorie des Verwaltungsvermögens eine weitere Vermögensklasse Bedeutung erlangt (vgl. *Hannes/Onderka* ZEV 2008, 173, 176). In der Regel werden beide Vermögensgruppen deckungsgleich sein, das ist aber nicht zwingend (zutreffend *Halaczinsky/Riedel* aaO. S. 129; ErbStR B 200 Abs. 2 Satz 4).

Beispiel (nach *Hannes/Onderka* ZEV 2008, 173, 176): Die Erträge aus einer betriebsnotwendigen temporären Festgeldanlage wären bei der Wertermittlung des übertragenen Betriebs zu berücksichtigen (also kein nicht betriebsnotwendiges Vermögen), müssten aber anschließend aus der vorgesehenen Begünstigung (insbesondere Verschonungsabschlag) nach § 13 b Abs. 2 Nr. 4 ErbStG wieder herausgerechnet werden. Das ist wenig einleuchtend.

Ist nicht betriebsnotwendiges Vermögen vorhanden, so sind dessen Erträge und damit im wirtschaftlichen Zusammenhang stehende Schulden aus dem Jahresertrag heraus – bzw. diesem hinzuzurechnen, so dass der Jahresertrag um die entsprechenden Positionen neutralisiert wird. Diese sind sodann gesondert mit dem gemeinen Wert dem Ertragswert des Unternehmens hinzuzurechnen. Zur Wertermittlung vgl. *Rössler/Troll* § 200 Rz. 3.

III. Beteiligungen an anderen Gesellschaften

Sofern ein zu bewertendes Unternehmen seinerseits in seinem 4 betriebsnotwendigen Vermögen (Unter-)Beteiligungen hält, ist eine **eigenständige Wertermittlung** für diese Beteiligungen vorgesehen (ErbStR B 199.2 Abs. 3 Satz 1). Es kann sich sowohl um Anteile an einer Kapitalgesellschaft als auch um Beteiligungen an einer Personengesellschaft handeln (ErbStR B 199.2 Abs. 3 Satz 1).

Das Gesetz spricht von Beteiligungen an Gesellschaften „die nicht 5 unter Abs. 2 fallen". Gemeint sind also **Beteiligungen, die zum betriebsnotwendigen Vermögen gehören.** Gehören Sie zum nicht betriebsnotwendigen Vermögen, so fallen sie nicht unter § 200 Abs. 3, sondern bereits unter § 200 Abs. 2 (zutreffend *Rössler/Troll* § 200 Rz. 4; wohl **aA** *Halaczinsky/Riedel* aaO. S. 129). Die Beteiligungen, die unter Abs. 3 fallen, werden nicht in das vereinfachte Ertragswertverfahren mit einbezogen, sondern mit einem separat ermittelten gemeinen Wert angesetzt. Die Erträge, die aus den Beteiligungen in den Jahresertrag eingeflossen sind, sind aus den Betriebsergebnissen herauszurechnen. Insoweit ist unbeachtlich, ob es sich um betriebsnotwendiges oder nicht-betriebsnotwendiges Betriebsvermögen handelt.

Die mit den Anteilen **im wirtschaftlichen Zusammenhang stehenden Schulden** werden nicht gesondert berücksichtigt, da die mit diesen im Zusammenhang stehenden Aufwendungen beim nachhaltigen Jahresertrag bereits mindernd erfasst sind; es erfolgt keine Hinzurechnung der Aufwendungen nach § 202 Abs. 1 Satz 2 Nr. 1 Buchst. f (ErbStR B 199.2 Abs. 3 Sätze 8 und 9). Allerdings sind Finanzierungsaufwendungen im Zusammenhang mit diesen Schulden zusammen mit anderen Aufwendungen und Erträgen im Zusammenhang mit dieser Beteiligung nach § 202 Abs. 1 Satz 2 zu korrigieren (ErbStR B 199.2 Abs. 3 Satz 11). Bei einer **Beteiligung an einer Personengesellschaft** sind die mit dieser in wirtschaftlichem Zusammenhang stehenden Schulden bereits über das Sonderbetriebsvermögen im Wert der Beteiligung enthalten (§ 97 Abs. 1a BewG), so dass insoweit keine Korrektur erfolgen muss (ErbStR B 199.2 Abs.3 Satz 10).

6   Liegt ein **Fall von geringer Bedeutung** vor, kann in Einvernehmen mit den Verfahrensbeteiligten (§ 78 AO) darauf **verzichtet** werden, eine gesonderte Ermittlung des gemeinen Werts von zum Vermögen gehörenden Anteilen an einer Kapitalgesellschaft und Beteiligungen an einer Personengesellschaft vorzunehmen. Ein solcher Fall liegt insbesondere dann vor, wenn der Verwaltungsaufwand der Beteiligten außer Verhältnis zur steuerlichen Auswirkung steht und der festzustellende Wert unbestritten ist. In diesem Fall kann aus **Vereinfachungsgründen** die durchschnittliche Bruttoausschüttung der Untergesellschaft der letzten drei Jahre als durchschnittlicher Jahresertrag multipliziert und mit dem Kapitalisierungsfaktor nach § 203 angesetzt werden; mindestens ist der Steuerbilanzwert der Beteiligung anzusetzen (vgl. ErbStR B 199.2 Abs. 4).

IV. Innerhalb von zwei Jahren vor dem Bewertungsstichtag eingelegte Wirtschaftsgüter

7   Es handelt sich um sog. **"junge Wirtschaftsgüter"** iSd. § 13 b Abs. 2 Satz 3 ErbStG, also solche WG und Schulden, die **innerhalb von zwei Jahren** vor dem Bewertungsstichtag eingelegt wurden. Sofern diese nicht schon nach den Abs. 2 und 3 als nichtbetriebsnotwendiges Vermögen bzw. Beteiligung auszusondern und gesondert zu bewerten sind, werden sie nach Abs. 4 neben dem Ertragswert mit dem eigenständig zu ermittelnden gemeinen Wert angesetzt (ErbStR B 199.2 Abs. 5 Satz 1). Nach der Begründung des BT-Finanzausschusses (BT-Drucks. 16/11107, S. 27 zu § 200 Abs. 4) dient diese Regelung der Missbrauchsvermeidung (vgl. *Rössler/Troll* § 200 Rz. 8). Insbesondere solche eingelegten WG, die einen hohen gemeinen Wert bei relativ geringer Rendite haben, werden nicht hinreichend im Ertragswert abgebildet. Die mit diesen WG und Schulden zusammenhängenden Erträge und Aufwendungen sind bei der Ermittlung der Betriebsergebnisse auszuscheiden (s. § 202 Abs. 1 Nr. 1 Buchst. f und Nr. 2 Buchst. f).

Beispiel (nach *Mannek* DB 2008, 423, 424): ein zum betriebsnotwendigen Vermögen gehörendes WG wird kurz vor dem Übertragungszeitpunkt in eine KG eingelegt, die mit diesem WG Erträge erzielt. Im Rahmen der Ermittlung des zukünftigen nachhaltigen Jahresertrags darf dieses WG nicht in die Berechnung mit einfließen. Die entsprechenden Erträge sowie gegebenenfalls Aufwendungen sind entsprechend zu neutralisieren. Das WG selbst wird mit seinem gemeinen Wert dem Ertragswert des Unternehmens zugerechnet.

Rössler/Troll, § 200 Rz. 8 problematisiert die Verfahrensweise, **8** wenn innerhalb des zweijährigen Betrachtungszeitraums **Ersatzbeschaffungen** getätigt wurden (das sei „völlig ungeklärt"). Diese Fälle werden durch die ErbStR 2011 ErbStR B 199.2 Abs. 5 Sätze 5 ff. geklärt. Bei einem bloßen **Aktiv- oder Passivtausch** handelt es sich nicht um einen Fall i. S. d. § 200 Abs. 4, weil dem Vorgang keine Einlage zugrunde liegt. Befindet sich ein eingelegtes Wirtschaftsgut i. S. d. § 200 Abs. 4 am Bewertungsstichtag nicht mehr im Betriebsvermögen, sondern ein Wirtschaftsgut, das an dessen Stelle getreten ist (Surrogat), muss das **Surrogat** mit dem Wert am Bewertungsstichtag angesetzt werden (ggf. mit einem niedrigeren oder höheren Wert als den Wert des Wirtschaftsguts im Zeitpunkt der Einlage). Wurde das eingelegte Wirtschaftsgut nach der Einlage bis zum Besteuerungszeitpunkt wieder entnommen oder hat es sich verbraucht, ist das Wirtschaftsgut nicht anzusetzen.

§ 201 Ermittlung des Jahresertrags

(1) ¹**Die Grundlage für die Bewertung bildet der zukünftig nachhaltig zu erzielende Jahresertrag.** ²**Für die Ermittlung dieses Jahresertrags bietet der in der Vergangenheit tatsächlich erzielte Durchschnittsertrag eine Beurteilungsgrundlage.**

(2) ¹**Der Durchschnittsertrag ist regelmäßig aus den Betriebsergebnissen (§ 202) der letzten drei vor dem Bewertungsstichtag abgelaufenen Wirtschaftsjahre herzuleiten.** ²**Das gesamte Betriebsergebnis eines am Bewertungsstichtag noch nicht abgelaufenen Wirtschaftsjahres ist anstelle des drittletzten abgelaufenen Wirtschaftsjahres einzubeziehen, wenn es für die Herleitung des künftig zu erzielenden Jahresertrags von Bedeutung ist.** ³**Die Summe der Betriebsergebnisse ist durch drei zu dividieren und ergibt den Durchschnittsertrag.** ⁴**Das Ergebnis stellt den Jahresertrag dar.**

(3) ¹**Hat sich im Dreijahreszeitraum der Charakter des Unternehmens nach dem Gesamtbild der Verhältnisse nachhaltig verändert oder ist das Unternehmen neu entstanden, ist von einem entsprechend verkürzten Ermittlungszeit-**

raum auszugehen. ²Bei Unternehmen, die durch Umwandlung, durch Einbringung von Betrieben oder Teilbetrieben oder durch Umstrukturierungen entstanden sind, ist bei der Ermittlung des Durchschnittsertrags von den früheren Betriebsergebnissen des Gewerbebetriebs oder der Gesellschaft auszugehen. ³Soweit sich die Änderung der Rechtsform auf den Jahresertrag auswirkt, sind die früheren Betriebsergebnisse entsprechend zu korrigieren.

I. Nachhaltiger Jahresertrag

1   Der **Wert eines Unternehmens** ist auch nach dem vereinfachten Ertragswertverfahren zukunftsbezogen zu ermitteln. Zu diesem Zweck ordnet § 201 Abs. 1 Satz 1 an, dass Grundlage für die Bewertung der zukünftig nachhaltig erzielbare Jahresertrag ist. Wichtige Beurteilungsgrundlage für die Schätzung dieses Jahresertrags bietet der in der Vergangenheit tatsächlich erzielte Durchschnittsertrag (ErbStR B 201 Abs. 1).

II. Betriebsergebnisse der letzten drei abgelaufenen Wirtschaftsjahre

2   Für die **Schätzung des Durchschnittsertrags** bilden die in der Vergangenheit erzielten Betriebsergebnisse des Unternehmens eine wichtige Orientierungshilfe. Bei einer Ermittlung des Durchschnittsertrags anhand der in der Vergangenheit erzielten Betriebsergebnisse ist grundsätzlich von den Bewertungsergebnissen der letzten drei vor dem Bewertungsstichtag abgeschlossenen Wirtschaftsjahre auszugehen (§ 201 Abs. 2 Satz 1). Das Gesetz lehnt sich hier an die Vorgehensweise an, die bisher im Rahmen des Stuttgarter Verfahrens zur Ermittlung des Ertragsprozents angewendet worden ist. Auf Einzelheiten dieser Verwaltungsregel wird man deshalb weitgehend zurückgreifen können. Dies betrifft auch die Korrekturen (Hinzurechnungen und Abrechnungen), die nunmehr in § 202 geregelt sind. Zeichnet sich nach den Umständen des Einzelfalles ab, dass die Ertragsentwicklung in dem Wirtschaftsjahr, in dem der Bewertungsstichtag liegt, für die Prognose des Zukunftsertrages bedeutsam ist, ist das Betriebsergebnis dieses noch nicht abgelaufenen Wirtschaftsjahres anstelle des drittletzten abgelaufenen Wirtschaftsjahres in den Drei-Jahres-Zeitraum einzubeziehen (ErbStR B 201 Abs. 3). Die Summe der Betriebsergebnisse ist durch die Zahl 3 zu dividieren

Veränderungen durch Umstrukturierungen **§ 201**

und ergibt den Durchschnittsertrag. Das Ergebnis stellt den **Jahresertrag** dar.

Im Unterschied zum früheren Stuttgarter Verfahren **verzichtet** 3 das vereinfachte Ertragswertverfahren **auf eine Gewichtung der einzelnen Betriebsergebnisse** (*Rössler/Troll* § 201 Rz. 4). Nach der jetzigen Regelung sind die drei vor dem Bewertungsstichtag abgelaufenen Wirtschaftsjahre statisch zugrunde zu legen. Umfasst der dreijährige Ermittlungszeitraum bei einer Neugründung zu Beginn ein Rumpfwirtschaftsjahr, ist regelmäßig nicht das Betriebsergebnis des Rumpfwirtschaftsjahres sondern das volle Betriebsergebnis des letzten, noch nicht abgelaufenen Wirtschaftsjahres einzubeziehen. Ein Verstoß gegen das **Stichtagsprinzip** liegt insoweit nicht vor, weil das (noch nicht abgelaufene) Wirtschaftsjahr einerseits bereits vor dem Bewertungsstichtag begonnen hat und andererseits für die Prognose des zukünftig nachhaltig erzielbaren Jahresertrags von Bedeutung ist (ErbStR B 201 Abs. 4).

III. Berücksichtigung von Veränderungen des Jahresertrages durch Umstrukturierungen etc.

§ 201 Abs. 3 trägt der Tatsache Rechnung, dass es in dem maßge- 4 benden Drei-Jahres-Zeitraum **Veränderungen im Unternehmensbereich** gegeben hat, die sich auf die **Ertragsaussichten** ausgewirkt haben. Das Gleiche gilt, wenn das Unternehmen neu gegründet worden ist. In beiden Fällen ist dann von einem entsprechend verkürzten Ermittlungszeitraum auszugehen. Maßgebend für den verkürzten Ermittlungszeitraum ist der Zeitraum ab Beginn der nachhaltigen Veränderungen (*Eisele* Erbschaftsteuerreform 2009 S. 228). Dies liegt beispielsweise vor, wenn Umwandlungen des Unternehmens, Einbringungen von Betrieben oder sonstige Umstrukturierungen, wie beispielsweise Verschmelzungen, stattgefunden haben. In diesen Fällen macht ein **statischer Rückgriff** auf die Ergebnisse der letzten drei Wirtschaftsjahre keinen Sinn, und es ist bei der Ermittlung des Durchschnittsertrages von den früheren Betriebsergebnissen des Gewerbetriebs oder der Gesellschaft (d. h. des Vorgänger-Unternehmens) auszugehen. Soweit sich die Änderung der Rechtsform auf den Jahresertrag auswirkt, sind die früheren Betriebsergebnisse nach § 201 Abs. 3 Satz 3 iVm. § 202 entsprechend zu korrigieren (ErbStR B 201 Abs. 2 Sätze 5 und 6 sowie *Rössler/Troll* § 201 Rz. 6).

§ 202 Betriebsergebnis

(1) ¹Zur Ermittlung des Betriebsergebnisses ist von dem Gewinn im Sinne des § 4 Abs. 1 Satz 1 des Einkommensteuergesetzes auszugehen (Ausgangswert); dabei bleiben bei einem Anteil am Betriebsvermögen Ergebnisse aus den Sonderbilanzen und Ergänzungsbilanzen unberücksichtigt. ²Der Ausgangswert ist noch wie folgt zu korrigieren:

1. Hinzuzurechnen sind
   a) Investitionsabzugsbeträge, Sonderabschreibungen oder erhöhte Absetzungen, Bewertungsabschläge, Zuführungen zu steuerfreien Rücklagen sowie Teilwertabschreibungen. ²Es sind nur die normalen Absetzungen für Abnutzung zu berücksichtigen. ³Diese sind nach den Anschaffungs- oder Herstellungskosten bei gleichmäßiger Verteilung über die gesamte betriebsgewöhnliche Nutzungsdauer zu bemessen. ⁴Die normalen Absetzungen für Abnutzung sind auch dann anzusetzen, wenn für die Absetzungen in der Steuerbilanz vom Restwert auszugehen ist, der nach Inanspruchnahme der Sonderabschreibungen oder erhöhten Absetzungen verblieben ist;
   b) Absetzungen auf den Geschäfts- oder Firmenwert oder auf firmenwertähnliche Wirtschaftsgüter;
   c) einmalige Veräußerungsverluste sowie außerordentliche Aufwendungen;
   d) im Gewinn nicht enthaltene Investitionszulagen, soweit in Zukunft mit weiteren zulagebegünstigten Investitionen in gleichem Umfang gerechnet werden kann;
   e) der Ertragsteueraufwand (Körperschaftsteuer, Zuschlagsteuern und Gewerbesteuer);
   f) Aufwendungen, die im Zusammenhang stehen mit Vermögen im Sinne des § 200 Abs. 2 und 4, und übernommene Verluste aus Beteiligungen im Sinne des § 200 Abs. 2 bis 4;
2. abzuziehen sind
   a) gewinnerhöhende Auflösungsbeträge steuerfreier Rücklagen sowie Gewinne aus der Anwendung des § 6 Abs. 1 Nr. 1 Satz 4 und Nr. 2 Satz 3 des Einkommensteuergesetzes;
   b) einmalige Veräußerungsgewinne sowie außerordentliche Erträge;
   c) im Gewinn enthaltene Investitionszulagen, soweit in Zukunft nicht mit weiteren zulagebegünstigten Investitionen in gleichem Umfang gerechnet werden kann;

d) ein angemessener Unternehmerlohn, soweit in der bisherigen Ergebnisrechnung kein solcher berücksichtigt worden ist. ²Die Höhe des Unternehmerlohns wird nach der Vergütung bestimmt, die eine nicht beteiligte Geschäftsführung erhalten würde. ³Neben dem Unternehmerlohn kann auch fiktiver Lohnaufwand für bislang unentgeltlich tätige Familienangehörige des Eigentümers berücksichtigt werden;
e) Erträge aus der Erstattung von Ertragsteuern (Körperschaftsteuer, Zuschlagsteuern und Gewerbesteuer);
f) Erträge, die im Zusammenhang stehen mit Vermögen im Sinne des § 200 Abs. 2 bis 4;
3. hinzuzurechnen oder abzuziehen sind auch sonstige wirtschaftlich nicht begründete Vermögensminderungen oder -erhöhungen mit Einfluss auf den zukünftig nachhaltig zu erzielenden Jahresertrag und mit gesellschaftsrechtlichem Bezug, soweit sie nicht nach den Nummern 1 und 2 berücksichtigt wurden.

(2) ¹In den Fällen des § 4 Abs. 3 des Einkommensteuergesetzes ist vom Überschuss der Betriebseinnahmen über die Betriebsausgaben auszugehen. ²Absatz 1 Satz 2 Nr. 1 bis 3 gilt entsprechend.

(3) Zur Abgeltung des Ertragsteueraufwands ist ein positives Betriebsergebnis nach Absatz 1 oder Absatz 2 um 30 Prozent zu mindern.

I. Regelungsbereich

§ 202 regelt das Verfahren, nach dem der **nachhaltig erzielbare** 1 **Jahresertrag** (§ 201 Abs. 1) zu ermitteln ist. Ausgangswert ist der Unterschiedsbetrag iSd. § 4 Abs. 1 Satz 1 EStG, also der Wert des Betriebsvermögens am Schluss des Wirtschaftsjahres abzüglich des Werts des Betriebsvermögens am Anfang des Wirtschaftsjahres, bei Einzel- und Personenunternehmen vermehrt um den Wert der Entnahmen und verringert um den Wert der Einlagen. Der Gesetzgeber stellt damit rechtsformneutral auf den steuerlichen Bilanzgewinn ab (und nicht das zu versteuernde Einkommen). Hieraus folgt, dass bei Kapitalgesellschaften die Gewinnausschüttungen und Einlagen des Körperschaftsteuerrechts den Entnahmen und Einlagen des Einkommensteuerrechts **gleichgestellt** werden (*Rössler/Troll* § 202 Rz. 2). Da unter das vereinfachte Ertragswertverfahren im Gegensatz zum früheren Stuttgarter Verfahren auch Personengesellschaften fallen, sind die Ergebnisse aus den Sonder- und Ergänzungsbilanzen bei einem Anteil am Betriebsvermögen unberücksichtigt zu lassen (ErbStR B § 202 Abs. 1 Satz 2; *Moench/Albrecht* Rz. 816 ff.; *Rössler/ Troll* § 202 Rz. 2).

II. Korrekturen

2   Der Ausgangswert des einzelnen Betriebsergebnisses ist zu korrigieren hinsichtlich solcher Vermögensminderungen oder Vermögensmehrungen, die einmalig sind oder jedenfalls den zukünftig nachhaltig erzielbaren Jahresertrag nicht beeinflussen. Die Korrekturen nach § 202 Abs. 1 erfolgen nach dem Grundmuster, welches bereits aus dem **Stuttgarter Verfahren** (R 99 ErbStR 2003) bekannt ist. Vgl. i.E. ErbStR B 202 Abs. 3.

1. Hinzurechnungen

3   **Nr. 1 Buchst. a.** Im Vordergrund der Hinzurechnungen stehen **Investitionsabzugsbeträge, Sonderabschreibungen** oder **erhöhte Absetzungen, Bewertungsabschläge, Zuführungen zu steuerfreien Rücklagen** sowie **Teilwertabschreibungen.** Es sind nur die normalen AfA zu berücksichtigen. Das Gesetz geht hier davon aus, dass es sich um außergewöhnliche Geschäftsvorfälle handelt, die zukünftig nicht mehr zu erwarten sind. Demgemäß sind sie für die Ermittlung des nachhaltig erzielbaren Ertrages nicht aussagekräftig und müssen deshalb wieder hinzugerechnet werden (*Hübner* Erbschaftsteuerreform 2009 S. 491).

4   **Nr. 1 Buchst. b.** Ferner werden hinzugerechnet die **Absetzungen auf den Geschäfts- oder Firmenwert oder auf firmenwertähnliche WG.** Sie sind hinzuzurechnen, weil der Geschäftswert die zum WG erstarkten Gewinnerwartungen für zukünftige Wirtschaftsjahre abbildet, so dass die Abschreibungen auf dieses „Wirtschaftsgut" zu neutralisieren sind (*Hübner* Erbschaftsteuerreform 2009 S. 491).

5   **Nr. 1 Buchst. c. Einmalige Veräußerungsverluste** sowie **außerordentliche Aufwendungen** sind hinzuzurechnen, weil es sich um Vergangenheitseinflüsse handelt, die für die zukünftige Ertragsentwicklung keine Aussagekraft haben. Sie sind für den nachhaltig erzielbaren Ertrag nicht aussagekräftig und müssen deshalb wieder hinzugerechnet werden (*Hübner* Erbschaftsteuerreform 2009 S. 491).

6   **Nr. 1 Buchst. d. Im Gewinn nicht enthaltene Investitionszulagen** müssen hinzugerechnet werden, soweit in Zukunft mit

Korrekturen **§ 202**

weiteren zulagebegünstigten Investitionen in gleichem Umfang gerechnet werden kann. Sie wären an sich nicht hinzuzurechnen, weil es sich bei Investitionszulagen grundsätzlich um einmalige Vorgänge handelt; in Nr. 1 Buchst. d sind aber nur diejenigen Investitionszulagen hinzuzurechnen, mit denen zukünftig in gleichem Umfange gerechnet werden kann. Deshalb würden diese Zulagen den nachhaltig zu erzielenden Jahresertrag nicht angemessen berücksichtigen, sofern man sie beim Betriebsergebnis ausscheiden würde.

Nr. 1 Buchst. e. Hinzuzurechnen ist der **Ertragsteueraufwand** 7 (Körperschaftsteuer, Zuschlagsteuern und Gewerbesteuer). Diese Hinzurechnung muss im Zusammenhang mit der pauschalen Abgeltung des Ertragsteueraufwands um 30 % nach § 202 Abs. 3 gesehen werden. Die Rechtsformneutralität verlangt eine gleichmäßige Berücksichtigung des Ertragsteueraufwands. Dazu werden die Betriebsergebnisse zunächst um den Aufwand für die Ertragsteuern (Nr. 1 Buchst. e) und um Erstattungen (Nr. 2 Buchst. e) korrigiert. Danach wird ein positives Betriebsergebnis des jeweiligen Wirtschaftsjahres zur Abgeltung des Ertragsteueraufwands pauschal um 30 % gekürzt (§ 202 Abs. 3). Der Prozentsatz von 30 geht zurück auf die Ertragsteuerbelastung nach der Unternehmenssteuerreform 2008, die darin bestand, eine rechtsformneutrale Ertragsteuerbelastung von ca. 30 % herbeizuführen. Hierzu ist **kritisch anzumerken,** dass eine durchschnittliche Steuerbelastung von 30 % nicht existiert. Unter Berücksichtigung der Gewerbesteuer weder bei Kapitalgesellschaften (vgl. *Hübner* Erbschaftsteuerreform 2009 S. 491 f.) und schon gar nicht bei Personengesellschaften, bei denen selbst unter Berücksichtigung der Inanspruchnahme der Thesaurierungsbegünstigung des § 34 a EStG die durchschnittliche Steuerbelastung deutlich über 30 % liegt (vgl. zum Ganzen *Spengel/Elschner* Ubg 2008, 408, 410; *Eisele* Erbschaftsteuerreform 2. Auflage 2009 S. 231; *Hübner* Erbschaftsteuerreform 2009 S. 492).

Nr. 1 Buchst. f. Aufwendungen, die **im Zusammenhang ste-** 8 **hen mit Vermögen iSd. § 200 Abs. 2 und 4** und übernommene **Verluste aus Beteiligungen iSd. § 200 Abs. 2 bis 4** sind deshalb wieder hinzuzurechnen, weil sie im Zusammenhang mit Vermögen stehen, das bei der Ermittlung des Ertragswerts nicht anzusetzen, sondern gesondert zu bewerten ist. Insoweit wird systemgerecht eine Doppelerfassung ausgeschlossen. Aufwendungen im Zusammenhang mit Beteiligungen (§ 200 Abs. 3) werden jedoch nicht korrigiert, weil für diese nur ein abweichender Wertansatz vorgesehen ist. Dies gilt nicht im Fall von Verlustübernahmen im Zusammenhang mit Beteiligungen (vgl. *Halaczinsky/Riedel* aaO. S. 132). Bei Beteiligungen an Personengesellschaften iSd. § 200 Abs. 3 werden wegen der

Qualifizierung der Schulden als Sonderbetriebsvermögen bei der Personengesellschaft damit im Zusammenhang stehende Aufwendungen im Ergebnis bei der Personengesellschaft berücksichtigt und sind deshalb bei der Korrektur des Betriebsergebnisses nicht hinzuzurechnen. Sie werden durch die **Hinzurechnung des übernommenen Verlustes** aus der Beteiligung nach § 202 Abs. 1 Satz 2 Nr. 1 f zweiter Halbsatz oder die Kürzung der Erträge aus der Beteiligung nach § 202 Abs. 1 Satz 2 Nr. 2 f berücksichtigt (vgl. ErbStR B 202 Abs. 3 Nr. 1 f Sätze 3 und 4).

2. Abrechnungen

9   **Abs. 1 Nr. 2 Buchst. a bis c.** Diese Regelungen bilden das **Gegenstück zu den Hinzurechnungen** nach Abs. 1 Nr. 1 Buchst. a bis d. Die gewinnerhöhenden Auflösungsbeträge aus steuerlichen Rücklagen sowie Gewinne aus Teilwertzuschreibungen gehören nicht zu den nachhaltig erzielbaren Erträgen und müssen deshalb wieder eliminiert werden. Gleiches gilt für einmalige Veräußerungsgewinne sowie außerordentliche Erträge sowie im Gewinn enthaltene Investitionszulagen, soweit in Zukunft nicht mit weiteren zulagebegünstigten Investitionen im gleichen Umfang gerechnet werden kann.

10 **Abs. 1 Nr. 2 Buchst. d.** Die Vorschrift regelt zwei Fälle: zum einen die Berücksichtigung eines **angemessenen Unternehmerlohns,** soweit in der bisherigen Ergebnisrechnung kein solcher berücksichtigt worden ist, zum anderen die Berücksichtigung eines **fiktiven Lohnaufwandes für bislang unentgeltlich tätige Familienangehörige.** Diese Vorschrift wird in erster Linie Bedeutung für Einzelunternehmen und Personengesellschaften erlangen, weil bei Kapitalgesellschaften in der Regel der angemessene Unternehmerlohn als Geschäftsführungsgehalt berücksichtigt worden ist. Da die Höhe des Unternehmerlohns nach der Vergütung bestimmt werden soll, die eine nicht beteiligte Geschäftsführung erhalten würde (vgl. ErbStR B 202 Abs. 3 Nr. 2 d Satz 2) können die Grundsätze der Finanzverwaltung zur Angemessenheit der Bezüge eines Gesellschafter-Geschäftsführers analog angewendet werden (siehe dazu ErbStR B 202 Abs. 3 Nr. 2 d Satz 4 sowie BMF v. 14.10.2002, BStBl. I 2002, 972 (kritisch *Rössler/Troll* § 202 Rz. 6). Zukünftig kann auch ein fiktiver Lohnaufwand für bislang unentgeltlich im Unternehmen mitarbeitende Familienangehörige des Eigentümers als Abzugsposition bei der Ermittlung des Unternehmenswerts berücksichtigt werden. Es liegt auf der Hand, dass hier ein erhöhtes Streitpotential droht, weil – im Gegensatz zum Gesellschafter-

Geschäftsführer – verwertbare Grundsätze zur Bestimmung dieses fiktiven Lohnaufwandes fehlen.

Abs. 1 Nr. 2 Buchst. e bis f. Es handelt sich um die **korrespon-** 11
dierenden Regelungen zu den Hinzurechnungen nach Abs. 1
Nr. 1 Buchst. e und f (siehe Rz. 7 f.).

3. Sonstige Hinzurechnungen und Abrechnungen

Nach **Abs. 1 Nr. 3** sind auch **sonstige wirtschaftlich nicht** 12
begründete Vermögensminderungen oder -erhöhungen mit
Einfluss auf den zukünftig nachhaltig zu erzielenden Jahresertrag und
mit gesellschaftsrechtlichem Bezug hinzuzurechnen oder abzuziehen, soweit sie nicht schon nach den Nr. 1 und 2 berücksichtigt
wurden (ErbStR B 202 Abs. 3 Nr. 3). Es handelt sich hierbei um
die Tatbestände der verdeckten Gewinnausschüttung und verdeckten
Einlage bei Kapitalgesellschaften (vgl. ErbStR B 202 Abs. 3 Nr. 1g
und Nr. 2g), überhöhte Pachtzahlungen uÄ (Begründung des BT-Finanzausschusses, BT-Drucks. 16/11107 zu § 202 Abs. 1) Aufgrund
der Rechtsformneutralität gelten nunmehr für Zwecke des vereinfachten Ertragswertverfahrens die Grundsätze der verdeckten
Gewinnausschüttung auch für Einzelunternehmen und Personengesellschaften.

III. Einnahme-/Überschussrechner

Nach **Abs. 2** ist bei Nichtbilanzierenden anstelle des Bilanzge- 13
winns vom Überschuss der Betriebseinnahmen über die Betriebsausgaben auszugehen. Die **Korrekturen** (s. Rz. 3–12) gelten entsprechend (vgl. ErbStR B 202 Abs. 4).

IV. Abgeltung des Ertragsteueraufwands

Zu Abs. 3 siehe Rz. 7. 14

§ 203 Kapitalisierungsfaktor

(1) **Der in diesem Verfahren anzuwendende Kapitalisierungszinssatz setzt sich zusammen aus einem Basiszins und einem Zuschlag von 4,5 Prozent.**

(2) [1]**Der Basiszins ist aus der langfristig erzielbaren Rendite öffentlicher Anleihen abzuleiten.** [2]Dabei ist auf den Zinssatz

§ 203

abzustellen, den die Deutsche Bundesbank anhand der Zinsstrukturdaten jeweils auf den ersten Börsentag des Jahres errechnet. ³Dieser Zinssatz ist für alle Wertermittlungen auf Bewertungsstichtage in diesem Jahr anzuwenden. ⁴Das Bundesministerium der Finanzen veröffentlicht den maßgebenden Zinssatz im Bundessteuerblatt.

(3) Der Kapitalisierungsfaktor ist der Kehrwert des Kapitalisierungszinssatzes.

I. Regelungsbereich

1 § 203 ist die **wichtigste Vorschrift** innerhalb des vereinfachten Ertragswertverfahrens. Sie bestimmt die Faktoren, die den Kapitalisierungsfaktor bilden und damit den Multiplikator, mit dem der zukünftig nachhaltig erzielbare Jahresertrag zu multiplizieren ist (§ 200 Abs. 1). Der **Kapitalisierungsfaktor** ist nur im vereinfachten Ertragswertverfahren anzusetzen. Er gilt nicht, wenn der gemeine Wert unter Berücksichtigung der Ertragsaussichten in einer anderen anerkannten, auch im gewöhnlichen Geschäftsverkehr für nicht steuerliche Zwecke üblichen Methode ermittelt wird (ErbStR B 203).

II. Kapitalisierungszinssatz

2 Der **Kapitalisierungszinssatz** setzt sich nach § 203 Abs. 1 zusammen aus einem **Basiszins und einem Zuschlag von 4,5 %** (absolut gesehen, nicht etwa 4,5 % vom Basiszinssatz). Der Basiszins bestimmt sich nach § 203 Abs. 2 und ist variabel. Der Risikozuschlag von 4,5 % ist fix und spiegelt damit das Hauptproblem des vereinfachten Ertragswertverfahrens wider. Der Zuschlag soll pauschal das Unternehmerrisiko und weitere Korrekturposten wie den Fungibilitätszuschlag, Wachstumsabschlag oder inhaberabhängige Faktoren berücksichtigen (BT-Drucks. 16/11107 S. 28 zu § 203). Mit dieser starren Handhabung wird der **Zweck eines wirklich vereinfachten Ertragswertverfahrens im Ergebnis verfehlt.** Die Festlegung eines einheitlichen Kapitalisierungszinssatzes, unabhängig von Ertrags- oder Risikoeinschätzungen, erreicht das Gegenteil einer „echten" ertragsabhängigen Unternehmensbewertung (so zutreffend *Mannek* FB 2008, 423, 427; auch *Hübner* Erbschaftsteuerreform 2009 S. 494).

Die Vorgehensweise steht sogar in einem offenen Widerspruch zur Vorgehensweise der Betriebswirtschaftslehre, die grundsätzlich den Risikozuschlag im Hinblick auf die spezifische Risikostruktur des zu bewertenden Unternehmens unter Berücksichtigung externer und interner Einflüsse vornimmt und deshalb den Risikozuschlag unternehmensspezifisch justiert (vgl. ausführlich IDW S. 1 2008, Tz. 91). Der starre Zuschlag von 4,5 % ohne die Spezifika des jeweiligen Unternehmens bzw. der jeweiligen Branche, in der das Unternehmen tätig ist, wird in der Praxis schnell zu **Überbewertungen** führen(instruktiv dazu *Kohl/König* BB 2012, 607). Die pauschale Ermittlung des Unternehmenswertes mittels eines fixen Kapitalisierungszinssatzes ist daher **nicht sachgerecht** und **abzulehnen** (vgl. die instruktive Kritik bei *Rössler/Troll* § 203 Rz.3).

III. Basiszins

Nach § 203 Abs. 2 ist der Basiszins aus der **langfristig erzielba-** 3 **ren Rendite öffentlicher Anleihen** abzuleiten. Maßgebend ist der Zinssatz, den die Deutsche Bundesbank jeweils zum ersten Börsentag des Jahres errechnet. Der so errechnete Zinssatz soll dann jeweils für ein Jahr maßgebend sein und im Bundessteuerblatt veröffentlicht werden. Für 2012 hat das BMF diesen Zinssatz auf 2,44 % festgesetzt (BMF v. 2.1.2012, BStBl. I 2012, 13

IV. Kapitalisierungsfaktor

Nach § 203 Abs. 3 ist der Kapitalisierungsfaktor der Kehrwert des 4 Kapitalisierungszinssatzes. Berechnung:

Basiszins:	2,44 %
Zuschlag:	4,5 %
Kapitalisierungszins:	6,94 %
Kapitalisierungsfaktor (1 : 6,94)	14,41 %

Dieser **Kapitalisierungsfaktor** ist im vereinfachten Ertragswertverfahren für das Jahr 2012 zwingend anzusetzen. Das heißt, Betriebsvermögen wird im vereinfachten Ertragswertverfahren mit dem 14,41-fachen des nachhaltig erzielbaren Jahresertrages bewertet.

Bei der Bewertung von Anteilen an ausländischen Gesellschaften 5 oder ausländischem Betriebsvermögen kann der nach § 203 maßgebende Kapitalisierungsfaktor angewendet werden, wenn dies nicht zu offensichtlich unzutreffenden Ergebnissen führt (ErbStR B 199.2 Satz 4).

Anhang

I. Anlagen zum Bewertungsgesetz

Anlage 1 zum BewG
(zu § 51)
Umrechnungsschlüssel für Tierbestände in Vieheinheiten (VE) nach dem Futterbedarf

Tierart	1 Tier	
Alpakas	0,08	VE
Damtiere		
Damtiere unter 1 Jahr	0,04	VE
Damtiere 1 Jahr und älter	0,08	VE
Geflügel		
Legehennen (einschließlich einer normalen Aufzucht zur Ergänzung des Bestandes)	0,02	VE
Legehennen aus zugekauften Junghennen	0,0183	VE
Zuchtputen, -enten, -gänse	0,04	VE
Kaninchen		
Zucht- und Angorakaninchen	0,025	VE
Lamas	0,1	VE
Pferde		
Pferde unter 3 Jahren und Kleinpferde	0,7	VE
Pferde 3 Jahre und älter	1,1	VE
Rindvieh		
Kälber und Jungvieh unter 1 Jahr (einschließlich Mastkälber, Starterkälber und Fresser)	0,3	VE
Jungvieh 1 bis 2 Jahre alt	0,7	VE
Färsen (älter als 2 Jahre)	1	VE
Masttiere (Mastdauer weniger als 1 Jahr)	1	VE
Kühe (einschließlich Mutter- und Ammenkühe mit den dazugehörigen Saugkälbern)	1	VE
Zuchtbullen, Zugochsen	1,2	VE

Anh.   I. Anlagen zum Bewertungsgesetz

Schafe

Schafe unter 1 Jahr einschließlich Mastlämmer	0,05	VE
Schafe 1 Jahr und älter	0,1	VE

Schweine

Zuchtschweine (einschließlich Jungzuchtschweine über etwa 90 kg)	0,33	VE

Strauße

Zuchttiere 14 Monate und älter	0,32	VE
Jungtiere/Masttiere unter 14 Monate	0,25	VE

Ziegen   0,08 VE

Geflügel
Jungmasthühner

(bis zu 6 Durchgänge je Jahr – schwere Tiere)	0,0017	VE
(mehr als 6 Durchgänge je Jahr – leichte Tiere)	0,0013	VE
Junghennen	0,0017	VE
Mastenten	0,0033	VE
Mastenten in der Aufzuchtphase	0,0011	VE
Mastenten in der Mastphase	0,0022	VE
Mastputen aus selbst erzeugten Jungputen	0,0067	VE
Mastputen aus zugekauften Jungputen	0,005	VE
Jungputen (bis etwa 8 Wochen)	0,0017	VE
Mastgänse	0,0067	VE

Kaninchen

Mastkaninchen	0,0025	VE

Rindvieh

Masttiere (Mastdauer 1 Jahr und mehr)	1	VE

Schweine

Leichte Ferkel (bis etwa 12 kg)	0,01	VE
Ferkel (über etwa 12 bis etwa 20 kg)	0,02	VE
Schwere Ferkel und leichte Läufer (über etwa 20 bis etwa 30 kg)	0,04	VE
Läufer (über etwa 30 bis etwa 45 kg)	0,06	VE
Schwere Läufer (über etwa 45 bis etwa 60 kg)	0,08	VE
Mastschweine	0,16	VE
Jungzuchtschweine bis etwa 90 kg	0,12	VE

Anlage 2 zum BewG
Gruppen der Zweige des Tierbestands nach der Flächenabhängigkeit

1. Mehr flächenabhängige Zweige des Tierbestands
    Pferdehaltung,
    Pferdezucht,
    Schafzucht,
    Schafhaltung,
    Rindviehzucht,
    Milchviehhaltung,
    Rindviehmast.
2. Weniger flächenabhängige Zweige des Tierbestands
    Schweinezucht,
    Schweinemast,
    Hühnerzucht,
    Entenzucht,
    Gänsezucht,
    Putenzucht,
    Legehennenhaltung,
    Junghühnermast,
    Entenmast,
    Gänsemast,
    Putenmast.

Anlage 3 zum BewG
Mietwohngrundstücke
Vervielfältiger

Baujahrgruppe	Gemeindegrößenklassen							
	bis 2000	über 2000 bis 5000	über 5000 bis 10000	über 10000 bis 50000	über 50000 bis 100000	über 100000 bis 200000	über 200000 bis 500000	über 500000 Einwohner
A. bei Massivbauten mit Mauerwerk aus Ziegelsteinen, Natursteinen, Kalksandsteinen, Schwemmsteinen oder ähnlichen Steinen sowie bei Stahl- und Stahlbetonskelettbauten außer bei solchen Bauten, die unter B. fallen								
Altbauten								
vor 1895	7,2	6,9	5,8	5,8	5,7	5,5	5,4	5,3
1895 bis 1899	7,4	7,1	6,0	5,9	5,8	5,7	5,5	5,4
1900 bis 1904	7,8	7,5	6,2	6,2	6,0	5,9	5,7	5,6
1905 bis 1915	8,3	7,9	6,6	6,5	6,3	6,2	6,0	5,8
1916 bis 31.3. 1924	8,7	8,4	6,9	6,7	6,5	6,4	6,2	6,1
Neubauten								
1.4. 1924 bis 31.12. 1934	9,8	9,5	8,3	8,2	8,0	7,8	7,7	7,5
1.1. 1935 bis 20.6.1948	10,2	9,8	8,6	8,4	8,2	8,0	7,9	7,7
Nachkriegsbauten								
nach dem 20.6.1948	9,8	9,7	9,5	9,2	9,0	9,0	9,0	9,1
B. bei Holzfachwerkbauten mit Ziegelsteinausmauerung, Gebäuden aus großformatigen Bimsbetonplatten oder ähnlichen Platten sowie bei anderen eingeschossigen massiven Gebäuden in leichter Bauausführung								
Altbauten								
vor 1908	6,6	6,3	5,3	5,4	5,3	5,2	5,1	5,0
1908 bis 1915	6,9	6,6	5,6	5,6	5,5	5,4	5,3	5,1
1916 bis 31.3. 1924	7,7	7,4	6,1	6,1	6,0	5,8	5,7	5,5
Neubauten								
1.4. 1924 bis 31.12. 1934	9,0	8,7	7,7	7,6	7,5	7,3	7,3	7,0
1.1. 1935 bis 20.6.1948	9,6	9,3	8,2	8,0	7,8	7,7	7,5	7,4
Nachkriegsbauten								
nach dem 20.6.1948	9,5	9,4	9,2	8,9	8,7	8,7	8,7	8,8
C. bei Holzfachwerkbauten mit Lehmausfachung und besonders haltbaren Holzbauten mit massiven Fundamenten								
Altbauten								
vor dem 1.4.1924	5,7	5,5	4,7	4,9	4,8	4,7	4,6	4,5
Neubauten								
1.4. 1924 bis 31.12. 1934	7,3	7,0	6,4	6,4	6,3	6,2	6,1	6,0
1.1. 1935 bis 20.6.1948	8,5	8,2	7,3	7,2	7,1	7,0	6,8	6,7
Nachkriegsbauten								
nach dem 20.6.1948	8,9	8,7	8,6	8,3	8,1	8,1	8,1	8,3

Anlage 4 zum BewG
Gemischtgenutzte Grundstücke mit einem gewerblichen Anteil an der Jahresrohmiete bis zu 50 %
Vervielfältiger

Baujahrgruppe	Gemeindegrößenklassen							
	bis 2000	über 2000 bis 5000	über 5000 bis 10000	über 10000 bis 50000	über 50000 bis 100000	über 100000 bis 200000	über 200000 bis 500000	über 500000 Einwohner
A. bei Massivbauten mit Mauerwerk aus Ziegelsteinen, Natursteinen, Kalksandsteinen, Schwemmsteinen oder ähnlichen Steinen sowie bei Stahl- und Stahlbetonskelettbauten außer bei solchen Bauten, die unter B. fallen								
Altbauten								
vor 1895	7,6	7,3	6,4	6,4	6,1	6,0	5,9	6,1
1895 bis 1899	7,8	7,6	6,6	6,5	6,3	6,2	6,0	6,3
1900 bis 1904	8,2	7,9	6,9	6,8	6,5	6,4	6,3	6,4
1905 bis 1915	8,7	8,4	7,2	7,1	6,8	6,7	6,5	6,7
1916 bis 31.3. 1924	9,1	8,8	7,6	7,4	7,1	6,9	6,8	6,9
Neubauten								
1.4. 1924 bis 31.12. 1934	10,2	9,6	8,4	8,1	8,0	7,8	7,7	7,8
1.1. 1935 bis 20.6.1948	10,5	9,8	8,6	8,3	8,2	8,0	7,9	7,9
Nachkriegsbauten								
nach dem 20.6.1948	9,9	9,6	9,2	9,1	9,0	9,0	9,0	9,0
B. bei Holzfachwerkbauten mit Ziegelsteinausmauerung, Gebäuden aus großformatigen Bimsbetonplatten oder ähnlichen Platten sowie bei anderen eingeschossigen massiven Gebäuden in leichter Bauausführung								
Altbauten								
vor 1908	7,0	6,7	5,9	6,0	5,7	5,6	5,5	5,8
1908 bis 1915	7,3	7,0	6,2	6,2	5,9	5,8	5,7	6,0
1916 bis 31.3. 1924	8,1	7,8	6,8	6,7	6,4	6,3	6,2	6,4
Neubauten								
1.4. 1924 bis 31.12. 1934	9,3	8,8	7,7	7,6	7,5	7,3	7,2	7,3
1.1. 1935 bis 20.6.1948	9,9	9,3	8,2	8,0	7,8	7,7	7,5	7,6
Nachkriegsbauten								
nach dem 20.6.1948	9,6	9,3	9,0	8,9	8,7	8,7	8,7	8,8
C. bei Holzfachwerkbauten mit Lehmausfachung und besonders haltbaren Holzbauten mit massiven Fundamenten								
Altbauten								
vor dem 1.4.1924	6,1	5,9	5,2	5,4	5,2	5,1	5,0	5,4
Neubauten								
1.4. 1924 bis 31.12. 1934	7,7	7,2	6,4	6,5	6,4	6,3	6,1	6,4
1.1. 1935 bis 20.6.1948	8,8	8,3	7,3	7,3	7,1	7,0	6,9	7,1
Nachkriegsbauten								
nach dem 20.6.1948	9,0	8,7	8,4	8,4	8,2	8,2	8,2	8,4

Anh.   I. Anlagen zum Bewertungsgesetz

Anlage 5 zum BewG
Gemischtgenutzte Grundstücke mit einem gewerblichen Anteil an der Jahresrohmiete von mehr als 50 %
Vervielfältiger

Baujahrgruppe	Gemeindegrößenklassen							
	bis 2000	über 2000 bis 5000	über 5000 bis 10000	über 10000 bis 50000	über 50000 bis 100000	über 100000 bis 200000	über 200000 bis 500000	über 500000 Einwohner
A. bei Massivbauten mit Mauerwerk aus Ziegelsteinen, Natursteinen, Kalksandsteinen, Schwemmsteinen oder ähnlichen Steinen sowie bei Stahl- und Stahlbetonskelettbauten außer bei solchen Bauten, die unter B. fallen								
Altbauten								
vor 1895	7,6	7,2	6,4	6,6	6,4	6,4	6,4	6,4
1895 bis 1899	7,8	7,4	6,6	6,8	6,5	6,5	6,5	6,5
1900 bis 1904	8,2	7,8	6,8	7,0	6,7	6,7	6,7	6,7
1905 bis 1915	8,6	8,2	7,1	7,2	7,0	7,0	7,0	7,0
1916 bis 31.3. 1924	9,0	8,6	7,4	7,5	7,2	7,2	7,2	7,2
Neubauten								
1.4. 1924 bis 31.12. 1934	9,7	9,1	8,0	8,1	7,9	7,9	7,9	7,9
1.1. 1935 bis 20.6.1948	10,0	9,4	8,2	8,3	8,1	8,1	8,1	8,1
Nachkriegsbauten								
nach dem 20.6.1948	9,6	9,3	8,9	8,9	8,7	8,8	8,8	8,8
B. bei Holzfachwerkbauten mit Ziegelsteinausmauerung, Gebäuden aus großformatigen Bimsbetonplatten oder ähnlichen Platten sowie bei anderen eingeschossigen massiven Gebäuden in leichter Bauausführung								
Altbauten								
vor 1908	7,0	6,7	6,0	6,3	6,1	6,1	6,1	6,1
1908 bis 1915	7,3	7,0	6,2	6,5	6,2	6,2	6,2	6,2
1916 bis 31.3. 1924	8,1	7,7	6,7	6,9	6,7	6,7	6,7	6,7
Neubauten								
1.4. 1924 bis 31.12. 1934	9,0	8,4	7,5	7,6	7,5	7,5	7,5	7,5
1.1. 1935 bis 20.6.1948	9,5	8,9	7,8	7,9	7,8	7,8	7,8	7,8
Nachkriegsbauten								
nach dem 20.6.1948	9,3	9,0	8,6	8,7	8,5	8,6	8,6	8,6
C. bei Holzfachwerkbauten mit Lehmausfachung und besonders haltbaren Holzbauten mit massiven Fundamenten								
Altbauten								
vor dem 1.4.1924	6,2	5,9	5,5	5,8	5,6	5,6	5,6	5,6
Neubauten								
1.4. 1924 bis 31.12. 1934	7,4	7,0	6,4	6,7	6,5	6,5	6,5	6,5
1.1. 1935 bis 20.6.1948	8,5	8,0	7,2	7,3	7,2	7,2	7,2	7,2
Nachkriegsbauten								
nach dem 20.6.1948	8,8	8,5	8,1	8,2	8,1	8,2	8,2	8,2

Anlage 6 zum BewG
Geschäftsgrundstücke
Vervielfältiger

Baujahrgruppe	Gemeindegrößenklassen							
	bis 2000	über 2000 bis 5000	über 5000 bis 10000	über 10000 bis 50000	über 50000 bis 100000	über 100000 bis 200000	über 200000 bis 500000	über 500000 Einwohner

A. bei Massivbauten mit Mauerwerk aus Ziegelsteinen, Natursteinen, Kalksandsteinen, Schwemmsteinen oder ähnlichen Steinen sowie bei Stahl- und Stahlbetonskelettbauten außer bei solchen Bauten, die unter B. fallen

Altbauten								
vor 1895	7,8	7,5	6,7	6,9	6,8	6,8	6,8	6,8
1895 bis 1899	8,0	7,7	6,9	7,0	7,0	7,0	7,0	7,0
1900 bis 1904	8,3	7,9	7,1	7,2	7,1	7,1	7,1	7,1
1905 bis 1915	8,7	8,3	7,4	7,5	7,4	7,4	7,4	7,4
1916 bis 31.3. 1924	9,0	8,6	7,7	7,8	7,6	7,6	7,6	7,6
Neubauten								
1.4. 1924 bis 31.12. 1934	9,4	9,0	8,0	8,0	8,0	8,0	8,0	8,0
1.1. 1935 bis 20.6.1948	9,6	9,2	8,1	8,2	8,1	8,1	8,1	8,1
Nachkriegsbauten								
nach dem 20.6.1948	9,4	9,2	9,0	9,0	8,9	8,9	8,9	8,9

B. bei Holzfachwerkbauten mit Ziegelsteinausmauerung, Gebäuden aus großformatigen Bimsbetonplatten oder ähnlichen Platten sowie bei anderen eingeschossigen massiven Gebäuden in leichter Bauausführung

Altbauten								
vor 1908	7,3	7,0	6,3	6,5	6,5	6,5	6,5	6,5
1908 bis 1915	7,6	7,2	6,5	6,7	6,7	6,7	6,7	6,7
1916 bis 31.3. 1924	8,2	7,8	7,0	7,2	7,1	7,1	7,1	7,1
Neubauten								
1.4. 1924 bis 31.12. 1934	8,8	8,4	7,5	7,6	7,6	7,6	7,6	7,6
1.1. 1935 bis 20.6.1948	9,2	8,8	7,8	7,9	7,8	7,8	7,8	7,8
Nachkriegsbauten								
nach dem 20.6.1948	9,1	9,0	8,7	8,8	8,7	8,7	8,7	8,7

C. bei Holzfachwerkbauten mit Lehmausfachung und besonders haltbaren Holzbauten mit massiven Fundamenten

Altbauten								
vor dem 1.4.1924	6,6	6,3	5,7	6,0	6,1	6,1	6,1	6,1
Neubauten								
1.4. 1924 bis 31.12. 1934	7,5	7,2	6,5	6,7	6,8	6,8	6,8	6,8
1.1. 1935 bis 20.6.1948	8,4	8,0	7,2	7,3	7,3	7,3	7,3	7,3
Nachkriegsbauten								
nach dem 20.6.1948	8,7	8,6	8,3	8,4	8,3	8,3	8,4	8,4

Anlage 7 zum BewG
Einfamilienhäuser
Vervielfältiger

Baujahrgruppe	Gemeindegrößenklassen							
	bis 2000	über 2000 bis 5000	über 5000 bis 10000	über 10000 bis 50000	über 50000 bis 100000	über 100000 bis 200000	über 200000 bis 500000	über 500000 Einwohner
A. bei Massivbauten mit Mauerwerk aus Ziegelsteinen, Natursteinen, Kalksandsteinen, Schwemmsteinen oder ähnlichen Steinen sowie bei Stahl- und Stahlbetonskelettbauten außer bei solchen Bauten, die unter B. fallen								
Altbauten								
vor 1895	9,5	9,0	7,7	7,4	7,8	7,8	7,8	7,8
1895 bis 1899	9,8	9,3	7,9	7,6	8,0	8,0	8,0	8,0
1900 bis 1904	10,3	9,8	8,3	7,9	8,2	8,2	8,2	8,2
1905 bis 1915	11,0	10,4	8,7	8,4	8,6	8,6	8,6	8,6
1916 bis 31.3. 1924	11,6	11,0	9,1	8,8	8,9	8,9	8,9	8,9
Neubauten								
1.4. 1924 bis 31.12. 1934	13,1	12,4	10,6	10,2	10,2	10,2	10,2	10,2
1.1. 1935 bis 20.6.1948	13,5	12,9	10,9	10,5	10,4	10,4	10,4	10,4
Nachkriegsbauten								
nach dem 20.6.1948	13,0	12,4	12,0	11,8	11,8	11,8	11,8	11,9
B. bei Holzfachwerkbauten mit Ziegelsteinausmauerung, Gebäuden aus großformatigen Bimsbetonplatten oder ähnlichen Platten sowie bei anderen eingeschossigen massiven Gebäuden in leichter Bauausführung								
Altbauten								
vor 1908	8,7	8,3	7,1	6,8	7,3	7,3	7,3	7,3
1908 bis 1915	9,1	8,7	7,4	7,1	7,6	7,6	7,6	7,6
1916 bis 31.3. 1924	10,2	9,6	8,1	7,8	8,1	8,1	8,1	8,1
Neubauten								
1.4. 1924 bis 31.12. 1934	11,9	11,3	9,7	9,4	9,4	9,4	9,4	9,4
1.1. 1935 bis 20.6.1948	12,7	12,1	10,3	9,9	9,9	9,9	9,9	9,9
Nachkriegsbauten								
nach dem 20.6.1948	12,5	11,9	11,5	11,4	11,4	11,4	11,4	11,5
C. bei Holzfachwerkbauten mit Lehmausfachung und besonders haltbaren Holzbauten mit massiven Fundamenten								
Altbauten								
vor dem 1.4.1924	7,7	7,3	6,3	6,1	6,7	6,7	6,7	6,7
Neubauten								
1.4. 1924 bis 31.12. 1934	9,6	9,1	8,0	7,7	8,0	8,0	8,0	8,0
1.1. 1935 bis 20.6.1948	11,1	10,6	9,2	8,9	9,0	9,0	9,0	9,0
Nachkriegsbauten								
nach dem 20.6.1948	11,5	10,9	10,6	10,6	10,6	10,6	10,6	10,8

Anlage 8 zum BewG
Zweifamilienhäuser
Vervielfältiger

Baujahrgruppe	Gemeindegrößenklassen							
	bis 2000	über 2000 bis 5000	über 5000 bis 10000	über 10000 bis 50000	über 50000 bis 100000	über 100000 bis 200000	über 200000 bis 500000	über 500000 Einwohner
A. bei Massivbauten mit Mauerwerk aus Ziegelsteinen, Natursteinen, Kalksandsteinen, Schwemmsteinen oder ähnlichen Steinen sowie bei Stahl- und Stahlbetonskelettbauten außer bei solchen Bauten, die unter B. fallen								
Altbauten								
vor 1895	8,6	8,1	6,9	6,7	7,0	6,8	6,8	6,8
1895 bis 1899	8,8	8,4	7,1	6,9	7,1	7,0	7,0	7,0
1900 bis 1904	9,3	8,8	7,4	7,1	7,4	7,2	7,2	7,2
1905 bis 1915	9,8	9,3	7,8	7,5	7,7	7,5	7,5	7,5
1916 bis 31.3. 1924	10,3	9,7	8,2	7,8	8,0	7,8	7,8	7,8
Neubauten								
1.4. 1924 bis 31.12. 1934	11,6	11,0	9,5	9,1	9,0	9,0	9,0	9,0
1.1. 1935 bis 20.6.1948	11,9	11,3	9,7	9,3	9,2	9,2	9,2	9,2
Nachkriegsbauten								
nach dem 20.6.1948	11,4	11,0	10,6	10,5	10,5	10,5	10,5	10,5
B. bei Holzfachwerkbauten mit Ziegelsteinausmauerung, Gebäuden aus großformatigen Bimsbetonplatten oder ähnlichen Platten sowie bei anderen eingeschossigen massiven Gebäuden in leichter Bauausführung								
Altbauten								
vor 1908	7,9	7,5	6,4	6,2	6,6	6,5	6,5	6,5
1908 bis 1915	8,3	7,8	6,7	6,4	6,8	6,7	6,7	6,7
1916 bis 31.3. 1924	9,1	8,6	7,3	7,0	7,3	7,1	7,1	7,1
Neubauten								
1.4. 1924 bis 31.12. 1934	10,6	10,1	8,7	8,4	8,5	8,5	8,5	8,5
1.1. 1935 bis 20.6.1948	11,2	10,7	9,2	8,9	8,8	8,8	8,8	8,8
Nachkriegsbauten								
nach dem 20.6.1948	11,0	10,6	10,2	10,1	10,1	10,1	10,1	10,2
C. bei Holzfachwerkbauten mit Lehmausfachung und besonders haltbaren Holzbauten mit massiven Fundamenten								
Altbauten								
vor dem 1.4.1924	7,0	6,7	5,8	5,6	6,1	6,0	6,0	6,0
Neubauten								
1.4. 1924 bis 31.12. 1934	8,7	8,3	7,3	7,0	7,3	7,3	7,3	7,3
1.1. 1935 bis 20.6.1948	10,0	9,5	8,3	8,0	8,1	8,1	8,1	8,1
Nachkriegsbauten								
nach dem 20.6.1948	10,2	9,8	9,5	9,5	9,5	9,5	9,5	9,7

Anlage 9 zum BewG

(aufgehoben)

Anh. I. Anlagen zum Bewertungsgesetz

Anlage 9 a zum BewG
(zu § 13)
Kapitalwert einer wiederkehrenden, zeitlich beschränkten Nutzung oder Leistung im Jahresbetrag von einem Euro

9a (entspricht Tabelle 6 zu § 13 Abs. 1 in den Gl. Ländererlassen v. 10.10.2010, BStBl. I 2010, 810)
Der Kapitalwert ist unter Berücksichtigung von Zwischenzinsen und Zinseszinsen mit 5,5 Prozent errechnet worden. Er ist der Mittelwert zwischen dem Kapitalwert für jährlich vorschüssige und jährlich nachschüssige Zahlungsweise.

Laufzeit in Jahren	Kapitalwert	Laufzeit in Jahren	Kapitalwert	Laufzeit in Jahren	Kapitalwert
1	0,974	33	15,490	65	18,106
2	1,897	34	15,656	66	18,136
3	2,772	35	15,814	67	18,165
4	3,602	36	15,963	68	18,192
5	4,388	37	16,105	69	18,217
6	5,133	38	16,239	70	18,242
7	5,839	39	16,367	71	18,264
8	6,509	40	16,487	72	18,286
9	7,143	41	16,602	73	18,307
10	7,745	42	16,710	74	18,326
11	8,315	43	16,813	75	18,345
12	8,856	44	16,910	76	18,362
13	9,368	45	17,003	77	18,379
14	9,853	46	17,090	78	18,395
15	10,314	47	17,173	79	18,410
16	10,750	48	17,252	80	18,424
17	11,163	49	17,326	81	18,437
18	11,555	50	17,397	82	18,450
19	11,927	51	17,464	83	18,462
20	12,279	52	17,528	84	18,474
21	12,613	53	17,588	85	18,485
22	12,929	54	17,645	86	18,495
23	13,229	55	17,699	87	18,505
24	13,513	56	17,750	88	18,514
25	13,783	57	17,799	89	18,523
26	14,038	58	17,845	90	18,531
27	14,280	59	17,888	91	18,539
28	14,510	60	17,930	92	18,546
29	14,727	61	17,969	93	18,553
30	14,933	62	18,006	94	18,560
31	15,129	63	18,041	95	18,566
32	15,314	64	18,075	96	18,572

Anlage 14 Landwirtschaftl. Nutzung **Anh.**

Laufzeit in Jahren	Kapital- wert	Laufzeit in Jahren	Kapital- wert	Laufzeit in Jahren	Kapital- wert
97	18,578	98	18,583	100	18,593
		99	18,589	101	18,596
				mehr als 101	18,600

Anlagen 10 bis 13 zum BewG *(aufgehoben)*

(einstweilen frei)   **10–13**

Anlage 14 zum BewG
(zu § 163 Abs. 3, § 164 Abs. 2 und 4)
Landwirtschaftliche Nutzung

14

1	2	3	4	5	6
Region Land/ Reg.bezirk	Nutzungsart Betriebsform	Betriebsgröße	Rein- gewinn EUR/ ha LF	Pacht- preis EUR/ ha LF	Wert für das Besatz- kapital EUR/ha LF
Schleswig-Holstein	Ackerbau	Kleinbetriebe 0 bis unter 40 EGE	−428	240	129
		Mittelbetriebe 40 bis 100 EGE	−19	286	90
		Großbetriebe über 100 EGE	124	338	78
	Milchvieh	Kleinbetriebe 0 bis unter 40 EGE	−572	161	241
		Mittelbetriebe 40 bis 100 EGE	−98	201	238
		Großbetriebe über 100 EGE	143	235	203
	Sonstiger Futterbau	Kleinbetriebe 0 bis unter 40 EGE	−535	122	160
		Mittelbetriebe 40 bis 100 EGE	−143	162	142
		Großbetriebe über 100 EGE	73	250	152
	Veredlung	Kleinbetriebe 0 bis unter 40 EGE	−917	338	343
		Mittelbetriebe 40 bis 100 EGE	−124	388	358
		Großbetriebe über 100 EGE	224	389	313
	Pflanzen- bau- Verbund	Kleinbetriebe 0 bis unter 40 EGE	−586	201	161
		Mittelbetriebe 40 bis 100 EGE	−169	245	150
		Großbetriebe über 100 EGE	77	301	148
	Vieh- Verbund	Kleinbetriebe 0 bis unter 40 EGE	−833	214	188
		Mittelbetriebe 40 bis 100 EGE	−253	263	222
		Großbetriebe über 100 EGE	66	348	238
	Pflanzen- und Vieh- verbund	Kleinbetriebe 0 bis unter 40 EGE	−648	202	169
		Mittelbetriebe 40 bis 100 EGE	−136	243	172
		Großbetriebe über 100 EGE	68	302	153
Braun- schweig	Ackerbau	Kleinbetriebe 0 bis unter 40 EGE	−456	226	121
		Mittelbetriebe 40 bis 100 EGE	−20	270	84
		Großbetriebe über 100 EGE	116	318	72
	Milchvieh	Kleinbetriebe 0 bis unter 40 EGE	−564	164	244
		Mittelbetriebe 40 bis 100 EGE	−96	203	241
		Großbetriebe über 100 EGE	144	238	205
	Sonstiger Futterbau	Kleinbetriebe 0 bis unter 40 EGE	−532	122	161
		Mittelbetriebe 40 bis 100 EGE	−143	162	143
		Großbetriebe über 100 EGE	73	250	152

I. Anlagen zum Bewertungsgesetz

1	2	3	4	5	6
Region Land/ Reg.bezirk	Nutzungsart Betriebsform	Betriebsgröße	Rein-gewinn EUR/ ha LF	Pacht-preis EUR/ ha LF	Wert für das Besatz-kapital EUR/ha LF
	Veredlung	Kleinbetriebe 0 bis unter 40 EGE	− 1001	312	315
		Mittelbetriebe 40 bis 100 EGE	− 136	354	326
		Großbetriebe über 100 EGE	206	359	287
	Pflanzen-bau-Verbund	Kleinbetriebe 0 bis unter 40 EGE	− 617	190	153
		Mittelbetriebe 40 bis 100 EGE	− 176	234	144
		Großbetriebe über 100 EGE	74	288	141
	Vieh-Verbund	Kleinbetriebe 0 bis unter 40 EGE	− 868	205	180
		Mittelbetriebe 40 bis 100 EGE	− 268	249	209
		Großbetriebe über 100 EGE	62	330	224
	Pflanzen- und Vieh-verbund	Kleinbetriebe 0 bis unter 40 EGE	− 687	190	160
		Mittelbetriebe 40 bis 100 EGE	− 146	227	160
		Großbetriebe über 100 EGE	64	281	142
Hannover	Ackerbau	Kleinbetriebe 0 bis unter 40 EGE	− 461	224	119
		Mittelbetriebe 40 bis 100 EGE	− 21	268	83
		Großbetriebe über 100 EGE	114	315	71
	Milchvieh	Kleinbetriebe 0 bis unter 40 EGE	− 565	163	244
		Mittelbetriebe 40 bis 100 EGE	− 97	203	240
		Großbetriebe über 100 EGE	144	237	205
	Sonstiger Futterbau	Kleinbetriebe 0 bis unter 40 EGE	− 534	122	160
		Mittelbetriebe 40 bis 100 EGE	− 143	161	142
		Großbetriebe über 100 EGE	73	249	152
	Veredlung	Kleinbetriebe 0 bis unter 40 EGE	− 1006	310	313
		Mittelbetriebe 40 bis 100 EGE	− 137	352	325
		Großbetriebe über 100 EGE	205	357	286
	Pflanzen-bau-Verbund	Kleinbetriebe 0 bis unter 40 EGE	− 622	189	152
		Mittelbetriebe 40 bis 100 EGE	− 178	234	143
		Großbetriebe über 100 EGE	73	286	140
	Vieh-verbund	Kleinbetriebe 0 bis unter 40 EGE	− 872	204	179
		Mittelbetriebe 40 bis 100 EGE	− 269	248	208
		Großbetriebe über 100 EGE	62	328	223
	Pflanzen- und Vieh-verbund	Kleinbetriebe 0 bis unter 40 EGE	− 691	189	159
		Mittelbetriebe 40 bis 100 EGE	− 147	226	159
		Großbetriebe über 100 EGE	63	279	141
Lüneburg	Ackerbau	Kleinbetriebe 0 bis unter 40 EGE	− 478	216	115
		Mittelbetriebe 40 bis 100 EGE	− 21	258	80
		Großbetriebe über 100 EGE	110	304	69
	Milchvieh	Kleinbetriebe 0 bis unter 40 EGE	− 578	160	238
		Mittelbetriebe 40 bis 100 EGE	− 99	198	234
		Großbetriebe über 100 EGE	140	231	199
	Sonstiger Futterbau	Kleinbetriebe 0 bis unter 40 EGE	− 536	121	160
		Mittelbetriebe 40 bis 100 EGE	− 145	160	141
		Großbetriebe über 100 EGE	72	245	150
	Veredlung	Kleinbetriebe 0 bis unter 40 EGE	− 1011	309	311
		Mittelbetriebe 40 bis 100 EGE	− 138	350	323
		Großbetriebe über 100 EGE	204	355	284
	Pflanzen-bau-Verbund	Kleinbetriebe 0 bis unter 40 EGE	− 632	186	149
		Mittelbetriebe 40 bis 100 EGE	− 181	230	140
		Großbetriebe über 100 EGE	72	281	138
	Vieh-Verbund	Kleinbetriebe 0 bis unter 40 EGE	− 880	202	178
		Mittelbetriebe 40 bis 100 EGE	− 272	246	206
		Großbetriebe über 100 EGE	61	325	221

Anlage 14 Landwirtschaftl. Nutzung Anh.

1	2	3	4	5	6
Region Land/ Reg.bezirk	Nutzungsart Betriebsform	Betriebsgröße	Rein-gewinn EUR/ ha LF	Pacht-preis EUR/ ha LF	Wert für das Besatz-kapital EUR/ha LF
	Pflanzen- und Vieh-verbund	Kleinbetriebe 0 bis unter 40 EGE	− 699	187	157
		Mittelbetriebe 40 bis 100 EGE	− 149	222	156
		Großbetriebe über 100 EGE	62	275	139
Weser-Ems	Ackerbau	Kleinbetriebe 0 bis unter 40 EGE	− 476	217	116
		Mittelbetriebe 40 bis 100 EGE	− 21	261	81
		Großbetriebe über 100 EGE	113	315	71
	Milchvieh	Kleinbetriebe 0 bis unter 40 EGE	− 577	160	239
		Mittelbetriebe 40 bis 100 EGE	− 99	198	235
		Großbetriebe über 100 EGE	140	232	200
	Sonstiger Futterbau	Kleinbetriebe 0 bis unter 40 EGE	− 540	120	158
		Mittelbetriebe 40 bis 100 EGE	− 145	159	140
		Großbetriebe über 100 EGE	72	245	149
	Veredlung	Kleinbetriebe 0 bis unter 40 EGE	− 966	323	326
		Mittelbetriebe 40 bis 100 EGE	− 131	367	339
		Großbetriebe über 100 EGE	213	372	298
	Pflanzen-bau-Verbund	Kleinbetriebe 0 bis unter 40 EGE	− 622	190	152
		Mittelbetriebe 40 bis 100 EGE	− 178	233	143
		Großbetriebe über 100 EGE	74	288	142
	Vieh-Verbund	Kleinbetriebe 0 bis unter 40 EGE	− 862	207	181
		Mittelbetriebe 40 bis 100 EGE	− 264	253	213
		Großbetriebe über 100 EGE	63	335	228
	Pflanzen- und Vieh-verbund	Kleinbetriebe 0 bis unter 40 EGE	− 684	192	160
		Mittelbetriebe 40 bis 100 EGE	− 144	230	162
		Großbetriebe über 100 EGE	64	286	144
Düsseldorf	Ackerbau	Kleinbetriebe 0 bis unter 40 EGE	− 443	233	124
		Mittelbetriebe 40 bis 100 EGE	− 20	281	87
		Großbetriebe über 100 EGE	123	338	77
	Milchvieh	Kleinbetriebe 0 bis unter 40 EGE	− 548	169	251
		Mittelbetriebe 40 bis 100 EGE	− 94	209	247
		Großbetriebe über 100 EGE	147	244	210
	Sonstiger Futterbau	Kleinbetriebe 0 bis unter 40 EGE	− 492	132	174
		Mittelbetriebe 40 bis 100 EGE	− 131	176	155
		Großbetriebe über 100 EGE	79	268	165
	Veredlung	Kleinbetriebe 0 bis unter 40 EGE	− 964	323	327
		Mittelbetriebe 40 bis 100 EGE	− 131	368	340
		Großbetriebe über 100 EGE	214	373	299
	Pflanzen-bau-Verbund	Kleinbetriebe 0 bis unter 40 EGE	− 593	198	159
		Mittelbetriebe 40 bis 100 EGE	− 171	242	148
		Großbetriebe über 100 EGE	77	301	149
	Vieh-Verbund	Kleinbetriebe 0 bis unter 40 EGE	− 824	215	190
		Mittelbetriebe 40 bis 100 EGE	− 256	261	219
		Großbetriebe über 100 EGE	65	345	235
	Pflanzen- und Vieh-verbund	Kleinbetriebe 0 bis unter 40 EGE	− 658	199	167
		Mittelbetriebe 40 bis 100 EGE	− 140	237	167
		Großbetriebe über 100 EGE	66	294	149
Köln	Ackerbau	Kleinbetriebe 0 bis unter 40 EGE	− 432	239	127
		Mittelbetriebe 40 bis 100 EGE	− 19	288	90
		Großbetriebe über 100 EGE	127	348	80
	Milchvieh	Kleinbetriebe 0 bis unter 40 EGE	− 566	163	243
		Mittelbetriebe 40 bis 100 EGE	− 97	202	239
		Großbetriebe über 100 EGE	142	235	203

Anh. I. Anlagen zum Bewertungsgesetz

1	2	3	4	5	6
Region Land/ Reg.bezirk	Nutzungsart Betriebsform	Betriebsgröße	Rein- gewinn EUR/ ha LF	Pacht- preis EUR/ ha LF	Wert für das Besatz- kapital EUR/ha LF
	Sonstiger Futterbau	Kleinbetriebe 0 bis unter 40 EGE Mittelbetriebe 40 bis 100 EGE Großbetriebe über 100 EGE	−493 −132 78	132 174 264	174 154 163
	Veredlung	Kleinbetriebe 0 bis unter 40 EGE Mittelbetriebe 40 bis 100 EGE Großbetriebe über 100 EGE	−962 −131 215	324 369 374	327 340 300
	Pflanzen- bau- Verbund	Kleinbetriebe 0 bis unter 40 EGE Mittelbetriebe 40 bis 100 EGE Großbetriebe über 100 EGE	−586 −169 79	200 244 305	161 150 151
	Vieh- Verbund	Kleinbetriebe 0 bis unter 40 EGE Mittelbetriebe 40 bis 100 EGE Großbetriebe über 100 EGE	−829 −257 65	214 259 343	189 218 234
	Pflanzen- und Vieh- verbund	Kleinbetriebe 0 bis unter 40 EGE Mittelbetriebe 40 bis 100 EGE Großbetriebe über 100 EGE	−655 −139 67	200 238 296	167 168 149
Münster	Ackerbau	Kleinbetriebe 0 bis unter 40 EGE Mittelbetriebe 40 bis 100 EGE Großbetriebe über 100 EGE	−460 −21 113	223 264 309	120 83 70
	Milchvieh	Kleinbetriebe 0 bis unter 40 EGE Mittelbetriebe 40 bis 100 EGE Großbetriebe über 100 EGE	−554 −95 145	167 206 240	249 244 207
	Sonstiger Futterbau	Kleinbetriebe 0 bis unter 40 EGE Mittelbetriebe 40 bis 100 EGE Großbetriebe über 100 EGE	−493 −132 79	132 174 265	174 154 163
	Veredlung	Kleinbetriebe 0 bis unter 40 EGE Mittelbetriebe 40 bis 100 EGE Großbetriebe über 100 EGE	−1014 −138 203	308 349 354	310 322 284
	Pflanzen- bau- Verbund	Kleinbetriebe 0 bis unter 40 EGE Mittelbetriebe 40 bis 100 EGE Großbetriebe über 100 EGE	−613 −177 73	191 234 285	154 143 139
	Vieh- Verbund	Kleinbetriebe 0 bis unter 40 EGE Mittelbetriebe 40 bis 100 EGE Großbetriebe über 100 EGE	−848 −266 62	208 251 332	184 211 226
	Pflanzen- und Vieh- verbund	Kleinbetriebe 0 bis unter 40 EGE Mittelbetriebe 40 bis 100 EGE Großbetriebe über 100 EGE	−680 −147 63	192 225 278	161 159 141
Detmold	Ackerbau	Kleinbetriebe 0 bis unter 40 EGE Mittelbetriebe 40 bis 100 EGE Großbetriebe über 100 EGE	−450 −20 117	229 274 321	122 85 73
	Milchvieh	Kleinbetriebe 0 bis unter 40 EGE Mittelbetriebe 40 bis 100 EGE Großbetriebe über 100 EGE	−552 −95 146	167 207 241	250 245 208
	Sonstiger Futterbau	Kleinbetriebe 0 bis unter 40 EGE Mittelbetriebe 40 bis 100 EGE Großbetriebe über 100 EGE	−493 −132 79	132 174 265	174 154 164
	Veredlung	Kleinbetriebe 0 bis unter 40 EGE Mittelbetriebe 40 bis 100 EGE Großbetriebe über 100 EGE	−1014 −138 204	308 349 355	311 322 284
	Pflanzen- bau- Verbund	Kleinbetriebe 0 bis unter 40 EGE Mittelbetriebe 40 bis 100 EGE Großbetriebe über 100 EGE	−607 −175 74	192 237 290	155 145 142

Anlage 14 Landwirtschaftl. Nutzung **Anh.**

1	2	3	4	5	6
Region Land/ Reg.bezirk	Nutzungsart Betriebsform	Betriebsgröße	Rein- gewinn EUR/ ha LF	Pacht- preis EUR/ ha LF	Wert für das Besatz- kapital EUR/ha LF
	Vieh- Verbund	Kleinbetriebe 0 bis unter 40 EGE	−847	209	185
		Mittelbetriebe 40 bis 100 EGE	−265	252	211
		Großbetriebe über 100 EGE	62	333	226
	Pflanzen- und Vieh- verbund	Kleinbetriebe 0 bis unter 40 EGE	−677	193	162
		Mittelbetriebe 40 bis 100 EGE	−146	227	160
		Großbetriebe über 100 EGE	64	281	143
Arnsberg	Ackerbau	Kleinbetriebe 0 bis unter 40 EGE	−439	235	126
		Mittelbetriebe 40 bis 100 EGE	−20	282	88
		Großbetriebe über 100 EGE	121	332	76
	Milchvieh	Kleinbetriebe 0 bis unter 40 EGE	−564	164	244
		Mittelbetriebe 40 bis 100 EGE	−97	202	240
		Großbetriebe über 100 EGE	143	235	204
	Sonstiger Futterbau	Kleinbetriebe 0 bis unter 40 EGE	−493	132	174
		Mittelbetriebe 40 bis 100 EGE	−132	174	154
		Großbetriebe über 100 EGE	78	263	163
	Veredlung	Kleinbetriebe 0 bis unter 40 EGE	−1013	308	311
		Mittelbetriebe 40 bis 100 EGE	−138	349	322
		Großbetriebe über 100 EGE	204	355	284
	Pflanzen- bau- Verbund	Kleinbetriebe 0 bis unter 40 EGE	−601	194	157
		Mittelbetriebe 40 bis 100 EGE	−173	239	147
		Großbetriebe über 100 EGE	75	294	144
	Vieh- Verbund	Kleinbetriebe 0 bis unter 40 EGE	−850	208	184
		Mittelbetriebe 40 bis 100 EGE	−266	251	210
		Großbetriebe über 100 EGE	62	331	226
	Pflanzen- und Vieh- verbund	Kleinbetriebe 0 bis unter 40 EGE	−674	194	163
		Mittelbetriebe 40 bis 100 EGE	−145	228	161
		Großbetriebe über 100 EGE	64	283	143
Darmstadt	Ackerbau	Kleinbetriebe 0 bis unter 40 EGE	−485	215	114
		Mittelbetriebe 40 bis 100 EGE	−21	261	80
		Großbetriebe über 100 EGE	113	318	71
	Milchvieh	Kleinbetriebe 0 bis unter 40 EGE	−607	152	227
		Mittelbetriebe 40 bis 100 EGE	−105	187	222
		Großbetriebe über 100 EGE	132	218	188
	Sonstiger Futterbau	Kleinbetriebe 0 bis unter 40 EGE	−537	121	159
		Mittelbetriebe 40 bis 100 EGE	−146	158	139
		Großbetriebe über 100 EGE	71	242	148
	Veredlung	Kleinbetriebe 0 bis unter 40 EGE	−926	336	340
		Mittelbetriebe 40 bis 100 EGE	−125	385	355
		Großbetriebe über 100 EGE	223	387	310
	Pflanzen- bau- Verbund	Kleinbetriebe 0 bis unter 40 EGE	−617	193	153
		Mittelbetriebe 40 bis 100 EGE	−177	236	144
		Großbetriebe über 100 EGE	75	292	144
	Vieh- Verbund	Kleinbetriebe 0 bis unter 40 EGE	−850	210	184
		Mittelbetriebe 40 bis 100 EGE	−257	258	218
		Großbetriebe über 100 EGE	64	342	233
	Pflanzen- und Vieh- verbund	Kleinbetriebe 0 bis unter 40 EGE	−672	196	163
		Mittelbetriebe 40 bis 100 EGE	−141	236	166
		Großbetriebe über 100 EGE	65	293	146
Gießen	Ackerbau	Kleinbetriebe 0 bis unter 40 EGE	−492	212	112
		Mittelbetriebe 40 bis 100 EGE	−22	256	78
		Großbetriebe über 100 EGE	106	301	66

Anh. I. Anlagen zum Bewertungsgesetz

1	2	3	4	5	6
Region Land/ Reg.bezirk	Nutzungsart Betriebsform	Betriebsgröße	Rein- gewinn EUR/ ha LF	Pacht- preis EUR/ ha LF	Wert für das Besatz- kapital EUR/ha LF
	Milchvieh	Kleinbetriebe 0 bis unter 40 EGE	−591	156	233
		Mittelbetriebe 40 bis 100 EGE	−102	193	228
		Großbetriebe über 100 EGE	136	225	194
	Sonstiger Futterbau	Kleinbetriebe 0 bis unter 40 EGE	−535	122	160
		Mittelbetriebe 40 bis 100 EGE	−145	159	141
		Großbetriebe über 100 EGE	72	245	150
	Veredlung	Kleinbetriebe 0 bis unter 40 EGE	−929	335	339
		Mittelbetriebe 40 bis 100 EGE	−125	384	354
		Großbetriebe über 100 EGE	221	384	309
	Pflanzen- bau- Verbund	Kleinbetriebe 0 bis unter 40 EGE	−624	191	151
		Mittelbetriebe 40 bis 100 EGE	−179	234	142
		Großbetriebe über 100 EGE	72	286	138
	Vieh- Verbund	Kleinbetriebe 0 bis unter 40 EGE	−846	211	185
		Mittelbetriebe 40 bis 100 EGE	−256	260	219
		Großbetriebe über 100 EGE	64	343	234
	Pflanzen- und Vieh- verbund	Kleinbetriebe 0 bis unter 40 EGE	−673	196	163
		Mittelbetriebe 40 bis 100 EGE	−142	235	165
		Großbetriebe über 100 EGE	65	290	145
Kassel	Ackerbau	Kleinbetriebe 0 bis unter 40 EGE	−488	213	113
		Mittelbetriebe 40 bis 100 EGE	−22	256	79
		Großbetriebe über 100 EGE	108	304	67
	Milchvieh	Kleinbetriebe 0 bis unter 40 EGE	−584	158	236
		Mittelbetriebe 40 bis 100 EGE	−100	195	231
		Großbetriebe über 100 EGE	138	228	197
	Sonstiger Futterbau	Kleinbetriebe 0 bis unter 40 EGE	−534	122	160
		Mittelbetriebe 40 bis 100 EGE	−144	160	141
		Großbetriebe über 100 EGE	72	247	151
	Veredlung	Kleinbetriebe 0 bis unter 40 EGE	−928	335	339
		Mittelbetriebe 40 bis 100 EGE	−125	385	355
		Großbetriebe über 100 EGE	222	385	309
	Pflanzen- bau- Verbund	Kleinbetriebe 0 bis unter 40 EGE	−621	192	152
		Mittelbetriebe 40 bis 100 EGE	−178	235	142
		Großbetriebe über 100 EGE	73	287	139
	Vieh- Verbund	Kleinbetriebe 0 bis unter 40 EGE	−843	212	185
		Mittelbetriebe 40 bis 100 EGE	−255	260	219
		Großbetriebe über 100 EGE	65	344	235
	Pflanzen- und Vieh- verbund	Kleinbetriebe 0 bis unter 40 EGE	−671	196	163
		Mittelbetriebe 40 bis 100 EGE	−141	236	165
		Großbetriebe über 100 EGE	65	291	146
Rheinland- Pfalz	Ackerbau	Kleinbetriebe 0 bis unter 40 EGE	−501	208	110
		Mittelbetriebe 40 bis 100 EGE	−22	253	77
		Großbetriebe über 100 EGE	109	306	68
	Milchvieh	Kleinbetriebe 0 bis unter 40 EGE	−588	157	234
		Mittelbetriebe 40 bis 100 EGE	−101	194	229
		Großbetriebe über 100 EGE	136	226	195
	Sonstiger Futterbau	Kleinbetriebe 0 bis unter 40 EGE	−535	122	160
		Mittelbetriebe 40 bis 100 EGE	−145	159	141
		Großbetriebe über 100 EGE	72	244	149
	Veredlung	Kleinbetriebe 0 bis unter 40 EGE	−1003	311	314
		Mittelbetriebe 40 bis 100 EGE	−136	356	328
		Großbetriebe über 100 EGE	206	357	287

Anlage 14 Landwirtschaftl. Nutzung   Anh.

1	2	3	4	5	6
Region Land/ Reg.bezirk	Nutzungsart Betriebsform	Betriebsgröße	Rein- gewinn EUR/ ha LF	Pacht- preis EUR/ ha LF	Wert für das Besatz- kapital EUR/ha LF
	Pflanzen- bau- Verbund	Kleinbetriebe 0 bis unter 40 EGE	−641	185	147
		Mittelbetriebe 40 bis 100 EGE	−182	229	139
		Großbetriebe über 100 EGE	72	282	138
	Vieh- Verbund	Kleinbetriebe 0 bis unter 40 EGE	−879	203	178
		Mittelbetriebe 40 bis 100 EGE	−269	247	208
		Großbetriebe über 100 EGE	61	326	222
	Pflanzen- und Vieh- verbund	Kleinbetriebe 0 bis unter 40 EGE	−703	187	156
		Mittelbetriebe 40 bis 100 EGE	−148	224	157
		Großbetriebe über 100 EGE	62	277	139
Stuttgart	Ackerbau	Kleinbetriebe 0 bis unter 40 EGE	−481	216	115
		Mittelbetriebe 40 bis 100 EGE	−21	261	80
		Großbetriebe über 100 EGE	107	302	67
	Milchvieh	Kleinbetriebe 0 bis unter 40 EGE	−567	163	243
		Mittelbetriebe 40 bis 100 EGE	−98	201	238
		Großbetriebe über 100 EGE	141	233	202
	Sonstiger Futterbau	Kleinbetriebe 0 bis unter 40 EGE	−501	130	171
		Mittelbetriebe 40 bis 100 EGE	−135	171	151
		Großbetriebe über 100 EGE	77	259	160
	Veredlung	Kleinbetriebe 0 bis unter 40 EGE	−1017	306	309
		Mittelbetriebe 40 bis 100 EGE	−138	350	323
		Großbetriebe über 100 EGE	203	352	282
	Pflanzen- bau- Verbund	Kleinbetriebe 0 bis unter 40 EGE	−628	187	150
		Mittelbetriebe 40 bis 100 EGE	−180	232	141
		Großbetriebe über 100 EGE	71	282	136
	Vieh- Verbund	Kleinbetriebe 0 bis unter 40 EGE	−858	206	182
		Mittelbetriebe 40 bis 100 EGE	−267	250	210
		Großbetriebe über 100 EGE	62	329	224
	Pflanzen- und Vieh- verbund	Kleinbetriebe 0 bis unter 40 EGE	−690	190	159
		Mittelbetriebe 40 bis 100 EGE	−148	224	158
		Großbetriebe über 100 EGE	62	276	139
Karlsruhe	Ackerbau	Kleinbetriebe 0 bis unter 40 EGE	−500	208	110
		Mittelbetriebe 40 bis 100 EGE	−22	250	77
		Großbetriebe über 100 EGE	103	290	64
	Milchvieh	Kleinbetriebe 0 bis unter 40 EGE	−577	160	239
		Mittelbetriebe 40 bis 100 EGE	−100	197	233
		Großbetriebe über 100 EGE	138	229	197
	Sonstiger Futterbau	Kleinbetriebe 0 bis unter 40 EGE	−503	129	170
		Mittelbetriebe 40 bis 100 EGE	−136	169	150
		Großbetriebe über 100 EGE	76	256	158
	Veredlung	Kleinbetriebe 0 bis unter 40 EGE	−1020	306	309
		Mittelbetriebe 40 bis 100 EGE	−138	349	322
		Großbetriebe über 100 EGE	202	351	282
	Pflanzen- bau- Verbund	Kleinbetriebe 0 bis unter 40 EGE	−638	185	148
		Mittelbetriebe 40 bis 100 EGE	−183	228	138
		Großbetriebe über 100 EGE	69	276	133
	Vieh- Verbund	Kleinbetriebe 0 bis unter 40 EGE	−864	205	181
		Mittelbetriebe 40 bis 100 EGE	−268	248	209
		Großbetriebe über 100 EGE	61	326	222
	Pflanzen- und Vieh- verbund	Kleinbetriebe 0 bis unter 40 EGE	−697	188	157
		Mittelbetriebe 40 bis 100 EGE	−150	222	156
		Großbetriebe über 100 EGE	61	272	137

Anh. I. Anlagen zum Bewertungsgesetz

1	2	3	4	5	6
Region Land/ Reg.bezirk	Nutzungsart Betriebsform	Betriebsgröße	Rein- gewinn EUR/ ha LF	Pacht- preis EUR/ ha LF	Wert für das Besatz- kapital EUR/ha LF
Freiburg	Ackerbau	Kleinbetriebe 0 bis unter 40 EGE Mittelbetriebe 40 bis 100 EGE Großbetriebe über 100 EGE	−499 −22 105	208 251 295	110 77 65
	Milchvieh	Kleinbetriebe 0 bis unter 40 EGE Mittelbetriebe 40 bis 100 EGE Großbetriebe über 100 EGE	−586 −101 136	157 193 224	235 229 193
	Sonstiger Futterbau	Kleinbetriebe 0 bis unter 40 EGE Mittelbetriebe 40 bis 100 EGE Großbetriebe über 100 EGE	−503 −136 76	129 168 255	170 149 157
	Veredlung	Kleinbetriebe 0 bis unter 40 EGE Mittelbetriebe 40 bis 100 EGE Großbetriebe über 100 EGE	−1020 −138 202	306 349 351	309 322 282
	Pflanzen- bau- Verbund	Kleinbetriebe 0 bis unter 40 EGE Mittelbetriebe 40 bis 100 EGE Großbetriebe über 100 EGE	−637 −183 70	185 229 278	148 138 135
	Vieh- Verbund	Kleinbetriebe 0 bis unter 40 EGE Mittelbetriebe 40 bis 100 EGE Großbetriebe über 100 EGE	−867 −269 61	204 247 325	180 208 222
	Pflanzen- und Vieh- verbund	Kleinbetriebe 0 bis unter 40 EGE Mittelbetriebe 40 bis 100 EGE Großbetriebe über 100 EGE	−698 −150 61	188 222 273	157 155 137
Tübingen	Ackerbau	Kleinbetriebe 0 bis unter 40 EGE Mittelbetriebe 40 bis 100 EGE Großbetriebe über 100 EGE	−484 −22 106	215 258 298	114 79 66
	Milchvieh	Kleinbetriebe 0 bis unter 40 EGE Mittelbetriebe 40 bis 100 EGE Großbetriebe über 100 EGE	−559 −96 144	165 204 237	246 241 205
	Sonstiger Futterbau	Kleinbetriebe 0 bis unter 40 EGE Mittelbetriebe 40 bis 100 EGE Großbetriebe über 100 EGE	−499 −134 77	130 172 261	172 152 161
	Veredlung	Kleinbetriebe 0 bis unter 40 EGE Mittelbetriebe 40 bis 100 EGE Großbetriebe über 100 EGE	−1018 −138 202	306 350 352	309 323 282
	Pflanzen- bau- Verbund	Kleinbetriebe 0 bis unter 40 EGE Mittelbetriebe 40 bis 100 EGE Großbetriebe über 100 EGE	−630 −181 70	187 232 280	150 140 135
	Vieh- Verbund	Kleinbetriebe 0 bis unter 40 EGE Mittelbetriebe 40 bis 100 EGE Großbetriebe über 100 EGE	−855 −266 62	207 251 330	183 211 225
	Pflanzen- und Vieh- verbund	Kleinbetriebe 0 bis unter 40 EGE Mittelbetriebe 40 bis 100 EGE Großbetriebe über 100 EGE	−690 −148 62	190 224 276	159 157 139
Ober- bayern	Ackerbau	Kleinbetriebe 0 bis unter 40 EGE Mittelbetriebe 40 bis 100 EGE Großbetriebe über 100 EGE	−476 −21 109	220 268 312	116 81 68
	Milchvieh	Kleinbetriebe 0 bis unter 40 EGE Mittelbetriebe 40 bis 100 EGE Großbetriebe über 100 EGE	−556 −96 144	166 205 239	248 243 206
	Sonstiger Futterbau	Kleinbetriebe 0 bis unter 40 EGE Mittelbetriebe 40 bis 100 EGE Großbetriebe über 100 EGE	−493 −132 79	132 174 266	174 154 164

Anlage 14 Landwirtschaftl. Nutzung **Anh.**

1	2	3	4	5	6
Region Land/ Reg.bezirk	Nutzungsart Betriebsform	Betriebsgröße	Rein- gewinn EUR/ ha LF	Pacht- preis EUR/ ha LF	Wert für das Besatz- kapital EUR./ha LF
Nieder- bayern	Veredlung	Kleinbetriebe 0 bis unter 40 EGE	−942	330	334
		Mittelbetriebe 40 bis 100 EGE	−127	379	350
		Großbetriebe über 100 EGE	219	380	305
	Pflanzen- bau- Verbund	Kleinbetriebe 0 bis unter 40 EGE	−610	194	155
		Mittelbetriebe 40 bis 100 EGE	−176	240	144
		Großbetriebe über 100 EGE	73	292	140
	Vieh- Verbund	Kleinbetriebe 0 bis unter 40 EGE	−819	217	191
		Mittelbetriebe 40 bis 100 EGE	−251	265	223
		Großbetriebe über 100 EGE	66	349	238
	Pflanzen- und Vieh- verbund	Kleinbetriebe 0 bis unter 40 EGE	−660	200	166
		Mittelbetriebe 40 bis 100 EGE	−140	238	167
		Großbetriebe über 100 EGE	66	293	147
	Ackerbau	Kleinbetriebe 0 bis unter 40 EGE	−468	224	118
		Mittelbetriebe 40 bis 100 EGE	−21	273	83
		Großbetriebe über 100 EGE	112	320	70
	Milchvieh	Kleinbetriebe 0 bis unter 40 EGE	−564	163	244
		Mittelbetriebe 40 bis 100 EGE	−97	202	239
		Großbetriebe über 100 EGE	142	235	203
	Sonstiger Futterbau	Kleinbetriebe 0 bis unter 40 EGE	−493	132	174
		Mittelbetriebe 40 bis 100 EGE	−132	174	154
		Großbetriebe über 100 EGE	78	265	163
	Veredlung	Kleinbetriebe 0 bis unter 40 EGE	−941	330	334
		Mittelbetriebe 40 bis 100 EGE	−127	380	350
		Großbetriebe über 100 EGE	219	380	305
	Pflanzen- bau- Verbund	Kleinbetriebe 0 bis unter 40 EGE	−606	195	156
		Mittelbetriebe 40 bis 100 EGE	−174	241	146
		Großbetriebe über 100 EGE	74	295	142
	Vieh- Verbund	Kleinbetriebe 0 bis unter 40 EGE	−821	216	191
		Mittelbetriebe 40 bis 100 EGE	−252	264	223
		Großbetriebe über 100 EGE	65	348	237
	Pflanzen- und Vieh- verbund	Kleinbetriebe 0 bis unter 40 EGE	−658	200	167
		Mittelbetriebe 40 bis 100 EGE	−139	239	168
		Großbetriebe über 100 EGE	66	295	148
Oberpfalz	Ackerbau	Kleinbetriebe 0 bis unter 40 EGE	−484	217	114
		Mittelbetriebe 40 bis 100 EGE	−21	265	80
		Großbetriebe über 100 EGE	108	309	67
	Milchvieh	Kleinbetriebe 0 bis unter 40 EGE	−563	164	245
		Mittelbetriebe 40 bis 100 EGE	−97	202	239
		Großbetriebe über 100 EGE	142	235	203
	Sonstiger Futterbau	Kleinbetriebe 0 bis unter 40 EGE	−495	131	173
		Mittelbetriebe 40 bis 100 EGE	−133	173	153
		Großbetriebe über 100 EGE	78	264	163
	Veredlung	Kleinbetriebe 0 bis unter 40 EGE	−944	330	334
		Mittelbetriebe 40 bis 100 EGE	−127	379	349
		Großbetriebe über 100 EGE	218	379	304
	Pflanzen- bau- Verbund	Kleinbetriebe 0 bis unter 40 EGE	−615	193	153
		Mittelbetriebe 40 bis 100 EGE	−177	238	143
		Großbetriebe über 100 EGE	73	291	140
	Vieh- Verbund	Kleinbetriebe 0 bis unter 40 EGE	−823	216	190
		Mittelbetriebe 40 bis 100 EGE	−252	264	222
		Großbetriebe über 100 EGE	65	347	237

Anh. I. Anlagen zum Bewertungsgesetz

1	2	3	4	5	6
Region Land/ Reg.bezirk	Nutzungsart Betriebsform	Betriebsgröße	Reingewinn EUR/ ha LF	Pachtpreis EUR/ ha LF	Wert für das Besatzkapital EUR/ha LF
	Pflanzen- und Viehverbund	Kleinbetriebe 0 bis unter 40 EGE Mittelbetriebe 40 bis 100 EGE Großbetriebe über 100 EGE	−664 −141 65	199 237 292	165 166 146
Oberfranken	Ackerbau	Kleinbetriebe 0 bis unter 40 EGE Mittelbetriebe 40 bis 100 EGE Großbetriebe über 100 EGE	−519 −23 100	201 242 286	106 74 63
	Milchvieh	Kleinbetriebe 0 bis unter 40 EGE Mittelbetriebe 40 bis 100 EGE Großbetriebe über 100 EGE	−556 −96 144	166 205 238	248 242 205
	Sonstiger Futterbau	Kleinbetriebe 0 bis unter 40 EGE Mittelbetriebe 40 bis 100 EGE Großbetriebe über 100 EGE	−496 −133 78	131 173 264	172 153 162
	Veredlung	Kleinbetriebe 0 bis unter 40 EGE Mittelbetriebe 40 bis 100 EGE Großbetriebe über 100 EGE	−947 −128 217	329 377 377	332 348 303
	Pflanzenbau-Verbund	Kleinbetriebe 0 bis unter 40 EGE Mittelbetriebe 40 bis 100 EGE Großbetriebe über 100 EGE	−631 −182 70	188 231 280	150 139 135
	Vieh-Verbund	Kleinbetriebe 0 bis unter 40 EGE Mittelbetriebe 40 bis 100 EGE Großbetriebe über 100 EGE	−824 −253 65	215 263 347	190 222 236
	Pflanzen- und Viehverbund	Kleinbetriebe 0 bis unter 40 EGE Mittelbetriebe 40 bis 100 EGE Großbetriebe über 100 EGE	−674 −143 64	196 233 286	163 163 144
Mittelfranken	Ackerbau	Kleinbetriebe 0 bis unter 40 EGE Mittelbetriebe 40 bis 100 EGE Großbetriebe über 100 EGE	−507 −23 101	207 251 292	109 76 63
	Milchvieh	Kleinbetriebe 0 bis unter 40 EGE Mittelbetriebe 40 bis 100 EGE Großbetriebe über 100 EGE	−552 −95 145	167 207 241	250 244 207
	Sonstiger Futterbau	Kleinbetriebe 0 bis unter 40 EGE Mittelbetriebe 40 bis 100 EGE Großbetriebe über 100 EGE	−495 −133 78	131 173 265	173 153 163
	Veredlung	Kleinbetriebe 0 bis unter 40 EGE Mittelbetriebe 40 bis 100 EGE Großbetriebe über 100 EGE	−946 −128 218	329 378 378	333 348 304
	Pflanzenbau-Verbund	Kleinbetriebe 0 bis unter 40 EGE Mittelbetriebe 40 bis 100 EGE Großbetriebe über 100 EGE	−626 −180 71	190 234 283	151 141 136
	Vieh-Verbund	Kleinbetriebe 0 bis unter 40 EGE Mittelbetriebe 40 bis 100 EGE Großbetriebe über 100 EGE	−822 −252 65	216 264 348	190 222 237
	Pflanzen- und Viehverbund	Kleinbetriebe 0 bis unter 40 EGE Mittelbetriebe 40 bis 100 EGE Großbetriebe über 100 EGE	−671 −142 65	197 235 288	163 164 145
Unterfranken	Ackerbau	Kleinbetriebe 0 bis unter 40 EGE Mittelbetriebe 40 bis 100 EGE Großbetriebe über 100 EGE	−488 −22 105	214 258 300	113 79 66
	Milchvieh	Kleinbetriebe 0 bis unter 40 EGE Mittelbetriebe 40 bis 100 EGE Großbetriebe über 100 EGE	−549 −94 146	168 208 242	251 246 209

Anlage 14 Landwirtschaftl. Nutzung Anh.

1	2	3	4	5	6
Region Land/ Reg.bezirk	Nutzungsart Betriebsform	Betriebsgröße	Rein-gewinn EUR/ ha LF	Pacht-preis EUR/ ha LF	Wert für das Besatz-kapital EUR/ha LF
	Sonstiger Futterbau	Kleinbetriebe 0 bis unter 40 EGE	− 494	132	173
		Mittelbetriebe 40 bis 100 EGE	− 132	174	154
		Großbetriebe über 100 EGE	79	267	164
	Veredlung	Kleinbetriebe 0 bis unter 40 EGE	− 943	330	334
		Mittelbetriebe 40 bis 100 EGE	− 127	379	349
		Großbetriebe über 100 EGE	218	379	304
	Pflanzen-bau-Verbund	Kleinbetriebe 0 bis unter 40 EGE	− 616	192	153
		Mittelbetriebe 40 bis 100 EGE	− 178	236	143
		Großbetriebe über 100 EGE	72	287	138
	Vieh-Verbund	Kleinbetriebe 0 bis unter 40 EGE	− 818	217	191
		Mittelbetriebe 40 bis 100 EGE	− 251	265	223
		Großbetriebe über 100 EGE	66	349	238
	Pflanzen- und Vieh-verbund	Kleinbetriebe 0 bis unter 40 EGE	− 664	198	165
		Mittelbetriebe 40 bis 100 EGE	− 141	237	166
		Großbetriebe über 100 EGE	65	291	146
Schwaben	Ackerbau	Kleinbetriebe 0 bis unter 40 EGE	− 466	224	118
		Mittelbetriebe 40 bis 100 EGE	− 21	273	83
		Großbetriebe über 100 EGE	113	320	71
	Milchvieh	Kleinbetriebe 0 bis unter 40 EGE	− 546	169	252
		Mittelbetriebe 40 bis 100 EGE	− 94	210	248
		Großbetriebe über 100 EGE	148	244	211
	Sonstiger Futterbau	Kleinbetriebe 0 bis unter 40 EGE	− 491	133	174
		Mittelbetriebe 40 bis 100 EGE	− 131	176	156
		Großbetriebe über 100 EGE	79	269	165
	Veredlung	Kleinbetriebe 0 bis unter 40 EGE	− 941	330	335
		Mittelbetriebe 40 bis 100 EGE	− 127	380	350
		Großbetriebe über 100 EGE	219	380	305
	Pflanzen-bau-Verbund	Kleinbetriebe 0 bis unter 40 EGE	− 604	196	156
		Mittelbetriebe 40 bis 100 EGE	− 174	242	146
		Großbetriebe über 100 EGE	74	296	143
	Vieh-Verbund	Kleinbetriebe 0 bis unter 40 EGE	− 814	218	192
		Mittelbetriebe 40 bis 100 EGE	− 250	266	224
		Großbetriebe über 100 EGE	66	351	239
	Pflanzen- und Vieh-verbund	Kleinbetriebe 0 bis unter 40 EGE	− 656	201	167
		Mittelbetriebe 40 bis 100 EGE	− 139	240	168
		Großbetriebe über 100 EGE	67	296	149
Saarland	Ackerbau	Kleinbetriebe 0 bis unter 40 EGE	− 531	198	104
		Mittelbetriebe 40 bis 100 EGE	− 24	240	73
		Großbetriebe über 100 EGE	98	284	61
	Milchvieh	Kleinbetriebe 0 bis unter 40 EGE	− 589	157	234
		Mittelbetriebe 40 bis 100 EGE	− 101	193	229
		Großbetriebe über 100 EGE	136	225	194
	Sonstiger Futterbau	Kleinbetriebe 0 bis unter 40 EGE	− 538	121	159
		Mittelbetriebe 40 bis 100 EGE	− 146	158	139
		Großbetriebe über 100 EGE	71	243	149
	Veredlung	Kleinbetriebe 0 bis unter 40 EGE	− 953	327	330
		Mittelbetriebe 40 bis 100 EGE	− 129	375	345
		Großbetriebe über 100 EGE	216	375	301
	Pflanzen-bau-Verbund	Kleinbetriebe 0 bis unter 40 EGE	− 648	185	146
		Mittelbetriebe 40 bis 100 EGE	− 185	228	137
		Großbetriebe über 100 EGE	69	277	133

Anh. I. Anlagen zum Bewertungsgesetz

1	2	3	4	5	6
Region Land/ Reg.bezirk	Nutzungsart Betriebsform	Betriebsgröße	Rein- gewinn EUR/ ha LF	Pacht- preis EUR/ ha LF	Wert für das Besatz- kapital EUR/ha LF
	Vieh- Verbund	Kleinbetriebe 0 bis unter 40 EGE Mittelbetriebe 40 bis 100 EGE Großbetriebe über 100 EGE	−860 −261 63	208 255 337	182 215 229
	Pflanzen- und Vieh- verbund	Kleinbetriebe 0 bis unter 40 EGE Mittelbetriebe 40 bis 100 EGE Großbetriebe über 100 EGE	−694 −146 63	190 229 281	158 160 141
Branden- burg	Ackerbau	Kleinbetriebe 0 bis unter 40 EGE Mittelbetriebe 40 bis 100 EGE Großbetriebe über 100 EGE	−566 −25 92	88 97 126	97 68 57
	Milchvieh	Kleinbetriebe 0 bis unter 40 EGE Mittelbetriebe 40 bis 100 EGE Großbetriebe über 100 EGE	−605 −104 133	63 74 97	228 223 190
	Sonstiger Futterbau	Kleinbetriebe 0 bis unter 40 EGE Mittelbetriebe 40 bis 100 EGE Großbetriebe über 100 EGE	−584 −160 66	54 44 51	147 127 137
	Veredlung	Kleinbetriebe 0 bis unter 40 EGE Mittelbetriebe 40 bis 100 EGE Großbetriebe über 100 EGE	−926 −125 222	92 92 92	340 355 310
	Pflanzen- bau- Verbund	Kleinbetriebe 0 bis unter 40 EGE Mittelbetriebe 40 bis 100 EGE Großbetriebe über 100 EGE	−666 −189 68	97 81 104	142 134 131
	Vieh- Verbund	Kleinbetriebe 0 bis unter 40 EGE Mittelbetriebe 40 bis 100 EGE Großbetriebe über 100 EGE	−875 −261 63	90 34 86	179 214 230
	Pflanzen- und Vieh- verbund	Kleinbetriebe 0 bis unter 40 EGE Mittelbetriebe 40 bis 100 EGE Großbetriebe über 100 EGE	−704 −147 63	59 70 102	156 159 140
Mecklen- burg- Vorpom- mern	Ackerbau	Kleinbetriebe 0 bis unter 40 EGE Mittelbetriebe 40 bis 100 EGE Großbetriebe über 100 EGE	−506 −23 102	99 111 146	109 76 64
	Milchvieh	Kleinbetriebe 0 bis unter 40 EGE Mittelbetriebe 40 bis 100 EGE Großbetriebe über 100 EGE	−601 −103 135	64 75 98	229 225 192
	Sonstiger Futterbau	Kleinbetriebe 0 bis unter 40 EGE Mittelbetriebe 40 bis 100 EGE Großbetriebe über 100 EGE	−569 −155 68	54 45 53	150 132 141
	Veredlung	Kleinbetriebe 0 bis unter 40 EGE Mittelbetriebe 40 bis 100 EGE Großbetriebe über 100 EGE	−919 −124 223	91 91 91	342 358 312
	Pflanzen- bau- Verbund	Kleinbetriebe 0 bis unter 40 EGE Mittelbetriebe 40 bis 100 EGE Großbetriebe über 100 EGE	−635 −182 71	100 84 111	148 140 136
	Vieh- Verbund	Kleinbetriebe 0 bis unter 40 EGE Mittelbetriebe 40 bis 100 EGE Großbetriebe über 100 EGE	−862 −258 64	91 34 87	181 217 232
	Pflanzen- und Vieh- verbund	Kleinbetriebe 0 bis unter 40 EGE Mittelbetriebe 40 bis 100 EGE Großbetriebe über 100 EGE	−682 −143 65	62 74 108	161 164 144
Chemnitz	Ackerbau	Kleinbetriebe 0 bis unter 40 EGE Mittelbetriebe 40 bis 100 EGE Großbetriebe über 100 EGE	−475 −21 113	105 118 157	116 81 71

Anlage 14 Landwirtschaftl. Nutzung Anh.

1	2	3	4	5	6
Region Land/ Reg.bezirk	Nutzungsart Betriebsform	Betriebsgröße	Rein- gewinn EUR/ ha LF	Pacht- preis EUR/ ha LF	Wert für das Besatz- kapital EUR/ha LF
	Milchvieh	Kleinbetriebe 0 bis unter 40 EGE	−584	65	236
		Mittelbetriebe 40 bis 100 EGE	−100	76	232
		Großbetriebe über 100 EGE	138	100	197
	Sonstiger Futterbau	Kleinbetriebe 0 bis unter 40 EGE	−538	56	159
		Mittelbetriebe 40 bis 100 EGE	−145	47	141
		Großbetriebe über 100 EGE	72	56	150
	Veredlung	Kleinbetriebe 0 bis unter 40 EGE	−887	96	355
		Mittelbetriebe 40 bis 100 EGE	−120	96	370
		Großbetriebe über 100 EGE	232	96	324
	Pflanzen- bau- Verbund	Kleinbetriebe 0 bis unter 40 EGE	−605	103	156
		Mittelbetriebe 40 bis 100 EGE	−174	86	146
		Großbetriebe über 100 EGE	76	116	145
	Vieh- Verbund	Kleinbetriebe 0 bis unter 40 EGE	−825	98	189
		Mittelbetriebe 40 bis 100 EGE	−249	35	225
		Großbetriebe über 100 EGE	67	90	242
	Pflanzen- und Vieh- verbund	Kleinbetriebe 0 bis unter 40 EGE	−654	66	168
		Mittelbetriebe 40 bis 100 EGE	−136	78	171
		Großbetriebe über 100 EGE	68	112	152
Dresden	Ackerbau	Kleinbetriebe 0 bis unter 40 EGE	−497	100	111
		Mittelbetriebe 40 bis 100 EGE	−22	112	78
		Großbetriebe über 100 EGE	107	148	67
	Milchvieh	Kleinbetriebe 0 bis unter 40 EGE	−583	65	236
		Mittelbetriebe 40 bis 100 EGE	−100	77	232
		Großbetriebe über 100 EGE	139	101	198
	Sonstiger Futterbau	Kleinbetriebe 0 bis unter 40 EGE	−543	56	158
		Mittelbetriebe 40 bis 100 EGE	−146	47	139
		Großbetriebe über 100 EGE	71	55	149
	Veredlung	Kleinbetriebe 0 bis unter 40 EGE	−890	95	354
		Mittelbetriebe 40 bis 100 EGE	−121	95	369
		Großbetriebe über 100 EGE	231	95	323
	Pflanzen- bau- Verbund	Kleinbetriebe 0 bis unter 40 EGE	−618	101	153
		Mittelbetriebe 40 bis 100 EGE	−177	85	143
		Großbetriebe über 100 EGE	74	113	142
	Vieh- Verbund	Kleinbetriebe 0 bis unter 40 EGE	−830	96	188
		Mittelbetriebe 40 bis 100 EGE	−250	35	225
		Großbetriebe über 100 EGE	66	89	241
	Pflanzen- und Vieh- verbund	Kleinbetriebe 0 bis unter 40 EGE	−662	64	165
		Mittelbetriebe 40 bis 100 EGE	−138	76	169
		Großbetriebe über 100 EGE	67	110	150
Leipzig	Ackerbau	Kleinbetriebe 0 bis unter 40 EGE	−488	102	113
		Mittelbetriebe 40 bis 100 EGE	−22	115	79
		Großbetriebe über 100 EGE	109	151	68
	Milchvieh	Kleinbetriebe 0 bis unter 40 EGE	−566	68	243
		Mittelbetriebe 40 bis 100 EGE	−97	80	240
		Großbetriebe über 100 EGE	144	104	205
	Sonstiger Futterbau	Kleinbetriebe 0 bis unter 40 EGE	−540	56	158
		Mittelbetriebe 40 bis 100 EGE	−145	47	140
		Großbetriebe über 100 EGE	73	56	151
	Veredlung	Kleinbetriebe 0 bis unter 40 EGE	−889	95	354
		Mittelbetriebe 40 bis 100 EGE	−120	95	369
		Großbetriebe über 100 EGE	232	95	323

Anh. I. Anlagen zum Bewertungsgesetz

1	2	3	4	5	6
Region Land/ Reg.bezirk	Nutzungsart Betriebsform	Betriebsgröße	Reingewinn EUR/ ha LF	Pachtpreis EUR/ ha LF	Wert für das Besatzkapital EUR/ha LF
	Pflanzenbau-Verbund	Kleinbetriebe 0 bis unter 40 EGE Mittelbetriebe 40 bis 100 EGE Großbetriebe über 100 EGE	−613 −176 74	102 86 114	154 144 143
	Vieh-Verbund	Kleinbetriebe 0 bis unter 40 EGE Mittelbetriebe 40 bis 100 EGE Großbetriebe über 100 EGE	−823 −248 67	97 36 91	190 226 243
	Pflanzen- und Viehverbund	Kleinbetriebe 0 bis unter 40 EGE Mittelbetriebe 40 bis 100 EGE Großbetriebe über 100 EGE	−658 −137 68	65 78 113	166 171 151
Dessau	Ackerbau	Kleinbetriebe 0 bis unter 40 EGE Mittelbetriebe 40 bis 100 EGE Großbetriebe über 100 EGE	−506 −23 104	99 111 146	109 76 65
	Milchvieh	Kleinbetriebe 0 bis unter 40 EGE Mittelbetriebe 40 bis 100 EGE Großbetriebe über 100 EGE	−595 −102 136	65 76 100	232 228 195
	Sonstiger Futterbau	Kleinbetriebe 0 bis unter 40 EGE Mittelbetriebe 40 bis 100 EGE Großbetriebe über 100 EGE	−573 −155 68	54 44 53	149 131 141
	Veredlung	Kleinbetriebe 0 bis unter 40 EGE Mittelbetriebe 40 bis 100 EGE Großbetriebe über 100 EGE	−876 −118 234	95 95 95	359 376 327
	Pflanzenbau-Verbund	Kleinbetriebe 0 bis unter 40 EGE Mittelbetriebe 40 bis 100 EGE Großbetriebe über 100 EGE	−625 −179 72	102 85 112	151 142 139
	Vieh-Verbund	Kleinbetriebe 0 bis unter 40 EGE Mittelbetriebe 40 bis 100 EGE Großbetriebe über 100 EGE	−840 −249 66	95 35 90	186 225 241
	Pflanzen- und Viehverbund	Kleinbetriebe 0 bis unter 40 EGE Mittelbetriebe 40 bis 100 EGE Großbetriebe über 100 EGE	−665 −138 67	63 75 109	165 170 150
Halle	Ackerbau	Kleinbetriebe 0 bis unter 40 EGE Mittelbetriebe 40 bis 100 EGE Großbetriebe über 100 EGE	−477 −21 112	105 118 156	115 81 70
	Milchvieh	Kleinbetriebe 0 bis unter 40 EGE Mittelbetriebe 40 bis 100 EGE Großbetriebe über 100 EGE	−598 −102 136	64 75 99	230 226 193
	Sonstiger Futterbau	Kleinbetriebe 0 bis unter 40 EGE Mittelbetriebe 40 bis 100 EGE Großbetriebe über 100 EGE	−564 −152 69	55 45 54	152 134 143
	Veredlung	Kleinbetriebe 0 bis unter 40 EGE Mittelbetriebe 40 bis 100 EGE Großbetriebe über 100 EGE	−873 −118 235	95 95 95	360 377 328
	Pflanzenbau-Verbund	Kleinbetriebe 0 bis unter 40 EGE Mittelbetriebe 40 bis 100 EGE Großbetriebe über 100 EGE	−609 −175 75	103 86 116	155 145 144
	Vieh-Verbund	Kleinbetriebe 0 bis unter 40 EGE Mittelbetriebe 40 bis 100 EGE Großbetriebe über 100 EGE	−835 −248 67	97 35 90	187 226 242
	Pflanzen- und Viehverbund	Kleinbetriebe 0 bis unter 40 EGE Mittelbetriebe 40 bis 100 EGE Großbetriebe über 100 EGE	−651 −135 68	64 77 111	167 172 152

Anlage 14 Landwirtschaftl. Nutzung Anh.

1	2	3	4	5	6
Region Land/ Reg.bezirk	Nutzungsart Betriebsform	Betriebsgröße	Rein-gewinn EUR/ ha LF	Pacht-preis EUR/ ha LF	Wert für das Besatz-kapital EUR/ha LF
Magdeburg	Ackerbau	Kleinbetriebe 0 bis unter 40 EGE	− 500	100	110
		Mittelbetriebe 40 bis 100 EGE	− 22	112	77
		Großbetriebe über 100 EGE	107	147	67
	Milchvieh	Kleinbetriebe 0 bis unter 40 EGE	− 611	62	225
		Mittelbetriebe 40 bis 100 EGE	− 105	73	221
		Großbetriebe über 100 EGE	132	96	189
	Sonstiger Futterbau	Kleinbetriebe 0 bis unter 40 EGE	− 572	54	150
		Mittelbetriebe 40 bis 100 EGE	− 155	45	131
		Großbetriebe über 100 EGE	67	52	140
	Veredlung	Kleinbetriebe 0 bis unter 40 EGE	− 876	95	359
		Mittelbetriebe 40 bis 100 EGE	− 118	95	376
		Großbetriebe über 100 EGE	235	95	327
	Pflanzen-bau-Verbund	Kleinbetriebe 0 bis unter 40 EGE	− 622	102	152
		Mittelbetriebe 40 bis 100 EGE	− 178	85	142
		Großbetriebe über 100 EGE	73	112	141
	Vieh-Verbund	Kleinbetriebe 0 bis unter 40 EGE	− 844	96	185
		Mittelbetriebe 40 bis 100 EGE	− 250	34	224
		Großbetriebe über 100 EGE	66	89	240
	Pflanzen- und Vieh-verbund	Kleinbetriebe 0 bis unter 40 EGE	− 664	63	165
		Mittelbetriebe 40 bis 100 EGE	− 137	74	170
		Großbetriebe über 100 EGE	67	107	150
Thüringen	Ackerbau	Kleinbetriebe 0 bis unter 40 EGE	− 469	106	117
		Mittelbetriebe 40 bis 100 EGE	− 21	119	82
		Großbetriebe über 100 EGE	114	158	72
	Milchvieh	Kleinbetriebe 0 bis unter 40 EGE	− 587	65	235
		Mittelbetriebe 40 bis 100 EGE	− 101	76	230
		Großbetriebe über 100 EGE	138	100	197
	Sonstiger Futterbau	Kleinbetriebe 0 bis unter 40 EGE	− 537	56	159
		Mittelbetriebe 40 bis 100 EGE	− 144	47	141
		Großbetriebe über 100 EGE	72	56	151
	Veredlung	Kleinbetriebe 0 bis unter 40 EGE	− 839	99	375
		Mittelbetriebe 40 bis 100 EGE	− 113	99	393
		Großbetriebe über 100 EGE	245	99	342
	Pflanzen-bau-Verbund	Kleinbetriebe 0 bis unter 40 EGE	− 591	105	160
		Mittelbetriebe 40 bis 100 EGE	− 171	88	148
		Großbetriebe über 100 EGE	77	117	148
	Vieh-Verbund	Kleinbetriebe 0 bis unter 40 EGE	− 801	101	195
		Mittelbetriebe 40 bis 100 EGE	− 239	36	235
		Großbetriebe über 100 EGE	69	93	252
	Pflanzen- und Vieh-verbund	Kleinbetriebe 0 bis unter 40 EGE	− 632	66	173
		Mittelbetriebe 40 bis 100 EGE	− 131	79	179
		Großbetriebe über 100 EGE	70	112	157
Stadtstaaten	Ackerbau	Kleinbetriebe 0 bis unter 40 EGE	− 487	213	113
		Mittelbetriebe 40 bis 100 EGE	− 22	256	79
		Großbetriebe über 100 EGE	110	307	69
	Milchvieh	Kleinbetriebe 0 bis unter 40 EGE	− 593	155	232
		Mittelbetriebe 40 bis 100 EGE	− 102	192	228
		Großbetriebe über 100 EGE	136	225	194
	Sonstiger Futterbau	Kleinbetriebe 0 bis unter 40 EGE	− 554	117	155
		Mittelbetriebe 40 bis 100 EGE	− 150	154	136
		Großbetriebe über 100 EGE	70	238	145

Anh. I. Anlagen zum Bewertungsgesetz

1	2	3	4	5	6
Region Land/ Reg.bezirk	Nutzungsart Betriebsform	Betriebsgröße	Rein- gewinn EUR/ ha LF	Pacht- preis EUR/ ha LF	Wert für das Besatz- kapital EUR/ha LF
	Veredlung	Kleinbetriebe 0 bis unter 40 EGE	−965	323	326
		Mittelbetriebe 40 bis 100 EGE	−131	368	340
		Großbetriebe über 100 EGE	214	372	298
	Pflanzen- bau- Verbund	Kleinbetriebe 0 bis unter 40 EGE	−630	188	150
		Mittelbetriebe 40 bis 100 EGE	−180	231	141
		Großbetriebe über 100 EGE	73	284	140
	Vieh- Verbund	Kleinbetriebe 0 bis unter 40 EGE	−874	205	179
		Mittelbetriebe 40 bis 100 EGE	−266	251	211
		Großbetriebe über 100 EGE	62	332	226
	Pflanzen- und Vieh- verbund	Kleinbetriebe 0 bis unter 40 EGE	−691	190	159
		Mittelbetriebe 40 bis 100 EGE	−145	228	161
		Großbetriebe über 100 EGE	64	283	142

Anlage 15 zum BewG
(zu § 163 Abs. 4 und § 164 Abs. 2)
Forstwirtschaftliche Nutzung

1	2	3	4	5	6
Land	Nutzungsart Baumartengruppe	Ertragsklasse	Reingewinn EUR/ha	Pachtpreis EUR/ha	Wert für das Besatzkapital EUR/ha
Deutschland	Baumartengruppe Buche	I. Ertragsklasse und besser	78	5,40	Anlage 15 a
		II. Ertragsklasse	51		
		III. Ertragsklasse und schlechter	25		
	Baumartengruppe Eiche	I. Ertragsklasse und besser	90	5,40	Anlage 15 a
		II. Ertragsklasse	58		
		III. Ertragsklasse und schlechter	17		
	Baumartengruppe Fichte	I. Ertragsklasse und besser	105	5,40	Anlage 15 a
		II. Ertragsklasse	75		
		III. Ertragsklasse und schlechter	49		
	Baumartengruppe Kiefer	I. Ertragsklasse und besser	26	5,40	Anlage 15 a
		II. Ertragsklasse	11		
		III. Ertragsklasse und schlechter	11		
	übrige Fläche der forstwirtschaftlichen Nutzung		11	5,40	Anlage 15 a

Anlage 15 a zum BewG
(zu § 164 Abs. 4)

Forstwirtschaftliche Nutzung

Werte für das Besatzkapital nach Altersklassen in €/ha

Altersklasse		I.	II.	III.	IV.	V.	VI.	VII.	VIII.	IX.	X.
Jahre		1–20	21–40	41–60	61–80	81–100	101–120	121–140	141–160	161–180	> 180
Buche	I. EKl. und besser	32,30	32,30	39,70	61,90	99,70	147,60	179,00	167,30	167,30	167,30
Buche	II. EKl.	19,30	19,30	22,20	34,60	54,80	83,30	104,20	99,60	99,60	99,60
Buche	III. EKl. und schlechter	6,70	6,70	7,00	12,20	21,30	33,70	45,10	44,60	44,60	44,60
Eiche	I. EKl. und besser	38,30	38,50	45,90	60,90	80,20	102,50	129,30	155,40	177,70	200,40
Eiche	II. EKl.	22,80	22,80	25,60	33,80	45,50	58,90	76,30	93,80	107,30	120,90
Eiche	III. EKl. und schlechter	5,40	5,40	5,50	8,00	12,00	17,20	23,00	29,90	37,50	44,20
Fichte	I. EKl. und besser	45,20	61,50	112,50	158,60	186,20	186,20	186,20	186,20	186,20	186,20
Fichte	II. EKl.	30,70	35,90	68,30	102,60	123,80	133,60	133,60	133,60	133,60	133,60
Fichte	III. EKl. und schlechter	18,40	18,90	34,90	59,20	77,70	88,40	88,40	88,40	88,40	88,40
Kiefer	I. EKl. und besser	7,10	7,70	15,20	23,10	29,10	34,40	37,60	37,60	37,60	37,60
Kiefer	II. EKl.	0,00	0,10	2,40	6,10	9,00	11,30	12,70	12,70	12,70	12,70
Kiefer	III. EKl. und schlechter	0,00	0,00	1,10	5,20	8,80	11,20	12,70	12,70	12,70	12,70

Anlage 16 zum BewG
(zu § 163 Abs. 5 und § 164 Abs. 2 und 4)
Weinbauliche Nutzung

1	2	3	4	5
Land	Nutzungsart Verwertungsform	Reingewinn EUR/ ha LF	Pachtpreis EUR/ ha LF	Wert für das Besatzkapital EUR/ha LF
Deutschland	Flaschenweinerzeuger Fassweinerzeuger Traubenerzeuger	− 193 − 759 − 1252	970 589 859	1522 588 509

Anlage 17 zum BewG
(zu § 163 Abs. 6 und § 164 Abs. 2 und 4)
Gärtnerische Nutzung

1	2	3	4	5	6
Land	Nutzungsteil	Nutzungsart	Reingewinn EUR/ ha LF	Pachtpreis EUR/ ha LF	Wert für das Besatzkapital EUR/ha LF
Deutschland	Gemüsebau	Freilandflächen Flächen unter Glas und Kunststoffen	− 1365 6098	657 2414	484 2750
	Blumen- und Zierpflanzenbau	Freilandflächen Flächen unter Glas und Kunststoffen	− 108 − 6640	1044 5516	1393 6895
	Baumschulen			894	223	2359
	Obstbau		− 379	325	426

Anlage 18 zum BewG
(zu § 163 Abs. 7 und § 164 Abs. 2 und 4)
Sondernutzungen

1	2	3	4	5
Land	Nutzungen	Reingewinn EUR/ ha LF	Pachtpreis EUR/ ha LF	Wert für das Besatzkapital EUR/ha LF
Deutschland	Hopfen Spargel Tabak	− 414 − 1365 − 820	492 657 492	348 612 129

Anlage 19 zum BewG
(zu § 169)
Umrechnungsschlüssel für Tierbestände in Vieheinheiten nach dem Futterbedarf

Tierart	1 Tier	
Alpakas	0,08	VE
Damtiere		
Damtiere unter 1 Jahr	0,04	VE
Damtiere 1 Jahr und älter	0,08	VE
Geflügel		
Legehennen (einschließlich einer normalen Aufzucht zur Ergänzung des Bestandes)	0,02	VE
Legehennen aus zugekauften Junghennen	0,0183	VE
Zuchtputen, -enten, -gänse	0,04	VE
Kaninchen		
Zucht- und Angorakaninchen	0,025	VE
Lamas	0,1	VE
Pferde		
Pferde unter 3 Jahren und Kleinpferde	0,7	VE
Pferde 3 Jahre und älter	1,1	VE

Anlage 19 Umrechnungsschlüssel für Tierbestände

Rindvieh
Kälber und Jungvieh unter 1 Jahr (einschließlich Mastkälber, Starterkälber und Fresser)	0,3 VE
Jungvieh 1 bis 2 Jahre alt	0,7 VE
Färsen (älter als 2 Jahre)	1 VE
Masttiere (Mastdauer weniger als 1 Jahr)	1 VE
Kühe (einschließlich Mutter- und Ammenkühe mit den dazugehörigen Saugkälbern)	1 VE
Zuchtbullen, Zugochsen	1,2 VE

Schafe
Schafe unter 1 Jahr einschließlich Mastlämmer	0,05 VE
Schafe 1 Jahr und älter	0,1 VE

Schweine
Zuchtschweine (einschließlich Jungzuchtschweine über etwa 90 kg)	0,33 VE

Strauße
Zuchttiere 14 Monate und älter	0,32 VE
Jungtiere/Masttiere unter 14 Monate	0,25 VE

Ziegen
	0,08 VE

Geflügel
Jungmasthühner
(bis zu 6 Durchgänge je Jahr – schwere Tiere)	0,0017 VE
(mehr als 6 Durchgänge je Jahr – leichte Tiere)	0,0013 VE
Junghennen	0,0017 VE
Mastenten	0,0033 VE
Mastenten in der Aufzuchtphase	0,0011 VE
Mastenten in der Mastphase	0,0022 VE
Mastputen aus selbst erzeugten Jungputen	0,0067 VE
Mastputen aus zugekauften Jungputen	0,005 VE
Jungputen (bis etwa 8 Wochen)	0,0017 VE
Mastgänse	0,0067 VE

Kaninchen
Mastkaninchen	0,0025 VE

Rindvieh
Masttiere (Mastdauer 1 Jahr und mehr)	1 VE

Schweine
Leichte Ferkel (bis etwa 12 kg)	0,01 VE
Ferkel (über etwa 12 bis etwa 20 kg)	0,02 VE
Schwere Ferkel und leichte Läufer (über etwa 20 bis etwa 30 kg)	0,04 VE

Anh. I. Anlagen zum Bewertungsgesetz

Läufer (über etwa 30 bis etwa 45 kg)	0,06 VE
Schwere Läufer (über etwa 45 bis etwa 60 kg)	0,08 VE
Mastschweine	0,16 VE
Jungzuchtschweine bis etwa 90 kg	0,12 VE

Anlage 20 zum BewG
(zu § 169 Abs. 5)

Gruppen der Zweige des Tierbestands nach der Flächenabhängigkeit

20 1. Mehr flächenabhängige Zweige des Tierbestands
    Pferdehaltung,
    Pferdezucht,
    Schafzucht,
    Schafhaltung,
    Rindviehzucht,
    Milchviehhaltung,
    Rindviehmast.
 2. Weniger flächenabhängige Zweige des Tierbestands
    Schweinezucht,
    Schweinemast,
    Hühnerzucht,
    Entenzucht,
    Gänsezucht,
    Putenzucht,
    Legehennenhaltung,
    Junghühnermast,
    Entenmast,
    Gänsemast,
    Putenmast.

Anlage 21 zum BewG
(zu § 185 Abs. 3 Satz 1, § 193 Abs. 3 Satz 2, § 194 Abs. 3 Satz 3 und § 195 Abs. 2 Satz 2 und Abs. 3 Satz 3)

Vervielfältiger

Restnutzungsdauer; Restlaufzeit des Erbbaurechts bzw. des Nutzungsrechts (in Jahren)	Zinssatz										
	3 %	3,5 %	4 %	4,5 %	5 %	5,5 %	6 %	6,5 %	7 %	7,5 %	8 %
1	0,97	0,97	0,96	0,96	0,95	0,95	0,94	0,94	0,93	0,93	0,93
2	1,91	1,90	1,89	1,87	1,86	1,85	1,83	1,82	1,81	1,80	1,78
3	2,83	2,80	2,78	2,75	2,72	2,70	2,67	2,65	2,62	2,60	2,58
4	3,72	3,67	3,63	3,59	3,55	3,51	3,47	3,43	3,39	3,35	3,31
5	4,58	4,52	4,45	4,39	4,33	4,27	4,21	4,16	4,10	4,05	3,99
6	5,42	5,33	5,24	5,16	5,08	5,00	4,92	4,84	4,77	4,69	4,62
7	6,23	6,11	6,00	5,89	5,79	5,68	5,58	5,48	5,39	5,30	5,21
8	7,02	6,87	6,73	6,60	6,46	6,33	6,21	6,09	5,97	5,86	5,75
9	7,79	7,61	7,44	7,27	7,11	6,95	6,80	6,66	6,52	6,38	6,25
10	8,53	8,32	8,11	7,91	7,72	7,54	7,36	7,19	7,02	6,86	6,71
11	9,25	9,00	8,76	8,53	8,31	8,09	7,89	7,69	7,50	7,32	7,14

Anh. I. Anlagen zum Bewertungsgesetz

Restnutzungs-dauer; Restlauf-zeit des Erbbau-rechts bzw. des Nutzungsrechts (in Jahren)	Zinssatz										
	3 %	3,5 %	4 %	4,5 %	5 %	5,5 %	6 %	6,5 %	7 %	7,5 %	8 %
12	9,95	9,66	9,39	9,12	8,86	8,62	8,38	8,16	7,94	7,74	7,54
13	10,63	10,30	9,99	9,68	9,39	9,12	8,85	8,60	8,36	8,13	7,90
14	11,30	10,92	10,56	10,22	9,90	9,59	9,29	9,01	8,75	8,49	8,24
15	11,94	11,52	11,12	10,74	10,38	10,04	9,71	9,40	9,11	8,83	8,56
16	12,56	12,09	11,65	11,23	10,84	10,46	10,11	9,77	9,45	9,14	8,85
17	13,17	12,65	12,17	11,71	11,27	10,86	10,48	10,11	9,76	9,43	9,12
18	13,75	13,19	12,66	12,16	11,69	11,25	10,83	10,43	10,06	9,71	9,37
19	14,32	13,71	13,13	12,59	12,09	11,61	11,16	10,73	10,34	9,96	9,60
20	14,88	14,21	13,59	13,01	12,46	11,95	11,47	11,02	10,59	10,19	9,82
21	15,42	14,70	14,03	13,40	12,82	12,28	11,76	11,28	10,84	10,41	10,02
22	15,94	15,17	14,45	13,78	13,16	12,58	12,04	11,54	11,06	10,62	10,20
23	16,44	15,62	14,86	14,15	13,49	12,88	12,30	11,77	11,27	10,81	10,37
24	16,94	16,06	15,25	14,50	13,80	13,15	12,55	11,99	11,47	10,98	10,53
25	17,41	16,48	15,62	14,83	14,09	13,41	12,78	12,20	11,65	11,15	10,67
26	17,88	16,89	15,98	15,15	14,38	13,66	13,00	12,39	11,83	11,30	10,81
27	18,33	17,29	16,33	15,45	14,64	13,90	13,21	12,57	11,99	11,44	10,94
28	18,76	17,67	16,66	15,74	14,90	14,12	13,41	12,75	12,14	11,57	11,05

Anlage 21 Vervielfältiger **Anh.**

Restnutzungs-dauer; Restlauf-zeit des Erbbau-rechts bzw. des Nutzungsrechts (in Jahren)	Zinssatz										
	3 %	3,5 %	4 %	4,5 %	5 %	5,5 %	6 %	6,5 %	7 %	7,5 %	8 %
29	19,19	18,04	16,98	16,02	15,14	14,33	13,59	12,91	12,28	11,70	11,16
30	19,60	18,39	17,29	16,29	15,37	14,53	13,76	13,06	12,41	11,81	11,26
31	20,00	18,74	17,59	16,54	15,59	14,72	13,93	13,20	12,53	11,92	11,35
32	20,39	19,07	17,87	16,79	15,80	14,90	14,08	13,33	12,65	12,02	11,43
33	20,77	19,39	18,15	17,02	16,00	15,08	14,23	13,46	12,75	12,11	11,51
34	21,13	19,70	18,41	17,25	16,19	15,24	14,37	13,58	12,85	12,19	11,59
35	21,49	20,00	18,66	17,46	16,37	15,39	14,50	13,69	12,95	12,27	11,65
36	21,83	20,29	18,91	17,67	16,55	15,54	14,62	13,79	13,04	12,35	11,72
37	22,17	20,57	19,14	17,86	16,71	15,67	14,74	13,89	13,12	12,42	11,78
38	22,49	20,84	19,37	18,05	16,87	15,80	14,85	13,98	13,19	12,48	11,83
39	22,81	21,10	19,58	18,23	17,02	15,93	14,95	14,06	13,26	12,54	11,88
40	23,11	21,36	19,79	18,40	17,16	16,05	15,05	14,15	13,33	12,59	11,92
41	23,41	21,60	19,99	18,57	17,29	16,16	15,14	14,22	13,39	12,65	11,97
42	23,70	21,83	20,19	18,72	17,42	16,26	15,22	14,29	13,45	12,69	12,01
43	23,98	22,06	20,37	18,87	17,55	16,36	15,31	14,36	13,51	12,74	12,04
44	24,25	22,28	20,55	19,02	17,66	16,46	15,38	14,42	13,56	12,78	12,08
45	24,52	22,50	20,72	19,16	17,77	16,55	15,46	14,48	13,61	12,82	12,11

Anh.   I. Anlagen zum Bewertungsgesetz

Restnutzungsdauer; Festlaufzeit des Erbbaurechts bzw. des Nutzungsrechts (in Jahren)	Zinssatz										
	3 %	3,5 %	4 %	4,5 %	5 %	5,5 %	6 %	6,5 %	7 %	7,5 %	8 %
46	24,78	22,70	20,88	19,29	17,88	16,63	15,52	14,54	13,65	12,85	12,14
47	25,02	22,90	21,04	19,41	17,98	16,71	15,59	14,59	13,69	12,89	12,16
48	25,27	23,09	21,20	19,54	18,08	16,79	15,65	14,64	13,73	12,92	12,19
49	25,50	23,28	21,34	19,65	18,17	16,86	15,71	14,68	13,77	12,95	12,21
50	25,73	23,46	21,48	19,76	18,26	16,93	15,76	14,72	13,80	12,97	12,23
51	25,95	23,63	21,62	19,87	18,34	17,00	15,81	14,76	13,83	13,00	12,25
52	26,17	23,80	21,75	19,97	18,42	17,06	15,86	14,80	13,86	13,02	12,27
53	26,37	23,96	21,87	20,07	18,49	17,12	15,91	14,84	13,89	13,04	12,29
54	26,58	24,11	21,99	20,16	18,57	17,17	15,95	14,87	13,92	13,06	12,30
55	26,77	24,26	22,11	20,25	18,63	17,23	15,99	14,90	13,94	13,08	12,32
56	26,97	24,41	22,22	20,33	18,70	17,28	16,03	14,93	13,96	13,10	12,33
57	27,15	24,55	22,33	20,41	18,76	17,32	16,06	14,96	13,98	13,12	12,34
58	27,33	24,69	22,43	20,49	18,82	17,37	16,10	14,99	14,00	13,13	12,36
59	27,51	24,82	22,53	20,57	18,88	17,41	16,13	15,01	14,02	13,15	12,37
60	27,68	24,94	22,62	20,64	18,93	17,45	16,16	15,03	14,04	13,16	12,38
61	27,84	25,07	22,71	20,71	18,98	17,49	16,19	15,05	14,06	13,17	12,39
62	28,00	25,19	22,80	20,77	19,03	17,52	16,22	15,07	14,07	13,18	12,39

Anlage 21 Vervielfältiger **Anh.**

Restnutzungs- dauer; Restlauf- zeit des Erbbau- rechts bzw. des Nutzungsrechts (in Jahren)	Zinssatz										
	3 %	3,5 %	4 %	4,5 %	5 %	5,5 %	6 %	6,5 %	7 %	7,5 %	8 %
63	28,16	25,30	22,89	20,83	19,08	17,56	16,24	15,09	14,08	13,19	12,40
64	28,31	25,41	22,97	20,89	19,12	17,59	16,27	15,11	14,10	13,20	12,41
65	28,45	25,52	23,05	20,95	19,16	17,62	16,29	15,13	14,11	13,21	12,42
66	28,60	25,62	23,12	21,01	19,20	17,65	16,31	15,14	14,12	13,22	12,42
67	28,73	25,72	23,19	21,06	19,24	17,68	16,33	15,16	14,13	13,23	12,43
68	28,87	25,82	23,26	21,11	19,28	17,70	16,35	15,17	14,14	13,24	12,43
69	29,00	25,91	23,33	21,16	19,31	17,73	16,37	15,19	14,15	13,24	12,44
70	29,12	26,00	23,39	21,20	19,34	17,75	16,38	15,20	14,16	13,25	12,44
71	29,25	26,09	23,46	21,25	19,37	17,78	16,40	15,21	14,17	13,25	12,45
72	29,37	26,17	23,52	21,29	19,40	17,80	16,42	15,22	14,18	13,26	12,45
73	29,48	26,25	23,57	21,33	19,43	17,82	16,43	15,23	14,18	13,27	12,45
74	29,59	26,33	23,63	21,37	19,46	17,84	16,44	15,24	14,19	13,27	12,46
75	29,70	26,41	23,68	21,40	19,48	17,85	16,46	15,25	14,20	13,27	12,46
76	29,81	26,48	23,73	21,44	19,51	17,87	16,47	15,26	14,20	13,28	12,46
77	29,91	26,55	23,78	21,47	19,53	17,89	16,48	15,26	14,21	13,28	12,47
78	30,01	26,62	23,83	21,50	19,56	17,90	16,49	15,27	14,21	13,29	12,47
79	30,11	26,68	23,87	21,54	19,58	17,92	16,50	15,28	14,22	13,29	12,47

Anh. I. Anlagen zum Bewertungsgesetz

Restnutzungs-dauer; Restlauf-zeit des Erbbau-rechts bzw. des Nutzungsrechts (in Jahren)	Zinssatz 3 %	3,5 %	4 %	4,5 %	5 %	5,5 %	6 %	6,5 %	7 %	7,5 %	8 %
80	30,20	26,75	23,92	21,57	19,60	17,93	16,51	15,28	14,22	13,29	12,47
81	30,29	26,81	23,96	21,59	19,62	17,94	16,52	15,29	14,23	13,30	12,48
82	30,38	26,87	24,00	21,62	19,63	17,96	16,53	15,30	14,23	13,30	12,48
83	30,47	26,93	24,04	21,65	19,65	17,97	16,53	15,30	14,23	13,30	12,48
84	30,55	26,98	24,07	21,67	19,67	17,98	16,54	15,31	14,24	13,30	12,48
85	30,63	27,04	24,11	21,70	19,68	17,99	16,55	15,31	14,24	13,30	12,48
86	30,71	27,09	24,14	21,72	19,70	18,00	16,56	15,32	14,24	13,31	12,48
87	30,79	27,14	24,18	21,74	19,71	18,01	16,56	15,32	14,25	13,31	12,48
88	30,86	27,19	24,21	21,76	19,73	18,02	16,57	15,32	14,25	13,31	12,49
89	30,93	27,23	24,24	21,78	19,74	18,03	16,57	15,33	14,25	13,31	12,49
90	31,00	27,28	24,27	21,80	19,75	18,03	16,58	15,33	14,25	13,31	12,49
91	31,07	27,32	24,30	21,82	19,76	18,04	16,58	15,33	14,26	13,31	12,49
92	31,14	27,37	24,32	21,83	19,78	18,05	16,59	15,34	14,26	13,32	12,49
93	31,20	27,41	24,35	21,85	19,79	18,06	16,59	15,34	14,26	13,32	12,49
94	31,26	27,45	24,37	21,87	19,80	18,06	16,60	15,34	14,26	13,32	12,49
95	31,32	27,48	24,40	21,88	19,81	18,07	16,60	15,35	14,26	13,32	12,49
96	31,38	27,52	24,42	21,90	19,82	18,08	16,60	15,35	14,26	13,32	12,49

Anlage 21 Vervielfältiger

Restnutzungs- dauer; Restlauf- zeit des Erbbau- rechts bzw. des Nutzungsrechts (in Jahren)	Zinssatz											
	3%	3,5%	4%	4,5%	5%	5,5%	6%	6,5%	7%	7,5%	8%
97	31,44	27,56	24,44	21,91	19,82	18,08	16,61	15,35	14,27	13,32	12,49
98	31,49	27,59	24,46	21,92	19,83	18,09	16,61	15,35	14,27	13,32	12,49
99	31,55	27,62	24,49	21,94	19,84	18,09	16,61	15,35	14,27	13,32	12,49
100	31,60	27,66	24,50	21,95	19,85	18,10	16,62	15,36	14,27	13,32	12,49

In den Fällen anderer Zinssätze der Gutachterausschüsse ist der Vervielfältiger nach folgender Formel zu bilden:

$$V \text{ (Vervielfältiger)} = \frac{1}{q^n} \times \frac{q^n - 1}{q - 1}$$

q = Zinsfaktor = 1 + p : 100
p = Zinssatz
n = Restnutzungsdauer/Restlaufzeit

Anlage 22 zum BewG
(zu § 185 Abs. 3 Satz 3, § 190 Abs. 2 Satz 2)
Wirtschaftliche Gesamtnutzungsdauer

Einfamilien- und Zweifamilienhäuser	80	Jahre
Mietwohngrundstücke	80	Jahre
Wohnungseigentum	80	Jahre
Geschäftsgrundstücke, gemischt genutzte Grundstücke und sonstige bebaute Grundstücke:		
Gemischt genutzte Grundstücke (mit Wohn- und Gewerbeflächen)	70	Jahre
Hochschulen (Universitäten)	70	Jahre
Saalbauten (Veranstaltungszentren)	70	Jahre
Kur- und Heilbäder	70	Jahre
Verwaltungsgebäude	60	Jahre
Bankgebäude	60	Jahre
Schulen	60	Jahre
Kindergärten (Kindertagesstätten)	60	Jahre
Altenwohnheime	60	Jahre
Personalwohnheime (Schwesternwohnheime)	60	Jahre
Hotels	60	Jahre
Sporthallen (Turnhallen)	60	Jahre
Kaufhäuser, Warenhäuser	50	Jahre
Ausstellungsgebäude	50	Jahre
Krankenhäuser	50	Jahre
Vereinsheime (Jugendheime, Tagesstätten)	50	Jahre
Parkhäuser (offene Ausführung, Parkpaletten)	50	Jahre
Parkhäuser (geschlossene Ausführung)	50	Jahre
Tiefgaragen	50	Jahre
Funktionsgebäude für Sportanlagen (z. B. Sanitär- und Umkleideräume)	50	Jahre
Hallenbäder	50	Jahre
Industriegebäude, Werkstätten ohne Büro- und Sozialtrakt	50	Jahre
Industriegebäude, Werkstätten mit Büro- und Sozialtrakt	50	Jahre
Lagergebäude (Kaltlager)	50	Jahre
Lagergebäude (Warmlager)	50	Jahre
Lagergebäude (Warmlager mit Büro- und Sozialtrakt)	50	Jahre
Einkaufsmärkte, Großmärkte, Läden	40	Jahre
Tennishallen	40	Jahre
Reitsporthallen	40	Jahre

Teileigentum ist in Abhängigkeit von der baulichen Gestaltung den vorstehenden Gebäudeklassen zuzuordnen.

Anlage 23 zum BewG
(zu § 187 Abs. 2 Satz 2)
Pauschalierte Bewirtschaftungskosten für Verwaltung, Instandhaltung und Mietausfallwagnis in Prozent der Jahresmiete oder üblichen Miete
(ohne Betriebskosten)

Restnutzungsdauer	Grundstücksart			
	1	2	3	4
	Mietwohngrundstück	gemischt genutztes Grundstück mit einem gewerblichen Anteil von bis zu 50% (berechnet nach der Wohn- bzw. Nutzfläche)	gemischt genutztes Grundstück mit einem gewerblichen Anteil von mehr als 50% (berechnet nach der Wohn- bzw. Nutzfläche)	Geschäftsgrundstück
≥ 60 Jahre	21	21		18
40 bis 59 Jahre	23	22		20
20 bis 39 Jahre	27	24		22
< 20 Jahre	29	26		23

Anlage 24 zum BewG
(zu § 190 Abs. 1 Satz 4 und 5)
Ermittlung des Gebäuderegelherstellungswerts

I. Begriff der Brutto-Grundfläche (BGF)

(1) Die Brutto-Grundfläche ist die Summe aus den Grundflächen aller Grundrissebenen eines Bauwerks mit Nutzungen nach DIN 277-2:2005–02, Tabelle 1, Nr. 1 bis Nr. 9, und aus deren konstruktiven Umschließungen. Für die Ermittlung der Brutto-Grundfläche (Summe aus Netto-Grundfläche und Konstruktions-Grundfläche) sind die äußeren Maße der Bauteile einschließlich Bekleidung, z. B. Putz, Außenschalen mehrschaliger Wandkonstruktionen in Höhe der Boden- bzw. Deckenbelagsoberkanten anzusetzen. Konstruktive und gestalterische Vor- und Rücksprünge, Fuß-Sockelleisten, Schrammborde und Unterschneidungen sowie vorstehende Teile von Fenster- und Türbekleidungen bleiben dabei unberücksichtigt.

(2) Nicht zur Brutto-Grundfläche gehören Flächen, die ausschließlich der Wartung, Inspektion und Instandsetzung von Baukonstruktionen und technischen Anlagen dienen, z. B. nicht nutzbare Dachflächen, fest installierte Dachleitern und -stege, Wartungsstege in abgehängten Decken.

II. Regelherstellungskosten

Regelherstellungskosten 2010 (RHK 2010)
(einschließlich Baunebenkosten, Preisstand IV. Quartal 2010)

1.	Ein- und Zweifamilienhäuser (EUR/m² BGF) Typ-sierte Gesamtnutzungsdauer = 80 Jahre															
	Baujahr	bis 1945			1946–1959			1960–1969			1970–1984			1985–1999			ab 2000		
GKL	Ausstattungsstandard	einf.	mittel	geh.	einf.	mittel	geh.	einf.	mittel	geh.	einf.	mittel	geh.	einf.	mittel	geh.	einf.	mittel	geh.
	mit Keller																		
1.11	Dachgeschoss ausgebaut	640	690	810	690	740	880	730	790	940	780	840	990	840	910	1060	870	940	1110

Anlage 24 Gebäuderegelherstellungswert **Anh.**

		bis 1945			1946–1959			1960–1969			1970–1984			1985–1999			ab 2000		
		einf.	mittel	geh.	einf.	mittel	geh.	einf.	mittel	geh.	einf.	mittel	geh.	einf.	mittel	geh.	einf.	mittel	geh.
1.12	*Dachgeschoss nicht ausgebaut*	570	602	730	620	670	790	660	720	840	700	760	890	750	820	960	790	850	1010
1.13	*Flachdach*	640	700	810	700	750	880	740	800	930	790	850	990	850	910	1060	880	950	1110
	ohne Keller																		
1.21	*Dachgeschoss ausgebaut*	720	790	940	780	850	1020	830	910	1090	880	960	1150	950	1040	1250	990	1080	1300
1.22	*Dachgeschoss nicht ausgebaut*	640	700	840	690	760	910	740	800	960	780	850	1020	840	920	1100	960	1080	1150
1.23	*Flachdach*	790	860	1020	850	930	1100	910	990	1180	920	1020	1250	1040	1130	1350	1080	1180	1400

2. Wohnungseigentum und vergleichbares Teileigentum/ohne Tiefgaragenplatz (EUR/m² BGF)
Typisierte Gesamtnutzungsdauer = 80 Jahre

	Baujahr	bis 1945			1946–1959			1960–1969			1970–1984			1985–1999			ab 2000		
GKL	Ausstattungsstandard	einf.	mittel	geh.	einf.	mittel	geh.	einf.	mittel	geh.	einf.	mittel	geh.	einf.	mittel	geh.	einf.	mittel	geh.
2.11	Alle Gebäude	750	760	770	760	800	870	810	850	920	860	900	980	920	970	1050	970	1010	1100

Für Wohnungseigentum in Gebäuden, die wie Ein- und Zweifamilienhäuser im Sinne des § 181 Absatz 2 BewG gestaltet sind, werden die Gebäudenormalherstellungswerte der Ein- und Zweifamilienhäuser zugrunde gelegt.
Umrechnungsfaktor hinsichtlich der Brutto-Grundfläche (BGF) für Wohnungseigentum in Mehrfamilienhäusern (Mietwohngrundstücke): BGF = 1,55 × Wohnfläche

3. Geschäftsgrundstücke, gemischt genutzte Grundstücke und sonstige bebaute Grundstücke (EUR/m² BGF)

3.1 Typisierte Gesamtnutzungsdauer = 70 Jahre

	Baujahr	bis 1945			1946–1959			1960–1969			1970–1984			1985–1999			ab 2000		
GKL	Ausstattungsstandard	einf.	mittel	geh.	einf.	mittel	geh.	einf.	mittel	geh.	einf.	mittel	geh.	einf.	mittel	geh.	einf.	mittel	geh.
3.11	Gemischt genutzte Grundstücke/Gebäude (mit Wohn- und Gewerbefläche)	750	1090	1920	800	1170	1170	860	1250	1640	910	1320	1730	980	1420	1860	1020	1480	1940
3.12	Hochschulen, Universitäten	1610	1610	1920	1730	1730	2070	1850	1850	2210	1960	1960	2340	2100	2100	2510	2190	2190	2620

Anh.   I. Anlagen zum Bewertungsgesetz

		Baujahr																	
		bis 1945			1946–1959			1960–1969			1970–1984			1985–1999			ab 2000		
		einf.	mittel	geh.	einf.	mittel	geh.	einf.	mittel	geh.	einf.	mittel	geh.	einf.	mittel	geh.	einf.	mittel	geh.
3.13	Saalbauten, Veranstaltungszentren	1430	1760	1760	1430	1890	2380	1530	2020	2550	1630	2140	2690	1740	2290	2890	1820	2390	3020
3.14	Kur- und Heilbäder	2820	2820	3130	3020	3020	3360	3240	3240	3600	3430	3430	3810	3680	3680	4090	3840	3840	4260
3.2	Typisierte Gesamtnutzungsdauer = 60 Jahre																		
GKL	Ausstattungsstandard	einf.	mittel	geh.	einf.	mittel	geh.	einf.	mittel	geh.	einf.	mittel	geh.	einf.	mittel	geh.	einf.	mittel	geh.
3.211	Verwaltungsgebäude (ein- bis zweigeschossig, nicht unterkellert)	1060	1060	1060	1060	1240	1510	1130	1320	1620	1200	1400	1710	1280	1500	1840	1340	1570	1910
3.212	Verwaltungsgebäude (zwei- bis fünfgeschossig)	1400	1400	1680	1270	1500	1810	1350	1610	1940	1430	1710	2050	1540	1830	2210	1600	1900	2290
3.213	Verwaltungsgebäude (sechs- und mehrgeschossig)	1950	1950	1950	1950	1950	2440	2090	2090	2610	2220	2220	2760	2380	2380	2960	2470	2470	3090
3.22	Bankgebäude	2070	2070	2070	2070	2070	2380	2210	2210	2510	2340	2340	2670	2510	2510	2890	2620	2620	3010
3.23	Schulen, Berufsschulen	1150	1300	1410	1240	1400	1520	1320	1500	1630	1400	1590	1720	1500	1710	1850	1570	1780	1930
3.24	Kindergärten	1210	1210	1210	1210	1310	1680	1300	1410	1790	1370	1490	1900	1470	1600	2040	1530	1670	2130
3.25	Altenwohnheime	1020	1200	1320	1100	1290	1420	1170	1380	1520	1250	1460	1610	1340	1570	1730	1390	1640	1800
3.26	Personalwohnheime	890	1090	1200	950	1170	1290	1020	1260	1380	1080	1330	1470	1160	1430	1570	1210	1490	1640
3.27	Hotels	980	1280	1650	1050	1370	1780	1120	1470	1900	1200	1550	2010	1280	1670	2160	1330	1740	2250
3.28	Sporthallen	1080	1080	1080	1080	1300	1390	1150	1390	1480	1220	1470	1570	1300	1580	1690	1360	1650	1760
3.3	Typisierte Gesamtnutzungsdauer = 50 Jahre																		
GKL	Ausstattungsstandard	einf.	mittel	geh.	einf.	mittel	geh.	einf.	mittel	geh.	einf.	mittel	geh.	einf.	mittel	geh.	einf.	mittel	geh.
3.31	Kaufhäuser, Warenhäuser	1070	1260	1670	1150	1350	1800	1230	1440	1920	1300	1530	2030	1400	1640	2180	1450	1710	2270
3.32	Ausstellungsgebäude	1630	1630	1630	1630	1630	1630	1730	1730	1730	1840	1840	2310	1970	1970	2480	2050	2050	2580

Anlage 24 Gebäuderegelherstellungswert

		1610	2060	2530	1730	2210	2720	1850	2360	2910	1950	2500	3080	2100	2680	3310	2180	2800	3450
3.33	*Krankenhäuser*	1140	1140	1140	1140	1260	1470	1220	1350	1570	1300	1430	1670	1390	1530	1790	1450	1600	1860
3.34	*Vereinsheime, Jugendheime, Tagesstätten*																		
3.351	*Parkhäuser (offene Ausführung, Parkpaletten), Tankstellen*	550	550	550	550	550	550	590	590	590	620	620	620	670	670	670	700	700	700
3.352	*Parkhäuser (geschlossene Ausführung)*	680	680	680	680	680	680	730	730	730	770	770	770	830	830	830	870	870	870
3.353	*Tiefgaragen*[1]	600	600	600	600	780	780	650	840	840	680	890	890	730	950	950	770	990	990
3.36	*Funktionsgebäude für Sportanlagen (z.B. Sanitär- und Umkleideräume)*	900	900	900	900	1140	1560	960	1210	1670	1020	1290	1770	1090	1380	1900	1140	1430	1980
3.37	*Hallenbäder*	1550	1550	1550	1550	2050	2260	1660	2190	2420	1760	2320	2570	1890	2490	2750	1960	2600	2870
3.381	*Industriegebäude, Werkstätten ohne Büro- und Sozialtrakt*	510	510	510	510	710	830	550	750	880	590	800	940	630	860	1020	680	890	1050
3.382	*Industriegebäude, Werkstätten mit Büro- und Sozialtrakt*	740	740	740	740	960	1100	780	1020	1160	830	1080	1250	880	1160	1330	940	1220	1410
3.391	*Lagergebäude (Kaltlager)*	440	440	440	440	820	820	480	900	900	510	930	930	550	1010	1010	590	1060	1060
3.392	*Lagergebäude (Warmlager)*	570	570	570	570	960	960	610	1040	1040	650	1090	1090	680	1180	1180	740	1220	1220

[1] *[Amtl. Anm.:]* Umrechnungsfaktor hinsichtlich der Brutto-Grundfläche (BGF) für Tiefgaragen: BGF = tatsächliche Stellplatzfläche (Länge x Breite) x 1,55.

Anh. I. Anlagen zum Bewertungsgesetz

		Baujahr	bis 1945			1946–1959			1960–1969			1970–1984			1985–1999			ab 2000		
3.393	*Lagergebäude (Warmlager mit Büro- und Sozialtrakt)*		910	910	910	1230	1230	950	1320	1320	1030	1400	1400	1080	1510	1510	1160	1600	1600	1600
3.4	Typisierte Gesamtnutzungsdauer = 40 Jahre																			
GKL	*Ausstattungsstandard*		einf.	mittel	geh.	einf.	mittel	geh.	einf.	mittel	geh.	einf.	mittel	geh.	einf.	mittel	geh.	einf.	mittel	geh.
3.41	Einkaufsmärkte, Großmärkte, Discountermärkte, Läden, Apotheken, Boutiquen u.A.		710	710	710	760	950	950	800	1020	1020	860	1090	1220	900	1170	1310	1210	1210	1370
3.42	Tennishallen		580	580	580	620	680	680	650	730	1020	700	770	890	730	830	950	860	860	1000
3.43	Reitsporthallen mit Stellungen, andere Stellungen, ehemalige landwirtschaftliche Mehrzweckhallen, Scheunen u.Ä.		220	220	220	220	220	220	220	220	220	240	240	290	250	260	310	270	270	330

4.	Kleingaragen und Carports (EUR/m² BGF) Typisierte Gesamtnutzungsdauer = 50 Jahre	
GKL	*Baujahr*	alle
	Ausstattungsstandard	alle
4.11	*Kleingaragen, freistehend*	320
4.12	*Carports*	190

5.	Teileigentum
	Teileigentum ist in Abhängigkeit von der baulichen Gestaltung den vorstehenden Gebäudeklassen zuzuordnen.

6.	Auffangklausel
	Regelherstellungskosten für nicht aufgeführte Gebäudeklassen sind aus den Regelherstellungskosten vergleichbarer Gebäudeklassen abzuleiten.

Anlage 24 Gebäuderegelherstellungswert

III. Ausstattungsstandard

		einfach	mittel	gehoben
Fassade	Skelett-, Fachwerk-, Rahmenbau	• einfache Wände, Holz-, Blech-, Faserzementbekleidung, Leichtbetonwände mit Wärmedämmung, Beton-Sandwich-Elemente, Ausfachung 15 bis 26 cm; • Verbretterung oder Blechverkleidung auf Holztragwerk[D]);	• Leichtbetonwände mit Wärmedämmung, Beton-Sandwich-Elemente, Ausfachung 15 bis 26 cm; • Stahlblech-Sandwich-Elemente auf Holz- oder Stahlrahmen, Lichtflächen aus Kunststoff-Doppelstegplatten[D]);	• Schwerbetonplatten, Verblendmauerwerk, Spaltklinker, Schwerbetonplatten, Ausfachung bis 40 cm, Glasverkleidung, Spaltklinker; • Stahlbetonstürzen und Ziegelmauerwerk, Holzfenster, Holztüren und Holztore[D]);
	Massivbau	• Mauerwerk mit Putz oder mit Fugenglattstrich und Anstrich; • Betonwände[M]);	• Wärmedämmputz, Wärmedämmverbundsystem, Sichtmauerwerk mit Fugenglattstrich und Anstrich, Holzbekleidung, mittlerer Wärmedämmstandard; • Sichtbeton[M]);	• Verblendmauerwerk, Metallbekleidung, Vorhangfassade; Naturstein, hoher Wärmedämmstandard;
Fenster		• einfache Holz, Stahl, Einfachverglasung; • einfache Metallgitter[M]);	• hochwertige Holz, Kunststoff, Isolierverglasung; • begrünte Metallgitter, Glasbausteine[M]);	• Aluminium, Rollladen, Sonnenschutzvorrichtung, Wärmeschutzverglasung, raumhohe Verglasung, große Schiebeelemente, elektr. Rollladen, Schallschutzverglasung; • Sprossenfenster[A]); • begrünte Metallgitter, Glasbausteine[M]);
Dächer		• Wellfaserzement-, Blechendeckung, Bitumen-, Kunststoffolenabdichtung; Betondachpfannen (untere Preisklasse), Bitumen-, Kunststoffolenabdichtung, keine Wärmedämmung; • Holzbinder auf Stahl- oder Stahlbetonstützen, Faserzementwellplatten auf Holzpfetten[D]);	• Betondachpfannen (gehobene Preisklasse), Betondachpfannen, mittlerer Wärmedämmstandard; • Papp-, PVC-, Blechendeckung[D]); • Stahlblech-Sandwichelemente auf Holz- oder Stahlrahmen[D]);	• Tondachpfannen, Schiefer-, Metalleindeckung, Gasbetonfertigteile, Stegzementdielen, große Anzahl von Oberlichtern, Dachaus- und Dachaufbauten mit hohem Schwierigkeitsgrad, Dachausschnitte in Glas, hoher Wärmedämmstandard; • Papp-, PVC-, Blechendeckung[D]); • Holzbinder, Pfetten, Sparren, Hartschaumdämmung, Betondachsteine, Tonpfannen[D]).

Anh. I. Anlagen zum Bewertungsgesetz

	einfach	mittel	gehoben
Sanitär-installation	• einfache Toilettenanlagen [und Duschräume[F])], Installation auf Putz; • 1 Bad mit WC, Installation auf Putz[A]) [B]) [C]); • WC und Bäderanlage geschossweise, Waschbecken im Raum, Installation auf Putz[J]) [M]) [J]);	• ausreichende Toilettenanlagen, Duschräume, Installation unter Putz; • 1 Bad mit WC, separates Gäste-WC, Installation unter Putz[A]) [B]) [C]); • mehrere WCs und Duschbäder je Geschoss, Installation unter Putz[J]) [K]) [L]); • tw. Toiletten je Zimmer, Installation unter Putz[J]); • Sprinkleranlage, Strom- und Wasseranschluss, Löschwasserleitungen, Installation auf Putz[M]);	• gut ausgestattete Toilettenanlagen und Duschräume, großzügige Toilettenanlagen, Sanitäreinrichtungen, gehobener Standard; • 1–2 Bäder[A]) [B]) [C]); • je Zimmer ein Duschbad mit WC[J]) [M]) [L]); • je Raum ein Duschbad mit WC in guter Ausstattung[J]); • Düsenrohrberegnung, Toiletten und Duschanlagen[J]);
Innenwand-bekleidung der Nassräume	• Ölfarbanstrich;	• Fliesensockel (1,50 m);	• Fliesen raumhoch, großformatige Fliesen, Naturstein, aufwendige Verlegung;
Bodenbeläge	• Linoleum, PVC (jeweils untere Preisklasse), Holzdielen, Nadelfilz; • Beton oder Asphaltbeton, oberflächenbehandelt, Holzdielen[D]) [E]); • Rohbeton[M]); • Tretschicht als Schüttung auf gewachsenem Boden[P]); Nassräume: • PVC	• PVC, Linoleum (jeweils mittlere Preisklasse), Teppich, Fliesen; • Estrich oder Gussasphalt auf Beton, Teppichbelag, PVC, beschichteter Estrich, Gussasphalt[D]) [E]); • Estrich, Gussasphalt[P]); • Verbundpflaster ohne Unterbau[O]); • Tretschicht als Schüttung auf Tragschicht aus Lehm[J]); Nassräume: • Fliesen	• großformatige Fliesen, Parkett, Betonwerkstein, Naturstein, aufwendige Verlegung; • flächenstatische Fußbodenkonstruktion, Spezialteppich mit Gummigranulatauflage[D]); • Schwingboden[E]); • Estrich, Gussasphalt[M]); • Tretschicht als Schüttung auf Tragschicht aus Schotter und Sand/Lehm-Zwischenschicht[J]); Nassräume: • großformatige Fliesen, beschichtete Sonderfliesen

Anlage 24 Gebäuderegelherstellungswert

	einfach	mittel	gehoben
Innentüren	• Füllungstüren, Türblätter und Zargen gestrichen;	• Kunststoff-/Holztürblätter, Stahlzargen;	• beschichtete oder furnierte Türblätter und Zargen, Türblätter mit Edelholzfurnier, bessere Ausführung, Glasausschnitte, Glastüren; Holzzargen, massivere Ausführung, Einbruchschutz, Automatiktüren, rollstuhlgerechte Bedienung, Stiltüren;
Heizung	• Einzelöfen, elektr. Speicherheizung, Boiler für Warmwasser; Lufterhitzer mit Direktbefeuerung[I]) [E]) [F]) [G]); • keine[B]);	• Zentralheizung mit Radiatoren (Schwerkraftheizung); Fernheizung; Mehrraum-Warmluft-Kachelofen; • Lufterhitzer mit Wärmetauscher mit zentraler Kesselanlage[J]);	• Zentralheizung, Warmwasserbereitung zentral; Zentralheizung/Pumpenheizung mit Flachheizkörpern oder Fußbodenheizung; Sammelheizung mit separater Kesselanlage; Klima- oder Lüftungsanlage: Solaranlagen, aufwendige Heiztechnik; • Luftheizung mit Außenluft- und Umluftregelung, Luftqualitätsregeltechnik[L]) [E]) [F]) [G]); • W/W-Zentralheizung in Nebenräumen, Lufterhitzer[B]);
Elektroinstallation	• je Raum 1 Lichtauslass und 1-2 Steckdosen, Fernseh-/Radioanschluss, Installation auf Putz; • einfache Leuchten in Halle und WC[P]);	• je Raum 1-2 Lichtauslässe und 2-4 (bzw. 6[J])) Steckdosen, Blitzschutz, Installation unter Putz, informationstechnische Anlagen; • hochwertige Leuchten in Halle und WC[P]);	• je Raum mehrere Lichtauslässe und Steckdosen, informationstechnische Anlagen, Sicherheitseinrichtungen, Solaranlage, Fensterbankkanal mit EDV-Verkabelung, aufwendige Installation; • hochwertige Leuchten in Halle, WC, Reiterstübchen und Tribüne[P]);

	einfach	mittel	gehoben
Sonstige Einbauten	• Gemeinschaftsküche[K]; • zentrale Einrichtungen, Gastraum[L]; • Kochmöglichkeit, Spüle[N]) O);	• Gemeinschaftseinrichtungen, Einbauküchen[L]; • Balkon je Raum, Brandmelder, Sprinkler, zentrale Einrichtungen: z. B. Konferenzräume, Schwimmbad, Sauna, zusätzl. Restaurant[K]; • Sauna[D] E); • Solarien, Massageräume, Sauna, separates Kinderbecken, Imbiss, Therapieräume[F]; • Personenaufzug, Videoüberwachung, Rufanlagen, Brandmelder, Beschallung, Toilettenanlagen, Rauch- und Wärmeabzugsanlagen, mechanische Be- und Entlüftungsanlagen[P]; • Teeküche[N] O);	• Aufzugsanlage, Balkon je Raum, Pantry-Küche[L], Fitnessraum[L], zentrale Einrichtungen[J], Gemeinschaftsräume[J], Therapie- und Gymnastikräume[J]; • Aufzugsanlage, Müllschlucker, zentrale Einrichtungen: z. B. große Konferenzräume, Bälsäle, Sondereinrichtungen, z. B. Friseur[K]; • Restaurant, große Saunaanlage, Solarium[D] E); • Sprungbecken, Wellenbad, Restaurant[F]; • Personenaufzug, Videoüberwachung, Rufanlagen, Brandmelder, Beschallung, Toilettenanlagen, Rauch- und Wärmeabzugsanlagen, mechanische Be- und Entlüftungsanlagen[P] J); • Einbauküche, Aufenthaltsraum[N] O);

A) E.n- und Zweifamilienhäuser; B) Wohnungseigentum; C) Gemischt genutzte Grundstücke; D) Tennishallen; E) Sporthallen (Turnhallen); F) Hallenbäder; G) Kur- und Heilbäder; H) Kauf- und Warenhäuser, Einkaufsmärkte, Großmärkte, Läden, Ausstellungsgebäude; I) Krankenhäuser; J) Altenwohnheime; K) Hotels; L) Personal- und Schwesternwohnheime; M) Parkhäuser und Tiefgaragen; N) Industriegebäude, Werkstätten; O) Lagergebäude; P) Reitsporthallen

Anlage 25 zum BewG
(zu § 191 Abs. 2)
Wertzahlen für Ein- und Zweifamilienhäuser nach § 181 Abs. 1 Nr. 1 BewG und Wohnungseigentum nach § 181 Abs. 1 Nr. 3 BewG

Vorläufiger Sachwert § 189 Abs. 3		Bodenrichtwert bis				
		15 EUR/ m^2	30 EUR/ m^2	50 EUR/ m^2	100 EUR/ m^2	150 EUR/ m^2
bis	50 000 EUR	1,0	1,1	1,1	1,1	1,1
	100 000 EUR	0,9	1,0	1,0	1,1	1,1
	150 000 EUR	0,8	0,9	0,9	1,0	1,1
	200 000 EUR	0,7	0,8	0,8	0,9	1,0
	300 000 EUR	0,6	0,7	0,7	0,8	0,9
	400 000 EUR	0,5	0,6	0,6	0,7	0,8
	500 000 EUR	0,4	0,5	0,5	0,6	0,7
über	500 000 EUR	0,3	0,4	0,4	0,5	0,6

Vorläufiger Sachwert § 189 Abs. 3		Bodenrichtwert				
		bis				über
		200 EUR/ m^2	300 EUR/ m^2	400 EUR/ m^2	500 EUR/ m^2	500 EUR/ m^2
bis	50 000 EUR	1,2	1,2	1,3	1,3	1,4
	100 000 EUR	1,1	1,2	1,2	1,3	1,3
	150 000 EUR	1,1	1,1	1,1	1,2	1,3
	200 000 EUR	1,0	1,1	1,1	1,2	1,2
	300 000 EUR	0,9	1,0	1,0	1,1	1,2
	400 000 EUR	0,8	0,9	1,0	1,0	1,1
	500 000 EUR	0,7	0,8	0,9	0,9	1,0
über	500 000 EUR	0,6	0,7	0,8	0,8	0,9

Wertzahlen für Teileigentum, Geschäftsgrundstücke, gemischt genutzte Grundstücke und sonstige bebaute Grundstücke nach § 181 Abs. 1 Nr. 3 bis 6 BewG

Vorläufiger Sachwert § 189 Abs. 3		
bis	500 000 EUR	0,9
	3 000 000 EUR	0,8
über	3 000 000 EUR	0,7

Anlage 26 zum BewG
(zu § 194 Abs. 3 Satz 2 und Abs. 4 sowie § 195 Abs. 3 Satz 2)

Abzinsungsfaktoren

Restlaufzeit des Erbbaurechts bzw. des Nutzungsrechts (in Jahren)	3 %	3,5 %	4 %	4,5 %	5 %	5,5 %	6 %	6,5 %	7 %	7,5 %	8 %
1	0,9709	0,9662	0,9615	0,9569	0,9524	0,9479	0,9434	0,9390	0,9346	0,9302	0,9259
2	0,9426	0,9335	0,9246	0,9157	0,9070	0,8985	0,8900	0,8817	0,8734	0,8653	0,8573
3	0,9151	0,9019	0,8890	0,8763	0,8638	0,8516	0,8396	0,8278	0,8163	0,8050	0,7938
4	0,8885	0,8714	0,8548	0,8386	0,8227	0,8072	0,7921	0,7773	0,7629	0,7488	0,7350
5	0,8626	0,8420	0,8219	0,8025	0,7835	0,7651	0,7473	0,7299	0,7130	0,6966	0,6806
6	0,8375	0,8135	0,7903	0,7679	0,7462	0,7252	0,7050	0,6853	0,6663	0,6480	0,6302
7	0,8131	0,7860	0,7599	0,7348	0,7107	0,6874	0,6651	0,6435	0,6227	0,6028	0,5835
8	0,7894	0,7594	0,7307	0,7032	0,6768	0,6516	0,6274	0,6042	0,5820	0,5607	0,5403
9	0,7664	0,7337	0,7026	0,6729	0,6446	0,6176	0,5919	0,5674	0,5439	0,5216	0,5002
10	0,7441	0,7089	0,6756	0,6439	0,6139	0,5854	0,5584	0,5327	0,5083	0,4852	0,4632
11	0,7224	0,6849	0,6496	0,6162	0,5847	0,5549	0,5268	0,5002	0,4751	0,4513	0,4289
12	0,7014	0,6618	0,6246	0,5897	0,5568	0,5260	0,4970	0,4697	0,4440	0,4199	0,3971
13	0,6810	0,6394	0,6006	0,5643	0,5303	0,4986	0,4688	0,4410	0,4150	0,3906	0,3677

Anlage 26 Abzinsungsfaktoren **Anh.**

0,3405	0,3633	0,3878	0,4141	0,4423	0,4726	0,5051	0,5400	0,5775	0,6178	0,6611		14
0,3152	0,3380	0,3624	0,3888	0,4173	0,4479	0,4810	0,5167	0,5553	0,5969	0,6419		15
0,2919	0,3144	0,3387	0,3651	0,3936	0,4246	0,4581	0,4945	0,5339	0,5767	0,6232		16
0,2703	0,2925	0,3166	0,3428	0,3714	0,4024	0,4363	0,4732	0,5134	0,5572	0,6050		17
0,2502	0,2720	0,2959	0,3219	0,3503	0,3815	0,4155	0,4528	0,4936	0,5384	0,5874		18
0,2317	0,2531	0,2765	0,3022	0,3305	0,3616	0,3957	0,4333	0,4746	0,5202	0,5703		19
0,2145	0,2354	0,2584	0,2838	0,3118	0,3427	0,3769	0,4146	0,4564	0,5026	0,5537		20
0,1987	0,2190	0,2415	0,2665	0,2942	0,3249	0,3589	0,3968	0,4388	0,4856	0,5375		21
0,1839	0,2037	0,2257	0,2502	0,2775	0,3079	0,3418	0,3797	0,4220	0,4692	0,5219		22
0,1703	0,1895	0,2109	0,2349	0,2618	0,2919	0,3256	0,3634	0,4057	0,4533	0,5067		23
0,1577	0,1763	0,1971	0,2206	0,2470	0,2767	0,3101	0,3477	0,3901	0,4380	0,4919		24
0,1460	0,1640	0,1842	0,2071	0,2330	0,2622	0,2953	0,3327	0,3751	0,4231	0,4776		25
0,1352	0,1525	0,1722	0,1945	0,2198	0,2486	0,2812	0,3184	0,3607	0,4088	0,4637		26
0,1252	0,1419	0,1609	0,1826	0,2074	0,2356	0,2678	0,3047	0,3468	0,3950	0,4502		27
0,1159	0,1320	0,1504	0,1715	0,1956	0,2233	0,2551	0,2916	0,3335	0,3817	0,4371		28
0,1073	0,1228	0,1406	0,1610	0,1846	0,2117	0,2429	0,2790	0,3207	0,3687	0,4243		29
0,0994	0,1142	0,1314	0,1512	0,1741	0,2006	0,2314	0,2670	0,3083	0,3563	0,4120		30
0,0920	0,1063	0,1228	0,1420	0,1643	0,1902	0,2204	0,2555	0,2965	0,3442	0,4000		31
0,0852	0,0988	0,1147	0,1333	0,1550	0,1803	0,2099	0,2445	0,2851	0,3326	0,3883		32
0,0789	0,0919	0,1072	0,1252	0,1462	0,1709	0,1999	0,2340	0,2741	0,3213	0,3770		33
0,0730	0,0855	0,1002	0,1175	0,1379	0,1620	0,1904	0,2239	0,2636	0,3105	0,3660		34
0,0676	0,0796	0,0937	0,1103	0,1301	0,1535	0,1813	0,2143	0,2534	0,3000	0,3554		35

Anh. I. Anlagen zum Bewertungsgesetz

Restlaufzeit des Erbbaurechts bzw. des Nutzungsrechts (in Jahren)	Zinssatz									
	3 %	3,5 %	4 %	4,5 %	5 %	5,5 %	6 %	6,5 %	7 %	7,5 %	8 %
36	0,3450	0,2898	0,2437	0,2050	0,1727	0,1455	0,1227	0,1036	0,0875	0,0740	0,0626
37	0,3350	0,2800	0,2343	0,1962	0,1644	0,1379	0,1158	0,0973	0,0818	0,0688	0,0580
38	0,3252	0,2706	0,2253	0,1878	0,1566	0,1307	0,1092	0,0914	0,0765	0,0640	0,0537
39	0,3158	0,2614	0,2166	0,1797	0,1491	0,1239	0,1031	0,0858	0,0715	0,0596	0,0497
40	0,3066	0,2526	0,2083	0,1719	0,1420	0,1175	0,0972	0,0805	0,0668	0,0554	0,0460
41	0,2976	0,2440	0,2003	0,1645	0,1353	0,1113	0,0917	0,0756	0,0624	0,0516	0,0426
42	0,2890	0,2358	0,1926	0,1574	0,1288	0,1055	0,0865	0,0710	0,0583	0,0480	0,0395
43	0,2805	0,2278	0,1852	0,1507	0,1227	0,1000	0,0816	0,0667	0,0545	0,0446	0,0365
44	0,2724	0,2201	0,1780	0,1442	0,1169	0,0948	0,0770	0,0626	0,0509	0,0415	0,0338
45	0,2644	0,2127	0,1712	0,1380	0,1113	0,0899	0,0727	0,0588	0,0476	0,0386	0,0313
46	0,2567	0,2055	0,1646	0,1320	0,1060	0,0852	0,0685	0,0552	0,0445	0,0359	0,0290
47	0,2493	0,1985	0,1583	0,1263	0,1009	0,0807	0,0647	0,0518	0,0416	0,0334	0,0269
48	0,2420	0,1918	0,1522	0,1209	0,0961	0,0765	0,0610	0,0487	0,0389	0,0311	0,0249
49	0,2350	0,1853	0,1463	0,1157	0,0916	0,0725	0,0575	0,0457	0,0363	0,0289	0,0230
50	0,2281	0,1791	0,1407	0,1107	0,0872	0,0688	0,0543	0,0429	0,0339	0,0269	0,0213
51	0,2215	0,1730	0,1353	0,1059	0,0831	0,0652	0,0512	0,0403	0,0317	0,0250	0,0197
52	0,2150	0,1671	0,1301	0,1014	0,0791	0,0618	0,0483	0,0378	0,0297	0,0233	0,0183
53	0,2088	0,1615	0,1251	0,0970	0,0753	0,0586	0,0456	0,0355	0,0277	0,0216	0,0169

Anlage 26 Abzinsungsfaktoren **Anh.**

0,2027	0,1560	0,1203	0,0928	0,0717	0,0555	0,0430	0,0334	0,0259	0,0201	0,0157	54
0,1968	0,1508	0,1157	0,0888	0,0683	0,0526	0,0406	0,0313	0,0242	0,0187	0,0145	55
0,1910	0,1457	0,1112	0,0850	0,0651	0,0499	0,0383	0,0294	0,0226	0,0174	0,0134	56
0,1855	0,1407	0,1069	0,0814	0,0620	0,0473	0,0361	0,0276	0,0211	0,0162	0,0124	57
0,1801	0,1360	0,1028	0,0778	0,0590	0,0448	0,0341	0,0259	0,0198	0,0151	0,0115	58
0,1748	0,1314	0,0989	0,0745	0,0562	0,0425	0,0321	0,0243	0,0185	0,0140	0,0107	59
0,1697	0,1269	0,0951	0,0713	0,0535	0,0403	0,0303	0,0229	0,0173	0,0130	0,0099	60
0,1648	0,1226	0,0914	0,0682	0,0510	0,0382	0,0286	0,0215	0,0161	0,0121	0,0091	61
0,1600	0,1185	0,0879	0,0653	0,0486	0,0362	0,0270	0,0202	0,0151	0,0113	0,0085	62
0,1553	0,1145	0,0845	0,0625	0,0462	0,0343	0,0255	0,0189	0,0141	0,0105	0,0078	63
0,1508	0,1106	0,0813	0,0598	0,0440	0,0325	0,0240	0,0178	0,0132	0,0098	0,0073	64
0,1464	0,1069	0,0781	0,0572	0,0419	0,0308	0,0227	0,0167	0,0123	0,0091	0,0067	65
0,1421	0,1033	0,0751	0,0547	0,0399	0,0292	0,0214	0,0157	0,0115	0,0085	0,0062	66
0,1380	0,0998	0,0722	0,0524	0,0380	0,0277	0,0202	0,0147	0,0107	0,0079	0,0058	67
0,1340	0,0964	0,0695	0,0501	0,0362	0,0262	0,0190	0,0138	0,0100	0,0073	0,0053	68
0,1301	0,0931	0,0668	0,0480	0,0345	0,0249	0,0179	0,0130	0,0094	0,0068	0,0049	69
0,1263	0,0900	0,0642	0,0459	0,0329	0,0236	0,0169	0,0122	0,0088	0,0063	0,0046	70
0,1226	0,0869	0,0617	0,0439	0,0313	0,0223	0,0160	0,0114	0,0082	0,0059	0,0042	71
0,1190	0,0840	0,0594	0,0420	0,0298	0,0212	0,0151	0,0107	0,0077	0,0055	0,0039	72
0,1156	0,0812	0,0571	0,0402	0,0284	0,0201	0,0142	0,0101	0,0072	0,0051	0,0036	73
0,1122	0,0784	0,0549	0,0385	0,0270	0,0190	0,0134	0,0095	0,0067	0,0047	0,0034	74
0,1089	0,0758	0,0528	0,0368	0,0258	0,0180	0,0126	0,0089	0,0063	0,0044	0,0031	75

Anh. I. Anlagen zum Bewertungsgesetz

Restlaufzeit des Erbbaurechts bzw. des Nutzungsrechts (in Jahren)	Zinssatz										
	3 %	3,5 %	4 %	4,5 %	5 %	5,5 %	6 %	6,5 %	7 %	7,5 %	8 %
76	0,1058	0,0732	0,0508	0,0353	0,0245	0,0171	0,0119	0,0083	0,0058	0,0041	0,0029
77	0,1027	0,0707	0,0488	0,0337	0,0234	0,0162	0,0113	0,0078	0,0055	0,0038	0,0027
78	0,0997	0,0683	0,0469	0,0323	0,0222	0,0154	0,0106	0,0074	0,0051	0,0035	0,0025
79	0,0968	0,0660	0,0451	0,0309	0,0212	0,0146	0,0100	0,0069	0,0048	0,0033	0,0023
80	0,0940	0,0638	0,0434	0,0296	0,0202	0,0138	0,0095	0,0065	0,0045	0,0031	0,0021
81	0,0912	0,0616	0,0417	0,0283	0,0192	0,0131	0,0089	0,0061	0,0042	0,0029	0,0020
82	0,0886	0,0596	0,0401	0,0271	0,0183	0,0124	0,0084	0,0057	0,0039	0,0027	0,0018
83	0,0860	0,0575	0,0386	0,0259	0,0174	0,0118	0,0079	0,0054	0,0036	0,0025	0,0017
84	0,0835	0,0556	0,0371	0,0248	0,0166	0,0111	0,0075	0,0050	0,0034	0,0023	0,0016
85	0,0811	0,0537	0,0357	0,0237	0,0158	0,0106	0,0071	0,0047	0,0032	0,0021	0,0014
86	0,0787	0,0519	0,0343	0,0227	0,0151	0,0100	0,0067	0,0044	0,0030	0,0020	0,0013
87	0,0764	0,0501	0,0330	0,0217	0,0143	0,0095	0,0063	0,0042	0,0028	0,0019	0,0012
88	0,0742	0,0484	0,0317	0,0208	0,0137	0,0090	0,0059	0,0039	0,0026	0,0017	0,0011
89	0,0720	0,0468	0,0305	0,0199	0,0130	0,0085	0,0056	0,0037	0,0024	0,0016	0,0011
90	0,0699	0,0452	0,0293	0,0190	0,0124	0,0081	0,0053	0,0035	0,0023	0,0015	0,0010
91	0,0679	0,0437	0,0282	0,0182	0,0118	0,0077	0,0050	0,0032	0,0021	0,0014	0,0009
92	0,0659	0,0422	0,0271	0,0174	0,0112	0,0073	0,0047	0,0030	0,0020	0,0013	0,0008
93	0,0640	0,0408	0,0261	0,0167	0,0107	0,0069	0,0044	0,0029	0,0019	0,0012	0,0008

Anlage 26 Abzinsungsfaktoren

94	0,0621	0,0394	0,0251	0,0160	0,0102	0,0065	0,0042	0,0027	0,0017	0,0011	0,0007
95	0,0603	0,0381	0,0241	0,0153	0,0097	0,0062	0,0039	0,0025	0,0016	0,0010	0,0007
96	0,0586	0,0368	0,0232	0,0146	0,0092	0,0059	0,0037	0,0024	0,0015	0,0010	0,0006
97	0,0569	0,0355	0,0223	0,0140	0,0088	0,0056	0,0035	0,0022	0,0014	0,0009	0,0006
98	0,0552	0,0343	0,0214	0,0134	0,0084	0,0053	0,0033	0,0021	0,0013	0,0008	0,0005
99	0,0536	0,0332	0,0206	0,0128	0,0080	0,0050	0,0031	0,0020	0,0012	0,0008	0,0005
100	0,0520	0,0321	0,0198	0,0123	0,0076	0,0047	0,0029	0,0018	0,0012	0,0007	0,0005

In den Fällen anderer Zinssätze der Gutachterausschüsse ist der Abzinsungsfaktor nach folgender Formel zu bilden:

q = Zinsfaktor = $1 + p : 100$
p = Zinssatz
n = Restlaufzeit

$$\text{Abzinsungsfaktor} = \frac{1}{q^n}$$

II. Anlagen zu den BewR Gr

Allgemeine Verwaltungsvorschrift über die Richtlinien zur
Bewertung des Grundvermögens
Vom 19. September 1966
(BAnz. Nr. 183, Beilage;
BStBl. I S. 890)

Anlagen 1 bis 8 zu den BewR Gr:
Vervielfältigertabellen nach der Gemeindegröße

Anlage 1 zu den BewR Gr:
Gemeindegröße: bis 2000 Einwohner

Baujahrgruppe	Vervielfältiger für					
	Einfamilienhäuser	Zweifamilienhäuser	Mietwohngrundstücke	gemischtgenutzte Grundstücke		Geschäftsgrundstücke
				bis zu 50 vH gewerblicher Anteil	über 50 vH	
A. bei Massivbauten mit Mauerwerk aus Ziegelsteinen, Natursteinen, Kalksandsteinen, Schwemmsteinen oder ähnlichen Steinen sowie bei Stahl- und Stahlbetonskelettbauten außer bei solchen Bauten, die unter B fallen						
Altbauten						
vor 1895	9,5	8,6	7,2	7,6	7,6	7,8
1895 bis 1899	9,8	8,8	7,4	7,8	7,8	8,0
1900 bis 1904	10,3	9,3	7,8	8,2	8,2	8,3
1905 bis 1915	11,0	9,8	8,3	8,7	8,6	8,7
1916 bis 31.3.1924	11,6	10,3	8,7	9,1	9,0	9,0
Neubauten						
1.4.1924 bis 31.12.1934	13,1	11,6	9,8	10,2	9,7	9,4
1.1.1935 bis 20.6.1948	13,5	11,9	10,2	10,5	10,0	9,6
Nachkriegsbauten						
nach dem 20.6.1948	13,0	11,4	9,8	9,9	9,6	9,4
B. bei Holzfachwerkbauten mit Ziegelsteinausmauerung, Gebäuden aus großformatigen Bimsbetonplatten oder ähnlichen Platten sowie bei anderen eingeschossigen massiven Gebäuden in leichter Bauausführung						
Altbauten						
vor 1908	8,7	7,9	6,6	7,0	7,0	7,3
1908 bis 1915	9,1	8,3	6,9	7,3	7,3	7,6
1916 bis 31.3.1924	10,2	9,1	7,7	8,1	8,1	8,2
Neubauten						
1.4.1924 bis 31.12.1934	11,9	10,6	9,0	9,3	9,0	8,8
1.1.1935 bis 20.6.1948	12,7	11,2	9,6	9,9	9,5	9,2
Nachkriegsbauten						
nach dem 20.6.1948	12,5	11,0	9,5	9,6	9,3	9,1

Anlage 1 Vervielfältigertabellen Anh.

C. bei Holzfachwerkbauten mit Lehmausfachung und besonders haltbaren Holzbauten mit massiven Fundamenten							
Altbauten vor dem 1.4.1924	7,7	7,0	5,7	6,1	6,2	6,6
Neubauten 1.4.1924 bis 31.12.1934 1.1.1935 bis 20.6.1948	9,6 11,1	8,7 10,0	7,3 8,5	7,7 8,8	7,4 8,5	7,5 8,4
Nachkriegsbauten nach dem 20.6.1948	11,5	10,2	8,9	9,0	8,8	8,7
A, B und C	Multiplikator für Bodenwertanteil in Sonderfällen					
Altbauten und Neubauten Nachkriegsbauten	2,5 1,11	2,22 1,0	1,0 0,91	0,91 0,83	0,83 0,77	1,54 1,43

Anh. II. Anlagen zu den BewR Gr

Anlage 2 zu den BewR Gr:
Gemeindegröße: über 2000 bis 5000 Einwohner

28

Baujahrgruppe	Vervielfältiger für					
	Einfa-milien-häuser	Zweifa-milien-häuser	Miet-wohn-grund-stücke	gemischtgenutzte Grundstücke bis zu 50 vH / über 50 vH gewerblicher Anteil		Ge-schäfts-grund-stücke
A. bei Massivbauten mit Mauerwerk aus Ziegelsteinen, Natursteinen, Kalksandsteinen, Schwemmsteinen oder ähnlichen Steinen sowie bei Stahl- und Stahlbetonskelettbauten außer bei solchen Bauten, die unter B fallen						
Altbauten						
vor 1895	9,0	8,1	6,9	7,3	7,2	7,5
1895 bis 1899	9,3	8,4	7,1	7,6	7,4	7,7
1900 bis 1904	9,8	8,8	7,5	7,9	7,8	7,9
1905 bis 1915	10,4	9,3	7,9	8,4	8,2	8,3
1916 bis 31.3.1924	11,0	9,7	8,4	8,8	8,6	8,6
Neubauten						
1.4.1924 bis 31.12.1934	12,4	11,0	9,5	9,6	9,1	9,0
1.1.1935 bis 20.6.1948	12,9	11,3	9,8	9,8	9,4	9,2
Nachkriegsbauten						
nach dem 20.6.1948	12,4	11,0	9,7	9,6	9,3	9,2
B. bei Holzfachwerkbauten mit Ziegelsteinausmauerung, Gebäuden aus großformatigen Bimsbetonplatten oder ähnlichen Platten sowie bei anderen eingeschossigen massiven Gebäuden in leichter Bauausführung						
Altbauten						
vor 1908	8,3	7,5	6,3	6,7	6,7	7,0
1908 bis 1915	8,7	7,8	6,6	7,0	7,0	7,2
1916 bis 31.3.1924	9,6	8,6	7,4	7,8	7,7	7,8
Neubauten						
1.4.1924 bis 31.12.1934	11,3	10,1	8,7	8,8	8,4	8,4
1.1.1935 bis 20.6.1948	12,1	10,7	9,3	9,3	8,9	8,8
Nachkriegsbauten						
nach dem 20.6.1948	11,9	10,6	9,4	9,3	9,0	9,0
C. bei Holzfachwerkbauten mit Lehmausfachung und besonders haltbaren Holzbauten mit massiven Fundamenten						
Altbauten						
vor dem 1.4.1924	7,3	6,7	5,5	5,9	5,9	6,3
Neubauten						
1.4.1924 bis 31.12.1934	9,1	8,3	7,0	7,2	7,0	7,2
1.1.1935 bis 20.6.1948	10,6	9,5	8,2	8,3	8,0	8,0
Nachkriegsbauten						
nach dem 20.6.1948	10,9	9,8	8,7	8,7	8,5	8,6
A, B und C	Multiplikator für Bodenwertanteil in Sonderfällen					
Altbauten und Neubauten	2,5	2,22	1,0	0,91	0,83	1,54
Nachkriegsbauten	1,11	1,0	0,91	0,83	0,77	1,43

774

Anlage 3 Vervielfältigertabellen Anh.

Anlage 3 zu den BewR Gr:
Gemeindegröße: über 5000 bis 10 000 Einwohner

Baujahrgruppe	Vervielfältiger für					
	Einfa-milien-häuser	Zweifa-milien-häuser	Miet-wohn-grund-stücke	gemischtgenutzte Grundstücke bis zu 50 vH gewerblicher Anteil	über 50 vH	Ge-schäfts-grund-stücke
A. bei Massivbauten mit Mauerwerk aus Ziegelsteinen, Natursteinen, Kalksandsteinen, Schwemmsteinen oder ähnlichen Steinen sowie bei Stahl- und Stahlbetonskelettbauten außer bei solchen Bauten, die unter B fallen						
Altbauten						
vor 1895	7,7	6,9	5,8	6,4	6,4	6,7
1895 bis 1899	7,9	7,1	6,0	6,6	6,6	6,9
1900 bis 1904	8,3	7,4	6,2	6,9	6,8	7,1
1905 bis 1915	8,7	7,8	6,6	7,2	7,1	7,4
1916 bis 31.3.1924	9,1	8,2	6,9	7,6	7,4	7,7
Neubauten						
1.4.1924 bis 31.12.1934	10,6	9,5	8,3	8,4	8,0	8,0
1.1.1935 bis 20.6.1948	10,9	9,7	8,6	8,6	8,2	8,1
Nachkriegsbauten						
nach dem 20.6.1948	12,0	10,6	9,5	9,2	8,9	9,0
B. bei Holzfachwerkbauten mit Ziegelsteinausmauerung, Gebäuden aus großformatigen Bimsbetonplatten oder ähnlichen Platten sowie bei anderen eingeschossigen massiven Gebäuden in leichter Bauausführung						
Altbauten						
vor 1908	7,1	6,4	5,3	5,9	6,0	6,3
1908 bis 1915	7,4	6,7	5,6	6,2	6,2	6,5
1916 bis 31.3.1924	8,1	7,3	6,1	6,8	6,7	7,0
Neubauten						
1.4.1924 bis 31.12.1934	9,7	8,7	7,7	7,7	7,5	7,5
1.1.1935 bis 20.6.1948	10,3	9,2	8,2	8,2	7,8	7,8
Nachkriegsbauten						
nach dem 20.6.1948	11,5	10,2	9,2	9,0	8,6	8,7
C. bei Holzfachwerkbauten mit Lehmausfachung und besonders haltbaren Holzbauten mit massiven Fundamenten						
Altbauten						
vor dem 1.4.1924	6,3	5,8	4,7	5,2	5,5	5,7
Neubauten						
1.4.1924 bis 31.12.1934	8,0	7,3	6,4	6,4	6,4	6,5
1.1.1935 bis 20.6.1948	9,2	8,3	7,3	7,3	7,2	7,2
Nachkriegsbauten						
nach dem 20.6.1948	10,6	9,5	8,6	8,4	8,1	8,3
A, B und C	Multiplikator für Bodenwertanteil in Sonderfällen					
Altbauten und Neubauten	2,22	2,0	0,91	0,83	1,54	1,43
Nachkriegsbauten	1,11	1,0	0,91	0,83	0,77	1,43

Anh. II. Anlagen zu den BewR Gr

Anlage 4 zu den BewR Gr:
Gemeindegröße: über 10 000 bis 50 000 Einwohner

Baujahrgruppe	Vervielfältiger für					
	Einfa-milien-häuser	Zweifa-milien-häuser	Miet-wohn-grund-stücke	gemischtgenutzte Grundstücke		Ge-schäfts-grund-stücke
				bis zu 50 vH	über 50 vH	
				gewerblicher Anteil		
A. bei Massivbauten mit Mauerwerk aus Ziegelsteinen, Natursteinen, Kalksandsteinen, Schwemmsteinen oder ähnlichen Steinen sowie bei Stahl- und Stahlbetonskelettbauten außer bei solchen Bauten, die unter B fallen							
Altbauten						
vor 1895	7,4	6,7	5,8	6,4	6,6	6,9
1895 bis 1899	7,6	6,9	5,9	6,5	6,8	7,0
1900 bis 1904	7,9	7,1	6,2	6,8	7,0	7,2
1905 bis 1915	8,4	7,5	6,5	7,1	7,2	7,5
1916 bis 31.3.1924	8,8	7,8	6,7	7,4	7,5	7,8
Neubauten						
1.4.1924 bis 31.12.1934	10,2	9,1	8,2	8,1	8,1	8,0
1.1.1935 bis 20.6.1948	10,5	9,3	8,4	8,3	8,3	8,2
Nachkriegsbauten						
nach dem 20.6.1948	11,8	10,5	9,2	9,1	8,9	9,0
B. bei Holzfachwerkbauten mit Ziegelsteinausmauerung, Gebäuden aus großformatigen Bimsbetonplatten oder ähnlichen Platten sowie bei anderen eingeschossigen massiven Gebäuden in leichter Bauausführung							
Altbauten						
vor 1908	6,8	6,2	5,4	6,0	6,3	6,5
1908 bis 1915	7,1	6,4	5,6	6,2	6,5	6,7
1916 bis 31.3.1924	7,8	7,0	6,1	6,7	6,9	7,2
Neubauten						
1.4.1924 bis 31.12.1934	9,4	8,4	7,6	7,6	7,6	7,6
1.1.1935 bis 20.6.1948	9,9	8,9	8,0	8,0	7,9	7,9
Nachkriegsbauten						
nach dem 20.6.1948	11,4	10,1	8,9	8,9	8,7	8,8
C. bei Holzfachwerkbauten mit Lehmausfachung und besonders haltbaren Holzbauten mit massiven Fundamenten							
Altbauten						
vor dem 1.4.1924	6,1	5,6	4,9	5,4	5,8	6,0
Neubauten						
1.4.1924 bis 31.12.1934	7,7	7,0	6,4	6,5	6,7	7,3
1.1.1935 bis 20.6.1948	8,9	8,0	7,2	7,3	7,3	7,3
Nachkriegsbauten						
nach dem 20.6.1948	10,6	9,5	8,3	8,4	8,2	8,4
A, B und C	Multiplikator für Bodenwertanteil in Sonderfällen					
Altbauten und Neubauten	2,22	2,0	1,82	1,67	2,31	2,14
Nachkriegsbauten	2,22	2,0	0,91	1,67	1,54	2,14

Anlage 5 Vervielfältigertabellen

Anlage 5 zu den BewR Gr:
Gemeindegröße: über 50 000 bis 100 000 Einwohner

Baujahrgruppe	Vervielfältiger für					
	Einfa- milien- häuser	Zweifa- milien- häuser	Miet- wohn- grund- stücke	gemischtgenutzte Grundstücke		Ge- schäfts- grund- stücke
				bis zu 50 vH gewerblicher Anteil	über 50 vH gewerblicher Anteil	
A. bei Massivbauten mit Mauerwerk aus Ziegelsteinen, Natursteinen, Kalksandsteinen, Schwemmsteinen oder ähnlichen Steinen sowie bei Stahl- und Stahlbetonskelettbauten außer bei solchen Bauten, die unter B fallen						
Altbauten						
vor 1895	7,8	7,0	5,7	6,1	6,4	6,8
1895 bis 1899	8,0	7,1	5,8	6,3	6,5	7,0
1900 bis 1904	8,2	7,4	6,0	6,5	6,7	7,1
1905 bis 1915	8,6	7,7	6,3	6,8	7,0	7,4
1916 bis 31.3.1924	8,9	8,0	6,5	7,1	7,2	7,6
Neubauten						
1.4.1924 bis 31.12.1934	10,2	9,0	8,0	8,0	7,9	8,0
1.1.1935 bis 20.6.1948	10,4	9,2	8,2	8,2	8,1	8,1
Nachkriegsbauten						
nach dem 20.6.1948	11,8	10,5	9,0	9,0	8,7	8,9
B. bei Holzfachwerkbauten mit Ziegelsteinausmauerung, Gebäuden aus großformatigen Bimsbetonplatten oder ähnlichen Platten sowie bei anderen eingeschossigen massiven Gebäuden in leichter Bauausführung						
Altbauten						
vor 1908	7,3	6,6	5,3	5,7	6,1	6,5
1908 bis 1915	7,6	6,8	5,5	5,9	6,2	6,7
1916 bis 31.3.1924	8,1	7,3	6,0	6,4	6,7	7,1
Neubauten						
1.4.1924 bis 31.12.1934	9,4	8,5	7,5	7,5	7,5	7,6
1.1.1935 bis 20.6.1948	9,9	8,8	7,8	7,8	7,8	7,8
Nachkriegsbauten						
nach dem 20.6.1948	11,4	10,1	8,7	8,7	8,5	8,7
C. bei Holzfachwerkbauten mit Lehmausfachung und besonders haltbaren Holzbauten mit massiven Fundamenten						
Altbauten						
vor dem 1.4.1924	6,7	6,1	4,8	6,2	5,6	6,1
Neubauten						
1.4.1924 bis 31.12.1934	8,0	7,3	6,3	6,4	6,5	6,8
1.1.1935 bis 20.6.1948	9,0	8,1	7,1	7,1	7,2	7,3
Nachkriegsbauten						
nach dem 20.6.1948	10,6	9,5	8,1	8,2	8,1	8,3
A, B und C	Multiplikator für Bodenwertanteil in Sonderfällen					
Altbauten und Neubauten	3,33	3,0	1,82	1,67	2,31	2,86
Nachkriegsbauten	2,22	2,0	0,91	1,67	1,54	2,14

Anh. II. Anlagen zu den BewR Gr

Anlage 6 zu den BewR Gr:
Gemeindegröße: über 100 000 bis 200 000 Einwohner

32 Baujahrgruppe

	Einfamilienhäuser	Zweifamilienhäuser	Mietwohngrundstücke	gemischtgenutzte Grundstücke bis zu 50 vH gewerblicher Anteil	gemischtgenutzte Grundstücke über 50 vH gewerblicher Anteil	Geschäftsgrundstücke
A. bei Massivbauten mit Mauerwerk aus Ziegelsteinen, Natursteinen, Kalksandsteinen, Schwemmsteinen oder ähnlichen Steinen sowie bei Stahl- und Stahlbetonskelettbauten außer bei solchen Bauten, die unter B fallen						
Altbauten						
vor 1895	7,8	6,8	5,5	6,0	6,4	6,8
1895 bis 1899	8,0	7,0	5,7	6,2	6,5	7,0
1900 bis 1904	8,2	7,2	5,9	6,4	6,7	7,1
1905 bis 1915	8,6	7,5	6,2	6,7	7,0	7,4
1916 bis 31.3.1924	8,9	7,8	6,4	6,9	7,2	7,6
Neubauten						
1.4.1924 bis 31.12.1934	10,2	9,0	7,8	7,8	7,9	8,0
1.1.1935 bis 20.6.1948	10,4	9,2	8,0	8,0	8,1	8,1
Nachkriegsbauten						
nach dem 20.6.1948	11,8	10,5	9,0	9,0	8,8	8,9
B. bei Holzfachwerkbauten mit Ziegelsteinausmauerung, Gebäuden aus großformatigen Bimsbetonplatten oder ähnlichen Platten sowie bei anderen eingeschossigen massiven Gebäuden in leichter Bauausführung						
Altbauten						
vor 1908	7,3	6,5	5,2	5,6	6,1	6,5
1908 bis 1915	7,6	6,7	5,4	5,8	6,2	6,7
1916 bis 31.3.1924	8,1	7,1	5,8	6,3	6,7	7,1
Neubauten						
1.4.1924 bis 31.12.1934	9,4	8,5	7,3	7,3	7,5	7,6
1.1.1935 bis 20.6.1948	9,9	8,8	7,7	7,7	7,8	7,8
Nachkriegsbauten						
nach dem 20.6.1948	11,4	10,1	8,7	8,7	8,6	8,7
C. bei Holzfachwerkbauten mit Lehmausfachung und besonders haltbaren Holzbauten mit massiven Fundamenten						
Altbauten						
vor dem 1.4.1924	6,7	6,0	4,7	5,1	5,6	6,1
Neubauten						
1.4.1924 bis 31.12.1934	8,0	7,3	6,2	6,3	6,5	6,8
1.1.1935 bis 20.6.1948	9,0	8,1	7,0	7,0	7,2	7,3
Nachkriegsbauten						
nach dem 20.6.1948	10,6	9,5	8,1	8,2	8,2	8,3
A, B und C	Multiplikator für Bodenwertanteil in Sonderfällen					
Altbauten und Neubauten	3,33	3,0	1,82	1,67	2,31	2,86
Nachkriegsbauten	2,22	2,0	0,91	1,67	2,31	2,14

Anlage 7 Vervielfältigertabellen Anh.

Anlage 7 zu den BewR Gr:
Gemeindegröße: über 200 000 bis 500 000 Einwohner

Baujahrgruppe	Vervielfältiger für					
	Einfa-milien-häuser	Zweifa-milien-häuser	Miet-wohn-grund-stücke	gemischtgenutzte Grundstücke bis zu 50 vH gewerblicher Anteil	über 50 vH	Ge-schäfts-grund-stücke
A. bei Massivbauten mit Mauerwerk aus Ziegelsteinen, Natursteinen, Kalksandsteinen, Schwemmsteinen oder ähnlichen Steinen sowie bei Stahl- und Stahlbetonskelettbauten außer bei solchen Bauten, die unter B fallen					
Altbauten						
vor 1895	7,8	6,8	5,4	5,9	6,4	6,8
1895 bis 1899	8,0	7,0	5,5	6,0	6,5	7,0
1900 bis 1904	8,2	7,2	5,7	6,3	6,7	7,1
1905 bis 1915	8,6	7,5	6,0	6,5	7,0	7,4
1916 bis 31.3.1924	8,9	7,8	6,2	6,8	7,2	7,6
Neubauten						
1.4.1924 bis 31.12.1934	10,2	9,0	7,7	7,7	7,9	8,0
1.1.1935 bis 20.6.1948	10,4	9,2	7,9	7,9	8,1	8,1
Nachkriegsbauten						
nach dem 20.6.1948	11,8	10,5	9,0	9,0	8,8	8,9
B. bei Holzfachwerkbauten mit Ziegelsteinausmauerung, Gebäuden aus großformatigen Bimsbetonplatten oder ähnlichen Platten sowie bei anderen eingeschossigen massiven Gebäuden in leichter Bauausführung					
Altbauten						
vor 1908	7,3	6,5	5,1	5,5	6,1	6,5
1908 bis 1915	7,6	6,7	5,3	5,7	6,2	6,7
1916 bis 31.3.1924	8,1	7,1	5,7	6,2	6,7	7,1
Neubauten						
1.4.1924 bis 31.12.1934	9,4	8,5	7,2	7,2	7,5	7,6
1.1.1935 bis 20.6.1948	9,9	8,8	7,5	7,5	7,8	7,8
Nachkriegsbauten						
nach dem 20.6.1948	11,4	10,1	8,7	8,7	8,6	8,7
C. bei Holzfachwerkbauten mit Lehmausfachung und besonders haltbaren Holzbauten mit massiven Fundamenten					
Altbauten						
vor dem 1.4.1924	6,7	6,0	4,6	5,0	5,6	6,1
Neubauten						
1.4.1924 bis 31.12.1934	8,0	7,3	6,1	6,1	6,5	6,8
1.1.1935 bis 20.6.1948	9,0	8,1	6,8	6,9	7,2	7,3
Nachkriegsbauten						
nach dem 20.6.1948	10,6	9,5	8,1	8,2	8,2	8,4
A, B und C	Multiplikator für Bodenwertanteil in Sonderfällen				
Altbauten und Neubauten	3,33	3,0	1,82	1,67	2,31	2,86
Nachkriegsbauten	2,22	2,0	0,91	1,67	2,31	2,86

Anh. II. Anlagen zu den BewR Gr

Anlage 8 zu den BewR Gr:
Gemeindegröße: über 500 000 Einwohner

34 Baujahrgruppe

	Vervielfältiger für					
	Einfamilienhäuser	Zweifamilienhäuser	Mietwohngrundstücke	gemischtgenutzte Grundstücke		Geschäftsgrundstücke
				bis zu 50 vH gewerblicher Anteil	über 50 vH	

A. bei Massivbauten mit Mauerwerk aus Ziegelsteinen, Natursteinen, Kalksandsteinen, Schwemmsteinen oder ähnlichen Steinen sowie bei Stahl- und Stahlbetonskelettbauten außer bei solchen Bauten, die unter B fallen

Altbauten						
vor 1895	7,8	6,8	5,3	6,1	6,4	6,8
1895 bis 1899	8,0	7,0	5,4	6,3	6,5	7,0
1900 bis 1904	8,2	7,2	5,6	6,4	6,7	7,1
1905 bis 1915	8,6	7,5	5,8	6,7	7,0	7,4
1916 bis 31.3.1924	8,9	7,8	6,1	6,9	7,2	7,6
Neubauten						
1.4.1924 bis 31.12.1934	10,2	9,0	7,5	7,8	7,9	8,0
1.1.1935 bis 20.6.1948	10,4	9,2	7,7	7,9	8,1	8,1
Nachkriegsbauten						
nach dem 20.6.1948	11,9	10,5	9,1	9,0	8,8	8,9

B. bei Holzfachwerkbauten mit Ziegelsteinausmauerung, Gebäuden aus großformatigen Bimsbetonplatten oder ähnlichen Platten sowie bei anderen eingeschossigen massiven Gebäuden in leichter Bauausführung

Altbauten						
vor 1908	7,3	6,5	5,0	5,8	6,1	6,5
1908 bis 1915	7,6	6,7	5,1	6,0	6,2	6,7
1916 bis 31.3.1924	8,1	7,1	5,5	6,4	6,7	7,1
Neubauten						
1.4.1924 bis 31.12.1934	9,4	8,5	7,0	7,3	7,5	7,6
1.1.1935 bis 20.6.1948	9,9	8,8	7,4	7,6	7,8	7,8
Nachkriegsbauten						
nach dem 20.6.1948	11,5	10,2	8,8	8,8	8,6	8,7

C. bei Holzfachwerkbauten mit Lehmausfachung und besonders haltbaren Holzbauten mit massiven Fundamenten

Altbauten						
vor dem 1.4.1924	6,7	6,0	4,5	5,4	5,6	6,1
Neubauten						
1.4.1924 bis 31.12.1934	8,0	7,3	6,0	6,4	6,5	6,8
1.1.1935 bis 20.6.1948	9,0	8,1	6,7	7,1	7,2	7,3
Nachkriegsbauten						
nach dem 20.6.1948	10,8	9,7	8,3	8,4	8,2	8,4

A, B und C	Multiplikator für Bodenwertanteil in Sonderfällen					
Altbauten und Neubauten	3,33	3,0	1,82	2,49	2,31	2,86
Nachkriegsbauten	3,33	3,0	1,82	2,49	2,31	2,86

Anlage 9 zu den BewR Gr:
Tabelle zu § 82 Abs. 1 Nr. 3

Abschläge im Falle der Notwendigkeit baldigen Abbruchs des Gebäudes (§ 82 Abs. 1 Nr. 3 BewG) und im Falle der Verpflichtung zum Abbruch des Gebäudes (§ 92 Abs. 4, § 94 Abs. 3 Satz 3 BewG) in vH des Gebäudewerts

Baujahrgruppe	§ 82 Abs. 1 Nr. 3 BewG	§ 92 Abs. 4, § 94 Abs. 3 Satz 3 BewG				
	restliche Lebensdauer					
	bis 5 Jahre	6 bis 10 Jahre	11 bis 15 Jahre	16 bis 20 Jahre	21 bis 25 Jahre	26 bis 30 Jahre
1	2	3	4	5	6	7
A. bei Massivbauten mit Mauerwerk aus Ziegelsteinen, Natursteinen, Kalksandsteinen, Schwemmsteinen oder ähnlichen Steinen sowie bei Stahl- und Stahlbetonskelettbauten außer bei solchen Bauten, die unter B fallen						
Altbauten						
vor 1895	85	60	40	25	15	5
1895 bis 1899	85	60	40	30	20	10
1900 bis 1904	85	65	45	30	20	15
1905 bis 1915	90	65	50	35	25	20
1916 bis 31.3.1924	90	65	50	40	30	20
Neubauten						
1.4.1924 bis 31.12.1934	90	70	50	40	30	25
1.1.1935 bis 20.6.1948	90	70	55	40	35	25
Nachkriegsbauten						
nach dem 20.6.1948	90	70	55	45	35	30
B. bei Holzfachwerkbauten mit Ziegelsteinausmauerung, Gebäuden aus großformatigen Bimsbetonplatten oder ähnlichen Platten sowie bei anderen eingeschossigen massiven Gebäuden in leichter Bauausführung						
Altbauten						
vor 1908	85	55	35	15	5	–
1908 bis 1915	85	55	35	20	10	–
1916 bis 31.3.1924	85	60	45	30	20	10
Neubauten						
1.4.1924 bis 31.12.1934	90	65	50	35	25	20
1.1.1935 bis 20.6.1948	90	65	50	40	30	20
Nachkriegsbauten						
nach dem 20.6.1948	90	70	55	40	35	25
C. bei Holzfachwerkbauten mit Lehmausfachung und besonders haltbaren Holzbauten mit massiven Fundamenten						
Altbauten						
vor dem 1.4.1924	80	45	20	–	–	–
Neubauten						
1.4.1924 bis 31.12.1934	85	55	35	20	–	–
1.1.1935 bis 20.6.1948	85	60	45	30	20	10
Nachkriegsbauten						
nach dem 20.6.1948	90	65	50	35	30	20

Anh. II. Anlagen zu den BewR Gr

Anlage 9a zu den BewR Gr:
Tabelle zu § 92 Abs. 4 und § 94 Abs. 3 BewG

36 entspricht FinMin. Bayern v. 10.1.1968, S 3215 – 2/20 – 69889, abgedruckt bei § 92 Rz. 17.

Anlage 10 zu den BewR Gr
(zu Abschnitt 34 Abs. 2)
Darstellung der Ermittlung des Grundstückswerts im Sachwertverfahren

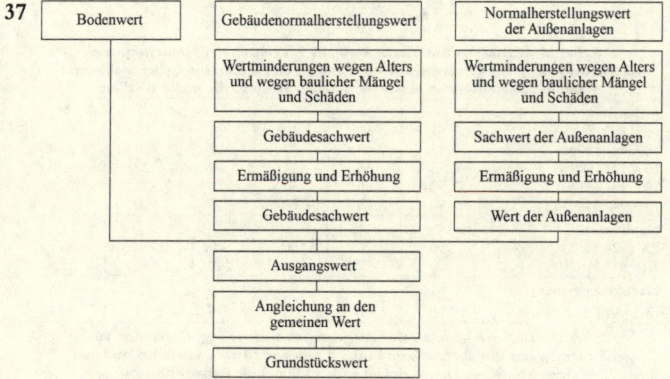

Anlagen 11 und 12 zu den BewR Gr
(zu Abschnitt 36 Abs. 1, 37 und 38)

38 *(hier nicht abgedruckt)*

Anlagen 13 bis 17 zu den BewR Gr: Tabellen zur Berechnung des Raummeterpreises

Anlage 13 zu den BewR Gr
(zu Abschnitt 38)

Merkmale für die Beurteilung der baulichen Ausstattung bei Gebäuden

Bau- und Gebäudeteil	Einfache Ausstattung	Mittlere Ausstattung	Gute Ausstattung	Sehr gute Ausstattung	Aufwendige Ausstattung
1	2	3	4	5	6
1. Fassadenausführung	Schwemmsteine, Plattenwände, Hintermauersteine oder Kalksandsteine gefügt; einfacher Putz. Holzfachwerk mit einfacher Ausfachung.	Einfacher Putz mit Fenster- und Türeinfassung; gefügte Vormauersteine. Holzfachwerk mit Klinkerausfachung.	Edelputz mit Fenster- und Türeinfassungen in Kunststein; Sockel mit Klinkerverblendung oder Waschputz. Holzfachwerk aus Lärche oder Eiche mit Klinkerausfachung.	Edelputz mit Fenster- und Türeinfassungen aus Naturstein; Keramikplatten; Kunststeinverkleidung; Glasverkleidung; Klinkerfassade aus holländischen oder bunten Klinkern.	Natursteinfassade; Spaltklinker oder Mosaik; Kupfer, Eloxal oder ähnl.
2. Dachausführung	Flaches Pappdach; einfaches Ziegeldach (Giebel- oder Pultdach); Asbestzementeindeckung.	Kleines Walmdach; Giebeldach mit größeren Dachausbauten; leichtes Massivflachdach mit Pappeindeckung.	Größeres Walmdach mit Dachausbauten; Oberlichte besonderer Ausführung; schweres Massivflachdach mit Pappeindeckung.	Sattel- oder Walmdach mit besonderen Dachausbauten; Schieferdachdeckung. Dicher mit besonderer Wärmeisolierung.	Flachdach mit Kupfer- oder Bleideckung und mit Wärmeisolierung
3. Deckenbehandlung	Einfacher Deckenputz; unverputzte Holzfaserplatten oder ähnliche Platten.	Decken, gerieben und gefilzt.	Deckenputz teilweise mit Stuck; schalldämmende Platten.	Bessere Stuckdecken; Deckenvertäfelung in 1 oder 2 Räumen; Decken mit indirekter Beleuchtung.	Beste Stuckarbeiten; Vertäfelungen in mehreren Räumen.

Bau- und Gebäudeteil	Einfache Ausstattung	Mittlere Ausstattung	Gute Ausstattung	Sehr gute Ausstattung	Aufwendige Ausstattung
1	2	3	4	5	6
4. Wandbehandlung	Kalk- oder Leimfarbenanstriche.	Ölfarbenanstriche; einfache Tapeten; Steinemaille; Wandplatten in geringem Ausmaß.	Gute Tapeten; Wandplatten aus Naturstein in geringem Ausmaß; Keramikplatten in reicherem Ausmaß; Holzvertäfelungen in einfachen Ausführungen.	Abwaschbare Tapeten; Vertäfelungen und Heizkörperverkleidungen aus Edelhölzern oder Rohrbespannungen; Stoffbespannungen; Natursteinplatten in größerem Ausmaß.	Beste Tapeten (Seidentapeten, Ledertapeten); Vertäfelungen und Heizkörperverkleidungen aus ausländischen Edelhölzern (Mahagoni und ähnl.); Wandbemalungen.
5. Fußböden	Dielen, Steinholz-, Asphalt-, Spachtel- oder ähnliche Böden.	Linoleum und PVC-Böden einfacher Art und Ausführung; Kleinparkett in einem Raum; Buchenparkett.	Linoleum besserer Qualität; teilweise Natursteinplatten; beste PVC-Böden; Kleinparkett I. Wahl in mehr. Räumen; Bespannungen (Bouclé, Haargarn und ähnl.).	Parkett in guter Ausführung, versiegelt; Veloursbespannungen in mehreren Räumen.	Parkett aus besten Hölzern, versiegelt; beste Bespannungen (Nylon, Perlon); Naturstein in mehreren Räumen.
6. Treppen	Einfache Treppen, Betontreppe mit PVC-Belag einfacher Art; einfache Geländer.	Massivtreppen mit Kunststeinbelag, Linoleumbelag oder gutem PVC-Belag; Hartholztreppen; einfache Geländer.	Massivtreppen mit Plattenbelag aus Qualitätskunststein oder aus Naturstein einfacher Qualität; bessere Geländer	Massivtreppen mit Natursteinauflage und besserem Geländer (zB schmiedeeisernes oder geschnitztes Geländer).	Marmortreppen und wertvolle Treppen mit künstlerisch gestaltetem Geländer.
7. Fenster	Einfache Fenster aus Holz oder Stahl mit einfacher Verglasung und einfachen Beschlägen.	Einfache Fenster aus Holz oder Stahl mit besseren Beschlägen; Rolläden oder Fensterländen; einfache Fens-	Doppelfenster mit einfacher Verglasung und besseren Beschlägen; Blumenfenster mit besserer Verglasung; Fens-	Verbundfenster mit Spiegelglas, Isolierglas; besondere Beschläge; Schiebefenster und dgl.; Blumenfenster mit	Besonders große teure Fenster mit bester Verglasung; versenkbare Fenster; eingebaute Markisen und dgl.; beste Blumen-

Anlage 13 Berechnung d. Raummeterpreises **Anh.**

Bau- und Gebäudeteil 1	Einfache Ausstattung 2	Mittlere Ausstattung 3	Gute Ausstattung 4	Sehr gute Ausstattung 5	Aufwendige Ausstattung 6
	Fensterbänke aus Asbestzement, Holz oder Beton.	terbänke (Holz- oder Kunststein).	terbänke aus Kunststein bzw. Klinker oder einfachem Naturstein; Rollläden.	Bleiverglasung; Fensterbänke aus deutschem Marmor bzw. ähnlichem Naturstein; Rollläden bzw. Markisen.	fenster mit Marmorfensterbänken oder ähnliche Fenster.
8. Türen	Einfache glatte Türen oder Füllungstüren mit einfachen Beschlägen.	Bessere glatte Türen oder Füllungstüren mit besseren Beschlägen.	Türen mit Glasfüllungen und guten Beschlägen; Schleiflacktüren; Türen mit Edelholz in geringem Ausmaß; Eingangstüren Eiche oder ähnl.	Türen aus Edelhölzern; Schleiflacktüren mit besten Beschlägen und Ornamentglas; Schiebetüren; Doppeltüren; Metalleingangstüren.	Edelholztüren; Türen in künstlerischer Form; Metalleingangstür in Bronze oder ähnl. Ausführung.
9. Elektroinstallation	Einfache Ausstattung, wenige Brennstellen, einfache Beleuchtungskörper.	Mehrere Brennstellen und Steckdosen; mittlere Beleuchtungskörper.	Mehrere Brennstellen, Lichtbänder und dgl.; gute Beleuchtungskörper.	Indirekte Beleuchtungskörper, Wandbeleuchtung und gute Beleuchtungskörper.	Aufwendige Ausstattung, beste Beleuchtungskörper.
10. Sanitäre Installation	Einfache und wenige sanitäre Einrichtungsgegenstände in Wasch- und Toilettenräumen.	Sanitäre Einrichtungsgegenstände in einfacher Ausführung, aber größerer Anzahl.	Wie vor, jedoch in besserer Ausführung und außer in Toiletten- und Waschräumen auch in anderen Räumen.	Beste Ausführung in Waschräumen, Bädern und Toiletten; in anderen Räumen größere Objekte.	Besonders reiche Ausstattung in bester Qualität.
11. Boden- und Wandfliesen	Geringfügig (Wand nur teilw.); Boden- und Wandplatten in einfacher Ausführung (Keramikplatten II.–III. Wahl).	Keramische Boden- und Wandplatten I.–II. Wahl in einigen Räumen.	Keramische Boden- und Wandplatten I. Wahl in mehreren Räumen; teilweise Naturstein-Bodenplatten.	In mehreren Räumen Mosaikbodenfliesen; Majolikawandplatten; inländische Natursteinplatten.	In mehreren Räumen japanisches Mosaik oder ausländische Natursteine (z. B. Marmor).

Bau- und Gebäudeteil	Einfache Ausstattung	Mittlere Ausstattung	Gute Ausstattung	Sehr gute Ausstattung	Aufwendige Ausstattung
1	2	3	4	5	6
12. Heizung	Öfen.	Warmluftheizung.	Warmwasserheizung mit festen Brennstoffen und einfacher Regelung.	Warmwasserheizung mit flüssigen Brennstoffen oder Gas bzw. Fernheizung; Thermostatregelung.	Klimaanlage.
13. Anteil der besonderen Räume (zB Empfangsräume, Direktionsräume, Sitzungszimmer, Gesellschaftszimmer und ähnliches)	Keine.	Geringe Anzahl.	Mehrere kleine Räume.	Kleine und größere Räume in größerer Anzahl.	Besonders große Anzahl.

Anlage 14 Berechnung d. Raummeterpreises **Anh.**

Anlage 14 zu den BewR Gr
(zu Abschnitt 38)
Gebäudeklasseneinteilung und Raummeterpreise 1958, umgerechnet auf den Hauptfeststellungszeitpunkt 1. Januar 1964, für Fabrikgrundstücke

Teil A. 40
Verwaltungsgebäude, Sozialgebäude, Laboratorien, Pförtnergebäude und Wohngebäude

Vorbemerkung

Teil A gilt nur für die in der Überschrift genannten Gebäude, wenn sie zur wirtschaftlichen Einheit eines Fabrikgrundstücks gehören. Laboratorien können auch den Gebäuden des Teils B der Gebäudeklasseneinteilung zugerechnet werden. Im allgemeinen werden Forschungslaboratorien unter Teil A und Betriebslaboratorien unter Teil B fallen.

In den Raummeterpreisen und Quadratmeterpreisen sind alle Bestandteile und das Zubehör des Gebäudes erfasst, soweit dafür keine besonderen Zuschläge zu machen sind.

Die Merkmale für die Beurteilung der baulichen Ausstattung, von der die Anwendung der aufgeführten Raummeterpreise abhängt, ergeben sich aus der Anlage 13 *(Rz. 10)*. Diese Tabelle ist auf die bei allen Gebäuden möglichen Merkmale eingerichtet. Soweit bei einzelnen Gebäudearten üblicherweise einzelne Merkmale nicht vorhanden sind, müssen diese bei der Eingruppierung außer Betracht gelassen werden. Maßgebend ist die im Durchschnitt zutreffende Güte der Ausstattung. Innerhalb des Rahmensatzes, der für diese Ausstattung gilt, richtet sich der Raummeterpreis nach der besseren oder geringeren Güte der Ausstattung im einzelnen Fall.

Die Art der Konstruktion und die Güte der inneren und äußeren Ausstattung (zB Außenputz, Verblendung und dgl.) ist im Rahmenpreis berücksichtigt. Bei Fehlen von Teilen, die in der Gebäudeklasse gewöhnlich vorhanden sind – insbesondere von Teilen der Innenausstattung –, und bei Geschosshöhen über 4 m ist innerhalb des Rahmenpreises ein niedrigerer Raummeterpreis anzusetzen. Besondere Einrichtungen (Aufzüge) sind durch die dafür vorgesehenen Zuschläge zu berücksichtigen.

Die für das Gebäude anzusetzenden Raummeterpreise gelten auch für die Keller. Sind für das Gebäude unterschiedliche Raummeterpreise anzusetzen (DIN 277 Abschn. 1.36), so ist der niedrigste Preis maßgebend.

Gebäudeklassen und Raummeterpreise

Gebäudeklassen	Raummeterpreise DM
1.1 Eingeschossige Gebäude	
1.11 Holzgebäude und Holzfachwerkgebäude	
1.111 einfache Ausstattung	25 bis 40
1.112 mittlere Ausstattung	40 bis 55
1.113 gute Ausstattung	55 bis 70
1.114 sehr gute Ausstattung	70 bis 100
1.115 aufwendige Ausstattung	100 bis 130

Gebäudeklassen	Raummeterpreise DM		
1.12 Massivgebäude, Stahl- oder Stahlbetonskelettgebäude			
1.121 einfache Ausstattung	45	bis	70
1.122 mittlere Ausstattung	70	bis	105
1.123 gute Ausstattung	105	bis	145
1.124 sehr gute Ausstattung	145	bis	190
1.125 aufwendige Ausstattung	190	bis	215
1.2 Mehrgeschossige Gebäude			
1.21 Holzgebäude und Holzfachwerkgebäude			
1.211 einfache Ausstattung	30	bis	50
1.212 mittlere Ausstattung	50	bis	65
1.213 gute Ausstattung	65	bis	85
1.214 sehr gute Ausstattung	85	bis	105
1.215 aufwendige Ausstattung	105	bis	145
1.22 **Massivgebäude, Stahl- oder Stahlbetonskelettgebäude**			
1.221 einfache Ausstattung	55	bis	80
1.222 mittlere Ausstattung	80	bis	120
1.223 gute Ausstattung	120	bis	160
1.224 sehr gute Ausstattung	160	bis	200
1.225 aufwendige Ausstattung	200	bis	240

Erhöhung des Raummeterpreises

1. Hochhäuser

Liegt der Fußboden mindestens eines Geschosses mehr als 22 m über dem Gelände, so ist für jeden weiteren vollen Meter zu den Raummeterpreisen aller Geschosse (einschließlich Kellergeschoß) ein Zuschlag von 0,5 vH zu machen. Maßgebend ist der Unterschied zwischen 22 m und Oberkante Decke des obersten Vollgeschosses. Der Zuschlag ist nur auf den als Hochhaus errichteten Teil des Gebäudes anzuwenden.

Erhöhungen und Ermäßigungen des errechneten Wertes

2. Gründungen außergewöhnlicher Art (DIN 277, Abschn. 1.48)
Der Zuschlag beträgt in der Regel 5 bis 10 vH.

3. Wasserdruckhaltende Dichtungen (DIN 277, Abschn. 1.49)
Für wasserdruckhaltende Dichtungen (Isolierwannen) ist ein Zuschlag von 50 DM bis 80 DM je m² isolierter bebauter Fläche zu machen.

4. Aufzugsanlagen
Der Zuschlag beträgt

a) für Personenaufzüge (einfache Ausführung im Mauerschacht)

für eine Nutzlast von	300 kg (4 Personen) DM	450 kg (6 Personen) DM	750 kg (10 Personen) DM
bei 2 Haltestellen	17 200	19 900	25 200
für jede weitere Haltestelle	1 600	1 600	1 700

Bei Aufzügen in Glasschächten sind die vorstehenden Preise um 10 bis 15 vH zu erhöhen.

Anlage 14 Berechnung d. Raummeterpreises

b) für Lastenaufzüge

für eine Nutzlast von	500 kg DM	1000 kg DM	1500 kg DM	2000 kg DM	3000 kg DM
bei 2 Haltestellen	9 700	12 200	14 300	18 900	22 800
für jede weitere Haltestelle	1 000	1 200	1 200	1 300	1 400

c) für Paternoster
bei 7 Geschossen 80 000 DM
für jedes weitere Geschoß 6 700 DM

d) für Rolltreppen
je Geschoßtreppenablauf der einzelnen Rolltreppe 54 000 DM

5. Gebäude mit übergroßen oder geringen bebauten Flächen
Bei übergroßen bebauten Flächen von Einzelgebäuden beträgt der Abschlag bei bebauten Flächen von

2 001 bis 5 000 m²	4 vH
5 001 bis 10 000 m²	6 vH
10 001 bis 20 000 m²	8 vH
20 001 bis 30 000 m²	10 vH
mehr als 30 000 m²	12 vH

Bei Gebäuden mit bebauten Flächen von weniger als 50 m² ist für je volle 5 m² Fläche, die 50 m² unterschreitet, ein Zuschlag von 5 vH zu machen.

Der Abschlag oder der Zuschlag ist von dem ggf. nach den Nummern 2 und 3 erhöhten Wert zu berechnen.

Teil B. Fabrikgebäude, Werkstattgebäude, Lagergebäude und andere nicht unter Teil A fallende Gebäude, die zur wirtschaftlichen Einheit eines Fabrikgrundstücks gehören

Vorbemerkung

In den Raummeterpreisen sind alle Bestandteile und das Zubehör des Gebäudes erfaßt, soweit dafür keine besonderen Zuschläge zu machen sind.

Die Preise sind auf reine Zweckbauten in bekannter Konstruktion abgestellt, deren Ausstattung sich im allgemeinen Rahmen hält. Eine bessere Außenausstattung ist durch einen Zuschlag nur insoweit zu berücksichtigen, als sie den gemeinen Wert beeinflußt (zB bei Spaltklinkerverkleidung, Verglasung besonderer Art, Glasbausteinwänden und dgl.). Eine bessere Innenausstattung wird in der Regel durch die unter den Nummern 2 und 7 aufgeführten Zuschläge angemessen berücksichtigt. Für neu aufkommende Konstruktionen sind die Raummeterpreise ggf. zu ermäßigen oder zu erhöhen.

Das Vorhandensein von Brandmauern genügt allein nicht für eine Zurechnung zu Gebäuden mit Raumaufteilung.

Die für ein mehrgeschossiges Gebäude maßgebenden Raummeterpreise gelten auch für die Keller. Sind für das Gebäude Raummeterpreise verschiedener Gebäudeklassen anzusetzen (DIN 277 Abschn. 1.36), so sind die Raummeterpreise der Gebäudeklasse mit den niedrigsten Raummeterpreisen maßgebend.

Anh. II. Anlagen zu den BewR Gr

Gebäudeklassen, Raummeterpreise und Quadratmeterpreise

Gebäudeklassen	Raummeterpreise bei Geschoßhöhen bis zu		
	4 m DM	6 m DM	8 m DM
2.1 Unterkellerungen			
2.11 Gebäudekeller eingeschossiger Gebäude	45.00	51.00	60.50
2.12 Keller ohne aufstehende Gebäude (Hofkeller)	81.00	89.00	101.00
2.2 Schuppen			
2.21 einfache Holzschuppen, Wellblechschuppen	12.00	11.00	9.50
2.22 einseitig offene Massivschuppen	13.50	12.00	11.00
2.23 Holzfachwerkschuppen, Massivschuppen	20.50	17.50	16.50
2.3 eingeschossige Gebäude (außer Shedbauten)			
2.31 Stahlfachwerkgebäude mit Plattenverkleidungen	19.00	16.50	15.00
2.32 Holzgebäude und Holzfachwerkgebäude ohne Raumaufteilung	23.50	20.50	18.50
2.33 Holzgebäude und Holzfachwerkgebäude mit Raumaufteilung	26.00	22.50	20.50
2.34 Massiv-, Stahl- oder Stahlbetonskelettgebäude ohne Raumaufteilung und ohne Decke	34.50	30.50	27.50
2.35 Massiv-, Stahl- oder Stahlbetonskelettgebäude mit Raumaufteilung und ohne Decke	37.00	32.50	29.50
2.36 Massiv-, Stahl- oder Stahlbetonskelettgebäude ohne Raumaufteilung und mit Decke	43.00	37.50	35.00
2.37 Massiv-, Stahl- oder Stahlbetonskelettgebäude mit Raumaufteilung und mit Decke	45.50	40.50	36.00
2.4 Shedbauten			
2.41 Shedbauten mit Holzbindern	33.00	29.00	26.00
2.42 Shedbauten in Massivbauart mit Stahlbindern	36.00	31.50	29.00
2.43 Shedbauten in Stahl- oder Stahlbetonkonstruktion	38.50	34.00	30.00
2.44 Shedbauten wie 2.43, jedoch in besonderen Konstruktionen (Spannbeton mit Zwischendecken und dgl.)	44.50	39.00	35.00
2.5 Mehrgeschossige Gebäude			
2.51 Holzgebäude und Holzfachwerkgebäude ohne Raumaufteilung	45.00	39.50	36.00
2.52 Holzgebäude und Holzfachwerkgebäude mit Raumaufteilung	48.00	43.00	38.00

Anlage 14 Berechnung d. Raummeterpreises **Anh.**

Gebäudeklassen	Raummeterpreise bei Geschoßhöhen bis zu		
	4 m DM	6 m DM	8 m DM
2.53 Holzfachwerkgebäude mit massivem Erdgeschoß ohne Raumaufteilung	51.00	47.00	41.00
2.54 Holzfachwerkgebäude mit massivem Erdgeschoß mit Raumaufteilung	54.00	47.00	41.00
2.55 Massivgebäude ohne Raumaufteilung	59.00	52.00	47.00
2.56 Massivgebäude mit Raumaufteilung	63.50	56.00	51.00
2.57 Stahl- oder Stahlbetonskelettgebäude ohne Raumaufteilung	68.00	59.00	54.50
2.58 Stahl- oder Stahlbetonskelettgebäude mit Raumaufteilung	70.50	62.00	56.50
2.6 Gebäude mit Geschoßhöhen über 8 m	**10 m DM**	**12 m DM**	**über 12 m DM**
2.61 Holzgebäude und Holzfachwerkgebäude mit Stützen	13.50	12.50	10.00
	10 m DM	12 m DM	14 m DM
2.62 Massivgebäude, Gebäude in Stahl- oder Stahlbetonkonstruktion	24.50	23.50	22.00
	16 m DM	**18 m DM**	**20 m DM**
	21.50	20.50	20.00
	24 m DM	**30 m DM**	**über 30 m DM**
	19.50	18.50	18.00
	Preis je Quadratmeter überdachter Fläche bei einer Höhe bis zu		
2.7 Überdachungen mit eigenen Stützen	**4 m DM**	**6 m DM**	**über 6 m DM**
2.71 in Holzkonstruktion	81.00	87.50	91.50
2.72 in Stahl- oder Stahlbetonkonstruktion	94.50	101.00	105.00
	Preis je Quadratmeter überdachter Fläche		
2.8 Überdachungen ohne eigene Stützen			
2.81 in Holzkonstruktion bis 3 m auskragend	54.00 DM		
2.82 in Holzkonstruktion über 3 m auskragend	67.50 DM		
2.83 in Stahl- oder Stahlbetonkonstruktion bis 3 m auskragend	67.50 DM		
2.84 in Stahl- oder Stahlbetonkonstruktion über 3 m auskragend	89.00 DM		

Anh. II. Anlagen zu den BewR Gr

Ermäßigungen und Erhöhungen des Raummeterpreises

1. Fußboden
Für fehlenden Fußboden (einschließlich Unterlage) beträgt der Abschlag

bis	4 m Geschoßhöhe	3,30 DM
bis	6 m Geschoßhöhe	2,10 DM
bis	8 m Geschoßhöhe	1,60 DM
über	8 m Geschoßhöhe	1,30 DM

2. Heizungsanlagen
a) Ist eine Sammelheizungsanlage, die an der Kesselanlage des Betriebs oder an einer Fernheizung angeschlossen ist, dem Grundstück zuzurechnen, so ist je nach Art und Umfang der Leitungen und Heizkörper ein Zuschlag von 3 vH bis 6 vH zu machen.
Ist eine eigene Kesselanlage für die Raumbeheizung vorhanden, so erhöht sich der Zuschlag bei jedem von dieser Anlage versorgten Gebäude um 5 Punkte.
b) Erfolgt die Raumbeheizung durch Wand- oder Deckenlufterhitzer, so ist je nach Anzahl, Größe und Ausführung ein Zuschlag bis zu 5 vH zu machen.

3. Hochhäuser
Liegt der Fußboden mindestens eines Geschosses mehr als 22 m über dem Gelände, so ist für jeden weiteren vollen Meter zu den Raummeterpreisen aller Geschosse (einschl. Kellergeschoß) ein Zuschlag von 0,5 vH zu machen. Maßgebend ist der Unterschied zwischen 22 m und Oberkante Decke des obersten Vollgeschosses. Der Zuschlag ist nur auf den als Hochhaus errichteten Teil des Gebäudes anzuwenden.

4. Verstärkungen von Stützen und Fundamenten
Der Zuschlag beträgt je nach Tragfähigkeit und Ausführung 2,70 bis 6,70 DM/m³.

Ermäßigungen und Erhöhungen des errechneten Wertes

5. Außenwände

	DM/m²
Für fehlende Außenwände beträgt der Abschlag je Quadratmeter Wandfläche	
bei Gebäudeklassen 2.21 bis 2.23	13,50
bei Gebäudeklassen 2.31 bis 2.34, 2.51 bis 2.54 und 2.61	20,00
bei Gebäudeklassen 2.35 bis 2.44, 2.55 bis 2.58 und 2.62	24,00

6. Gebäude mit Decken von großer Tragfähigkeit
Der Zuschlag beträgt je m² Deckenfläche:

für Nutzlasten in kg/m²	je nach Konstruktion und Spannweite DM/m²
mehr als 1000 bis 2 000	5 bis 13
mehr als 2000 bis 3 000	13 bis 27
mehr als 3000 bis 4 000	27 bis 37
mehr als 4000 bis 5 000	37 bis 47
mehr als 5000 bis 7 500	47 bis 60
mehr als 7500 bis 10 000	60 bis 75

Anlage 14 Berechnung d. Raummeterpreises   **Anh.**

7. Besondere Innenausstattung

Der Zuschlag beträgt:	DM/m²
a) Bessere Fußböden:	
Kunstharzböden, Linoleum, Asphaltplatten	10 bis 27
Steinzeugfliesen, Industrieestrich	13 bis 20
Holzpflaster	13 bis 27
Parkett	16 bis 32
b) Wandverkleidungen:	
Wandplattenbelag	24 bis 40
einfache Holzverkleidung	20 bis 33
Holzvertäfelung	ab 40
schalldämmende Platten	13 bis 20
c) Deckenverkleidung:	
schalldämmende Platten	20 bis 33
Staubdecken (Glas)	33 bis 54
d) Sanitäre Einrichtungen und Warmwasserversorgung:	DM je Stück
Wannenbäder	500 bis 800
Brausebäder	200 bis 400
Heißwasserspeicher je nach Größe	500 bis 1200

8. Gründungen außergewöhnlicher Art (DIN 277 Abschn. 1.48)
Der Zuschlag beträgt in der Regel 5 bis 10 vH.

9. Wasserdruckhaltende Dichtungen (DIN 277 Abschn. 1.49)
Für wasserdruckhaltende Dichtungen (Isolierwannen) ist ein Zuschlag von 50 DM bis 80 DM je m² isolierter bebauter Fläche zu machen.

10. Rampen (in baulicher Verbindung mit dem Gebäude)
Der Zuschlag beträgt für

auskragende Rampen je m² Grundfläche	25 bis 40 DM
untermauerte Rampen je m² Grundfläche	33 bis 47 DM

Rampenüberdachungen werden mit den Preisen der Gebäudeklassen 2.7 und 2.8 angesetzt.

11. Aufzugsanlagen
Der Zuschlag beträgt für
Personenaufzüge (einfache Ausführung im Mauerschacht)

für eine Nutzlast von	300 kg (4 Personen) DM	450 kg (6 Personen) DM	750 kg (10 Personen) DM
bei 2 Haltestellen	17 200	19 900	25 200
für jede weitere Haltestelle	1 600	1 600	1 700

Bei Aufzügen in Glasschächten sind die vorstehenden Preise um 10 bis 15 vH zu erhöhen.

12. Gebäude mit übergroßen oder geringen bebauten Flächen
Bei übergroßen bebauten Flächen von Einzelgebäuden beträgt der Abschlag bei bebauten Flächen von

2 001 bis 5 000 m²	4 vH
5 001 bis 10 000 m²	6 vH

10 001 bis 20 000 m²	8 vH
20 001 bis 30 000 m²	10 vH
mehr als 30 000 m²	12 vH

Bei Gebäuden mit bebauten Flächen von weniger als 50 m² ist je volle 5 m² Fläche, die 50 m² unterschreitet, ein Zuschlag von 5 vH zu machen.

Der Abschlag oder Zuschlag ist von einem Ausgangsbetrag vorzunehmen, bei dem die Abschläge und Zuschläge bis einschließlich Nummer 10 berücksichtigt sind.

Anlage 15 Berechnung d. Raummeterpreises **Anh.**

Anlage 15 zu den BewR Gr
(zu Abschnitt 38)
Gebäudeklasseneinteilung und Raummeterpreise 1958, umgerechnet auf den Hauptfeststellungszeitpunkt 1. Januar 1964, für bestimmte andere Geschäftsgrundstücke und für sonstige bebaute Grundstücke in bestimmten Fällen

Vorbemerkung 41

In den Raummeterpreisen und Quadratmeterpreisen sind alle Bestandteile und das Zubehör des Gebäudes erfaßt, soweit dafür keine besonderen Zuschläge zu machen sind. Für besondere bauliche Anlagen (zB Schwimmbecken im Gebäude) sind die Zuschläge nach den durchschnittlichen Herstellungskosten zu bemessen.

Die Merkmale für die Beurteilung der baulichen Ausstattung, von der die Anwendung der aufgeführten Raummeterpreise abhängt, ergeben sich aus der Anlage 13 *(Rz. 39)*. Diese Tabelle ist auf die bei allen Gebäuden möglichen Merkmale eingerichtet. Soweit bei einzelnen Gebäudearten üblicherweise einzelne Merkmale nicht vorhanden sind, müssen diese bei der Eingruppierung außer Betracht gelassen werden. Maßgebend ist die im Durchschnitt zutreffende Güte der Ausstattung. Innerhalb des Rahmensatzes, der für diese Ausstattung gilt, richtet sich der Raummeterpreis nach der besseren oder geringeren Güte der Ausstattung im einzelnen Fall.

Die für das Gebäude anzusetzenden Raummeterpreise gelten auch für die Keller. Sind für das Gebäude unterschiedliche Raummeterpreise anzusetzen (DIN 277 Abschn. 1.36), so ist der niedrigste Preis maßgebend.

3. Hotelgrundstücke

Gebäudeklasse		Raummeterpreise DM
3.1	**Eingeschossige Gebäude**	
3.11	**Holzgebäude und Holzfachwerkgebäude**	
3.111	einfache Ausstattung	45 bis 60
3.112	mittlere Ausstattung	60 bis 80
3.113	gute Ausstattung	80 bis 100
3.114	sehr gute Ausstattung	100 bis 120
3.115	aufwendige Ausstattung	120 bis 160
3.12	**Massivgebäude, Stahl- oder Stahlbetonskelettgebäude**	
3.121	einfache Ausstattung	65 bis 85
3.122	mittlere Ausstattung	85 bis 105
3.123	gute Ausstattung	105 bis 145
3.124	sehr gute Ausstattung	145 bis 190
3.125	aufwendige Ausstattung	190 bis 215
3.2	**Mehrgeschossige Gebäude**	
3.21	**Holzgebäude und Holzfachwerkgebäude**	
3.211	einfache Ausstattung	55 bis 70

Anh. II. Anlagen zu den BewR Gr

Gebäudeklasse		Raummeterpreise DM
3.212	mittlere Ausstattung	70 bis 95
3.213	gute Ausstattung	95 bis 130
3.214	sehr gute Ausstattung	130 bis 175
3.215	aufwendige Ausstattung	175 bis 200
3.22	**Massivgebäude, Stahl- oder Stahlbetonskelettgebäude**	
3.221	einfache Ausstattung	70 bis 95
3.222	mittlere Ausstattung	95 bis 115
3.223	gute Ausstattung	115 bis 145
3.224	sehr gute Ausstattung	145 bis 190
3.225	aufwendige Ausstattung	190 bis 240
3.3	**Nebengebäude (Garagen, Waschhäuser usw.)**	
3.31	einfache Ausstattung	25 bis 40
3.32	mittlere Ausstattung	40 bis 60
3.33	gute Ausstattung	60 bis 80

4. Warenhäuser

Gebäudeklasse		Raummeterpreise DM
4.1	einfache Ausstattung	55 bis 80
4.2	mittlere Ausstattung	80 bis 105
4.3	gute Ausstattung	105 bis 145
4.4	sehr gute Ausstattung	145 bis 180
4.5	aufwendige Ausstattung	180 bis 240

5. Lichtspielhäuser

Gebäudeklasse		Raummeterpreise DM
5.1	einfache Ausstattung	25 bis 45
5.2	mittlere Ausstattung	45 bis 65
5.3	gute Ausstattung	65 bis 85
5.4	sehr gute Ausstattung	85 bis 105
5.5	aufwendige Ausstattung	105 bis 130

6. Sanatorien und Kliniken

Gebäudeklasse		Raummeterpreise DM
6.1	einfache Ausstattung	65 bis 85
6.2	mittlere Ausstattung	85 bis 105
6.3	gute Ausstattung	105 bis 130
6.4	sehr gute Ausstattung	130 bis 175
6.5	aufwendige Ausstattung	175 bis 215

7. Bank-, Versicherungs- und Verwaltungsgebäude

Gebäudeklasse		Raummeterpreise DM
7.1	einfache Ausstattung	55 bis 80
7.2	mittlere Ausstattung	80 bis 120
7.3	gute Ausstattung	120 bis 160

Anlage 15 Berechnung d. Raummeterpreises **Anh.**

Gebäudeklasse		Raummeterpreise DM
7.4	sehr gute Ausstattung	160 bis 200
7.5	aufwendige Ausstattung	200 bis 240

8. Tankstellengrundstücke und Garagengrundstücke

Gebäudeklasse (Gebäudeart)		Raummeterpreise DM
8.1	Tankwärterräume (einschl. Waschräume, Toiletten, Personalwohnräume)	
8.11	einfache Ausstattung	45 bis 65
8.12	mittlere Ausstattung	65 bis 95
8.13	gute Ausstattung	95 bis 120
8.14	sehr gute Ausstattung	120 bis 130
8.15	aufwendige Ausstattung	130 bis 175
8.2	Wagenwasch- und Wagenpflegeräume, Werkstatträume, Lagerräume	
8.21	einfache Ausstattung	30 bis 45
8.22	mittlere Ausstattung	45 bis 60
8.23	gute Ausstattung	60 bis 80
8.3	**Garagen**	
8.31	einfache Ausstattung	25 bis 40
8.32	mittlere Ausstattung	40 bis 55
8.33	gute Ausstattung	55 bis 65
8.4	Übernachtungsräume und Restaurationsräume	
8.41	einfache Ausstattung	60 bis 80
8.42	mittlere Ausstattung	80 bis 100
8.43	gute Ausstattung	100 bis 120
8.44	sehr gute Ausstattung	120 bis 160
8.45	aufwendige Ausstattung	160 bis 200
8.5	**Parkhäuser (Hochgaragen)**	
8.51	einfache Ausstattung	40 bis 60
8.52	mittlere Ausstattung	60 bis 80
8.53	gute Ausstattung	80 bis 105
8.6	**Parkhäuser (Tiefgaragen)**	
8.61	einfache Ausstattung	45 bis 65
8.62	mittlere Ausstattung	65 bis 95
8.63	gute Ausstattung	95 bis 120
8.7	**Sammelgaragen**	
8.71	einfache Ausstattung	30 bis 40
8.72	mittlere Ausstattung	40 bis 60
8.73	gute Ausstattung	60 bis 80

Gebäudeklasse (Gebäudeart)		Preise je m² überdachter Fläche DM
8.8	Überdachungen	

Anh.
II. Anlagen zu den BewR Gr

Gebäudeklasse (Gebäudeart)		Raummeterpreise DM
8.81	**Überdachungen mit eigenen Stützen**	
8.811	in Holzkonstruktion	81,00
8.812	in Stahl- oder Stahlbetonkonstruktion	94,50
8.82	**Überdachungen ohne eigene Stützen**	
8.821	in Holzkonstruktion bis 3 m auskragend	54,00
8.822	in Holzkonstruktion über 3 m auskragend	67,50
8.823	in Stahl- oder Stahlbetonkonstruktion bis 3 m auskragend	67,50
8.824	in Stahl- oder Stahlbetonkonstruktion über 3 m auskragend	89,00

9. Andere Geschäftsgrundstücke und sonstige bebaute Grundstücke

Gebäudeklasse (Gebäudeart)		Raummeterpreise DM
9.11	**Altersheime, Pflegeheime**	
9.111	einfache Ausstattung	65 bis 80
9.112	mittlere Ausstattung	80 bis 95
9.113	gute Ausstattung	95 bis 105
9.114	sehr gute Ausstattung	105 bis 120
9.115	aufwendige Ausstattung	120 bis 160
9.12	**Kinderheime, Ferienheime, Kindergärten**	
9.121	einfache Ausstattung	60 bis 70
9.122	mittlere Ausstattung	70 bis 85
9.123	gute Ausstattung	85 bis 100
9.124	sehr gute Ausstattung	100 bis 120
9.13	**Privatschulen**	
9.131	einfache Ausstattung	80 bis 95
9.132	mittlere Ausstattung	95 bis 105
9.133	gute Ausstattung	105 bis 120
9.134	sehr gute Ausstattung	120 bis 145
9.135	aufwendige Ausstattung	145 bis 175
9.14	**Hallenbäder**	
9.141	einfache Ausstattung	95 bis 105
9.142	mittlere Ausstattung	105 bis 120
9.143	gute Ausstattung	120 bis 130
9.144	sehr gute Ausstattung	130 bis 175
9.145	aufwendige Ausstattung	175 bis 200
9.15	**Badehäuser**	
9.151	einfache Ausstattung	55 bis 70
9.152	mittlere Ausstattung	70 bis 95
9.153	gute Ausstattung	95 bis 120
9.154	sehr gute Ausstattung	120 bis 145
9.155	aufwendige Ausstattung	145 bis 190

Anlage 15 Berechnung d. Raummeterpreises **Anh.**

Gebäudeklasse (Gebäudeart)		Raummeterpreise DM
9.21	**Markthallen, Messehallen und dgl.**	
9.211	einfache Ausstattung	40 bis 55
9.212	mittlere Ausstattung	55 bis 65
9.213	gute Ausstattung	65 bis 80
9.214	sehr gute Ausstattung	80 bis 105
9.215	aufwendige Ausstattung	105 bis 130
9.22	**Trinkhallen**	
9.221	einfache Ausstattung	65 bis 85
9.222	mittlere Ausstattung	85 bis 105
9.223	gute Ausstattung	105 bis 120
9.224	sehr gute Ausstattung	120 bis 145
9.225	aufwendige Ausstattung	145 bis 175
9.23	**Verkaufsstände bis 30 m²**	
9.231	einfache Ausstattung	105 bis 130
9.232	mittlere Ausstattung	130 bis 175
9.233	gute Ausstattung	175 bis 200
9.234	sehr gute Ausstattung	200 bis 240
9.235	aufwendige Ausstattung	240 bis 300
9.24	**Verkaufsstände über 30 m²**	
9.241	einfache Ausstattung	80 bis 105
9.242	mittlere Ausstattung	105 bis 130
9.243	gute Ausstattung	130 bis 160
9.244	sehr gute Ausstattung	160 bis 190
9.245	aufwendige Ausstattung	190 bis 215
9.25	**Kühlhäuser**	
9.251	einfache Ausstattung	30 bis 45
9.252	mittlere Ausstattung	45 bis 65
9.253	gute Ausstattung	65 bis 95
9.26	**Trockenhäuser**	
9.261	einfache Ausstattung	25 bis 40
9.262	mittlere Ausstattung	40 bis 55
9.263	gute Ausstattung	55 bis 80
9.27	**Transformatorenhäuser**	
9.271	einfache Ausstattung	40 bis 55
9.272	mittlere Ausstattung	55 bis 65
9.273	gute Ausstattung	65 bis 80
9.274	sehr gute Ausstattung	80 bis 120

Erhöhung des Raummeterpreises

1. Hochhäuser

Liegt der Fußboden mindestens eines Geschosses mehr als 22 m über dem Gelände, so ist für jeden weiteren vollen Meter zu den Raummeterpreisen aller Geschosse (einschließlich Kellergeschoß) ein Zuschlag von 0,5 vH zu machen. Maßgebend ist der Unterschied zwischen 22 m und Oberkante Decke des obersten

Anh. II. Anlagen zu den BewR Gr

Vollgeschosses. Der Zuschlag ist nur auf den als Hochhaus errichteten Teil des Gebäudes anzuwenden.

Erhöhungen und Ermäßigungen des errechneten Wertes
2. Aufzugsanlagen
Der Zuschlag beträgt:

a) für Personenaufzüge (einfache Ausführung im Mauerschacht)

für eine Nutzlast von	300 kg (4 Personen) DM	450 kg (6 Personen) DM	750 kg (10 Personen) DM
bei 2 Haltestellen	17 200	19 900	25 200
für jede weitere Haltestelle	1 600	1 600	1 700

Bei Aufzügen in Glasschächten sind die vorstehenden Preise um 10 bis 15 vH zu erhöhen.

b) für Lastenaufzüge (soweit nicht Betriebsvorrichtungen)

für eine Nutzlast von	500 kg DM	1000 kg DM	1500 kg DM	2000 kg DM	3000 kg DM
bei 2 Haltestellen	9700	12 200	14 300	18 400	22 800
für jede weitere Haltestelle	1000	1 200	1 200	1 300	1 400

c) für Paternoster
bei 7 Geschossen 80 000 DM
für jedes weitere Geschoß 6 700 DM

d) für Rolltreppen
je Geschoßtreppenlauf der einzelnen Rolltreppe 54 000 DM

3. Gründungen außergewöhnlicher Art (DIN 277 Abschn. 1.48)
Der Zuschlag beträgt in der Regel 5 bis 10 v. H.

4. Wasserdruckhaltende Dichtungen (DIN 277 Abschn. 1.49)
Für wasserdruckhaltende Dichtungen (Isolierungen) ist ein Zuschlag von 50 DM bis 80 DM je m² isolierter bebauter Fläche zu machen.

5. Gebäude mit übergroßen oder geringen bebauten Flächen
Bei übergroßen bebauten Flächen von Einzelgebäuden beträgt der Abschlag bei bebauten Flächen von

2 001 bis 5 000 m²	4 vH
5 001 bis 10 000 m²	6 vH
10 001 bis 20 000 m²	8 vH
20 001 bis 30 000 m²	10 vH
mehr als 30 000 m²	12 vH

Bei Gebäuden mit bebauten Flächen von weniger als 50 m² ist für je volle 5 m² Fläche, die 50 m² unterschreitet, ein Zuschlag von 5 vH zu machen.

Der Abschlag oder Zuschlag ist von dem ggf. nach den Nummern 3 und 4 erhöhten Wert zu berechnen.

Anlage 16 zu den BewR Gr
(zu Abschnitt 38 Abs. 4)
Bauteil-Preistabelle für die
im Sachwertverfahren zu bewertenden
Einfamilienhäuser und Zweifamilienhäuser

(zugleich Berechnungsbogen zur Ermittlung des Raummeterpreises auf den Hauptfeststellungszeitpunkt 1. Januar 1964)

Bauteil bzw. Handwerkszweig	Ausführungsarten					anzusetzen
1	2	3	4	5	6	7
1. Dach mit Dachentwässerung und Isolierungen	Holzdach mit Wellplatten; Flachdach (Brettbinder) mit Pappe	Deckung aus Ziegel, Biberschwänzen und dgl.; Massivflachdach mit Pappe	Deckung aus Schiefer; Massivflachdach mit Korkisolierung; Zinkdeckung	Massivflachdach mit mehreren Isolierungen; Kupferdeckung	Steildach mit Kupferdeckung, Holzschindeln und ähnl.	
	DM 8,40–12,60	DM 12,60–16,80	DM 16,80–21,00	DM 21,00–25,20	DM 25,20–29,40	DM ....
2. Fassadenausführung	Glatt-, Spritz- und Kratzputz mit Klinkersockel	Edelputz mit Klinkersockel; Fensterumrahmung aus Kunststein	Verblendung mit Hartbrandstein bzw. einfachen Klinkern; Fensterumrahmung aus Naturstein	Verblendung aus besonderen Klinkern bzw. Kunststeinplatten	Natursteinverblendung	
	DM 4,20–6,30	DM 6,30–8,40	DM 8,40–11,20	DM 11,20–14,00	DM 14,00–15,80	DM ....
3. Außenmauerwerk	Schwemmsteine, Blocksteine, Kalksandsteine	wie vor, jedoch teilweise Ziegelmauerwerk	Ziegelmauerwerk bis 24 cm	Ziegelmauerwerk über 24 cm und Natursteine		
	DM 16,80–19,60	DM 19,60–22,40	DM 22,40–25,20	DM 25,20–30,80		DM ....
4. Innenmauerwerk einschl. Putz	Schwemmsteine, Blocksteine, Kalksandsteine; einfacher Putz	Kalksandsteine, Ziegelsteine; besserer Putz	Ziegelsteine; Putz mit Gipsüberzug	Ziegelsteine in der Hauptsache 24 cm; Gipsputz		
	DM 12,60–15,40	DM 15,40–18,20	DM 18,20–21,00	DM 21,00–22,40		DM ....
5. Decken einschl. Deckenputz	Hohlkörperdecke, Holzbalkendecke; einfacher Putz	Beton oder Stahlbetondecke; einfacher Putz und wenig Stuck	wie vor, jedoch Stuckanwendung in mehreren Räumen	wie vor, jedoch besondere Schallschluckdecke in 1–2 Räumen		
	DM 12,60–18,20	DM 14,00–19,60	DM 16,80–22,40	DM 22,40–28,00		DM ....

Anh. II. Anlagen zu den BewR Gr

Bauteil bzw. Handwerkszweig	Ausführungsarten					anzusetzen
1	2	3	4	5	6	7
6. Treppen	Weichholztreppe; Massivtreppe mit Kunststoffbelag	Hartholztreppe; Kunststeintreppe	Treppe aus ausländischen Hölzern; Kunststeintreppe mit Naturstein	Natursteintreppe		
	DM 0,70–2,10	DM 2,10–2,80	DM 2,80–4,90	DM 4,90–8,40		DM ....
7. Fußbodenbelag ohne Fliesen	Dielen, Linoleum, Kunststoffbeläge, Kleinparkett	Kleinparkett bzw. Parkett; bessere Kunststoffbeläge	Parkett bzw. Gummi; beste Kunststoffbeläge	besseres Parkett (Rauchparkett); teilweise Natursteinplatten	Marmorböden, Nylon- oder Perlonbespannungen	
	DM 2,10–5,60	DM 5,60–8,40	DM 8,40–11,20	DM 11,20–14,00	DM 14,00–16,80	DM ....
8. Fenster einschl. Verglasung und Beschlag	Einfache und Doppelfenster bzw. Verbundfenster mit einfachen Beschlägen und einfacher Verglasung bis 2,00 m²	wie vor, jedoch größere Fensterflächen einschl. Stahlfenster mit besseren Beschlägen bis 4,00 m²	Fenster in besserer Ausführung mit Isolierglas	Fenster in großer Ausführung über 4,00 m²	Fenster wie vor, jedoch teilweise versenkbar	
	DM 2,80–5,60	DM 4,20–7,00	DM 7,00–9,80	DM 9,80–14,00	DM 14,00–22,40	DM ....
9. Türen	Sperrholz- oder einfache Füllungstüren	Sperrholztüren, teilweise Schiebetüren	Eichenholztüren, Sperrholztüren in Edelholz mit guten Beschlägen	Edelholztüren, größere Anzahl mit guten Beschlägen	Edelholztüren und Harmonikatüren bester Ausführung	
	DM 2,10–3,50	DM 3,50–5,60	DM 5,60–7,70	DM 7,70–9,80	DM 9,80–12,60	DM ....
10. Sanitäre Installation ohne Fliesen	Bad, Waschbecken in normaler Ausführung	Bad mit Wanne und Dusche, 1–2 WC, Handwaschbecken, bes. Warmwasserbereiter	wie vor, jedoch bessere Objekte, teilweise farbig und groß	2 Bäder, 1–2 Duschen, 2–3 WC in guter Ausführung	wie vor, jedoch 2–4 Bäder, mehrere WC, Waschbecken in mehreren Räumen	
	DM 2,80–5,60	DM 5,60–8,40	DM 8,40–11,20	DM 11,20–14,00	DM 14,00–16,80	DM ....
11. Elektrische Installation	Anlage in normaler Ausführung	Ausführung reichhaltiger, z. B. mehrere Steckdosen, Schalter in allen Räu-	darüber hinausgehende aufwendige elektrische Ausstattung, z. B.	wir vor, jedoch mit Haustelefon, Sicherungsanlage usw.		

802

Anlage 16 Berechnung d. Raummeterpreises **Anh.**

Bauteil bzw. Handwerkszweig	Ausführungsarten					anzusetzen
1	2	3	4	5	6	7
		men, Kraftanschluß	Sprechanlage, Heißwasserspeicher			
	DM 1,40–2,80	DM 2,80–4,20	DM 4,20–5,60	DM 5,60–8,40		DM ....
12. Heizung	Warmluftheizung moderner Ausführung, Sammelheizung mit festen Brennstoffen	Sammelheizung mit Ölfeuerung	wie vor, jedoch mit Warmwasserversorgung und Isolierung	wie vor, in 1 Raum Fußboden- oder Deckenstrahlungsheizung	in mehreren Räumen Heizung wie vor	
	DM 8,40–9,80	DM 9,80–12,60	DM 12,60–16,80	DM 16,80–21,00	DM 21,00–25,20	DM ....
13. Anstriche und Tapeten	Öl- oder Kunstharzanstriche; einfache bis mittlere Tapeten	wie vor, jedoch bessere Tapeten	Türen in Schleiflack; beste Tapeten, z. B. Lincrusta usw.	Ausführung wie vor, jedoch Anstrich von Vertäfelungen und Einbaumöbeln in geringem Umfang	Ausführung wie vor, jedoch Kunstleder- oder Seidentapeten in 1–2 Räumen; Anstrich von mehreren Einbaumöbeln	
	DM 2,10–2,80	DM 3,50–5,60	DM 5,60–8,40	DM 8,40–11,20	DM 11,20–16,80	DM ....
14. Schmiede- und Schlosserarbeiten	Gitter und Stahltüren in geringem Umfang, einfaches Treppengeländer	mehrere Vergitterungen, Stahltüren größerer Ausmaße	schmiedeeiserne Gitter und Verzierungen, sonst wie vor	Gitter und Treppengeländer in guter Ausführung, teilweise Messing	Gitter und Treppengeländer in künstlerischer Gestaltung	
	DM 0,40–1,40	DM 1,10–2,10	DM 2,10–4,20	DM 4,20–7,00	DM 7,00–11,20	DM ....
15. Wand- und Bodenfliesen in Küche, Bad, WC	Küche, Bad (Einbauwanne), Toilette, Installationswände gefliest; Bodenplatten	Wand- und Bodenplatten auf größeren Flächen, teilweise Natursteinplatten	wie vor, jedoch bessere Qualität, z. B. farbig oder Mosaikboden	Wand- und Bodenplatten in Mosaik (teilweise italienisch); Wände ganz gefliest	wie vor, jedoch in 1 Raum Marmorplatten oder japanische Mosaikplatten	
	DM 1,40–3,50	DM 3,50–5,60	DM 5,60–7,70	DM 7,00–9,80	DM 9,80–16,80	DM ....
16. Wandbekleidung, Deckenvertäfelung, Heizkörperverkleidung	Heizkörperverkleidung in 1–2 Räumen; geringe Wand- bzw. Deckenvertäfelungen	wie vor, jedoch größere Flächen in einfacher Ausführung	Ausführung in besserer Qualität und große Flächen	Vertäfelungen ganzer Räume, teilweise mit ausländischen Hölzern		

Anh. II. Anlagen zu den BewR Gr

Bauteil bzw. Handwerks- zweig	Ausführungsarten						anzusetzen
1	2	3	4	5	6		7
	einfacher Art einschl. Schall- schluckde- cken DM 0,70–2,80	DM 2,80–5,60	DM 4,90–7,00	DM 7,00–11,20			DM ....
17. Einbaumö- bel	Einbaukü- che, geringe Anzahl von Einbau- schränken DM 1,40–2,80	größere Anzahl von Einbaumö- beln DM 2,80–5,60	Einbaumö- bel in Edel- holz DM 5,60–8,40	mehrere Zimmer mit Einbaumö- beln in Edel- holz DM 8,40–12,60	Einbaumö- bel in fast allen Räu- men DM 12,60–16,80		DM ....
18. Fensterlä- den, Rollä- läden, Jalousien	Fensterläden und Rolllä- den in geringer Anzahl DM 1,40–2,80	desgl. in größerer Anzahl DM 2,80–4,20	Rollläden mit elektr. Winde und Sonnenja- lousien DM 4,20–8,40				DM ....
19. Sonstige Ausstat- tung, Blu- menfens- ter, Fenster- bänke, Balkone	kleine Blu- menfenster, Balkone, Vordächer, Fenster- bänke, Solnhofe- ner Platten DM 1,40–2,80	größere Blu- menfenster, Balkone usw., Fens- terbänke, Naturstein je nach Aus- führung DM 2,80–8,40					DM ....
20. Kelleraus- bau	gering, ohne beson- deren Auf- wand 5 vH	mehrere Räume aus- gebaut als Wohnräume oder gut ausgestattete Bar u. dgl. 10 vH	Ausbau bis 10/10 bis 20 vH				DM ....
						Summe:	DM
						Raummeterpreis (abger.)	DM

Erhöhungen des nach dem Raummeterpreis errechneten Werts

Die Zuschläge betragen je nach Ausführung
a) für jeden Kamin   420 bis 1600 DM
b) für Schwimmbecken im Gebäude   420 bis 1400 DM
   je m²

Nebengebäude

Garagen   50 bis 80 DM je m³
Stallgebäude   20 bis 40 DM je m³
Treibhäuser   80 bis 120 DM je m²   überdachte Fläche

Anlage 17 zu den BewR Gr
(zu Abschnitt 45)
Durchschnittspreise 1958, umgerechnet auf den Hauptfeststellungszeitpunkt 1. Januar 1964, für einzelne Außenanlagen

Einfriedungen	Höhe bis		
	1 m DM	2 m DM	3 m DM
Waldlattenzaun je lfdm.	9,00	–	–
Maschendrahtzaun mit Beton- oder Stahlpfosten je lfdm.	6,50 bis 12,00	10,00 bis 16,00	13,00 bis 19,00
Wellendrahtgitter mit Beton- oder Stahlpfosten je lfdm.	16,00 bis 20,00	19,00 bis 22,00	21,00 bis 27,00
Zaun aus gehobelten Brettern je lfdm.	10,00 bis 13,00	12,00 bis 16,00	14,50 bis 19,00
Plattenwände, geputzt je lfdm.	16,50	24,00	32,00
Einfriedungsmauer aus Ziegelstein, 11,5 cm stark je lfdm.	28,00	44,50	56,50
Einfriedungsmauer aus Ziegelstein, 24 cm stark je lfdm.	40,00	60,00	70,00
Einfriedungsmauer aus Ziegelstein, 36,5 cm stark je lfdm.	56,50	85,00	115,00
Holzzaun auf massivem Sockel je lfdm.	29,50	37,50	43,00
Stahlgitter auf massivem Sockel je lfdm.	37,50	48,50	55,00
Einfriedungsmauer aus Beton, Kunststein und dgl. je lfdm.	30,00	55,00	65,00
Einfriedungsmauer aus Naturstein mit Abdeckplatten je lfdm.	80,00	105,00	130,00
Tore, Türen			
aus Holz je m²		30 bis 80	
aus Stahl je m²		55 bis 120	

Wege- und Platzbefestigungen		DM
Wassergebundene, leichte Decke auf leichter Packlage	je m²	6 bis 10
Zementplattenbelag	je m²	13 bis 24
sonstiger Plattenbelag	je m²	16 bis 27
Asphalt-, Teereinstreu-, Beton- oder ähnliche Decke auf Pack- oder Kieslage	je m²	13 bis 19

Anh. II. Anlagen zu den BewR Gr

Wege- und Platzbefestigungen		DM
Kopfstein- oder Kleinsteinpflaster	je m²	21 bis 27
Wege mit Bruchsteinplattenbelag mit Unterbeton	je m²	20 bis 24
Freitreppen	je lfdm. Stufe	20 bis 40
Be- und Entwässerungsanlagen (nur Anhaltspunkte)		
Wasseranschluß ohne Gräben	je lfdm.	9 bis 17
Wasseranschluß mit Gräben	je lfdm.	30 bis 65
Entwässerungsleitungen	je lfdm.	40 bis 80
Rampen (freistehend, ohne bauliche Verbindung mit einem Gebäude, sofern sie zum Grundstück rechnen)	je m² Grundfläche	40,00
Stützmauern je m² vordere Ansichtsfläche (die Kosten der Fundamente sind eingerechnet)		
aus Beton		40,00
aus Bruchstein in Mörtel oder als Trockenmauerwerk		55,00
aus Werkstein in Schichtenmauerwerk		105,00
Schwimmbecken je m² und je nach Ausführung		80 bis 350

Anlage 17a zu den BewR Gr
(zu Abschnitt 45)
Erlaß betr. Ergänzung und Untergliederung der in den Anlagen 14 bis 17 BewR Gr angegebenen Preise

FSen. Berlin, Schreiben vom 2.8.1967 – III D 12 – S 3014 – 1/67
(StZBl. Bln. 1967 S. 809)

Zur Erzielung einer gleichmäßigen Bewertung der Sachwertgrundstücke werden die in den Anlagen 14 bis 17 BewRGr angegebenen Preise wie folgt ergänzt und untergliedert:

Zu Anlage 14 – Teil A – BewR Gr
Zu Nr. 4 Aufzugsanlagen
Der Zuschlag beträgt

a) für Personenaufzüge (einfache Ausführung im Mauerschacht)

für eine Nutzlast von	1 125 kg	1 650 kg	2 250 kg
(Personen)	(15)	(22)	(30)
bei 2 Haltestellen	40 000 DM	50 000 DM	75 000 DM
für jede weitere Haltestelle	2 500 DM	2 500 DM	3 000 DM

c) für Paternoster bei 7 Geschossen 80 000 DM. Bei Gebäuden mit weniger als 7 Geschossen ist dieser Zuschlag für jedes fehlende Geschoß um 6 700 DM zu ermäßigen.

Zu Anlage 14 – Teil B – BewR Gr
Zu Gebäudeklasse 2.12
Die Raummeterpreise gelten auch für Untertunnelungen.

Zu Nr. 7a bessere Fußböden

	DM/m²
Kunstharz- und Spachtelböden mit hoher Festigkeit; Asphaltplatten, Linoleum	10–12
Linoleum besonderer Stärke	13–15
Dielung (besonderer Qualität wie Redpine, Pitchpine)	20–24
PVC-Fußböden auf schwimmendem Estrich	18–23
Gummibelag	22–27
Klinkerflachschicht	15
Industriestrich	13
Terrazzo	16–18
Steinzeugfliesen	18–20
Kunststeinplatten	25
Solnhofener Platten, Mosaikboden	25–30
Stahlplattenbelag, 5 mm stark (soweit nicht Betriebsvorrichtung)	60
Holzpflaster je nach Stärke und Qualität	13–27
Parkettböden	16–32

Anh. II. Anlagen zu den BewR Gr

		DM/m²
davon:	Kleinparkett	16–22
	normales Parkett je nach Holzart	20–32

Zu Nr. 7b Wandverkleidungen

		DM/m²
Wandplattenbelag		24–40
davon:	Elfenbeinfliesen, Industriefliesen	24–28
	farbige Fliesen, säurefeste Fliesen	30–36
	Mosaikverkleidungen	36–40
Einfache Holzverkleidung je nach Holzqualität		20–33
Holzvertäfelung je nach Holzqualität		ab 40
davon:	Eiche, Ahorn, Rüster	bis 70
	ausländische Hölzer (z. B. Teak, Palisander)	ab 70
Schalldämmende Platten		13–20
davon:	Langloch-, Langschlitz-, Kreuzschlitzplatten	15–18
	geschlitzte Spanplatten (furniert)	20

Zu Nr. 7c Deckenverkleidungen

		DM/m²
Schalldämmende Platten		20–33
davon:	Loch-, Langschlitz-, Kreuzschlitzplatten	22
	geschlitzte Spanplatten (furniert)	30
Staubdecken je nach Konstruktion und Glasart		33–54

Zu Nr. 7d Heißwasserspeicher

Der in den Richtlinien angegebene Zuschlag für Heißwasserspeicher von 500 bis 1200 DM je nach Größe gilt nicht für kleinere Heißwasserspeicher (10 Liter) und Kochendwasser-Automaten (5 Liter-Durchlauferhitzer). Sind in einem Gebäude 10 und mehr kleine Heißwasserspeicher vorhanden, so ist für jeden Kleinspeicher ein Zuschlag von 100 DM vorzunehmen.

Zu Nr. 11 Aufzugsanlagen
Der Zuschlag beträgt
für Personenaufzüge (einfache Ausführung im Mauerschacht)

für eine Nutzlast von	1 025 kg	1 650 kg	2 250 kg
(Personen)	(15)	(22)	(30)
bei 2 Haltestellen	40 000 DM	50 000 DM	75 000 DM
für jede weitere Haltestelle	2 500 DM	2 500 DM	3 000 DM

Zuschlag wegen besserer Außenausstattung
(Vorbemerkung Abs. 2)

	DM/m²
Kunststeinplattenverkleidung	30–35
Spaltklinker	30–38
Spaltklinkerriemchen	40–45
Klinkerverblendung	40–50
Mosaikverkleidung	50–55
Natursteinverkleidung (auch Marmor)	70–95
Glasbausteinwände	75–110
Isolierverglasung	80–100

Anlage 17a Berechnung d. Raummeterpreises **Anh.**

Besonders zu berechnende Bauteile
(Abschnitt 39 Abs. 1 BewR Gr)   DM/m³
Größere Dachlaternenaufbauten   15–30
Dachaufbauten mit Ansichtsflächen über 5 m 2   20–40
    DM/m²
Lichtkuppeln je nach Ausführung und Größe   200–350

Zu Anlage 15 BewR Gr
Andere Geschäftsgrundstücke und sonstige bebaute Grundstücke

Gebäudeklassen (Gebäudeart)	Raummeter-preise DM
Vergnügungsstätten, Gaststätten	
Eingeschossige Gebäude	
Holzgebäude und Holzfachwerkgebäude	
einfache Ausstattung	45 bis 60
mittlere Ausstattung	60 bis 80
gute Ausstattung	80 bis 110
sehr gute Ausstattung	110 bis 140
aufwendige Ausstattung	140 bis 170
Massivgebäude, Stahl- oder Stahlbetonskelettgebäude	
einfache Ausstattung	55 bis 75
mittlere Ausstattung	75 bis 100
gute Ausstattung	100 bis 135
sehr gute Ausstattung	135 bis 175
aufwendige Ausstattung	175 bis 210
Mehrgeschossige Gebäude	
Holzgebäude und Holzfachwerkgebäude	
einfache Ausstattung	50 bis 70
mittlere Ausstattung	70 bis 90
gute Ausstattung	90 bis 130
sehr gute Ausstattung	130 bis 170
aufwendige Ausstattung	170 bis 200
Massivgebäude, Stahl- oder Stahlbetonskelettgebäude	
einfache Ausstattung	60 bis 80
mittlere Ausstattung	80 bis 110
gute Ausstattung	110 bis 140
sehr gute Ausstattung	140 bis 180
aufwendige Ausstattung	180 bis 220
Saalbauten als Hauptgebäude	
Holzgebäude und Holzfachwerkgebäude	
einfache Ausstattung	30 bis 40
mittlere Ausstattung	40 bis 60
gute Ausstattung	60 bis 75
sehr gute Ausstattung	75 bis 90
aufwendige Ausstattung	90 bis 110
Massivgebäude, Stahl- oder Stahlbetonskelettgebäude	
einfache Ausstattung	35 bis 45
mittlere Ausstattung	45 bis 70
gute Ausstattung	70 bis 85
sehr gute Ausstattung	85 bis 100

Anh. II. Anlagen zu den BewR Gr

Gebäudeklassen (Gebäudeart)	Raummeter-preise DM
aufwendige Ausstattung	100 bis 130
Theatergebäude	
einfache Ausstattung	85 bis 105
mittlere Ausstattung	105 bis 130
gute Ausstattung	130 bis 155
sehr gute Ausstattung	155 bis 180
aufwendige Ausstattung	180 bis 220
Klub- und Vereinshäuser	
einfache Ausstattung	65 bis 80
mittlere Ausstattung	80 bis 95
gute Ausstattung	95 bis 105
sehr gute Ausstattung	105 bis 120
aufwendige Ausstattung	120 bis 160
Bootshäuser	
Holzgebäude und Holzfachwerkgebäude	
einfache Ausstattung	25 bis 40
mittlere Ausstattung	40 bis 55
gute Ausstattung	55 bis 80
Massivgebäude, Stahl- oder Stahlbetonskelettgebäude	
einfache Ausstattung	30 bis 45
mittlere Ausstattung	45 bis 65
gute Ausstattung	65 bis 95
Wochenendhäuser	
einfache Ausstattung	30 bis 50
mittlere Ausstattung	50 bis 70
gute Ausstattung	70 bis 100
sehr gute Ausstattung	100 bis 140
aufwendige Ausstattung	140 bis 180

Zu Nr. 2 Aufzugsanlagen
Der Zuschläg beträgt

a) für Personenaufzüge (einfache Ausführung im Mauerschacht)

für eine Nutzlast von (Personen)	1 025 kg (15)	1 650 kg (22)	2 250 kg (30)
bei 2 Haltestellen	40 000 DM	50 000 DM	75 000 DM
für jede weitere Haltestelle	2 500 DM	2 500 DM	3 000 DM

c) für Paternoster bei 7 Geschossen 80 000 DM. Bei Gebäuden mit weniger als 7 Geschossen ist dieser Zuschlag für jedes fehlende Geschoß um 6 700 DM zu ermäßigen.

Zu Anlage 16 BewR Gr
Bei Holzgebäuden und Holzfachwerkgebäuden ist für Außen- und Innenmauerwerk stets der unterste Rahmensatz der Spalte 2 anzusetzen.

Anlage 17a Berechnung d. Raummeterpreises **Anh.**

Zu Anlage 17 BewR Gr

	DM/m²
1. Aufwendige Gartengestaltung	5–20
2. Tennisplätze mittlerer Ausführung ggf. pro Spielfeld (800 m²)	12–14 rund 10 000 DM
3. Brückenbauten auf bebauten Grundstücken für mittlere Spannweiten	1000–3000 Fahrbahnfläche

Zu Abschnitt 45 Abs. 2 BewR Gr
Lebensdauer in Jahren und jährliche Wertminderung in v. H. für Außenanlagen

	Lebensdauer in Jahren	Jährliche Wertminderung in v. H.
Für aufwendige Gartengestaltung	10	10
Für Tennisplätze mittlerer Ausführung	10	10
Für Brückenbauten auf bebauten Grundstücken für mittlere Spannweiten	50–100	2–1

III. Anlagen zu § 14 Abs. 1 BewG

1. Schreiben betr. Bewertung einer lebenslänglichen Nutzung oder Leistung; Vervielfältiger für Bewertungsstichtage ab 1. Januar 2012

44
Vom 26. September 2011 (BStBl. I S. 834)
(BMF IV D 4 – S 3104/09/10001)

In der Anlage gebe ich gemäß § 14 Absatz 1 Satz 4 BewG die Vervielfältiger zur Berechnung des Kapitalwerts lebenslänglicher Nutzungen oder Leistungen bekannt, die nach der am 20. September 2011 veröffentlichten Sterbetafel 2008/2010 des Statistischen Bundesamtes ermittelt wurden und für Bewertungsstichtage ab dem 1. Januar 2012 anzuwenden sind.

Kapitalwert einer lebenslänglichen Nutzung oder Leistung im Jahresbetrag von einem Euro für Bewertungsstichtage ab 1. Januar 2012

Der Kapitalwert ist nach der am 20. September 2011 veröffentlichten Sterbetafel 2008/2010 des Statistischen Bundesamtes unter Berücksichtigung von Zwischenzinsen und Zinseszinsen mit 5,5 Prozent errechnet worden. Der Kapitalwert der Tabelle ist der Mittelwert zwischen dem Kapitalwert für jährlich vorschüssige und jährlich nachschüssige Zahlungsweise.

	Männer		Frauen	
Vollendetes Lebensalter	Durchschnittliche Lebenserwartung	Kapitalwert	Durchschnittliche Lebenserwartung	Kapitalwert
0	77,51	18,387	82,59	18,457
1	76,81	18,376	81,85	18,448
2	75,83	18,360	80,87	18,436
3	74,85	18,342	79,89	18,423
4	73,86	18,324	78,90	18,408
5	72,87	18,304	77,91	18,394
6	71,88	18,284	76,91	18,378
7	70,89	18,262	75,92	18,361
8	69,89	18,239	74,93	18,344
9	68,90	18,215	73,93	18,325
10	67,90	18,189	72,94	18,306
11	66,91	18,162	71,94	18,285
12	65,91	18,134	70,95	18,263
13	64,92	18,104	69,95	18,240
14	63,93	18,072	68,96	18,216
15	62,94	18,039	67,97	18,191

Vervielfältiger ab 1.1.2012　　　　　　　　　　　　　　**Anh.**

	Männer		Frauen	
Vollendetes Lebensalter	Durchschnittliche Lebenserwartung	Kapital-wert	Durchschnittliche Lebenserwartung	Kapital-wert
16	61,95	18,004	66,98	18,164
17	60,97	17,968	65,99	18,136
18	59,99	17,929	65,00	18,106
19	59,02	17,889	64,01	18,075
20	58,05	17,847	63,03	18,042
21	57,08	17,802	62,04	18,008
22	56,11	17,756	61,05	17,971
23	55,14	17,706	60,07	17,933
24	54,17	17,654	59,08	17,892
25	53,20	17,599	58,09	17,849
26	52,23	17,542	57,11	17,804
27	51,26	17,481	56,12	17,756
28	50,29	17,417	55,14	17,706
29	49,32	17,350	54,15	17,653
30	48,36	17,279	53,16	17,597
31	47,39	17,204	52,18	17,539
32	46,42	17,126	51,20	17,477
33	45,46	17,044	50,21	17,411
34	44,49	16,956	49,23	17,343
35	43,53	16,865	48,25	17,271
36	42,56	16,768	47,27	17,195
37	41,60	16,668	46,29	17,115
38	40,64	16,561	45,32	17,031
39	39,69	16,451	44,34	16,942
40	38,73	16,333	43,37	16,850
41	37,78	16,210	42,40	16,752
42	36,84	16,083	41,44	16,650
43	35,89	15,947	40,47	16,542
44	34,96	15,808	39,52	16,430
45	34,03	15,661	38,56	16,312
46	33,11	15,508	37,61	16,188
47	32,19	15,348	36,66	16,058
48	31,29	15,184	35,73	15,924
49	30,39	15,011	34,79	15,781
50	29,50	14,832	33,86	15,633
51	28,63	14,648	32,94	15,479
52	27,76	14,456	32,02	15,318
53	26,90	14,257	31,11	15,150
54	26,05	14,051	30,20	14,973
55	25,21	13,838	29,29	14,788
56	24,38	13,617	28,40	14,598
57	23,56	13,390	27,50	14,397
58	22,75	13,156	26,61	14,187
59	21,95	12,914	25,73	13,971

Anh. III. Anlagen zu § 14 Abs. 1 BewG

Vollendetes Lebensalter	Männer		Frauen	
	Durchschnittliche Lebenserwartung	Kapitalwert	Durchschnittliche Lebenserwartung	Kapitalwert
60	21,16	12,665	24,85	13,743
61	20,37	12,405	23,98	13,508
62	19,60	12,140	23,12	13,264
63	18,84	11,869	22,26	13,009
64	18,08	11,586	21,41	12,745
65	17,33	11,295	20,56	12,468
66	16,59	10,997	19,72	12,182
67	15,87	10,694	18,89	11,887
68	15,14	10,376	18,05	11,574
69	14,44	10,059	17,23	11,255
70	13,74	9,730	16,41	10,922
71	13,05	9,393	15,60	10,578
72	12,38	9,053	14,80	10,224
73	11,72	8,707	14,01	9,858
74	11,08	8,359	13,25	9,492
75	10,47	8,017	12,49	9,110
76	9,87	7,669	11,77	8,734
77	9,29	7,321	11,05	8,343
78	8,74	6,982	10,36	7,954
79	8,21	6,645	9,70	7,568
80	7,71	6,318	9,06	7,180
81	7,22	5,990	8,44	6,792
82	6,76	5,673	7,85	6,411
83	6,32	5,363	7,28	6,030
84	5,89	5,053	6,75	5,666
85	5,49	4,758	6,25	5,313
86	5,11	4,472	5,78	4,972
87	4,76	4,203	5,34	4,646
88	4,44	3,953	4,94	4,342
89	4,16	3,730	4,60	4,078
90	3,88	3,504	4,27	3,818
91	3,61	3,283	3,96	3,569
92	3,35	3,067	3,68	3,341
93	3,11	2,866	3,42	3,126
94	2,91	2,695	3,19	2,933
95	2,72	2,532	2,97	2,747
96	2,55	2,384	2,78	2,584
97	2,39	2,244	2,60	2,428
98	2,24	2,111	2,43	2,279
99	2,11	1,996	2,28	2,147
100 und darüber	1,99	1,888	2,15	2,031

2. Schreiben betr. Bewertung einer lebenslänglichen Nutzung oder Leistung; Vervielfältiger für Bewertungsstichtage ab 1. Januar 2011

Vom 8. November 2010 (BStBl. I S. 1288)
(BMF IV D 4 – S 3104/09/10001)

In der Anlage gebe ich gemäß § 14 Abs. 1 Satz 4 BewG die Vervielfältiger zur Berechnung des Kapitalwerts lebenslänglicher Nutzungen oder Leistungen bekannt, die nach der am 4. November 2010 veröffentlichten Sterbetafel 2007/2009 des Statistischen Bundesamtes ermittelt wurden und für Bewertungsstichtage ab dem 1. Januar 2011 anzuwenden sind.

Kapitalwert einer lebenslänglichen Nutzung oder Leistung im Jahresbetrag von einem Euro für Bewertungsstichtage ab 1. Januar 2011

Der Kapitalwert ist nach der am 4. November 2010 veröffentlichten Sterbetafel 2007/2009 des Statistischen Bundesamtes unter Berücksichtigung von Zwischenzinsen und Zinseszinsen mit 5,5 Prozent errechnet worden. Der Kapitalwert der Tabelle ist der Mittelwert zwischen dem Kapitalwert für jährlich vorschüssige und jährlich nachschüssige Zahlungsweise.

	Männer		Frauen	
Vollendetes Lebensalter	Durchschnittliche Lebenserwartung	Kapitalwert	Durchschnittliche Lebenserwartung	Kapitalwert
0	77,33	18,384	82,53	18,457
1	76,65	18,373	81,79	18,448
2	75,67	18,357	80,81	18,435
3	74,69	18,339	79,83	18,422
4	73,70	18,321	78,84	18,408
5	72,71	18,301	77,85	18,393
6	71,72	18,280	76,85	18,377
7	70,73	18,258	75,86	18,360
8	69,73	18,235	74,87	18,343
9	68,74	18,211	73,87	18,324
10	67,75	18,185	72,88	18,304
11	66,75	18,158	71,88	18,284
12	65,76	18,129	70,89	18,262
13	64,77	18,099	69,89	18,239
14	63,77	18,067	68,90	18,215
15	62,78	18,034	67,91	18,189
16	61,79	17,998	66,92	18,163

Anh. III. Anlagen zu § 14 Abs. 1 BewG

Vollendetes Lebensalter	Männer		Frauen	
	Durchschnittliche Lebenserwartung	Kapitalwert	Durchschnittliche Lebenserwartung	Kapitalwert
17	60,81	17,962	65,93	18,134
18	59,83	17,923	64,94	18,105
19	58,87	17,883	63,95	18,073
20	57,90	17,840	62,97	18,040
21	56,93	17,795	61,98	18,005
22	55,96	17,748	60,99	17,969
23	54,99	17,698	60,01	17,930
24	54,02	17,646	59,02	17,889
25	53,06	17,591	58,03	17,846
26	52,09	17,533	57,05	17,801
27	51,12	17,472	56,06	17,753
28	50,15	17,407	55,08	17,703
29	49,18	17,339	54,09	17,650
30	48,21	17,268	53,11	17,594
31	47,24	17,193	52,12	17,535
32	46,28	17,114	51,14	17,473
33	45,31	17,030	50,15	17,407
34	44,35	16,943	49,17	17,339
35	43,38	16,851	48,19	17,266
36	42,42	16,754	47,21	17,190
37	41,46	16,652	46,23	17,110
38	40,50	16,545	45,26	17,026
39	39,54	16,433	44,28	16,937
40	38,59	16,315	43,32	16,845
41	37,64	16,192	42,35	16,747
42	36,69	16,062	41,38	16,644
43	35,75	15,927	40,42	16,536
44	34,82	15,786	39,46	16,423
45	33,89	15,638	38,51	16,305
46	32,97	15,485	37,56	16,181
47	32,06	15,325	36,61	16,051
48	31,16	15,159	35,68	15,916
49	30,27	14,987	34,74	15,774
50	29,39	14,809	33,81	15,625
51	28,51	14,622	32,89	15,471
52	27,65	14,431	31,97	15,309
53	26,79	14,231	31,06	15,140
54	25,94	14,023	30,15	14,963
55	25,10	13,809	29,25	14,780
56	24,28	13,590	28,35	14,587
57	23,45	13,359	27,46	14,387
58	22,64	13,123	26,57	14,178
59	21,84	12,880	25,69	13,960
60	21,04	12,626	24,81	13,733

Vervielfältiger ab 1.1.2011 **Anh.**

	Männer		Frauen	
Vollendetes Lebensalter	Durchschnittliche Lebenserwartung	Kapitalwert	Durchschnittliche Lebenserwartung	Kapitalwert
61	20,26	12,368	23,94	13,497
62	19,49	12,102	23,08	13,252
63	18,72	11,825	22,22	12,997
64	17,97	11,544	21,37	12,732
65	17,22	11,251	20,52	12,455
66	16,49	10,955	19,67	12,165
67	15,76	10,647	18,83	11,865
68	15,04	10,332	18,00	11,555
69	14,33	10,008	17,17	11,232
70	13,63	9,677	16,36	10,901
71	12,95	9,343	15,55	10,556
72	12,28	9,002	14,75	10,201
73	11,63	8,659	13,98	9,844
74	11,00	8,315	13,22	9,477
75	10,40	7,977	12,47	9,100
76	9,81	7,633	11,74	8,718
77	9,24	7,291	11,03	8,332
78	8,69	6,950	10,34	7,942
79	8,17	6,619	9,68	7,556
80	7,67	6,292	9,04	7,168
81	7,19	5,969	8,43	6,786
82	6,73	5,652	7,84	6,404
83	6,29	5,342	7,28	6,030
84	5,87	5,038	6,76	5,673
85	5,47	4,743	6,26	5,320
86	5,10	4,464	5,79	4,980
87	4,76	4,203	5,36	4,661
88	4,46	3,968	4,99	4,380
89	4,17	3,738	4,63	4,102
90	3,89	3,512	4,30	3,842
91	3,58	3,259	3,96	3,569
92	3,32	3,042	3,69	3,349
93	3,11	2,866	3,43	3,134
94	2,90	2,687	3,20	2,942
95	2,72	2,532	2,98	2,755
96	2,54	2,375	2,79	2,592
97	2,39	2,244	2,61	2,436
98	2,24	2,111	2,44	2,288
99	2,11	1,996	2,29	2,156
100 und darüber	1,98	1,879	2,15	2,031

Anh. III. Anlagen zu § 14 Abs. 1 BewG

3. Schreiben betr. Bewertung einer lebenslänglichen Nutzung oder Leistung; Vervielfältiger für Bewertungsstichtage ab 1. Januar 2010

Vom 1. Oktober 2009 (BStBl. I S. 1168)
(BMF IV C 2-S 3104/09/10001)

In der Anlage gebe ich gemäß § 14 Abs. 1 Satz 4 BewG die Vervielfältiger zur Berechnung des Kapitalwerts lebenslänglicher Nutzungen oder Leistungen bekannt, die nach der am 24. September 2009 veröffentlichten Sterbetafel 2006/2008 des Statistischen Bundesamtes ermittelt wurden und für Bewertungsstichtage ab dem 1. Januar 2010 anzuwenden sind.

Kapitalwert einer lebenslänglichen Nutzung oder Leistung im Jahresbetrag von einem Euro für Bewertungsstichtage ab 1. Januar 2010

Der Kapitalwert ist nach der am 24. September 2009 veröffentlichten Sterbetafel 2006/2008 des Statistischen Bundesamtes unter Berücksichtigung von Zwischenzinsen und Zinseszinsen mit 5,5 Prozent errechnet worden. Der Kapitalwert der Tabelle ist der Mittelwert zwischen dem Kapitalwert für jährlich vorschüssige und jährlich nachschüssige Zahlungsweise.

	Männer		Frauen	
Vollendetes Lebensalter	Durchschnittliche Lebenserwartung	Kapitalwert	Durchschnittliche Lebenserwartung	Kapitalwert
0	77,17	18,382	82,40	18,455
1	76,49	18,371	81,67	18,446
2	75,51	18,354	80,70	18,434
3	74,53	18,336	79,71	18,420
4	73,54	18,318	78,72	18,406
5	72,55	18,298	77,73	18,391
6	71,56	18,277	76,74	18,375
7	70,56	18,255	75,74	18,358
8	69,57	18,231	74,75	18,340
9	68,58	18,207	73,75	18,322
10	67,58	18,181	72,76	18,302
11	66,59	18,153	71,76	18,281
12	65,60	18,125	70,77	18,259
13	64,60	18,094	69,78	18,236
14	63,61	18,062	68,78	18,212
15	62,62	18,028	67,79	18,186
16	61,63	17,993	66,80	18,159

Vervielfältiger ab 1.1.2010   **Anh.**

	Männer		Frauen	
Vollendetes Lebensalter	Durchschnittliche Lebenserwartung	Kapital-wert	Durchschnittliche Lebenserwartung	Kapital-wert
17	60,65	17,955	65,81	18,131
18	59,67	17,916	64,82	18,101
19	58,71	17,876	63,84	18,069
20	57,74	17,833	62,85	18,036
21	56,78	17,788	61,86	18,001
22	55,81	17,741	60,88	17,964
23	54,84	17,690	59,89	17,925
24	53,87	17,638	58,91	17,885
25	52,91	17,582	57,92	17,841
26	51,94	17,524	56,93	17,795
27	50,97	17,462	55,94	17,747
28	50,00	17,397	54,96	17,697
29	49,03	17,329	53,97	17,643
30	48,06	17,257	52,99	17,587
31	47,09	17,181	52,00	17,528
32	46,13	17,101	51,02	17,465
33	45,16	17,017	50,04	17,400
34	44,19	16,928	49,05	17,330
35	43,23	16,836	48,07	17,257
36	42,27	16,739	47,10	17,181
37	41,30	16,635	46,12	17,101
38	40,35	16,528	45,14	17,015
39	39,39	16,415	44,17	16,926
40	38,44	16,296	43,20	16,833
41	37,49	16,172	42,23	16,734
42	36,55	16,042	41,27	16,632
43	35,61	15,906	40,31	16,524
44	34,68	15,764	39,35	16,410
45	33,76	15,617	38,40	16,291
46	32,84	15,462	37,45	16,166
47	31,93	15,301	36,51	16,037
48	31,04	15,136	35,57	15,900
49	30,15	14,963	34,64	15,758
50	29,27	14,784	33,71	15,609
51	28,39	14,596	32,79	15,454
52	27,53	14,403	31,87	15,291
53	26,68	14,204	30,96	15,121
54	25,83	13,996	30,05	14,943
55	24,99	13,780	29,15	14,759
56	24,17	13,560	28,25	14,565
57	23,35	13,330	27,36	14,364
58	22,53	13,090	26,47	14,154
59	21,73	12,845	25,59	13,935
60	20,93	12,590	24,71	13,706

Anh. III. Anlagen zu § 14 Abs. 1 BewG

Vollendetes Lebensalter	Männer		Frauen	
	Durchschnittliche Lebenserwartung	Kapital-wert	Durchschnittliche Lebenserwartung	Kapital-wert
61	20,15	12,330	23,84	13,469
62	19,38	12,063	22,98	13,223
63	18,61	11,784	22,12	12,966
64	17,86	11,502	21,27	12,700
65	17,11	11,208	20,41	12,418
66	16,38	10,910	19,57	12,130
67	15,65	10,600	18,72	11,825
68	14,93	10,282	17,89	11,513
69	14,23	9,961	17,06	11,187
70	13,54	9,633	16,25	10,855
71	12,86	9,298	15,44	10,508
72	12,20	8,960	14,65	10,155
73	11,56	8,621	13,88	9,796
74	10,94	8,282	13,12	9,427
75	10,34	7,942	12,38	9,053
76	9,76	7,603	11,66	8,675
77	9,21	7,272	10,95	8,287
78	8,67	6,938	10,27	7,902
79	8,16	6,613	9,61	7,514
80	7,65	6,279	8,97	7,125
81	7,17	5,956	8,36	6,741
82	6,71	5,638	7,78	6,365
83	6,27	5,327	7,22	5,990
84	5,86	5,031	6,69	5,624
85	5,46	4,735	6,19	5,270
86	5,10	4,464	5,72	4,928
87	4,78	4,218	5,30	4,615
88	4,46	3,968	4,90	4,311
89	4,16	3,730	4,53	4,023
90	3,84	3,472	4,15	3,722
91	3,56	3,242	3,80	3,439
92	3,32	3,042	3,51	3,201
93	3,10	2,857	3,26	2,992
94	2,90	2,687	3,06	2,823
95	2,71	2,523	2,88	2,670
96	2,54	2,375	2,72	2,532
97	2,38	2,235	2,54	2,375
98	2,24	2,111	2,38	2,235
99	2,10	1,987	2,23	2,103
100 und darüber	1,98	1,879	2,10	1,987

Vervielfältiger ab 1.1.2009 Anh.

4. Schreiben betr. Bewertung einer lebenslänglichen Nutzung oder Leistung; Vervielfältiger für Bewertungsstichtage ab 1. Januar 2009

Vom 20. Januar 2009 (BStBl. I S. 270)
(BMF IV C 2-S 3104/09/10001)

In der Anlage gebe ich gemäß § 14 Abs. 1 Satz 4 BewG die Vervielfältiger zur Berechnung des Kapitalwerts lebenslänglicher Nutzungen oder Leistungen bekannt, die nach der am 22. August 2008 veröffentlichten Sterbetafel 2005/2007 des Statistischen Bundesamtes ermittelt wurden und für Bewertungsstichtage ab dem 1. Januar 2009 anzuwenden sind.

Kapitalwert einer lebenslänglichen Nutzung oder Leistung im Jahresbetrag von einem Euro für Bewertungsstichtage ab 1. Januar 2009

Der Kapitalwert ist nach der am 22. August 2008 veröffentlichten Sterbetafel 2005/2007 des Statistischen Bundesamtes unter Berücksichtigung von Zwischenzinsen und Zinseszinsen mit 5,5 Prozent errechnet worden. Der Kapitalwert der Tabelle ist der Mittelwert zwischen dem Kapitalwert für jährlich vorschüssige und jährlich nachschüssige Zahlungsweise.

	Männer		Frauen	
Vollendetes Lebensalter	Durchschnittliche Lebenserwartung	Kapitalwert	Durchschnittliche Lebenserwartung	Kapitalwert
0	76,89	18,377	82,25	18,453
1	76,22	18,366	81,54	18,444
2	75,25	18,349	80,56	18,432
3	74,27	18,332	79,58	18,418
4	73,28	18,312	78,59	18,404
5	72,29	18,292	77,59	18,389
6	71,30	18,271	76,60	18,373
7	70,31	18,249	75,61	18,356
8	69,31	18,225	74,61	18,338
9	68,32	18,200	73,62	18,319
10	67,33	18,174	72,62	18,299
11	66,33	18,146	71,63	18,278
12	65,34	18,117	70,64	18,256
13	64,35	18,086	69,64	18,233
14	63,36	18,054	68,65	18,209
15	62,36	18,019	67,66	18,183
16	61,38	17,983	66,67	18,156

Anh. III. Anlagen zu § 14 Abs. 1 BewG

Vollendetes Lebensalter	Männer		Frauen	
	Durchschnittliche Lebenserwartung	Kapitalwert	Durchschnittliche Lebenserwartung	Kapitalwert
17	60,40	17,946	65,68	18,127
18	59,42	17,906	64,69	18,097
19	58,45	17,865	63,71	18,065
20	57,49	17,822	62,72	18,032
21	56,53	17,776	61,73	17,996
22	55,56	17,728	60,75	17,959
23	54,59	17,677	59,76	17,920
24	53,63	17,624	58,78	17,879
25	52,66	17,568	57,79	17,835
26	51,69	17,508	56,80	17,789
27	50,73	17,446	55,82	17,741
28	49,76	17,381	54,83	17,690
29	48,79	17,311	53,84	17,636
30	47,82	17,238	52,86	17,580
31	46,85	17,161	51,87	17,520
32	45,88	17,080	50,89	17,457
33	44,92	16,996	49,91	17,391
34	43,95	16,906	48,93	17,321
35	42,99	16,812	47,95	17,248
36	42,03	16,713	46,97	17,171
37	41,07	16,610	45,99	17,089
38	40,11	16,500	45,02	17,005
39	39,15	16,385	44,04	16,914
40	38,20	16,265	43,08	16,821
41	37,26	16,141	42,11	16,722
42	36,32	16,009	41,15	16,618
43	35,38	15,872	40,19	16,510
44	34,46	15,730	39,23	16,395
45	33,54	15,581	38,28	16,276
46	32,63	15,426	37,34	16,152
47	31,72	15,263	36,40	16,021
48	30,83	15,096	35,46	15,884
49	29,94	14,921	34,53	15,741
50	29,06	14,740	33,60	15,591
51	28,19	14,552	32,68	15,434
52	27,33	14,357	31,76	15,271
53	26,48	14,156	30,85	15,100
54	25,64	13,948	29,95	14,923
55	24,80	13,730	29,04	14,736
56	23,98	13,508	28,15	14,543
57	23,16	13,276	27,26	14,341
58	22,34	13,033	26,37	14,129
59	21,54	12,786	25,49	13,910
60	20,75	12,531	24,61	13,679

Vervielfältiger ab 1.1.2009 **Anh.**

	Männer		Frauen	
Vollendetes Lebensalter	Durchschnittliche Lebenserwartung	Kapital- wert	Durchschnittliche Lebenserwartung	Kapital- wert
61	19,97	12,269	23,74	13,441
62	19,19	11,995	22,88	13,194
63	18,43	11,718	22,02	12,935
64	17,68	11,432	21,17	12,668
65	16,93	11,135	20,31	12,384
66	16,20	10,834	19,46	12,091
67	15,48	10,526	18,62	11,788
68	14,76	10,205	17,79	11,475
69	14,07	9,886	16,96	11,147
70	13,38	9,555	16,15	10,813
71	12,71	9,222	15,35	10,469
72	12,07	8,892	14,57	10,119
73	11,44	8,556	13,80	9,758
74	10,82	8,215	13,05	9,393
75	10,23	7,879	12,31	9,017
76	9,66	7,544	11,59	8,637
77	9,11	7,211	10,89	8,254
78	8,58	6,881	10,21	7,867
79	8,07	6,554	9,56	7,484
80	7,56	6,219	8,92	7,094
81	7,08	5,894	8,32	6,716
82	6,62	5,575	7,74	6,338
83	6,19	5,270	7,19	5,969
84	5,78	4,972	6,67	5,610
85	5,39	4,683	6,17	5,256
86	5,04	4,418	5,73	4,936
87	4,70	4,156	5,30	4,615
88	4,38	3,905	4,89	4,303
89	4,04	3,634	4,49	3,992
90	3,73	3,382	4,13	3,706
91	3,45	3,151	3,81	3,447
92	3,23	2,967	3,52	3,209
93	3,03	2,798	3,29	3,017
94	2,84	2,635	3,07	2,832
95	2,66	2,480	2,87	2,661
96	2,49	2,332	2,70	2,515
97	2,34	2,200	2,52	2,358
98	2,20	2,076	2,36	2,218
99	2,07	1,960	2,21	2,085
100 und darüber	1,95	1,852	2,08	1,969

Sachverzeichnis

Die fetten Zahlen bezeichnen die Paragraphen des Bewertungsgesetzes, die mageren Zahlen die Randziffern. Die Abkürzung „Einl" bezeichnet die vorangestellte Einleitung des Werks. Die Abkürzung „Anh" bezeichnet den Anhangsteil des Werks.

Abbauland 34 20
Begriff **43** 1; **142** 12
Bewertung **43** 3 f.; **142** 12
Mindestwert **164** 30
Reingewinn **163** 50
Abbruch, baldiger
Ermäßigung des Grundstückswerts **82** 8
Abbruchverpflichtung
Erbbaurecht **92** 12
Abfallverwertung
Bewertung **42** 12
Abgezinster Bodenwertanteil 194 4
Abgrenzung
zu den Außenanlagen
– Betriebsvorrichtungen **68** 14
zu den Bestandteilen
– Betriebsvorrichtungen **68** 13
des Betriebsvermögens
– von der Land- und Forstwirtschaft **33** 13 ff.; **140** 13; **158** 30 ff.
zum Gebäude
– Betriebsvorrichtungen **68** 12
des Grundvermögens
– von der Land- und Forstwirtschaft **33** 10 ff.; **140** 11; **158** 26 ff.; **159** 1 ff.
des land- und forstwirtschaftlichen Vermögens
– vom Betriebsvermögen **33** 13 ff.; **140** 13; **158** 30 ff.
– vom Grundvermögen **33** 10 ff.; **140** 11; **158** 26 ff.; **159** 1 ff.
– vom sonstigen Vermögen **158** 40
– vom übrigen Vermögen **140** 14
des übrigen Vermögens
– von der Land- und Forstwirtschaft **140** 14; **158** 40 ff.

Abschläge
Begrenzung **41** 4
Berechnung **41** 5 ff.
Stückländerei **41** 16
vom Vergleichswert **41** 5 ff.
Abweichende Geschossflächenzahl 145 12
Abzinsungsfaktoren Anh 26
Ackerbodenzahl
Bodenschätzung **50** 3
Ackerland
Begriff **34** 6
Bodenschätzung **50** 3
Ackerschätzungsrahmen 38 8
Agrarberichterstattung
Betrieb der Land- und Forstwirtschaft **163** 8
Aktiengesellschaft 97 25 ff.
Allgemeine Bewertungsvorschriften
ausländischer Grundbesitz **1** 15
ausländisches Betriebsvermögen **1** 15
Bedeutung **1** 10
Geltungsbereich **1** 11
Vorrang anderer Vorschriften **1** 12 ff.
Altenteiler
Wohnteil **34** 27; **141** 17
Altenteilerwohnung
Bewertung **47** 3 ff.; **143** 1 ff.
Einheitsbewertung **33** 62
Wohnteil **34** 27; **141** 17
Alterswertminderung 146 16 ff.; **190** 4 ff.
Gebäude unterschiedlichen Baualters **146** 19
nicht behebbarer Baumangel **146** 18
Verkürzung
– der Nutzungsdauer **146** 17

Sachverzeichnis

fette Zahlen = §§

Verlängerung
- der gewöhnlichen Nutzungsdauer *s. auch Wertminderung wegen Alters*
- der Nutzungsdauer **146** 17

Anbauten 185 12
Vervielfältiger **80** 7

Änderung von Feststellungsbescheiden
Einheitswertfeststellung **24a** 1
vorzeitige Feststellung **24a** 2 ff.

Angleichung an den gemeinen Wert 90 1

Anlagen zu § 14 Abs. 1 BewG Anh 44 ff.

Anlagen zum BewG Anh 1 ff.

Anlagen zu den BewRL Gr Anh 27 ff.

Ansprüche
aus Kapitalversicherungen **12** 31
aus Lebensversicherungen **12** 31
aus Rentenversicherungen **12** 32

Anstalten 97 65 ff.

Arbeitskräfte
Wirtschaftsgebäude
- Einheitsbewertung **33** 59

Art der wirtschaftlichen Einheit 151 13 ff.

Artfeststellung
Einheitswert **19** 11

Artfortschreibung
Einheitswertfeststellung **22** 10

Atypisch stille Beteiligung 95 26

Aufhebung des Einheitswerts
Aufhebungszeitpunkt **24** 3
Einheitswertfeststellung **24** 2

Auflösend bedingte Last 7 1 ff.

Auflösend bedingter Erwerb 5 1 ff.

Aufschiebend bedingte Last 6 2 ff.

Aufschiebend bedingter Erwerb 4 2 ff.

Aufschiebende Bedingung 12 9

Aufstockungen 185 13
Vervielfältiger **80** 6

Aufteilung
des Betriebswertes
- Verfahren **142** 55; **142** 46 ff.
des Gesamtwerts **148** 10 ff.

Ausgleichsforderung
DMBilG **137** 3, 5

Ausgleichsposten Organschaft 95 1

Ausländisches Betriebsvermögen 109 7

Ausländisches Sachvermögen
Bedeutung **31** 2
Begriff **31** 4
Bewertung **31** 6 ff.
Grundbesitz **31** 16
wirtschaftliche Einheit **31** 7

Ausländisches Vermögen 151 23
gesonderte Feststellung **152** 2

Außenanlagen
Bewertung
- Begriff **89** 1
- dreistufige Wertermittlung **89** 2
- pauschale **89** 5

Außenprüfung
gesonderte Feststellung **156** 1 ff.

Bagatellflächen
Zuordnung **34** 8; **142** 23

Basiswert 151 20 ff.

Basiswertprinzip 11 24

Bauerwartungsland
unbebaute Grundstücke **72** 13

Baukostenzuschüsse
Mietvorauszahlungen **79** 9

Baumängel/Bauschäden
Begriff **82** 6

Baumschulen 34 17; **142** 38
Bewertung **59** 1
gärtnerische Nutzung **163** 45
Pachtbetriebe **48a** 5

Baureife Grundstücke
Begriff **73** 1

Baureifes Land
unbebaute Grundstücke **72** 13

Bebaute Grundstücke
Begriff **74** 1; **146** 2; **180** 1
Bewertung
- Verfassungsmäßigkeit **145** 1; **146** 1a

826

magere Zahlen = Randziffern

Sachverzeichnis

Bewertungsverfahren **182** 2
Errichtung
– in Bauabschnitten **74** 2
Ertragswertverfahren **146** 3
Gebäude auf fremdem Grund und Boden **180** 2
Grundstücksarten **75** 1
Jahresmiete **146** 4
Mindestwert (Einheitswert) **77** 1
Bedarfsbewertung 11 23
Abrundung **139** 1
Anpassungsmaßnahmen **11** 37 ff.
gewöhnlicher Geschäftsverkehr **11** 32 ff.
des land- und forstwirtschaftlichen Betriebs **140** 1
Unternehmensbewertung *s. Unternehmensbewertung*
Bedingung
Abgrenzung zur Befristung **8** 1
auflösende **Vor 4–8** 1 ff.; **5** 1 ff.; **7** 1 ff.
aufschiebende **Vor 4–8** 1 ff.; **4** 2 ff.; **6** 1 ff.
Berichtigung der nicht laufend veranlagten Steuern **5** 6 ff.; **6** 7; **7** 4 ff.
bewertungsrechtliche Behandlung **4** 6; **5** 4 ff.; **6** 5 ff.; **7** 3 ff.
Eigentumsvorbehalt **4** 4
Erbschaftsteuer **Vor 4–8** 4
Grunderwerbsteuer **Vor 4–8** 5
Option **4** 5
Potestativbedingung **4** 5
Rücktrittsrecht **5** 3
Befristung 8 1
Abgrenzung zur Betagung **8** 2
Beherbergung von Fremden 33 37; **159** 1
Beitrittsgebiet
Einheitswert **125** 2
Erklärung **127** 1 ff.
Ersatzwirtschaftswert **125** 4 ff.; **126** 1 ff.
Geltung des BewG **126** 1 ff.
land- und forstwirtschaftliches Vermögen **125** 1 ff.
Nutzungseinheit **125** 7

Verfahren **125** 13 ff.
Wirtschaftsgebäude **125** 10
Wohngebäude **125** 11
Belastetes Grundstück
wirtschaftliche Einheit **148** 19
Bergbauflächen 33 12
Besatzkapital
Mindestwert **164** 7
Stückländereien **164** 18
verpachtete Betriebe **164** 18
Besondere Bewertungsvorschriften
Anwendungsbereich **17** 3 ff.
Bedeutung **17** 2
Gewerbesteuer **17** 4
Grunderwerbsteuer **17** 6
Grundsteuer **17** 4
Verhältnis zu den allgemeinen Bewertungsvorschriften **17** 5
Bestandsidentität 95 13; **97** 22
Betagung 8 2
Beteiligte am Feststellungsverfahren
gesonderte Feststellung **154** 1 ff.
Beteiligungsentwertungskonto 137 3
Betrieb der Land- und Forstwirtschaft
Abgrenzung zum Gewerbebetrieb **33** 13 ff.
Abgrenzung zum übrigen Vermögen **158** 40 ff.
Begriff **33** 45; **140** 5; **158** 12
Beitrittsgebiet **125** 7
Betriebswohnung **167** 9
Bewertung **36** 2; **142** 4
Bewertung des Wirtschaftsteils **162** 1 ff.
Bewertungsstichtag **35** 3
Einbeziehung fremder Wirtschaftsgüter **34** 32 ff.; **141** 4; **142** 46; **158** 15
Einbeziehung von Anteilen an Wirtschaftsgütern **34** 39 ff.; **141** 5
Einheitswert **48** 1
Eiserne Verpachtung **160** 5
Ertragswert **36** 2 ff.

827

Sachverzeichnis

fette Zahlen = §§

Geldschulden **33** 69
Genossenschaft **158** 35
Grund und Boden **33** 56
Grundbesitzwert **168** 4
immaterielle Wirtschaftsgüter **158** 21
Intensivnutzung **48a** 1 ff.
Kapitalgesellschaft **158** 35
landwirtschaftliche Nutzung **163** 14 ff.
Liebhaberei **33** 7
Liquidationswert **162** 12 ff.
Maschinengemeinschaft **158** 36
Mindestgröße **158** 13
Nachbewertungsvorbehalt **162** 5
Nebenbetrieb **34** 21; **160** 17
Nutzungen **158** 8
Nutzungseinheit **125** 7
Rechtsform **158** 11
Reinvestitionsklausel **162** 6
spezialisierte Betriebe **163** 26
Standarddeckungsbeitrag **163** 15
stehende Betriebsmittel **33** 63
Stückländereien **160** 11 ff.
Tierbestand **33** 73; **51** 1 ff.; **158** 33
Tierhaltungskooperation **34** 44
Umfang **141** 2; **160** 3 ff.
Umfang der wirtschaftlichen Einheit **34** 1
umlaufende Betriebsmittel **33** 64
Verbindlichkeiten **158** 23
Verbundbetriebe **163** 26
Vergleichswert **40** 1 ff.
verpachtete Flächen **158** 13
Verpachtung **160** 11 ff.
wirtschaftliche Einheit **33** 45
Wirtschaftsgebäude **33** 58
Wirtschaftsgüter **33** 55 ff.; **158** 15
Wirtschaftsteil **34** 3 ff.; **160** 7 ff.
Wirtschaftswert **46** 2
Wohnteil **34** 23; **141** 17; **160** 21 ff.; **167** 7
Wohnung der Arbeitskräfte **34** 3; **141** 14 ff.
Wohnungswert **47** 1 ff.
Zahlungsmittel **33** 68
Zweckbestimmung **158** 8

Betriebsauflösung
Betrieb der Land- und Forstwirtschaft **162** 20
Betriebsfinanzamt
örtliche Zuständigkeit **152** 3
Betriebsgröße 38 17
Betriebsgrundstück 99 2
Beteiligung mehrerer Personen **99** 2
Bewertung **99** 14 ff.
Ehegattenmiteigentum **99** 10a
zum Gewerbebetrieb gehörend **99** 4
Gewerbebetrieb kraft Rechtsform **99** 25 ff.
gewillkürtes Betriebsvermögen **99** 2
Kategorie Grundvermögen **99** 10
Kategorie Land- und Forstwirtschaft **99** 11
Zugehörigkeit zum Betriebsvermögen **99** 2, 4
Betriebskosten 187 3
Betriebsmittel
fremde Eigentümer **34** 32; **142** 46
als land- und forstwirtschaftliches Vermögen **33** 63; **141** 11
Normalbestand **33** 70
stehende **33** 63; **162** 26
Überbestand **33** 70
umlaufende **33** 64; **158** 22; **166** 8; **170** 1
Betriebsorganisation 38 19
Betriebteil
Betrieb der Land- und Forstwirtschaft **141** 7 ff.
Betriebsveräußerung
Betrieb der Land- und Forstwirtschaft **162** 16 ff.
Betriebsvermögen
Abgrenzung vom land- und forstwirtschaftlichen Vermögen **33** 13 ff.; **140** 3
Abwicklungsstadium **95** 31
Anteil des Mitunternehmers **95** 25
Anteil des persönlich haftenden Gesellschafters einer KGaA **95** 29
Ausgleichsposten Organschaft **95** 1

magere Zahlen = Randziffern **Sachverzeichnis**

ausländisches **95** 35
Begriff **95** 6 ff.
Bestandsidentität mit Steuerbilanz **95** 13; **97** 22
Betriebsaufspaltung **95** 34
Betriebsgrundstück s. *Betriebsgrundstück*
Betriebsverpachtung **95** 33
Bewertung s. *Bewertung des Betriebsvermögens*
bilanzierende Gewerbetreibende **95** 13
Doppelerfassung bei Personengesellschaften **Vor 95–109** 13 ff.
Einzelbewertung **98a** 1
Ergänzungskapital **95** 24; **97** 50
freier Beruf **96** 6 ff.
gemeinschaftliche Tierhaltung **97** 64
gemischte Nutzung **95** 18
Gewerbebetrieb **95** 7 ff.
gewerbliche Prägung **95** 9
gewillkürtes **95** 16, 20; **99** 2
Gründungsstadium **95** 31
Körperschaften **97** 5 ff.
Land- und Forstwirtschaft **10** 6; **95** 39 f.
nichtbilanzierende Gewerbetreibende **95** 14
notwendiges **95** 15
rechtliches Eigentum **95** 19
Schulden und sonstige Abzüge s. *Schulden und sonstige Abzüge, beim Betriebsvermögen*
Schuldenabzug **97** 13a
Sonderbetriebsvermögen **95** 20; **97** 49
staatliche Lotterieeinnehmer **96** 12
steuerliche Gewinnermittlung **95** 12
Umfang **95** 12 ff.; **97** 21 f.
– bei Personengesellschaften **95** 20 ff.; **97** 48 ff.
wirtschaftliches Eigentum **95** 19
zum B. gehörende Wirtschaftsgüter **97** 16 ff.
Betriebsvorrichtungen
Abgrenzung
– zu den Außenanlagen **68** 14

– zu den Bestandteilen **68** 13
– zum Gebäude **68** 12
Bedeutung **68** 15 ff.
Begriff **68** 10
Betriebswert
Aufteilung **142** 46
Ermittlung **142** 1 ff.
Zusammensetzung **142** 10
Betriebswohnung
Begriff **141** 13; **167** 5
Bewertung **143** 1 ff.
BewÄndG 1965 Einl 2
BewÄndG 1971 Einl 2
Bewertung 11 2
des Betriebsvermögens
– von Gewerbetreibenden und Freiberuflern **109** 8
– von Körperschaften, Personenvereinigungen und Vermögensmassen **109** 11 f.
– Substanzbewertung **98a** 1
Ertragswert **36** 2
Kapitalforderung **12** 6
Schulden **12** 6
Tierhaltungskooperation **51a** 17 ff.
uneinbringliche Forderungen **12** 17
zweifelhafte Forderungen **12** 18
Bewertungsabschlag
Betrieb der Land- und Forstwirtschaft **167** 15
Bewertungsbeirat 63 1 f.
Aufgaben **65** 1
Geschäftsführung **66** 1
Mitglieder **64** 1 ff.
Bewertungsgesetz
Aufbau **1** 2 ff.
Bedeutung **1** 10
Bewertungsmaßstab
land- und forstwirtschaftliches Vermögen **36** 2
Bewertungsrichtlinien
Landwirtschaft **33** 3
Bewertungsstichtag 162 14 f.
gärtnerische Nutzung **59** 2
für Holz **54** 1
Land- und Forstwirtschaft **35** 3; **161** 1 ff.
Liquidationswert **166** 4

Sachverzeichnis

fette Zahlen = §§

umlaufende Betriebsmittel **35** 7; **161** 4
Weinbau **56** 5
Bewertungsstützpunkt 39 1 ff. *s. auch Haupt-, Landes-, Ortsbewertungsstützpunkt*
Weinbau **57** 3
Bewertungsverfahren
Ein- und Zweifamilienhäuser **182** 3
gemischt genutzte Grundstücke **182** 5
Geschäftsgrundstücke **182** 5
Mietwohngrundstücke **182** 4
Bewertungszuschlag Ein- und Zweifamilienhäuser 146 20
Bewirtschaftungskosten
Begriff **187** 1
Betriebskosten **187** 3
Ertragswertverfahren **78** 4
Instandhaltungskosten **187** 4
Kostenberechnung **187** 7
Mietausfallwagnis **187** 5
pauschalierte **Anh** 23
Umlagen **187** 6
Verwaltungskosten **187** 1
Bezugsfertigkeit
unbebaute Grundstücke **72** 3; **145** 4; **178** 4
Bilanzierungshilfen nach dem DMBilG 137 2
Bilanzposten nach dem DMBilG
Beteiligungsentwertungskonto **137** 5
Kapitalentwertungskonto **137** 4
Sonderverlustkonto **137** 3
Binnenfischerei
Begriff **62** 2
Bewertung **62** 10
sonstige land- und forstwirtschaftliche Nutzung **175** 5
Biogaserzeugung 34 10
Blumenanbau
Bewertung **59** 2
gärtnerische Nutzung **163** 45
vergleichendes Verfahren **61** 1 ff.
Bodenarten 38 1 ff.
Bodenbeschaffenheit 38 9

Bodenrichtwert 145 9; **179** 3
Liquidationswert **166** 9
Publizität **179** 8
Rundung **179** 12
unbebaute Grundstücke **72** 12
Bodenschätze
Grundvermögen **176** 4
Bodenschätzung 50 1
Gartenbau **60** 2
Bodenschätzungsgesetz 33 4; **38** 2; **50** 1 ff.
Bodenwert (Ertragswertverfahren) 184 3
Bodenwert (Sachwertverfahren)
Arkaden **84** 6
Fabrikgrundstücke **84** 3
Grundsatz **84** 1
Passagen **84** 11
Bodenwertanteil 193 8
Ertragswertverfahren **78** 5
Börsennotierung 11 12
Brachflächen 34 8
Brennereien 34 21
als Nebenbetrieb **42** 6
Bruchteilsgemeinschaft
Land- und Forstwirtschaft **34** 42; **160** 6
Brütereien
als Nebenbetrieb **42** 7
Bruttogrundfläche 190 3

Darlehen
partiarische **12** 33 f.
Dauerbauten
des Pächters **34** 35
DBA-Erbschaftsteuer 31 3
Discounted Cash Flow-Verfahren 11 55

Eckgrundstücke
unbebaute Grundstücke **72** 21
Ehegatten
Land- und Forstwirtschaft **33** 49
wirtschaftliche Einheit **26** 1 ff.
Ehegatten-Gesellschaft
Grundbesitzwert **169** 17
Ehegatten-Mitunternehmerschaft
Tierhaltung **51a** 4

magere Zahlen = Randziffern

Sachverzeichnis

Ein- und Zweifamilienhaus
Begriff **181** 2
Bewertungsverfahren **182** 3
Mitnutzung zu anderen als Wohnzwecken **181** 4
Wohnungsbegriff **181** 3
Einfamilienhaus
baulicher Abschluss **75** 13
besondere Ausstattung bzw. Gestaltung **76** 5 f.
eigener Zugang **75** 13
freiberufliche Mitnutzung **75** 20
gewerbliche Mitnutzung **75** 20
Grundstücksarten **75** 8
Küche **75** 13
Mindestgröße **75** 13
Nutzung
– zu Wohnzwecken **75** 13
sanitäre Einrichtungen **75** 13
Vervielfältiger **Anh** 7
Wertzahlen **Anh** 25
Wohnung **75** 9 ff.
Einheitswert
Abrundung **30** 1
Artfeststellung **19** 11
außersteuerliche Anwendung **33** 2
Bedeutung **Einl** 22
Billigkeitsregelung **20** 2
Buchführungspflicht **33** 2
Entwicklung **Einl** 1 ff.
Ermittlung **20** 1
Gegenstand der Feststellung **19** 3
gesonderte Feststellung **19** 5
bei Intensivnutzung **48a** 4
Land- und Forstwirtschaft **48** 1
neue Bundesländer
– vereinfachtes Verfahren **129–133** 3; **129–133** 1 ff.
Rechtsentwicklung **19** 1
Verfassungsmäßigkeit **19** 2
Wertfeststellung **19** 9
Zurechnungsfeststellung **19** 13
Einheitswertbescheid 19 8
Bekanntgabe **19** 16
Ergänzungsbescheid **19** 17
Rechtsfolgen **19** 18
steuerliches Interesse **19** 20
Einheitswerte 1964 121a 2 ff.
Anwendungsbereich **121a** 4 ff.

Gewerbesteuer **121a** 3
heutige Bedeutung **121a** 2 ff.
Einheitswertfeststellung
Änderung von Feststellungsbescheiden **24a** 1
Artfortschreibung **22** 10
Aufhebung des Einheitswertes **24** 2
Erklärungsfrist **28** 2
Erklärungspflicht **28** 1 ff.
Erklärungspflichtiger **28** 3
Feststellungsarten **21** 1
Fortschreibungen **22** 1 ff.
Hauptfeststellung **21** 2
Kaufpreissammlung **29** 2
Mitteilung
– von Grundbuchämtern **29** 5
Mitteilungspflichten
– von Behörden **29** 4
Nachfeststellung **23** 1
Nachholung
– der Feststellung **25** 1
örtliche Erhebung **29** 3
Wertfortschreibung **22** 7
Wertverhältnisse bei Fortschreibungen und Nachfeststellungen **27** 2
Zurechnungsfortschreibung **22** 11
Einigungsvertrag Einl 4 ff.
Einlage des typisch stillen Gesellschafters 12 33 f.
Einzelbewertung des Betriebsvermögens 98a 1
Einzelertragswert
für Abbauland **43** 3; **142** 12
Bedarfsbewertung **142** 5, 10
Nebenbetrieb **42** 15; **142** 10, 43
Verfahren **37** 7 ff.
Eiserne Verpachtung 160 5
Mindestwert **164** 9, 18
Energieerzeugung 33 37
Erbbaurecht
Abbruchverpflichtung **92** 12
Aufteilung des Gesamtwerts **148** 10 ff.
Begriff **92** 1; **148** 2 ff.; **192** 1
Bewertung
– der beiden wirtschaftlichen Einheiten **192** 4
– des Erbbaurechts **193** 1

831

Sachverzeichnis

fette Zahlen = §§

Entstehung **192** 2
Erbbauzins **148** 20
Ermittlung des Gesamtwerts **92** 5
Feststellungen **92** 16
finanzmathematische Berechnung **193** 3 ff.
geringerer gemeiner Wert **148** 23
Gesamtwert **148** 9
getrennte wirtschaftliche Einheiten **148** 8
Grundvermögen **68** 5
Mindestbewertung **92** 13 ff.
Vergleichswertverfahren **193** 2
Verteilung des Gesamtwerts **92** 6 ff.
wirtschaftliche Einheit **148** 15
Wohnungs- und Teilerbbaurecht **148** 21 f.
Zuordnung des Gebäudewerts
– Regeln **148** 16 ff.
Erbbaurechtsgrundstück
finanzmathematische Berechnung **194** 2
Vergleichswertverfahren **194** 1
Erbbauzins 148 20
Erbengemeinschaft
Betrieb der Land- und Forstwirtschaft **162** 20
Land- und Forstwirtschaft **34** 42
Tierhaltung **51a** 3
Erbschaftsteuerreform 2009 1 10, 12, 14, 16; **2** 28 ff.; **3** 5 ff.; **Vor 4–8** 3; **6** 1; **9** 3 ff., 8, 16, 22; **10** 3, 11 ff.; **17** 1; **31** 2, 8 ff., 15; **32** 2; **Vor 95–109** 1 f.; **95** 1, 18a, 24, 36 f.; **97** 1 ff., 50, 55 ff.; **99** 1 ff.; **103** 1 ff., 9, 12, 24 ff.; **121** 1, 21 f., 51, 60
gemeiner Wert **Einl** 17 f.
Verfassungsmäßigkeit **Einl** 18
Erbschaftsteuer-Richtlinien 2011 Einl 21
Erbschaftsteuervergünstigung
Betriebsvermögen **10** 7 ff.; **95** 30, 37 f.
Ergänzungskapital 95 24
Erhöhung des Gebäudesachwerts 88 1

Erhöhung des Grundsteuerwerts
Begriff **82** 1
Erhöhung des Grundstückswerts
Begrenzung **82** 14
übergroße Fläche **82** 11
Erklärungspflicht
Aufforderung zur Feststellungserklärung **153** 2
Einheitswertfeststellung **28** 1 ff.
Personenkreis **153** 3
Unterschrift **153** 4
Ermäßigung des Gebäudesachwerts 88 1
übermäßige Raumhöhe **88** 17
ungünstige Lage **88** 2
unorganischer Aufbau **88** 15
vorzeitiger Abbruch **88** 12
wirtschaftliche Überalterung **88** 8
Ermäßigung des Grundstückswerts
Abbruch, baldiger **82** 8
Begrenzung **82** 14
Begriff **82** 1
behebbare Baumängel, -schäden **82** 7
Geruchsbeeinträchtigung **82** 5
Lärmbeeinträchtigung **82** 3
Rauchbeeinträchtigung **82** 4
Reklamzwecke **82** 13
sonstige Gründe **82** 10
Errichtung in Bauabschnitten
bebaute Grundstücke **74** 2
unbebaute Grundstücke **178** 7
Ersatzvergleichswert 125 20
Ersatzvergleichszahl 125 17
Ersatzwirtschaftswert 125 13 ff.
Abrundung **128** 2
Beitrittsgebiet **125** 1
Einkommensteuer **126** 7
Erklärung **127** 1
Geltung **126** 1 ff.
Grundsteuer **126** 1
Verfahren **125** 13 ff.
Wertänderungen **126** 4
Erschließungszustand 145 16
Ertragsbedingungen
Land- und Forstwirtschaft **50** 2

magere Zahlen = Randziffern

Sachverzeichnis

natürliche **38** 8 ff.
Vergleich **37** 2
wirtschaftliche **38** 14 ff.
Ertragsfähigkeit
Begriff **36** 4
Beurteilung **36** 10
Ertragsmesszahl 33 4
bei der Bedarfsbewertung **142** 25
Begriff **50** 5
Beitrittsgebiet **125** 18
Verfahren **38** 2
Ertragswert
bei der Bedarfsbewertung **142** 4
Beitrittsgebiet **125** 13
Bewertungsmaßstab **36** 2
Ermittlung im Einzelertragswertverfahren **37** 7
Ermittlung im vergleichenden Verfahren **37** 1 ff.
Forstwirtschaft **55** 13
des Grundstücks **184** 4
Ertragswertverfahren 146 1a; **184** 1 ff.
Anwendungsbereich **76** 2
Betrieb der Land- und Forstwirtschaft **163** 1
Bewertungszuschlag Ein- und Zweifamilienhäuser **146** 20
Bewirtschaftungskosten **78** 4; **187** 1 ff.
Bodenwert (Ertragswertverfahren) **184** 3
Bodenwertanteil **78** 5
Entgelt **186** 3 f.
Ertragswert
– des Grundstücks **184** 4
– des Gebäudes **184** 2
Liegenschaftszins **188** 1 ff.
Mindestwert (Bedarfswert) **146** 21
niedrigerer gemeiner Wert **146** 22; **184** 5
Rohertrag **186** 1 ff.
Überblick **78** 1
Wohnungs- und Teileigentum **146** 24
Erwerbs- und Wirtschaftsgenossenschaften 97 6, 34 ff.
Erzielbarer Erbbauzins 193 6

Europäische Gesellschaft 97 7, 33
Europäische Größeneinheit 163 30
Betrieb der Land- und Forstwirtschaft **163** 16, 27

Fassweinerzeugung
weinbauliche Nutzung **163** 42 f.
Fehlerbeseitigung
Fehlerbegriff **22** 16
Fortschreibungen **22** 14
Fortschreibungszeitpunkt **22** 23
Verböserung **22** 19
Feststellung von Grundbesitzwerten
Anteile
– an anderen Grundstücken **157** 5
Bewertung **157** 7
Mitteilungen **157** 6
tatsächliche Verhältnisse **157** 2
Wertverhältnisse **157** 3
Feststellungen
von Anteilswerten **157** 1 ff.
von Betriebsvermögenswerten **157** 1 ff.
von Grundbesitzwerten **157** 1 ff.
Feststellungsbescheid
nachrichtliche Angaben **151** 19
Feststellungsstichtag
Land- und Forstwirtschaft **35** 2
Feststellungszeitpunkt
Land- und Forstwirtschaft **35** 5
Festverzinsliche Wertpapiere 12 35 ff.
Finanzmathematische Berechnung
abgezinster Bodenwertanteil **194** 4
abgezinster Gebäudewertanteil **194** 7
Bodenwertanteil **193** 8
erzielbarer Erbbauzins **193** 6
Gebäudewertanteil **193** 9
kapitalisierter Erbbauzins **194** 5
Überblick (Erbbaurecht) **193** 5
Überblick (Erbbaurechtsgrundstück) **194** 3
Unterschiedsbetrag **193** 7

Sachverzeichnis

fette Zahlen = §§

Fischerei s. *Binnenfischerei*
Fischzucht 62 5
Flaschenweinerzeugung
weinbauliche Nutzung **163** 42 f.
Forderungen 12 6 ff.
Bewertung mit dem Nennwert **12** 14
hoch verzinste **12** 29 f.
niedrig verzinste **12** 26
uneinbringliche **12** 17
unverzinsliche **12** 21 ff.
zweifelhafte **12** 18
Forsteinrichtung
forstwirtschaftliche Nutzung **163** 39
Forstwirtschaftliche Nutzung Anh 15 f.
Abgrenzung **34** 11 ff.
Altersklassenverfahren **55** 4
Bedarfsbewertung **142** 29 ff.
Betrieb der Land- und Forstwirtschaft **163** 34 ff.
Betriebsmittel
– Normalbestand **53** 1 ff.
Bewertungsstichtag **54** 1; **172** 1
Ertragswert **142** 29 ff.
Hochwald **55** 1
Mindestwert **164** 19 ff.
Mittelwald **55** 2
Niederwald **55** 2
Normalwert **55** 13
Sägewerk **42** 13
umlaufende Betriebsmittel **53** 1 ff.; **171** 1
vergleichendes Verfahren **55** 3 ff.
Fortführungswert 162 7 ff.
Betrieb der Land- und Forstwirtschaft **165** 4 ff.
Land- und Forstwirtschaft **162** 1
Fortschreibungen
Einheitswertfeststellung **22** 1 ff.
Fehlerbeseitigung **22** 14
Fortschreibungszeitpunkt **22** 20
Verhältnis der Fortschreibungsarten **22** 5
Freier Beruf
Begriff **96** 4
Betriebsvermögen **96** 6 ff.

Freiflächen
unbebaute Grundstücke **72** 13
Freiflächen/Verkehrsflächen 145 15
Freiverkehr 11 13

Gärtnerische Nutzung 34 17 ff.; **Anh** 17
Bedarfsbewertung **142** 34 ff.
Betrieb der Land- und Forstwirtschaft **163** 44 ff.
Bewertungsstichtag **59** 2; **174** 1
Bodenschätzung **60** 2
Mindestwert **164** 25 ff.
vergleichendes Verfahren **61** 1 ff.
Vergleichswert **40** 15
Gebäude
Grundvermögen **68** 2
von untergeordneter Bedeutung
– unbebaute Grundstücke **72** 7
Gebäude auf fremdem Grund und Boden
Abbruchverpflichtung **94** 8
bebaute Grundstücke **180** 2
Begriff **94** 1; **148a** 2; **195** 1
Bewertung belastetes Grundstück **195** 5
Bewertung Gebäude **94** 2 ff.; **148a** 5
– Ertragswertverfahren **195** 3
– Sachwertverfahren **195** 4
Bewertung Überblick **195** 2
Feststellungen **94** 11 ff.
geringerer gemeiner Wert **148a** 10
Gesamtwert **148a** 6
Nutzungsentgelt **148a** 9
wirtschaftliche Einheit **70** 14
Zuordnung Bodenwert **148a** 7
Zuordnung Gebäudewert **148a** 8
Gebäude(teile) für den Zivilschutz 150 1 ff.
begünstigte Gebäude **71** 1 ff.
Bewertung **197** 1
Gebäudeertragswert 184 2; **185** 1 ff.
Anbauten **185** 12
Aufstockungen **185** 13
Gebäudereinertrag **185** 2

magere Zahlen = Randziffern

Sachverzeichnis

mehrere Gebäude(teile) **185** 9
Mindestnutzungsdauer **185** 6
Reinertrag **185** 1
Restnutzungsdauer **185** 5
Teilflächen **185** 3
Verkürzung der Restnutzungsdauer **185** 8
Verlängerung der Restnutzungsdauer **185** 7
Vervielfältiger **185** 4
Gebäuderegelherstellungswert Anh 24
Gebäudereinertrag 185 2
Gebäudesachwert s. *Erhöhung/Ermäßigung des Gebäudesachwerts*
Alterswertminderung **190** 4 ff.
Außenanlagen
– besondere Werthaltigkeit **190** 8; **190** 7 ff.
Bruttogrundfläche **190** 3
Gebäudenormalherstellungswert **85** 2
Raummeterpreis **85** 5
Regelherstellungskosten **190** 1
Überblick **85** 1
umbauter Raum **85** 4
Gebäudewert
Ermittlung bei Ansatz des Mindestwert **148** 12
Gebäudewertanteil 193 9
Geldforderungen
in der Land- und Forstwirtschaft **33** 68
Geldschulden
in der Land- und Forstwirtschaft **33** 69
Gemeiner Wert 11 23; **Vor 95–109** 2; **109** 8, 11 f.
ausländisches Vermögen **10** 14
Begriff, Bedeutung **9** 2, 10
Beschaffenheit des Wirtschaftsguts **9** 13
Bewertungsmaßstab **9** 6 f.
Bewertungsverfahren **177** 2
Ermittlung **9** 10 ff.
erzielbarer Preis **9** 11
gewöhnlicher Geschäftsverkehr **9** 12
Grundvermögen **177** 1 ff.

Kapitalgesellschaften **9** 8
letztwillige Anordnung **9** 21
maßgeblicher Wert **9** 3
persönliche Verhältnisse **9** 15a
preisbeeinflussende Umstände **9** 14
Sachleistungsansprüche **9** 16
ungewöhnliche Verhältnisse **9** 15
Verfügungsbeschränkungen **9** 18 ff.
Gemeinschaftliche Tierhaltung 34 44; **51a** 1 ff.; **97** 64
Bedarfsbewertung **142** 8, 15
Gemischt genutzte Grundstücke 181 12
Bewertungsverfahren **182** 5
Grundstücksarten **75** 7
Vervielfältiger **Anh** 4 f.
Gemischte Nutzung von Wirtschaftsgütern 95 18
Gemüsebau 34 17 s. *auch Gärtnerische Nutzung*
Bedarfsbewertung **142** 36
gärtnerische Nutzung **163** 45
Geringerer gemeiner Wert 148 23; **148a** 10
Geringstland 34 20
Bedarfsbewertung **142** 13
Begriff **44** 1
Beitrittsgebiet **125** 13
Bewertung **44** 3
Ertragswert **142** 42
Mindestwert **164** 30
Reingewinn **163** 51
Geruchsbeeinträchtigung 82 5
Gesamtbewertung Vor 95–109 2
Gesamthandsvermögen 95 20; **97** 48
Gesamtwert
Aufteilung
– bei Gebäuden auf fremdem Grund und Boden **148a** 6
Begriff **148** 9
Erbbaurecht **92** 5
Ermittlung
– im Ertragswertverfahren **148** 10
– in Sonderfällen **148** 11
Geschäftsgrundstücke 181 11
Bewertungsverfahren **182** 5
Grundstücksarten **75** 5

835

Sachverzeichnis

fette Zahlen = §§

Vervielfältiger **Anh 6**
Wertzahlen **Anh 25**
Geschäftsleitungsfinanzamt
örtliche Zuständigkeit **152** 3
Geschossflächenzahl 179 9
Gesellschaft
Land- und Forstwirtschaft
– Aufteilung **142** 60; **34** 42 ff.; **142** 7 ff.
Gesetz zur Fortführung der Unternehmenssteuerreform
Bedeutung für das BewG **Einl** 12
Gesonderte Feststellung
Anwendungsbereich **151** 1 ff.
Art der wirtschaftlichen Einheit **151** 13 f.
ausländisches Vermögen **151** 23
Außenprüfung **156** 1 ff.
Basiswert **151** 20 ff.
Bedeutung für Besteuerung **151** 8 ff.
Bekanntgabe
– bei Anteilsbewertung **154** 5
Beteiligte
– bei Erbengemeinschaft **154** 6
– am Feststellungsverfahren **154** 1 ff.
Einheitswert **19** 5
Erklärungspflicht **153** 1
Gegenstand
– der Feststellung **151** 6
Grundbesitzwerte
– niedrigerer gemeiner Wert **138** 3
– Wertverhältnisse **138** 1 f.
Grunderwerbsteuerzwecke **151** 24 ff.
nur bei Bedarf **151** 7
örtliche Zuständigkeit **152** 1
Rechtsbehelfsbefugnis **155** 1 ff.
Zurechnung
– der wirtschaftlichen Einheit **151** 15 f.
Gewerbebetrieb 95 7 ff.
kraft Rechtsform **97** 5 ff.
Gewerblich tätige Personengesellschaften
Doppelregelung **Vor 95–109** 13 ff.
Gewichtete Restnutzungsdauer 185 11

Gewillkürtes Betriebsvermögen 95 16, 20; **99** 2
Gewinnverteilungsschlüssel 97 59
Gewogene Restnutzungsdauer 185 10
Gewöhnlicher Geschäftsverkehr 9 12
GmbH 97 31 ff.
Golfplatzflächen 33 11
Gräben/Grenzraine 40 13
Grundbesitzwert Einl 11, 15
Aufteilung **168** 14
Betrieb der Land- und Forstwirtschaft **168** 1 ff.
gesonderte Feststellung **138** 1
Land- und Forstwirtschaft **168** 4
Verfassungsmäßigkeit **Einl** 16
Grunderwerbsteuer
gesonderte Feststellung **151** 24 ff.
Grundsteuerbelastung
außergewöhnliche
– Berechnung der Vervielfältiger **81** 1
– gemeindefreie Gebiete **81** 3
– Grundsteuervergünstigung **81** 4
– Verfahren **81** 1 ff.
Grundstück *s. auch Bebaute/Unbebaute Grundstücke; Grundstücksarten*
Begriff **70** 1
im Zustand der Bebauung
– Begriff **91** 1; **149** 2 ff.
– Ertragswertverfahren **149** 6 ff.
– Grundstückswert, Ermittlung **91** 3
– niedrigerer gemeiner Wert **149** 30
– Sachwertverfahren **149** 21 ff.; **196** 1
Grundstücksarten
bebaute Grundstücke **75** 1
Ein- und Zweifamilienhaus **181** 2
Einfamilienhaus **75** 8
gemischt genutzte Grundstücke **75** 7; **181** 12
Geschäftsgrundstück **75** 5; **181** 11
Mietwohngrundstück **75** 4; **181** 5
sonstige bebaute Grundstücke **75** 25 ff.; **181** 13

magere Zahlen = Randziffern

Sachverzeichnis

Wohnungs-/Teileigentum **181** 6
Zweifamilienhaus **75** 24
Grundstücksgröße 179 11
Grundstückstiefe 179 10
Grundvermögen
Abgrenzung
– von Betriebsgrundstücken **176** 5 f.
– von land- und forstwirtschaftlichem Vermögen **69** 1 ff.; **176** 7
Allgemeines **176** 1 ff.
Begriff **68** 1
Bodenschätze **176** 4
Erbbaurecht **68** 5
Gebäude **68** 2
gemeiner Wert **177** 1 f.
sonstige Bestandteile **68** 3
Umfang **176** 2
unbebaute Grundstücke **178** 1 ff.; **179** 1 ff.
Wohnungs-/Teileigentum **68** 6
Zubehör **68** 4
Grünland 34 6
Bodenschätzung **50** 3
Grünlandschätzungsrahmen 38 8
Grünlandzahl
Bodenschätzung **50** 3
Gutachterausschuss 67 1; **179** 7
Gütergemeinschaft
Land- und Forstwirtschaft **34** 42; **158** 18
Tierhaltung **51a** 5

Hauptbewertungsstützpunkt 37 3; **39** 1 ff.
Bewertungsgrundlagen
– Bekanntgabe **40** 14
Forstwirtschaft **55** 11
Vergleichszahl **38** 1
Weinbau **57** 5
Hauptfeststellung
Einheitswertfeststellung **21** 2
Hauptfeststellungszeitpunkt **21** 6
Nachholung der Feststellung **21** 8
Hausgarten 33 57
Hauspersonal
Wohnung
– Bedarfsbewertung **141** 20

– Einheitsbewertung **33** 62; **34** 26
Haustiere 51 2
Hecken 40 13
Heilkräuter 142 36
Herrenhäuser
als Wohnteil
– Bedarfsbewertung **141** 17
– Einheitsbewertung **34** 29
Hinterland
unbebaute Grundstücke **72** 20
Hoch verzinste Kapitalforderungen/Schulden 12 29
Höchstzeitrente 13 20
Hochwald 55 1
Hoffläche 33 57
Bedarfsbewertung **140** 12
Beitrittsgebiet **125** 9
Zuordnung **163** 52
Holz s. *Forstwirtschaftliche Nutzung*
Hopfen 34 7; **160** 10
Bedarfsbewertung **142** 10, 27
Bewertung **52** 1 ff.
landwirtschaftliche Nutzung **175** 3
Mindestwert **40** 17
übrige land- und forstwirtschaftliche Nutzung **163** 49
Vergleichswert **40** 15 ff.

Imkerei
Begriff **62** 6
Bewertung **62** 10
sonstige land- und forstwirtschaftliche Nutzung **175** 5
Industrieland
unbebaute Grundstücke **72** 13
Inländisches Sachvermögen
Bedeutung **32** 3
Bewertung **32** 3 f.
neue Bundesländer **32** 3
Inlandsvermögen
Anteile an Kapitalgesellschaften **121** 23 ff.
atypisch stille Beteiligung **121** 46
Bedeutung **121** 2
Begriff **121** 4
Betriebsstätte **121** 16
Betriebsvermögen **121** 14 ff.

Sachverzeichnis

fette Zahlen = §§

Doppelbesteuerungsabkommen **121** 24, 61
Erbbaurecht **121** 53
Erfindungen **121** 32 ff.
erweitertes **121** 65 ff.
Forderungen und Rechte **121** 40 ff.
freiberufliche Tätigkeit **121** 20
Gebrauchsmuster **121** 32 ff.
Geschmacksmuster **121** 34, 38
gewerblich genutzte Wirtschaftsgüter **121** 36 ff.
grundstücksgleiche Rechte **121** 40 ff.
Grundvermögen **121** 10 ff.
land- und forstwirtschaftliches Vermögen **121** 7 ff.
Lizenzen **121** 38
Marken **121** 34, 38
mittelbare Beteiligung **121** 27 ff.
Nießbrauch **121** 52
Nutzungsrechte **121** 52 ff.
Personengesellschaft **121** 19
Sachleistungsanspruch **121** 11
Schiffe **121** 44
Schulden und Lasten **121** 56 ff.
ständiger Vertreter **121** 17
Steuerschulden **121** 62
Teilschuldverschreibungen **121** 43
Topographien **121** 32 ff.
typisch stille Beteiligung **121** 45 ff.
Umfang **121** 7 ff.
unmittelbare Beteiligung **121** 23 ff.
Urheberrechte **121** 34, 38
Verschonung **121** 9a, 13, 60 ff.
Warenzeichen **121** 34, 38
Zusammenrechnung von Beteiligungen **121** 30
Innere Verkehrslage 38 15
Weinbau **58** 1 f.
Instandhaltungskosten 187 4
Intensivnutzung 48a 1
beim Betriebsteil **142** 6, 19 ff.
Mehrwert **48a** 5; **142** 19 ff.
Investmentanteilsscheine 11 110 ff.

Jahresmiete 146 5
Alterswertminderung **146** 15

Betriebskosten **146** 6
nicht zu erfassende Einnahmen **146** 10
tatsächliche **146** 5
übliche Miete **146** 12
Umfang **146** 9
beim Wohnteil **143** 4
Jahresrohmiete
Baukostenzuschüsse **79** 9
Begriff **79** 2
besondere Entgelte **79** 4
Fortschreibung **79** 22
Grundsteuervergünstigung **79** 21
Mietvorauszahlungen **79** 8
Nachfeststellung **79** 22
nicht einzubeziehende Beträge **79** 11
Schönheitsreparaturen **79** 6
Um- und Einbauten **79** 10
Umlagen **79** 5
Wertverhältnisse **79** 22
beim Wohnteil **47** 8 ff.
Jahressteuergesetz 2007 Einl 16
Jahreswert 13 8
Begrenzung
– Leistungen **16** 2
– Nutzungen **16** 1 ff.
Nutzung einer Geldsumme **15** 2
Sachbezüge **15** 3
Schätzung **15** 5
schwankende Bezüge **15** 4 ff.
Junge Aktien 11 29

Kapitalentwicklungskonto 137 4
Kapitalforderungen s. *Forderungen*
Kapitalgesellschaften 97 6, 24 ff.
Anteile an K.
– Inlandsvermögen **121** 23 ff.
Aufteilung des Betriebsvermögens **97** 1 ff., 63
gemeiner Wert **9** 8
Kapitalisierter Erbbauzins 194 5
Kapitalversicherungen 12 31
Kapitalwert 13 7; **14** 5
Karpfenteichwirtschaft 62 5
Kaufpreissammlung
Einheitswertfeststellung **29** 2

magere Zahlen = Randziffern

Sachverzeichnis

Kiesgrube 43 1
Kleingärten
Beitrittsgebiet 125 12
Klimaverhältnisse 38 11
Kombinationsbetriebe
Betrieb der Land- und Forstwirtschaft **163** 13
Kommanditgesellschaft 97 29 ff.
Kornbrennerei 42 6
Kreditanstalten des öffentlichen Rechts 97 8, 40 f.
Kulturartenverhältnis 50 6
Kurswert 11 17

Lagefinanzamt
örtliche Zuständigkeit 152 3
Land für Verkehrszwecke
unbebaute Grundstücke 72 13
Land- und Forstwirtschaft
Begriff **33** 6 ff., 27; **140** 5
Dienstleistungen **33** 35
Eigenerzeugnisse **33** 31
Energieerzeugung **33** 37
Fremdenpension **33** 37
Gütergemeinschaft **158** 18
Handelsgeschäft **33** 32
Hofladen **33** 32
Klärschlamm **33** 30
Lohnunternehmerleistungen **33** 35
Miteigentumsanteil **158** 17
Nebenbetrieb **33** 29
organische Abfälle **33** 30
Speisereste **33** 30
Strukturwandel **33** 28
Überwiegensgrenze **33** 36
Umsatzgrenze **33** 36
Verarbeitungsstufe **33** 29, 31
Zukaufsprodukte **33** 31 f.
Land- und forstwirtschaftlicher Grundbesitzwert
Zusammensetzung **144** 1 f.
Land- und forstwirtschaftliches Vermögen
Abgrenzung der wirtschaftlichen Einheit **33** 51 ff.
Abgrenzung zum Betriebsvermögen **33** 13 ff.; **140** 13; **158** 30 ff.

Abgrenzung zum Grundvermögen **140** 11; **158** 26 ff.; **159** 1 ff.
Abgrenzung zum übrigen Vermögen **140** 14 ff.
Begriff **33** 6 ff.; **140** 5; **158** 6 ff.
Beitrittsgebiet **125** 7 ff.
Betriebsteil **141** 7 ff.
Betriebswohnung **141** 13 ff.
Bewertungseinheit **158** 7
Maschinen **158** 31
Umfang **33** 46 ff.; **141** 2 ff.; **158** 1 ff.
verpachtete Betriebe **158** 29
wirtschaftliche Einheit **33** 45 ff.; **140** 5 ff.
Wohnteil (Bedarfsbewertung) **141** 17 ff.
Wohnteil (Einheitsbewertung) **34** 22 ff.
Landesbewertungsstützpunkt 39 8
Landwirtschaftliche Nutzung Anh 14
Bedarfsbewertung **142** 23
Begriff **34** 5 ff.
Betrieb der Land- und Forstwirtschaft **163** 14
Bodenschätzung **50** 1 ff.
Mindestwert **164** 12 ff.
Tierbestand **169** 1
Vergleichswert **40** 5 ff.
Vergleichszahlen **38** 1 ff.
Lärmbeeinträchtigung
Ermäßigung des Grundstückswerts **82** 3
Lebenslängliche Nutzungen und Leistungen
Begriff **14** 4
Berichtigung **14** 7 ff.
gemeiner Wert **14** 18
Kapitalwert **14** 5
mehrere Bezugspersonen **14** 12 ff.
Vervielfältiger **Anh** 44 ff.
Lebensversicherungen 12 31
Liebhaberei 33 7
Liegenschaftsbuch 38 2; **142** 24
Liegenschaftszins
Begriff **188** 1
Berechnung **188** 2

Sachverzeichnis

fette Zahlen = §§

Teilflächen **188** 3
Liquidationswert 11 60
Begriff **166** 3 ff.
Berechnung **166** 7 f.
Betrieb der Land- und Forstwirtschaft **162** 12 ff.
Betriebsmittel
– umlaufende **166** 8
Grund und Boden **166** 9
Kosten **167** 15
Öffnungsklausel **165** 12
übrige Wirtschaftsgüter **166** 12 f.
Verbindlichkeiten **166** 13 f.

Maschinengemeinschaft 158 36, 42
Bedarfsbewertung **141** 5
Mehrere Gebäude(teile)
gewichtete Restnutzungsdauer **185** 11
gewogene Restnutzungsdauer **185** 10
Mehrwert
bei Intensivnutzung
– bei Bedarfsbewertung **142** 19 ff.; **48a** 5
Mietausfallwagnis 187 5
Miete s. *übliche Miete*
Mietenspiegel 146 14
übliche Miete **79** 17
Mietgutachten
übliche Miete **146** 14
Mietvorauszahlungen 79 8
Mietwohngrundstücke
Begriff **181** 5
Bewertungsverfahren **182** 4
Grundstücksarten **75** 4
Vervielfältiger **Anh** 3
Mindestbewertung
Erbbaurecht **92** 13 ff.
Mindestnutzungsdauer
Gebäudeertragswert **185** 6
Mindestwert
Abbauland **164** 3
Begriff **164** 5 ff.
Besatzkapital **164** 7
Betrieb der Land- und Forstwirtschaft **164** 1 f.

Betriebswohnung und Wohnteil **143** 10
Eiserne Verpachtung **164** 9
forstwirtschaftliche Nutzung **164** 19 ff.
gärtnerische Nutzung **164** 25 ff.
Geringstland **164** 3
Hopfen und Spargel **40** 17
Kapitalisierung **164** 31
landwirtschaftliche Nutzung **164** 12 ff.
Nebenbetrieb **164** 3
Pachtpreis **164** 6
sonstige land- und forstwirtschaftliche Nutzung **164** 3, 29
Standarddeckungsbeitrag **164** 16
Stückländereien **164** 15 ff.
übrige land- und forstwirtschaftliche Nutzung **164** 28 ff.
Unland **164** 3
Verbindlichkeiten **164** 32 f.
verpachtete Betriebe **164** 15 ff.
weinbauliche Nutzung **164** 23 f.
Mindestwert (Bedarfswert)
Ertragswertverfahren **146** 21
Mindestwert (Einheitswert)
bebaute Grundstücke **77** 1
Mindestzeitrente 13 21
Mischbebauung 147 14 ff.
Mischverfahren ab 2003 abgeschafft
– Nachteile **147** 16; **147** 14
Mischwald
forstwirtschaftliche Nutzung **163** 38
Miteigentumsanteil
Land- und Forstwirtschaft **34** 42 ff.; **158** 17
Mitnutzung zu anderen als Wohnzwecken 181 4
Mitteilung von Grundbuchämtern
Einheitswertfeststellung **29** 5
Mitteilungspflichten von Behörden
Einheitswertfeststellung **29** 4
Mittelwald 55 2
Mitunternehmer s. *Personengesellschaften*
Moorflächen 44 1

magere Zahlen = Randziffern

Sachverzeichnis

Multiplikatorverfahren 11 65
Musterstücke 50 1

Nachbewertungsvorbehalt 162 12
Land- und Forstwirtschaft 162 5
Nachfeststellung
Einheitswertfeststellung 23 1
Fehlerbeseitigung 23 8
Nachfeststellungsgründe 23 3
Nachfeststellungszeitpunkt 23 6
Nachholung der Feststellung
Einheitswertfeststellung 25 1
Nachlassverbindlichkeit 158 23 f.
Natürliche Ertragsbedingungen 38 8 ff.
Nebenbetrieb
Anwendungsfälle 42 5 ff.
Bedarfsbewertung 141 9
Begriff 34 21; 42 1
Beitrittsgebiet 125 15
Bewertung 42 15; 142 11
Land- und Forstwirtschaft 33 29; 160 17
Reingewinn 163 50
Nebenerwerbsstelle
Wohngebäude 34 30; 141 19
Nennwert 12 2
Niederwald 55 2
Niedrig verzinste Kapitalforderungen oder Schulden 12 26
Niedrigerer gemeiner Wert 149 30
Allgemeines 198 1
Ertragswertverfahren 146 24; 184 5
Freilegungskosten 179 14
lebenslängliche Nutzungen und Leistungen 14 18
Sachverständigengutachten 198 3
Sachwertverfahren 189 3
Sonderfälle 147 13
unbebaute Grundstücke 145 18 ff.; 179 13 ff.
wertmindernde Umstände
– Überprüfung 179 15
wiederkehrende Nutzungen und Leistungen 13 22
zeitnaher Kaufpreis 198 4

Notwendiges Betriebsvermögen 95 15
Notwendiges Privatvermögen 95 17
Nutzungen
Land- und Forstwirtschaft 34 4 ff.; 141 8
Nutzungsbeschränkung
unbebaute Grundstücke 72 27
Nutzungseinheit
Begriff 125 7
Bewertung 125 13 ff.
Umfang 125 8 ff.
Nutzungsentgelt 148a 9

Obstbau 34 17; 142 37
s. auch *Gärtnerische Nutzung*
Anbauflächen 34 9
gärtnerische Nutzung 163 45
Mindestwert 40 17
Öffnungsklausel
Betrieb der Land- und Forstwirtschaft 165 9 ff.; 167 4, 18 ff.
Liquidationswert 165 12
Verbindlichkeiten 165 11
Optionsanleihen 11 6
Örtliche Erhebung
Einheitswertfeststellung 29 3
Örtliche Zuständigkeit
Auslandsvermögen 152 2
Betriebsfinanzamt 152 3
Geschäftsleitungsfinanzamt 152 3
gesonderte Feststellung 152 1
Lagefinanzamt 152 3
Verwaltungsfinanzamt 152 3
Ortsbewertungsstützpunkt 39 8

Pachtbetrieb
Aufteilung des Betriebswertes 142 46 ff.
Pächter
Wohnteil 34 24
Pachtpreis
Mindestwert 164 6
Paketzuschlag 11 105 ff.; 109 12
Pelztiere 51 19
Pensionspferdehaltung 33 39; 51 21

841

Sachverzeichnis

fette Zahlen = §§

Pensionsverpflichtungen 104 1
Personengesellschaften
Aufteilung des Betriebsvermögens **97** 54 ff.
doppelstöckige **95** 23
Ergänzungskapital **95** 24; **97** 50
Forderungen und Schulden **97** 52
gewerblich geprägte **97** 9, 45
gewerblich tätige **Vor 95–109** 13 ff.; **95** 8; **97** 42 ff.
Grundbesitzwert **168** 18
Kommanditbeteiligung **97** 61
Sonderbetriebsvermögen **95** 20; **97** 49
Sonderbilanzen **97** 55, 60
Steuerbilanz **97** 55, 60
teilweise gewerblich tätige **97** 44
Umfang des Betriebsvermögens **95** 20 ff.; **97** 48 ff.
Pfandbriefe 11 6
Pilzanbau 34 19
sonstige land- und forstwirtschaftliche Nutzung **175** 5
Plenterwald 55 1

Rauchbeeinträchtigung
Ermäßigung des Grundstückswerts **82** 4
Raummeterpreis
Berechnung **Anh 39** ff.
Rebanlagen 34 14
Rebmuttergärten 34 14
Rebschulen 34 14
Rechtliches Eigentum 95 19
Rechtsbehelfsbefugnis
gesonderte Feststellung **155** 1 ff.
Rechtsfähige Vereine 97 65 ff.
Regelherstellungskosten 190 1
Regulierter Markt 11 12
Reingewinn 36 4; **185** 1
Betrieb der Land- und Forstwirtschaft **163** 6 ff.
Eigentumsflächen **163** 57 f.
Kapitalisierung **163** 54
land- und forstwirtschaftliche Nutzung **163** 12, 32
Reinvestition
Betrieb der Land- und Forstwirtschaft **162** 28 ff.

Reinvestitionsklausel
Land- und Forstwirtschaft **162** 6
Reiterhof
Tierbestand **51** 23
Reitschule 33 39
Reklamezwecke
Ermäßigung des Grundstückswerts **82** 13
Rentenversicherung 12 31
Restnutzungsdauer
Gebäudeertragswert **185** 5
Richtwertkarten
Ermittlung der Bodenrichtwerte **72** 14
Richtwertzonen 179 5
Rohbauland
unbebaute Grundstücke **72** 13
Rohertrag 36 8
Ferienwohnungen **186** 9
tatsächlich gezahltes Entgelt **186** 2
übliche Miete **186** 8
Rundung
Bodenrichtwert **179** 12

Saatzucht **62** 9 f.
sonstige land- und forstwirtschaftliche Nutzung **175** 5
Sachvermögen *s. ausländisches, inländisches Sachvermögen*
Sachverständigengutachten 198 3
Sachwertverfahren
Allgemeines **189** 1 ff.
Anwendungsbereich **76** 3 ff.
Behelfsbauten **76** 15
Bewertung
– von Einfamilienhäusern **76** 4
– von sonstig bebauten Grundstücken **76** 3
Einzelfälle **76** 12 ff.
Gebäudesachwert **190** 1 ff.
niedrigerer gemeiner Wert **189** 3
schematische Übersicht **83** 2
Überblick **83** 1; **189** 2
Wertzahl **191** 1
Sägewerk 42 13
Schafhaltung 62 8

magere Zahlen = Randziffern

Sachverzeichnis

Schloss
als Wohnteil
- Land- und Forstwirtschaft **34** 29

Schönheitsreparaturen 79 6
Schuldbuchforderungen 11 10
Schulden
hoch verzinste **12** 29 f.
niedrig verzinste **12** 26
unverzinsliche **12** 21 ff.
Schulden und sonstige Abzüge
beim Betriebsvermögen
- Abgrenzung zum Eigenkapital **103** 16 ff.
- atypische stille Gesellschaft **103** 23
- Begriff **103** 5
- Einzelbewertung **103** 3, 25
- Gesamtbewertung **103** 3, 25
- Nichtbilanzierende **103** 11
- Rücklagen **103** 28
- Sachleistungsverpflichtungen **103** 12
- Sonderposten mit Rücklageanteil **103** 28
- steuerliche Gewinnermittlung **103** 7 ff.
- Steuerschulden **103** 13
- stille Gesellschaft **103** 21 f.
- Verschonungsabschlag **103** 5 ff., 7 ff., 24 ff.

Schuldverschreibungen 11 6
Sekt 42 11
Sonderbetriebsvermögen 95 20; **96** 9
Sonderbewertung
Anwendungsbereich **147** 2
Gebäude
- bei Bilanzierenden **147** 8
- bei Nichtbilanzierenden **147** 10
- im Privatvermögen **147** 11
Grund und Boden **147** 6
Grundstückswert **147** 12
Mischbebauung **147** 14 ff.
niedrigerer gemeiner Wert **147** 13
Regelfall **147** 6
Sonderbilanzen 97 55, 60
Sondernutzungen Anh 18
Sonderverlustkonto 137 3

Sonstige bebaute Grundstücke 75 25 ff.; **181** 13
Sonstige juristische Personen 97 65 ff.
Sonstige land- und forstwirtschaftliche Nutzung 34 19; **142** 16 ff.; **175** 5
Abgrenzung **175** 2
Arten **62** 2 ff.
bei Bedarfsbewertung **142** 16 ff.
Bewertung **62** 10; **175** 6
Binnenfischerei **62** 2
Ertragswert **142** 39 ff.
Imkerei **62** 6
Mindestwert **164** 29; **175** 7
Saatzucht **62** 9
Teichwirtschaft **62** 4
Wanderschäferei **62** 8
Weihnachtsbaumkultur **34** 19
Spargelanbau 34 7; **142** 28; **160** 10
Bewertung bei Bedarfsbewertung **142** 19, 28
Bewertung bei Einheitsbewertung **52** 2 f.
landwirtschaftliche Nutzung **175** 3
Mindestwert **40** 17
in Pachtfällen **48a** 2 ff.
übrige land- und forstwirtschaftliche Nutzung **163** 49
Vergleichswert **40** 15
Staatliche Lotterieeinnehmer 96 12
Standarddeckungsbeitrag 163 17
landwirtschaftliche Nutzung **163** 15
Mindestwert **164** 16
Standardoutput
Betrieb der Land- und Forstwirtschaft **163** 29
Stehende Betriebsmittel
Begriff **33** 63
Unterbestand/Überbestand **41** 10
Steinbruch 43 1
Unland 45 1
Steueränderungsgesetz 1992 Einl 9
Steuerbilanzwerte Vor 95–109 1
Übernahme für Zwecke der Einheitsbewertung **Einl** 9

843

Sachverzeichnis

fette Zahlen = §§

Übernahme für Zwecke der Erbschaft- und Schenkungsteuer **Einl** 9
Steuerbilanzwertverfahren s. *Sonderbewertung*
Steuererklärungspflicht
Erbschaftsteuer **Vor 95–109** 4
Steuerliche Gewinnermittlung 95 12 ff.
Steuersatzdifferenzierung
ErbSt-Klassen II und III **Einl** 19
Stiftungen 97 65 ff.
Stille Beteiligung
atypische **95** 26
Stilllegungsflächen 34 8
Straußenhaltung 51 25
Strukturwandel
Land- und Forstwirtschaft **33** 28
Stückländereien 38 22
Ab- und Zuschläge **41** 16
Aufteilung des Betriebswertes **142** 52
Begriff **34** 45
Beitrittsgebiet **125** 12
Besatzkapital **164** 18
Bewertung **34** 48
Grundbesitzwert **168** 12
Land- und Forstwirtschaft **160** 11 ff.
Mindestwert **164** 15
Wertansatz **162** 10
Stuttgarter Verfahren 11 70
Substanzwertverfahren 11 60, 90 ff.

Tabak 160 10
landwirtschaftliche Nutzung **175** 3
übrige land- und forstwirtschaftliche Nutzung **163** 49
Tatsächlich gezahltes Entgelt
Grundsatz **186** 2
mehrstöckige Mietverhältnisse **186** 5
Mietvorauszahlungen **186** 6 f.
Tatsächliche Jahresmiete 146 5
Begriff **79** 3
Teichwirtschaft
Bewertung **62** 4

sonstige land- und forstwirtschaftliche Nutzung **175** 5
Teileigentum 181 8 s.a. *Wohnungseigentum*
Begriff **93** 2
Bewertungsverfahren **93** 9
Feststellungen **93** 16
Gemeinschaftseigentum **93** 14
Grundstücksart **93** 6
Teilflächen 185 3; **188** 3
Teilwert
ausländisches Betriebsvermögen **10** 14; **31** 10
Bedeutung **10** 3
Begriff **10** 18; **31** 9
Bewertungsmaßstab **10** 5 ff.
Einzelbewertung **10** 19
Ermittlung **10** 19 ff.
Ertragsaussichten **10** 20
Subsidiarität **10** 11 ff.
Überbestand
– bei Land- und Forstwirtschaft **10** 7 ff.
Wiederbeschaffungskosten **10** 21
Wirtschaftsgüter
– die einem Unternehmen dienen **10** 5 ff.
Testbetriebsnetz
Land- und Forstwirtschaft **162** 8
Tierbestand 51 7 ff.
Abgrenzung **33** 73
gewerbliche Tierhaltung **51** 18
Gewerblichkeit **33** 73
Gruppen der Zweige
– Flächenabhängigkeit **Anh** 2, 20
Tierzweig **51** 15
Umrechnungsschlüssel in Vieheinheiten
– nach dem Futterbedarf **Anh** 1; 19
Zuschlag **41** 10
Tierbestandszuschlag 41 15
Tierhaltung
gemeinschaftliche **51a** 5 ff.; **97** 64; **142** 8
Tierhaltungskooperation 51a 1 ff.
Einzelertragswert **37** 1a

844

magere Zahlen = Randziffern

Sachverzeichnis

Land- und Forstwirtschaft **34** 44
Vergleichswert **37** 1a
Tierzucht 33 38
Tierzweige
landwirtschaftliche Nutzung **51** 15; **169** 2
Torfstich 43 1
Traubenerzeugung
weinbauliche Nutzung **163** 42 f.

Überbestand
an Betriebsmitteln **33** 70; **140** 15
an Gebäuden **41** 5
Land- und Forstwirtschaft **10** 7 ff.
Zuschlag **41** 10
Übergroße Fläche
Erhöhung des Grundstückswerts **82** 11
Übergroße Grundstücke 145 14
Übliche Miete 146 12
Anwendungsbereich **79** 13; **146** 13
Eigennutzung **186** 8
Ermittlung **79** 15; **146** 14
Leerstand **186** 8
Mietenspiegel **79** 17; **146** 14; **186** 8
Mietgutachten **146** 14; **186** 8
überhöhte Miete **186** 8
unentgeltliche Überlassung **186** 8
verbilligte Miete **186** 8
Vergleichsmieten **79** 16; **146** 14; **186** 8
Wohn- und Nutzfläche **146** 15
Übrige land- und forstwirtschaftliche Nutzung
Abgrenzung **175** 1
Betrieb der Land- und Forstwirtschaft **163** 48 ff.
Mindestwert **164** 28 ff.
Übriges Vermögen
Abgrenzung vom land- und forstwirtschaftlichen Vermögen **140** 14
Umbauten/Einbauten
Jahresrohmiete **79** 10
Umlagen 187 6
Umlaufende Betriebsmittel
Begriff **33** 64
Bewertungsstichtag **35** 7

Forstwirtschaft **53** 1 ff.
Überbestand **140** 15
Unterbestand **41** 12
Weinbau **56** 4
Unbebaute Grundstücke
abweichende Geschossflächenzahl **145** 12
Anwendungsbereich **145** 1
Bauerwartungsland **72** 13
baureifes Land **72** 13
Begriff **72** 2; **145** 3; **178** 2
Bewertung
– Verfassungsmäßigkeit **145** 1; **72** 10
Bewertungsgrundsatz **145** 8; **179** 2
Bezugsfertigkeit **72** 3; **145** 4; **178** 4
Bodenrichtwert **72** 12; **145** 9; **179** 3
Eckgrundstücke **72** 21
Einspruch gegen Feststellungsbescheid **145** 17
Errichtung
– in Bauabschnitten **178** 7
Erschließungszustand **145** 16
Frei- und Verkehrsflächen **72** 13; **145** 15
Gebäude
– von untergeordneter Bedeutung **72** 7
Geschossflächenzahl **179** 9
Größe **72** 23
Grundstücksgröße **179** 11
Grundstückstiefe **179** 10
Gutachterausschüsse **179** 7
Hinterland **72** 20
Industrieland **72** 13
keine Nutzung **145** 5
Land für Verkehrszwecke **72** 13
nicht benutzbare Gebäude **178** 8
niedrigerer gemeiner Wert **145** 18 ff.; **179** 13 ff.
Nutzungsbeschränkung **72** 27
Richtwertzonen **179** 5
Rohbauland **72** 13
schlechter Baugrund **72** 24
Trümmergrundstück **72** 24
übergroße Grundstücke **145** 14
unbedeutende Nutzung **145** 6

845

Sachverzeichnis

fette Zahlen = §§

verfallene Gebäude **72** 9
Vorder- und Hinterland **72** 20; **145** 13
vorübergehende Beeinträchtigung **145** 5
zerstörte oder verfallene Gebäude **72** 9; **145** 7
Unland 34 20; **45** 1
bei Bedarfsbewertung **141** 9
Bewertung **45** 2
Mindestwert **164** 30
Reingewinn **163** 51
Unterbestand
an Betriebsmitteln **41** 10, 12
an Gebäuden **41** 5
Unterbeteiligung 95 27
Unternehmensbegriff 10 6
Unternehmensbewertung 11 46 ff.
Discounted Cash Flow-Verfahren **11** 55
gewöhnlicher Geschäftsverkehr **11** 48 ff., 82 f.
Liquidationswert **11** 60, 90
Methodenwahl **11** 48 ff.
Mindestwert **11** 90 ff.
Mischverfahren **11** 70
Multiplikatorverfahren **11** 65
Stuttgarter Verfahren **11** 70
Substanzwertverfahren **11** 60, 90 ff.
vereinfachtes Ertragswertverfahren **11** 56
Zukunftserfolgswertverfahren **11** 55
Unternehmer-Ehegatte 95 19a
Unterschiedsbetrag 193 7

Veräußerung
Betrieb der Land- und Forstwirtschaft **162** 16
Verbindlichkeiten
land- und forstwirtschaftliches Vermögen **158** 23
Mindestwert **164** 32 f.
Öffnungsklausel **165** 11
Reinvestition **162** 31
Vereinfachtes Ertragswertverfahren 11 56, 76 ff.; **121** 21, 31
Abrechnungen **202** 9 ff., 12

Anteile an ausländischen Gesellschaften **199** 9 f.
Anwendung auf Kapitalgesellschaften **199** 1 ff.
Anwendung auf Personengesellschaften **199** 11
Basiszins **203** 3
Beteiligung an anderen Gesellschaften **200** 4
Beteiligungen, junge Wirtschaftsgüter **202** 4 f.
Betriebsergebnisse **201** 2 f.; **202** 1 ff.
Einnahme-/Überschussrechnung **202** 13
Ersatzbeschaffungen **200** 8
Ertragsteueraufwand **202** 7, 11, 14
Ertragswertmethode **199** 2 ff.
fiktiver Lohnaufwand **202** 10
Hinzurechnungen **202** 3 ff., 12
junge Wirtschaftsgüter **200** 7 f.
Kann-Regelung **199** 8
Kapitalisierungsfaktor **203** 1 ff.
Kapitalisierungszins **203** 2
Kritik **Vor 199–203**; **203** 2
nachhaltig erzielbarer Jahresertrag **200** 1; **201** 1 ff.; **202** 1
nicht notwendiges Betriebsvermögen **200** 2; **202** 2 ff.
offensichtlich unzutreffendes Ergebnis **199** 6 f.
Rechtsentwicklung **Vor 199–203** 1 ff.
Sinn und Zweck **Vor 199–203** 2 f.
Umstrukturierungen **201** 4
Unternehmerlohn **202** 10
Verfügungsbeschränkungen 9 18
Vergleichendes Verfahren
Ab- und Zuschläge **41** 1 ff.
Anwendung **37** 1 ff.
Bewertungsstützpunkte **39** 1
Forstwirtschaft **55** 3 ff.
Gartenbau **61** 1
sonstige land- und forstwirtschaftliche Nutzung **62** 10
Vergleichskaufpreise 183 3
Vergleichsmieten
übliche Miete **79** 16; **146** 14

846

magere Zahlen = Randziffern

Sachverzeichnis

Vergleichswert
Ermittlung **40** 8
Forstwirtschaft **55** 16
Vergleichswertfaktoren 183 7 ff.
Vergleichswertverfahren 193 2; **194** 1
Anwendungsbereich **183** 1 ff.
geringerer gemeiner Wert **183** 10
Verfahren **183** 2
Vergleichskaufpreise **183** 3
Vergleichswertfaktoren **183** 7 ff.
Vergleichszahl 37 4
Begriff **38** 1
Bewertungsstützpunkt **39** 6
Umrechnung **40** 1
Verfahren **38** 2 ff.
Weinbau **57** 4
Verkehrsflächen s. *Freiflächen / Verkehrsflächen*
Verkehrslage
äußere **38** 16
innere **38** 15
Verkehrswert 9 2
Verkürzung der Lebensdauer
Vervielfältiger **80** 3
Verkürzung der Restnutzungsdauer 185 8
Verlängerung der Lebensdauer
Vervielfältiger **80** 2
Verlängerung der Restnutzungsdauer 185 7
Vermögensarten 18 1
Vermögensteuer
Aufhebung **Einl** 10
Verpächterwohnung 34 24
Verpachtete Betriebe 141 4
Aufteilung **142** 46 ff.
Besatzkapital **164** 18
Mindestwert **164** 15 ff.
Verpachtete Flächen 33 48; **142** 59; **158** 13
Verpachtung
eiserne **160** 5
Land- und Forstwirtschaft **160** 11 ff.
Versicherungsvereine auf Gegenseitigkeit 97 6, 37 ff.
Vervielfältiger 80 1; **Anh** 21
Anbauten **80** 7
Aufstockungen **80** 6
durchschnittliches Baujahr **80** 8
Gebäudeertragswert **185** 4
Verkürzung der Lebensdauer **80** 3
Verlängerung der Lebensdauer **80** 2
Vervielfältigertabellen
nach Gemeindegröße **Anh** 27 ff.
Verwaltungsfinanzamt
örtliche Zuständigkeit **152** 3
Verwaltungskosten 187 1
Verwaltungsvermögen 95 37 f.
Vieheinheiten
Ermittlung **51** 7
Umrechnung **51** 10
Vieheinheitenschlüssel
landwirtschaftliche Nutzung **169** 1
Viehhaltung
Abgrenzung **51** 11
Vorderland
unbebaute Grundstücke **72** 20
Vorderland/Hinterland 145 13

Waldrentierungswert
forstwirtschaftliche Nutzung **163** 35
Wandelschuldverschreibungen 11 6
Wanderschäferei 62 8
Bedarfsbewertung **142** 40
Bewertung **62** 10
sonstige land- und forstwirtschaftliche Nutzung **175** 5
Wegerecht 33 55
Weiderecht 33 55
Weihnachtsbaumkultur 62 1
Bedarfswert **142** 40
forstwirtschaftliche Nutzung **163** 38
sonstige land- und forstwirtschaftliche Nutzung **175** 5
Weinbau
Bedarfsbewertung **142** 32 ff.
Bewertung **57** 6
Weinbaulagen **57** 3
Weinbauliche Nutzung Anh 16
Bedarfsbewertung **142** 32 ff.
Begriff **34** 14 ff.

847

Sachverzeichnis

fette Zahlen = §

Betrieb der Land- und Forstwirtschaft **163** 41 ff.
innere Verkehrslage **58** 1
Mindestwert **164** 23 f.
umlaufende Betriebsmittel **56** 4; **173** 1
Vergleichswert **57** 9
Weinvorräte **173** 1
Wertfeststellung
Einheitswert **19** 9
im Ganzen **31** 8, **13** ff.
Wertfortschreibung
Einheitswertfeststellung **22** 7
Wertfortschreibungsgrenzen **22** 8
Wertminderung wegen Alters
Anbauten **86** 4
Aufstockungen **86** 6
Ermittlung **85** 1 ff.
gewöhnliche Lebensdauer **86** 2
Höchstsatz **86** 9
tatsächliches Alter **86** 2
Verkürzung der Lebensdauer **86** 7
Verlängerung der Lebensdauer **86** 8
Wertminderung wegen baulicher Mängel und Schäden 87 1 ff.
Zusammentreffen behebbarer und nicht behebbarer Baumängel **87** 4
Wertpapiere 11 4 ff.; **12** 35 ff.
Bezugsrechte **11** 5
börsennotierte **11** 3 ff.
festverzinsliche **12** 35 ff.
Genussscheine **11** 5
Optionsanleihen **11** 6
Pfandbriefe **11** 6
Wandelschuldverschreibungen **11** 6
Wertsicherungsklausel
zukünftige Änderungen **15** 7
Wertverhältnisse bei Fortschreibungen und Nachfeststellungen
Einheitswertfeststellung **27** 2
Grundvermögen **27** 4
Land- und Forstwirtschaft **27** 3
Wertzahl 191 1
Wiederkehrende Nutzungen und Leistungen
Arten **13** 1

Begriff **13** 3
auf bestimmte Zeit **13** 10
Höchstzeitrente **13** 20
immerwährende **13** 18
Jahreswert **13** 8
Kapitalwert **13** 7
Leistung **13** 4
Mindestzeitrente **13** 21
niedrigerer gemeiner Wert **13** 22
Nutzung **13** 6
von unbestimmter Dauer **13** 15
Wiese 34 6
Winzersekt 34 16; **42** 11
Bewertung **42** 16
Wirtschaftliche Einheit 2 1 ff.
Abgrenzung
– bei bebauten Grundstücken **70** 6
– bei räumlicher Trennung **70** 12
– bei unbebauten Grundstücken **70** 4
Aufteilung **3** 5 ff.
ausländisches Sachvermögen **31** 7
Begriff **2** 2 ff.
Ehegatten **26** 1 ff.
Einbeziehung von Anteilen an einem Grundstück **70** 13
einheitliches Eigentum **2** 9 ff.
Einzelbewertung **2** 29 ff.
Gebäude
– auf fremdem Grund und Boden **70** 14
Gesamtbewertung **2** 27 f.
Land- und Forstwirtschaft **33** 46
Miteigentum unter Ehegatten **2** 12 ff.
örtliche Gewohnheit **2** 6
tatsächliche Übung **2** 6
Untereinheiten **2** 25
Wertermittlung **3** 3 f.
wirtschaftliche Zusammengehörigkeit **2** 8
wirtschaftliches Eigentum **2** 15 ff.
Zurechnung **26** 3
Zweckbestimmung **2** 7
Wirtschaftliche Ertragsbedingungen 38 14
Betriebsgröße **38** 17
Betriebsorganisation **38** 19

Sachverzeichnis

ndsteuerbelastung **38** 21
eis- und Lohnverhältnisse **38** 20
erkehrslage **38** 15 f.
**Wirtschaftliche Geamtnut-
zungsdauer Anh** 22
Wirtschaftliches Eigentum 2
15 ff.; **95** 19
Eigentumsvorbehalt **2** 17
Gebäude auf fremdem Grund und
Boden **2** 21
Leasing **2** 22
Nießbrauch **2** 18
Sicherungseigentum **2** 19
Treuhandverhältnis **2** 20
Wirtschaftsgebäude 33 58
Bedarfsbewertung **140** 5, 12
im Beitrittsgebiet **125** 10
Über-/Unterbestand **41** 5
Wirtschaftsgut
Begriff **162** 21 ff.
Betriebsvermögen
– Land- und Forstwirtschaft **33**
45 ff.
– Umfang **97** 13
immaterielle **140** 10
Wirtschaftsteil 34 3
Fortführungswert **165** 4 ff.
Land- und Forstwirtschaft **160** 7 ff.
land- und forstwirtschaftliches Vermögen **162** 1 ff.
Wirtschaftswege 40 13
Wirtschaftswert 46 2
Wohnfläche
Land- und Forstwirtschaft **47** 16;
143 6
Wohnfläche/Nutzfläche 146 15
Wohnteil
Bedarfsbewertung **143** 1 ff.
Begriff **34** 22 ff.
Bewertung **47** 3 ff.
Land- und Forstwirtschaft **160**
21 ff.
Mindestwert **143** 10

Wohnungsbegriff 181 3, 14
Wohnungseigentum 181 7
Begriff **93** 1
Bewertungsverfahren **93** 9
Feststellungen **93** 16
Gemeinschaftseigentum **93** 14
Grundstücksart **93** 6
**Wohnungseigentum/
Teileigentum 146** 24
Grundvermögen **68** 6 s.a. *Teileigentum*
Wohnungswert 47 3 ff.

Zahlungsmittel
in Land- und Forstwirtschaft **33**
68
Zeitnaher Kaufpreis 198 5
Zentralbewirtschaftung 33 47;
141 3
Zierfischzucht 62 4
Zierpflanzen 59 2; **142** 36
Zierpflanzenbau
gärtnerische Nutzung **163** 45
Zubehör
Grundvermögen **68** 4
Zukunftserfolgswertverfahren
11 55
Zupachtung 142 58
Zurechnung der wirtschaftlichen Einheit 151 15 f.
Zurechnungsfeststellung
Einheitswert **19** 15
Zurechnungsfortschreibung
Einheitswertfeststellung **22** 11
Zuschlag
Begrenzung **41** 4
zum Vergleichswert **41** 5 ff.
Zweckvermögen 97 65 ff.
Zweifamilienhaus
Begriff **75** 24
Vervielfältiger **Anh** 8
Wertzahlen **Anh** 25